中国版权年鉴 2018

CHINA COPYRIGHT YEARBOOK

中国版权年鉴编委会 编

中国人民大学出版社
· 北京 ·

2017年2月22日，2016 CPCC十大中国著作权人年度评选结果揭晓，全国政协委员、中国版权协会理事长阎晓宏（右五）为当选者颁奖。（摄影／史博文）

2017年2月28日，推进使用正版软件工作部际联席会议第六次全体会议在北京召开。会议总结了2016年推进使用正版软件工作情况。中宣部副部长、国家新闻出版广电总局（国家版权局）局长聂辰席主持会议并讲话。（摄影／郁致原）

2017年4月13日，由中国人民大学国家版权贸易基地和中国人民大学创意产业技术研究院主办的第37期版权人沙龙在文化大厦举行，主题为“短视频的内容监管与版权保护”。（摄影／俞彦超）

2017年4月14—16日，第三届青岛·东亚版权创意精品展示交易会在青岛国际会展中心举行，本次国际会展由山东省新闻出版广电局（版权局）和青岛市人民政府共同主办。图为山东省新闻出版广电局（版权局）局长司安民致辞。（摄影／蒋金坤）

2017年4月21日，吉林省版权局在省新闻出版与影视广播文化创意创作产业园区举办了“版权服务工作站”揭牌仪式，设立吉林省首个版权服务工作站。（摄影/李东鹏）

2017年4月22日，北京市版权局和通州区政府举行共同打造版权保护示范区签约仪式。（北京市版权局供图）

2017 年 4 月 24 日，国家版权局英文网上线启动仪式在京举行。国家新闻出版广电总局（国家版权局）版权管理司司长于慈珂（中）、版权管理司副司长汤兆志（左）、信息中心副主任柯尊全（右）共同出席启动仪式。（摄影 / 郁致原）

2017 年 4 月 25 日，国务院新闻办公室在京举行新闻发布会，详细介绍 2016 年中国知识产权发展状况。（摄影 / 郁致原）

2017 年 4 月 26 日，时值第 17 个世界知识产权日，国家版权局在北京举办“2017 中国网络版权保护大会”。国家新闻出版广电总局副局长、国家版权局专职副局长周慧琳出席大会并做主旨演讲。（摄影 / 郁致原）

2017 年 4 月 26 日，在“2017 中国网络版权保护大会”上，由人民日报社、新华社、中央电视台和中国搜索等 10 家主要中央新闻单位和新媒体网站联合发起的“中国新闻媒体版权保护联盟”在北京宣告成立。（摄影 / 郁致原）

2017 年 4 月 26 日，云南省版权局在全省举办“4 · 26”知识产权（版权）宣传周宣传活动。图为省、市、区级相关领导和志愿者代表合影。（摄影 / 詹云生）

2017 年 5 月 15 日，中国国家新闻出版广电总局副局长、国家版权局专职副局长周慧琳（右五）在京会见了世界知识产权组织（WIPO）总干事弗朗西斯 · 高锐（左五）一行。（摄影 / 郁致原）

2017年5月26日，全国人大常委会著作权法执法检查组成立并召开第一次全体会议，正式启动著作权法执法检查工作。（摄影／樊如钧）

2017年6月8日，江苏省版权局、省国资委在南京举办了全省国有企业使用正版软件工作推进会暨培训班，省新闻出版广电局（版权局）副局长于国民、省国资委副主任李琨出席会议并讲话。（摄影／万进萍）

2017年6月12—16日，全国人大常委会著作权法执法检查组赴北京开展著作权法执法检查。图为十二届全国人大常委会副委员长吉炳轩（左四）带队视察搜狐。（北京市版权局供图）

2017年6月13日，中国国家版权局和英国知识产权局、英国驻华大使馆在京共同主办中英版权研讨会，主题为“数字环境下中英版权交流与合作”。（摄影/邹韧）

2017 年 6 月 19 日，“保护创作者权利　推动文化和电影产业发展版权论坛”在上海开幕，与会嘉宾共同关注对表演者权利的保护，探讨、交流版权保护和电影产业的未来与发展。（摄影 / 赖名芳）

2017 年 6 月 23 日，中国国家版权局和美国专利商标局共同在京主办中美体育赛事节目法律保护研讨会，与会代表就体育赛事节目所产生的相关权益，以及适用的法律保护方式等问题进行了深入研讨。（摄影 / 郁致原）

2017 年 7 月 13 日，国家版权局版权管理司司长于慈珂（前排右二）带队考查了河北省廊坊市版权示范城市的创建准备工作。（摄影 / 郭靖凡）

2017 年 7 月 19 日，中国国家版权局与韩国文化体育观光部在辽宁大连共同主办第 13 届中韩著作权研讨会，主题为“智能环境下的中韩著作权产业发展”。（摄影 / 赖名芳）

2017 年 7 月 25 日，国家新闻出版广电总局（国家版权局）、国家互联网信息办公室、工业和信息化部、公安部在京联合召开“剑网 2017”专项行动通气会，启动“剑网 2017”专项行动。（摄影 / 郁致原）

2017 年 7 月 25 日，全国人大常委会著作权法执法检查组召开第二次全体会议，研究讨论著作权法执法检查报告稿。（摄影 / 樊如钧）

2017年9月13日，国家版权局版权管理司就网络音乐版权有关问题约谈了环球音乐、华纳音乐、索尼音乐、英皇娱乐、中国唱片总公司、正大国际音乐等二十余家境内外音乐公司以及国际唱片业协会等相关协会主要负责人。（摄影 / 郁致原）

2017年9月15—17日，2017江苏（南京）版权贸易博览会在南京国际展览中心举行。图为开幕式上国家新闻出版广电总局副局长、国家版权局专职副局长周慧琳（左）为江苏国家版权贸易基地授牌。（江苏省版权局供图）

2017 年 10 月 17 日，天津市市级政府机关软件正版化工作培训会举办，各部门相关负责人参加会议。（摄影 / 李文卫）

2017 年 11 月 9 日，东莞市荣获“全国版权示范城市”授牌仪式举行。国家新闻出版广电总局副局长、国家版权局专职副局长周慧琳（左）向东莞市颁发“全国版权示范城市”牌匾。（摄影 / 郑琳东）

2017 年 11 月 10 日，中国国家新闻出版广电总局副局长、国家版权局专职副局长周慧琳（左六）在京会见英国知识产权局局长提姆·摩斯（右五）一行。（摄影 / 李明远）

2017 年 11 月 16 日，为介绍国家版权监管平台二期工程相关功能，推进平台应用，提高版权工作信息化水平，国家版权局在山东省济南市举办国家版权监管平台（二期）项目应用专题培训班。（摄影 / 叶婷婷）

2017 年 11 月 23 日，2017 年全国版权社会服务工作会议在京召开。国家新闻出版广电总局副局长、国家版权局专职副局长周慧琳（左一）为 2017 年度评选的全国版权示范城市、示范单位、示范单位（软件正版化）和示范园区（基地）授牌。（摄影 / 郁致原）

2017 年 11 月 24 日，由中国知识产权法学研究会、中国人民大学知识产权学院主办的“数字版权环境下网络平台法律问题研讨会”在北京举行，100 余名专家就网络平台知识产权保护等相关法律问题进行了深入探讨。（摄影 / 嘉辉）

2017 年 11 月 24 日，由中国版权协会主办的第十届中国版权年会在京举行。十二届全国人大教科文卫委员会主任委员、第五届中国版权协会名誉理事长柳斌杰（左五）出席大会，并为“中国版权卓越成就者”获奖者颁奖。（中国版权协会供图）

2017 年 12 月 2 日，中国版权协会主办的“远集坊”第四期论坛在京举办。十二届全国人大教科文卫委员会主任委员、第五届中国版权协会名誉理事长柳斌杰以“中华优秀传统文化的血脉”为主题开讲。（摄影 / 赖名芳）

中国版权年鉴

2018

（总第十卷）

中国版权年鉴编委会　编

中国人民大学出版社
·北京·

图书在版编目（CIP）数据

中国版权年鉴．2018/中国版权年鉴编委会编．—北京：中国人民大学出版社，2019.3
ISBN 978-7-300-26765-4

Ⅰ.①中… Ⅱ.①中… Ⅲ.①版权-中国-2018-年鉴 Ⅳ.①D923.41-54

中国版本图书馆 CIP 数据核字（2019）第 032498 号

中国版权年鉴 2018（总第十卷）
中国版权年鉴编委会　编
Zhongguo Banquan Nianjian 2018

出版发行　中国人民大学出版社
社　　址　北京中关村大街 31 号　　　**邮政编码**　100080
电　　话　010－62511242（总编室）　　010－62511770（质管部）
　　　　　010－82501766（邮购部）　　010－62514148（门市部）
　　　　　010－62515195（发行公司）　　010－62515275（盗版举报）
网　　址　http：//www.crup.com.cn
　　　　　http://www.ttrnet.com（人大教研网）
经　　销　新华书店
印　　刷　涿州市星河印刷有限公司
规　　格　210 mm×297 mm　16 开本　　**版　　次**　2019 年 3 月第 1 版
印　　张　40.25 插页 51　　　　　　**印　　次**　2019 年 3 月第 1 次印刷
字　　数　1 263 000　　　　　　　　**定　　价**　300.00 元
广告经营许可证　京海工商广字第 0086 号

《中国版权年鉴 2018》编纂委员会

主　　任：梁言顺　中央宣传部副部长
　　　　　靳　诺　中国人民大学党委书记

副 主 任：于慈珂　中央宣传部版权管理局局长
　　　　　贺耀敏　中国人民大学副校长

委　　员（以姓氏笔画为序）：
　　　　　王　炬　中国音像与数字出版协会常务副理事长兼秘书长
　　　　　王桂科　广东省委宣传部副部长、广东省版权局局长
　　　　　王野霏　北京市委宣传部副部长、北京市版权局局长
　　　　　卢春中　浙江省委宣传部副部长
　　　　　白连永　中国人民大学国家版权贸易基地主任
　　　　　任仲伦　中国电影著作权协会理事长
　　　　　汤兆志　中央宣传部版权管理局副局长
　　　　　孙　雷　全国人大教科文卫委员会文化室副主任
　　　　　李永强　中国人民大学出版社社长
　　　　　李贞强　江苏省版权局副局长
　　　　　李昌文　山东省委宣传部副部长
　　　　　邹　忭　中国软件联盟理事长
　　　　　张洪波　中国文字著作权协会总干事
　　　　　林　涛　中国摄影著作权协会总干事
　　　　　周建潮　中国音像著作权集体管理协会理事长
　　　　　屈景明　中国音乐著作权协会总干事
　　　　　段桂鉴　中国版权保护中心主任
　　　　　洪永平　安徽省委宣传部副部长、安徽省版权局局长
　　　　　徐　炯　上海市委宣传部副部长、上海市版权局局长
　　　　　阎　平　文化和旅游部政策法规司副巡视员

《中国版权年鉴》特约编辑

（以姓氏笔画为序）

于晓红　辽宁省版权局版权管理处处长
万进萍　江苏省版权局版权管理处主任科员
王　成　云南省版权局版权管理处主任科员
王丹若　中国文字著作权协会办公室主任
王志坚　四川省版权局版权管理处副处长
王培舒　吉林省版权局版权管理处处长
王新民　陕西省版权局版权管理处调研员
左图强　重庆市版权局版权管理处处长
卢文俊　湖北省版权局版权管理处处长
史文霞　中国电影著作权协会秘书长
付成久　青海省版权局版权处副调研员
朱严政　中国音乐著作权协会信息宣传部主任
朱宝祺　中国摄影著作权协会副总干事
闫　石　黑龙江省版权局版权管理处副处长
孙　悦　中国版权协会秘书长
严庆荣　浙江省版权局版权处处长
李冬群　河北省版权局版权管理处副处长
汪闻敏　安徽省版权局版权管理处主任科员
沈　欣　广东省版权局版权管理处副调研员
宋　亮　湖南省版权局版权管理处副调研员
宋晓明　最高人民法院知识产权审判庭庭长
张文娟　中国版权保护中心党办主任
张百忍　西藏自治区版权局版权管理处处长
张有立　中宣部版权管理局办公室主任
张晓生　山东省版权局版权管理处处长
张德旺　天津市版权局版权管理处处长
赵　杰　中宣部版权管理局执法监管处处长
赵明明　广西壮族自治区版权局版权管理处主任科员
赵晓鹏　北京市版权局版权管理处主任科员
郝　炜　内蒙古自治区版权局版权管理处主任科员
郝　辉　宁夏回族自治区版权局版权管理处副处长
郝子谋　山西省版权局版权管理处主任科员
施晓娟　新疆维吾尔自治区版权局版权管理处处长
夏　玲　甘肃省版权局版权管理处处长

《中国版权年鉴》编辑部

主　　编：于慈珂
副 主 编：汤兆志　白连永　孟　超
编辑部主任：李方丽
策划编辑：王宏霞
责任编辑：王　喆　张雪靖　王梓灵
执行编辑：冯　格
装帧设计：迟海玉
广告经营：肖　力　李玉彬

编 纂 说 明

一、《中国版权年鉴》是由国家版权局组织编纂，中国人民大学出版社、中国人民大学国家版权贸易基地和中国人民大学创意产业技术研究院编辑出版，是我国唯一全面系统反映全国版权创造、运用、保护和管理基本概貌的大型专业性工具书。本年鉴于 2009 年创刊，逐年编纂，连续出版，每年一卷，2018 年卷为第十卷。

二、本卷年鉴主要汇辑 2017 年全国版权保护与版权相关产业发展的综合概况、动态信息、文献资料和统计数据，港澳台版权信息及国际版权动态。

三、本卷年鉴采用分类编辑法。根据 2017 年我国版权创造、运用、保护和管理的基本情况与主要特点，采用类目、分目和条目三个层次的结构，以文章、条目、条文和图表的形式表述。全书共设 15 个类目，分列 49 个分目或次分目。

四、本卷年鉴在延续前九卷编纂总体框架下，为实现年鉴的整体性和在有限篇幅里反映高度密集有效信息，对年鉴内容进行了必要的补充及调整，使之方便读者查阅。

1. 特载：刊登《关于印发〈版权工作“十三五”规划〉的通知》。

2. 专文：刊载全国政协文化文史和学习委员会副主任、中国版权协会理事长阎晓宏讲话稿《用战略眼光理性看待网络版权》，原国家新闻出版广电总局副局长、国家版权局专职副局长周慧琳讲话稿《创新是网络版权保护与发展的不竭动力》和《以党的十九大为指引开创新时代版权社会服务工作新局面》。

3. 专栏：全面记录 2017 年著作权法执法检查工作情况。

4. 版权工作概览：全面记录 2017 年我国各级版权行政管理部门、版权司法审判机构及版权管理与社会服务组织开展的版权工作概况。

5. 版权扫描：翔实记载 2017 年全国版权相关立法、司法、行政管理、宣传教育、交流研讨、社会管理与服务、国际交流与合作、产业发展等方面的动态信息及港澳台版权信息。

6. 版权相关产业及版权贸易：反映 2017 年我国新闻出版、数字出版、广播电视、电影、软件、动漫、网络游戏等版权相关产业的基本状况与发展趋势。

7. 典型案例选编：刊登 2017 年全国著作权司法保护典型案件、2017 年度全国打击侵权盗版十大案件、“剑网 2017”专项行动 20 起典型案件、2017 年部分省（自治区、直辖市）著作权司法保护典型案件和行政执法典型案件。

8. 法律法规及规章文件：汇辑《中华人民共和国电影产业促进法》《中华人民共和国网络安全法》及 2017 年国家版权局印发的版权相关工作文件。

9. 年度发布：刊登 2017 年中国网络版权保护年度报告、2017 年中国版权十件大事、2017CPCC 十大中国著作权人、2017 年中国版权年会年度评选获奖名单。

10. 理论研究：集中反映 2017 年全国版权领域的理论研究成果。对 2017 年中国著作权法理论研究现状进行了梳理和回顾，并特别转载了反映版权界热点问题的 10 篇学术论文。同时对 2017 年出版的版权相关图书进行了简要介绍。

11. 统计资料：收集 2017 年与版权登记、版权保护、版权管理和版权贸易有关的统计数据，以及新闻出版业、广播影视业和软件业的统计资料。

12. 名录：刊登版权行政管理部门、版权公共服务机构、版权协会、著作权集体管理组织、版权相关行业协会、版权代理公司、国家级版权交易机构及知识产权教学与研究机构最新的通信联络信息。

13. 国际版权动态：作为附录介绍 2017 年国外版权法律制度发展的最新动向，包括立法与行政、司法判例及业界动态。

14. 索引：采用内容分析和主题词检索的方式，按汉语拼音字母顺序编制本卷内容的主题索引。

15. 宣传广告：以彩色图文展现 2017 年版权管理相关的重要活动，并宣传展示版权示范城市及版权相关企事业单位。

五、本卷年鉴中所载内容无特别说明外，均按时间先后顺序排列；涉及各省（自治区、直辖市）的内容，均以全国行政区划为序。因组稿条件有限，本卷年鉴未包含香港、澳门特别行政区和台湾省的版权工作概况及相关统计数据。

六、本卷年鉴配备双重检索系统：书前刊有详细目录，书后备有内容索引。

七、本卷年鉴中全国版权统计数据由中央宣传部版权管理局、国家新闻出版广电总局规划发展司、工业和信息化部软件服务业司、国家广播电视总局发展研究中心等提供；各省（自治区、直辖市）版权局的统计数据由相关版权局领导确认。

八、本卷年鉴同时出版纸质版和电子版（光盘），其中电子版采用多媒体和全文检索技术，并随纸质版附赠。

九、本卷年鉴在组稿和编辑过程中，得到了中央宣传部版权管理局、国家新闻出版广电总局规划发展司、工业和信息化部软件服务业司、国家广播电视总局发展研究中心、中国人民大学知识产权学院、地方版权局版权管理处及其他版权相关单位的大力支持和帮助，在此一并谨致谢意。

十、因为编辑部人员的水平和能力所限，本卷年鉴中定存有疏漏与错误之处，诚请版权界同仁和广大读者给予批评、指正。

目　录

特　载

专　文

专栏：2017年著作权法执法检查工作

版权工作概览

版权扫描

法律法规及规章文件

年度发布

理论研究

统计资料

名 录

附录：国际版权动态

索　引

宣传广告

Contents

Specials

Special Articles

Column: 2017 Copyright Law Enforcement Inspection

Copyright Work Overview

Copyright Scanning

Copyright-Related Industries and Copyright Trade

Selected Compilation of Typical Cases

Laws, Regulations and Regulatory Documents

Annual Announcement

Theoretical Research

Statistics

Appendix: International Copyright News

Index

Publicity and Advertisement

版

特载

TE ZAI

权

关于印发《版权工作“十三五”规划》的通知

（国版函［2017］5号）

各省、自治区、直辖市版权局，新疆生产建设兵团版权局，中央军委政治工作部宣传局，北京、天津、上海、重庆市文化市场行政执法总队，中国版权协会，中国版权保护中心，各著作权集体管理组织，各版权相关单位：

为切实做好“十三五”时期版权工作，加快版权强国建设，国家版权局制定了《版权工作“十三五”规划》，现予印发，请结合实际，认真贯彻执行。

国家版权局

2017年1月25日

版权工作“十三五”规划

“十三五”时期是全面建成小康社会的决胜阶段，是落实“四个全面”战略布局，实现“两个一百年”宏伟目标的关键时期。为全面提高版权创作、运用、保护、管理和服务能力，有效实施创新驱动发展战略，加快版权强国建设，服务全面建成小康社会，根据《国家知识产权战略纲要》、《国务院关于新形势下加快知识产权强国建设的若干意见》、《“十三五”国家知识产权保护和运用规划》及《新闻出版广播影视“十三五”发展规划》，编制本规划。

一、版权工作发展环境

（一）“十二五”时期版权工作主要成就

“十二五”时期，版权工作深入贯彻落实党的十八大精神，积极推进实施《国家知识产权战略纲要》，各项工作取得显著成绩。

1. 版权法律制度体系不断完善

我国批准世界知识产权组织《视听表演北京条约》，《著作权法》第三次修订工作深入推进，完成《著作权法实施条例》、《信息网络传播权保护条例》等行政法规的修订工作，制定《使用文字作品支付报酬办法》、《关于规范网络转载版权秩序的通知》等部门规章和规范性文件，版权地方性立法工作有序开展。既符合中国国情又与国际规则相衔接的版权法律制度体系不断完善，版权工作法治化水平显著提升。

2. 版权执法监管力度不断加大

各级版权行政管理部门坚持日常监管与专项行动相结合，严厉打击各类侵权盗版行为。“十二五”期间，全国版权行政处罚案件35 280件。国家版权局联合相关部门持续开展打击网络侵权盗版“剑网行动”，共查处网络案件2 765件，依法关闭侵权盗版网站1 193个，有效打击和震慑了网络侵权盗版行为。建设国家版权监管平台，利用技术手段强化版权执法监管初见成效。

3. 使用正版软件工作不断推进

软件正版化工作取得重大进展，政府机关于2013年底全部实现软件正版化，全国累计27 001家企业实现软件正版化。其中中央企业、大中型金融机构、新闻出版行业企业集团基本实现软件正版化，75.35%的金融机构实现软件正版化，软件正版化长效工作机制不断健全。

4. 版权社会服务水平不断提升

著作权登记工作规范化、标准化、信息化水平不断提升，登记数量持续增长。2011 年至 2015 年登记总量为 5 260 972 件，2013 年登记量首次突破百万，提前 2 年完成“十二五”规划目标。加强对著作权集体管理组织及涉外著作权认证机构的管理与服务，版权社会服务体系日趋完善。

5. 版权产业持续推进不断发展

国家版权局授予 8 个城市为全国版权示范城市、56 个单位为全国版权示范单位、18 个园区（基地）为全国版权示范园区（基地），成立了全国版权示范城市联盟，各省级版权示范工作也逐步开展。全国设立 12 家版权交易中心（贸易基地），成立了国家版权交易中心联盟。我国版权产业对国民经济贡献的比重持续增长，2014 年已占全国 GDP 的 7.28%。

6. 版权宣传培训工作不断加强

宣传培训工作形成了以“4·26 知识产权宣传周”为重要平台，配合版权重点工作有计划开展的常态机制。国家版权局发挥官方网站信息主渠道作用，开通官方微博、微信及新闻客户端，持续组织举办版权执法培训班、软件正版化培训班、版权相关热点问题媒体研修班，各地开展了形式多样、丰富多彩的宣传培训活动，社会各界不断增进对版权工作的认识和理解。

7. 版权国际交流合作不断深入

我国于 2012 年 6 月在北京承办世界知识产权组织保护音像表演外交会议，推动成功缔结《视听表演北京条约》，2014 年批准该条约，积极推动世界知识产权组织在中国设立了办事处，增强了我国在国际版权领域的话语权和影响力。积极落实与美、欧、英、日、韩等国家和地区的版权合作战略备忘录，完成世界贸易组织对华贸易政策审议及相关自贸区谈判、双边磋商等，为我国经济社会发展创造良好国际版权环境。

（二）“十三五”时期版权工作形势

“十三五”时期，我国经济发展进入“新常态”，坚持创新、协调、绿色、开放、共享五大发展理念，实施创新驱动发展战略，加快知识产权强国建设。版权创作、运用、保护、管理和服务的任务更重、作用更大、要求更高，版权工作进入一个新阶段。

党中央、国务院高度重视包括版权在内的知识产权工作，对版权工作的要求越来越高。版权工作必须牢固树立“四个意识”，特别是核心意识、看齐意识，始终同以习近平同志为核心的党中央保持高度一致，始终坚持为党和国家工作大局服务的宗旨。在新的形势下，做好版权工作必须具备更好政治素质和业务素质。版权工作属于社会化管理工作，从事版权工作要树立面向全社会的新思路、新方法，充分运用市场力量，积极整合社会资源，建立完善的版权社会化服务体系和治理体系。版权涉外事务繁多，双边、多边和区域问题复杂。随着我国地位提升和国际竞争加剧，版权涉外应对形势愈加复杂、任务更加繁重。版权工作要从被动适应国际规则转变到主动参与、引导国际规则制定，不断提升版权国际话语权和影响力。

“十二五”时期版权工作取得很大成绩，但当前还存在不少问题和挑战。一是版权保护环境有待进一步优化。我国版权保护目前仍处于矛盾和纠纷高发期，总体特征仍然是保护不足，这就决定了“十三五”时期仍然要将版权保护放在版权工作的突出位置，实行版权严格保护，维护良好的版权保护环境和秩序。二是全社会的版权意识有待进一步提高。“尊重创作、尊重版权”的氛围还没有在全社会普遍形成，需要持续加大版权宣传、培训力度。三是版权法律制度、体制机制、人才队伍等方面还不能适应建设创新型国家和版权强国的要求，还需要不断完善法律制度体系，健全体制机制，加强人才队伍建设。

二、指导思想、基本原则和发展目标

（一）指导思想

坚持以马克思列宁主义、毛泽东思想、邓小平理论、“三个代表”重要思想、科学发展观为指导，全面贯彻党的十八大和十八届三中、四中、五中、六中全会精神，以习近平总书记系列重要讲话精神为主线，全面落实党中央、国务院各项决策部署，紧紧围绕服务经济发展新常态，大力实施创新驱动发展战略，认真贯彻《国家知识产权战略纲要》及《国务院关于新形势下加快知识产权强国建设的若干意见》，按照“创新、协调、绿色、开放、共享”的发展理念，推进版权工作理念创新、内容创新、方法创新，不断提高工作水平，加快版权强国建设，为建设创新型国家和全面建成小康社会提供有力支撑。

（二）基本原则

实施版权严格保护。在版权保护方面，针对当前我国仍处于版权矛盾和纠纷高发期，侵权盗版行为还比较普遍、版权环境还有待进一步优化的现实，继续加大版权执法监管力度，实行严格的版权保护。同时要与我国仍处于社会主义初级阶段和属于发展中国家的基本国情相适应，避免过度保护、滥用保护，突出版权保护实际效果，构建版权严格保护格局。

推动版权产业发展。根据中央“发展仍是解决我国所有问题的关键”这个重大战略判断，综合运用法律、政策、经济、行政和技术等手段，促进版权创造和运用，加强版权交易中心建设，做好版权示范工作，研究建立互联网版权确权、授权和交易机制，强化版权资产管理，完善版权产业发展的制度研究，发挥版权在文化发展中的基础性、战略性作用，构建版权产业又好又快发展格局。

健全版权工作体系。版权工作要注重体系建设，统筹兼顾，整体推进，坚持“五个并重”。坚持立法与执法并重，既重视版权立法，也要强化版权执法；坚持监管与服务并重，既要加大版权监管力度，也要提高版权服务水平；坚持网下与网上并重，既要重点打击互联网侵权盗版行为，也不忽视传统形式的版权问题；坚持国内与国际并重，既要加强国内版权工作，也要提升国际应对能力；坚持保护与发展并重，既要强调加强版权保护，也要注重版权产业发展。

（三）发展目标

1. 总体目标

加快版权强国建设，为建成中国特色、世界水平的版权强国奠定坚实基础。按照《国务院关于新形势下加快知识产权强国建设的若干意见》规划，努力推进版权强国建设。到 2020 年，版权法律制度体系更加完备，版权工作法治水平进一步提高；版权执法监管力度不断加大，版权保护环境明显改善；版权社会服务体系更加完善，版权产业又好又快发展；版权创作、运用、保护、管理和服务能力显著增强，全社会版权意识大幅提升；版权国际交流合作不断拓展，我国在国际版权体系中的话语权和影响力进一步提高。

2. 具体指标

“十三五”时期，各级版权行政管理部门要加大版权重点工作力度。国家版权局每年组织开展 2 次全国性的版权执法专项行动，5 次全国性的版权执法培训及 7 次全国性的软件正版化工作培训。每年新授予 1 至 2 家全国版权示范城市、15 至 20 家全国版权示范单位、3 至 5 家全国版权示范园区（基地）。著作权登记工作持续推进。其中作品登记年均增长 15%，2020 年全国登记数量达到 278 万件；计算机软件著作权登记数量年均增长 10%，2020 年全国登记数量达到 60 万件（详见下表）。

年份 指标	2016 年	2017 年	2018 年	2019 年	2020 年
全国作品登记数量	159 万	183 万	210 万	242 万	278 万
全国计算机软件著作权登记数量	41 万	45 万	50 万	55 万	60 万

三、重点任务

（一）完善版权法律制度体系

根据《中共中央国务院关于完善产权保护制度依法保护产权的意见》等有关规定和要求，立足版权实际和中心工作，推进版权法律制度精细化、时代化和特色化，着力解决版权领域法律修订相对滞后等问题，加强版权重点立法，加快完善版权法律制度体系。

1. 推进《著作权法》第三次修改

修改完善《著作权法》，健全侵权法定赔偿、著作权集体管理制度、著作权登记制度、网络环境下确权、授权和交易规则等顶层设计，加强《著作权法》与我国加入国际条约的衔接。

2. 制定、修订有关著作权行政法规

根据《著作权法》修订情况，研究制定《民间文学艺术作品著作权保护条例》，修订《著作权法实施条例》、《信息网络传播权保护条例》、《著作权集体管理条例》等配套行政法规，完善著作权法律法规体系。

3. 制定、修订有关著作权部门规章

研究制定规范网络版权秩序的系列办法，完善版权行政执法依据；研究制定国有著作权管理办法，填补国内版权管理空白；适时修订有关著作权登记的部门规章，进一步规范作品登记、合同登记与备案等工作。

4. 指导地方著作权立法工作

加强工作指导和业务支持，鼓励各地在立法权限和范围内因地制宜制定地方性法规和规章，保障各项著作权法律法规的有效实施。

（二）完善版权行政管理体系

1. 加大版权执法监管力度

健全版权侵权查处机制，加强版权执法监管，做好行政执法与刑事司法衔接，强化事中事后监管，重点突出大案要案查处和重点行业专项治理，加大侵权行为惩治力度，营造和维护合法有序的版权环境。

（1）加强版权行政执法力度。把行政执法作为版权工作的首要任务来抓，通过专项整治与日常监管相结合，强化事中事后监管，重点查处侵犯版权的大案要案，加大对反复侵权、恶意侵权、规模侵权等行为的处罚力度。

（2）突出网络领域版权监管。将网络作为履行版权监管职责的重要阵地，不断净化网络版权环境。持续开展打击网络侵权盗版“剑网行动”，强化分类管理，加强对网络文学、音乐、影视、游戏、动漫、软件等重点领域的监测监管，及时发现和查处侵权盗版行为。依托国家版权监管平台，完善版权重点监管，扩大监管范围，把智能移动终端第三方应用程序（APP）、网络云存储空间、网络销售平台等新型传播方式纳入版权有效监管。

（3）强化版权执法协作。进一步强化版权执法协作机制，推动完善各级文化综合执法机构落实版权执法任务的工作机制，有效发挥文化市场行政综合执法中的版权执法职能，充分运用“扫黄打非”工作组织协调机制，加强与公安、工商、工信、网信等部门的配合、协作，形成版权执法合力。加强版权行政执法与刑事司法的衔接，积极参与建设和使用全国打击侵权假冒工作行政执法与刑事司法衔接工作信息共享平台，进一步推进版权执法案件的信息公开。更好发挥地方执法监管和社会维权监督作用，建立地方版权执法协作机制及版权执法部门与企业、协会合作机制。

（4）建立完善长效机制。完善打击网络侵权盗版的快速反应机制，健全与基础电信企业、互联网信息服务企业快速有效的“通知—移除侵权”工作机制。完善版权快速维权与维权援助机制，缩短侵权处理周期。探索建立版权行政调解机制，通过非诉讼纠纷解决途径积极化解版权纠纷。探索建立侵权盗版信用评价机制，发布失信单位和个人“黑名单”。

（5）提升执法监管信息化水平。充分利用云计算、物联网、大数据、移动互联网等新一代信息技术，创新版权监管手段，提高执法有效性和精准度。完善国家版权监管平台，建设权利人及侵权盗版等信息库，实现对互联网侵权盗版行为的及时发现、源头追溯、有效监控、准确取证、属地查处，提高对侵权盗版行为的监管、查处效能。

2. 持续推进软件正版化工作

建立健全软件正版化工作制度和长效机制，充分利用互联网和大数据等信息技术，创新工作模式和方法，制度与技术手段并重，构建软件正版化工作新体系，巩固和扩大软件正版化工作成果。

（1）紧密把握两个结合。推进软件正版化与信息化建设、信息安全保护有机结合，推进软件正版化与自主创新有机结合，推广应用优秀软件产品，提升国家软件核心竞争力。

（2）突出重点工作任务。充分发挥推进使用正版软件工作机制优势，加强正版软件管理，巩固中央和省级政府机关、中央企业和大中型金融机构软件正版化成果，推进市县级政府机关软件正版化工作规范化、常态化，推进地方国有企业和中小金融机构全部实现软件正版化，推进事业单位和民营企业软件正版化工作。

（3）建立健全责任体系。推进政府机关和相关企业明确软件正版化工作责任部门，建立较为完善的软件正版化责任体系，把推进软件正版化工作的领导责任、部门责任和员工责任落到实处。

（4）加强技术标准手段。在完善软件正版化工作涉及的软件采购、使用管理、督促检查等制度的基础上，充分利用技术手段，建立软件正版化工作信息化平台，统一软件正版化工作相关数据标准和统计标准，提高软件正版化工作效率。加强管理模式创新，科学利用第三方专业机构资源。

（三）完善版权社会服务体系

1. 优化版权社会管理工作

全面完善版权社会服务体系，创新工作方式方法，加强版权公共信息服务平台建设，充分发挥版权社会服务机构的作用，进一步提升版权服务与管理能力。

（1）搭建版权社会服务平台。积极争取国家有关部门批准，搭建全国著作权登记工作的服务平台，探索建立全国统一的著作权登记、统计和查询系统，完善版权社会服务。

（2）推进著作权登记工作。进一步规范作品登记、计算机软件著作权登记、著作权质权登记、涉外著作权合同登记、著作权专有许可使用合同及转让合同备案等工作，提高著作权登记数量，提升著作权登记质量。

（3）加强对著作权集体管理组织的监管与服务。支持著作权集体管理组织依法开展业务活动和维权工作，妥善解决其与相关利益方之间的矛盾与纠纷。鼓励著作权集体管理组织建立与相关产业、行业的合作平台。适时研究建立表演、美术等领域的著作权集体管理组织。

（4）依法加强对涉外著作权认证机构、国际著作权组织在华常驻代表机构的监管。健全监管通气会制度，依法规范上述机构在我国境内开展的各项涉及版权的活动，充分发挥其在国内外版权交流与合作中的桥梁纽带作用。

2. 推动版权产业健康发展

完善推动版权产业发展的制度与政策，加强机制和平台建设，抓好项目带动，综合运用各种措施，促进版权创造与运用，推动版权产业又好又快发展。

（1）积极推进版权交易。加强对国家版权交易中心、国家版权贸易基地的培育和管理，重点培育东北地区、“一带一路”沿线、国家综合改革试验区、自由贸易区等既符合国家战略又具有产业特色的国家版权交易中心。支持“国家版权交易中心联盟”建设，充分发挥其在版权交易、评估、融资等方面的聚集、协同和服务作用。继续举办“中国国际版权博览会”，扩大版权产业影响。

（2）继续开展版权示范创建。继续开展国家版权示范城市、示范单位、示范园区（基地）创建工作，加强对已授予称号的示范城市、单位和园区（基地）的后续管理，充分发挥版权示范创建工作对版权产业发展的引导带动作用。

（3）深入开展版权产业相关研究。以出版行业国有版权资产管理为基础，开展广播电影电视等领域的版权资产管理调研，清理、拓展版权资产价值，探索版权资产管理的方法流程和制度体系，带动全社会各领域加强版权资产管理。组织开展网络版权产业发展研究，继续开展版权产业国民经济贡献调研，指导推动地方开展版权产业国民经济贡献调研，更好发挥对版权产业发展的促进作用。

3. 加强版权宣传培训工作

充分利用各种传播形式尤其是新型传播形式，全方位地进行版权宣传，广泛开展版权培训，提升全社会版权认知度，扩大版权工作的社会影响，增进国际社会对中国版权工作的理解和支持。

（1）做好版权重点宣传。以“4·26 知识产权宣传周”为重要平台，以重大版权事件、版权活动为契机，充分发挥国家版权局门户网站及官方微信、微博等主导作用，利用各种场合、媒体，不断创新宣传方式，做好版权重点工作的国内国际宣传，营造良好版权舆论氛围。

（2）建立版权舆情监测信息服务机制。积极运用各种媒体特别是网络媒体，注重对版权热点问题、重大事件、网络监测内容的舆情分析，建立舆情信息专报制度，为版权工作大局提供舆情信息服务。

（3）强化版权教育培训。针对不同地区、不同部门、不同人群开展培训，将版权培训对象从版权执法人员向公众、媒体和版权相关从业人员扩展，继续办好“版权媒体热点问题研修班”，引导正确的舆论导向，提高全社会的版权认知水平。

（四）完善版权涉外工作体系

正确研判国际形势，统筹国内国际两个大局，主动参与国际版权体系建设，积极推动“一带一路”涉外版权工作，稳妥处理国际版权事务，拓展国际交流合作渠道，进一步提高版权多、双边合作与应对水平，适时变被动应对为主动出击，不断提升版权国际话语权和影响力。

1. 深化与版权有关的国际组织合作

深化与世界知识产权组织、世界贸易组织、亚太经合组织等与版权有关的国际组织的交流合作，争取增加我国在国际组织中的职员比重，推动《视听表演北京条约》早日生效，做好《马拉喀什条约》批准的相关工作，积极参与相关国际版权条约的制定及版权议题的对话与磋商，切实维护我国家利益，争取有利于我发展的国际版权环境。

2. 推动建立合作共赢的新型双边版权关系

进一步完善与美、欧、英、日、韩等重要版权双边关系的对话交流平台，本着“合作共赢”的原则，妥善处理版权保护问题，化解版权争端，适时推动与其他国家建立对话协商机制，促进与“一带一路”沿线国家版权工作开展，继续推进两岸四地版权工作，形成遍及重点国家和地区的新型双边版权关系网络。

3. 建立健全版权国际应对联动机制

继续做好国际版权事务的分析研究，跟踪了解、掌握国际版权发展的新动向、新趋势，特别是美欧发达国家版权新情况，及时制定实施相应工作措施。加强与立法机关、司法机关及外交、商务、专利、商标等行政机关的版权国际应对联系沟通，实现多部门、多行业的联动应对机制。

四、保障措施

（一）加强组织领导，强化督促检查，确保各项工作落到实处

建立完善版权工作领导负责制，从新闻出版广播影视（版权）系统做起，把版权工作作为全局性的工作统筹谋划、切实抓好，引导全社会高度重视版权工作。加强对各级版权行政管理部门的指导和协调，发挥中央和地方两个层面的积极性，将版权工作纳入从中央到地方的重大规划当中。强化对各项工作任务的监督、指导与考核，建立目标责任考核体系，积极争取把版权执法、软件正版化、著作权登记、版权示范等纳入地方政府的重点工作及考核目标，确保各项工作任务的落实。

（二）加强队伍建设，提高业务能力，完善版权执法及管理体系

强化国家版权局与地方版权管理部门及文化市场综合执法部门的联系，发挥各地文化市场综合执法优势，充分调动公安、工信、网信、“扫黄打非”等部门版权执法的积极性，运用好

“两法”衔接机制，定期召开版权执法工作会议，开展版权执法培训，运用国家版权监管平台，增强版权行政管理和执法人员利用新技术进行监管的能力。建立媒体及著作权登记等版权从业人员培训制度，定期组织业务培训，提高从业人员的版权业务水平，进一步规范版权相关服务机构及中介组织的市场行为。

（三）争取财政支持和优惠政策，加大对版权工作的扶持力度

积极与财政、金融、税务、发展改革等部门沟通协调，努力将版权工作纳入各地重大规划中实施，争取财政及其他相关政策支持。引导地方政府给予著作权登记工作专项资金或优惠政策。对西部欠发达地区及少数民族地区版权重点工作加强指导、扶持。

（四）加强激励引导，调动社会力量，激发全民创新创造活力

继续举办并有效运用“中国版权金奖”，对在版权创作、运用、保护、管理和服务过程中作出突出贡献的单位和个人予以嘉奖，激发全社会的创新意识和创作热情。充分调动各种社会资源和力量，发挥各类版权协会、中介组织、交易中心、研究机构、集体管理组织及专家学者的作用，强化版权登记、评估、质押、融资、交易、调解、仲裁等功能，完善版权社会服务体系，促进版权事业、版权产业全面健康发展。

（五）加强人才储备，整合社会资源，服务版权涉外应对工作

建立国际版权专家智库，重视版权国际应对人才的培养，有针对性地开展国际版权专业人才培训，培养一批政治素质好、业务水平高、熟悉国内外版权事务的版权业务骨干。充分利用社会资源，发挥专家学者的特长，整合由高校、科研院所等专业机构为主体的国际版权应对工作咨询团队，系统研究版权热点难点问题，为做好版权国际应对、提升对外版权工作水平提供人才保障和智力支持。

附：

“十三五”时期版权工作项目

1. 国家版权监管平台项目 完善国家版权监管平台，通过平台应用实现版权执法、著作权登记和软件正版化等版权工作信息的及时报送、统计、公告和查询，对互联网及其他新媒体的侵权盗版行为进行实时监管，加强对著作权集体管理组织及著作权涉外认证机构的监管与服务，增进对地方版权管理及执法机构的联系和指导，全面提升版权工作水平。
2. 国家版权示范工作推进工程 继续开展全国版权示范城市、示范单位、示范园区（基地）创建工作，“十三五”时期，争取创建5－10个示范城市、75－100个示范单位、15－25个示范园区（基地），充分发挥各示范主体在版权保护、版权产业发展中的引领和带动作用。
3. 全国版权交易体系建设推进工程 重点培育5－10个在“一带一路”沿线、国家综合改革试验区、自由贸易区内既符合国家战略又带动区域经济发展的全国性或区域性版权交易中心（基地），建立并完善全国性的版权贸易、版权交易协作联盟，集聚版权资源，降低交易成本，促进版权交易的规范化运作，打造健康版权产业链，服务创新型国家和版权强国建设。

版权

专文

ZHUAN WEN

用战略眼光理性看待网络版权

阎晓宏

网络 IP 是近两年出现的一个新词，从它的字面意义上看，包括著作权、专利、商标等，但其中主要是著作权，在网络文学中更是如此。网络 IP 的兴起，反映出人们对网络传播内容知识产权价值的认识发生了重要变化。

一、公众获益是平衡作者和使用者的目的

10 多年前，网络一片乱象，人们谈论最多的是 ICP 和 ISP，它们是内容提供商和网络运营商，当时的互联网是无序的，无论是影视作品、音乐作品还是文字作品的作家都很弱小，许多网站打着公益的名义，无偿使用他人作品，还美其名曰“免费时代”。

免费是可以的，但是不能未经许可大量使用别人的作品。拿别人的作品来免费，既违背法律的原则，也是不道德的，但当时大家并没有认识到这一点。在这种环境下，作家几乎拿不到钱。各类作品的创作者，在作品创作完成后，能否拿到钱，是其劳动成果能否获得相应报酬的一个标准，也是其能否维持生活、继续创作的一个前提条件。

如果互联网的秩序优良，网络作品传播效果显著，但是作者未从中盈利，那就不能称之为好。因为作品的创作与使用之间没有达到平衡，这不仅意味着作者和使用者之间双方利益不平衡，更重要的是，只有在作者和使用者之间达到平衡和双赢，作品才能最大限度地被传播，公众才能获益。公众获益，才是平衡双方利益所应该达到的终极目的。其实著作权的制度，在当时总体来看是没有问题的，关键是没有执行好现行的法律制度。

现在情况发生了根本变化，网络 IP 对文化传播的贡献很大，特别是网络文学不仅有众多的读者，而且走出国门，对此，《人民日报》专门刊发文章做了长篇报道。

首先，作家、音乐家能够在网络中拿到报酬，应该强调的是，虽然现在作家、音乐家通过作品的网络传播拿到了报酬，但并不是越高越好，关键是把握好度。其次，网络进入到付费和免费共存的时代，需要明确的是，这里说的免费指的是网络平台拿到作品合法授权后的免费使用。最后，网络 IP 在网络中的价值越来越被重视，在某种意义上，谁拿到了网络 IP 的控制权和使用权，谁就是赢家。

二、好作品与现代传播能力是发展社会主义文化的关键

网络传播的各类作品，包括影视作品、音乐作品、文字作品等在文化传播中更根本的是基础性的资源。在网络中首先应该有好作品，其次才能广泛传播。在作品和传播两者的关系上，作品是源，传播是流。

但是，就目前而言，网络优质 IP 是稀缺资源。就网络 IP 的数量来讲是极其庞大的，就其中版权而言，数量毋庸置疑是世界第一，而只谈数量是没有意义的，这是互联网内容产业发展的一个误区，并不是越多越好，而是越精越好，越专越好。甚至也不能一般地讲网络 IP 的原创，或者版权的原创，就网络 IP 的原创和版权的原创来讲，数量是巨大的，而且大多数传播价值是不高的。我们需要把目光聚焦到网络 IP 和版权的优质内容上，但它的数量很少，是网络传播中的稀缺资源，优质的网络 IP 虽然数量很少，但是传播的能量很大，我们要唱响网络主旋律，传播正能量，所凭借的只能是内容积极健康向上，审美情趣高雅，拥有众多读者的优秀作品。

发展壮大社会主义文化，关键因素：一是要有好作品，二是要有现代传播能力。因此，创作好作品，判断好作品，控制好作品（能否拿到好作品的授权许可）是极其重要的。首先我们要能够准确判断作品的价值，并非所有的作品都是有价值的，大多数是有权利但没有传播价值的，我们如何以犀利

的目光选择好的作者、好的作品，这是一件非常专业、非常复杂的事情，在这里我们更多指的是，挖掘名不见经传、有巨大潜力的优秀作者和优秀作品，而不是追逐已经在市场上具有相当影响力的著名作家和大牌艺人。

三、网络环境下传统授权模式面临挑战

就如何使网络 IP、网络版权交易降低成本和更为便捷这一问题来看，在网络快速发展的背景下，传统的授权模式受到很大挑战，如何在现行法律制度下探索更好的授权方法，这是很重要的问题，也是实践中的难题。

我们在努力探索和破解这个难题的同时，也需要有一种与时俱进、实事求是的态度来看待现行著作权法律制度的修订问题，中国的著作权法现出台已逾 20 年，但仅经过两次局部修改，现阶段进行一次较大修改以符合实践发展的需要，也势在必行。

在社会主义市场经济的条件下，有形财产、无形财产的交易规则，本质上是一致的。一般而言都需要通过民事的契约合同来确定，不同的是无形资产能转移财产权，但其人格权是不能被转移的。

四、着力解决好作品授权与使用矛盾

现在网络 IP 的版权交易和竞争，已经由传统的作者和使用者之间的交易和竞争，转变为公司和公司之间的交易和竞争，代表作品一方的公司与代表平台一方的公司之间的博弈和竞争。

在这个过程中，伴随着众多的版权纠纷、矛盾和诉讼。大多数情况下是通过民事主体的调节和诉讼来解决的，但这并不意味着政府无须介入，也不意味着政府不能介入。发达国家有很好的例子，知识产权就总体而言是由民商法协调的，知识产权作为推动社会的重要力量，它既需要民商规则来调节，也需要国家对其运行秩序进行维护，当知识产权和版权的运行秩序出现问题时，就应当在法律的授权下，给予必要的干预。

在当前和今后相当长的一段时间内，网络 IP、网络版权既是一个争夺的高地，也是一个矛盾纠纷的焦点。我们需要用战略的目光来看待这个问题，在实践中着力解决好作品的授权和使用的矛盾，这样才能推动网络文化、网络内容产业的健康发展。

（本文系作者在 2017 杭州版权交易大会上的演讲，刊发时有删改。作者为全国政协文化文史和学习委员会副主任、中国版权协会理事长）

创新是网络版权保护与发展的不竭动力

周慧琳

党的十八大以来，以习近平同志为核心的党中央把加强网络治理和知识产权保护提高到了前所未有的高度。习近平总书记亲自担任中央网络安全和信息化领导小组组长以来，多次对网络安全和信息化工作发表重要讲话，就建设网络强国、促进互联网持续健康发展提出一系列新思想新观点新论述，并专门强调要增强互联网企业的使命感和责任感，加大知识产权保护力度，提高侵权代价和违法成本，震慑违法侵权行为。这些重要讲话既对加强网络治理、培育良好网络文化提出了明确要求，也为做好网络版权工作指明了努力方向。我们必须立足于党和国家的工作大局，进一步把握新机遇、认清新形势、应对新挑战，才能实现网络版权的创新发展。

一是要充分把握新机遇。当前，我国经济发展进入新常态，正处于实施创新驱动发展战略和供给侧结构性改革的关键时期，创新引领发展的趋势更加明显，促进知识产权运用、严格知识产权保护已成为转变发展方式的迫切需要，也是推进供给侧结构性改革、促进产业转型升级的必然要求。近年来，中央相继下发《关于新形势下加快知识产权强国建设的若干意见》《关于完善产权保护制度依法保护产权的意见》《“十三五”国家知识产权保护和运用规划》等一系列重要文件，对加快知识产权强国建设、加强知识产权保护特别是网络知识产权保护做出了重要部署，更是为网络版权创新发展带来了前所未有的大好机遇。

二是要科学认识新形势。2016 年，我国著作权作品登记量突破 200 万余件，版权产业增加值对经济贡献率超过 7%。随着网络全面融入经济社会，版权的创作传播更加丰富、交易使用更加便捷、应用转化更加广泛，已经成为互联网产业发展的重要基础性资源。特别是近年来政府部门持续加大对侵权盗版行为的打击力度，社会公众和网络企业的版权意识不断提升，网络版权环境显著改善，良性商业生态逐步形成，版权市场更加趋于统一规范。网络新闻、网络视频、网络音乐、网络游戏、网络文学的用户数量一直居于互联网应用前列，优质 IP 越来越获得企业的青睐，版权资源的价值更加凸显，展现出了十分广阔的发展前景。

三是要积极应对新挑战。为规范网络版权秩序，国家版权局、网信办、公安部、工信部四部门连续 12 年联合开展“剑网行动”并取得显著成效，大规模侵权盗版现象基本得到遏制。长期阻碍网络文学行业发展的侵权盗版问题受到严厉打击，网络文学版权环境显著改善，网络文学的 IP 开发向纵深拓展；网络视频良性商业生态逐步形成，会员付费收入表现出强劲增长；网络音乐市场进一步整合，全行业尊重版权的意识已经形成，音乐版权资源加快流转，不仅推动网络音乐收入的高速增长，也提升了广大用户的体验。在看到成绩、充满信心的同时，也应正视仍然存在的问题：比如网络环境下未经授权使用作品的现象仍很突出，权利人仍然处于弱势地位；比如传统版权授权模式受到挑战，侵权与维权的矛盾更加凸显；比如新的网络应用层出不穷，网络执法还不能适应各种新情况新问题等。现阶段和未来一个时期，我国网络版权领域的各种矛盾、纠纷还处于高发期，保护版权、打击侵权盗版将是一项长期、复杂、艰巨的任务，实施严格保护仍然是网络版权管理的主基调。各级版权行政管理部门都要敢于担当、善于担当，坚决打击各类网络侵权盗版活动，切实保护网络版权、维护社会公平正义。

习近平总书记强调，“创新是民族进步之魂”“创新是引领发展的第一动力”“创新是文艺的生命”。版权与创新之间有着天然的内在联系，既是知识产权创新的重要领域，又是创新成果的重要表现方式。要推动网络版权相关产业持续健康发展，就必须始终坚持创新发展理念，努力在内容、传播、制度、管理各方面取得新的突破。

第一，要坚持版权内容创新。文化创新的核心是多出优秀作品，而优秀作品的创作、传播、使用、交易都离不开版权制度的保障。可以说，版权是文化创新的基础性资源和战略性要素。抓好版权内容创新，要始终秉持以人民为中心的创作理念，大力生产传承中华优秀传统文化、弘扬社会主义核心价值观、提高公民道德水准和文化素养、人民群众喜闻乐见、内涵丰富健康向上的优秀作品；要建立健全科学完备的作品登记体系，进一步完善作品登记、版权质押和转让合同备案制度，保证作品登记的严肃性、权威性和统一性，减少版权运用、管理和保护成本，更好地激励保障内容创作；要大力培育版权示范基地和示范企业，推动形成一批版权产业发展较快、竞争力较强的排头兵，促使企业不断提升运用版权实现发展的能力。

第二，要坚持版权传播创新。把握好版权保护与版权传播的关系，是版权领域的永恒命题。在移动互联网、大数据、云计算的环境下，如何在保护著作权人权益的同时促进优秀版权资源的传播，更需要我们认真思考、大胆探索。抓好版权传播创新，要积极推动建立版权交易平台和版权价值评估体系，构建规范快捷、成本低廉的良性交易机制；要优化社会服务，完善版权融资体系，建立规范科学的版权相关统计标准；要建立健全版权行业组织，加强著作权集体管理体系建设，大力发展版权代理和版权调解仲裁，充分发挥各类主体在保护创作者利益、促进版权产业发展方面的积极作用；要积极探索建立适合互联网特征的授权机制，着力改变网络环境下作品授权难、使用难的状况，促进网络海量作品的授权与使用。

第三，要坚持版权制度创新。版权制度讲求动态平衡，一方面赋予作者一系列适当的权利，鼓励更多地创造和传播原创作品；另一方面，推动他人合法使用既有作品，促进公共教育和社会文化发展，最终目的还是让更多人受益，促进人类社会的健康、可持续发展。抓好版权制度创新，要明确“有利于作品创造、保护、传播、使用”的大方向，在此基础上不断细化规则，该完善的完善、该修订的修订、该限制的限制、该保护的保护。为此，要更加充分地认识《著作权法》修订工作的必要性、紧迫性和复杂性，按照主动、全面调整的要求，积极回应信息化带来的挑战，在修订过程中不断完善互联网版权法律制度，赋予著作权人更多权利，强化行政执法手段，加大对侵权盗版行为的处罚力度，为促进网络版权健康发展夯实制度基础。

第四，要坚持版权管理创新。抓好版权管理创新，要继续把网络作为版权管理的主阵地、主战场，不断强化互联网思维，坚持政策引导和依法管理并举，坚持执法监管和服务发展并重，进一步发挥好网络版权执法监管的重要作用，切实维护网络版权安全；要不断适应打击侵权盗版新形势，针对网络影视侵权、网络新闻作品非法转载、第三方应用程序（APP）等方面问题，在今年的“剑网行动”中加大专项治理力度，进一步增强网络版权管理的实效性；要进一步加强司法和行政保护的有效衔接，加大刑事打击力度，重点打击以营利为目的的集团性侵权盗版犯罪活动，提高版权管理和执法能力；要改变单纯依靠政府部门的做法，把行业、企业包括社会公众的力量凝聚起来，形成政府有效监管、企业自我约束、行业自律与公众监督相结合的打击盗版新格局；要推动互联网企业切实履行主体责任，强化合法经营意识，不断建立健全内部版权管理体系，进一步增强网络版权保护的主动性。互联网企业是版权保护和运用的受益者，应该更懂得版权的价值，更懂得尊重版权。希望广大互联网企业都能增强版权保护意识，在版权保护和版权创新方面做出良好示范，起到表率作用。今年世界知识产权日的主题是“创新改变生活”，凸显了创新在经济社会发展中的重要作用。对创新的尊重和激励，恰恰是版权制度的核心要义，也是网络版权保护与发展的不竭动力。让我们更加紧密地团结在以习近平同志为核心的党中央周围，牢固树立“四个意识”，特别是核心意识、看齐意识，同心协力，开拓创新，为推动网络强国建设和知识产权强国建设做出新的更大贡献，以优异成绩迎接党的十九大胜利召开。

（本文系作者在 2017 中国网络版权保护大会上的主旨演讲，刊发时有删改。作者时任国家新闻出版广电总局副局长、国家版权局专职副局长）

以党的十九大精神为指引 开创新时代版权社会服务工作新局面

周慧琳

在全党全国各族人民深入学习贯彻党的十九大精神之际，我们召开全国版权社会服务工作会议，总结交流版权示范创建工作取得的成绩、分析面临的问题与挑战、谋划下一步工作思路和举措，对在新时期贯彻新发展理念，深入推进全国版权社会服务工作具有重要意义。

习近平总书记所做的党的十九大报告思想深邃、高屋建瓴，是指引中国特色社会主义事业迈进新时代、开启新征程、谱写新篇章的政治宣言和行动纲领。学习好、贯彻好、落实好十九大精神，是版权和新闻出版广电全行业当前首要的政治任务，要用十九大精神武装思想、统一认识、指导实践、推动发展，准确把握版权工作面临的新形势、新机遇，认真分析版权工作出现的新问题、新挑战，在新时代新起点上，大力提升版权的创造、保护、运用，为激发全民族创新创造活力、建设创新型国家做出应有的贡献。这是党和国家的期盼，也是我们版权工作者的历史责任和光荣使命。这里，我就如何在新时期开创版权社会服务工作新局面，讲三个方面的意见：

一、十八大以来版权社会服务工作取得显著成绩

十八大以来，以习近平同志为核心的党中央将创新提升至国家经济社会发展全局的核心和战略位置，陆续颁布了《中共中央 国务院关于深化体制机制改革加快实施创新驱动发展战略的若干意见》和《国务院关于新形势下加快知识产权强国建设的若干意见》等重要文件，版权社会服务工作全面落实党中央、国务院各项决策部署，紧紧围绕服务经济社会发展新常态，大力实施创新驱动发展战略，按照创新、协调、绿色、开放、共享五大发展理念，推进版权社会服务工作理念创新、内容创新、方法创新，不断提高工作水平，加快版权强国建设，为建设创新型国家和全面建成小康社会提供有力支撑，各项工作取得显著成绩：

一是版权法律制度体系不断完善。我国批准世界知识产权组织《视听表演北京条约》《著作权法》第三次修订工作深入推进，完成《著作权法实施条例》《信息网络传播权保护条例》等行政法规的修订工作，制定《使用文字作品支付报酬办法》《关于规范网络转载版权秩序的通知》等部门规章和规范性文件，版权地方性立法工作有序开展。既符合中国国情又与国际规则相衔接的版权法律制度体系不断完善。

二是版权社会服务水平不断提升。不断完善和推进著作权登记制度建设，先后出台《关于规范作品登记证书的通知》《关于规范电子版作品登记证书的通知》等多项规范性文件，著作权登记工作的规范化、标准化、信息化水平进一步提升，促进了登记总量的大幅度增长：2013 年，全国著作权登记总量突破 100 万件，2016 年总量突破 200 万件。各类作品和软件的创造、创新能力极大提升，版权成果转化成效明显。与此同时，加强对著作权集体管理组织及涉外著作权认证机构的指导与服务，版权社会服务体系日趋完善。

三是版权执法监管力度不断加大。各级版权行政管理部门坚持日常监管与专项行动相结合，严厉打击各类侵权盗版行为。2005 年至 2016 年，各级版权主管部门共办理行政处罚案件 9.35 万件，收缴各类侵权盗版制品 5.08 亿件。国家版权局联合相关部门持续开展打击网络侵权盗版“剑网行动”，共查处网络案件 5 560 件，依法关闭侵权盗版网站 3 082 个，有效打击和震慑了网络侵权盗版行为。五年来，版权秩序和环境持续好转，受到社会各界广泛好评，同时，这也为推进版权社会服务提供了积极条件。

四是版权产业持续推进不断发展。我国版权产业对国民经济贡献的比重持续增长，2015 年已占全国 GDP 的 7.30%，中国版权产业在国民经济中的

比重逐步上升，在推动经济发展、优化产业结构中发挥着越来越重要的作用。持续开展全国版权示范创建工作，目前，国家版权局已授予10个城市为全国版权示范城市、109个单位为全国版权示范单位、29个园区（基地）为全国版权示范园区（基地）。2015年，在国家版权局指导和支持下，成立了全国版权示范城市联盟。国家版权局批准设立了16家国家版权交易中心（版权贸易基地），推动成立了国家版权交易中心联盟。

五是版权宣传培训工作不断加强。版权宣传工作与立法、执法、司法、产业发展紧密结合，并随着时代发展不断创新宣传方式和宣传手段，通过全媒体传播、多渠道进行、全社会共同参与的方式推动社会公众版权意识的提高。持续组织举办版权执法培训班、软件正版化培训班、版权相关热点问题媒体研修班，各地也开展了形式多样、丰富多彩的宣传培训活动，“尊重知识、尊重劳动、尊重创作、尊重版权”的良好氛围正在逐步形成。

六是版权国际交流合作不断深入。积极开展版权多边交流与合作，于2012年在北京承办了世界知识产权组织保护音像表演外交会议，推动并成功缔结《视听表演北京条约》。2014年积极推动世界知识产权组织在中国设立了办事处。在WTO、APEC等多边场合积极发声，增强我国在国际版权领域的话语权和影响力。积极落实与美、欧、英、日、韩等国家和地区的版权合作备忘录，完成世界贸易组织对华贸易政策审议及相关自贸区谈判、双边磋商等，为我国经济社会发展创造良好国际版权环境。

十八大以来的成绩是全面的、显著的。同时，必须清醒地看到，我们的工作还存在许多不足，也面临不少困难和挑战。一是版权法治化水平仍有差距，法律体系和版权依法行政能力还有待进一步提高。二是版权保护环境有待进一步优化。我国版权保护目前仍处于矛盾和纠纷高发期，总体特征仍然是保护不足，这就决定了今后一段时期仍然要将版权保护放在版权工作的突出位置，实行版权严格保护，维护良好的版权保护环境和秩序。三是全社会的版权意识有待进一步提高。“尊重创作、尊重版权”的氛围还没有在全社会普遍形成，需要持续加大版权宣传、培训力度。四是版权工作的体制机制、人才队伍等方面还不能适应创新型国家和版权强国建设的要求，需要不断完善工作机制，加强人才队伍建设。

五年来取得的成绩，是党中央国务院坚强领导的结果，是全国版权行政管理部门同志们共同努力的结果。在此，我代表总局和国家版权局，向为版权事业努力工作积极奉献的同志们表示衷心的感谢！

二、加强版权创造、保护、运用，服务创新型国家和版权强国建设

党的十九大是在我国全面建成小康社会决胜阶段、中国特色社会主义进入新时代的关键时期召开的一次十分重要的大会。习近平总书记在党的十九大报告中指出，倡导创新文化，强化知识产权创造、保护、运用。这就为实施创新驱动发展战略、加快版权强国建设提供了重要遵循。

（一）加强版权创造，不断满足人民的精神文化需求

中国特色社会主义进入了新时代，我国发展处于新的历史方位。新时代意味着新任务、新要求，新方位意味着新起点、新作为。随着生活水平不断迈上新台阶，人民对美好生活的向往越来越强烈，对精神文化生活的需求也越来越突出，更加期待好看的电影、电视剧、图书、戏曲。这就需要我们大力扶持、推动版权创造。

我们要高度重视这方面有关机制的建立完善。搞好版权宣传工作，大力营造“尊重知识、尊重劳动、尊重创作、尊重版权”的良好氛围；表彰、激励对我国文学艺术、版权保护、社会和经济发展做出突出贡献的创作者、表演者和保护者；不断强化著作权服务意识，创新服务方式，优化服务内容，大力构建版权社会服务体系；开拓发展思路，进一步完善著作权登记制度。

（二）加强版权保护，营造良好版权生态环境

优秀作品的创作、传播、使用、交易都离不开版权制度的保障，唯有加大版权保护力度，依法严厉惩处侵权行为，维护著作权人合法权益，才能营造出全社会创新、创造的良好生态环境。

以习近平同志为核心的党中央高度重视知识产权保护工作。2017年7月17日，习近平总书记在中央财经领导小组第十六次会议讲话中对知识产权保护工作提出了更高、针对性更强的要求。2017年11月22日，李克强总理主持召开的国务院常务会议对知识产权保护工作又做出新的具体部署。我们要坚决贯彻习近平总书记的重要指示和国务院要求，进一步修订、完善法律法规，进一步加强对版权执法工作的领导，建立健全部门间、区域间执法协作机制；积极推进基层执法队伍和执法能力建设，创建版权保护示范区；坚持日常监管和专项整治相结合，突出抓好查办案件；建立健全执法部门与司法机关

信息共享、案情通报、案件移送等制度；完善群众举报投诉、快速反应等机制，引领社会公众广泛参与，努力营造良好版权生态环境。

（三）加强版权运用，促进经济发展文化繁荣

版权的创造和保护，归根结底是为了运用。随着经济全球化和知识经济的不断发展，版权成为越来越重要的生产要素和财富资源，我国版权资源存量巨大，增长迅速，转化运用潜力大，版权产业已成为国民经济发展的重要支柱，成为建设文化强国的重要支柱。

近年来，我国核心版权产业在版权运用上取得了新的可喜进展，主题出版物通过版权贸易，在国际社会产生了重要影响，影视资源不断进行深度、系统开发和利用，版权已成为新兴媒体与传统媒体融合、文化与科技的融合发展中最核心的要素。

我们要充分认识版权在产业融合发展、版权强国建设中的重要地位和作用，切实推进版权的推广运用，注重版权的成果转化，研究适合产业发展的版权资产管理的模式。

三、锐意进取，开创新时代版权社会服务工作新局面

建设版权强国，服务创新型国家建设，是我们今后一个时期版权工作的中心任务，全国版权行政管理部门的同志要加深对我国社会主要矛盾变化新的科学判断的理解，全面深刻认识版权社会服务工作在创新型国家和版权强国建设中的地位和作用，要将版权社会服务工作纳入创新型国家和版权强国建设的总体布局中，统一部署，协调推进，不断提升版权社会服务工作水平。

版权社会服务涵盖了著作权登记、版权产业发展、版权宣传普及、版权行政监管等多方面工作，很好地体现了版权工作的社会化属性。要突出重点、抓出实效。

一是切实做好著作权登记工作。鉴于近年来全国著作权登记总量迅猛增长，工作压力数倍增大，希望各地版权局、中国版权保护中心高度重视此项工作，采取妥善应对措施。积极协调有关部门妥善解决登记机构人员、资金、设备等问题，加强对著作权登记申请的审核把关，注重提高作品登记质量，同时，要通过制定登记机构管理办法对下设的版权登记工作站点进行有效管理，确保著作权登记工作有序进行。

按照国务院政务信息公开的要求，目前，国家版权局在版权监管平台的基础上，正在建立全国统一的著作权登记、信息统计和公示查询系统。今年在全国人大组织的对著作权法执法大检查中，各地集中反映无法查询到作品登记的相关信息。希望各地版权局高度重视并以严肃认真的态度对待此项工作，要按照国家版权局的具体要求，及时准确报送作品登记信息。从2018年起，国家版权局将定期通报此项工作，对落实不力的地方版权局和登记机构要实行问责。

二是深入开展版权示范创建工作。目前，已有19个省级版权局开展了此项工作，有效地带动了当地版权产业发展；发挥了版权示范城市、单位和园区（基地）在自主创新、提升城市和单位创新能力、集聚版权要素和版权资源、促进区域经济转型升级的引导作用；构建了绩效评价指标体系；形成了以点带面的建设格局。

国家版权局将依据《全国版权示范城市、示范单位和示范园区（基地）管理办法》，深入开展版权示范创建工作，争取培育出更多更好的版权示范城市、单位和园区（基地）。各地版权局要高度重视此项工作，将版权示范创建作为促进版权产业发展的重要抓手，创造条件，积极推动。

三是加大版权宣传力度。版权宣传工作担负着对内提高公众版权意识，引导正确舆论，对外展现我国版权工作成就，树立国家形象的重要任务。要将版权宣传普及作为一项基础性、长期性工作抓好抓实。

四是推动版权产业健康发展。近年来，国家版权局相继批准设立了一批国家版权交易中心、国际版权交易中心和国家版权贸易基地，2016年完成了在全国六大行政区划间设立国家版权交易中心的规划布局，一批集版权评估、质押、交易、投融资为一体的版权交易平台已经建立。国家版权局将持续开展版权产业对国民经济贡献调研，各地版权局、版权示范城市也应开展此项调研工作，对地方版权产业发展进行有针对性的指导；开展对出版、广电等核心版权产业的版权资产管理研究，制定出版企业版权资产管理指南；进一步加强对国家版权交易中心、版权贸易基地的指导和规范，推动市场机制的完善，充分发挥其在版权交易、资产评估、融资等市场要素中的积极作用。

五是建立健全工作保障机制。为确保此项工作的扎实推进，各省级版权局要建立完善版权社会服务工作领导负责制，提升主要领导对此项工作的认识和重视程度；要将版权社会服务工作作为全局性的工作统筹谋划、切实抓好；要加强对地市级版权

行政管理部门的指导和协调，强化对各项工作任务的落实和监督；积极争取把著作权登记、版权示范创建、版权交易及成果转化等纳入地方政府的重大规划、重点工作及考核目标；争取中央和地方财政予以专项资金支持和优惠政策，加大对版权社会服务工作的扶持力度；对省（区）内欠发达地区及少数民族地区版权社会服务工作重点加强指导、培育和扶持。确保各项版权社会服务工作任务落实到位。

在新的时代，我们要有新作为，要全面深入贯彻落实党的十九大精神，以高度的使命感和责任感，锐意进取，奋发有为，不断开创新时代版权社会服务工作新局面。

（本文系作者在 2017 年全国版权社会服务工作会议上的讲话。作者时任国家新闻出版广电总局副局长、国家版权局专职副局长）

专栏：2017年著作权法执法检查工作

ZHUAN LAN:2017 NIAN ZHU ZUO QUAN FA ZHI FA JIAN CHA GONG ZUO

工作总览

2017 年

4 月 26 日　十二届全国人大常委会委员长张德江对著作权法执法检查工作进行批示

4 月下旬　十二届全国人大教科文卫委员会调研组赴浙江开展前期调研

5 月 26 日　全国人大常委会著作权法执法检查组成立并召开第一次全体会议，正式启动著作权法执法检查工作

5—6 月　全国人大常委会著作权法执法检查组赴全国 5 个省（市）进行执法检查，并委托 10 个省（区、市）进行自查

6 月 6—8 日　王晨率全国人大常委会著作权法执法检查组到青海省开展检查

6 月 12—16 日　吉炳轩率全国人大常委会著作权法执法检查组到北京市开展检查

6 月 5—9 日　张宝文率全国人大常委会著作权法执法检查组到广东省开展检查

6 月 5—9 日　陈竺率全国人大常委会著作权法执法检查组到福建省开展检查

6 月 19—21 日　柳斌杰率全国人大常委会著作权法执法检查组到上海市开展检查

7 月 25 日　全国人大常委会著作权法执法检查组召开第二次全体会议研究讨论著作权法执法检查报告稿

8 月底　十二届全国人大常委会第二十九次会议召开，听取并审议全国人大常委会著作权法执法检查组关于检查著作权法实施情况的报告

9 月 13 日　全国人大常委会办公厅发函国务院办公厅，请其研究处理全国人大常委会著作权法执法检查组关于检查著作权法实施情况的报告及审议意见

12 月 28 日　十二届全国人大教科文卫委员会第四十五次会议召开，听取国家新闻出版广电总局和最高人民法院关于研究处理全国人大常委会著作权法执法检查报告及审议意见有关情况的报告

2018 年

2 月　十二届全国人大常委会第三十三次会议召开，国务院和最高人民法院向全国人大常委会提交研究处理全国人大常委会著作权法执法检查报告及审议意见有关情况的报告

在全国人大常委会著作权法执法检查组第一次全体会议上的讲话

十二届全国人大常委会副委员长兼秘书长　王　晨

2017 年 5 月 26 日

同志们：

对著作权法实施情况进行检查，是全国人大常委会今年开展的一项重要监督工作，是全国人大常委会贯彻落实以习近平同志为核心的党中央决策部署、推动创新驱动发展战略深入实施、加快知识产权强国建设和社会主义文化强国建设的一项重要举措。张德江委员长十分重视这次执法检查，做出重要批示，强调全面深入实施著作权法的重要意义，对开展执法检查工作提出了明确要求，我们要认真学习领会，在工作中贯彻好、落实好。

为搞好这次执法检查，全国人大常委会办公厅、全国人大教科文卫委员会以及各有关方面做了大量的准备工作。教科文卫委员会赴浙江进行了前期调研，在北京召开了座谈会，广泛听取各有关方面的意见和建议。刚才，国务院有关部门、最高人民法院、最高人民检察院汇报了贯彻实施著作权法工作的情况，还有几个单位提供了书面汇报材料。汇报内容比较全面，符合客观实际，既谈了成绩和经验，也讲了问题和不足，同时提出了今后工作的思路和打算，并且对著作权法提出了修改建议，使执法检查组对著作权法贯彻实施的基本情况有了总体了解，对一些问题有了初步把握。可以看出，这次执法检查的准备工作是比较充分的，有了一个好的开始。希望大家继续努力，认真做好各项工作，圆满完成这次执法检查任务。

会议开始时，柳斌杰主任委员已经向大家介绍了执法检查方案，对有关工作进行了安排部署，请同志们认真贯彻执行，按照执法检查方案有序开展各项工作。下面，我讲几点意见。

一、增强新形势下依法做好著作权工作的责任感和使命感

当前，我国经济发展进入了速度变化、结构优化、动力转换的新常态，创新引领发展的趋势更加明显。党的十八届五中全会提出的“五大发展理念”中，排在首位的就是创新。知识产权作为创新发展的重要保障和推动力量，在中国特色社会主义事业中的重要地位和独特作用日益凸显，成为国家发展的战略性资源、国际竞争力的核心要素和掌握发展主动权的关键所在。党的十八大以来，以习近平同志为核心的党中央高度重视知识产权工作，做出了一系列重大决策部署。党的十八大和十八届三中、四中、五中全会都对知识产权工作提出了明确要求。《国民经济和社会发展第十三个五年规划纲要》确立了“建设知识产权强国”的宏伟目标。国务院于 2015 年印发了《关于新形势下加快知识产权强国建设的若干意见》。由此可见，党的十八大以来我国知识产权事业发展进入了新时期新阶段，面临着新形势新任务。贯彻落实好党中央有关决策部署，着力推进知识产权强国建设，是摆在我们面前一项重要而紧迫的任务。

著作权是知识产权不可或缺的重要组成部分，依法做好著作权工作是建设知识产权强国的必然要求。著作权涵盖范围广泛，不仅涉及文学艺术、新闻出版、广播影视等领域，同时也和计算机软件、网络服务、广告、建筑外观、纺织品、陶瓷、灯具、

家具等行业有着密切关系，直接影响社会生产生活。著作权是人民群众的“身边事”，老百姓读书看报、欣赏广播影视节目以及使用计算机软件、上网浏览和发送信息，都会涉及著作权问题。而且，在网络信息时代，普通民众都可以成为作品的创作者、使用者、传播者，在日常生活中不可避免地与著作权产生直接或者间接的关系。因此，著作权工作的质量，事关知识产权强国建设，也关乎经济社会发展和人民群众切身利益。“十三五”时期是全面建成小康社会的决胜阶段，也是我国由知识产权大国向知识产权强国迈进的战略机遇期。我们一定要增强责任感和使命感，以改革的思路、法治的精神，与时俱进做好著作权工作，研究新情况、总结新经验、解决新问题，推动知识产权强国建设迈出新步伐，为经济社会发展和民生改善提供有力支撑。

同时要看到，著作权也是重要的文化资源，对于建设社会主义文化强国至关重要。党的十八大从统筹推进“五位一体”总体布局的战略高度，做出了“扎实推进社会主义文化强国建设”的决策部署。创新是一个民族文化充满创造活力、永葆生机的持久动力，是建设社会主义文化强国的重要引擎。习近平总书记指出，要“增强全民族文化创造活力，推动文化事业全面繁荣、文化产业快速发展，不断丰富人民精神世界、增强人民精神力量，不断增强文化整体实力和竞争力，朝着建设社会主义文化强国的目标不断前进”。著作权是文化与创新之间的桥梁和纽带，其基本功能在于保护广大人民的创作热情，涵养作品的创作源泉，激励社会公众创作作品，同时促进作品的使用和传播，使其转化为现实生产力和文化软实力，进而推动文化繁荣发展，提升国家文化整体实力和国际竞争力。依法做好著作权工作，就是在激发文化创造活力，推动文化创新，增强文化建设动力，厚植文化发展优势。要通过全面深入实施著作权法，全方位提升著作权创造、运用、保护、管理和服务的能力，催生出更多更好的作品，满足人民群众日益增长的精神文化需求，促进文化事业繁荣发展，推动文化产业成为国民经济支柱性产业，为建设社会主义文化强国提供不竭的动力源泉。

还要看到，著作权乃至知识产权问题，是我们国家同西方一些国家反复较量的一个重要领域，既有斗争，也有合作。把著作权保护好、使用好，有利于提高我国的国际声誉和影响力、辐射力，维护中国负责任大国的良好形象。

二、高度重视、认真开展著作权法执法检查

《著作权法》颁布实施以来，国务院制定了《著作权法实施条例》《计算机软件保护条例》《著作权集体管理条例》《信息网络传播权保护条例》等行政法规，最高人民法院和最高人民检察院出台了多个相关司法解释，有关部门印发了一系列配套规范性文件，一些地方制定了著作权方面的地方性法规和政府规章，积极推动著作权法贯彻实施。我国还批准或加入了《伯尔尼公约》《版权条约》《表演和录音制品条约》《视听表演北京条约》等有关国际条约，主动与著作权国际规则接轨。经过多年努力，我国现已形成较为系统完备、符合国际规则的著作权法律规范体系。在此情况下，做好著作权工作的关键就在于把法律宣传好、贯彻好、实施好，就在于严格执法、公正司法、全民守法，就在于把法律规定在实践中转化为尊法学法守法用法的意识和行为，使著作权法切实成为法律实施机关开展工作、著作权人行使权利、社会公众使用作品的准绳。

法律的生命力在于实施，法律的权威也在于实施，有效监督是法律实施的重要保障和推动力量。党的十八届四中全会把形成“严密的法治监督体系”确定为全面推进依法治国的一个重要目标，做出了“加大监督力度”“坚决纠正有法不依、执法不严、违法不究行为”等决策部署，同时对人大监督工作提出了明确要求。习近平总书记指出，“各级人大及其常委会要担负起宪法法律赋予的监督职责，维护国家法制统一、尊严、权威，加强对‘一府两院’执法、司法工作的监督，确保法律法规得到有效实施，确保行政权、审判权、检察权得到正确行使”，这为人大开展监督工作进一步指明了方向。执法检查是全国人大常委会依照宪法和监督法等法律享有的一项重要监督职权，对于推进法律的正确有效实施、维护法律的尊严和权威发挥着不可替代的重要作用。全国人大常委会这次开展著作权法执法检查，是为了督促和支持有关国家机关依法履行职责、改进工作，全面提升著作权工作的法治化水平，确保著作权法的规定落在实处、得到应有遵循，推动著作权工作在法律制度保障下取得新进展、迈上新台阶，为建设创新型国家、知识产权强国和社会主义文化强国做出积极贡献。各有关单位要充分认识、深刻理解这次执法检查的重要意义，增强责任意识，强化担当精神，把各项工作做好、做实、做到位，确保执法检查任务顺利完成。

三、坚持问题导向，补齐工作短板，推进著作权法全面深入实施

著作权法实施至今已有26年的时间，许多方面的工作都取得了显著进展，有了很好的基础。但是，从前期调研了解到的情况和刚才各单位的汇报来看，著作权法的贯彻实施还没有完全到位，还有一些短板、弱项，工作中还存在一些亟须依法加以解决的问题。例如，社会上尊重智力劳动和保护著作权的意识还没有普遍形成，作品质量有待进一步提高，侵权盗版行为屡禁不止，一些案件维权成本高、诉讼时间长、举证责任重，互联网的普及对著作权工作提出了新的挑战，等等。准确查找出法律实施中的问题并督促有关方面加以解决，是执法检查取得实效的关键。这次执法检查，要在全面了解著作权法实施情况的基础上，紧紧抓住影响法律实施的关键问题、制约著作权工作的重点问题、损害著作权人利益的突出问题，深入研究，“对症下药”，补齐普法、执法、司法工作中的短板，加强法律实施薄弱环节建设，推进著作权法全面深入实施。查找问题要准确无误，要用事实和数据说话，同时要突出重点，不能眉毛胡子一把抓。对查找出的问题要深入剖析原因，提出解决问题、改进工作的建议。提出建议要理清路子、开对方子，具有针对性和可操作性，不能泛泛而谈。

按照全国人大常委会2017年监督工作计划，8月召开的常委会会议将听取和审议执法检查组关于著作权法实施情况的报告，这标志着执法检查工作进入了“出实效”“抓整改”“促落实”的新阶段。国务院有关部门、最高人民法院、最高人民检察院要高度重视并妥善解决执法检查报告中提出的问题，认真研究吸纳执法检查报告和常委会组成人员提出的意见和建议，并在规定期限内向全国人大常委会报告整改落实情况。全国人大教科文卫委员会要会同有关部门，密切关注、及时了解整改落实工作的进展情况，督促有关方面拿出行之有效的政策举措，落实好执法检查报告和常委会组成人员提出的意见和建议，解决好法律实施中的问题，确保执法检查取得实效。

四、协调推进著作权法修改工作

根据监督法的规定，执法检查报告要对所检查的法律提出修改完善的建议。张德江委员长指出，“每一次执法检查，都要认真审视法律，总结实施经验，主动适应事业进步和时代发展要求，让法律制度更加健全完善”。修改著作权法是本届全国人大常委会立法规划中的第一类项目，有关方面为此开展了大量工作，但目前修法工作仍然处于“进行时”。本届全国人大常委会履职还有不到一年的时间，这项修法工作需要尽快“开花结果”。这次执法检查既要着力推进著作权法全面深入实施，也要协调推进修法工作顺利进行。法律草案牵头起草单位要按照全国人大常委会立法规划中的安排部署，抓紧时间，加快立法步伐，在确保立法质量的前提下，尽快形成较为成熟的法律草案提请全国人大常委会审议，争取这一立法任务在本届全国人大如期完成。

五、认真负责、优质高效地做好执法检查各项工作

今天的会议标志着著作权法执法检查正式开始，各项工作都将有序展开。这次执法检查涉及部门多、时间紧、任务重，同志们要以认真负责的精神状态和积极饱满的工作热情，投入到执法检查工作中。

一是要加强学习。著作权法政治性强、专业性强、涉及面广，检查组成员和工作人员要认真学习领会党中央有关决策部署，掌握著作权法及相关业务知识，关注、研究相关领域问题，主动思考、积极提出解决问题的建议。全国人大教科文卫委员会要及时提供参阅材料。

二是要精心组织。开展执法检查要倡导精细化的工作态度，掌握情况要细，分析问题要细，工作落实要细，各个环节都要认真准备、做好衔接，力求收获好的工作成果。

三是要深入调研。开展调查研究，是执法检查的基础性工作。检查组要根据著作权法的特点，采取与之相适应的方式，深入实际、深入基层、深入群众，全面掌握著作权法实施的实际情况，认真听取广大人民群众的意见和反映的问题。在调研地点的选择上，既要到工作开展好的地方去总结经验，也要到困难较多、情况复杂的地方去研究解决问题。在调研中要严格落实中央八项规定精神。

四是要密切配合。这次执法检查涉及单位多，执法检查各小组之间、全国人大各有关部门之间要密切配合协作，按照执法检查组的统一安排有序开展工作。国务院有关部门、最高人民法院、最高人民检察院要积极配合执法检查，客观真实地反映情况和问题。开展自查的省、自治区、直辖市要积极主动开展工作，保质保量完成自查任务，自查报告和有关材料要在规定期限内报送全国人大有关部门。

五是要广泛宣传。执法检查要拉近同人民群众

的距离，通过新闻媒体广泛宣传著作权法执法检查的目的、进展情况和取得的实际效果，实事求是地反映著作权法的实施情况，做好著作权法及相关知识的宣传普及工作，增强社会公众尊重智力劳动和保护著作权的意识，为执法检查的顺利进行和著作权法的全面深入实施营造良好社会氛围。

同志们，著作权法的贯彻实施承载着建设创新型国家、知识产权强国和社会主义文化强国的重大使命。让我们共同努力，一起做好这次执法检查各项工作，积极推动著作权法全面深入实施，努力开创知识产权事业和中国特色社会主义文化建设的新局面，为全面建成小康社会和实现中华民族伟大复兴的中国梦做出不懈努力，以优异成绩迎接党的十九大胜利召开！

全国人民代表大会常务委员会执法检查组关于检查《中华人民共和国著作权法》实施情况的报告

——2017年8月28日在第十二届全国人民代表大会常务委员会第二十九次会议上

十二届全国人大常委会副委员长兼秘书长　王　晨

全国人民代表大会常务委员会：

著作权（版权）是重要的知识产权，也是科技创新和文化繁荣发展的重要动力。党的十八大以来，以习近平同志为核心的党中央高度重视知识产权工作，对知识产权的创造、运用和保护做出了一系列重大决策部署。为促进著作权法全面深入实施，推动创新型国家、知识产权强国和社会主义文化强国建设，全国人大常委会组成执法检查组于今年6月对《中华人民共和国著作权法》实施情况进行了检查。张德江委员长对这次检查做出重要批示："著作权法是知识产权和文化、科学领域的一部重要法律。著作权法的全面深入实施，对于维护作者合法权益，激发人民群众创造精神，促进作品创作、使用和传播具有十分重要的意义，是推动文化繁荣、科技进步和经济发展的重要举措。要通过这次执法检查，宣传好著作权法，提高全社会尊重智力劳动和保护著作权的意识，督促和支持有关国家机关依法履行职责、改进工作，深入推进著作权领域法治建设，推动提升著作权创造、运用、保护、管理水平和服务能力，为建设创新型国家和社会主义文化强国做出积极贡献。"

为做好这次执法检查，全国人大教科文卫委员会先后赴浙江等地开展了前期调研，在北京召开了由国务院有关部门、相关行业协会、作品使用单位、著作权集体管理组织、网络服务商及专家学者参加的座谈会，广泛听取各有关方面的意见和建议，在此基础上会同常委会办公厅提出了执法检查方案。5月26日，执法检查组召开第一次全体会议，听取国家新闻出版广电总局、国家互联网信息办公室、工业和信息化部、公安部、商务部、最高人民法院、最高人民检察院的情况汇报。随后，由吉炳轩、张宝文、陈竺副委员长，教科文卫委员会主任委员柳斌杰和我分别带队，先后赴广东、福建、青海、北京、上海5个省（市）进行检查，共召开了17次汇报会、座谈会，实地考察了40多家单位，深入了解著作权法实施情况。此外，还委托天津、河北、内蒙古、山东、河南、湖北、湖南、重庆、四川、贵州10个省（区、市）人大常委会在本行政区域内进行检查。7月25日，执法检查组召开第二次全体会议，总结检查工作，讨论通过了执法检查报告。现将检查情况报告如下：

一、贯彻实施著作权法的主要工作和成效

著作权法自1991年实施以来，各级政府及有关部门、司法机关认真贯彻落实，在依法促进著作权创造、运用、保护、管理和服务等方面开展了大量工作，著作权意识明显增强，著作权工作法治化水平得以提高，取得了显著成效。

（一）加强配套制度建设，著作权法律规范体系不断完善。国务院及其有关部门制定了《著作权法实施条例》《信息网络传播权保护条例》等6部著作权方面的行政法规、10件部门规章和大量规范性文件，内容涉及著作权保护、作品登记、法定许可、集体管理以及行政执法等多个方面。最高人民法院

出台了《关于审理著作权民事纠纷案件适用法律若干问题的解释》等相关司法解释和指导性文件。北京、上海、内蒙古、浙江、山东、湖北、广西等地结合本地实际，制定了著作权方面的地方性法规和政府规章。我国还批准或加入了《保护文学艺术作品伯尔尼公约》《视听表演北京条约》等国际条约，主动与著作权保护国际规则接轨。经过多年努力，我国现已形成以著作权法为核心、多方位多层次、较为系统完备、符合国际规则的著作权法律规范体系。

（二）促进著作权创造和运用，著作权产业蓬勃发展。各级政府及有关部门不断出台政策措施，激励作品创作生产，促进著作权流转使用，推动著作权产业快速发展。2016年，我国共出版图书49.99万种、音像制品14 353种、电子出版物9 836种，生产发行各类影片944部、电视剧334部，组织各类演出231万场，有效满足了人民群众精神文化需求。目前，我国已设立14家国家级著作权交易中心或贸易基地，覆盖6大行政区域，建成了一批集著作权评估、质押、投融资为一体的交易平台。南通市、绍兴市、中山市、德化县、湟中县等地促进著作权工作同当地经济发展紧密结合，形成了具有地域特色的著作权产业。有关数据显示，“十二五”时期，著作权产业对国民经济增长的贡献率超过7%，对国民经济发展起到支柱作用。

（三）严厉打击侵权盗版行为，著作权保护状况明显改善。近年来，国务院和各省（区、市）政府成立了打击侵犯知识产权和制售假冒伪劣商品工作领导小组，把尊重和保护著作权、打击著作权侵权盗版行为作为一项长期性的重要工作统筹安排。各级政府有关部门强化日常监管，积极开展专项整治，加大了著作权保护工作力度，有效维护了著作权人合法权益和公平竞争的市场秩序。2005年至2016年，各级著作权主管部门共办理行政处罚案件9.35万件，收缴各类侵权盗版制品5.08亿件。国家新闻出版广电总局、工信部、公安部等部门连续12年组织开展“剑网行动”，集中打击网络侵权盗版行为，共查办网络侵权案件5 560起，依法关闭网站3 082个，有效净化了网络环境。国务院建立了“推进使用正版软件工作部际联席会议”制度，大力推动软件正版化工作，有力保护包括外国企业制造的软件在内的正版软件，目前中央、省、市、县四级政府机关软件正版化工作已经顺利完成，企业软件正版化工作正在全面推进。

各级司法机关依法履职，加大著作权案件的审理和侦办力度，努力提高案件办理质量、效率和司法公信力，充分发挥著作权司法保护功能。法院系统逐步健全著作权审判体制机制，统一裁判标准，优化审判资源配置，积极推动著作权纠纷多元化解决，为著作权人提供了有力的司法保障。2010年至2016年，各级法院共审结著作权民事一审案件368 611件，审结著作权刑事案件6 746件。2010年以来，全国公安机关共侦破著作权刑事案件9 826件，抓获犯罪嫌疑人11 302名；各级检察机关共对8 453名侵犯著作权、销售侵权复制品的犯罪嫌疑人提起公诉，有力震慑了违法犯罪行为。

（四）积极探索实践，著作权管理体制改革逐步深化。2014年8月，十二届全国人大常委会第十次会议决定，在北京、上海、广州设立知识产权法院，相对集中行使知识产权案件审判职权，包括审理辖区内著作权民事、行政上诉案件，为深入推进知识产权司法体制改革进行试点。2015年以来，国务院建立了“知识产权战略实施工作部际联席会议”制度，由国务院领导同志担任召集人，加强对包括著作权在内的知识产权工作的组织领导和统筹协调。国务院办公厅印发了《知识产权综合管理改革试点总体方案》，推动有条件的地方开展知识产权综合管理改革试点，进一步理顺知识产权的执法体制。最高人民法院在全国法院系统推广知识产权民事、行政和刑事案件审判“三合一”工作，上海、江苏、福建等地法院在这方面先行先试，也为依法保护著作权积累了经验。

（五）认真做好服务工作，著作权社会服务体系逐步建立。各级政府及有关部门不断强化著作权服务意识，创新服务方式，增加服务内容，初步构建起以著作权登记、集体管理、交易平台、中介服务等为主要内容的著作权社会服务体系。2013年至2016年，我国作品著作权登记数量从100余万件增长至200多万件。国务院于今年4月取消了软件著作权登记费用，5月软件著作权的登记数量达到7万多件，创下了历史新高。我国现已成立中国音乐著作权协会等5家著作权集体管理组织，在著作权人和作品使用者之间搭建起桥梁，促进了音乐、音像、摄影、文字和电影等作品的传播使用。一些著作权相关行业协会、产业联盟和中介服务组织也相继成立，在维护权利人利益、促进著作权转移转化、调解当事人纠纷等方面发挥了积极作用。

二、存在的主要问题

虽然著作权法贯彻实施取得了很大成绩，但还存在一些亟待研究解决的问题，主要有以下几个方面。

（一）著作权意识需要进一步加强。有的地方对著作权工作存在片面认识，认为它只是文化、文艺工作者的事，未能充分认识其在推动经济社会发展、建设创新型国家等方面的重要作用，或是将保护著作权简单地等同于查处侵权盗版行为，未树立起统筹推进著作权创造、运用、保护、管理和服务工作的理念。有的企业不尊重著作权，窃取他人创作成果和科研论文，未经许可、不支付报酬就使用他人作品。有的网站非法转载他人作品，甚至对其他网站的内容进行全网抓取。一些著作权人运用法律武器维权的意识不强，存在怕“打官司”的心理，甚至有“盗版越多，名气越大”的错误认识。少数群众著作权意识淡薄，对著作权认知度不高，社会上尚未普遍形成尊重智力创作、尊重著作权的良好氛围。

（二）著作权作品质量和运用能力有待提升。我国著作权作品数量近年来不断增长，但精品力作还不多，有国际影响力的作品也不多，特别是学术论文和文艺作品有数量缺质量、有“高原”缺“高峰”，部分作品存在抄袭模仿、剽窃造假、千篇一律、粗制滥造等问题。对文字、美术、影视、软件、民间文艺等作品的衍生产品开发力度不够，著作权资源没有得到充分挖掘利用，著作权附加值不高、产业链不长。同时，针对发展著作权产业的扶持政策较少，促进著作权转移转化的市场机制尚处于探索起步阶段，著作权价值评估和交易体系还不健全，相关企业未建立起完善的著作权创造和运用机制，这些问题都妨碍了著作权社会效益和经济效益的充分实现。

（三）行政执法存在薄弱环节。一些地方、部门对著作权管理工作不够重视，有应付思想，不作为、慢作为的现象依然存在。有些地方行政管理和司法保护脱节，有些部门向司法机关移送案件不主动、不及时，导致司法机关未能续侦、续办相关案件。随着互联网的普及，作品的复制、传播越发便捷，网络上文字、音乐、影视、图形、软件等各类作品的侵权行为易发多发，其技术手段多样、危害后果严重，给著作权保护工作带来了巨大挑战。著作权执法部门应对网络侵权行为的手段和能力不足，普遍存在发现难、取证难、认定难、查处不及时等问题。各地还普遍反映，基层著作权管理机构不健全，有的地方甚至长期处于无职能、无人员、无经费的“三无”状态，难以有效开展工作；在深化文化市场综合执法改革过程中，著作权执法工作力度需要加大。

（四）司法保护需要进一步加强。一些单位、著作权人向检查组反映，有的案件存在维权成本高、诉讼时间长、举证责任重、赔偿数额低等问题，“赢了官司、丢了市场”的现象依然存在，影响了著作权人通过司法途径进行维权的积极性。对网络游戏画面、综艺节目模式、体育赛事直播、聚合链接等新型疑难案件尚未形成统一的裁判标准，对著作权刑事案件的判罚尺度各地也掌握不一，出现了“同案不同判”的情况。全国知识产权案件中著作权案件占到75%以上，其中约70%的著作权案件集中发生在北京、上海、江苏、浙江、广东等地，有的法官年办案量超过200件，案多人少的矛盾突出，影响了依法保护的效果。

（五）著作权社会服务工作存在短板。我国著作权社会服务体系建设起步较晚、底子较薄，在许多方面还无法满足著作权工作的现实需要。一是著作权登记机构尚未实现全国联网，不便于公众检索查询相关信息。著作权登记证书有时得不到异地执法部门和司法机关的认可，影响了著作权登记的公信力。二是相关行业协会在加强行业自律、引导行业健康有序发展等方面的作用发挥不充分。三是著作权集体管理制度有待健全完善，有的集体管理组织存在授权范围不明确、公开信息不及时、社会认可度不高等问题。四是著作权中介服务业发展较慢，对从业人员缺乏必要的资质认定和业务培训。五是区域发展不平衡，东西部之间存在明显差距，西部地区有的省份目前还没有著作权中介服务机构。

三、对进一步贯彻实施著作权法的建议

创新驱动发展战略的深入实施和社会主义文化强国建设都对著作权工作提出了新的更高要求。各级政府及有关部门、司法机关要以新举措新作为，进一步推动著作权法深入贯彻实施，为把我国建设成为知识产权强国多做贡献。

（一）广泛深入开展普法宣传，增强全社会著作权意识。要落实好“谁执法谁普法”的普法责任制，把著作权法宣传普及作为一项基础性、长期性工作抓好抓实。要建立健全长效工作机制，制定普法规划、年度普法计划和普法责任清单，明确普法重点以及责任部门和人员。要扩大宣传范围，增强普法实效，破除对著作权工作的片面认识，让社会各界普遍认识到著作权与社会生产生活的密切关系。要进一步加强执法部门、司法机关系统内部教育培训，

扩大培训范围，创新培训方式，提高执法、司法人员的工作水平和依法办事能力；加大对著作权人、作品使用单位以及相关行业从业人员的宣传力度，增强重点人群创造、运用、保护著作权的意识；充分利用报刊、广播、电视、互联网、微博、微信等媒体面向社会广泛开展宣传，拉近群众同著作权工作的距离，增进群众对著作权法的认知和理解，努力营造尊重知识、崇尚创新、诚信守法的良好社会风尚。

（二）全面提升著作权创造和运用水平，推动著作权产业健康发展。要综合运用法律、政策、经济、行政和技术等手段，促进作品质量提升和著作权流转使用，推动著作权产业成为国民经济新的增长点。一是在制定著作权相关行业和领域的政策措施时，要进一步突出作品质量导向，努力创造一批具有国际竞争力的著作权。建议设立专项资金或基金，鼓励支持原创，奖励和推广优秀作品。在科学技术领域，要鼓励创作立足中国、挑战世界科技前沿的学术精品，引领国际科学技术新潮流。在文艺领域，要牢固树立精品意识，提高原创能力，努力推出文艺创作生产的“高峰”作品；鼓励引导广大文艺工作者从中华文化宝库中提炼题材、获取灵感、汲取养分，深入挖掘、合理利用中华优秀传统文化资源进行创作生产。建立健全反映学术作品和文艺作品质量的综合评价体系，坚决抵制学术不端和文艺低俗之风。二是构建信息充分、交易活跃、秩序良好的著作权交易体系，加强对著作权交易活动的监管和指导，规范交易程序，降低交易成本。三是主动帮助企业提高著作权管理和运用水平，引导企业把著作权融入产品研发、生产、销售过程，采取著作权转让、许可、质押等方式实现著作权市场价值。四是加强著作权国际交流合作，积极配合“一带一路”倡议、自由贸易区战略以及国家综合配套改革试验区等改革项目的深入实施，加大对著作权国际贸易的扶持力度，探索建立国际性著作权交易中心。五是开展著作权产业对国民经济贡献的研究和评估，出台促进产业发展的政策措施。

（三）加大执法力度，实行更加严格的著作权保护。各级政府要进一步加强对著作权执法工作的领导，建立健全部门间、区域间执法协作机制，定期会商有关工作，积极推进基层执法队伍和执法能力建设。著作权执法部门要进一步改进执法方式，提高执法专业化、信息化、规范化水平，依法严惩侵权盗版行为。一是坚持日常监管和专项整治相结合，重点打击反复侵权、恶意侵权、规模化侵权行为。二是推进区域间执法协作联动，建立收集、共享盗版产品来源地和销售地信息工作机制，对盗版产品的生产、流通、销售形成全方位打击。三是建立健全执法部门与司法机关信息共享、案情通报、案件移送等制度，完善案件移送标准和程序，形成行政执法和刑事司法的合力，重点打击链条式、产业化犯罪网络。四是研究把故意侵权行为纳入企业和个人的信用记录，推动建立著作权领域信用评价和失信惩戒机制。五是完善群众举报投诉、快速反应等机制，提高打击侵权盗版行为的工作效率。

要进一步加强对作品网络传播的监管，深入开展“剑网”等专项整治行动，扩大监管范围，将云存储空间、电子商务平台、智能移动终端第三方应用程序、即时通信工具公众账号等纳入有效监管；充分利用云计算、大数据、移动互联网等技术创新监管手段，提高网络监管的主动性、有效性和精确度；定期发布著作权保护预警名单，加强对重点作品网络传播的监测。执法部门要加强同网络服务商的沟通协作，建立违法信息通报等工作机制，督促电子商务平台企业加强对其平台上经营者的监管。

（四）完善著作权管理体制机制，努力实现社会共治。各级政府要深入推进文化市场综合执法改革，认真做好知识产权综合管理改革试点工作，进一步健全完善著作权管理体制机制，提升运用著作权促进创新发展的能力。最高人民法院要认真总结知识产权法院以及各地法院知识产权审判工作的有益经验，及时提炼并加以推广。各级法院要深入推进知识产权审判体制机制改革，加快建立健全著作权司法鉴定、专家证人、技术调查、案例指导等相关制度，研究推进案件繁简分流，完善诉前临时措施，依法减轻权利人举证负担，提高侵权代价和违法成本。有关部门要大力支持著作权相关行业协会等社会组织依法开展行业自律等工作，发挥其对成员的行为引导、规则约束、协调管理作用；鼓励引导媒体和社会公众参与监督，开展著作权保护社会满意度调查。要充分调动社会各方面积极性参与著作权管理，努力形成政府监管、司法保护、行业自律、社会监督相结合的工作格局。

（五）提质增效，全面加强著作权社会服务体系建设。各级政府及有关部门要大力推进著作权社会服务网络建设，增加服务产品供给，创新服务方式方法，提升服务水平，努力构建科学合理、便民利民的现代化著作权社会服务体系。一是积极推进实体服务与网络服务协同发展，推广应用“互联网＋”著作权服务模式。二是探索建立全国统一、互联互通的著作权登记、统计和查询系统，完善著作权登记制度，规范登记流程。三是进一步发挥著作权相关行业协会等社会组织的专业服务功能，支持其依法开展业务培训、自主维权、调解纠纷等工作，引导行业健康有序发展。四是完善著作权集体管理制度，加强对集体管理组织的监管和指导，规范收费标准和收益分配机制；扩大集体管理组织的设立范围，研究建立表演、美术等领域的著作权集体管理组织。五是大力发展著作权代理和经纪等中介服务业，鼓励著作权中介服务机构入驻文化和科技领域创新创业资源密集区域。六是优化人才成长体系，加大对著作权创造、运用、保护、管理和服务等方面人才的培养力度。同时，建议国务院有关部门加大对西部经济欠发达地区著作权社会服务工作的支持力度。

（六）抓紧修改著作权法。修改著作权法被列入十二届全国人大常委会立法规划的第一类项目，要在确保立法质量的前提下，积极推进著作权法修改工作，尽快形成较为完善的法律草案提请全国人大常委会审议。这次执法检查中，许多部门和地方都对著作权法提出了修改建议，主要包括：进一步健全著作权权利体系；完善合理使用、法定许可、集体管理、著作权登记等制度；健全网络著作权保护机制；提高侵权法定赔偿额上限；对情节严重的恶意侵权行为实施惩罚性赔偿；加强与我国已加入的著作权国际条约的衔接等。对这些意见，在修改著作权法时要予以重视、研究吸纳。

著作权法的贯彻实施承载着建设创新型国家、知识产权强国和社会主义文化强国的重大使命。我们要以这次执法检查为契机，进一步统一思想认识，增强依法做好著作权工作的责任感和使命感，以更加有力的举措推进著作权法全面深入实施，全方位提升我国著作权创造、运用、保护、管理和服务的能力，努力开创知识产权事业和中国特色社会主义文化建设的新局面，以优异成绩迎接党的十九大胜利召开！

以上报告，请审议。

工作动态

【全国人大常委会著作权法执法检查组举行第一次全体会议】

2017 年 5 月 26 日，全国人大常委会著作权法执法检查组第一次全体会议在京举行，正式启动著作权法执法检查工作。全国人大常委会副委员长王晨、吉炳轩、张宝文、陈竺出席会议。在听取了国家新闻出版广电总局、国家互联网信息办公室、工业和信息化部、公安部、商务部、最高人民法院、最高人民检察院等 7 部门负责人的汇报后，王晨代表执法检查组讲话，指出对著作权法实施情况进行检查，是全国人大常委会贯彻落实以习近平同志为核心的党中央决策部署、推动创新驱动发展战略深入实施、加快知识产权强国建设和社会主义文化强国建设的一项重要举措。要增强新形势下依法做好著作权工作的责任感和使命感，坚持问题导向，通过执法检查补齐工作短板，推动提升著作权创造、运用、保护、管理水平，促进著作权法全面深入实施。要认真负责做好执法检查各项工作，适应新形势要求，协调推进著作权法修改工作。（记者史竞男）

（原标题为《王晨：搞好著作权法执法检查 推进著作权法实施》，来源：新华社，2017 年 5 月 26 日，网址：http://www.xinhuanet.com/zgjx/2017-05/27/c_136319435.htm）

【王晨率全国人大常委会著作权法执法检查组到青海省开展检查】

2017 年 6 月 6 日至 8 日，全国人大常委会副委员长兼秘书长王晨率全国人大常委会执法检查组在青海省开展著作权法执法检查。王晨强调，以习近平同志为核心的党中央高度重视知识产权工作，著作权是激励创新、保障创新的一项重要权利，依法做好著作权工作对建设创新型国家、建设知识产权强国和社会主义文化强国具有十分重要的意义。要进一步增强责任意识担当精神，通过实实在在的政策举措，补齐工作短板，加强法律实施薄弱环节建设，全面提升著作权工作法治化水平，推动著作权工作迈上新台阶。

检查组听取了青海省贯彻实施著作权法的情况汇报，对青海省贯彻实施该法所取得的成绩给予肯定。在西宁市和格尔木市，检查组深入八瓣莲花非物质文化遗产传承体验中心、青海大学、青海盐湖工业集团公司、黄河光伏园区、格尔木炼油厂进行实地检查，了解著作权创造、运用、保护、管理和服务等方面情况，听取有关意见建议。（记者张洋）

（原标题为《全面提升著作权工作法治化水平》，来源：《人民日报》，2017 年 6 月 9 日，网址：http://paper.people.com.cn/rmrb/html/2017-06/09/nw.D110000renmrb_20170609_4-09.htm）

【吉炳轩率全国人大常委会著作权法执法检查组到北京市开展检查】

2017 年 6 月 12 日至 16 日，全国人大常委会副委员长吉炳轩率全国人大常委会著作权法执法检查组在北京开展检查。吉炳轩指出，“十三五”时期是全面建成小康社会的决胜阶段，也是我国由知识产权大国向知识产权强国迈进的战略机遇期，更是建设社会主义文化强国的关键时期。要增强责任感和使命感，努力推进著作权法全面深入实施，全面提升著作权工作的法治化水平，为建设知识产权强国和社会主义文化强国做出积极贡献。

6 月 12 日以来，执法检查组听取了北京市人民政府及相关部门关于贯彻实施著作权法情况的汇报，先后前往都市类媒体、互联网企业、影像企业和出版产业创新基地等相关单位进行实地检查，并召开座谈会听取著作权集体管理组织、行业协会和部分企业代表对法律实施的意见和建议。

吉炳轩对北京市贯彻实施著作权法的成效给予充分肯定。他指出，北京市不断完善政策体系，提高执法水平，广泛开展普法宣传，创造了许多经验，做出了突出贡献。（记者殷泓）

（原标题为《吉炳轩率全国人大常委会著作权法执法检查组在北京开展检查》，来源：《光明日报》，2017 年 6 月 17 日，网址：http://www.npc.gov.cn/npc/zfjc/zfjcelys/2017-08/25/content_2027125.htm）

【张宝文率全国人大常委会著作权法执法检查组到广东省开展检查】

2017年6月5日至9日，全国人大常委会副委员长张宝文率执法检查组在粤开展《中华人民共和国著作权法》执法检查。9日上午，执法检查组在广州召开广东省政府及有关部门汇报座谈会。广东省委常委、副省长、政法委书记何忠友代表省政府汇报了广东省贯彻实施著作权法的有关情况。广东省人大常委会副主任罗娟主持会议。全国人大常委会委员、全国人大教科文卫委副主任委员张平，全国人大教科文卫委委员王志学、韩延林，全国人大代表陈瑞爱、秦希燕，国家新闻出版广电总局副局长、国家版权局专职副局长周慧琳出席会议。8日晚，省人大常委会主任李玉妹会见了执法检查组一行。

张宝文指出，十八大以来，以习近平同志为核心的党中央高度重视包括著作权在内的知识产权工作，做出了一系列重大决策部署，推动知识产权工作取得了重大进展，我国著作权管理工作取得了显著成绩。他对广东贯彻实施著作权法的做法及成效给予充分肯定，并指出，广东是我国改革开放的前沿阵地，在推动国家经济发展、科技进步、文化繁荣等方面做出了突出贡献、提供了宝贵经验，要进一步发挥示范引领作用，为建设知识产权强国和社会主义文化强国做出新的更大贡献。

5日至8日，执法检查组先后赴深圳、东莞、广州开展实地检查。（记者林洪演、通讯员任宣）

（原标题为《张宝文率执法检查组在粤开展著作权法执法检查》，来源：广东人大网，2017年6月12日，网址：http://www.npc.gov.cn/npc/zfjc/zfjcelys/2017-08/25/content_2027122.htm）

【陈竺率全国人大常委会著作权法执法检查组到福建省开展检查】

2017年6月5日至9日，全国人大常委会副委员长陈竺率检查组在福建进行著作权法执法检查。检查组听取了福建省政府及有关部门关于贯彻实施著作权法情况的汇报，深入企业、法院进行实地检查，并与人大代表、专家学者、广播影视出版行业代表等座谈，听取各方面意见建议。

陈竺指出，依法做好著作权工作，是建设知识产权强国和社会主义文化强国的必然要求。福建省近年来广泛开展著作权普法宣传，持续推进版权公共服务体系建设，促进著作权相关产业蓬勃发展，深入开展打击侵权盗版工作，成效显著。

陈竺强调，要充分认识新形势下依法做好著作权工作的重要意义，以这次执法检查为契机，推动著作权法全面深入实施。要广泛深入开展普法宣传，提高社会公众著作权认知水平，提高全社会尊重智力劳动和保护著作权的意识，加大执法力度，严厉打击侵权盗版行为，优化公共服务，促进著作权创造和运用。在总结经验的基础上，加强法律实施薄弱环节建设，补齐著作权工作中的短板，推动著作权工作取得新进展，同时也为进一步修改完善《著作权法》提供借鉴。（记者丁小溪）

（原标题为《全国人大常委会在福建开展著作权法执法检查》，来源：《人民日报》，2017年6月10日，网址：http://www.npc.gov.cn/npc/xinwen/jdgz/zfjc/2017-06/12/content_2023032.htm）

【柳斌杰率全国人大常委会著作权法执法检查组到上海市开展检查】

2017年6月19日至21日，全国人大教科文卫委主任委员柳斌杰率全国人大常委会著作权法执法检查组赴上海开展执法检查。

在沪期间，检查组一行先后赴上海知识产权法院、上海电影博物馆、上海市文化市场行政执法总队、世纪出版集团、上海自贸区国家版权贸易基地等机构和单位进行执法检查和调研座谈。6月19日，执法检查组召开汇报会，市政府有关负责人汇报了上海市贯彻实施著作权法的有关情况。市高级人民法院、市人民检察院、市公安局、市知识产权局等做补充汇报，市经信委、市商务委、市文广局等提供书面汇报材料。

上海市人大常委会副主任薛潮陪同参加检查和座谈。（记者王海燕、通讯员宗原）

（原标题为《推进著作权法贯彻实施 全国人大常委会到上海开展执法检查》，来源：《解放日报》，2017年6月22日，网址：http://www.npc.gov.cn/npc/zfjc/zfjcelys/2017-08/25/content_2027126.htm）

【天津市人大常委会对著作权法实施情况进行检查】

2017年6月，受全国人大常委会委托，天津市人大常委会组成执法检查组对本市贯彻实施《中华人民共和国著作权法》情况进行检查，市人大常委会副主任、执法检查组组长张俊芳对增强执法检查工作实效提出明确要求。

在安排有关部门自查基础上，执法检查组围绕著作权创造、运用、保护、管理和服务等方面，深入本市部分出版物发行单位、版权示范园区、文化创意和影视制作发行单位进行实地检查，与有关单位负责人和著作权人代表交流座谈，听取意见建议。在集中座谈会上，听取了市出版局、市高院、市检察院、市网信办、工信委、商务委、公安局、文广局、知识产权局、海关、文化执法总队工作汇报，并就提高全民版权意识、做好行政执法和刑事司法衔接、提升执法能力和水平、修改《著作权法》等提出了建议。

检查人员对本市贯彻实施著作权法，维护著作权人合法权益，打击侵权盗版等项工作给予了充分肯定。同时提出，要广泛深入开展普法宣传教育，大力弘扬社会主义核心价值观，增强全社会尊重智力劳动的意识和法制观念。加强执法司法衔接，健全侵权查处机制，严厉打击侵权盗版行为，全面提升著作权工作法治化水平。（胡洪群）

（原标题为《市人大常委会开展著作权法执法检查》，来源：天津人大，2017 年 6 月，网址：http://kns.cnki.net/KCMS/detail）

【河北省人大常委会对著作权法实施情况进行检查】

6 月 20 日，河北省人大常委会著作权法执法检查组一行赴唐山市，就著作权法贯彻实施情况进行执法检查并召开汇报座谈会。唐山市人大常委会副主任魏文忠、副市长李钦峰出席座谈会。

在听取了唐山市贯彻实施著作权法的情况汇报后，河北省人大检查组对唐山市的相关工作给予了充分肯定。检查组一致表示，唐山市对此项工作高度重视，市县版权机构健全，版权管理工作不断加强。各相关部门措施得力，工作到位，在推进软件正版化方面做了大量卓有成效的工作。加强自我保护和法律保护，注重效果，使全市版权保护意识不断提升。执法有力，对查处的问题及时解决，版权保护能力不断加强。唐山市各相关部门对《著作权法》修订提出了具体建议，希望在今后的工作中继续关注修订工作，进一步提高著作权保护意识，推进社会经济健康发展。（记者卢山）

（原标题为《省人大执法检查组来我市检查〈著作权法〉贯彻实施情况》，来源：环渤海新闻网，2017 年 6 月 21 日，网址：http://tangshan.huanbohainews.com.cn/system/2017/06/21/011749228.shtml）

【内蒙古自治区人大常委会对著作权法实施情况进行检查】

4 月 17 日，内蒙古自治区人大常委会执法检查组就《中华人民共和国著作权法》实施情况到通辽市检查。自治区人大常委会委员、自治区人大常委会教科文卫工作委员会主任、自治区人大教科文卫委员会副主任委员博彦，市人大常委会副主任希日巴拉，副市长于沨出席座谈会。

会上，执法检查组听取了通辽市著作权法实施情况，对通辽市著作权法实施工作提出了意见和建议。执法检查组指出，通辽市不断加强版权行政管理，在普法宣传、打击侵权盗版、行政执法和日常监管等领域不断加大工作力度，各项工作逐步走上了程序化、法制化、系统化的轨道。下一步，要持续加大著作权法的宣传教育，加强行政执法和社会监管，为著作权登记创造便利条件，进一步推进软件正版化工作。

（原标题为《内蒙古自治区人大常委会执法检查组到通辽市检查》，来源：正北方网，2017 年 4 月 21 日，网址：http://www.npc.gov.cn/npc/zfjc/zfjcelys/2017-08/25/content_2027145.htm）

【山东省人大常委会对著作权法实施情况进行检查】

受全国人大常委会委托，山东省人大常委会组成执法检查组，对本省贯彻实施《中华人民共和国著作权法》情况进行执法检查。

2017 年 5 月 24 日上午，执法检查组在济南召开会议，听取省政府及有关部门关于山东省贯彻实施《中华人民共和国著作权法》和《山东省著作权保护条例》情况汇报。山东省人大常委会副主任张新起出席并讲话，省人大教科文卫委员会主任委员骆宝臻主持会议，省人大常委会副秘书长王守涛出席会议。

24 日下午，张新起带队先后到山东出版集团、山东广播电视台、山东影视传媒集团、广播电视监测中心等实地考察，全面了解省级层面的相关工作情况。

执法检查组还将赴济南、青岛两市进行执法检查。同时，委托潍坊、威海、临沂、菏泽 4 个市进行自查。检查活动结束后，将汇总情况起草执法检查报告，按时报送全国人大常委会办公厅，并在 7 月份召开的省人大常委会会议书面印发。

（原标题为《山东省人大常委会开展著作权“一法一条例”执法检查》，来源：山东人大网，2017 年 5 月 24 日，网址：http://www.npc.gov.cn/npc/zfjc/zfjcelys/2017-08/29/content_2027420.htm）

【河南省人大常委会对著作权法实施情况进行检查】

2017 年 6 月 19 日上午，受全国人大常委会委托，河南省人大常委会召开本省贯彻实施著作权法执法检查工作会。河南省新闻出版广电局（版权局）党组书记、局长李宏伟受省政府委托，代表省政府向省人大汇报了本省著作权法实施情况，就著作权法实施中存在的主要问题、修改完善《著作权法》的建议做了进一步解释说明。省新闻出版广电局党组成员、副局长赵艳出席汇报会。

河南省互联网信息办公室、省高院、省检察院、省工信委、省公安厅、省商务厅、省文化厅、省工商局、省通信管理局等有关单位负责同志参加会议。

（原标题为《河南人大常委会召开全省贯彻实施著作权法执法检查工作会》，来源：河南省人民政府网，2017 年 6 月 21 日，网址 http://www.npc.gov.cn/npc/zfjc/zfjcelys/2017-08/25/content_2027135.htm）

【湖北省人大常委会对著作权法实施情况进行检查】

受全国人大常委会委托，湖北省人大常委会启动了《中华人民共和国著作权法》贯彻实施情况执法检查。

2017 年 6 月 2 日下午，执法检查组召开汇报座谈会，听取省新闻出版广电局、省经信委、省公安厅等 9 个相关部门的汇报。省人大常委会副主任周洪宇出席会议并讲话。

周洪宇指出，对著作权法实施情况进行检查，是贯彻落实以习近平同志为核心的党中央的决策部署，推动创新驱动发展战略深入实施，加强知识产权保护和社会主义文化强国建设的一项重要举措。他强调，要进一步增强新形势下依法做好著作权工作的责任感和使命感，把我省著作权工作提高到一个新水平；要进一步加大对著作权法等相关法律法规的学习宣传普及力度，提高全社会著作权法律意识；要进一步强化监管，严格执法，加大著作权的保护力度；要进一步做好服务工作，积极支持引导相关产业健康发展；要加快相关立法进程，建立健全和完善我省著作权相关制度。

下一步，执法检查组还将赴宜昌、仙桃等地进行实地检查。（王馨、王磊）

（原标题为《湖北省人大常委会开展著作权法贯彻实施情况执法检查》，来源：湖北人大网，2017 年 6 月 4 日，网址：http://www.npc.gov.cn/npc/zfjc/zfjcelys/2017-08/29/content_2027428.htm）

【湖南省人大常委会对著作权法实施情况进行检查】

2017 年 6 月 12 日上午，湖南省人大常委会著作权法执法检查组召开全体会议，听取省直有关部门关于著作权法贯彻实施情况的汇报。省人大常委会副主任李友志，秘书长彭宪法出席会议。

据了解，此次执法检查的重点主要包括 3 个方面：著作权行政保护、管理和公共服务的情况；著作权司法保护的情况；现行著作权法施行中存在的问题、改进工作的建议以及对《著作权法》修订的建议。其中，将突出关注对侵权盗版等违法行为的查处情况、政府机关使用正版软件的情况、版权社会化服务的情况。检查将采取听取汇报、会议座谈、实地检查、个别走访、随机暗访、调查核实等方式进行，做到明察与暗访相结合、听取汇报与接受举报相结合。

李友志强调，要充分认识执法检查的重大意义，准确把握执法检查的重点内容，切实增强执法检查的监督实效。要精心组织谋划，认真抓好重点抽查工作，真正把问题找准，把症结查清。要抓好督促整改，推动解决问题、改进工作、健全机制，真正发挥好执法检查的综合监督作用，确保法律法规得到有效贯彻实施。（记者刘文韬）

（原标题为《著作权法实施情况执法检查本月启动 李友志要求切实增强监督实效》，来源：《湖南日报》，2017 年 6 月 13 日，网址：http://www.hn.xinhuanet.com/2017-06/13/c_1121132785.htm）

【重庆市人大常委会对著作权法实施情况进行检查】

2017 年 6 月 6 日至 9 日，重庆市人大常委会组成检查组，对本市实施《中华人民共和国著作权法》情况展开执法检查。

检查组一行先后前往綦江区、荣昌区、重庆版权交易市场、重庆市版权保护中心，对著作权法实施情况开展实地检查，并召开座谈会听取市政府及有关部门和单位汇报。

自 2012 年起，重庆市财政每年安排资金保障一般性版权作品免费登记，4 年多来，全市各级文化综合执法、行政综合执法、公安等执法部门查处侵权盗版案件 300 余起，收缴、销毁盗版图书、音像制品和计算机软件 100 余万张（册），做出行政处罚 200 余万元。同时，重庆市完成作品版权登记 20 余万件，为当事人保护的版权产值达 150 多亿元。

2016 年全市文化产业增加值 615 亿元中，新闻出版发行、广播影视、文化艺术、文化创意设计、工艺美术品等主要通过作品版权登记进行研发、生产和交易的核心版权产业占60%以上。

重庆市人大常委会副主任沈金强参加了执法检查。（记者颜若雯）

（原标题为《重庆市人大常委会开展著作权法执法检查》，来源：《重庆日报》，2017年6月10日，网址：http://www.npc.gov.cn/npc/zfjc/zfjcelys/2017-08/29/content_2027430.htm）

【四川省人大常委会对著作权法实施情况进行检查】

2017年6月6日，受四川省人大常委会委托，泸州市人大常委会代省人大检查本市著作权法执法工作。

检查组一行实地考察了自强书店、新华文轩音像店、童话之声KTV贯彻落实著作权法的情况。泸州市文体广局党组成员、副局长游泳就市著作权法贯彻实施情况、存在问题及下一步工作打算做了汇报。市法制办，市公安局，市工商局，市人大常委会教科文卫委康江主任委员，市人大教科文卫委委员、泸州市中医医院副院长巫俊川，市人大教科文卫委委员、纳溪区政府总督学王远强等委员肯定了泸州市著作权法贯彻落实及执法工作，并对下一步著作权法贯彻落实工作提出建议和意见。（版权科）

（原标题为《市人大检查我市著作权法执法工作》，来源：泸州市文化体育新闻出版广电局，2017年6月，网址：http://www.lzswtg.gov.cn/newshow.aspx?mid=154&id=1734）

【贵州省人大常委会对著作权法实施情况进行检查】

2017年6月，贵州省人大常委会著作权法执法检查组赴贵阳大数据展示中心参观，了解运用"云上贵州""数据铁笼"等大数据建设成果推进"版权云"项目的建设。此外，执法检查组还赴铜仁市等各地开展调研，组织召开座谈会，听取省新闻出版广电局、省科技厅关于贯彻实施著作权法有关情况的汇报，并就贵州省著作权保护工作中存在的主要困难和问题，对《著作权法》的修改提出了几点建议。

（来源：贵州省人大常委会关于检查著作权法实施情况的报告）

【全国人大常委会著作权法执法检查组举行第二次全体会议】

2017年7月25日，全国人大常委会著作权法执法检查组第二次全体会议在京举行。全国人大常委会副委员长王晨、吉炳轩、陈竺出席。

在听取了执法检查组成员和国务院有关部门、最高人民法院、最高人民检察院对执法检查报告稿的意见建议后，王晨指出，此次执法检查坚持问题导向，深入重点行业和领域，广泛听取意见建议，全面了解法律实施情况。执法检查报告既是执法检查阶段性成果的集中反映，也是法律实施机关改进工作的重要依据，要深入贯彻落实习近平总书记关于著作权和知识产权保护重要指示精神，重视解决报告提出的问题，积极推进著作权法的贯彻实施，全方位做好著作权工作，确保党中央决策部署得到贯彻落实，推动建设创新型国家、知识产权强国和社会主义文化强国。

修改完善后的执法检查报告将提请全国人大常委会审议。（记者王比学）

（原标题为《全国人大常委会著作权法执法检查组举行会议》，来源：《人民日报》，2017年7月25日，网址：http://legal.people.com.cn/n1/2017/0726/c42510-29428151.html）

【十二届全国人大常委会第二十九次会议审议著作权法执法检查报告】

2017年8月28日上午，十二届全国人大常委会第二十九次会议对全国人大常委会执法检查组关于检查《中华人民共和国著作权法》实施情况的报告进行了分组审议。十二届全国人大常委会副委员长兼秘书长王晨代表执法检查组做了关于检查著作权法实施情况的报告。

吴恒委员说，他赞成报告对著作权法实施以来所取得的五个方面的成效以及存在五个方面问题的归纳，也赞成报告当中就进一步实施好著作权法所提出的六条建议。执法检查报告的第一句话就十分贴切地点出了著作权法的贯彻实施对国民经济和社会发展的现实意义和发展意义，开门见山地提出著作权是重要的知识产权，也是科技创新和文化繁荣发展的重要动力。结合著作权法执法检查的实践及对著作权法实施现状的一些认识，他提出了两点思考：第一，著作权涵盖的领域及覆盖不足。随着互联网技术和新型传媒技术的发展，电子类产品及计算机软件的著作权问题也应涵盖其中。第二，著作权的维系及普及事关创新战略实施，事关全社会尊重知识、尊重智力劳动的文明发展，建议有关方面进一步关注著作权集体管理组织的建设、运行以及功能作用的发挥等。

全国人大代表姚晓英对著作权法提出了几点建议：第一，现在是网络化的时代，需要用网络化的思维和网络化的游戏规则来保护在网络传播作品的原创权利。第二，应该设立侵权者的黑名单，要让真正有著作权的人有机会、有动力捍卫自己的著作权。

赵少华委员也重点强调了对网络著作权的保护。他建议要更进一步重视对著作权保护制度的细化和完善，尤其是针对网络环境中著作权保护的制度，规范协调网络主体的责、权、利，鼓励网络产品的创新，同时要进一步强化严厉打击网络侵权盗版专项行动。

全国人大代表马逢国作为一名从事过影视行业的香港代表，对此深有感触。他指出，过去几十年，如果没有著作权的保护，影视行业的飞跃发展和文化产业的提升是无从谈起的。他建议应该将保护著作权的概念尽早纳入教学内容，让年轻人更好地认识和掌握著作权的概念。（金晨）

（原标题为《全国人大常委会委员分组审议关于检查著作权法实施情况的报告》，来源：人民网，2017 年 8 月 29 日，网址：http://npc. people. com. cn/n1/2017/0831/c14576-29507151. html）

【十二届全国人大教科文卫委员会第四十五次会议召开】

2017 年 12 月 28 日，全国人大教科文卫委员会在京召开会议，听取关于研究处理著作权法执法检查报告和相关审议意见情况汇报。中共中央政治局委员、全国人大常委会副委员长王晨出席会议并讲话。他强调，完善知识产权保护制度，依法保护著作权，是实施创新驱动发展战略和推动社会主义文化繁荣兴盛的迫切需要，是贯彻新发展理念、建设现代化经济体系的重要任务。要深入学习贯彻党的十九大精神，以习近平新时代中国特色社会主义思想为指引，以更加有力的举措推动著作权法全面深入实施。

王晨指出，著作权是创新成果向现实生产力转化的重要桥梁和纽带。通过检查发现，著作权工作近年来取得明显成效，但与经济发展的融合还不够紧密，著作权的转移转化渠道还不够顺畅。要按照党的十九大战略部署，倡导创新文化，强化著作权的创造、保护、运用，充分发挥著作权法激励创新、保护创新的功能，促进科技创新和作品的创作生产。要严格执法、公正司法，进一步加大著作权保护力度。要积极探索促进著作权有效运用的新模式新途径，切实让著作权用起来、“活”起来，努力使之转化为现实生产力，为建成创新型国家和社会主义文化强国提供更加有力的保障。

全国人大常委会副委员长陈竺出席会议。（记者史竞男）

（原标题为《王晨强调倡导创新文化强化著作权的创造保护运用》，来源：新华社，2017 年 12 月 29 日，网址：http://www. npc. gov. cn/npc/xinwen/syxw/2017-12/29/content_2036186. htm）

成都市版权局

2017成都创意设计周开幕式

全国版权示范城市联盟成都年会

培训班合影

2017年成都版权工作围绕建设全面体现新发展理念的城市和增强西部文创中心功能目标，深入推进版权管理、服务、保护和转化，取得良好成效。

一、构建版权服务新格局

一是注重夯实基础工作。探索构建《版权保护和版权发展指数》，开展版权产业统计调查、登记作品分析，分别形成版权产业、一般作品和软件著作权登记分析报告。二是登记作品量质并重。全年作品登记83 574件（一般作品58 808件、软件24 766件，同比增长115.17%、79.09%）。资助软件著作权登记3 855件、148.91万元。三是树立版权企业标杆。成都新西南陶瓷艺术股份公司、成都许燎源现代设计艺术博物馆等8家来自工业设计、文创设计、游戏研发、版权推广的企业获“成都市版权示范单位”称号和奖励。其中，成都新西南陶瓷艺术股份公司获评“2017中国版权最具影响力企业”。成都中版文化科技股份有限公司、成都陆道原乡文化投资有限公司、四川传媒学院等18个单位获评“成都市优秀版权服务工作站”。四是转变培育意识方式。运营好“成都版权”微信公众号及其网站；在知识产权宣传周、成都创意设计周等重要节点与活动开展现场宣传10余次；用新媒体发布信息460余条、覆盖600万人、点击量312万次，人民网、央广网、搜狐等16家媒体转载，《中国新闻出版广电报》专题报道成都版权服务体系建设工作。实施版权品牌孵化与运营管理等专题培训60余场，联合市委组织部举办版权主题党员示范培训2期，培训7 000余人次。

二、建立版权保护新机制

一是拓展公共服务网络。新增14个版权服务工作站，已达到38个，分布于22个区（市）县。二是健全软件正版化制度。市政府出台《成都市政府机关使用正版软件管理办法》，优化目标考核细则且市县两级软件正版化工作纳入市委、市政府督查目标考核体系。全市采购软件19 259套，花费1 803.92万元。三是建立协作新机制。联合相关部门出台《关于建立知识产权保护协作机制的意见》。四是加大维权调解投入。全年受理涉及100余家单位及个人的135件版权纠纷调解案件，办结率98%。五是联动打击侵权盗版。出动执法人员2 095人次，检查文化经营单位4 253家（次），查缴非法出版物4 900余册，立案调查142件，罚款24万余元。查办举报147件，办结回复率100%，群众满意率100%。

三、探索版权转化新范式

一是以创意设计周为平台促进产业融合。吸引28个国家（地区）、26个国内城市和近千位设计师参加。汇聚国内外3 258件作品参赛金熊猫创意设计奖（国际1 362件，占41.8%）；715家企业22 065件作品参展（包括德国、瑞典、英国等20余个国家和地区作品4 420件，占20.03%）；600余人付费参与论坛，超规模25.8%。二是以全国版权示范城市联盟年会为纽带促进交流合作。围绕“创意改变生活•版权赢得未来”主题，借助创意设计周，集聚9个全国版权示范城市和2个创建城市、22个区（市）县及企业代表60余人分享经验。三是探索推动产学研融合。新设高校版权服务工作站2个。组织在蓉高校参加金熊猫文创设计大赛，5件作品获金熊猫新秀奖。支持校企联办“蜀术”杯新中式锦绣家具设计大赛，近30件获奖作品实现转化。

张家港市版权局

近年来，在国家、江苏省、苏州市版权局的关心支持下，张家港市版权系统以加快推进知识产权强市建设为主线，以版权产业与经济社会发展深度融合为目标，始终将版权示范创建工作作为推动城市经济快速发展的重要抓手，通过创新工作方式，深化示范创建，积极主动做好服务，扎扎实实加强管理，全市版权的创造、运用、保护和管理水平得到了大幅提升，并取得了明显成效。张家港市文广新局（版权局）连续六年被国家版权局评为查处侵权盗版案件有功单位（2013、2014、2016年一等奖，2012、2015年二等奖，2011年三等奖），26名同志（46人次）分别被国家版权局授予查处侵权盗版案件有功个人。截至目前，全市共有3家全国版权示范单位，1家江苏省版权示范园区，1家江苏省“正版正货”示范街区，10家江苏省版权示范单位，24家苏州市版权工作示范单位推进指导性计划项目，2家“中国版权最具影响力企业”，数量居同级县（市、区）首位。

一、版权管理创新创优有成

坚持创新创优，强化版权保护和管理，在营造版权良好运行环境上获得新成效。相继修订出台了《张家港市版权登记资助和优秀版权作品奖励办法》《张家港市版权示范单位、示范园区和优秀版权工作站评审奖励办法》等一系列政策性文件，强化版权工作保障机制。连续六届开展张家港优秀版权评选活动，并对优秀版权作品进行奖励。2017年，3件作品获评苏州市人民政府版权奖，4件作品获评省优秀版权奖。

坚持转型升级，强化版权创造和运用，在改善版权产业对国民经济贡献率上迈出新步伐。全力推进加快版权产业发展，提升版权产业发展规模和竞争实力。持续推进各级各类版权示范创建工作，同时积极组织企业参加文博会、创博会、动漫节和版博会，2家企业获得第三届“青岛·东亚版权创意精品展示交易会”创意精品金、银奖，在第六届中国国际版权交易博览会上，张家港市版权局荣获“金慧奖·最佳组织奖”，加大了“走出去”步伐，取得了“两个效益”双丰收。

坚持网格管理，强化版权公共服务，在提高版权权利人满意度上取得新进展。鼓励社会化版权基础服务机构加快发展，版权工作服务网络越发健全。成立全省首家县级版权协会。全市17个版权工作站，覆盖全市?个镇（区）和8个重点行业，推动版权咨询、版权宣传、版权登记等管理和服务职能向基层一线延伸。做好重点对象、重点环节和重点范围的版权作品登记工作，2017年全市完成一般作品登记量23 394件，再创新高。

2017年4月28日“我的版权故事”巡讲启动

2017年12月20日在张家港市版权工作会议上优秀版权作品获奖代表合影

12月27日，张家港市版权协会成立暨第一次会员代表大会顺利召开，张家港市版权协会单位会员及个人会员参加了此次会议

二、文化行政执法创新有力

市场管理紧抓不放。2017年，全年共查处全市各类违法违规案件149件（简易程序24件，一般程序125件），占苏州大市总量的三分之一，实现零复议、零诉讼、零投诉。开展出版物专项检查、抓烟机联合执法、春季“扫黄打非”行动、“护苗2017”行动、暑期“扫黄打非”行动和秋季开学前后校园周边文化环境专项整治行动，收缴非法音像制品和非法出版物13 000多张（本）。集中整治非法“小耳朵”，拆除工作陆续展开。市文广新局作为“风雨文学网”侵犯著作权案专案组单位，荣获2016年度查处侵权盗版案件有功单位一等奖，这是继2013年、2014年以来我局第三次获此殊荣，我局3名同志荣获2016年度查处侵权盗版案件有功个人一等奖，该案同时入选2016年度全国打击侵权盗版十大案件（榜首）。

制度建设日趋完善。及时更新文化市场法律法规知识库，进行第五次文化市场法律法规汇编，学习贯彻落实《公共文化服务保障法》和《电影产业促进法》，对全市公共文化设施和电影院线进行清查。启动全市文化经营单位“一户一档”工作，逐步形成经营单位检查动态记录，进一步提升文化市场监管效率。

“扫黄打非”进基层深入推进。建立健全“三级”监管体系，完善基层“扫黄打非”“八个一”工作体系，确保“扫黄打非”基层工作站和专兼职人员落实到位。目前，全市八镇一区均成立了“扫黄打非”工作领导小组和“扫黄打非”工作领导小组办公室，除个别村（社区）因行政调整外，其余284个村（社区）均设立了“扫黄打非”工作站，苏州江南农耕文化园作为重要的旅游窗口单位也设立了“扫黄打非”工作站，全市配备640名“扫黄打非”工作人员，所有工作站挂牌照片和工作人员信息全部录入全国“扫黄打非”信息管理系统。通过市、镇、村“三级联动”，张家港市建立起了“集中统一、运转高效”的监管体系，真正实现有人抓、有人管、有成效。

三、版权文化建设持续推进

搭建用好平台。充分发挥网络作用，推送运行官方微信平台“张家港版权”，公众可从网上便捷地获得本市有关版权创造、运用、保护、管理的各项规定和相关政策及最新版权动态；充分发挥媒体作用，经常性刊播版权公益广告和专题宣传片；充分发挥基层版权工作站作用，深入开展版权宣传进机关、进企业、进社区、进农村、进学校、进媒体“六进”活动。

着力形成体系。按照宣传教育全覆盖、体系化的要求，实施版权干教工程，在“5+X”网络培训中将版权知识纳入科级以下干部能力提升和公务员初任培训课程；实施版权基教工程，深入宣传普及版权相关法律法规，让广大学生认识版权保护的重要意义，树立版权保护意识。

创新活动宣传。围绕“创新改变生活• 版权创造未来”主题，开展了“我的版权故事”巡讲“六进”活动，精心选取10个典型单位和个人巡讲，提高了公众尊重版权、保护版权的意识。开展了“版权保护校园行”系列活动，版权保护深入青少年群体，让少年儿童、中小学生通过关注版权、参与版权，从小提升版权保护意识。进行“你创作，我登记”青少年版权保护志愿服务；举办2017年“青少年版权作品大赛”以及“版权保护 创意无限”2017年张家港市少年儿童书画版权作品大赛。通过形式多样的活动，有效提升了公众对张家港版权的关注度，提高了公众的版权保护意识和维权意识。

注重融入结合。将版权宣传教育融入到法治城市、文明城市建设之中，融入到社会主义核心价值观培育践行之中，融入到版权工作站日常工作之中，结合“世界读书日”、“4 • 26”世界知识产权日等节日进行普及宣传，发放版权知识宣传彩页、画册，举办广场咨询签名活动，形成了以重大节庆活动为契机、各相关单位广泛参与的版权宣传教育工作格局。

“我的版权故事”巡讲活动启动仪式

2017年9月23日，陈世海、杨志刚与一等奖获奖选手合影

2017年9月15日，中国版权协会理事长阎晓宏亲临首届江苏（南京）版权贸易博览会张家港展位指导工作

2017年4月19日版权进校园

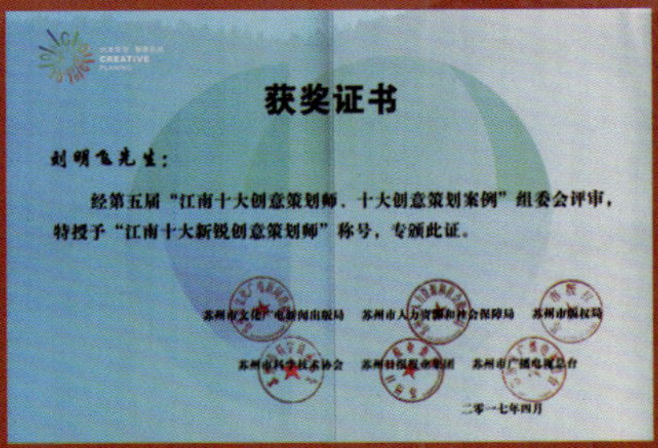
获奖证书

刘明飞先生：

经第五届“江南十大创意策划师、十大创意策划案例”组委会评审，特授予“江南十大新锐创意策划师”称号，专颁此证。

二零一七年四月

刘明飞江南十大新锐创意策划师证书

杭州动漫展

NCTC
国家版权贸易基地
NATIONAL COPYRIGHT TRADE CENTER

中国人民大学国家版权贸易基地

中国人民大学国家版权贸易基地于2007年8月由国家版权局批复建设，2007年10月正式挂牌成立，为我国第一家国家版权贸易基地。基地定位于国家级版权产业要素市场与版权资产管理综合服务平台，在中关村拥有6.7万平方米的写字楼用于版权相关企业集聚及创新型版权企业孵化培育，先后探索开展了版权交易服务、版权资产评估、版权争议调解、版权理论研究、版权管理咨询、版权行业交流、版权企业集聚、《中国版权年鉴》编纂等服务版权产业发展的业务。

特色服务项目

版权资产评估

基地建有版权评估中心，与北京银行、中国银行、中国农业银行和中国进出口银行、上海文化产权交易所、深圳文化产权交易所等机构建立合作关系，围绕版权质押融资提供专业的版权资产评估服务。累计评估作品23部，评估价值超过7亿元，帮助企业实现融资近3亿元。

版权管理咨询

基地先后受文化和旅游部、国家文物局和国家版权局委托，研究起草了《艺术表演团体知识产权工作指南》《博物馆馆藏资源与品牌授权操作指南》《出版企业版权管理指南》，为企业开展版权相关管理提供指引，并开展咨询服务。

版权行业交流

基地持续举办版权人沙龙、互联网文化沙龙、版权相关研讨会和高峰论坛等活动，促进行业交流与合作。截至2018年11月，版权人沙龙已持续举办38期，互联网文化沙龙已举办6期，每期都围绕当前行业热点问题展开深入探讨，促进学界、企业界和政府主管部门之间的深度交流。

大学生版权征文活动

基地于2018年承办第十届全国大学生版权征文活动，并在苏州举办颁奖仪式。未来还将组织开展全国大学生版权论坛、大学生创意设计大赛等激发大学生创新活力的系列活动。

1

2

3

4

图片注释

1. 2012年1月6日，时任国家版权局副局长阎晓宏（左）与时任中国人民大学党委常务副书记牛维麟（右）为基地版权评估中心揭牌。
2. 自2008年6月始，基地已持续举办38期版权人沙龙和6期互联网文化沙龙。
3. 2013年12月，基地举办第一期文化产业版权运营与管理高级研修班，国家版权局版权管理司司长于慈珂（前排左七）为学员授课。
4. 2018年10月21日，由国家版权局主办、中国人民大学国家版权贸易基地和中国人民大学创意产业技术研究院承办的第十届全国大学生版权征文活动颁奖仪式在苏州举行。

東莞 成功创建全国版权示范城市

2017年11月9日，在第九届中国国际影视动漫版权保护和贸易博览会首日，国家新闻出版广电总局党组成员、副局长，国家版权局专职副局长周慧琳向东莞市委书记、市人大常委会主任吕业升颁发“全国版权示范城市”牌匾，东莞成功创建为全国第九个“全国版权示范城市”。版权，已成为东莞推动高质量发展的新引擎。

第九届中国国际影视动漫版权保护和贸易博览会首日，国家新闻出版广电总局党组成员、副局长，国家版权局专职副局长周慧琳向东莞市委书记、市人大常委会主任吕业升颁发“全国版权示范城市”牌匾

两年来，东莞的版权工作砥砺奋进。在全国版权示范城市考核验收汇报会上，国家版权局版权管理司于慈珂司长指出：东莞的创建工作领导重视，认识到位；职能部门工作积极有效，细致认真，主动作为；创建工作富有特色，在版权创造、运用、保护、管理和服务等方面成效显著。

2017年7月17日，国家版权局版权管理司于慈珂司长率考核验收组考核验收东莞创建全国版权示范城市工作

——创建·大动作

[领导重视，全市合力支持创建]

成立以分管副市长为组长的创建全国版权示范城市工作领导小组，出台版权工作“1+3”政策文件，全市合力推动创建。市长梁维东，市委常委、宣传部部长杨晓棠出席考核验收汇报会，对创建工作做表态和汇报，全市各相关单位和镇街（园区）参加了考核验收汇报会。

东莞市委副书记、市长梁维东出席考核验收汇报会，并对创建工作做表态

[产业发展，创新驱动推动创建]

2016年12月，第六届中国国际版权博览会在广州举办，期间召开的全国版权社会服务工作会议上，东莞市唯美文化陶瓷有限公司被国家版权局授予“全国版权示范单位”称号，是当年广东省唯一一家获此殊荣的企业。

全国人大常委会副委员长张宝文参观东莞市唯美文化陶瓷有限公司

第九届漫博会上，国家新闻出版广电总局（国家版权局）周慧琳副局长、省政府黄宁生副省长、国家版权局版权管理司于慈珂司长、省新闻出版广电局（版权局）白洁局长、省版权局陈春怀专职副局长等领导参观版权服务工作站，并为东莞参展企业颁发作品登记证书

中国国际影视动漫版权保护和贸易博览会2009年落户东莞，已举办的九届漫博会累计参展企业3 662家，参与人数超过425万人次，连续九届漫博会设立版权服务工作站，实现漫博会版权纠纷有效投诉“零投诉”。

启动品牌授权资助项目，对于符合条件的东莞本土企业，给予连续5年累计总额高达9 000万元的版权授权资助。截至2017年底，项目引进包括迪士尼、腾讯在内的58家国内外知名品牌公司，获得资助的被授权企业营业额达13.5亿元。

[管理提升，社会服务支撑创建]

成立东莞市版权协会和东莞市版权纠纷人民调解委员会，设2两家广东省版权基层工作站和5家东莞市版权工作站；在中国加工贸易产品博览会等连续11项市内大型展会设立“版权服务工作站”，为企业提供著作权免费登记近1 000件，现场咨询 3 000多人次，派发宣传品近5万份。

[营造氛围，宣传教育引导创建]

组织开展 10 多场版权知识宣讲会，将《著作权法》纳入公务员学法计划，编制和推广学法读本、四格漫画、教学视频: 组织参加第六届中国国际版权博览会，获得“金慧奖”最佳组织奖，在《东莞日报》发布近百篇“版权小知识”和四格漫画，制作、播放 2 支具有东莞元素的公益广告，组织开展“版权保护图片展”“版权保护进校园”等“版权五进”活动，创建工作得到国家、省、市媒体大量报道。

2017 年 8 月 8 日，国家版权局授予东莞“全国版权示范城市”称号。2017 年 11 月 23 日，在 2017 年全国版权社会服务工作会议上，东莞作为全国唯一地级市代表介绍经验。

东莞作为全国唯一地级市代表在2017年全国版权社会服务工作会议上介绍经验

“版权进校园”活动现场

——创建·大数据

——65个产业品牌：

截至2017年底，东莞拥有1家“全国版权示范单位”，1个“全国版权示范园区（基地）”，11个“广东省版权兴业示范基地”，5件“广东省最具价值版权产品”，建立了1个版权品牌授权中心，2家广东省版权基层工作站（东莞站），认定了21个东莞市版权示范单位、园区（基地），23件东莞市优秀版权作品。

——1.6万件著作权登记：

2017 年两家版权基层工作站在省版权局成功办理著作权登记 4 060 多件，同比 2016 年增长 15.67%；市内企业和个人在省版权局成功办理著作权登记 3 900 多件，同比 2016 年增长 25.8%；受理著作权登记资助申请 3 015 件，同比 2016 年增长 23.51%；连续两年位居全省地级市首位。全市软件著作权登记 1.2 万件，同比 2016 年增长 330%。

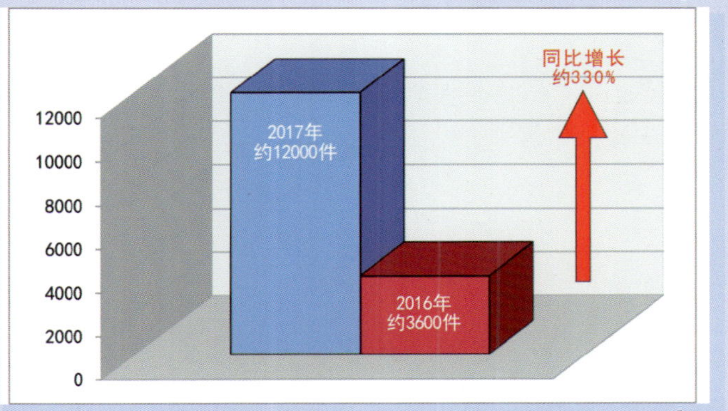

2017年全市软件著作权登记同比增长330%

——三项版权执法荣誉：

两年来，东莞共查处版权行政执法案件66宗，立案查处侵犯版权刑事案件14宗；东莞市文化市场综合执法大队2016年被国家版权局评为年度查处侵权盗版案件有功单位，连续两年在广东版权保护组织建设与执法工作考评中名列第一，东莞市晋锋五金制品有限公司未经许可擅自复制或部分复制著作权人软件案被评为2016年度全国文化市场重大案件。

东莞市举办2017年侵权盗版及非法出版物集中销毁活动，市委常委、宣传部部长杨晓棠出席活动并讲话

东莞市文化市场综合执法大队开展“拒绝盗版，从我做起”宣讲活动

2017年11月27日，外文出版社与16个国家的知名出版机构签署《习近平谈治国理政》第二卷国际合作翻译出版备忘录

中国外文出版发行事业局

中国外文出版发行事业局，又称中国国际出版集团（China International Publishing Group，CIPG），是承担党和国家书、刊、网络对外宣传任务的新闻出版机构，是中国历史悠久、规模宏大的综合性专业对外传播机构。

中国外文局下辖7家出版社、5家杂志社，以及中国网、中国国际图书贸易集团公司、当代中国与世界研究院、翻译资格考评中心等20余家单位，在美国、加拿大、英国、德国、法国等14个国家和地区设有26家驻外机构，形成了涵盖互联网和多媒体业务、书刊出版发行、对外翻译、海外舆情与智库研究、国际交流、教育培训及社会事业等领域的事业格局和覆盖世界主要国家、地区的对外传播格局。每年以40余种文字出版5 000余种图书、以14个文种编辑34种多语种期刊，书刊发行到世界180多个国家和地区，网络受众遍及世界各地。

版权工作概览

BAN QUAN GONG ZUO GAI LAN

2017年全国版权工作

2017年全国版权行政管理工作

中央宣传部版权管理局

2017年，各级版权行政管理部门坚持深入学习贯彻习近平新时代中国特色社会主义思想和党的十九大精神，牢固树立“四个意识”，深入思考研判新时代版权工作的总体形势，准确把握新时代版权工作基本要求，强化版权创造、保护、运用，围绕中心，服务大局，真抓实干，奋发有为，各项工作取得显著成绩。

一、推进完善版权法律制度体系

（一）协助推进《著作权法》第三次修改

国家版权局配合全国人大赴北京、上海、广东、青海、福建等5省（直辖市）开展著作权法执法检查，委托天津等10省（自治区、直辖市）在本区域内进行检查，协助全国人大完成著作权法执法检查报告。配合国务院法制办不断完善《著作权法》修改草案，根据近年来我国面临的国际国内形势变化、社会各界反馈的意见建议和执法检查报告所提主要问题，对送审稿进行多次修改。2017年12月，向国务院法制办重新报送了最新修改草案，大力推进《著作权法》第三次修改。

（二）发布《版权工作“十三五”规划》

2017年1月25日，国家版权局正式印发《版权工作“十三五”规划》。《规划》回顾了“十二五”时期全国版权工作取得的成绩，分析了面临的形势，明确了“十三五”版权工作的发展目标和重点任务，对全国版权工作进行了全面部署，从完善版权法律制度体系、行政管理体系、社会服务体系、涉外工作体系四个方面提出了26项重点任务，明确了国家版权监管平台等重点工作项目，为“十三五”时期版权工作提供了顶层设计。

（三）清理版权相关法规和规范性文件

为贯彻落实国务院简政放权、放管结合、优化服务改革要求，国家版权局废止了一批部门规章和规范性文件，推进“放管服”工作深入开展。

二、深入开展打击侵权盗版工作

（一）开展“剑网2017”专项行动

2017年7月25日，国家版权局、国家互联网信息办公室、工业和信息化部、公安部联合启动打击网络侵权盗版“剑网2017”专项行动。专项行动的工作目标是聚焦新闻出版广播影视行业的网络版权保护，聚焦电子商务平台和移动互联网应用程序（APP）领域的版权整治，以规范影视和新闻作品网络版权秩序为重点任务，以查办大案要案为重要抓手，严厉打击各类网站、移动客户端、“自媒体”传播侵权盗版作品行为，集中整治电子商务平台、APP商店版权秩序，巩固网络文学、网络音乐、网络云存储空间、网络广告联盟版权治理成果。专项行动开展以来，各级版权执法监管部门巡查网站6.3万家（次），关闭侵权盗版网站2 554个，删除侵权盗版链接71万条，收缴侵权盗版制品276万件，立案调查网络侵权案件543件，会同公安部门查办刑事案件57件、涉案金额1.07亿元，专项行动成效显著。

（二）加强网络重点版权监管

充分发挥国家版权监管平台作用，加强对58家大型视频、音乐、文学网站和网盘企业的版权重点监管，抽查16家网站3 480部作品的授权文件，责令下架侵权作品1 128部；开展重点作品版权预警保护，公布十二批重点作品版权保护预警名单，共计202部作品，对“央视2017春晚”及《战狼2》等国产优秀电影进行专项保护，下线盗版链接24 845条。按照规范网络音乐版权市场“停止侵权行为、引导规范授权模式、推动建立商业模式”的

“三步走”工作思路，分别约谈主要网络音乐服务商、音乐公司和权利人组织，要求各方按照著作权法要求，抵制各类侵犯网络音乐著作权行为，建立完善内部版权管理制度，避免独家授权，促进网络音乐广泛传播，维护网络音乐版权良好秩序，共同推动网络音乐繁荣健康有序发展。在国家版权局的积极推动下，腾讯音乐、阿里音乐、网易云音乐等网络音乐服务商加快解决版权遗留问题，妥善处理版权纠纷争议，积极开放独家音乐作品转授权，有效满足消费者文化需求。同时，积极关注新兴领域和新型问题的版权监管。指导北京执法总队对“橙子 VR” APP 通过 VR 方式非法提供盗版影视作品案进行查处，这是国内查处的第一起通过 VR 方式进行盗版的案件。

（三）狠抓大要案件查办

大力实施版权严格保护，狠抓大案要案督办督查。国家版权局单独或联合全国“扫黄打非”办、公安部、最高人民法院和最高人民检察院挂牌督办23起案件。联合全国“扫黄打非”办公室、公安部、最高人民检察院组成5个督导检查组，对北京、山东、吉林、广东、江苏、河南、浙江、重庆、湖南、江西等10个省（直辖市）开展案件专项督导检查，采取明察暗访、实地检查、召开座谈会、听取汇报等多种检查方式，重点督查打击侵权盗版工作，查办案件的数量和质量不断提升。如：浙江嘉兴“3·11”案，查获涉嫌侵权盗版图书 1 900 余种 5 万余册，刑事拘留 7 名犯罪嫌疑人；河南尉氏“12·15”系列案，查获涉嫌侵权盗版图书 76 种 46.6 万册，涉案码洋 2 216 万余元；广东“MTV235 在线手机电影天堂”网站涉嫌侵犯著作权案，查获涉嫌侵权盗版影视剧作品 42 744 部；北京“5·8”制售侵权盗版图书案，扣押涉嫌侵权盗版图书 3.8 万余册，涉案金额达 210 万余元；山东威海张某某等涉嫌侵犯著作权案，查获可录光盘100 余万张以及侵权音像制品包装盒、光盘贴等制作侵权产品的辅助材料和电脑等作案工具；重庆宋某等涉嫌侵犯著作权案，涉案金额达 630 万余元；广东广州“3·27”少儿类出版物侵权盗版案，查扣盗版图书 95 万余册，涉案金额达 800 余万元。

（四）加强版权社会共治

充分调动行业协会、企业、权利人的积极性，积极构建政府监管、企业自管、行业自律与公众监督相结合的网络版权执法监管工作新格局。深入互联网企业开展调研，积极推动行业自律，鼓励权利人投诉举报，引导互联网企业履行主体责任。推动淘宝网严格出版物证照审核，出版物证照审核拦截率提高到 58.7%。推动人民日报社等 10 家主要中央新闻单位和新媒体网站联合发起成立“中国新闻媒体版权保护联盟”，在新闻作品版权统一管理、制定版权合作规则、组织共同议价、支持成员单位维权等方面进行有效的版权保护。“4·26”当天，组织全国 122 家报纸、期刊、电台、电视台共同发布了《关于加强新闻作品版权保护的声明》。同时，为进一步调动版权相关执法部门查处侵权盗版案件的积极性和主动性，充分发挥查处侵权盗版案件先进典型的引导、示范作用，国家版权局开展了 2016 年度查处侵权盗版案件有功单位及个人的评选工作。5 月 26 日，下发《关于奖励 2016 年度查处侵权盗版案件有功单位及有功个人的决定》，对在 2016 年度查处侵权盗版案件工作中做出突出贡献的 208 家有功单位及 243 名有功个人给予奖励。

三、持续推进软件正版化工作

（一）专题研究部署全年工作

召开推进使用正版软件工作部际联席会议第六次全体会议，全面总结 2016 年工作成效，研究部署 2017 年工作任务。向国务院报送了《关于 2016 年推进使用正版软件工作情况的报告》、向各省（自治区、直辖市）印发了《关于印发〈2016 年推进使用正版软件工作总结〉和〈2017 年推进使用正版软件工作计划〉的通知》。

（二）推进长效机制建设

重点围绕源头监管、使用管理、考核评议等关键环节，推进各地各部门完善长效机制，巩固拓展软件正版化成果。向各省（自治区、直辖市）印发了《关于做好 2017 年推进使用正版软件有关工作的函》，推进各省（自治区、直辖市）建立健全计算机软硬件采购制度和软件正版化考核评议制度，规范正版软件管理，巩固政府机关软件正版化成果，明确国有企事业单位软件正版化时限要求。

（三）组织重点督查

制定《2017 年软件正版化督查工作方案》，组织 10 个部际联席会议成员单位联合督查组，对北京、河北、山西、内蒙古、福建、海南、四川、西藏、青海、新疆 10 个省（自治区、直辖市）软件正版化工作进行督查。同时，在部际联席会议办公室领导下，利用国家版权监管平台检查工具，依托第三方专业机构技术人员组织专项督查组，对辽宁、吉林、黑龙江、浙江、湖北、宁夏 6 个省（自治区）的全部省级政府机关软件正版化工作进行督查。全年共检查单位389家、计算机26 989台，同比分别增长35.54%、242.94%。部际联席会议办公室通报了各地各部门的经验做法，督促指导有关省（自治区、直辖市）针对督查发现的问题逐项整改，推动各地各部门进一步完善工作机制，补齐制度短板，巩固工作成果。

（四）开展国产软件应用试点

在宁夏盐池县、西吉县，贵州黔西县，山西平顺县，湖北云梦县开展国产软件应用试点工作，重点推广国产操作系统软件，取得了较好效果。宁夏盐池县成果突出，安装使用国产操作系统软件的比例达到60.07%。

四、不断强化版权社会服务体系

（一）依法加强版权行政监管工作

一是按照国务院行政审批制度改革要求，参与“放管服”等多项相关改革工作，推动“新闻出版行政审批预审查预受理平台”项目建设。二是加强对集体管理组织的监管。召开著作权集体管理组织工作会议，审核5家集体管理组织的年检报告，参与5家集体管理组织与行政机关脱钩的相关协调工作，妥善协调解决著作权集体管理组织与相关利益方之间的矛盾与纠纷。三是加强对涉外著作权认证机构的监管。召开涉外著作权认证机构在华代表处通气会。依据《境外非政府组织境内活动管理法》，积极协调有关部门办理6家涉外著作权认证机构重新登记。

（二）有序推进著作权登记工作

一是下发《关于规范电子版作品登记证书的通知》，要求各地版权局及登记机构制发出具的电子版作品登记证书必须与纸质版完全一致。二是继续推进著作权登记工作，国家版权监管平台著作权登记信息报送工作稳步推进。2017年我国作品登记量达200.2万件，比上年增长25.15%。计算机软件著作权登记量达74.54万件，比上年增长82.79%。三是举办了两期全国作品登记工作培训班，不断规范著作权登记工作。

（三）持续推动版权产业发展

一是推动版权示范创建工作深入开展。授予东莞市、即墨市“全国版权示范城市”称号。下发《关于统一启用全国版权示范城市、示范单位、示范园区（基地）申报表的通知》，开展全国版权示范创建工作，评选出35家示范单位、5个示范园区（基地）并予授牌。召开全国版权社会服务工作会议，总结全国版权示范创建十年来的成果，交流版权示范创建工作经验。二是积极培育国家版权交易中心。同意建立北方国家版权交易中心、深圳国际版权交易中心、江苏国家版权贸易基地，完成了在我国六大行政区域布设国家级版权交易中心的规划，推动区域经济发展和版权产业健康发展。三是开展中国版权产业对国民经济贡献的调研工作。发布2015、2016年中国版权产业对国民经济贡献的调查报告。调查显示，2015年中国版权产业的行业增加值为50 054.14亿元，占全国GDP的7.30%；2016年中国版权产业的行业增加值为54 551.46亿元，占全国GDP的7.33%。

五、不断加大版权宣传培训力度

（一）充分利用各种渠道加强版权宣传

一是圆满完成“4·26”世界知识产权宣传周期间重点宣传活动。举办中国网络版权保护大会，发布《中国网络版权保护年度报告》及年度重点事件，召开国家版权局重点工作新闻发布会，在国家版权局网站设置专栏专题，制作发布版权公益宣传片、宣传海报、版权特刊等，以各种形式提升版权工作的社会影响力。二是积极利用新媒体加强版权宣传工作。全年国家版权局网站共发布信息1 275条；国家版权局微博发布信息217条，粉丝115.5万人；“国家版权”微信发布信息61期共计73条图文消息，粉丝近2万人；“头条号”发布信息260条，粉丝56.5万人。相继开通百度“百家号”和腾讯“企鹅号”，利用新媒体不断扩大版权工作影响力。三是加大对外宣传力度。开通国家版权局英文网站，通过线上、线下、文字、视频等多种方式发布中国权威信息，营造我国版权涉外工作良好局面。同时，积极推动国产软件“走出去”。贯彻落实“一带一路”国际合作高峰论坛精神，与泰国商务部知识产权厅共同举办中泰软件版权合作论坛，推动我国软件企业与泰国企业开展合作。编制《软件正版化在中国（2017）》专刊，系统全面宣传展示中国软件正版化工作成果。

（二）做好版权培训工作

一是召开5期全国版权执法监管培训班暨版权执法监管工作座谈会，对全国31个省（自治区、直辖市）版权局、4个直辖市文化市场行政执法总队及部分重点城市版权执法部门相关人员进行培训。启动开展第二批版权执法监管培训师资选聘工作。二是举办6期大型软件正版化工作培训班，对各省（自治区、直辖市）省级软件正版化工作领导小组成员单位责任人和浙江、湖北、福建三个省的全部省级机关软件正版化工作责任人共计 550 余人进行培训。三是举办 3 期“版权相关热点问题媒体研修班”，对《人民日报》、新华社、中央电视台等 40 多家中央主流媒体新闻记者进行了培训。四是举办两期全国作品登记工作培训班、一期国家版权监管平台培训班和一期涉外版权培训班，通过对相关工作人员进行培训，不断提高版权工作信息化水平和涉外应对能力。

六、持续推进版权对外交流合作

（一）继续加强国际版权话语体系建设

一是继续巩固和加强与世界知识产权组织等国际组织的良好合作关系，积极参加相关委员会会议，合作举办多次高峰论坛及研讨会。二是采用多种方式推动《视听表演北京条约》早日生效。经过不懈努力，该条约批准或加入的国家从 2016 年的 15 个增加到 2017 年的 19 个。三是参加商务部牵头负责的 WTO 第七次对华贸易政策审议和我对其他 WTO 成员贸易政策审议工作；参加亚太经合组织（APEC）知识产权专家组会议等，积极应对有关版权多边事务。

（二）深入推进版权双边交流合作

巩固中美、中英、中日、中泰版权交流合作关系，与英国进行了部级（此前为司局级）政府间版权工作会谈，加强与澳大利亚、汤加、新西兰、西班牙等国家的版权交流；配合商务部完成中国与欧亚经济联盟经贸合作协议实质性谈判，推进《区域全面经济伙伴关系》、中日韩自贸协定等自贸区谈判进程，配合外交部、商务部等积极开展中欧、中日、中俄、中美、中英工作组谈判，努力营造良好版权双边关系，积极争取有利于我国发展的版权国际环境。

2017 年全国版权司法保护工作

最高人民法院知识产权审判庭

2017 年，人民法院坚持以习近平新时代中国特色社会主义思想为指导，全面贯彻落实党的十八大和十九大精神，忠实履行宪法法律赋予的职责，加强知识产权审判领域改革创新，树立保护知识产权就是保护创新的理念，充分发挥司法保护知识产权的主导作用，不断提高审判质量效率、队伍素质能力和司法公信力，优化科技创新法治环境，推动实施创新驱动发展战略，为实现"两个一百年"奋斗目标和建设知识产权强国、世界科技强国提供有力司法保障。

一、人民法院著作权司法保护的新特点

创新是引领发展的第一动力，是建设现代化经济体系的战略支撑。实现"两个一百年"的宏伟目标，归根到底要依靠创新驱动，把我国建成知识产权强国和世界科技强国。一年来，在知识产权案件数量大幅增加，新类型、重大疑难案件增多，案件审理难度加大的情况下，人民法院始终坚持以执法办案为第一要务，充分发挥司法保护知识产权的主导作用，以民事审判为基础，行政审判和刑事审判并行发展，公正高效地审理大量知识产权案件。2017 年，人民法院共新收一审、二审、申请再审等各类知识产权案件 237 242 件，审结 225 678 件（含旧存，下同），比 2016 年分别上升 33.50%和 31.43%。

2017 年的知识产权司法保护工作呈现出四个重要特点：

（一）案件数量持续增长

2017 年，人民法院新收知识产权民事、行政和刑事案件数量大幅增加，比 2016 年上升 33.50%。其中，北京、上海、江苏、浙江、广东五省市法院收案数量保持高位运行，新收各类知识产权案件比 2016 年上升 56.63%，占全国法院案件总数的 70.65%。人民法院新收知识产权民事一审案件上升幅度达到 47.24%。其中，广东法院 2017 年新收知识产权民事一审案件 58 000 件，同比增长 84.70%；北京法院新收 25 932 件，同比增长 49.20%；上海法院新收 14 012 件，同比增长 43.17%。其他一些省份新收各类知识产权案件同比也呈迅猛攀升态势，如吉林上升 210.00%；湖南、福建分别上升 73.80%和 73.14%；内蒙古上升 59%。此外，安徽法院知识产权案件也增长迅速，同比上升 31.90%；山东法院涉外知识产权民事一审案件同比上升 119%。

（二）裁判影响力显著提升

随着我国创新驱动发展战略的深入推进，知识产权日益成为市场主体参与国内外市场竞争，提高市场竞争地位的核心要素和战略资源，知识产权司法保护越来越得到国内外各界的持续广泛关注。人民法院紧紧把握发展机遇，高度重视重大案件的审判工作，引领规则设定，回应社会关切。如界定特殊历史时期创作作品著作权归属的"红色娘子军"侵害著作权纠纷案等等。上海知识产权法院审理的红五新加坡私人有限公司诉联系有限公司、齐飞国际发展有限公司等著作权许可使用合同纠纷案，标的额高达 10 亿元，社会影响广泛。

（三）审判质效明显提高

一是结案数量大幅上升。吉林法院审结各类知识产权案件同比上升 135.00%；福建法院审结各类知识产权案件同比上升 90.06%；广东法院审结知识产权民事一审案件同比上升 84.73%；北京法院审结二审、再审知识产权民事案件同比上升 162.50%；河南法院审结著作权案件同比上升 316.35%；天津法院审结知识产权刑事案件同比上升 53.6%。二是再审率大幅下降。

（四）保护力度全面加强

知识产权侵权案件赔偿低是人民群众一直关注的问题之一。最高人民法院向全国法院提出以市场价值为导向解决赔偿低问题，加大对知识产权侵权行为的惩治力度，提升侵权人的违法成本，使赔偿数额与知识产权市场价值相适应。依法提高司法救济效率，完善知识产权的行为保全、证据保全、财

产保全措施的适用规则，提高知识产权司法救济的及时性、便利性和实效性。

二、充分发挥民事审判职能，遏制著作权侵权行为

一年来，人民法院充分发挥知识产权司法保护对于激发全社会创新动力、创造潜力和创业活力的独特作用，加强著作权民事审判工作，加大对作品的保护力度。2017 年，地方各级人民法院共新收和审结知识产权民事一审案件 201 039 件和 192 938 件，分别比 2016 年上升 47.24%和 46.37%。其中，新收著作权案件 137 267 件，同比上升 57.80%。地方各级人民法院共新收和审结知识产权民事二审案件 21 818 件和 20 525 件，同比分别上升 4.92%和 0.94%；共新收和审结知识产权民事再审案件 77 件和 55 件，同比分别下降 2.5%和 35.29%。

2017 年，最高人民法院新收知识产权民事案件 503 件，审结 493 件，比 2016 年分别上升 36.31%和 28.72%。其中，著作权案件 29 件。著作权案件数量有所下降，独创性判断仍是案件主要焦点和难点。

一年来，人民法院审结的具有较大社会影响的知识产权民事案件有：深圳市飞鹏达精品制造有限公司与北京中航智成科技有限公司侵害著作权纠纷案，李艳霞与吉林市永鹏农副产品开发有限公司及南关区本源设计工作室侵害著作权纠纷案，北京代代读图书有限公司与北京方正阿帕比技术有限公司、国家图书馆侵害著作权纠纷案，北京金凯星科技有限公司与大连市机动车污染管理处、深圳市安车检测股份有限公司、大连市环境保护局侵害计算机软件著作权纠纷案，宝高南京教育玩具有限公司、熙华世南京科技有限公司、晋江市东兴电子玩具有限公司与南京金宝莱工贸有限公司侵害著作权纠纷案，沈韦宁等与南京经典拍卖有限公司等著作权权属、侵害著作权纠纷案，等等。

三、充分发挥刑事审判职能，打击侵犯著作权犯罪

人民法院紧紧围绕推进平安中国、法治中国建设的总体要求，履行好维护国家政治安全、确保社会大局稳定、促进社会公平正义、保障人民安居乐业的主要任务，继续保持打击侵犯知识产权犯罪的高压态势，依法严惩侵犯知识产权犯罪行为，充分发挥法律的威慑作用，保护权利人合法权益。2017 年，地方各级人民法院共新收侵犯知识产权罪一审案件 3 621 件，同比下降 4.69%。其中，侵犯著作权罪案件 169 件，同比下降 13.33%。

地方各级人民法院共审结侵犯知识产权罪一审案件 3 642 件，同比下降 6.69%；涉及侵犯知识产权的生产、销售伪劣商品罪案件 1 100 件，同比下降 61.47%。在审结的侵犯知识产权罪一审案件中，侵犯著作权罪案件 170 件，同比下降 17.87%；销售侵权复制品罪案件 4 件，与 2016 年持平；侵犯商业秘密罪案件 26 件，同比下降 35%①。

地方各级人民法院共新收涉知识产权的刑事二审案件 533 件，同比下降 32.27%；审结 540 件，同比下降 33.50%。

一年来，人民法院审结的具有较大社会影响的知识产权刑事案件有：北京易查无限信息技术有限公司、于东侵犯著作权犯罪案等。

四、充分发挥行政审判职能，解决著作权与商标权冲突

人民法院贯彻落实全面推进依法治国的基本方略，准确适用新修订的《行政诉讼法》，加大司法对知识产权授权确权案件的审查力度，加强对行政执法行为的司法监督，严格规范知识产权行政执法行为，支持、监督、促进依法行政。2017 年，地方各级人民法院共新收知识产权行政一审案件 8 820 件，比 2016 年上升 22.74%。其中，著作权案件 17 件，同比下降 45.95%。

2017 年，最高人民法院新收和审结知识产权行政案件 391 件和 412 件，比 2016 年分别上升 10.14%和 17.05%。

近年来，人民法院审理的涉及在先著作权的商标行政案件日益突出。最高人民法院在温州市伊久亮光学有限公司与达马股份有限公司及国家工商行政管理总局商标评审委员会商标权无效宣告请求行政纠纷案中指出，著作权人、著作权的利害关系人均可依据《商标法》第三十一条的规定主张在先著作权。诉争商标申请日之后的著作权登记证书不能单独作为在先著作权的权属证据。诉争商标申请日之前的商标注册证虽不能作为著作权权属证据，但可以作为确定商标权人为有权主张商标标志著作权

① 以上公开数据不含新收和审结涉知识产权刑事一审案件总数，涉及侵犯知识产权的生产、销售伪劣商品罪案件数，涉及侵犯知识产权的非法经营罪案件数以及其他侵犯知识产权案件数。

的利害关系人的初步证据。最高人民法院在杰杰有限公司与国家工商行政管理总局商标评审委员会、金华市百姿化妆品有限公司商标异议复审行政纠纷案中指出，对于当事人是否享有在先著作权，需要综合考量相关证据予以认定。在著作权登记证明晚于诉争商标申请日时，可以结合商标注册证，包含商标标志的网站页面、记载作品创作过程的报刊内容、产品实物、著作权转让证明等证据，在确认相关证据相互印证、已形成完整的证据链时，可以认定当事人对该商标标志享有在先著作权。

五、加强审判改革创新，推进著作权多元化纠纷解决

为深入贯彻实施创新驱动发展战略和国家知识产权战略，强化知识产权创造、保护、运用，破解制约知识产权审判发展的体制机制障碍，充分发挥知识产权审判激励和保护创新、促进科技进步和社会发展的职能作用，中央深改组指定最高人民法院牵头起草《关于加强知识产权审判领域改革创新若干问题的意见》。2017年11月20日，习近平总书记主持召开十九届中央全面深化改革领导小组第一次会议，审议通过这一重要文件。该文件是中共中央办公厅、国务院办公厅印发的第一个专门面向知识产权审判的里程碑式的纲领性文件，确立了新时代人民法院知识产权审判工作的指导思想、基本原则、改革目标和重点措施，夯实了知识产权司法事业的理论、制度和组织基础，为新时代人民法院知识产权司法事业的发展描绘了宏伟蓝图，对于全面加快我国知识产权审判体系和审判能力现代化进程具有重大的现实意义和深远的历史意义。

人民法院扎实有效推进知识产权法院建设，设立跨区域管辖的知识产权专门审判机构，继续全面推进"三合一"改革工作，健全完善技术事实查明机制，推进著作权多元化纠纷解决机制建设。近年来，知识产权案件呈现逐年迅速增长的趋势，人民法院充分发挥自身优势，促使各种纠纷解决方式各得其所、各尽其能、多元共治、形成合力，大大提升知识产权案件审判的质量和效率。湖北法院注重发挥司法调解功能，坚持多措并举，以调解促和谐、促合作、促发展，妥善化解了大量知识产权领域的矛盾纠纷。如湖北省高级人民法院在审理中国音像著作权集体管理组织、恒大音乐有限公司等多个权利人诉武汉欢乐迪音乐城等侵犯著作权纠纷的超千件关联案中，尽最大努力做好调解工作，妥善化解纠纷，最终上述案件全部以调撤方式结案。海南法院通过采取"维权和教育"的方式调撤一批知识产权民事侵权案件，如海南知名工艺美术家陈某侵犯著作权纠纷案等，以调撤审判相结合的方式，彻底化解纠纷。

六、强化审判监督指导，统一司法裁判尺度标准

公正司法在法治中国建设中具有至关重要的地位和作用，是人民法院的生命线，也是确保司法公信力的基础。2017年，人民法院进一步健全完善司法保护规范，强化审判管理和监督机制，加大审判调研指导工作力度，提高知识产权审判质量和效率，努力让人民群众在每一个司法案件中都感受到公平正义。

（一）加强司法解释和司法政策的制定发布工作

2017年4月24日，最高人民法院发布的《中国知识产权司法保护纲要（2016—2020）》，系最高人民法院首次针对专门审判领域制定发布的保护纲要。《纲要》的发布，引起了社会各界广泛关注，理论界和实务界都给予了高度评价，先后被评为2017年度人民法院十大法院新闻之一和2017年推动互联网法治进程十大事件之一。《纲要》在总结、归纳、提练过去30年知识产权司法保护的成功经验基础上，明确了知识产权司法保护工作的指导思想、基本原则、主要目标和重大措施，规划了发展路径和蓝图，尤其是首次系统地、创造性地提出了知识产权司法保护的8个目标、15项具体措施。《纲要》的发布已经成为我国知识产权审判体系趋于完善、审判能力走向成熟的重要标志，为知识产权审判事业的发展夯实了制度、组织、经验和理论基础，让世界更加了解知识产权司法保护的"中国智慧"和"中国经验"。

（二）积极参与法律的编纂修订和研究起草工作

最高人民法院积极参与《著作权法》等法律的修改工作，在《民法典》的起草研究中充分反映知识产权司法保护的经验和要求。及时掌握新情况和新问题，组织专项研究和论证，认真总结审判实践中形成的司法原则和经验，结合审判实际，有针对性地提出修法建议。参与全国人大常委会的著作权法执法检查，围绕执法检查提出的问题，认真研究落实全国人大常委会著作权法执法检查报告以及审议意见。

2018年是全面贯彻党的十九大精神的开局之

年，是中国改革开放40周年，中国特色社会主义进入新时代，掀开了实现中华民族伟大复兴的新篇章，开启了加强中国同世界交融发展的新画卷。人民法院知识产权司法保护将坚持以习近平新时代中国特色社会主义思想为指导，贯彻落实新发展理念，积极主动适应国际形势新变化和经济社会科技新发展，不忘初心、牢记使命，开拓进取、扎实工作，不断完善知识产权诉讼制度，加强知识产权法院体系建设，为推动国家创新驱动发展战略实施营造良好法治环境，为决胜全面建成小康社会、夺取新时代中国特色社会主义的伟大胜利做出新的更大贡献。

2017年地方版权工作

北 京 市

2017年，北京市版权局认真贯彻落实市委、市政府的相关工作要求，紧密围绕文化中心建设的新要求新部署，以人大常委会版权执法监督检查为契机，积极推进著作权普法宣传活动，大力开展软件正版化工作，重点提升版权监测评估水平，全方位推进版权保护工作，取得了显著成效。北京地区作品自愿登记数量809 586件，同比增长16.8%；软件著作权登记数量125 015件，同比增长51.6%。

一、形式多样，多方参与，着力抓好版权普法宣传活动

2017年，围绕世界知识产权日的主题“创新改变生活”，北京市版权局开展了一系列卓有成效的版权普法宣传工作。

（一）基础与声势相结合，启动“打造版权保护示范区，助力城市副中心建设”主题活动

4月22日上午，北京市版权局和通州区人民政府共同举办了以“创新改变生活，版权创造财富”为主题的“打造版权保护示范区，助力城市副中心建设”活动。宋庄地区的艺术家、艺术品传播机构代表以及新闻媒体记者共200余人参加了此次活动。活动中，与通州区政府就共同打造版权保护示范区举行了签约仪式，授予了3家机构北京市版权工作站的牌匾，为10位艺术大师颁发了著作权登记证。活动现场还设立了版权作品展览交易区，北京版权保护中心和首都版权产业联盟等版权服务、中介机构设立了临时版权服务站，为参展、参观企业提供版权登记等专业服务。此次活动营造了“尊重知识、崇尚创新”的版权保护氛围，为将通州打造为全国版权保护示范区奠定了坚实的基础。下午，在大地艺术中心举办了高峰论坛，邀请版权保护方面的知名专家学者、律师、知识产权法官、艺术家代表等，就文化艺术品版权保护等议题进行了交流研讨。

（二）主导与参与相结合，举办版权宣传健步走活动

4月26日，在通州区大运河森林公园举办了“创新改变生活，版权就在身边”版权宣传健步走活动。北京市版权局局长杨烁出席活动。此次活动采用健步走这一群众喜闻乐见的宣传形式，向广大市民宣传普及版权知识，传播“维护版权、人人参与、从我做起、点滴践行”的理念，也展示了北京市近年来的版权保护工作成果。

（三）普及与推动相结合，打造《视听表演北京条约》研讨会

为推动《视听表演北京条约》早日生效，与世界知识产权组织（WIPO）中国办事处于7月26日在金台艺术馆共同主办了视听表演版权保护研讨会。国家版权局版权管理司司长于慈珂、WIPO中国办事处主任陈宏兵、北京市版权局局长杨烁出席并致辞，包括阿尔及利亚大使在内的十几位外国驻中国使领馆代表、影视公司代表及媒体记者共70余人参会。

会议邀请知名法律学者、中南财经政法大学知识产权研究中心副主任、国际版权研究基地副主任胡开忠教授对条约内容进行解读；中央电视台版权和法律事务室主任郑直先生、著名女高音歌唱家黄华丽女士分别从业界和表演者角度发表主题演讲；北京市版权局副局长王野霏回顾了五年前外交会议召开及条约签署台前幕后的故事，并从政府角度就如何做好表演者权利保护工作发表演讲。随后，与会嘉宾就如何促进条约尽快生效展开热烈讨论。

（四）传统媒体与新媒体相结合，多种形式宣传版权保护理念

以“4·26”世界知识产权日和“6·26”《视听表演北京条约》签署周年纪念日为契机，采取了多种形式进行版权宣传活动。通过北京电视台文艺频道《文化之约》栏目播放“关注版权保护，推进产业发展”版权保护宣传片，展示了北京市近年来版权保护的工作成果和举措。在26家电影院播放软件正版化宣传短片，把“使用正版，拒绝盗版”的理念传达给群众。在420个人民日报数字屏媒播放软件正版化动漫短片、展示软件正版化宣传海报，整体刊播影响力达到2 936 108人次。与新浪微博合作，举行“创新改变生活·版权就在身边”寻找版权宣传微博达人活动，参与人数达2.7万。在《中国新闻出版广电报》和新浪、搜狐等近 20 家网络媒体开设“4·26”专版，登载北京市版权局相关宣传活动，播放版权宣传公益广告，使版权保护理念融入每个人的生活之中。同时，推出一系列《视听表演北京条约》签署周年纪念公益广告，在地铁站、公交候车亭以及长安街沿线进行了为期两个月的户外宣传，取得良好的宣传效果。

（五）借力与发力相结合，推出优秀版权项目展示推介活动

2017 年，北京市版权局参加了中国（北京）国际服务贸易交易会、北京国际图书节、北京市文博会的优秀版权项目推介活动，扩大了版权影响力，提高了版权保护力度，进一步推动了我国版权贸易的“走出去”战略。同时，与动漫产业联盟合作通过甄选优秀动漫游戏版权项目，开展系列推介展示活动，向社会发布版权发展的成果与经验，促进版权的交流与交易。

二、加强协作，攻坚克难，稳步推进软件正版化工作

根据国务院关于推进使用正版软件工作部署，北京市版权局积极贯彻落实《政府机关使用正版软件管理办法》的各项要求，充分发挥联席会议办公室牵头单位组织协调作用，各成员单位密切配合，在全面完成全市各级国家机关软件正版化工作的基础上，巩固成果，乘势而上，积极推进政府机关软件正版化工作长效机制建设，确保各项工作稳步推进、圆满完成，正版化工作取得显著成效。

（一）及时响应，贯彻落实国家任务

按照国家相关工作要求（国版办函〔2017〕15 号），为健全完善软件正版化工作责任机制，要求各单位必须明确软件正版化工作第一责任人、牵头部门以及信息化、财务、资产等部门的主要负责人和具体责任人，并汇集形成了全市的软件正版化工作责任人员数据库；为进一步加强全市计算机软硬件采购管理工作，联合市财政局发布了相关通知（京权〔2017〕11 号），对计算机软硬件采购所涉及的经费预算保障、采购组织实施和版权信息核验等重要环节都做出了详细要求，并为软件资产的源头管理及版权认证等工作提供了明确的政策依据。同时，经过三年的不断总结，全市软件正版化考核评议工作逐渐完善，已建立一套具有可操作性的考评体系，并针对机关和企业分别制定了详细具体的考核标准及评分原则。

（二）广泛培训，政策标准专项解读

自 7 月份起，分别针对全市 110 余家市级机关、16 个区级机关和 1 000 余家市属国有企业举办了多期软件正版化工作推进培训班，及时传达国家推进软件正版化工作的整体思路与方向，并由相关专业人员重点针对全市软件正版化年度考核标准及评分原则等进行讲解，帮助各参训单位理顺工作脉络、明确工作流程和标准，切实提高了相关责任人员的意识和专业技能水平。同时，积极借助外脑专业技术力量，研制开发了软件正版化自（检）查等专业工具，一定程度上解决了传统工作模式下检查结果不精确、比对烦琐，各项数据统计繁杂、分析困难等问题，大大推进了软件正版化的信息化进程。

（三）明确依据，全面跟进督促落实

根据全市软件正版化工作相关年度考核标准等文件的具体要求，联席会议办公室责成专人，采取电话指导、微信答疑，接受全市 110 余家市级国家机关、16 个区人民政府、1 000 余家市属国有企业以及数十家卫生计生系统相关单位关于软件正版化相关资产清查、采购落实、迎检准备等各项工作中遇到各类问题的咨询，并全面深入有关单位内部，针对其存在的实际困难，通过约谈走访、实地督导、协调服务等模式加以有效解决，为下阶段的考核评议工作打好了坚实的基础。

三、提升监测水平，聚焦大案要案，切实加强版权保护工作力度

（一）高度重视，准备充分，圆满完成全国人大常委会著作权法执法检查

6 月 12—16 日，由全国人大常委会副委员长吉炳轩带队的全国人大常委会著作权法执法检查组在北京市进行了为期 5 天的执法检查。北京市版权局高度重视、准备充分、选点准确，得到了副委员长的表扬。在北京市版权局的协调组织下，检查组召开了多场座谈会，实地检查、调研了北京青年报社、红旗出版社、冠勇科技、掌阅科技、搜狐、爱奇艺等代表企业。检查组充分肯定北京市贯彻实施著作权法取得的成效，认为北京在首善建设中不断完善政策体系，提高执法水平，广泛开展普法宣传，创造了很多先进经验。特别是近年来，市委、市政府高度重视文化中心建设新形势下的版权保护工作，积极探索、勇于创新，有力地促进了社会主义文化事业的繁荣发展，发挥了很好的示范带头作用。

吉炳轩副委员长在座谈中强调要突出问题导向，倡导创新意识。着眼于互联网环境下版权保护面临的新问题，认真对待、积极探索，在实践中化解矛盾、总结经验、推动法律制度的不断完善。加强主动监管，推动分级管理机制。一是重视并加强对重

点互联网企业的主动监管，指导企业建立健全版权管理制度，开发应用技术保护措施，自觉履行企业社会责任，引导互联网领域尊重版权的良好风尚。二是发挥行业协会和版权保护组织的作用，促进版权的合理使用和有效传播。有效推进行业自律和集体维权，引导行业注意防范侵权风险、及时化解版权纠纷。三是加强与司法机关的沟通，发挥我国知识产权保护双轨制的优势，结合案件线索，与行政执法部门和公安司法部门就普遍性、多发性、典型性版权问题沟通交流，及时研判、形成共识。

（二）监测与评估结合，引导和治理并重，积极营造版权法制氛围

北京市版权局完成了对 APP 应用市场、新闻类作品、影视类作品的经常性版权监测。对各网站主要在线作品的类别、数量、内容版权和传播情况进行 24 小时不间断跟踪监测，按月形成监测报告，评估网站综合版权状况，提供版权监测维权服务。在重点作品播放前，向网站和互联网平台发布预警通知，发现侵权盗版作品及时发布侵权下线通知，基本实现 24 小时及时删除盗版链接，大型网络版权秩序良好，网络企业自有版权越来越多，版权意识逐步增强，搜狐、中文在线等互联网企业利用法律成功维权，互联网版权环境基本好转。

部分网盘用户、淘宝、微信公众号等由于隐蔽性较强成为侵权较为严重的个人平台，北京市版权局积极联合平台方共同探讨监测排查方式，加大整治工作力度。根据国家版权局发布的重点影视作品预警名单，结合首都地区院线电影实际播放情况，对新浪博客、新浪微博、百度网盘、百度贴吧、微信公众号、淘宝等 15 家具有典型代表性的平台进行了 24 小时跟踪监测，每月下线率基本保持在 95% 以上。加强网络新闻作品传播版权监管，发现侵权平台 562 个，移除侵权链接 15 897 条，跟踪监测重点影视、文字作品的传播和转载情况，下线侵权链接 138 777 条。

（三）聚焦大案要案，联动综合治理，落实 2017 年“剑网行动”

立足首都政治、文化中心建设，根据国家版权局的工作指示和安排，结合首都地区版权保护的实际情况，北京市版权局会同市文化市场行政执法总队、市通信管理局和市网信办等“剑网行动”成员单位，着力抓好专项行动的动员部署工作。建立大案要案办理的快速反应机制；积极支持、配合司法机关办理侵犯著作权刑事案件，协助公安司法机关对侵犯著作权刑事案件提供有力证据支持。按照大案要案办理流程，对快看影视、717 电影网进行查办。会同公安局、文化市场行政执法总队对案件进行沟通交流，推动案件的进一步查办落实。

（四）维护著作权人权益，积极开展调解工作

2017 年，北京版权调解中心加入了北京多元调解发展促进会，与人民法院间进行诉调对接。作为北京市高级人民法院特邀行业调解组织，北京版权调解中心于 6 月份在朝阳区人民法院设立调解庭，受理朝阳区法院委托的著作权诉前调解案件。2017 年，中心受理各类著作权调解案件 210 起，达成调解协议 80 起。受理案件类型涉及计算机软件使用、美术作品使用、音乐作品改编、影视作品信息网络传播权、传统出版物等各个版权领域，通过引入专家参与调解工作，有效解决一批版权争议问题，在化解互联网环境下日益凸显的版权保护难题方面发挥行政调解所长。

（赵晓鹏）

天 津 市

2017 年，天津市版权局深入贯彻党的十九大、十九届一中全会和二中全会精神，按照国家版权局的工作要求及市委、市政府有关部署，突出责任意识和担当精神，将打击网络侵权“剑网 2017”专项行动、进一步加强软件正版化长效机制建设、组织版权宣传教育培训作为 2017 年的重点工作，同时，加强版权行政监管及推进版权产业发展，在净化网络版权环境、保护权利人的合法权益、积极开展版权宣传等方面取得了显著成绩。

一、开展专项行动，严厉打击侵权行为

2017 年 8—12 月，天津市版权局、市网信办、市通信局、市公安局、市文化市场行政执法总队成立专项行动协调小组，联合开展了打击网络侵权盗版“剑网 2017”专项行动。

（一）召开启动协调会，对“剑网 2017”专项行动进行研究部署

7 月 28 日，天津市“剑网 2017”专项行动协调小组召开启动协调会。8 月 25 日和 8 月 31 日，专项行动协调小组又分别召开“天津市打击网络侵权盗版‘剑网 2017’专项行动推动会”及“全市 16 个区打击网络侵权盗版‘剑网 2017’专项行动动员部署会”，确定了全市“剑网 2017”专项行动重点任务、行动措施及检查方案。

（二）扩大市重点网站监管数量

在原有 53 家市重点监管网站的基础上，又增加

了17家网络出版服务单位、4家网络视听节目公司，将市重点监管网站的数量扩大至74家。

（三）对市重点监管网站开展联合执法检查

2017年9月6日至10月28日，专项行动协调小组在74家重点监管网站中，随机抽取并实地检查了北方网、今晚网、天津网、天津网络广播电视台等15家网站和出版单位；巡查网站8 000余次，对存在疑似问题的133家网站做了远程勘验笔录；查办了13起网络行政案件；约谈了6家网络直播平台；公安部门共删除网上有害信息4 877条，查处4起网络刑事案件。

（四）加强宣传培训，提高版权保护意识

2017年，在国家版权局公布12批重点影视作品预警名单后，市版权局分别将名单在局政务网公布，并将名单下发给市重点监管网站，再次提出要求；举办版权工作培训会，从源头净化版权环境，参会的各重点监管网站负责人签订了版权保护承诺书；协调小组成员单位主动作为，将专项行动与日常工作相结合，取得了明显成效。

二、继续推进和巩固软件正版化工作

按照国务院及国家版权局关于推进使用正版软件工作部署，进一步完善长效管理机制，巩固工作成果，推进软件正版化工作规范化、常态化、制度化和信息化建设，不断提升工作质量和管理水平，取得了较好效果。2017年，市、区两级政府机关采购正版操作系统软件1 191套、办公软件6 831套、杀毒软件2 866套，采购金额1 383.58万元。企业采购正版操作系统软件2 379套、办公软件2 548套、杀毒软件2 376套，采购金额838.04万元。

（一）进一步完善软件正版化长效机制

2017年初，按照国家版权局工作要求，市版权局制定并印发了《天津市2017年推进使用正版软件工作计划》，完善了软件采购、软件管理、督促检查、考核监督等相关制度，从制度层面保障软件正版化工作常态化，进一步完善政府机关软件正版化长效管理机制。

（二）及时更新信息，制定推进工作时间表、路线图

市版权局组织54家市级政府部门、43家市国资委监管企业，完成了软件正版化工作责任人信息和国有企业使用正版软件工作计划报送工作；制定了推进企事业单位使用正版软件工作规划。

（三）落实资金预算，把好采购源头关

市财政局印发了《关于进一步加强计算机软硬件采购管理有关事项的通知》，要求在编制购置计算机硬件设备预算时，对需要购置的正版操作系统、办公软件和杀毒软件一并做出购置预算。严格审核办公软件和杀毒软件购置计划，从源头上防止盗版软件流入政府机关。

（四）加大培训力度，强化责任落实

按照《天津市2017年推进使用正版软件工作计划》，组织开展54个政府部门和366个区政府机关软件正版化工作责任人培训活动，培训总人数为870人。

（五）严格审计，完成本年度审计任务

2017年，市审计局对行政事业单位审计主要集中在天津体育学院、天津商业大学、天津市教育招生考试院等市级事业单位，以及15个区公安机关领导干部任期经济责任审计。审计结果表明，各市级和区级预算单位基本能够落实软件正版化工作要求。

（六）政府机关软件正版化工作考核常态化

2017年11月13日至24日，市推进使用正版软件工作联席会议成员单位组成4个检查组分别对10个市级政府部门和4个区政府软件正版化工作进行了考核。7个市级政府部门获得A级，占70%，较2016年增长了30%；3个区政府获得A级，占75%，与2016年持平。

（七）健全完善制度，稳步推进企业软件正版化工作

2017年组织纳入完成软件正版化工作目标的新闻出版行业企业软件正版化负责人参加培训，提升业务水平。市版权局与市国资委联合组成督查组，对15家市管国有企业集团及其14家所属单位软件正版化工作进行专项督导检查，确保国资系统软件正版化工作高标准完成。

三、完成版权示范园区评选工作

2017年天津市版权示范区县、示范单位和示范园区（基地）评选工作再次被天津市版权局确定为重点工作。按照《天津市版权示范区县、示范单位和示范园区（基地）管理办法》及局重点工作要求，从年初开始至10月30日结束，分为区县申报、实地考察、专家评审三个阶段。

在评审小组进行评定的基础上，最终确定11家单位为市版权示范单位。2017年10月17日，在对11家拟获得示范称号的单位进行公示后，天津市版权局组织16个区版权部门负责人及示范单位，召开了天津市版权示范单位授牌大会。10月31日，国家版权局发文批复了天津人民出版社有限公司、新蕾出版社（天津）有限公司、天津颐博数码科技有

限公司3家单位为国家级版权示范单位。

四、做好社会服务，促进版权产业发展

2017年办理涉外版权贸易引进合同备案363件；涉外电子出版物和计算机软件著作权认证498件、著作权作品登记344件；完成18种涉嫌侵权图书及光盘认定工作，为案件审理工作提供了依据。

五、做好资助项目的申报，推动出版物版权输出

按照国家新闻出版广电总局关于申报2017年经典中国国际出版工程、丝路书香工程重点翻译资助项目、中国当代作品翻译工程项目的通知要求，天津市版权局组织完成了2家出版社、1家民营发行公司的53个品种的申报工作。天津人民出版社有限公司和中国人民大学出版社有限公司联合出版的《中国道路为世界贡献了什么》，天津人民出版社有限公司出版的《中国特色社会主义为什么行?》入选。

六、加大著作权宣传，提高全社会维权守法意识

利用2017书香天津·春季书展进行版权宣传。在举办书香天津·春季书展期间，设立了咨询服务区，对著作权法进行宣传，受到了群众的好评；利用“4·26”世界知识产权宣传周开展版权宣传。天津市版权局联合有关单位，采取进园区、进校园、进企业等方式共同组织开展版权宣传及版权培训活动，组织16个区版权局，利用重点宣传时段在各区县的学校、事业单位、公交地铁、写字楼等公共场所张贴版权宣传海报，做到与国家版权局上下联动；与天津新闻广播电台制作了一期以“关于2017年春季书展与版权保护”为主题的《走进直播间》广播节目；完成全国人大对天津市实施著作权法情况的检查。

（张　倩）

河　北　省

2017年，在省委、省政府的领导下，河北省各级版权行政部门按照国家有关部门的要求和部署，积极创建版权示范城市、单位和园区（基地），进一步巩固政府机关和企事业单位软件正版化工作成果，严厉打击各领域侵权盗版行为，不断提高版权服务能力，取得了显著成绩。

一、加大版权示范创建及版权登记和服务推广工作，促进版权产业发展

一是积极推进全国版权示范城市和示范单位创建工作。为促进全省版权产业高水平、高质量发展，省版权局主动与国家版权局和廊坊市政府联系对接，协调全国版权示范城市创建有关工作。7月13日，国家版权局版权管理司司长于慈珂带队考察了廊坊市版权示范城市的创建准备工作，听取了廊坊市政府相关工作汇报，实地考察了河北乐聪网络科技（股份）有限公司、大厂微软游戏创新中心、大厂影视小镇等文创产业园区，要求廊坊市以创建为契机，进一步巩固工作成效，推动智力成果的创新与运用，促进区域经济、文化、科技和社会事业全面发展。8月8日，国家版权局经过审核，批准了河北省版权局上报的廊坊市创建全国版权示范城市的申请，拉开了全省首家版权示范城市的创建序幕。10月，河北省版权局推荐的河北乐聪网络科技（股份）有限公司、石家庄君乐宝乳业有限公司经过严格审核，获得了国家版权局授予的“全国版权示范单位”称号。

二是积极推进省级版权示范单位、基地创建工作。7月，省版权局版权处会同省版权保护中心，先后赴邢台、邯郸、石家庄等地就版权示范创建工作进行调研、考察。12月22日，省版权局依据标准和程序授予了河北教育出版社、邱县文化馆、晏钧设计有限公司等3家单位“河北省版权示范单位”称号，授予了邱县漫画培训创作中心“河北省版权示范基地”称号。

三是优化版权登记环境。4月26日，省版权局在省内各大媒体发布了《关于在全省实行作品著作权免费登记的公告》，并要求省版权保护中心以此为契机，加大政策宣传力度，完善工作机制，提升服务水平，主动走出去，上门为著作权人服务，提高版权登记数量。据统计，2017年全省登记作品数量达1 904件，是2016年全年登记量的5倍以上，实现了爆发性增长。此外，省版权保护中心制定了《河北省版权服务站管理办法》，继续在全省范围选择版权产业密集地区、园区、基地或版权相关行业团体、协会、单位建立版权服务站，健全规章制度，建立考评机制，规范站点服务，提高登记数量。4月26日，省版权局和版权保护中心在大厂影视小镇设立了全省第二家版权服务站，并举行了挂牌仪式和人员培训。

四是开展版权服务平台建设。根据版权作品登记数量快速增长的实际情况，省版权保护中心筹划了河北省版权信息数据库项目，下半年完成了项目的招投标工作并进入了实施阶段。版权信息数据库项目建设将使作品登记工作进入良性快速发展的新阶段，为河北省版权工作提供大数据支持，通过版权产品的确权、授权、交易，推动河北省文化产品创新，提升版权服务水平，促进全省版权产业的发展。

二、进一步巩固各级政府机关和企事业单位软件正版化工作成果

一是强化各阶段工作部署。4 月份，制发了《河北省 2017 年推进使用正版软件工作实施方案》，对 2017 年的工作进行了统一部署。该方案要求各设区市政府积极开展“回头看”活动，选定所辖至少 1/3 数量的县级政府作为重点督查对象，力争利用 3 年时间实现所辖县级政府的全覆盖督查、全方位过关，真正实现“办公软件正版全覆盖，操作系统所用即所买”的总体目标。5 月份，印发了《关于进一步做好 2017 年推进使用正版软件有关工作的函》，对严格落实源头采购管理制度、做好培训和迎检工作、规范正版软件管理工作、推进企事业单位使用正版软件工作，以及强化考核评议和督导检查等五方面重点工作提出了具体要求。6 月下旬，制发了《河北省推进企事业单位使用正版软件工作规划》，提出到 2020 年末基本完成企事业单位的软件正版化工作，不仅规划了路线图，也明确了时间表。9 月底，制发了《关于组织开展“软件正版化工作整改提升月”活动的通知》，决定利用一个月的时间组织各地、各单位开展“软件正版化工作整改提升月”活动，督促各地对照通知中所列的国家督查组发现的各类问题开展检查，进行整改。

二是加强多项制度建设。6 月，制发了《关于签订〈使用正版软件承诺书〉的通知》，组织各市（含定州、辛集市）政府、省直各单位主要负责人签订了使用正版软件承诺书，压实了各地、各单位一把手的责任。7 月，在总结以往两个年度开展的软件正版化考核评议经验和问题的基础上，重新修订并印发了《河北省政府机关使用正版软件工作考核办法（试行）》，进一步加大了对各设区市政府日常培训、督查和考评工作开展情况的考核力度。9 月份，根据人员变化情况，按照省政府要求印发了《关于调整河北省使用正版软件工作领导小组的通知》，进一步明确了各成员单位的成员名单，从组织制度上保证了软件正版化工作的有序进行。

三是开展迎检和督查考评工作。1 月，组织了 11 个考核组，分别对全省 11 个设区市及其所辖县级政府、定州和辛集市政府，以及 96 家省直单位 2016 年度软件正版化工作进行了考核评议，之后印发了《关于政府机关软件正版化考核评议工作的情况通报》。9 月 11 日至 14 日，国务院软件正版化工作第七督查组对河北省软件正版化工作进行了现场督查。督查组听取了汇报，检查了 6 家省直单位和 4 家省国资委监管企业，查阅了各单位相关材料，实地检查了 936 台计算机的软件安装情况，其中有 3 家单位使用软件 100% 为正版。检查的 6 家省直单位 526 台计算机中，正版化率在 90% 以上。4 家企业中，河北建投全部实现软件正版化，河北外贸完成了 80%。督查组从六个方面充分肯定了河北省的软件正版化工作：（1）省政府高度重视，组织领导有力；（2）各项制度完备，机制健全；（3）压实责任，确保软件正版化责任到人；（4）积极推进使用国产软件，节约资金多办事；（5）政府、企事业全面推进；（6）应用技术手段加强管理。11 月，组织开展了专项督查活动，抽查了 7 个设区市、2 个省直管县和 14 个县级政府的部分政府机关，其中列入年度“回头看”的 45 个县级政府有关负责人全部参加集中汇报会并逐一汇报，检查组通过听取汇报和上机检查，对存在的问题进行了现场反馈。检查结束后及时通报了检查情况。12 月下旬，全国打击侵犯知识产权和制售假冒伪劣商品工作领导小组办公室考核组对河北省 2017 年度包括软件正版化在内的打侵工作进行了检查，现场查看资料和听取汇报，并实地抽查了石家庄市 2 家政府机关的计算机，对河北省软件正版化工作的考核均给予了满分。12 月，国家版权局在《关于对北京市、河北省等 10 省（区、市）软件正版化工作督查情况的通报》中，对河北省的相关工作给予了肯定。

四是深入推进企事业单位软件正版化工作。4 月，省国资委印发了《2017 年推进监管企业使用正版软件工作实施方案》，并于 9 月和 12 月分别组织对部分监管企业进行了督导检查。河北银监局、河北证监局、河北保监局根据年度计划，督促金融行业企业开展了软件正版化工作。石家庄市分别于 8 月 11 日、9 月 8 日召开成员单位工作会议和全市企事业单位软件正版化工作部署专题会议，明确了各县区及市直各部门利用两年时间完成事业单位使用正版软件工作的任务和目标。

三、认真开展著作权法执法检查工作和打击各类侵权盗版行动

一是完成了著作权法执法检查工作。6 月，受全国人大委托，河北省人大开展了全省著作权法执法检查工作，省版权局积极配合此次活动，一同深入唐山、秦皇岛、定州等市开展实地检查和指导，撰写了《著作权法实施工作情况汇报》，协助完成了检查工作。

二是组织开展"剑网2017"专项行动。按照相关要求，8月24日，省版权局会同省互联网信息办公室、省通信管理局、省公安厅等部门联合制发了《河北省打击网络侵权盗版"剑网2017"专项行动方案》。全省各级各相关执法部门充分发挥职能作用，强化主动监管，精心组织开展了新闻作品专项整治、影视作品专项整治、智能移动终端第三方应用程序（APP）专项整治、电商平台专项整治，及时查办案件，严厉打击网络侵权盗版的违法犯罪活动。11月20日，省版权局在石家庄组织召开了全省版权执法监管工作暨"剑网2017"专项行动工作推进会议，各市（含定州、辛集市）主管版权工作的副局长和市文化执法大队大队长参加了推进会。专项行动期间，四部门加强信息共享和协同行动，依法治理网络空间，严厉打击网络侵权盗版违法活动，其中主动监管网站6 000多家（次），共处理涉嫌侵权盗版违规网站11个，注销违规网站备案9个，取消违规网站接入5个，列入黑名单管理8个。

三是开展了出版物市场的版权执法工作。组织全省各级版权执法部门，不断改进监管方式和手段，重点对盗版重大题材、畅销、常销、教材教辅及计算机软件、影视音像制品等出版物的行为进行了严厉打击，及时发现并从严处理了一批违法违规的出版物印刷和销售企业，确保了党的十九大、全国"两会"、暑期和"国庆"等重要时间节点出版物市场的安全稳定。

四是加大版权案件的查处力度。先后查处了"5·19"非法印刷销售盗版图书案、"8·12"非法经营盗版光盘案、一素广告有限公司网络侵权案、吴喆公司网络侵权案、博远建筑书店发行侵权盗版图书案、撕夜娱乐会所使用侵权音乐作品案、北京成业恒信印刷有限公司盗印出版物案、林海印务有限公司非法印制图书案、周某某非法盗播影片案、龙潭宾馆非法盗播影片案等侵权盗版案件。

四、加强版权宣传、教育和培训等工作，提高公众的版权意识

一是重视知识产权保护宣传周宣传活动。各级版权部门高度重视版权宣传活动，组织开展了形式多样的版权宣传活动。一方面在《河北日报》、《燕赵都市报》、《河北法制报》、《河北青年报》、长城网、河北新闻网、《河北日报》客户端等省级主要新闻媒体大篇幅登载国家版权局制作的《创作+保护，生活更美好》《厉害了！我们的创作者》主题公益广告。长城网等网站在对宣传海报进行转载刊发的同时，对2017年国家版权局公益宣传片——《版权寻踪》进行宣传推广，并在首页《河北要闻》下进行重点推送，掀起了全民学习宣传版权保护的新高潮，让版权意识深入人心。另一方面及时公布了版权典型案件。省版权局认真梳理案件，选取了2016年度有代表性的8起侵权盗版案件在《河北日报》、《河北法制报》、《河北青年报》、《燕赵都市报》、长城网、河北新闻网、《河北日报》客户端等省级主要新闻媒体进行宣传报道，受到社会广泛关注。

二是加强日常宣传。充分利用《中国版权年鉴》《河北新闻出版广播影视年鉴》《软件正版化在中国》等出版物的地位及影响，积极总结全省版权保护经验，通过文字、图片等形式，全面展示版权保护成果，不断扩大对外宣传。对于一些日常工作，如国务院软件正版化工作督查组开展督查、省内组织的软件正版化工作督查、大厂影视小镇设立版权服务站等活动，均通过省内主要媒体或网站进行宣传报道。

三是加强软件正版化工作培训工作。8月下旬，省版权局组织省直97家单位召开了软件正版化培训会议，传达学习了国家2017年软件正版化工作重点，部署了2017年软件正版化重点工作，同时介绍了软件正版化工作相关政策与知识，讲解了《正版软件管理工作指南》《河北省政府机关使用正版软件工作考核办法（试行）》和正版软件检查工具软件的相关问题。会同省国资委组织了18家省属国有企业开展软件正版化培训工作，分别参加了省发改委、河北银监局、省外贸资产公司以及石家庄、衡水、廊坊等市版权局组织的企事业单位、政府机关软件正版化培训会议，并进行了专业授课。

四是推荐并宣传了查办案件的有功单位和个人。4月，按照国家版权局要求，对全省2016年度查办的案件进行了梳理、汇总和上报。5月26日，国家版权局印发《关于奖励2016年度查处侵权盗版案件有功单位及有功个人的决定》，河北保定霍某某销售侵权复制品案专案组、河北石家庄张某某侵犯著作权案专案组、河北省版权局版权管理处、河北衡水赵某某等侵犯著作权案专案组、河北省衡水市公安局经济开发区分局和衡水市文化市场行政执法大队等涉及的18家单位及7名个人分别获奖。

（李冬群）

山　西　省

2017年，山西省版权局坚持改革创新发展、依法依规行政、全面加强保护和注重实际效果的原则，围绕激励创造创新、推动发展改革、加快法治建设的工作方针，把版权工作放在为全省中心工作服务的高度和激励创造创新引领产业发展的高度，致力于创新版权管理服务方式，不断加大版权监管保护力度，有效拓展版权宣传教育范围，扎实开展打击侵权盗版和软件正版化等工作，取得了积极成效。山西省版权局版权管理处被评为全国打击侵权假冒先进集体和全国打击侵权盗版有功单位。

一、加强版权行政执法监管，认真开展版权领域“双打”工作

（一）加强领导，形成版权监管合力

切实发挥局“双打”领导小组办公室的职能作用，对全省版权领域“双打”工作进行部署，要求加强版权监管源头治理，开展大检查、大整顿、大治理工作，突出重点领域、重点环节、重点位置、重点对象的整顿工作，保持对生产、销售侵权盗版制品违法行为的高压打击态势。明确了打击侵权盗版工作的基本要求，要求狠打快打、聚焦重点、追根溯源、强力查办，确保各项行动落到实处，全面净化全省出版物市场。

（二）突出重点，整顿网络版权秩序

一是认真落实规范网络转载版权秩序的工作要求，推动建立健全版权合作机制，规范网络转载版权秩序。二是下发了《关于加强网络文学作品版权管理工作的通知》，要求各市版权行政机关加大网络文学作品版权执法监管力度，严厉打击通过网站、贴吧、微博、微信等方式未经授权非法传播网络文学作品的侵权盗版行为。三是与省公安厅等四部门共同组织开展了打击网络侵权盗版“剑网 2017”专项行动，共主动监管重点网站 7 个，查办国家版权局交办的网络侵权盗版案件 5 起，分别为圣城家园、中国高清网、笔趣阁等侵犯著作权等案件。

（三）注重管控，规范传统版权市场

坚持抓行动、抓案件、建队伍、建机制的工作思路不放松，与“扫黄打非”、印刷发行等部门共同组织全省各市开展了一系列打击侵权盗版专项行动，加强图书报刊音像市场、物流枢纽、集市景区、数码电脑城等重点部位的监管，立案查办各类侵权盗版案件 53 起。于 6 月分 3 个工作督导组完成了对 11 个市、30 余个县的印刷企业、出版物集中批销场所、景点校园周边出版物市场等 110 多个点位的检查，明察暗访，发现问题，及时处理。

二、优化版权管理执法环境，不断加大版权宣传教育力度

“4·26”知识产权宣传周期间，紧紧围绕“创新创造改变生活，知识产权竞争未来”的宣传主题，组织全省各级版权管理部门开展版权宣传活动。一是开展版权宣传进媒体活动。各市运用广播、电视、公交移动电视等媒体，通过报纸、网站刊登公益广告、开设宣传专栏进行版权宣传。太原市播发相关资讯 35 条，播出公益广告 500 余次。晋城市通过街道 LED 显示屏播放版权公益广告视频。吕梁电视台播放 2017 年版权公益宣传片——《版权寻踪》。二是开展版权宣传进机关活动。太原、晋城等市在政府机关办公楼内宣传栏、电梯、走廊等位置张贴、摆放国家版权局设计的宣传海报，营造良好的版权保护氛围。三是开展版权宣传进企业活动。运城市深入亚宝药业有限公司进行宣传，引导员工学习知识产权知识、树立创新理念。四是开展版权宣传进校园活动。山西省版权局在山西大学进行版权宣传活动，发放宣传海报，解答版权问题。五是开展全省知识产权街头集中宣传活动。太原、忻州、朔州、运城、临汾、大同等市以展板展示、设置咨询台、张贴海报、发放倡议书等形式向公众宣传版权保护常识和相关法律法规，活动期间共计发放宣传资料 12 000 余份、版权宣传手册 3 500 余本。

三、突出责任落实和检查整改，强化政府机关软件正版化工作长效管理

（一）全面落实责任

为充分明确工作责任，对省直各单位软件正版化工作责任人信息数据库进行核实清理调整，进一步理清软件正版化工作责任人，确保各项工作精准对接、工作责任有效落实。市、县级政府机关也按照相关要求，对软件正版化工作责任人数据库进行核实整理。

（二）完善制度建设

要求各市、各部门严格按照国务院办公厅《政府机关使用正版软件管理办法》的要求，继续完善经费保障、日常监督、资产管理等工作制度。制定下发了《关于进一步加强计算机软硬件采购源头管理工作的通知》，对软件年度计划、软件经费预算、软件采购细则、违规责任追究等方面做了明确规定。

（三）注重使用管理

要求各相关单位严格对照国家版权局《正版软件管理工作指南》的相关规范，加强软件维护管理，认真填写《软件使用情况汇总表》《软件使用情况明细表》《软件安装维护情况明细表》，做好软件的日常安装、维护和软件台账管理工作。

（四）组织业务培训

组织全省各市和部分县的正版化工作负责人在

平顺县召开国产软件试点观摩交流和软件正版化工作培训会议，分析形势，统一思想，明确任务，学习经验。

（五）严格考核检查

按照《山西省政府机关使用正版软件工作考核办法（试行）》的有关要求，由省使用正版软件工作领导小组部分成员单位带队，采取听取汇报、查阅资料、抽查计算机软件的方式，对全省政府机关正版化工作责任落实情况、软件正版化工作实施情况、软件安装使用情况、软件资产管理和长效机制建设情况等方面进行了严格考核。

四、拓宽版权管理服务渠道，重视版权示范创建工作

为有效落实省委、省政府关于转型综改试验、建设文化强省的重大部署，全面深化版权管理与服务工作改革，省版权局在全省12个重点版权密集型单位建立专职的版权工作机构，努力构建版权管理、交易交流、维权保护、衍生开发、宣传教育全流程归口统一管理的工作格局。突出加强了版权示范创建工作，出台了《山西省版权示范单位和示范园区（基地）管理办法》，培育出了一批具有完善版权管理体系、鲜明地方特色、较强市场竞争力和典型示范带动作用的版权要素企业，为全省版权产业发展起到了积极的推动作用。山西科学技术出版社、英语周报社被授予“全国版权示范单位”称号。

（郝子谋）

内蒙古自治区

一、版权作品登记质升量增

2017年全年，内蒙古自治区版权局登记作品299件，同比增长38.89%。尤其是登记的著作权中涌现了一批高质量作品，其中有作曲家乌兰托嘎的《父亲的草原母亲的河》等13首著名音乐作品，鄂尔多斯羊绒集团一系列知名商标美术作品，蒙古源流文化产业园区的《元大都》等一批特色建筑作品，东方民族艺术团的《鄂尔多斯婚礼》等多部民族舞蹈作品。内蒙古自治区版权局使用国家版权平台登记作品工作多次受到总局表扬，并在2017年全国版权平台培训会上做了典型发言。

二、软件正版化工作深入推进

一是组织开展年度考核。2017年1月，自治区组成8个考核组，对各盟市和区直机关的软件正版化工作进行考核，检查了12个盟市的72个机关单位、21个旗县区的52个机关单位、59个区直机关单位，抽查计算机1 845台，圆满完成考核任务。二是扩大软件正版化覆盖。经过4个多月反复调研论证，制定出台《内蒙古自治区推进企事业单位使用正版软件工作规划》，为全区企事业单位软件正版化工作制度化、标准化、规范化、长效化做出制度安排。三是迎接国家对内蒙古自治区软件正版化工作督查。8月底，组织4个检查组对20家区直机关、10家直属国企、1 500余台计算机进行了自查。9月中旬，配合国家督查组抽查了6家区直机关、4家直属国企，并在自治区政府主席楼组织召开督查汇报反馈会。10月，根据督查反馈意见对6个问题单位下达整改通知书，完成整改工作，并代政府办公厅向国家版权局报送了整改报告。

三、版权执法力度进一步加大

一是配合完成著作权法执法检查工作。4月下旬，内蒙古自治区版权局全程配合自治区人大常委会代表国家对自治区著作权法实施情况进行执法检查，实地检查3个盟市、7个旗县区、15个机关单位，召开7次座谈会，并按照人大常委会执法检查审议意见督导完成了整改工作。二是深入开展“双打”和“剑网行动”。一方面，细化“双打”考核指标，将信息报送和案件补贴与年终评优挂钩，并开设“双打”专栏，及时通报工作进展。另一方面，制定《“剑网2017”专项行动实施方案》和《宣传方案》，召开推进会议，开展督导检查，共办理案件61起，为净化舆论环境迎接党的十九大营造良好文化氛围。三是加强版权执法队伍建设。内蒙古自治区版权局结合向国家版权局推荐执法人才和培训师资，着手建设自治区版权执法骨干数据库，现已入库执法骨干16名、师资骨干7名，为今后联合查办重大案件和版权培训积蓄力量。

四、版权宣传培训活动常态化

内蒙古自治区版权局将版权宣传教育贯穿日常工作，形成宣传、教育、培训常态机制。一是集中开展版权主题宣传。结合“4·26”知识产权日，利用知识产权宣传周，开展系列宣传普及和集中销毁活动，全区共销毁各类侵权盗版和非法出版物36.2万件。二是运用多种方式提升宣传效果。利用政府网站适时发布版权工作情况，制作发放1 600件版权宣传品，印发3期版权信息宣传提示，通过给新闻媒体提供宣传资料，邀请记者参加重要的版权活动，搞好重大版权执法报道，在户外大屏和公交移动电视播放版权广告，保持版权宣传常态化。三是开展版权业务培训。2017年共举办全区版权执法、公共服务、正版化业务培训3次，组织参加上级各类培训5次、盟市和自治区直属机关本级培训11次，首次组织广电企业人员参加全国正版化培训，全年各级累计参加培训600余人次，无论是培训次数还是参加人数均创历年新高。

（郝 炜）

辽 宁 省

2017年，辽宁省版权局认真贯彻中央和省委、省政府决策部署，全力以赴抓好迎接、学习、宣传、贯彻党的十九大这件头等大事，统筹推进打击网络侵权盗版、软件正版化、迎十九大印刷复制发行监管专项行动、版权宣传培训、版权贸易等方面工作，全省版权工作取得了新成绩新成效。

一、以“剑网行动”为重点扎实开展打击侵权盗版工作

（一）以重点作品、APP领域和电子商务平台为三项重点领域开展“剑网2017”专项行动

根据国家版权局等四部门关于“剑网2017”专项行动的部署，省版权局、省互联网信息办公室、省通信管理局和省公安厅结合辽宁工作实际共同研究制定了《实施方案》，于8月至11月在全省范围内组织开展了第十三次打击网络侵权盗版“剑网2017”专项行动。为营造专项行动氛围，组织协调新华网、东北新闻网、《辽宁日报》、《辽宁晚报》、《沈阳日报》等媒体，以及省新闻出版广电局、省通信管理局、省公安厅等部门官网集中发布相关报道，引起了广泛的社会关注，有力推动了“剑网行动”的深入开展。专项行动期间，省版权局通过组织召开“剑网行动”协调会和基层版权执法人员业务培训班，开通投诉举报受理电话、受理邮箱，向公安机关及时移送涉嫌著作权犯罪案件，组织召开省内互联网运营企业和重点网站负责人自查整改工作会议，协调省网信办在省内重点新闻网站公告“版权重点保护作品”等多种举措，扎实推动专项行动深入开展。

9月中旬至11月底，省版权局联合省通信管理局赴各市对网络版权秩序进行巡查。根据事先对重点网站远程检查勘验掌握的线索，对6个市的15家网站进行了检查，对各网站负责人进行了国家“剑网行动”有关要求以及相关版权法律、法规讲解，并对如何依法使用作品、运营网站进行了面对面的交流。

据统计，2017年度共查办侵犯著作权案件44件（2016年度38件），较2016年度增长15.8%。其中，辽宁省查办的“和生活爱辽宁”APP客户端影视作品侵权案、“0414dj”网未经授权擅自下载传播音乐作品案受到国家版权局充分肯定，并在《中国新闻出版广电报》和国家版权局网站上予以发布。

（二）全力组织查办国家版权局等五部委挂牌督办案件

年内，省版权局先后于3月和7月两次赴大连市，对国家版权局、公安部等五部委挂牌督办的大连“12·28”王某某批销侵权著作权案进行现场督查，并多次组织专业人员对案件查办工作进行业务指导，协调国家版权局对该案予以挂牌督办并给予10万元的办案补贴。2017年10月，省版权局又向国家版权局申请对大连“8·29”宋某某等团伙制售侵权盗版图书案予以挂牌督办。

（三）组织开展“扫黄打非·秋风2017”专项行动，开展年度侵权盗版及非法出版物集中销毁活动

根据全国“扫黄打非”办的部署和要求，辽宁省组织开展以打击“三假”和侵权盗版活动为核心内容的“扫黄打非·秋风2017”专项行动。据统计，专项行动中累计出动执法检查人员4 500余人次，查处有违法情节的出版物经营点、印刷企业、打字复印社56家（个），取缔无证照摊点和游商92个，收缴各类非法出版物9.8万件（盗版8.6万件，非法报刊1.2万份），抓捕收审犯罪嫌疑人5名。

4月24日上午，省“扫黄打非”工作小组办公室、省新闻出版广电局、省版权局联合沈阳市有关部门，在沈阳市浑南区亿丰时代前广场举行了辽宁省2017年侵权盗版及非法出版物集中销毁活动，40余万件盗版及非法出版物被集中销毁。省委常委、宣传部部长范卫平，副省长贺旻以及沈阳市有关领导出席销毁活动。

（四）积极指导和支持文化执法和公安机关做好两法衔接与案件信息公开工作

2017年初以来，省版权局积极指导和支持沈阳、大连、鞍山、抚顺、本溪等地文化市场综合执法队伍和公安机关查办侵权盗版案件。除年度例行的执法培训以外，通过给予法律适用指导意见、提供网络案件信息、快速给予版权鉴定等，使执法机关提升了办案效率，加大了处罚力度，并按照规定要求对所查办的案件及时依法进行信息公开。

二、以省级政府机关正版化全覆盖为重点推进政府机关和企业软件正版化工作

2017年，在国务院推进使用正版软件工作部际

联席会议正确指导下，全省各级政府机关和有关企业认真贯彻落实国家推进使用正版软件的决策部署，以完成省直政府机关软件正版化全覆盖检查为重点，强化落实主体责任，突出工作重点，完善长效机制，加大督查力度，推进软件正版化工作规范化、常态化、制度化和信息化。

（一）以优异成绩通过国务院检查组对省级政府机关软件正版化的全覆盖检查

2017年5月，为做好迎接国家对辽宁省软件正版化检查工作，省版权局协调省政府使用正版软件工作领导小组有关成员单位组成省政府督查组，对省直机关软件正版化工作进行了全面督查，严格对照检查标准和要求，对部分未达标单位以现场提出整改意见和下发督查反馈意见方式，督促及时整改。同时，将督导检查总体情况上报省政府，经省政府同意，组织召开省直机关软件正版化工作推进会，副省长贺旻出席会议并做讲话，有力地推动了全省政府机关软件正版化工作全面达标。

2017年8月2日至10日，国务院推进使用正版软件工作部际联席会议督查组对辽宁省省级48家政府机关软件正版化工作进行了全覆盖现场检查，共检查了3 364台计算机软件安装情况，其中28家单位全部使用正版软件，办公软件和操作系统软件的正版率分别达到96.58%和96.79%，在已完成全覆盖督查的5个省份中，分别处于第一和第二的位置。检查组对辽宁省在领导重视、协调配合、制度建设、责任落实、宣传培训等五个方面的经验做法予以充分肯定。

（二）进一步巩固和深化政府机关软件正版化工作成果

2017年，辽宁省各级政府机关以推动落实采购经费、建立相关制度、开展深化自查整改工作为重点任务，进一步强化制度建设、责任落实和规范软件使用管理，更加注重机构建设、更加注重责任落实、更加注重监督检查，有力推动了全省政府机关软件正版化工作迈上新台阶。

（三）开展政府机关软件正版化管理情况审计工作

2017年以来，省审计厅继续加强对省直部门正版软件使用情况的审计监督，将推进使用正版软件工作列入重大政策措施落实跟踪审计方案，结合预算执行、经济责任等审计项目对17家省直机关软件正版化工作进行了审计。在抓好省本级审计的同时，对全省各级审计机关开展软件正版化审计工作提出明确要求。省审计厅成立了14个派出处，会同各市、县级审计机关将软件正版化工作纳入到年度审计计划中去统筹，做出具体的安排部署，集中力量，组织实施。审计结果表明，全省软件正版化工作取得了良好成效，实现了工作机制健全、责任分工明确、软件采购规范、安装使用到位、软件台账齐全、资产管理有序。

（四）组织开展打击非法预装计算机软件专项治理行动

为深入推进软件正版化长效机制建设，严厉打击计算机预装领域的盗版行为，根据《辽宁省2017年推进使用正版软件工作实施方案》的工作部署，2017年4月至11月组织开展为期8个月的打击非法预装计算机软件专项治理行动。通过专项行动，严厉查办了一批案件，有效整治了计算机销售领域未经授权预装盗版软件行为，特别是政府采购供货单位非法预装盗版软件的行为，有力规范了计算机生产、销售市场秩序。

（五）扎实有序推进企业软件正版化工作

根据《辽宁省2017年推进使用正版软件工作实施方案》的部署，以省属国有企业为重点，有计划、分层次地推进企业软件正版化工作。

一是全面巩固全省新闻出版广电行业软件正版化工作。在全面完成全省新闻出版集团及所属企业软件正版化工作后，根据省版权局制定并印发的《关于全面推进全省新闻出版广电行业使用正版软件工作的通知》，全面推进全省新闻出版广电行业软件正版化工作，正版化范围涵盖了全省内各新闻出版、印刷、发行单位，广播电台、电视台，等。

二是持续推进全省国有企业软件正版化工作。为全面落实国家版权局和国务院国资委关于推动地方国有企业使用正版软件工作的要求，省版权局联合省国资委通过开展培训、入企调研、督查指导等方式积极开展推进工作。

三是以宣传培训为抓手，积极推进企业软件正版化工作。省版权局先后举办了五期企业软件正版化培训班，省内勘察设计、机械制造、新闻出版、商业服务、金融保险等重点行业的133家企业180余名主管领导和信息化部门负责人参加了培训，培训期间重点讲解了使用盗版软件面临的法律风险、国家和辽宁省关于推进软件正版化工作的方针政策，有力地推动了企业软件正版化的深入开展。通过各单位自查整改上报采购数据以及省版权局组织的抽检验收发现，共有103家企业完成了通用软件正版化工作任务。

三、积极开展版权宣传，促进全社会版权意识提升

（一）举办“侵权盗版及非法出版物集中销毁活动”及版权集中宣传活动

按照国家版权局和全国“扫黄打非”办的统一部署，4 月 24 日，省版权局联合“扫黄打非”办公室在沈阳浑南区亿丰时代广场举行了辽宁省侵权盗版及非法出版物集中销毁活动，共销毁各类非法及盗版出版物 40 余万件。在仪式现场，省版权局联合省知识产权局及沈阳市版权、文化执法、知识产权、法院等相关部门举行了版权宣传活动，开展知识产权宣传、投诉案件受理等活动。

（二）组织开展版权宣传周集中宣传活动

以 4 月 20 日至 26 日为重点阶段，以“尊重创作、保护版权”为主题组织全省开展了 2017 年知识产权宣传周版权宣传活动。以宣传普及著作权法律法规为重点，以促进版权创造、管理、运用和保护为目的，突出宣传主题，强化宣传载体，创新宣传方式，确保宣传实效。

（三）组织全省版权执法培训

为加强全省版权执法监管工作，进一步提高基层版权执法人员的政策水平和业务能力，特别是提升网络盗版案件查办能力，2017 年 10 月中旬，省版权局举办 2017 年全省版权执法业务培训班，来自省内各市县的基层版权管理与执法人员及各市公安、通信管理、互联网从业者代表等共 130 人参加了培训。

（四）组织策划拍摄公益宣传片在辽宁卫视及各市县电视台播出

为更好地宣传普及版权知识，进一步提升全社会使用正版软件的版权保护意识，省版权局联合省知识产权局、省工商局、辽宁广播电视台组织策划拍摄了保护知识产权系列公益宣传片。在全省各级广播电视台播出机构的黄金时段、重点频道，以及公交移动电视、楼宇外墙 LED、影院等媒体进行集中播放宣传，全省 30 家市县广播电视台的 50 多个频道，累计播放 3 000 余次。

四、以十九大期间的文化安全为主线，开展全省印刷企业和出版物市场专题整治

按照新闻出版广电总局统一部署，为宣传贯彻党的十九大精神，开展两次印刷市场专项检查行动。一是 2017 年“两会”、春节期间省版权局集中力量对全省印刷行业进行专项检查。重点检查是否印制含有涉政、涉军、涉宗教内容的非法书籍、报刊。二是 6 月下旬，省版权局派出三个检查小组对全省印刷企业和出版物市场进行专项检查。检查的范围涉及 14 个市 172 家出版物印刷企业。重点检查擅自从事印刷经营活动，以及侵权盗版和含有涉政、涉军、涉宗教和低俗有害内容的非法出版物及宣传品等。同时对印刷企业安全生产及消防安全等情况进行检查。

通过两次全覆盖清查，使印刷企业提高了思想认识和内控水平，确保市场平稳有序的经营秩序。

五、促进版权贸易，推动版权产业发展

一年一度的北京国际图书博览会（BIBF）的核心任务就是将其打造成国家图书版权贸易的平台和中国图书“走出去”的平台。出版单位不出国门即可现场与中外出版界开展更多领域、更深层次的交流与合作，大幅提升“走出去”的能力水平。省版权局一贯高度重视参展工作，通过积极搭建平台，做好展会组织、协调、服务工作。此次图书博览会，辽宁展团 12 家出版单位共携 1 500 余种精品图书参展。这些图书种类丰富、涉及广泛，紧扣国际合作时代主题。一批畅销的、有输出潜质的图书借助展会契机，拓展国际合作渠道，向世界展示了辽宁文化形象。

本次展会，辽宁展团与美国、英国、日本、韩国等国家的出版商共计达成各种合作意向 112 项，其中引进意向 65 项，输出意向 47 项；现场签约 14 项，其中引进签约 5 项，输出签约 9 项。

六、圆满完成第十三届中韩著作权研讨会承办任务

根据《中华人民共和国国家版权局与大韩民国文化体育观光部交流合作协议》，第十三届中韩著作权研讨会于 2017 年 7 月在大连市举办。此次研讨会主题为“智能环境下的中韩著作权产业发展”，旨在就移动互联网及新媒体不断发展和应用形势下，中韩两国著作权产业发展的政策变化和未来合作规划进行讨论，探索智能环境下中韩著作权产业共同发展的合作方案。

省版权局受领国家版权局承办任务后，明确承办该会是促进本省版权工作，展示辽宁形象的难得机遇，必须以高标准圆满承办该会，为中韩各界优秀版权生产商、参展商以及研究人员搭建国际国内交流、交易与合作平台。为拓展版权工作视野，推进版权产业更好更快发展，省局组织各市文广新局选荐区域内有特色的版权创意产品参加会议。国家版权局版权管理司司长于慈珂及韩方代表团负责人对辽宁省承办工作给予了高度肯定。

2017 年度，辽宁省共办理作品自愿登记 9 007

件，审核涉外著作权合同登记324件，办理著作权合同备案登记7件。

（田大鹏）

吉 林 省

2017年，党的十九大会议胜利召开，十九大报告明确提出加快推进创新型国家建设的战略决策部署，为版权工作指明方向，提出更高要求。吉林省各级版权管理部门在省委、省政府的领导下，学习贯彻党的十九大会议精神，加强社会监管，加大版权保护力度，营造良好社会环境，创新工作手段，提高社会服务水平，推动版权产业健康发展。

一、版权集中宣传效果突出

省版权局围绕第17个“4·26”世界知识产权日，研究制定工作方案，向各市（州）版权管理部门下发通知，统一部署全省“4·26”版权宣传周活动，在全省版权工作座谈会上对集中宣传工作做出具体安排，对版权宣传工作早协调、早部署，统筹安排，上下联动，以保证活动丰富。各级版权管理部门充分利用传统媒体和“两微一端”等新兴媒体针对典型案件查办和执法专项行动等重点工作开展动态宣传，扩大了版权工作的社会影响。宣传周期间，全省各类媒体刊发的版权宣传报道超过20篇。省版权局组织拍摄版权宣传公益片《为智慧买单》，在省内各级电视台、省内中心城市各电影院线、国内各相关网站上集中播放，营造了良好的社会舆论氛围，该片获得2017年全国知识产权公益广告作品优秀奖。省版权局在相关文化创意产业园区和版权企事业单位开展版权作品集中登记活动，登记的各类作品超过300件。全省各级版权管理部门开展版权知识进企业、进校园等宣讲活动30余次，发放版权知识读本2万余册，取得了较好的宣传效果。

二、集中执法和专项治理取得实效

为进一步规范和整治出版物复制、发行市场秩序，为党的十九大召开营造良好舆论氛围，省版权局组织开展了图书复制、发行市场专项治理行动。从3月中旬开始，全省各级版权执法机关对省内出版物复制、发行企业开展集中执法检查，检查各类经营主体400余个，查缴各类侵权复制品3万余件，及时纠正经营主体违规行为，严厉整治出版物市场秩序。按照国家版权局的统一部署，持续开展打击互联网领域侵权盗版行为活动，进一步规范网络版权秩序。从7月开始，省版权局组织开展打击网络侵权盗版的“剑网2017”专项行动，协调公安、网信、通信管理部门共同研究工作措施，联合下发行动方案，统一部署专项行动，确定本年度工作目标和重点任务，明确各部门职责，强化协调配合的工作机制，形成执法合力。在规范新闻作品转载、影视作品侵权、手机APP侵权等重点任务上采取积极有效措施，进行任务分解，落实工作目标。在“剑网2017”专项行动中，全省共立案查处网络侵权案件24件，做出行政处罚23件，行政调解1件，处理上级部门移转网站侵权案件1件，罚款总额14.4万元。

三、版权侵权案件查处工作取得新进展

在抓好专项行动和集中治理的同时，更加重视典型侵权案件的行政查处工作。省版权局进一步加强对全省行政执法工作的统一领导和协调，完善、落实案件预报和月报制度，通过督办、转办等方式及时督促、指导各地的案件查处工作，充分发挥全省各级版权执法机关的主动性，落实工作责任，组织查办了一批典型、重大侵权盗版案件。省版权局立案查办了两件“私人影院”利用网盘分享复制、播放盗版电影侵权案，被上级部门列为重点关注的典型案件；及时调查处理了国家版权局移转的延边某车载音乐网站侵权案，并关闭网站；长春市文化市场综合执法支队立案调查并移送司法的某印刷企业非法盗印教材教辅图书案，被国家版权局列为挂牌督办案件，并及时协调公安部门积极推进案件的查办工作。此外，县级文化综合执法机关积极查办版权案件，执法水平不断提高。东辽县文广新局依法查处了该县某中学印刷厂长期盗印教辅图书案，对复制、使用盗版教材教辅图书的违法行为形成有效震慑。辉南、敦化等地版权执法机关对本地网咖未经授权播放影视作品，特别是国家版权局公布的版权预警保护影视作品的行为进行重点查处。2017年，全省各级版权执法机关共立案查处各类侵权盗版案件80件，做出行政处罚79件，移送司法机关1件，省版权局督办2件，罚款总额达65万元，案件查处数量同比增长30%。本年度，全省15个集体和12名个人（专案组）分别获国家版权局查处侵权盗版有功单位和有功个人的奖励，获奖数量居全国前列。

四、软件正版化工作持续推进

2017年初，省版权局牵头组织、协调省推进使用正版软件工作领导小组各成员单位研究工作措施，广泛征求意见，制定了2017年软件正版化工作实施方案，安排部署全省软件正版化工作。按照上级有关部门要求，省版权局进一步强化制度建设，制定印发了《吉林省政府机关使用正版软件工作考核评议细则（试行）》，完善了吉林省政府机关软件正版化工作考核评议制度。为巩固政府机关软件正版化工作成果，5月至7月，省版权局组织检查组对各省级政府机关软件正版化工作进行现场检查，及时反馈检查中发现的问题，督促各有关单位进行自查整改。8月28日至9月8日，省版权局配合国家推进使用正版软件工作部际联席会议检查组，对46个省级政府机关单位软件正版化工作进行全覆盖现场检查，召开专题会议反馈检查中发现的问题，提出整改意见，组织各有关单位针对存在问题进行全面整改，进一步推动了各省级政府机关软件正版化工作。年末，省版权局牵头组织开展软件正版化工作评议，根据各机关单位报送的年度工作报告，结合自2017年以来开展的现场工作检查，对各有关单位的软件正版化工作做出综合评议。继续有步骤地推进企事业单位软件正版化，根据《吉林省2017年推进使用正版软件工作实施方案》的安排和要求，省教育厅向省属高校及厅直属事业单位印发了《进一步推进使用正版软件工作实施方案》，启动厅属事业单位软件正版化工作，进一步拓展了本系统的软件正版化工作范围。

五、服务产业发展有新举措

为建立有效的服务平台，提高版权社会服务水平，省版权局与吉林省新闻出版与影视广播文化创意创作产业园区共同设立了省内首个版权服务工作站，为园区内企业开展版权咨询、业务培训、作品登记、合同审核备案、项目论证、纠纷调解等个性化版权服务，在版权管理部门和产业园区间建立起有效的合作、沟通机制，发挥园区的示范带动作用。指导省内版权示范基地（园区）利用重要节点开展作品登记、版权宣传和培训工作，提升基地（园区）内企业版权意识和版权管理水平。进一步改进版权作品自愿登记工作，探索建立快速服务通道，为重点版权企事业单位提供集中、快捷的版权作品登记服务，提高登记效率，有针对性地开展业务咨询和答疑，提高作品登记质量，全年登记作品数量超过1 200件，作品类别更加丰富。积极引导出版企业采取措施，实施“走出去”战略，推动本省图书版权贸易工作，组织吉林出版集团等出版单位申报国家重点翻译工程项目，通过申请翻译资金资助，推动本省特色精品图书向域外输出。

六、版权培训工作不断强化

为推动省级政府机关软件正版化工作，省版权局举办了两期软件正版化工作培训班，参训的软件正版化工作人员超过150人次。继续加强版权行政执法工作培训，在吉林、通化、白山地区举办版权执法监管培训，培训人员超过200人次，三个地区实现版权执法培训全覆盖，提高基层版权执法机关的整体水平。各市（州）版权执法机关也根据本地实际情况，组织开展形式多样的版权行政执法培训，提高基层执法人员的业务能力。面向社会的版权专题培训工作得到加强，2017年，省版权局分别在省新闻出版与影视广播文化创意创作产业园区、吉林电视台、省地方税务局、省食药监系统开展了版权知识、版权登记及软件正版化等方面的专题培训，进一步增强社会各界对版权工作的认识。

（王培舒）

黑龙江省

一、软件正版化工作

制定工作方案：制定《黑龙江省2017年推进使用正版软件工作实施方案》，并以省政府名义报国务院，及时将方案有关精神下发各市（地）人民政府，对软件正版化工作进行了总体部署。

拓展工作成果：制定《黑龙江省省直各部门所属事业单位软件正版化工作方案》，将省级事业单位纳入使用正版软件工作范围，加大推进省级事业单位使用正版软件工作力度。

组织督促检查：下发《关于对政府机关软件正版化工作进行督查的通知》，对13个市（地）、2个省管县进行了划片分区，各成员单位按职责分工分组落实督查工作。9月至11月，督查工作全面完成，各组现场反馈整改要求及意见；制定《关于对市（地）、县（市、区）级政府机关软件正版化工作督查情况的通报》，将督查情况通报各地。

开展考核评议：下发《关于对省级政府机关软件正版化工作考核结果的通知》《关于对市（地）政府（行署）软件正版化工作考核结果的通报》，贯彻落实本省政府机关软件正版化工作考核办法，对省、市两级政府机关工作成效进行量化考核。

二、版权执法工作

（一）打击网络侵权盗版“剑网行动”

精心组织，周密部署。按照国家版权局的统一部署，制定了《开展打击网络侵权盗版专项治理“剑网2017”工作方案》，明确工作重点：严厉打击各类网站、移动客户端、“自媒体”传播侵权盗版作品行为。

形成联动，强化执法。密切与工信、网信、公安部门及电信公司的协调与合作，建立了重大信息互通共享机制。按照职责分工，认真落实版权管理部门对网站监管和宣传教育工作职责。

积极行动，主动出击。在“剑网行动”期间，组织各地著作权行政管理部门根据本地区的网络分布情况，制定工作方案，紧紧抓住监管重点，变被动查办侵权投诉案件为主动监管；加强与网络视频企业的合作，严厉打击私人影院非法传播影视、音乐等作品的侵权行为。重大案件查处情况：“齐网网络”侵犯著作权案。2017 年 8 月，省版权局对齐齐哈尔市自媒体“齐网网络”科技有限公司存在未经授权擅自使用他人新闻作品案件进行挂牌督办。齐齐哈尔市文化广电新闻出版局经过详细调查，根据《中华人民共和国著作权法》第四十八条第一款、《中华人民共和国著作权法实施条例》第三十六条的规定，给予行政处罚，责令当事人停止侵权行为，罚款人民币 20 000 元。

（二）打击侵犯知识产权和制售假冒伪劣商品专项行动

2017 年，全省各级版权行政管理部门加强对出版物市场的监管执法，严厉打击各类侵权盗版行为。“双打”行动期间和节假日，组织有关部门对本省大部分城市的出版物及计算机软件市场开展检查，加强日常监管。共查缴侵权盗版出版物 8 657 件，对 10 起自媒体、出版物市场、软件等侵权盗版案件予以行政处罚。

三、推进版权示范单位和示范园区建设

根据国家版权局《全国版权示范城市、示范单位和示范园区（基地）管理办法》和《黑龙江省版权示范单位和示范园区（基地）认定管理办法（试行）》的相关要求，借鉴外省经验，结合本省实际，推动本省版权示范单位和示范园区（基地）建设。对全省申报企业逐家进行了实地考核；组织召开专题讨论会，邀请专家进行评审。评选出哈尔滨双创网络众创空间单位为 2017 年省级版权示范园区（基地），黑龙江省教育出版社有限公司等 18 家单位为省级版权示范单位，形成以点带面、竞相创新的版权产业发展的新格局。

四、宣传工作

制定《关于做好 2017 年我省知识产权宣传周版权宣传活动的通知》，组织全省各地开展形式多样的“4·26”知识产权宣传周活动，组织南极书城出版物销售商进行普法学习；参加黑龙江省暨哈尔滨市举办的侵权盗版及非法出版物集中销毁大会；组织参加“打击侵权盗版、保护知识产权”大会签名活动，现场开展版权法律法规咨询宣传；发放版权宣传材料、海报 2 500 册，主要街道、门市张贴宣传横幅 8 条；参加黑龙江省政府知识产权保护状况新闻发布会；在省电视台黄金时段和局官方网站上滚动播出版权宣传语及宣传海报。

五、组织北京国际图书博览会参展工作

印发《关于做好第二十四届北京国际图书博览会的通知》，组织全省 13 家图书出版单位参加第二十四届北京国际图书博览会。派专人赴北京，完成布展、参展、撤展工作任务，为企业版权贸易提供平台。展会期间，共展出出版物近 1 100 种，展示了黑龙江新闻出版业的最新成果。

六、调解各种版权纠纷

积极调解各类著作权侵权纠纷，对群众诉省内出版单位纠纷进行调解，双方对调解结果满意；组织相关人员鉴定出版物 161 种，其中侵权盗版出版物 107 种。

（闫　石）

上　海　市

2017 年，上海市版权局以党的十九大、十九届一中全会精神为指导，紧紧围绕上海国际文化大都市和科创中心建设，进一步加大版权保护力度，营造良好版权发展环境，在国家版权局及市委、市政府的坚强领导下，各项工作任务取得新进展。

一、以长效管理为重点，继续发挥市软件正版化工作领导机制作用，有力推进政府机关与企业使用正版软件工作

（一）强化组织领导，完善长效管理机制

积极指导相关单位认真贯彻落实文件要求，要求各级政府机关进一步完善软件正版化工作责任制度，建立健全软件正版化工作责任人数据库，明确本市各级政府机关软件正版化工作责任部门和责任人，及时更新各级政府机关软件正版化工作责任人信息。

（二）加强日常管理，深化考核机制

市使用正版软件工作领导小组通过要求各级政府机关建立软件资产管理台账、签订个人承诺书、与公务员绩效考核挂钩等方式，对政府机关工作人员使用软件进行管理约束，有效遏制了私自安装并使用盗版软件的现象，确保正版软件资产来源清晰、使用合法、流转有序。上海各级审计部门通过对各级政府机关软件采购资金的预算编制、预算执行的实施情况进行审计，不断规范政府机关软件采购的资金管理和使用，有力促进政府机关软件资产管理水平提升。此外，根据《上海市政府机关使用正版软件工作考核办法》，市使用正版软件工作领导小组办公室要求各级政府机关开展自查，同时结合现场检查等方式，进行专项考核，针对考核中发现的问题，要求被考核单位限时整改。

（三）加强督查，巩固工作成果

为进一步强化对本市各级政府机关的督查检查，自 2017 年 9 月始，市使用正版软件工作领导小组办公室组织市府办公厅、市经济和信息化委员会、市商务委员会、市国资委等部分成员单位及上海市数字证书认证中心有限公司组成联合督查组，对全市 116 家市级政府机关和 16 个区级政府机关进行全覆盖督查，重点督查制度建设、责任落实、源头监管、日常管理等情况，并对被督查单位进行考核评议，根据督查和评议情况，要求被督查单位在规定期限内做好整改工作，对整改工作进展缓慢、落实不到位的单位，加大督查力度。

（四）积极使用国家版权监管平台，按时保质完成上级交办的任务

根据国家版权局部署，积极协调并指导市使用正版软件工作领导小组成员单位，按时完成了年度报告报送工作。同时，通过国家版权监管平台，及时向推进使用正版软件工作部际联席会议办公室报送了工作方案、责任人数据库、软件使用情况统计表、年度报告等材料。

二、以开展“剑网行动”为抓手，继续发挥版权保护综合治理机制作用，做好版权主动监管与执法协调指导工作

（一）明确职责、狠抓落实，精心部署“剑网 2017”专项行动

2017 年 8 月召开会议进行动员部署。会议明确了以大要案件查处为抓手，落实整治影视和新闻作品、APP 领域以及电子商务平台等网络版权秩序三项重点任务，提出了加强举报投诉、加大查处力度、强化主体责任、加强两法衔接、加强宣传教育、加强信息沟通等六大工作要求，力争进一步巩固与扩大历年“剑网行动”所取得的工作成果，推进上海网络版权保护工作再上新台阶。

（二）以大要案查处为目标，继续加大网络版权执法协调力度

与检察院、文化执法部门建立工作协作机制，有效推进两法衔接；与文化执法、公安、检察院等执法部门加强协作，推进案件查处。“剑网行动”期间，全市共查处网络侵权盗版刑事案件 12 起（其中 5 起案件已判决），以上案件中李某某等人侵犯日本万代公司动漫玩具著作权案、郑某某等人侵犯网络游戏“航海王”著作权案等 2 起案件被国家版权局正式挂牌督办，卿某侵犯著作权案入选国家版权局、全国“扫黄打非”办联合发布的 2017 年度全国打击侵权盗版十大案件。市文化执法总队共办理版权行政处罚案件 64 件（其中侵犯信息网络传播权案件 2 件，侵犯计算机软件复制权案件 62 件），较 2016 年同比增长 33.33%，累计罚款额达人民币 347 万元，其中上海智器投资咨询有限公司擅自通过信息网络向公众提供权利人文字作品案也入选国家版权局、全国“扫黄打非”办联合发布的 2017 年度全国打击侵权盗版十大案件。另外，为进一步扩大案源，市版权局还通过网络版权监测平台，通过技术手段搜集各类侵权线索，并向执法部门移送共计 10 起重大版权侵权线索。

（三）以深挖重大侵权线索为突破，有效开展网络版权主动监管

“剑网行动”期间，为进一步深挖侵权线索，有效扩大案源，市版权局网络版权监测平台重点采取了以下举措：(1) 根据监测的数据定期进行梳理分析并形成书面报告，供执法部门以及权利人参考。(2) 对发现的突发性的重大侵权线索，第一时间向执法部门及权利人进行通报。(3) 对监测到的重大侵权线索进行梳理，及时向相关执法部门移送侵权线索并予以跟踪督办。“剑网行动”开展以来，平台针对国家版权局预警名单上的作品、上海地区企业版权所属作品、上海地区热播影视作品、大型体育赛事、新闻、文学作品进行了版权监测，累计监测作品接近 190 万件，其中专项行动重点整治的新闻作品超过 177 万篇、影视剧作品共 70 部；针对监测作品累计发现盗版侵权资源 185.08 万条，已下线 173 万条，总体下线率为 93.47%；影视剧作品和新闻作品下线率较高，均在 94%以上。平台已累计发布 4 期监测分析报告。市版权局对监测到的侵权线索进行梳理并向相关执法部门移送侵权线索 10 起。总体上，经监测，“剑网行动”期间上海地区未发生恶性不可控盗版侵权事件。

（四）加强指导，督促整改，落实企业主体责任

“剑网行动”期间，市版权局积极组织本市 32 家重点互联网企业重点围绕企业内部版权监控和管理机制、投诉应急处理、对外维权等内容，全面查找问题或隐患，及时做出整改，从源头有效防范各类侵权盗版行为的发生。其中较为典型的有：东方网为落实“九不准”“七条底线”等要求，要求所有

新闻稿件页面在显著位置都注明原始稿源、原作者、原标题和责任编辑等相关版权信息，确保信息来源可追溯，编辑发布者可查询。同时积极推进版权协商，拓展稿源。界面网为规范新闻作品转载行为，将作品根据版权属性进行分类，并对后台版权合作技术接口进行了改造升级，统一出口，杜绝合作网站转载界面作品时误抓取界面转载的第三方稿件的情况出现。

三、完善版权工作大格局，不断提高公共服务能力

（一）作品登记工作有序开展

继续推进作品登记平台建设，不断完善平台技术功能，保障平台日常运用，加强与大客户的技术对接和服务工作，提高工作效率，严把登记质量。2017 年，市版权局共完成作品著作权登记 234 658 件，较 2016 年增长 8.01%。

（二）版权工作站相关工作积极推进

召开全市版权服务工作站会议、组织版权培训，提高版权工作站相关人员的理论知识和业务水平。各工作站因地制宜，积极开展作品登记、软件著作权登记资助、宣传培训等各类版权公共服务工作，并在市版权局的指导下，挖掘优秀版权项目，提升专项资金的使用效率。各工作站服务辖区内版权企业，对本市版权产业的发展繁荣有积极的促进作用。

（三）协会工作有序推进

在市版权局的指导下，配合做好版权公共职能转接工作及协会换届改选筹备工作。原由上海版权代理公司具体实施的作品登记和计算机软件登记资助两项“公共服务职能”，由协会具体承担，妥善处理人财物关系。顺利完成新一届上海市版权协会理事会换届改选工作。

（四）软件著作权登记资助工作妥善处理

按照财政部《关于清理规范一批行政事业性收费有关政策的通知》（财税［2017］20 号）要求，中国版权保护中心自 2017 年 4 月 1 日起停止执收软件著作权登记费，根据政策调整，市版权局决定停止软件著作权登记资助工作，并做好后续的通知、安抚和拨款工作，尽量维护权利人的合法权益，力求政策平衡过渡。

四、以争先创优为抓手，持续推动版权产业繁荣发展

（一）继续推进版权示范创建培育工作

继 2016 年度第五批 19 家上海版权示范单位、3 家版权示范园区（基地）之后，2017 年又有 12 家单位（园区）获评上海版权示范单位、示范园区（基地）。在此基础上，积极培育、支持和鼓励多家有条件的单位和园区（基地）申报“中国最具影响力版权企业”和“全国版权示范单位和示范园区（基地）”。最终，上海人民出版社有限责任公司和上海东方娱乐传媒集团有限公司入选“全国版权示范单位”；上海申通地铁集团有限公司运营管理中心入选“全国版权示范单位（软件正版化）”；东方明珠新媒体股份有限公司和沪江教育科技（上海）股份有限公司荣获 2017 中国版权最具影响力企业奖；上海市版权局局长徐炯获 2017 年中国版权卓越成就者奖。

（二）以资金申报为契机，积极引导产业发展

依托各版权服务工作站，积极发动版权企业申报市新闻出版专项资金和市文创资金，以资金为导向，扶持培育优秀版权项目。完成 2017 年度新闻出版专项资金（版权）评选工作，共资助了 7 家单位的 9 个项目，扶持资金达 410 万元。同时，按照局有关规定，对 2015 年度项目进行审计验收。

（三）继续开展版权“走出去”优秀项目评选工作

继 2016 年 26 个项目获上海市版权“走出去”扶持资金 95 万元资助之后，2017 年又有 14 家单位 30 个项目获评，资助金额达 115 万元。

（四）稳步推进国家版权贸易基地的建设

继续支持国家版权贸易基地举办版权特色展会——2017 中国（上海）自由贸易试验区文化授权交易会，为文化内容创新与版权权利授让融合发展提供专业对接平台。“2017 中国文化产品国际营销年会——国际授权产业研讨会”也同期举办。研讨会以“数字时代下文创产业的新业态及发展趋势”为主题，围绕“授权、融合、跨界、共赢”话题开展了“主题论坛”“圆桌论坛”“路演评选”“晚间沙龙”等多场活动。

（五）上海出版物对外版权贸易高速增长

2017 年上海共引进图书版权 1 770 种，录音制品 112 种，录像制品 115 种，电子出版物 254 种。共输出图书版权 444 种，电子出版物 572 种。与 2016 年相比，图书版权引进增加了 431 种，同比上升 32.2%；图书版权输出增加了 264 项，同比上升了 146.7%。电子出版物引进增加了 225 种，是 2016 年的 8.7 倍，电子出版物输出增加了 569 种，是 2016 年的 190 倍，版权贸易数量整体有了较大增幅。

2017 年的版权贸易主要呈现三大特点：(1) 贸易逆差大幅度缩小。由于版权输出的快速增长，

2017 年版权贸易的总体引进输出比是 2.22∶1，比 2016 年的 8.29∶1 大幅度缩小，在个别领域甚至实现了贸易顺差，例如电子出版物的引进输出比是 1∶2.25（见表 1）。（2）图书版权输出增长迅速。2017 年全市共输出图书版权 444 种，同比上升 146.7%。为积极贯彻国家"一带一路"、文化"走出去"等大政方针，上海出版单位积极与国外出版社寻求合作，将优秀作品输出国外，例如，少年儿童出版社一次性向摩洛哥输出了 222 种图书。（3）数字出版领域的版权贸易异常活跃。与 2016 年相比，电子出版物的引进和输出均是呈倍数增长，特别是版权输出，仅上海译文出版社一家，就向香港输出了 500 种电子出版物，全市电子出版物输出共 572 种，是 2016 年的 190 倍。

表 1　　统计数据一览表

	2017 年			2016 年		
	引进	输出	引进输出比	引进	输出	引进输出比
图书	1 770	444	3.99∶1	1 339	180	7.44∶1
录音制品	112	0	112∶0	90	0	90∶0
录像制品	115	0	115∶0	59	0	59∶0
电子出版物	254	572	1∶2.25	29	3	9.67∶1
合计	2 251	1 016	2.22∶1	1 517	183	8.29∶1

五、加强立法调研，做好宣传培训，积极营造版权保护良好氛围

（一）迎接全国人大常委来沪开展著作权法执法检查，积极配合做好调研工作

为贯彻落实党中央有关决策部署，推进《中华人民共和国著作权法》在全国贯彻实施，2017 年 6 月 19 日至 21 日，全国人大教科文卫委主任委员柳斌杰率全国人大常委会著作权法执法检查组来沪开展执法检查。在沪期间，检查组一行先后赴上海知识产权法院、上海电影博物馆、上海市文化市场行政执法总队、世纪出版集团、上海自贸区国家版权贸易基地、阅文集团等机构和单位进行执法检查和调研座谈。6 月 19 日，执法检查组召开汇报会，听取市政府有关负责人汇报上海市贯彻实施著作权法的有关情况。柳斌杰做重要讲话，他认为上海作为国家知识产权生产的重要基地，认真贯彻党中央关于建设创新型国家的战略方针，积极贯彻著作权法，并不断通过地方立法完善法制体系。上海的版权产业发展全国领先，公共服务体系较完善，在知识产权保护的新兴领域进行了很多有益的探索，如建立他律自律相结合的版权行政保护新模式，推行著作权、知识产权综合管理体制改革试点等，值得充分肯定。

（二）问题导向，注重实效，行业突破，做好版权专题培训工作

为切实提高版权执法人员的综合业务能力，深入推进软件正版化工作长效管理，2017 年 5 月 9 日至 12 日，全国第一期版权执法监管及软件正版化工作培训班在上海召开。本期培训班主要围绕版权法律法规、版权行政执法实务、软件正版化相关法律法规政策解读、国家软件正版化工作平台操作等内容开展重点培训。市版权局精心组织本市相关版权执法部门、软件正版化相关单位负责人共近 100 人参加了培训，效果良好。另外，为提升政府机关软件正版化培训的实际效果，2017 年，市版权局专门派员先后赴闵行区、金山区等，针对受培训对象在软件正版化工作中遇到的突出问题等，实行点对点集中培训，收效显著。

此外，为加强新闻行业的版权保护，进一步规范新闻作品转载秩序，2017 年上半年，市版权局主动对接市委宣传部，对本市主要媒体负责人开展新闻作品版权保护专题培训，重点就网络时代下的媒体版权保护实务等内容进行授课。同时，鼓励新闻单位举报投诉新闻类作品侵权行为，并积极指导其维权，成功协调新闻网与东方网就版权纠纷达成谅解。

（三）以案说法，提高版权社会认知度，积极营造良好版权保护氛围

为进一步加大版权保护宣传力度，2017 年 4 月，市版权局开展 2016 年度上海版权保护十大典型案件评选及发布活动，并专门编写印制了《上海 2016 年度十大版权典型案例》宣传手册，结合"4·26"世界知识产权日宣传活动周，向有关单位与市民免费发放，有效普及版权基本知识，取得良好反响。

（四）开展版权保护评优评先推荐工作，树立正面典型，积极扩大版权保护社会影响力

为进一步调动版权相关执法部门查处侵权盗版

案件的积极性和主动性，充分发挥查处侵权盗版案件先进典型的引导、示范作用，2017 年上半年，市版权局顺利完成 2016 年度全国查处侵权盗版案件有功单位及有功个人组织推荐及颁奖工作。本年度上海共有 22 家单位和 13 名个人获国家版权局表彰。"echo 回声" APP 侵犯音乐作品信息网络传播权案、吴某某侵犯网络游戏著作权案等两起案件被国家版权局评为 2016 年度全国十大版权典型案件。

（五）继续推进版权产业报告撰写工作

市版权局积极协调上海市统计局、上海海关、中国外汇管理局上海市分局等单位，完成《上海版权产业报告（2015）》的有关撰写工作，并在《中国新闻出版广电报》《中国知识产权报》等媒体发布。按照《上海市新闻出版局调研课题管理暂行办法》有关规定，积极推进《上海版权产业统计报告（2016）》《上海版权产业分析报告（2016）》撰写工作。

（六）增进互信，提升形象，积极开展版权对外合作交流

2017 年 6 月，在上海国际电影节期间，市版权局成功承办了世界知识产权组织和国家新闻出版广电总局（国家版权局）在沪举行的"保护创作者权利，推动文化和电影产业发展版权论坛"，该论坛以版权保护和电影产业为核心，交流各国通过完善版权制度促进电影产业及其他文化创意产业发展的成功经验，推动各国尽快批准或加入《视听表演北京条约》。

2017 年 8 月，美国驻上海总领事馆领事、美国商务部和美国专利商标局派驻的知识产权官员孟旺贤一行到访上海市版权局，就上海版权保护现状和版权领域开展的工作及取得的成绩，与市版权局进行了沟通。双方就电子商务平台领域如何有效加强知识产权综合保护进行了充分探讨，表示今后将进一步增进了解，加深友谊，加强交流合作。

（王　骞）

江　苏　省

2017 年，江苏省版权局深入贯彻落实党的十九大会议精神，按照国家和省委、省政府对版权工作的总体要求，围绕中心，服务大局，认真落实年度工作安排，各项重要工作有序推进，江苏省版权局版权管理处被国家版权局评选为 2016 年度全国查处侵权盗版案件有功单位一等奖，首次创办江苏（南京）版权贸易博览会，取得了良好工作实效。

一、积极推动版权产业发展

成功创办江苏（南京）版权贸易博览会。首届江苏（南京）版权贸易博览会（以下简称版博会）于 2017 年 9 月 15 日至 17 日在南京国际展览中心成功举办。创办版博会，是江苏版权工作服务"两聚一高"新实践的实际行动，是集聚版权创新要素、促进版权产业又好又快发展的重要举措。首届版博会展出面积 14 800 平方米，设置 14 个区域展区和 8 个专业展区，共有 200 多家企业应邀参展，现场展销拥有自主版权产品近万种，举办各类版权活动 50 多场。版博会期间，共吸引超过 3 万人前来观展，现场销售各类版权产品 438 万元，有 43 家企业签订版权贸易合同，总金额达 1.23 亿元，另有 20 多家企业达成版权合作协议。版博会的成功举办，得到了国家版权局周慧琳副局长和世界知识产权组织中国办事处主任陈宏兵的称赞，省委常委王燕文部长批示"继续努力"，副省长王江参加开幕式及相关活动。

促进开展版权交易。推进创建江苏省国家版权贸易基地，修改江苏省国家版权贸易基地建设方案并报总局，完成基地实地核验，在 9 月份获国家版权局批准挂牌"江苏国家版权贸易基地"，基地的挂牌设立必将对江苏版权产业发展产生巨大而深刻的影响。继续组织省内各出版社参加北京国际图书博览会，江苏各参展单位共举办版权贸易洽谈活动 140 余场，实现非华语国家版权输出 117 种，获得本届组委会"优秀版权贸易输出奖"。

推进全省版权示范创建。江苏省版权局按照焦局长"版权示范创建全覆盖"的工作要求，积极推动、指导全省版权示范创建工作，并以版权示范创建工作为抓手，积极推进各地在作品登记、软件正版化、版权执法、产业促进等领域的工作，先后命名了江苏海门工业园区等 2 家省版权示范园区（基地）和常州恐龙园股份有限公司等 11 家省版权示范单位，苏州太湖雪丝绸有限公司、江苏佳一教育科技股份有限公司和昆山文化创意产业园分别被授予全国版权示范单位和示范园区称号，截至 2018 年 1 月，全省 13 个设区市版权示范创建已实现全覆盖。

继续开展江苏省版权产业经济贡献率调查。2017 年 4 月江苏省版权局发布了《江苏省版权产业的经济贡献（2015）》报告，从行业增加值、就业人数和对外贸易三个方面分析了江苏省版权产业对国民经济的贡献。2015 年江苏版权产业增加值达 5 900 亿元，占当年 GDP 的 8.52%，在经济社会发展中的作用日益凸显。

率先成立省版权研究中心和版权培训基地。江苏省版权局与南京理工大学、苏州大学联合建立省版权研究中心、版权培训基地，并分别签署框架协议，多个研究课题和培训项目正在稳步推进，为江苏省版权理论研究和人才培养进一步夯实了基础。

二、扎实推动正版化工作

推进全省各级政府机关落实软件正版化工作责任机制。5 月以省版权工作领导小组办公室名义向全省各省级机关和各市使用正版软件工作领导小组办公室发文，布置 2017 年推进使用正版软件重点工作，大力推进省、市、县三级政府机关单位明确软件正版化工作责任部门和责任人，更新了江苏省级机关软件正版化工作数据库，将软件正版化工作成果巩固情况与具体责任人挂钩，并进一步明确要求各县（区、市）建立软件资产管理制度。

做好全省政府机关使用正版软件培训工作。为推进江苏省各级机关落实软件正版化工作主体责任，贯彻落实国务院办公厅印发的《政府机关使用正版软件管理办法》，建立健全软件正版化工作长效机制，规范经费保障、使用管理、日常监管、年度报告等软件正版化工作关键环节，省版权局于 5 月组织省版权工作领导小组部分成员单位参加国家版权局在上海组织的第一期全国政府机关软件正版化工作培训班，并在大会上做重点经验介绍。11 月在扬州举办全省政府机关软件正版化工作培训班，来自各省级机关，各市政府办、版权、财政、经信、商务、机关事务管理等推进使用正版软件工作机制成员单位以及扬州市各级机关代表共计 260 余人参加了培训，收到了良好的效果。

全面推动全省国有企业软件正版化工作。江苏省版权局与省国资委多次会商推进省属企业使用正版软件工作。6 月，与省国资委联合举办省属企业正版化培训班，23 家省属企业参加了会议暨培训，收到了良好的效果。10 月召开省属企业推进使用正版软件工作推进会，要求各家省属企业严格按照省版权局和国资委制定的省属企业软件正版化工作时间表和路线图要求，不折不扣地完成软件正版化整改工作，并建立健全软件正版化工作长效机制，确保 2018 年顺利通过国务院推进使用正版软件工作部际联席会议督查组检查。

启动全省医疗卫生机构软件正版化工作。12 月江苏省版权工作领导小组办公室、省卫生和计划生育委员会和省版权局联合发文，启动全省医疗卫生机构软件正版化推进工作，要求全省各级医疗卫生机构在 2018 年底前基本完成计算机操作系统、办公软件、杀毒软件的正版化，并建立和完善软件正版化长效机制。省版权工作领导小组办公室、省卫生计生委和省版权局将建立协调机制，共同指导和推动全省医疗卫生机构软件正版化工作，并将推荐集中采购方式，通过数量优势争取价格优势，为各级医疗卫生机构降低采购成本。

三、加大版权执法工作力度

版权执法工作成效明显。2017 年江苏共立侵权盗版案件 90 起，其中刑事案件 17 起，行政执法 61 起，行政调解 12 起，国家五部门挂牌督办案件 1 起，省局挂牌督办案件 10 起。在国家版权局有功单位和个人评选中，江苏获奖数量与奖金额度均居全国前列，其中江苏省版权局版权处被评选为有功集体一等奖，张家港“风雨文学网”侵犯文字作品著作权案、常州“九九漫画”等网站侵犯漫画作品信息网络传播权案、昆山邹某等制售盗版图书案 3 起案件被列为 2016 年度全国打击侵权盗版十大案件。

扎实开展打击侵权假冒专项行动和“剑网 2017”专项行动。江苏省版权局与省公安厅、省网信办、省通管局联合制定打击网络侵权盗版“剑网 2017”专项行动工作方案，上半年和下半年分两次赴全省各设区市进行专项检查，指导各地组织网络巡查，主动出击，查办一批大案要案，切实规范了网络传播秩序。发挥典型案例的示范引导作用，组织评选江苏省 2016 年度打击侵权盗版十大案件，较好发挥了典型案例的警示作用。

组织全省基层版权执法人员参加培训。为提高全省基层版权行政执法人员的理论水平和执法能力，江苏省版权局组织来自全省各地的一线版权执法人员参加了国家版权局在上海举办的版权行政监管和执法培训。根据近年来版权执法监管工作的新形势和任务要求，加强同周边省市版权执法部门协作，与浙江省版权局在常州共同举办 2017 江浙版权执法监管工作交流会，取得明显成效。在扬州举办全省版权执法培训，对各市县文广新局、文化综合执法支队等 150 多位学员进行了培训，安排一线执法骨干分享典型案件办案经验，尤其是如何查办网络侵权案件的经验，受到学员的一致好评，培训效果明显。

四、提升版权公共服务水平

开展优秀作品申报认定。为落实江苏省委、省政府关于建设知识产权强省的战略部署，激励著作权人创作更多优秀作品，提高版权登记作品质量，加强版权创造、管理、保护与运营，激发全社会创新创业热情，营造大众创业、万众创新良好氛围，江苏省版权局与省经信委共同开展 2017 年江苏省优秀版权作品申报认定工作，广泛征集优秀作品，组织专家完成评审认定，共评选出了《大美昆曲》《小镇》《苏州史记》等 74 件作品为省优秀版权作品，对作品登记、激励创新创造起到了促进作用。

大力提升作品登记效能。江苏省一般作品登记平台二期项目成功上线运行，其查重作用不断显现，2017 年查出重复登记申请作品 3 654 件。开展岗前培训和举办作品登记培训班相结合，全年培训作品登记受理员 240 人次。深入实施作品登记“质量年”活动，全面规范摄影作品登记申请标准，严格杜绝“为登记而登记”现象，登记作品质量明显提升，节省了大量行政资源。作品登记社会知晓度显著提高，2017 年全年注册用户增加 8 558 家，在原基础上增长 68.4％，达到 21 074 家。作品登记效用普遍增加，全年完成作品登记 28.6 万件，同比增长 58％。各类作品登记查询 975 批次（涉及作品 2 738 件），大幅增长 1377％，作品登记证书在文化经济生活中的作用逐步显现。2017 年还完成图书版权引进合同登记 725 份，电子出版物版权认证 69 件，一般作品转让和许可合同备案 4 033 份。

五、创新版权宣传方式

为宣传普及版权知识，提升全社会的版权保护意识，组织开展 2017 年知识产权宣传周版权宣传活动，采取多种形式开展版权宣传，营造浓厚的版权保护氛围。一是地铁宣传。“4·26”期间在南京地铁 1 号线、2 号线、4 号线开展平铺式宣传。通过开设版权专列，地铁灯箱、车厢海报、车窗贴、椅侧贴、车门贴等载体张贴版权公益海报、版权公益口号、版权知识等，利用地铁人流量大、受众面广、流动速度快、乘客以年轻人为主的优势，达到了快速、直接、迅速传播的宣传效果。二是新媒体宣传。充分利用新媒体受众广、发布快、年轻人喜爱等优势，在南京头条、硬腿子工作室、新浪、凤凰新闻、大苏网等知名微信、微博和网站进行为期 1 个月的推进式宣传，同时设计了很多互动环节，自拍视频、有奖问答等提高了受众的参与度，达到了很好的宣传效果。三是电视、电台、院线和阅报栏屏等传统阵地宣传。设计制作宣传海报、公益宣传短片，用于有线电视开机广告、电影院贴片广告和微信公众号传播，同时下发各市，在公共阅报栏、公交地铁站、学校、社区等公共场所进行张贴，充分利用媒体资源进行了大范围的宣传。用广而告之的方式向全社会宣传版权保护的重要性，提升全社会使用正版、反对盗版的意识。四是举办现场宣传活动。在徐州举办全省“4·26”世界知识产权日宣传周启动活动，公布 2016 版权执法十大案件评选结果、版权示范单位名单，赠送版权相关书籍，开展版权咨询、现场作品登记、发放问卷调查等活动，迈出了‘4·26”版权宣传活动全省行的第一步。

（万进萍）

浙 江 省

2017 年浙江版权工作紧紧围绕新闻出版广播影视业三大目标，组织开展打击侵犯知识产权和制售假冒伪劣商品专项行动，进一步推进政府机关党群系统软件正版化工作，举办以“创新创造改变生活，知识产权竞争未来”为主题的版权系列宣传活动，努力提升版权服务水平，促进版权产业和版权事业的繁荣发展。主要工作如下：

一、版权保护方面

（一）认真做好打击侵犯知识产权和制售假冒伪劣商品工作

（1）做好 2016 年度打击侵犯知识产权和制售假冒伪劣商品绩效考核的有关工作。起草上报了《关于 2016 年浙江省打击侵权盗版专项治理“剑网行动”工作情况的自评报告》《关于 2016 年浙江省政府机关软件正版化工作情况的自评报告》。

（2）制定并印发了《2017 年浙江省版权行政执法工作方案》。《工作方案》明确要求各地要落实执法责任，严格执法程序，加大执法力度，同时重申了案件查处信息报送、信息公开的有关规定。

（3）做好浙江省 2016 年度全国查处侵权盗版案件有功单位和个人推荐工作。全省共有 13 家单位、12 名个人分获有功单位及有功个人一、二、三等奖，浙江省版权局版权处荣获有功单位一等奖。

（4）组织开展“剑网 2017”专项行动。2017 年 7 月 26 日，接国家版权局等四部门《关于开展打击网络侵权盗版“剑网 2017”专项行动的通知》后，浙江省领导高度重视，省委常委、宣传部部长葛慧君批示：“省新广局抓好此专项行动。”副省长成岳冲批示：“请省新广局（版权局）根据通知要求，会同有关部门做好我省实施方案，并切实开展各个专项整治，务求实效。”为落实好省领导的批示精神，成立了专项行动领导小组，印发了《浙江省打击网络侵权盗版“剑网 2017”专项行动实施方案》，明确专项行动工作目标、主要任务、工作要求、实施步骤，确保专项行动落到实处。

2017 年，各地版权行政执法部门巡查网站 3 万余家，关闭侵权网站 18 家，删除侵权链接 3 400 多个，关闭各类违规店铺 2 000 余家，配合上级部门和外地执法部门调取淘宝店铺侵权信息 30 余件。全省共立案查处各类侵权盗版案件 27 件，移送司法部门 1 件，罚款 43 万元。

（5）举办了版权执法监管工作培训班。2017 年 5 月 17 日至 19 日在江苏举办了版权执法监管培训班，培训班既有专家教授的授课，也有两省一线版权执法人员办案的经验介绍，很有针对性；培训班上江浙两省的版权执法人员还就各自执法困难和成功经验进行了交流，为今后共同探讨版权执法重点、促进信息共享、执法联动、跨区域执法打下了良好的基础。

（6）做好全国人大科教文卫委员会关于著作权执法检查前期调研相关工作。2017 年 4 月 17—21 日，全国人大科教文卫委员会对浙江省著作权法执法检查开展前期调研，浙江就贯彻实施著作权法律法规，促进著作权的创造、运用、保护和管理，加强版权行政执法机构和队伍建设，特别是目前著作权法实施中存在的主要问题以及对下一步修订完善《著作权法》的意见建议等进行了认真梳理，浙江省版权局副局长单烈做了《近几年来浙江省版权保护工作情况汇报》，在听取各单位专题汇报后，调研组表示，浙江在贯彻实施著作权法方面做了大量工作，取得了显著成效，并且创造性地开展区域版权保护工作，为其他地方开展区域版权保护工作提供了示范，为著作权法贯彻实施总结出了可复制的成功经验。

（二）继续推进软件正版化工作

（1）印发了《2017 年浙江省推进使用正版软件工作计划》。2017 年的工作重点是全面推进软件正版化工作规范化、常态化、制度化和信息化建设，进一步完善长效机制，加大督查力度，加强信息融合，强化技术手段，巩固扩大软件正版化工作成果，推动软件正版化工作再上新台阶。

（2）完善政府机关软件正版化工作考核机制。在浙江省政府办公厅、浙江省法制办及浙江省政府领导的大力支持下，经过多次沟通协调，2017 年将省级部门软件正版化工作纳入法治政府建设（依法行政）考核范围，将市县政府机关软件正版化工作纳入平安市县考核范围，这在全国属于首创。

（3）进一步规范浙江省政府机关软件采购秩序。为更好地解决省级党政机关、事业单位、团体组织软件正版化问题，提高财政资金使用效率，同时为各市、县（区）推进使用正版软件工作提供样本，浙江省级单位集中采购项目由浙江省版权局负责组织实施。经谈判，珠海金山办公软件有限公司和永中软件有限公司承诺以提供场地授权方式解决浙江省省级党政机关、事业单位、团体组织办公软件正版化问题；省级单位可按各自需要选择“金山”或“永中”办公软件；两家公司承诺为省级单位新购办公设备授权许可使用最新版本办公软件，同时对省级单位存量办公设备许可免费使用最新版本办公软件；按协议规定，浙江省版权局每年向两家公司支付 200 万元费用，两家公司按实际安装办公软件套数分成。

本次省级单位集中采购办公软件的模式适用于各市、县（市、区），具体价格自行协商；浙江省版权局和浙江省财政厅联合印发了《关于做好省级预算单位办公软件集中采购有关事项的通知》，《通知》明确了办公软件采购方式、采购组织、采购程序等事项，对省级预算单位采购办公软件进行了进一步规范，同时为市县政府软件正版化工作提供了样板。

（4）做好国家检查组对浙江省 43 家省级单位软件正版化全覆盖检查相关工作。组织浙江省级 83 家党政部门参加国家版权局举办的软件正版化工作培训，根据国家推进使用正版软件工作部际联席会议办公室统一部署，2017 年 10 月对浙江省省级政府机关所有部门的每台电脑软件安装情况进行检查。2017 年 6 月 22 日，国家版权局在杭州举办了软件正版化工作培训班，浙江省级 83 家党政部门有关部门负责人参加了培训，培训班上再次系统学习了软件正版化工作相关政策及具体做法，交流了相关单位成功的经验做法。2017 年 7 月 19 日，浙江省召开了省市县三级政府机关软件正版化工作培训会，全省 83 家省级单位、11 个市 90 个县区的政府机关相关负责人共 250 人参加了培训，为做好迎检工作打好基础。2017 年 10 月 12—19 日，国家检查组对浙江省 43 家省级单位软件安装使用情况进行了全覆盖现场检查，浙江省版权局全程做好相关服务工作，及时做好沟通反馈督促整改工作。对督查中发现问题较多单位进行约谈，根据督查组反馈的初步意见，2017 年 11 月 3 日对 10 家问题较多的单位进行约谈，要求它们提高认识，狠抓落实，及时整改。2017 年 12 月 1 日在督查组召开反馈会时，选择软件正版化工作做得好的 4 家单位做经验交流发言，同时要求被约谈的 10 家单位负责人谈认识及整改措施，对检查中发现问题较少的单位提要求，督促其完善制度，扬长避短。

（5）做好对部分市县政府机关软件正版化实地

检查工作。2017年12月中旬组织联合检查组对衢州、丽水部分政府机关软件正版化工作进行实地检查，进一步推动软件正版化工作常态化、标准化、制度化，巩固软件正版化工作成果。

（6）做好政府机关软件正版化年度考核工作。根据浙江省软件正版化年度工作计划安排，自2017年11月起对省级单位、设区市软件正版化工作进行年度考核，考核结果计入依法行政和平安市县考核总分。

二、版权宣传方面

（一）在全省组织开展知识产权宣传周版权主题宣传活动

印发了《关于组织开展2017年知识产权宣传周版权宣传活动的通知》，明确活动主题为“创新创造改变生活，知识产权竞争未来”，宣传重点是著作权法律法规，开展打击侵犯知识产权和制售假冒伪劣商品专项工作、“剑网行动”及软件正版化工作取得的成果。

（二）举办浙江省第五届“知识产权杯”创意设计大赛活动

2017年的“知识产权杯”创意设计大赛由浙江省版权局和台州市文化广电新闻出版局、台州学院共同主办，共有参赛作品500多件，最终产生一等奖2件、二等奖4件、三等奖6件、优秀奖50件。

2017年4月26日，浙江省第五届“知识产权杯”创意设计大赛颁奖典礼暨企业应用对接会、优秀作品展在台州学院举行。2017年的参赛作品更注重真题实战，加强创意设计与社会需求对接。大赛作品有多件被不同企业采用，在大会现场，设计者和企业代表签订了《委托设计作品应用合同》。这些创作设计作品将走向实际的生产应用，推动了创意设计与相关产业的融合发展。

（三）主动宣传浙江版权工作

2017年6月1日《中国新闻出版广电报》从三个结合、加大执法监管力度，培训宣传、加强版权保护意识，服务完善、相关产业发展迅猛三方面全面介绍浙江《加强主动监管，促进版权产业发展》情况，为社会各界提升版权意识、了解浙江版权监管情况提供了第一手资料。

三、版权服务方面

（一）设立了温州版权服务工作站、咪咕数媒版权服务工作站、义乌小商品版权保护中心

为促进温州地区的企业和个人及网络文学工作者提高版权保护能力，提升版权保护和管理水平，经多次调研现场办公和版权知识培训，于2017年5月在温州市和咪咕数字传媒有限公司设立了版权服务工作站，明确了工作站的职责、组织机构、人员配备等事项，为更好地开展浙江省版权工作打下基础。2017年10月指导义乌市设立了小商品版权保护中心，为义乌小商品市场版权服务工作搭起了平台。

（二）指导浙江省版权协会推进“2016年浙江省推动作品登记工作先进单位”“2016年浙江省作品登记与保护示范企业”评选活动

为弘扬浙江省社会各界在版权创造、运用、保护和管理方面的开拓精神，提升社会各界的版权保护意识，提高版权保护管理工作水平，浙江省版权局指导省版权协会推选出8家单位为“2016年浙江省推动作品登记工作先进单位”、6家单位为“2016年浙江省作品登记与保护示范企业”，这些单位都非常重视版权保护和管理工作，并且取得突出的成绩，在业界发挥着较好的表率示范作用。宣传这些企业版权保护管理成功经验，有助于推动浙江省版权保护管理工作上一个新台阶。

（三）组织浙江省出版单位参加第二十四届北京国际图书博览会

2017年8月23—27日，第二十四届北京国际图书博览会在北京中国国际展览中心举办，浙江省14家图书出版社参加了博览会，参展出版物达1 000多种。北京国际图书博览会已成为浙江省版权输出的一个重要平台，博览会期间，浙江省参展单位共达成100多项版权输出协议和意向。

（四）组织召开新闻出版“走出去”工作推进会

2017年11月下旬在义乌召开浙江省新闻出版“走出去”工作推进会，会上交流新闻出版“走出去”工作经验，推动新闻出版“走出去”工作上一个新台阶。

（五）举办浙江版权贸易图书展

2017年12月6—14日，组织浙江省出版单位赴墨西哥、秘鲁举办浙江版权贸易图书展，与墨西哥盛书出版社、秘鲁人报出版社进行了出版合作交流，在墨西哥、秘鲁设立了3个“悦读浙江”海外图书专柜。在此期间，浙江出版界与墨西哥、秘鲁两国的同行签订了一批版权贸易合同和图书贸易合同，达成了部分图书版权合作意向。

（六）做好作品自愿登记、著作权合同登记、备案等日常工作

截至12月31日，已登记一般作品21 005件，核准登记出版境外图书合同320件，办理涉外图书、音像制品、电子出版物制作合同登记286件，计算

机软件著作权合同备案 148 件。

（严庆荣）

安 徽 省

2017 年，安徽省版权管理工作坚持以习近平新时代中国特色社会主义思想和党的十九大精神为指导，坚持以“五大发展”理念为指引，深入贯彻“四个全面”战略布局，紧紧围绕全省中心工作，推动科学依法管理，提供优质高效服务，为知识产权强国建设提供良好版权支撑。

一、深入开展版权执法监管工作，提升依法行政水平

（一）开展“剑网 2017”专项行动

根据国家版权局统一部署，结合本省实际，安徽省版权局会同省公安厅、省网信办、省通信管理局共同商研，制定《安徽省开展打击网络侵权盗版“剑网 2017”专项行动实施方案》，明确工作目标、工作任务、实施步骤和工作要求，确定重点监管领域和范围，明确工作分工和责任落实，召开专门会议进行全省动员，部署具体工作。积极部署加强对新闻和影视类作品、APP 领域、电子商务平台三类领域版权秩序的专项整治。维护网络版权正常秩序，进一步规范网络音乐、网盘储存空间和网络转载新闻作品的版权秩序。

（二）严厉查处侵权盗版违法行为

充分利用安徽省数字版权保护平台的技术优势，及时监测巡查、及时发现掌握违法犯罪线索，建立规范有序的专项预警、实时监管和案源搜查机制。共立案查处重点典型版权案件 31 起，其中刑事案件 4 起，办结 1 起，2 起案件获国家版权局、公安部等五部门联合挂牌督办。行政立案 21 起，办结 17 起，行政处罚 12 起。省版权局接到权利人各类投诉举报 6 起，全部调解结案。此外，通过主动监管、劝诫、说服教育等纠正网络侵权行为 30 余起。有效保障了权利人的合法权益，同时给互联网领域著作权侵权行为和违法行为人以有力震慑。在国家版权局公布的 2016 年度查处侵权盗版案件有功单位和有功个人名单中，安徽省共有 2 个单位（专案组）和 13 名个人获得表彰。

（三）完善综合执法协调机制

积极探索和建立跨地区、跨部门的版权执法协调机制，加强与“扫黄打非”、公安、检察院、法院等部门的协作和配合，加大行政执法力度，提高刑事移送效率，不断推进版权行政执法与刑事司法的有效衔接。努力在全省建立健全快速联动、合力办案、有机衔接的版权执法机制，制定和完善重大版权案件查处联席会议、提前介入、咨询协助、信息共享等一系列制度，确保侵权大案要案顺利查破，提升案件查处效率，有效打击侵权盗版违法行为，维护公正、有序的版权社会秩序。

（四）加强案件信息公开和信息报送工作

安徽省版权局严格贯彻落实国家“双打”办和国家版权局《关于进一步做好版权行政处罚案件信息公开与信息报送工作的通知》精神，明确版权行政处罚信息公开和信息报送工作的内容、范围、方式和时间等。进一步推进政府政务信息公开，增强版权行政处罚的公开性、透明性，自觉接受社会监督，提升行政执法效能。每月安排专人按时向国家版权局和省“双打”办报送案件信息公开报表，行政处罚案件及时做到案件信息公开。

二、大力推进软件正版化工作，建立健全长效工作机制

（一）建立健全政府机关软件正版化工作长效机制

一是完善制度建设，落实主体责任，建立健全并严格落实计算机软硬件采购源头管理、软件资产台账管理、软件使用责任人管理、软件采购审计长效管理制度，防止出现反弹。并制作《软件正版化工作文件汇编》光盘，光盘收录了近几年来国家和安徽省制定的有关软件正版化工作的文件，便于各级政府机关单位学习和制定管理制度。二是加强省直机关单位正版软件定点库的维护建设保障工作，要求各正版软件定点库供应商要严格履行合同，全力做好正版软件供应、技术服务和培训工作，确保省直机关单位能及时购买、安装和使用正版软件。三是建立健全省、市、县三级政府机关单位软件正版化工作责任人信息库，进一步明确各单位软件正版化工作的主体责任和相关责任部门的责任。

（二）开展对部分市直政府机关单位全覆盖督查考评

一是在全省政府机关单位再次开展自查清理工作。各级机关单位积极开展“回头看”工作，对政府机关各单位使用正版软件工作逐一开展督促检查，部分省直机关单位和市级政府针对存在正版软件覆盖不全的问题，筹措资金，查遗补漏，增购了各类正版软件 12 000 多套，采购费用 2 600 万元，进一步清理了盗版软件，扩大了正版软件覆盖率，巩固了工作成果。二是大力开展政府机关软件正版化考评工作。按照《安徽省政府机关使用正版软件工作考评细则》要求，省联席会议办公室从各地抽调专业人员组成考评组，对合肥、滁州、六安三市120多家政府机关单位软件正版化工作开展了考评。考评通过听取汇报、查阅卷宗、实地检查的方式，检查了各单位正版软件购买使用管理、制度建设和工作落实情况，并上机检查了1 100多台计算机软件安装使用情况。

（三）创新工作方式，分类推进软件正版化工作

一是确定重点，年初在工作方案中明确了28家省属企业、6家新闻出版广播影视企业、50家第四批省诚信示范企业、130家农村中小金融机构、30家民营企业作为重点推进企业。二是加强宣传培训，分别会同安徽省国资委、安徽省商务厅等行业主管部门对企业开展培训工作，提高企业认识，明确目标任务，厘清推进思路和方法，增强企业推进工作的积极性和主动性。三是加大推进力度。针对少数企业整改工作缓慢、推进不力的问题，安徽省版权局分别会同安徽省国资委、安徽省商务厅、安徽银监局等各行业主管部门联合下文，落实软件正版化的工作任务。四是强化督查，分别与国资、商务、工商联、银监等部门组成联合督查组，对部分省属企业、诚信示范企业、民营企业、农村金融机构开展多轮次的上门督促检查，督促企业抓紧抓好正版化整改工作，坚决杜绝企业使用侵权盗版软件。

三、强化版权公共服务，组织开展版权理论研究

（一）推动版权示范单位创建

安徽省版权局高度重视版权示范创建工作，注重申报和培育，积极发挥示范企业的带动引领作用，示范企业的影响力和社会效益不断扩大。2017年，安徽漂牛网络科技有限公司被国家版权局授予“全国版权示范单位”称号；安徽江淮汽车集团股份有限公司被国家版权局授予“全国版权软件正版化示范单位”称号；安徽新媒体集团有限公司被中国版权协会授予“2017年中国版权最具影响力企业”称号。安徽省现已创建“全国版权示范单位（基地、园区）”8家，软件正版化示范单位1家，省级版权示范单位（基地、园区）10家。

（二）积极开展作品版权登记服务工作

充分利用“4·26”世界知识产权日等契机，主动联系省、市媒体宣传报道版权保护尤其是作品著作权登记工作。不断改进工作方式，简化登记流程，打破地域限制，督促、指导省版权交易中心研发网络作品著作权登记系统，最大限度地方便著作权人办理作品著作权登记事项。2017年安徽省作品登记数量大幅攀升，同比增长160%，达到10 011件，创历史新高。

（三）指导、推动版权保护协会开展相关工作

指导、推动省版权保护协会建立健全领导机构和日常工作机构，推动协会日常工作开展。会同协会组织省内版权产业单位开展业务合作、学习交流、产业调研等相关活动。联合安徽省教育厅、安徽广播电视台、安徽出版集团、安徽省版权保护协会共同组织“版权、创新、发展”主题征文活动，社会影响广泛。

（四）积极推动版权贸易活动

组织相关单位积极参加北京国际图书博览会、2017江苏（南京）版权贸易博览会等行业会展，推进皖版优秀版权作品“走出去”。在北京国际图书博览会上，实现版权输出517项，在全国位居前列。

四、丰富版权宣传形式，扩大版权社会影响

（一）开展版权宣传周活动

围绕“4·26”世界知识产权宣传日，启动2017版权宣传周活动，制定并印发《2017年安徽省版权系统知识产权宣传周活动方案》。组织开展各类形式的版权宣传教育活动。积极创新宣传工作方式方法，利用微信、微博平台等加大宣传力度，发挥各类媒体的宣传作用，扩大活动影响，在全省范围内营造浓厚的版权保护宣传氛围，形成政府主导、媒体支持、全社会共同参与的著作权宣传常态工作机制。

（二）举办知识产权博士论坛

省版权局联合中国科学技术大学、省知识产权局、省律师协会举办第九届“中国科大知识产权博士论坛”暨“科技创新与区域发展研讨会”，邀请知识产权理论和实务界的相关专家学者在论坛上进行交流发言。有关省直机关、高校、律师事务所、相关行业企业、大学生、省内有关媒体以及国外知识产权代理机构代表共200余人参加论坛。

（汪闻敏）

福建省

2017年，福建省版权工作认真贯彻《深入实施国家知识产权战略行动计划（2014—2020年）》（国办发［2014］64号），积极实施版权发展战略，继续推进版权产业发展，努力提高版权监管水平，顺利完成年初确定的主要工作任务，多项工作进入全国前列，形成新的亮点，为“再上新台阶、建设新福建”做出应有贡献。主要体现在以下几方面：

一、强化版权行政监管

（一）着力打击侵权盗版

2017 年 7—11 月，省版权局牵头会同省网信办、省通管局、省公安厅联合组织开展打击网络侵权盗版“剑网 2017”专项行动，以网络新闻、影视、文学、游戏、动漫、智能终端第三方应用程序（APP）、电子商务平台为重点，以部门协作为抓手，以宣传发动、加强监管、主动查处、积极维权为手段，严厉打击各类网络侵权盗版行为。及时通过新闻媒体发布“剑网行动”信息，并公开举报投诉方式，发动权利人和群众举报，通过网上主动巡查，收集违法案件线索。截至 11 月底，福建省共主动巡查网站 1 768 家，办理各类网络侵权案件 52 起，其中行政立案处罚 11 起，调解（含诉调对接）版权纠纷 6 起，移送司法机关 3 起，关闭侵权网站 4 家，删除侵权盗版链接 16 条，撤销网站 ICP 备案号 2 起，其他方式处理 4 起，在办 6 起；对全省 189 家网站进行主动监管，100 家互联网企业在版权自查自纠中理清版权关系作品 188 余万件，主动下架未授权作品 7 万余件，公布影视、文学、游戏、动漫等重点作品版权保护白名单 465 件，全省 120 家互联网企业平台按要求设置了“福建版权保护”英文 logo 的版权举报投诉窗口，进一步净化了网络版权空间，维护了网络版权秩序。在全国“双打”办对福建省 2016 年度打击侵权假冒工作的考核中，涉及打击侵权盗版等的项目在考核总分值 100 分中占 11 分，省版权局因工作成绩突出，得满分并加 0.3 分，共得 11.3 分，在所有省级版权局中位列第三。省版权局版权处荣获国家版权局 2016 年查处侵权盗版案件有功单位一等奖。

（二）深入推进软件正版化

一是做好工作部署。4 月，省版权局牵头召开省推进使用正版软件工作厅际联席会议第四次会议，制定《福建省 2017 年推进使用正版软件工作实施方案》和《福建省推进企事业单位使用正版软件工作规划》，部署本省 2017 年软件正版化工作重点任务，研究将事业单位纳入软件正版化工作范围。6 月，与省数字办、省经信委、省财政厅联合下发通知，要求省直机关各单位把信息化建设和软件正版化工作有机结合，在信息系统中全面使用正版软件。7 月，厅际联席会议正式印发《福建省推进企事业单位使用正版软件工作规划》，要求各地各部门按照规划抓好落实。二是开展年度考核。2017 年第一季度，根据《福建省省直机关使用正版软件工作考核评定办法》，会同省财政厅、省审计厅、省机关事务管理局等部门对 71 家省直机关（包括党委、人大、政府、政协、法院、检察院、人民团体、民主党派机关）2016 年度使用正版软件情况进行全面考核，确定优秀等次 59 家、良好等次 10 家、良好以下等次 2 家，并以省推进使用正版软件厅际联席会议名义将考核结果通报各省直机关。三是加强督促检查。2 月，联合省国资委对省属国有企业开展软件正版化工作督查验收，其中对 9 家企业进行现场实地检查，对 4 家企业进行约谈，对 3 家企业进行电话督促，有力地推动了省属国企保质保量完成年度工作任务。7—8 月，会同省机关事务管理局、省数字办对 71 家省直机关使用正版软件工作进行现场检查，及时发现问题，提出整改要求，全面推进各机关单位使用正版软件常态化、规范化、标准化。9 月，积极主动做好国家推进使用正版软件工作部际联席会议对福建省软件正版化工作检查的迎检工作，陪同督查组对福建省 6 家省直机关、4 家省国资委监管企业进行督促检查，组织召开福建省软件正版化工作汇报会暨国家督查反馈会，及时将督查组反馈意见向省政府汇报，并按照省政府领导的要求，督促各单位做好下一步的自查整改工作。

（三）积极配合著作权法执法检查

2017 年 6 月，全国人大常委会陈竺副委员长带领全国人大常委会执法检查组赴福建省开展著作权法执法检查。省委书记尤权、省长于伟国会见了检查组一行。省版权局积极配合省人大常委会做好相关迎检工作，精心安排检查线路和检查点，做好上下沟通联系工作，撰写省领导讲话稿和省版权局贯彻实施著作权法情况汇报材料等。在闽期间，检查组通过召开汇报座谈会、深入相关企业和基层单位实地考察，了解福建省贯彻实施著作权法情况，听取相关意见和建议。陈竺副委员长高度肯定福建省在著作权法的贯彻执行工作当中，很多方面走在全国的前列，在促进著作权的创造、运用、保护、管理和服务等方面都取得了显著成绩，在著作权工作方面结合省情，有许多特色性、开创性的领域，创造了不少宝贵经验。

二、优化版权公共服务

（一）作品登记实现网上通办

2017 年以来，省版权局进一步优化作品登记工作，提高服务质量。4 月底，依托新闻出版广电综合监管平台（新闻出版部分）开发建设的“福建省作品自愿登记系统”正式投入运营，实现了网上申报、在线审核、电子发证等全程网办的无纸化运作，以及作品登记申请人“一趟不用跑，在家就能办”

的便民利民承诺。

（二）作品登记数量保持较快增长

作品登记新系统的上线，进一步推动福建省作品登记数量快速增长。2017年1—11月，福建省共核准版权登记作品57 838件，比2016年同期增长36.97%，目前全国位列第5名，比2016年上升两位。此外，1—11月共审核登记出版境外图书合同82件，比2016年同期增长34.42%。

三、积极开展版权宣传培训

（一）多渠道开展版权系列宣传

以“4·26”世界知识产权日为重要时间节点，制定宣传方案，组织开展系列宣传活动。参与召开全省知识产权宣传周活动新闻发布会，通报全省版权保护工作成效，回答记者相关提问。省版权局副局长蒋达德在德化县主持召开由政府相关部门、法院、企业、中介组织代表参加的版权保护座谈会，并深入德化、厦门版权相关企业宣传版权法律，鼓励企业加强自主创新，引导企业增强版权保护意识。同时，组织《中国新闻出版广电报》、《福建日报》、福建电视台等媒体对福建省版权保护工作进行集中宣传报道；在福州公交车移动电视频道播放版权公益宣传片，日均受众达50多万人次；在“5·18”海峡两岸经贸交易会上设立版权咨询服务台，为参展商和市民提供版权法律咨询等服务；在全省126家影院播映版权知识公益宣传片2.6万多场，受众达45万多人次；在福建电视台少儿频道播放由省版权局制作的普及版权知识系列动画片；在省版权局微信学法平台推送版权法律基本知识。

（二）全面开展版权业务培训

4月，组织协调省政府办公厅、省经信委、省财政厅、省国资委、省数字办、省银监局、省保监局、省工商联等相关部门参加国家版权局2017年第一期软件正版化工作培训会。5月，组织召开省直机关软件正版化工作培训会，对71家省级机关单位办公室、信息化部门负责人120人进行业务培训。6月，组织62家省级机关单位正版化工作负责人参加国家2017年第二期软件正版化工作培训班。10月，举办全省广播电视播出机构版权工作培训班，省、市、县三级广播电台、电视台及市文化广电新闻出版局分管版权工作的负责同志共100多人参训。11月，与省国资委联合举办省国资委所出资企业软件正版化工作培训会议，组织4家新闻出版广电企业参加国家版权局举办的相关培训。同时，2017年以来省版权局多次派出业务骨干赴省内外河南、厦门、南平、宁德、平潭等地授课，讲解版权行政执法、软件正版化等相关问题，普及版权法律知识。

四、推动版权产业发展

（一）积极推进版权示范工作

2017年全省版权示范园区（基地）、单位评选活动，采取各地版权行政部门自愿申请的办法，目前已有10多家具备较好条件的版权相关企业争创第三批省级版权示范单位和园区。同时从近年来省版权局考核评定的42家省级版权示范单位、2家示范基地中优中选优，推荐3家符合国家版权示范条件要求的单位参评全国版权示范单位和示范园区称号，最终福建泉州顺美集团有限责任公司和福建三福古典家具有限公司获得“全国版权示范单位”称号，实现零的突破。

（二）指导地市加强版权工作

2017年4月和9月，省版权局副局长蒋达德两次带队，分别赴泉州、厦门、南平、三明、龙岩等地调研版权相关工作，主持召开多场座谈会，深入企业了解版权产业发展情况，听取相关意见和建议。10月，省版权局组织召开全省版权工作座谈会，了解全省各地版权工作开展情况，重点针对福建省版权工作存在发展不平衡不充分的问题提出具体要求。

（郑开辟）

江　西　省

2017年，江西各级版权部门深入贯彻落实党的十八大和十九大精神，紧密围绕省委、省政府中心工作和战略部署，积极服务全省经济社会发展，大力加强版权执法监管，持续推进软件正版化工作，不断优化版权服务和宣传举措，江西版权各项工作得到了全面快速发展，版权社会影响力显著提升。

一、版权执法工作成效显著

2017年，江西各级版权部门大力推进版权执法监管工作，积极构筑联动联防体系，取得了突出成绩。

（一）突出抓好案件查办工作，办案数量稳步增长，创历史新高

全年共办结版权行政案件123起，同比增长29.5%。版权执法获奖体量大且份额重，全省有18家单位和45名个人获得国家版权局查处侵权盗版案件有功单位和有功个人奖。在2017年12月27日国家版权局召开的全国版权执法培训班上，江西受邀介绍版权执法监管工作经验。

（二）大力开展网络治理行动，“剑网2017”专项行动圆满收官

2017年，全省上下大力开展“剑网2017”专项

行动，重点开展影视作品、新闻作品等领域的专项治理，同时充分利用网络监控平台和技术手段开展网上巡查，主动发现侵权线索，指导监督互联网企业落实主体责任。“剑网行动”期间，全省查办网络版权案件 38 起，同比增长 137.5%。其中，“摇头网”侵犯音乐作品著作权一案入选 2017 年度全国打击侵权盗版十大案件和全国“剑网 2017”专项行动 20 起典型案件；2 起网络案件因案情较严重，已移送公安机关；1 起全国首例微信公众号侵权案件已由国家版权局、全国“扫黄打非”办、公安部等五部门联合挂牌督办。“剑网行动”期间，江西省私人影院侵权行为得到有效查处，获总局通报表扬。同时，江西省积极开展新闻作品版权保护专项行动，在充分调查研究并学习借鉴外省经验的基础上，结合本省实际，出台了加强新闻作品转载秩序管理的意见，受到全省新闻媒体的欢迎。

（三）强化网络技术监控手段，不断提升执法监管成效

工作中，注重将版权执法的关口前移，不断加大对网络侵权态势的分析和研判力度，充分利用监控平台和技术手段广泛收集网络侵权案件线索，对利用网络传播影视、音乐、文学、动漫等作品的重点网站和网络广告联盟、应用程序商店、电子商务平台、私人影院等进行全面排查和实时监测，筛选并按照属地管理原则下发了 10 余条网络侵权案件线索，由设区市版权管理部门依法进行核查，有效解决了基层案源少、技术手段不强的问题。

（四）构筑联动联防体系，形成执法工作合力

一方面，加强上下联动。强化组织协调和指导作用，加强对基层版权部门指导协调，定期检查督导案件查办情况，有效调动各级版权执法部门查办网络侵权案件的积极性、主动性。另一方面，强化联防协作。重点加强与公安、网信等部门之间的通力合作，形成“及时反馈、互通情报、信息共享”的良好协作互通机制和跨区域、跨部门的共同打击侵权盗版的良性互动机制。2017 年 3 月，江西省版权局牵头成功破获涉及南昌、成都和上海三市的“动态版”《清明上河图》涉嫌侵权案，没收当事人侵权制品“动态版”《清明上河图》的母盘 4 张并处罚收违法所得和罚款共计 2.9 万元。

二、软件正版化工作有力推进

2017 年，江西省认真贯彻落实国务院、国家推进使用正版软件工作部际联席会议的相关精神，全力推进软件正版化工作，取得新进展。

（一）两份重要文件出台，软件正版化工作重装出发

以省政府办公厅名义出台了《江西省推进使用正版软件工作督查考评办法（试行）》（赣府厅发[2017] 53 号）和《江西省推进企事业单位使用正版软件工作规划（2017—2020 年）》（赣府厅发[2017] 54 号），全省政府机关推进使用正版软件督查考评工作得到规范，企事业单位软件正版化工作得到有效推进。与此同时，经省政府同意，进一步理顺工作机构，重新调整了领导小组组成人员，确保顺利推进正版软件各项工作部署和要求。

（二）建立常规督查考评机制，推进形成正版软件工作良性格局

首先，在全省进行全面督查。年中，组织 7 个督查组对全省机关软件正版化工作情况进行了全面督查，实地查看 20 个省直单位、11 个设区市及其 66 个市直单位工作台账，检查计算机 965 台，并在全省通报了全省机关使用正版软件督查指导工作情况，推广地方及省直单位软件正版化工作典型经验做法，责令督查中发现问题的相关单位进行整改，党政机关单位软件正版化工作步入了常态化、制度化轨道。其次，自查考评工作常态化。在 80 家省直单位、11 个设区市及所辖县市全面开展自查的基础上，组织开展全省软件正版化的年度考核定级工作，对省直单位考评工作材料进行一一核查，并专门组织技术人员上门对计算机安装软件情况进行全面排查，确定考评等级后将在全省范围内进行通报。

（三）政府机关所属事业单位使用正版软件工作正式启动

2017 年 5 月，在全省初步摸清了政府机关所属事业单位软件正版化工作情况。7 月，省政府办公厅下发了《关于印发江西省推进企事业单位使用正版软件工作规划（2017—2020 年）的通知》，明确了江西省推进政府机关所属企事业单位软件正版化工作进度要求。8 月 14 日、17 日，江西网络广播电视台和《中国新闻出版广电报》先后对江西省推进企事业单位软件正版化规划工作进行了宣传报道，扩大了社会影响。

（四）国有企业正版软件工作顺利推进

2017 年 5 月，江西省版权局联合省国资委印发了《2017 年度江西省属国有企业软件正版化工作计划》，全面部署推进省属国有企业软件正版化阶段性工作任务。全年全省共举办企业软件正版化培训 16 次，参训企业达 102 家，培训 1 168 人次。

2017 年，江西省人民政府设立版权输出奖，为

全国首例。9 月，首届江西省版权输出奖评选工作正式启动，旨在对 2014—2016 年间已经实现版权输出的江西新闻出版和广播电影电视优秀版权项目进行奖励表彰。在省政府的领导和高度重视下，江西省新闻出版广电局依据《江西省版权输出奖励暂行办法》和《首届江西省版权输出奖评选工作方案》，牵头成立了省版权输出奖工作部门联席会议和评审委员会，规范有序、扎实稳妥地推进了首届江西省版权输出奖评选工作。经各地申报、资格审查、专家评审、征求意见、联席会议审定和联合公示等流程，评出了 15 个获奖项目，每个项目奖励 20 万元，共计 300 万元。《中国新闻出版广电报》、人民网、《江西日报》、江西卫视等多家主流媒体进行了广泛报道，引起了社会的广泛关注。

三、版权示范和贸易工作取得新进展

（一）版权示范单位初具规模，成效初步显现

2017 年，江西迈思科技有限公司、江西凯天动漫有限公司 2 家单位获评“全国版权示范单位”，至此，全省国家级版权示范单位（基地）总数达到 8 家。省级版权示范单位新增 6 家，总数达到 39 家。江西网络广播电视台、江西新华发行集团有限公司、江西金太阳教育研究有限公司 3 家单位被中国版权协会授予“2017 年中国版权最具影响力企业”称号。

（二）版权贸易进展顺利，取得新成果

2017 年江西省出版单位共输出版权 286 种，较上一年度有大幅增长。其中，当年 8 月，江西省新闻出版广电局精心组织省出版集团、中文传媒及全省 8 家出版社携上千种精品图书参加第二十四届北京国际图书博览会，充分展示江西出版文化的多元魅力，推动赣版图书“走出去”。展会期间，达成版权贸易合同 100 多种，江西省新闻出版广电局获优秀组织奖，中文传媒公司获优秀展示奖。

四、版权服务与宣传工作出新出彩

2017 年，全省各级版权部门不断创新版权服务理念，优化升级版权服务举措，版权作品登记量持续攀升，社会民众的版权意识不断提高。

（一）作品登记工作成绩斐然

作品登记数量突破 10 000 件大关，达到 10 325 件，同比增长 68.7%，《我和老伴甘祖昌》《龚全珍日记选》等一批喜迎十九大、纪念“三个九十年”的主题出版物，《丝游记》、《东方的藏宝箱》等剧本、《清华国学四导师》瓷板画系列、文祥“十二生肖”生活用瓷系列等一批面向市场、雅俗共赏的作品以及《隐形天子霍光》《让世界听见江西》等一批“讲好江西故事”的作品都进行了版权登记。

（二）版权社会宣传高潮迭起

工作中，抓住关键群体，江西省版权局联合团省委，组织策划了以“每月开展一次集中宣讲、发放一批宣传品、办理一批作品登记、发展一批志愿者、设立一批版权服务工作站”为主要内容的“全省高校版权知识巡回宣讲”活动，全年先后走进 7 所高校，发展大学生版权服务志愿者 510 名，现场聆听版权宣讲的高校师生近万名。突出重点人群，继续唱响“江西版权保护宣讲会”品牌，先后在海昏侯国遗址博物馆、江西日报社、省文联等单位开展宣讲活动。巩固重点渠道，“版权宣传进影院”平台连续滚动播放“版权保护公益宣传片”171 150 次、总时长达 1 426 小时，收到了良好的社会宣传效果。

（钟　娜）

山　东　省

2017 年是版权“十三五”规划承上启下的关键一年。山东省版权局根据国家版权局的工作部署，结合工作实际，按照版权保护、产业发展和社会服务“三位一体、整体推进”的工作思路，紧紧围绕“版权强省”目标，以“版权突破”为抓手，创新思路，锐意进取，较好地完成了全年工作任务，许多指标居全国首位，走在全国前列。具体工作情况如下：

一、编制《山东省版权工作“十三五”规划》和印发《2017 年版权工作要点》

为全面提高版权创作、运用、保护、管理和服务能力，有效实施创新驱动发展战略，加快版权强省建设，服务全面建成小康社会，根据《国家知识产权战略纲要》、《国务院关于新形势下加快知识产权强国建设的若干意见》和国家版权局《版权工作“十三五”规划》、《山东省新闻出版广播影视业“十三五”发展规划》，在全面总结“十二五”版权工作经验、广泛征求意见的基础上，制定了《山东省版权工作“十三五”规划》。力争在“十三五”期间，山东版权工作要同全省经济社会发展水平基本相适应：版权法制体系更加完善，版权工作法制化水平进一步提高；版权执法监管力度不断加大，侵权盗版行为明显减少，软件正版化率达到 85%以上，版权保护的社会环境和版权产业发展的市场环境明显改善；版权社会服务体系更加完善，版权产业又好又快发展，对全省经济贡献的比重明显提高；版权

创造、运用、保护、管理和服务能力不断增强，全社会版权意识大幅提升；版权国际交流合作不断拓展，版权影响力进一步提高。

同时，2017年是版权“十三五”规划实施承上启下的关键一年。为做好全年版权工作，山东省版权局按照“版权突破，提质增优，稳中求进，健康发展”的工作思路，制定下发了《2017年版权工作要点》。

二、加大版权执法力度，打击侵权盗版行为

（一）圆满完成山东省人大常委会著作权“一法一条例”执法检查工作

受全国人大常委会委托，5月下旬至6月上旬，山东省人大常委会组成执法检查组，对全省贯彻实施《中华人民共和国著作权法》和《山东省著作权保护条例》情况进行了执法检查。5月24日上午，执法检查组听取了省政府及有关部门关于贯彻实施“一法一条例”情况汇报，下午先后到山东出版集团、山东广播电视台、山东影视传媒集团、广播电视监测中心等实地考察。5月25—26日和6月2日，又分赴济南、青岛两市进行执法检查。同时，委托潍坊、威海、临沂、菏泽4个市进行了自查。检查组认为，近年来，山东省政府及有关部门将版权工作纳入重要议事日程，坚持依法履职，狠抓版权保护、产业发展、社会服务和软件正版化等各项工作，推动山东省版权事业、产业发展进入了历史上最好的时期。今后要推动营造“尊重创作、尊重版权”的良好社会氛围，为加快新旧动能转换，建设创新型省份，推进文化强省建设做出新的贡献。

（二）督办大案要案

在国家版权局发布的年度全国打击侵权盗版十大案件中，山东省查处的案件占了2起，分别是“青岛约吧有限公司侵犯影视作品著作权案”和“巩某某等销售盗版光盘案”，充分体现了山东省打击侵权盗版工作成果，发挥了典型案件的示范引导作用。获得国家版权局重大侵权盗版案件办案经费补贴共计40万元。

（三）积极做好推荐全国查处侵权盗版案件有功单位及个人工作

根据《国家版权局举报、查处侵权盗版行为奖励暂行办法》及实施细则要求，组织推荐山东省查处侵权盗版案件有功单位和个人。6月8日，国家版权局正式公布查处侵权盗版案件有功单位及个人名单，山东省版权局版权管理处等21家单位及青岛市文化市场行政执法局杜荣华等54名个人获奖，奖励金额74.1万元，获奖数量及奖励金额居全国第一位。

（四）打击网络侵权盗版“剑网2017”专项行动取得阶段性成果

省版权局、省互联网信息办公室、省通信管理局、省公安厅于2017年8月至11月联合开展打击网络侵权盗版专项治理“剑网行动”。全省各级版权、网信办、通信、公安等部门密切配合，分工明确，联动高效，采取多种手段深挖案件线索、快速查办，取得显著成效，有效维护了全省网络版权环境。“剑网2017”专项行动期间，全省共查处网络侵权盗版案件30起，其中已刑事移交的4起，列入国家版权局督办案件3起，关闭侵权网站23家，并将其列入黑名单管理。特别是威海查处的张某某等侵犯著作权案，由极小案件线索，网上网下、省内省外，追根溯源，办成了全国有影响力的案件，国家版权局对其给予好评，认为此案有很好的示范作用，工作经验值得全国学习和推广。

三、扎实推进软件正版化检查整改工作

（一）巩固党政机关软件正版化成果

一是完善体制机制，加强督导检查。2月，山东省版权局印发《关于在全省开展软件正版化检查工作的通知》（鲁版字［2017］3号）。5月，山东省软件正版化工作联席会议印发了《2017年山东省推进使用正版软件工作计划》（鲁版字［2017］11号），对全省软件正版化工作进行了全面部署，6月，对日照、威海两市的软件正版化工作进行督查，同时对“省级版权示范单位”进行调研。9月，对聊城市的软件正版化工作进行督导检查，同时召开软件正版化工作座谈会，推进党政机关与国有企业软件正版化工作。二是实施年度新购计算机配置国产办公软件场地授权服务。9月，山东省版权局印发《关于做好部分省直预算单位2017年度新购计算机配装国产办公软件工作的通知》，依据2017年山东省财政厅已经批复的100万元预算经费，从预设的891家省预算单位中选取83家党委和政府机关，进行年度新购计算机配置国产办公软件场地授权服务（不包含二级单位），场地授权模式严格按照国家规定程序进行。2018年拟继续向省财政厅提交预算申请，逐步完成山东省省级预算单位年度新购计算机配置国产办公软件的工作。

（二）扎实推进企业软件正版化工作

一是积极开展国有企业使用正版软件检查整改工作。6月，山东省版权局会同省国资委印发《关于进一步推进省管企业使用正版软件工作的通知》，要求各省管企业切实担负起推进企业使用正版软件的责任，统一筹划部署权属企业开展使用正版软件检查整改工作任务，按时完成使用正版软件检查整改工作任务。6月15日，山东省版权局联合省国资委召开省管企业推进使用正版软件工作会议，总结2016年国有企业推进使用正版软件情况，部署2017年国有企业软件正版化工作任务，并提出明确要求。6月29日，山东省软件正版化工作联席会议各成员单位审议通过《山东省推进企事业单位使用正版软件工作规划》，并印发给各市人民政府，要求各市结合本市实际，制定本市推进企事业单位使用正版软件工作规划，并于8月15日前报送至省软件正版化工作联席会议办公室（省版权局）。二是扎实推进民营企业使用正版软件检查整改工作。9月，省版权局、省工商联联合下发《关于对全省民营企业推进使用正版软件工作进行督导检查的通知》。10月，省版权局和省工商联组成联合督查组，对滨州、淄博两市推进民营企业使用正版软件工作情况进行督导检查，正式启动山东省民营企业软件正版化督查工作。督查组先后到滨州愉悦家纺有限公司、滨州东方地毯有限公司、山东绿卡凯尔文化传媒有限公司、山东世纪天鸿文教科技股份有限公司进行督导检查，通过实地查看、听取汇报、座谈交流等方式，详细了解了相关企业在软件正版化工作方面的落实情况。

四、积极推进版权产业发展

（一）成功举办第三届“青岛·东亚版权创意精品展示交易会”

由山东省版权局和青岛市人民政府共同主办的第三届“青岛·东亚版权创意精品展示交易会”于2017年4月14日—16日在青岛国际会展中心举行。国家新闻出版广电总局（国家版权局）版权管理司司长于慈珂、省政协副主席郭爱玲莅临展会指导。

为期三天的第三届“青岛·东亚版交会”，以“版权推动发展，创意成就梦想”为主题，突出中高端特色，吸引了国内外中高端版权创意属性的企业300余家参展（其中境外企业80余家），全面展示了新闻出版、动漫游戏、影视音乐、艺术美术、工业设计等各方面的最新版权创意成果，并组织开展了“互联网形势下的版权产业发展”高峰论坛、“城市传媒杯”国际青少年动漫大赛等近30场主题活动，为促进版权产业发展搭建了良好的交流交易平台。展会期间共接待观众10万余人次，实现工业版权、出版、影视、动漫等22项签约，版权项目交易额达43亿元，较上届增长115%。

（二）举办版权法律保护与产业发展高层论坛

8月26日，由山东省版权局主导的“版权法律保护与产业发展”高层论坛在济南成功举办。国家版权局版权管理司司长于慈珂出席并做主题演讲。国内重点院校知名教授、艺术家、知识产权维权专家以及我省文化、广电、新闻出版领域版权代表80余人参加论坛。会后印发《版权法律保护与产业发展高层论坛会议纪要》。

（三）开展山东省第二次版权产业经济贡献调研

为全面掌握山东省版权产业的发展状况，进一步发挥其在山东省经济转型升级发展中的作用，增强全省公众和政府部门对版权保护与版权产业发展的认识与支持，在2016年调研的基础上，2017年又开展了“山东省版权产业的经济贡献”项目调研。此次调研报告显示，从增长规模看，2015年山东省版权产业的规模得到扩大，实现增加值3 710.43亿元，已经占到全省GDP的5.89%，在GDP中的比重比2014年的5.64%提高了0.25个百分点，在地区经济发展中的地位显著提高。从增长速度来看，2015年山东省版权产业的行业增加值比上年增长了356.83亿元，同比增长10.6%，保持了两位数的增长速度，高于同期全省GDP增速4.6个百分点。调研结果表明，版权产业对全省的经济贡献进一步提高，在山东省内支柱性产业地位的特征更加明显，为拉动全省经济增长发挥了重要作用，正逐步成为山东经济发展新的增长点。本次课题调研被列为省政府重点调研项目，并获得2017年度全省政府系统优秀调研成果一等奖。

（四）公布山东省“版权示范单位、园区（基地）”和“版权保护示范单位、园区（基地）”

根据《山东省版权局关于申报省级“版权示范单位、园区（基地）”和“版权保护示范单位、园区（基地）”的通知》要求，经各市、省直部门考察推荐，省版权局研究，2017年2月20日印发了《山东省版权局关于公布山东省“版权示范单位、园区（基地）”和“版权保护示范单位、园区（基地）”的通知》，山东山大华天软件有限公司等38家单位被评为山东省版权示范单位、园区（基地），中泰证券股份有限公司等17家单位被评为山东省版权保护示范单位、园区（基地）。

（五）推动国家级“版权示范城市、单位、园区（基地）”创建工作

9月7日国家版权局正式批复同意授予即墨市“全国版权示范城市”称号。即墨市成为全国第10

个、县级市第 3 个获此称号的城市。国家版权局对即墨创建全国版权示范城市工作给予充分肯定，指出即墨市委、市政府高度重视版权工作，将版权工作纳入城市经济和社会发展规划，严格按照《全国版权示范城市、示范单位和示范园区（基地）管理办法》要求，积极有效推进创建工作，形成了政府引导、企业参与、群众支持的创建格局，在版权创造、运用、保护、管理与服务方面取得了显著成效，充分发挥了版权工作在城市经济社会发展中的影响力，有力促进了智力成果的创造、运用、保护与管理。

10 月 31 日，国家版权局授予山东教育出版社有限公司、山东尚舜文化传媒有限公司、山东省泰山教育创新研究院、威海海马地毯集团有限公司“全国版权示范单位”称号，授予山东省商业集团有限公司“全国版权示范单位（软件正版化）”称号，授予临沂国家中印科技国际创新园“全国版权示范园区（基地）”称号。

截至目前，山东省已成功创建全国版权示范城市 2 个，全国版权示范单位、园区（基地）25 家，省级版权示范单位、园区（基地）195 家。山东省示范争创工作在国家会议上交流，受到好评，《中国新闻出版广电报》全文发表经验介绍。

五、健全完善版权社会服务体系建设

（一）著作权作品登记体系进一步健全，登记数量进一步增长，作品质量不断提升

以版权保护与服务平台为核心，以版权服务站为支点的全省著作权作品登记公共服务体系进一步健全。先后在全省建立了 27 家版权服务站，覆盖全省 17 市，直接受理著作权作品登记的初审和发证，打通为权利人服务的“最后一公里”，大大方便了权利人登记。2017 年全省著作权作品登记达到 83 000 余份，比 2016 年同比增长 12%，其中美术作品 40 857 份，摄影作品 22 583 份，文字作品 9 257 份。美术作品主要来源是纺织、印染、服装产业的图案设计；文字作品和摄影作品的主要来源分别是目前火爆的网络文学产业和网络影视产业。

（二）版权贸易与“走出去”工作成效显著

2017 年，山东省共登记引进图书版权合同 329 份，输出图书版权合同 429 份，与 2016 年同期相比均略有增长。8 月 19 日至 20 日，首届中国·山东“一带一路”图书版权贸易洽谈会在济南成功举办。国家新闻出版广电总局副局长、国家版权局专职副局长周慧琳，山东省委常委、宣传部部长孙守刚，埃及驻华大使馆参赞侯赛因·伊卜拉欣，国家新闻出版广电总局进口管理司司长蒋茂凝，山东省新闻出版广电局党组副书记、副局长孙杏林等出席开幕式。此次贸易洽谈会吸引了来自 35 个国家的 96 家国外出版机构参展交流，其中“一带一路”沿线国家参展商达 58 家。共签订图书版权贸易协议 240 余种，包括输出 220 余种、引进 20 余种，另有近 40 种图书达成版权合作意向，取得丰硕成果。

（三）制定《山东省版权工作站管理办法》

根据 2017 年版权工作要点及山东省版权局“十三五”规划要求，结合山东省版权登记及其他服务工作实际，8 月 7 日制定下发了《山东省版权工作站管理办法》，制定《著作权作品登记审核细则》，为进一步拓展版权服务渠道，规范版权服务工作提供了依据。

六、创新方法，进一步加大版权宣传培训力度

（一）召开版权保护新闻发布会

2017 年 4 月 10 日，山东省政府召开新闻发布会，山东省版权局发布版权保护工作有关情况，副局长谢宁致发布词。新华社、《人民日报》、《大众日报》、山东广播电视台等 50 余家中央和省级媒体记者参加发布会。发布会上，谢宁介绍了山东省 2017 年版权工作重点、版权工作“十三五”规划情况和第三届“青岛·东亚版交会”有关情况。山东省版权局发布内容受到媒体和社会广泛关注，据不完全统计，闪电新闻客户端、新锐大众客户端、齐鲁网等多家新媒体对发布会进行了直播，各类新闻媒体刊发相关报道 100 余篇，网络转载 20 余篇次。山东广播电视台《山东新闻联播》《山东新闻》等栏目播发《十三五期间，版权产业有望成为山东支柱产业》等 4 篇稿件。新锐大众客户端发布的《不可小觑！我省版权产业对 GDP 贡献率达 5.64%》、齐鲁壹点发布的《山东集中打击网络侵权盗版 APP 网络云盘等纳入监管》等稿件内容权威、信息量大、生动鲜活，达到良好传播效果。

（二）制作“版权工作宣传片”和“版权公益广告”

2017 年初，版权工作宣传片《版权强省建设——山东在路上》和版权公益广告片《版权保护，从我做起》、版权宣传微电影《风筝谣》制作完成。公益广告样片发给山东省广播电视台、各市文化广电新闻出版局和文化市场行政执法局。省台和各市结合“4·26”世界知识产权宣传周活动，通过各种媒体形式进行宣传播放，不断扩大版权宣传的影响力，提高公众的版权保护意识。《风筝谣》网上点击率超过 80 多万人次。

（三）开展2017年全省知识产权宣传月版权系列宣传培训活动

2017年3月20日，山东省版权局制定印发《关于开展2017年全省知识产权宣传周版权宣传活动的通知》，自4月初起在全省集中开展版权宣传活动，4月12日至4月30日为全省重点宣传时段。4月18日山东省版权局与潍坊市文广新局联合举办版权进文化产业园活动，谢宁副局长出席并致辞；4月20日山东广播电视台举办媒资版权培训班，山东省版权局版权管理处负责同志授课；4月24日举办侵权盗版物集中销毁等活动；4月26—27日淄博文化广电新闻出版局举办版权进产业园区暨版权作品登记推广会议，谢宁副局长出席并致辞；淄博市文化市场执法局举办版权保护工作经验交流会，山东省版权局版权管理处负责同志授课；4月10—30日集中在全省播出版权公益广告，山东省广播电视台、各市文化广电新闻出版局和文化市场执法局积极组织播出版权公益广告。2017年的宣传活动特点：一是形式多样，贴近大众；二是统一部署、共同发力；三是活动丰富，效果显著。

（四）“中央媒体版权研修采访团”再次到山东省采访

2017年4月13日至16日，由国家版权局主办、中国新闻出版广电报社承办的“中央媒体版权研修采访团”到山东省进行调研采访，钟华副局长陪同。采访团由来自《人民日报》、新华社、《光明日报》、中央电视台、中新社、《中国新闻出版广电报》等20家主流媒体的记者组成，以“边学习边调研边报道”的形式走进青岛、潍坊，对青岛出版集团、平度新河区化工基地、潍坊滨海城市艺术中心等版权示范单位、园区进行现场采访，对第三届“青岛·东亚版权创意精品展示交易会”进行了全面报道，充分展现了山东版权产业发展取得的新成就。据统计，采访团共刊发关于山东省版权工作及“青岛·东亚版交会”相关专题报道40余篇，其中新华社“青岛·东亚版交会”通稿被62家媒体采用。

（五）做好业务培训工作

2017年11月15日至17日，承办了2017年国家版权监管平台（二期）项目应用专题培训班。国家版权局版权管理司司长于慈珂出席开班式并讲话，山东省版权局党组书记、局长司安民参加座谈活动。各省（自治区、直辖市）版权局版权处，北京、天津、上海、重庆市文化市场执法总队及中国版权保护中心负责同志等80余人参加培训。山东省50余人参加国家版权局举办的版权业务培训班。

为进一步提升全省版权行政执法监管能力和水平，2017年11月8日至10日，山东省版权局在淄博举办2017年度全省版权行政执法监管工作培训班。山东省版权局副局长谢宁出席并讲话，各市、县（市、区）文化市场执法局分管负责同志和一线版权执法骨干150余人参加培训。国家版权局版权管理司有关同志围绕版权执法工作进行了专题授课。青岛、淄博、潍坊、济宁等市负责人做了交流发言。

（蒋金坤）

河南省

2017年，河南省版权局在国家版权局、河南省政府的领导下，认真贯彻党的十九大精神，以习近平新时代中国特色社会主义思想为指导，紧紧围绕“打击侵权盗版，规范市场秩序；加强组织协调，持续推进软件正版化；强化普法宣传，优化法制环境；注重队伍建设，提高执法水平；提升公共服务水平，强化服务意识”等主要工作，突出工作重点，抓好工作落实，版权工作呈现新亮点。

一、认真学习贯彻党的十九大精神，扎实做好版权工作

党的十九大胜利召开，对全党全国各族人民在以习近平同志为核心的党中央正确领导下，高举中国特色社会主义伟大旗帜，决胜全面建成小康社会，夺取新时代中国特色社会主义伟大胜利，为实现中华民族伟大复兴的中国梦不懈奋斗，具有重大现实和深远历史意义。河南省版权局认真学习宣传贯彻党的十九大精神，深入学习十九大报告的新思想、新理念、新提法和新举措，深刻领会习近平新时代中国特色社会主义思想的精神实质和丰富内涵，明确抓好贯彻落实的重点和具体措施、目标要求，用十九大精神统领版权工作，进一步强化版权创造、运用、保护和管理。

二、强化社会公共服务，推进版权产业健康发展

（一）做好普法宣传

为了普及版权相关知识，加强广大人民群众对版权的了解，增强维权意识，河南省版权局以“4·26”世界知识产权日为契机，开展了大型的主体宣传活动。活动围绕2017年“创新改变生活”的主题和打击侵权盗版、实施《著作权法》、推进使用正版软件、作品著作权登记等重点工作，通过现场咨询、资料发放、有奖问答、设置展板等形式，向广大人民群众宣传版权基本知识及相关法律法规。针对群众疑问，现场进行详细的解答。同时还设置了互联网有奖问答环节，通过线上线下的联合互动，极大提升了群众的参与热情，共有 2 000 余人（次）参与了此次宣传活动。在河南省版权局的统一部署下，全省各省辖市和省直管县（市）开展了丰富多彩的版权宣传活动，并通过有关媒体进行报道，有效提升了广大人民群众对版权工作的认识，取得了良好的社会效益和宣传效果。

（二）开展作品著作权登记和版权贸易合同审核登记

认真开展作品著作权自愿登记和法律咨询工作，缩短受理周期，提高服务质量。做好版权贸易合同审核登记，为社会公众提供良好的公共服务。2017 年，共受理各类作品著作权登记 1 370 件，电话咨询 1 000 余人次，审核登记出版单位从境外引进版权贸易合同 287 件。

（三）开展版权示范单位、示范园区（基地）评选

根据国家版权局《版权工作“十三五”规划》，河南省版权局开展了河南省首届版权示范单位、示范园区（基地）的评选工作，按照《河南省版权示范城市、示范单位和示范园区（基地）创建和管理办法》的要求，召开了创建版权示范单位、示范园区（基地）座谈会 10 余次。经过严格评选，授予河南日报报业集团等 8 家单位为河南省首批版权示范单位（园区），并从中筛选了 7 家单位推荐申报全国版权示范单位（园区）。2017 年 10 月 31 日，国家版权局正式批复同意授予河南日报报业集团、河南广播电视台、河南大学出版社 3 家单位“全国版权示范单位”称号，对河南省版权示范引领工作起到了积极的促进作用。

三、规范版权市场秩序，严厉打击侵权盗版行为

（一）加大版权日常监管执法工作力度

2017 年，河南省版权局持续加大对全省版权监管执法情况的检查督导力度，一方面积极与国家版权局沟通，了解掌握版权执法信息和政策要求，另一方面加强对各省辖市、省直管县（市）版权行政部门的指导督办，通过信息共享、上下联动、多方配合，强化对印刷复制源头企业、出版物仓储物流运输企业、出版物批发零售经营商家的监督和管理。2017 年全省共查办侵权盗版案件 45 起，其中国家版权局挂牌督办案件 4 起。2017 年 4 月，在全国查处侵权盗版案件有功单位和个人评选活动中，河南省版权局共申报查处侵权盗版案件有功集体 15 个单位，有功个人 28 人，获得奖金 36.5 万元，在全国排名第 5 位。

（二）深入开展“剑网 2017”专项行动

2017 年 8 月，河南省版权局联合省网信办、省通信管理局、省公安厅下发了《关于开展打击网络侵权盗版“剑网 2017”专项行动的通知》，明确河南省“剑网 2017”专项行动的工作目标、重点任务和工作要求，并通过河南省新闻出版广电局官网、映象网、《东方今报》、河南省广播电台等新闻媒体进行宣传报道，公布举报电话、邮箱，发动权利人和群众举报投诉。同时将河南省“剑网 2017”专项行动与版权日常监管相结合、与“扫黄打非”专项行动相结合、与打击“新闻四假”专项行动相结合，要求各省辖市、省直管县（市）加大网上巡查工作力度，进一步强化网络侦查能力，充分利用技术手段，每月对辖区内所有互联网网站、APP 等进行全面监测清查。指定郑州市文化市场综合执法支队对 DY 电影网、百姓电影网、电影天堂、九头蛇影院、蓝光电影论坛、虾狐影视论坛等 6 家网站进行前期摸排调查，对符合著作权行政处罚立案标准的立案查处，涉嫌犯罪的追究刑事责任。

（三）举办版权执法培训班，强化基层版权行政执法能力

河南省版权局于 2017 年 7 月 18 日在郑州开设全省版权行政执法培训班，对全省 18 个省辖市、10 个省直管县（市）文广新局，文化市场综合执法支队、大队共 150 余名执法干部进行培训。此次培训采取“理论＋实践”“技术＋案例”的形式进行，邀请了国家版权局版权管理司、福建省、湖南省及河南省公安厅的执法专家，就版权热点问题、网络执法操作、网络术语与涉嫌侵权网站的具体研判以及“两法衔接”中有关法律法规适用问题进行了解析。

（四）做好国家五部门联合挂牌督办案件的督导检查

2017 年 11 月 20 日，国家督导组赴河南省对侵权盗版案件进行督查，重点督查国家五部门联合挂牌案件的办理情况、查办案件的总体情况和“剑网行动”推进情况，河南省版权局进行了全面汇报，省直和市、县有关单位就案件进展情况进行了具体汇报。督查组在抽查案件卷宗和听取汇报后认为，河南省版权局领导高度重视查办侵权盗版工作，措施有力，打击侵权盗版工作取得了较好的工作成效。

四、持续推进全省政府机关、企事业单位软件正版化工作

按照国家版权局《关于做好2017年推进使用正版软件有关工作的函》有关要求，河南省版权局进一步规范正版软件管理工作，建立健全考核评议制度，完善省级单位责任人信息，制定推进企事业单位使用正版软件目标，为全面深化本省软件正版化工作夯实基础。

（一）制定下发了《2017年河南省推进使用正版软件工作计划》

3月15日，河南省版权局起草了《2017年河南省推进使用正版软件工作计划》，对2017年软件正版化工作进行了详细的安排部署，报省政府办公厅后得到了省长陈润儿的批示认可。

（二）巩固拓展全省政府机关、企事业单位软件正版化工作

2017年，河南省版权局认真开展全省企事业单位正版软件使用情况摸底调查工作，结合本省实际，制定了推进全省企事业单位使用正版软件工作规划，进一步明确推进本省政府机关所属事业单位和国资委监管企业软件正版工作的完成时限，压紧压实各部门主体责任，确保各项政策措施落地生效。同时启动了全省政府机关、国有企业软件正版化督查工作，对督查中发现的问题，要求相关单位及时进行整改。

（三）推进河南省政府机关软件正版化工作考核

2月13日，省版权局牵头组织召开了2017年河南省推进使用正版软件工作联席会议，省政府办公厅、省财政厅、省审计厅等14家成员单位参加了会议。现场发放了《河南省政府机关使用正版软件工作考核办法（讨论稿）》，通过认真研究，《河南省政府机关使用正版软件工作考评办法（试行）》于6月份正式下发。

（四）召开全省省管企业软件正版化工作培训班

根据河南省版权局2017年工作计划的安排，8月22日省版权局在郑州召开了全省省管企业软件正版化工作培训班。针对各企业分管软件正版化工作领导、技术人员共70余人开展了版权保护、正版软件使用、软件资产管理等方面的业务知识培训。同时对省管企业提出了要求，要求各省管企业按照工作部署，将这项工作摆在突出位置，明确"一把手"为本企业使用正版软件工作的第一责任人，主要领导要亲自过问、亲自抓、亲自协调解决工作中遇到的实际问题，确保软件正版化工作顺利推进。

（五）完善省级机关软件正版化工作责任人信息

河南省版权局统计上报了《省级机关单位软件正版化工作部门及责任人信息表》，进一步明确任务，责任到人，为进一步巩固和拓展全省推进使用正版软件工作打下良好的基础。

五、配合完成著作权法执法检查工作

受全国人大常委会委托，省人大常委会对全省著作权法贯彻实施情况进行执法检查。按照省政府安排，省版权局向河南省人大进行了近5年来著作权法在本省贯彻实施情况的全面汇报，随后陪同省人大执法检查组赴许昌、漯河、平顶山三个省辖市，对贯彻落实《中华人民共和国著作权法》情况进行了检查。省人大常委会认为，河南省著作权法的贯彻实施，初步形成了著作权创造、运用、保护、管理和服务水平协调发展的良好局面，为全省实施创新驱动发展提供了有力支撑。

（焦艳娜）

湖　北　省

2017年，湖北省版权局在国家版权局和省委、省政府的领导下，认真贯彻落实两级新闻出版广电工作会议精神，严格版权行政执法，严厉打击侵权盗版，完善版权服务体系，加强行业管理指导，整合版权资源，推动产业发展，保证了年度各项任务圆满完成。2017年全省版权行业共有15个单位、8名个人荣获国家和部省级表彰奖励。湖北省版权局版权管理处再次被国家版权局评为全国打击侵权盗版工作单位一等奖，胡先阳同志被评为全国打击侵权盗版有功个人二等奖，卢文俊同志被省委宣传部评为全省思想宣传工作先进个人。

一、版权执法管理取得新成效

一是深入开展执法专项行动。深入开展"双打""剑网行动"，充分发挥省版权局的协调组织作用，明确任务分工，强化督办检查，突出案件查办。紧紧盯住互联网这一侵权盗版多发期频发区，采取切实可行的措施，重点打击互联网领域各种侵权盗版行为，有效遏制不断蔓延的侵权盗版行为，确保案件查办有成绩、专项行动有实效。2017年"双打""剑网行动"等开展以来，全省各级版权行政执法部门累计查处侵权盗版案件56件，移送司法机关6件，收缴各类侵权盗版复制品5万多件，有效打击了各类侵权盗版行为。武汉李某某贩卖盗版光盘案、恩施州赵某某等人侵犯游戏软件著作权案（国家版权局2017年度全国打击侵权盗版十大案件）、黄石

亿通建筑书店侵犯著作权案已审结宣判；咸宁熊某等五人侵犯游戏软件著作权案涉案犯罪嫌疑人已被逮捕。加强对专项行动的宣传报道力度，先后在《湖北日报》《楚天都市报》等省内主要纸质媒体和新华网、荆楚网、大楚网、新浪微博等省内外各大主要网络媒体客户端发布专项行动通知，对外公布侵权线索举报投诉电话（027-68892414）和电子信箱（hbbqzf027_68892414@163.com），发动社会公众积极检举侵权盗版行为。

二是严格落实著作权法执法检查。6月，抓住全国人大著作权法执法检查的有利时机，配合省人大完成了全省著作权法执法专项检查，通过召开座谈会，听取专题汇报，并对宜昌、仙桃、神农架等市州的实地检查，了解掌握著作权法贯彻实施中取得的成绩和存在的问题，并提出了相关建设性的意见和建议，为《著作权法》的修订完善提供第一手资料。

三是积极推进查处侵权盗版案件评奖活动。把查处侵权盗版案件评奖活动作为激发全省版权执法队伍办案工作积极性的一项重要举措，下发了专门通知，对公检法、通管、工商、文化、网信、海关等部门进行广泛宣传和发动，调动各级单位的参评积极性，有效提升了各级单位对版权行政执法的知晓度和参与度。2017年，湖北省获得全国查处侵权盗版有功单位一等奖1个、二等奖3个、三等奖5个，有功个人二等奖2个、三等奖5个，累计9个单位、7名个人获奖，资金总额29.1万元，全国排名第八位，稳居第一方阵。湖北省版权局版权管理处再次荣获全国查处侵权盗版案件有功单位一等奖，连续2年获此殊荣。

四是大力加强版权行政执法队伍建设。2017年5月举办版权管理工作人员培训班，通过采取“理论讲解＋司法实践”“新兴技术介绍＋典型案例剖析”的形式，突出解决制约执法办案的短板，着眼提升基层一线版权行政执法管理人员的办案管理能力，切合学员实际需求，受到学员的普遍好评。培训期间，还部署了2017年版权行政执法管理工作，并通报了2016年度“双打”绩效考核打分情况。

二、软件正版化工作又有新突破

一是切实加强软件正版化工作的组织领导。2017年4月上旬，组织召开了推进使用正版软件工作领导小组成员单位联席会议，省政府副秘书长刘仲初同志出席会议并讲话。会议传达贯彻国务院推进使用正版软件工作部际联席会议第六次会议精神，通报了湖北省2016年推进软件正版化工作情况，审议通过了《2016年全省软件正版化工作检查情况通报》《2017年湖北省推进使用正版软件工作计划》《2017年湖北省软件正版化督查实施方案》，对年度工作目标、任务和推进措施等进行了专题部署，为软件正版化工作的顺利推进奠定了坚实的基础。按照国家版权局的统一要求，以省政府名义上报了2016年度软件正版化工作总结以及全省政府机关和企业软件正版化工作责任人信息。积极推动软件正版化工作信息平台试点应用，先后指导全省17个市州、120余个县区、120余家省直单位完成了平台接入和调试，并正式运用信息平台接收上报工作数据。

二是严密组织软件正版化督促检查。积极配合国务院督查组完成了省政府机关软件正版化工作全覆盖检查，2017年9月19日至10月11日，先后对57家省直单位进行了全覆盖检查，共检查计算机7 921台次，对督查组检查反馈的问题及整改措施以要情专报的形式分别报送省政府领导，王晓东省长亲自批示“抓好整改落实”，乘着此次全覆盖检查的东风，及时解决省直部门软件正版化工作中存在的各类顽疾杂症，有效巩固整改成果，推动工作深层次落实，确保我省软件正版化工作继续走在全国前列。按照《2017年湖北省软件正版化督查实施方案》要求，完成了17个市州政府机关的软件正版化督查，采取“抽点8家政府单位＋2家企业”的形式，全覆盖检查被抽点单位的所有办公计算机，目前已完成对武汉、宜昌、恩施、仙桃、黄石、鄂州、孝感、黄冈、咸宁等市州的检查，强化督查督办，着力查找问题，提出解决方案，推动制度落实，提升市州软件正版化工作质量。10月底，会同省国资委对省属16家国企进行软件正版化专项检查，累计抽查计算机160余台次，针对检查发现的问题，提出有针对性的整改意见，有效推动工作落实。

三是办好软件正版化工作培训班。2017年5月初，举办政府机关软件正版化工作培训班，通报了2016年全省软件正版化工作督查情况，布置了2017年软件正版化工作重点任务，针对软件正版化工作信息管理平台的推广应用、省级机关的全覆盖督查检查、国产软件的推广运用试点等进行了具体部署，对正版软件采购相关知识以及软件正版化工作涉及的信息安全防护（病毒、勒索软件的简单防护）、正版软件识别、国产软件发展等具体问题进行了探索研究，提供了解决方案。省级机关、各市州推进软件正版化工作成员单位相关负责人200多人参训。6月初，组织省直部门120余家单位参加了国家版权局举办的省直机关软件正版化工作全覆盖检查专题培训，为迎接国务院软件正版化工作督查组对湖北省省级机关的软件正版化工作全覆盖检查做好了准备。继续加强对市州软件正版化工作的指导，先后对部分市州（宜昌、孝感）的软件正版化工作进行辅导授课，有效推动工作落实。

四是积极推进国产软件试用试点工作。国产软件试用试点是加快政府机关软件正版化工作进程，支持民族软件产业发展的重要举措，湖北省云梦县被国务院推进使用正版软件工作部际联席会议确定为国产软件应用试点县。2017年10月11日，国家版权局版权管理司调研组专程赴孝感市云梦县对国产操作系统软件安装使用情况进行专题调研，充分肯定了云梦县在国产软件试用试点中取得的成绩，要求积极总结国产软件应用经验，确保试点取得可复制推广的经验。同时，湖北省版权局多次利用培训、会议等时机，积极推介国产操作系统软件和国产办公软件。目前潜江等市州已投入50万元，采购了1 000套国产深度操作系统软件，正在全市政府机关进行安装试用。

三、版权公共服务质量有了新提升

积极构建版权公共服务体系，提升版权公共服务能力，创新版权公共服务模式，为权利人提供高效便捷的版权公共服务。2017年4月26日上午，全省首家版权服务工作站正式在武汉自贸区光谷创意产业基地挂牌成立，在提供版权登记、版权培训、版权推广、版权维权等传统版权公共服务的基础上，将版权服务工作站打造成功能齐全、业务完善、便民高效的特色版权公共服务窗口。同时，初步规划在宜昌、襄阳两个片区和部分市州设立一批版权服务工作站，力争建成覆盖全省的版权公共服务网络，为公众提供便捷高效的版权公共服务。2017年5月19日，湖北省自主开发的著作权登记系统正式上线运行并取得圆满成功，标志着湖北省著作权登记工作正式进入“互联网＋”时代。全年共受理作品登记19 117件，比上年同期增长17.5％以上。出版外国图书合同登记和合同备案登记近369件，涉及美、英、德等22个国家和地区。认真做好侵权盗版鉴定工作，共受理执法部门出版物鉴定（版权认定）申请57份，涉及各类出版物15万多册（张），出具出版物鉴定书31份、侵权复制品认定书17份，复函9份，为有力打击侵权盗版行为、有效净化网络环境提供了法律依据。

四、版权产业发展有了新起色

一是坚持“走出去”战略，加强版权行业对外交流合作。2017年4月14日至17日省局组织湖北广播电视台等28家省内优秀版权企业参加了第三届“青岛·东亚版权创意精品展示交易会”，集中展示湖北省近年来在版权事业、版权产业方面创造的优秀成果及取得的重大成就。省政府副秘书长刘仲初亲临展台并现场指导。此次展会，湖北省喜获全面丰收，省版权局荣获组委会“组织奖”，湖北知音传媒股份有限公司参展的《动漫周边》、圣才电子书（武汉）有限公司参展的《圣才富媒体电子书》、湖北天元盛景影视传媒有限公司参展的网络电影《原味校花恋上我》等六件参展作品分获此次版交会作品评选金、银奖，再揽“三金三银”，是获奖最多的省份之一。

二是抓好版权示范创建活动。按照《湖北省创建版权示范城市、版权示范单位、版权示范园区实施办法》要求，认真组织开展版权示范创建活动，年初下发了2017年版权示范创建通知，先后完成了省级版权示范单位和版权示范园区的申报、资料收集整理，制定完善了验收考核评分细则，并对提交资料的20多家申报单位、园区进行了初审。2017年11月，国家版权局正式批复湖北省博润通文化科技有限公司、武汉出版社、湖北教育出版社、武汉大学科技园等分获2017年“全国版权示范单位”“全国版权示范单位（软件正版化）”“全国版权示范园区”称号。

三是推进交易中心建设工作。积极指导华中国家版权交易中心公司开拓版权代理登记及增值服务业务，中心先后与光谷创意产业园、圣才电子书、盈科律师事务所等行业企业结成战略合作伙伴，拓展版权业务增值服务内容，为客户提供多样化的版权增值服务。大力支持中心开发影视版权云平台，聚合省内乃至全国电视台及影像制品公司的影视版权资源，实现版权价值最大化。目前公司已与湖北省电视台、荆门电视台、钟祥电视台等就将其历史版权影像资料汇集到公司平台挂牌展示交易达成初步协议。2017年7月21日，湖北省版权局在华中国家版权交易中心召开湖北省版权资源整合工作会议，张良成局长出席会议并提出按照“产业化”“集约化”“合作化”“最大化”的要求，整合版权资源，盘活沉睡版权资源，使版权产业成为真正意义上的经济支柱产业。版权交易中心在国家交易市场金融管理政策紧缩的情况下，截至2017年11月底，完成交易额695万元，创收512万元，实现收支平衡并略有结余。

五、2017年亮点工作

湖北省版权示范创建工作喜获全面丰收，在国家版权局设立的全部3个示范项目的评选中湖北省均有收获，共有4家单位荣获全国版权示范称号殊荣。其中武汉博润通文化科技股份有限公司、武汉出版社被授予"全国版权示范单位"称号，湖北教育出版社有限公司被授予"全国版权示范单位（软件正版化）"称号，武汉大学科技园被授予"全国版权示范园区"称号。2017年湖北省又是获奖最多的省份之一，连续三年在全国版权示范创建活动中处于领先优势。截至2017年，湖北省共有8个单位荣获《全国版权示范单位》称号、3个园区荣获"全国版权示范园区"称号，还为全国版权示范创建工作提供了"湖北标准"。

（张　威）

湖　南　省

2017年，湖南省版权局加强版权服务职能，积极巩固软件正版化工作成果，加大版权行政执法和监管力度，认真贯彻落实年初工作计划的各项任务。

一、积极配合省人大开展著作权法执法检查

受全国人大常委会的委托，湖南省人大常委会首次将著作权法实施情况的专项检查列入年度监督计划，并组织开展。为做好相关工作，湖南省版权局一是协助省人大制定了检查方案，明确了检查重点。二是起草了关于贯彻实施著作权法的报告，由时任局长朱建纲向省人大汇报。三是6月中旬，陪同湖南省人大常委会副主任李友志、秘书长彭宪法率执法检查组，分赴长沙、株洲、邵阳、郴州4市开展著作权法贯彻实施情况执法检查。四是在湖南省人大常委会将检查审议报告送湖南省人民政府后，针对《审议意见》中提出的意见和建议，逐条进行了分析研究，提出湖南省进一步贯彻落实著作权法的措施，努力抓好落实，将落实情况向湖南省人民政府报告。

二、服务产业发展

一是调研、创新版权工作思路。3月，带领长沙市知识产权局赴青岛、广东两地就版权社会服务进行调研，学习考察作品登记、版权交易、示范创建等版权工作的先进经验，创新版权服务工作思路。

二是推进版权延伸机制建设。加大对天心文化产业园、铜官陶瓷产业基地等2家基层版权工作站和长沙市版权保护协会的扶持力度，给予专门的经费支持，进一步规范版权工作流程。

三是指导企业、园区开展全国版权示范创建工作。长沙天心区文化产业园顺利通过国家版权局的验收，获评全国版权示范园区。天舟文化股份有限公司成为湖南省第四家全国版权示范单位。版权优势企业的管理服务体系不断健全，版权运营和创造能力显著提升。

四是规范作品登记管理。4月初组织长沙市知识产权局、湖南省版权代理有限责任公司、长沙市代办点等单位开展2015年至2017年作品登记清理工作，明确责任分工，落实作品档案的管理要求。

五是协助长沙市中院开展知识产权财产保全工作，暂停蓝猫动漫等被执行人登记作品的变更事宜。据统计，2017年全年完成作品著作权登记3 446件，引进合同登记236件，海外承印登记37件。

三、严厉打击侵权盗版行为

一是持续开展打击网络侵权盗版"剑网行动"。8月至11月，湖南省版权局、省网信办、省通信管理局和省公安厅四部门联合在全省范围内开展以整治网络文学、音乐、游戏、影视等领域侵权盗版为重点的专项治理，共巡查网络相关经营店铺1 330多家，立案查处重大案件23件，移送公安机关追究刑事责任2件，下线侵权盗版的音视频1.2万余部，保持了对侵权盗版的高压态势。11月，最高人民法院、最高人民检察院、公安部、全国"扫黄打非"办公室、国家版权局等五部门组成联合督查组，对湖南省版权执法情况进行督促检查。湖南省版权局版权处及6个重点市州就2017年版权重点案件推进情况进行汇报，得到了最高人民检察院带队领导的肯定。

二是推进大案要案查办工作。2017年全省版权系统共组织查处案件32起，其中国家督办1件、交办案件7件。在国家版权局督办的"飞飞侠""我们上上"网站侵犯音乐作品著作权案中，湖南省版权局与常德市局成立专案组，远赴贵州、河南电信机房调取、固定侵权证据，并联系湖南天网电子数据司法鉴定中心对证据材料进行鉴定，发现涉嫌侵权音乐作品7万余首，现该案已经移送司法机关追究当事人的侵权责任。

三是加强主动监管。根据本地新闻网站的规模、内容等实际情况确定了91家主动监管名单，帮助网站建立健全版权管理制度。约谈企业删除侵权盗版内容。严格落实互联网"通知—删除"机制，督促互联网企业履行主体责任，如以视频分享为内容的"布米米"网站因审核不严，网络用户上传了未授权的日本影视作品，遭到日本权利人的投诉。接到国家版权局的通知后，湖南省版权局马上启动快速处理机制，当天即约谈了企业负责人，在2小时内删除了 89 条涉嫌侵权的影视作品链接，快速高效地解决了版权纠纷，得到国家版权局的肯定。

四、深入推进软件正版化

一方面巩固政府机关软件正版化成果，建立健全长效工作机制。另一方面，推动实施国有企业软件正版化工作。

一是制定年度工作计划。在征求各成员单位及证监、银监、保监等行业主管部门意见的基础上，湖南省推进使用正版软件工作联席会议办公室制定了《湖南省 2017 年推进使用正版软件工作计划》，明确了本年度长效机制、督查考核、服务保障、企业软件正版化等方面的工作要求。经省政府同意后，于 4 月中旬印发给省直各单位和市州人民政府落实执行。

二是加大组织协调力度。6 月 7 日，组织各成员单位及相关行业主管部门联络员召开了 2017 年省联席会议联络员会议，研究部署全年工作任务，明确各单位职责分工。

三是推进重点工作任务。6 月 12 日，印发了《关于做好 2017 年全省软件正版化重点工作的通知》，组织各地、各单位开展年度自查清理工作，强化软件日常管理，规范软硬件采购管理，部署年度督促检查和考评监督力度等重点工作。

四是强化责任落实。研究制定了《湖南省政府机关软件正版化工作考核办法》，明确了考核内容、考核方式以及考核结果的运用等工作安排，进一步健全了软件正版化工作考核监督体系。强化审计监督，协调省审计厅继续开展省直单位软件采购经费使用和日常使用管理的专项审计监督。

五是在省直单位开展普查。要求各级政府机关建立健全使用正版软件长效工作机制，严格采购把关，强化审计监督，完善台账管理，巩固正版化成果，防止盗版软件反弹。自 10 月份开始，派出检查组对省软件正版化工作联席会议成员单位的所有计算机开展全覆盖检查，不留死角。同时，省版权局、省国资委等部门将联合推动省属国有企业在“十三五”期末完成使用正版软件工作目标。

五、强化宣传培训

一是发布湖南省版权保护现状。联合湖南省知识产权局在“4·26”世界知识产权宣传周期间，发布了知识产权保护白皮书，举办专题新闻发布会，介绍湖南版权执法和软件正版化工作的最新进展。

二是创新版权宣传方式。除组织各市州印制、张贴国家版权局宣传海报外，还设计制作了著作权法宣传笔记本、版权保护鼠标垫，配送给各市州局分发宣传。借助“谁执法、谁普法”工作，编写了著作权法试题，纳入全省普法考试题库。

三是积极开展版权业务培训。组织部分市州执法人员和省财政、审计、国资、机关事务等单位人员参加全国版权执法培训和软件正版化培训，提升了相关工作人员的业务水平。组织专家对省人大著作权法执法检查人员进行版权普法讲座，普及作品创作、运用、保护、管理等方面的基本知识。派员参加部分市州的版权执法培训，为一线执法人员讲授网络版权执法专业知识。联合省国资委举办省属国有企业软件正版化专题培训班，宣讲国有企业软件正版化相关文件政策精神，讲解正版化工作推进措施和具体安排。

四是服务版权重点工作推进。8 月 14 日至 15 日，举办了全省软件正版化工作培训班和全省版权执法工作培训会，48 家省直单位和 14 个市州的有关负责同志参加会议，取得了良好的成效。

（宋　亮）

广　东　省

一、2016 年广东省版权产业的经济贡献调研数据出炉

2016 年，广东省版权产业的行业增加值为 6 844.33 亿元，同比增长 10.7%（未考虑价格因素，下同），比同期全省 GDP 名义增速高 1.5 个百分点；版权产业占全省 GDP 的 8.61%，同比提高 0.12 个百分点；就业人数为 512.45 万人，占到全省就业人数的 8.16%，同比提高 0.33 个百分点。

二、巩固拓展软件正版化工作成果

建立了《省级政府机关和地市软件正版化工作考核评议办法》，软件正版化工作的长效机制不断健全，省财政投入 300 万元专项资金为省直单位续采金山办公软件，进一步巩固了政府机关软件正版化工作成果。省属国有企业软件正版化工作逐步向基层延伸，截至 2017 年全省已完成 1 800 多家企业的软件正版化督办工作。

三、打响展会版权保护名片

在广州广交会、深圳文博会、东莞漫博会等国际大型展会上组建“版权服务工作站”，为展会提供一站式版权服务。

四、加强队伍建设取得明显成效

建立健全版权执法监管考核评议的长效机制，协调省委政法委将“广东省版权保护组织建设与执法工作考评”列入省委“法治广东建设”考核事项，有力推动了版权工作落实。开展打击侵权假冒“双打”行动，保护了广东特色版权产业的健康发展。

五、版权社会服务网络体系形成

2017 年新增 4 个“广东省作品登记代办机构”，全省共设立了 17 个“广东省版权基层工作站”和 33 个“广东省作品登记代办机构”，覆盖全省的版权社会服务网络体系已经形成。

六、作品著作权登记量持续增长

2017 年，全省共完成作品著作权登记 274 501 件。其中一般作品登记 54 641 件，同比增长 55.79%；软件作品登记 219 860 件，居全国首位，占全国登记总量的 29.5%，同比增长 139.6%，连续多年居于全国领先地位。

七、扎实推进版权示范创建工作

积极组织全省各地开展版权示范创建活动。指导东莞市成功创建全国版权示范城市、广州市朗声图书有限公司获得“全国版权示范单位”称号。2017 年新认定 12 家“广东省版权兴业示范基地”，截至 2017 年全省已认定 110 家版权兴业示范基地。

八、资助粤东西北地区作品登记

广东省版权局积极争取财政资金资助粤东西北地区作品登记。资助对象为于 2016 年度在广东省版权局办理著作权登记并取得作品登记证书的潮州、汕头、揭阳、汕尾、梅州、韶关、清远、河源、湛江、茂名、云浮、阳江等粤东西北 12 个地市行政区域内的户籍人员或在其行政区域内注册并从事生产、经营、科研等活动的企事业单位、社会团体和其他组织。共计发放 56.48 万元，资助 2 824 件作品。

九、积极组织开展版权示范创建工作

2017 年 8 月 8 日，国家版权局授予东莞市“全国版权示范城市”称号，东莞市成为省内继广州市后的第二个全国版权示范城市。2017 年 10 月 31 日，国家版权局授予广州市朗声图书有限公司“全国版权示范单位”称号。

十、全国人大常委会执法检查组在粤开展著作权法执法检查

2017 年 6 月 5 日至 9 日，全国人大常委会著作权法执法检查组在第十二届全国人大常委会副委员长、民盟中央主席、中国和平统一促进会副会长张宝文同志率领下赴广东开展《中华人民共和国著作权法》执法检查。检查组一行深入深圳、东莞、广州市的一线版权相关单位考察调研，分别听取各单位著作权法实施情况的汇报，详细了解各单位在著作权法实施过程中遇到的困难和问题，收集对修改著作权法的意见和建议。

检查组充分肯定了广东贯彻实施著作权法的经验做法和工作，指出广东是我国改革开放的前沿阵地，经济实力强、开放程度高、辐射带动作用大，在实施著作权法中走在全国前列，在推动国家经济发展、科技进步、文化繁荣等许多方面都做出了突出贡献、提供了宝贵经验，广东省领导非常重视著作权法的实施工作，开展普法宣传、打击侵权盗版、坚决维护权利人的权利，大力发展版权产业，服务地区经济发展，在著作权的创造、运用、保护、管理和服务等方面都取得了显著成绩。

十一、版权行政执法情况

2017 年，广东省版权局版权执法监管工作不断取得新突破。开展第十三次打击网络侵权盗版专项治理“剑网行动”，维护了网络安全与秩序、保护了特色产业的健康发展。2017 年，全省共查处侵权盗版案件 194 宗，有力维护了权利人的合法权益，净化了版权环境。

（一）指导推动查办重大案件

一是将各地侵权盗版案件查办纳入省委“法治广东建设”考核中，创设“广东省版权保护组织建设与执法工作考评”制度，要求全省各地级以上市每年查处侵权盗版案件不少于 5 宗，并对办案数量较多的加分奖励，从而推动全省案件查办大幅提升。2017 年全省各地版权执法部门查处侵权盗版案件 194 宗，同比增长 300%以上，并且其中有 6 宗案件列入国家版权局公布的查处网络侵权盗版典型案件。

二是建立珠三角地区版权执法联席会议协调机制，指导协调跨区域案件查办。建立全省侵权盗版案件执法台账，针对疑难案件现场指导；积极协调湖南省版权局，并派员带队赴湖南省查处左某某网上销售侵权盗版软件案。

三是自行查办英美出版商协会投诉深圳市迈特思创科技有限公司案。在前期查办工作的基础上，2017 年 7 月，调查组在四川省版权局、成都市版权执法部门及成都市公安部门的配合下，对中国科学院成都文献情报中心与迈特思创的关系开展了进一步的调查取证和询问，固定了相关证据，为最终查处英美出版商协会投诉深圳市迈特思创科技有限公司案提供了有力证据支撑。

四是强化版权保护专项行动治理。开展“剑网 2017”专项行动，不断提高网络环境下版权执法监管能力，切实维护网络版权秩序，“剑网 2017”专项行动查办案件 52 起。开展展会版权保护，以广交会、文博会、漫博会等展会为平台，专门设立版权服务工作站，开展现场版权纠纷调解和版权案件查处工作，维护良好的营商环境。

（二）持续推动版权工作纵深发展

深化和拓展“版权保护在广东”“公益广告”“年度广东省版权保护十大事件”“版辩羊城·大学生版权保护辩论大赛”等有广东特色的品牌宣传栏目和宣传活动，版权保护工作的社会影响力不断提升。

（沈　欣）

广西壮族自治区

2017年，广西版权局以推进使用正版软件工作和“剑网2017”专项行动为重点，做好版权执法、版权服务社会等各项工作，取得了一定的成绩。

一、加强制度建设，大力推进使用正版软件工作

（一）加强对全区使用正版软件工作的领导和部署

2017年2月28日，广西壮族自治区人民政府使用正版软件工作领导小组暨自治区推进使用正版软件工作厅际联席会议在南宁召开全体会议，领导小组组长、自治区副主席黄伟京出席会议并讲话。会议从加强组织领导、加强资源统筹、加强督促检查、加强宣传培训等四个方面对广西2017年使用正版软件工作提出要求。会议经过讨论，调整联席会议各成员单位的职责分工，明确各成员单位在2017年的工作任务，进一步理顺工作领导机制。

（二）加强计算机软硬件资产采购管理工作

2017年，广西版权局联合广西财政厅，向全区各政府机关印发《关于进一步加强全区机关单位计算机软硬件资产采购管理工作的通知》，从做好经费预算保障、加强采购组织实施、规范采购行为、完善软硬件资产管理、加强版权信息核验等五个方面对全区政府机关计算机软硬件资产采购管理予以进一步规范，促使全区各地各级机关单位把好采购源头关，加强计算机软硬件资产管理工作，确保全区政府机关使用正版软件工作的规范化、常态化、制度化。

（三）制定考核办法，通过考核巩固工作成果

2017年7月，广西版权局向全区印发《广西壮族自治区政府机关使用正版软件工作考核办法》，正式建立全区政府机关使用正版软件工作年度考核机制，从12个方面对全区各机关使用正版软件工作进行全面的考核，推进全区政府机关使用正版软件工作长效机制建设。

根据考核办法，广西版权局组织四个考核组，于2017年11—12月到全区各市开展政府机关使用正版软件工作2017年度考核。共对全区14个市、24个县（区、市）的210家机关单位（其中市级机关94家、县级机关116家）进行了考核，抽查计算机2 262台。通过年度考核，掌握全区各地机关使用正版软件工作的情况，及时发现问题，反馈整改意见，使工作成果得到有效的巩固。

（四）深入推进国有企业使用正版软件工作

2017年10月31日，广西版权局、广西国资委联合举办2017年自治区国有企业使用正版软件工作培训会。全区各市国资委、26家自治区国资委直管国有企业集团及部分子公司，以及部分市属国企参加培训会。会议从“加强组织领导，落实工作责任；加强常态化管理，落实工作长效机制；加强源头管理与软件资产管理，建立完善软件管理台账；加强督促检查与宣传培训”等方面，对今后一段时期深入推进全区国有企业使用正版软件工作进行了部署。2017年列入完成工作目标的企业为289家自治区国资委直管国有企业集团总部及其下属部分子企业，到2020年这些企业应全部实现软件正版化。

二、狠抓版权执法，加强版权保护

（一）查处侵权盗版案件获得国家充分肯定

2017年6月，国家版权局做出奖励2016年度查处侵权盗版案件有功单位及有功个人的决定，广西5家单位、4名个人（专案组）分别被评为有功单位、有功个人。其中，广西版权局版权管理处获得有功单位二等奖。

（二）精心组织，围绕重点，深入开展“剑网2017”专项行动

广西版权局向全区印发广西“剑网2017”专项行动方案，先后于2017年8月、10月组织召开全区“剑网2017”专项行动动员部署会、推进会，组织全区版权部门围绕开展重点作品版权专项整治等三大工作重点，于2017年7—12月组织全区深入开展打击网络侵权盗版“剑网2017”专项行动。

在专项行动中，向全区媒体印发《关于加强新闻作品转载秩序管理的通知》，通过建章立制，从源头上规范全区各类媒体的新闻作品转载秩序；印发《关于开展全区新闻网站版权核查监管工作的通知》，加强对全区新闻网站的版权监管。2017年，全区版权部门共查办各类侵权假冒案件151起，收缴各类侵权盗版制品40余万件，其中侵犯著作权案件24起，数量比2016年增长84.6%。南宁市办结的“皮皮小说网”侵犯著作权案被国家版权局列为“剑网

2017”专项行动全国 20 起典型网络侵权盗版案件之一。

三、做好版权服务社会工作，提升全社会版权保护意识

（一）规范新闻作品转载秩序

2017 年 6 月，广西版权局向全区各市版权局、各新闻媒体印发《关于加强新闻作品转载秩序管理的通知》，对进一步规范全区各媒体新闻作品转载秩序，鼓励媒体合法诚信经营，推动建立健全版权合作机制，促进全区各类媒体的融合发展提出了指导意见。这项工作在全国各省（区、市）版权局中属于首创，并得到国家版权局的通报表扬。

（二）开展多种形式的版权宣传活动

2017 年 4 月下旬到 5 月上旬，广西版权局开展了多种形式的版权宣传活动，尤其是在广西电视台举办了 2017 广西优秀版权登记作品展播活动启动仪式，通过广西卫视向全社会集中展示了一大批广西优秀的版权登记作品，扩展了作品版权登记工作的影响力和覆盖面。

在 2017 年“4·26”知识产权宣传周期间，广西版权局在南宁市的出租车车载电子屏、公交车移动电视、地铁站投放了宣传标语、动画短片、海报等多种形式的版权宣传公益广告，充分利用公共交通覆盖面广、辐射人群多的特点，向广大群众加强版权宣传，取得良好效果。

（三）认真做好作品著作权登记、涉外版权合同备案登记工作，推动版权贸易发展

2017 年，广西版权局共办理作品著作权登记 581 件，引进图书版权合同备案登记 336 件。

2017 年全区各图书出版社版权贸易健康发展，全年共实现引进图书版权 495 种，输出图书版权 413 种。

（赵明明）

海　南　省

2017 年，海南省版权工作以习近平新时代中国特色社会主义思想为指导，深入贯彻落实党的十九大和十九届一中全会精神，认真组织实施《著作权法》及著作权相关法律法规，严厉打击侵权盗版保护创新，积极开展版权宣传营造版权保护氛围，大力鼓励版权创作推动创新发展，为海南省创新发展助力。

一、扎实推进软件正版化工作

（一）取得的工作成效

（1）政府机关软件正版化进一步巩固。截至 2017 年底，海南省各级政府机关持有操作系统软件、办公软件、杀毒软件授权各 4.9 万多套，实现了正版软件全覆盖。在此基础上，继续抓源头采购，组织开展“回头看”，坚决防止反弹。鼓励各市县、省直各单位采购安装国产软件，积极推进信息化建设与软件正版化工作相融合。

（2）企业软件正版化取得新的突破。年内，7 家银行企业、1 家外资企业、2 家民营企业、3 家建设企业实现软件正版化。全省企业采购操作系统软件投入 47.3 万元、办公软件投入 379.72 万元。海南省国资委牵头组织所属国有企业，与供应商谈判议价，采取场地授权方式解决企业办公软件授权问题。海南银监局通过现场宣讲、全覆盖抽查、组织培训、考核评议和加强制度建设等方式，推动海南省银行企业软件正版化工作，完成年初预定目标。

（3）国家软件正版化督查顺利通过。9 月，推进使用正版软件工作部际联席会议派督查组，对海南省软件正版化工作进行督查，抽检省直机关 6 家、国有企业 4 家。督查反馈会上，督查组对海南省软件正版化工作给予肯定，并对软件正版化工作开展扎实，正版软件使用率高的省科技厅、省教育厅等单位进行了表扬。

（二）采取的工作措施

（1）加强组织领导，压紧压实责任。省领导高度重视，分管副省长多次就全省软件正版化工作做出批示、指示，要求各市县各单位落实主体责任，对盗版软件零容忍。省政府办公厅印发《关于加强我省软件正版化工作的通知》，就加强软件正版化工作提出相关意见，要求各市县、各单位贯彻落实。坚持联席会议制度，定期召开海南省使用正版软件工作厅际联席会议，传达贯彻推进使用正版软件工作部际联席会议精神，研究审议海南省软件正版化年度工作计划，并就全省软件正版化工作重大事项做出决策。各市县、各部门软件正版化领导机构，分别以会议、文件等形式对软件正版化工作进行研究部署。

（2）组织宣传培训，提高思想认识。举办 2017 年海南省市县政府机关和省直机关使用正版软件工作培训班，各市县政府办、版权局、工业和信息化局、财政局、机关事务管理局等部门分管领导、工作人员及省直单位联络员近 200 多人参加培训。通过培训，参训人员对软件正版化工作的背景、意义及相关知识有了深入了解，版权保护意识明显增强。各市县政府组织举办软件正版化工作培训班，培训效果较好。全省共组织政府机关软件正版化培

训22次，参训单位1 281家，参训人员共2 089人次；举办企业软件正版化培训8次，参训企业101家（次），参训人员285人次。借助网站、报纸、电视等媒体宣传海南省软件正版化成果。12月28日，《海南日报》登载题为《我省加大推进使用正版软件工作》的简讯，对近年来海南省软件正版化取得的成果进行报道。开展“4·26”知识产权宣传周、全国侵权盗版及非法出版物集中销毁海南分会场销毁活动等，大力营造“坚持正版、拒绝盗版”的浓厚氛围。

（3）坚持督查考核，健全长效机制。为巩固软件正版化成果，防止盗版软件现象反弹，海南把督查考核作为有效抓手，促进软件正版化工作常抓不懈、常态化管理。海南省使用正版软件工作厅际联席会议派出督查组，对全省政府机关软件正版化工作开展全覆盖多批次督查，全年督查政府机关361家（次），检查计算机近3 000台（次）。海口、三亚、儋州、文昌、东方、屯昌、昌江等市县建立政府机关软件正版化常态化督查巡查机制。组织对79家省直机关和19个市县的政府机关软件正版化工作考核，检查197家政府机关2 355台计算机。通过督查考核发现，全省各级政府机关落实主体责任较好，正版软件授权总量稳步增长，管理模式和工作机制进一步理顺。组织开展企业软件正版化完成情况验收，检查验收企业12家，检查计算机100台，基本实现正版化。

（4）完善制度台账，夯实工作基础。海南省版权局、省财政厅、省机关事务管理局联合印发《海南省政府机关办公通用软件采购管理规定》和《海南省政府机关计算机硬件采购管理规定》，对全省政府机关新购计算机预装正版操作系统、同步购置必需的办公软件和杀毒软件提出硬性要求，同时对软件采购价格、配置标准、审批程序、责任主体等内容进行规范，确保软件采购和管理规范有序。组织全省政府机关软件资产摸底统计，更新完善软件资产台账。通过更新完善软件资产台账，摸清了全省政府机关的软件资产底数，为正版软件规范管理奠定坚实基础。

二、严厉打击侵权盗版行为

（一）开展“剑网2017”专项行动

7月31日，海南省版权局联合省通信管理局、省网信办、省公安厅召开工作会议，对专项行动进行研究部署，拟定海南省“剑网2017”专项行动实施方案，印发各市县实施。在《海南日报》等媒体发布海南省启动“剑网行动”新闻，广泛公布侵权盗版举报投诉电话，组织开展网上侵权盗版案件线索搜集。9月，开展网络企业“剑网2017”自查自纠活动。组织天涯社区、凯迪网、南海网、动网先锋、海疆在线等省内大型网络企业的网络侵权盗版自查自纠活动，指导网站在首页显著位置设置版权投诉窗口，切实履行侵权作品通知—删除义务，加强对省内APP商店和电子商务平台的网上监管。主动查处网络侵权盗版案件1起，接收并查处国家版权局移送案件2起。

（二）开展文化市场清理整顿

坚持专项整治和日常巡查相结合，拓宽渠道收集案件线索，在受理举报投诉的基础上加强主动查案，对侵权盗版行为露头就打，保持打击侵权盗版行为的高压态势。2017年，全省共查处著作权案件3起，其中接收国家版权局移转案件2起，即海口环讯信息科技有限公司运营“乐享逍遥问道”游戏私服涉嫌侵犯著作权案（已结案）和中国流行音乐网涉嫌未经许可传播他人作品案（正查处中）；查处重大案件1起，即陵水县龚小娥涉嫌侵犯著作权、贩卖淫秽物品牟利案，已移交公安机关刑事立案。

（三）开展侵权盗版及非法出版物集中销毁活动

4月24日，按照全国“扫黄打非”工作小组统一部署，海南省“扫黄打非”领导小组办公室在海南省歌舞剧院广场，与全国同一时间举行“2017年全国侵权盗版及非法出版物集中销毁海南分会场活动”，此次活动共销毁侵权盗版及非法出版物23万多件。

三、大力开展版权保护知识宣传

4月20日至26日期间，按照国家版权局和海南省知识产权联席会议的通知要求，海南省版权局组织开展形式多样的版权宣传活动。组织人员参加在海口市复兴城互联网创新创业产业园举行的“4·26”知识产权宣传周启动仪式，并在现场发放著作权法知识小册子200多册，接受群众咨询答问近百次。在海口市复兴城互联网创新创意产业园、省图书馆等多个场地举办软件、动漫游戏、海南黎锦等版权作品展示活动。与省知识产权局、省工商局等单位组成联合执法组，对海口市内大型超市图书、音像制品专柜进行版权行政执法，规范版权市场秩序。各市县版权行政管理部门通过张挂横幅、发放知识手册、播放版权保护视频等形式，向广大群众宣传版权保护知识。

四、积极做好版权社会服务工作

2017年，海南省共登记各类作品172件，审核备案涉外图书版权贸易合同 178 份，引进图书版权 179 种。

（王金根）

重 庆 市

2017 年，重庆市版权局认真学习贯彻习近平新时代中国特色社会主义思想和党的十九大精神，牢固树立“四个意识”，坚定“四个自信”，认真落实市委、市政府各项决策部署，各项工作取得新进步。

一、凝魂聚神，在版权工作和版权登记管理中履行意识形态责任制

形成《重庆市版权局作品登记审核通则》和《重庆市版权局关于在作品登记工作中牢牢掌握意识形态领导权的思考和做法》综合调研报告，上报国家版权局。

二、抓纲举目，贯彻严格保护主基调，聚焦执法办案主战场

继续巩固拓展重庆市版权局、市公安局、市文化执法总队等相关部门“信息共享、联合培训、业务交流、资源互动”的执法办案协作机制。国家版权局发布的 2017 年第一批 14 件督办大案中，涉及重庆市的 2 件案件（重庆《龙腾合击》传奇私服涉嫌侵犯著作权案、重庆宋某涉嫌侵犯著作权案），圆满侦办完成。

三、夯基垒台，提高版权社会化服务的数量、质量和覆盖面

制定《重庆市区县版权登记工作站管理办法》，完成了 2 轮、10 课时的集中业务培训。截至 2017 年 11 月 30 日，走访大中型企业 55 家，开展现场服务 11 次，派出工作人员 130 余人次，开展专项培训 6 次，完成作品登记 6.968 万件，版权贸易合同备案登记 298 件。继续强化重庆市版权局、市版权保护中心与人民法院建立联动协调、诉调机制，处理各类版权纠纷 80 余起，全部息诉；指导重庆广电集团、重庆演艺集团防范版权法律风险；为重庆市服装业、建筑勘察设计业、家居设计业强化版权意识，提升创新能力和品牌价值进行 3 轮专题辅导。

四、立柱架梁，正视新问题、思考新办法，在重点企业探索创新维权新模式

其一，推动重点工作专题研究。重庆市版权处承担的“健全网络版权使用机制”是全委年度 15 项重点改革专题、10 项重点课题之一。从“时事新闻”“时事性文章”“新闻作品”等政策、法律问题入手进行分析解读，探索“标本兼治、综合治理”的对策建议，形成《规范网络版权秩序 促进媒体融合发展》综合报告，并在“年度重庆文化蓝皮书”发布。其二，与重庆日报报业集团一道认真贯彻落实中央关于传统媒体和新兴媒体融合发展的战略，紧紧抓住全国首批数字出版示范单位契机，在全国率先建立“新闻生产及运营监管”“数字化转型技术支撑”两级“中央厨房”平台。在“新闻生产及运营监管”平台的六大业务子系统中专设“版权保护”板块，自 2016 年 10 月运营以来，累计确权 350 余万条确权原创新闻作品（其中图片 160 余万张）。通过“版权保护”系统中确权、监测、取证、分析“四个模块”的综合研判，累计确认网络侵权转载行为 131 693 次，有效取证 84 653 次，涉及原创报道文章 12 463 篇。约谈了 17 家涉嫌侵权单位，与百度签订 400 万元的首批版权应用合同，正与全国 10 余家报业单位商谈版权合作。数字版权取证与原创新闻发布实时对接，改变了传统新闻管理模式和“取证难、维权难”的难题，受到中宣部、总局领导肯定。其三，指导和帮助广电集团开展对品牌节目《大声说出来》未经授权被知名网站传播等版权维权事宜，获得赔偿 100 余万元。

五、攻坚破难，配合重庆市金融办完成重庆版权交易市场清理整顿工作

2015 年 7 月，重庆市版权局批复九龙坡区文化委建立“重庆版权交易市场”，并于 2016 年 4 月 26 日授牌。因涉及“交易”“市场”等字眼，市金融办认为触及国务院清理整顿各类金融机构的有关精神而将其“叫停”。2017 年以来，在重庆市政府谭家玲副市长、刘桂平副市长的关心支持下，市版权局主要领导 4 次做出重要批示，分管领导多次率版权处与市金融办和九龙坡区政府协调、论证、现场办公，坚持问题导向，着眼长远发展，从“版权市场的构成元素”“找准工作中的问题和症结”“相关参与各方的角色定位”“版权交易市场职能职责的认定”“下步工作措施”等 5 个方面进行梳理、总结。为建立运营一个具有一定实力和公信力的全市性版权市场，对重庆全市优秀版权作品和生产要素进行大开发、大整合奠定基础。

六、对焦发力，把网络版权工作纳入十九大网络安全工作“一盘棋”，统筹部署落实

七、落实抓细，推动软件正版化工作往深里去，往实里做

其一，重庆市“正版软件资产管理及日常监管系统”一期建设完成调试，正式上线运行。举办覆盖全市各区县、市级各部门、市属重点国有企业等

230余家单位、近300人的专题培训，建立QQ工作群，重庆市软件正版化日常管理工作更加系统、精细、精准。其二，重庆市版权局、市财政局联合发文，从经费、采购、资产、安全四个方面加强计算机软硬件采购源头管理，推动整体工作规范化、制度化、常态化。其三，重庆市文化委、市教委、市卫计委充分协商，印发《关于做好全市文化教育卫生系统事业单位软件正版化工作的通知》，部署重庆市文化、教育、卫生系统事业单位软件正版化工作。其四，加强与重庆市国资委协作，细化工作方案，推动重庆市市属重点国有企业软件正版化工作向二、三级企业深入。其五，落实专项经费，开展重庆市政府机关软件正版化年度考核工作，借助第三方技术及人员服务队伍，于2017年底完成对70余个市级政府机关（含中央在渝机构）12 000余台计算机的全覆盖自查，做好迎接国家全覆盖检查准备。其六，自觉、主动与十九大精神对标对表，贯彻“坚持总体国家安全观”和“建设网络强国、科技强国”等精神和要求，在软件正版化的基础上，出台专门文件，大力推动国产化试点工作。支持、鼓励、引导各地各单位，结合实际使用国产操作系统；同时，按照公开、公平、透明原则，为所有国产优秀操作系统提供展示技术实力、企业形象、社会责任的平台。

八、积厚成势，产业发展是版权工作的发动机

其一，2017年以来，重庆市文化艺术品行业协会、石会艺术、昂格科技、首班车文化等20余家企业签订“重庆版权市场”入园协议；中国艺委会、克莱斯克影视传媒、云环文化、重庆永钢、重庆展艺、江苏万和、深圳前海、深圳缘聚天下、中云国际等一批市内外文化企业和组织，就影视版权限量衍生品、版权作品印刷加框、限量版画等20余个项目，累计达成版权交易总值2亿余元；开展了面向社会公众的“2017年新年艺术家（拍卖）节”“三喜重庆·名家画展”“开放的六月”“原创婚纱设计”“版权衍生品研发交易”等丰富多彩的惠民版权交易和普及宣传活动。其二，以更宽广的视野、更务实的举措认识、推动版权市场建设，而不仅局限于实体版权市场。重庆市委领导率版权处、版权保护中心，两次和猪八戒网召开工作座谈会，帮助其设立“知识产权事业部”，指导其上线运营集创作、授权、衍生品生产、电商销售等一条龙服务于一体的“酷版权”平台，并与重庆市版权保护中心联合设立全国首个“威客创意网络版权保护中心”，真正把政府“完善政策体系，加强规划引导，强化市场监管，提供良好的政策环境和市场环境”等核心职能落到实处。半年来，平台已代理登记作品3万余件，服务创作用户2万余个，累计实现交易2 500余万元。其三，组织重庆市出版单位、动漫设计、游戏制作等企业远赴海外，参加伦敦书展、俄罗斯书展、美国E3展、法兰克福书展，开阔眼界，寻求文化输出合作机会，开展版权国际贸易。

九、同频共振，在全社会努力营造学习、了解、掌握、应用版权的氛围，推动社会共治

其一，圆满完成全国人大常委会著作权法执行情况检查迎检工作。受重庆市政府委托，代表市政府就重庆市2012年以来实施著作权法的情况做总体汇报，并赴綦江农民版画院、荣昌陶交易市场、重庆市版权保护中心等6个单位开展了实地检查，获得“这些年重庆市版权局做了不少工作”的肯定。配合致公党重庆市委完成“关于加强重庆知识产权保护的对策研究”专题调研，获得“没有想到版权工作这样繁杂，做了这样多的事情”的评价。其二，“4·26”世界知识产权宣传周期间，通过“以案说法”的形式，公布了“269小说网”“8·6”“10·19”等一批公安部、国家版权局“双部督”互联网侵犯著作权重大案件，发挥震慑教育作用；重庆市版权局、市公安局、市文化执法总队发放作品登记流程、网络视听节目管理、识假防假小知识等宣传读本、资料、活页5 000余份，并就市民关注的版权产业、作品价值评估、盗版鉴伪等进行咨询回答。重庆卫视新闻联播3次从不同角度进行报道，开创了全市单项工作报道频次先河。《中国新闻出版广电报》、人民网、凤凰、腾讯、新浪、网易、搜狐、今日头条，以及本地日报、晚报、晨报、商报、华龙网、第一视频、今日重庆、重庆微发布等20会家媒体，共发布原创报道30余条，不少媒体还是追踪报道，极大提高了版权工作和“剑网行动”在全社会的影响力。

（张　锐）

四　川　省

2017年，四川省版权局紧紧围绕版权创造、运用、保护、管理和服务，全面实施版权战略，强化宣传教育培训，深入推进作品登记制度改革，依法开展版权执法监管，持续推进软件正版化工作，大力推动版权社会服务体系建设，有效促进版权产业发展，为全省经济社会发展做出了积极贡献。

一、版权宣传教育工作

创新版权宣传机制，打造版权宣传阵地，营造良好版权社会氛围。以“4·26”知识产权宣传周为重要平台，发挥四川省版权局门户网站及官方微信、微博主导作用，利用各种场合各种媒体形式，不断创新宣传方式，做好版权重点工作的宣传报道。建立舆情信息专报制度，运用网络媒体，加强对版权热点问题、重大事件、网络监测内容的舆情分析，为版权工作提供舆情信息服务。扩大版权培训覆盖面，将版权培训对象从版权执法人员向公众、媒体和版权相关从业人员扩展，引导正确的舆论导向，全社会的版权认知水平普遍提高。

坚持日常宣传与重点宣传相结合，以“创新改变生活、版权赢得未来”为主题，以宣传普及著作权法律法规为重点，以促进版权创造、管理、运用、保护和服务为目的，大力提升全社会版权认知度。印发《2017年四川省版权工作要点》，将著作权法律法规宣传列为年度工作重点。采取的措施主要有：一是联合“扫黄打非”等相关部门举办四川省暨成都市2017年侵权盗版及非法出版物集中销毁活动，销毁侵权盗版及非法出版物48万余册（张、盘），开展“绿书签”签名活动。二是参加四川省知识产权保护新闻发布会暨2017年知识产权宣传周四川地区活动启动仪式，会同知识产权部门公开发布《2016年四川省知识产权保护状况白皮书》，就2016年度四川省版权保护状况答记者问。三是在德阳举办2017年“书香天府、全民阅读”活动启动仪式，省委、省人大、省政府、省政协有关领导以及省市相关部门领导出席活动，其间开展了作品登记工作成果展示，版权进园区、进校园等一系列版权宣传活动。四是在龙泉洛带镇全国版权示范园区中国（成都）艺库文创产业园区，举办“创新改变生活、版权赢得未来”2017年知识产权宣传周四川成都版权宣传活动暨龙泉驿区旅游商品设计大赛活动，开展作品登记现场服务、优秀作品颁奖、版权进园区座谈会等一系列宣传活动。五是联合四川省知识产权局、四川省公安厅、四川省工商局，对成都市图书音像批发市场实施联合执法检查，共抽查经营摊点30余个，出版物240余册，并加强计算机软件市场检查，打击非法预装计算机软件行为。六是发布典型案例。召开新闻发布会，向省内主要媒体公开发布《2016年度四川省版权保护典型案例》，宣传全省版权行政执法部门打击侵权盗版工作成果。

二、版权执法监管工作

召开全省版权执法监管工作会议，全面部署版权执法监管工作。深入开展打击侵权假冒工作，组织全省印刷复制发行专项检查，开展重点城市高校及其周边复印店专项治理行动。联合省公安厅、省通管局、省网信办，制定工作方案，组织开展为期6个月的全省打击网络侵权盗版专项治理“剑网2017”专项行动，围绕网络版权保护和电子商务平台、移动互联网应用程序（APP）领域的专项整治，巩固网络文学、网络音乐、网络云存储空间、网络广告联盟版权治理成果，规范影视和新闻作品网络版权秩序，严厉打击各类网站、移动客户端、自媒体传播侵权盗版作品行为，营造网络版权良好生态。召开全省版权执法专题工作培训会，进一步提升全省各级版权执法部门网络版权行政执法能力和水平。集中查处侵权盗版案件，全省版权行政处罚侵权假冒案件53件并依法实行信息公开，组织查处网络侵权盗版案件16件。

全省版权执法监管工作存在的问题主要有：图书、教材教辅是侵权盗版重点领域，互联网环境下新技术手段的网络侵权盗版呈急剧上升趋势。版权纠纷和侵权投诉频发，权利人维权要求与维权实效存在一定反差。各地版权行政管理水平与版权执法监管工作形势不相适应，造成版权执法监管工作现状与版权产业发展环境不相适应。查处侵权盗版案件工作机制、技术手段与打击新技术、数字化违法犯罪行为和查办大案要案的总体要求存在一定差距。宣传工作亟待加强，还需要进一步形成宣传工作强大声势和保持专项行动的高压态势。两法有效衔接需要加强，行政与司法部门执法监管工作的联动机制需要健全完善，特别是在行政及时移送、司法提前介入，案件的牵头督办，对案件的法律适用、证据规则及证据取得等方面需要进一步加强。采取的具体措施主要有：一是加强对重点领域、重点市场的整治和大案要案的查处，重点打击著作权领域侵权假冒行为，对重大侵权盗版案件挂牌督办查处。二是加大宣传工作力度，依托主流媒体在重点节目、重要版面、重点时段开设专栏，宣传报道版权执法监管工作成果和经验做法，营造舆论宣传的强大声势。三是充分发挥工作整体合力，健全完善版权行政执法工作制度，对重大案件及时组织会商，密切部门协作，加强联合整治，形成打击侵权假冒工作合力。四是建立版权执法监管工作联动机制和长效机制，分析典型案件，针对日常监管和专项行动中存在的问题认真组织整改，推动建立完善版权保护的联动机制和长效工作机制，有效防止侵权盗版行为反弹现象发生。

三、版权社会服务工作

全面实行作品著作权免费登记制度改革，各市（州）版权行政管理部门和相关作者行业协会组织、版权产业单位、科研院所高度重视，采取有力有效措施，加强宣传普及、拓展重点业务、改善服务方式，作品登记工作规范化、标准化和信息化水平不断提升，取得显著成效。全省作品登记总量达到14万件，完成全年目标任务140%，居全国第五位。同时，积极推动作品成果转化，影视剧本等优秀作品版权交易金额达近2亿元，四川本土电视剧《我的1997》《索玛花开》《天下粮田》在央视黄金档播出。全省计算机软件登记20 156件。

采取的主要措施有：一是加强组织领导，保障作品登记制度改革稳步推进。二是营造宣传声势，扩大改革作品登记工作的社会影响力。三是健全工作制度，确保改革作品登记工作规范高效运行。四是加强教育培训，提高作品登记人员业务水平。五是创新工作模式，强化作品登记工作服务意识。

贯彻执行《四川省版权示范单位和示范园区（基地）管理办法》，规范全省版权示范创建工作。加强著作权法律法规和版权示范创建工作的宣传普及，为示范创建营造良好社会环境。强化版权服务意识，督促各地将创建工作列为版权工作的重要组成部分，纳入年度重大议事日程。加强对创建工作的组织领导，成立组织机构，建立工作机制，制定创建工作方案并组织实施，加强对版权示范创建单位检查考核。国家版权局批准绵阳市创建全国版权示范城市，四川根石家文化传播有限公司荣获“全国版权示范单位”称号。四川省版权局授予攀枝花阳光诗社文化传播有限公司、自贡海天文化股份有限公司、四川汇德轩文化艺术有限公司、泸州世宏蝶艺文化有限公司等4个单位“四川省版权示范单位”称号，授予中国（绵阳）科技城软件产业园区、德阳T39文化创意产业园等2个单位“四川省版权示范园区”称号。

积极推动版权贸易，认真做好图书版权引进和输出合同备案工作。加强对出版单位版权贸易的扶持和引导，贯彻执行《四川省版权走出去专项补助资金管理暂行办法》，按照“支持重点，培育精品”原则，对出版单位实施重点资助。制定《2017年度图书版权输出项目评审方案》，对图书出版单位实施版权输出、合作出版的新闻出版项目，通过项目补助和成本费用补助两种方式给予100万元资助。完成图书版权贸易合同登记备案913项，其中，图书版权引进713种，图书版权输出200种，图书版权输出与引进总量同比增长86%。

四、软件正版化工作

根据国家推进使用正版软件工作部际联席会议总体部署，按照推进落实主体责任、规范使用管理、保障信息安全的工作思路，加强统筹协调、服务指导和督促检查，全面巩固省、市、县三级政府机关软件正版化工作成果，健全完善软件正版化长效机制，圆满完成工作任务。2017年，全省58个省级部门、21个市（州）1 347个市级部门、184个县（市）区9 455个县级部门，共计拥有服务器和台式电脑、便携式电脑315 697台，累计拥有正版操作系统、办公软件、杀毒软件929 634套。其中，2017年，全省各级政府机关补充采购操作系统软件41 222套，办公软件51 064套，杀毒软件7 704套，共计99 990套，采购资金9 022.64万元。全省129家国有企业完成软件正版化工作，共采购正版软件7 234套，采购资金1 474万元。进一步改善计算机软件市场版权保护环境。在政府机关和企业软件正版化工作采购环节中，国产软件在协议供货采购中入围比例增大，国外品牌采购量明显下降。深入开展打击计算机软件市场非法预装行为，积极查办软件侵权盗版案件，全面改善了软件市场的版权保护环境。

主要工作措施：一是强化监督管理，推动责任落实。督促各级领导小组成员单位充分发挥组织领导和示范表率作用，压紧压实责任，强化工作措施，在工作规划、资金保障、监督管理、督促检查等方面各司其职，为推进使用正版软件工作提供了重要组织保障。省领导小组办公室实行日常工作动态跟踪，做到边推进、边检查、边整改。同时，加大宣传培训工作力度，编印《四川省推进使用正版软件工作资料汇编》，刻录正版软件检测光盘，通过网络、广播电视、报刊等新闻媒体广泛宣传。加强业务培训，详细解读《正版软件管理工作指南》，省市两级共培训政府机关、企事业单位负责人近2 000余人次。

二是强化制度建设，完善长效机制。落实考核评议制度，将省、市、县政府各部门、各直属机构以及其他国家机关、事业单位、人民团体纳入考核对象，对考核不达标的地区和部门，通报批评并下达整改通知书，责令限期整改。落实计算机软硬件采购制度，对计算机软硬件采购价格上限、数量上限和最低使用年限三个标准做出明确规定，要求各部门各单位采购计算机时必须预装正版操作系统。督促各部门健全资金保障、采购、配置、使用、资产管理等一系列规章制度，完善长效机制。

三是强化督促检查，推动工作落实。省领导小组组成 6 个检查组，对省级部门、市（州）政府机关开展全覆盖检查，各市（州）政府对所辖县（市、区）实施检查考核。省、市、县三级政府共派出 132 个检查考核组、660 余名检查人员对 10 860 个单位 315 697 台计算机进行了检查考核，实现了机关单位和计算机全覆盖。省领导小组办公室根据日常管理和全覆盖检查中发现的问题，向各地各部门提出“问题清单、责任清单、整改清单”三张清单，提出整改意见 552 条，问题整改率达到 94.3%。

（王志坚）

贵　州　省

2017 年，贵州省版权局将贯彻著作权法作为落实“四个全面”“五大发展理念”的重要形式，作为实施《国家知识产权战略纲要》的具体抓手，作为实施贵州省“大扶贫、大生态、大数据”三大战略行动的具体任务，通过实施目标管理，搭建登记平台，完善服务体系，加强联合执法，严打严查侵权盗版行为，版权工作在创造、运用、保护、管理和服务等方面取得一定成效。

一、取得的成效

（一）创新工作机制，助推版权保护信息化水平提升

“贵州省作品自愿登记平台”基本开发完成，平台已经通过技术测试和后台使用人员培训等环节，试运行期间已登记各类作品近 200 件。平台的投入使用有两大重要意义：一是大大提高了作品登记效率，完善了版权登记数字化体系，加快了版权保护与大数据、云计算产业创新转型发展相结合的步伐，对于版权成果展示、版权资产多功能运营有极大的推动作用，初步实现版权保护信息化水平提升。二是为部省协议合作项目 CCDI 注入了本省版权资源和要素。根据国家新闻出版广电总局和省政府签署的部省协议，双方共同合作推动“版权云”“广电云”两大项目建设。其中，“版权云”是贵州省“先行先试”的文化大数据产业应用项目，“版权云”的建设是为了更好地依托贵州发展大数据战略的政策及资源，积极探索推进网络环境下版权的保护和运用。贵州省版权局多次对 CCDI 项目基地进行调研，对该项目的建设给予全方位指导、扶持和推动。“贵州省作品自愿登记平台”拟将落地 CCDI“版权云”项目公司，由该公司负责作品的收件制证和平台升级维护。作品登记平台建成并落地 CCDI“版权云”，是贯彻落实部省协议的重要措施。

（二）2017 年初，全国人大常委会启动了全国著作权法贯彻实施情况执法检查

受全国人大常委会的委托，省人大常委会对贵州省著作权法贯彻实施情况进行检查。贵州省版权局完成了《贵州省版权局贯彻实施〈著作权法〉情况汇报》，上报省人大常委会，对本省近几年来的版权工作进行了系统总结和全面回顾。

二、主要做法

（一）加强版权保护，开展日常执法和监管工作

重点抓好版权行政执法。通过行政调解办理侵权行政投诉 2 件，市、州办理 3 件，有效保护权利人合法权益，震慑了侵权盗版行为。2017 年贵阳市文化市场综合执法支队获得 2016 年度国家版权局查处侵权盗版有功单位二等奖，该队一人获得有功个人二等奖，贵州省版权局版权处获有功单位三等奖。

积极开展第十三次“剑网 2017”专项行动。专项行动聚焦新闻作品版权、影视作品版权、APP 版权、电商平台版权等领域的专项整治。接国家版权局案件移转函 3 次，涉案线索 4 起，贵州省版权局进行了调查核实，并根据具体情况进行了处理。加大网站巡查力度，利用大数据巡查网站 84 家（次），关闭侵权盗版网站 3 个。

（二）加强监督检查，扎实推进使用正版软件工作

有序推进政府部门软件正版化。按照《贵州省推进使用正版软件工作计划》要求，指导、督促市（州）、县（区）政府机关对软件正版化工作进行常态化管理。健全软件正版化责任人数据库，及时更新和补充省、市（州）各级 93 家政府机关软件正版化责任部门及负责人的信息。

有序推进企业软件正版化。部署推进企业软件正版化工作，明确目标，巩固省属国有企业和新闻出版行业软件正版化已取得的成果，提高了企业的诚实守信信用度和信息化管理水平，正版化工作目的得以达到。

开展推进国产操作系统软件试点工作专项检查。贵州省黔西县是全国第一批国产操作系统试点县之一。2017 年 2 月，贵州省版权局配合国家版权局项目组赴黔西县对国产操作系统第二次进行检查验收。实地抽检试点县的 31 个机关单位，抽查计算机 125 台。专项检查工作进一步了解国产操作系统在实际使用中的具体情况和用户的真实体验，为促进使用国产办公软件、操作系统营造了良好的

舆论氛围。

（三）做好版权社会服务和宣传培训工作，不断提高版权社会服务水平和社会公众的版权意识

全年办理作品自愿登记435件，2016年作品登记量是271件，登记数量较2016年增长61%。完成全年作品登记数据库录入上报工作，作品登记类型涉及社会、经济、文化各个方面。

贵州省版权局注重开展具有地方和行业特色的版权宣传活动，在黔东南州开展非物质文化遗产传承人版权保护培训讲座2次，培训传承人120余名。通过多形式、多维度活动的开展，在全社会营造了自觉抵制侵权盗版、保护著作权人合法权益的浓厚氛围，社会维权意识不断增强，"尊重知识、尊重版权、崇尚创新"的理念日益深入人心。贵州省版权局全年接受版权咨询200多人次。

（四）版权对外合作交流有序开展

2017年，贵州省图书出版单位积极开展版权贸易活动，加强版权贸易推介和对外交流，版权贸易实现顺差，全年输出版权46件，引进版权30件。

著作权保护是一项长期、复杂而艰巨的工作。下一步，我们将理清工作思路，突出工作重点，加大版权执法监管力度，通过专项整治与日常监管相结合，抓好版权社会服务管理创新，强化互联网思维，运用好贵州大数据建设成果，努力打通版权创造、运用、保护、管理和服务全链条，更好地为我省经济文化建设服务。

（徐　梅）

云　南　省

2017年，云南省的版权工作围绕中心、服务大局，坚持依法行政、打建结合、统筹协作、社会共治，结合云南实际推进创新驱动发展战略，在版权创造、运用、保护、管理和服务等方面创新工作、积极作为，实现了高位推动有力度、专项整治有力度、部门协作有力度和体制机制建设有力度"四个有力度"，全面完成年度各项工作任务，在主要领域推动有力并取得新突破新进展，为云南创新发展社会提供了积极支持。

一、版权宣传培训工作不断加强

宣传培训工作形成了以"4·26"知识产权日版权宣传周为重要平台，配合版权重点工作有计划开展的常态机制。宣传工作突出"创新创造改变生活，知识产权竞争未来"主题，向社会公众发放版权宣传品8万多份，组织了形式多样、丰富多彩的云南主会场活动，社会各界不断增进对版权工作的认识和理解。所制作的《保护知识产权　清扫创作雾霾》动漫宣传短片入围全省年度"普法公益广告"作品名单。培训工作突出针对性、实用性和可操作性，相继举办全省软件正版化、版权执法监管和省属国有企业培训班，共计626人参加培训，有效提高了全省从业人员业务能力。

二、使用正版软件工作不断推进

软件正版化工作取得明显进展，全省软件正版化长效工作机制不断建立完善。积极发挥省联席会议工作机制，争取省级财政专项工作经费30万元。组织开展金山WPS Office 2016专业版办公软件升级服务项目的推送、检查和验收工作，全省升级安装达到182 678套台，云南成为以全省场地授权方式连续6年集中采购国产办公软件覆盖各级政府机关的省份。按照全覆盖、零容忍要求对全省各地进行专项督查，共查阅政府部门台账60多家、检查电脑1 900多台，全省各级党政机关软件正版化工作成果进一步巩固。推动全省金融机构、新闻出版行业企业集团基本实现软件正版化；全面启动省属国有企业软件正版化工作；积极探索民营企业和省属事业单位软件正版化工作。全省软件正版化工作朝着制度化、规范化、常态化和信息化方向迈进。《中国新闻出版广电报》对云南省软件正版化工作成绩做了重点报道。

三、版权执法监管力度不断加大

坚持日常监管与专项行动相结合，严厉打击各类侵权盗版行为，查办版权案件工作有突破性进展。2017年，联合省网信办、省通信管理局、省公安厅、省文化厅等部门在全省范围内开展第十三次打击网络侵权盗版专项治理"剑网2017"专项行动，共查办重点版权案件11起，结案7起，其中3起做出行政处罚，是近几年来查办版权案件最多的一年，有效打击和震慑了网络侵权盗版行为。

四、版权社会服务水平不断提高

著作权登记工作规范化、标准化水平不断提升。版权公共服务以作品自愿登记和涉外著作权合同登记为重点，全年办理作品登记583件、涉外著作权合同登记301件，登记数量较上年均实现倍增，分别增长257%和107%。此外，受理作品登记咨询2 621人次。

五、版权法治化工作不断深入

符合国情省情又与国际规则相衔接的版权制度建设不断推进，先后制发了《云南省版权局关于进一步规范网络转载版权秩序的通知》和《云南省版

权局关于加强新闻作品转载秩序管理的通知》两个文件。

（王　成）

西藏自治区

2017 年西藏自治区版权局认真贯彻落实国家版权局的总体安排部署和局党组安排的各项工作任务，以《自治区版权局 2017 工作要点》《2017 年度全区推进软件正版化工作计划》为抓手，积极有序推进各项工作。

一、推进版权公共服务

（一）开展版权工作调研

根据《西藏自治区版权体系建设实施意见》批示精神，于 4 月中旬，由西藏自治区版权局副局长刘俐带领版权管理处工作人员，组成四个调研组，赴国家版权局和北京、上海、山东、青海等兄弟省市开展版权调研工作，吸收借鉴版权体系建设好经验、好做法，在围绕调研报告处室多次研究讨论的基础上，形成了版权工作调研报告和《西藏自治区关于加强版权体系建设的意见（草拟稿）》，并上报局主要领导。

（二）安排部署 2017 年版权工作

根据 2017 年全区新闻出版广播影视电视电话会议精神，西藏自治区版权局对 2017 年全区版权工作进行研究部署，制定了《自治区版权局 2017 工作要点》，并下发至各地（市）版权局，要求做好贯彻落实。

（三）推动版权示范城市建设

根据《自治区版权局 2017 工作要点》要求，为推进西藏自治区版权示范单位建设，贯彻落实国家版权局《全国版权示范城市、示范单位和示范园区（基地）管理办法》精神，结合西藏自治区的实际，制定了《西藏自治区版权示范单位申报评定办法（试行）》（讨论稿），在征求相关部门意见的基础上，已经形成《西藏自治区版权示范单位申报评定办法（试行）》。

（四）召开局系统版权工作座谈会

按照全区新闻出版广播影视工作电视电话会议要求，结合工作实际，制定局系统版权保护工作座谈会方案，召开座谈会，着力解决局系统开展版权保护，特别是对自身著作权作品进行自愿登记，提高版权保护意识，推进局系统版权保护工作深入开展。

（五）推进著作权作品自愿登记工作

进一步完善细化《关于尽快开展著作权作品自愿登记工作的方案》，并报局主要领导审定。在此基础上，西藏自治区版权局局长办公会 10 月 12 日讨论通过了《关于尽快开展著作权作品自愿登记工作的方案》及相关文件。

（六）落实国家版权局监管平台建设

积极参加国家版权局组织的版权监管平台培训，落实国家版权局监管平台建设，实现网络监管对接，发挥版权监督平台作用，运用技术手段对侵权盗版进行监控取证。

二、深化软件正版化

（一）制定工作计划

根据国家版权局的安排部署和自治区政府领导要求，制定印发《2017 年度全区推进软件正版化工作计划》，以完善长效机制、推进责任落实、严抓日常工作、加强市场监管、做好宣传培训为主基调，以从严从实为基本遵循，深入持续地推进软件正版化工作。

（二）召开联席会议

根据自治区推进使用正版软件工作厅际联席会议制度，召开了自治区推进使用正版软件工作厅际联席会议，局党组成员、副局长刘俐出席会议并做讲话。会议学习传达了国家推进使用正版软件工作部际联席会议第六次全体会议的精神，总结了西藏自治区 2016 年软件正版化的工作情况，通报了 2016 年软件正版化工作督查情况，讨论通过了 2017 年软件正版化工作计划。

（三）加强长效机制建设

按照《西藏自治区人民政府办公厅关于我区政府机关建立软件正版化工作长效机制的通知》的要求，指导各单位、各地（市）制定完善软件正版化工作制度，积极推进西藏自治区软件正版化工作长效机制建设。先后下发了《关于做好 2017 年推进软件正版化工作责任的通知》《关于进一步加强自治区各级机关计算机软硬件采购源头管理的通知》，深入推进西藏自治区软件正版化长效机制建设。

（四）完善软件正版化数据库

根据国家推进使用正版软件部际联席会议办公室的要求，进一步建立和完善西藏自治区市县级软件正版化责任人数据库，积极督促和指导各地（市）建立和完善市县级软件正版化工作责任人数据库，并完成区直各单位的计算机软件正版化统计工作。

（五）推进局系统软件正版化工作

结合有关工作会议精神，积极协助局办公室共同推进新闻出版广电系统开展软件正版化工作，并对区新闻出版广电局机关和局系统计算机正版软件需求进行统计，在此基础上推进软件正版化资产管理制度等长效机制建设。

（六）制定督查方案

按照《全区各级政府机关软件正版化工作督查方案》要求，起草制定《2017年全区软件正版化督查方案》，在多次细化的基础上，于下半年组成督查组，对各地（市）、各部门进行督查，形成以各级政府督查为主导、相关职能部门紧密配合的督查工作格局。

（七）制作宣传资料

为进一步巩固西藏自治区的软件正版化工作成果，指导和推进西藏自治区软件正版化工作，结合工作实际，制定了《印制软件正版化工作文件汇编的方案》，并上报分管局领导。

（八）组织开展培训工作

认真组织自治区推进使用正版软件工作厅际联席成员单位参加国家部际联席会议在上海等地开展的软件正版化工作培训，使各成员单位进一步明确职责分工，进一步了解软件正版化工作意义。于11月13日至14日，开展了西藏自治区的软件正版化基本知识培训，使各成员单位提高和掌握正版软件基本知识。

（九）顺利开展软件正版化检查

按照国家部际联席会议的要求，积极配合国家推进使用正版软件工作部际联席会议第五督查组对西藏自治区进行软件正版化督导检查，历时5天。督查组分别对自治区政府办公厅、科技厅、网信办、农牧厅、国资委、财政厅等8家自治区级单位和5家自治区国有企业151台计算机进行了检查。

三、积极开展“双打”工作

（一）制定工作计划

根据相关要求，结合西藏自治区新闻出版广电工作实际，安排部署全区打击侵犯知识产权和制售伪劣商品专项行动工作，并研究制定了自治区新闻出版广电局《关于2017年深入开展打击侵犯知识产权和制售假冒伪劣商品工作及进一步推进使用正版软件的实施方案》，下发到各地（市）新闻出版广电系统，明确了全区新闻出版广电系统“双打”行动的工作目标和任务。

（二）加强市场检查

严格出版物市场的监督检查，联合自治区文化综合执法总队等相关部门清理存在违法违规经营和贩卖侵权盗版出版物的图书、音像制品、软件经营场所，查处兜售盗版出版物的不法摊点和游商，查缴各类盗版图书、音像制品和软件，防止侵权盗版文化产品进入公共文化服务体系。

（三）开展2017年“剑网行动”

根据国家版权局等四部委的安排部署和西藏自治区版权局领导的主要批示，结合国家版权局等部委《关于开展打击网络侵权盗版“剑网2017”专项行动的通知》要求，召开相关部门工作座谈会，制定工作计划，明确职责分工，正式启动“剑网2017”专项行动，并按规定上报相关数据报表。

（四）做好其他工作

多次参加打击侵犯知识产权和制售假冒伪劣商品工作领导小组工作会议，积极汇报各项工作情况，协助自治区“双打”办公室推进新闻出版广电系统“双打”各项工作，配合做好“双打”督查工作。

四、做好版权宣传工作

（一）开展世界知识产权日宣传

为迎接第17个“4·26”世界知识产权日，做好2017年“全国知识产权宣传周”活动，根据国家版权局《关于做好2017年全国知识产权宣传周版权宣传活动的通知》（国版办函［2017］9号）精神，结合西藏版权的工作实际，西藏自治区版权局紧紧围绕2017年全国知识产权宣传周主题“创新创造改变生活，知识产权竞争未来”，安排部署宣传工作。一是除从国家版权局官方网站下载了以“创新创造改变生活，知识产权竞争未来”为主题的宣传海报外，西藏自治区还自主设计了具有西藏民族特色的三幅主题宣传海报，并以藏、汉两种文字形式印刷各类宣传海报12 000张，分别发放给各市（地）新闻出版广电（版权）局和局属各单位，要求配合做好相关宣传活动；二是向西藏电视台等本地区平面媒体、网络媒体等媒体资源提供宣传报道的素材，在西藏卫视播放宣传周公益宣传短片，做到与国家版权局上下联动、形成合力，扩大版权宣传的社会影响力；三是采取丰富多彩的宣传方式，开展知识产权宣传进校园、进社区、进电影院、进书店等版权宣传活动。

（二）制定版权宣传片工作方案

根据《自治区版权局2017工作要点》（藏版发［2017］1号）要求，为充分反映西藏自治区独特的版权资源，展示近年来的版权工作成果和西藏自治区版权形象，切实推进版权示范单位建设，制定了版权专题宣传片工作方案。

（三）做好版权日常宣传

紧扣法制宣传节点，充分利用新闻出版广电的宣传优势，多措并举，推进西藏自治区版权宣传工作，通过开展日常版权宣传，提高全社会的版权保护意识。

五、加强版权执法工作

（一）完善机构设置

以建立全区从事版权工作人员通讯录为抓手，建立健全西藏自治区版权行政管理机构、版权服务主体、理论研究部门和版权创作主体沟通联系协调机制。加强与各地（市）版权行政管理部门的联系，指导各地（市）完善版权行政管理机构，建立健全版权管理机制，推进版权工作深入开展。

（二）加强队伍建设

加强版权队伍能力建设，以举办培训班为抓手，通过举办版权执法培训班、办公软件基本知识培训班、全区性版权基本知识培训班等，切实提高版权队伍的业务素质和理论水平。

（三）推进案件申报

据国家版权局办公厅《关于推荐2016年度查处侵权盗版案件有功单位及有功个人的通知》和《关于推荐2016年举报侵权盗版案件有功单位及有功个人的通知》的文件精神，版权管理处积极同自治区文化综合执法总队和区“扫黄打非”办公室沟通、联系，完成了西藏自治区2016年度查处和举报侵权盗版案件有功单位和有功个人的推荐工作。

（四）加强版权执法培训

组织安排全区各地市参加了国家版权局举办的版权执法培训班，形成学习情况汇报，上报局主要领导，将培训内容运用到版权监管平台中，重新启动了西藏自治区版权监管平台的文件下载和数据上报工作。

（五）开展版权执法培训

根据《自治区版权局2017工作要点》要求，结合自治区“双打”办公室的相关规定，于11月11日至12日开展了西藏自治区的版权执法培训，进一步提升了版权执法人员素质。

（周祥祎）

陕 西 省

一、软件正版化得到了新推动

按照国家版权局和陕西省政府的要求，陕西省版权局加强同省财政厅、省国资委、省审计厅等职能部门的沟通联系，分工协作，密切配合，合力推动机关软件正版化工作深入开展。2017年以来，经省政府审定，陕西省版权局印发了《陕西省2017年推进使用正版软件工作实施方案》，对各有关职能部门的责任进行了明确，为有效推进本省软件正版化工作提供了基本遵循。陕西省版权局召开了省软件正版化工作职能部门联络员会议，对长效机制建设、日常监督检查、重点案件查处等重点工作进行了强调部署。同时印发了《关于开展省级机关软件正版化工作督查的通知》和《关于开展国有企业软件正版化督查工作的通知》，对省级20个机关单位和15家国有企业的软件正版化工作进行了督导和检查。考核评定软件正版化版权示范单位工作、新购买正版软件数量、金额。

二、版权行政执法迈上了新台阶

按照中省的部署，积极开展“双打”和“剑网行动”。陕西省版权局指导协调各地市文化行政执法部门查处侵权案件6起。及时向国家版权局申报举荐全省查处侵权盗版案件有功单位和个人，经国家版权局评选，全省共荣获2016年度全国查处侵权盗版案件有功单位一等奖一项、三等奖二项，有功个人一等奖一项、三等奖二项。其中陕西省版权局版权处荣获有功单位一等奖，陈选康、孙涛获得有功个人一等奖，省通信管理局网络安全管理处、西安市文化市场行政执法总队获得有功单位三等奖，获奖层次达到了近年来的最好水平。

三、版权社会服务管理开创了新局面

紧紧围绕“4·26”宣传主题，深入组织开展了一系列宣传教育活动。既有论坛、讲座、新闻发布会等专题报道，又有版权执法检查和销毁侵权盗版制品等现场行动。既有报刊、展板等静态宣传，又有广播电视电影、视听网络等动态展示，还有创投大赛和座谈会等多样活动，整体呈现出丰富多彩、亮点频现的生动局面，取得了良好的效果。

积极探索作品登记新方法，启动了全省版权共用服务平台建设项目，经过调研论证，完成了平台建设方案并向领导进行了汇报，目前，该项目正在加紧推进当中。积极开展作品登记活动，作品版权登记已达5 008件，比2016年同期增长了70.6%。

同时，加强信息报送，共在陕西省版权局官网发布信息50余条。在2017年召开的局系统信息工作会上，陕西省版权局版权处被评为2016年度信息工作先进集体二等奖，王新民被评为信息工作先进个人。加强版权从业人员培训，组织举办了全省软件正版化工作和行政执法监管工作培训班。另外，积极承办领导交办的工作事项，完成了全省版权工作推进会及省人大著作权法执法检查有关材料的起草工作。陕西师范大学出版总社、西部电影集团、西安荣信教育文化发展股份有限公司参评并被中国版权协会授予“2017中国版权最具影响力企业”

称号。

四、版权产业发展取得了新成绩

不断拓展方法思路，着力推动版权产业发展。一是圆满完成了第二十四届北京国际图书博览会的参展工作，陕西省版权局荣获参展单位优秀组织奖。二是指导西安电视剧版权交易中心开展版权贸易，全年实现经营收入1亿元，比2016年增长了10%。三是开展版权经济贡献率调研，初步完成了调研报告的起草工作。四是组织指导版权示范单位创建，积极推荐相关版权单位参评全国版权示范单位。西安维真视界影视文化传播股份有限公司荣获“全国版权示范单位”荣誉称号。

（王新民）

甘　肃　省

2017年，甘肃省版权行政管理工作以建立长效机制、巩固党群机关软件正版化为重点，同时兼顾版权行政执法及法律服务，以此带动全省版权行政管理工作的全面进步。

一、软件正版化工作推进

（一）工作成效

2017年，根据推进使用正版软件工作部际联席会议工作部署，甘肃省使用正版软件工作按照“两巩固、一推进”的基本思路，对党政机关，在2015年省、市、县三级全面完成党政机关软件正版化工作的基础上，以完善软件正版化工作长效制度，落实各地、各部门第一责任人责任为抓手，以全力推进党政机关软件正版化工作常态化管理为目标，通过制度建设规范化、责任落实精细化、源头监管制度化、日常管理责任化、监督检查经常化、考核评议标准化等制度机制建立，基本实现了党政机关软件正版化工作成果的长效巩固。对企业，按照甘肃省确定的软件正版化工作领导小组统一领导、企业主管部门主管、领导小组办公室协调的工作原则，以国有、金融、新闻出版行业企业为主，制定计划，并按照计划分批次对国资监管企业、金融企业、新闻出版行业企业软件正版化工作进行了稳步推进。全省软件正版化工作成效显著。

（二）工作措施

（1）加强指导，推动有力。甘肃省领导高度重视软件正版化工作，多次召集会议安排部署，亲自参与软件正版化系列活动，大力推动工作落实。2月，省软件正版化工作领导小组组长、副省长夏红民专门在省新闻出版广电局起草的《关于推进全省党政机关软件正版化工作计划》上做出批示，要求由两办印发全省。及时建立了软件正版化工作QQ群，以指导各地、各单位完善制度、沟通信息、推广经验、传达政策等。为了进一步加强工作指导，规范软件正版化工作标准，省软件正版化工作领导小组办公室筹集20余万元，专门组织编辑了包含我国著作权有关法律法规、国家政策、省上规定及国家版权局提供的《软件正版化工作指南》在内的《软件正版化工作指导手册》。

（2）制度到位，保障有力。3月3日，省委办公厅、省政府办公厅下发了《关于进一步加强全省党政机关正版软件使用管理工作的通知》。3月15日，领导小组办公室印发了《甘肃省机关使用正版软件工作考核办法》，11月20日，又印发了《甘肃省推进企事业单位使用正版软件工作规划》。完善的制度为全省的软件正版化各项工作开展提供了保障。

（3）督查到位，措施有力。按照属地管理的原则，建立了一级督查一级、省级抽查市县的工作机制。10月，对甘肃省甘南、白银两地软件正版化相关工作进行了抽查。12月，省、市、县分级以全覆盖形式，集中对党政机关进行了督查考核。按照考核办法，此次考核结果将在全省进行通报，并做到：点名曝光不留余地，严厉通报不讲情面。

（4）考核问责，落实有力。按照省上确定的“分级负责”原则，建立起了政府将责任落实到各部门、各部门将责任落实到计算机使用人员的政府、部门两级责任追究机制。不断更新完善本省党政机关软件正版化责任人数据库，推进各单位进一步明确软件正版化工作责任部门和责任人，将软件正版化工作成果巩固情况与具体责任人挂钩。

（三）企业同步“三推进”

2017年，甘肃省企业软件正版化工作继续保持在国有企业、金融机构和新闻出版行业企业的范围。

一是推进国有企业。12月22日，省软件正版化工作领导小组办公室印发了《甘肃省推进企事业单位使用正版软件工作规划》。《工作规划》对甘肃省党政机关所属事业单位软件正版化工作的目标任务、职责分工、工作步骤、工作要求等进行全面部署。

二是推进金融机构。进一步加强与本省金融机构的联系，摸清家底，及时掌握金融行业基本情况及正版软件使用情况，持续推动金融机构软件正版化工作。11月开展的全省党政机关软件正版化全覆盖检查中，专门将证监、银监、保监3家金融监管单位一并纳入全覆盖检查单位。

三是推进新闻出版行业企业。甘肃省新闻出版行业企业包括读者集团、甘肃日报报业集团、飞天出版传媒集团三大集团本部和所属 13 家二级企业。甘肃省新闻出版行业企业均按照国家版权局要求，建立了软件资产管理长效工作机制，完成了软件正版化工作目标。11 月，按照要求，省版权局专门组织读者集团、甘报集团、飞天出版传媒集团三家企业负责人参加了国家版权局在海南举办的 2017 年新闻出版行业企业软件正版化培训。

二、开展“剑网 2017”专项行动

联合公安部门、互联网信息管理部门、通信部门下发“剑网 2017”专项行动的通知，制定了专项行动工作方案。各市州按照省上的安排，积极组织开展专项行动，及时与相关部门沟通协作，加强对主要网站的监管，持续对侵权网站保持高压态势。

三、版权法律服务水平稳步提高

（一）提高作品著作权登记的效率

为鼓励作者创作作品，提升全省作品著作权登记数量，甘肃省版权局采取了一系列措施，如：进一步加大作品登记意义的宣传力度和宣传针对性；积极为作者提供免费登记；提高登记工作效率，把办理时限由原来的 30 天降为 20 天；对作品档案实施电子化管理；加强对登记作品的使用指导、维权咨询及侵权打击等。2017 年，全省作品登记 195 件。与此同时，注意强化向著作权人、版权产业单位积极提供诸如版权纠纷调解、版权贸易合同审核指导、版权应用咨询等法律服务。

（二）加大对著作权的宣传力度

以“双打”、“4·26”知识产权宣传周为平台，在全省安排部署宣传活动。各市州均结合本地实际，积极创新形式，深入宣传版权保护的措施和成效。

（夏　玲）

青　海　省

2017 年，青海省版权局在省委、省政府的领导下，按照国家版权局和省“双打”工作领导小组办公室的工作部署和要求，围绕法制建设、版权管理和推进软件正版化等工作，把握重点，认真谋划，精心实施，较好地完成了各项工作任务。

一、法治建设有序推进

（一）着力推进依法治省，加快法治政府建设

为贯彻落实党的十八大和十八届历次全会以及中共中央、国务院下发的《法治政府建设实施纲要（2015—2020 年）》和省委、省政府关于全面推进依法治省和深入推进依法行政加快建设法治政府两个《实施意见》精神，为推进文化新闻出版系统依法治省各项工作任务的落实，青海省版权局及时调整了推进依法治省工作领导小组成员，制定印发了《2017 年依法治省工作要点和任务台账》《2017 年法治政府建设工作要点和任务台账》《法治政府建设示范创建活动实施方案》，明确了主要目标和具体任务，并就工作任务进行了逐项分工，落实到具体处室。

（二）积极提升依法行政能力

持续开展青海省版权局系统依法行政年度督查考核工作，年初对局系统 15 家企事业单位和 3 家参公单位依法行政工作进行了考核，并形成了《局系统 2016 年度依法行政考核情况的通报》。

（三）组织召开全局系统法治工作座谈会

会议传达学习中办、国办下发的《党政主要负责人履行推进法治建设第一责任人职责规定》和全省政府法制工作会议精神，通报了 2016 年局系统依法行政考核情况，安排部署局系统 2017 年依法行政重点工作和“七五”普法工作。

（四）开展文化新闻出版系统法治宣传教育

制定印发了局系统《全省文化新闻出版系统法治宣传教育第七个五年规划（2016—2020 年）》《2017 年普法依法治理工作要点》。组织开展了“4·26”知识产权宣传周宣传咨询活动、《青海省法制宣传教育条例》颁布实施五周年集中宣传活动，举办了 2 期局系统法制专题讲座，组织全局机关干部参加了全省环境保护知识竞赛和法宣在线网络学法用法考试工作。答复各类法规性征求意见函 25 件，法律顾问服务事项 8 件。

二、版权管理成效显著

（一）精心安排，积极开展“双打”各项工作

根据国家新闻出版广电总局《关于印发〈2017 年全国新闻出版（版权）打击侵权假冒工作要点〉的通知》（新广出办发［2017］52 号）和青海省打击侵犯知识产权和制售假冒伪劣商品工作领导小组《关于印发〈2017 年青海省打击侵犯知识产权和制售假冒伪劣商品工作要点〉的通知》（青打假小组字［2017］2 号）要求，为切实做好 2017 年全省文化新闻出版（版权）打击侵犯知识产权和制售假冒伪劣商品工作，结合全省文化新闻出版（版权）监管职能，制定了《2017 年全省文化新闻出版（版权）打击侵犯知识产权和制售假冒伪劣商品工作实施方案》（青文新厅［2017］82 号），就年度各项工作做出安排部署，并采取有效措施，加大对文化市场的监管力度，有力打击侵权盗版违法行为。

（二）开展印刷复制发行专项检查行动

依照工作部署开展了一系列专项整治活动，有效查处违法违规行为。一是开展了出版物印刷发行市场监管专项行动。年初，全面安排部署了全省出版物市场监管专项行动，在“两节”“两会”前后组织各地文化行政部门重点开展了查缴政治类和民族宗教类侵权盗版及非法出版物的专项行动。二是深入开展了迎接党的十九大印刷发行专项行动。重点检查了印制销售重大选题出版物的情况，特别是涉及政治类、民族宗教类出版物的情况。并组织全省新华书店开展了迎接党的十九大重点主题出版物展示展销活动，积极营造了喜迎十九大胜利召开的舆论氛围。三是开展了内部资料性出版物专项整治行动。督促承印单位严格执行承印验证制度和印刷质量标准。专项行动期间，共出动文化行政执法人员2 387人，共检查各类印刷企业48家、打字复印店230家、出版物发行单位756家，检查取缔流动售书摊（点）28家，对1家出版物印刷企业进行了行政处罚，查缴非法出版物及宣传品2.1万件、侵权盗版出版物1.6万件。

（三）积极开展“扫黄打非·秋风2017”专项行动

根据全国“扫黄打非”工作小组办公室《关于开展“扫黄打非·秋风2017”专项行动的通知》部署，省“扫黄打非”办公室制定印发了《关于开展“扫黄打非·秋风2017”专项行动的通知》，严厉打击假媒体、假记者站、假记者等“三假”和侵权盗版行为，对出版物印制销售环节和印刷经营秩序进行了集中整治。专项行动期间，检查出版物印刷企业45家（次），查缴非法报纸和期刊2 230件、侵权盗版出版物8.3万件。

（四）积极开展打击网络侵权盗版“剑网2017”专项行动

根据国家版权局、国家互联网信息办公室、工业和信息化部、公安部联合印发的《关于开展打击网络侵权盗版“剑网2017”专项行动的通知》要求，结合实际，制定下发了《青海省开展打击网络侵权盗版“剑网2017”专项行动实施方案》（青权［2017］12号），对全省开展“剑网行动”做出了安排和部署，明确要求各市、州紧密围绕工作重点积极组织开展重点作品版权专项整治、APP领域版权专项整治、电子商务平台版权专项整治，查办网络侵权盗版案件。

（五）开展集中销毁侵权盗版及非法出版物活动

根据全国“扫黄打非”工作小组统一部署，2017年4月24日上午，省“扫黄打非”领导小组、省版权局、西宁市“扫黄打非”领导小组在省会西宁举行青海省2017年侵权盗版及非法出版物集中销毁活动和“绿书签2017”系列宣传活动启动仪式。省“扫黄打非”领导小组成员单位相关部门负责同志、省版权局机关及局属单位人员、西宁市及四区三县“扫黄打非”办公室负责人、文化市场综合执法人员、出版物经营单位代表和各界群众等200余人参加了销毁活动。现场参会领导和群众一起销毁了部分侵权盗版及非法出版物，并在“拒绝侵权盗版，保护知识产权”的宣传横幅上进行签名，观看了全省“扫黄打非”、版权保护工作宣传展览。当日，将现场5.3万件侵权盗版及非法出版物运往销毁地点进行了集中销毁。据不完全统计，专项行动期间全省销毁侵权盗版及其他各类非法出版物共计8.5万件。

（六）加大市场监管力度，规范市场经营秩序

围绕确保十九大胜利召开重点工作，切实加强全省文化和意识形态领域内容安全监管。结合青海省实际，部署开展了“两节”“两会”文化市场治理、文化市场专项保障治理、文化市场内容监管专项治理、校园周边及中高考期间文化市场专项治理、十九大专项保障等行动，严查经营侵权盗版及含有国家禁止内容的非法出版物等违法违规经营行为，对违法违规经营行为，做到严守底线、坚决查处。通过治理，在全省营造了繁荣稳定的文化市场环境。

截至2017年底，全省共出动文化市场综合执法人员39 131人（次），检查文化市场经营单位21 855家（次），查处违规经营单位365家（次），查缴非法出版物及宣传品2.3万件、侵权盗版出版物9.9万件。

（七）全面推进软件正版化工作

根据国家版权局《关于印发〈2016年推进使用正版软件工作总结〉和〈2017年推进使用正版软件工作计划〉的通知》（国版函［2017］7号）和《关于做好2017年推进使用正版软件有关工作的函》（国版办函［2017］15号）要求，制定印发了《青海省2017年推进使用正版软件工作实施方案》（青软件组办［2017］6号）、《关于做好2017年推进使用正版软件有关工作的通知》（青软件组办［2017］7号），为进一步巩固扩大省、市（州）、县级政府机关软件正版化工作成果，建立健全政府机关软件正版化长效机制，为全面推进全省软件正版化工作规范化、常态化、制度化和信息化提出了明确要求。7月13日，会同国家版权局在西宁举办了2017年第

三期软件正版化工作培训班。对省级70家党政机关软件正版化工作责任人，就软件正版化工作相关政策措施、正版软件管理工作制度和台账、软件正版化工作检查和信息报送等进行了系统培训，并就2017年落实软件正版化工作提出了明确要求。先后组织参加国家软件正版化工作培训班3期，举办全省政府机关推进软件正版化工作培训班2期，参训人员达350余人（次）。8月24日，省推进软件正版化工作领导小组召开了全省软件正版化工作督查动员部署会议，就切实做好国务院督查的各项准备工作做了动员部署，提出了具体要求。按照国务院软件督查反馈意见及省推进软件正版化工作领导小组工作指示要求，11月1日至17日，省推进软件正版化工作领导小组对国家督查组督查之外的64家省直机关、14家省国资委监管企业开展了督查，对西宁市、海东市、海南州、海北州12家市（州）级和12家区（县）级政府机关软件正版化工作开展了抽查，共计抽查计算机2 940台，督查情况在全省范围内进行了通报。

根据国务院“扎实推进企业软件正版化工作”要求，部署开展了2017年省属国有企业、民营企业、市（州）国有企业及省属金融机构软件正版化检查整改工作。截至2017年12月底，省属18家国有企业已有10家全面完成软件正版化检查整改，省属金融机构已全部完成软件正版化检查整改工作。

（八）加强宣传，提升公众版权意识

持续不断加强版权宣传普及，4月24日，省版权局、省“扫黄打非”领导小组办公室联合在西宁新宁广场进行集中宣传咨询活动。现场悬挂横幅3条、展出展板12块、散发海报等宣传资料2 000余份，集中展示宣传了青海省开展打击侵犯知识产权和制售假冒伪劣商品专项行动、推进全省政府机关软件正版化和版权保护工作取得的成果。另外，在厅属各单位及公共场所张贴版权宣传海报300余张，积极营造了以“尊重知识、崇尚创新、诚信守法”为核心的知识产权文化建设氛围，增强了公众的版权保护意识。同时，充分利用网络媒体进行广泛宣传。其间，在青海民族文化网和微信公众号大美青海多元文化等网络平台全面跟踪报道了各项活动，青海广播电视台每天中午在青海卫视循环播出国家版权局制作的版权公益宣传片《版权寻踪》，达到了良好的宣传效果。

（九）积极开展执法培训工作

为切实提高行政执法人员法律素质和水平，会同国家版权局、上海执法总队分别举办了全省版权执法监管培训班、省级党政机关软件正版化工作培训班、全省文化市场综合执法以案施训活动，对出版物、上网服务场所、娱乐场所、演出等文化市场违法违规经营行为开展执法案件集中查办，全面提高了本省案件查办的质量与数量。同时，组织20余人（次）参加了由国家版权局举办的版权执法和软件正版化工作培训。截至2017年底，全省共计500余人（次）参加了执法培训，有效提升了行政执法人员的执法能力和水平。

（十）认真开展版权服务工作

全年接待来人（来电）版权咨询400余人（次），完成著作权作品登记58件。

（付成久）

宁夏回族自治区

2017年，在宁夏回族自治区版权局党组的正确领导和同志们的关心支持下，紧紧围绕版权局“四大工程”“五个一批”中心任务，充分发挥岗位职能，不断改进工作方法，提高工作效率，较好地完成了各项工作任务。现简要汇报如下：

一、版权执法监管工作取得新突破

在2016年零案件的基础上，加大了打击侵权盗版力度，以抓源头、打窝点、切断利益链的手段，对重点地区、重点场所、重点部位进行检查，畅通举报渠道，利用重要线索，2017年查处了7件侵权盗版案件。先后查处了“今日西吉”“西吉大城小事”微信公众号网络侵权案；石嘴山市夏某某复印店未经著作权人许可复制其作品案；博学书店侵犯著作权案；《征战天下》网游侵权案。“8·14”软件侵权案、“7·11”未经著作权人许可复制发行其作品案两起案件被国家版权局挂牌督办。为提高全区版权行政管理人员和执法人员行政管理和行政执法能力，举办了一期全区版权执法监管培训班。

二、软件正版化工作取得新成效

一是圆满完成国家督查任务。2017年，国家首次安排对辽宁、吉林、黑龙江、浙江、湖北、宁夏6省（区）全部省级政府机关进行全覆盖督查。8月下旬，国家软件正版化工作督查组对宁夏回族自治区40家省级政府机关软件正版化工作进行了全覆盖督查，检查了3 643台计算机软件安装情况，占全部省级政府机关计算机总数的78.70%。省级政府机关办公软件和操作系统软件的正版率分别达到98.98%和99.15%，其中，26家单位使用软件正版率达100%。国产办公软件使用率为74.53%，受到了督查组的表扬。

二是国产软件应用试点单位成果显著。2016年，盐池县被确定为全国3个国产软件应用试点单位之一。全县纳入试点的68个单位、8个乡镇文化站、103个村级综合文化服务中心和4个社区的2 507台计算机中，安装国产系统软件的有1 506台，占比60.07%，为全国3个试点县中成效最好的县，受到了国家版权局的高度评价和充分肯定。8月18日，国务院推进使用正版软件工作部际联席会议在盐池县召开了“国产软件应用试点工作总结会暨2017年国产软件应用试点工作启动会”，现场观摩了安装使用情况，向全国推广了盐池县国产软件应用试点工作经验。另外，西吉县被确定为2017年国产软件应用4个试点单位之一，自治区版权局协调北京金山办公软件股份有限公司向西吉县政府捐赠了价值200万元的办公软件。

三是健全完善了软件正版化工作机制。5月8日，组织召开了推进使用正版软件工作联席会议第三次全体会议，传达中共中央政治局委员、国务院副总理汪洋在2017年全国打击侵权假冒工作电视电话会议上关于软件正版化工作的重要指示，对2016年推进使用正版软件工作进行总结，部署2017年推进使用正版软件工作，审议《自治区推进使用正版软件工作联席会议成员、单位职责调整方案》。联席会议各成员单位在认真总结、梳理2016年工作的基础上形成高度共识，不断提高思想认识，尽职履责、密切配合、积极作为，形成齐抓共管的推进合力，按照国务院部署和自治区政府的要求，充分发挥各自作用，常抓不懈，指导各地相关部门和相关企业开展工作，扎实推进了宁夏回族自治区党政机关和企事业单位软件正版化工作。不断完善经费预算、软件采购、资产管理、审计监督、考核评议与责任追究等制度；建立正版化工作与信息化工作相结合的工作机制，在保密、网络安全和信息化工作中提出使用正版软件要求，进一步提高各地各部门对软件正版化工作认识。以推广落实《正版软件管理工作指南》为抓手，规范正版软件使用管理，建立健全正版软件管理台账；更新和完善区、市、县三级政府机关软件正版化责任人数据库，落实工作责任，巩固宁夏回族自治区政府机关软件正版化工作成果。

四是强化了软件正版化工作督导检查。以各单位自查整改、联席会议办公室督导检查、联席会议办公室检查验收“回头看”和自治区领导召开推进会的“三查一推进”为抓手，对自治区70家省级党政机关，5个市、21个县（区）的198家党政机关和20家国有企进行了督导检查，共检查8 147台计算机。

三、版权社会服务工作有新提升

一是作品登记量的提升。作品登记工作实现了规范化、标准化、信息化。登记数量持续增长，作品登记394件，涉外著作权合同登记22件。与往年相比有了一定增幅。二是版权服务方式的提升。简化作品登记程序，确保不积压、不拖拉，一般登记尽快办、特殊登记特别办，优质高效地完成办理工作，积极为创作人、权利人提供优质服务。三是宣传形式的提升。2017年初，宁夏回族自治区版权局版权管理处制定下发了《宁夏版权局关于开展2017年版权宣传工作的通知》，明确全年及重要宣传节点版权宣传的目标、任务，在知识产权宣传周期间组织开展了一系列宣传知识产权、倡导正版、抵制盗版的宣传活动。组织开展“4·26”世界知识产权日系列宣传活动。配合打击侵犯知识产权和制售假冒伪劣商品专项行动，开展版权宣传，扩大受众面，增强宣传效果，共印制宣传海报2 000套6 000张，分发并在全区各机关、街道、社区、书店等地进行张贴。为配合“4·26”宣传在全区各播出机构播放了国家版权局制作的版权公益宣传片——《版权寻踪》。开展了2017知识产权宣传进高校活动，在宁夏大学、北方民族大学举办了“版权保护及维权”知识讲座。在光明广场设立了宣传点，组织开展了“知识产权”宣传活动。扩大了宣传影响，取得了良好效果，进一步提高了社会各界的版权意识。

（张宁学）

新疆维吾尔自治区

一、软件正版化工作

新疆维吾尔自治区版权局着力完善长效机制，推进软件正版化工作规范化、标准化，巩固政府机关软件正版化工作成果，加强督促检查和宣传培训，稳步推进国有企事业单位及其他企业的软件正版化工作。据不完全统计，2017年全区各级政府机关、企事业单位共投入1 683万元新购正版软件80 025套，新增正版软件数量较2016年增长9.6倍，采购金额较2016年增长4.4倍。企业软件正版化工作稳步推进，自治区13家大型国企全面完成集团总部的软件正版化，启动二级子企业软件正版化工作；事业单位的软件正版化工作在教育、卫生、畜牧、粮食、水利、司法、新闻出版广电行业取得较大进展。对6个地州及相关县市区、6所高校、7家本地银行机构、自治区23家机关和24家企业进行现场检查。举办国有企业软件正版化培训班1期、自治区政府机关正版化培训班1期，与27家自治区厅局联系，举办厅局系统正版化推进会5期，在地州县市举办培训13期，共培训人员1 900多人次。全面安装国家版权局“正版软件检查工具软件”。创新工作机制，投入90万元，积极利用正版软件管理系统，实现全区正版软件资产的在线管理，目前已收集90多家政府机关正版软件数据。推进使用正版软件工作部级联席会议第三督查组对自治区软件正版化工作进行了督查，对自治区软件正版化工作的推进情况给予了较高评价。针对督查组提出的问题，自治区人民政府要求被检查的机关单位和国有企业限期整改。

二、版权执法工作

2017年，新疆维吾尔自治区的打击侵权盗版工作以及“剑网2017”专项行动在国家版权局的督促指导下，紧紧围绕“净化舆论环境，迎接十九大”这一重大政治任务主线，以抓好传统侵权盗版案件的查处为重点，加强督促督办。全区各级版权部门共出动执法人员117 446人次，出动车辆12 447车次，检查出版物经营场所56 312家（次），查缴盗版图书30 820册、盗版音像制品143 726张，取缔非法窝点226个，集中销毁盗版制品440 064册（张）。截至11月30日，全区版权部门已完成打击侵权盗办行政案件25起，并全部进行信息公开。其中，调解结案1起、行政处罚24起。围绕重点做好专项行动，在“剑网2017”专项行动中，发出《关于建立打击网络侵权盗版联合工作机制的函》，主动与自治区网信办、公安厅、通信管理局沟通联络，形成工作合力。向全区新闻网站、视频网站、报纸期刊社、出版单位印发了《关于协助提供侵权线索的函》。搜集分析1 541家网站，将6家传播电影、音乐和新闻作品的网站作为重点，开展主动监管、严格管控行动。

三、版权宣传工作

以“4·26”知识产权宣传周为契机，在全区开展知识产权宣传周版权宣传活动。一是委托专业公司制作了30秒民族卡通形象动漫公益广告，协调乌鲁木齐移动电视在BRT大容量公交车上每天播放8次，每天受众30万人次以上，并在5家地市级电视台、12家县市级电视台播出。协调人行乌鲁木齐中心支行和自治区科协，在宣传周期间利用全区所有银行网点的电子大屏和科协设在全区的78块电子大屏上循环播放国家版权局的公益宣传片、海报，以及自治区版权局制作的公益广告和图片、文字标语。协调新疆“亚心网”以浮动图标的方式，推送国家版权局和自治区版权局制作的版权公益宣传片。利用大众接受度高的微信群的即时通信形式，组建“新疆版权执法宣传工作群”，在宣传周期间共推送各类版权保护宣传图片、视频、消息23条，转发超过20 000次，受众超过30 000人。开展版权进校园、进社区、进企业活动。组织新疆人民广播电台主办的《法制新疆》栏目“知识产权保护”专场普法活动现场直播，经开区（头区）200多家企业参加活动。

四、版权社会服务工作

耐心服务群众，截至2017年底，共办理作品登记1 270件，创历史新高，向国家新闻出版广电总局进口管理司报送自治区版权贸易情况，输出版权32项，引进国外版权14项。加强版权研究，着眼推动产业发展，完成了“民族地区免费使用、译制传播汉语言影视作品问题研究报告”课题的结题工作，并据此向国家版权局和自治区人大法工委提出修改《著作权法》的建议。

（新疆维吾尔自治区新闻出版广电局版权处）

2017年版权公共服务机构与社会服务组织工作

中国版权保护中心

2017年，中国版权保护中心（以下简称中心）在国家新闻出版广电总局党组的领导下，按照总局的谋篇布局和工作部署，进一步深入贯彻落实习近平总书记系列重要讲话精神，以实际行动贯彻落实党的十九大和十八届六中全会精神，版权服务能力、管理机制建设和总体工作布局全面取得了新进展。

一、不断扩大版权公共服务基础业务覆盖面，完善线上线下互动的版权服务网络，核心业务基础持续夯实，DCI体系建设和嵌入式服务推广不断取得新进展

（一）扎实抓好核心业务基础建设，全力保障登记工作高效运转，登记量再创新高

中心始终将版权登记作为公共服务职能的核心业务，为了有效应对版权登记数量连续多年的迅猛增长，持续加强版权登记基础工作，根据非税收入收缴电子化和停征计算机软件著作权登记费情况及时调整优化工作流程、岗位设置、业务分组、表单项目和操作规范，不断优化著作权登记信息管理系统功能，利用自有资金投资建设了著作权登记管理信息系统业务流程再造信息化项目，为连年迅猛增长的登记信息数据处理需求提供保障。但在软件登记工作中，经过多年挖潜，目前在人员严重不足、工作强度接近饱和、登记效率难以大幅提升的情况下，面对持续高速增长的登记量，加班成为保障在承诺办理期限内有序开展工作的必要手段，第二季度的软件登记量有30%是通过加班完成的。

中心全年共完成各类版权相关登记954 434件。特别是随着我国软件产业的快速发展和停征软件登记费用政策的实施，2017年我国软件著作权登记量在高速增长的基础上，进一步呈现出了跳跃式增长的发展态势。完成计算机软件著作权登记745 387件，同比增长82.79%，登记量超出2016年全年近30万件，再创历史新高。完成作品著作权登记114 563件/系列，同比增长27.89%。著作权合同备案1 719件/系列，同比增长7.98%。出版境外音像制品合同登记1 763件，同比增长28.31%。完成数字作品版权登记67 522件，数字作品邻接权登记288件。完成著作权质权登记301件，涉及主债务金额29.9亿元。

按照国家版权局要求，继续扎实规范做好全国作品登记信息统计工作。2017年，全国作品登记信息数据库管理平台共审核通过并公告作品登记信息2 069 801件，登记量较大的地区及机构分别是北京市809 586件、江苏省286 596件、上海市234 659件、中国版权保护中心226 915件、四川省140 271件、山东省83 717件，占登记总量的86.08%。

（二）以版权登记大厅建设为依托，构建区域版权服务体系

高度重视北京东城、西城2个版权登记大厅服务窗口的运营，进一步修改完善《版权登记大厅系列服务规范和工作标准》，并应用推广到京外各版权登记大厅，确保为全国的登记申请者提供高效优质规范的“一站式”服务。2017年全年仅西城区版权登记大厅就接待各类登记申请者16万多人次，最多时每天过千人。同时，加快扩大版权服务网络覆盖面，目前已在成都、上海和深圳建立开设了西南版权登记大厅、华东版权登记大厅和粤港澳版权登记大厅，在武汉、广州建设华中和华南版权登记大厅的有关工作正在筹备推进中。首次在京外开设软件著作权登记受理发证窗口，西南、华东、粤港澳大厅已开通。支持地方大厅预约登记和进度查询的中心微平台服务功能也已上线运行，为分流软件登记工作的巨大压力开辟了新的探索路径。此外，成立了区域版权服务工作小组，设置了区域业务总监，依托各区域大厅，进一步加强业务和资源整合协调，逐步完善区域版权服务工作机制，发挥中心的全流程综合服务优势。

（三）深入开展登记数据挖掘，软件登记信息分析咨询服务又有新突破

持续完善和深化软件著作权登记数据挖掘和分析服务，为软件产业和版权产业发展服务，完成了2017年度中国软件著作权登记情况分析工作，并形成了分析报告。此外，持续深入开展定制性软件著作权登记数据分析服务，受地方机构委托，开展了北京、深圳、武汉、苏州、上海浦东区和深圳市南山区的软件登记信息分析工作，形成的报告内容丰

富、数据翔实、图文并茂，全面反映出了相关区域软件产业的发展现状，均得到了用户的高度认可。

（四）加强战略谋划，把握发展机遇，着力推动以DCI体系为核心的数字版权公共服务体系基础建设和应用实践取得全面进展

继续把DCI体系建设和应用推广放在核心战略位置，在“十二五”期间DCI体系已取得阶段性建设应用成果的基础上，面向“十三五”以构建我国互联网版权基础设施的定位，谋划推动DCI体系建设应用再上新高度，在以DCI体系为核心的“数字版权公共服务体系”被写入国务院发布的《“十三五”国家信息化规划》的基础上，进一步推动数字版权唯一标识符（DCI）体系建设工程等有关内容写入《新闻出版广播影视“十三五”发展规划》；持续推动DCI体系建设应用工程项目国家立项；抓紧推进《数字版权唯一标识符（DCI）》国家标准项目的标准研制工作，完成了《版权标准体系表》等五项行业标准的草案编制，在更高层面和更大范围发挥DCI体系的作用，打造互联网版权产业发展新生态，推动互联网内容建设和网络综合治理不断筑牢基础。

围绕“确权、授权、维权”不断拓展服务领域，完善服务方式，积极开拓在各个垂直细分领域的DCI嵌入式服务，并取得新进展。一是在继续深化与各互联网主流机构合作的基础上，进一步规范合作模式，优化用户体验，提升服务能力和效果，目前已面向新浪微博、知乎、版权家等10多家互联网内容运营领域平台，在文字、图片、音乐、移动APP、自媒体、摄影作品和美术作品等领域开展DCI嵌入式版权服务，现已累计完成数字作品版权登记近60万件。二是稳步推进第三方版权结算体系有关工作，中华版权代理中心音乐版权费用结算平台（华云音乐平台）已与有关机构合作提供全平台的音乐版税结算服务；CACC数字阅读版权分发与费用结算服务平台项目上线试运行，已与部分出版单位建立合作关系，开展内容入库工作，以此为依托在数字阅读领域探索建立公开透明的第三方版权费用结算机制。三是进一步做好网络版权监测和快速维权工作。在积累的历史数据、工作经验和专题调研的基础上，提出了《数字内容版权监测与维权管理智慧云平台可行性研究报告》，参与了北京市科委项目“互联网图片深度标引及侵权追踪技术研究”，为规划建设中心自有监测技术平台做好基础准备工作。快速维权方面，2017年引入了在电商平台为实体产品维权项目，综合运用著作权法和商标法等法律，助力厂商打击假冒产品。全年共监测侵权链接85 315条，删除83 933条，删除率为98.38%；快速维权共通知删除侵权链接223 758条，删除率为93.86%。

（五）持续做好版权鉴定工作

接受公检法、版权行政管理部门、著作权人的委托，完成版权鉴定近90件，同比增加了50%。鉴定中涉及网络游戏的案件有38件，涉及动漫产品的案件有10件，涉及互联网新媒体的案件有11件，占到鉴定案件总量的50%以上。

（六）中国ISRC中心各项工作顺利开展

继续做好中国ISRC（中国标准录音制品编码）中心的日常工作，规范化拓展ISRC登记者申请范围，持续提升ISRC标准在产业的覆盖面积和影响力。全年共完成ISRC申请受理52 452件，完成编码发放52 125件，其中录音制品46 363件，音乐录像制品5 762件，平均日发码量210件。

（七）树立“全媒体＋”的工作思路，全方位版权宣传交流网络影响力不断扩大

以“全媒体＋”的工作思路，通过多种媒体形式大力宣传版权公共服务理念。不断完善中心与著作权人和业界交流互动的综合平台，成功举办“尊重原创·融合创新”2017 CPCC中国版权服务年会和2016 CPCC十大中国著作权人年度评选活动。依托《中国版权》和《创意中国》杂志，注重策划宣传的导向性和权威性，充分发挥版权前沿理论研究和产业实践指导的作用。成功举办第九届大学生版权征文活动，共收到本科生、研究生2 131篇征文。组织举办了全国版权经纪人、版权登记及代理、数字出版与版权管理，以及版权系列标准业务等6期培训班，共约630人参训。充分利用中心专业理论积累资源优势，不断研究摸索新媒体传播规律，以构建品牌营销新媒体平台和版权社会生态圈的定位，运营好“中国版权服务”微信公众平台，坚持推送高品质原创版权专业文章，针对受众需求策划推出多个栏目和选题，总订户数超过8万人，成为版权服务领域的第一大号。

二、继续以推进创意中国版权服务计划为核心，实施品牌战略，进一步推动版权市场服务创新成果，整合落地全流程版权服务体系不断完善

（一）以创意中国版权服务系列计划为核心，进一步整合版权服务资源，创新多种模式助力地区版权产业发展

不断推进创意中国版权服务系列计划实施，塑造中心的全流程版权服务品牌，做好“创意中国县域平台计划”的贵州“务正道”和安徽“绿金淮北”项

目，促进创意知本、金融资本与地缘文化质本的全方位对接，进一步探索精准扶贫和全国县域经济转型升级的有效途径；研究推出了版权服务促进文化金融业务产品——“版融宝”，为广大权利人提供了较以往时间缩短近一半、费用节约近三分之一、成功率提高近一倍的版权质权融资服务。截至年底，用户已获得工商银行、北京银行等金融机构4 500万元贷款审批，该业务打通了影视、游戏等文化科技企业以版权资产组合其他质物的贷款渠道，在间接融资活动中有效盘活文化企业核心资产，为“双创”提供了积极助力。持续深化与北京市西城区人民政府的合作，积极推进国家数字版权产业基地建设，天桥演艺区专项工作小组为园区发展继续提供专业的版权服务支持，积极参与北京天桥演艺联盟的日常运营。

（二）以版权资产管理为核心的版权咨询服务取得实质突破，持续加强版权服务基础理论研究和国外相关实践成果研究，进一步筑牢专业优势

为全面快速推进版权资产管理相关工作，组建了跨部门版权资产管理团队，按照时间进度完成中央文化产业发展专项资金资助的“文化企业版权资产管理服务平台及应用示范”项目的各项阶段工作，平台建设全面启动，试点工作已在全国铺开；《版权资产管理体系——要求》等两个行业核心标准已形成专家意见稿；该项目成果能够帮助文化企业理出一整套科学管理、精细运营版权资产的模式和方法，填补行业空白，起到引领作用。

进一步加强了对版权理论研究和前沿信息搜集的组织推动力度，结合实际开展了版权服务助力供给侧结构性改革、版权公共服务对区域版权产业的促进路径和机制等方面的课题研究。总结有关工作经验形成的《版权价值导论》正式出版，是首部阐述知识经济条件下版权价值创造机理、表现形式和计量方式的重要文献，为版权问题的深入探索提供了新颖的视角和路径。翻译完成《美国经济中的版权产业2016》、欧盟知识产权局2016年度报告中版权和设计部分等资料；翻译世界知识产权组织（WIPO）《创意企业版权资产的货币化》《创意企业管理手册》《从剧本到荧屏——影片发行中产权的重要性》《产权，镜头，开机！——知识产权和电影制作流程》等，不断夯实筑牢中心版权咨询业务和版权贸易等相关理论支持基础和领先信息优势。

（三）以全方位全流程综合版权服务为支撑，坚持深入产业链提供专业服务，行业性服务平台不断取得纵深发展成果

不断加强业务资源、服务项目和营销工作的整合协调以及工作流程的衔接，与版权产业价值链紧密融合的全流程、全方位版权服务体系逐步成熟完善。进一步发挥“影视版权产业联盟”平台的作用，深度挖掘客户需求，有侧重地设计版权服务方案，整体输出中心的版权服务。发起成立了“动漫版权联盟”；发布了《中国网络漫画出版发展报告》，提出了以超级明星IP带动跨界融合发展、构建行业绿色生态体系的发展对策。聚焦影视领域整合确权、授权、维权三阶段版权服务内容，推出了包括剧本挖掘、孵化、新技术应用、网络视频授权分销、反盗版维权监测、版权资产管理以及基于版权的影视质权融资等服务于一体的集成化版权服务产品。2017年共完成电视剧版权质押贷款3 000万元；孵化影视剧、网剧、舞台剧等各类剧本70余部。

（四）广泛开展版权对外交流与合作，积极服务文化“走出去”战略

不断深化开展版权对外交流与合作的内涵，继续保持与WIPO等国际版权组织的沟通和联系；派团访问加拿大、美国，全面了解了两国在音乐、电影及出版行业中版权授权及维权等领域的现状和版权服务的概况；派团赴台，与台湾著作权保护协会共同举办了第四届海峡两岸著作权登记及数字版权保护研讨会，增进了大陆和台湾业界在音像制品出版、数字音乐版权保护和视听传播内容创新等方面的沟通、资源整合和业务协作；积极参与2022北京冬奥会版权服务项目推进，开展与冬奥组委法律部对接的工作，努力为冬奥会提供好版权相关服务。同时，继续发挥中心版权服务综合优势，积极服务文化“走出去”战略，积极推动中华版权代理总公司在英国设立子公司，“China Day”活动取得经济效益和社会效益双丰收，以“一带一路”沿线国家为重点，对外版权贸易和交流成绩显著。

（张文娟）

中国版权协会

2017年，中国版权协会（以下简称协会）以党的十九大精神为指引，结合协会工作实际，认真学习贯彻习近平新时代中国特色社会主义思想，秉承服务会员、服务版权事业的宗旨，坚持正确导向，不断改进创新协会工作内容与方法，围绕国家版权工作大局，努力提高服务大局、服务会员单位的能力，完成了如下重点工作：

一、拓展协会业务范围，完善协会组织机构，加强沟通交流，提高服务会员能力

（一）成立中国版权协会版权监测中心

为配合党中央、国务院知识产权战略要求，优化网络版权监管手段，中国版权协会正式成立中国版权协会版权监测中心，启动版权监测服务，并于2017年4月19日举行了中国版权协会版权监测中心平台上线仪式。影视公司、互联网公司的200多位相关负责人参加了大会。6月15日，全国人大常委会副委员长吉炳轩在国家新闻出版广电总局（国家版权局）副局长周慧琳的陪同下，率著作权法执法检查组赴监测中心进行实地考察。

截至2017年11月，中国版权协会版权监测中心累计监测保护作品超过1 000万件，持续监测社区论坛、网盘、视频和音频平台、各类影视移动应用、中小网站等超过1.5万个，累计处理盗版侵权链接资源超过400万条，持续为国内外影视作品版权方保驾护航。

（二）艺委会发挥行业作用，艺术品领域版权保护工作开展顺利

中国版权协会艺术品版权工作委员会于4月21日召开“第一届中国版权协会艺术品版权高峰论坛”，中国版权协会理事长阎晓宏，中国美术家协会名誉主席、原中央美术学院院长靳尚谊，国家新闻出版广电总局版权管理司司长于慈珂，以及知名艺术家、艺术机构负责人、版权法律界人士、媒体记者近150人出席，在艺术界、知识产权界产生了较大影响。会上艺委会成立专家顾问委员会，聘请了42位国内知名艺术家和艺术机构领导。截至2017年10月，“中国艺术品鉴证备案服务”已与包括靳尚谊、韩美林、何家英等在内的1 000余名艺术家签约并提供服务，有10万余幅作品进入鉴证备案数据库，全面保障了艺术家权益。

艺委会自成立以来，已发展个人和单位会员近70名，建立了艺委会的微公号，为艺术行业从业人员举办了多场艺术版权培训；与深圳版权协会、重庆版权交易中心、安盾网等知识产权机构达成了版权维权合作，跨地区多维度地为我国艺术品版权构筑版权保护和贸易服务平台。

（三）促进软件产业版权保护与发展，成立中国版权协会软件工作委员会

为更好地发挥中国版权协会的行业组织作用，维护会员权益，促进软件产业版权保护与发展，在国家版权局的指导下，协会于2017年9月7日召开“中国版权协会软件工作委员会”成立发布会，对外宣布“软件工作委员会”正式成立。中国版权协会软件工作委员会旨在充分发挥行业组织在维护会员权益、促进产业发展、协助推进使用正版软件等工作上的协调和组织保障作用。

（四）召开2017年协会工作座谈会

协会于2017年6月8—10日在江西景德镇举办了2017年工作座谈会，会上总结回顾了中国版权协会近两年的主要工作，介绍了协会2017年下半年的重点工作，并听取了部分会员对协会工作的意见和建议。依据听取的意见和建议，协会对未来的工作计划进行了更细致的规划和部署。

（五）继续做好面向会员的版权培训服务

2017年9月11—12日，协会邀请立法、司法、行政、教学科技单位的领导和专家，以及版权产业界的领军人物在北戴河举办了会员培训班。其间，向会员介绍了版权立法的新动态、司法行政的新情况、技术发展与运用的新趋势、版权产业发展的新特点。100多位会员参加了培训，通过理论与实践的双重解读，增强了会员对版权发展规律的总体把握能力，受到会员单位的积极评价。

（六）针对社会热点问题开展版权研讨活动

协会与青岛市人民政府、山东省新闻出版广电局于4月14日在青岛共同主办“互联网形势下的版权产业发展”高峰论坛，会上专家学者呼吁推动互联网环境下的版权保护机制升级，营造鼓励知识创新和保护版权的社会环境，助推“互联网+版权”产业快速发展。同时参加了4月14日至16日在青岛国际会展中心举办的第三届“青岛·东亚版交会”。

6月22日，美国专利商标局代表团访问中国版权协会，双方就中国著作权立法和执法问题，中国版权协会版权监测中心的建立、运行、技术措施等问题展开了深入的探讨，就许多中美版权热点问题陈述了观点。

7月28日，由协会主办的“互联网+图片版权保护与产业发展”研讨会在北京举行。来自版权管理部门、权利人组织、司法界的专家学者，腾讯、百度、新浪、网易、阅文、雅昌、中视瑞德等企业单位代表近百人出席了会议。此次研讨会旨在围绕图片版权的分类、流向、保护、监测、商业模式等问题展开探讨，以推进相关问题解决，促进产业发展。

二、服务会员、服务行业、配合政府，积极开展反盗维权活动

（一）配合国家版权局开展版权执法、监测和反盗维权活动

春节期间，中国版权协会版权监测中心协助国家

版权局完成版权网络监测任务，进行了春节档六部重点影片和热播剧《人民的名义》等的监测。为协助全国人大常委会开展著作权法实施情况检查工作，协会广泛征求会员单位及相关专家建议，5月2日在中国出版创业产业基地园区召开著作权法实施情况座谈会。

（二）配合国家版权局等部门积极推进软件正版化工作

2017年协会接受国家版权局的委托，在推进软件正版化工作方面主要做了如下工作：一是组织培训。2017年协会承办了4期政府机关软件正版化培训班，来自全国31个省（自治区、直辖市）的政府办公厅、工信厅、财政厅、发改委、版权局等部门的千余名公职人员参加了培训。二是承担软件正版化督查的组织协调工作。根据国家版权局关于开展软件正版化督促检查的工作部署，协会完成了对辽宁、吉林、黑龙江、浙江、湖北、宁夏六省区使用正版软件工作进行督查的组织协调工作，六省区共检查286家省级政府机关，共检查电脑22 600台，并根据实地检查结果，向国家版权局提交了该六省区使用正版软件检查工作报告和有关检查数据资料等。协会软件正版化工作人员积极开展调研活动并编写了软件正版化工作手册，为正版化工作提供了重要借鉴。

三、召开“新形势下版权协会的定位与作用”座谈交流会

7月21日，中国版权协会组织全国各地的版权协会在长春举办了“新形势下版权协会的定位与作用”座谈交流会暨“全国版权协会会长、秘书长联席工作座谈会”。会上各地版权协会主要负责同志就版权协会的定位，如何处理好协会与政府、协会、会员之间的关系等问题进行了深入交流。本次座谈会增强了各省、市版权协会之间的了解，增强了工作交流与业务合作。

四、举办“远集坊”文化讲坛

为了全面贯彻落实习近平总书记有关“文化自信”讲话精神，及党的十八届五中全会提出的创新、协调、绿色、开放、共享的发展理念，把创新作为引领发展的第一动力，推进版权工作开拓创新，充分发挥模范版权单位和产业的引领和示范作用，充分推动国家版权工作和版权产业的发展，协会在中国出版创意产业基地建立了一个文化讲坛——“远集坊”。

“远集坊”坚持正确的文化发展方向和舆论导向，倡导平等交流，碰撞思想火花，汇集各方智慧，开展对话讨论，旨在为业界朋友搭建符合时代发展需求的文化交流平台。“远集坊”面向中国版权协会会员、中国出版创意产业基地入驻企业，以及更广泛的文化产业同仁，提供智力支持与服务，促进版权创新产业发展。“远集坊”主题活动内容涵盖文化产业的各个领域，以及相关的经济、金融领域。所谈的内容经过权利人许可后，通过传统媒体和新媒体推送，将各方交流的智慧结晶传播到更广阔的空间。

2017年“远集坊”论坛活动共成功举办四期，分别邀请了阎崇年、王文章、雷军、柳斌杰作为主讲嘉宾，更邀请了郑欣淼、王亚民、蔡翔、卜键、郭连德、沈仁干、马文辉、邱运华、罗振宇、李国庆、葛珂、刘丛星、成湘均等众多文化产业界同仁作为特邀嘉宾参与讲坛活动，产生了较大的社会影响。

五、举办第十届中国版权年会

11月24日，协会主办的第十届中国版权年会在京举行。会上颁发了2017中国版权最具影响力企业奖、2017中国版权卓越成就者奖和中国版权年度特别贡献奖。全国人大教科文卫委员会主任委员、中国版权协会名誉理事长柳斌杰出席大会并为获奖者颁奖，国家新闻出版广电总局副局长、国家版权局专职副局长周慧琳做书面主题讲话，中国版权协会理事长阎晓宏在大会上致辞并为获奖者颁奖。年会由中央电视台原主持人陈铎主持。协会会员代表及权利人组织及版权产业界代表，版权教学科研、法律事务、新闻媒体代表等360余人出席年会。

（孙　颖）

中国音乐著作权协会

一、会员发展

2017年中国音乐著作权协会（以下简称音著协）新发展会员数为405人（家），其中词作者130人、曲作者252人、继承人17人、其他3人、出版公司3家。截至2017年底，会员总数达8 907人（家）（见图1）。在新发展的会员中，较有影响力的个人会员有：刘世民、王磊、张渠、王梓赫、舒文轩、梁凡、方磊、刘畅、袁娅维、徐梦雅、尤小刚、于湉、周英男、王耀光、王嘉诚等；公司会员有：北京少城时代文化发展有限公司等。

二、音乐作品资料管理

作为中国大陆地区唯一的音乐作品著作权集体管理组织，音著协通过全球最大的中文音乐作品版权信息系统DIVA（documentation innovation visionary art）对海量的音乐作品进行管理。DIVA可凭借其强大而完善的数据库处理会员信息、作品资料及版税分配等工作内容。当会员加入音著协时，音著协会在DIVA系统中为每一名会员建立一个专

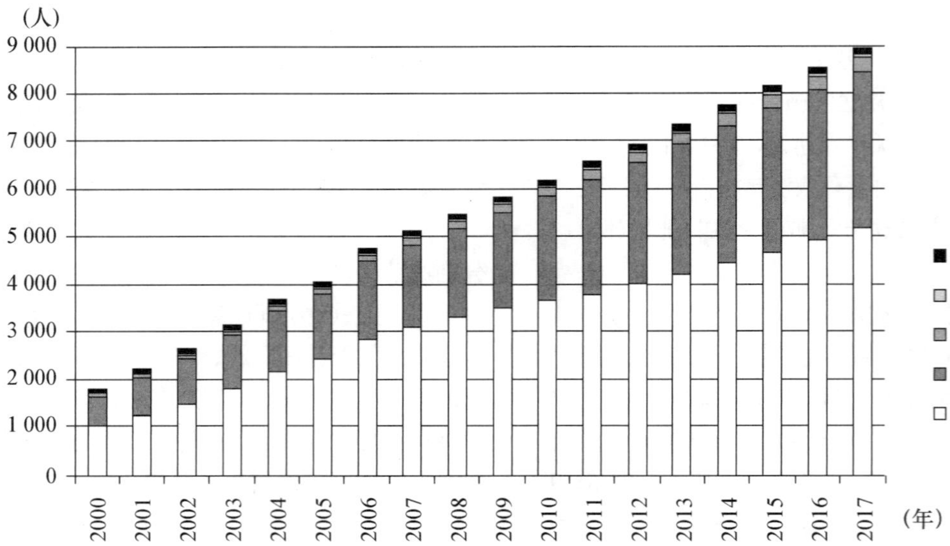

图 1　历年会员人数统计

属的权利人识别编码，其中包含会员的姓名、身份证号码、住址、入会身份（词曲作者、继承人或其他著作权人）等个人信息，以及该会员公开发表的音乐作品名称和该音乐作品的详细权利信息，包括音乐的词曲作者、权益人、权利归属和权利比例等内容，这些都是附着在一首音乐作品上的重要法律信息。2009 年 2 月 1 日，音著协成为 ISWC（国际标准音乐作品编码）在中国大陆的唯一代理机构，负责 ISWC 编码在中国大陆地区的登记、发放和管理等工作。在数字音乐和网络环境下，ISWC 编码是一首音乐作品在世界范围内被有效辨识、受版权保护的“身份证号码”。

截至 2017 年底，DIVA 数据库作品数目达到 825 万余首，其中音著协会员登记作品为 41 万余首，（原创作品 32.5 万首，影视作品 7.3 万首，改编作品近 8 000 首，填词作品 5 000 余首），申请 ISWC 作品有 13.4 万首。主要完成工作如下：

（一）进一步加强会员作品信息的公开透明

根据《著作权集体管理条例》的规定，著作权集体管理组织应建立网上音乐作品公示系统，音著协为持续保证所公开作品信息的新鲜度与准确性，对 8 000 多名会员和出版商进行了统一整理，分类索引并一一筛查，将所公示的 15 万余首作品的信息进行了重新确认和更新。

（二）协助执法部门完成音乐作品版权信息的鉴定

2017 年初，音著协接受威海市公安局的委托，完成了“哆咪音乐”系列光盘涉及的 6 000 多首音乐作品的版权信息资料的鉴定工作；2017 年 12 月，接受河南省新闻出版广电局的委托，完成了鉴定 5ND 音乐网站歌曲的权利归属工作。作为中国大陆地区唯一的音乐作品著作权集体组织，音著协提供的版权归属证明具有重要的参考价值，为司法机关最终认定非法经营等侵权行为提供了有力的帮助。

（三）与海外协会进行交流并提供影视作品核查清单

在国际作者与作曲者协会联合会（CISAC）的框架下，各国集体管理组织通过签订相互代表协议，在本国范围内实现对全球词曲作者版权的保护，从而形成强大的国际版权体系。

为维护协会会员的海外著作权益，顺利实现海外使用音乐作品的许可收费，音著协每年与海外同类协会进行音乐作品版权信息的相互核查。2017 年，全年核查包括 MCT（泰国）、SIAE（意大利）、APRA（澳大利亚）、JASRAC（日本）、SACEM（法国）等十几家海外协会提供的影视剧作品 26 581 余部，共发送会员作品 40 余部、1 000 余集，包括电影《智取威虎山》《夏洛特烦恼》、89 集电视剧《水浒传》、33 集电视剧《射雕英雄传 2008》、50 集电视剧《全民公主》等。核查歌曲 71 526 余首，共发送会员作品 70 余首。包括《北京北京》《驼铃》《清粼粼的水来蓝莹莹的天》《迎宾曲》等。并与 IMRO（爱尔兰）、TESTO（芬兰）、ACUM（以色列）、UCMR-ADA（罗马尼亚）等几家海外协会进行了资料交流。

三、音乐作品许可使用工作

2017 年，音著协许可总收益突破人民币 2 亿元，达到 2.16 亿元（含海外收益人民币约 900 万元），创历年收入新高，较 2016 年增长 17.2%（见图 2）。

（一）表演权许可工作

2017 年，音著协表演权许可收益约人民币 7 496 万元。

1. 现场表演

商业演出一直是音著协许可工作的重点，但由于演出分散在全国各地，工作人员与演出组织者谈

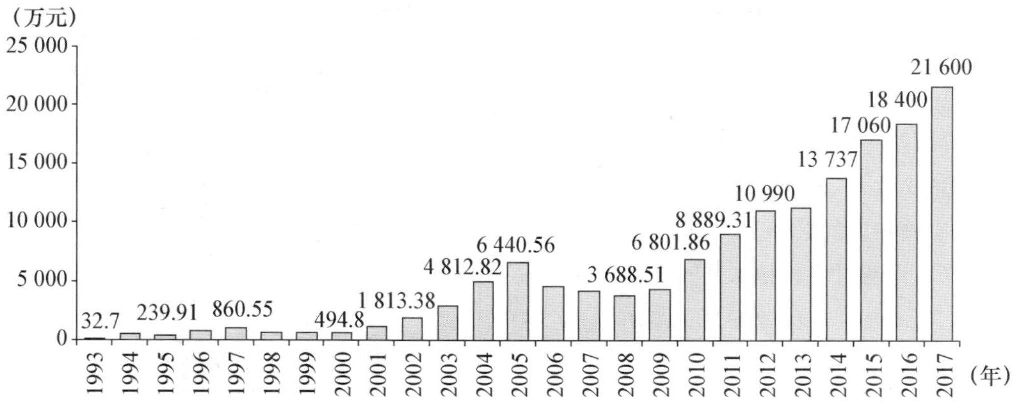

图 2　1993—2017 年许可收入图

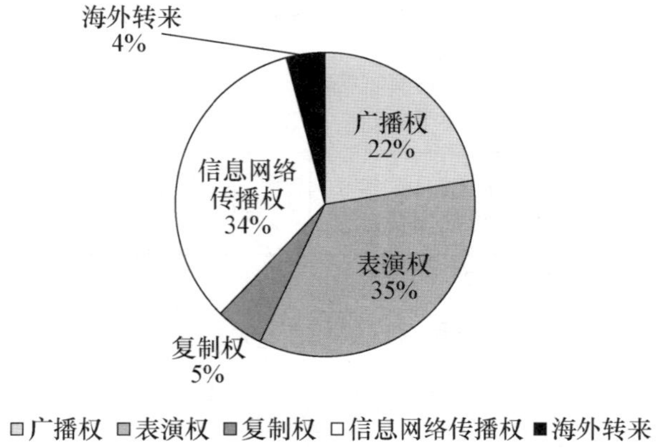

图 3　2017 年许可收入构成

判时频繁受地域差异、场地差异等因素的影响，导致实际收费标准常年偏低。自 2011 年音著协开始推行新的标准以来，至 2017 年，经过多年的沟通、协调，演出主办方对于新标准的执行已逐渐普遍接受，演出市场收费平稳增长。

小型剧场类演出长期以来是著作权人比较关切的问题之一。与常态演艺活动相比，小剧场演出具有组织者不固定、场地规模小、演出使用歌曲数量少、门票低等特点，导致取证、公证工作难度大，工作成本较高，一直是音著协地方工作的难点，在后面的工作中音著协将逐步关注这部分许可市场的开拓。

2. 机械表演

2017 年，音著协在机械表演许可工作方面重新调整了方法，采取“走出去，了解市场、接触市场、研究市场”的思路，重新对许可团队分组，主动出击，广泛地深入到现场中，并积极配合地方代表团队进行市场调研、踩点、取证工作。在掌握更为丰富的市场信息后，提出具有建设性、可操作性的整体工作方案，并坚决执行，取得了良好的效果，许可收益较 2016 年有了较为明显的提升。

具体工作方面，由于主题公园已成为人们当下重要的娱乐场所，因此音著协加强了对其音乐的使用情况监控和许可工作。2017 年完成了与上海迪士尼的续约，并完成与无锡华谊兄弟娱乐城的签约，同时也在持续关注包括宋城主题公园、刘老根大舞台等文化演艺类主题场所的许可情况；此外，完成了对北京南站站台使用音乐的许可，实现了国内首家对列车车站音乐使用许可；早教场所、小型儿童娱乐场等儿童娱乐场所方面的许可工作也多有进展；餐饮业方面，奶茶店、酒吧等都实现了不同程度的许可突破。

（二）广播权许可工作

2017 年音著协共实现广播权许可收益约人民币 4 860 万元。

广播权许可工作重点工作有四项：第一，许可发放，包括常规的签约、续约工作；第二，正式启动与广播、电视版权委员会就增长问题的协商；第三，全力推进对侵权台的诉讼；第四，强化对广电行业的服务，增加行业间互动。

截至 2017 年，已签约电视台 47 家，电台 62 家，共计 109 家。新增签约台数 18 家，其中电视台 7 家（广东广播电视台、深圳广播电影电视集团、呼和浩特广播电视台、宁波广播电视集团、太原广播电视台、贵阳广播电视台、长沙广播电视集团），广播电台 11 家（安徽广播电视台、广东广播电视台、深圳广播电影电视集团、呼和浩特广播电视台、宁波广播电视集团、太原广播电视台、贵阳广播电视台、长沙广播电视集团、衡阳广播电视台、广西人民广播电台、郑州人民广播电台）。

为满足著作权人的期望，逐步提升广播权收费标准，2017 年 8 月，音著协与电视版权委员会成员台代表正式启动关于“2016 及后续年度使用费增长问题”的协商。经过近半年的艰苦努力，双方已达成共识，广播权许可使用费的增长已是定局。此外，音著协同广播版权委员会的许可使用费增长谈判也在进行当中。

2017 年，音著协继续推行“以诉促谈”的许可工作理念，发出律师函 13 封，涉及 13 家台，提起诉讼 22 起，涉及 20 家台/总台，已结案的诉讼 13

起，涉及 10 家台。

在服务方面，音著协与中央电视台版权部门合作创建微信群，实现了与 20 余个节目部门、近 300 人的实时沟通；创办《广电月刊》，为广电行业普及版权知识；多次走访各台，深入编播一线，进行关于广电音乐版权实操知识的培训。

（三）复制权及信息网络传播权许可工作

2017 年音著协复制权许可收益约人民币 1 121 万元，信息网络传播权许可收益约人民币 7 265 万余元，继续保持快速增长。

1. 复制权业务

(1) 在图书出版使用音乐方面，自 2013 年启动法定许可教科书业务以来，大多数的教科书出版单位均与音著协达成合作。

(2) 针对工业产品（如电话亭式卡拉 OK、早教机等）内置音乐的情况，音著协在市场调研后，通过向销售终端投诉的方式，促使生产厂家解决著作权问题。

2. 信息网络传播权许可业务

2016 年，音著协继续坚持原有的"主渠道合作"模式，并开拓直播类、视频类、游戏类应用的许可工作；与其他中小型企业达成合作关系的近三十家，包括王者荣耀总决赛直播活动、芭莎慈善晚会直播活动、大众点评宣传活动、锤子科技直播活动猫、天猫"双十一"全球潮流盛典活动、君马汽车品牌发布会、香港特别行政区政府驻成都经济贸易办事处宣传片等。

四、音乐作品许可使用费分配

2017 年音著协共进行 12 次分配，涉及许可金额约 1.48 亿元，扣除增值税后约为 1.39 亿元，管理费比例约占 18%（见表 1）。

表 1　2017 年音乐作品许可使用费分配明细

期数	分配号	扣税后许可金额（万元）	管理费比例	参与分配金额（万元）
2017 第一期	P151（2015 现场表演许可使用费）	454	20%	364
	M162（2016 下半年复制权使用费）	516	15.5%	436
	B143（新增网络许可使用费 A）	660	10%	594
2017 第二期	K151（2015 年卡拉 OK 使用费）	2 782	20%	2 656
	2015 年机械表演许可使用费分配	3 086	20%	2 468
	B151（2015 年网络许可使用费 A）	1 236	20%	996

续前表

期数	分配号	扣税后许可金额（万元）	管理费比例	参与分配金额（万元）
2017 第三期	M171（2017 上半年复制权使用费）	565	16.5%	472
	P153（2015 年广播权许可使用费 A）	1 792	20%	1 434
	P152（2015 年背景音乐使用费）	139	5%	132
	B153（新增网络许可使用费 B）	660	10%	594
2017 第四期	P154（2015 年广播权许可使用费 B）	1 554	20%	1 243
	O161（2016 年海外许可使用费）	527	5%	500

注:保留到"万"位。

五、音乐作品诉讼维权工作

2017 年，音著协共办理民事诉讼案件 279 件。通过诉讼方式获得判赔、调解及和解金计人民币 476 万余元，待执行款人民币 312 万余元，诉讼花费总支出为人民币 40 万余元。

重点案例：江苏凤凰少年儿童出版社有限公司侵权案，中国移动咪咕音乐侵权案，蔡健雅 2017 列穆尼亚演唱会成都站侵权案，后街男孩广州演唱会侵权案，刘老根大舞台（前门店）侵权案，上海宜家北蔡商场侵权案，北京铁路局北京南站侵权案，河北广播电视台侵权案，南京广播电视集团侵权案（第二次），济南广播电视台侵权案（第二次），太原广播电视台侵权案。

六、信息宣传工作

2017 年音著协共制作完成《会讯》两期——第 32 期、第 33 期。其他主要工作如下：

（一）建设自身的宣传平台

利用官方网站、微信公众号、简报、宣传彩页等方式，全面展示会员发展、许可收费、费用分配、对外交流等各项工作，为社会各界了解音著协主动提供了信息和窗口。

（二）扩大与社会各界的交流与合作

5 月，由音著协、江苏地方许可工作团队、苏州大学知识产权研究院共同牵头主办的"商业场所播放背景音乐著作权问题华东地区研讨会"在南京成功举办，来自华东地区的司法机关、版权行政管理部门、高等院校、行业协会、国际版权保护组织、著作权集体管理组织、音乐使用者等各单位50多位专家与业内人士出席了研讨会。此外，音著协还参与了各类由政府、司法界、产业界组织的会议，学习领会政府最新的指导精神、表达音著协的诉求、传播著作权集体管理知识。

七、国际事务

2017年，音著协与波兰音乐著作权协会（ZAiKS）签订了相互代表协议。至此，音著协已与75家音乐著作权集体管理组织建立了相互代表关系。

（张　群）

中国音像著作权集体管理协会

“倡导创新文化，强化知识产权创造、保护、运用”是党的十九大报告指明的版权事业的发展方向，是中国音像著作权集体管理协会（以下简称音集协）的工作目标。音集协一直秉持“保护权利人、服务使用者、建立良性版权许可秩序、激发行业创新生命力”的理念办会，回望2017年，收获与挑战并存。

一、提升服务意识，增强会员凝聚力

截至2017年12月31日，音集协共发展会员177家，包括337家权利人的权利，新入会会员24家，实现稳步增长。为推进会员发展，音集协大力宣传协会职能，积极提升服务质量，使海外唱片公司提升了对音集协工作的认可，索尼公司成为继环球、滚石之后又一家直接加入协会的国际知名唱片公司。

为完善授权曲目管理，音集协进一步完善资料管理，完善会员档案电子信息库、实物光盘硬盘库、视频资料库。开展全曲库作品排查工作，对版本争议、重复登记、权利冲突等问题作品进行全面筛查，确认可授权曲目98 442首。

为服务会员新歌推广，音集协通过与卡拉OK系统设备及服务商（以下简称VOD）、IPTV、移动卡拉OK设备等合作伙伴洽谈，为会员争取了免费的推广资源，包括开屏推荐、新歌推荐、榜单推荐等，提高了会员向协会申报歌曲的积极性，为新创作品提供了更多的宣传渠道。

二、开拓许可业务，促进版权收费

2017年，全球音乐市场收入稳步增长，我国音乐市场的估值不断提升，其中网络版权收入增长迅猛，相较之下，我国实体版权收入持续下降，尤为突出的是实体卡拉OK市场营业额下滑，导致该项版权许可业务的难度倍增。截至2017年12月31日，全国29个省（直辖市、自治区）开展了许可工作，签约场所共计4 257家，收取卡拉OK著作权使用费合计约1.76亿元，在市场衰退期再创历史新高。

移动卡拉OK设备（又称迷你K、歌咏亭）以更贴近年轻化消费群体、更善用碎片化时间的优势迅速占领市场，其版权使用方式与传统卡拉OK基本相同。2017年，音集协紧跟市场发展，参照卡拉OK经营场所授权模式，共向七家移动卡拉OK产品生产者发放了音乐电视作品的放映权许可，收取版权使用费994万元。移动卡拉OK设备作为新生产品正在经受市场检验，预计市场规模稳定之中略有缩小。

智能电视/智能机顶盒端的卡拉OK点唱产品随互联网电视的兴起便捷了家庭唱K的消费需求而广受好评，2017年，音集协共向两家产品运营者发放了所拥有信息网络传播权的歌曲许可其产品使用，并在共享大数据平台、新歌推广方面达成合作。

音集协自2014年面向VOD开展曲库许可业务，本年度使用费为885万元。VOD行业在推广正版、新歌发放、节目制作等方面与音集协达成诸多合作，对规范VOD行业秩序有巨大推动作用。

2017年音集协根据《教科书法定许可使用作品支付报酬办法》，对市面上销售的义务教育教科书及其配盘情况开展了法定许可业务，实现了教科书法定许可业务零突破，该业务仍有待拓展。

三、打击侵权行为，维护会员权益

为维护权利人利益，提高收费覆盖率，2017年度，音集协在全国29个省（自治区、直辖市）开展了维权活动，发起3 000余起维权诉讼。维权诉讼的目的是打击侵权行为，促使使用者获得合法许可，建立良好的授权机制，因此，音集协力主达成许可和解。2017年，和解或调解结案的共计1 150家，因维权促成签订版权许可合同共计1 083份，合同金额合计4 397万元，占版权费总额的28.5%。

除民事诉讼外，音集协还针对侵权歌厅提起117例行政投诉，其中6家卡拉OK歌厅经营者在版权行政、文化执法部门的协调下，与音集协签署了《著作权许可使用合同》。

然而，由于目前司法审判对作品“一告一赔”的保护思路与鼓励传播、便捷使用的预期相冲突，给市场造成一定的恶性导向，一方面集体管理组织的会员的权益难以得到广泛保护，另一方面版权商业诉讼规模日益扩张，卡拉OK版权市场秩序被严重扰乱。

为维护版权市场的良性秩序，音集协积极为合法使用者应诉，为广大会员权益游说，为集体管理制度发声，努力维护集体管理来之不易的成果。2017 年，音集协协助已获得集体管理许可的卡拉 OK 场所处理非会员诉讼共 316 起，合法经营者不堪“累讼”之扰，侵权使用者借非法集体管理逃避侵权责任，与其伴生的商业诉讼也给各省司法审判工作带来极大负担。

目前，江苏省高级人民法院、厦门市中级人民法院、呼和浩特市中级人民法院、北京市朝阳区人民法院、北京市东城区人民法院、北京市西城区人民法院、上海市闵行区人民法院、珠海市中级人民法院等多地法院裁决认为使用者已从著作权集体管理组织获得许可并交纳了版权使用费的，应认定其已尽到尊重他人著作权的合理注意义务，对使用者苛以过重义务有失公允，故，商业诉讼指控的侵权行为没有主观过错，只需承担停止侵权的民事责任，而无须赔偿损失。此类判决扼制了商业诉讼日益泛滥的势头，通过司法实践引导权利人和使用者通过集体管理进行授权的机制，实现保护权利和促进产业发展的平衡。

继 2016 年司法机关认定深圳市声影网络科技有限公司开展非法集体管理活动后，2017 年国家版权局就无锡市侨声娱乐有限公司和中山市味力东翼餐饮娱乐有限公司分别投诉深圳声影从事非法集体管理行为的行政投诉已正式立案调查。目前，在卡拉 OK、文字、图片等领域，存在不同程度的变相或非法集体管理行为，或者非法集体管理和商业诉讼相结合，使得著作权集体管理业务及娱乐市场正常业务受到严重干扰。此次国家版权局作为著作权集体管理的行政主管机关，依法对深圳声影非法集体管理的立案查处，是在我国司法实践认定非法集体管理之后，首例行政管理部门对非法集体管理的查处，对扼制不断蔓延的非法集体管理，促进我国著作权集体管理制度的健康发展具有重要意义。

四、积极为会员奔走，呼吁广播权、公开表演权

录音制作者的广播权和公开表演权已在国际上得到普遍认可，国际唱片业协会提供的数据显示，全球有 147 个国家和地区对这两项权利予以了立法保护。在我国，音集协自 2006 年开始积极奔走，与我国众多音乐公司、音乐从业人员、行业协会和法律专家学者，通过多种形式呼吁修改《著作权法》、赋予录音制作者广播权和公开表演权。2014 年国务院法制办发布的《中华人民共和国著作权法（修订草案送审稿）》中已赋予录音制作者广播权，但尚待通过。

没有录音制作者就没有音乐产业，录音制作者在录制音乐的过程中，通常需要以高昂的成本支付词曲作者、编曲者、制作者、录音者、表演者等劳务报酬，并通过制作人辛勤的创造性劳动，将一个纸面上的曲谱录制成可以供大众欣赏的录音制品，但是目前音像产业的付出与回报却严重倒挂，尤其是互联网环境下传统市场收入的萎缩，使得录音制作者对于广播权与公开表演权的立法需求更为急迫。从录像产业目前发展的实际情况及其对整个音乐产业的重要性来看，完善立法加大对我国录音制作者的保护，势在必行。

五、完善使用费分配，规范财务工作

2017 年，音集协总结分配工作经验，规范化分配数据，统计出具了《KTV 歌曲点唱调查报告（2016）》，作为许可使用费分配的依据。理事会通过了《卡拉 OK 著作权使用费分配细则》《迷你 KTV 著作权使用费分配办法》等，进一步完善了著作权使用费分配工作。

六、完成脱钩工作，加强内部建设

到 2017 年底音集协基本完成了脱钩工作。在外事、党建、资产、人事等工作方面完成了脱钩。2 月，音集协向北京市外事综合服务大厅递交了外事脱钩方案，北京市外事办于当月文件回复正式接收协会外事工作。7 月，中直机关工委正式接收协会党建工作。2 月至 4 月，国家新闻出版广电总局财务司对音集协进行脱钩资产审计工作，9 月财政部进行再次复审。音集协领导高度重视，将任务层层落实，紧密配合，圆满完成了脱钩审计工作。

2017 年 3 月，音集协分别召开第六次会员大会和第二届理事会第四次会议，投票选出了协会新一任理事长，在周建潮理事长的领导下，音集协各项工作顺利开展。

继 2016 年《协会内控管理制度》制定后，音集协为了规范收费行为，在业务上制定了《歌舞娱乐场所卡拉 OK 著作权使用收费行为规范》；在内部管理上制定了《固定资产管理制度》《修订协会借款及费用报销细则》，进一步规范协会的内部管理制度。

在党建工作上，音集协根据《中直工委关于脱钩行业协会商会党建工作接收办法（试行）》和《中央直属机关工委关于中国音乐著作权协会等 5 个协会党建工作移交实施方案的批复》的精神和要求，于 2017 年 7 月参加总局召开的 5 家著作权协会党建工作接收座谈会，标志着音集协党建工作正式由中直机关工委领导。协会自十九大召开后，认真学习十九大精神，更加明确了脱钩后党建工作在协会建设中的重要性。

七、加强自身宣传建设，扩大海内外合作

音集协加入国际唱片业协会后，积极加强海外交流与合作，学习引进海外先进经验，向国际社会展示中国音像著作权工作取得的突出成果，为促进我国著作权事业发展贡献力量。

2017年上半年音集协参加“2017法国戛纳音乐展”；派员参加国家版权局组织的中国版权代表团赴澳大利亚、汤加、新西兰等国家进行交流和访问。2017年下半年，国际唱片业协会（香港会）、环球音乐、韩国音乐产业协会（RIAK）、韩国音乐著作权协会（KOMCA）、韩国音乐表演者联合会（FKMP）及韩国著作权委员会相继访问音集协，韩方与音集协签订战略合作协议，各方均表示愿共同推动我国音像著作权集体管理工作的发展。

（李 婧）

中国文字著作权协会

2017年，中国文字著作权协会（以下简称文著协）在国家版权局和中央直属机关工委的领导下，积极推广会员作品，维护会员合法权利，切实履行报刊转载和教科书“法定许可”稿酬收转的法定职能，稳步推进版权代理工作，继续探索集体管理授权业务，执行中俄、中白政府间“文学作品互译出版项目”，加强国际交流和国际版权贸易，取得了一些成绩。

一、脱钩工作

（一）严肃对待脱钩财务专项审计

2017年2月，文著协接受了为期半个月的国家新闻出版广电总局社团脱钩工作专项审计，按照总局财务司和财务司聘请的会计师事务所的要求，提供了相关账目和文字材料，配合事务所对协会全体工作人员的一对一面谈，并对有关问题和审计结果向总局版权司和财务司提交了明确的书面意见，顺利完成了脱钩工作专项审计。同时，也多次参加总局版权管理司、财务司组织的脱钩协调会。并就有关审计结果多次向财政部、国家发展改革委反映意见，表达诉求。

（二）顺利完成脱钩各项工作

根据《中共中央办公厅、国务院办公厅关于印发〈行业协会商会与行政机关脱钩总体方案〉的通知》（中办发［2015］39号）文件精神和《民政部、国家发展改革委关于做好全国性行业协会商会与行政机关脱钩试点工作的通知》（民发［2015］150号）文件要求，文著协被列入第二批全国性行业协会商会脱钩试点单位、总局第一批脱钩试点单位。

2017年初，按照中央和总局关于协会脱钩的要求，文著协积极参加总局机关党委、中央和国家机关工委社团党建工作部、总局人事司组织的脱钩工作会议，认真学习并深入领会中央关于社团脱钩的精神和部署，制定脱钩方案，积极做好脱钩各项准备工作，稳步推进协会党建、人事、财务、职能、外事五个方面脱钩工作的顺利实施。

2017年12月4日，按照中办和国办关于全国性协会脱钩的程序要求，文著协完成在民政部社会组织管理局的“社会团体法人登记证书”的换证工作（取消主管单位），脱钩工作圆满结束。这是协会发展史上的大事。

二、收转分配工作

文著协是向著作权人转付报刊转载和教科书等“法定许可”使用文字作品著作权使用费的法定机构，因此，“法定许可”稿酬收取和分配工作是文著协的法定职责，必须作为工作的重中之重来抓。文著协采取主动查找作者、主动核实作者信息和转载信息、主动发放转载稿酬的“三主动”方法，向作者转付报刊转载和教科书选文稿酬，确保把每一笔稿酬发放到真正的权利人手中。文著协制定了严格的稿酬转付流程，给作者的每一笔稿酬都有使用明细单。文著协保证每个月进行一次较大范围的稿酬转付工作，同时，个别作者的申领稿酬随时处理。文著协确立的“三主动”方法获得广大作者好评。

2017年，文著协全年共收取著作权使用费520万元。

（一）具体分配情况

2017年文著协共向会员和其他权利人分配稿酬38次，总计336.55万元，涉及文章5 243篇，惠及作者千余人次，平均分配率达65%，维权和电子书分配率达100%，汇编和教科书分配率接近90%。其中：

报刊、教科书法定许可稿酬分配共计129.32万元，涉及文章1 583篇，惠及658人次；

汇编代理使用费分配共计132.30万元，涉及文章1 102篇、图书逾百部，惠及作者、译者共378人次；

维权追讨稿酬分配共计26.44万元；

电子书稿酬分配共计48.49万元，涉及文章和图书2 507篇（部），惠及365人次。

（二）为老会员上门送稿酬

在2017年“4·26”世界知识产权宣传周期间，文著协为艾青、臧克家、冯至、管桦、陈伯吹、孙犁、梁实秋等名家继承人以及陈漱渝、陈筱卿等会员上门送去稿费和样书，热心解答他们的每一个提问，并征求他们对协会工作的意见和建议。这是文著协第九年举办为会员上门送稿酬活动，得到会员的好评。这些稿酬既包括教科书选文和报刊转载法定许可使用费，也包括汇编作品的授权费，还有维权得到的赔偿。文著协不但义务审核会员与出版社等机构的授权合同，还对他们的其他版权问题提出专业意见和建议。

（三）发放样书

2017 年文著协给权利人发放样书共计 610 册。

三、会员发展工作

会员是协会立足业界之根本。文著协自成立以来，通过坚持不懈地为广大权利人办实事、办好事，维护他们的合法权益，在社会上产生了良好反响。2017 年，新增会员 461 人，会员总数达到 9 261 人。由于文著协坚持定期发放稿费，许多权利人纷纷主动填写入会申请表要求加入，许多老会员陆续寄来新的作品备案，要求续签合同。

2017 年，在转付稿酬的过程中，文著协通过网上查找，新增了数百位权利人信息，并对权利人信息库中的相关信息进行了审核与补充。

四、"法定许可"业务的开展

与教科书出版机构和文摘类报刊社签订"法定许可"稿酬收转协议，收取文摘类报刊社和教科书出版社交纳的转载和选文稿费是国家法律赋予文著协的法定职能。经过不懈努力，2017 年文著协与 20 家教科书和报刊出版单位签订"法定许可"稿酬转付协议，如西南师范大学出版社、机械工业出版社、文心出版社、石油工业出版社、《北京文学》月刊社、《半月选读》杂志社、中国文联文艺评论中心、三联书店（香港）有限公司、时信出版（香港）有限公司、培生教育出版亚洲有限公司（香港）、英大传媒投资集团有限公司等教科书和报刊出版机构。向文著协交纳报刊转载和教科书选文稿酬的出版单位已达 26 家。

无论是从合作的报刊社、出版社数量来看，还是从收取的著作权使用费数额，以及转付分配的著作权使用费金额来看，文著协法定许可业务各方面都表现良好。

五、版权集体管理业务

（一）信息网络传播权

2017 年，文著协继续与北京世纪卓越信息技术有限公司（亚马逊中国）、北京世纪超星信息技术发展有限责任公司、北京掌阅科技有限责任公司等机构合作，通过数字新媒体平台，推广会员作品，为会员创造收益。

（二）戏剧公开表演权

2017 年 4 月，文著协获得俄罗斯著名剧作家柳德米拉·拉祖莫夫斯卡娅的授权，为国内院团成功引进了俄罗斯经典话剧《青春禁忌游戏》（原名为《亲爱的叶莲娜·谢尔盖耶夫娜》），公演后反响热烈，同时文著协也帮助该剧作家解决了国家话剧院长达十几年的侵权赔偿问题。文著协 2015 年 12 月引进的俄罗斯著名话剧《办公室的故事》继续在国内巡演，文著协及时为俄罗斯著作权人结算了不菲的版税。《办公室的故事》和《青春禁忌游戏》是目前在国内最上座的两部俄罗斯经典话剧。

（三）汇编权

汇编作品是很多出版单位的主要产品线。多年来，文著协通过授权推广会员作品、主动查找作者译者，与很多会员和权利人建立了稳固的关系。文著协通过集体谈判、"一揽子"授权，将很多会员从烦琐的单篇文章授权业务中解脱出来，节省了会员的时间和精力，同时提高了会员的收益，解决了出版单位的后顾之忧。经过多年的实践，将作者汇编权纳入集体管理，是文著协集体管理工作的一大"创举"，得到会员和出版单位的认可和好评。

2017 年，文著协利用长期积累的会员和作者信息，与中国文史出版社、中国妇女出版社、中国劳动社会保障出版社、中国寓言文学研究会、教育科学出版社、人民卫生出版社、学习出版社、明天出版社、海燕出版社、江苏人民出版社、长江文艺出版社、上海世纪出版股份有限公司教育出版社、湖南文艺出版社、安徽少年儿童出版社、四川天地出版社、万卷出版公司、牛津大学出版社（中国）有限公司、读者出版传媒股份有限公司、北京联合出版有限责任公司、北教小雨文化传媒（北京）有限公司、北京雅迪传媒有限公司、北京蒲蒲兰文化发展有限公司、北京蒲公英童书馆文化传播有限公司、北京大众世纪文化有限公司、北京万亭文化发展有限公司、天津唐码书业有限公司、杭州果麦文化传媒有限公司、长沙潇岳文化传播有限责任公司、山东天麦文化传播有限公司、兰州西部科教文化有限公司、沈阳耕读文化传播有限公司、哈尔滨勤为径图书经销有限公司等多家出版社和民营出版策划机构签订了协议，解决了 2 000 多篇文字作品的汇编作品授权，同时涉及 500 多名作者、译者。

六、版权代理工作

（一）图书代理授权

教育部《全日制九年制义务教育语文新课程标

准》将很多名家作品列为课外读物，因此出版界对名家名作需求旺盛。2017年，文著协为国内多家出版社、民营出版策划机构解决了数十种图书的出版权授权问题。

（二）国际版权代理

2017年1月，文著协与人民出版社正式签约，为该社从塞尔维亚引进《永远的“瓦尔特”——巴塔传》一书（巴塔是前南斯拉夫电影《瓦尔特保卫萨拉热窝》中扮演“瓦尔特”的电影演员，塞尔维亚著名社会活动家）。2017年8月，文著协与人民出版社、塞尔维亚驻华大使馆在北京国际图书博览会期间举办首发仪式，央视著名主持人崔永元为该书作序。该书中文版的出版成为中塞文化交流与合作史上的标志性事件。

2017年8月，文著协与韩国爱力阳版权代理公司签署版权代理协议，输出茅盾作品《蚀》一书的韩语版权。

2017年11月，文著协与哈尔滨工程大学出版社签署版权代理协议，解决了俄罗斯作者聂乌伯克耶夫的《防空导弹射击原理》一书的授权问题。

2017年，文著协还帮助中国国际广播电台向白俄罗斯输出《中国百科》版权，向乌克兰输出《三十六计》乌汉对照版权。文著协代理的《狼图腾》《尘埃落定》在乌克兰翻译出版。文著协还协助广东出版集团和国家外文局新世界出版社输出了《社会主义在中国（1919—1965）》《美丽中国之旅》系列等图书俄文版权。

（三）其他文创领域的版权代理

2017年1月，文著协为中国唱片总公司发行的中国著名作曲家臧云飞《人间四月天》作曲专辑中涉及的冰心、舒婷、海子诗歌内容解决了版权授权问题；2017年2月，文著协为中央电视台制作的《中国味道第五季——味道博物馆》节目中使用《白鹿原》《京华烟云》作品中部分文字内容解决了版权授权问题；为张嘉译、姜武主演的电视连续剧《生逢灿烂的日子》片尾曲代理解决了海子诗歌《面朝大海　春暖花开》的授权问题；为《世界文学》杂志引进韩国金英夏的《玉米和我》的版权。

七、继续执行“中俄经典与现当代作品互译出版项目”

2013年国家新闻出版广电总局批准文著协为“中俄经典与现当代作品互译出版项目”的中方执行协调机构。通过文著协与中俄双方各出版机构以及双方翻译家的努力协调，“中俄经典与现当代作品互译出版项目”结出丰硕的成果。截至2017年底，中方已出版“俄罗斯文库”中的文学作品共计41种，俄方已出版“中国文库”中的文学作品共计30种。该项目共计100种，已经顺利完成三分之二。

2017年8月底，在第二十四届北京国际图书博览会期间，“中俄经典与现当代作品互译出版项目”最新成果亮相俄罗斯展台，吸引了很多读者和中俄两国新闻媒体的关注。“中国文库”中的《诗国三高峰，辉煌七百年——唐宋诗选》、《阿Q正传——鲁迅作品选》、阿城的《棋王、树王、孩子王》、张炜的《古船》、毕飞宇的《推拿》等作品的俄文版在展会上精彩亮相；“俄罗斯文库”中的《爱情守恒定律》、《普希金之家》、《此前与此刻》、“俄罗斯少年文学”丛书（共十册）、《莫佳阿姨》等作品的中文版也分别由北京大学出版社、中国国际广播出版社和黑龙江少年儿童出版社出版。

8月25日，文著协和俄罗斯翻译学院共同举办了“中俄经典与现当代作品互译出版项目”圆桌会议，由文著协总干事张洪波和俄罗斯翻译学院项目主任尼娜·利特维涅茨主持。中俄双方出版人、俄苏文学翻译家代表、俄罗斯作家就互译项目的最新成果进行了热烈的讨论与交流。

“中俄互译出版项目”也吸引了“一带一路”沿线国家的关注。白俄罗斯红星出版社原社长、白俄罗斯新闻部副部长亚历山大·卡尔留科维奇亲临俄罗斯展台与文著协总干事张洪波进行深入交流，对“中俄互译出版项目”取得的成绩表示祝贺，并愿意积极推动“中白互译出版项目”。阿尔巴尼亚范·诺力出版社社长也多次前来展台了解“中俄互译出版项目”，并表示愿意与文著协合作推动中国作家作品在阿的翻译出版工作。文著协总干事张洪波应邀参加了国家新闻出版广电总局、中国作协、文化部主办的“2017年中外文学出版翻译研修班”，并做了版权专题讲座，部分外国汉学家、翻译家也来展台交流沟通。

八、积极维护权利人的合法权益

（一）日常维权

2017年，文著协继续为维护广大权利人的合法权益而努力工作，成功调解汪曾祺、臧克家、冯钟璞、冯至、张抗抗、常福生、邹海仑、陈中梅、经绍珍、齐世明等20余位会员与相关出版机构的版权纠纷，追讨出版单位拖欠会员稿酬和对会员造成的经济损失数十万元，受到会员的好评。文著协团队运用专业知识和专业谈判技巧，调处版权纠纷，不但及时化纷止争，而且节省了很多会员的精力，得到双方认可。很多出版单位因此进一步强化了版权法律意识，主动跟文著协接洽，了解会员作品情况，陆续建立起了合作关系。

（二）起诉中国知网

2016 年，经会员投诉，文著协发现，中国知网（即 CNKI）未经许可，擅自上载传播大量文著协会员作品，仅第一批取证就发现，中国知网上载了文著协 111 位会员总计 21 769 篇文章（数据截至 2016 年 3 月），并以此牟利，严重侵犯文著协会员信息网络传播权和获得报酬权。

为维护会员权利，在长达一年半的时间里，文著协与中国知网多次沟通、交涉，但对方一直拖延推诿，不提供任何实质性解决方案。2017 年 7 月，文著协就中国知网侵害会员汪曾祺作品《受戒》信息网络传播权和获酬权一事，向海淀法院提起诉讼，要求法院判决中国知网侵权并承担相应的经济赔偿责任。海淀法院在 2017 年 9 月第一次开庭时即表示，鉴于双方的社会影响，希望双方接受调解。2017 年底，在法庭主持下，双方进行了一次沟通。

九、积极组织各类版权交流活动

（一）举办“文字作品著作权维权诉讼座谈会”

2017 年 3 月 18 日，文著协在北京组织举办了“文字作品著作权维权诉讼座谈会”。来自最高人民法院、国家版权局、中国社会科学院、北京知识产权法院、江苏高院、北京海淀法院、北京朝阳法院、北京外国语大学、中国科学院大学、中国音乐著作权协会、中国音像著作权集体管理协会等多家单位的领导、法官、专家、学者、律师以及实务界人士共 20 余人，围绕著作权集体管理组织在维权诉讼上的目标、作用及效果，变相集体管理/商业维权的性质、特点及影响，对变相集体管理/商业维权进行立法规制的必要性与可能性，司法政策趋势、证据规则及赔偿标准等四个主题展开了深入讨论。大家一致认为，要切实解决著作权诉讼维权的迫切问题，提升集体管理组织的服务水平，发挥集体管理制度的功能，推动版权产业健康有序发展。

（二）主办“2017 高校数字版权国际论坛”

2017 年 4 月 13 日，经国家版权局版权管理司批准，文著协与美国版权结算中心（CCC）在京共同主办了“2017 高校数字版权国际论坛”，各界专家、代表近百人参会。会议就“高校数字图书馆与数字校园面临的版权难题及解决办法”展开了热烈的研讨，与会人士发言踊跃，分别就“内容获取、加工、使用的版权问题”“版权内容的利用”“版权内容的传播与二次使用”“开放获取及相关问题”等专题进行了讨论。该次论坛得到了《中国新闻出版广电报》、《中国知识产权报》、《国际出版周报》、《中国教育报》和《中国版权杂志》等相关媒体的关注。

（三）举办“出版编辑版权沙龙”

从 2017 年 9 月 7 日开始，截止到年底，文著协共策划组织八期“出版编辑版权沙龙”，通过网络召集各出版机构的编辑人员、版权经理、有关专家、律师，针对在出版编辑实务中遇到的各种版权问题不定期进行线上研讨交流。

十、国际交往

（一）接待美方代表团来访

2017 年 6 月 20 日，按照国家版权局的安排，文著协接待了美国专利商标局代表团的来访，双方就版权领域双方关心和感兴趣的话题进行了友好交流，增进了彼此了解。

（二）中罗、中俄版权交往

2017 年 6 月 15—27 日，应罗马尼亚著作权集体管理协会和俄罗斯出版与大众传媒署的邀请，文著协派员访问了罗马尼亚和俄罗斯。访罗期间，代表团与罗马尼亚著作权集体管理协会进行了深入会谈，拜访了罗马尼亚文学博物馆、罗马尼亚版权管理办公室，与罗方版权集体管理组织、罗作家举行了座谈会，并就下一步中罗版权贸易、中罗互译出版达成共识。

访俄期间，代表团拜访了俄罗斯出版与大众传媒署、俄罗斯著作权协会、俄罗斯翻译学院、俄罗斯科学院东方文学出版社、圣彼得堡吉彼里昂出版社、圣彼得堡大学东方系等机构并拜会了部分俄罗斯汉学家、作家、剧作家，就中俄互译出版项目下一步工作、中俄戏剧公开表演权、中俄版权贸易等领域的进一步合作进行了深入交流，达成了合作计划。

10 月 15—20 日，文著协接待了罗马尼亚著作权集体管理协会访华代表团。双方就文字作品著作权集体管理、复制权、戏剧公开表演权、互译出版等相关工作以及图书戏剧版权贸易等问题进行了深入交流，达成很多共识。罗马尼亚代表团访华期间，文著协邀请人民教育出版社、电子工业出版社、接力出版社代表组织了“中罗出版与版权合作座谈会”，拜访了北京罗马尼亚文化中心，还安排罗马尼亚代表团与鲁迅文学院、中国国际广播出版社等相关单位以及中国著名作家、罗马尼亚文学翻译家进行了多种形式的沟通交流。

（三）参加国际复制权组织联合会年会

2017 年 11 月，文著协派员参加了在日本东京举行的国际复制权组织联合会全球年会，并在会上做了年度工作报告，同时与前来参会的有关国家集体管理组织代表进行了深入交流，进一步增进了相互了解。

（张洪波）

中国摄影著作权协会

2017年是国家《版权工作“十三五”规划》起始之年，也是中国摄影著作权协会（以下简称摄著协）与政府脱钩后依法设立、自主办会、服务为本、治理规范、行为自律，创新管理体制和运行机制，激发内在活力和发展动力，提升行业服务功能的关键之年。

一、完成与行政机关脱钩工作

2016年10月，国家启动了第二批脱钩试点工作，摄著协被列为第二批脱钩试点单位之一。按照国家新闻出版广电总局制定的《中国摄影著作权协会脱钩工作实施方案》，完成脱钩工作（外事分离、资产财务分离、党建分离、人事分离）。

二、积极努力做好教科书使用摄影作品收费和分配工作

国家《版权工作“十三五”规划》指出，要充分发挥版权社会服务机构的作用，支持著作权集体管理组织依法开展业务活动和维权工作。2017年初，摄著协已向国家版权局提出建议，尽快召开相关教科书出版社会议，贯彻落实国家版权局和国家发展改革委颁发的《教科书法定许可使用作品支付报酬办法》，以此作为契机推动摄著协教科书使用摄影作品的付酬工作。

2017年8月23日，摄著协再一次与人民教育出版社签订了教科书使用摄影作品支付报酬协议，按照协议约定人教社已于11月13日向摄著协支付2012年至2017年部分教科书使用摄影作品的稿酬。与此同时，摄著协按照国家版权局要求，对一些长期拖延推诿，以各种理由拒不商谈付费的出版社采取必要的法律手段，促使其依法履行付费义务。

2017年摄著协在积极开展教科书法定许可使用摄影作品收费工作的同时，还努力向相关权利人和会员转付和分配使用费。由于相关教科书出版社未能按照《著作权集体管理条例》规定的“将使用费连同邮资以及使用的作品的有关情况送交管理相关权利的著作权集体管理组织”来做，造成摄著协只收到使用费，而没能获得相关权利人如作者姓名、通信地址等其他信息，给摄著协的转付和分配工作造成困难。为此，摄著协利用摄影界的相关资源，已经开始寻找并向相关权利人转付和分配使用费。

三、努力发展会员，会员总数达到1.4万人

近几年摄著协努力发展会员，把发展会员和取得摄影家授权作为一项重要工作来抓。为了把发展会员工作落到实处，摄著协充分发挥各省摄影家协会、理事的作用和力量，委托他们作为协会发展会员工作的首席代表，由首席代表向摄著协推荐和发展新会员。同时，摄著协还大力改进为会员服务工作方式，以“互联网＋”的思维方式开发和建立了网上在线申报入会系统，通过互联网进行入会申报，真正实现网上申报、在线管理和会员自主更新个人信息的网络在线会员管理。经过几年的努力，摄著协的会员总数已经达到1.4万人，真正成为具有广泛代表性且拥有众多权利的视觉艺术管理组织。

四、与相关国际组织开展合作，积极拓展版权保护领域

2017年5月，摄著协开始与国际作者和作曲者协会联合会（CISAC）亚太地区办事处接触，就如何深化摄著协与旗下的全球视觉艺术家联盟（CIAGP）的合作进行探讨。2017年10月2日，摄著协在纽约与美国、英国、法国、西班牙、瑞典、日本、澳大利亚7个国家的版权保护组织签订了版权合作协议，按照协议约定，首先由这7个国家对中国摄影家进行版权保护，在上述国家的互联网、公共传播领域（包括有线、无线电视和卫星传播）、展览、广告、出版（书籍、报纸、期刊）、租赁和租借、任何类型的复制以及私人复制等多个领域为中国的摄影家收取使用费，并把这些使用费转交给中国摄影著作权协会。协议签订后，法国、西班牙、瑞典已经开始与摄著协进行相关工作的对接，相关业务合作已经逐步展开，使摄著协的版权保护工作开始走向国际。

（朱宝祺）

中国电影著作权协会

2017年，中国电影著作权协会（以下简称影著协）在国家版权局的指导下，在会员单位的支持下，不断深入学习党的十八大、十九大精神，以习近平新时代中国特色社会主义思想为指导，围绕社团脱钩以及著作权保护和管理等重点任务，具体开展如下工作：

一、协会脱钩工作基本完成

2016年8月，作为全国第二批、国家新闻出版广电总局第一批脱钩试点单位之一的影著协脱钩工作正式开启。影著协先后向党建、人事、机构、财务、外事等相关管理部门提交调研表格和相关问询材料，报告协会基本情况。根据国家新闻出版广电总局人事司的部署，经常务理事会决定，摄著协于2016年10月报送脱钩方案及脱钩领导工作小组。2016年11月，影著协脱钩实施方案获得民政部核准。2016年12月，影著协参加人事司组织的第二次脱钩工作会议，明确与各相关司局办理脱钩事务的具体方案。2016年12月至2017年1月，在总局进口管理司的指导下，完成外事脱钩，影著协外事工作将接受北京市外办管理。2017年1月至4月，在财务司的指导下，影著协接受第三方机构的脱钩资产审计。2017年5月，影著协收到了总局办公厅《关于拟取消与中国电影著作权协会主管关系的通知》，《通知》中指出按照《行业协会商会与行政机关脱钩总体方案》（中办发［2015］39号）的要求，待协会脱钩实施方案经行业协会商会与行政机关脱钩联合工作组批复并实施后，将取消与协会的主管关系。2017年7月，根据中共中央办公厅、国务院办公厅印发的《行业协会商会与行政机关脱钩总体方案》（中办发［2015］39号）以及《中直工委关于脱钩行业协会商会党建工作接收办法（试行）》和《中央直属机关工委关于中国音乐著作权协会等5个协会党建工作移交实施方案的批复》精神及要求，总局召开5家著作权协会党建工作接收座谈会。中国电影著作权协会党建工作正式移交中共中央直属机关工委，完成党建脱钩。2017年9月，协会接受财政部指定的第三方机构的脱钩资产审计。后因音集协等兄弟协会对于脱钩审计中将协会资产暂划为国有资产持有异议，经其与财政部、总局和国家版权局相关部门沟通后，由音集协牵头，五家协会联合向国家版权局书面反映有关问题。截至2017年底，影著协脱钩工作基本完成。

二、继续开拓协会著作权保护和管理业务

（一）参加立法、司法和行政管理机关相关征求意见活动，代表权利人发声

（1）5月3日，影著协应邀参加全国人大教科文卫委员会在全国人大机关办公楼组织召开的著作权法实施情况座谈会。本次座谈会主要是听取各方意见，协助全国人大常委会开展执法检查工作。考虑到会议的重要性，影著协在接到会议通知的第一时间即通过官网发布征求意见的通知并电话通知理事单位，征求大家的意见和建议。因此，5月3日会议期间，影著协集中反映了会员单位的同案不同判、判赔过低、权项设置不利于商业运作等意见并就著作权集体管理工作提出建议，希望国家能从更高层面做好设计，使著作权集体管理制度发挥更大作用。

（2）5月16日，影著协应邀参加北京知识产权法院召开的“侵犯著作权纠纷损害赔偿问题研讨会”。考虑到会议内容对行业发展的重要意义，早在5月9日接到会议邀请的当天，影著协即向会员单位发出征求意见函。中影股份、电影频道、山东电影制片厂等会员单位反馈书面意见。在归纳整理会员单位意见的基础上，影著协代表从电影权利人维权和侵权盗版现状、法律规定的可适用性和可操作性、赔偿额和合理支出的量化参数以及惩罚性赔偿等方面向司法机关反映权利人声音。

（3）4月和6月，认真研读《国家新闻出版广电总局关于规范点播影院、点播院线经营管理工作的通知》和《点播影院、点播院线管理暂行规定（征求意见稿）》并转发会员单位征求意见，了解权利人、影吧经营者以及专家学者的意见。与相关部门的领导进行沟通，向总局政策法规司、国家版权局版权管理司和周慧琳副局长报送书面意见。

（二）加强与协会监督管理机关的沟通并积极参与相关交流活动

（1）2017年1月，影著协参加国家版权局版权管理司著作权集体管理组织通气会。汇报上一年工作和下一年计划，听取管理机关的指导意见。2017年7月，影著协参与国家版权局、国家互联网信息办公室、工业和信息化部、公安部在京联合召开的“剑网2017”专项行动通气会，启动“剑网2017”专项行动并向会员单位宣传有关行动计划，鼓励大家积极参与，主动维护自身权益。2017年11月，影著协参加由国家版权局召开的“2017年全国版权社会服务工作会议”，听取领导讲话，参加业务培训，提高思想认识和服务能力。

（2）参加国家版权局主办的“2017中国网络版权保护大会”、“保护创作者权利　推动文化和电影产业发展高峰论坛”、“中英版权研讨会——数字环境下中英版权交流与合作”、“中美版权保护研讨会——体育赛事节目与版权保护”、中国版权代表团赴日本访问等一系列国内外研讨会和交流活动，加强宣传和学习。

（三）加强与权利人、使用者、学者及相关机构的交流与调研

（1）影著协相继走访中影股份、华谊兄弟、乐视网、乐视影业、光线影业等权利人，交流影吧著作权管理、空镜头使用、红色电影原声音乐的授权、

利用自有的放映设备常年为职工播放电影、在美术馆外墙广场播放样板戏电影等问题。了解权利人需求，有针对性地开展服务工作。

(2) 参加北京市版权局和世界知识产权组织中国办事处共同举办的“视听表演版权保护研讨会”；参加由山东省新闻出版广电局（版权局）和青岛市人民政府主办的第三届“青岛・东亚版权创意精品展示交易会”；参加由英国驻华大使馆、中国人民大学知识产权学院共同举办的“著作权集体管理许可机制研讨会”；参加总局电影技术质量检测所和美国电影协会共同主办的“电影版权保护暨影院反盗录技术研讨会”；参加 2017 釜山电影节期间举办的“电影盗版：如何在数字环境下保护你的电影作品”版权论坛；参加中国版权保护中心召开的“2017 CPCC 中国版权服务年会”；参加中国版权协会版权监测中心成立发布会等一系列交流和宣传活动。

(3) 拜访中国互联网上网服务营业场所行业协会，就加强网吧使用电影作品的著作权管理进行交流；调研北京天工异彩影视科技有限公司，了解空镜素材授权使用相关事宜；调研时代美术馆，了解其使用室外墙壁播放《红色娘子军》等8部样板戏的计划；对尚幕私人订制影院（当代商城旗舰店）和云乐迪私影汇（北京西直门枫蓝国际购物中心 B1 层）进行实地调研；调研真相网络科技（北京）有限公司、厦门美亚柏科信息股份有限公司；与中云文化大数据科技有限公司进行初步交流。

(4) 升级协会官网，以便加强宣传与交流。

（四）著作权使用费的收转

2017 年度西班牙著作人和音乐人协会（SGAE）转来待分配著作权使用费 14 825 元。2015 年度分配方案已确定，但是由于影著协处在脱钩过程中，相关费用尚未转付。由于 SGAE 尚未提供完整的分配清单，2016、2017 年度的著作权使用费分配方案尚未确定。

鉴于 SGAE 多年来一直未曾在西班牙之外收转过我国电影作品相关权利人的著作权使用费，影著协提议将原委托协议的收费范围从整个欧洲和西语地区缩小到西班牙本国。1 月 11 日，SGAE 的视听部门负责人 Ana Maria Neito 电子邮件确认，同意影著协的提议，并将相关条款修改为：“双方同意协议范围为西班牙。该条款自 2017 年 1 月 1 日起生效。”随后，影著协与波兰电影制片人协会主席布朗斯基以及国际作者和作曲者协会联合会（CISAC）亚太总部的负责人吴铭枢通过邮件就授权波兰方面管理中国电影作品创作者的权利事宜进行洽谈。同时，波兰方面将影著协相关业务信息通过 CISAC 相关活动与其他欧洲作者协会进行交流。

（五）院线期间重点电影作品预警

由于部分会员单位按照相关会议精神，直接向管理部门申请预警，影著协 2017 年受权利人委托为《大闹天竺》《乘风破浪》《猪猪侠之英雄猪少年》《熊出没・奇幻空间》《合约男女》《空天猎》《推理笔记》《破・局》《心理罪》等九部影视作品申请国家版权局重点作品预警。

（史文霞）

版权扫描

BAN QUAN SAO MIAO

版权界动态

◆立　法

【全国人大表决通过《电影产业促进法》】 2016年11月7日上午，全国人大常委会第二十四次会议以146票赞成、1票反对、8票弃权，表决通过《电影产业促进法》。

国家新闻出版广电总局副局长阎晓宏在7日上午的发布会上指出，简政放权、激活市场的活力是电影产业改革推动的重要方向。这次通过制定《电影产业促进法》把实践中已经推行的改革举措写入了促进法，比如减少审批项目、降低准入门槛等，《电影产业促进法》没有新增设行政审批项目，同时还取消了电影制片单位审批、摄制电影片（单片）许可证审批等行政审批的项目，这是取消和减少审批项目。

阎晓宏表示，在《电影产业促进法》出台之前，按照《电影管理条例》的规定，由新闻出版广电总局行使的权限，包括电影片的审查、电影剧本的备案与批准举办电影节（展）等多项审批事项，这次大部分下放到省、自治区、直辖市的新闻出版广电管理部门。为了防止各地审查管理和审查结果标准与尺度在把握上不一致，《电影产业促进法》在下放审批权限的同时规范了电影审查标准的制定和公开的程序，在本法第十八条还设置了出现争议的情况下再审的条款。

《电影产业促进法》出台后，很重要的一条就是要坚持放管结合，加强后续的监管。在简政放权的同时，《电影产业促进法》也注重加强事中和事后的监管力度。在本法第四十六条明确了监管责任，要求实施信用制度。新闻出版广电总局将认真贯彻《电影产业促进法》的有关要求，加强对下放以后的审查、审批事项的指导和监督，并且加强对有关机构特别是审查人员的培训工作，规范各地的审查、审批事项，推动形成统一开放的、竞争有序的市场环境。

据了解，《电影产业促进法》于2017年3月1日起开始实施，与此同时，实施多年的《电影管理条例》将依据《电影产业促进法》进一步修订完善。

（来源：《中国电影报》，作者：郝杰梅）

【全国人大常委会通过《中华人民共和国公共图书馆法》】 2017年11月4日，第十二届全国人大常委会第三十次会议表决通过《中华人民共和国公共图书馆法》（下称《公共图书馆法》）。该法是党的十九大之后出台的第一部文化方面的法律，也是公共文化领域继《公共文化服务保障法》之后的又一部重要法律，于2018年1月1日起正式实施。

《公共图书馆法》是国家层面公共文化领域的第一部专门法律，它的出台，进一步完善了中国特色社会主义文化法律制度，是全面推进依法治国、加快文化立法的重大突破，是推进全面深化改革、提高文化治理能力的重要法律依据，为推动公共图书馆事业发展提供了基本遵循。

（资料来源：《人民日报》，作者：郑海鸥，原标题为：《推动公共图书馆事业新发展》）

◆司　法

【山西运城24家娱乐场所拒缴版权使用费被起诉】 2017年1月20日，运城市麦克风娱乐服务有限公司、运城市鑫鑫糖果休闲娱乐有限公司等24家娱乐场所因拒缴版权使用费被起诉。

受中国音像著作权集体管理协会委托，北京盈科（太原）律师事务所对山西省运城市的24家歌厅、KTV等场所的歌曲侵权行为进行维权。2015年以来，它们对运城市多家歌厅、KTV进行暗访调查，发现都存在着不同程度的侵权行为。其中，已有20家场所接到委托律师的律师函后，在运城市中级人民法院的协调下积极同权利人协商，得到权利人谅解并及时签约、缴纳其在经营期内的版权使用费。

（资料来源：《山西晚报》，作者：孙轶琼）

【上海易初莲花连锁超市未经许可播放背景音乐被诉侵权】 2016年6月，上海市徐汇区法院正式受理中国音乐著作权协会（以下简称音著协）诉上海易初莲花连锁超市有限公司未经许可播放背景音乐侵权案。2017年1月24日法院对该案做出判决，认定上海易初莲花连锁超市有限公司播放背景音乐侵权。判决上海易初莲花连锁超市有限公司于判决生效之日起十日内赔偿音著协合理费用及经济损失人民币 11 500 元，并停止侵权行为。

这是继“达芙妮”和“宜芝多”背景音乐侵权案之后，音著协在上海地区反侵权的又一次果断出击。在 2016 年，音著协已将上海地区的“美罗城”“达芙妮”“宜芝多”等品牌在经营场所侵权使用音乐的行为告上法庭，并获得了法院的支持。

（资料来源：《中国新闻出版广电报》，作者：朱严政，原标题为《未经许可播放背景音乐侵权》）

【天津烤鸭店侵犯段继夫《年年有鱼》著作权案二审宣判】 2017 年 1 月 24 日，天津一中院就画家段继夫诉天津烤鸭店著作权纠纷案做出判决，认定天津烤鸭店侵犯了段继夫涉案作品《年年有鱼》著作权的展览权，判令天津烤鸭店停止侵权行为并赔偿经济损失及合理支出 2.5 万元。

1992 年 1 月，知名画家段继夫为天津烤鸭店创作了美术作品《年年有鱼》，落款为“段纪夫和老马谨贺”，并标明了“天津烤鸭店惠存”。创作完成后，段继夫将该作品赠送给了天津烤鸭店。

2008 年，天津烤鸭店将该作品以 1∶1 的比例复制为铜板作品，悬挂于其经营的烤鸭店内。此后，段继夫以天津烤鸭店侵犯了其著作权为由将其诉至天津市和平区人民法院（以下简称和平区法院），请求法院判令天津烤鸭店停止侵权并赔偿经济损失及合理费用 20 万元。

和平区法院经审理认为，天津烤鸭店侵犯了段继夫涉案作品《年年有鱼》的展览权，判令天津烤鸭店立即停止其在烤鸭店内公开陈列涉案作品《年年有鱼》复制件的行为，天津烤鸭店赔偿段继夫经济损失及合理支出 5 万元。

天津烤鸭店不服一审判决，随后向天津一中院提起上诉。

天津烤鸭店上诉称，其并非公开将涉案作品陈列于经营场所。天津烤鸭店属于办公、经营混合的场所，涉案作品摆放的位置在会计室的旁边，属于办公区域，该区域鲜有人出入、逗留。虽然该层仍然有包间，但顾客从电梯进入时，根本看不到涉案作品。展览必须是针对不特定的多数人，而天津烤鸭店对涉案作品的摆放仅针对特定的少数工作人员，不能称之为展览，故并未侵犯段继夫的展览权。

二审法院经审理认为，段继夫为涉案美术作品的著作权人，其将涉案作品赠予天津烤鸭店后，天津烤鸭店即为涉案作品的所有权人。虽然涉案作品原件的所有权转让给了天津烤鸭店，但根据我国著作权法相关规定，涉案作品复制件的展览权仍然由该作品的著作权人享有，故天津烤鸭店公开陈列涉案美术作品复制件的行为侵犯了段继夫的著作权，对此应当承担相应的法律责任。

此外，法院还认为，天津烤鸭店是在复制涉案作品后公开陈列该作品，该复制行为仅仅是公开陈列行为的基础和前提，而属于传播范畴的展览才是主要目的，天津烤鸭店的复制行为不以直接获利为目的，故天津烤鸭店并未侵犯段继夫作为著作权人财产权中的复制权。

（资料来源：《中国知识产权报》，作者：郑斯亮，原标题为《美术作品复印件展览权侵权案二审宣判》）

【株洲多家 KTV 被音集协告上法庭】 2017 年 1 月，株洲市天元区人民法院发布的多个案例显示，因未获授权却提供点播服务，株洲多家 KTV 被中国音像著作权集体管理协会（以下简称音集协）告上法庭。判决案例显示，部分 KTV 被判赔偿，最高达 8 万元。

因认为株洲市荷塘区鼎煌量歌房未经授权，播放滚石国际拥有著作权的 126 首歌曲 MV，2015 年 11 月 3 日，音集协向天元区人民法院提起诉讼，要求荷塘区鼎煌量歌房停止侵权并从曲库中删除侵权作品、赔偿损失 12.3 万元等。

案件开庭时，荷塘区鼎煌量歌房无人到庭应诉。法院依法缺席审判。

审判过程中，音集协代理人提交了与滚石国际关于音像著作权的授权、委托合同公证书等，以证明自己有权代表原始版权人以原告的名义进行诉讼；并提交了 126 首侵权作品保全证据（为进入 KTV 取证时拍摄下的视频光盘，已公证），以证明鼎煌量歌房侵权行为的存在。

天元区人民法院审理后认为，依照我国《著作权法》相关规定，著作权人和与著作权有关的权利人可以授权著作权集体管理组织行使著作权或者与著作权有关的权利，音集协在被授权后，有权代表滚石国际提起诉讼；被告鼎煌量歌房未经著作权人和音集协许可，擅自在其经营的卡拉 OK 中通过点唱系统向不特定公众提供《掌纹》等 126 首涉案作品，供公众进行放映，侵犯了音集协对上述作品享有的放映权。

因通过现有证据无法确定音集协的实际损失或者被告的侵权获利，在适用法定赔偿后，天元区法院最终判决：鼎煌量歌房赔偿音集协经济损失8万元。

（资料来源：《株洲日报》，作者：胡文洁 刘文）

【“好声音”名称判归原版权方】 2017年2月，香港国际仲裁中心仲裁庭在经过多轮听证之后对《中国好声音》版权之争做出最终裁决，拼音“zhong guo hao sheng yin”和汉字“中国好声音”的名称权都属于荷兰Talpa公司，而唐德影视购买了荷兰原版模式，这个名称也就属于唐德影视。这也意味着，播出平台浙江卫视和制作方灿星公司都失去了《中国好声音》名称的使用权。

作为一档全球知名的歌唱类真人秀节目，由荷兰Talpa公司开发并拥有知识产权的《中国好声音》（英文名《The Voice of China》）由灿星公司于2012年通过模式授权的方式引入中国。2016年1月8日，因为合作中存在利益分歧，Talpa公司与灿星公司的合作终止，Talpa公司随后将这档节目的知识产权授予唐德影视。2016年，灿星公司制作了原创新节目《中国新歌声》，并在浙江卫视播出。

（资料来源：《北京日报》，作者：徐颢哲）

【上海众源公司侵犯北京说说唱唱公司信息网络传播权案二审宣判】 2017年3月2日，上海知识产权法院公布《上海众源网络有限公司与北京说说唱唱文化传媒有限公司侵害作品信息网络传播权纠纷二审民事判决书》，就众源公司不服一审判决提起上诉一事做出判决。判决书认为一审判赔数额合理，裁判结果并无不当。

说说唱唱公司经台湾张作骥电影工作室有限公司授权，自2015年4月7日起3年内享有电影《当爱来的时候》在中国大陆地区的独家专有信息网络传播权。豆瓣电影网页上载明涉案电影获得第47届台北金马影展最佳剧情片等奖项。2015年4月10日，众源公司在其公司网站上播放了涉案电影，播放前有广告加载。说说唱唱公司支出公证费1 000元，交通费2 090元（分摊至多案）。

一审法院认为，众源公司未经许可在其网站上直接向公众提供了涉案电影作品的在线点播服务，使用户可以在其个人选定的时间观看涉案作品，侵犯了说说唱唱公司对该作品享有的信息网络传播权，应当依法承担停止侵权、赔偿损失的民事责任。说说唱唱公司鉴于众源公司已停止侵权，申请撤回停止侵权的诉讼请求并无不当，予以准许。关于赔偿损失，鉴于说说唱唱公司遭受的损失及众源公司获益无法查明，一审法院故按照法定赔偿的标准并考虑涉案作品知名度、侵权行为性质，众源公司主观过错程度、经营规模等因素酌情确定众源公司应承担的赔偿数额。关于合理开支部分，确系说说唱唱公司为制止侵权行为支出的合理费用，予以支持。综上，一审法院判决：众源公司于判决生效之日起十日内赔偿说说唱唱公司经济损失及合理开支14 826元。

众源公司上诉请求：改判众源公司赔偿说说唱唱公司经济损失及合理费用人民币8 000元。事实和理由：（1）涉案作品年代久远，且未在大陆地区公映，知名度及经济价值较低；（2）被上诉人曾就涉案作品以相同案由起诉其他被告的案件，即北京市海淀区人民法院（2015）海民（知）初字第29097号案件，赔偿金额为8 000元。因此，一审法院判决上诉人赔偿经济损失14 826元的金额过高。

说说唱唱公司辩称，被控侵权作品曾获金马奖，具有较高市场价值，被告直接侵权并加载大量广告，非法获利较高，原审判决认定事实清楚，适用法律正确，请求驳回上诉，维持原判。

上海知识产权法院认为，本案中，说说唱唱公司没有提供证据证明其因侵权所遭受的损失或者众源公司的侵权获利，一审法院按照法定赔偿的标准并考虑涉案作品知名度、侵权行为性质，众源公司主观过错程度及其经营规模等因素已属全面，酌情确定的赔偿数额亦在人民法院自由裁量的幅度内，并无不当。上诉人提出涉案作品知名度及经济价值低、本案判赔金额高于同类案件判赔金额，本院认为人民法院在确定赔偿数额时作品的价值度并非考量的唯一因素，除此之外，还要考量侵权人的侵权情节等因素，因此不同侵权人侵犯相同作品的侵权行为在损害赔偿数额方面会存在不尽相同的情况。上诉人的上诉理由不能成立，法院不予采信。上诉人众源公司的上诉请求，法院不予支持。

（资料来源：《中国新闻出版广电报》

作者：上海知识产权法院，原标题为：

《电影网络侵权被判赔偿过万》）

【音著协诉河南大商超市侵权播放音乐作品案宣判】 2017年3月23日，河南省郑州市中级人民法院就中国音乐著作权协会（以下简称音著协）诉河南大商超市未经许可播放音乐一案做出判决，被告河南大商超市侵权事实成立，赔偿该协会人民币1万元。

此前，音著协工作人员发现河南大商超市郑州富田店内存在侵权播放协会管理的音乐作品的情况，并主动联系对方，希望通过合法授权的方式解决其播放背景音乐的著作权问题。但是，大商超市一方始终怠于与音著协接触，并拒绝交费合法使用音乐。于是该协会将大商超市侵权的情况进行了现场取证，准备通过行政投诉和法律诉讼的手段打击其侵权行为。在这期间，大商超市发生管理人员变动，但音著协并没有因此中断对大商超市的发函和沟通，一直希望通过正常的许可授权程序解决其使用音乐的著作权问题。然而大商超市一方从未正视其侵权事实，更没有付费使用音乐的法律自觉。

2015 年，音著协将河南大商超市侵权播放音乐的情况向河南省版权局进行了行政投诉。2015 年 9 月 22 日，河南省版权局依据《中华人民共和国著作权法》和《中华人民共和国著作权法实施条例》对大商超市富田店做出行政处罚，认定其未经许可于店内播放背景音乐属侵权行为，并对其处以人民币 5 万元的罚款。但河南大商超市对自己的侵权行为依然没有正确认识，不但持续侵权，而且始终拒绝向音著协缴纳著作权使用费。2016 年 10 月，音著协以侵犯音乐作品表演权为由将河南大商超市诉至河南省郑州市中级人民法院。经审理，法院就涉案的两首歌曲判定河南大商超市赔偿音著协人民币 1 万元。

（资料来源：《中国新闻出版广电报》，作者：殷珠，原标题为：《超市播放音乐作品不能太任性》）

【《傅雷家书》著作权纠纷案傅雷之子胜诉】 2017 年 4 月 21 日，著名翻译家傅雷的次子傅敏与合肥三原图书出版服务有限公司，共同起诉台海出版社侵犯《傅雷家书》著作权一案，在北京市海淀区人民法院宣判，海淀法院经审理一审判决被告停止侵权、公开致歉，赔偿傅敏经济损失 20 万元，赔偿合肥三原图书经济损失 3 万元，赔偿两原告合理开支 3.6 万元。

傅雷是我国当代著名翻译家，1966 年去世。《傅雷家书》是傅雷夫妇自 1954 年至 1966 年期间写给儿子傅聪和儿媳的家信，由次子傅敏编辑而成，自出版以来一直畅销不衰。1990 年 1 月 1 日，傅聪与傅敏签订《备忘录》，将傅雷所有著译在大陆地区的版权让渡给傅敏。

二原告诉称，《傅雷家书》是傅雷夫妇从 1954 年到 1966 年历经 13 年写给儿子儿媳的家信，由傅雷次子傅敏选编成《傅雷家书》，1981 年在中国大陆出版发行，至今已 35 年。傅敏选编的《傅雷家书》中，傅雷夫妇家信在中国大陆的简体字版著作财产权已全部由傅敏依法继承。《傅雷家书》中傅聪家信及摘录，英、法文信的译文及外文译注，楼适夷代序《读家书，想傅雷》等作品的著作财产权，也已分别由其作者、译者转让给三原公司。

台海出版社未经授权，出版发行《傅雷家书》图书，侵犯了二原告的著作权，二原告因此提起诉讼，要求被告停止侵权、赔礼道歉，并赔偿经济损失共计近 40 万元。

此案曾于 2017 年 3 月 3 日在海淀法院开审，80 岁高龄的傅敏没有到庭，他委托代理律师出庭做证。

台海出版社辩称，他们认可二原告对《傅雷家书》享有著作权，已停止侵权并通知书店下架，且仅印发了 5 000 册，销售收入远未达到 36 万，二原告主张的经济损失过高。

法院经审理后认为，台海出版社作为专业出版机构，应知出版发行他人作品需经著作权人的授权，但其未经原告图书著作权人许可，出版发行了与原告图书主体内容相同的图书，且没有为编者傅敏署名，具有侵权的主观过错，侵犯了傅敏对原告图书汇编作品享有的署名权、复制权、发行权。台海出版社出版的《傅雷家书》图书内容与二原告依其主张权利由天津社会科学院出版社出版发行的《傅雷家书》高度雷同，属于未经著作权人许可使用他人作品的侵权行为。

法院判决台海出版社停止侵权、公开致歉，赔偿傅敏经济损失 20 万元，赔偿三原公司经济损失 3 万元，赔偿二原告合理开支 3.6 万元。

（资料来源：《北京青年报》，作者：李铁柱）

【广州市“5 · 31”盗版教辅教材案依法宣判】 2017 年 4 月，广州市白云区人民法院依法对“5 · 31”特大制售盗版教辅教材案做出判决，法院以侵犯著作权罪判处胡某东、胡某峰、蔡某原等 3 人有期徒刑 3 年，并处罚金 12 万元，其余 11 人均被判处有期徒刑 10 个月，并处罚金 5 000 元。法院还对缴获的银行卡内款项人民币 52 万余元予以没收，上缴国库。

2016 年 5 月 31 日，广州市文化市场行政执法总队、市公安局根据群众举报，在白云区查处一无证无照非法出版物仓库，查获《约翰 · 汤普森简易钢琴教程》《儿童钢琴初步教程》《学弹尤克里里》等盗版教辅教材 223 种 92.1 万册；在印刷厂、装订厂查获非法出版物 16 种 49.2 万册，出版物封面 12.7 万张，出版物半成品 20.9 万册，出版物散页 52.5

万页，PS板628张，胶片1 736片。公安机关现场抓捕犯涉案人员14人。

（资料来源：《中国新闻出版广电报》，作者：广闻）

【苏州一审著作权纠纷案同比增七成】 2017年4月24日，苏州中院召开新闻发布会，发布了2016年苏州法院知识产权司法保护状况及典型案例。2016年全市法院新收各类知识产权案件2 962件、审结2 875件，同比分别增加49.6%、40.9%。

全市法院共受理一审著作权纠纷案件1 510件，同比上升72.0%，其中，侵害作品信息网络传播权纠纷案件210件，同比上升20%，占全部一审著作权纠纷案件的13.9%，智能手机阅读相关侵权纠纷成为导致该类案件数量上升的第一主因。受理一审民事商标权纠纷案件542件，同比上升31.6%，反映出尽管商标权利人维权力度日益增强，但商标侵权现象仍较为严重。受理一审计算机软件纠纷案件48件，同比上升60%，此类侵权案件涉外程度高，共有30件案件为美国、澳大利亚等国家的软件公司提起的维权诉讼，占比62.5%。涉案软件既包括制造类企业常用的专业设计辅助软件、Windows系列办公软件，也包括FTP服务器软件。受理一审专利权纠纷案件237件，同比上升44.5%。

2016年，全市法院知识产权刑事审判共判决生效案件18件，判处罪犯39人。在判处的刑罚中，被判处3年以上7年以下有期徒刑的8人；被判处3年以下有期徒刑、拘役的25人；共有28人适用缓刑。在财产刑的适用上，单处罚金5人，并处罚金33人。审结了一批重大知识产权刑事案件，严厉打击了侵犯知识产权犯罪行为。

（资料来源：《江南时报》，作者：中中）

【腾讯为《中国好声音》维权 单期判赔101万元】 2017年5月16日，北京市石景山区人民法院就暴风侵犯腾讯公司《中国好声音（第三季）》信息网络传播权系列案件宣判。判决暴风公司未经授权盗播节目的行为构成侵权，依法赔偿腾讯公司经济损失606万元，每期节目赔偿金额达101万元。

原告腾讯公司诉称，其依法拥有由上海灿星文化传播有限公司制作的《中国好声音（第三季）》独家信息网络传播权。被告在未取得授权的情况下，在其经营的暴风网站上播放了该节目的前6期，严重侵害了原告的合法权益。同时，暴风公司在多次预警通知下，仍在节目热播期间实施侵权行为，存在主观恶意，故腾讯公司向法院提起诉讼，6期节目立案6件，每案主张200万元经济损失，6案索赔总金额达到1 200万元。

被告暴风公司认为，被告网站曾有多次被他人仿效的事实，并向法庭提交了公司内部来往邮件以证明其主张。被告还认为原告在公证取证时，下载暴风影音的过程未体现在公证书中，不能证明侵权的暴风影音客户端属于被告，故请求法院驳回原告全部诉讼请求。

法院经审理查明，综艺节目《中国好声音（第三季）》具有极高知名度及商业价值，该节目于2014年7月25日被列入国家版权局公布的36部重点影视作品预警名单。在节目开播前后，腾讯公司每周逐期向暴风公司发出预警通知，但暴风公司依然在其网站上播出《中国好声音（第三季）》前6期节目。

针对暴风公司的抗辩主张，法院认为，本案中证明侵权行为存在的公证，是在公证员的全程监督下使用公证处的电脑和网络完成的，且公证处已就取证程序是否清洁的问题出具了书面回函；对于网站被仿冒的抗辩主张，暴风公司未提交有效证据加以证明，故对暴风公司抗辩不予采纳。

石景山法院综合以下几方面因素确定了赔偿数额：《中国好声音（第三季）》具有很高的知名度、影响力及极高的商业价值；暴风公司在《中国好声音（第三季）》被列入国家版权局公布的36部重点影视作品预警名单之后，在中国版权保护中心多次发出预警通知的情况下，无视他人合法权益，仍然在涉案节目热播期间实施侵权行为，其侵权的主观恶意非常明显；暴风公司网站知名度高，广告客户覆盖面广，且在涉案节目中投放了广告，可以推断出被告通过实施侵权行为违法获利数额较大。

石景山区人民法院认为腾讯公司因暴风公司涉案侵权行为所遭受的经济损失明显超出《著作权法》法定赔偿数额的上限50万元，为弥补权利人的经济损失、惩戒恶意侵权行为，酌定单期节目赔偿数额为100万元，律师费、公证费等合理支出全额支持计1万元，每案赔偿数额为101万元，6期节目即6起案件共计606万元。

（资料来源：《中国新闻出版广电报》，作者：邹韧）

【四小伙贩制游戏“外挂”被判刑】 2017年5月22日，由湖北省恩施市人民检察院提起公诉的赵某某等四人开发并售卖《战地之王》《英雄联盟》等游戏“外挂”一案，由恩施市人民法院做出判决，赵某某、张某、陆某某、贾某某等4名“90后”被判刑。

2015 年 7 月，腾讯科技（深圳）有限公司报案称：《战地之王》游戏玩家举报，有人使用外挂软件。该公司安全部门进行自查，发现大量游戏玩家使用一款名叫“海豚 AvA 辅助”的外挂软件，该软件使游戏具备二维方框、显示名字、测试距离、人物血条和人物透视等功能。经访问游戏玩家，得知该外挂软件是通过一个网站购买下载的。

公安机关对“海豚 AvA 辅助”的外挂软件网络管理员后台、会员中心进行远程勘验，获取破坏腾讯公司《战地之王》游戏的程序文件、网络会员资料、数据库文件等。经鉴定，“海豚 AvA 辅助”软件存在对《战地之王》游戏实施增加、修改的操作。2015 年 12 月 8 日，该外挂的开发、销售者赵某某等被公安机关抓获。

2011 年下半年和 2015 年 5 月，被告人赵某某分别制作了针对《战地之王》网络游戏的外挂“海豚 AvA 辅助”，以及在《英雄联盟》网络游戏外挂“L＃”的基础上制作的针对该款游戏的外挂“海豚 Haitun”，并通过网络进行销售获利。

2015 年 6 月、10 月，贾某某、陆某某、张某先后受赵某某的邀约，帮助其管理海豚官方交流群、会员交流群，解决群内使用外挂会员的问题，并帮助其测试外挂软件。赵某某向贾某某支付人民币 2 万元作为报酬，并向陆某某、张某支付生活费等共计人民币 8 000 元。

恩施市人民检察院以四人涉嫌侵犯知识产权罪，向恩施市人民法院提起公诉。法院审理认为：被告人赵某某、张某、陆某某、贾某某以营利为目的，利用网络侵犯他人依法享有的著作权，其行为均已构成侵犯著作权罪，且违法获利数额巨大，依法均应当承担刑事责任。其中，被告人赵某某在共同犯罪中起主要作用，系主犯；被告人张某、陆某某、贾某某受被告人赵某某的邀约，帮助其管理网站、海豚官方交流群及会员交流群，解决群内使用外挂会员的问题、测试外挂软件功能，在共同犯罪中起辅助作用，系从犯。

恩施市人民法院经审理做出一审判决：被告人赵某某犯侵犯著作权罪，判处有期徒刑三年，并处罚金人民币 5 000 元；被告人张某、陆某某犯侵犯著作权罪，判处有期徒刑二年，并处罚金人民币 3 000 元；被告人贾某某犯侵犯著作权罪，系从犯且有自首情节，判处有期徒刑一年六个月，缓刑两年，并处罚金人民币 3 000 元。对被告人赵某某的违法所得 1 326 196.27 元，依法予以没收后，上缴国库。

（资料来源：《中国新闻出版广电报》，作者：汤广花，原标题为：《四小伙贩制“外挂”被判刑》）

【广东某制冷设备公司官微擅用他人图片被判赔偿 2 000 元】 2017 年 5 月，广东某制冷设备公司（以下简称制冷设备公司）因在其企业官方微博中使用原告上海某图像公司（以下简称图像公司）的一幅内容为“茶”的图片，被图像公司诉至佛山市禅城法院，佛山市禅城法院经审理一审判决制冷设备公司赔偿图像公司经济损失及维权合理开支合共 2 000 元。该判决已生效，双方均未上诉。

图像公司诉称，2015 年，制冷设备公司在其新浪官方微博中采用了图像公司的一张内容为“茶”的图片。图像公司是涉案图片的著作财产权人，制冷设备公司未经授权，基于商业目的擅自在其新浪官方微博上使用了上述图片，严重侵犯了图像公司享有的著作权利。为维护合法权益，图像公司请求法院判决制冷设备公司停止侵权，并支付图片赔偿金及维权费用共 1 万元。

制冷设备公司则辩称：首先，图像公司不享有涉案图片的著作权，因其没有提供涉案图片拍摄的载体、相关著作权的权属凭证，其官网上显示的涉案图片信息、著作权声明等可随意修改。其次，制冷设备公司所发文字内容为生活常识类，并无使用涉案图片做经营和产品宣传，故其使用不具有商业目的，属于合理使用，不构成侵权，且已于 2015 年删除，不应承担任何赔偿责任。此外，制冷设备公司认为图像公司主张的赔偿金额亦过高，没有任何依据。

禅城法院经审理认为，图像公司主张权利的涉案图片属于我国《著作权法》规定的摄影作品，应受法律保护。本案中，依据台湾影像公司在其网站发表了涉案图片，该图片上标注了“IMAGEMORE”标识的水印，并在该图片下方标注了著作权声明，法院认定台湾影像公司是涉案图片的著作权人。结合台湾影像公司对原告图像公司出具的授权委托书，图像公司已合法取得涉案图片的著作权，并享有以自己名义提起诉讼的权利。

制冷设备公司在其新浪官方微博上使用的图片与图像公司主张权利的涉案图片从拍摄角度、构图、内容等方面均相同，故制冷设备公司在未取得著作权人许可的情况下使用涉案图片，侵犯了图像公司对涉案图片享有的著作权，应当承担相应的民事责任。从制冷设备公司开设官方微博账户的目的及其微博账户的宣传信息来看，其官方微博系为宣传企业、提高企业及品牌知名度，单条微博信息及配图的发布亦是为该整体目的服务，故其辩称并非商业使用的理由不能成立，亦不属于我国《著作权法》第二十二条规定的合理使用范畴。

鉴于制冷设备公司已从其新浪官方微博中删除涉案图片，实际上已停止使用，图像公司主张删除并停止使用侵权图片的诉讼请求实际已得到满足。综上，法院判决制冷设备公司赔偿图像公司经济损失及维权合理开支合共2 000元。

（资料来源：《南方法治报》，作者：尹利勇 李允玲，原标题为：《企业官微擅用他人图片被判赔偿2 000元》）

【我国首个互联网法院获批】 2017年6月26日，中央全面深化改革领导小组第三十六次会议审议通过了《关于设立杭州互联网法院的方案》。

会议强调，设立杭州互联网法院，是司法主动适应互联网发展大趋势的一项重大制度创新。要按照依法有序、积极稳妥、遵循司法规律、满足群众需求的要求，探索涉网案件诉讼规则，完善审理机制，提升审判效能，为维护网络安全、化解涉网纠纷、促进互联网和经济社会深度融合等提供司法保障。

2017年1月，杭州明确提出要开始筹办互联网法院。当时，浙江省高级人民法院院长陈国猛表示，浙江法院将积极推动设立杭州网络法院，“杭州网络法院是基于杭州法院原先的电子商务网上法庭而建，将涉及网络的案件从现有审判体系中剥离出来，构建专业的司法体系，专门审理和研判此类涉网案件”。

3个月后，最高法批复同意由杭州铁路法院集中管辖杭州地区5类涉网案件。此举被业内看作国家层面为杭州成立专门的互联网法院铺路的表现。目前，该法院受理案件范围包括：电子商务交易纠纷、金融借款合同纠纷、电子商务小额借贷合同纠纷和网络著作权纠纷等。

早在2015年4月，浙江省高级人民法院就确定由西湖、滨江、余杭3家基层法院和杭州市中级人民法院作为电子商务网上法庭试点法院，当年8月浙江法院电子商务网上法庭正式上线，专门审理涉网纠纷案件。“基于此前的实践和探索，希望接下来杭州能进一步提升，把‘法庭’上升到‘法院’。”作为全国政协委员的谢双成表示，为此，在2017年的全国政协会议上，他就带着有关设立中国（杭州）网络法庭的提案上会了。

谢双成直言，涉网案件不仅仅是电子商务领域的案件，还涵盖行政、刑事等方面的案件，因此，未来的网络法院，会更有它自己的独特性。为此，除了筹备互联网法院外，就在6月中旬，最高法中国应用法学研究所互联网司法研究中心杭州基地也在杭州余杭正式揭牌，余杭法院和杭州铁路运输法院被最高人民法院中国应用法学研究所确定为科研基地。而6月26日的《杭州日报》则发布消息称，日前，杭州市委副书记、政法委书记马晓晖实地调研并听取杭州互联网法院筹备等情况的汇报，其中他就提到，杭州大数据产业基础扎实，在技术上具有明显优势，已经完全具备了承接“互联网法院”建设工作的能力。业内表示，随着互联网法院的建设模式逐渐成熟，未来这项制度很可能进一步向其他“互联网＋”经济同样发展迅速的城市铺开。

（资料来源：《北京商报》，作者：蒋梦惟）

【“8·6”特大互联网侵犯著作权案一审宣判】 2017年6月29日，重庆市两江新区知识产权法庭对被告人林某、许某、张某、韦某、何某五人涉嫌侵犯*The Legend of Mir 2*（中文名称《热血传奇》）网络游戏软件著作权一案进行公开宣判，该案即公安部督办的“8·6”特大互联网侵犯著作权犯罪案件。

经合议庭反复讨论研判，法庭最终认定5名被告人构成侵犯著作权罪，分别判处林某、许某、张某有期徒刑3年，缓刑5年，并处罚金200万元；分别判处韦某、何某有期徒刑1年，缓刑1年，并处罚金7万元；扣押的犯罪工具笔记本电脑、电脑主机、服务器硬盘予以没收；扣押的被告人林某的违法所得45万余元和张某的违法所得12万余元予以追缴。5名被告人当场认罪，表示不上诉。

2013年下半年以来，为谋取非法利益，被告人林某、许某、张某未经《热血传奇》著作权人许可，非法获取《热血传奇》源程序，将其改编为《轩辕传奇》、《回忆传奇》和《至尊传奇》三个私服游戏，用于在互联网上发布，供玩家下载。被告人韦某、何某明知被告人林某等人开设的是传奇私服游戏，仍借用易宝、支付宝等支付平台接受玩家的充值，为他们提供资金结算服务，共同实施犯罪。

经鉴定，《轩辕传奇》、《回忆传奇》和《至尊传奇》与《热血传奇》的相似性比例分别为98.5%、97.45%、98.35%，均构成实质性相似。

承办法官介绍，网络游戏私服具有专业性、技术性强等特点，案件事实查明难度较大。具体到本案，由于网络游戏私服的源程序包括服务器端程序和客户端程序，那么认定网络游戏私服侵权时，对上述二者都进行比对或是仅比对其中之一是个问题。此外，帮助侵权的犯罪金额是以帮助侵权人实际获利金额为准，还是以主要犯罪嫌疑人私服运营者的非法经营额来认定，也是本案审理中颇具争议的问题。

（来源：《法制日报》，作者：吴晓锋 战海峰 周峥）

【苹果公司应用商店软件传盗版被诉侵权】 2017 年 6 月，东城法院就江南诉苹果公司应用商店软件传盗版作品侵权案做出一审判决，判令苹果公司赔偿江南经济损失等共计 23.8 万余元。

据江南代理人、中闻律师事务所律师王国华介绍，《九州缥缈录Ⅰ蛮荒》等作品自发表以来深受广大读者喜爱，并取得了良好的经济收益，江南依法对上述涉案作品享有著作权。苹果公司生产销售 iPhone、iPad 等系列产品中均安装 App Store，且其系 App Store 的经营者。经调查发现，App Store 内的“江南方想梦入作品全集”应用程序未经授权收录了上述作品，而用户通过 iPhone、iPad 等系列产品可进入 App Store，并通过上述程序下载涉案作品到苹果公司的终端产品上进行阅读。此外，读者也可以通过苹果公司的 iTunes 软件将涉案作品下载到终端电脑，再连接到苹果公司生产的全系列产品进行阅读。苹果公司系网络服务提供商，其对 App Store 中存在的涉嫌侵权应用程序没有尽到合理注意义务，疏于对涉案应用程序进行审核管理，应承担相应法律责任。

苹果公司辩称，苹果公司不是 App Store 在中国地区的运营商，苹果公司并非被诉侵权行为的实施者，App Store 的实际经营者是艾通思公司。涉案应用程序由第三方开发商独自完成，苹果公司不存在开发、上传、发布、移除行为，也没有提供过任何帮助，苹果公司不应为第三方开发商的侵权行为承担责任，不存在明知应知的主观过错。App Store 的运营者不知道也不应当知道开发商的被诉侵权行为，并且 App Store 已经尽到了其作为网络服务提供者的合理注意义务，故不应承担任何责任。

东城法院经审理认为，苹果公司在应当知晓涉案应用程序为应用程序开发商未经许可提供的情况下，仍未采取合理措施，故可以认定被告并未尽到合理注意义务，具有主观过错，其涉案行为构成侵权，应承担停止侵权、赔偿损失的民事责任。法院以涉案作品的侵权字数为基础，结合涉案作品的创作难度、市场价值，苹果公司的侵权方式、侵权范围和主观过错程度等因素，参照国家有关稿酬的规定综合确定赔偿损失数额，一审判决被告苹果公司赔偿江南经济损失等 23.8 万余元。

（资料来源：中国知识产权资讯网，作者：姜旭，原标题为：《应用商店软件传盗版被诉侵权》）

【我国首起“同人小说”案宣判】 2017 年 6 月，我国首起“同人小说”案在上海市浦东新区人民法院（下称浦东法院）宣判。法院经审理后，驳回了玄霆公司针对天下霸唱的诉讼请求。

2007 年，天下霸唱将《鬼吹灯》原著两部八卷著作权中的财产权全部转让给起点中文网所属的玄霆公司。后来，天下霸唱又使用《鬼吹灯》系列作品中的同人元素创作了《摸金校尉》，由先锋出版公司授权群言出版社出版发行。2015 年 12 月 22 日，电影《寻龙诀》热映之际，玄霆公司将天下霸唱等五被告诉至浦东法院，指控称《摸金校尉》一书使用同人要素构成著作权侵权及不正当竞争，五被告对该书的推广构成虚假宣传。

玄霆公司起诉称，《摸金校尉》大量使用《鬼吹灯》中的人物名称、形象、关系、盗墓方法、禁忌等独创性表达要素，侵犯了其享有的演绎权，即原告对权利小说享有的《著作权法》第十条第（十四）项改编权及第（十七）项其他权利，表现为通过改编、续写或其他形式对原著进行演绎的权利。

天下霸唱表示，《摸金校尉》一书中的主角还是《鬼吹灯》系列小说中的 3 位主人公，但是分别称为胡爷、雪梨杨和王胖子。小说的故事情节、故事内容与《鬼吹灯》系列小说完全不同，时间线也没有延续《鬼吹灯》系列小说，而是一部全新创作的新作品。即便《摸金校尉》是《鬼吹灯》系列小说的续写作品，根据约定，原告仅仅限制了天下霸唱在新作品中使用“鬼吹灯”三个字作为作品名称或主要章节标题，并没有限制天下霸唱创作类似题材的作品。况且，原告从天下霸唱处只获得了续写作品的一般许可，天下霸唱仍然保留自己续写和许可他人续写作品的权利，故原告无权向被告主张权利。

法院经审理后认为：第一，双方约定的是《鬼吹灯Ⅰ》及《鬼吹灯Ⅱ》著作财产权的转让，并未包括两部作品基于作品人物等相关要素形成的权益；第二，玄霆公司主张其权利作品中的人物名称、形象、关系、盗墓规矩、禁忌等应当受到《著作权法》保护，然而，《著作权法》保护的是独创性表达；第三，本案原告所主张的人物形象等要素首先是由作者本人即被告天下霸唱创作，在没有约定明确排除天下霸唱相应权益的情况下，天下霸唱作为原著的作者，有权使用其在原著小说中的这些要素创作出新的作品，不构成不正当竞争。因此，法院驳回了玄霆公司针对天下霸唱的诉讼请求。

（资料来源：《中国知识产权报》，作者：冯飞　王治国）

【天津侦破首例网络盗版侵权案】 2017年6月，天津市南开区人民法院对“吉吉影院”网络盗版侵权案进行审理，根据相关法律法规，法院判决：被告人秦某犯侵犯著作权罪，判处有期徒刑3年6个月，并处罚金人民币40万元；胡某犯侵犯著作权罪，判处有期徒刑1年，并处罚金人民币2万元。

2015年7月，天津市公安局接到举报，“吉吉影院”自2015年开始在未取得权利人华视网聚（常州）文化传媒有限公司许可和授权的情况下，在其网站上发布大量权利人拥有独家版权的影视作品。该网站通过深度链接的方式大量传播权利人拥有版权的影视、动漫、综艺等视频作品6.7万余部，并在网站和影视播放中插播广告以谋取非法利益，严重侵犯了权利人的合法权益，造成权利人重大经济损失。天津市公安局经侦总队依法受理“吉吉影院”网站涉嫌侵犯著作权案，成立专案组，立案展开侦查。

专案组成员从证据收集和情报分析入手。公安局网监部门的情报信息反馈，该网站IP地址一直在不停变动，多地租赁服务器，变更地址，给侦办工作带来难度。随后，专案组成员转变思路，制订新的侦查计划：围绕网站的广告收益方向展开调查。循着“吉吉影院”网站广告分属的4家广告公司的广告协议和汇款账户一路侦查，犯罪嫌疑人浮出水面。

2016年11月30日，专案组在冀、浙两地警方的配合下，成功抓捕了服务器租赁人员胡某和“吉吉影院”实际经营人员秦某。现场查扣网站服务器一台，以及笔记本电脑、电脑主机、移动硬盘等设备。二人对其犯罪事实供认不讳。

2017年6月，天津市南开区人民法院对此案进行审理。公诉机关指控被告人秦某未经文化行政部门批准，私自设立“吉吉影院”网站，在未取得“网络文化经营许可证”及未经版权人授权的情况下，通过采集软件从互联网采集影视资源在该网站上播放，并允许百度广告联盟等公司在其网站发布各类广告，从中谋取广告收益。该网站共有影视作品链接6.7万余条，涉案侵犯他人著作权的影视作品共计576部，广告收益共计40余万元。同时指控被告人胡某在明知“吉吉影院”网站没有取得“网络文化经营许可证”及没有相关授权的情况下，仍向该网站提供服务器，并在多个省市为其设立加速服务器，为网站提供加速服务。根据相关法律法规，天津市南开区人民法院做出以上判决。

（资料来源：《中国新闻出版广电报》，作者：刘梦琦）

【西湖音乐喷泉相关曲目引发侵权纠纷】 2017年6月，海淀法院审结北京中科水景科技有限公司诉北京中科恒业中自技术有限公司、杭州西湖风景名胜区湖滨管理处侵犯著作权纠纷一案，判决二被告停止涉案侵权行为，停止使用原告北京中科水景科技有限公司创作的《倾国倾城》《风居住的街道》音乐喷泉作品，公开致歉，赔偿经济损失及诉讼合理支出共计90 000元。

中科水景公司诉称，西湖音乐喷泉选用的音乐曲目《倾国倾城》《风居住的街道》所编排出的音乐喷泉表演效果，与天水喷泉项目所创作的《倾城倾国》《风居住的街道》音乐喷泉喷射效果完全一致。西湖管理处与中科恒业公司以考察名义剽窃原告所创作的音乐喷泉编曲侵犯了原告所拥有的《倾城倾国》《风居住的街道》音乐喷泉编曲的著作权。

被告中科恒业公司辩称：原告不是涉案两个音乐作品的著作权人。我公司与西湖管理处并未使用涉案两首音乐作品。西湖喷泉项目是公众免费观赏的项目，不构成侵权。

被告西湖管理处辩称：原告于2016年4月28日所登记的《水上花园》——音乐喷泉系列作品的著作权应予撤销，登记所依据的事实错误，原告不是《水上花园》音乐喷泉作品的知识产权所有人。不同意原告的全部诉讼请求。

法院经审理后认为，中科水景公司提供了著作权登记证书、推荐函、证人证言等证据，能够初步证明其对涉案作品享有著作权。中科恒业公司、西湖管理处对中科水景公司所享有的权利及其主体资格提出异议，但中科水景公司提供充分有效证据反驳，故法院确认中科水景公司对涉案作品享有著作权。

对于音乐喷泉作品属于何种类型作品的问题，双方存在争议。中科水景公司表示，由于《著作权法》上并无音乐喷泉作品这一单独类别，因此在进行著作权登记时只能选择与音乐喷泉作品最相近的“电影作品和以类似摄制电影的方法创作的作品”这一作品的类别进行登记，通过摄像的方式把这种效果固定下来，而该种作品要保护的实质是音乐喷泉喷射表演具体音乐曲目时具有美感的视觉效果。

中科恒业公司、西湖管理处辩称，中科水景公司登记的作品类别是“电影作品和以类似摄制电影的方法创作的作品”，其独创性仅体现在摄制而成的录像或电影作品中，而不能涵盖原告本案中所要保护的喷泉与特定音乐结合而形成的喷射表演效果，中科水景公司所要求保护的该种效果并非法律上保护的电影或以类电影方式创作的作品的对象。

法院认为，《著作权法》规定的具体作品类型中，并无音乐喷泉作品或音乐喷泉编曲作品这种作品类别，但整个音乐喷泉作品所进行的舞美、灯光、水型、水柱跑动等方面的编辑、构思并加以展现的过程，是一个艺术创作的过程，本身确实具有独创性。音乐喷泉作品所要保护的对象是喷泉在特定音乐配合下形成的喷射表演效果、具有美感的独特视觉效果。故原告所主张的喷射表演效果属于该类作品的著作权保护范围。

考虑到中科恒业公司、西湖管理处曾接触过中科水景公司的相关喷泉视频、资料，西湖音乐喷泉相关曲目的喷射效果与中科水景公司享有著作权的音乐喷泉作品构成实质性相似，法院认定中科恒业公司、西湖管理处构成侵犯著作权，应承担停止侵权、赔偿经济损失及合理支出、公开致歉的民事责任，具体数额及致歉范围，由法院根据本案的具体情况予以确定。西湖管理处辩称其属于合理使用，法院认为，本案并不属于合理使用的情形，西湖管理处的相关辩称不能成立。

（资料来源：海淀法院网）

【“茅盾手稿”案宣判 拍卖公司赔偿 10 万元】 2017 年 7 月 28 日，南京六合法院对茅盾先生之孙沈韦宁、沈丹燕、沈迈衡，诉南京某拍卖行未经合法继承人许可，发表、展览茅盾毛笔手稿原件，在第四次开庭后做出判决，拍卖公司侵犯了原告的信息网络传播权，判令赔偿 10 万元。

此案在第一次庭审后，原告追加了拍卖委托人张某为第二被告。原告诉称，作为茅盾先生所有作品著作权的合法继承人，有权依法继承茅盾先生著作权中的财产权，包括展览权、复制权、发行权及信息网络传播权；涉案作品《谈最近的短篇小说》是茅盾先生于 1958 年用毛笔书写的一篇评论文章手稿，手稿的文字内容在 1958 年发表于《人民文学》，但该手稿除了文字内容之外，还呈现了作者把语言凝结在纸上的过程，具有极高的书法艺术价值。

原告认为，被告张某不是手稿的合法所有人，涉案手稿系遗失物，张某无权展览和委托拍卖，并且认为张某、竞买人岳某以及拍卖公司串通，利用茅盾先生的社会地位炒作涉案作品，侵犯了原告的著作权。2014 年 1 月 3 日和 4 日，进行拍卖前预展。最终以 1 000 多万元高价拍出，产生了巨大的社会影响。

在前两次庭审中，被告认为，茅盾先生手稿是被告公司合法取得，如果认定是文学作品，就不存在侵权也无争议，如果认定是美术作品，则原告没有证据起诉被告。

2017 年 7 月 28 日，法院第四次开庭后认为，涉案手稿是茅盾先生用毛笔书写，文字风格瘦硬清雅、俊逸舒朗，展现了瘦金体楷书的魅力，文字外观具有一定的美感与独创性，既属文学作品也属美术作品。在所有权上，涉案手稿系动产，张某实际持有该手稿，在无证据证明张某非法持有的情况下，应认定张某系合法所有人。另外，有证据证明张某作为收藏爱好者从文化市场购买的合理性。茅盾先生于 1958 年将手稿原件投稿给《人民文学》杂志社，并非无意间丧失对手稿原件的占有，原告认为是遗失物不成立。

法院认为，张某作为所有人有权以拍卖的方式出售作品原件，两被告在拍卖过程中，将涉案手稿印于拍卖图录中，在正式拍卖前向特定人群无偿少量发放，在公司网站和微博中介绍拍品的行为，均符合法律、规章及拍卖惯例，不应构成侵犯原告就涉案手稿作为美术作品享有的展览权、发表权，以及作为文字作品及美术作品享有的复制权、发行权、信息网络传播权。但原告提交的证据证明拍卖公司于 2016 年 4 月 11 日及 2016 年 6 月 22 日在其公司网站及微博上展示涉案手稿，此时，距 2014 年的拍卖结束已两年多。原告认为被告行为侵犯其信息网络传播权，法院予以支持。因此，判令拍卖公司停止侵权，并酌情赔偿原告 10 万元。

（资料来源：《扬子晚报》，
作者：任国勇 胡兰兰
原标题为：《“茅盾手稿”案宣判》）

【腾讯诉今日头条案获赔 27 万余元】 2017 年 7 月，北京市海淀区人民法院对深圳市腾讯计算机系统有限公司以侵害信息网络传播权为由，将今日头条的经营者北京字节跳动科技有限公司告上法庭系列案做出一审判决。法院经审理认定字节跳动公司构成侵权，判决该公司每个案件赔偿经济损失及合理开支 810 元至 1 980 元不等，287 宗案件共计赔偿 27 万余元。

腾讯公司诉称，其享有涉案 287 篇体育、娱乐等报道文章的独家信息网络传播权，主要分为职务作品及约稿作品两种。字节跳动公司未经许可，在其经营的今日头条网站或今日头条手机客户端提供了涉案文章（部分文章在两个端口均提供），侵害了其信息网络传播权。故诉至法院，每案主张经济损失及合理支出共计 1 万元至 2 万元不等。

字节跳动公司辩称，部分涉案文章为时事新闻或忠实记录访谈类节目内容的文章，不构成作品。字节跳动公司不认可约稿作品的权利由腾讯公司享有。对于涉及今日头条网站的案件，字节跳动公司系基于授权协议从第三方处转载涉案文章，有合法的来源；对于涉及今日头条手机客户端的案件，字节跳动公司提供的是链接的导流服务，涉案文章并不存储于其服务器上。综上，字节跳动公司不同意腾讯公司的诉讼请求。

法院经审理后认为，涉案文章体现了作者的独创性，故对于字节跳动公司提出的部分文章不构成作品的抗辩不予支持。案件的证据显示，腾讯公司经合法授权，获得了涉案文章的独家信息网络传播权，有权提起诉讼。字节跳动公司在今日头条网站或今日头条手机客户端上向公众提供涉案文章，使公众可以在其个人选定的时间和地点获得涉案文章，侵害了腾讯公司享有的信息网络传播权。

对于字节跳动公司对涉及今日头条网站案件的抗辩，法院认为其未提交相应的证据予以证明，故对其辩称不予支持。

对于字节跳动公司抗辩其提供导流服务的案件，法院认为，其提交的证据与案件无关联性，故未予以采信。

法院在综合考虑涉案文章的类型、知名度、字节跳动公司的侵权情节等因素后，依法酌定赔偿金额，并支持了腾讯公司的部分合理开支费用。

（资料来源：《中国新闻出版广电报》，作者：邹韧）

【4399 侵权《梦幻西游》判罚 1 500 万元】

2017 年 7 月，广州市天河区人民法院对广州四三九九信息科技有限公司、广州悦狼网络科技有限公司开发运营的《仙语》手游侵犯网易《梦幻西游》手游著作权及不正当竞争案件做出宣判，法院最终判令 4399 等二被告连带赔偿网易共计人民币 1 500 万元。

广州市天河区人民法院认定，网易对《梦幻西游》手游中的角色、场景、技能图标、特效、阵法、UI 界面等诸多元素均享有合法权益，受法律保护。而 4399 等二被告在《仙语》的开发、运营过程中，大规模、成体系地违法使用了《梦幻西游》手游中的诸多元素，包括游戏主角、NPC 角色、游戏场景、宠物技能图标、门派技能图标，以及宠物技能描述、特技文字描述、特效文字描述，乃至于战斗阵法、道具、UI 界面等。《仙语》对于《梦幻西游》游戏美术等资源的违规使用，成为被告此次败诉的关键。

（资料来源：广州市天河区人民法院）

【多玩公司因主播擅播网剧被判侵犯著作权】

2017 年 8 月 10 日，北京市海淀区人民法院审结 YY 主播擅自直播《盗墓笔记》相关剧集，而被北京爱奇艺科技有限公司以侵害著作权及不正当竞争为由诉至法院一案。法院一审认定，YY 软件的开发运营公司珠海多玩信息技术有限公司侵害爱奇艺公司著作权，判决多玩公司赔偿爱奇艺公司 50 万元及合理开支 2 万元。

YY HD 软件系多玩公司开发的观看视频直播软件。爱奇艺公司诉称，2015 年 7 月 4 日，正值《盗墓笔记》热播期，免费用户还无法完整看到相应剧集时，登录 YY HD 软件搜索“盗墓笔记”后，则显示有数十个相关主播正在直播该剧相关剧集，各主播频道昵称均由“盗墓笔记”和“全集观看”、“全集”、“高清直播到结局”等组成，部分主播频道中正在播放第 6、第 8 集，当时排名第一的主播频道在线观看用户数量为 7 800 余名。爱奇艺公司据此认为，多玩公司未经授权在其运营的 YY HD 软件中播放《盗墓笔记》，侵害了其享有的著作权。另外，多玩公司所开发该软件的屏幕捕捉、视频录制和回放功能，会鼓励和放任主播直播《盗墓笔记》的行为，构成不正当竞争。对此，多玩公司否认侵权行为。

法院经审理后认为：首先，爱奇艺公司对《盗墓笔记》享有的权利范围应以授权书约定为标准判断。爱奇艺公司获得的授权书中明确约定对《盗墓笔记》进行网络直播等其他著作权权利，因此，爱奇艺公司有权作为著作权人对他人通过网络直播《盗墓笔记》的行为提起诉讼。

其次，对于多玩公司是否侵害了爱奇艺公司对《盗墓笔记》享有的著作权，法院认为，一个是要判断多玩公司是否系网络直播服务经营者。法院结合多玩公司提交的公证书，提交的 YY 网站、虎牙直播网站上对主播进行管理、处罚的规则网页打印件以及涉案主播个人信息列表说明其已尽合理注意义务之事实，可以认定多玩公司是网络直播服务经营者。那么，如果相关主播构成侵权，多玩公司则对侵权行为具有过错，也应承担相应的侵权责任。另一个是 YY HD 软件中的主播直播《盗墓笔记》，没有获得该剧权利人许可，构成直接侵权行为。综合考虑《盗墓笔记》具有较高知名度，多玩公司并没有限制主播直播内容，《盗墓笔记》在 YY HD 软件中的受关注程度以及数十位主播使用“盗墓笔记”“全集”等显而易见正在直播《盗墓笔记》的昵称标识，多玩公司没有在 YY HD 软件中明确投诉方式等因素，法院认定多玩公司应当知道涉案直接侵权行为的存在，而且没有及时制止侵权行为，故存在过错，构成帮助侵权。

法院认为，爱奇艺公司虽主张多玩公司通过开发 YY HD 软件的屏幕捕捉、视频录制和回放功能，从而鼓励和放任主播播放涉案电视剧的行为，构成不正当竞争，但没有提交证据，法院对此项主张予以驳回。

据此，法院做出上述判决。

（来源：《中国新闻出版广电报》，作者：邹韧，原标题为：《运营商因主播擅播网剧被判侵犯著作权》）

【央视动画诉杭州大头儿子公司侵权案宣判】 2017 年 8 月 18 日，知名动画片《大头儿子和小头爸爸》的著作权之争在北京市朝阳区人民法院做出一审判决，央视动画胜诉。

2016 年初，央视动画发现朝阳区的一家名创优品店在销售大头儿子形象玩偶，标签显示是杭州大头儿子文化发展有限公司授权他人生产销售的。央视动画认为《大头儿子和小头爸爸》系列动画片及人物形象著作权归央视动画享有，杭州大头儿子作为授权方、北京时代嘉丽商贸有限公司作为销售方侵犯了央视动画的著作权，故向北京市朝阳区人民法院提起著作权侵权诉讼。

北京市朝阳区人民法院经审理认定，杭州大头儿子公司授权生产和销售的玩偶使用了央视动画享有著作权的动画人物形象，构成著作权侵权。一审判决：大头儿子公司和时代嘉丽公司停止授权生产、销售涉案侵权产品；大头儿子公司赔偿央视动画经济损失及合理支出共计 28 万元。

（《中国版权年鉴》编辑部综合）

【迅雷侵权被判赔偿 140 万】 2017 年 8 月，美国电影协会成员公司起诉深圳市迅雷网络技术有限公司侵犯著作权案宣告胜诉，深圳市南山区人民法院判决深圳市迅雷网络技术有限公司赔偿美国电影协会成员公司各项损失共计 140 万元人民币。至此，这起持续两年半的跨国官司，终于尘埃落定。

该判决是针对美国电影协会成员公司对迅雷提起的民事诉讼做出的，该诉讼指控迅雷侵犯了美国电影协会成员公司 28 部作品的著作权。该案于 2015 年 1 月 19 日正式提交深圳市南山区人民法院。

经过两年半的取证及审理之后，深圳市南山区人民法院做出判决，裁定迅雷未经授权，通过其服务向公众提供美国电影协会成员公司的若干作品，严重侵犯了美国电影协会成员公司的著作权。法院判决迅雷停止侵害美国电影协会成员公司的著作权，赔偿各项损失总计人民币 140 万元，并承担美国电影协会成员公司的诉讼费用等。

该协会亚太区总裁艾理善表示：“这一判决是对版权保护强有力的支持，令人振奋。这一决定给中国市场发出了正确的信号，那就是对知识产权的网络侵权行为不能听之任之。”事实上，早在 2008 年，美国电影协会就已经起诉过迅雷，数年间多家公司也都曾起诉迅雷侵权，但都被其一一化解。此次美国电影协会的胜利，可以说是维护互联网版权的一次标志性胜利。

（资料来源：《北京日报》，作者：袁云儿）

【首例铁路车站侵权案一审结果出炉】 2017 年 9 月 29 日，国内首例铁路车站使用背景音乐侵权案——北京南站播放背景音乐侵权案一审结果出炉：法院经审理认定北京南站候车大厅播放背景音乐侵权事实成立，判决北京南站所属单位北京铁路局单曲赔偿中国音乐著作权协会著作权使用费及合理费用共计人民币 6 000 余元。

此前，北京火车南站长期在其车站内以公开播送背景音乐的方式使用音著协管理的歌曲，却始终拒绝办理播放音乐所需的许可手续，音著协分别向北京火车南站和北京铁路局发送了协商函，但没有得到任何回应，协会无奈只得将北京火车南站诉至北京市海淀区人民法院。

音著协方面表示，此次诉讼并不是为了获取某一首歌曲的赔偿，而是希望通过诉讼，使对方认清侵权事实，早日加入合法合规使用音乐的行列，在为广大旅客提供舒适环境的同时，也能尊重国内外音乐词曲作者的权益。

（资料来源：《中国新闻出版广电报》，作者：殷珠，原标题为：《首例铁路车站侵权案》）

【天津知识产权司法保护数据著作权纠纷居榜首维权胜诉率达八成】 2017年10月25日，天津市高级人民法院召开新闻发布会，通报全市知识产权司法保护数据统计报告（2014年至2017年7月）。三年多的时间里，天津市各级法院新收各类知识产权纠纷案件7 508件，审结6 856件，著作权纠纷始终占据近年来知识产权纠纷案件的第一位。天津市高级人民法院相关负责人介绍，这主要是因为随着互联网技术和相关产业的迅猛发展，传统的纸质媒介被突破，使得网络著作侵权行为越来越多。

根据天津市高级人民法院统计，2014年全市各级法院新收著作权类案件709件，2015年989件，2016年1 008件，2017年1月至7月达到1 469件，著作权纠纷案件呈逐年上升的态势，其中，互联网成为著作权侵权的“重灾区”，主要涉及影视作品、美术作品、计算机软件等。被诉主体多为网络科技公司，主要经营范围为网络视频播放及下载、网络游戏开发运营、计算机网络服务等。侵权方式为一些不法经营者利用网络虚拟性、隐蔽性等特点，采用“搭便车”“傍名牌”等手段侵犯他人合法权益。此外，随着人们维权意识的不断提高，再加上对于知识产权保护力度越来越大，在知识产权侵权案件判决中被侵权方胜诉率也越来越高，2014年至2017年7月，天津市各类知识产权民事案原告总体胜诉率达到86.01%。

（来源：《天津日报》，作者：韩雯 吴玉萍）

【音著协诉“后街男孩广州演唱会”侵权案终审获胜】 2017年10月，中国音乐著作权协会（以下简称音著协）诉“后街男孩广州演唱会”主办方涉音乐著作权侵权案历经两审败诉，经过申请再审最终获胜，音著协再一次以实际行动维护了音乐著作权人的合法权益，彰显了我国著作权集体管理组织的担当和维权能力，赢得了国际同类组织的广泛好评。

2013年6月8日晚，“2013后街男孩20周年亚洲巡演中国首航广州演唱会”在广州市海心沙亚运公园举办。该演出的国内组织者未取得著作权使用许可、拒不支付音乐著作权使用费。鉴于多次沟通无果，音著协把演出主办方深圳市聚橙网络技术有限公司和广东省星海音乐厅诉至广州市越秀区人民法院。

音著协诉称，2013年“后街男孩广州演唱会”上，表演者以现场演唱的方式使用了 *I Want It That Way* 等4首瑞典音乐著作权集体管理协会（STIM）会员的音乐作品，而身为主办方的本案二被告却公然违反相关法律法规，未取得使用许可且拒不支付音乐著作权使用费，严重侵犯了音乐人的合法权益。作为与瑞典协会签有《相互代表合同》的我国大陆唯一的音乐词曲著作权集体管理组织，音著协向被告主张每首音乐作品人民币1万元的侵权赔偿和总计人民币17 000余元的维权支出。

被告面对音著协的维权诉求，拒绝承认公开表演使用过涉案音乐作品，且不肯交验该场演出的节目单以佐证，认为瑞典协会的有关会员合同翻译件关于合同续约的表述有歧义，在一审翻译件中未译明原文中该合同可无限次自动续展的本义，尽管一审中原告还有其他证据间接佐证会员合同关系存续的事实，但是被告对音著协的维权资格和侵权基本事实矢口否认。一审法院采信了其抗辩意见，未支持音著协的维权诉求。音著协不服一审判决，上诉至广州知识产权法院，但二审仍驳回上诉、维持原判。为了维护音乐著作权人的合法权益，音著协随即就本案向广东省高级人民法院提出申诉。

面对此案连战失利的局面，音著协针对一审中有关会员合同续约条款的真正含义在再审程序中进行了补证，请权威机构重新翻译了瑞典协会相关会员合同的续展条款，并请我国瑞典语方面的知名专家到庭对该翻译内容进行进一步解释说明。经过维权的不懈努力和据理力争，广东高院再审合议庭终于认定音著协提交的各项证据形成了完整的证据链，一审、二审判决认定事实和适用法律均有错误，音著协的再审请求成立，依法应予支持。于是，广东省高级人民法院决定撤销本案一审、二审判决，同时判决再审被申请人（即本案二被告）连带承担侵权责任，全额支持了音著协的赔偿诉求。

（资料来源：《中国新闻出版广电报》，作者：田宏）

【使用漫画作品未署名 作者诉阿里巴巴获赔7.1万元】 2017年11月9日，海淀法院官网显示，因阿里巴巴（中国）有限公司（以下简称阿里巴巴）官方微博“阿里巴巴1688V”发布的文中附有漫画家黄缨的作品但并未署名，黄缨将阿里巴巴和北京微梦创科网络技术有限公司（以下简称微梦）诉至法院，要求二被告停止侵权、赔礼道歉，并赔偿经济损失及合理支出等共计30余万元。

黄缨诉称，阿里巴巴为了商业宣传，未经其许可，在新浪微博上擅自使用了自身创作的作品，并将作品与其商业活动贴切、形象地结合在一起，以此获取品牌宣传效果和巨大的商业利益。侵权微博使用了原告的作品，未为原告署名，未支付费用，且添加水印，侵犯了原告对涉案作品享有的署名权、信息网络传播权；涉案微博是经过微梦认证并管理的，微梦作为侵权网站的管理者和服务者，未尽审查义务，造成侵权微博广泛流传。

法院经审理后认为，黄缨系涉案漫画作品的著作权人，阿里巴巴未经授权在其微博账户中使用了涉案漫画作品，将黄缨享有著作权的漫画作品擅自使用在其微博运营活动中，向公众传播，不属于合理使用，且未为黄缨署名，侵害了黄缨对涉案作品的相关权利。对此，法院判决阿里巴巴在其运营的微博“阿里巴巴 1688V”首页置顶位置连续七日刊登声明，向黄缨赔礼道歉，并赔偿黄缨经济损失和合理支出共计 7.1 万元。

微梦提供信息存储空间服务，黄缨并未向其发送侵权通知，微梦在收到本案起诉状后，经查证涉案漫画作品已经删除，且原告认可涉案漫画作品已经删除，对此法院不持异议。微梦已经及时对涉案行为做了处理，不应再承担责任，故法院依法驳回原告黄缨对微梦的全部诉讼请求。

在互联网等新媒体的高速发展下，近几年微信公众号、微博号等自媒体平台涌现，通过自媒体平台向公众传播信息也逐渐成为企业宣传自身形象的一个重要渠道，但由于自媒体低门槛、易操作等特征，自媒体领域已经日益成为侵权行为的重灾区。

针对自媒体侵权事件高发的现象，法院提示自媒体用户，应当慎重管理自媒体平台，做到依法管理自媒体信息，切勿未经许可转载他人享有版权的作品。对委托他人代为管理的自媒体平台，仅仅做到合同约定不得侵权是不能免责的，应当加强管理，对于平台信息从严审核，避免侵害他人合法权益。在发生纠纷后，应当依法及时举证。

此外，从业者也表示，除平台自身提升版权意识外，知识产权保护也需要加强对侵权行为的打击力度，与此同时，从多方面实现可实施性保护措施的落地，如减少侵权类事件的诉讼成本，尤其是时间成本，一旦有侵权事件发生，通过简单、高效的诉讼流程，能够在一定程度上降低盗版资源的传播，从而最大限度地降低版权方的损失。

（资料来源：《北京商报》，作者：卢扬　邓杏子）

【《梦幻西游 2》网游直播侵权案宣判】 2017 年 11 月 13 日，广州知识产权法院对广州网易计算机系统有限公司（以下简称网易公司）诉广州华多网络科技有限公司（以下简称华多公司）侵害著作权案做出一审判决，判决被告停止通过网络传播《梦幻西游》和《梦幻西游 2》的游戏画面，并赔偿原告经济损失 2 000 万元。

2014 年，网易公司发现华多公司通过 YY 游戏直播网站等平台，直播、录播、转播《梦幻西游 2》游戏内容，经交涉未果，于 2014 年 11 月 24 日提起诉讼。

网易公司诉称，涉案电子游戏属计算机软件作品，游戏运行过程中呈现的人物、场景、道具属美术作品，游戏过程中的音乐属音乐作品，游戏的剧情设计、解读说明、活动方案属文字作品，游戏运行过程中呈现的连续画面属以类似摄制电影创作方法创作的作品，被告窃取其原创成果，损害其合法权利。

华多公司辩称网易公司非权利人，涉案电子游戏的直播画面是玩家玩游戏时即时操控所得，不是《著作权法》规定的任何一种作品类型，且游戏直播是在网络环境下个人学习、研究和欣赏的方式，属于《著作权法》中的个人合理使用行为。

广州知识产权法院经审理认为，《梦幻西游》《梦幻西游 2》作为一款多人参与的在线网络游戏，可以产生一系列有伴音或无伴音的连续画面，该连续画面最终认定为类电影作品，版权属于网易。如不保护创作者对其作品进行许可传播或不许可传播的排他性权利，不利于对开发者形成权利激励，从而不利于在全社会促进智慧产品的产出，不符合《著作权法》规定的立法宗旨。

结合《著作权法》对放映权、广播权和信息网络传播权的规定，华多公司的游戏直播行为所侵害的均不属于《著作权法》所列举的“有名”之权利，归入“应当由著作权人享有的其他权利”；与之对应的，涉案的侵权行为也不属于《著作权法》所列举的“有名”之侵权行为，归入“其他侵犯著作权的行为”。另外，游戏的呈现画面是电子游戏的基础价值，尽管游戏用户存在追求游戏中预设的“过关”或“升级”的可能，但游戏呈现画面的价值并不会因此而丧失，故游戏直播行为不属《著作权法》中的合理使用范畴。

法院一审判决认定，YY 直播《梦幻西游》《梦幻西游 2》的行为属于著作权侵权，并根据 YY 关联企业的财务年度报告、游戏播放热度和 YY 前游戏主播的证人证言，最终确定赔偿额为 2 000 万元。

（资料来源：《中国新闻出版广电报》，作者：高广）

◆ 行政管理

【国务院印发《“十三五”国家知识产权保护和运用规划》】 2017年1月13日，经李克强总理签批，国务院印发了《“十三五”国家知识产权保护和运用规划》（以下简称《规划》），明确了“十三五”知识产权工作的发展目标和主要任务，对全国知识产权工作进行了全面部署。这是知识产权规划首次列入国家重点专项规划。

《规划》指出，要深入实施知识产权战略，深化知识产权领域改革，严格知识产权保护，加强知识产权运用，提升知识产权质量和效益，扩大知识产权国际影响力，加快建设中国特色、世界水平的知识产权强国。到2020年，知识产权重要领域和关键环节的改革取得决定性成果，建成一批知识产权强省、强市，知识产权保护环境显著改善，知识产权运用效益充分显现，知识产权综合能力大幅提升。每万人口发明专利拥有量从2015年的6.3件增加到12件，国际专利申请量从2015年的3万件增加到6万件，知识产权使用费出口额从2015年的44.4亿美元提高到100亿美元。

《规划》提出了七个方面的重点工作。一是完善知识产权法律制度。加快推动专利法、著作权法、反不正当竞争法等法律法规建设，健全完善商业模式和实用艺术品、“互联网+”、电子商务、大数据等相关法律制度和规则。二是提升知识产权保护水平。发挥知识产权司法保护作用，强化知识产权刑事保护，加强知识产权行政执法体系建设，强化进出口贸易知识产权保护，加强传统优势领域、新领域新业态和民生领域知识产权保护。三是提高知识产权质量效益。实施专利质量提升工程，实施商标战略，打造精品版权，加强地理标志、植物新品种等领域知识产权工作。四是加强知识产权强省、强市建设。促进区域知识产权协调发展，做好知识产权领域扶贫工作。五是加快知识产权强企建设。提升企业知识产权综合能力，培育知识产权优势企业，完善知识产权强企工作支撑体系。六是推动产业升级发展。推动专利导航产业发展，完善“中国制造”知识产权布局，促进知识产权密集型产业发展，支持产业知识产权联盟发展，深化知识产权评议工作，推动军民知识产权转移转化。七是促进知识产权开放合作。加强知识产权国际交流合作，积极支持创新企业“走出去”。

《规划》还明确了知识产权法律完善、知识产权保护、专利质量提升、知识产权强企、知识产权评议、知识产权海外维权、知识产权投融资服务、知识产权信息公共服务平台建设、知识产权文化建设共9项工程。各地区、各相关部门要高度重视，加强组织领导，制定地方规划、年度计划和配套政策，加强对实施情况的动态监测和评估，推动规划有效落实。

（资料来源：《人民日报》，作者：李彤）

【2017年首批重点版权保护预警名单发布】 2017年1月20日，按照《国家版权局办公厅关于进一步加强互联网传播作品版权监管工作的意见》及国家版权局版权重点监管工作计划，根据相关网站上报的获得作品授权情况，国家版权局公布了2017年度第一批重点作品版权保护预警名单。

2017年首批重点作品版权保护预警名单包括57项影视作品。预警信息包括作品名称、权利主体、授权形式、授权期限，以及分销、置换情况。

预警名单公布后，相关网站应对版权保护预警名单内的重点作品采取以下保护措施：直接提供内容网站未经许可不得上传版权保护预警名单内的作品；用户上传内容网站应禁止用户上传版权保护预警名单内的作品；提供搜索链接网站应仅提供获得合法授权网站的搜索结果及跳转链接服务；电商网站及应用平台应加快处理版权保护预警名单内作品权利人关于删除侵权内容或断开侵权链接的通知。

（来源：《法制日报》，作者：张红兵）

【国家版权局发令禁止未经授权通过网络传播央视2017春节联欢晚会】 2017年1月24日，国家版权局发布《关于禁止未经授权通过网络传播中央电视台2017春节联欢晚会的通知》。通知称，各地区版权行政执法部门应当对本地区主要网络服务商发出针对央视2017春晚的版权预警提示、加大版权监管力度。对于未经授权通过信息网络非法传播央视2017春晚、情节严重的，版权行政执法部门要依法查处。

（资料来源：《中国版权年鉴》编辑部）

【国家版权局印发《版权工作“十三五”规划》】 2017年1月25日，国家版权局印发了《版权工作“十三五”规划》。规划回顾了“十二五”时期全国版权工作取得的成绩，分析了当前面临的形势，明确了“十三五”版权工作的发展目标和重点任务，对全国版权工作进行了全面部署。

“十二五”期间，我国版权法律制度体系不断完善，版权执法监管力度不断加大，各级版权行政管理部门坚持日常监管与专项行动相结合，严厉打击各类侵权盗版行为。全国版权行政处罚案件 35 280 件。国家版权局联合相关部门持续开展打击网络侵权盗版“剑网行动”，共查处网络案件 2 765 件，依法关闭侵权盗版网站 1 193 个。

规划指出，“十三五”时期，版权工作要坚持实施版权严格保护、推动版权产业发展、健全版权工作体系三大基本原则。到 2020 年，版权法律制度体系更加完备，版权工作法治水平进一步提高；版权执法监管力度不断加大，版权保护环境明显改善；版权社会服务体系更加完善，版权产业又好又快发展；版权创作、运用、保护、管理和服务能力显著增强，全社会版权意识大幅提升；版权国际交流合作不断拓展，我国在国际版权体系中的话语权和影响力进一步提高，基本实现版权治理体系和治理能力现代化，初步建成中国特色的版权强国。

规划明确了著作权登记工作的目标，要求作品登记年均增长 15%，2020 年全国登记数量达到 278 万件；计算机软件著作权登记数量年均增长 10%，2020 年全国登记数量达到 60 万件。

规划明确指出，“十三五”期间将加大版权执法监管力度，健全版权侵权查处机制，加强版权执法监管，做好行政执法与刑事司法衔接，强化事中事后监管，重点突出大案要案查处和重点行业专项治理，加大侵权行为惩治力度，营造和维护合法有序的版权环境。

规划强调，“十三五”期间将突出网络领域版权监管，将网络作为履行版权监管职责的重要阵地，不断净化网络版权环境。持续开展打击网络侵权盗版“剑网行动”，强化分类管理，加强对网络文学、音乐、影视、游戏、动漫、软件等重点领域的监测监管，及时发现和查处侵权盗版行为。依托国家版权监管平台，完善版权重点监管，扩大监管范围，把智能移动终端第三方应用程序（APP）、网络云存储空间、网络销售平台等新型传播方式纳入版权有效监管。

规划要求进一步强化版权执法协作机制，推动完善各级文化综合执法机构落实版权执法任务的工作机制，充分运用“扫黄打非”工作组织协调机制，加强与公安、工商、工信、网信等部门的配合、协作，形成版权执法合力。加强版权行政执法与刑事司法的衔接，积极参与建设和使用全国打击侵权假冒工作行政执法与刑事司法衔接工作信息共享平台，进一步推进版权执法案件的信息公开。

根据规划，“十三五”期间将探索建立版权行政调解机制，通过非诉讼纠纷解决途径积极化解版权纠纷。探索建立侵权盗版信用评价机制，发布失信单位和个人“黑名单”。

规划从完善版权法律制度体系、完善版权行政管理体系、完善版权社会服务体系、完善版权涉外工作体系 4 个方面提出了 26 项重点任务，包括继续推进《著作权法》修改、加大版权执法监管力度、持续推进软件正版化工作、优化版权社会管理工作、加强版权宣传培训工作、推动建立合作共赢的新型版权国际关系等，涵盖版权创作、运用、保护、管理、服务等各个方面。规划还明确了全国作品登记数量、计算机软件著作权登记数量、全国版权示范创建数量等具体工作指标，作为版权工作的基本支撑。

围绕发展目标和重点任务，规划还提出加强组织领导、队伍建设、政策支持、激励引导、人才储备等 5 项保障措施，明确了国家版权监管平台项目、国家版权示范工作推进工程、全国版权交易体系建设推进工程等 3 个重点工作项目。

（资料来源：《法制日报》，作者：张红兵）

【推进使用正版软件工作部际联席会议第六次全体会议在京召开】 2017 年 2 月 28 日，中宣部副部长、国家新闻出版广电总局（国家版权局）局长聂辰席主持召开推进使用正版软件工作部际联席会议第六次全体会议。会议传达了中共中央政治局委员、国务院副总理汪洋关于软件正版化工作的重要批示，对 2016 年推进使用正版软件工作进行了总结，并讨论审议了 2017 年工作计划。

会议认为，2016 年部际联席会议认真贯彻落实国务院部署，圆满完成了各项任务，实现了“十三五”良好开局。特别是在四个方面取得了新突破：一是推进长效机制建设取得新突破。出台了《中央行政单位通用办公设备家具配置标准》。推动 20 个省（自治区、直辖市）出台了《政府机关使用正版软件工作考核办法》、11 个省（自治区、直辖市）完善了计算机软硬件采购相关规定。二是软件使用管理取得新突破。研究编制了《正版软件管理工作指南》。三是督促检查取得新突破。委托第三方专业机构参与督查，实现了对中央部门和 3 个省的全部省级政府机关软件正版化工作检查全覆盖。四是信息化管理取得新突破。建成软件正版化工作信息化平台，统一管理全国软件正版化工作相关信息。指导研发了软件检查工具，大幅提高了督查效率。

聂辰席就2017年推进软件正版化工作提出四点要求。第一，要进一步加强协调配合。推进软件正版化工作涉及面比较广，政策性比较强，协调难度也大，具有复杂性、艰巨性和长期性的特点，需要发挥联席会议的特殊作用，集中各成员单位的智慧、资源，共同解决问题、推进工作。第二，要进一步强化督促检查。加大督促检查的力度，要督查经常化，确保各项政策措施能够真正落实。第三，要进一步推进软件正版化与信息化的深度融合。部际联席会议要通过此项工作与信息化工作的深度融合，进一步激发软件企业研发创新活力，推动我国软件产业的快速发展，提高信息化建设的水平。第四，进一步做好宣传和培训。利用双边、多边的合作交流机制，做好软件正版化对外宣传和沟通工作，多手段多措施展示我国软件正版化工作成果。

国家新闻出版广电总局（国家版权局）副局长阎晓宏在会上汇报了2016年推进使用正版软件工作进展情况和2017年工作计划。工信部总工程师张峰、商务部部长助理李成钢、工商总局副局长王江平、国家知识产权局副局长贺化、国管局副局长陈建明、国务院法制办副主任钱锋、证监会副主席赵争平、保监会副主席黄洪、中直管理局副局长张放鸣、全国工商联副主席樊友山、国资委副秘书长周渝波、财政部文化司司长王家新，以及银监会、中央网络安全和信息化领导小组办公室信息化发展局、全国打击侵权假冒工作领导小组办公室有关负责人，部际联席会议各成员单位联络员出席会议。会议审议通过了《2016年推进使用正版软件工作报告》及《2017年推进使用正版软件工作计划》。

（资料来源：国家版权局网站，作者：赖名芳）

【广西壮族自治区推进国有企业软件正版化工作】 2017年2月28日，广西壮族自治区推进使用正版软件工作厅际联席会议在南宁召开全体会议，研究部署广西2017年软件正版化工作，计划在2017年全面实现各自治区级国有企业集团总部的软件正版化。

近年来，广西壮族自治区各级党政机关先后投入财政资金1.26亿余元，采购20.2万多套正版软件，软件正版化工作取得阶段性成果，目前已全面完成县级以上各级党政机关使用正版软件工作任务。2016年，广西壮族自治区共计1 180家企业实现软件正版化，其中32家自治区级国有企业基本完成软件正版化工作任务，26家企业先后获得“全国软件正版化工作示范单位”称号。

为进一步推进广西壮族自治区软件正版化工作，自治区推进使用正版软件工作厅际联席会议各成员单位将加大对所辖行业的软件正版化工作指导、培训和检查，重点巩固自治区级国有企业、全区金融机构以及新闻出版广电行业企业的软件正版化工作。

（资料来源：《广西日报》，作者：秦雯）

【北京推动医疗卫生行业软件正版化】 2017年3月1日，北京市正版软件采购平台聘请北京市医疗卫生行业信息化专家组成谈判小组，同国内外主要通用及专业软件厂商进行价格谈判。经谈判协商，共有15家软件厂商的78款软件入围。

此次谈判是在北京市使用正版软件工作联席会议办公室统一组织下，在北京市版权局、北京市卫计委、北京市经信委协调指导下开展的，入围产品均为市场上相关软件产品中普及率高、使用量大的主流产品，入围产品的协议价格普遍比市场价格降低了30%以上。

为方便北京市医疗卫生行业进行采购，北京软件和信息服务交易所有限公司专门搭建了北京市医疗卫生行业正版软件采购平台，北京市医疗卫生行业可以在该平台以此次谈判确定的优惠价格采购入围的78款软件产品。

此次软件采购谈判及后续统一采购工作确保了北京市医疗卫生行业软件正版化工作有序开展，节省了大量财政资金，规范了软件采购渠道，从源头上防止了侵权盗版软件流入北京医疗卫生行业。

（资料来源：《中国新闻出版广电报》，作者：王坤宁）

【四川实现版权社会服务工作新突破】 2017年3月8日，四川省版权局向全省21个市（州）版权局印发《关于进一步做好作品登记工作的通知》《关于促进作品成果转化的意见》《关于进一步做好版权示范创建工作的通知》3个文件，举办四川省作品登记和成果转化培训班，全面部署版权社会服务工作。

2016年，四川省全面推进作品免费登记，作品登记总量达到75 378件，跃升至全国第三位。成功创建了1个省级版权示范单位，1个国家级版权示范单位，1个国家级版权示范园区，荣获2个中国版权金奖，版权社会服务工作取得明显成效。2017年，四川省版权局将认真贯彻落实国家版权局《版权工作“十三五”规划》，深化改革，创新措施，总结经验，补齐短板，紧紧围绕版权作品的转化运用、版权产业的快速发展、版权制度的激励驱动、版权保护的有效保障，全面提高版权创作、运用、保护、管理和服务能力，努力实现版权社会服务工作新突破。

（资料来源：四川省版权局）

【《江西省版权工作“十三五”规划》出台】 2017 年 3 月 17 日，《江西省版权工作“十三五”规划》正式出台实施。

《规划》明确了“十三五”时期江西省版权工作的指导思想和主要目标，对“十三五”时期的版权工作重点任务进行了规划：一是加强版权执法监管，营造创新创业良好环境。突出网络领域的版权监管，加大大案要案查处和重点版权领域专项治理力度，强化版权执法协作，提升信息化水平，营造和维护合法有序的版权环境。二是持续推进软件正版化工作，完善长效机制建设。创新工作模式和方法，突出工作重点、密切协调配合、建立责任体系、加强督促检查，进一步健全软件正版化工作制度，巩固和扩大软件正版化工作成果。三是完善版权社会服务体系，优化版权社会管理工作。不断规范作品登记、涉外著作权合同登记工作，完善版权法律服务，加强版权公共信息服务平台建设，充分发挥版权社会服务机构的作用，进一步提升版权管理与公共服务能力。四是促进版权创造运用，推动版权产业有序发展。继续挖掘区域特色，深入推进版权示范工作，着力打造一批知名版权企业和名牌产品，加快推动版权贸易，积极促进江西省版权产业的繁荣发展。五是加强版权宣传培训，营造良好版权社会氛围。充分利用各种传播形式尤其是新型传播形式，全方位地进行版权宣传，广泛开展版权培训，提升全社会版权认知度，扩大版权工作的社会影响。

《规划》指出，“十三五”期间，全省作品著作权登记总量将突破 6 万件，创建 20 个示范单位，重点建设版权“走出去”提质增效工程（即实施《江西省版权输出奖励暂行办法》，每 3 年评选奖励 15 项最具国际影响力的版权输出项目）、江西省版权公共服务平台建设项目（二期）、版权示范工作推进工程等三大工程项目，切实担负起“加快建设创新江西”赋予版权工作的新使命，使版权工作更好地服务于全省经济社会发展的大局。

（资料来源：《江西日报》，作者：钟端浪）

【《关于新形势下加强打击侵犯知识产权和制售假冒伪劣商品工作的意见》发布】 2017 年 3 月 22 日，经李克强总理签批，国务院印发了《关于新形势下加强打击侵犯知识产权和制售假冒伪劣商品工作的意见》（以下简称《意见》），部署进一步加强打击侵权假冒工作，保障国家知识产权战略深入实施，维护公平竞争的市场秩序，完善法治化、国际化、便利化的营商环境。

《意见》指出，要坚持依法治理、打建结合、统筹协作、社会共治等原则，着力推进市场监管体系和监管能力现代化，修订完善相关法规和标准，改革创新监管制度和机制，加强信息技术等新技术新手段运用，强化事中事后监管。到 2020 年，基本形成行政执法、刑事执法、司法审判、快速维权、仲裁调解、行业自律、社会监督协调运作的打击侵权假冒工作体系。

《意见》提出，要针对违法犯罪活动链条化、组织化和跨区域、跨行业等新趋势、新特点，推进综合治理，对侵权假冒商品的生产、流通、销售形成全链条打击。一是加强部门间执法协作，健全行政执法与刑事司法衔接机制，明确权力清单，堵塞监管漏洞。二是推进区域间执法联动，探索建立跨区域联席会议、线索通报、证据移转、案件协查、联合办案以及检验鉴定结果互认等制度。三是扩大执法办案的国际交流合作，积极开展知识产权海外维权。

《意见》提出，要构建多方参与的共治格局。强化社会组织的自治自律功能，建立健全社会组织参与打击侵权假冒工作机制；落实企业的主体责任，督促电子商务平台企业加强对网络经营者的资格审查，对企业履行承诺情况开展“双随机”执法检查；发挥新闻媒体的正面引导和舆论监督作用，鼓励公众举报投诉侵权假冒违法行为。

《意见》强调，要加强组织领导和统筹落实，切实抓好政策制定、执法协调、宣传教育、涉外交流等工作。落实地方政府责任，将打击侵权假冒工作纳入地方政府绩效考核体系，加强对打击侵权假冒执法经费和涉案物品环境无害化处理经费的财政保障。严格实行行政执法人员资格管理和持证上岗制度，提高执法监管能力。

（资料来源：新华社）

【上海市版权局资助 104 个版权项目“走出去”】 2017 年 3 月 22 日，上海市版权局公布包括《城市形态与住房市场》德文版在内的 26 个版权“走出去”扶持项目。这已是上海市版权局实施版权“走出去”扶持政策的第四个年头，为鼓励和支持优秀版权项目走出国门，从2013年起，该局每年拿出100万元专项资金，现已有104个版权项目获得资助。

上海市版权“走出去”扶持资金主要采取奖励和补贴的方式安排使用。奖励主要适用于已成功输出并在国外产生一定影响力的版权项目，一次性给予资金支持。比如，近年来在国外产生很大影响的《东京审判》《一课一练》等图书，都得到了该资金的支持。而在短期内能够输出的版权项目，比如已经签订版权输出与合作出版正式合同的书稿，或者已有输出意向的正在翻译中的书稿，则是通过补贴的形式给予支持。

从2015年开始，该扶持资金加大对小语种国家版权“走出去”项目的扶持力度。上海浦江教育出版社的《中国针灸》蒙古文版、上海古籍出版社的《品味书法》波兰文版、上海人民美术出版社的《三国演义》越南文版、上海交通大学出版社的《改变世界经济地理的“一带一路”》阿尔巴尼亚文版等，都得到了该资金的资助。此外，优秀期刊“走出去”项目也得了关注，上海大学期刊社的《社会》英文刊已连续两年获得该资金资助。

上海市版权局相关负责人表示，目前该扶持资金还主要用在图书和报刊项目的版权输出上，今后也将逐步扩大范围，对音像制品、影视、游戏等领域的优秀版权项目走出国门同样给予支持。

（资料来源：《中国新闻出版广电报》，作者：金鑫）

【重庆市北碚区查获《龙之传奇》侵犯著作权案】 2017年3月，重庆警方破获一起重大侵犯著作权案，5名犯罪嫌疑人非法获利600余万元。目前，宋某、杨某、张某等5名犯罪嫌疑人已被刑事拘留，案件正在深入侦办中。

重庆北碚区公安分局介绍，2017年3月22日，重庆某科技公司向该局经侦支队报警，称该公司通过网络巡查发现，一网站在未获得授权情况下，运营的“某传奇游戏”与其公司授权运营的《热血传奇5PK》类似，该网站运营的私服游戏提供充值服务，并可兑换成虚拟货币供游戏使用。据不完全估计，该私服游戏自成立以来非法获利600万元以上。

接警后，北碚区警方即展开调查。经查，“某传奇游戏”私服工作室设在四川乐山市夹江县，为该私服游戏提供结算平台的工作室在四川眉山市。经过部署，民警兵分两路奔赴乐山和眉山，将“某传奇游戏”私服及其结算平台的架设者宋某、杨某、张某和相关工作人员抓获。随后，犯罪嫌疑人郑某、叶某主动向警方投案。

（资料来源：央广网，作者：吴新伟，原标题为：《重庆警方破获一侵犯游戏著作权案》）

【北京捣毁一家族式销售盗版图书团伙】 2017年3月，北京市文化市场行政执法总队联合海淀区公安分局曙光派出所，对位于苏家坨镇西八营村的两处盗版图书库房予以执法检查，现场抓获涉案人员任某等4名犯罪嫌疑人，起获作案用工具电脑主机8台、笔记本电脑2台。

执法人员现场扣押涉嫌非法出版物共计1.3万余册，涉案码洋34万余元，涉及内容主要涵盖各类职业资格考试教材、专业法律法规用书等百余种。涉及在京出版社12家，其中有8家出版社的打盗维权人员进行了现场指认，后经北京市新闻出版广电局鉴定中心鉴定，已经出具了非法出版物鉴定书104种，共计9 988册。该案已经移送公安机关，正在进一步办理中。

执法总队相关办案人员介绍，随着全国两会的临近，北京市文化执法总队加大了对网上网下文化市场的执法检查力度，并积极发挥与在京出版社“绿色通道”协调机制的作用，通过深挖线索对案件进行分析研判。在案发前，执法人员根据线索发现在江西、湖北等地有4家网店销售涉及京内多家出版社的考试类用书，通过调查发现发货人均为任某。经过办案人员初步了解，这4家网店均是由以任某为首的家族式团伙进行经营，其网店销售的图书折扣低于五折，明显超出出版社正常折扣范围，由此初步判断任某等人存在涉嫌发行非法出版物的行为。经突审主犯任某初步交代，自2016年2月以来，该团伙已向全国26个省市发行非法出版物3万余册，违法经营额达30余万元。

（资料来源：《中国新闻出版广电报》，作者：邹韧）

【福建省推进使用正版软件工作厅际联席会议召开第四次全体会议】 2017年4月6日，福建省版权局局长陈立华主持召开省推进使用正版软件工作厅际联席会议第四次全体会议。会议主要任务是总结福建省2016年度软件正版化工作，研究审议2017年重点工作任务。福建省版权局副局长蒋达德通报了2016年福建省软件正版化工作开展情况，并对《福建省2017年推进使用正版软件工作实施方案》做说明。

会议认为，2016年，在福建省委、省政府的领导下，在厅际联席会议各成员共同努力下，省推进使用正版软件工作厅际联席会议认真贯彻落实推进使用正版软件工作部际联席会议的工作部署，采取切实有效措施，推动福建省软件正版化工作取得新进展、新成效，圆满完成既定的工作任务，政府机关软件正版化工作得到进一步的巩固和加强，省国资委所出资企业软件正版化检查整改工作有序推进，中小金融机构和民营企业软件正版化工作得到加强，各地各部门使用正版软件的主动性和自觉性不断提高。

陈立华表示，推进使用正版软件是加强知识产权保护的一项重要工作内容，对我国实施创新驱动发展战略、转变经济发展方式，保障国家信息安全和维护国家形象、应对国际挑战具有重要意义。他强调，推进 2017 年全省软件正版化工作要有思路、有计划、有部署、有检查、有通报、有宣传，形成闭合回路，软件工作要用“硬”办法，增强工作的针对性和实效性。一要充分发挥联席会议的作用。各成员单位既要分工负责，各司其职，又要密切配合，形成合力；联席会议要定期召开，摸清工作底数，分析研判工作形态，共同推进软件正版化工作。二要完善长效工作机制，强化看齐意识。各地各部门要结合福建省实际，不断完善软件正版化工作的经费预算、采购安装、资产管理、审计监督、考核评议和责任追究等各项制度；深入理解并认真贯彻执行软件正版化工作的有关文件精神，切实向推进使用正版软件工作部际联席会议的要求看齐。三要进一步强化督促检查。要按照推进使用正版软件工作部际联席会议的部署，加强对政府机关、国有企业的督促检查，落实惩戒措施，巩固软件正版化工作成效。四要加强与信息化工作的深度融合。推动政府机关、企事业单位在信息化建设项目中使用正版软件，建设的信息系统要兼容国产软件。五要做好宣传培训和信息报送工作。各成员单位要带头宣传、带头使用正版软件，要采用丰富灵活的方式，做细做实宣传工作，切实取得实效。

（资料来源：福建省版权局）

【汪洋在全国打击侵权假冒工作电视电话会议上讲话】 2017 年 4 月 11 日，全国打击侵权假冒工作电视电话会议在京召开，国务院副总理、全国打击侵权假冒工作领导小组组长汪洋出席会议并讲话。他强调，要坚持稳中求进工作总基调，坚持以新发展理念为指导，坚持依法治理、打建结合、统筹协作、社会共治原则，强化重点领域集中整治，推进法治建设，创新监管制度，开创打击侵权假冒工作新局面，以优异成绩迎接党的十九大胜利召开。

汪洋指出，过去一年，我国打击侵权假冒取得新的重要成果，共查处各类侵权假冒案件 20 余万件，抓获犯罪嫌疑人 2.2 万人，生效判决近 1.8 万人。重点推进互联网领域治理，处置网站 2 000 多个，处理有害信息 350 多万条，关闭账号 20 余万个，震慑了违法犯罪分子，净化了市场环境。

汪洋对 2017 年重点工作做出部署。一是狠抓互联网领域综合治理。严厉查处曝光一批案件，关闭违法网店，追查生产源头，对违法者依法从重从快处罚。二是深入开展“清风”行动。以“一带一路”沿线国家和地区为重点，加强专业市场治理和进出口环节监管，维护中国制造良好形象。三是加强农村市场整顿。坚持集中整治与日常监管相结合，下移监管重心，依法取缔无证照生产经营的“黑作坊”“黑窝点”。四是巩固和拓展软件正版化成果。五是推动制定修订电子商务法等法律法规，加大处罚力度，完善定罪量刑标准。六是加快诚信体系建设，健全守信联合激励和失信联合惩戒机制，提高违法失信成本。

（资料来源：新华社）

【安徽省对软件正版化工作提出新要求做出新部署】 2017 年 4 月 14 日，安徽省召开软件正版化工作联席会议全体会议，对 2017 年安徽省软件正版化工作提出新要求，做出新部署。省版权局董荣副局长出席会议并对 2017 年工作进行了动员和部署，提出了要求。会议学习了国务院副总理汪洋在 4 月 11 日召开的全国打击侵权假冒工作电视电话会议上关于推进软件正版化工作的具体部署，传达了推进使用正版软件工作部际联席会议第六次（2017 年）全体会议精神，总结了 2016 年全省软件正版化工作，重温了联席会议成员单位工作职责，听取了各成员单位 2016 年工作情况汇报，审议并通过了《安徽省 2017 年软件正版化工作实施方案》，还对各市版权局软件正版化工作提出了明确要求。

会议指出，省联席会议各成员单位和各级版权部门要进一步提高认识，增强工作动能，深入推进软件正版化工作再上新台阶。软件正版化工作是国务院做出的重大战略部署，并纳入全国打击侵权假冒工作的重要内容。要充分认识软件正版化工作在加强自主创新和建设创新型国家、保护文化创新、促进民族软件产业发展以及维护信息安全和国家利益等方面的重要意义。要发挥联席会议的合力作用，集中各成员单位的智慧、资源，共同解决推进工作中遇到的困难和问题，不断巩固扩大软件正版化工作成果，力争再上新台阶。

会议对2017年工作做出了新部署。一要持续推进政府机关认真贯彻落实政府机关使用正版软件各种管理规定，建立健全长效机制，推进政府机关软件正版化工作制度化、规范化、标准化。二要加快推进企业软件正版化工作，各职能和主管部门要发挥行业优势和主管作用，加强督查，采取措施推进企业软件正版化工作，扩大企业覆盖面。三要加强政府机关软件正版化督促检查工作，逐步推进政府机关软件正版化督查全覆盖。四要加大国产软件应用推广力度，推进软件正版化与信息化和信息安全工作结合。五要做好软件正版化宣传培训工作，及时发布软件正版化工作成果，推广典型经验做法。

省联席会议12家成员单位悉数出席会议，省教育厅、省水利厅及全省各市版权局相关负责人应邀参加了会议。

（资料来源：安徽省版权局）

【湖南省属监管企业信息化建设和软件正版化工作会议在长沙召开】 2017年5月17日，湖南省国有资产监督管理委员会监管企业信息化建设和软件正版化工作会议在长沙召开，会议由湖南省国有资产监督管理委员会巡视员龙建威主持，湖南省属监管企业信息化分管领导、部门负责人及技术主管约80人参加了会议。

湖南省新闻出版广电局版权管理处处长王军湘对省属国有企业软件正版化工作进行了动员部署，现场组织开展了软件正版化工作实务培训；湖南省国有资产监督管理委员会党委委员、总经济师彭冬福出席并做讲话。会议总结了2016年监管企业信息化建设和软件正版化工作，对2017年工作进行了部署安排。会议邀请相关专家做了题为《流程驱动到数据驱动，大数据时代信息化新思维》和《管理信息化助力企业数字化转型》的主题讲座。

王军湘在讲话中通报了全省软件正版化的实施情况，强调国有企业要正确认识软件正版化的重要意义，并对湖南省属国有企业的软件正版化工作提出了具体要求。

彭冬福在讲话中指出，要深刻认识信息化建设在提升企业管理中的重要作用，监管企业要全面推进信息化建设，建立强有力的信息化建设保障机制，主要领导思想上要重视，要切实加强信息化机构和人员配置，高度重视人才队伍建设，加大资金支持，确保意识、机构、人员、责任“四到位”。他强调，监管企业要统筹考虑、全面规划、分步实施，有序推进信息化建设工作；要坚持“智能化”的指导思想，突出重点、服务中心，根据自身的发展需要，不要盲目求新求全，着重围绕集团管控、生产经营、电子商务、模式创新等关键内容抓好信息化建设，要进一步强化网络和信息化安全意识，落实责任、健全制度，着力建设“可管、可控、可信”的安全体系，持续提高信息安全保障能力，确保不发生任何网络和信息安全事件；要按照国务院国有资产监督管理委员会和国家版权局统一部署，加大力度在“十三五”期间全面完成监管企业软件正版化工作。

龙建威通报了湖南省国有资产监督管理委员会推进信息化建设的相关情况，并对企业落实会议精神、抓好具体工作提出了明确要求。

（资料来源：湖南省人民政府国有资产监督管理委员会网站）

【云南召开推进使用正版软件工作联席会议】 2017年5月19日，为认真贯彻国家推进使用正版软件工作部际联席会议第六次全体会议有关精神，切实做好全省软件正版化工作，云南省推进使用正版软件工作联席会议召开第一次联络员会议。

会议传达学习了国务院、国家版权局2017年有关软件正版化工作会议和文件精神；通报了国家版权局举办的2017年第一期政府机关软件正版化工作培训班情况，研究了云南省2017年下半年软件正版化重点工作任务；通过了近期举办2017年云南省州（市）县（区）级政府机关软件正版化工作培训班等事宜。

（资料来源：云南省版权局）

【北京市文化执法总队破获特大制售侵权盗版图书案】 2017年5月23日，北京市文化市场行政执法总队（以下简称北京总队）在为期一个月的出版物市场秩序专项治理行动期间，破获一起特大制销侵权盗版教辅教材案件，共起获非法出版物近4万册。

为确保当前首都文化市场安全稳定，北京总队开展了为期一个月的出版物市场秩序专项治理行动。专项行动期间，接到全国“扫黄打非”办公室通报称，北京市海淀区颐和园路附近存在一涉嫌印制盗版图书的窝点。在接到线索后，北京总队高度重视，立即会同海淀文委及公安部门成立专案组。5月8日，专案组对位于海淀区颐和园路挂甲屯虎城34号院内的该窝点开展突击行动。现场起获印刷机、裁纸机、电脑及移动硬盘（U 盘）等大量作案工具，并抓获主要犯罪嫌疑人吴某某。经犯罪嫌疑人供述，专案组又对其在北京市昌平区定福皇庄的库房进行了突击检查，共起获非法出版物近 4 万册。现海淀区公安分局已对嫌疑人吴某某刑事拘留。

相关负责人介绍，本案有四个较为显著的特点：

一是扣押印刷专用设备多。嫌疑人在未取得印刷许可证的情况下，在其私设的生产车间通过印刷机、复印机、裁纸机和胶订机等大型印刷设备，能够独立完成出版物印刷的全流程。

二是侵犯著作权的图书数量多。经北京市版权局对现场扣押的出版物鉴定，其中 *2017 Level I CFA Book 1* 等 20 种近 2 万册图书均为盗版侵权图书。

三是鉴定对接环节速度快。侦查阶段，专案组通过与中国图书进出口总公司等权利人接洽，提前了解涉案全系列图书的具体版权情况，采取“边收缴、边鉴定”方式，于扣押当日提请北京市版权部门对近 2 万册图书开展同步鉴定工作，大大缩短了鉴定时限，为司法机关开展刑事打击提供了便利条件。

四是社会面影响大。本次查获的《注册金融分析师》等侵权盗版图书为美国公司授权，直接为权益人挽回经济损失数百万元。该案的破获有力震慑了扰乱首都出版物市场的行为。

（资料来源：中国新闻网，作者：尹力）

【国家版权局发布《关于规范电子版作品登记证书的通知》】 2017 年 6 月 12 日，国家版权局就规范电子版作品登记证书的有关事项下发通知。通知明确，各作品登记机关出具的电子版作品登记证书，其法律效力完全相同；电子版作品登记证书与同一作品的纸质版登记证书的法律效力完全相同。

通知指出，国家版权局和各省级版权行政管理部门为作品登记机关，可以根据有关规定委托具备条件的单位办理作品登记具体事务，包括制发电子版作品登记证书。

通知要求，电子版作品登记证书须按照国家版权局《关于规范作品登记证书的通知》（国版函〔2016〕1 号）制发、出具，不得改变、增删任何信息。电子版作品登记证书样本须通过国家版权局网站下载使用，不得擅自变更、制作。此外，根据司法、海关等机关规定或者要求以及相关权利人请求，作品登记机关出具电子版作品登记证书的同时，应当出具纸质版作品登记证书。

通知还规定，电子版作品登记证书纳入全国作品登记信息统计系统，同一登记作品的电子版证书与纸质版证书不得重复统计。受作品登记机关委托制发电子版作品登记证书的，适用本通知。违反国家版权局《关于规范作品登记证书的通知》制发、出具的电子版作品登记证书一律无效。

（资料来源：《中国新闻出版广电报》，作者：赖名芳）

【安徽省滁州市工商局积极开展软件正版化整治】 2017 年 6 月，滁州市工商局召开了开展软件正版化整治工作会议，会议全面贯彻落实省、市软件正版化工作相关要求，就如何做好该局软件正版化工作进行了培训讲解，并结合工商市场监管职能作用发挥进行了工作部署，印制下发了《滁州市工商局 2017 年打击软件正版化垄断和不正当竞争行为工作方案》。

会议要求，对政府机关使用盗版软件实行“零容忍”。一要进一步摸清底数，对本部门软件使用管理情况摸排登记，做到心中有数。二要进一步完善采购机制，将软件购置纳入政府采购计划。三要进一步建立软件管理的长效机制，完善规章制度。四要进一步加大宣传力度，利用重大纪念日、工商法律“六进”、执法过程等契机，对社会大众、企业、经营者开展面对面宣传，引导群众、业主，分清是非，反对非正版化软件，增强社会共治积极性和主动性。五是进一步加大检查执法力度，组织专门力量对所属辖区市场经营场所、生产经营企业、网店，对是否存在违法违规经营行为进行排查；对合规经营单位，开展定期巡查或抽查。六是畅通投诉举报渠道，专人值守 12315 平台，做到有诉必接、有诉必查、有查必果，严厉打击盗版不法行为，努力营造让群众放心消费的市场环境。

（资料来源：中国质量新闻网，作者：侍根胜）

【广州版权工作会议顺利举行】 2017 年 6 月 27 日至 28 日，广州市版权局组织召开了为期两天的版权工作会议。会议通报了近年来广州市版权工作情况，对著作权执法、版权公共服务、软件正版化、版权示范城市建设、展会版权保护等工作进行了经验交流和周密部署。各区版权局、开发区科技创新和知识产权局就各自区域内版权工作经验和做法进行介绍交流。

广东省版权局专职副局长陈春怀表示，广州市作为广东省唯一的全国版权示范城市，在版权社会服务、版权兴业示范基地、版权示范城市建设、版权执法监管等方面取得了显著成绩。

广州市版权局副局长任天华肯定了各区各单位近年来围绕版权工作所取得的成绩。他强调，要坚持稳中求进，突出创新引领，要求各区各单位高度重视、统一思想，抓住版权公共服务这个重要点，版权保护这个关键点，版权宣传教育这个切入点，版权产业这个经济增长点，做大做强版权产业，实现版权经济的新增长，为广州建设国家中心枢纽城市和全面建设国家重要中心城市提供有力保障。

广东省版权局版权管理处、市版权局版权处负责人，各区版权局、开发区科技创新和知识产权局、市文化市场综合行政执法总队、市版权保护中心负责人，市知识产权局、国资委、工信委等有关市直单位负责同志，中国对外贸易中心、市版权协会及市版权局版权专家库专家等出席会议。

（资料来源：广州市版权局）

【江苏将打击侵权盗版列入省政府百项重点工作】 2017年7月3日，在苏州举办的2017年第一期全国作品登记工作培训班上显示，江苏省政府将打击侵权盗版工作列入全省百项重点工作，版权工作专项经费2017年增至470万元。

江苏省版权局副局长于国民表示，江苏省政府决定，于2017年下半年举办中国南京版权贸易博览会，深入发挥版权工作对经济社会发展和文化强省建设的促进作用。于国民介绍说，江苏省委、省政府印发的《关于加快建设知识产权强省的意见》，要求培育发展版权密集型产业，明确2020年万人作品登记量达到60件。2016年11月，江苏省政府发布《江苏省"十三五"知识产权发展规划》，就"十三五"时期版权工作做出部署，并将版权工作专项经费由2015年的270万元增至2017年的470万元。

江苏省版权局版权处副调研员袁学术表示，2016年全省作品登记18.13万件，登记数量再创新高。6家企业被评为江苏省版权贸易基地，组建了江苏省版权贸易基地联盟。

江苏是全国首个开展版权产业贡献率调查并向社会发布的省份。调查结果显示，2015年全省版权产业增加值达5 971.65亿元，占当年全省GDP的8.52%，其中核心版权产业的增加值为3 468.67亿元，占当年全省GDP的4.95%，版权产业已成为江苏省经济发展的重要增长极。目前江苏省苏州、昆山、张家港被国家版权局评为全国版权示范城市，苏州国际科技园等11家单位被评为全国版权示范单位、园区（基地），版权社会认知度不断提高，版权示范的引领作用凸显。

（资料来源：《中国新闻出版广电报》，作者：赖名芳）

【北京2017年软件正版化工作全面启动】 2017年7月11日，北京市2017年软件正版化工作动员部署会在京举行，会议对全年各项工作任务做了全面细致的部署及明确的指示要求，标志着北京市2017年软件正版化工作全面启动。2017年北京市国家机关软件正版化工作分为部署宣贯、清查整改、检查验收、总结考核4个阶段，全市市级机关、区政府、市属国企总部，以及市、区两级卫生计生系统行政直属单位、市属医院都将纳入检查考核范围。

北京市版权局局长杨烁介绍，北京市持续深入在市、区、乡镇（街道）三级国家机关和三级以上市属国企开展软件正版化工作并迈入了全市国家机关、市属国企软件正版化工作的常态化阶段。北京市还在充分总结全市政府机关及市属国有企业软件正版化经验和措施的基础上，不断扩大软件正版化的工作范围。2017年北京市在卫生计生系统开展软件正版化工作，这在全国各省软件正版化工作中尚属首次。在软件采购方面，北京市推广国产软件场地授权集中统一采购的先进经验，全市超过80%的区和部分软件使用量大的市级机关，共涉及10余万台计算机实现了办公软件的国产化；在工作模式方面，全市部分区和单位通过政府购买服务的方式，充分借助外脑力量，委托专业人员和机构开展软件资产清查、授权审核、报表填制等工作；在督导考核方面，北京市在过去的3年里开展了三轮全市范围各级国家机关的软件正版化常态化检查考核工作，并由市政府对考核结果进行全面通报。

（资料来源：《中国知识产权报》，作者：窦新颖）

【2017年度第六批重点作品版权保护预警名单发布】 2017年7月12日，按照《国家版权局办公厅关于进一步加强互联网传播作品版权监管工作的意见》及国家版权局版权重点监管工作计划，根据各相关单位上报的作品版权信息及授权情况，2017年度第六批重点作品版权保护预警名单公布。

相关网络服务商应对版权保护预警名单内的院线电影采取以下保护措施：直接提供内容的网络服务商未经许可不得提供版权保护预警名单内的作品；用户上传内容的网络服务商应禁止用户上传版权保护预警名单内的作品；提供搜索链接的网络服务商、

电子商务平台及应用程序商店应加快处理预警名单内作品权利人关于删除侵权内容或断开侵权链接的通知。

2017 年第六批重点作品版权保护预警名单（院线电影）

序号	影片名称	相关权利人	上映期
1	逆时营救	新线索影视	2017-6-29—2017-7-28
2	明月几时有	上海博纳文化传媒	2017-7-1—2017-7-31
3	秘果	光线传媒	2017-7-7—2017-8-6
4	悟空传	新丽传媒	2017-7-13—2017-8-12
5	大护法	光线传媒	2017-7-13—2017-8-12
6	青禾男高	和和影业	2017-7-13—2017-8-12
7	阿唐奇遇	追光动画	2017-7-21—2017-9-20

（资料来源：国家版权局网站）

【国家版权局对东莞创建全国版权示范城市工作进行考核验收】 2017 年 7 月 17 日，国家新闻出版广电总局（国家版权局）版权管理司司长于慈珂率国家版权局考核验收组一行莅临东莞，对东莞市创建全国版权示范城市工作进行考核验收。

2017 年 7 月 17 日上午，考核验收组一行先后实地考察了东莞华南设计创新院、松山湖博泰创意服务中心、市版权协会、市版权纠纷人民调解委员会；下午，考核验收组一行实地考察了东莞市唯美文化陶瓷有限公司，并在市行政办事中心听取了东莞市创建全国版权示范城市工作汇报。市委副书记、市长梁维东出席考核验收汇报会，广东省版权局专职副局长陈春怀，市委常委、宣传部部长杨晓棠等出席考核验收汇报会并陪同考察。

在汇报会上，考核验收组先观看了东莞市创建全国版权示范城市专题汇报片，然后听取了杨晓棠对东莞市创建工作的情况汇报。

陈春怀表示，一直以来，东莞的版权工作在国家版权局和广东省版权局的高度重视和大力支持下，发展迅猛，成绩突出。由国家新闻出版广电总局（国家版权局）参与主办的漫博会，已经在东莞成功举办了八届，并永久落户东莞；松山湖高新区获得了“全国版权示范园区（基地）”的光荣称号；东莞市唯美文化陶瓷有限公司荣获了“全国版权示范单位”的荣誉称号；广东省版权局也在东莞评定了 8 个“广东省版权兴业示范基地”和 5 个“广东省最具价值版权产品”。自 2014 年底东莞提出创建全国版权示范城市以来，东莞市委、市政府始终将创建工作与城市转型升级紧密结合，创建工作扎实有效，已成为激发东莞创新动力的重要抓手，也成为东莞提升文化软实力、推动文化繁荣和经济发展的重要力量。陈春怀指出，希望东莞顺利通过本次考核验收，成为广东省版权工作的新标杆。

于慈珂表示，东莞的创建工作给他留下很深的印象，具体表现在：领导重视，认识到位；职能部门工作积极有效，细致认真，主动作为；创建工作很有成效，体现在版权的创造、运用、保护、管理和服务等各个方面，“在整体的工作成效方面，东莞在全国的地级市里是领先的”。于慈珂介绍，全国现在有杭州、成都、青岛、苏州、昆山、广州、厦门、张家港等 8 个全国版权示范城市，就目前来看，东莞的创建是符合全国版权示范城市标准的。

梁维东指出，东莞是一座国际制造业城市。通过创建活动，广大企业的版权得到了有效保护，越来越多的企业开始自觉运用法律武器和各种手段，预防侵权，保护版权，有力地维护了自身利益，促进了发展；东莞版权产业得到了发展壮大；全社会保护版权意识得到了不断提升，使用正版书籍、软件、玩具和音像制品已经蔚然成风；东莞法治化国际化营商环境得到了切实优化。梁维东强调，接下来，要以这次考核验收为动力，认真对照全国版权示范城市的要求和标准，进一步巩固和深化创建成果，为东莞在更高起点上实现更高水平发展提供有力支撑。

（资料来源：东莞时间网，作者：赵水平，原标题为：《东莞已达全国版权示范城市标准》）

【广州市版权局组织召开版权产业发展工作会议】 2017 年 7 月 18 日，为贯彻落实国家版权局《版权工作“十三五”规划》和广东省版权局《2017 年版权工作要点》等有关精神和要求，进一步做好广州市版权工作，继续发挥版权专家库在广州市版权创造、运用、保护和管理工作中的重要作用以及广东省版权兴业示范基地在版权产业发展和版权保护方面的示范引领作用，广州市版权局组织召开版权产业发展工作会议。中国新闻出版研究院副院长范军应邀出席会议，市版权局副局长任天华，省版权局版权管理处、市版权局版权处，各区版权局、市文化市场综合行政执法总队、市版权保护中心管理人员，广州市版权局版权专家库专家及广东省版权兴业示范基地部分代表企业负责人等出席会议。

会上，中国新闻出版研究院副院长范军做了“2015 年广州市版权产业的经济贡献”主题演讲，广州市知识产权法院郑志柱法官做了“网络环境中的作品发表与著作权的授予”主题演讲。会议围绕“新媒体时代的版权创新与版权输出”和“互联网环境下的著作权保护”等议题展开座谈讨论，与会人员积极建言献策，各抒己见。

广州市版权局副局长任天华在总结讲话中充分肯定了版权专家库和版权兴业基地对推动版权事业发展的重要作用，同时指出了广州市的版权事业发展正面临一个前所未有的发展机遇。他强调，要充分认识专家库建设的战略意义，高度重视著作权研究工作；充分发挥专家库的战略助推作用，借力不同领域的力量关注和解决著作权难点重点问题，让全社会对版权事业形成一种社会共信；积极提升版权兴业示范基地的示范引领作用，进一步带动更多的创新创意企业开拓以版权保护为重心的可持续发展之路，提升广州市版权产业的整体实力。

（来源：广州市版权局）

【福建省对71家省级机关软件正版化工作进行督查】 2017年7月24日至8月17日，福建省版权局联合省财政厅、数字办、机关事务管理局对省级机关软件正版化工作进行了督促检查。检查对象涵盖省委、省政府各机关单位，省人大、省政协，省法院、省检察院，人民团体和民主党派各省委机关，共71家。

检查组重点对各单位软件正版化制度建设和责任落实情况、正版软件管理情况和计算机软件安装情况进行检查，查阅了软件正版化工作管理制度、软件台账、日常检查记录、年度报告及软件采购合同文本、软件授权协议等相关文件资料，并随机抽查计算机进行软件安装使用情况检测。

从检查总体情况看，绝大多数单位高度重视软件正版化工作，认真按照《政府机关使用正版软件管理办法》等相关文件要求和福建省2017年推进使用正版软件工作部署，持续加大工作力度，加强日常监管，落实工作责任，建立健全长效机制，有力巩固了软件正版化成果。但仍有个别单位存在正版软件授权数量不足，软件正版化管理制度不健全，软件日常使用动态监管不到位，工作人员擅自卸载正版软件或正版、盗版软件共用等现象。对于存在的问题，检查组已进行现场反馈并要求相关单位及时整改，切实提高政府机关软件正版化工作实效。

（资料来源：福建省版权局）

【国家版权局等四部委启动“剑网2017”专项行动】 2017年7月25日，国家版权局、国家互联网信息办公室、工业和信息化部、公安部在京联合召开“剑网2017”专项行动通气会，启动“剑网2017”专项行动。

国家新闻出版广电总局（国家版权局）版权管理司司长于慈珂通报了“剑网2017”专项行动的工作部署。“剑网2017”将聚焦新闻出版影视行业的网络版权保护，聚焦电子商务平台和移动互联网应用程序（APP）领域的版权整治，以规范影视和新闻作品网络版权秩序为重点任务，以查办大案要案为重要抓手，严厉打击各类网站、移动客户端、“自媒体”传播侵权盗版作品行为，集中整治电子商务平台、APP商店版权秩序，巩固网络文学、网络音乐、网络云存储空间、网络广告联盟版权治理成果，强化互联网企业的主体责任，维护良好的网络版权秩序，为党的十九大胜利召开营造良好的舆论文化环境。

专项行动从2017年7月开始，将利用四个多月的时间开展三项重点整治：

一是开展重点作品版权专项整治。以规范影视和新闻作品网络版权秩序为重点，严厉打击各类网站和利用网盘分享、聚合盗链、应用程序、微博微信、论坛社区等渠道传播未经授权影视作品的侵权盗版行为，严厉打击网站、移动客户端、微信公众号等自媒体以及各类新闻信息聚合类平台未经许可转载新闻作品的违法传播行为。

二是开展APP领域版权专项整治。严厉打击APP商店和APP提供者未经授权擅自发行和传播新闻、文学、影视、动漫、音乐作品的侵权盗版行为，加大对聚合类APP、与网络电视棒及电视机顶盒关联的APP侵权盗版行为的打击力度，严厉打击APP提供者破坏技术措施的违法行为。

三是开展电子商务平台版权专项整治。重点加强对大型电子商务平台的版权监管工作，重点对销售侵权盗版图书、音像制品、电子出版物以及网盘账号密码、盗版链接的网店进行打击，明确电子商务平台的版权监管责任和配合调查义务，建立健全处理侵权盗版的绿色通道。专项行动要求各地各有关部门扩大案源渠道，突出查办案件，强化主体责任，加强协作联动。

全国打击侵权假冒工作领导小组办公室、国家互联网信息办公室网络综合协调管理和执法督查局、工业和信息化部信息通信管理局、公安部治安管理局相关负责同志对2017年打击侵权假冒和“剑网2017”专项行动有关工作安排进行了通报。

各著作权集体管理组织、著作权涉外认证机构驻华代表处，版权相关协会、权利人组织以及互联网企业、新闻媒体代表参加会议。

（资料来源：国家版权局网站）

【安徽省召开省属企业使用正版软件工作推进会议】 2017 年 7 月，为进一步推进国有企业使用正版软件工作，安徽省国资委和省版权局召开了省属企业使用正版软件工作推进会议，对全省省属企业使用正版软件工作进行了部署和动员。全省 29 家省属企业软件正版化工作部门负责人参加了会议。

会议总结了近年来安徽省属企业软件正版化工作取得的成绩。全省大多数省属企业完成了集团公司软件正版化工作，并建立健全了长效工作机制，但与此同时，仍有少数企业存在使用侵权盗版软件的情况。会议对省属企业推进使用正版软件工作提出了明确的目标任务：2017 年全面完成集团公司总部及 60％以上二级企业软件正版化工作，2019 年底前全面完成三级以上省属企业正版化工作，并建立健全各项管理制度，提高软件正版化工作水平。

会议强调，各省属企业一是要认清形势，明确责任，不断增强做好企业使用正版软件工作的自觉性和紧迫感。无论是从省属企业国有属性的身份和社会影响，还是从省属企业自身诚实守信、依法经营的内在要求来讲，都要发挥好积极带头使用正版软件示范表率作用。二是要深刻理解软件正版化工作的背景要求，不断增强大局意识，提高推进企业使用正版软件工作的积极性，坚决落实软件正版化工作部署。三是要强化主体责任，建立责任制度。企业主要负责人负总责，具体部门抓落实，突出重点，主动作为，按照调查摸底、自查自纠、采购更换等步骤和要求，分步实施，扎实推进，确保按时完成正版化整改工作。

会上，软件正版化专家进行了版权知识辅导，安徽江淮汽车集团公司、安徽省投资集团公司分享了推进软件正版化的做法和经验。

（资料来源：国家版权局网站）

【江西省全面推进企事业单位软件正版化工作】 2017 年 8 月 9 日，江西省人民政府办公厅下发《关于印发江西省推进企事业单位使用正版软件工作规划（2017—2020 年）的通知》，对 2017—2020 年江西省各级政府机关所属事业单位和国资委监管企业使用正版软件工作做出了具体部署。

《规划》明确了指导思想，进一步细化了推进使用正版软件工作措施和工作步骤，提出了江西省各级政府机关所属事业单位参照政府机关软件正版化工作标准分步推进；国资委监管企业按照“先易后难、分步推进”的原则，分阶段推进企业使用正版软件工作。力争到“十三五”期末，江西省政府机关所属事业单位和国资委监管企业基本实现软件正版化的总体目标。

《规划》要求各级政府所属事业单位和国资委监管企业要进一步增强推进软件正版化工作的责任感、使命感，建立工作体系、加强经费保障、规范资产管理、开展督促检查、做好宣传培训，全面排查和摸清软件正版化工作底数，按进度推进各阶段工作，确保完成工作任务。

（资料来源：《中国新闻出版广电报》，作者：阙米秋）

【山东省版权局制定《山东省版权工作站管理办法》】 2017 年 8 月 11 日，山东省版权局依据《中华人民共和国著作权法》《山东省著作权保护条例》《作品自愿登记试行办法》《关于进一步规范作品登记程序等有关工作的通知》《关于加强作品自愿登记管理工作的意见》等相关法律法规和规范性文件，结合近年来版权登记工作实际情况，在充分征求各市相关部门意见基础上，制定印发了《山东省版权工作站管理办法》。

本办法对于版权工作站申请与设立、作品登记审核标准以及考核评优等方面做出明确规定。一方面对已批准设立的工作站的工作职责提出明确界定，要求各版权工作站按照《山东省作品登记审核细则》认真审核提交至本端口登记的作品，认真负责本辖区内的版权咨询、版权纠纷调解、版权产业信息统计与公示等版权相关服务工作。另一方面加大对工作站监管力度，明确申请条件，提高准入门槛，对服务和工作质量方面做了具体规定和要求。同时规定，省版权局对版权工作站实行动态管理，明确考核评优标准，加大监督管理力度，省版权局每年将评选出 3～5 家优秀工作站和 5～8 名优秀个人，颁发荣誉证书，并给予适当的工作经费补贴，对履职不力的工作站提出通报批评，问题严重者撤销其工作站资格。

《山东省版权工作站管理办法》的制定将进一步规范版权登记工作，提高作品登记数量与质量；将有效提升版权公共服务能力，促进版权产业又好又快发展。

（资料来源：山东省版权局）

【宁夏回族自治区查处首起计算机软件侵权案】 2017 年 8 月 14 日，宁夏回族自治区版权局结合全国打击侵犯知识产权和制售假冒伪劣商品专项行动，在软件正版化工作检查过程中发现有单位购买了疑似盗版的微软 Windows OEM 版本操作系统软件，自治区版权局及时将案件转交银川市版权局查办，银川市文化市场综合执法队对宁夏立思辰银山教育产业有限公司涉嫌未经软件著作权人许可发行著作权人软件一案展开立案调查。

经查，当事人于 2016 年 9 月 9 日从北京某科技有限公司采购了 100 套 WIN 7 专业版 64 位操作系统软件，微软（中国）有限公司将软件鉴定为“假冒微软公司注册商标及微软公司软件著作权产品”。版权行政机关依据《中华人民共和国著作权法》《计算机软件保护条例》的相关规定，给予当事人行政罚款 2.7 万元，并没收盗版软件及非法所得 7 000 元的行政处罚。

对该案的查处，给自治区计算机软件销售公司敲响了警钟。自治区将加大对计算机软件领域侵权盗版行为的查处，进一步净化市场环境。

（资料来源：宁夏回族自治区版权局网站，作者：郝辉）

【黑龙江全力推进软件正版化工作】 2017 年 8 月，根据《黑龙江省省直各部门所属事业单位软件正版化工作方案》和《黑龙江省 2017 年下半年软件正版化工作要点》的安排，黑龙江省对下半年软件正版化工作进行了规划。黑龙江省版权局版权处处长周美胜表示，下一步他们将从加强培训、找准问题、开展督导检查、落实重点工作等 4 个方面着重开展工作。

2017 年 7 月初，黑龙江省国资委主持召开了各出资企业负责人软件正版化会议，制定出推进工作时间表和路线图。采取“先易后难，分步推进”的原则，在 2017 年全面实现国资委监管企业集团总部的软件正版化，在 2020 年前完成所有国资委监管企业软件正版化工作。“2020 年前完成省直各部门所属事业单位软件正版化工作，这是今后一个时期软件正版化工作的一项重要任务。”周美胜表示，尽管在常态化工作中，财政部门列入省政府采购序列的事业单位在采购计算机时配备了一些办公软件，为这项工作打下了一定的基础，但这项工作任务依然很重，难度依然很大。为此，他们将根据工作推进情况，不定期组织成员单位，对省直部门进行工作督查。截至 8 月黑龙江省已对 53 家省直机关做了全覆盖检查。

（资料来源：《中国新闻出版广电报》，作者：任晓宁）

【2017 年上海市软件正版化工作会议召开】 2017 年 8 月，为贯彻落实国家推进使用正版软件部际联席会议办公室和上海市委、市政府对推进使用正版软件工作的总体要求，上海市软件正版化工作会议在上海市版权局召开，来自市推进使用正版软件工作领导小组 21 家成员单位的相关负责人参加了本次会议。市推进使用正版软件工作领导小组办公室副主任、市版权局副局长蔡纪万出席本次会议。

会议根据国家版权局《关于做好 2017 年推进使用正版软件有关工作的函》的部署，围绕《做好 2017 年上海推进企事业单位使用正版软件工作规划》《政府机关计算机软硬件采购规定》两个草案，广泛征求与会代表意见，进一步查找问题，商讨解决方案。同时，为进一步加大对本市推进使用正版软件工作的考核督查，会议决定 2017 年下半年对本市市、区两级政府机关进行全面督查，并进行动员部署。

蔡纪万指出，首先全市各级政府要充分认识到推进使用正版软件工作的重要性，进一步明晰工作思路，明确时间节点，强化责任意识，做到守土有责；其次各有关部门要传达好、衔接好、落实好本次会议部署的软件正版化具体工作，要在工作中认真查找问题，及时解决问题，各部门要进一步加强沟通，实现目标一致，共同推进上海软件正版化工作再上新台阶。

（资料来源：上海市版权局）

【东莞荣膺“全国版权示范城市”称号】 2017 年 8 月，经过两年时间的努力与探索，东莞创建全国版权示范城市工作迎来重大喜讯：国家版权局正式批复同意授予东莞“全国版权示范城市”称号。这也是全国第九个，广东省第二个、地级市中第一个全国版权示范城市。

国家版权局在《关于同意授予东莞市全国版权示范城市称号的复函》中对东莞的创建工作给予了充分肯定，指出东莞市委、市政府高度重视版权工作，将版权工作纳入城市经济和社会发展规划，严格按照《全国版权示范城市、示范单位和示范园区（基地）管理办法》的要求，积极有效推进创建工作，形成了政府引导、企业参与、群众支持的创建格局，充分发挥了版权工作在城市经济社会发展中的影响力，有力促进了智力成果的创造、运用、保护与管理，取得了显著成效，“经我局对东莞市全国版权示范城市创建工作考核验收，认为符合规定条件，同意授予东莞市全国版权示范城市称号”。

（资料来源：新浪新闻，作者：赵水平）

【国家版权局对山东即墨创建全国版权示范城市工作进行考核验收】 2017 年 9 月 1 日，国家版权局版权管理司司长于慈珂一行 3 人对即墨市创建全国版权示范城市工作进行了考核验收。验收组一行查看了即墨市部分版权示范单位，并听取了即墨市副市长宋宗军对即墨市创建工作情况的汇报。

宋宗军介绍，自 2015 年 10 月国家版权局批复同意即墨市创建全国版权示范城市以来，即墨市把强化版权管理、促进版权产业发展作为推动全市经济、科技、文化和社会建设的重要环节来抓，建立起完善的版权管理工作体系，促进了创建工作的顺利开展，为经济增长和文化发展提供了有力保障。

在体制机制方面，即墨市委、市政府将创建“全国版权示范城市”列为重点事项，每年设立 200 万元专项经费。同时，在各镇设立版权工作办公室，全面加强版权保护工作。

在产业培育方面，即墨市将版权产业列入文化招商重点，放眼全球吸纳优质发展要素，加强载体建设、完善交流平台，纺织服装、商贸物流、影视、美术、会展、科研项目和精英人才等版权产业要素蜂拥聚集、效应极速裂变。

在作品登记方面，即墨市将版权登记作为完善版权公共服务体系的重要内容，从政策制定、财力补助等方面予以扶持。2016 年全市累计开展作品登记 7 000 余件，占据山东省作品登记总量的 1/10。

在版权执法方面，即墨市始终保持对侵权盗版违法行为的高压态势，2012 年以来累计查缴侵权盗版书刊 1.6 万册、盗版音像制品 4.5 万盘，接受权利人投诉 41 条，查处侵权软件货值 500 余万元。

在软件正版化方面，即墨市在完成党政机关软件正版化的基础上，确立了“扩面增量、量质并举、企业主体、协调联动”的企业软件正版化推进思路，依序完成环保产业、家装设计、星级酒店、国有企业软件正版化。

在版权宣传方面，即墨市通过综合运用手机 APP、版权系列宣传品、版权公益广告等载体，以及组织开展“4·26”世界知识产权日艺术创作比赛、全市优秀版权作品大赛等活动，形成了人人关心、人人参与创建全国版权示范城市的良好局面。

山东省即墨市市委书记张军表示，创建版权示范城市既培植了城市文化，改善了城市形象，提高了城市的知名度和美誉度，又促进了版权事业的快速发展，带动了整个经济社会的全面进步。

于慈珂对即墨市创建全国版权示范城市工作给予充分肯定。他表示，即墨市创建全国版权示范城市工作得到了即墨市委、市政府的高度重视和大力支持，在引领产业升级、推动经济转型过程中形成的独具特色的版权管理“即墨模式”，成效显著。

（资料来源：《中国新闻出版广电报》，作者：刘冰，原标题为：《山东即墨创建全国版权示范城市》）

【江西开展打击侵权盗版教材教辅专项行动】 2017 年 9 月 1 日，为进一步规范全省教材教辅市场经营秩序，江西省版权局联合南昌市文化市场执法支队开展打击侵权盗版教材教辅现场统一行动，前往南昌大学、南昌航空大学、江西财经大学和华东交通大学等高校周边复印店和书店，宣传政策，并依法对制售侵权盗版教材教辅读物行为进行整治和打击。

江西省计划在全省范围内开展为期 15 天的打击侵权盗版教材教辅专项行动，大力整治和坚决打击部分大学、高职校园周边打字复印店翻印教材以及中小学校园附近书店销售侵权盗版教材教辅读物的行为，依法重点查办一批制售侵权盗版教材教辅读物案件。

（资料来源：江西省版权局）

【宁夏回族自治区查处一起教辅侵权案】 2017 年 9 月 2 日，银川市文化市场综合执法队根据电话举报线索，在银川市兴庆区商都博学书店查获盗版《黄冈小状元作业本》系列教辅 996 册，涉案码洋 16 000 元。

经查，2017 年 7 月以来，当事人通过天豹快递、河南省鸿泰物流等方式向河南省郑州市赵某采购了 1 200 册 2017 年秋季《黄冈小状元作业本》系列教辅。版权行政机关依据《中华人民共和国著作权法》相关规定，给予没收盗版出版物和罚款 1 万元的处罚。

（资料来源：宁夏回族自治区版权局，作者：郝辉）

【国家软件正版化工作督查组对福建省软件正版化工作开展督促检查】 2017 年 9 月 11 日至 15 日，推进使用正版软件工作部际联席会议第四督查组对福建省省级机关和省国资委监管企业的软件正版化工作进行了督查。督查组随机抽查 6 家省级政府机关和 4 家省国资委监管企业，通过听取工作汇报、查阅相关文件资料、实地抽查等方式，重点对各单位软件正版化工作制度建设和责任落实情况、正版软件管理情况及计算机软件安装情况进行了检查。

在2017年9月15日举行的工作汇报会暨督查反馈会上，福建省版权局蒋达德副局长代表省推进使用正版软件工作厅际联席会议汇报了福建省软件正版化工作情况。福建省经信委、财政厅、审计厅、国资委、机关事务管理局、数字办等6家成员单位结合各自工作职责做了补充发言。福建省推进使用正版软件工作厅际联席会议15家成员单位相关负责同志及10家被检查单位负责人参加了会议。

会上，督查组对福建省软件正版化工作给予肯定，并从抓好责任落实，强化源头管理和宣传培训等方面，对福建省软件正版化工作提出了指导性意见。

（资料来源：福建省版权局）

【国家版权局约谈主要网络音乐服务商 要求全面授权广泛传播音乐作品】 2017年9月12日，国家版权局版权管理司就网络音乐版权有关问题约谈了腾讯音乐、阿里音乐、网易云音乐、百度太合音乐主要负责人。

版权管理司负责人指出，2015年国家版权局组织开展规范网络音乐版权秩序专项整治以来，各互联网音乐服务商积极支持配合国家版权局相关工作，及时主动下线未经授权音乐作品220余万首，并共同签署了《网络音乐版权保护自律宣言》，网络音乐正版化已成为行业共识，网络音乐版权秩序基本好转。但当前网络音乐版权市场出现了一些问题，哄抬版权授权费用、抢夺独家版权、未经许可侵权使用音乐作品等现象又有所反弹。这不利于音乐作品的广泛传播，不利于网络音乐产业的健康发展。

版权管理司负责人强调，各互联网音乐服务商要按照著作权法要求，落实好主体责任，积极维护来之不易的网络音乐版权良好秩序，为广大网民、听众更好地提供音乐服务。要认真履行2015年《网络音乐版权保护自律宣言》的承诺，遵守著作权法律法规，抵制各类侵权行为，不得传播未经权利人授权的网络音乐。要配合支持国家版权局的网络音乐版权重点监管工作，妥善处理相互之间的版权纠纷，优先通过协商、调解等方式解决版权争端，依法维权。购买音乐版权应当遵循公平合理原则、符合市场规律和国际惯例，不得哄抬价格、恶性竞价，避免采购独家版权。要积极促进网络音乐广泛传播，推动网络音乐作品转授权，消除影响网络音乐广泛授权和传播的不合法、不合理障碍。各互联网音乐服务商要建立完善内部版权管理制度，及时、有效处理权利人的通知、投诉，维护音乐作者和消费者权益，不得以任何形式从事音乐版权集体管理活动。要积极探索建立良好的符合市场规律和国际惯例的网络音乐版权授权和运营模式，共同推动网络音乐繁荣健康有序发展。

（资料来源：国家版权局网站）

【国家版权局约谈境内外音乐公司】 2017年9月13日，国家版权局版权管理司就网络音乐版权有关问题约谈了环球音乐、华纳音乐、索尼音乐、英皇娱乐、中国唱片总公司、正大国际音乐等二十余家境内外音乐公司以及国际唱片业协会等相关协会主要负责人。

版权管理司负责人指出，2015年国家版权局组织开展规范网络音乐版权秩序专项整治以来，各音乐公司积极支持配合国家版权局相关工作，抵制各类侵犯网络音乐著作权行为，推动建立网络音乐版权授权、运营模式，取得了良好成效。当前网络音乐版权市场出现了抢夺独家版权、哄抬授权价格、未经许可使用音乐作品等现象，破坏了网络音乐版权秩序，损害了音乐权利人和消费者的权益，不利于音乐作品的广泛传播和网络音乐产业的健康发展。

版权管理司负责人强调，希望各音乐公司遵守版权法律法规和国际条约，依法行使和维护权利，抵制各种音乐侵权行为。要促进网络音乐全面授权、广泛传播，采取符合市场规则和国际惯例的授权模式，避免授予网络音乐服务商独家版权；要遵循公平合理原则，不许可、纵容、挑动网络音乐服务商哄抬授权价格、恶性竞争；要支持版权集体管理组织依法行使权利，保障音乐权利人特别是词曲权利人的合法权益，授权音乐作品应当权属清晰、链条完整；要探索建立更加良好有效的网络音乐版权授权、合作和运营模式，维护网络音乐版权良好秩序，为广大网民、听众更好地提供音乐作品和服务，推动网络音乐产业繁荣发展。

（资料来源：国家版权局网站）

【上海启动2017年版权示范单位申报工作】 2017年9月，上海市版权局发布通知，全面启动2017年上海版权示范单位和示范园区（基地）认定工作。

上海市版权局称，为贯彻落实《上海知识产权战略纲要》和《上海版权工作“十二五”发展规划》，进一步提升上海版权创造、运用、保护和管理水平，上海市版权局在各单位的大力支持下，从2012年起开始评选上海版权示范单位、示范园区

(基地)。目前，全市已有 102 家上海版权示范单位、示范园区（基地）。在此基础上，2017 年上海版权示范单位和示范园区（基地）认定工作全面启动，并发布《上海版权示范单位和示范园区（基地）认定办法》，要求各有关单位认真做好有关单位和示范园区（基地）的推荐、申报工作。

（资料来源：上海市版权局）

【福建省对 100 家互联网企业加强主动监管】 2017 年 9 月，为扎实开展打击网络侵权盗版“剑网 2017”专项行动，进一步规范互联网企业传播作品行为，引导建立健全版权管理机制，维护网络版权正常秩序，在调查摸底和主动巡查的基础上，福建省版权局决定对省内传播新闻、影视、文学、音乐、游戏、动漫、软件等作品的网站，“两微一端”的相关互联网企业共 100 家进行主动监管。

开展传播作品版权授权情况自查自纠是本次行动的一大重点。根据要求，列入主动监管的互联网企业要对本企业在线作品的授权情况进行全面自查，摸清拥有版权作品的数量、渠道、内容、权利范围、时限及管理现状，建立版权档案，及时清理删除未获得授权或版权关系模糊的作品。要建立健全网络环境下版权管理机制，坚持“先授权、后使用”的原则，规范作品版权引进、审查、交易、使用等行为；按照“通知—删除”要求快速处理权利人投诉，及时化解版权纠纷；拓宽与权利人沟通的方式，减少版权纠纷。

同时，申报重点作品保护“白名单”。重点作品保护“白名单”制度是权利人利用版权行政管理平台加强作品版权保护的有效方式，根据要求，各地各有关部门要对拥有自主版权的各类原创作品或通过转让等方式享有版权的作品进行梳理，书面向省版权局申请将优秀作品纳入全省重点作品版权保护“白名单”，该局审核后将定期在门户网站公布。

福建省设立版权投诉举报窗口。列入主动监管的互联网企业应在站内首页显著位置设立版权投诉举报窗口，同时标明省版权局侵权盗版举报投诉邮箱：fjbqjb@163.com。

列入主动监管的互联网企业于 9 月 25 日前将自查自纠情况报告和情况统计表及纳入版权保护“白名单”作品申请表等报送省版权局。

（资料来源：《福建日报》，作者：李珂）

【北京查办涉外著作权侵权案 获英美出版商感谢】 2017 年 9 月，美国、英国出版商协会代表近日向中国国家版权局发来感谢信，对北京市文化市场行政执法总队成功办理北京优阅盈创科技有限公司侵犯其著作权一案表示诚挚感谢。

2017 年 4 月，北京市文化市场行政执法总队接到英、美出版商协会下属的五家权利人举报，称北京优阅盈创销售的“优阅外文数字图书馆系统”涉嫌侵犯其著作权。

北京市文化执法总队迅速成立专案组开展核查，对北京优阅盈创位于北京的办公场所和存放服务器的数据中心进行检查，确定了违法事实。其后，执法人员又前往曲靖师范学院、楚雄师范学院、成都师范学院等五所高校调取了购买证据。

经调查认定，北京优阅盈创于 2015 年 6 月至 2016 年 6 月期间，未经著作权人爱思唯尔、剑桥大学出版社、施普林格、英富曼、培生教育公司授权，向五所高校图书馆销售侵权电子图书，违法经营额 17.76 万元，违法所得 3 000 元。依据相关法律规定，北京市文化市场行政执法总队责令当事人立即停止侵权行为，并予以没收违法所得、罚款 40 万元的行政处罚。

北京市文化市场行政执法总队介绍，本案侵权产品属于受众较少的学术类电子图书汇编，易成为版权保护的盲区。今后，该总队将进一步加强对高校文化市场的监督管理。总队在短时间内迅速稳妥办结本案，也展示了中国政府履行国际承诺、加强版权执法监管的决心。

案件办理结束后，英、美出版商协会代表向北京市文化市场行政执法总队赠送“维权卫士执法先锋”的铜牌，对中国政府有力打击侵权盗版行为、保护权利人合法权益表示认可。

（资料来源：《北京日报》，
原标题为《北京查办涉外著作权侵权案》）

【“剑网 2017”专项行动推进会在京举行】 2017 年 10 月 13 日，国家版权局版权管理司召集北京、上海等 20 个省份版权局版权处负责人和 4 个直辖市文化执法总队网络执法部门负责人，在京召开了“剑网 2017”专项行动推进会。会上，各地介绍了当前细化分解重点任务、查办案件、网上巡查、强化互联网企业落实主体责任等方面的情况，提出了当前存在的问题和下一步工作打算。

会议指出，要充分认识现阶段深入推进“剑网行动”的重要意义，将提升专项行动成效放在净化舆论环境、迎接贯彻党的十九大的高度，将其作为当前各项版权管理工作的头等任务，抓实抓好抓出成效。

会议强调，专项行动要突出重点切实抓好四个方面的工作任务。一要坚持以分解任务为工作主线，逐一细化落实新闻、影视、APP、电商平台等重点领域的工作任务。二要坚持以查办案件为首要任务，切实做到主动巡查，扩大案源；发挥优势，行刑衔接；以我为主，层层推进。三要坚持以创新方法为重要抓手，全面推广“双打”考核、预警保护、约谈警示等八项措施。四要坚持以社会共治为重要保障，积极调动权利人及其组织和社会公众的积极性，充分发挥行业协会和社团联盟的自治作用，全面监督互联网企业履行主体责任。

（资料来源：国家版权局网站）

【江苏省召开省属企业使用正版软件工作推进会】 2017年10月20日，江苏省版权局、省国资委在南京召开省属企业使用正版软件工作推进会，交流工作情况，对深入推进省属企业使用正版软件工作做出部署。

会议要求各省属企业要高度重视软件正版化工作，严格按照省版权局和省国资委制定的省属企业软件正版化工作时间表和路线图，落实责任，加大力度，同时要建立健全软件正版化工作长效机制，确保按照国务院和省政府的要求，高质量地完成软件正版化工作任务。

江苏省国信资产管理集团、江苏交通控股有限公司等23家省国资委监管企业集团软件正版化责任部门负责人及联络员参加会议，并汇报了本集团推进使用正版软件工作进展情况及下一步工作计划。

（资料来源：江苏省版权局版权处）

【山东省民营企业软件正版化督查工作正式启动】 2017年10月25日至27日，为有效促进全省民营企业推进使用正版软件工作，山东省版权局和山东省工商联组成联合督查组，对滨州、淄博两市推进民营企业使用正版软件工作情况进行督导检查，正式启动山东省民营企业软件正版化督查工作。

督查组先后到滨州愉悦家纺有限公司、滨州东方地毯有限公司、山东绿卡凯尔文化传媒有限公司、山东世纪天鸿文教科技股份有限公司进行督导检查，通过实地查看、听取汇报、座谈交流等方式，详细了解了相关企业在软件正版化工作方面的落实情况。根据督查情况发现，滨州、淄博两市民营企业软件正版化工作扎实到位。下一步督查组将严格按照要求，不断加大对民营企业软件正版化督查力度。同时，创新工作方法，建立常态化随机抽查制度，加大与工商联的配合协调力度，充分发挥工商联部门的优势，积极探索建立长效协作机制，全面提升山东省民营企业软件正版化工作水平。

（资料来源：山东省版权局）

【廊坊获全国版权示范城市创建资格】 2017年10月，经国家版权局批复，廊坊市成为河北省首个获得全国版权示范城市创建资格的城市。

全国版权示范城市是对一个城市版权发展水平的综合评价，体现一个城市的科学发展理念、自主创新能力、产业发展水平和城市核心竞争力。近年来，廊坊市加大版权保护的宣传力度，加强版权公共服务体系建设，努力提升全社会版权保护意识；加大对侵权盗版的打击力度，每年组织新闻出版领域打击侵权盗版、打击网络侵权盗版、整顿规范印刷业和出版物市场等专项行动；推动政府机关软件正版化，印发制度性文件，对软件的采购、管理、使用等工作做出具体要求；推动版权产业发展，制定出台一系列鼓励和扶持版权产业发展的政策文件，为版权产业真正成为促进经济转型升级的有力助推器提供了政策保障。

（资料来源：《河北日报》，作者：曹铮）

【国家版权局发布“剑网2017”专项行动阶段性成效】 2017年11月2日，国家版权局公布了“剑网2017”专项行动阶段性的成效。自专项行动开展以来，各级版权执法监管部门巡查网站5.5万家（次），关闭侵权盗版网站1 655个，删除侵权盗版链接27.48万条，收缴侵权盗版制品151万件，立案调查网络侵权案件314件，会同公安部门查办刑事案件37件、涉案金额6 900万元，专项行动取得阶段性成效。

“剑网2017”行动围绕着专项行动重点任务，在新闻作品版权、影视作品版权、APP版权等多个领域开展了专项整治。同时，2017年的“剑网2017”专项行动还创新网络监管方式，加大网络主动巡查工作力度，拓展专项行动的覆盖领域。

一是加强重点网站版权监管。国家版权局深入开展对大型视频网站、音乐网站、文学网站、网盘企业、电商平台的版权重点监管，专项行动开展以来，国家版权局共公布4批重点作品版权保护预警名单，对《战狼2》等12部院线电影和29部热播热映影视作品开展预警保护，下线盗版链接24 845条。福建公布100家重点监管的新闻、影视、文学、音乐、游戏、动漫网站和“两微一端”相关互联网企业名单。海南将 17 家新闻网站、11 家视听网站、8 家出版和游戏网站和 52 家电子商务企业纳入全省版权重点监管范围。

二是积极关注新兴领域和新型问题。北京对“橙子 VR”APP 通过 VR 方式非法提供盗版影视作品案进行查处，依法对北京橙子维阿科技有限公司做出罚款 3 万元的行政处罚，这是国内查处的第一起通过 VR 方式进行盗版的案件。内蒙古巴彦淖尔在网络巡查中发现微信公众号“浅谈影片”涉嫌非法传播 353 部影视作品，经调查对其运营人贾某做出罚款 2 万元的行政处罚，这是国内较早对微信公众号盗版进行处罚的案件。

三是加大重点案件的督办力度。国家版权局对北京优阅盈创科技有限公司涉嫌侵犯著作权案等 9 起案件进行了挂牌督办，联合全国“扫黄打非”办公室、公安部、最高检、最高法对北京“5·8”制售侵权盗版图书案等 14 起案件进行了挂牌督办。

四是充分发挥约谈、预警、调解等柔性工作机制作用。国家版权局连续集中约谈国内外主要电商平台、音乐公司和网络音乐服务商，要求相关企业建立健全规范的网络版权传播秩序。北京、上海、重庆、吉林、湖南等地分别约谈辖区内重点互联网企业，要求网络企业建立版权投诉举报处理机制，限期整改涉嫌侵权盗版问题。北京召开 5 次版权预警会议，推动建立版权保护绿色通道。各地共调解各类版权案件 110 件。

五是加强社会共治。国家版权局联合全国“扫黄打非”办公室等部门推动淘宝网严格出版物证照审核，专项行动后出版物证照审核拦截率提高到 58.7%。上海指导蜻蜓 FM 对 200 个无版权证明的专辑不予审核上线，向微信、微博投诉处置 100 余个侵权自媒体，向淘宝、闲鱼投诉并下架 300 余条盗版音频商品链接。福建要求列入主动监管的互联网企业在网站首页显著位置设立版权投诉举报窗口。

（资料来源：《经济日报》，作者：成琪）

【山西确定首批版权示范单位】 2017 年 11 月 10 日，山西省版权局召开全省版权示范创建工作推进会议，为首批获得“山西省版权示范单位”称号的山西科学技术出版社、语文报社、英语周报社三家单位授牌。

会上征求了关于山西省版权工作和《关于在全省部分版权密集型单位设立版权管理中心的实施方案(征求意见稿）》的意见，组织观看了全国版权示范先进地区创建宣传片。山西省版权局提出，党的十九大做出了强化知识产权创造、保护和运用等重大部署，发展版权产业已经成为国家战略。版权是推动相关产业发展的核心要素，版权产业已经成为国民经济的重要组成部分。要通过抓好示范创建，加快推进版权产业发展，把党中央、国务院的重大决策部署落实到位。

会议要求，各参会单位要抓住版权管理改革这个核心矛盾，坚持正确的改革方向，牢固树立进取意识、创新意识、责任意识，推动本单位版权工作机构尽快成立，并做好建章立制、版权精品创作、保护能力建设、版权资源开发、版权消费引导、版权教育培训、版权示范创建等方面的工作，形成版权管理、交易交流、维权保护、衍生开发等全流程归口统一管理的工作格局。

（资料来源：《中国新闻出版广电报》，作者：晋汶）

【国家督查组赴湖南开展打击侵权盗版督导工作】 2017 年 11 月 15 日，最高人民检察院公诉厅副厅级检察官李景晗带领第四督查组在湖南省开展督查。湖南省版权局副局长蒋强先、副巡视员杨国兴陪同督查，湖南省检察院、湖南省公安厅以及湖南省局相关处室和市州执法局负责人参加会议并做专项汇报。

2017 年以来，湖南省按照全国“双打”办和国家版权局的要求，周密制定执法年度工作安排，完善执法机制，开展打击网络侵权盗版“剑网行动”，以影视作品、新闻作品版权和电子商务平台专项整治为重点任务，以可点播影院、APP 商城、音视频网站为重点领域，加大网上巡查和案件查办力度，始终对侵权盗版行为保持高压态势，共立案查处侵权盗版案件 28 起，其中国家版权局移转案件 7 起，移送司法机关 2 起，主动监管网站 91 家。

李景晗肯定了湖南省打击侵权盗版工作中取得的成绩，并认为成绩的取得得益于领导高度重视、工作措施得力和各职能部门的密切配合。同时他也指出湖南省在打击侵权盗版工作中存在的问题，如各市州查处案件数量不平衡，网站主动监管面不广，部分案件处罚力度不够等。他要求省市县各级职能部门一定要坚持以党的十九大精神为统领，进一步强化知识产权创造、保护和运用，把案件查处作为核心工作来抓，切实履行法律法规赋予的职责。一是要狠抓大要案查处，省级执法部门要带头办案，市县执法部门要拓宽案源，提高办案质量。二是要加强指导督办，对于有影响的案件既可以报请国家部委督办也可以由省里相关厅局联合督办，从经费、技术上予以支持。三是要拓宽监管领域，把版权市场线上线下各类主体都纳入巡查范围主动监管。四是要加强宣传培训，着重提高基层执法人员的执法能力和水平，营造良好的执法氛围。

杨国兴表示，全省新闻出版、版权系统将认真落实督查组反馈的意见，进一步加大执法力度，集中力量突破大要案查处，健全完善案件督办机制，同时加大宣传力度，加强日常监管，推动打击侵权盗版工作取得新的进展。

（资料来源：湖南省版权局）

【山东省国家督办案件督导会议在青岛市召开】 2017年11月17日，山东省国家督办案件督导会议在青岛市召开。此次会议是根据中央开展舆论环境专项整治的部署安排和国务院打击侵权假冒工作的要求，由国家版权局版权管理司司长于慈珂带领国家版权局、全国“扫黄打非”工作小组办公室、公安部、最高人民法院、最高人民检察院组成的督查组，对青岛市已批复的2起、威海市1起国家版权局、公安部、最高人民检察院、最高人民法院、全国“扫黄打非”工作小组办公室五部门联合督办的案件进行督查。国家版权局、山东省版权局、青岛市公安局、市人民检察院、市中级人民法院、威海市及青岛市相关区市文化执法部门负责人参加了会议。

会议由山东省新闻出版广电局（省版权局）副局长谢宁主持。会上，谢宁副局长代表山东省版权局汇报全省版权保护工作情况，省公安厅郭强副处长对案件查处相关情况进行汇报，青岛文化执法局韩大钧局长汇报青岛市版权保护工作情况。

李沧区、平度市、威海市分别就批复的国家督办案件查办情况，法律和技术上存在的难题，需要五部门协调解决的具体问题，结案的具体时间等一一进行了汇报。

于慈珂司长对推进督办案件进行了部署。他指出前期在督办案件的查处中各方都付出了很大努力，前期调研、取证等做了大量工作。他强调，要继续做好督办案件的推进工作，争取上级及公检法部门业务技术支持，把案件证据做牢做实，严惩违法违规行为。同时，要进一步巩固前期工作成效，严厉打击侵权盗版行为，多措并举落实联合办案机制，确保版权执法工作取得实效。

（资料来源：青岛市文化执法局）

【安徽省开展政府机关软件正版化工作专项督查活动】 2017年11月20日至24日，安徽省软件正版化工作联席会议办公室组织开展了政府机关软件正版化专项督查工作。

督查组采取查阅资料和上机实地检查相结合的方式，先后对六安市、滁州市、合肥市政府机关使用正版软件工作进行了全覆盖检查，共实地检查了1 000台计算机。并查看了软件管理相关制度建设、领导机构建立、责任人落实、软件资产台账建立、考核评议制度建立、长效机制建设落实等相关情况。

督查发现，滁州市、六安市、合肥市政府高度重视政府机关软件正版化工作，成立领导机构，加强组织领导和指导协调。各市软件正版化工作领导小组（联席会议）成员单位紧密配合，分工合作，发挥职能作用合力推进，政府机关软件正版化工作扎实推进。各政府机关使用正版软件意识显著增强，软件采购、安装、使用管理逐步完善，资产台账管理和考核评议制度建立健全。

对督查中发现的部分单位在推进使用正版软件过程中存在的问题，督查组及时向所在市政府反馈并要求限期整改到位。

（资料来源：安徽省版权局）

【福建召开省国资委所出资企业软件正版化工作培训会议】 2017年11月21日，福建省版权局与福建省国资委联合在福州举办2017年福建省国资委所出资企业软件正版化工作培训会议。会上，福建省版权局通报了9月中旬国家推进使用正版软件工作部际联席会议第四督查组对福建省软件正版化工作督查的情况，并就如何落实督查组提出的整改要求和迎接2018年国家对福建省软件正版化工作的全覆盖检查进行了具体部署。4家被督查企业汇报了本企业软件正版化督查整改完成情况，其他企业汇报了本企业集团及权属企业软件正版化工作进展情况及下一步工作计划。

福建省国资委资本运营处有关同志指出，国有企业在软件正版化工作中要加强检查督促、落实工作责任，规范采购流程、加强经费保障，健全制度管理、建设长效机制，注重宣传培训、营造良好氛围。福建省版权局版权管理处有关同志就软件企业软件正版化下一步工作开展提出三点意见：一是要充分认识软件正版化的重要性，确保按时完成任务；二是要切实落实督查整改要求，确保达到检查标准；三是要着力加强长效机制建设，确保正版化成果不反弹。

（资料来源：福建省版权局）

【2017年全国版权社会服务工作会议在京召开】 2017年11月23日，2017年全国版权社会服务工作会议在京召开。会议总结了版权示范创建工作取得的成绩，分析了当前面临的问题与挑战，谋划了下一步工作思路和举措，对在新时期贯彻新发展理念，深入推进全国版权社会服务工作具有重要意义。

国家新闻出版广电总局副局长、国家版权局专职副局长周慧琳在会上做了《以党的十九大精神为指引，开创新时代版权社会服务工作新局面》的重要讲话，并为2017年全国版权示范城市、示范单位、示范园区（基地）授牌。

会议认为，党的十八大以来版权社会服务工作全面落实党中央、国务院各项决策部署，紧紧围绕服务经济社会发展新常态，大力推进版权社会服务工作理念创新、内容创新、方法创新，不断提高工作水平，加快版权强国建设，为建设创新型国家和全面建成小康社会提供有力支撑，各项工作取得显著成绩：版权法律制度体系不断完善，版权社会服务水平不断提升，先后出台《关于规范作品登记证书的通知》《关于规范电子版作品登记证书的通知》等多项规范性文件，促进了登记总量在2016年突破200万件。版权执法监管力度不断加大。2005年至2016年，国家版权局联合相关部门持续开展的“剑网行动”，共查处网络案件5 560件，依法关闭侵权盗版网站3 082个，近5年来版权秩序和环境持续好转。版权产业持续推进不断发展。2015年中国版权产业行业增加值已突破5万亿元，占全国GDP的7.3%，其中核心版权产业已突破3万亿元。版权宣传、培训工作不断加强，为我国经济社会发展创造良好国际版权环境。

会议指出，习近平总书记在党的十九大报告中指出，倡导创新文化，强化知识产权创造、保护、运用。这为实施创新驱动发展战略、加快版权强国建设提供了重要遵循。会议强调，建设版权强国，服务创新型国家建设，是我们今后一个时期版权工作的中心任务，全国版权行政管理部门的同志要加深对我国社会主要矛盾变化新的科学判断的理解，全面深刻认识版权社会服务工作在创新型国家和版权强国建设中的地位和作用。会议就今后版权社会服务工作提出5点要求：一是要切实做好著作权登记工作，二是要深入开展版权示范创建工作，三是加大版权宣传力度，四是推动版权产业健康发展，五是在建立健全工作保障机制等方面加大工作力度。各省级版权局要建立完善版权社会服务工作领导负责制，提升主要领导对此项工作的认识和重视程度；要将版权社会服务工作作为全局性的工作统筹谋划、切实抓好，确保各项版权社会服务工作任务落实到位。

会上，国家版权局版权管理司司长于慈珂就版权社会服务工作“十三五”时期的重点任务进行了解读和部署。来自山东省版权局、广东省东莞市版权局、上海人民出版社有限公司及江苏昆山市文化产业园的代表，分别介绍了创建版权示范工作的经验与做法。

（资料来源：《中国新闻出版广电报》，作者：赖名芳）

【国家督查组在粤开展督导检查工作】 2017年11月26日至27日，国家版权局版权管理司副司长段玉萍率第二督查组对广东省进行督导检查，并于11月27日在广州召开广东省查办侵权盗版案件督导检查汇报会。广东省新闻出版广电局（版权局）、高级人民法院、人民检察院、公安厅、网信办、通信管理局、“扫黄打非”办等7个省直单位及广州、深圳等12个地市的相关负责同志共30余人参加了汇报会。广东省新闻出版广电局（版权局）党组成员、专职副局长陈春怀向督查组汇报广东省查处侵权盗版案件工作的总体情况、“剑网行动”推进情况及挂牌督办案件的办理情况。省高级人民法院、人民检察院等6部门及广州、深圳等12个地市分别汇报了本部门（地市）开展打击侵权盗版工作情况及重点案件查处情况。督查组成员还对各地查办侵权盗版案件卷宗进行了现场查阅。

段玉萍表示，广东是全国的网络大省和强省，广东省版权局及相关部门高度重视打击网络侵权盗版工作，组织开展了一系列活动，查办了一批重大案件，工作卓有成效，但也存在一些不足，主要是：查办大案要案少、行政处罚力度和刑事打击强度不够；对重点网站的监管工作还有待加强；部门联动机制的作用发挥不够充分。

督查组对广东下一步工作提出了具体要求：一是要高度重视打击侵权盗版违法犯罪活动。各部门要将打击侵权盗版放在重要位置抓紧抓好，要充分认识版权在推动发展、促进创新、繁荣文化中的支撑和保障作用。二是要坚持以严格保护作为工作主基调，进一步加大对侵权盗版案件尤其是大案要案的查处力度。三是要加强部门协作联动，进一步提升办案的能力水平。四是要加大宣传力度，进一步加大对查处典型案件的宣传，扩大社会影响。

陈春怀表示，广东将按照督查组提出的工作要求扎实做好打击侵权盗版的各项工作，进一步坚持问题导向，突出查办案件；进一步加强宣传工作，形成宣传声势；进一步落实主体责任，构建共治格局；进一步加强协作联动，形成管治合力；进一步加强督查考核，推动工作落实。

（资料来源：广东省版权局）

【广西开展打击网络侵权盗版“剑网2017”专项行动监督检查】 2017年11月28日至12月1日，广西壮族自治区版权局会同自治区工商局、自治区证监局等部门到柳州市开展打击网络侵权盗版“剑网2017”专项行动监督检查，并对柳州市、柳城县、来宾市和合山市政府机关使用正版软件工作情况进行年度考核。考核组采取随机抽查方式，通过听取汇报、查看台账、实地检查100多台计算机，对操作系统软件、办公软件、杀毒软件的采购、安装使用、监督管理、长效机制建设等情况进行考核。

（资料来源：广西壮族自治区版权局）

【内蒙古自治区版权示范创建工作“破冰起航”】 2017年11月，国家版权局公布了最新一批全国版权示范单位和示范园区（基地）名单，内蒙古自治区鄂尔多斯市蒙古源流文化产业园区、内蒙古人民出版社分别被授予“全国版权示范园区”和“全国版权示范单位”称号。这是内蒙古自治区首次获得此项殊荣，实现了内蒙古自治区版权创建“零的突破”，必将对全区版权工作和产业发展产生积极带动作用。

版权示范创建的成功不仅填补了内蒙古自治区此项工作空白，而且含金量很高，使内蒙古自治区成为全国第一个具有示范单位及园区的少数民族自治区。下一步，内蒙古自治区将全面贯彻落实党的十九大精神，以此次版权示范创建的成功为契机，带动自治区级版权示范创建工作深入开展，继续强化版权的创造、保护、运用，为内蒙古自治区文化强区建设做出新的、更大的贡献。

（资料来源：内蒙古自治区版权局）

【“白名单”推动福建版权保护迈上新台阶】 2017年11月，福建省新闻出版广电局组织召开全省版权工作座谈会。会议通报了2017年以来全省版权工作主要进展情况，各设区市及平潭综合实验区版权行政管理部门分管领导分别介绍了各地版权工作开展情况，强调要继续落实“剑网2017”专项行动，建立健全重点保护作品“白名单”，加强对有关互联网企业的主动监管。

福建省自2017年开展“剑网2017”专项行动以来，通过建立“白名单”等主动监管方式，聚焦新闻出版影视行业的网络版权电子商务平台和移动互联网应用程序（APP）领域的版权整治，并严厉打击各类网站、新媒体“两微一端”等未经授权传播各类作品行为，集中整治各类互联网传播平台，各地行政版权管理部门均取得了工作实效。

福建省新闻出版广电局版权管理处副处长谢振芳表示，“白名单”是将近年来福建省互联网企业中符合版权保护工作要求、合法规范的以及福建省局曾重点监管的媒体单位列入“传播作品版权授权情况自查自纠”名单，此类单位需根据实际情况，对拥有自主版权的各类原创作品或通过转让等方式享有版权的作品进行梳理，书面向福建省局申请将版权关系清晰、内容精良的优秀作品纳入全省重点作品版权保护“白名单”，福建省局审核后将定期在门户网站公布。同时，要求相关网站严格落实“未经许可不得通过信息网络传播版权保护‘白名单’内的作品”等4项保护措施，切实加强重点作品保护。

“白名单”有力保护了原创作者的各项权利，通过公布重点作品版权保护“白名单”，明确权利主体、权利范围、权利期限等，引导互联网企业保护自身版权，建立规范的版权秩序。“白名单”制度不仅保护了著作权人，更是版权行政部门主动监管的体现。2017年7月，福建省版权局正式下发了《关于加强对有关互联网企业主动监管工作的通知》，对省内传播新闻、影视、文学、音乐、动漫、游戏、软件等作品网站、“两微一端”的相关互联网企业共100家进行主动监管。企业不仅需向福建省局报送“白名单”，也被要求在站内首页显著位置设立版权投诉举报窗口，设定窗口标题为“FJCP”（福建版权保护）和logo，用户可从二级窗口进入福建版权局侵权盗版举报投诉邮箱。

谢振芳介绍，目前“白名单”数量还在陆续增加中，今后，福建省局将不定期发布福建省重点作品版权保护“白名单”，以实际行动和举措支持、保护创新。

（资料来源：中国新闻出版广电网，作者：张福财）

【北京市召开全市正版示范体系建设工作会】 2017年12月7日，北京市新闻出版广电局（版权局）召开了北京市正版示范体系建设工作会，部分区文化委员会、软件渠道、印刷发行以及获得过国家和北京市版权示范单位称号的企业代表共70余人参加了此次会议。

此次会议是为贯彻落实党的十九大精神及国家版权局 2017 年全国版权社会服务工作会议精神，交流北京市创建工作及版权社会服务经验而召开的。与会单位回顾了北京市正版示范体系建设的历程，对下一步全市版权保护示范单位的评选以及正版示范体系建设的方案进行了研讨。

（资料来源：北京市版权局）

【国家版权局决定在全国开展 2022 年冬奥会会徽版权专项保护工作】 2017 年 12 月 16 日，国家版权局下发通知，决定从 12 月 16 日开始，在全国开展北京 2022 年冬奥会会徽和冬残奥会会徽版权专项保护工作。通知强调，除法律法规另有规定外，未经北京冬奥组委许可，任何单位或个人不得擅自使用北京冬奥会会徽。

通知要求，各级版权行政执法部门要加强对涉会徽版权的日常监管工作，加大执法资源投入，充分利用版权监测平台等技术手段，全方位开展涉会徽版权巡查工作，及时发现侵权线索，第一时间固定证据，组织精干力量依法从快、从严查处。要强化涉会徽侵权投诉举报工作，广泛宣传投诉举报方式，发布举报奖励公告，加大对有效举报的奖励力度。要加强与辖区内大型集贸市场、商品集散地、图书批发市场、著名旅游景点、电子商务平台的沟通联系，推动相关单位主动搜集涉会徽侵权线索并及时向版权行政执法部门举报。同时，要针对会徽发布、特许产品网上试运行、会徽纪念邮票发行及特许经营实体店启动营业等涉会徽重要时间节点，对涉会徽的贵金属及非贵金属制品、丝绸制品、陶瓷制品、文具制品等重点产品进行版权重点监管。各地要在线下确定重点监管对象、监管市场、监管区域，在线上确定重点监管网站、电子商务平台和移动互联网应用程序（APP）商店，深挖案件线索，追本溯源，做到线上线下协同办案，对线上线下违法行为实施全覆盖打击。

各级版权行政执法部门还要确定一批侵犯会徽著作权的重点案件，集中力量、快速查办，依法加大行政处罚力度。对涉嫌构成犯罪的，要根据“两法衔接”机制及时移交公安部门立案，依法加大刑事打击力度，保持对涉奥侵权盗版行为的高压态势。为保障会徽版权专项保护工作的顺利实施，国家版权局还将于近期组织专题培训活动，就涉奥版权保护相关法律问题进行业务培训，提升涉奥版权执法办案能力。此外，国家版权局将涉奥版权保护纳入 2018 年“4·26”知识产权宣传周宣传重点，以增强社会公众奥运版权保护意识。

为加强北京冬奥会会徽的版权保护力度，2017 年 12 月 15 日下午，北京 2022 年冬奥会和冬残奥会组织委员会委派代表向中国版权保护中心著作权登记部递交了作品著作权登记申请材料。中国版权保护中心为冬奥组委颁发了“2022 年冬奥会会徽”和“2022 年冬残奥会会徽”的作品登记证书。

（资料来源：《中国新闻出版广电报》，作者：赖名芳）

【国务院使用正版软件督查组在浙江省督查工作】 2017 年 12 月，国务院使用正版软件督查组在杭州举行浙江省省级政府机关软件正版化督查情况反馈会，国家版权局版权管理司副司长段玉萍代表督查组向浙江省反馈现场检查情况及督查意见。督查组认为，在浙江省委省政府领导下，省推进使用正版软件工作领导小组牵头单位省新闻出版广电局（省版权局）积极主动做好各项协调服务和指导工作，省领导小组成员单位相互配合、密切协作、齐抓共管，推进省级政府机关软件正版化工作取得显著成效，其中加强办公软件源头监管的相关做法值得向全国同行推广。

会上，浙江省政府副秘书长李云林代表省政府做了表态发言，并对下一步做好省级政府机关软件正版化工作提出要求。省推进使用正版软件工作领导小组办公室主任、省版权局副局长单烈向督查组汇报了省政府机关及党群系统软件正版化工作情况。省文化厅等 10 家省级单位负责人做表态发言，省建设厅、省林业厅等 4 家单位做经验介绍。

（资料来源：浙江省版权局，作者：李海江，原标题为：《浙江省督察软件正版化工作》）

【江苏省医疗卫生机构软件正版化工作启动】 2017 年 12 月，江苏省版权工作领导小组办公室、江苏省卫生和计划生育委员会和江苏省版权局联合发文，决定开展全省医疗卫生机构软件正版化推进工作。

根据通知要求，全省各级医疗卫生机构要在 2018 年底前基本完成计算机操作系统、办公软件、杀毒软件的正版化，并建立和完善软件正版化长效机制。省版权工作领导小组办公室、省卫生计生委和省版权局将建立协调机制，共同指导和推动全省医疗卫生机构软件正版化工作，并将推荐集中采购方式，通过数量优势争取价格优势，为各级医疗卫生机构降低采购成本。

通知还要求全省各级医疗卫生机构加强组织领导，采取有效措施，落实整改工作，并做好全面动员宣传，提高保护知识产权、抵制盗版行为意识，按时保质完成软件正版化整改工作任务。

（资料来源：江苏省版权局，原标题为《江苏省版权局、省卫生计生委启动全省医疗卫生机构软件正版化工作》）

◆ 宣传教育

【知识产权法官获“中国传媒法影响力人物”称号】 2017年1月8日，2016中国传媒法治发展年度研讨会暨首届中国传媒法影响力人物及十大传媒法事例发布会在京举办。在2016年设立的首届中国传媒法影响力人物颁奖典礼上，北京知识产权法院的法官冯刚等获此殊荣，体现了知识产权越发受到社会重视。

北京知识产权法院法官冯刚介绍，北京知识产权法院2016年度著作权纠纷案件呈现多种特点：一是受理案件数量大幅增长，特别是一审案件增长迅猛。北京知识产权法院2016年度共受理著作权纠纷案件2 315件，比2015年度的1 471件上升了57.4%，其中一审著作权纠纷案件420件，比2015年度（190件）上升121.0%。二是充分利用技术调查官等手段，有效解决计算机软件技术难题，审结一审案件数量迅猛增长。三是改判案件数量大幅增长，其中有一些案件改判提高了判赔数额。同时指出，管辖规则变化对于著作权案件有较大影响，并就网络游戏直播、信息网络传播行为的判断标准及破坏技术措施设置链接行为问题、《反不正当竞争法》一般规则的适用问题等提出了自己的观点。

在首届中国传媒法影响力人物颁奖典礼上，包括北京知识产权法院的法官冯刚、北京市海淀区人民法院中关村法庭庭长李颖等共计9名人员获得了首届“中国传媒法影响力人物”称号。

（资料来源：中国知识产权资讯网，作者：侯伟，原标题为：《2016中国传媒法治发展年度研讨会在京举办》）

【“2016 CPCC十大中国著作权人”评选揭晓】 2017年2月22日，由中国版权保护中心主办的“2016 CPCC十大中国著作权人”评选结果在“2017 CPCC中国版权服务年会”开幕式上揭晓。

沈阳机床股份有限公司、北京香橙互动网络科技有限公司、中国歌剧舞剧院、天津春天影业投资发展有限公司、中青新影文化传媒（北京）有限公司、成都盛世尚品文化传播有限责任公司、广联达科技股份有限公司、薛文静、阿尔斯别克·努汉、武汉斗鱼网络科技有限公司等被评为“2016 CPCC十大中国著作权人”。另外，刘侗、北京飞扬天下网络科技股份有限公司、东华软件股份公司、上海旭胜金融信息服务股份有限公司、腾提度（北京）文化传播有限公司、欢瑞世纪影视传媒股份有限公司、北京四月星空网络技术有限公司、北京十二栋文化传播有限公司、博彦科技（上海）有限公司、武汉江通动画传媒股份有限公司等荣获“专家特别提名奖”。

“CPCC十大中国著作权人”年度评选活动是中国版权保护中心于2008年推出的一项面向社会的版权公益活动，以“携手创新、保护版权、促进发展、构建和谐”为宗旨，已赢得了社会的高度认可。本次评选继续围绕“尊重原创”这一核心，新推出了“尊重原创·融合创新”的活动主题。

（资料来源：《中国新闻出版广电报》，作者：邹韧）

【国家版权局公布“2016年中国版权十件大事”】 2017年3月9日，国家版权局对外公布了评选出的“2016年中国版权十件大事”：（1）“剑网2016”专项行动成果显著；（2）我国版权产业对GDP贡献达7.28%；（3）版权司法保护力度不断加大；（4）推进《视听表演北京条约》生效取得重大进展；（5）全国著作权登记总量突破200万件；（6）首届中国版权金奖颁发；（7）“德化经验”全球共享；（8）五家著作权集体管理组织列入全国性行业协会脱钩试点名单；（9）互联网企业积极履行版权保护主体责任；（10）“网络版权产业研究基地”在腾讯公司设立。

（资料来源：《中国版权年鉴》编辑部）

【湖北省举办“3·15”版权宣传服务系列活动】 2017年3月15日，湖北省版权局、湖北省版权保护中心和华中国家版权交易中心在武汉光谷文化创意产业园联合举办以“拒绝盗版，从我做起”为主题的“3·15”消费者权益日版权宣传服务系列活动。

“版权保护源于一点一滴、拒绝盗版始于一言一行。”此次“3·15”版权宣传服务活动现场，通过发放资料、识别盗版、法律咨询、以案说法、横幅签名、现场作品登记等方式，广泛宣传版权保护对文创产业发展的重要意义。

现场工作人员详细讲解演示了侵权盗版作品的识别方法，其中盗版书籍要重点查看封面和版权页，留意用纸及印装等，网络侵权作品则可通过搜索比对、软件查重等方式予以甄别。市民群众、文创产业经营者和从业人员及周边高校师生等近千人参与了本次宣传服务活动。

武汉光谷文化创意产业园是湖北省暨武汉市着力打造的以动漫、游戏、影视、新媒体、网络文学、网络直播及应用软件等为主的千亿级文创产业企业孵化基地，聚集了一大批全国知名的文创企业和近万名文创专业技术人员，成为国内创意产业和版权产业最密集的文创产业园区之一。

2017 年，湖北省版权局、湖北省版权保护中心和华中国家版权交易中心将强化全省版权市场特别是网络版权市场的监督管理，加大版权保护及服务工作力度，加快“湖北省著作权登记系统”设计开发进度，继续完善全省版权交易市场服务体系建设，努力实现版权登记服务的网络化、便民化。

（资料来源：新华网，作者：秦自国）

【浙江省版权协会赴宁波开展版权登记宣传培训工作】 2017 年 3 月 21 日，主题为“崇尚创新，保护版权”的宁波市版权工作培训班在宁波国家大学科技园正式开课。浙江省新闻出版广电局（版权局）版权处调研员、省版权协会秘书长吾晓红会同浙江版权服务中心作品登记部工作人员参与授课。

培训期间，吾晓红就版权概念、意义及如何保护与运用做了详细介绍，通俗易懂的语言，加上生动有趣的事例，让现场听众忍俊不禁，穿插的知识问答也把培训气氛推向高潮。其后，作品登记部工作人员就版权登记相关程序进行了细致讲解，让与会人员更直观地了解版权登记操作流程。

宁波国家大学科技园聚集了许多优秀文创企业，在影视传媒、动漫游戏、软件服务、信息服务、工业设计等方面有大量产出。本次版权工作培训班的开课，使园区企业不仅对版权的认识与运用有了更深刻的认识，也对企业文化衍生品的开发、利用与保护有了更充分的自信，有助于利用版权提升作品的经济价值，丰富和促进宁波的文化产业。

（资料来源：浙江省版权协会）

【北京举行“12318”法制宣传现场教授盗版识别】 2017 年 3 月，北京市举办了“12318 健康文化你我他”主题宣传活动，通过现场教授观众如何识别盗版图书等方式，进行文化市场法制宣传。

北京市文化市场行政执法总队党组副书记、副总队长张伟介绍，自 2005 年 8 月 1 日，“12318”全国文化市场统一举报电话开通以来，北京市市、区两级文化执法部门根据“12318”热线提供的线索查处案件 2 978 件，扣押、收缴非法出版物和非法音像制品等 229.8 万余件，罚没款 1 236.9 万余元，有力规范了首都文化市场经营秩序，为推动首都文化繁荣发展提供了坚强保障。

北京市 16 个区同步开展了“12318 健康文化你我他”法制宣传日活动，分为主会场和 15 个分会场。主会场由北京市文化市场行政执法总队主办，丰台区文委协办。其他 15 个区设立分会场。活动现场开展了新法律法规宣传咨询；盗版图书识别；VR 虚拟设备、黑电台设备展示；举报受理及法规宣传折页以及购物袋、便签本、钥匙包等宣传品发放。3 月 1 日，《中华人民共和国电影产业促进法》正式实施，该法的宣传成为 2017 年活动的主要内容之一。

张伟表示，北京市文化执法部门坚持将日常监管与集中整治、依法管理与教育引导、网下清查与网上净化相结合，严厉打击侵权盗版活动，坚决清理网络淫秽色情等文化垃圾，有效惩处文化市场各类违法违规行为，做到执法必严、违法必究。加强文化市场新修订和颁布实施的法律法规的社会宣传，加强“12318”举报热线和举报受理办法的社会宣传，动员广大社会群众积极参与共同维护绿色健康的文化市场环境。

此次活动全市会场共设立法规宣传展板 132 块，张贴宣传海报 2 500 多张，发放新修定法规宣传材料 1.1 万余份、多种形式的宣传品 1.2 万件。

（资料来源：《中国知识产权报》，作者：刘仁）

【重庆市版权保护成果展开幕】 2017 年 4 月 18 日，“创新改变生活——2017 年重庆市世界知识产权日”版权保护暨版权产业发展成果展示活动，在解放碑商圈拉开帷幕。从即日起到 4 月 23 日，重庆市文化委、重庆市公安局将联合重庆市版权保护中心、重庆版权交易市场等相关单位，举行一系列活动，向市民宣传版权保护有关知识。

本次活动由重庆市文化委、重庆市公安局共同主办。作为第十届重庆读书月系列活动的组成部分，主办方不仅通过制作宣传短片、宣传展板、宣传画、宣传资料等方式，向市民展示近年来重庆在打击侵权盗版违法犯罪方面取得的丰硕成果，还邀请了包括重庆民间工艺大师黄刚在内的一批艺术家携带自己的原创版权作品来到现场，与市民进行近距离交流。

（资料来源：《重庆日报》，作者：黄琪奥）

【2017年湖北高校版权专题辩论赛决赛在武汉举行】 2017年4月19日，第七届“法理争鸣”湖北高校法学专业辩论赛暨2017年版权专题辩论赛决赛在武汉举行。华中科技大学与中南民族大学代表队围绕“延长著作权保护期限是否有利于文化创新”展开激辩，中南民族大学最终夺冠。

作为武汉市世界知识产权宣传周活动之一，辩论赛由湖北高校法学辩论联盟、武汉市文化局（版权局）主办，中南民族大学承办。初赛、复赛、半决赛到决赛共持续了一个多月，多所高校参加，在大学生群体中营造了崇尚创新精神、尊重知识产权的浓厚氛围。

（资料来源：《湖北日报》，作者：韩晓玲 杨科，原标题为：《高校学子唇枪舌剑议版权》）

【北京通州区打造版权保护示范区】 2017年4月22日，由北京市版权局、北京市通州区人民政府牵头组织的，以“打造版权保护示范区，助力城市副中心建设”为主题的2017年北京市知识产权宣传周版权保护宣传活动在北京通州区举行。

4月22日，北京市版权局与通州区政府就共同打造版权保护示范区举行了签约仪式，并授予了宋庄艺术促进会、宋庄镇文化服务中心以及上上国际美术馆等3家机构北京市版权服务工作站的牌匾。北京市版权局副局长王野霏等为10位申请著作权登记的艺术家颁发了著作权登记证。4家文化艺术品传播机构分别与部分艺术家签署了版权交易和版权代理合同。

此外，活动现场还设立了版权作品展览交易区，展出了大批知名艺术家的绘画、掐丝珐琅等艺术品精品，现场非常火爆；展区内北京版权保护中心、首都版权产业联盟等版权服务、中介机构设立了临时版权服务站，为参展、参观企业提供版权登记、咨询、版权交易等“一条龙”服务。

4月22日下午，主办单位举办了版权保护论坛，邀请版权保护方面的知名专家、律师、版权中介组织负责人、艺术家代表等就文化艺术品版权保护议题展开研讨，有关专家针对当前版权保护政策、法律法规进行现场解读。

（资料来源：《中国新闻出版广电报》，作者：李婧璇）

【国家版权局英文网上线开通】 2017年4月24日，国家版权局英文网（http://en.ncac.gov.cn/）上线开通。网站将以国际化的思维和表达方式，向国际社会传递中国版权的声音，加强同国际社会的交流互动，并提供便捷的信息服务。

随着我国版权事业和版权产业快速发展，以及国际社会对我国版权工作的关注，中国国家版权局在国际、政府、媒介、公众间的受关注度、被认知度、影响力正日益增强。与此同时，国务院办公厅2014年以来发布一系列通知文件，要求各级政府要加强外文版网站建设，提升服务能力。在此背景下，为提升我国在版权领域的国际话语权和影响力，讲好“中国版权制度建设与版权保护的故事”，进一步引导国际社会客观全面地认识中国的版权保护工作和成果，根据国家版权局2017年重点工作部署，国家版权局英文网于“2017版权宣传周”期间正式上线。网站上线后，将与国家版权局的中文网站一起，共同组成“中国国家版权局门户网站”，成为履行政府职能、为社会公众提供服务，特别是对外提供信息，展现我良好政府形象的官方平台。

网站设置了新闻资讯、法律法规、专项工作等7个一级栏目及30余个二级栏目。英文网整体色彩沿用了国家版权局中文网的蓝色调，不同的是，英文网融入了更多的中华传统因素。网站背景是中国山水风景和古代版权的象征印章，标题的图案点缀运用了太极祥云和门环神兽等具有中国特色的传统纹样。网站可以通过两种方式登录：一是直接访问英文网域名 http://en.ncac.gov.cn/；二是通过国家版权局中文网页面右上方的英文链接进入。

下一步，中国国家版权局门户网站将进一步整合内容资源、统筹规划，为海内外公众提供全方位的新闻资讯、信息查询等服务，为进一步提升国家版权局在信息公开、政策阐释、宣传教育、舆论引导等方面的工作力度以及提高国家版权局行政管理效能和公共服务水平，推进阳光型、服务型政府建设做出积极的贡献。

（资料来源：国家版权局网站）

【国家版权局开通百度“百家号”】 2017年4月24日，为提升政府行政管理效能，并利用新媒体扩大版权宣传范围，国家版权局正式入驻百度旗下自媒体平台百度百家号，并开通“国家版权局百家号”。此举是国家版权局继开通官方微博（@国家版权局）、微信（国家版权）、“头条号”（国家版权局）后，在第17个“4·26”世界知识产权日来临之际开辟的又一个新媒体阵地。

国家版权局通过“百家号”平台及时推送并重点发布版权执法监管、打击侵权盗版重大案件、推进软件正版化工作、版权社会化服务、版权宣传培训、版权产业发展、版权国际交流等方面的信息，充分利用新媒体平台提升版权的社会影响力，推动政府信息公开，引导正确舆论方向。

国家版权局“百家号”地址：https://rd.mbd.baidu.com/9zydhqc。

（资料来源：国家版权局网站）

【2017 年版权宣传周新闻发布会在京举行】 2017 年 4 月 24 日，国家版权局在京召开“2017 年版权宣传周新闻发布会”。会上发布了中国版权产业经济贡献调研的最新成果及《2017 中国网络版权产业发展报告（摘要版）》。发布会由国家版权局版权管理司副司长汤兆志主持，国家版权局版权管理司司长于慈珂，中国新闻出版研究院副院长范军，总局信息中心副主任柯尊全，网络版权产业研究基地副主任、腾讯研究院院长司晓，网络版权产业研究基地秘书长张钦坤，以及中央主要新闻媒体的记者出席了新闻发布会。

从 2007 年至今，国家版权局委托中国新闻出版研究院连续十年开展了中国版权产业经济贡献的调研。调研结果显示，2015 年中国版权产业的行业增加值已经突破 5 万亿元，达 50 054.14 亿元人民币，占全国 GDP 的 7.30%。调研数据表明，中国版权产业发展势头良好，行业增加值持续增长，在国民经济中的比重逐步上升，在推动经济发展、优化经济结构中发挥着越来越重要的作用，成为中国经济发展的新引擎。

国家版权局设在腾讯公司的网络版权产业研究基地首次发布了《2017 中国网络版权产业发展报告（摘要版）》，报告以产业的行业规模即产业内各企业的营收规模作为统计依据。研究结果显示，在 2006—2016 年的 10 年间，我国网络核心版权产业行业规模从 2006 年的 163.8 亿元增长到 2016 年的 5 086.9 亿元，年增长率保持在 30%以上，产业规模增长超过了 30 倍，形成了泛娱乐等跨界版权运营的独特商业模式。研究结果表明，中国网络核心版权产业规模大幅增长，对整体经济的贡献能力持续提升，带动了版权产业整体结构向网络化以及信息化转型，已经成为中国经济增长的新动能。

（资料来源：国家版权局网站）

【辽宁搭建平台走进园区讲版权】 2017 年 4 月 24 日下午，专家们来到沈阳国际软件园举办了以“加强版权保护，助力振兴发展”为主题的版权保护进园区系列讲座，近百家驻区软件企业、互联网公司的代表参加了本次会议。重点讲解著作权法律法规，开展现场咨询，解答现场观众有关互联网环境下加强版权保护方面的问题等。

版权专家们每到一个园区，都会根据各园区的不同特点，有针对性地重点讲解网络版权保护以及规范网络版权秩序的有关要求、文创产品的保护等内容，开展现场咨询，现场解答加强版权保护方面的问题，引导帮助企业把更多的精力用于创新创作，运用好著作权的法律武器来保护创新成果，受到园区和企业的一致好评。根据计划，2017 年的版权知识进园区系列活动将继续走进中德高端装备制造产业园、大连软件园等园区和企业，系列宣传活动将持续到 10 月底。

（资料来源：《中国新闻出版广电报》，作者：邹韧）

【2016 年中国知识产权发展状况发布】 2017 年 4 月 25 日，国务院新闻办公室在京举行新闻发布会，详细介绍 2016 年中国知识产权发展状况。国家版权局新闻发言人、版权管理司司长于慈珂出席发布会并回答记者提问。

2016 年，我国著作权登记量快速增长，达 200.76 万件，同比增长 22.23%。全国共办理著作权质权登记 327 件，涉及主债务金额 33.76 亿元。在版权行政执法方面，国家版权局与国家网信办、工信部、公安部联合开展了“剑网 2016”专项行动，对网络文学、手机软件应用、电子商务平台、网络广告联盟、私人影院等领域侵权盗版新闻进行了集中整治，查处行政案件 514 起、罚款 467 万元，移送司法机关刑事处理 33 件、涉案金额 2 亿元。

于慈珂通报了自 2005 年以来“剑网行动”所取得的成果。12 年来，各级版权行政管理部门共查办互联网侵权盗版案件 5 578 起，依法关闭侵权盗版网站 3 079 个，没收服务器及相关设备 2 230 台，罚款人民币 2 052 万元，移送司法机关追究刑事责任案件 480 件。在开展“剑网行动”的同时，国家版权局自 2009 年起，不断加强对有影响的网络企业的重点监管工作。目前，各地版权行政管理部门实施重点监管的重点网站达到 3 029 家。通过这种重点监管，在很大程度上改变了视频网站版权混乱的局面。

在回答凤凰卫视记者提出的“怎么看热播电视剧《人民的名义》全剧未播完，完整版就在网上公开售卖现象”问题时，于慈珂表示，这种网络侵权盗版行为是违反《著作权法》的，应该予以制止和查处。国家版权局已将这部热播电视作品列入了

“2017年度第四批重点作品版权保护预警名单”，同时，要求各大网站采取措施及时下线处理侵权链接。国家版权局还将根据权利人投诉立案查办，并积极配合司法机关依法查处。

关于版权产业发展与版权生态环境改善有何关系，于慈珂表示，国家版权局委托中国新闻出版研究院所作的《2015年中国版权产业经济贡献调研报告》于4月24日正式发布。这一核心数据表明了中国版权产业在稳步发展，也进一步证明了中国版权保护环境进一步优化。只有版权保护环境好了、版权制度完善了，版权产业才能进一步发展。

于慈珂还透露，对于备受社会关注的《著作权法》修订进程问题，国家版权局正在配合国务院法制办进一步修改送审稿。目前，《著作权法》修订已经列入十二届全国人大常委会立法规划第一类项目，即条件比较成熟后，任期内拟请审议修订草案。

（资料来源：《中国新闻出版广电报》，作者：赖名芳）

【2017中国网络版权保护大会在京召开】 4月26日，时值第17个世界知识产权日，国家版权局在北京举办了“2017中国网络版权保护大会”。中宣部、国家网信办、工信部等相关部门负责人及来自中央新闻单位、版权产业界、学术界、法律实务界的代表，围绕“创新改变生活”主题进行了广泛研讨。国家新闻出版广电总局副局长、国家版权局专职副局长周慧琳出席大会并做主旨演讲。

周慧琳在演讲中指出，随着网络全面融入经济社会，版权的创作传播更加丰富、交易使用更加便捷、应用转化更加广泛，版权已经成为互联网产业发展的重要基础性资源。网络新闻、网络视频、网络音乐、网络游戏、网络文学用户数量一直居于互联网应用前列，优质IP越来越受企业的青睐，版权资源的价值更加凸显，展现出十分广阔的发展前景。要实现网络版权创新发展，必须立足党和国家工作大局，进一步把握新机遇、认清新形势、应对新挑战。

周慧琳强调，要推动网络版权相关产业持续健康发展，就必须始终坚持创新发展理念，努力在内容、传播、制度、管理各方面取得新的突破。一是坚持版权内容创新，大力生产人民群众喜闻乐见、内涵丰富健康向上的优秀作品，进一步完善作品登记、版权质押和转让合同备案制度，更好地激励保障内容创作。二是坚持版权传播创新，积极推动建立版权交易平台和版权价值评估体系，健全版权行业组织，积极探索适合互联网特点的授权机制。三是坚持版权制度创新，按照主动、全面调整的要求，积极推动《著作权法》第三次修订工作。四是坚持版权管理创新，继续把网络作为版权管理的主阵地、主战场，不断强化互联网思维，坚持政策引导和依法管理并举，坚持执法监管和服务发展并重，进一步发挥好网络版权执法监管的重要作用，切实维护网络版权安全。

国家网信办网络协调局副局长尤雪云、世界知识产权组织中国办事处主任陈宏兵做大会致辞。中国作协副主席、著名作家张抗抗，网易公司创始人兼CEO丁磊，搜狐公司董事局主席兼CEO张朝阳，腾讯主要创始人陈一丹，阿里巴巴文化娱乐集团董事长兼CEO俞永福分别做主题演讲。

会上，人民日报社、新华社、光明日报社、经济日报社、中国日报社、中央人民广播电台、中央电视台、中国国际广播电台、中国新闻社、中国搜索十家中央新闻单位发起成立“中国新闻媒体版权保护联盟”。国家新闻出版广电总局副局长、国家版权局专职副局长周慧琳，新华社副社长刘正荣，中华全国新闻工作者协会书记处书记张百新，中宣部出版局副局长冯士新及首批新闻媒体版权保护联盟成员单位负责人出席成立仪式，中国搜索总裁周锡生宣读《联盟宣言》。

国家版权局版权管理司司长于慈珂发布了国家版权局“2016年度打击侵权盗版十大案件”，中国信息通信研究院院长刘多发布了《2016年中国网络版权保护年度报告》。

（资料来源：国家版权局网站）

【浙江省第五届“知识产权杯”创意设计大赛颁奖】 2017年4月26日，浙江省第五届“知识产权杯”创意设计大赛颁奖典礼暨获奖作品展在浙江台州学院举行。

浙江省新闻出版广电局（版权局）副局长单烈在颁奖礼上表示，希望本次创意设计大赛的系列活动起到示范、引领、宣传的作用，在全社会营造尊重知识、尊重劳动、尊重创造的氛围，为推动“创业富民，创新强省”战略实施做出更大的贡献。

本次大赛的主题是“创新改变生活”，由浙江省新闻出版广电局（版权局）、台州市文化广电新闻出版局、台州学院联合主办，浙江省版权协会、台州学院艺术学院承办。截至4月10日，收到来自全省各地市高校共计561件作品。在参赛的作品中，有别具一格的命题设计，也有另辟蹊径的自由选题。经过专家多轮精心评选，最终产生一等奖2件、二等奖 6 件、三等奖 12 件、优秀奖 50 件、入围奖 58 件。浙江省版权局为本次大赛所有获奖作品免费进行作品自愿登记，并颁发作品自愿登记证书。

台州市副市长吴丽慧表示，“十三五”期间，台州也将一如既往地坚持实施创新驱动发展战略，加大包括著作权在内的知识产权的保护力度，紧紧围绕创新，谋划台州发展的新篇章。

（资料来源：《中国新闻出版广电报》，作者：黄琳）

【版权公益广告宣传片登陆河北各大电台和电视台】 2017 年 4 月，河北省版权局、省版权保护中心与石家庄市文广新局联合制作的版权公益广告宣传片《创作即有版权　版权创造财富》正式登陆河北电视台、河北电台、石家庄广播电视台等共计 25 个频道。这是河北省首次制作并联合各大媒体播出版权公益广告，也是河北省宣传版权价值提高大众版权保护意识的一次全新尝试，希望此举可以让更多的人来关注版权、了解版权、尊重版权。

（资料来源：河北省版权局）

【江苏省成立版权研究中心与版权培训基地】 2017 年 4 月，在南通举行的江苏省版权工作座谈会上，江苏省版权局向新成立的江苏省版权研究中心、江苏省版权培训基地正式授牌。

江苏省版权研究中心以南京理工大学知识产权学院为主体，旨在通过重大项目研究，为全省版权管理工作和版权产业发展提供理论支撑与决策咨询。中心将整合省内外优质版权研究资源，组建研究团队，明确研究方向，打造全国一流的版权高端智库。江苏省版权培训基地以苏州大学苏州知识产权研究院为主体，主要职能是根据全省版权工作总体要求，制订全省版权培训规划和年度计划，组织实施全省性和地方性版权从业人员专业技能培训。充分发挥苏州大学科研、人才和学科优势，聚集全省乃至全国资源，建立以版权专家、技术专家和企业家为主的江苏省版权培训专家库，打造一支高素质的师资队伍。

江苏省版权研究中心和江苏省版权培训基地都是江苏省版权贸易基地联盟成员单位，还将担负为江苏省版权贸易基地联盟建设和发展建言献策的任务。

（资料来源：中国知识产权资讯网，作者：刘仁）

【《2016 年中国网络文学版权保护白皮书》发布】 2017 年 4 月，艾瑞咨询发布了《2016 年中国网络文学版权保护白皮书（简版）》。从《白皮书》公布的网络文学用户的调研数据可以看出，2016 年国内网络文学用户的版权意识显著提升，更多的网络文学用户对正版和盗版网络文学的区分建立了初步的认知和了解。

2016 年以来，随着网络文学的版权环境得到明显改善，网络文学用户付费阅读的收入也实现了显著增长。作者方面，接近 30%的作者收入稳步上升，接近 60%的作者表示其收入变化呈现上升的发展态势，说明用户付费阅读收入的增长是较为普遍的现象。而一些人气作者的付费网络文学作品的用户订阅数的大幅度增长也从侧面印证了有更多的用户开始为优质的正版网络文学内容付费。企业方面，2016 年阅文集团旗下相关平台通过用户订阅等付费方式获得的净收入较 2015 年增长达一倍。随着国内网络文学版权环境的日趋改善，2017 年网络文学用户付费收入实现高速增长，形势乐观。

（资料来源：《中国新闻出版广电报》，作者：任晓宁）

【广西公布一批优秀版权登记作品】 2017 年 4 月，2017 广西优秀版权登记作品展播活动启动仪式在南宁举行。该活动旨在通过展示一批广西优秀的音乐、影视、文字、建筑、软件等类别的版权登记作品，向全社会普及版权知识，倡导社会大众增强保护版权的意识。

启动仪式上公布了一批优秀版权登记作品。这批作品中有《山歌牵出月亮来》《走月亮》《月亮》等具有鲜明的广西民族特色的音乐作品，也有取材于广西民间故事、全部由广西团队创作的动画片《大战人熊婆》，由广西电视台投拍的反映桂林抗战历史的电视连续剧《暗战危城》及展示广西风土人情的纪录片《秘境广西》等影视作品，还有著名作家东西创作的小说《篡改的命》等文字作品。

在展播活动启动仪式上还公布了一批建筑、民间工艺、工业设计、软件等类别的优秀版权登记作品：出自广西设计师之手的优秀建筑作品，中国织锦工艺大师谭湘光团队用壮锦元素设计的服装作品，坭兴陶技术代表传承人李人帡和陈梅的坭兴陶作品，东风柳州汽车有限公司自主研发设计的全新景逸 X5，以及金山软件公司、桂林力港网络科技公司、无锡永中软件公司、一铭软件公司等国产软件公司的软件产品。

（资料来源：《中国新闻出版广电报》，作者：孙海悦）

【2017 年第一期全国版权执法监管培训班暨全国版权执法监管工作座谈会召开】 2017 年 5 月 9

日至10日，2017年第一期全国版权执法监管培训班暨全国版权执法监管工作座谈会在上海召开。国家新闻出版广电总局副局长、国家版权局专职副局长周慧琳出席会议并讲话。周慧琳强调，各级版权执法部门要紧紧围绕党中央和国务院的决策部署，以习近平总书记系列重要讲话精神为根本遵循，牢固树立“四个意识”，深入贯彻落实全国打击侵权假冒工作电视电话会议和全国新闻出版广播影视工作会议精神，努力开创版权执法监管工作新局面，以优异成绩迎接党的十九大胜利召开。

周慧琳要求，要切实抓好当前版权执法监管工作重点。第一，抓好舆论阵地管理。要把迎接党的十九大作为重大政治任务，加强舆论阵地管理，完善版权监测监管，着力规范新闻作品网络传播秩序，为党的十九大营造良好的文化舆论环境。第二，抓好重大案件查办。要把重点案件查办情况作为衡量各地版权管理部门是否认真履行职责、是否扎实开展工作的主要标准。要突出重点，集中力量抓大案、抓关键，充分发挥行政执法优势，把有限的力量和行政资源集中到大案要案的查处和重点产业的专项治理上来。第三，抓好执法专项检查。要高度重视全国人大常委会开展的著作权法执法专项检查工作，大力推进行政执法规范化，提升执法效能。第四，抓好正版化成果巩固。要推广《正版软件管理工作指南》，完善软件正版化长效机制，加大正版化督查力度，发挥第三方专业机构和技术手段优势，推进政府机关软件正版化督促检查全覆盖。第五，抓好宣传扩大影响。要整合宣传资源，推动宣传常态化、形式多样化，进一步丰富拓展宣传手段，善于利用新媒体创新宣传，提升版权执法监管的传播力、影响力。

周慧琳指出，版权执法监管工作要认真扎实落实中央的各项新要求，推动版权执法监管工作不断取得新成效。一要突出严格保护。要把执法监管工作作为版权工作的首要任务来抓，把严格保护作为当前版权执法监管工作的主基调和基本导向，充分发挥版权保护激发创新创造的独特作用。二要创新监管模式。要加强调查研究，及时解决新技术条件下版权执法监管出现的新问题。要加快国家版权监管平台建设，利用技术手段提高版权行政执法的主动性、针对性和有效性。要积极探索以信用监管为核心的新型监管制度，发挥信用监管、联合惩戒作用。三要推进社会共治。要加强区域执法协作，加强与公安、网信、通信等相关部门的沟通配合，加强与权利人组织的合作，推动企业切实履行主体责任，形成政府监管、企业自管、行业自律与公众监督相结合的管理格局。

来自全国31个省（自治区、直辖市）版权局、4个直辖市文化市场执法总队及部分重点地市版权执法部门的相关负责同志等200余人参加了培训班。

会后，周慧琳到上海东方明珠新媒体股份有限公司调研版权保护工作。

（资料来源：国家版权局网站）

【国家新闻出版广电总局“图书版权输出奖励计划”二期项目名单公布】 2017年5月9日至16日，国家新闻出版广电总局“图书版权输出奖励计划”二期奖励项目名单通过《中国新闻出版广电报》进行公示。继一期项目对112种重点图书和370种一般图书进行了765.2万元的奖励后，二期又拿出547.55万元，奖励重点图书99种、一般图书597种。

二期项目于2016年9月开始启动。获奖名单由18位专家从初审的102家单位上报的815种图书中精选而来。通过分析获奖励图书海外翻译出版语种发现，696种奖励图书海外翻译出版语种有23种。其中，英文版图书266种、越南文版图书164种、韩文版图书130种、法文版图书26种、泰文版图书23种、日文版图书18种、俄文版图书18种，另有其他语种图书51种。近两年在巩固保持对英文、韩文、日文等文种版权输出规模的同时，面向“一带一路”沿线国家的多语种、小语种图书翻译出版数量逐步增加，中国出版机构与沿线国家出版机构合作不断加深。特别是越南对中国当代优秀文艺作品和优秀原创网络文学作品需求大，翻译出版越南文的中国图书不仅数量逐年扩大，翻译质量也在稳步提升。

（资料来源：《中国新闻出版广电报》，作者：刘蓓蓓）

【河南公布首批版权示范单位、园区（基地）名单】 2017年6月8日，河南省版权局公布了首批版权示范单位、示范园区（基地）名单。

8家入选河南省首批版权示范单位、示范园区（基地）的单位包括河南日报报业集团、河南广播电视台、大象出版社有限公司、河南大学出版社有限责任公司、河南科学技术出版社有限公司、河南天星教育传媒股份有限公司、河南天一文化传播有限公司和国家知识产权创意产业试点园区。据了解，依据《河南省版权示范城市、示范单位和示范园区（基地）创建和管理办法》规定，河南省版权局开展了首批评选认定工作。经严格评审，确定 8 家示范单位、示范园区（基地）名单。

河南省版权局相关负责人表示，希望通过版权示范单位、示范园区（基地）评选活动，提升版权创作、运用、保护、管理和服务能力，培养诚信守法、依法经营、注重版权产业发展的意识，建立版权保护工作机制，全面推进版权产业健康有序发展。

（来源：《中国新闻出版广电报》，作者：韩为卿）

【首届中国报业版权大会在京举行】 2017 年 6 月 9 日，首届中国报业版权大会在京召开，人民日报社副社长、中国报业协会理事长张建星出席会议并致辞。

本次大会由中国报业协会主办，大会汇聚了全国超过 100 家报社的社长、总编代表，新媒体、自媒体平台代表，学术、法律界代表，版权服务机构代表，旨在探讨中国传统媒体版权的运营现状、遇到的问题以及未来的发展趋势。在本次大会上成立了中国报业协会版权工作委员会筹备组，举行了“中国报业版权服务中心”正式授牌仪式。

大会评选颁发了“2016—2017 中国报业版权工作先进个人”“2016—2017 中国报业最具原创力媒体”“2016—2017 中国报业版权工作先进单位”3 个奖项，以表彰中国青年报社、经济日报社、重庆日报报业集团等多家单位及媒体。通过了《中国报业版权自律宣言》。

张建星指出，党的十八大以来，以习近平同志为核心的党中央把加强网络治理和知识产权保护提到了前所未有的高度。针对当前报业媒体在版权方面遇到的“原创内容供不应求”“免费互转已成习惯”“网络侵权铺天盖地”等问题，中国报业协会希望通过此次大会，团结各报社成员单位，提升版权意识，增强报业的版权保护、管理、运营能力，并引导更多媒体机构投入版权保护的队伍，共同促进我国报业行业健康发展。

（资料来源：《中国青年报》，作者：高木）

【云南省政府机关软件正版化工作培训班在普洱市举行】 2017 年 6 月 12 日至 14 日，2017 年云南省州（市）县（区）级政府机关软件正版化工作培训班在普洱市举行。

普洱市政府副市长童书玮出席开班仪式并致辞，云南省新闻出版广电局相关领导出席开班仪式。

童书玮指出，云南省新闻出版广电局为普洱市搭建了资源共建共享、成果转移转化、人才培养引进的良好平台，希望今后继续加强与云南省新闻出版广电局及各位学员所在单位的工作联系与合作交流，在服务普洱软件正版化人才培养方面发挥更大作用，通过这次培训，进一步加强对使用正版化软件重要性的认识，使学员们真正能够学有所获。

本次培训的内容主要是软件正版化相关法律法规，如何做好正版软件的政府采购工作，从审计监督的视角如何看待并做好软件正版化推进工作，对推进民营企业软件正版化工作的思考和技术应用指导等。

（资料来源：《普洱日报》，作者：张诗韵）

【成都高新法院巡回法庭进校园审判新媒体著作权案件】 2017 年 6 月 19 日，为帮助广大青年学生和创作者树立科学、文明的作品保护和维权观念，提升维护自身合法权益的能力，践行“法律七进”，成都高新技术产业开发区人民法院将法庭搬进四川文化产业职业学院，上百名师生旁听了一起新媒体著作权争议案的庭审。

审判过程中，经过当事人充分的举证质证，事实得到进一步厘清，三轮的法庭辩论让规则的适用得到充分辨析。给师生们留下深刻印象的还有法官的控场能力和对争议焦点的归纳、对相关法条的解释。

为落实“谁执法谁普法”的普法责任制，加大司法公开力度，加强与各高校法学院的合作，成都高新技术产业开发区人民法院持续开展庭审走进校园活动，按照便利当事人的原则，就近选择相应高校法学院公开开庭审理。

（资料来源：四川新闻网，作者：张薇　缪琦　刘佩佩，原标题为：《聚焦新媒体著作权争议　成都高新法院巡回法庭进校园》）

【2017 年第一期全国作品登记工作培训班在苏州举办】 2017 年 7 月 3 日至 5 日，全国作品登记工作培训班在苏州举办。国家版权局相关负责人介绍，在“十二五”期间，全国作品登记量实现突破性增长，作品登记总量为 433.43 万件，比“十一五”时期同比增长 95.85%。2016 年，作品登记总量近 160 万件，实现了“十三五”时期该项工作的良好开局。随着国家版权局出台一系列规范性文件，全国作品登记工作正在走向规范化、标准化、信息化。

国家新闻出版广电总局（国家版权局）版权管理司副司长汤兆志在培训班上介绍说，作品登记工作开展20多年来，作品登记制度从无人知晓到广为人知，从影响甚微到作用凸显，走过了艰难曲折的发展历程。为保障作品登记工作与时俱进不断适应新形势新变化新要求，提高全国作品登记工作规范化、标准化、信息化水平，国家版权局多年来不断总结作品登记实践经验和问题，采取了多项有力措施，为全国各地开展作品登记工作提供了指导和保障。

自1995年《作品自愿登记试行办法》发布实施后，除西藏自治区外，共有30个省级版权局及中国版权保护中心开展了作品登记工作，全国已有24个省（自治区、直辖市）实行免费登记。北京、上海、江苏、山东、四川等省市已将作品登记工作纳入地方公共文化服务内容，并由地方政府提供专项财政资金支持。值得注意的是，西藏自治区已将开展作品登记工作纳入"十三五"时期版权建设的重点任务之一，由此，我国作品登记工作将实现全国31个省（区、市）全覆盖。

培训班由中国版权保护中心承办，江苏省版权局、苏州市知识产权局（版权局）和苏州大学知识产权学院协办。江苏省版权局副局长于国民，苏州市知识产权局（版权局）局长张彪出席培训班开幕式。国家新闻出版广电总局（国家版权局）版权管理司社会服务处负责人在培训会上介绍了作品登记工作的状况和实务问题，江苏省版权局、上海市版权局代表在会上交流了作品登记工作经验。培训班期间还举办了全国作品登记工作座谈会，各地汇报了2017年上半年作品登记工作情况，交流讨论了作品登记工作中遇到的实践问题。全国31个省（自治区、直辖市）版权局、全国各地负责作品登记工作的主要负责人，以及来自江苏省、地（市）、县版权行政机构的主要负责人共200余位代表参加了培训。

（资料来源：国家版权局网站，作者：赖名芳）

【陕西省版权局在西北大学举办版权知识讲座及版权登记活动】 2017年7月，陕西省版权局"版权知识讲座及版权登记活动"在西北大学博物馆举办。陕西省版权局专职副局长沙庆超为西北大学师生做了题为《版权制度沿革及主要内容》的专题讲座。西北大学副校长陈超出席讲座并致辞。学校相关单位负责人和师生代表听取了讲座。

沙庆超一行参观了艺术学院毕业设计优秀作品展。并为广大师生进行了讲课，介绍了版权制度的发展沿革，并结合实例讲解了版权制度的主要内容，使在场师生对版权保护有了深入了解。陈超副校长在致辞中对省版权局将版权登记服务延伸到一线表示感谢，并表示西北大学将与省版权局合作，切实推动知识产权保护的具体工作。

陕西省版权局版权处工作人员还为到场的50余位师生进行了版权登记，并在现场颁发了作品登记证书。

（资料来源：陕西省版权局网站）

【网络文学界发布《中国"网络文学+"大会北京倡议》抵制侵权盗版】 2017年8月13日，中国"网络文学+"大会发布会在北京亦创国际会展中心举办。大会发布《中国"网络文学+"大会北京倡议》，旨在倡议坚持以人民为中心的创作导向，自觉抵制侵权盗版行为，建设网络文学行业有序发展生态环境。

会上，掌阅科技创始人张凌云宣读《中国"网络文学+"大会北京倡议》，中版集团数字传媒有限公司总经理赖雪梅、中文在线常务副总裁谢广才、百度阅读总经理杨宁、晋江文学城副总裁刘旭东、磨铁文学常务副总经理唐平、爱奇艺文学总编辑杨勇、纵横文学svp许斌、阿里文学总编辑周运、红袖添香主编梁茵等16家企业代表和王凌英、董哲、贺涛、梦入洪荒4位作家代表上台签字，共同发起倡议。

《中国"网络文学+"大会北京倡议》提出：坚持以人民为中心的创作导向；坚持百花齐放、百家争鸣方针；坚持自觉遵守国家法规和社会公德，尊重公序良俗，做到有底线、有操守、有良知，自觉抵制侵权盗版行为，建设网络文学行业有序发展生态环境，坚决反对抄袭模仿和机械化生产；坚持把好网络文学质量关，积极探索长效机制，抓好创作生产优秀作品中心环节，努力打造更多思想性、艺术性和可读性有机统一的精品力作，构筑民族性、世界性和时代性有机统一的网络文学高峰，始终把社会效益放在首位，力争实现双效统一，坚决反对片面追求经济效益；坚持合作共赢融合发展，推动网络文学与影视、动漫和游戏等产业的融合发展；建设德艺双馨的作者队伍。

大会期间，参会企业围绕优质网络文学IP进行广泛交流、洽谈和交易。其中，《爱上加菲猫》《同程似锦》《九鼎记》《法医狂妃》《诸天纪》等8部作品在12日由凤凰互娱承办的IP交易大会上脱颖而出，顺利与竞拍企业就作品的IP转化达成合作意向。发布会宣告这些优质的网络文学作品正式启动多样化开发，即将由出版物走向荧幕。大会现场还宣布《盛唐烟云》《追逐太阳的男人》《第三重人格》等17部作品入选北京市新闻出版广电局2017年向读者推荐的优秀网络文学原创作品。同时，掌阅科技、中文在线、点众科技、凤凰互娱、铁血网5家网络文学企业现场宣布启动大运河文化带网络文学作品征集活动，号召广大网络作家围绕大运河文化题材积极策划选题，创作优秀作品。北京亦庄数字科技创意园也在此次大会上正式揭牌。北京亦庄数字科技创意园将采取市、区两级共建的方式，积极推动科技文化融合度高的数字技术研发、高端装备制造等产业环节落地，为全国科技创新中心和全国文化中心建设培育新业态、打造新动能、做出新贡献。

（资料来源：中国知识产权资讯网，作者：窦新颖）

【维权骑士发布自媒体行业版权报告】 2017年8月，内容服务机构维权骑士发布了自媒体行业6月至7月版权报告，这是2017年维权骑士发布的第三份自媒体行业版权报告。维权骑士CEO陈敛表示，这期版权报告分为版权监测、平台治理、行业观察三大模块，内容涵盖微信公众号、头条号、大鱼号等主流平台。

报告显示，在版权监测方面，微信、知乎、简书的原创内容最受非法转载者青睐，微信公众号依旧是自媒体侵权重灾区，大鱼号侵权投诉处理服务最好，热门文章集中在情感、军事和娱乐领域等。在平台治理方面，自媒体平台越来越重视版权保护。除了履行“通知—删除”义务，平台还主动创立版权保护措施，并完善法定版权保护措施。同时，各大平台相继推出原创保护措施，以侵权监测、转载保护、存证维权三大主动保护措施为核心，采用多种方式激励用户原创。此外，各平台版权保护措施覆盖面有一定差异，头条号版权保护完备度最高。在行业观察方面，报告主要从“洗稿”是否构成抄袭，以及法院对自媒体侵权的判决两个方面进行了解读。其中在法院判决方面，文字作品侵权数量逐年增长，仅次于摄影作品和电影作品，占总量的近1/8；文化产业发达地区更重视文字作品版权保护。报告认为，目前我国自媒体版权保护依然任重道远，解决版权危机之策，在于各部门通力合作，需要自媒体人、平台、法律人、版权机构的共同合作。

（资料来源：《中国知识产权报》，作者：侯伟）

【江苏省优秀版权作品认定结果揭晓】 2017年9月5日，江苏省新闻出版广电局（版权局）、省经信委联合发文，对2017年江苏省优秀版权作品认定结果进行通报。《大美昆曲》《苏州史纪》《小镇》《天人椅》《瀚远科技世界文化遗产监测预警管理信息平台软件V5.0》等74件作品入选。

2017年江苏省优秀版权作品申报认定工作自3月份启动，作品来源于2016年在江苏省版权保护中心登记的一般作品和在中国版权保护中心登记的软件作品，总数近19万件。经过各地推荐、专家组评审、组委会会议确定及公示等一系列程序，最终按文字类、影视类、美术摄影类、舞台艺术类和软件类认定了74件作品为江苏省优秀版权作品，组委会定于9月15日江苏（南京）版权贸易博览会开幕式上举行颁奖仪式。

（资料来源：江苏省版权局）

【第二届中国龙山黑陶版权作品展开幕】 2017年9月20日，第二届中国龙山黑陶版权作品展在济南市美术馆开幕。山东省版权局副局长谢宁参观展览。作品展共展出9位艺术家新创作的黑陶版权作品100余件套，以艺术陈列品为主，集中展示了龙山黑陶艺术家在传承龙山黑陶艺术和创新上的最新创作成果。

主办方表示，龙山黑陶产业基地是“全国版权示范园区”。多年来，在各级领导和版权部门的关心支持下，正带领黑陶人团结进取、努力奋斗和辛勤耕耘着。我们相信，龙山黑陶的艺术家们将在融汇传统文化精髓的基础上，不断探索研究，一定可以创作出一批又一批无愧于时代的优秀作品。

此次展览由山东省版权局、济南市文化广电新闻出版局、中共济南市章丘区委宣传部主办，济南市美术馆（济南画院）、章丘区文化广电新闻出版局、中共济南市章丘区龙山街道党工委与街道办事处和济南市龙山黑陶产业协会承办。

（资料来源：中国知识产权资讯网，作者：侯伟）

【江苏举办2017年度“正版正货”承诺推进计划项目】 2017年9月，为提高全省“正版正货”承诺推进计划项目实施水平，江苏省知识产权局在南京举办2017年度“正版正货”承诺推进计划项目暨国家知识产权保护规范化市场培训班。江苏省知识产权局副巡视员黄志臻出席开班仪式并讲话。

黄志臻指出，“正版正货”承诺推进计划项目是建立知识产权保护长效机制的重要举措，是营造良好营商环境的重要抓手，项目承担单位应该准确把握“正版正货”四项承诺的基本内涵，成立知识产权管理机构，建立健全知识产权管理制度，加强知识产权管理，严防知识产权侵权、假冒商品进入市场。

本次培训班邀请了国家知识产权局、江苏省工商局、南京师范大学法学院的资深专家授课，培训课程包括知识产权基本知识及相关法律法规、商标的管理和保护、国家知识产权保护规范化市场培育工作介绍及“正版正货”承诺推进计划项目工作内容及要求等内容。

来自全省“正版正货”承诺推进计划项目承担单位、国家知识产权保护规范化培育市场，以及全省知识产权局系统相关工作人员共70余人参加了本次培训。

（资料来源：江苏知识产权局网站，作者：杨晶）

【2017年版权相关热点问题媒体研修班（第二期）举行】 2017年10月12日至14日，由国家版权局主办，中国新闻出版广电报社承办的2017年版权相关热点问题媒体研修班（第二期）在北京怀柔举办。来自版权行政管理部门、电视台、报社的相关负责人以及基层法院知识产权庭的法官、法学院教授等多位专家，对30余家传统媒体和网络媒体共50余名记者、编辑以及法务人员进行培训。

本次研修班以“2017‘剑网’专项行动与新闻作品版权保护”为主题，邀请了国家版权局版权管理司司长于慈珂，北京市朝阳区人民法院知识产权庭庭长林子英，中央电视台版权和法律事务室主任郑直，北京外国语大学法学院教授、博士生导师丛立先和重庆日报报业集团新闻办主任崔健等专家、学者，分别从行政管理的角度、行业发展的角度、司法审判的角度以及法律研究的角度，为来自中央电视台、中央人民广播电台、《光明日报》、《法制日报》、人民网、中国网、中国经济网等30余家传统媒体和网络媒体共计50余名记者、编辑和法务人员进行了授课。

（资料来源：《中国新闻出版广电报》，作者：邹韧）

【陕西省首次进行版权经纪人培训】 2017年10月19—20日，由陕西省版权协会主办，西部国家版权交易中心、西安电视剧版权交易中心共同承办的“首届陕西省版权经纪人培训班”在西安举行，这是陕西省首次举办相关内容的培训班。其间，来自陕西省政府机关、企事业单位、高校、媒体、图书出版界等近百名学者、相关工作人员共论版权保护话题。

近年来，陕西新闻出版、广播影视、文化娱乐、信息网络等版权相关产业发展迅猛，然而，版权行业专业人才缺口始终较大。在这样的背景下，陕西省开办了首届“陕西省版权经纪人培训班”。

马治国、李永强、张洪波、吴为等业界专家学者，先后结合实例，对陕西省版权相关工作者详解了产权保护前景、意义及具体实施办法等问题。专家们同时对文化创意产品的著作权保护、区块链技术与数字版权保护、人工智能领域与3D打印领域的著作权、“一带一路”背景下版权贸易与中外文化交流等问题进行了深入讲解，并传授了有关版权转化、文创开发、市场推广等方面的相关经验。

（资料来源：《西安晚报》，作者：孙欢）

【福建省版权局举办全省广播电视播出机构版权工作培训班】 2017年10月30日，福建省版权局在福州举办了全省广播电视播出机构版权工作培训班。来自福建省、市、县三级广播电台、电视台及市文化广电新闻出版局等共100多人参加了培训班。

培训班上，福建省版权协会向参训人员讲解了《著作权法》等法律法规知识，介绍了全省广播电视机构版权保护的调研情况，通过形象生动的案例向大家说明版权保护对产业发展的重要作用，为各级广播电视机构版权保护、版权创造提供了很好的建议。

通过本次培训，大家充分认识到作为传统媒体和播出机构，不断提高自身版权保护意识，加强核心版权内容创作，增强核心竞争力的重要性。

（资料来源：福建省版权局版权管理处）

【天津武清区政府软件正版化培训会举行】 2017年10月，天津武清区2017年政府软件正版化培训工作会在武清区行政中心会议楼召开。天津市版权局版权处相关负责同志、金山软件公司工程师出席培训会，武清区直各委办局、各镇街软件正版化工作负责人参加。

此次培训会旨在进一步完善武清区政府各部门各机关软件正版化工作长效机制建设，实现软件正版工作规范化、制度化、常态化。会议传达国务院和国家版权局有关文件精神，详细解读软件正版化长效机制建设中需要注意的问题，就国产软件进行系统介绍。会后，武清区直各委办局、各镇街递交了《使用正版软件承诺书》。

天津市版权局相关负责同志对全区软件正版化工作表示肯定，并提出具体要求。各部门要提高认识，高度重视软件正版化工作，做好相应的工作方案、管理办法；要各尽其职、各负其责，充分发挥作用推动全区软件正版化工作长效机制建设；要强化检查，加强督导和培训，以检查促工作、查问题，推进全区软件正版化工作向常态化、制度化迈进；要将软件正版化工作与信息化工作相结合，统筹推动全区软件正版化工作开展。

（资料来源：《天津日报》，作者：郝梁　王睿堃）

【北京市版权局召开北京市版权保护示范单位评选工作总结表彰会】　2017年10月，北京市版权局召开总结会，对获得“北京市版权保护示范单位”称号的单位进行了表彰。

为进一步优化产业结构、培育优势企业，加快自主创新和技术进步，同时拓宽正版产品销售渠道，引导市民自觉购买正版、使用正版，提高版权保护意识，挤压盗版产品空间，北京局于2016年和2017年在全市印制行业和发行行业继续开展了“北京市版权保护示范单位”的评选工作。在各区文委及相关单位的大力支持下，经企业申报、文委初审、版权局复审、网站公示等环节，来自11个区的26家书店和25家印刷厂共51家单位获得“北京市版权保护示范单位”荣誉称号。

（资料来源：北京市版权局）

【江西版权知识宣讲走进景德镇陶瓷大学】　2017年11月6日，由江西省新闻出版广电局（版权局）、团省委联合举办的“全省高校版权知识巡回宣讲”活动在景德镇陶瓷大学学生活动中心举行，来自校青年志愿者指导中心、社团联合会、学生社团及各学院的800余名老师、学生参加宣讲活动。

在宣讲活动现场，举行了“版权服务工作站”授牌仪式。景德镇陶瓷大学“版权服务工作站”成立的目的是为全校师生提供版权登记、业务培训、纠纷调解、维权服务等专业化版权服务。在活动现场，还宣读了首批40名版权服务志愿者名单，并为学生权利人代表颁发了作品登记证书。

（资料来源：江西省版权局）

【江苏版权行政执法工作培训班开班】　2017年11月15日至17日，江苏省版权局在扬州举办了2017年全省版权行政执法工作培训班。培训班邀请了国家版权局、上海市文化市场执法总队、南京理工大学的代表以及省内一线版权执法专家对“剑网行动”总体情况、著作权法知识、网络版权执法实务内容等进行授课辅导。来自江苏全省各地基层版权行政管理、版权行政执法及公安办案人员共150余人参加了此次培训。

“剑网2017”专项行动开展以来，江苏省版权局加强与网信、公安、通信管理等部门合作，通过提供办案补贴、案件督办、举办培训、宣传典型案例等方式激励各地版权执法部门查办大案要案，取得了良好的效果，目前已有多起大案进入侦办或审理阶段。11月2日，国家版权局通报了16起各地查处的网络侵权盗版案件，江苏查处的案件占4起，获得国家版权局表扬。

（资料来源：《中国知识产权报》，作者：万进萍）

【国家版权监管平台（二期）项目应用专题培训在济南举行】　2017年11月16日，为介绍国家版权监管平台二期工程相关功能，推进平台应用，提高版权工作信息化水平，国家版权局在山东省济南市举办国家版权监管平台（二期）项目应用专题培训班，来自全国各省、自治区、直辖市版权局及北京、天津、上海、重庆市文化市场行政执法总队和中国版权保护中心的80余名代表参加培训。

国家版权监管平台是国家版权局开发建设的利用技术手段提升各项版权重点工作效能的综合性工作平台，一期工程于2010年建成并投入使用，二期工程目前即将完成建设。在国家版权监管平台（二期）项目应用专题培训开班式上，国家版权局版权管理司司长于慈珂指出，各级版权行政管理部门要认真学习贯彻党的十九大精神，深入思考研判新时代版权工作的总体形势，坚定信心，直面困难，真抓实干，再创佳绩。要准确把握新时代版权工作基本要求，强化版权创造、保护、运用，明确建设版权强国“一个中心”，构建版权严格保护和版权产业发展“两个格局”，坚持版权工作专业化、社会化和国际化“三个特点”，完善版权法律制度体系、行政管理体系、社会服务体系和涉外工作体系“四个体系”，做到立法与执法并重、监管与服务并重、网下与网上并重、国内与国际并重、保护与发展并重“五个并重”。要通过建设应用国家版权监管平台，大力推动新时代版权工作创新发展。国家版权监管平台既是提高版权工作效能的需要，也是加强版权执法监管的需要，还是提升版权服务水平的需要。各级版权行政管理部门一定要高度重视，学好平台相关知识，切实用好平台，促进版权工作更好地开展。

本次培训由国家新闻出版广电总局信息中心负责承办。信息中心副主任刘成勇主持培训，山东省新闻出版广电局副局长谢宁出席开班式。国家版权局版权管理司有关负责同志分别就平台的建设与维护、执法监管、软件正版化、著作权登记等工作进行了详细讲解，并提出工作要求。培训班还同时分别举办了国家版权监管平台建设应用座谈会及平台功能应用上机实操培训。

（资料来源：国家版权局网站，作者：叶婷婷）

【湖北举办作品版权登记培训班】 2017年11月24日，湖北省版权保护中心在宜昌市举办作品版权登记培训班。来自宜昌市各级版权管理部门、版权产业单位、知识产权服务机构和文艺家协会的70余人参加培训。

培训班上，湖北省版权保护中心工作人员详细讲解了湖北省著作权登记系统的功能设置，以及通过系统办理登记的具体流程、操作要点和注意事项。中南财经政法大学知识产权研究中心研究员代高洁解读了党的十九大报告提出的“加快建设创新型国家”对我国版权产业发展的重要影响，介绍了国内外著作权立法的最新动态、著作权登记制度的发展历程和重要意义。培训班还结合大量生动案例，分析著作权登记证书在版权维权中的重要作用，同时对企业提高版权法律意识、加强版权登记保护进行了具体指导，分享了交易中心首创并践行的“1＋5版权产业供应链”模式。

培训结束后，学员们表示收获颇丰。来自宜昌市的编剧杜鸿说，基层创作者和文化企业要用好登记系统平台，为自己的创作成果做好版权登记保护。

（资料来源：《中国新闻出版广电报》，作者：汤广花）

【陕西“文博创意与版权利用培训班”开班】 2017年11月28日，由陕西省文物局主办，陕西省博物馆协会文化产业专业委员会承办，西安碑林博物馆、陕西华夏文化创意有限责任公司协办的“文博创意与版权利用培训班”在西安开班。全省文博系统主管文化创意产业的单位和部门负责人及业务骨干共100余名学员参加培训。陕西省文物局副局长贾强，省文物局博物馆与社会文物处处长蔡理华，省博物馆协会文化产业专业委员会主任王明升，以及来自中国政法大学、中国文物交流中心的专家学者参加了开班仪式。

本次培训以“文博创意与版权保护”为主题，搭建文博版权利用的学术平台，以此引发业界对文博版权的关注和探究。据了解，陕西有着丰富的文物资源，全省共有不可移动文物49 058处，博物馆278座，国有可移动文物收藏单位522家，文物数量高达3 009 455套7 748 750件，居全国第二。近年来，陕西高度重视文化文物单位的文创产品开发工作，根据相关要求，确定了陕西历史博物馆等10家单位为国家和省级文化创意产品开发试点单位。目前，陕西的文博创意产业工作取得了较大进展，如陕西历史博物馆的“唐妞”系列、秦始皇帝陵博物院的“秦亲宝贝”系列、西安碑林博物馆的开成石经拓片印品、汉阳陵博物馆的汉茶等，得到了社会的广泛认可。但随着智能化、数字化技术在文博领域的不断应用，文博单位在发展文化创意产业过程中，对藏品物权与版权的概念还不够清晰，缺乏版权保护和维权意识，对著作权、图像权、商标权的权责界定、保护管理的能力还有待提高。培训班邀请了文化创意、版权授权、设计服务、知识产权等方面的专家学者授课，采取主题讲座、案例分析、讨论交流、现场咨询等形式，深入解析文博版权保护与版权授权相关问题，交流文化创意产业的发展思路和经验方法。

贾强在致辞中表示，文化创意产业是朝阳行业，知识产权是文化创意产业的核心内容和重要竞争力，文博版权的保护和利用将成为今后文创产业发展的重要命题。希望各位学员将本次培训中学到的知识运用到工作中，努力推进文博版权保护利用的探索实践，深入挖掘陕西的文物资源价值和内涵元素，促使陕西博物馆文化创意产业研发形成更为良性的市场氛围和运作模式，真正做到“让文物活起来”。

（资料来源：《陕西日报》，作者：王瑛）

【“全省高校版权知识巡回宣讲”活动走进江西服装学院】 2017年11月28日下午，由省新闻出版广电局（版权局）、团省委联合举办的“全省高校版权知识巡回宣讲”第六场活动在江西服装学院举行，来自学院的服装设计学院、服装工程学院、艺术设计学院、时尚传媒学院等500余名老师、学生参加宣讲活动。

江西服装学院是经国家教育部批准设立的全日制普通本科高校，是江西省应用型特色本科重点建设高校。经过20多年的发展，已经从一个规模很小、专业单一的师徒学校，发展成为全国服装教育界办学规模最大，开设专业种类齐全，集艺术、服装、文理为一体的服装高等院校。学院的毕业生数以万计，活跃在各大服装企业，成为生产能手和企业管理骨干。

学院具有重视创新和知识产权保护的优良传

统，对取得发明专利、著作权登记证书的师生予以奖励。该校学生在“浩沙杯”中国泳装设计大赛、“中华杯”全国男装设计总决赛、“名瑞杯”中国婚纱设计大赛、“乔丹杯”中国运动装备设计大赛、中国职业模特大赛、中国模特之星大赛、“虎门杯”国际青年服装设计大赛、世界最佳模特大赛等赛事中屡获金、银、铜奖。学院每年举行一届服装设计大赛“润华奖”，赛事声势浩大，每届参与者众多，涌现大量优秀作品。迄今已获授权专利146件，其中实用新型专利62件，外观专利83件，发明专利1件；正在公示的发明专利10件，软件著作权登记24件。

服装不仅仅是人们遮体避寒的生活必需品，也是一种艺术、价值理念的表达形式。无论是前期的服装效果图、服装结构图，还是最终直观地展现的服装，无不体现着人类对于美的追求和自我价值观念的表达。这些作为服装设计师的智力成果应当得到知识产权相关法律的保护。这次版权知识巡讲活动得到了江西服装学院的大力支持和热忱参与，大学生积极申请加入志愿者，踊跃进行作品登记，短短几天就上传800多件作品。

省版权保护中心工作人员，结合江西服装学院的专业特点和师生关注的热点问题，为现场大学生上了一堂精彩的版权知识公开课，受到了热烈欢迎。

在宣讲活动现场，举行了“版权服务工作站”授牌仪式。江西服装学院“版权服务工作站”成立的目的，旨在为全校师生提供版权登记、业务培训、纠纷调解、维权服务等专业化版权服务。

在活动现场，还举行了为“版权服务志愿者”、学生权利人代表颁发证书仪式。

（资料来源：江西省版权保护中心，作者：万静）

【宁夏回族自治区科学技术协会举办软件正版化培训班】 2017年11月，宁夏回族自治区科学技术协会举办了全区科协系统信息员培训班，来自全区各学会、宁夏科协机关、直属事业单位及市、县（区）科协的近百名信息员参加了此次培训。

宁夏科协高度重视软件正版化工作，并将其作为全区科协系统信息员培训班重要培训内容，邀请宁夏大学网络与信息管理中心副主任王恒博士全面翔实地介绍了当前国际国内软件版权保护的背景，网络安全形势的严峻性和盗版软件对网络安全的危害性，并就提升软件正版化意识、网络安全意识、保护知识产权意识及其工作能力进行了精彩的讲解。授课老师紧扣主题、切中要点又不乏精彩生动的讲授，深受参训人员好评。

2017年，按照自治区软件正版化领导小组的指示，宁夏科协迅速行动，成立了以科协党组书记、主席李晓波为组长，科协机关各部室、各直属事业单位主要负责人为成员的宁夏科协正版化工作领导小组，积极与自治区正版化工作领导小组对接，全面推进科协操作系统、办公软件和杀毒软件的正版化工作。宁夏科协信息中心积极行使宁夏科协正版化工作领导小组办公室职责，多次召开宁夏科协软件正版化工作领导小组成员单位会议，督促各成员单位开展自查、购置正版软件，同时对科协机关和直属事业单位正版软件推广使用情况进行了检查，由正版化领导小组牵头以督查和通报相结合的方式，确保科协机关和直属事业单位操作系统、办公软件和杀毒软件正版化率达到100%。为进一步增强科协工作人员使用正版软件的意识，宁夏科协还结合“宁夏微科普”微信平台、宁夏科协时政网大力宣传正版化工作，全力、有序地推进科协软件正版化工作。

（资料来源：宁夏回族自治区版权局）

【辽宁省新闻出版广电局举办2017年全省版权执法业务培训班】 2017年11月，辽宁省新闻出版广电局举办2017年全省版权执法业务培训班。培训内容包括：2017年国家和辽宁省版权执法监管工作重点、任务目标；《著作权法》等有关版权保护的法律法规；互联网发展现状及运营中的版权问题；版权行政执法与刑事司法衔接相关问题；网络版权执法案例评析与典型案例经验交流等。

全省各市文化市场综合执法人员，沈阳、大连市公安局等相关单位工作人员，省内三大电信运营商以及部分大型网站经营者代表共130余人参会培训。

（资料来源：国家新闻出版广电总局网站）

【山东半岛蓝色经济区版权联盟第四届年会在威海召开】 2017年12月15日，青岛、东营、潍坊、日照、滨州等半岛蓝色经济区版权联盟成员单位共聚威海，召开联盟第四届年会。

本届年会以贯彻落实《国家知识产权战略纲要》为指导，以“版权保护与版权示范城市创建”为主题，会议围绕如何开展“剑网行动”，打击网络侵权盗版，如何为创新驱动战略营造良好文化市场氛围，推进版权示范城市创建，如何建立侵犯著作权案件

"两法衔接"有效机制和联盟内部协调机制等问题进行了深入细致的讨论。会上，威海市文化市场综合执法局介绍了一起被全国"扫黄打非"工作小组、国家版权局、公安部、最高人民法院和最高人民检察院五部门挂牌督办的网络侵犯著作权特大案件，引起联盟成员单位的热议，一致认为应该加强横向联通机制，实现案件、信息甚至培训的共享。

各联盟城市代表一致认为，本次年会主题符合国家创新驱动战略，也是落实"供给侧"改革，促进"大众创业、万众创新"，推动经济、社会、文化全面发展的现实需要。从著作权保护入手，以办理侵权案件甚至是全国性的大案，来引导民众的版权保护意识，带动和促进整个版权保护工作再上新台阶，对开创版权保护工作的新局面具有重要的现实意义。

省版权局版权管理处领导到会祝贺，并提出要求，首先对半岛联盟成立以来的工作给予充分肯定，对威海市查办大案要案的责任意识、大局意识、主动精神和刻苦精神给予高度评价，同时对目前全省版权工作形势进行了客观分析，并提出了今后的工作方向。围绕"打击侵权假冒、剑网行动、软件正版化"等重点工作，对2018年的版权工作提出了意见，明确了目标任务，要求半岛联盟各成员单位强化版权意识、责任意识，积极主动，扎实工作，开拓进取，不断开创版权工作新局面。

（资料来源：国家版权局网站）

◆ 交流研讨

【第二届中国体育风云论坛聚焦版权问题】 2017年1月14日，第二届中国体育风云论坛在国家游泳中心（水立方）举行。本次论坛由中央电视台体育频道主办，中视体育娱乐有限公司承办，论坛围绕体育产业与冬季运动两大热点话题进行了交流。

在体育产业中，版权问题越发受到关注。近年来，优质赛事版权卖出天价已渐成常态。以5年80亿元拿下中超版权的体奥动力总经理赵军此前就表示，在充分的市场竞争环境下，国内各个平台方对于核心资源的获取欲望正在越来越清晰地表露出来。

针对版权问题，阿里体育副总裁韩立锋在论坛上表示，各企业的出发点不尽相同，天价版权更多基于获取用户。

"版权费用水涨船高，增加了变现的难度，这是阶段性的现象。"虽然韩立锋认可优质赛事的版权价值，但他同时认为，版权是赛事和明星选手衍生出的外延，除重大赛事外，并不看好天价版权。

与之相比，韩立锋认为深耕体育场馆是未来发展的一种选择。华熙国际文化体育总经理靳飞也认为，如果体育场馆发展滞后，对于体育产业而言也是一种缺失。购买国外赛事版权存在一大核心问题，即难以实现落地。

国家发展改革委国际合作中心体育产业办公室主任张薇认为，目前国内优质赛事IP稀缺，体育产业不应操之过急，应一步步深耕细作。

两届冬奥会花样滑冰奖牌获得者陈露也现身论坛。在2022年冬奥会的大背景下，陈露坦言，希望可以为冰雪事业实实在在做一些事情，"我成立了自己的公司，含有面向普通大众的培训体系，希望能丰富业余爱好者的选择"。

2016体坛风云人物大众体育精神奖候选人卢亚军则认为，广泛培养青少年是当务之急，要让更多孩子了解、热爱冰雪运动。中央电视台体育频道副总监方钢也表示，希望通过各档节目，让更多人走到户外，真正运动起来。

（资料来源：中国新闻网，作者：岳川，原标题为《第二届中国体育风云论坛举办》）

【"版权服务与影视产业深度融合推介会"召开】 2017年2月22日，在"2017 CPCC中国版权服务年会"期间召开的"版权服务与影视产业深度融合推介会"上，与会嘉宾对影视作品制作完成前后，应该如何利用版权价值进行投融资，如何进行网络授权分销，被侵权后如何进行反盗版维权这些热点问题进行了探讨。

"影视行业一切项目的标准是剧本，因此我们一直在努力从剧本上下功夫，能够直接给企业提供最优质的剧本，提供有利的服务。"影视版权产业联盟副理事长石现升这样说道。

影视版权产业联盟成立于2014年，由中国版权保护中心、中国电视艺术家协会、中国电影家协会、中国互联网协会等共同发起设立。2016年影视版权产业联盟获得一个名叫"版权资产示范应用管理项目"的国家项目，项目重点聚焦在文字作品、影视剧本版权领域，用联盟的服务优势和对版权的专业理解，打造了一个优质剧本供应和对接的渠道和平台。

"不同主体发挥各自优势，面向青年编剧，对编剧也好、影视机构也好，大家可以把优秀的作品通过不同窗口放到平台上来，我们以结构化的方式捕捉信息，包括版权信息等。版权的信息是为了保证今后的维权，遇到盗版和纠纷从源头就厘清。”中国版权保护中心版权产业研究部主任马力海说。

中国版权保护中心版权产业研究部副主任陈雨佳介绍说，中国版权保护中心自 2016 年开始推出了版权服务促进文化金融产品——“版融宝”，这一产品的基本逻辑是深度整合了版权质权登记机构和银行、担保、评估等机构的业务流程，只要你拥有具备价值的版权资产，且权属足够清晰，通过附加一些质押物，就可以通过银行在短期获得成本较低的间接融资服务。

腾讯视频维权总监兼腾讯研究院版权研究中心秘书长刘政操做了一个模型测算，每年侵权盗版对于影视产业中互联网视频产业可能造成的损失达到 150 亿元。“经过多年的努力，侵权盗版得到了非常好的遏制，但并不意味着盗版已死，因为盗版和正版是与生俱来的矛盾，有正版就有盗版，只不过现在它们的手段更加隐蔽。”刘政操说。

刘政操表示，因为正版化，才让影视行业的作品、创造者、制片人的权益得到了很好的保护，才会有更多的人有更高的热情投入到创作中来。他希望通过政府部门、行业组织以及企业的共同努力，让影视行业的版权环境更加良好。

（资料来源：《中国新闻出版广电报》，作者：任晓宁）

【“原动力”动漫版权专题论坛在京召开】 2017 年 2 月 23 日，由中国版权保护中心主办的“原动力”动漫版权专题论坛在京召开。动漫行业主管部门人员、从业人员以及学术专家聚集在一起，围绕动漫版权的保护以及原创动漫作品的价值等话题进行了探讨。

本届“原动力”动漫版权专题论坛的主题是“尊重动漫版权，提升原创价值”，这也是“原动力”中国原创动漫出版扶持计划一直贯彻的主旨。自 2009 年启动以来，“原动力”聚焦原创动漫这个源头，持续实施了 6 届“原动力”，目前已累计扶持各类作品项目 327 个，扶持金额接近 5 000 万元。

“自 2009 年启动以来，‘原动力’推出了一批优秀动漫出版作品和动漫形象，发现了一批优秀动漫作者和团队，鼓励了一批动漫出版编辑和从业者，已经成为推动动漫出版产业发展的重要平台和知名品牌。”国家新闻出版广电总局规划发展司司长朱伟峰这样总结“原动力”对于原创动漫的支持力度及成果。他还表示，总局将进一步加大对优秀原创动漫作品的版权保护力度，积极鼓励动漫作品开展版权登记，通过开辟版权登记绿色通道、补贴版权登记费用等方式，营造优质动漫资源版权保护的良好氛围。此外，还将指导完善动漫版权保护联盟建设，打造动漫版权保护沟通机制和平台。

有了优秀的原创内容后，“动漫创作与出版单位只有深入了解、熟练运用版权知识，平等相待，和平共处，才能在现在我们这个飞速发展的社会得以生存和发展”。漫画家、动漫出版人王立军这样谈道。

北京电影学院副院长孙立军认为，在动漫领域，当下缺乏对版权的认识和尊重以及相互约定的意识，并且，这种缺乏版权意识的现象非常普遍。他建议首先从高校培养学生对于动漫作品的版权意识。中国现在将近 500 所高校有动漫类的专业，每年会有数万甚至超过 10 万的动漫专业毕业生走向市场，这些年轻人是动漫版权最初的拥有者和创造者，所以，在高校推动版权的保护非常有必要。

版权的经济价值体现在交易与深度开发，这一点在动漫产业尤为明显。奥飞娱乐股份有限公司战略管理与并购投资部总监郭静斗认为，版权是奥飞最重要的资产，在动漫作品的 IP 开发上，他认为要关注动漫作品的 IP 形象识别度、统一的世界观以及持续曝光度这三点。有了这几个方向，动漫产品就可以进行全产业链布局，全版权开发。

（资料来源：《中国新闻出版广电报》，作者：任晓宁）

【计算机软件著作权登记数据价值挖掘与深度分析座谈会举办】 2017 年 2 月 24 日，由中国版权保护中心主办的计算机软件著作权登记数据价值挖掘与深度分析座谈会召开。作为“2017 CPCC 中国版权服务年会”中的一个活动，与会人员深入交流了对软件著作权登记进行数据分析的意义与需求痛点。

通过座谈，与会嘉宾普遍认为，计算机软件著作权登记数据分析服务是版权公共服务的创新举措和有效延伸，做好软件著作权登记数据分析服务工作意义重大，价值珍贵。中国版权保护中心软件登记部主任芦朝阳说：“通过对计算机软件著作权登记数据分析，可以从软件研发创新的角度，展现出我们软件产业的发展现状，找到现阶段存在的问题，并有针对性地提出发展建议，给我们在软件产业布局、政策扶持、短板提升等方面提供数据支撑和决策参考，有助于政府的各项资源统筹运用，更好地服务于本地软件产业发展和提升软件版权保护水平。”

中国版权保护中心副主任索来军介绍，从 2012

年开始，中国版权保护中心每年都会组织编撰当年我国软件著作权登记情况的分析报告，2016 年还发布了《“十二五”中国软件著作权登记情况分析报告》。这些报告通过数据分析提供了最直观、最精准的信息，为产业管理部门、服务部门以及产业主体下一步针对产业发展的各项行为提供具有可行性、科学性的支撑依据。

为了进一步挖掘计算机软件著作权登记数据的价值，大家纷纷建言献策。深圳市版权协会秘书长陈彦认为，将来数据研究可以从行业上进行分析，通信、家电物联网、安防、金融、教育、医疗、文化等行业都与软件息息相关，将其进行分类分析，而不是纯粹做嵌入式软件或者 APP，会对当地政府出台政策更有指导性。广州市版权保护中心主任肖东非常赞同陈彦的意见，认为对计算机软件分析不光是从大的嵌入式或者是 APP 来入手，“我们广州的区域布局很明显，像番禺区就会更关注教育，因此对教育类数据尤为重视，如果这个区域的数据分析能按行业分类，教育类数据更多一些、分析更细一些，对我们以后提供的决策依据会有更多的帮助”。

在经济全球一体化的情况下，各行业之间的关联更加紧密，版权产业国际化也将成为新常态。深圳市知识产权服务中心信息中心主任邓科峰觉得可以推行“软件著作权＋”的理念，把软件著作权的数据和其他数据进行跨度融合，与经济等其他数据进行关联，然后一起进行大数据分析。四川省成都市版权协会秘书长王晓珺建议数据分析中适当地增加引入国际软件著作权登记现状的描述，作为参考对比和学习借鉴，以引进国外在软件著作权登记及发展方面的优势经验，推动国内软件著作权产业的国际化发展趋势。

（资料来源：《中国新闻出版广电报》，作者：袁舒婕）

【第 37 期版权人沙龙聚焦短视频内容监管与版权保护】 2017 年 4 月 13 日，由中国人民大学国家版权贸易基地和中国人民大学创意产业技术研究院主办的第 37 期版权人沙龙在京举行。此次沙龙以“短视频的内容监管与版权保护”为主题，与会专家学者就传统视听作品制度对短视频的适用性、短视频平台提供者的过错认定及侵权责任等问题进行了探讨，并提出了事先控制、事中创新、事后处理的短视频内容监管思路。

易观国际分析师王传珍从融资规模和用户数量两个层面分析指出，短视频正处于内容行业的风口，未来短视频行业将重点关注内容制作和商业变现。国家新闻出版广电总局版权管理司副司长段玉萍提出，短视频在为互联网行业带来新的经济增长点与满足用户需求的同时，在内容创作与版权保护方面必须受到法律的规制与约束。

短视频的内容监管和其他互联网内容监管一样面临挑战。文化部文化市场司副司长马峰分析了互联网内容监管的形势、要求及挑战，介绍了互联网文化市场的监管方式和手段，并强调指出互联网平台要在内容监管方面不断加强自审、部署技术设施。国家网信办网络综合协调管理和执法督查局协调处副处长顾瑞珍表示，短视频发展要不断创新技术手段和传播形式，依法经营，履行企业责任，净化网络环境，创造更多更优秀的内容。

为了规范短视频的内容创作，加大版权保护，业内企业进行了诸多探索。今日头条总编辑张辅评用翔实的数据介绍了头条视频的发展现状、“1＋3”的内容审核机制、关键帧的审核技术及原创视频维权系统，建议国家通过顶层设计建立短视频的版权登记系统、快速授权系统和纠纷调解机制。南京讯思雅信息科技公司 CEO 田海介绍了其版权内容审核系统与视频指纹提取等关键技术，并提议建立版权收益分成机制。

中国人民大学国家版权贸易基地主任白连永，中国人民大学知识产权学院教授李琛，中国传媒大学文法学部教授王四新、副教授刘文杰与来自知乎、今日头条、讯思雅、乐视、新浪、爱奇艺等互联网内容平台和相关企业的代表进行了深入讨论。沙龙由中国人民大学创意产业技术研究院院长彭翊主持。

（资料来源：中国知识产权资讯网，作者：刘仁）

【“互联网创意文化产业模式创新与数字版权保护研讨会”在京举办】 2017 年 4 月 17 日，“互联网创意文化产业模式创新与数字版权保护研讨会”在北京大学成功举办。研讨会由英国国家人文研究基金会（AHRC）与中英合作基金（Newton Fund）支持，英国爱丁堡大学与北京大学法学院、北京大学科技法研究中心联合主办。

研讨会由北京大学法学院教授刘银良主持开幕，北京大学法学院副院长、教授郭雳代表法学院致欢迎词，英国大使馆高级知识产权专员杜涛（Tom Duke）致开幕词，爱丁堡大学商学院教授沈小白介绍了相关的研究情况。

如今由于数字化和网络化技术的迅速发展，创意文化，尤其是音乐、文学、电影电视的传播从 21

世纪开始在西方展现出新的契机，与此同时也给原有的文化产业格局带来了颠覆性的挑战。在这样的技术环境下，欧美学界对知识产权保护是否促进创新有很大的争议。然而，中国的数字化和网络化是在一个宽松的环境下开始的，研讨会以此为出发点来探讨数字化和网络化技术和网络公司的参与对中国创意文化产业的发展所起到的作用。

研讨会共分“数字时代的音乐产业：技术、法律和新商业模式及服务模式的发展”“中国创意文化产业中的在线平台及其商业模式”“中国在线文化创意产业：版权问题”“在线文化创意产业的发展与趋势：开放论坛”四部分。中国传媒大学副教授张丰艳、北京市社科院传媒研究所研究员郭万超、腾讯研究院秘书长张钦坤、诺丁汉大学宁波分校教授Filippo Gilardi 等专家学者以及来自管理界和产业界代表参与本次研讨会，分别从商业模式、经济环境、产业背景、法律与政策等多方面，对互联网环境下文化创意产业的发展现状与数字版权保护发表讲演并进行讨论。

与会者对中国的互联网市场呈现出百花齐放的态势达成共识。尤其是在现有的新兴的服务方式、商业模式层出不穷上，与会者认为互联网公司在文化创意产业的发展中扮演了非常重要的角色。

（资料来源：中国知识产权资讯网，作者：娄宁　郑淑凤）

【中国版权协会艺术品版权工作委员会在京召开高峰论坛】　2017 年 4 月 21 日下午，由中国版权协会主办，中国版权协会艺术品版权工作委员会和雅昌文化集团承办的主题为“尊重艺术原则、发掘版权价值”的艺术品版权高峰论坛在京举办。

中国版权协会理事长阎晓宏在致辞时表示，在版权领域，艺术品版权理论研究、实践与保护都相对滞后，此次论坛讨论艺术品创作以及艺术品版权价值的发掘和实现途径，非常有现实意义。当前艺术品市场空前繁荣的背后，制假售假、未经授权使用、非法复制等现象层出不穷，严重侵害了艺术家的精神权利和财产权利，也严重扰乱了艺术品市场的正常秩序，必须予以高度重视和严厉打击。在谈到推进和培育健康有序的艺术品市场时，阎晓宏强调：一是要转变观念，积极推动艺术界和社会公众对艺术品的版权保护问题形成共识；二是要加强艺术品确权问题研究；三是要科学评估艺术品的价值，做到去伪存真，真中择优。

中国版权协会驻会副理事长王自强在总结发言中说，中国版权协会艺委会主要有 4 项职能：鼓励创作，丰富艺术品市场；促进交易，做好艺术品评估，推动艺术品版权产业发展；支持权利人反盗维权，以艺术品真伪鉴定为抓手；加强艺术版权的理论研究。中国版权协会艺委会主任委员、雅昌文化集团董事长万捷表示，艺委会自成立以来，陆续出台规章制度，组织艺术家积极参与到对艺术品版权的保护中，促进艺术品为大众服务。

论坛上，13 位国内知名艺术家被中国版权协会艺术品版权工作委员会聘任为专家顾问，7 位嘉宾分别就艺术家版权权益保护、美术作品著作权案例、鉴证备案、版权保护与艺术创作、国际授权行业趋势、工艺美术版权保护等议题进行主题演讲。

国家版权局版权管理司司长于慈珂，来自艺术界、法律界以及媒体的 150 位代表参加论坛。

（资料来源：《中国新闻出版广电报》，作者：王勤）

【互联网创业与数字版权论坛在长沙举行】
2017 年 6 月 1 日，由湖南省互联网信息办公室主办的互联网创业与数字版权论坛在长沙举行。论坛以“文化创意与数字版权”为主题，深圳创梦科技创始人陈湘宇、中南大学知识产权研究院执行副院长何炼红等大咖齐聚，研讨数字版权发展新趋势。

2016 年，我国数字创意产业规模已超 5 000 亿元，随着 VR、AR 等互联网技术高速发展，数字版权市场还将继续扩大。与此同时，由于数字版权保护缺乏相应监管，网络诈骗、侵权盗号等纠纷层出不穷，造成上千亿元巨大损失。论坛上，业内专家们表示，要提高版权人和全社会的版权意识，让版权人主动进行登记确权，实现个人、企业信息可追踪化，从而有效解决侵权问题，降低侵权行为的发生概率和维权成本。

目前，湖南正逐步建立数字版权保护体系。数字版权登记服务平台上线，标志着数字版权保护中重要一环“登记”实现落地。湖南省知识产权协会、中南大学知识产权研究院、湖南搜云科技达成“成立中南数字知识产权纠纷调解中心”战略合作协议，为数字知识产权纠纷提供权威调解平台。一系列平台的搭建，将为数字版权保护提供从登记确权到交易兑换、调解仲裁的全产业链解决方案。

（资料来源：《华声在线—湖南日报》，作者：李国斌　王艳）

【“少年儿童版权教育研究”主题研讨会在广东广州举办】　2017 年 6 月 17 日，由广东广州市社会科学界联合会、广州市版权保护中心主办，广州市少年儿童发展研究会承办，广州六宇文化传播有限公司协办，以“少年儿童版权教育研究”为主题的研讨会在广东广州举办。广州市社科联、市版权保护中心的领导，少年儿童教育专家，广州市版权专家库专家、小学校长代表以及重视儿童教育的各界人士共30多人参加了此次研讨会。

著名版权专家、原广东省版权局局长刘拔盛首先发言，他从宏观、中观、微观三个角度分析了当今版权保护的现状。著名儿童文学作家王俊康结合多年来担任许多文学创作大赛评委的经历，阐述了抄袭等侵权盗版行为背后的心理动因，同时指出青少年中出现抄袭侵权行为不仅仅是他们个人的责任，家长、老师以及社会也有责任，版权教育应该面对全民。他列举了近年成为热点的版权侵权案例，建议通过编写少年儿童版权教育的教科书并举办版权知识竞赛等方式进行宣传教育。

广东南华工商职业学院原院长易江从互联网时代信息传播方式给版权保护带来严峻挑战切入，并结合东西方文化的特点阐述了开展版权教育遇到的难点，他呼吁即使面临挑战也应该多渠道加强少年儿童版权意识教育。大南路小学叶丽诗校长和先烈中路小学张丽丽校长结合所在学校的办学特色，介绍了学校在开展创新教育方面取得的成效，并就教学工作、学生心理特点等方面，对在校园开展版权宣传工作的方式和方法提出了意见建议。

作为国家知识产权专家库和广州市版权专家库专家、广州市律师协会常务理事的刘孟斌律师从必要性、可行性和措施等三个方面阐述了对校园版权教育的见解，并且建议要点面结合、善用社会各界的资源在校园里开展宣传教育。广州市版权保护中心杨丽芳向与会人员介绍了市版保中心自成立以来开展的各项版权工作所取得的成效，从中心作为版权公共服务机构的角度，结合“版权保护进校园”宣传活动开展情况对少年儿童版权教育提出了探索性思路。

（资料来源：央广网，作者：郑澍）

【“信息网络传播权的司法适用与著作权法修改”研讨会召开】 2017年7月8日，中国政法大学知识产权法研究所、中国人民大学律师业务研究所、中国消费者权益保护法学研究会等联合举办的“信息网络传播权的司法适用与著作权法修改”研讨会在京召开。最高人民法院、最高人民检察院、北京法院、湖南法院的审判研究人员、信息网络传播领域的专家学者、行业协会代表出席了会议并对议题进行了详细的讨论。

现代网络发展迅速，版权的体量呈几何级数增长，相关知识产权案件越来越多。据不完全统计，信息网络传播权纠纷案占北京基层法院全部知识产权案件的二分之一强。案件数量增加的同时，案件类型多样化，表现为行为方式、经营模式等不断多样化。在《著作权法》修订的背景下，如何理解侵害信息网络传播权的认定标准，就显得极为重要。会议结合北京知识产权法院审理的信息网络传播权纠纷案件及相关判决，从立法论和解释论角度，对信息网络传播权的司法适用进行了探讨。

与会专家提出，《最高人民法院关于审理侵害信息网络传播权民事纠纷案件适用法律若干问题的规定》第三条规定的“通过上传到网络服务器、设置共享文件或者利用文件分享软件等方式”，从技术层面来看，都可以涵盖在“置于服务器中”。法官的职责是适用现行法律，因此，应坚持将服务器标准作为侵害信息网络传播权的认定标准。用户感知标准、实质呈现标准等其他标准具有浓厚的主观色彩，不确定性极大。不但司法实践中可操作性差，而且也给网络运营商设置了过高的义务，不利于互联网创新。

与会专家表示，北京知识产权法院将服务器标准作为网络信息传播行为合理标准是应该予以支持的。从法律解释角度看，信息网络传播权的来源是《世界知识产权组织版权条约》第8条。任何著作权法意义上的传播行为都应当形成“传播源”，使作品从该“传播源”向公众传送。“深层链接”通常只是为用户提供了从同一“传播源”获得作品的不同途径，并未形成新的“传播源”，因此不构成“信息网络传播行为”。与会代表建议，“深层链接”的复杂性在于，其既可能被用于损害著作权人及其被许可人利益的商业模式，也可以构成互联网中的正常活动。在目前阶段，法律应该尊重技术，信息网络传播权应严格恪守法律的本来含义，应坚持权利法定，不应扩大或拓展。

（资料来源：《中国知识产权报》，作者：窦新颖）

【中国互联网纠纷解决机制高峰论坛讨论大数据知识产权保护机制】 2017年7月13日，中国互联网协会网络版权工作委员会、中国互联网协会调解中心、中关村社会组织联合会联合主办了“第二届中国互联网纠纷解决机制高峰论坛”。会上，来自政府部门、法院、检察院系统的负责人和互联网企业代表围绕大数据知识产权保护机制、电子证据的司法应用及发展趋势、互联网多元纠纷调解机制以及诉调衔接经验等多项议题展开讨论。

针对大数据发展中涉及的知识产权保护问题，北京市海淀区人民法院中关村法庭与中国互联网协会调解中心联合发布了《大数据与知识产权司法保护的现状及展望调研报告》。北京市海淀区人民法院中关村法庭庭长陈昶屹发布报告时介绍，在涉及大数据的相关典型案件中，不正当竞争纠纷案件占比达46.2%，著作权案件占比为23%，其余为隐私权、名誉权和技术服务合同纠纷。报告指出，目前大数据的基本处理流程主要包括四个阶段：前两个阶段为数据的采集与预处理、数据的存储和管理，其数据内容都可以通过著作权法予以保护。第三个阶段是数据的处理与分析。具有商业价值的数据可以通过商业秘密予以保护，为分析处理数据所使用的方法可通过方法专利予以保护。第四个阶段是数据成果的呈现与应用。数据成果的具象化以软件形式存在则可以通过软件著作权予以保护；然而，对应大数据形成的商业模式，整体上难以通过知识产权进行保护，只能对某些构成要素通过知识产权进行局部保护。

同时，报告也分析了大数据类知识产权案件在著作权、方法专利、反不正当竞争、数据垄断等方面存在的疑难问题，并认为在适应新技术革命的基础之上，应当充分发挥司法保护知识产权的主导作用，做到协调、平衡技术创新激励与个人权利保护之间的关系；将符合知识产权特征的数据纳入知识产权体系，建立相关完善的知识产权数据保护模式，运用知识产权司法保护为大数据产业的发展保驾护航，能够保障数据产业的健康发展。

针对电子证据的司法应用及发展趋势，北京市朝阳区人民法院知识产权庭和中国互联网调解中心联合发布《第三方电子数据平台固定电子证据的调查研究》。北京市朝阳区人民法院知识产权庭庭长林子英在发布报告时指出，第三方电子数据平台固定电子证据是信息社会发展的必然要求，符合加大知识产权保护，减少维权成本的政策，满足电子证据易被篡改的特性，具有高效率、低成本等多重优势。同时，她也客观分析了目前第三方电子数据平台固定电子证据面临的一些问题，包括当事人对于这类电子证据的认知较低，对其证据来源的客观性、平台的中立性等提出质疑，法院对此的认识也不统一。中国人民大学法学院证据学研究所副所长刘品新认为，从电子数据司法应用的趋势来看，保全电子证据应以第三方平台为基石，收集电子证据将以第三方为主导，审查判断电子证据将以第三方为支撑。

目前，我国第三方电子数据平台得到快速发展。会上，国信嘉宁、美亚柏科、e签宝、真相科技、天威诚信等企业代表分享了电子数据保全在司法实践中的应用。此前，国内主要从事电子数据保全工作的企业发布并签署了《电子数据保全行业公约》，并积极推动电子数据技术的标准化工作。中国互联网协会调解中心也将与第三方电子证据取证保全平台建立对接机制，与法院委托调解、互联网企业纠纷调解形成联动，以司法机构的司法应用需求为目标，规范取证技术流程，为服务司法实践贡献力量。

网络环境下的侵权盗版和信息数据的不正当使用是近来互联网企业最为关注，也是争议频发的问题。论坛上，新浪、腾讯、搜狐、优酷、土豆、CIBN互联网电视、凤凰网、爱奇艺、一下科技、宜搜、迅雷、乐视、YY、美团点评、学科网、互动百科、中国台湾网、河图创意图片库18家企业联合发起成立中国网络版权产业联盟（以下简称联盟），从行业自律的角度推动网络版权与数据信息的使用规范。

成立仪式上，联盟发布《中国网络版权与数据信息使用规则及竞争规范》。针对目前较为常见的打着“技术中立”旗号的侵权盗版，联盟成员承诺遵守“先授权后使用”的网络版权市场基本准则，未经许可或授权，不得以直接提供、设置加框链接、深度链接、聚合盗链、共享平台等方式提供作品。联盟成员也承诺，尊重联盟成员业已形成的商业模式，不得未经许可或授权，以网络爬虫、内容嵌套、盗用数据接口等方式爬取网络内容、抓取用户数据、抄袭产品设计和商业模式。未经许可，不得爬取其他联盟成员平台中用户发布的内容，不得非法抓取、加工、贩卖其他联盟成员平台中的用户数据。此外，该规范还就重点节目直播、云存储、垂直搜索等做了规范。

联盟呼吁更多的互联网企业以及相关组织和个人加入并遵守该规范。联盟还成立了纠纷调解委员会，建立纠纷调解与处理的绿色通道。同时对侵害网络版权、数据信息的违法以及不正当竞争行为，联盟成员合作维权，必要时联合对外发布侵权平台黑名单。

（资料来源：中国知识产权资讯网，作者：刘仁　李杨芳）

【湖北省版权资源整合工作会在武汉召开】 2017年7月21日，湖北省版权资源整合工作会在武汉召开。会上，围绕版权的管理及开发，湖北广播电视台、湖北长江电影集团有限公司、湖北教育出版社等代表单位进行了交流发言。近年来，湖北多家传媒出版单位强化版权意识，深度开发利用历史版权资源，实现了版权效益快速增长。

湖北广播电视台共有20套广播电视频道，每年制作播出自办节目130多档。湖北广电对历史存量节目进行清理转存，截至目前，已完成数字化编目入库的视频数据6万多小时；通过对广播60年来存留的各种音频资料数字化抢救保护，清理转存2.2万盘1.2万小时珍贵资料，积累了巨大的内容资产。

武汉广播电视台也对过去30多年的历史媒资进行抢救，目前共完成编目工作量5 000小时，有效保护了武汉广播电视的核心资产。

湖北教育出版社则注重图书版权输出工作。作为一家专业性较强的出版社，该社拥有大量优质版权资源，但在版权输出上优势并不明显。近年来，鄂教社发挥自身资源优势，根据输出地的文化及受众对象的差异，有针对性地遴选适合“走出去”的优质图书。

湖北长江电影集团有限责任公司也积极进行版权内容生产。不断加强制度建设，先后制定《集团公司所属单位负责人工作业绩考核与薪酬管理办法》《影院从业人员管理规定》等，将影视作品版权保护纳入年度目标考核评价体系。集团还每年组织全系统专题学习《著作权法》《反不正当竞争法》《专利法》等法律法规，增强电影从业人员版权保护意识。

湖北长江电影集团有限责任公司在谋求自身发展的同时，将版权保护贯穿于电影创作到播出，以及衍生产品开发等全过程。电影作品是版权保护的重要客体，作家、编剧、作曲家、导演、演员、制片人等都是版权意义上的电影作品主体。凡是电影集团牵头制作的电影，都与所有作品主体签订版权保护协议，明确版权所有权及使用权。集团还加强放映现场管理，如制定观众文明观影行为规范，在醒目位置张贴，建立影院定时巡查制度等。

作为湖北文化创意产业聚集地，中国光谷创意产业基地坚持为园区企业提供版权保护服务。基地成立了华中地区首个“版权服务工作站”，提供作品登记、著作权转让、专有许可使用合同备案服务；引进8家版权专业服务机构，定期举办知识产权沙龙讲座，鼓励企业进行版权登记；举办各类IP交易大会及论坛，促成版权的购买和授权，2016年，实现版权交易过亿元。

（资料来源：《中国新闻出版广电报》，作者：汤广花）

【视听表演版权保护研讨会在京召开】 2017年7月26日，视听表演版权保护研讨会在京召开。会议在国家版权局指导下，由北京市版权局和世界知识产权组织中国办事处联合举办，以宣传《视听表演北京条约》（以下简称《北京条约》），推动《北京条约》尽早生效。

《北京条约》于2012年6月26日在北京举行的保护音像表演外交会议上缔结。已有17个国家批准了《北京条约》。《北京条约》把《保护表演者、音像制品制作者和广播组织罗马公约》（1961年）中对歌唱家及演员的保护针对数字时代进行了现代化更新，授予了表演者在已录制和尚未录制表演中的经济权利以及某些精神权利，规定保护期必须至少为50年。《北京条约》的批准和生效将对所有的WIPO（世界知识产权组织）成员国产生具体的积极影响。同时，还将在经济发展、视听表演者地位改善以及文化多元性等方面给各国及其表演者带来诸多益处。

中国国家新闻出版广电总局（国家版权局）版权管理司司长于慈珂表示，《北京条约》是一个有全球意义的条约，它使世界版权制度变得更加完整。

世界知识产权组织中国办事处主任陈宏兵指出，《北京条约》作为全球版权法律框架的一个重要组成部分，期待它能够更好地保护表演者的权利，同时为WIPO成员国的文化、经济和社会发展带来更大的惠益。

北京市版权局局长杨烁认为，以《北京条约》为契机，北京将全力打造国际版权之都。积极推动《北京条约》早日生效，做好条约内容的宣传解读工作，出台政策服务配套体系，建立健全版权管理机制，吸引高端创意企业和人才集聚创业，打造国际版权交流和贸易长效机制。

研讨会上，与会专家学者分别从表演者、专家学者、视听节目制作者和政府4个角度进行了专题演讲。

（资料来源：《中国新闻出版广电报》，作者：王坤宁）

【“互联网＋图片版权保护与产业发展”研讨会在京举行】 2017年7月28日，由中国版权协会主办、中国版权产业网承办的“互联网＋图片版权保护与产业发展”研讨会在北京举行。此次研讨会旨在围绕图片版权的分类、流向、保护、监测、商业模式等问题展开探讨，以推进相关问题解决，促进产业发展。国家版权局版权管理司司长于慈珂出席会议并讲话。

相较于视频、音乐、文学等数字版权的保护，图片版权的保护无论是从受关注度还是相关学术研究等方面看都相对滞后。近年来，随着网络技术的大发展，各种形式的网络侵权案件不断出现，引发产业界、学术界和司法、执法部门的密切关注。

本次研讨会上，各位嘉宾围绕上述热点话题展开了研讨。中国人民大学知识产权学院教授金海军以《我国图片产业发展与国外图片版权保护经验比较》、中国摄影著作权协会总干事林涛以《中国摄影著作权协会职能介绍及图片版权保护举措》、北京海淀区法院知识产权庭庭长杨德嘉以《图片版权的司法保护与案例分析》为题分别阐述了自己的观点。视觉中国创始人、执行董事柴继军，高品（北京）图像有限公司 CEO 刘全江，锐景创意 CEO 卢虎臣等图片产业领军人士作为产业代表参加会议并做主题发言。

中国版权协会驻会副理事长、国家版权局政策法制司原司长王自强出席会议并讲话，他从图片作品在著作权领域创作主体的数量、图片作品的创作成果、图片作品的社会需求三个方面讲述了图片在版权保护领域的重要性，并指出，图片的价值及产业发展尚需引起各方重视。

北京市版权局副局长王野霏指出，互联网图片版权保护要注意四个变化：一是图片的市场需求呈爆发式增长，二是图片的作者呈大众化，三是网络平台的技术已经比较成熟，四是图片产业化运营试水取得成功。同时建议图片经营管理者，需要严把图片内容关，建立完善的版权制度、有效的技术保证体系和支撑平台，以及合理和明晰的分配机制。

国家版权局版权管理司司长于慈珂做会议总结发言，他表示“互联网＋图片版权保护与产业发展”研讨会的举办很有意义，具有一定的前瞻性。同时强调，互联网上传播的所有版权作品，平等保护一视同仁没有例外。2017 年“剑网行动”已经启动，希望大家多加关注并提出诉求。

研讨会由中国版权协会秘书长孙悦主持。来自版权管理部门、权利人组织、司法界、学术界的专家学者，腾讯、百度、新浪、网易、阅文、雅昌、中视瑞德等企业单位代表近百人出席了会议。

（资料来源：中国版权产业网，作者：明心）

【“互联网环境下的知识共享与版权保护高峰论坛”在北京举行】 2017 年 8 月 24 日，由中国版权协会指导、人民教育出版社和沪江教育联合主办的“互联网环境下的知识共享与版权保护高峰论坛”在北京举行。本次论坛围绕当下热门的知识经济、行业动态、版权风险等问题，邀请来自行业管理机构、出版社、互联网等领域的代表分享有关方面的成果和经验，为传统出版企业、互联网企业等各界人士提供了开放交流、平等对话的平台，对于各方携手共同营造和维护良好的网络版权新秩序具有重要的现实意义。

论坛上，人民教育出版社社长黄强在致辞中谈道，互联网技术日新月异的发展和智能移动终端设备的快速普及，在促进知识内容传播的同时也对版权的行使、运营和保护提出了全新的挑战。沪江教育合伙人常智韬指出，版权保护和开发不可分割。有别于过去打击盗版式的维权手段，未来，将通过头部 IP 打造、多平台卡位，打造内容和渠道双壁垒，增加盗版的成本，最终实现版权保护。以高峰论坛为契机，社会各界必将齐心协力，一方面推动互联网时代的知识共享，另一方面有效保护版权，维护个人、企业等权利人的合法权益，促使互联网与传统出版业的和谐可持续发展。

（资料来源：《北京青年报》，作者：张知依）

【“版权法律保护与产业发展”高层论坛在山东济南举行】 2017 年 8 月 26 日，由山东省版权局主导，山东省文化版权交易中心、山东大学版权研究中心共同主办的“版权法律保护与产业发展”高层论坛在济南举行。国家新闻出版广电总局（国家版权局）版权管理司司长于慈珂、中南财经政法大学教授吴汉东出席论坛并做主题演讲。部分国家重点院校知名教授、艺术家、知识产权维权专家以及山东省文化新闻出版广电领域版权代表等共 80 余人参加论坛会议。

于慈珂指出，版权已经成为国家核心竞争力的一个战略资源，是一个国家的战略软实力。版权作为一种产业形态、战略资源，也成为国际贸易、文化交往的一个重要载体。现在国家经济发展进入新常态，创新驱动成为发展新的引擎。在这种背景下，发展版权产业是我们的必由之路和战略选择。2015 年中国版权产业占 GDP 的比重已达 7.30%，名副其实成为国民经济发展的支柱产业。面对版权产业的迅速发展，要从更深的层次上、更高的立意上理解版权保护的意义和价值。他强调版权保护的实质及根本目的是保护创新和创造。要坚持行政保护和司法保护并重，充分发挥版权行政保护优势，积极推动版权工作开展。

吴汉东为本次论坛做了题为《文化创意产业发展与知识产权战略实施》的专题报告。他从基本判断、基本态势、基本方略三个方面谈了中国知识产权战略的实施以及对文创产业发展的促进作用。青岛出版集团副总编辑高继民、中国艺术剪纸协会卢雪、盈科律师事务所高级合伙人王军律师等相关专家学者就版权法律保护和版权产业发展等相关议题做专题发言。

山东省新闻出版广电局副局长谢宁在论坛中强调，版权工作具有社会化、专业化、国际化的特点，要充分发挥社会各方面的力量，广开言路，广纳善策，进一步完善版权保护政策体系，推动版权产业又好又快发展。

论坛期间，举行了“山东省文化版权交易中心”“山东大学版权研究中心”“山东省文化版权快速维权中心”揭牌仪式。

（资料来源：国家版权局网站）

【第九届两岸四地著作权法制发展研讨会召开】 2017年9月2日，第九届两岸四地著作权法制发展研讨会在西北大学模拟法庭召开，来自两岸四地的18位专家学者围绕著作权法制发展问题进行了专题汇报。

此次研讨会由西北大学、北京大学联合主办，西北大学法学院（知识产权学院）承办，两岸四地的专家学者及西北大学等高校的教师、学生代表出席了此次会议。

开幕式上，国家版权局政策法制司司长余爱群讲述了研讨会的发展史。余爱群表示，在传统媒体与新型媒体的融合下，为共同推进两岸四地经济、文化的发展，通过整合信息，建立了法制发展交流共同平台。

西安作为丝绸之路的东方起点，誉满中外，专家学者于此地对前沿性著作权法律分享自己的见解，汲取力量，共同提高著作权服务水平，更好地发挥著作权基础性战略性的作用。

西北大学校长郭立宏介绍了对西北大学法学院立足西部、走向世界的期望，希望西北大学为促进知识产权关系经济发展，更好地为知识产权研究领域贡献力量。西北大学法学院（知识产权学院）院长刘丹冰教授对参与此次研讨会的专家学者表示热烈欢迎。

香港特别行政区政府知识产权署助理署长潘敏娴就媒体融合下著作权带来的机遇展开报告。未来要推进加强原创及版权保护，企业要善于将版权作为核心业务资产，策略性地建立管理和使用版权制度，订立版权使用机制。

北京大学法学院张平教授称，碎片化、深度链接、直播流媒体等行为损害了新闻作品著作权。法律规范先天不足，不同层级的法律规范存在冲突，新闻作品的版权归属不明，创作鼓励机制缺乏等原因使得新闻作品著作权受到侵害。

西北大学法学院副院长郑辉副教授则围绕互联网时代背景下广播组织权的挑战，谈到数字技术发展冲击了传统广播组织，表示要寻找传统广播组织的优势立足点，寻求合作共赢。同时拓展优势领域权利保护的范围，合理划定权利边界，保障公共信息获取权。

台湾东吴大学法律学系助理教授、科技暨智慧财产权法研究中心主任章忠信则以台湾少数民族及非少数民族的著作权问题为例，进行了以台湾少数民族传统智慧创作保护之困境与解套为主题的演讲。

（资料来源：中新网，作者：张见悦　黄菁茹）

【首期中国版权共享课堂聚焦“作品改编”】 2017年9月6日，由《中国版权》杂志社主办的中国版权共享课堂在北京开讲。首期活动以“作品改编的权利边界与风险防控”为主题，邀请了法官和专家代表，分别从司法实践和实操层面就作品改编的相关问题做了专题介绍，并与参会者进行了互动交流。

在司法审判中，作品改编引起的版权诉讼数量近两年来呈上升趋势，尤其是文字作品改编成视听作品引发的版权诉讼较为集中，不少案件影响力较大。北京市海淀区人民法院知识产权庭负责人杨德嘉结合相关案例，详述了在作品改编中各方权利人需要厘清的各种关系。

杨德嘉指出，作品改编过程中要涉及“十大关系”，这包括改编和原作的关系，改编与复制权的关系，改编权与抄袭剽窃的关系，改编权与修改权的关系，改编权与保护作品完整权的关系，改编作品距离作品远近与法律认定的关系，改编权与摄制权的关系，改编权与原作品在权利归属与行使上的关系，改编权与不正当竞争的关系，以及改编权与各法律主体的关系。这十大关系涉及作品改编权与其他不同权利的边界，若处理不慎，都有可能带来侵权风险。比如在司法审判中，较为常见的情形就有被告改编作品后被原作者起诉侵犯了保护作品完整权。杨德嘉认为，认定授权改编的作品侵害保护作品完整权应从严把握。因为既然原作授权他人改编，就应给改编方充分的空间对原作进行改动。

在企业实务层面，通过规范合同内容防控风险，是企业加强版权保护的重要手段。中国版权保护中心法律部副主任梁飞以《合同中作品改编权利的边界》为题，介绍了版权许可合同中进行改编权授权许可需要注意的问题。梁飞介绍，改编权授权许可需要特别注意权项、期限、地域和作品改编成果权属规定四个方面。尤其，在当前改编热潮之中，一部文学作品可以改编成院线版电影、网络版电影、上星版电视剧、地面版电视剧、网剧等多种细分的作品类型。在版权许可合同中，应明确改编作品的类型，并针对不同类型作品的特点，约定相应的期限。

人民教育出版社版权部主任张晓霞结合工作中的合同管理与版权运营，分享了人民教育出版社的相关经验。此外，与会嘉宾和来自游戏、文学、影视、电商平台等不同领域的参会者，就工作中遇到的版权侵权界定及合同问题进行了互动交流。

（资料来源：中国知识产权资讯网，作者：刘仁）

【国际版权创新服务研讨会在京举行】 2017年9月12日，以“保护设计版权，建设国际设计产业生态系”为主题的国际版权创新服务研讨会在京举行，与会者就“设计服务与版权保护协同发展”“困扰设计师的版权问题及有效解决途径”等多个话题展开了探讨。

中国版权保护中心主任助理、法律部主任孙洁在《设计师必须知道的版权“坑”》主题演讲中指出，近年来，我国设计服务能力得到提升，但行业的版权保护并不乐观，抄袭、盗版等现象仍然时有发生，设计团体维权意识匮乏，单靠个体力量很难与侵权者抗衡。因此，帮助设计者找到高效维权方法已是燃眉之急。孙洁建议，我国可适时制定符合设计服务业需要的法律规范，对《著作权法》等法律法规进行相应修改，进一步完善外观设计的知识产权保护机制建设，确保我国更好地融入外观设计国际保护体系，掌握更多的国际规则话语权。民族特色文化版权保护与展示交易中心总经理吴玥则表示，应从以下几个方面着力搭建高效的设计行业生态系：通过明确条例制度加强对外观设计的保护；鼓励从业者进行设计作品的著作权登记，形成清晰的权属关系；建立外观设计的公示和查询规则，保障原创设计者版权权益等。

（资料来源：《中国知识产权报》，作者：姜旭）

【深港影视产业版权投资洽谈会在罗湖举办】 2017年9月15日，由广东深圳罗湖区投资推广局、深圳市版权服务中心联合举办，深圳市德凯版权代理有限公司承办的“粤港澳大湾区背景下深港影视版权投资洽谈会”在粤港澳大湾区版权产业园举办。由香港电影编剧家协会钟伟雄牵头，香港实力导演刘国昌、吴品儒等知名导演团队携带具体节目计划书来罗湖洽谈投融资合作。罗湖区宏博昌荣《中华百家姓》节目、广州张治刚导演团队携公益励志影片《围屋里的少年梦》参会。

据悉，此次洽谈会吸引了包括深创投、招银国际、大晟文化、信盈基金等知名企业在内的7家投融资机构到会参与洽谈。围绕香港影视产业投资热点进行了深入对接。这是粤港澳大湾区文化产业与金融产业深度融合的一次尝试，也是罗湖做实粤港澳大湾区版权产业发展高地的重要举措。

现阶段，香港影视产业正大力谋求内地资本介入的机会，罗湖粤港澳大湾区版权产业园将积极连接粤港澳优质资源、服务优质企业，推动粤港澳“文化＋金融”产业的深度融合发展。未来，此类活动将在罗湖粤港澳大湾区版权产业园常态化举办。

（资料来源：大公网）

【阎晓宏参加“科技＋文化：天府数字文创产业高峰论坛”】 2017年11月30日，由国家版权局网络版权产业研究基地和新华书店总店主办，腾讯研究院、国浩律师（成都）事务所、《国际出版周报》、成都天府软件园有限公司承办的“科技＋文化：天府数字文创产业高峰论坛”在成都举行。中国版权协会理事长阎晓宏在论坛上强调，没有好的作品，就不可能实现文化创意产业的良好发展。来自中国版权协会、成都市中级人民法院等政府部门、司法部门以及研究机构、数字文创企业的代表，不仅就我国数字文创产业面临的机遇与挑战进行了深入的交流和探讨，还为数字文创产业的繁荣发展提供了新颖的、具有中国特色的思路。

阎晓宏在开幕致辞时表示，数字文创的核心是作品。没有好的作品，就不可能实现文化创意产业的良好发展，要获得优质作品，在大多数情况下只有通过权利人的授权。而取得正当授权的核心意义，则在于获得对优质版权资源的控制力，也可以称为获得作品传播使用的自主知识产权，这是数字文创产业发展的基础，也是核心竞争力。

国家版权局网络版权产业研究基地副主任、腾讯研究院院长司晓则认为，数字文创产业是目前极具发展前景的领域，最近在香港成功上市的阅文集团更是引爆了大众对产业的热情。目前，腾讯集团主要聚焦于数字内容产业，致力于通过“科技+文化”的方式将中国传统文化和新科技结合。人工智能、大数据等新科技在文创领域的结合，能碰撞出新的火花，给数字文创产业带来新的活力。

对于如何创作出好作品，四川省作家协会副主席、四川师范大学影视传媒学院院长骆平特别强调，为了更好地表达新时代的中国，文艺创作首先要树立的就是大国心态。其次，文艺还需用人民喜闻乐见的故事化表达来树立正确的本土价值观。

北京市社会科学院传媒研究所所长郭万超认为，数字文创产业的核心是创意为王、内容为王。他提出，创新创意要紧跟需求，而创新创意的实施也始终要领先需求半步。

（资料来源：《中国新闻出版广电报》，作者：郄韧）

【第三届国际文物博物馆版权保护利用高峰论坛举行】 2017 年 12 月 15 日，第三届国际文物博物馆版权保护利用高峰论坛召开。众多专家学者各抒高见，针对当前文博领域存在的藏品著作权（版权）、商标权、专利权等版权归属、法律责任、维权保障，版权授权种类、合作方式、权益约束，版权资源保护、利用、管理等一系列问题进行深入探讨交流。

国际博物馆协会副主席、中国博物馆协会副理事长兼秘书长安来顺指出，博物馆 IP 授权主要有三种形式：（1）博物馆公益地把 IP 无偿转让给社会大众，作为博物馆传播、教育、公众服务功能的补充；（2）对藏品图片使用采用创作共用许可证，对具体使用条件加以约定；（3）一些博物馆将之有偿授权给商业机构。无论从哪个层面来说，都存在许多没有解决的问题。

国家文物局博物馆与社会文物司副司长金瑞国认为，博物馆知识产权是博物馆对文物及相关资源进行保护、研究、利用和再创作后形成的无形资产，包括博物馆版权、商标权、专利权、网络综合权益和工业设计等多方面内容，涵盖现实与虚拟世界。近年我国在加强文物保护利用、发展文博创意产业方面进行了积极探索。但整体而言，博物馆的文化创意产品开发工作尚处于起步阶段，在顶层设计、体制机制、人才培养、创新能力、产权保护等方面还存在不少亟待解决的问题。

清华大学艺术博物馆副馆长、文化创意发展研究院副院长杜鹏飞，国家博物馆经营与开发副主任蒋名未，中国政法大学研究员李伟民，广州市版权保护中心副主任柏剑等众多专家学者立足自身专业领域各自发表意见。

（资料来源：大洋网，作者：卜松竹　李巧蓉）

◆ 社会管理与服务

【江苏成立版权贸易基地联盟】 2017 年 1 月 11 日，江苏省版权贸易基地联盟在南京成立。

该联盟由江苏省版权贸易基地单位联合组建，是非营利、非实体性质的组织，在江苏省版权局指导下开展工作。联盟组成单位各指定一人做联络员，组成联盟常设办公室，负责联盟日常工作，联盟以活跃版权交易、推动资源集聚、促进产业发展为宗旨，将着力打造具有国际影响力的版权贸易平台。凡是江苏省版权局命名的省级版权贸易基地都将自动成为联盟成员。

（资料来源：《中国新闻出版广电报》，作者：江广）

【上海知识产权交易中心挂牌】 2017 年 1 月 13 日，上海知识产权交易中心在漕河泾开发区挂牌，可办理所有涉及专利、商标、版权、技术秘密、集成电路布图设计等与知识产权相关内容的交易。

组建知识产权交易中心，是上海建设具有全球影响力的科创中心的重要配套措施，也是促进科创中心建设的知识产权“十二条”的重要内容。这是全国首个以省级名义命名的知识产权交易中心，标志着上海朝打造亚太知识产权中心城市迈出了坚实的一步。

在《关于加快建设具有全球影响力的科技创新中心的意见》中提出的“探索建立专业化、市场化、国际化的知识产权交易机构”这一要求指导下，上海知识产权交易中心 2016 年开始试运行。一年下来，690 宗项目正式确权并委托挂牌，而在建立交易中心之前，一年的交易量只有 50 宗。高校、科研院所的专利走出了“阁楼”，企业以较低的成本找到了卖家，项目成交金额达 6 670 万元。

建立上海知识产权交易中心，首先要整合资源。根据《关于加快建设具有全球影响力的科技创新中心的意见》和《关于加强知识产权运用和保护支撑科技创新中心建设的实施意见》，由上海联合产权交易所出资 1 亿元，整合南南全球技术产权交易所、联交所技术交易部等，组建上海知识产权交易中心，并加强与本市已有的技术交易平台紧密合作。

关于为何选择坐落在徐汇区的上海联合产权交易所，吕国强介绍说："徐汇作为科技资源密集区和以知识产权服务业为特色的科创中心建设的重要承载区，汇集了大量科研院所，知识产权交易中心需要专业的团队和科学的氛围。"

徐汇区科委知识产权科相关负责人表示，这里已经集聚了 150 余家服务机构，不管是商标、专利还是评估，都能找到相应服务团队。比如上海专利商标事务所有限公司就已经成为知识产权领域的龙头企业，每年营业收入可达 3 亿元。

新挂牌的知识产权交易中心遵循国际性原则，加强国际合作实行国际国内联动办公，目前已完成对 50 个国际工作站的梳理工作。

同时，尽管上海知识产权交易中心是市场化运作的公司，却依然强调公益性。在正式运营后，为中小企业服务将成为其特色，收费则只收成本费，甚至免费。

（资料来源：《文汇报》，作者：沈湫莎）

【微电影微视频区块链版权（交易）服务平台发布】 2017 年 1 月 18 日，由中国版权保护中心、华夏微影文化传媒中心等共同打造的微电影微视频区块链版权（交易）服务平台在"中国微电影微视频版权大会"上正式发布。

近年来，我国微电影微视频发展迅速，但尚未形成明确、可持续的盈利模式，基本上依赖于广告植入、品牌营销、个人付费、网站分成等几种营收方式。中国版权保护中心党委书记、副主任，中国音像著作权集体管理协会常务副会长邹建华认为，应通过保护版权所有者的权益，使创意和创作得到合理的回报，进而激发持续的创作热情，生产更多优秀的作品，不断满足大众需求，从而构建微电影商业模式，使微电影行业步入良性发展的轨道，推动微电影产业发展。

微电影微视频区块链版权（交易）服务平台将纳入中国版权保护中心 DCI 体系的应用示范，该应用依托区块链信息技术，搭建微电影微视频版权交易平台，能让目前产量巨大、交易模式尚未形成良性格局的微电影微视频作品实现实名上传、审查确权优先、自行定价分销、自动结算分配等多项功能，形成视频拍摄生产、交易传播、自动结算等一条龙流程。

区块链技术被称为继 PC、互联网、社交网络、智能手机之后的第五次计算革命。华夏微影首席战略官罗佳详细介绍了微电影微视频区块链版权（交易）服务平台对微电影微视频生产过程的管理与控制、版权确认与登记、价值创造与传递、内容分享与消费、资金支付与结算等功能。

国家新闻出版广电总局网络司司长罗建辉认为，微电影微视频区块链版权服务（平台）要在打造商业模式、推进产业发展、实现内容监管中探索出一条新道路，从而促进良性的商业生态循环，使更多优秀作品得到广泛传播与价值体现。国家新闻出版广电总局发展研究中心主任祝燕南认为，区块链技术具有前瞻性和大众性，让互联网时代的视频内容交易变得更为便捷和公正，使价值交换过程中的摩擦系数降低，实现零边际成本。这种异于传统视频网站的共享机制将成为微电影微视频消费和盈利的全新模式，是中国微电影微视频产业发展的强劲助推力。

央视微电影频道总编辑杨才旺认为，微电影微视频产业呈现出独特的商业生态和盈利模型。全民化、业余化、大众化的创作和消费动能将带来万亿级的大产业。

"中国微电影微视频版权大会"由中国版权保护中心、国家新闻出版广电总局发展研究中心、国家计算机网络与信息安全管理中心、中国文联电影艺术中心、华夏微影文化传媒中心、中国搜索等单位共同举办。大会还发布了 2016 优秀微电影（微视频）中国排行榜年度榜单，并宣布启动中国微电影（微视频）十年大展。

（资料来源：《中国知识产权报》，作者：刘仁）

【"京版十五联"2016 暗访举报行程遍及全国 67 个地、县】 2017 年 2 月 16 日，京版十五社反盗版联盟 2016 年工作年会上发布数据。2016 年京版十五社反盗版联盟配合政府执法部门查处 14 起盗版大案，查获藏匿盗版窝点 20 余个，行程遍及我国 20 个省（自治区、直辖市）的 67 个地、县。

2016 年联盟成员单位配合各地执法部门查处的盗版图书数量和码洋均创历史新高，除查处了大量库房、网店、书店、培训机构以外，还直接打击了盗版的源头，查处了多家大中型印厂。据统计，共查处盗印企业 5 家，查抄校园周边复印店 128 家，收缴盗版图书、音像制品合计 650 万余册（盘），涉案码洋 12 700 万余元，追究刑事责任 31 人。其中，配合执法部门查处的大案要案有："4·27"广州盗版图书案、"5·15"新郑盗版图书案、"8·18"盗版图书案、"9·5"盗版图书案、"10·20"郑州盗版书案、"11·3"山东聊城盗版图书案、"12·15"郑州和开封盗版图书案等，不仅遏制了侵权盗版等违法犯罪行为，还有效地维护了出版市场的秩序。

2016 年 2 月，全国“扫黄打非”办公室联合五部门下发了《关于开展部分重点城市高校及其周边复印店专项治理行动的通知》，要求全国 40 个重点城市严厉打击高校及其周边复印店的盗版复印活动，遏制住日益蔓延的校园盗版势头。

为了配合执法部门的行动，更为了维护自身合法权益，联盟拟订了行动方案，确定在 2016 年春季、秋季开学期间兵分 8 路，在北京、天津、河北、山东、内蒙古以及郑州、兰州、西安、长沙、昆明、长春等地开展复印教材现象专项治理行动。联盟成员共对 62 所高校校园及周边 161 家复印店进行暗访，并将暗访结果向各地执法部门进行举报，均得到了各地文化行政执法部门、公安部门的大力支持。联盟先后配合执法部门对前期暗访后确定的、散布于 15 地 50 余所高校不同校区的 128 家问题复印店进行了突击检查，现场共收缴复印教材 3 000 册，查扣存有大量教材 PDF 文档的电脑主机 61 台。相关复印店均接受了文化行政执法部门的教育及行政处罚。

（资料来源：《中国新闻出版广电报》，作者：邹韧）

【中华版权代理总公司广西工作站启动运营】 2017 年 3 月 16 日，由中华版权代理总公司与广西数字证书认证中心共同合作成立的中华版权代理总公司广西工作站启动运营。

近年来，随着广西经济的发展和中国—东盟博览会在南宁的顺利召开，广西地区与全国各地的大中型企业已经建立了更为广泛的经贸合作。特别是广西文化产业呈现快速发展的良好势头，各区域的文化创意产业发展迅猛，对高质量版权服务的需求也变得十分迫切。广西壮族自治区数字证书认证中心有限公司总经理郝璐楠表示，将通过这个工作站，进一步完善广西区域著作版权产业的发展环境，拓展保护版权新领域，加大对计算机软件和作品著作版权的保护力度，提高版权保护水平，为广西地区的文化创意创业发展提供更加便捷、高效的综合性版权服务。

合作双方表示将会进一步加强合作，广西数字证书认证中心也将进一步加强对各细分领域的科技研发，充分发挥“互联网＋”产业和环境优势，共同搭建广西地区著作权登记代理服务平台，实现资源共享、优势互补、互惠共赢，为更多的著作权人提供更为优质的服务。

（来源：《中国新闻出版广电报》，作者：韩定宏）

【“北京影视著作权专家鉴定委员会”成立】 2017 年 3 月 19 日至 21 日，在 2017 年春季北京电视节目交易会上，“北京影视著作权专家鉴定委员会”宣布成立，它将填补影视著作权司法鉴定的一项空白。

最新成立的“北京影视著作权专家鉴定委员会”首批专家由 26 人组成，其中法学专家 14 位、文学艺术界专家 12 位。全国人大法律委员会副主任委员、中国行为法学会副会长、中国行为法学会司法行为研究会会长苏泽林介绍说，“纵观近年各地法院审理的著作权案件，影视类著作权案件常年位居首位。这类案件不仅数量大、占比高，而且其中的新情况、新问题层出不穷。特别是有关剧本抄袭，剧与剧抄袭的认定，以及独创性、唯一性、表达等问题的认定，不仅在很大程度上增加了案件的审理难度，更给法官增添了巨大的工作量，耗费了法官大量的工作时间。此外，影视类著作权案件中，侵权赔偿数量的确定，也是法院审理过程当中的一个难题”。

针对这一现象，苏泽林指出，“虽然我国已经成立了多家知识产权专业鉴定机构，其中也包括著作权专业鉴定机构，但是截至目前，专门针对影视作品的鉴定机构仍然是个空白。影视作品的内容量很大，一部电视剧往往有数十集，一部影视剧本字数达 10 万字以上，涉及的表达形式复杂，涉及文字、作品剧本，又涉及影视剧本本身，还会涉及影视剧中使用的音乐、美术等各类作品形式，因此影视著作权鉴定的专业性强，成立专业的鉴定机构，势在必行。影视著作权案件中的鉴定是认定侵权的基础，只有准确认定该事实基础才能促使案件得以顺利解决，因此以购买服务的方式，将影视著作权案件中的鉴定问题委托给专业鉴定机构，也是深化知识产权领域改革的一项重要工作”。

国家新闻出版广电总局电视剧司司长毛羽在发言中表示，影视作品著作权遭到侵害的事情时有发生，这些现象给创作者确实带来了极大的伤害。借这个机会，希望新成立的鉴定委员会，能够为影视产业的发展依法维权提供法律方面的支持，为影视的发展创造一个良好的空间和氛围。

（资料来源：《北京晨报》，作者：冯遐）

【中国音像著作权集体管理协会第六次会员大会在京召开】 2017 年 3 月 22 日，中国音像著作权集体管理协会第六次会员大会在京召开。

中国音像著作权集体管理协会共有会员 159 家，

2016 年该协会新入会员 24 家，多集中在音乐产业新兴领域。授权曲目总计 102 804 首。大会公布的《2015—2016 年度财务报告》显示，截至 2016 年底，卡拉 OK 著作权使用费到账金额 1.7 亿元。

中国音像著作权集体管理协会常务副理事长、总干事邹建华做 2016 年度协会工作报告。2016 年，协会遵循著作权集体管理的相关法规，坚持公开、公正、透明地履行职责，新歌推广率达到卡拉 OK 市场 70%以上。协会与人民教育电子音像出版社就法定许可业务完成签约，实现教科书法定许可业务零的突破。

为维护权利人利益，提高收费覆盖率，协会加大对侵权卡拉 OK 歌厅依法进行诉讼维权，2016 年，协会在除甘肃、宁夏、西藏及港澳台外的全国各省（自治区、直辖市）开展了民事诉讼维权工作。其中，因维权促成签订的版权许可合同共计 1 083 份，合同金额合计 4 397 万元，占版权使用费总额的 28.5%。2016 年中国音像著作权集体管理协会向会员分配诉讼维权案款达 715 万元。此外，协会还针对侵权歌厅提起了 344 例行政投诉，其中 29 家卡拉 OK 歌厅经营者在版权行政、文化执法部门的协调下，与协会签署了《著作权许可使用合同》，交纳著作权使用费共计 903 446 元。

大会选举周建潮为中国音像著作权集体管理协会第二届理事会新一任理事长。

（资料来源：《中国新闻出版广电报》，作者：宗韬）

【中国音乐著作权协会与上海迪士尼签订协议】 2017 年 3 月 24 日，中国音乐著作权协会公布，中国音乐著作权协会与上海迪士尼就上海迪士尼度假区许可使用音乐一事达成一致，双方签订了音乐许可合作协议。

2016 年 6 月 16 日，中国内地第一家迪士尼度假区——上海迪士尼度假区正式开幕。上海迪士尼度假区的各区域以背景播放和现场表演的方式使用音乐，除其自身享有著作权的音乐作品外，也涉及其他各类音乐作品的使用。因此迪士尼公司总部方面很早即主动通过电话、邮件等方式与中国音乐著作权协会接触，希望促成上海迪士尼度假区使用音乐的许可事宜。双方经过谈判，于 2017 年初签署了音乐著作权许可使用协议。

中国音乐著作权协会方面表示，上海迪士尼度假区秉承了全球迪士尼乐园和度假区通过所在地区集体管理组织办理音乐作品使用协议的一贯传统，符合国际上的通行规范。其积极主动寻求音乐许可合作的做法，不但保护了音乐著作权人的合法权益，维护了音乐版权市场的正常秩序，也为业界树立了尊重版权的典范。

（资料来源：《中国新闻出版广电报》，作者：音协）

【中国版权协会版权监测中心平台上线】 2017 年 4 月 19 日，中国版权协会版权监测中心平台上线发布会在京举行，中国版权协会版权监测中心官网（www.12426.cn）正式上线。这预示着版权方可通过线上进行版权认证、预警、监测、下线等系列维权工作。中国版权协会理事长阎晓宏出席发布会。

阎晓宏在致辞中指出，近 10 年来，我国网络视频领域版权环境发生翻天覆地的变化，版权市场得到进一步规范，权利人也从中受益。但是，随着技术的迅猛发展，这一领域依然存在着较多的问题。在国家版权局的支持下上线的中国版权协会版权监测中心平台将致力于为会员服务，致力于网络版权生态环境的建设。

中国版权协会版权监测中心于 2016 年 8 月成立。该中心依托第三方科技公司开发的“指纹特征比对技术”，利用人工智能搜索、云计算、版权大数据分析，能够从海量信息中快速搜索疑似侵权内容，实现全作品、全平台、全时段的版权监测、下线处理、诉讼维权等一站式监测维权服务。监测范围涵盖了全球 PC 全网、移动 APP、智能电视、机顶盒、聚合 APK 等网络播放平台，并针对云盘、贴吧、直播平台、P2P 网站等新型平台，通过云平台监测子系统进行分类监测。

中国版权协会驻会副理事长王自强在发布会上介绍，由于侵权平台多样化、侵权方式多样化，版权方难以通过有限的人力实现最大限度的维权，技术带来的侵权问题，需要通过技术解决，这就是中国版权协会版权监测中心产生的意义和价值。中国版权协会版权监测中心将以“协助政府依法进行网络监管、服务会员依法开展反盗维权”为宗旨，努力为营造良好的网络版权保护生态做出贡献。

中国版权协会版权监测中心副主任吴冠勇认为，已建立专业的维权运营团队，将通过 12426.cn 这一平台，为协会会员及社会广大版权方提供版权认证、预警、监测、下线、取证诉讼、数据分析等一站式维权服务。目前中心已为多家版权方提供监测维权服务，下线率达到 95%以上，并为国家版权局“剑网行动”提供技术支持。

合一影业总裁刘开培、体奥动力总经理赵军、爱奇艺首席内容官王晓晖、掌阅科技创始人张凌云、蜻蜓FM总裁钟文明、咪咕公司企业运行事业群副总裁单磊等嘉宾分享了各自行业打击侵权盗版的措施和体会。

国家版权局版权管理司司长于慈珂出席发布会并讲话。

（资料来源：《中国新闻出版广电报》，作者：赖名芳）

【吉林创建版权工作站服务版权企业】 2017年4月20日，吉林省首个版权服务工作站在吉林省新闻出版与影视广播文化创意创作产业园正式挂牌成立，它标志着吉林省加强版权公共服务、推动版权创意产业发展进入一个新的阶段。

吉林省新闻出版与影视广播文化创意创作产业园区是省新闻出版广电局联合吉林人民广播电台和吉林电视台、省内文化企业、省内高校的优势资源共同建设，并于2016年底投入运营的文化创意产业园区。

版权服务工作站的主要工作目标是指导园区内企业建立健全版权管理制度，帮助园区建立起激励创作、科学管理、依法保护的良性机制，营造鼓励创新、保护创造的良好氛围。具体的工作任务是在吉林省版权局指导和直接参与下，针对园区发展的实际需要和具体情况，开展版权咨询、业务培训、作品登记、合同审核备案、项目论证、纠纷调解等服务工作。

吉林省内版权创意产业园区设立版权服务工作站，是落实《吉林省版权工作“十三五”规划》的具体措施，也是版权管理部门加强版权保护、服务版权产业的重要载体和手段。推进版权创意产业发展是版权工作的重要内容，加强版权保护，营造良好的知识产权保护环境，提高版权企事业单位版权创造、运用、保护和管理能力是推动产业发展的重要核心要素。在产业园区设立版权服务工作站，能够更好地为园区企业开展版权管理、版权市场经营和版权维权提供更有针对性的个性化服务，对推动园区的健康发展产生直接的效益。

吉林省版权局还将以版权服务工作站为依托，继续探索有效的服务措施，帮助园区企业建章立制，强化版权资产管理，运用好版权资源，在园区内创建版权示范基地，为将园区建设成东北地区具有品牌影响力的文化创意产业园区提供有力支撑。

（资料来源：《中国新闻出版广电报》，作者：张席贵）

【移动互联网应用安全与版权联盟成立】 2017年4月22日，在公安部网络安全保卫局指导下，由国家计算机病毒应急处理中心、中移互联网公司等全国27家企事业单位共同发起组建的移动互联网应用安全与版权联盟在广州成立，旨在监督移动互联网领域企事业单位担负起移动网络安全的社会责任。

针对移动互联网领域恶意应用泛滥、行业标准缺失、应用市场缺乏监管等问题，联盟2017年将根据公安部部署，做好应用发布平台的安全监管、推广联盟应用安全版权标识、建立公众举报渠道；同时，协助公安机关挖掘并统一曝光一批恶意扣费、窃取公民个人信息、传播违法有害信息的应用，涉及违法犯罪的，将按联盟与公安机关协作机制，移交公安机关开展专案侦查打击。

据联盟秘书处介绍，联盟将通过网站向社会发布全国应用安全监测情况、共享应用黑名单、提供在线的违法不良应用公众举报入口，由联盟汇总核实上报公安机关处理。

（资料来源：中国政府网，作者：贺林平）

【重庆推出“一站式”服务版权超市】 2017年4月23日，重庆版权交易市场推出“重庆版权超市”，这意味着重庆有了一个保护版权的“一站式”服务机构，它将为全市文创品、书籍等提供版权保护、展示、售卖等线上到线下的版权服务。

重庆版权超市分线上及线下部分，线上平台内设3个功能区，包括作品展览区、拍卖路演区以及版权作品超市区。平台将集结国内外艺术机构的签约艺术家和艺术作品，对作品及版权进行销售。

线下则依托位于重庆九龙坡区黄桷坪的重庆版权交易市场，该市场是一个2万多平方米的版权作品集中展示地，平日为重庆市民提供各类文化创意品、书籍等参观以及集中购买等服务。

现场相关负责人介绍，目前网络上盗版、侵权等情况时有发生，重庆版权超市经政府授牌，与公安等执法部门联动，将保证每一件文创品的真实性和作者的著作权益。

（资料来源：《中国质量报》，作者：刘恩黎）

【湖北成立首家版权服务工作站】 2017年4月26日，在第17个世界知识产权日当天，光谷创意产业基地版权服务工作站授牌活动在武汉举行，这标志着湖北省首家版权服务工作站正式成立。

该版权服务工作站由湖北省新闻出版广电局设立和管理，湖北省版权保护中心和武汉光谷创意产业孵化器有限公司受湖北省局委托，在光谷创意产业基地开展版权公共服务工作。

湖北省版权保护中心主任郑凌辉介绍，该版权服务工作站将为基地企业提供版权登记、版权培训、版权推广、版权维权等公益服务。具体而言，工作站一方面依托“湖北省著作权登记系统”平台，为权利人提供高效便捷的作品登记、著作权转让及专有许可使用合同备案服务；另一方面，组织开展版权主题宣传和法律知识培训活动，增强企业版权保护意识和能力，并利用第三方版权纠纷调解机制，为企业提供公正、专业、便捷的权利救济途径。此外，工作站还积极促进版权创造运用，通过完善授权机制、搭建交易平台、创建版权示范等方式，在基地营造良好的版权生态环境，激励企业创新创造，促进版权成果转化。

光谷创意产业基地总经理董思艺介绍，该基地是湖北自贸区武汉片区的文化创意产业核心区，集聚了动漫、游戏、数字出版等新兴文创企业 300 余家，孵化了国家级动漫企业 16 家、新三板上市企业 5 家，2016 年基地企业总产值达 46 亿元。基地 95% 的企业拥有自主知识产权，已办理软件及各类作品版权登记 5 000 余件。2016 年 12 月，基地被国家版权局授予“全国版权示范基地”称号。

湖北省新闻出版广电局版权管理处处长卢文俊表示，湖北省局将从加强组织领导、加强队伍建设和提高保障水平等方面为版权服务工作站建设提供保障，力争把光谷创意产业基地版权服务工作站建成功能完善、高效便捷、作用突出的版权公共服务窗口，形成可复制、可推广的经验模式，在实施知识产权强省战略和推进版权公共服务体系建设中发挥示范作用。

（资料来源：中国新闻出版广电网，
作者：汤广花　邓军）

【河北大厂影视小镇有了版权服务站】 2017 年 4 月 26 日，河北省版权局在大厂设立大厂影视小镇版权服务站。

大厂影视小镇近年来立足产业特色，大力发展以影视剧制作、影视创意孵化、数字出版、游戏动漫为主导的文化创意产业，已吸引 70 多家国内外优秀文创企业入驻。随着文创产品日益丰富，版权保护在促进产业发展中的作用更加凸显。

此次大厂影视小镇版权服务站的设立，是河北省版权局继曲阳雕刻行业版权服务站之后，设立的又一个以单项产业为主体的版权服务站，将为大厂影视小镇文创产业的著作权人和著作权单位提供作品登记、版权咨询、纠纷调解等一系列版权服务。该服务站将以“扶持版权产业发展，支持优秀作品创作，推动版权市场化运营”为目标，建立快速授权、快速确权、快速维权的服务平台，加大版权保护力度，营造良好的创新发展环境。

（资料来源：《中国新闻出版广电报》，作者：冀菊）

【台州版权服务工作站揭牌成立】 4 月 26 日是世界知识产权日。4 月 26 日下午，浙江省版权局台州版权服务工作站正式揭牌成立。该站设在市行政服务中心办事大厅 47 号窗口，这也是全省首家进驻行政服务中心的版权服务工作站。

数据显示，2014 年台州地区有 180 件左右作品进行了版权登记，这个数字在 2015 年呈现爆发式增长，达到 1 124 件；2016 年继续较前一年度翻一番，共有 2 287 件作品登记了版权。

“作为助推创意产业发展的核心要素，版权向来是评估一座城市文化创意行业繁荣与否的晴雨表和分析器，版权服务生态体系的建立，更是城市文化发展的助推器。”省新闻出版广电局（版权局）副局长、省版权协会会长单烈告诉记者，近年来，台州创业创新发展氛围浓厚，不断增长的数字也说明大众的版权保护意识有了明显提升，设立版权服务工作站也是满足群众文化需求的一项举措。

据了解，工作站将提供版权咨询、作品登记等相关服务。除了最常见的文字作品，在当天首批发放的版权作品登记证书中，还有不少是台州市民对自己的摄影、书法、产品设计图等进行的登记。“此前企业或个人要进行版权登记，需要带齐资料专程跑到省里去办，无形中增加了很多办理成本。”市文广新局相关工作人员说，今后办理人则可将作品内容和资料递交至办事窗口，由工作站统一打包寄送至省局办理，极大提高了版权登记的办理效率和服务水平，用“最多跑一次”的便利鼓励更多人树立知识产权意识。

（资料来源：《中国台州网—台州日报》，作者：洪雨成）

【“浙江咪咕数媒版权服务工作站”成立】 2017 年 5 月 16 日，“浙江咪咕数媒版权服务工作站”授牌暨签约仪式在杭州举行。

会上，咪咕数媒与浙江省新闻出版广电局、浙江省版权协会签署了关于共建“浙江咪咕数媒版权服务工作站”的合作协议，致力于把工作站打造成为面向全国的集作品登记、版权咨询、版权交易、纠纷调解、打盗维权于一体的综合性版权服务平台。

浙江省新闻出版广电局副局长单烈表示，省版权局已相继在绍兴、横店、台州、温州等地建立了各具特色的版权服务工作站。咪咕数媒作为有影响力的手机阅读平台，汇集了大量的国内外优秀的网络文学作品，着力宣传、推介、保护这些作品，是建立咪咕数媒版权服务工作站的初衷。

咪咕数媒先后引入超50万册正版作品，为多名作者及内容合作伙伴开展了近百起反盗版维权案件，发起并成立了“绿色正版联盟”。咪咕数媒总经理张燕鹏认为，设立工作站可以提供全国范围的作品登记服务，为营造良好的网络文学发展环境贡献一份力量。

（资料来源：《中国新闻出版广电报》，作者：黄琳）

【深圳文博会首推“文博会版权通”平台】 2017年5月11日至15日，第十三届中国（深圳）国际文化产业博览交易会在深圳市举行。为加强知识产权保护，此届文博会首次推出了“文博会版权通”平台，可以为全馆客商提供专业化的版权保护服务，包括互联网版权快速授权、版权查询、版权保护、监测维权等全方位版权服务，从而打造一个全新的文博会文化产品授权、保护、交易平台，使参展文博会的展品版权随时随处可查询、可交易、受保护。

为充分体现文博会版权保护的特点，突出版权保护的专业性，切实保护著作权人的合法权益，文博会上设立了版权服务工作站，对参展作品免费制作“作品著作权来源信息卡”，从而最大限度消除版权纠纷隐患，保障参展作品版权的来源合法。同时，现场还开展知识产权法律法规的宣传，为参展作品提供免费版权登记服务，从而营造良好的知识产权保护氛围。

（资料来源：《中国知识产权报》，作者：侯伟）

【湖北省著作权登记系统上线运行】 2017年5月19日，武汉市政府“布衣参事”施岚的文字作品《谁动了我的笔》通过网络登记申报成功，顺利领取著作权登记证书，这标志着湖北省著作权登记系统正式上线运行。

湖北省著作权登记系统是一个集作品著作权登记、出版外国图书合同登记、著作权转让合同备案、著作权专有许可使用合同备案、著作权网上审核管理、著作权信息公告发布及著作权查询咨询服务等功能于一体的综合性版权公共服务平台。

湖北省2016年登记数量达16 261件，年增长率为60%，著作权登记系统运行初期，将实行线上和线下同时进行的登记申报模式；系统运行成熟后，全省将统一实行网上登记、认证及相关服务，不再接受线下作品著作权登记工作。同时，湖北省还将启动开发版权登记APP客户端，推进实现全省版权人随时随地登记认证。

（资料来源：《中国知识产权报》，作者：汤广花　李思）

【版权服务与作品转化运营平台“板凳网”上线】 2017年6月1日，国内首创的“担保式版权服务与作品转化运营”平台——“板凳网”在四川成都上线。该平台运营方金和版权产业机构董事长郭凯表示，团队已经从事版权服务近30年。板凳网虽然刚刚上线，但它的运营模式早已由其团队在线下实行。

“版权保护是手段，版权运营实现价值才是最终目的。”郭凯介绍，板凳网以此为宗旨，推出了三大担保式服务产品：作品版权托管服务；版权无忧维权服务；书画原件转移服务。

板凳网上线当天，中国工艺美术大师童永全、卿玉蓉、孟德芝以及中国夏布画创始人王少农等与板凳网签署了首批作品入驻平台及版权保护与转化协议。但作为新上线平台，目前该平台展示的作品数还很有限。更重要的是，板凳网以打包维权的方式提供服务，或许能很快获得权利人的认可，但是版权维权距离作品转化和价值变现还很远。

板凳网的目标定位是能为所有入驻平台的作品提供专业服务，对接版权转化资源，再结合线下实体产业以及电子商务、跨境电商，无瑕疵、可保障地实现作品转化和版权变现。但在此之前，还需尽可能多地获得创作人、使用者和投资者的认可。只有汇聚更多的资源，平台化运营才有生存的基础。

（资料来源：《中国知识产权报》，作者：刘仁）

【江苏苏州首家版权工作站落户姑苏69阁】 2017年6月14日，江苏苏州市区首家版权工作站在盘门历史文化片区姑苏69阁文化创意产业园正式挂牌成立，30多家来自姑苏区的版权企业参与。

挂牌仪式后，参会的30多家版权企业互动交流，艺唐丝绸、领秀针织、洛可可等姑苏区版权重点企业就版权保护、管理、运用等方面进行了经验交流和分享。

（资料来源：《姑苏晚报》，作者：王嘉言）

【江苏版权维权平台正式上线】 2017年6月28日，为保护创新创作，维护著作权人的合法权益，在江苏省版权局和江苏省版权协会的关心和指导下，来自全省各地有关部门、企业代表近百人共同见证了江苏版权维权平台（www.jsbqwq.cn）的上线运营。据江苏版权维权平台运营总监郑礼贵介绍，江苏版权维权平台，是江苏省版权协会指导下的非营利性公共服务平台，是著作权人的快速维权通道，具有集约化、专业化、网络化、流程化、高效化、公益化六大特点。平台具备三大服务优势：首先为著作权人提供一站式管家维权服务，避免权利人维权的烦琐流程；其次可以提供零成本维权解决方案，规避权利人的维权投入风险；最后能提供先进的互联网取证和公证服务，解决取证难的痛点，最大限度地降低权利人的维权成本。

版权是知识产权的重要组成部分，是文化产业的核心资源，对推动经济发展和社会进步有着极其重要的作用。江苏版权维权平台将着力解决著作权人的烦恼，让他们专心创作、放心交易、版权无忧；通过平台的运营宣传让“尊重知识、尊重劳动、尊重创作、尊重版权”的理念不断深入人心，打造良好版权生态，推动版权产业的健康繁荣发展。

（资料来源：《新华日报》，作者：刘倩）

【数字版权保护技术应用产业联盟成立】 2017年7月12日，数字版权保护技术应用产业联盟在京成立，该联盟由中国新闻出版研究院发起，业内外100多家单位共同参与。联盟将围绕数字版权保护技术研发工程，加快推进数字版权保护技术的推广与应用。

联盟以国家新闻出版广电总局新闻出版重大科技项目——数字版权保护技术研发工程为基础，以数字版权保护技术应用为主题，兼具技术研发联盟、市场应用联盟两种性质，目的是宣传、推广版权工程研发成果及其他相关技术成果，促进数字版权保护技术发展与应用。该版权工程已为多家传统出版单位以及数字出版企业批量注册了版权作品信息，已把侵权追踪技术成果应用到了网络文学反盗版实践中，并以版权工程技术成果为基础，开发了专门的电影数字节目版权信息化管理系统，为我国点播院线影片版权管理提供了基础支撑。

联盟理事长、中国新闻出版研究院院长魏玉山介绍，联盟成立后将加快数字版权保护技术的推广与应用，并进行数字版权保护技术应用个性化调研，确立并不断完善数字版权保护技术在各相关领域的应用模式。同时，联盟还将根据重点数字内容作品版权保护需求，选择有代表性的侵权盗版网站，进行诉讼维权，适时召开“数字版权保护技术应用经验交流会”，就数字版权保护技术应用需求、应用实效及问题、建议等进行专题研讨，编写、发布中国数字版权保护技术应用年度报告等。

大会同时举行了数字版权保护技术服务签约仪式。国家新闻出版广电总局电影数字节目管理中心、中国文字著作权协会、北京东灵通知识产权服务有限公司现场分别与中国新闻出版研究院签订了数字版权保护技术服务合同，将把相应技术成果应用到电影数字节目版权管理、文字作品版权管理中，并将在全国范围内推进版权服务网络建设、开展数字内容资源注册及相关服务。

（资料来源：《中国新闻出版广电报》，
作者：任晓宁　窦新颖）

【粤港澳版权登记大厅正式运行】 2017年7月14日，由广东深圳市罗湖区政府与中国版权保护中心共同建设的粤港澳版权登记大厅正式开始运行。由此，粤港澳地区结束了没有国家级版权登记机构的历史，将辐射带动整个粤港澳地区文化创意产业的发展。

粤港澳版权登记大厅是继2016年西南版权登记大厅落户成都、2017年华东版权登记大厅落户上海之后，中国版权保护中心在“十三五”时期推进区域版权服务窗口体系建设的第三个落地项目。

在启动仪式上，中国版权保护中心主任段桂鉴解释了选择在深圳罗湖设立版权登记大厅的原因——以深圳为突出代表的粤港澳大湾区文化创意产业发展迅猛。近年来，广东省尤其是深圳市的各类版权登记呈现井喷式增长的态势。特别是2016年，广东省的软件著作权登记量首次超越北京，位列全国第一。“在建设粤港澳大湾区的国家战略背景下，我们此次在深圳市罗湖区设立粤港澳版权登记大厅，特别是把计算机软件登记的受理、发证业务同步落地在粤港澳版权登记大厅，就是为了更好地满足粤港澳著作权人日益旺盛且迫切的登记需求。”段桂鉴指出，更好地发挥版权服务对实体经济特别是文化创新、科技创新产业的支撑作用，也是促进粤港澳大湾区经济创新发展的重要举措。

在中国版权保护中心将国家版权公共服务向重点地区和核心城市延伸的战略布局中，深圳显然是华南地区的不二之选。一方面，深圳毗邻香港，存在着天然的地缘优势；另一方面，深圳近年确立了“文化立市，文化强市”战略，文化创意产业迎来迅猛发展。2016年，深圳市文化创意产业增加值为

1 949.70 亿元，增长 11.0%，占全市 GDP 的 10%。

深圳市副市长陈彪表示，省第十二次党代会提出“要营造良好创新生态，打造国际风投创投中心和全国知识产权交易中心”。深圳也提出“要坚持把创新作为城市发展主导战略，实施最严格知识产权保护，抢抓新一轮科技和产业变革战略机遇，强化全国经济中心城市和国家创新型城市地位”。“由中国版权保护中心和罗湖区政府共同打造中国版权保护中心粤港澳版权登记大厅，将携手粤港澳三地的版权同仁，以版权产业为基础全力推动粤港澳大湾区的发展。”陈彪指出，粤港澳版权登记大厅将全面辐射粤港澳地区版权公共服务，其投入启用将大大便捷粤港澳地区版权作品登记，为版权产业发展营造出良好的服务环境。

（资料来源：《南方日报》，作者：苏梓威　刘璐）

【人民教育出版社与中国摄影著作权协会签订《教科书法定许可使用费收转协议》】 2017 年 8 月 23 日，人民教育出版社与中国摄影著作权协会在北京国际图书博览会上签订《教科书法定许可使用费收转协议》。国家新闻出版广电总局副局长、国家版权局专职副局长周慧琳，教育部部长助理、教材局局长郑富芝，中国摄影著作权协会代表宋明昌出席签约仪式并讲话。

根据协议约定，人教社将支付 2012 年至 2017 年期间该社出版的教科书中使用的部分摄影作品的稿酬，由摄著协接收后转付给摄影者。

周慧琳指出，国家版权局与国家发展和改革委员会 2013 年 10 月联合颁布的《教科书法定许可使用作品支付报酬办法》，明确了著作权集体管理组织为教科书法定许可的报酬收转机构，为实现著作权人的合法权益，方便教科书出版单位依法使用作品提供了保障。摄著协和人教社签订协议，是对《办法》的有效落实，体现了法定许可和著作权集体管理制度结合的优势，是著作权人和教科书出版单位的双赢，也为教科书法定许可制度的实践提供了成功的范例。

周慧琳强调，落实教科书法定许可制度，使用者按照法律规定向著作权人付酬是著作权法律规定的一项法定义务，也是促进著作权法有效实施的重要手段。著作权集体管理组织作为著作权人的代表要不断探索创新方式，积极履行著作权集体管理职能，推动这一制度更加有效地落实，教科书出版单位作为使用者必须提高认识，力戒拖延推诿，依法履行相关法定义务，自觉把合法使用落实到行动中去。

人教社社长黄强和摄著协总干事林涛分别代表双方签署协议。黄强说，人教社与摄著协将在今后的实践中继续探索便捷高效的稿酬支付方法，切实保障权利人的合法权益，共同致力于营造知识产权保护的行业环境和社会氛围。

中国文联副主席李前光代表摄著协向人教社赠送了上书“传播文明，保护版权”的纪念牌匾。国家版权局版权管理司司长于慈珂等参加签约仪式。

（资料来源：《中国新闻出版广电报》，作者：李明远　邹韧，原标题为：《周慧琳：把教科书法定许可使用制度落到实处》）

【《歌舞娱乐场所卡拉 OK 著作权使用收费行为规范》颁布】 2017 年 8 月，为了完善著作权集体管理制度，规范歌舞娱乐场所卡拉 OK 著作权许可收费行为，音集协颁布《歌舞娱乐场所卡拉 OK 著作权使用收费行为规范》。

《规范》明确了版权工作人员资质证明。根据要求，承担版权许可收费的工作人员须经过音集协专业培训后方可上岗。培训内容包括《著作权法》、《著作权集体管理条例》及国家财税等配套法律法规。经培训符合上岗要求的，才能申领“版权许可收费工作证”。工作人员与当地卡拉 OK 场所洽谈版权许可业务时须出示工作证，该工作证可以在音集协官网“收费人员证件栏”进行查询。

《规范》对工作人员收费行为提出要求：工作人员应严格执行音集协官网公布的本地区当年价格政策，如因装修、停业、包房数量变更等需要下调价格或增加优惠额度的特殊情况，必须将场所提供的具备法律效力的书面证明材料上报，未经批准，不能私自下调价格或增加优惠额度签约收费；签订合同须使用统一印制的卡拉 OK 经营场所专用《著作权许可使用合同》，工作人员须严格执行相关办法，并确保协议内容真实、无误；工作人员只能在音集协官网公示的行政区域内开展版权许可业务，严禁跨区域跨范围开展业务；工作人员不得私自向卡拉 OK 经营者做出任何承诺，不得与场所进行任何形式的私下交易；工作人员必须接受业务管理与监督，并积极配合各项检查工作，定期稽查签约卡拉 OK 场所的基本信息变更情况和节目内容的使用情况，相关信息整理后及时提交备档；工作人员必须对业务中的有关商业秘密信息进行保密，不得对外泄露。

（资料来源：《法制日报》，作者：张红兵）

【中国版权协会“软件工作委员会”在京成立】 2017年9月7日，中国版权协会“软件工作委员会”成立大会在北京举行，国家新闻出版广电总局（国家版权局）原副局长、中国版权协会理事长阎晓宏出席成立大会并致辞。

阎晓宏理事长在讲话中指出，软件产业是国民经济的先导性、基础性和战略性产业，在促进国民经济发展进程中具有重要地位。加强软件版权保护，对鼓励软件创新、提高企业的市场竞争力和国家核心竞争力意义重大。中国政府高度重视软件版权保护，并将正版化作为专项工作来推进，国家版权局、财政部、工信部等部门出台了一系列扶持软件产业的政策措施，极大地促进了软件正版化和软件产业发展。

来自软件产业、版权产业的相关领导、专家和企业界人士共同探讨了中国民族软件产业发展和版权保护问题。阎晓宏理事长与中国工程院院士倪光南，国家新闻出版广电总局（国家版权局）版权管理司司长于慈珂，工业和信息化部信息化和软件服务业司司长谢少锋，中国版权协会副理事长、金山办公软件公司CEO葛珂，中国版权协会秘书长孙悦等嘉宾共同见证了软件工作委员会的揭牌仪式。中国版权协会“软件工作委员会”专家委员会专家名单也在成立大会上公布。

中国版权协会副理事长、金山办公软件公司CEO葛珂在会上介绍了中国版权协会软件工作委员会的筹备经过。他表示，软件工作委员会筹备会于2017年3月召开，经政府、学术、产业和行业组织各方的共同努力，9月7日正式成立。中国版权协会“软件工作委员会”将充分发挥中国版权协会行业的组织作用，致力于软件正版化工作，促进软件版权保护与产业发展。

中国版权协会是国家新闻出版广电总局（国家版权局）主管的全国性版权专业社会团体，是我国版权领域唯一具有广泛代表性的社会团体。中国版权协会软件工作委员会的性质为中国版权协会的二级委员会，受中国版权协会的领导，在国家版权局的指导下，充分发挥行业组织在维护会员权益、促进产业发展、协助推进使用正版软件等工作上的协调和组织保障作用。

软件工作委员会的主要职能是做好软件版权保护工作。秉承中国版权协会软件工作委员会“维权益，促产业，助政府”的服务宗旨，全方位地为软件版权权利人提供该领域的“咨询、监测、维权、调解”服务，软件工作委员会将特别针对传统通用软件、互联网软件、APP等三个领域开展软件版权保护等相关工作。

（资料来源：中国版权产业网，作者：辛闻）

【打击盗版标准工作研讨会召开】 2017年9月13日，在标准出版机构自律维权发展联盟第十次理事会暨打击盗版标准工作研讨会上，该联盟理事长、中国质检出版社（中国标准出版社）社长李迎丰介绍，“标发联成立近10年来，共协助有关部门查处制售盗版标准案件400余起，查获各种非法出版物300余万册，折合码洋近亿元，有效震慑了标准侵权盗版活动，维护了中国在保护标准版权、重视知识产权保护工作方面负责任的大国形象”。

随着经济社会快速发展，标准的应用领域越来越广，需求也越来越多，因此也吸引了越来越多盗版分子觊觎的目光，标准侵权盗版案件也在逐年增加。标发联作为我国首个以标准出版发行传播为核心内容的联盟，从2008年成立至今，始终以自律为基础，以维权为手段，以发展为目的。

标发联秘书长花建华介绍，自标发联第九次理事会议以来，联盟积极配合相关文化行政执法部门，共组织协调联盟成员单位在全国范围内开展打击标准侵权盗版专项行动14次，收缴盗版标准图书50余万册，采取多种方式追查侵权盗版网站25家。除此之外，在打击标准网络盗版方面，联盟也做出了努力。

标发联成员单位所出版发行的国家标准覆盖了经济和社会发展的所有领域，其中行业标准种类占所有行业标准种类的95%以上。标发联除了对侵权盗版行为采取零容忍态度外，在建立和完善标准出版发行方式渠道和标准版权保护机制、宣传普及标准和标准版权知识、引导和促进行业自律等方面也做了大量卓有成效的工作。

由于标准覆盖领域不断扩展，维护标准版权的力度不断加大，助推标准服务经济社会发展的能力不断加强，行业号召力和社会影响力不断提升，标发联已经成为我国宣传普及标准知识、扩大标准影响、开展标准版权保护工作、规范标准传播市场秩序的一支重要力量。

2017年8月，标发联各成员单位还积极参与了中国出版协会在北京主办的“中国标准出版走出去”研讨会，以“中国标准出版走出去”为主题，围绕中国标准服务“一带一路”倡议、如何做好标准出版工作“走出去”等方面进行深入交流，展示了标发联的良好形象和责任担当。

对于标发联未来的工作重点，李迎丰表示，将会从继续加大对标准侵权盗版违法行为的打击力度和加快推进标发联内部改革两方面展开。

（资料来源：《中国新闻出版广电报》，作者：邹韧）

【浙江省宁波市海曙区成立著作权纠纷诉调对接中心】 2017年9月21日，宁波市海曙区人民法院与海曙区文化广电新闻出版局、海曙区文化经营行业管理协会共建著作权纠纷诉调对接机制，并举行了揭牌仪式。

“我已经买了点唱机，为什么还说我侵权?”宁波不少KTV老板当听说自己因侵犯歌曲著作权被起诉至法院时，第一时间都会有此反应。从2012年至2016年度，海曙法院共受理涉KTV著作权案件843件。该类案件具有数量大、系列案件多、涉及面广等特点。其中，中国音像著作权集体管理协会（以下简称音集协）等著作权人诉至法院的均为大批系列案件，涉及海曙区大部分KTV。

在受理大批KTV著作权侵犯案后，海曙法院与海曙区行业主管部门沟通，成功促成了海曙区娱乐行业协会成立，辖区所有KTV娱乐企业均参与成为会员。区划调整后，新划入海曙区管辖范围的15家企业也加入了该行业协会。自此之后，海曙区的部分KTV通过协会议价的方式，与音集协就付费标准达成共识。“价格远低于音集协公布的浙江地区收费标准，更不用说和被起诉后的赔偿费比了。这样就不用担心被诉侵权，可以安心经营了。”不少KTV老板说。

受此启发，海曙法院还与海曙区文广新局、区文化行业协会积极整合各方资源，共同设立著作权纠纷诉调对接中心。中心下设两个调解工作室，一个设在海曙区文化行业协会，由区文化行业协会指定专人负责调解工作室的日常管理；一个设在海曙法院调解中心，由该院调解中心及知识产权庭指定专人负责调解工作室的日常工作。

诉调对接中心将发挥文化执法、行业协调、法院司法等职能优势，形成著作权纠纷的“一站式”解决服务平台。

（资料来源：浙江在线，记者：王颖，通讯员：陶琪姜）

【网络版权产业研究基地专家委员会成立仪式在京举行】 2017年11月23日，2017年全国版权社会服务工作会议在北京召开，会上举行了网络版权产业研究基地专家委员会成立仪式。

网络版权产业研究基地是2016年获批在腾讯公司设立的机构。基地成立以后，相关的研究工作随之开展，《2017中国网络版权产业发展报告》便是基地在国家版权局的指导之下对外发布的。本次举行的网络版权产业研究基地专家委员会成立仪式，意在激励基地充分发挥好基础平台的作用，将产业界和学术界的优势力量紧密联系在一起，进而形成更多更优质的研究成果，服务于国家的版权工作和版权事业。会上，国家版权局版权管理司司长于慈珂为网络版权产业研究基地聘请的来自清华大学、北京市社会科学院、腾讯企鹅智库等学界与业界的专家代表授牌。

“成立网络版权产业研究基地专家委员会，是版权工作社会化、充分调动社会力量的体现。”于慈珂表示，让学界和业界的力量加入到版权保护的工作中来，有助于让版权保护工作汇集更多智慧、推动版权工作社会化进程。

（资料来源：《中国新闻出版广电报》，作者：隋明照）

【第十届中国版权年会在京举行】 2017年11月24日，由中国版权协会主办的第十届中国版权年会在京举行。会上颁发了2017中国版权最具影响力企业奖、2017中国版权卓越成就者奖和中国版权年度特别贡献奖。全国人大教科文卫委员会主任委员、中国版权协会名誉理事长柳斌杰出席大会，并为获奖者颁奖。

柳斌杰表示，党的十九大开启了新征程，版权事业同样也要开启新征程。我国版权事业近年来发生了3个深刻变化，即由客场变成了主场，由被动变成了主动，版权产业由边缘化进入了主打市场。柳斌杰希望：一是要在新时代开启新征程，因为中国在未来发展中必须要走一条自主创新、超越自我的道路，才能站在世界前沿；二是要通过版权创造、运用、保护和管理，推动提升中国创新能力，推动文化事业、文化产业大发展大繁荣；三是在加强版权管理工作中，中国版权协会可继续发挥重要桥梁作用，把产、学、研三界联系在一起，做新时代版权行业创新发展的引领者。

国家新闻出版广电总局副局长、国家版权局专职副局长周慧琳指出，2017年，全国版权系统深入学习习近平新时代中国特色社会主义思想和党的十九大精神，认真贯彻落实《2017新闻出版广播影视工作要点》，牢固树立“四个意识”，围绕中心，服务大局，真抓实干，开拓创新，奋发有为，版权工作在推进完善版权法律制度体系、大力开展打击侵权盗版工作、持续推进软件正版化工作、不断强化版权社会服务体系、不断加大版权宣传培训力度、持续推进版权对外交流合作等方面取得了长足进步。同样，中国版权协会在2017年也取得了斐然成绩。协会充分把握国家重点工作，服务大局、服务行业，在完善组织机构、搭建服务平台、开展反盗版维权、举办研讨培训、创办“远集坊”、加强版权技术监测、为会员维权等方面很有成效。他希望协会在推动加快版权强国建设、加强版权创造、不断满足人民的精神文化需求、营造良好版权生态环境、促进经济发展文化繁荣等方面继续发挥桥梁作用。

中国版权协会理事长阎晓宏表示，中国版权协会努力在新时代、新形势下有新作为，将继续为会员提供优质、高效的服务。协会今年搭建的“远集坊”平台，将成为会员交流好思想、好作品、真知灼见的良好平台。

国家版权局版权管理司司长于慈珂宣读了周慧琳的书面讲话。年会由中央电视台原主持人陈铎主持。中国版权协会会员代表以及来自权利人组织及版权产业界代表，版权教学科研、法律事务、新闻媒体代表等360余人出席年会。

（资料来源：《中国新闻出版广电报》，作者：赖名芳）

【广东中山新增四家“版权基层工作站”】 2017年11月，广东省中山市新增四家“版权基层工作站”，分别设在东区华鼎知识产权代理有限公司、南头艾迪尔知识产权代理公司、小榄星宇文化教育发展有限公司、小榄力天知识产权有限公司。

四家版权基层工作站挂牌后将在中山市版权管理部门的支持下，开展作品登记、版权宣传、版权咨询、版权培训、维权调解等工作。加上之前设立在古镇、港口、大涌、市印刷包装协会等版权基层工作站，中山已建成8家版权基层工作站。

版权基层工作站成立后，中山市的企业或个人可以直接在就近的版权基层工作站申请办理版权作品登记、版权咨询服务、专项资金扶持及维权调解服务等。这不仅可以提高效率节省成本，还能获得版权保护、版权展示、版权交易、资金扶持和快速维权等方面的专业服务。

扶持建设多个版权基层工作站是中山市贯彻落实《中山市文化事业与文化产业发展“十三五”规划》的重要举措。中山市计划到“十三五”末期利用现有社会中介服务组织建成覆盖全市各主要镇区、方便群众就近办理版权事务的版权公共服务体系，以拓展镇区版权保护宣传、提高版权作品登记量、及时有效开展维权服务，加快推动企业转型升级，切实落实创新驱动发展战略。

（资料来源：南方网，作者：王谦）

【全国省级党报集团版权保护联盟成立】 2017年12月9日，全国20余家省级党报集团负责人齐聚海南陵水，参加由中国新闻出版传媒集团和海南日报报业集团共同举办的第三届中国报业集团高层座谈会。20余家省级党报集团在国家版权局的指导支持下，联合发起成立“全国省级党报集团版权保护联盟”，并同时发布版权保护联盟宣言。

全国人大常委会委员、教科文卫委员会主任委员柳斌杰在会上发表题为《新时代党报要有新作为》的书面发言。柳斌杰表示，新时代党报的首要任务是坚守舆论阵地，让十九大精神落地生根。要把学习宣传贯彻党的十九大精神作为首要政治任务，作为提升新闻舆论工作水平的根本大事，进一步运用党报的全部手段把学习宣传贯彻党的十九大精神引向深入，深入浅出地做好“四个伟大”的理论阐释和实践引导，引导全社会坚定“四个自信”、跟上新时代步伐，让习近平新时代中国特色社会主义思想家喻户晓、深入人心。

会上成立的全国省级党报集团版权保护联盟，将集体加入由中国搜索牵头组织的中国新闻媒体版权保护联盟。在新闻版权统一管理、制定版权合作规则、组织共同议价、支持成员维权等方面扮演积极的角色，帮助全国省报集团充分依托现行法律法规，实现版权资产权益的最大化。同时，联盟还将秉持先授权再使用的原则，帮助新闻作品需求者合法取得新闻作品授权，构建公平便捷先进的版权交易平台、渠道、终端，营造规范健康的新闻作品版权交易秩序。

（资料来源：《中国新闻出版广电报》，作者：杜一娜）

【广东打造全国首个4K纪录片版权交易平台】 2017年12月11日，广州纪录片节在广州图书馆开幕。本届纪录片节上特设4K纪实节目高峰论坛、4K超高清纪实展区，并打造全国首个4K纪录片版权交易平台，征集到的39部优质4K纪录片将与170家国内外发行商进行对接。广州纪录片节将作为全省推进4K超高清进程的重要一环。

“围绕内容频道建设、用户推广、企业建设等，加快全省4K电视网络应用和产业发展。”广东出台的推动4K电视网络应用与产业发展的政策中，4K技术和产业成为明确的落实目标和支持对象。

作为响应落实这一政策的具体行动，本届纪录片节不仅着力打造 4K 影片征集、4K 纪录片展映、现场设置 4K 展区等系列活动，以引导 4K 技术融入纪录片，还打造了 4K 纪录片版权交易平台，在广东乃至全国率先实现了 4K 纪录片版权交易。

2017 年节展期间，在纪录片商店交易中心专门开辟了 4K 纪录片版权交易展区，为有意向购买 4K 纪录片的买家提供优质片源。之前节展征集到的 39 部优质 4K 纪录片，将通过纪录片商店与 170 家国内外发行商进行对接。

另外，2017 年广州纪录片节还将设置 4K 超高清纪实展区，SONY 和 4K 花园纷纷设立展位。在节展现场，观众可以深度体验 4K 作品，直观感受 4K 分辨率带来的超清享受，并有机会近距离接触 4K 技术在当前广播影视产业链上的具体应用，对当前国际、国内先进 4K 拍摄器材、传输技术、信号转化、播出载体等有直观的认识。

广州纪录片节作为国家级的纪录片展映、交流、交易的平台，在新技术的应用上持续领航，2017 年特设“4K 纪实节目的内容创作与产业趋势”高峰论坛，邀请 4K 技术专家和纪录片创作人就“如何将 4K 新技术运用到纪录片的制作中”等主题共商共言，从技术应用的层面探讨 4K 技术的推进发展。

其中，波士顿公共电视台《新星》高级制片人梅兰妮·瓦莱斯、北德意志广播电视台文化纪录片总监德克·诺伊霍夫、韩国广播促进会经理金承泽、中央新闻纪录电影制片厂（集团）摄影指导朱兴辉以及腾讯视频客厅产品部总经理赵罡等嘉宾都将对话 4K 技术，讨论其发展样态。

另外，组委会在“大师培训”环节设置了 4K 技术应用解读的相关活动。邀请了中国中央新闻纪录电影制片厂（集团）摄影指导朱兴辉、电影数字洗印厂总经理华成、阿童木亚太区副总裁宋慧桐等专家，对 4K 制作进行全方位的解析，就“如何选择 4K 纪录片的摄影器材和周边附件”“如何规范录制”“如何捕捉最细微的声音”“怎样布光和调色”等 4K 技术摄制和后期应用中可能出现的问题进行全面的介绍。

（资料来源：金羊网，作者：董芳）

【移动应用安全版权服务平台推出网络维权服务】 2017 年 12 月，移动应用安全版权服务平台正式上线，它联合了中国版权保护中心（CPCC）、北京网络行业协会和大小移动应用商店等，建立 5 个工作日侵权快速制止工作机制，为权利人在知识产权领域和不正当竞争领域提供快速制止方案，可以实现侵权 APP 产品 5 个工作日之内在应用商店下架。

随着移动互联网的高速发展，移动应用服务已成为互联网重要的信息传播渠道和公众服务平台，但是移动互联网的开放性与虚拟性使得侵权风险和成本降到历史低点。权利人举报无门、投诉难、司法程序周期长，让侵权方钻了大量空子，虽然付出大量人力、物力和时间，却很难达到预期的维权效果。

移动应用安全版权服务平台的上线，将使这些问题得到很大的改观。例如，某出版社利用移动应用安全版权服务平台的 5 个工作日侵权快速制止工作机制，已累计下架侵权 APP 产品 100 余款，挽回损失上千万元。

（资料来源：《钱江晚报》，作者：包成勇）

◆ 国际交流与合作

【“2017 高校数字版权国际论坛”举行】 2017 年 4 月 13 日，中国文字著作权协会与美国版权结算中心在京联合举办“2017 高校数字版权国际论坛”，讨论如何解决高等教育领域数字图书馆及数字校园建设面临的版权问题，探讨高校版权合规政策及措施，分享版权内容获取及传播实践，解决高校科技、学术发展中的版权难题。

本次论坛聚焦高校数字版权合规政策、实践，学术内容获取、加工、使用及传播中的版权问题，解决学术内容版权问题的集体许可方案，以及开放获取带来的版权问题等四个主题，来自中国人民大学、北京师范大学、北京邮电大学等国内一流大学的图书馆馆长、专家分享了大学图书馆的版权合规政策和实践，也提出了解决问题的方向和建议。大家普遍认为，著作权集体许可是解决高等教育领域数字版权面临问题的优选有效机制。

本次研讨会是“2017 全国知识产权宣传周”系列活动的重要内容，得到了国家版权局和世界知识产权组织的支持和指导。

（资料来源：《中国教育报》，作者：卢思）

【周慧琳在京会见世界知识产权组织总干事弗朗西斯·高锐一行】 2017 年 5 月 15 日，受中宣部副部长、中国国家新闻出版广电总局局长、国家版权局局长聂辰席委托，中国国家新闻出版广电总局副局长、国家版权局专职副局长周慧琳在京会见了世界知识产权组织（WIPO）总干事弗朗西斯·高锐一行。双方就进一步巩固和加强版权领域的合作，推进《视听表演北京条约》早日生效等相关情况进行了深入交流。WIPO 副总干事王彬颖陪同会见。

周慧琳首先对高锐总干事、王彬颖副总干事一行的来访表示欢迎。他表示，中国国家版权局与 WIPO 一直保持着密切联系和良好合作，这种关系在高锐总干事的积极推动下得到了巩固，而且更加务实、高效和深入。随着中国经济的发展以及“一带一路”倡议得到更多国家的响应，今后双方的交流与合作将更加广泛。中国国家版权局希望 WIPO 继续给予中国版权工作更多的关注与支持。当前，为中国经济发展与社会发展提供保障是中国版权工作的最重要任务之一。中国国家版权局正在深入研究如何在版权领域强化严格保护，进一步完善版权法律法规和各项制度的顶层设计，加强版权执法监管，发挥好权利人主体作用等。中国国家版权局也希望继续加强与 WIPO、包括“一带一路”沿线国家政府间的合作与交流，实现共享共建，以此借鉴国际先进做法与经验。此外，也希望与 WIPO 在版权合作谅解备忘录框架下继续合作办好国际版权论坛，评选中国版权金奖，设立版权优秀案例示范点等合作项目，支持中国“一带一路”层面的版权合作、能力建设、人才培养。

周慧琳还向高锐一行介绍了中国国家版权局为推进《北京条约》早日生效而配合 WIPO 开展最新工作的情况，以及将于 2017 年 6 月由中国国家版权局与 WIPO 共同举办的“保护创作者权利推动文化和电影产业发展”国际版权论坛，为中外影视界权利人、使用者提供交流合作国际平台的筹备情况，并诚挚地邀请高锐能够拨冗出席论坛。

高锐感谢中国国家版权局给予 WIPO 长期的良好支持。他表示，WIPO 非常重视与中国在版权领域的紧密合作。当下全球多边主义受到挑战，中国能够积极参与 WIPO 相关工作更显得弥足珍贵。当前，随着数字技术的迅猛发展，全球版权事业相比 5 年前得到了快速拓展，但同时也面临着诸多挑战。面对全球版权事业与文创产业发展现状与变化，WIPO 将不会放弃在国际层面建章立制的工作理念，希望中国在版权领域能够积极发出建设性的声音。

中国国家新闻出版广电总局（国家版权局）版权管理司司长于慈珂、副司长汤兆志，总局政策法制司副司长高思，以及 WIPO 中国办事处主任陈宏兵、副主任吕国良等陪同会见。

（资料来源：国家版权局网站，作者：赖名芳）

【中泰软件版权合作论坛在曼谷举行】 2017 年 6 月 9 日，由中国国家版权局、泰国知识产权厅联合主办的中泰软件版权合作论坛在泰国首都曼谷举行。众多中、泰政府和企业代表出席论坛，并分享了各自在软件版权保护方面的经验。

中国国家版权局版权管理司司长于慈珂表示，中泰两国都非常重视知识产权保护，并长期保持良好交流合作关系，中泰两国在版权交流与合作方面进入了常态化、制度化阶段。

泰国政府代表表示，泰国商务部于今年 2 月开设了企业知识产权创新驱动中心，希望通过知识产权专利、新技术和创新实现企业的发展和升级策略。

随着“一带一路”建设的深入推进，以及“泰国 4.0”战略的积极部署，中泰两国在知识产权领域的合作将进一步加深，这有利于深化双边经贸科技文化交流，实现共同发展，也将助力中国与“一带一路”沿线国家在知识产权领域合作的优化，加深文化和科技交流。

（资料来源：《人民日报》，作者：杨讴）

【中英版权研讨会在京召开】 2017 年 6 月 13 日，中英版权研讨会在京召开。研讨会由中国国家版权局和英国知识产权局、英国驻华大使馆共同主办，主题为“数字环境下中英版权交流与合作”。

来自中英两国的版权管理者、专家、学者，共同分享了数字环境下中英版权保护经验，探讨了版权制度建设、权利管理、国际合作等重要问题。中国国家版权局版权管理司司长于慈珂表示，中国政府一直高度重视版权保护工作，特别是近年来政府部门持续加大了对侵权盗版行为的打击力度，国家版权局联合国家网信办、公安部、工信部等四部委连续 12 年开展打击网络侵权盗版专项治理“剑网行动”，并取得了显著的成效。2017 年是中英两国建交 45 周年，多年来中国国家版权局和英国知识产权局一直保持着良好的合作关系。2010 年双方签署了《中英版权战略合作谅解备忘录》，并且在备忘录的框架下进行高层互访、人才培养及交流活动。在数字环境下，中英双方不仅需要在版权制度的基础上寻求新的观念突破和新的制度设计，还应利用这广阔的空间不断加强两国的版权合作。

英国知识产权局版权与行政执法司司长罗斯·林奇高度评价了中国政府在打击侵权盗版方面取得的成绩，并向与会嘉宾介绍了英国在网络侵权执法方面开展的工作情况。她说，目前，英国建立了一支专门打击网络侵权的警察队伍，建立了一支解决非法机顶盒问题和从源头治理网上非法广告问题的队伍。另外，还制定了与搜索引擎服务商之间的协调机制，使它们能更好地进行版权保护。

研讨会上，与会嘉宾分别就“数字环境下的版权执法和司法保护”“数字环境下的广播组织版权问题”两个议题展开讨论。大家认为，创意产业对于中英两国的经济非常重要，只有确保著作权人的合法权益不受侵害，才能鼓励和支持创意产业的发展。政府主管部门、权利人、集体管理组织以及相关司法部门等，应多进行有效沟通合作，使侵权行为无所遁形，以便更好地保护著作权人权利，促进产业发展。

（资料来源：《中国新闻出版广电报》，作者：邹韧）

【世界知识产权组织副总干事及多国代表参访冠勇科技】 2017年6月20日，世界知识产权组织（WIPO）副总干事西尔维·福尔班女士、WIPO版权发展司司长高航、国家版权局版权管理司副司长汤兆志，马里、贝宁、塞内加尔驻华使节，以及19个国家版权主管部门的30多位代表参访冠勇科技研发总部，并就数字环境下版权管理及保护展开研讨。

冠勇科技董事长吴冠勇向来宾介绍了移动互联网时代中国网络版权监测保护的技术和现状，以及中国作为世界第一互联网大国版权产业蓬勃发展的趋势。

西尔维·福尔班详细询问了冠勇科技的海量内容搜索技术，以及版权监测的操作流程。她赞扬了冠勇科技在监测方面取得的成绩，并表示中国作为具有一定话语权的发展中国家，其知识产权尤其是版权的发展将影响全球，而冠勇科技的技术可助力版权方打击盗版，对推动全球版权产业发展具有重要意义。

汤兆志对冠勇科技全作品、全平台、全时段核心监测技术予以肯定，并对冠勇科技为国家版权局等政府部门、权利人等提供优质的服务表示认可。

墨西哥、蒙古国、肯尼亚等多国代表对中国版权监测保护领域采用的技术、模式表现出浓厚的兴趣，纷纷表示希望与冠勇科技等版权相关技术企业加强交流与合作。

吴冠勇表示，冠勇科技期待借助先进的版权大数据监测技术，与各国版权主管部门以及权利人携手，共同营造更加健康繁荣的版权环境。

冠勇科技是全球领先的版权监测及网络发行服务商，公司依托自主研发的海量音视图文内容搜索技术、版权大数据、云计算等全球领先技术，成功打造了“7×24小时”全时段、全作品、全平台的版权大数据云监测平台。截至2017年5月，冠勇科技共接受超过500家权利人委托，为上千万个不同类型的版权作品提供了版权监测维权服务，并针对重点作品进行下线处理，侵权下线率达95%以上。

（资料来源：中国版权产业网）

【“首届国际数字版权管理创新发展论坛”在北京举行】 2017年6月22—23日，“首届国际数字版权管理创新发展论坛”在北京举行。国家新闻出版广电总局广播科学研究院院长邹峰在为大会致辞时表示，随着传统媒体与新兴媒体的融合，广播电视网络的数字化、双向化、融合化，以及终端的智能化和融合化的不断加快，数字版权保护越来越成为网络安全的重要组成部分之一。

邹峰提出，随着媒体融合、宽带中国等战略的持续推进，以及4K/HDR、VR/AR和智能终端等技术的发展与进步，数字版权内容的价值越来越显著，数字版权市场不断扩大。面对当前新的发展形势，迫切需要在国家版权相关法律、法规以及行业政策的指导下，协同技术体系、价值体系和维权体系，构建健康和谐的数字媒体内容版权保护生态体系，实现数字媒体版权价值最大化。

“数字版权管理是一个技术、管理、法律多层面协同的交叉领域，也是信息安全、网络安全的重要组成部分。”中国工程院院士丁文华从技术角度提出，数字版权的保护涉及整个版权内容运营的端到端的安全体系的建立，尤其是在终端智能化的当下，硬件可信执行环境技术、侧信道安全防护技术、安全媒体路径等智能终端的安全保护机制，越来越成为版权保护技术实施的重要安全基础。

丁文华认为，面向中国媒体融合的新形式，构建中国版权保护生态体系迫在眉睫，中国广播影视数字版权管理论坛在几年前就筹建了中国广播影视数字版权管理认证中心，为产业链各方提供信任与安全体系的技术支撑，广科院建立了数字媒体内容保护技术研究实验室（ChinaDRM Lab），开展ChinaDRM技术和标准的安全评估与认证、国际交流与合作以及技术咨询服务。

但他同时指出，单纯靠技术去解决当下网络融合环境下的数字版权管理问题是不够的，需要在已经建立的技术体系的基础上，持续演进技术的同时，将技术、管理、法律有机协同，全方位推进数字版权管理。

据悉，本次大会围绕版权保护的方方面面进行了深入探析。主论坛探讨了数字版权保护技术体系创新，以及数字版权保护技术体系、价值体系与维权体系的协同发展。分论坛则分别就“数字版权保护技术创新与发展演进”和“数字版权商业模式创新与融合发展”两个论题进行了讨论。

大会期间，广播科学研究院与上海文广集团完成签约，达成战略合作。广播科学研究院 ChinaDRM 实验室和美国 MovieLabs 公司还发表联合声明，将推进版权保护技术与标准的持续演进，携手共建和谐的国际媒体产业生态。此前，双方已于 2016 年 10 月签署战略合作协议，成立联合工作组，推动中美版权保护技术交流与合作，共同推动 ChinaDRM 技术要求、系统标准、安全评估认证的实施。

（资料来源：千龙网，作者：刘洪昌）

【中美体育赛事节目法律保护研讨会在京举行】 2017 年 6 月 23 日，在由中国国家新闻出版广电总局（国家版权局）和美国专利商标局共同在京主办的中美体育赛事节目法律保护研讨会上，来自中外知识产权界、司法界、学术界、体育产业界及著作权集体管理组织等机构的百余名会议代表，就体育赛事节目所产生的相关权益，以及适用的法律保护方式等问题进行了深入研讨。此次研讨会是中美商贸联委会知识产权协议确定的工作内容及中国国家版权局和美国专利商标局确定的年度工作计划之一。

中国国家新闻出版广电总局（国家版权局）版权管理司司长于慈珂表示，保护体育赛事节目，适用何种法律、保护措施，国际、国内目前依然有许多不同的规定和观点。在国际层面，有关包括体育赛事在内的电视直播、转播等都涉及广播组织权益保护的问题，一直在世界知识产权组织版权与相关权常设委员会（SCCR）框架下进行专门的磋商，目前各国还没有就实质性问题达成一致。在国内层面，中国现行的《著作权法》没有对体育赛事节目的保护做出明确的规定，只是从广播组织层面规定；虽然中国国家版权局第三次提交给国务院法制办的《著作权法修改草案（送审稿）》中，规定了广播电台、电视台享有许可他人以无线或有线方式转播其广播电视节目的权利，但该修订稿毕竟还没有正式出台，而广播组织针对网络同步转播体育赛事节目能不能在著作权法框架下直接维权，体育赛事的组织者除了依据《侵权责任法》《反不正当竞争法》等，是否还有其他具体的维权途径，希望通过这次主题研讨会找到法律上的理论支撑。

研讨会开幕式由中国国家新闻出版广电总局（国家版权局）版权管理司副司长汤兆志主持。会上，中央电视台办公室版权和法律事务室主任郑直，上海知识产权法院凌宗亮，中国知识产权法学研究会副会长、体育分委主任马一德，腾讯公司助理总法律顾问王小夏，美国专利商标局尼尔·格雷汉姆，NBA 中国高级总裁兼首席法务总监黄雅丽，二十一世纪福克斯公司全球内容保护高级顾问谢耀权，亚太广播联盟知识产权和法律委员会主席严波，欧盟驻华使团贸易处公使衔参赞罗本诺，英国使馆高级知识产权官员杜涛，美国俄勒冈大学法学院教授浦睿恪等中外嘉宾，分别从中国、国际、产业等视角，并根据各自的法律体系，以及国际通行的作品独创性标准和原理，为体育赛事节目寻找符合法理的知识产权制度支撑发表了意见和观点。

（资料来源：国家版权局网站，作者：赖名芳）

【“2017 全球创新指数报告圆桌讨论会”召开】 2017 年 6 月 24 日，“2017 全球创新指数报告圆桌讨论会”在京召开，对最新发布的《2017 年全球创新指数报告》进行解读。会议由世界知识产权组织中国办事处与北京大学全球创新指数研究中心主办。

世界知识产权组织总经济师办公室全球创新指数报告项目负责人沙夏在解读《报告》时表示，近年来中国在创新方面的崛起非常强劲，没有中国，全球创新指数的成绩单不会这么漂亮。他还谈道，越来越多中国高科技企业在现有领域如智能手机、移动电源方面通过创新降低了成本，还有一些企业如腾讯、小米等公司创新水平很高，创业精神高涨，这是非常好的表现。在出版物方面他也特别提到，之前中国出版物会被认为是数量多但质量不好，此次中国出版物质量特别是科学论文质量，比大多数国家都先进很多，这也体现了中国的创新力量。根据他的预计，中国创新指数上升的势头将会继续发展，预计未来 10 年内中国创新指数会在全球排名前十位。

世界知识产权组织中国办事处主任陈宏兵介绍，根据《2017 年全球创新指数报告》统计，中国在创意产出等五大类的创新指数方面均有所提升，其中中国文化产品出口、数字化内容创造等与国内版权保护有正相关关系。“如果版权规则不够清晰，执法不够严格，文化产业的链条就不能一体化高速运转。”他认为，中国文化产业的飞速发展与中国正在打造的良好的版权环境密不可分。尤其是网络版权保护方面，他认为中国的保护措施已经领先于世界上很多国家，比如国家版权局连续 10 余年开展的“剑网行动”，对网络音乐、网络文学、网络广告等领域的版权进行专项整治，重点打击网络侵权盗版，已经非常有效地规范了网络版权环境。

（资料来源：《中国新闻出版广电报》，作者：任晓宁）

【国际版贸平台 PubMatch 与北京国际图书博览会达成合作】 2017 年 6 月，世界领先的全球版权贸易平台 PubMatch 在纽约宣布将与北京国际图书博览会（以下简称图博会）进行合作，依托图博会，为中国出版商打造专业的在线版权交易平台，向国际推广中文内容。

PubMatch 是目前国际上唯一一个版权自动交易平台，它拥有 150 多个国家的 25 万条版权信息，每天约有 13 780 的出版人、代理商和作者浏览这一平台。图博会与 PubMatch 合作，以 PubMatch 现有平台为模型，打造一个可供所有参加图博会的各国出版商及其版权经理使用的中文版 PubMatch 在线版权平台。建成后，该平台将实现集版权数据库、工具和搜索功能等于一体。中国出版社可以通过 PubMatch 上传图书版权信息，使用这个平台的国际出版商可以轻松地通过 PubMatch 平台搜索到中国出版社的信息。

全新打造的 PubMatch 平台将于 8 月 23 日至 27 日在第二十四届图博会上投入使用。目前，该平台正在建设中，图博会将编译中国出版商数据库，完成 PubMatch 网站的简体中文翻译工作。

Combined Book Exhibit 总裁 Jon Malinowski 表示：“从版权交易的角度出发，PubMatch 在线版权交易平台将使中国出版社的内容走向世界变得更容易。”

“我们很高兴能与 PubMatch 合作，让图博会的参展商进入在线版权平台。”图博会承办方中国图书进出口（集团）总公司（CNPIEC）副总经理林丽颖表示，“作为一个专业书展，我们的宗旨就是服务出版业。我们相信 PubMatch 提供的优秀网络系统和工具，将为图博会参展商带来更加有效的展示，并取得更好的版权交易成果。通过 PubMatch 的平台，我们也能够向国际市场介绍更多高品质的中文内容”。

PubMatch 成立于 2009 年，是一个出版产业的全球性服务机构，主要为出版商、代理商以及作者提供一整套版权贸易工具，会员遍布全球 150 个国家。该机构由《出版商周刊》和 Combined Book Exhibit 合作经营。

图博会由中国图书进出口（集团）总公司创立于 1986 年，近年来已成为最具影响力的国际化商业书展之一。图博会不仅涵盖了所有的中国图书出版商，也是国际出版商参与并触及亚洲其他地区的出发点。

（资料来源：《中国新闻出版广电报》，作者：朱烨洋）

【第 13 届中韩著作权研讨会在大连召开】 2017 年 7 月 19 日，以“智能环境下的中韩著作权产业发展”为主题的第 13 届中韩著作权研讨会在辽宁省大连市举办。研讨会由中国国家新闻出版广电总局（国家版权局）、韩国文化体育观光部主办，辽宁省新闻出版广电局（版权局）、韩国著作权委员会、大连市文化广播影视局、环球新闻出版发展有限公司承办。来自中韩版权政府机构、相关国际组织、著作权集体管理组织以及学术界、业界的 140 余名代表参加了研讨会。

此次研讨会根据中国国家版权局与韩国文化体育观光部于 2006 年签署的版权合作协议（《中国国家版权局和韩国文化体育观光部交流合作协议》）及 2017 年工作计划召开。中国国家新闻出版广电总局（国家版权局）版权管理司司长于慈珂在会上表示，通过此次专题研讨、案例分析、经验交流和综合讨论，不仅可以展示中韩两国在智能环境下版权保护和创新的新成绩和新成果，对两国在视频、游戏、音乐、网络漫画等版权相关领域加大合作和交流进行深入探讨，还可结合各自国情分享成功经验，寻找解决问题的有效方案。韩国文化体育观光部著作权政策官朴泰暎认为，自 2006 年中韩签署版权合作协议以来，每年两国著作权专家、业界人士齐聚一堂，为版权产业发展谋求可行方案。随着第四次产业革命的到来，智能新技术迅猛发展，内容产业流通环境也发生了变革，版权领域面临着许多悬而未决的问题，在这种情况下，中韩两国召开研讨会，研讨和探索如何调整著作权法律政策、商业运营模式等议题，具有重要意义。

辽宁省新闻出版广电局（版权局）局长刘向阳、韩国著作权委员会委员长林元善出席研讨会开幕式并致辞。中国国家新闻出版广电总局（国家版权局）版权管理司副司长汤兆志、韩国文化体育观光部著作权政策课事务官金诚烈分别介绍了中韩两国著作权法制及政策变化现状；辽宁出版集团有限公司董事长杨建军、韩国版权法学会副会长崔京洙分别就智能环境下中韩著作权产业发展的战略及未来合作形式进行了介绍；中央电视台办公室版权和法律事务室副主任、亚广联知识产权和法律委员会主席严波，辽宁广播电视台副总编辑马瑞峰，广州中望龙腾软件股份有限公司央企技术经理相纪征，大连市文化市场综合指法总队网络大队大队长吴浩及韩国COM2US代表朴庸锡，韩国中部大学教授金信分别就各自的实践案例进行了介绍。

（资料来源：国家版权局网站，作者：赖名芳）

【“一带一路”图书版权贸易洽谈会在济南举行】 2017年8月19—21日，中国·山东“一带一路”图书版权贸易洽谈会在济南举行。版贸会由山东出版集团有限公司主办、山东出版传媒股份有限公司承办。国家新闻出版广电总局副局长、国家版权局专职副局长周慧琳，山东省委常委、宣传部部长孙守刚，山东省副省长季缃绮，埃及驻华大使馆文化·教育·科技参赞侯赛因·伊卜拉欣，共同按动版贸会开幕球。

版贸会以“书香一带一路，文化交汇融通”为主题，来自35个国家的近百家国外出版机构、51家国内出版机构以及4家版权代理机构，共400余人，共商“一带一路”文化产业发展，加速“一带一路”版贸畅通，推动山东出版乃至中国出版“走出去”。展会期间既有专业的版权贸易洽谈和签约，也有高端国际讲坛、文化座谈以及新书首发式。

版贸会取得了丰硕成果。“版贸会针对性强，效益高。”山东出版传媒股份有限公司有关负责人表示，“一带一路”沿线国家，特别是阿拉伯语国家，对中国文化、中国故事更感兴趣。首次提出的“一带一路”版贸交易会概念，针对性强。此次版贸会，承担集团主营业务的山东出版传媒股份有限公司所属出版单位签订了240余种图书的版权协议（其中，输出220余种、引进20余种），12种数字产品签订版权输出协议，2种图书签订合作出版协议，并签署2个战略合作协议，另有近40种图书达成版权合作意向。

与会者认为，版贸会以项目合作和文化交流为目标，以相关活动为特色，以品牌和影响力为着力点，突出专业性、高端性，为“一带一路”沿线国家的出版机构搭建了交流、合作的平台，为各国参展商带来了新的机遇，必将成为一个可期的大舞台。

总局进口管理司司长蒋茂凝、山东省新闻出版广电局副局长孙杏林、山东出版集团有限公司董事长张志华等参会。

（资料来源：《中国新闻出版广电报》，
作者：王坤宁　张君成）

【摄著协与7国签订中国摄影家版权保护协议】 2017年10月2日，全球视觉艺术家联盟（CIAGP）理事会在美国纽约召开，中国摄影著作权协会（以下简称摄著协）应邀参加理事会。会上，摄著协与美国艺术家版权协会、英国视觉艺术家协会、法国视觉艺术家协会、西班牙艺术家版权协会、瑞典视觉艺术家协会、日本美术著作权协会和澳大利亚视觉艺术家协会签署版权保护协议，约定将由上述7国先行启动对中国摄影家的作品版权保护。此外，摄著协还与加拿大、荷兰、比利时、墨西哥等国家初步达成合作意向。

根据协议，上述7家组织在各自国家的互联网、公共传播领域，以及展览、广告、出版、租赁和租借、任何类型的复制等多个领域为中国的摄影家收取作品版权使用费，并把这些使用费转交给摄著协，再由摄著协转交给著作权人。摄著协总干事林涛介绍，此次协议的签订标志着我国视觉艺术作品的版权保护开始走向世界，是我国版权保护事业国际化的又一重要进程，具有划时代的意义。他表示，随着我国经济平稳快速发展以及与国际社会经贸、文化交流的不断深入，版权保护越来越受到社会各界尤其是艺术家群体的关注与重视，国内艺术家也非常希望与各国艺术家以及相关国际组织开展合作，共同保护好彼此的版权。此次摄著协与7国签订版权保护协议，不仅会为中国艺术家带来收益，也将为推动国际版权保护事业的健康发展产生积极的影响。

（资料来源：中国知识产权资讯网，作者：姜旭）

【周慧琳会见英国知识产权局局长提姆·摩斯一行】 2017年11月10日，中国国家新闻出版广电总局副局长、国家版权局专职副局长周慧琳在京会见英国知识产权局局长提姆·摩斯一行。双方就数字环境下的版权执法、著作权集体管理等共同关注的问题进行了友好会谈，并围绕巩固和加强中英双方在版权领域合作交换意见，确定了2018年中英版权工作计划。

周慧琳指出，中英两国自2010年签署《中英版权战略合作谅解备忘录》以来，版权交流与合作进入常态化、制度化阶段，通过代表团互访、政府间会谈、召开视频会议，以及就共同关注的版权立法、修法、执法等议题举办研讨会等方式，有效推动了两国在版权领域的沟通与合作。中共十九大报告提出明确要求，倡导创新文化，强化知识产权创造、保护、运用。中国国家版权局期待与英国知识产权局开拓版权领域更广阔的合作空间。

周慧琳向提姆·摩斯一行介绍了中国网络版权保护工作的最新进展。他表示，中国政府打击网络侵权盗版的立场明确、态度坚决，2017 年 7 月，中国国家版权局联合相关部门启动了第 13 次打击网络侵权盗版“剑网行动”，目前已对外公布了阶段性成果。互联网技术的迅猛发展，使得网络侵权盗版不断出现各种新的形式，面对全球版权保护和执法工作共同面临的这一挑战，中国希望与英国同行就改善互联网立法与执法方面分享彼此的成功经验，为全球版权产业良性健康发展，为建立公正、合理的国际版权制度共同努力，不断取得更多实实在在的成果。

提姆·摩斯表示，中国国家版权局在打击侵权盗版方面开展的工作所取得的成果令人瞩目。英国知识产权局高度赞赏中国国家版权局在推动中英两国的版权保护与合作中所做出的贡献。两国今后可以围绕具体案例进行深入沟通，在更广泛领域加强借鉴学习、沟通合作。

中国国家新闻出版广电总局、中国国家版权局版权管理司副司长汤兆志，政策法制司副司长高思等陪同会见。

（资料来源：《中国新闻出版广电报》，作者：李明远）

【柳斌杰会见国际唱片业协会首席执行官弗朗西斯·摩尔】 2017 年 11 月 14 日，全国人大教科文卫委员会主任委员、中国版权协会名誉理事长柳斌杰在京会见国际唱片业协会首席执行官弗朗西斯·摩尔一行。

柳斌杰表示，目前，中国经济社会发展进入了新时代，服务于下一个 30 年的总目标，正在完善包括著作权法在内的各项法律制度和政策措施，积极推动建设世界发展的大平台，为人民群众和全世界提供更多更好的音乐作品。

柳斌杰介绍，10 多年来中国音乐著作权保护工作取得巨大进步，2016 年中国音乐产业总规模达 3 253 亿元，保持了健康可持续的良好态势。一是推动音乐生产基地化，先后设立五大音乐生产基地，实现了音乐产业健康规范发展；二是不断完善以著作权法为核心的中国著作权保护法律体系；三是针对互联网盗版问题开展“剑网行动”等专项治理工作，使网络渠道的音乐盗版得到有效遏制；四是自 2017 年 3 月 1 日起生效实施的《中华人民共和国公共文化服务保障法》，是中国文化领域重要的基础性法律，为《著作权法》修法提供了可以遵循的基本原则和明确要求；五是开展全国范围的著作权法执法检查，将音乐著作权问题作为一个重要领域，了解著作权法实施中存在的问题，推进《著作权法》修法工作。

摩尔表示，中国音乐产业确实取得了很大进展，短短几年间从全球第二十二大音乐市场发展到第九大音乐市场，国际唱片业已经看到中国在音乐著作权保护方面取得的巨大进步，也认识到了中国音乐市场的巨大潜力，将会进一步扩大对中国的投资。希望中国《著作权法》修法过程中，对国际唱片业关注的广播权、公共表演权、著作权保护期延长等问题予以关注。

（资料来源：《中国新闻出版广电报》，作者：张德军）

【周慧琳会见美国电影协会主席兼首席执行官查尔斯·瑞弗金一行】 2017 年 12 月 14 日，中国国家新闻出版广电总局副局长、国家版权局专职副局长周慧琳在京会见美国电影协会新任主席兼首席执行官查尔斯·瑞弗金一行。双方进行了友好会谈，并围绕继续深化版权交流与合作交换意见。

周慧琳首先对瑞弗金一行来访表示欢迎。他指出，中国国家新闻出版广电总局（国家版权局）与美国电影协会长期保持密切联系和良好关系，双方合作卓有成效，希望能够进一步深化双方在加强版权保护、打击侵权盗版等方面的交流与合作，为全球电影产业的良性健康发展，为建立更加公正、合理的国际版权制度共同努力。

周慧琳介绍了美方关心的打击网络侵权盗版“剑网行动”。2012 年至 2016 年，“剑网行动”共查处网络案件 2 765 件，依法关闭侵权盗版网站 1 193 个。“剑网 2017”专项行动自今年 7 月启动以来，突出整治影视和新闻两类作品侵权盗版行为，已关闭侵权盗版网站 1 655 个，删除侵权盗版链接 27.48 万条，立案调查网络侵权案件 314 起。11 月 1 日，中国国家版权局对外公布了 16 起在“剑网 2017”专项行动中查办的典型案件，涉及影视、新闻、音乐、网络游戏等多个领域。

围绕应对网络侵权盗版新形态，周慧琳指出，互联网技术的迅猛发展，使得点播影院、非法机顶盒等网络侵权盗版新形式不断出现。中方对此高度重视，已经开展相关方面的调查和研究工作，希望能够通过法律和技术手段加以解决，切实保护权利人的利益。

周慧琳还介绍了中国《著作权法》修法工作有关情况。他表示，中国政府高度重视《著作权法》修法工作。2017 年 6 月，全国人大常委会执法检查组赴多地就著作权法实施情况开展执法检查工作，推动立法工作进展。目前，《著作权法》修法工作进展顺利。

瑞弗金表示，美国电影协会高度赞赏中国国家新闻出版广电总局（国家版权局）长期以来为改善中国版权保护环境所做的不懈努力，特别是“剑网行动”使中国的正版网络视频产业得以蓬勃发展。美国电影协会将一如既往地支持中国国家版权局的工作，继续扩大中美版权交流合作。

中国国家新闻出版广电总局（国家版权局）版权管理司司长于慈珂、副司长汤兆志等陪同会见。

（资料来源：《中国新闻出版广电报》，作者：尹琨）

◆ 产业发展

【“中国微电影微视频版权大会”在京举行】 2017 年 1 月 18 日，由中国版权保护中心、国家新闻出版广电总局发展研究中心等共同主办的“中国微电影微视频版权大会”在北京举行，微电影微视频区块链版权（交易）服务平台在会上正式发布上线，标志着未来微电影微视频的创作者可由点击量来获取版权收益。

据统计，2017 年我国微电影产值有望达到千亿元，但由于缺少相应的版权保护，目前微电影微视频交易模式尚未形成良性格局。作为中国版权保护中心 DCI（数字版权唯一标识符）体系的应用示范，新上线的微视频区块链版权（交易）服务平台依托区块链信息技术，营造了作品的生产、点击和效益的生态链，将为创作者提供集版权登记、运营交易、数据监测、稳定安全存储、全网搜索、收益结算为一体的相关服务，除了能够实现作品的实名上传，还可以优先审查确权、自行定价分销和结算，形成视频从拍摄生产、交易传播到自动结算的整体服务，从而通过保护版权所有者的权益，使微电影行业步入良性发展的轨道。

（资料来源：人民网，作者：沈小根　张姝欣）

【网易云音乐获日本大型娱乐集团独家音乐版权】 2017 年 2 月 27 日，网易云音乐与日本最大娱乐集团爱贝克思联合宣布，双方已达成独家音乐版权战略合作，将共同致力于日本音乐在中国大陆的传播推广和正版化进程。合作达成后，网易云音乐将获得爱贝克思旗下日本音乐全面授权在中国大陆地区的独家版权，同时，网易云音乐将全面代理这批版权曲库在中国大陆地区的独家推广、版权管理和分销等业务，助力爱贝克思拓展中国大陆市场。

此次合作是日本大型唱片公司与中国大陆数字音乐平台达成的首个战略级合作，也是正版日本数字音乐的首次大规模引进。在此之前，国内音乐平台尚无批量引入日本数字音乐版权先例。爱贝克思公司成立于 1988 年，总部设立在日本东京，为目前日本规模最大的唱片公司，也是现时世界上最大型的独立唱片公司之一，多年蝉联日本唱片销售王，旗下拥有众多当红艺人，如滨崎步、小事乐团（Every Little Thing）、幸田来未、大冢爱、AAA、和乐器乐团等上千人。随着与网易云音乐的战略合作达成，这些艺人的高音质歌曲已全部上架网易云音乐曲库。而这些艺人今后的新曲目，也将在网易云音乐同步上线，第一时间呈现给中国乐迷。随着合作进一步深入，今后爱贝克思旗下艺人还将有望通过网易云音乐丰富的线上线下活动，来到中国与乐迷面对面互动。

爱贝克思于 1998 年在中国台湾地区设立分公司，正式进入华语市场。此次与网易云音乐战略合作拓展中国大陆市场，体现了其对中国大陆数字音乐市场前景的乐观预期，以及在中国推广日本音乐的长远计划。事实上，近两年来，在国家版权局相关政策引导下，以及各大音乐平台的共同努力下，国内数字音乐市场正逐步回归正版化轨道，数字音乐付费氛围也逐步养成，市场形势相比前些年已有很大改观。爱贝克思选择在此时进入这个全球最具增长潜力的音乐市场，也是水到渠成。

网易云音乐由中国互联网巨头网易公司于 2013 年推出，主打音乐发现和分享。截至 2016 年 7 月，网易云音乐用户数已突破 2 亿，跻身在线音乐第一阵营。网易云音乐 CEO 朱一闻表示，国内年轻群体对日本音乐需求正日益旺盛和强烈，这也是遵循“用户第一”的网易云音乐长期、努力推进日本音乐版权合作的初衷。

（资料来源：中国知识产权资讯网，作者：窦新颖）

【苏宁逾 2.5 亿美元拿 5 年德甲版权】 2017 年 4 月 4 日，苏宁体育获得 2018—2023 年共 5 个赛季的德甲联赛中国内地独家全媒体版权，5 年合同总价值在 2.5 亿美元以上。目前，合同年限与价格等细节仍在等待官方的最终确认与公布。如果交易达成，德甲将是继西甲、英超、中超、亚冠、国足之后，苏宁拿下的又一重量级赛事独家版权。

苏宁体育近年在体育产业布局专注足球领域，从西甲到德甲，苏宁体育买独家 IP 已经投入约 105 亿元。资料显示，2015 年 8 月，苏宁体育以 2.5 亿欧元拿下 2015—2020 赛季西甲联赛中国地区独家全媒体版权，折合每赛季约为 3.68 亿元人民币；2016 年 12 月，苏宁体育以 7.21 亿美元的总价，获得 2019—2022 共 3 个赛季英超联赛中国内地及澳门地区独家全媒体版权，折合每赛季约为 16.5 亿元人民币。

2017 年 3 月，苏宁体育拿下 2017 赛季中超联赛新媒体的全场次独家版权，按照媒体估算，单赛季或为 13.5 亿元；随后，苏宁体育通过体奥动力，从乐视体育手中接下了 2017—2020 年亚足联旗下所有赛事（亚冠和世预赛等比赛）在中国内地的全媒体转播权和信号制作权。根据路透社报道，这笔合同总价超过 1 亿美元，约合每年 1.7 亿元人民币。

媒体分析人士认为，手握多项赛事版权的苏宁体育可能不会再分销版权，而是逐步推进付费服务。据了解，乐视体育此前从 2016 赛季已经开始对中超和亚冠采取过收费模式，不过随后因版权易主无疾而终。有消息称，苏宁体育 PPTV 的体育会员体系将争取在 2017—2018 赛季欧洲联赛开始之前推出。

（资料来源：《北京商报》，作者：孙麒翔　刘之爽）

【第三届东亚版交会签约额达 39 亿多元】 2017 年 4 月 16 日，第三届青岛·东亚版权创意精品展示交易会在山东青岛落下帷幕。为期 3 天的东亚版交会共接待观众 10 万人次，交易额达 39 亿多元。其中，首日交易额为 21.5 亿元，比第二届多 10 亿元。

本届东亚版交会由山东省新闻出版广电局（版权局）、青岛市人民政府主办，主题为“版权推动发展，创意成就梦想”，共吸引国内外 300 余家高端版权企业参展，全面展示了新闻出版、动漫游戏、影视音乐、艺术美术、工业设计等方面的最新版权创意成果，并开展了“城市传媒杯”国际青少年动漫大赛颁奖、“互联网形势下的版权产业发展”高峰论坛、马来西亚文化经贸推介会、渡边文学展开幕式、东亚文化科技金融论坛等近 30 场主题活动，为展商和专业人士搭建了良好的交易平台。

除了展示外，本届东亚版交会还达成了多个合作意向，10 余个合作项目正式签约，版权交易签约额达 39 亿多元，比第二届增长了 95%。

马来西亚作为本届东亚版交会主宾国，组织马来西亚企业与青岛本地企业及展会参展商进行了多项版权贸易洽谈。

（资料来源：《中国新闻出版广电报》，作者：邹韧）

【阿里文学进军网络大电影投入 10 亿元启动“HAO”计划】 2017 年 4 月 18 日，阿里文学对外宣布正式进军网络电影领域。阿里文学与阿里文娱集团旗下优酷、阿里影业联合启动 HAO 计划，将共同投入 10 亿元资源赋能网络电影内容生产者。阿里文学还宣布与芒果娱乐、泰海影业达成项目合作，阿里文学合作及签约作品《西游摇滚记》《刑凶手札》将改编成网络大电影。

根据 CNNIC 发布的《中国互联网络发展状况统计报告》，截至 2016 年 12 月，我国网络文学用户规模达到 3.33 亿。近几年，由网文 IP 改编的影视作品成为文娱产业增长点。不过大多数网文平台仍然依靠售卖版权获利，并没有深度参与到 IP 开发与衍生中，这也导致了衍生作品不断爆出剧情粗制滥造、内容冒名顶替等怪现象。

阿里巴巴文化娱乐集团 CFO、阿里文学 CEO 黎直前表示，从网络文学到网络电影，只是全链路开发的起点，而不是终点。未来，将引入更多合作方和资源，帮助优质的网络电影发展超级网剧、电视剧、院线大电影等衍生产品。

阿里文学联手优酷、阿里影业推出的网络电影 HAO 计划，“H”代表给行业带来新的希望（hope），“A”代表助力网络电影这种新兴艺术（art）形式，“O”代表开放（open）的态度，三方将提供集 IP 衍生、项目融资、内容制作、电影宣发在内的全链路支持。

2015 年 4 月，阿里集团正式推出阿里文学，负责的业务以内容生产、合作引入以及版权产业链的双向衍生为主。

（资料来源：凤凰科技，作者：白杨）

【“UP 腾讯互动娱乐 2017 年度发布会”在京举办】 2017 年 4 月 20 日，以“奇点·共生”为主题的“UP 腾讯互动娱乐 2017 年度发布会”在北京举办，腾讯动漫、阅文集团、腾讯影业、腾讯游戏等品牌与业务依次发布，既有各垂直业务领域的最新战略举措与产品重要动向，也有多业务协同的明星

IP 联动探索。在业内人士看来，这是腾讯互娱借助旗下影视、文学、动漫、游戏等多元内容，实现互融互通和 IP 的跨界多元开发，目的是要打造成中国的迪士尼。

发布会上，腾讯集团副总裁、腾讯影业首席执行官程武分析了中西泛娱乐的差异。西方奉行精品策略、多出明星 IP，且长于线下衍生。而中国的泛娱乐根植于互联网土壤，广阔多元的创作空间、丰富活跃的 IP 源头、形式多变的线上衍生，可以说"互联网+文创"的平台优势，是中国做泛娱乐的特色。所以，相比欧美娱乐公司，中方没有现成的模式可依赖，必须作为泛娱乐战略理念的首倡者，腾讯互动娱乐近年快速完成了五大关联业务布局，不仅推动了内容产业泛娱乐生态的形成，也使这一理念成为行业基本共识。

腾讯动漫目前是国内最大的原创及正版网络动漫平台，发布会上，腾讯互动娱乐动漫业务部总经理邹正宇表示，腾讯动漫将以大平台的优势，打造出真正有价值的动漫 IP，以"做大平台，拥抱大市场"，来应对"动漫正在从小众亚文化成为大众休闲娱乐方式"的商业利好，还宣布签入小新、使徒子、郭斯特等一大批优质作者，并与南派三叔、日本小学馆、徐静蕾等达成重要合作。

作为目前国内最大的网络文学内容源头，阅文集团在本次发布会上提出了"价值向上，阅文互联"的全新战略体系。阅文集团联席 CEO 梁晓东对新体系进行了诠释：以源生 IP 价值为核心，基于用户、作家、合作伙伴三个原点，通过社交、IP 开发、周边衍生三大驱动，形成相互联动的合作体系。新起点上，梁晓东也表示，阅文集团将重点在动漫改编探索以及网文国际化上发力。

作为泛娱乐生态链上的重要放大一环，腾讯影业在此次发布会上公布了包括《择天记》在内的 14 个影视项目的重要进展，在"不孤立做影视"的思路下，介绍了互联网宣发、授权以及版权打造三大业务最新进展。

随后，腾讯集团副总裁、腾讯影业首席执行官程武发布了三个重要信息。其一，《择天记》IP 泛娱乐全版权联动进展。其二，与工夫影业达成战略合作。其三，推出腾讯影业副牌"春藤电影工坊"，专注发掘年轻与独特的影视项目。

在发布会上，作为腾讯互娱最核心业务的腾讯游戏进行了系统发布，腾讯游戏在现场公布了包括 PC 和移动游戏在内的 2017 年全终端重磅新品、极光计划、游戏 IP 多元打造、腾讯棋牌、WeGame 平台等全新战略布局，旨在连接一切创新力量，共创下一个游戏时代。

（资料来源：中国知识产权资讯网，作者：姜旭）

【豆瓣时间首个版权付费图文专栏上线】 2017 年 4 月 20 日，豆瓣时间版权付费图文专栏上线。该专栏以"内容合伙人""团队写作"的形式，打破了个人专栏垂直写作的模式，力图打造内容全面、知识结构完整的高价值内容专栏。首期上线的 7 篇文章内容为电影领域，其中 5 篇可供免费试读。

在豆瓣，有数百万用户标记或关注过"邪典电影"，与"邪典电影"相关的小组有近 50 个，"Cult Film 邪典电影"小组关注用户过 10 万。首期的电影内容由清华大学新闻与传播学院副教授常江和其内容团队打造《邪典电影本纪——亚文化电影 50 讲》，定价 68 元。作为"邪典电影"专栏的内容合伙人，常江在其专栏序《邪典：天真无邪的邪，数典忘祖的典》表示，"邪典是一个文化概念而非制片概念，被'邪典电影本纪'收录的 50 部作品统统是基于其在文化上的重要意义，这是我们决心做这样一件事的初衷"。

豆瓣时间是豆瓣推出的内容付费产品，于 2017 年 3 月 7 日上线。截至目前，已上线北岛《北岛和朋友们的诗歌课》、白先勇《白先勇细说红楼梦》、杨照《杨照史记百讲》、常江《邪典电影本纪——亚文化电影 50 讲》等四期栏目。豆瓣时间上线 5 天销售额破百万元。

（资料来源：中国知识产权资讯网，作者：侯伟）

【《2017 全球音乐报告》显示我国数字音乐收入增长明显】 2017 年 4 月 26 日，国际唱片业协会（IFPI）发布《2017 全球音乐报告》，为全球数字音乐产业发展带来利好。报告显示，全球录制音乐市场在 2016 年增长了 5.9%，是 1997 年国际唱片协会开始跟踪市场以来的最高涨幅，总收入达 157 亿美元。数字音乐首次占到半壁江山，其中，流媒体音乐收入激增 60.4%，抵消了下载收入和实体收入下滑。

发展中的音乐市场尤其令人关注，中国市场得益于贸易、技术、新的政府政策和文化改革等多种因素影响，被业内人士认为将可能与世界上最大的音乐市场比肩。报告显示，2016 年中国录制音乐收入增长 20.3%，数字音乐市场逐渐从盗版向付费转变，流媒体音乐收入上升了 30.6%。

流媒体助推了发展中音乐市场的上升。以新成立的腾讯音乐娱乐集团为例，其拥有QQ音乐、酷狗和酷我三个流媒体音乐平台，付费用户数量超过1 500万，按交易额估算的市场份额超过70%。腾讯音乐娱乐集团副总裁吴伟林表示："我们访问音乐的月活跃用户数量实际上已经超过6亿，这意味着，即便订阅用户数量为1 500万，我们的订阅用户转换率仍不足3%。而相比之下，其他国家的其他服务的转化率高达20% ～30%，所以只要市场情况继续改善，盗版问题逐渐遏制，我们认为机会和增长潜力并存。"

业内人士认为，中国政府日益增长的解决盗版问题的决心，加上对音乐价值态度的改变，是中国继续走向可盈利的合法商业模式的关键。在"剑网行动"等专项整治措施下，我国数字音乐版权环境得到极大改善。目前，对于从业者而言，提升产品与服务质量，培养用户付费习惯，建立盈利商业模式更为关键。目前，各大音乐平台依然提供免费流媒体服务，但也在区分付费和免费服务，以突出付费订阅的优质。比如为了鼓励用户付费，平台会提供一系列的定价等级，另外，还会赠送独家内容、演唱会门票，甚至游戏礼包。

实际上，建立一个可持续的盈利模式是全球数字音乐产业共同面临的问题。截至2016年底，全球共有1.12亿付费音乐流媒体订阅用户，推动了流媒体收入激增60.4%，数字音乐收入首次占到50%。但报告同时显示，虽然音乐市场收入在增长，但产业发展的增长与回馈给音乐创作者、投资者的收入严重不对等，这一"价值差距"是音乐产业未来可持续发展的最大威胁。为了保证对创作的回报，世界各地大厂牌、独立厂牌和合作方力图打造以流媒体和订阅服务为基础的新产业模式，共建一个能够回馈权利人的合法商业模式。

（资料来源：中国知识产权资讯网，作者：刘仁）

【《上海版权产业报告2015》发布】 2017年5月18日，上海出台《上海版权产业报告2015》（以下简称《报告》）。上海是全国较早建立版权产业统计制度和版权管理统计指标体系的省份，"十二五"期间，逐年发布了全市版权相关产业发展状况报告。《报告》显示，上海版权产业无论是在促进经济发展量的增长方面，还是推动经济发展质的提升方面，都取得了长足的进步。

版权产业在经济转型中领航发展。"十二五"期间，上海版权产业增加值从2011年的1 998.42亿元人民币增长到了2015年的2 973.87亿元人民币；版权产业增加值占GDP的比重稳定在10%以上，基本呈现逐年递增的状态。此外，上海版权产业的年均实际增速达到10.45%，超过了这期间上海GDP的平均实际增长速度，对本地GDP的年均经济贡献率为14.08%。数据显示，版权产业已经是上海经济发展中名副其实的支柱产业。

核心版权产业地位日益突出。《报告》细化分析了不同版权产业对国民经济的贡献度。其中，上海核心版权产业增加值的增长更加明显，平均占比达到62.58%，是上海版权产业经济增加值的主要贡献来源。相反，以传统制造业为主的相互依存的版权产业，受到上海经济结构调整中大力发展第三产业的影响，在2014年以后进入下滑通道。

此外，"十二五"期间，上海版权产业从业人数保持在百万人以上，总体处于逐年增加趋势，但2015年稍有回落。其中，从2011年到2015年，集聚高端人才的核心版权产业从业人数从68.67万人上升到86.45万人，呈现不断增长趋势；相反，相互依存的版权产业的从业人数和从业人数占全社会从业人数的比重均大幅下降，降幅达到25.83%。呈现出上海版权产业从业人员结构逐步向更高端人才的质量方面发展。

版权产业进出口面临转型机遇。2011年到2015年，上海版权产业的货物贸易出口额高于进口额，呈现顺差态势。但是，进口额在5年间呈现微幅波动态势，增减不大；而出口额连续下降趋势明显，版权产业的顺差不断缩小。上海版权产业货物贸易发展遭遇困境。但是，《报告》也同时指出，2011年至2015年间，上海核心版权产业服务贸易出口总额连续5年保持增长。一方面核心版权产业服务贸易的出口额较大，远高于核心版权产业货物贸易的出口额，在出口总额中地位重要；另一方面，核心版权产业服务贸易的出口额远高于进口额，呈现明显顺差。不但年均出口额接近进口额的3倍，而且在上海服务贸易出口总额中的比重、增长速度，也远高于进口额的占比和增长速度，使得上海版权产业的服务贸易在"十二五"末期表现出一种开放型贸易的发展趋势。

《报告》指出，上海版权产业在"十二五"期间的这种发展轨迹，是逐步凸显以核心版权产业为主体、辅以相互依存版权产业和部分版权产业的非核心版权产业的产业结构调整的过程，版权产业已经成为拉动消费结构升级和经济增长新的亮点。

（资料来源：《中国新闻出版广电报》，作者：金鑫）

【腾讯音乐与环球音乐签订数字版权分销战略性合作协议】 2017年5月16日，腾讯音乐娱乐集团（以下简称腾讯音乐娱乐）宣布与环球音乐集团（以下简称环球音乐）签订数字版权分销战略性合作协议，成为环球音乐在中国市场的独家合作伙伴，并获得了在中国市场开展数字音乐版权管理、分销、推广和维权等权利。

目前，拥有1 700万首正版音乐的腾讯音乐娱乐已经成为我国领先的数字音乐平台。近年来，腾讯音乐娱乐不断在音乐版权运营方面发力，通过付费订阅、版权分销、打造数字音乐专辑等方式，挖掘数字音乐的价值，反哺原创音乐，鼓励音乐人创作出更优秀的音乐作品。

随着我国数字音乐市场的快速发展，涌现了一批数字音乐平台。近年来，由于用户选择余地较大、迁移成本较低等，数字音乐平台之间的竞争日趋激烈。为吸引用户、提高市场竞争力，腾讯音乐娱乐的“杀手锏”就是积累优质内容，坚守正版化之路。

腾讯音乐娱乐副总裁吴伟林表示，在与环球音乐达成合作之前，腾讯音乐娱乐已经与华纳音乐、索尼音乐、杰威尔、福茂、英皇、华谊等30多家唱片公司建立了独家版权战略合作关系；与环球词曲、索尼词曲、华纳词曲、株式会社富士太平洋音乐出版全球四大词曲版权代理商建立了合作关系。截至目前，腾讯音乐娱乐已经与200多家数字音乐版权方达成合作协议，其正版曲库共拥有1 700万首。

在引进优质音乐内容的同时，腾讯音乐娱乐还非常注重积累用户。目前，腾讯音乐娱乐旗下的QQ音乐、酷狗音乐和酷我音乐的月活跃用户数量超过6亿。吴伟林介绍，腾讯音乐娱乐发布的QQ音乐最新版本再次强调了“内容为王”的理念，并推出了音乐号板块，让用户从单纯的信息接受者转变为内容创造者。用户可以通过文字、音频、视频、直播电台等形式分享音乐，使用户与音乐平台的黏性进一步增强。

积累了众多优质数字音乐版权之后，如何运营这些数字音乐，发挥其最大价值成为腾讯音乐娱乐亟须解决的问题。对此，腾讯音乐娱乐通过不断创新运营模式，采取付费订阅、版权分销、打造数字音乐专辑等方式，挖掘数字音乐的商业价值。

（资料来源：《中国知识产权报》，作者：冯飞　张彬彬）

【《2015昆山市版权产业报告》发布】 2017年5月，作为全国首个县级城市发布的版权产业报告，《2015昆山市版权产业报告》（以下简称报告）正式发布。报告显示，2015年昆山市版权产业增加值占该市当年GDP的16.02%，比重仅次于深圳，高于全国平均水平（2015年7.3%）以及上海市、江苏省等地。该报告由江苏省昆山市文化广电新闻出版（版权）局（下称昆山文广新局）立项，并委托上海知识产权研究所开展调查。

报告表明，版权产业作为昆山市国民经济的重要组成部分，在促进经济增长、创造就业机会、扩大对外贸易等方面已发挥重要的作用。在产业增加值方面，2015年，昆山市版权产业的增加值为493.42亿元人民币，占当年昆山市GDP的16.02%。其中，核心版权产业的增加值为108.55亿元人民币、相互依存的版权产业增加值为371.28亿元人民币、部分版权产业的增加值为13.59亿元人民币，分别占当年昆山市GDP的3.52%、12.05%和0.44%。在版权产业从业人数上，2015年，昆山市版权产业的从业人数为19.12万人。其中，核心版权产业的从业人数为6.60万人，相互依存的版权产业从业人数为11.67万人，部分版权产业的从业人数为0.84万人。在货物贸易进出口方面，2015年，昆山市版权产业的货物贸易进口额为21.58亿美元，出口额为86.44亿美元，货物贸易呈现顺差。在服务贸易进出口方面，2015年，昆山市核心版权产业服务贸易进口额为0.38亿美元，出口额为0.26亿美元。

报告指出，2015年昆山市版权产业增加值占当年昆山市GDP的比重不但超过5%的支柱产业分界指标，还是全国版权产业占比的2倍多，充分说明昆山市版权产业发展态势喜人，对于昆山市国民经济发展具有引领和推动作用。尤其，核心版权产业作为版权产业经济发展价值的主要来源，产业增加值达到108.55亿元，占全部版权产业的比重为22.00%，占昆山GDP的比重为3.52%，其未来具有巨大的上升空间。

长期以来，昆山市版权工作以健全工作体系、版权宣传培训、版权作品登记、使用正版软件、版权市场监管、版权产业发展等各项工作为基础，大力开展和促进以版权为核心的产业经济发展工作，取得了显著成效，为昆山市经济发展做出了重要贡献。

（资料来源：《中国知识产权报》，作者：姜旭）

【阅文、腾讯、万达成立合资公司共同开发IP】 2017年6月19日，阅文集团与腾讯影业、腾讯游戏及万达影视联合宣布成立合资公司，旨在整合各方优势，打造航母级的IP开发新模式。合资公司组建后，阅文集团旗下经典IP《斗破苍穹》成首个上马项目。接下来，合资公司将围绕《斗破苍穹》开展影视、游戏、主题乐园等全方位泛娱乐开发，共同探索明星IP价值构建和开发的新模式。

如今，随着国内文化创意产业的发展以及大量资金的涌入，以IP多元开发为核心的泛娱乐产业正在迅速崛起。如何让IP的可持续优质开发迈入正轨，成为产业整体向上发展的当务之急。

不过，纵观国内泛娱乐产业发展现状，国内出现了各具特色的代表性企业。比如，腾讯影业、腾讯游戏依靠腾讯集团资源，在泛娱乐产业中获得一席之位；万达文化集团作为全球收入领先的电影企业，在影视领域和空间场景布局完整，拥有影院渠道矩阵的优势资源；阅文集团是国内非常有影响力的数字阅读平台和IP培育平台，拥有海量的优质内容和用户，源源不断地为泛娱乐产业输入IP源头。虽然，各家企业有部分业务交集，但未真正实现跨界共生和业务联动。如果能有一家公司集合三者的资源，以IP为核心实现创作、运营、发行等业务体系的全面融合，势必将创造无限价值，也正因如此，三方成立上述合资公司。

万达文化集团高级副总裁曾茂军表示，合资公司集泛娱乐产业巨头所长，将对源头IP、衍生开发、线下发行等环节严苛把控，使IP内容从生产到分发的过程中不断放大IP的商业价值，促进IP的文化沉淀，为国内IP全产业链开发树立新的行业标杆，让超级IP为文化产业赋能。合资公司将助力阅文旗下优质IP的商业价值与开发延展性跨越式提升，共同打造运营超级IP的战略旗舰。

阅文集团联席CEO梁晓东认为，合资公司组建后，阅文集团旗下经典IP《斗破苍穹》成首个上马项目。继同名3D动画以精品化树立国产动画标杆，总播放量超十亿后，《斗破苍穹》衍生电影、电视剧、游戏等多形式改编项目亦同步提上日程，向着超级IP目标迈进。在此过程中，阅文集团不仅输出作者、作品，更向合作伙伴输出对粉丝、IP的精准理解，营造IP共营、精品开发的生态模式。以此为基础，合资公司能更长期系统化地让顶级IP进行影漫游开发和实现多场景变现，使其商业价值达成指数型扩容。从推“中国原创文学风云榜”，建IP价值评估标准和体系，到创“IP共营合伙人”制度，打造全方位的IP生态圈。

（资料来源：中国知识产权资讯网，作者：姜旭）

【四川设立省级音乐产业发展专项资金】 2017年6月，四川省首次设立省级音乐产业发展专项资金，从2017年起，省财政每年投入2 000万元支持音乐产业发展。该专项资金将主要支持传统音乐产业与科技等融合创新发展，音乐企业孵化、产业聚集和大型专业音乐平台建设，原创音乐作品创作出版、版权保护、版权交易和宣传推广，以及音乐产业专业人才培养、引进等。

根据四川省财政厅、省文化厅、省新闻出版广电局共同出台的《四川省音乐产业发展专项资金管理办法》，该专项资金通过竞争立项方式，对在该省登记注册并依法纳税、从事音乐产业相关工作的企事业单位所实施的音乐产业项目予以支持。支持方式主要包括项目补助、融资利息补贴、绩效奖励3种。其中，对单个项目补助年度最高不超过200万元，单个企事业单位融资利息补贴年度最高不超过200万元，单项奖励年度最高不超过100万元。

（资料来源：《中国新闻出版广电报》，作者：魏冯　陈岩）

【太合音乐集团全资收购北京亚神音乐】 2017年6月20日，太合音乐集团宣布：全资收购北京亚神音乐。亚神音乐与太合麦田、海蝶音乐、大石版权、合音量，共同组成太合音乐集团旗下的五大音乐厂牌，太合音乐集团将独家拥有包括京文唱片在内的亚神音乐全部版权资源，这也是太合音乐集团加磅音乐生产体系，扩充版权资源，继续夯实音乐上下游全产业链布局的重磅举措。

亚神音乐组建于2006年，旗下拥有徐佳莹、杨乃文等知名艺人，作为华语音乐的代表性厂牌，业务涵盖艺人开发、版权运营、媒体传播和娱乐营销等，一直秉承“在浮躁的时代，做真诚的音乐”的理念。另外，亚神音乐还持有运营京文唱片的全部版权资源，京文唱片成立于1994年，拥有包括刘欢、崔健、韩红、零点乐队、指南针乐队、鲍家街43号等在内的众多优质音乐版权。作为音乐产业的领军企业，太合音乐集团是目前国内唯一一家覆盖音乐产业上下游的“音乐独角兽”。

太合音乐集团近来资本动作不断，太合音乐集团董事长兼CEO钱实穆指出，“太合一直坚持做音乐产业的播种者，而不仅是收割者。未来我们将与更多志同道合的伙伴一起，为亿万用户提供更加优质的音乐服务”。

（资料来源：《新快报（广州）》，作者：小昕）

【国家新闻出版广电总局发布《2016 年新闻出版产业分析报告》】 2017 年 7 月 24 日，国家新闻出版广电总局发布的《2016 年新闻出版产业分析报告》显示，2016 年，全国新闻出版产业营业收入实现 23 595.8 亿元，较 2015 年增加 1 939.9 亿元，增长 9.0%，同比提高了 0.5 个百分点。

2016 年，主题出版、主流媒体传播力影响力进一步彰显，服务大局能力持续提升。在年度单品种印数排名前 10 的书籍中，主题出版品种继续占据半壁江山，《习近平总书记系列重要讲话读本（2016 年版）》当年总印数超过 5 200 万册，《习近平关于严明党的纪律和规矩论述摘编》总印数超过 600 万册，《人民日报》平均期印数稳居综合类报纸第一。

图书出版结构进一步优化，本土原创文学和少儿类图书表现抢眼。2016 年，出版重印图书 23.8 万种，增长 10.3%；重印图书 51.2 亿册（张），增长 10.9%。其中，少儿图书出版继续保持快速增长，其品种数增长了 19.1%，总印数增长了 40.0%。

与 2015 年相比，报纸出版的主要经济指标降幅正在趋缓。数据显示，受益于投资收益与补贴收入等大幅增加，全国 43 家报业集团利润总额不仅没有下跌，反而实现了 59.4%的增长，与 2015 年利润降低 45.1%的状况相比，利润增长足足提高了 104.5 个百分点。

在新闻出版产业整体增长的同时，我国百亿级出版传媒集团集群基本形成，产业规模化集约化程度继续加深。报告显示，全国 108 家图书出版集团、报刊出版集团和发行集团主营业务收入占全国书报刊出版和出版物发行主营业务收入的 74.5%，提高 6.9 个百分点；实现利润总额占全国出版发行全行业利润总额的 62.6%，提高 7.9 个百分点。我国共 16 家出版传媒集团资产总额超过百亿元。2016 年，“三百亿”集团阵营增加 2 家。

我国新闻出版产业基地（园区）规模进一步壮大。2016 年，30 家国家新闻出版产业基地（园区）共实现营业收入 2 306.2 亿元，其中 14 家国家数字出版基地（园区）营业收入较 2015 年增长 17.4%，资产总额增长 36.6%。7 家基地（园区）的营业收入和资产总额均超过百亿元，其中 6 家为数字出版产业基地（园区），新增广东国家网络游戏动漫产业发展基地和西安国家数字出版基地 2 家。而上海张江国家数字出版基地营业收入则突破了 400 亿元。

从出版类别来看，数字出版最具爆发力，位居行业第一。报告显示，2016 年，数字出版对全行业营业收入增长贡献超三分之二。数据显示，其营业收入达 5 720.9 亿元，较 2015 年增长 29.9%，占全行业营业收入的 24.2%，提高 3.9 个百分点；对全行业营业收入增长贡献率达 67.9%，提高 7.7 个百分点。其中，网络动漫营业收入增长 250.7%，在线教育营业收入增长 39.4%，增长速度在数字出版所属各类别中名列前茅。

我国对外版权输出增速加快，数字出版物出口占出版物出口比重进一步提高。2016 年，全国共输出版权 11 133 种，较 2015 年增长 6.3%，增幅提高 4.6 个百分点。其中，电子出版物版权贸易实现大幅顺差，净输出 1 047 种，增长 192.5%，输出品种数量为引进品种数量的 5.8 倍。全国累计出口图书、报纸、期刊、音像制品、电子出版物和数字出版物 11 010.8 万美元，增长 5.0%，其中数字出版物出口 3 055.3 万美元，增长 29.1%，占全部出口金额的 27.7%，同比提高 5.1 个百分点。

（资料来源：中国经济网，作者：李哲，原标题为：《我国电子出版物版权贸易实现“压倒式”顺差》）

【音频平台爱音斯坦 FM 加大内容版权合作】 2017 年 7 月 27 日，爱音斯坦 FM 在京举办以“Hello 爱音斯坦 FM”为主题的大型平台战略发布会。发布会上，爱音斯坦 FM 董事长解卿表示，爱音斯坦 FM 将在原有内容版权的基础上，加大版权合作的力度，为用户提供更多优质的内容产品。

成立于 2016 年的爱音斯坦 FM 以音频为主，是一个涵盖有声小说、评书相声、音乐、搞笑段子、幼儿教育等诸多内容的全媒体化的聚合平台。在内容版权合作方面，解卿介绍，爱音斯坦 FM 已经与国内多家优质出版机构建立了合作关系，获取了海量的内容资源；与国内知名文化机构横山书院建立合作，双方一同推出百位产业领袖接力朗诵的《佛陀传》、“国学大讲堂”、“大师访谈”等多档知识栏目。同时，爱音斯坦 FM 还与多家报纸、期刊、电台等传统媒体加强合作，推出了诸多有品质的作品。未来，爱音斯坦 FM 将继续加大版权合作，推出更多精品来满足用户的需求。

（资料来源：中国知识产权资讯网，作者：侯伟）

【2015 年广州市版权产业经济贡献调研报告出版发布】 2017 年 7 月，广州市版权局委托中国新闻出版研究院开展的 2015 年广州市版权产业经济贡献调研报告首次以公开出版的方式向社会发布。“版权产业经济贡献调研”是世界知识产权组织（WIPO）大

力推动的国际性研究项目，世界上已有40多个国家和地区参照WIPO编写的《版权产业的经济贡献调研指南》开展了调研。广州市版权局自2015年开始委托中国新闻出版研究院编制撰写广州市版权产业经济贡献调研报告，现已完成2014、2015年广州市版权产业经济贡献调研。

根据WIPO和我国对版权产业的分类，广州市版权产业分为核心版权产业、相互依存的版权产业、部分版权产业、非专用支持产业四类。其中，核心版权产业主要包括书报刊出版、文艺创作表演、广播影视、印刷、动漫、软件、广告、设计等生产传播活动。

调研数据显示，2015年广州市版权产业行业增加值为1 723.16亿元人民币，占全市GDP的9.52%，比上年提高了0.09个百分点；就业人数72.28万人，占全市就业人数的8.91%，比上年提高了0.06个百分点；商品出口额为54.39亿美元，比上年增长了4.00亿美元，占全市商品出口额的6.70%。2015年广州市版权产业保持平稳持续发展，行业增加值、就业人数和商品出口额与上年相比均有所增长，在全市经济和社会发展中的重要地位进一步巩固。

从广东省内来看，广州市版权产业不仅在本地对经济发展贡献突出，还对全省版权产业的发展也做出了巨大贡献。2015年广东省版权产业的行业增加值为6 184.47亿元人民币，当年广州市版权产业的行业增加值为1 723.16亿元人民币，占到了全省版权产业行业增加值的28%，在全省版权产业中的地位显著，广州市版权产业行业增加值在地区GDP中的比重（9.52%）分别高于全省（8.49%）和全国版权产业（7.30%）在GDP中的比重1.03和2.22个百分点。

广州市核心版权产业的经济贡献最为突出。2015年广州市核心版权产业的行业增加值突破1 000亿元，达到1 078.07亿元人民币，在全部版权产业行业增加值中的比重已达63%，占到了全省核心版权产业行业增加值的37%左右，在全市GDP中的比重高达5.96%，高于广东省和全国核心版权产业在GDP中的比重。以软件业、新闻出版广电业、设计与广告业等为代表的广州市核心版权产业在地区经济发展中发挥了重要作用。

（资料来源：广州市版权局）

【百度版权图片开放合作平台正式上线】 2017年8月1日，百度对外宣布版权图片开放合作平台正式上线，包括视觉中国、全景等国内知名机构均加入了该平台，共同为更多用户提供高质量、有版权的精彩图片内容。与此同时，百度版权图片开放平台也正式开放了机构入驻申请通道，希望将图片内容提供方与需求方进行连接，满足多方需求。

作为用户搜索图片的最重要渠道，百度图片搜索每天为数以亿计的用户提供图片检索服务。但当前的图片内容领域依旧面临正版图库搜索难、推广资源稀缺、版权意识薄弱、图片被盗维权难等问题。百度版权图片开放平台上线的初衷，就是希望通过百度图片的流量、技术优势，为用户提供高质、高效的图片检索体验，并且更好地帮助版权机构保护正版图片的品牌价值，保障图片内容提供方与需求方的权益。

据了解，图片机构在入驻百度版权图片开放平台后，将会获得百度图片搜索、百度像素等多款百度产品的流量支持，帮助它们更多地对品牌、内容进行曝光。此外，用户在图片搜索中搜索图片资源时，来自版权机构的图片会有明显的版权标识，用户可以直接通过跳转的方式，来到版权图片机构的页面进行购买等操作，为版权方提供更多的商业机会。不仅如此，百度还应用图片技术对全网图片进行检测、对比，帮助机构识别、打击侵权行为。

近年来，网络上内容创作的价值不断凸显，文字内容、视频内容都已经形成了比较稳定健康的生态，相比之下，图片内容的价值尚未被完全释放。此前，百度图片曾经针对摄影师这一图片内容创作者群体推出“源”计划，为他们提供版权标识、品牌曝光、流量等支持；而百度此次推出的版权图片开放平台，瞄准的则是图片机构方。通过与摄影师群体、图片机构的多方合作，百度希望能够围绕图片内容建立一个大的平台，不但丰富百度自身的内容生态，同时也为用户、合作方提供更好的体验、更大的价值。

百度图片相关负责人表示：“我们希望打造一个最大最全的版权图片共享平台，通过汇聚内容提供方的海量优质图片，依托百度自身技术与平台精准触达用户，再以用户需求与意识的变化反哺内容创作者与机构，这样形成一个有效的生态闭环，共同丰富与平衡版权图片生态。”

（资料来源：中国知识产权资讯网，作者：侯伟）

【阿里文学宣布多个版权开发计划】 2017年8月11—13日，在中国“网络文学+”大会上，阿里文学宣布了多个旗下文学作品影视化、动漫化的版权开发计划，这些计划彼此独立，却又密切联系。

“2017 年将是一个新的网络文学时代的开始，将是融合时代。这个时代将迎来价值爆发。”阿里文学首席执行官黎直前这样说。这个价值的核心，是网络文学的版权，而版权开发的重要方式，在于全产业链综合开发。

之前，网络文学的 IP 主要是网络文学企业卖给其他公司，网络文学企业本身并不直接参与开发。这样往往容易造成一些乱象。近两年，随着腾讯泛娱乐、阿里大文娱等平台型公司的出现，网络文学版权开发有了一些新的变化。现在，阿里文学开发网络小说的版权基本都是全产业链综合开发版权。现在网络文学改编影视剧的火热已经证明了它的商业价值。阿里文学等平台之后需要做的，就是把价值进一步扩大，让版权尽可能得到优质开发。

2016 年，阿里大文娱集团正式组建，阿里文学定位于 IP 内容源头，成为全产业链的起点。一方面通过携手 UC、优酷等内容平台扩大分发渠道，阿里文学拉动了更多潜在用户；另一方面，通过与阿里影业、阿里游戏的深度合作，阿里文学挖掘网文 IP 潜在商业价值，并通过工业化运作方式进行 IP 全产业链衍生。黎直前表示，阿里文学已经从数字阅读领域发展到以 IP 为核心的文化娱乐产业中，并将以实业心态进行长期发展。

目前阿里大文娱已经形成了影业、游戏、文学、音乐、票务、视频等 8 个板块，这些板块相生相融，形成版权全产业链开发的基本框架。

2017 年阿里文学在影视、游戏、动漫等领域都加快了版权开发的步伐，试图通过多角度开发，发挥网络文学 IP 的最大价值。在影视领域，阿里文学 2017 年 4 月携手优酷、阿里影业推出好计划，共同投入超过 10 亿资源赋能网络大电影。在游戏领域，阿里文学的原创作品《诸天纪》等也和阿里游戏展开了深度合作。在动漫领域，阿里文学也成立了动漫工作室团队，同步将一些热门网络小说改编成漫画进行连载。

“网络文学不仅仅是 IP 的源头，它更大的作用是 IP 是否具备衍生价值的试金石和文娱产业发展的风向标。”黎直前认为，随着网络文学 IP 对影视、游戏等行业的影响力不断加强，网络文学已经进入到价值爆发的融合时代，以网文 IP 为核心的全产业链衍生生态，也将成为网络文学下一个 10 年的发展重点。

（资料来源：《中国新闻出版广电报》，作者：任晓宁，原标题为：《阿里文学全产业链开发版权》）

【阿里音乐与腾讯音乐娱乐达成版权转授权合作】 2017 年 9 月 12 日，阿里音乐集团与腾讯音乐娱乐集团共同宣布，阿里音乐集团与腾讯音乐娱乐集团双方达成版权转授权合作，腾讯音乐娱乐集团将独家代理的环球、华纳、索尼全球三大唱片公司与 YG 娱乐、杰威尔音乐、LOEN 等优质音乐版权资源转授至阿里音乐，曲库数量在百万级以上，同时，阿里音乐独家代理的滚石唱片、华研国际、相信音乐、寰亚音乐等音乐版权也转授给了腾讯音乐娱乐。

此次阿里音乐和腾讯音乐娱乐版权转授权合作的达成，在目前行业环境下是大势所趋，版权转授权能让优质的音乐内容得以在更多音乐平台惠及用户，以此次阿里音乐与腾讯音乐的转授权合作为例，这意味着 BIGBANG、周杰伦、李宇春、蔡依林、TFBOYS、苏打绿等歌手的歌曲都能在阿里音乐集团旗下的虾米音乐同步收听，而五月天、林宥嘉、田馥甄、李宗盛等歌手的歌曲也都会向 QQ 音乐、酷狗音乐、酷我音乐的用户开放。

在推进版权正版化的道路上，阿里音乐旗下核心产品虾米音乐在第一轮版权大战中，拿下相信音乐、华研国际、滚石唱片、寰亚音乐、风潮音乐等华语老牌的独家版权，成为韩国最大厂牌 SM 娱乐、国际音乐版权巨头 BMG 在中国地区的独家数字音乐合作伙伴。此后两年里还签下了一众独立音乐版权，拥有欧美与国内独立音乐头部资源，而这些独立厂牌到目前为止仍与虾米保持着独家版权合作关系。虾米音乐这些内容的独立性，也为其在与腾讯互相转授权音乐版权的谈判中获得了独家筹码。截至目前，腾讯音乐娱乐集团也已与网易云音乐、太合音乐集团、唱吧、映客、快手以及 Apple Music、Spotify、KKBOX 等 10 余家平台达成音乐版权转授权合作，对旗下录音版权和词曲版权进行了开放化的合作。

业内人士认为，版权作为保护音乐人和音乐作品的基石，开放的版权转授权合作一方面使得整个行业的正版化进程更进一步，另一方面也激励着歌手创作出更优质的音乐作品。

（资料来源：《中国新闻出版广电报》，作者：任晓宁）

【2017 江苏（南京）版权贸易博览会举行】 2017 年 9 月 15 日至 17 日，2017 江苏（南京）版权贸易博览会举行。本届版博会共吸引超过 3 万人前来观展，现场各类版权产品销售额达 438 万元。版权贸易更是成绩骄人，有 43 家企业现场签订了版权

贸易合同，总金额达1.23亿元。

本届版博会以“创新·保护·共享”为主题，全面展示江苏版权产业创新发展的新成果、新成就，集中开展版权贸易洽谈对接，为集聚版权创新要素、促进版权产业又好又快发展搭建平台。版博会设置14个区域展区、8个专业展区，吸引200多家参展单位，展出版权作品上万件。现场销售的各类版权产品创意十足，销售额高达438万元。

版博会期间，不仅开展了版权交易和版权交流对接活动，还举行了各种版权论坛、各类体验活动和现场教学等50多场活动，让每一个走进展馆的人都深度参与其中，了解版权究竟是怎么回事。

在版权交易和版权交流对接方面，此次版博会涉及艺术品版权和产品交易、影视作品版权交易、网络文学版权合作等8个领域。不少网络文学企业和著名网络写手携优秀IP作品亮相，与参展的影视、动漫、网游等下游企业对接版权授权。展会期间，有43家企业现场签订了版权贸易合同，总金额达1.23亿元，另有20多家企业达成版权合作协议。

（资料来源：《南京日报》，作者：邢虹）

【“2017中国（上海）自由贸易试验区文化授权交易会”在沪举办】 2017年9月20日至22日，由国家对外文化贸易基地、国家版权贸易基地（上海）主办的第四届“2017中国（上海）自由贸易试验区文化授权交易会”在上海开幕。

2017年第四届中国（上海）自由贸易试验区文化授权交易会仍以文化授权为主导，定位专业、国际、高端、B2B的办会宗旨。目前，交易会吸引了来自中国、美国、阿根廷、厄瓜多尔、英国、法国等近20个国家的200多个优质IP。其中新IP和品牌占60%以上，参展商数量、展品数量、参展品牌等均超出往届规模。

作为国际化、专业化的版权类贸易盛会，2017 CCLF继续尊崇突破传统展览模式，以“艺术；民族、非物质文化遗产；角色、品牌；游戏、影视、音乐、设计等综合类”四大主题授权及衍生为脉络，为采购商、消费者带来全新的观展体验。每个主题房间展厅内，被授权的IP形象与系列品牌开发的衍生品及主题互动活动将有机结合，让观众徜徉在浸入式IP主题场景之中，在欣赏IP盛宴的同时，真切感受到大数据时代背景下IP热对人们的生活、思维方式、个性化需求以及行业未来发展等方方面面所带来的变化、思考与启迪。

据介绍，基地今年继续坚持扶持“双创人才”“非遗项目”参展，继续探索传统文化的跨界授权、促进原创IP孵化，新疆龟兹壁画、青瓷、鱼皮画、绒绣、金山农民画等非遗项目及逾15家来自文化部文化创意创业人才库的优秀创客们，也将在交易会上展示他们的非遗衍生文化品牌和富有思路设计的产品。

创办于2014年的上海自贸区内首个专业文化授权展，经过四年的积淀已逐渐成为专业性强、影响力大、市场效应凸显、业界肯定的文化授权交易专业平台之一。

（资料来源：经济日报，作者　李治国）

【第三届版权合作与交易大会成交额逾亿元】
2017年9月24日，2017杭州第三届版权合作与交易大会在杭州召开。大会不仅举行论坛探讨文学精品创作与版权保护，还对优秀文学作品进行推介交易，成交额高达1.35亿元。

本届大会以“网文·IP·新时代”为主题，吸引国内众多著名作家、网络文学作家、编剧，以及知名出版、影视、动漫、游戏、戏剧机构等关联企业参与。大会专门设立了项目发布和IP交易环节，多个企业对优质IP进行推介。其中，作家出版社推出了包括王蒙、刘庆邦、贾平凹、韩少功、阿来、格非、苏童、张翎、王跃文等近百位当代作家的作品在内的“精典名家小说文库”，并由何水法等知名画家提供封面及全书艺术画作。杭州本土企业“棱镜光娱”和全球知名的特效公司“数字王国”签署了邓丽君虚拟人版权授权协议，预计2018年初，全息影像节目《甜蜜蜜》和《何日君再来》将亮相杭州红星剧院。

（资料来源：《中国知识产权报》，作者：窦新颖）

【1.8万幅家纺画稿版权在南通交易】 2017年10月25日至27日，第十届中国（川姜）家纺画稿交易会在江苏省南通市举行，来自国内外的62家家纺画稿设计单位带来1.8万幅原创作品参展，吸引了家纺产业上下游产业链的关注。交易会期间，主办方还举行了花型面料流行趋势系列讲座活动、2017中国（南通）床品数码印花专题交流会和南通家纺城专场推介会，为参展商普及版权保护等知识，意在提高相关从业者的版权保护意识。

从2008年起，中国南通家纺城每年举办一次家纺画稿交易会，已成功举办10届。历年交易会的规模不断扩大，并将国内高等院所和设计研发单位的科技成果资源整合到交易会中，提高交易会的档次。

在过去 9 年，历年来画稿交易会累计邀请 1 480 多家国内外知名画稿设计单位参展，展出画稿 3 万多幅，成交画稿 2.7 万多幅，成交额超过 7 000 万元。

中国南通家纺城管理委员会相关负责人介绍，画稿交易会的举办使花型版权的意识为越来越多的家纺企业所认同和接受。从 1997 年川姜镇设立版权管理办公室开始，版权年登记数量由 500 多件激增到去年的 3 900 多件。为健全和完善家纺设计知识产权的保护，通州区人民法院知识产权巡回审判庭落户中国南通家纺城。2013 年，成立了全国家纺特色区域产业集群唯一的中国（南通）家纺知识产权快速维权中心，成为家纺产业知识产权保护的新亮点。尤为一提的是，2013 年底，江苏省对作品版权实行免费登记制度，提高了家纺画稿设计单位对于画稿进行版权登记的积极性，对于促进和保障版权交易、推进以艺术设计和工艺技术相结合为特色的家纺行业的创新发展，起到了重要的推动作用。

10 年来，以“知识（画稿设计）＋经济（面料）”为载体的家纺画稿交易会，吸引了大批业内技术人才汇聚，引领了川姜家纺产业提档升级。在版权办公室成立之初，全镇只有一家具有自主创新能力的设计公司，花型品种也只有几十种，而今家纺花型设计已经成为一个颇具规模和实力的行业。据初步统计，目前南通家纺城拥有设计研发机构 120 多家，从业人员 4 000 多人，每年推出新花型 3 万多个，新型面料 10 多个品种，有 300 多项智力成果在画稿交易会成交并到国外参与推广。

（资料来源：《中国知识产权报》，作者：姜旭）

【我国网络版权产业总规模超过 5 000 亿元】
2017 年 10 月，我国网络版权产业总规模超过 5 000 亿元，并以 30％的年均增长率持续增长，或将成为拉动经济增长的动能之一。在消费升级的背景下，中国网络版权市场迎来了从流量经济向内容经济的结构性转变，并带动了音乐、动漫、游戏、网文等版权产业的快速崛起。

由腾讯文学与原盛大文学整合而成的阅文集团于 10 月 26 日发布招股书称将于 11 月初赴港 IPO，拟集资额超过 70 亿元，并将版权增值业务作为其未来增长点。而另一数字阅读巨头掌阅科技 9 月 21 日登陆 A 股，主要收入来源集中在在线阅读与版权运营等领域。

数字阅读领域企业盈利表现不俗，网络音乐版权产业、动漫游戏产业规模的增长势头也十分强劲。根据国家网络版权产业研究基地发布的《2017 中国网络版权产业发展报告》，2006 年至 2016 年的 10 年间，我国网络核心版权产业行业规模从 163.8 亿元增长到 5 086.9 亿元，年增长率保持在 30％以上，产业规模增长超过了 30 倍。

报告显示，目前我国网络核心版权产业的行业规模已突破 5 000 亿元。其中，我国网络文学产业规模为 100 亿元，题材从以往以玄幻为主导的单一类型向多元化发展，并逐渐形成以网络文学为基础的泛娱乐 IP 开发模式，同时在内容出海方面成绩斐然，逐步抢占全球市场。

近些年，网络文学和动漫 IP 受资本青睐的现象令版权价值凸显出来。然而不同于美英德等经济体，中国网络版权产业经历了独特的免费时代，从内容免费、软件免费到硬件免费，以流量经济支撑产业发展。

国家网络版权产业研究基地研究员田小军分析，在消费升级以及产业升级的背景下，市场对版权内容的质量要求不断提高，对优质版权作品的需求量持续提升，既往以数量、流量取胜的流量经济模式已不能满足用户需求。

视频、漫画、网文等多种形式的内容创作得到了前所未有的重视，更多优质版权内容的生产进一步助推用户付费市场的发展。随着优质内容的积累和用户付费习惯的养成，以网络文学、视频、音乐为代表的用户付费市场崛起，并将逐渐改变我国网络版权产业以游戏和广告为主的二元产业结构。

业内建议，网络版权产业监管应尊重产业发展形态与技术、商业模式创新，加强网络版权保护。同时，中国网络版权产业还要继续打造版权内容生态，鼓励深耕内容创作，扩充优质内容的改编途径与形式，紧跟产业技术与商业模式变革前沿，推动产业持续转型升级。

（资料来源：新华社，作者：张漫子）

【企鹅号、知乎等发起内容版权联盟合力打击盗版】 2017 年 11 月 8 日，全新升级的腾讯企鹅号亮相“2017 腾讯全球合作伙伴大会内容分论坛”，并重磅推出“百亿计划”。企鹅号将拿出百亿流量、百亿产业资源和百亿资金全面赋能内容创作者。企鹅号还联合知乎、视觉中国、中国联通等平台，共同发起“内容版权联盟”，聚合多方力量共同打击内容产业的盗版“搬运工”。

中国版权协会秘书长孙悦表示，在新的时代背景下，加强优质网络内容的原创，加大版权保护力度，让网络空间风清气朗，让良好的版权环境保护创作者、激励创作者，让更多的优质内容蓬勃绽放，构建良性运转的内容产业生态。

数据显示，我国网络内容产业各领域用户规模持续增长，截至2016年12月，网络文学用户3.33亿，网络视频和网络音乐用户规模都超过了5亿，网络直播用户规模达到3.44亿，原创内容产业中互联网用户渗透率已经达到九成以上。一个网络原创内容生机勃发的“大生态”格局正在形成。

内容行业发展至今，已经从粗放的野蛮生长进入到精细化深耕阶段。但随着新技术的发展，网络侵权盗版也呈现出总量大、范围广、传播快、形式新且复杂的特点。内容行业内缺乏行之有效的版权保护机制帮助内容创作者维护权益，打击盗版、保护原创的工作任重道远。腾讯开放平台部兼内容平台部总经理侯晓楠表示，一个产业的成长，一个产业的规范，离不开对版权的保护和对内容创作者的尊重，所以未来企鹅号平台会对盗版做到零容忍、不合作。

为了更好地保护版权、打击盗版，共同维护内容创作者的版权权益，企鹅号携手知乎、视觉中国、中国联通等平台共同发起“内容版权联盟”。腾讯开放平台部兼内容平台部总经理侯晓楠、中国版权协会秘书长孙悦、腾讯法务总经理江波、知乎创始人兼CEO周源、视觉中国高级副总裁王刚、中国联通自有手机视频（沃视频）基地负责人李韩等联盟代表共同宣布“内容版权联盟”成立。

成立跨平台、跨领域、跨行业的版权联盟，不仅有利于行业版权保护机制的形成，更有利于有效打击盗版行为，从根源维护内容创作者的合法权益。企鹅号此次联合几大平台发起的内容版权联盟，是内容行业对版权保护的有益尝试。

（资料来源：《中国知识产权报》，作者：窦新颖）

【网易云音乐与KKBOX共推音乐原创】 2017年11月15日，网易云音乐与KKBOX在北京宣布达成战略合作，将围绕华语音乐的传播和推广，在歌单推广、音乐巡演、短视频和原创音乐扶持等多个方面展开深入合作。发布会上，网易云音乐还公布其平台用户数已破4亿。

成立于2004年的KKBOX是亚洲知名数字音乐品牌，获得超过500家主流及独立唱片公司的合法授权，拥有超过4 000万首曲目。此次合作，双方除合力打造华语音乐宣传平台，挖掘优质的华语音乐，为用户提供更多样化的音乐内容外，还推出短视频合作计划，结合双方艺人和资源优势，一起打造新的原生视频节目，在两方平台同时播出，以形成具有一定影响力的音乐视频IP，并对这些自制视频内容进行联合推广。此外，双方还推出原创音乐联合扶持计划，在原创音乐推广上，双方将共同扩大优质原创音乐在亚洲地区的传播，包括将中国台湾新兴艺人与独立音乐人及其作品推广到中国大陆；网易云音乐扶持的独立音乐人、校园音乐人及其作品进一步深耕中国台湾市场，扩大影响力。

（资料来源：中国知识产权资讯网，作者：窦新颖）

【微信：公众平台全面开放原创和留言功能】 2017年12月6日，微信公众平台推送消息称，为了更大范围地保护原创内容，促进公众号与订阅用户的互动，即日起，原创声明和留言功能作为基础功能，向所有公众号开放。

值得注意的是，11月22日，微信方面曾宣布，微信公众平台的“原创声明”与“留言”功能首批面向所有微信认证公众号开放公测，后续将逐步向全平台账号开放。只是，没想到微信向全平台开放这一功能会这么快实现。在此之前，个人以及企业认证账号要想拿到原创需要经过一段时间的考核，门槛相对较高。

微信方面表示，全面开放原创声明和留言功能后，运营者登录公众平台后，将陆续看到原创声明和留言功能。在写文章时，运营者可声明某篇文章为原创文章，并设置文章是否允许留言。公众号注册成功，也将拥有原创和留言功能。

微信称：暂时的约束其实是为了建立规则，平台没有权贵，其实我们一视同仁。愿我们每一个微小的努力，都能给原创作者一些鼓励和安全感。

（资料来源：TechWeb）

【爱奇艺与外研社达成战略合作】 2017年12月19日，“聚智同行”2017爱奇艺教育盛典在北京举行，爱奇艺和外语教学与研究出版社有限责任公司（以下简称外研社）宣布达成战略合作，双方将借助自身拥有的版权资源，共同打造线上教育IP。

外研社副社长兼北京外研书店总经理何皓瑜介绍，目前，外研社已经跟全世界600多家国际合作伙伴建立了紧密而广泛的联系，版权输出产品超过了1 000多种。爱奇艺与外研社的战略合作，将聚焦在三个方向：第一，双方将进一步挖掘出版领域和文化领域所积累的资源，共同开发高端的学术文化节目；第二，双方将探索一个融合发展的路径，借助爱奇艺专业的平台，进一步运营少儿类的IP，实现动画和出版的协同发展；第三，基于双方赛事活动资源的开发，爱奇艺和外研社将共同打造一档全新模式的偏综艺类的英语竞赛节目。

爱奇艺高级副总裁耿聃皓表示，爱奇艺一直重视与教育机构的合作，将与外研社共同打造优质内容，以新技术为驱动，为用户带来更好的互动教育体验。未来，爱奇艺会继续加强与教育机构和行业名师的合作，共同探索在线教育发展的新模式。

何皓瑜则进一步补充到，爱奇艺作为全国领军的在线视频平台，有着丰富的用户资源与强大的 IP 全产业链开发能力。外研社高度重视与爱奇艺的合作，希望通过此次强强联合，共同打造教育界新 IP。

（资料来源：中国知识产权资讯网，作者：冯飞，原标题：《爱奇艺与外研社将联手打造线上教育 IP》）

【《北京版权发展年度报告（2016—2017）》发布】 2017 年 12 月，北京版权蓝皮书（《北京版权发展年度报告（2016—2017）》）由社会科学文献出版社出版发行，蓝皮书由北京市新闻出版研究中心主编。

报告显示，2016 年北京市版权产业占地区生产总值的比重达 8%。2016 年，北京共输出版权 5 347 种，占全国的 48.03%；引进版权 10 185 种，占全国的 59.04%。2006—2016 年，北京市核心版权产业（包括文化艺术，新闻出版，广播影视，软件、网络及计算机服务，广告会展，设计服务等）实现年均 17%的增长。

《北京版权发展年度报告（2016—2017）》是首部反映北京版权业发展情况的年度报告，由总报告、分报告、专题报告、案例分析和附录（大事记）构成。

总报告全景呈现了 2016 年北京市版权产业发展概况、北京市版权保护状况、北京市版权社会服务体系建设情况等内容，对未来发展趋势进行预测，并提出意见和建议。分报告及专题报告采用定性、定量与实地调研相结合的方法，盘点了 2016 年北京文学版权、影视版权、音乐版权、软件版权、游戏版权、文创产业、全版权运营等细分领域的发展情况，对音乐、影视、文字作品等重点版权领域，以及聚合平台、云空间等新技术发展引发的热点问题进行专题研究，系统梳理了当前北京版权产业发展取得的重要突破和面临的挑战，并针对存在的问题提出建议。该书还收录了部分具有典型意义的版权行政、民事案例并进行分析和评论。

（资料来源：《中国新闻出版广电报》，作者：李婧璇，原标题为：《北京版权蓝皮书发布 北京核心版权产业年均增 17%》）

港澳台版权信息

【《香港市民保护知识产权意识调查2016》结果公布】 2017年3月31日，香港知识产权署公布《香港市民保护知识产权意识调查2016》的结果。为评估香港公众对保护知识产权方面的意识，该署自1999年起进行这项调查。

与过去的调查结果相比，在1 005名受访者当中，绝大部分的受访者（93.9%）认为知识产权在香港需要受到保护。约九成受访者知道香港有保障版权、商标及专利的法例，另有超过五成受访者知道香港有保障外观设计的法例，大多数受访者认为保护知识产权对促进本地创意产业发展（75.4%）及香港整体经济发展（67.2%）有帮助。

在消费者行为方面，只有7.1%的受访者表示经常或偶尔购买盗版或冒牌货品，与上次调查的7.4%相差不大。另外，80.2%的受访者认为购买高仿货或商品会侵犯知识产权。

就网络环境而言，40.8%有上网习惯的受访者表示，他们绝对会或可能会在获正式授权的网站付款线上收听歌曲、观看影片或下载歌曲、影片、电脑软件、游戏、电子书，有关比例自2008年（21%）起持续上升。他们会付款的前三个原因与上次调查相似，包括尊重知识产权（35.7%）、支持创意工业（24.8%）及为了得到更佳质素（24.6%）。同时，57.7%的有关受访者表示未必会或绝对不会付款，前三个原因为没有听歌、观看电影、玩电子游戏、阅读的习惯（23.4%），很少、从不下载任何档案（14.9%）及有其他途径可以网上收听、观看（14.6%）。

受访者提及最多的三个在网络上收听盗版音乐、观看盗版电影、盗版电视节目或在未经授权的网页下载音乐、电影、电视节目可能会遇到的风险为电脑或会中毒（28.2%）、违法（26%）及被检控（25.9%）。

调查结果也发现，大部分有上网习惯的受访者（77.3%）同意"在明知侵犯知识产权的情况下，仍然在网上社群、未经授权站下载音乐、电影、电视节目是不道德的行为"，比例较2014年的69.5%有一定提高。

关于知识产权署与不同零售及行业协会共同推行的"正版正货承诺"计划，超过一半的受访者（56.2%）表示有听过此计划，比例较上次调查的48.7%有一定提高。其中84%的受访者认为该计划对增加消费者及游客在港购物的信心或巩固香港购物天堂的美誉有帮助。

知识产权署署长梁家丽表示，香港市民对知识产权的保护意识及尊重维持在高水平，实在令人鼓舞，更多的互联网使用者愿意付款在获正式授权的网站线上收听音乐、观看影片及下载其他版权材料。而且公众教育对知识产权保护至为重要，应当继续透过不同类型的教育及推广活动，争取公众尤其是年青一代的支持和参与。

（资料来源：http://www.info.gov.hk/gia/general/201703/31/P2017033000542.htm
信息搜集：赖妤）

【海峡两岸创新驱动发展与知识产权保护论坛举行】 2017年4月21日，海峡两岸创新驱动发展与知识产权保护论坛暨第三届海峡两岸青年法制论坛在郑州大学举行。活动期间，郑州大学、高雄大学两校签署了合作协议。河南省知识产权局副局长吴灯展、郑州大学党委副书记邢莹等出席活动。

本次论坛由郑州大学知识产权学院、郑州大学法学院、国家知识产权培训（河南）基地、河南省法学会知识产权法研究会、郑州大学知识产权研究中心共同举办，高雄大学法学院协办。论坛以"创新驱动发展与知识产权保护"为主题，涉及科技创新与制度创新、知识产权司法保护、知识产权政策、知识产权运营以及海峡两岸知识产权保护合作等具体议题，旨在分享知识产权法律之最新研究成果，加强两岸专家学者之学术交流与合作。

吴灯展认为，希望以此次海峡两岸创新驱动发展与知识产权保护论坛为起点，搭建好平台，建立好制度，形成豫台知识产权学术交流的常态机制，服务人才培养，服务知识产权强省战略。

邢莹在致辞中表示，希望知识产权学院、法学院以此为契机，加强海峡两岸知识产权与科技人才培养模式交流互鉴，加强两校两院全方位合作，对加快推进河南知识产权人才队伍建设，大幅提升人才数量和质量，促进海峡两岸知识产权学术交流做出更大贡献。

此次论坛进一步推动海峡两岸在知识产权方面的交流与合作，对于提升知识产权与科技人才培养，促进创新驱动发展战略的实施产生积极影响。

（资料来源：http://www.sipo.gov.cn/dtxx/1106555.htm 信息搜集：赖妤）

【新《版权审裁处规则》5 月 1 日生效】 新《版权审裁处规则》（第 528D 章）（以下简称新规则）于 2017 年 5 月 1 日起生效，使版权审裁处能够以更有效的方式运作。

新规则由终审法院首席法官按《版权条例》（第 528 章）第 174（1）条赋予自身的权力订立，为审裁处提供现代化的常规及程序。审裁处是根据《版权条例》成立的独立半司法机构，负责审理和解决有关使用版权作品或版权特许的特定类别争议。

新规则引用了民事司法制度改革的原则作为审裁处解决争议的根本价值，并设有特定条文，赋权审裁处积极管理案件和推广使用另类排解。此外，新规则统一了各类向审裁处提出的申请或转介的程序及表格，并以独立方式订明有关规则，取代原有与其他法例联系或相互参照的条文。

政府发言人表示，新规则一方面确保审裁处的法律程序公平进行，另一方面使该等法律程序根据现今解决争议的常规，尽量灵活、方便及具成本效益。

新规则于 2017 年 2 月 24 日在宪报刊登，并已通过立法会的先订立后审议的程序，于 2017 年 5 月 1 日起生效。现行规则（第 528C 章）于同日废除。如法律程序在 2017 年 5 月 1 日前展开，并在 5 月 1 日前仍然待决，则该法律程序须按照新规则继续进行。

（资料来源：http://www.info.gov.hk/gia/general/201704/28/P2017042800415.htm
信息搜集：赖妤）

【粤港知识产权与中小企业发展（东莞）研讨会在东莞举行】 2017 年 6 月 23 日，2017 粤港知识产权与中小企业发展（东莞）研讨会在广东省东莞市举行。主题为"知识产权与企业竞争力"，研讨会以广东省内的香港中小企业和内地企业为对象，旨在协助企业运用知识产权，提升企业的竞争力和拓展海外市场。

香港知识产权署副署长吴凯诗在研讨会开幕礼上表示，举办研讨会是粤港保护知识产权合作专责小组框架下的年度盛事。知识产权贸易不但能为企业发展注入强大的动力，更能提升企业在国际市场的竞争能力，掌握国家"一带一路"和粤港澳大湾区城市群发展的机遇。

研讨会吸引了二百多名粤港中小企业代表和政府官员的参与，是 2017 年度粤港知识产权合作的重要项目之一。研讨会由香港特别行政区政府知识产权署、香港贸易发展局、广东省知识产权局及东莞市人民政府合办，东莞市知识产权局承办，香港特别行政区政府驻粤经济贸易办事处协办，并得到了粤港保护知识产权合作专责小组其他成员单位、香港律师会及香港工业总会的支持。

自 2004 年起，粤港两地合办研讨会，向中小企业推广保护知识产权的重要性，已分别于东莞、韶关、顺德、惠州、江门、湛江、珠海、汕头、中山、广州、肇庆、佛山、清远、汕尾及深圳等城市举行同类型研讨会。

（资料来源：http://www.info.gov.hk/gia/general/201706/23/P2017062200334.htm
信息搜集：赖妤）

【香港与内地签订知识产权领域合作安排】 2017 年 6 月 28 日，香港商务及经济发展局与国家知识产权局签订《国家知识产权局与香港特别行政区政府商务及经济发展局关于在知识产权领域合作的安排》（以下简称《合作安排》），以深化和增进双方在知识产权领域上的交流和合作。香港商务及经济发展局局长苏锦梁和国家知识产权局局长申长雨分别代表双方签署《合作安排》。

《合作安排》涵盖的范畴包括：（1）交流知识产权法律、保护及宣传教育等资讯；（2）研究和推动知识产权贸易的发展；（3）合办与知识产权有关的展览和研讨会；（4）推展专利领域的合作。

苏锦梁表示，一直以来，国家知识产权局对香港知识产权工作提供了大量帮助和技术支援。《合作安排》充分肯定了知识产权在现今促进创新和经济增长方面所发挥的重要作用，亦为双方加强日后的交流和合作，提供重要的基础。期望香港与内地共同开拓、发展及把握在知识产权领域的新机遇，达致互惠互利。

（资料来源：http://www.info.gov.hk/gia/general/201706/28/P2017062800795.htm
信息搜集：赖妤）

【两岸师生鹭岛共话知识产权】 2017 年 7 月 4 日，由厦门大学知识产权研究院举办的“2017 年厦门大学国际大学生知识产权夏令营”开营仪式于厦门大学法学院盛大召开。来自大陆、香港、台湾以及克罗地亚、印度、伊朗、马拉维、南非等国家和地区共 120 名优秀学员参与了本次夏令营。

厦门大学校长助理邱伟杰在欢迎词中表示，创新成为引领发展的第一动力，知识产权作为激励创新的基本保障，地位凸显，作用突出。2017 年知识产权研究院第四次举办国际大学生知识产权夏令营，希望能够为“一带一路”国家、金砖国家的知识产权专家及学术和实务部门构建交流平台。

此外，为了表彰厦门松霖科技有限公司对夏令营活动的支持，厦门市政府 7 月 3 日在开营仪式上授予厦门松霖科技有限公司“捐资兴学尊师重教铜质奖章”。

本次夏令营主题为“知识产权强国建设与中国知识产权法律制度变革”，除了邀请境内外著名知识产权专家为学员英文授课之外，还将让学员参访包括松霖集团在内的本地企业，走进龙岩，并了解和近距离体验中华文化。

在夏令营中，来自对岸的优秀师资也是一大亮点，本届将有由台湾智慧财产法院法官熊诵梅讲授的“台湾智慧产权司法保护最新发展与趋势”，还有由台湾中兴大学法学院副教授讲授的“商业秘密保护的前沿问题”课程。截至 2017 年，厦大知识产权夏令营已是第四次举办，每一届都会有来自台湾的老师参与其中。一方面是由于台湾对知识产权的重视，另一方面，来自台湾的老师也非常乐意到大陆讲课和交流。

（资料来源：http://www.taihainet.com/news/twnews/bilateral/2017-07-05/2030661.html　信息搜集：赖好）

【粤港保护知识产权合作专责小组第十六次会议在香港举行】 2017 年 8 月 2 日，粤港保护知识产权合作专责小组（以下简称专责小组）在香港举行第十六次会议。专责小组同意进一步加强合作，巩固已有合作成果，继续推动知识产权贸易及高端服务业发展，并提高两地科研成果转化水平和效率。双方计划于粤港合作联席会议第二十次会议后签署《粤港保护知识产权合作协议（2017—2018 年）》。

在会议上，双方代表分别总结过去一年两地完成的合作项目，包括：举办以提升企业竞争力为题的粤港知识产权与中小企业发展研讨会；为版权企业、电子商贸业界、商标业界及高端知识产权机构举办的交流活动；继续支持由香港特别行政区政府、香港贸易发展局及香港设计中心合办的亚洲知识产权营商论坛，以推动知识产权贸易及两地业界发展，以及举办以两地青少年为对象的宣传教育活动等。

在知识产权跨境保护合作方面，粤港执法部门透过情报交流、信息资源共享、联合行动、专案合作等不同协作机制继续打击跨境侵权行为。2018 年的合作包括两地海关将重点打击输港或经香港输往“一带一路”沿线国家的侵权活动。

知识产权署署长梁家丽表示，专责小组在 2016 年完成了二十四项合作项目，其中有六项是新增的合作项目，成果令人鼓舞。在 2017 年，合作项目增至二十八项，当中新增了推进粤港澳大湾区的知识产权合作，粤港双方将继续紧密合作，共同推动区域在知识产权创造、运用、保护和贸易领域进一步发展。

广东省知识产权局局长马宪民认为，自粤港保护知识产权合作专责小组建立以来，双方在跨境知识产权保护、信息交流、培训研讨等多方面开展合作，推进完成合作项目超过 200 项，为两地创新进步和社会发展做出了卓有成效的贡献。

专责小组于 2003 年 8 月第六次粤港合作联席会议后成立，旨在加强粤港两地在保护知识产权不同范畴的交流和合作，包括推广和教育、培训、执法、调查研究及资讯发布。

（资料来源：http://www.info.gov.hk/gia/general/201708/02/P201708010076З.htm　信息搜集：赖好）

【香港海关举行“青网大使知识产权专章计划”高级课程结业礼】 2017 年 8 月 25 日，由香港海关举办的“青网大使知识产权专章计划”（以下简称专章计划）第一期高级课程结业礼于海关训练学校举行。该计划是青少年打击网上盗版大使计划下的一项活动，36 名完成该课程的青少年打击网上盗版大使（以下简称青网大使）获青网大使知识产权专章计划高级课程证书，并获晋升参加最高级别导师课程的资格。

香港署理海关副关长连顺贤于结业礼致辞时表示，香港是全球主要经济及贸易中心之一，向来十分重视保护创意产业和知识产权。他认为，要杜绝侵权活动，除了严厉执法，市民大众必须同心协力防止侵权行为。从长远来说，更必须从教育方面着手，尤其向青少年宣传和培养尊重和保护知识产权的意识。并表示，为加强对青少年在保护知识产权方面的教育，海关 2016 年开始推出专章计划，希望透过为青少年提供多元化的训练课程，鼓励他们在日常生活中积极保护知识产权，更为身边的亲友及同辈树立榜样。

36 名青网大使完成了为期五天内容相当丰富的高级训练课程。他们除有机会与资深电影工作者交流，了解侵权活动对业界带来的影响外，亦透过于香港城市大学接受手机应用程式的设计训练，尝试体会设计原创人的心路历程。学员亦参观惩教署设施，以及在律政司律师的指导下，进行模拟侵权案件研习和参与模拟法庭审讯比赛。此外，学员在海关训练学校接受了各项体能及领导才能的训练。

香港知识产权署署长梁家丽及律政司副刑事检控专员许绍鼎同时出席结业礼，并担任主礼嘉宾。

海关自 2006 年起联同知识产权业界推动青网大使计划，成员包括 13 个本地青少年制服团体，共超过 25 万名年龄从 9 岁至 25 岁的队员。

（资料来源：http://www.info.gov.hk/gia/general/201708/25/P2017082500512.htm 信息搜集：赖妤）

【澳门举行知识产权工作坊】 2017 年 10 月 10 日及 11 日，由澳门经济局举办，作为第三期澳门特别行政区与欧盟在法律范畴合作项目之一的“如何将知识产权融入企业管理策略”工作坊，于公共行政大厦地库一层公共行政大楼演讲厅举行。

工作坊由万慧达知识产权代理有限公司高级合伙人黄晖、姚红军主讲，以普通话进行，并辅以广东话及葡语同声传译。工作坊会分析下列议题：（1）企业知识产权管理实务（案例分享）；（2）品牌的市场培育（案例分享）；（3）商标的法律保护（案例分享）；（4）电子商务平台的知识产权保护（案例分享）。

此次工作坊旨在加强澳门特区中小企业及居民对企业的知识产权管理实务及电子商务平台的知识产权保护意识。包括此次工作坊在内的以“促进澳门特别行政区法律制度的发展和现代化”为目标的第三期澳门特别行政区与欧盟在法律范畴的合作项目将持续至 2019 年 11 月。

合作项目的执行和协调工作由法务局负责，包括法律及司法培训中心、欧洲研究学会、经济局、消费者委员会以及社会工作局。

（资料来源：http://www.ccpit.org/Contents/Channel_4113/2017/1006/889544/content_889544.htm 信息搜集：赖妤）

【香港知识产权署举办“创意无限”活动】 2017 年 11 月 5 日，由香港知识产权署及香港中华基督教青年会合办、湾仔区议会协办的“创意无限”活动在铜锣湾行人专用区举行。此次活动旨在为青年人提供分享和交流创意的平台，鼓励他们在日常生活中发挥创意，以及提高他们尊重知识产权的意识。

为拉近创意与社区的距离，“创意无限”活动场地分为不同主题区，分别是产品展示区、互动体验区、游戏体验区、时装表演区，以及舞蹈和音乐表演区。大会还举办了两场时装表演，展现本地年轻时装设计师融入港产原创设计字体元素的作品。

香港知识产权署署长梁家丽出席活动时表示，希望市民能在活动中体验创意带来的乐趣，也能体会尊重和保护知识产权的重要。

香港中华基督教青年会社会服务委员会主席潘展聪认为，这次活动能够展现青年人的创意，激励他们拓展想象空间，在生活中创造无限可能。

知识产权署十分重视宣传教育工作以提升市民对知识产权的认识及尊重。署方多年来一直推动“正版正货承诺”计划，鼓励零售商户保证不卖假货，并鼓励市民参与“我承诺”行动，承诺不买不用盗版及冒牌货。署方也透过制作政府宣传短片、与不同团体合办和支持多元化宣传教育活动，并推出针对学校以尊重网上知识产权为主题的互动剧场和互动教学网站、举办中小学探访计划及大专院校讲座等，向公众宣传尊重和保护知识产权的信息。

（资料来源：http://www.info.gov.hk/gia/general/201711/05/P2017110300745.htm 信息搜集：赖妤）

【政府公布委任版权审裁处成员】 2017 年 11 月 17 日，香港政府公布，行政长官再度委任王桂埙为版权审裁处主席，任期一年。朱庆华、黄永恩、邵建伟再获任版权审裁处成员。朱庆华、黄永恩任期一年，邵建伟任期两年。新委任的成员有黄锦山、叶智荣、张家利，任期两年，其中黄锦山被委任为副主席。上述各项委任于 2017 年 12 月 1 日生效。

政府发言人表示，感谢即将卸任的副主席汤达熙、成员植观贤及林曼雅过去多年为审裁处服务。

版权审裁处是根据《版权条例》成立的半司法机构，就版权特许机构订定的版权特许计划条款所引起的争议做出裁决。审裁处由一位主席、一位副主席和七位成员组成。

（资料来源：http://www.info.gov.hk/gia/general/201711/17/P2017111700224.htm 信息搜集：赖妤）

【泛珠三角区域知识产权合作协议签署】 2017年11月21日，香港特别行政区政府与澳门特别行政区政府及九个泛珠三角区域知识产权管理部门，在湖南省长沙市举行了2017年泛珠三角区域知识产权合作联席会议。在联席会议上，香港特区政府与有关各方签署了《“一带一路”背景下泛珠三角区域知识产权合作协议》（以下简称《合作协议》）。

该九个泛珠三角区域知识产权管理部门分别代表福建、江西、湖南、广东、广西、海南、四川、贵州和云南省、区。《合作协议》旨在通过持续深化区域知识产权合作，促进与“一带一路”沿线国家和地区的经济和文化交流，以推动泛珠三角区域经济共同发展。

《合作协议》涵盖五个范畴：（1）加强知识产权的政策、法律和法规研究，提高知识产权策略制订中的交流合作；（2）研究拓展知识产权保护和执法的交流合作；（3）推动创意产业、品牌、科技产业知识产权的转化运用，提升企业竞争力；（4）利用各方资源优势，推进高端知识产权服务业发展；（5）加强知识产权合作交流的宣传和培养青少年对知识产权的认识。

（资料来源：http://www.info.gov.hk/gia/general/201711/21/P2017112100389.htm 信息搜集：赖妤）

【推进粤港澳大湾区知识产权合作交流活动】 2017年11月29日，为推动香港成为亚太区知识产权贸易中心和国际法律及解决争议服务中心，香港知识产权署与香港律师会知识产权委员会、亚洲专利代理人协会香港分会、香港商标师公会、香港大律师公会、香港国际仲裁中心香港调解会、香港和解中心，以及律政司代表到访广州，参观广州知识产权仲裁院、广州知识产权法院，以及广州开发区，并与当地代表进行交流，探索双方在解决知识产权争议方面的合作机遇。

参观期间，知识产权署助理署长（法律意见）庄丽娟表示，香港在知识产权、国际法律及解决争议服务方面具备丰富的经验。这次香港法律、仲裁以及调解的专业服务业界代表到广州交流，希望透过这次活动加强粤港相关业界进一步合作，共同推动粤港澳大湾区在知识产权贸易方面的进一步发展。

此次交流活动是粤港保护知识产权合作专责小组于2017至2018年度的会议上同意新增的合作领域——积极推进粤港澳大湾区知识产权合作中的项目，旨在探索粤港澳大湾区的知识产权合作及发展机遇、提升大湾区的知识产权高端服务业水平，以及推动大湾区创新发展。

专责小组于2003年8月第六次粤港合作联席会议后成立，旨在加强粤港两地在保护知识产权不同范畴的交流和合作，包括推广和教育、培训、执法、调查研究及资讯发布。

（资料来源：http://www.info.gov.hk/gia/general/201711/29/P2017112900795.htm 信息搜集：赖妤）

鳳凰網

IFENG.COM

凤凰网（凤凰新媒体，纽交所代码：FENG）创建于1998年，是全球领先的跨平台网络新媒体公司，旗下拥有综合门户凤凰网、《凤凰新闻》客户端、手机凤凰网、凤凰视频等平台，依托全媒体平台优势布局风视频、风直播、大风号等产品，秉承“中华情怀，全球视野，包容开放，进步力量”的媒体理念，为主流华人提供跨平台整合的新媒体优质内容与服务。

凤凰网不仅是控股的凤凰卫视传媒集团优质电视内容的网络传播渠道，更整合了众多专业媒体机构生产的内容、用户生成的内容，以及自身生产的专业内容，提供含图文音视频的综合新闻资讯、深度报道、观点评论、财经产品、互动应用、分享社区、在线网页游戏等服务，满足主流人群浏览、表达、交流、分享、娱乐、理财等多元化与个性化的诉求，并反向传输给凤凰卫视的电视平台，形成创新的网台联动组合传播模式，为互联网、移动互联网及视频用户提供丰富的内容与随时随地随身的服务。凤凰网目前月度UV逾3.74亿，《凤凰新闻》客户端月度UV逾6.67亿，总安装量突破4.3亿。

掌阅 iReader T6
年轻阅读新选择
[第二代纯平更清晰]
iReader

掌阅
看书 上掌阅APP
[万千好书 更新快]
掌阅品牌代言人
王俊凯
掌阅
扫码看更多好书

更自然 更智能 更开放

百度智能小程序 全新的移动生态

百度智能小程序是业界首个AI赋能的开放小程序生态。在AI能力上，百度智能小程序把百度大脑3.0的全部能力开放给开发者，其中部分能力甚至已经封装好，开发者直接调用即可。在开放性上，百度智能小程序支持一端开发，多端可运行，开发者只要简单修改几行代码，就可以将自己在其他平台开发的小程序接入百度智能小程序，并在百度系APP以及外部合作APP上无缝运行。同时，百度还将开放全域千亿流量扶持开发者，帮助他们快速沉淀精准用户，最终为用户和开发者提供一个全新的移动生态。

01/ 开放

百度智能小程序生态对开发者极为友好，是业界首个完全开放的小程序生态。

低成本迁入：在其他平台已经开发了小程序的开发者只要简单修改部分代码就可以接入百度智能小程序。
多端运行：2018年12月底，百度智能小程序还将实现开源。开发者开发的智能小程序将不仅可运行于百度系APP，还可运行于所有支持智能小程序的APP上。

02/ 智能

开发者可轻松调用包括语音、视觉、自然语言处理、知识图谱、增强现实、情景感知等在内的百度大脑3.0全部能力，实现交互智能、数据智能。

交互智能：从移动为先（手指、触摸为主）的交互，升级为AI为先（语音、视觉）的更自然的交互方式。
智能推荐：百度智能小程序通过人工智能技术深层理解用户需求，进行智能推荐，最终实现用户–内容–智能小程序的智能推荐。

03/ 流量

百度智能小程序将开放包括百度“搜索、信息流、贴吧”等核心产品在内的全球千亿流量扶持开发者。

天然契合：百度流量中天然存在大量与资讯、服务、工具等相关的需求，与智能小程序场景高度契合。
可经营、可沉淀：开发者可以通过流量获取、用户沉淀、用户促活、用户变现的营销链路对流量进行经营。

04/ 体验

百度智能小程序构建了更自然的用户体验系统，打造了新移动时代的最佳体验

端内沉浸体验：通过搜索和信息流， 百度智能小程序在百度系APP内实现了和第三方服务无缝结合。
百度智能小程序是百度AI在移动端落地的关键纽带，将推动整个移动端全面迈入AI时代。

好看视频

全/方/位/综/合/视/频/平/台

好看视频依托百度技术，致力于为用户提供优质的视频内容。好看视频平台拥有独家短视频内容源，分类覆盖搞笑、音乐、影视、娱乐、游戏、生活、小品、军事、汽车、新闻等全方位优质视频内容。

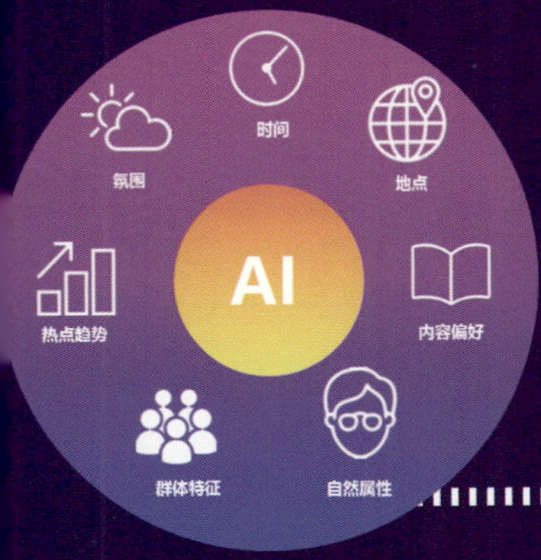

「搜索+兴趣」双引擎

基于百度AI技术，优化内容消费模式，实现优质内容和兴趣点人群精准匹配，驱动精准分发，助力创作者用内容找到读者，获得粉丝。

生态优势：权威媒体、版权机构入驻

权威媒体、版权机构、垂直领域知名IP及明星入驻，助力打造专业、智能、生动的优质内容平台，增强内容生态优势。

百度APP内嵌好看视频入口引流超级流量

百度APP日活1.6亿

百度APP覆盖用户7亿

扫码下载好看视频APP

科技助力“新文创” 打造数字文化中国

腾讯作为一家以互联网为基础的科技与文化企业，科技和文化将是腾讯未来最重要的标签。2018年，腾讯迎来成立20周年，面向未来，“科技+文化”将成为腾讯最为重要的战略。

科技应用促进传统文化活化，经典IP在数字时代更易获得全新生命力，通过文化资源的数字化和创新转化，将有力催生文化的新业态。腾讯立志发挥自身优势，坚守科技向善的美好初心，积小善成公益之大爱，将社会责任融入每一款产品，同时秉持匠心精神，致力于用“科技+文化”提升每个人的生活品质。

腾讯在发展文化产业的同时，同样注重对于文化产业的保护。文化产业的核心是IP，对腾讯而言，IP是企业的生命线，保护版权不仅是维护企业利益，也是企业承担社会责任的体现。

随着技术发展以及动漫、文学、影视、音乐等崛起共生，腾讯将开放自己的科技和文化能力，助力合作伙伴，推进“科技+文化”融合创新，打造中国特色文化IP，促进文化产业内部、产业与社会各领域之间生态化协同化发展，建设产业发达、文化繁荣、价值广泛的“数字文化中国”，共同为中华文明的伟大复兴而努力。

“科技+文化”，助力传统文化的数字化

中国传统文化博大精深、灿烂辉煌。在数字化时代，如何继承、传播中国的传统文化是一大挑战。腾讯作为中国领先的“科技+文化”企业，以新的技术、新的形式和新的内容来实现对中国传统文化的创造性转化和创新性发展。

从2016年开始，腾讯陆续与故宫、长城以及敦煌合作，通过腾讯的平台、AR/VR、云计算等科技能力，赋能经典文化，让传统文化采用丰富的形式回到日常。腾讯致力于提供一整套可供选择的文化资源数字化与活化的解决方案，成为传统文化传承、保护与创新的连接器与转化器。

新文创，推动数字文化蓬勃发展

党的十九大提出当前社会的主要矛盾是人民日益增长的美好生活需要和不平衡不充分的发展之间的矛盾。新时代对文创产业有了更高的要求。腾讯有责任以不断的创新来满足大众日益增长的文化需求，弥补文化发展的不平衡和不充分。

腾讯将把数字文化从线上做到线下，通过线上线下的结合拓展新的应用场景。一方面要把线上的文化活力系统输出给线下，营造更多元丰富的线下文化体验；另一方面要把数字文化拓展到新的人群，比如老人、孩子和其他数字弱势群体。

腾讯继续释放自身的技术和连接能力，构建一个涵盖社会各个领域，更加开放、多元和包容的大生态，让科技和文化的进步为更多的人群共享，也让技术能够承载体现新时代价值观的内容，提升下一代的文化审美。

版权保护，激发全民内容创作的热情

让原创者安心于创作，免于作品被侵权的困扰是腾讯版权保护的方向。通过技术和商业模式的创新，腾讯建立了一套鼓励原创、保护IP、推动IP开发的管理体系，让版权所有人得到尊重和更好的回报。

微信公众号2015年率先推出了“原创声明”功能，2017年11月此功能开放给所有公众号。这意味着，在有着十亿用户的微信平台上，即便再小的内容创作也能获得保护和尊重。2018年6月7日，腾讯内容开放平台“企鹅号”升级了版权保护系统，为原创作者维权“保驾护航”。

保护知识产权不仅需要完善的规则制度、先进的技术支撑，还需要政府、行业、用户多方合作。如此，才能构建一个健康的、可持续发展的产业生态。

2018 NEXT IDEA腾讯创新大赛，以“创意活化世界遗产”为主题，与长城、故宫博物院、敦煌研究院等文博机构合作，活化国内外超级文化IP，推动科技与文化融合，促进文创产业发展与跨国文化交流。

腾讯博物馆，是腾讯与各大博物馆合作开发的一款创新小程序。遇到不懂的名画，用户在“博物官”小程序里，扫一扫，搜一搜，拍照识别，就可以知道画作背后的故事。依靠腾讯叮当的AI技术，“博物官”小程序解决了用户在各类展馆中“不知道看什么”和“看不懂”的困扰。

微信扫一扫，使用小程序

腾讯公益与中国文物保护基金会联合推出“长城你造不造”计划，通过科技的力量传承长城文化，激活长城这座世界文化遗产的魅力，让更多人重视长城，保护长城，爱上长城。

为了拉近长城与青年人的距离，腾讯发布了“长城小兵”IP形象，其中，关小山手持冲浪板，代表“天下第一关”山海关；关小偏代表偏头关，他手持书卷，头顶问号，寓意长城有很多故事；关小小则代表娘子关，拿着手机自拍的形象符合当代大多数青年的特征。

《尼山萨满》是腾讯游戏学院和NEXT Studio联合推出的一款轻度叙事音乐类游戏，也是一款具有保护、传承少数民族文化意义的功能游戏。游戏根据中国北方少数民族传说《尼山萨满传》改编，讲述了刚出师的女萨满勇闯地狱救回村民小孩灵魂的故事。故事虽短，但是其画风独特，采用中国剪纸风画面，利用充满神秘感的原创少数民族萨满音乐，收集文化底蕴丰富的图鉴，使用户领略中国北方少数民族文化的独特魅力。

《尼山萨满》在各国音乐游戏排行榜上表现极佳，在8个国家中都进入Top10，在66个国家中榜上有名，通过游戏传扬了中国北方少数民族的文化，让更多国家认识中国、了解中国。

7月5日，QQ音乐与敦煌研究院、上海音乐学院联合打造“古乐重声”敦煌音乐文化觉醒计划，助力敦煌古乐器的复原，让敦煌古乐再度奏响。在莫高窟现存的492个洞窟中，与音乐题材相关的洞窟多达240个，占总数量近50%。QQ音乐作为“数字丝路”计划的敦煌音乐文化传承模块，此次觉醒计划，通过科技和新文创手段传播、传承敦煌音乐文化。

自制剧匠心巨制 霸屏来袭

目前网剧市场井喷，超越卫视剧成为行业主战场。搜狐视频今年推出的多部自制剧，从品质到口碑持续探索行业新方向，备受网友认可。今后，搜狐视频将继续打造精品自制剧，加强对“网生”年轻人群的影响。新增的一大批高能新剧覆盖玄幻、穿越、言情、青春等主题，可以帮助搜狐视频在2018年真正打造属于自制剧的护城河，使其具备“造星+制作+口碑”的核心竞争力。

2018年，搜狐视频自制出品不断加强，多部精品自制剧如《动物系恋人啊》《继承者计划》《无法拥抱的你2》《拜见宫主大人》《器灵2》《端脑》《超级小郎中2》《我叫黄国盛》等对用户吸引力不断提升。在自制剧策略上采取垂直化内容细分，针对细分用户差异化兴趣需求，升级打造全新内容。将推出相应的类型剧包括《法医秦明2》《犯罪心理小组X》《唐诗三百案》，粉丝向自制剧则包括《降龙之白露为霜》《奈何Boss要娶我》《热搜女三》，以及跨次元的《炮灰攻略》、《我在大理寺当宠物》、《拜见宫主大人2》和《亘明卫》等。

小而美综艺

《送一百位女孩回家》强势突围

搜狐视频自制综艺《送一百位女孩回家》通过青年作家丁丁张陪伴式观察，每期展现一位都市女性的生活。旨在复原都市漂泊女性生活的本真，挖掘符号之下的故事。丁丁张带着好奇的眼光，以不介入、不打扰的采访方式，为观众呈现女孩们真实的一面。第一季节目中既探寻了柳岩、何穗、范湉湉、金玟岐等明星的真实生活，也关注到了女足门将、高学历游戏主播、网红创业者、追梦女团等群体，立足真实，多面呈现。

节目上线五期破1亿播放量，播出九期破2亿播放量，愈加快速的播放量增长与长达6 000小时的播放时长都意味着观众对节目的喜爱与肯定。第四期柳岩在节目中“自曝去年被分手”的话题更是霸榜微博热搜TOP 1长达16小时，收获大量观众的关注与好评。在观众对纯娱乐式综艺

审美疲惫的环境下，搜狐视频《送一百位女孩回家》“小而美”的新形式、有辨识度的新内容无疑是综艺市场的成功试水案例。在形式上，节目接近20分钟的时长，符合网综用户碎片化、移动化的生活习惯和观看需求。这反映了搜狐视频2018年在自制综艺上的差异化战略，避开版权购买的红海，不跟风大制作，深耕小而美，发力细分市场，实现对垂直人群的精准覆盖。

搜狐视频一直坚持成为行业新趋势的开启者，价值投资的坚守者，多次洞察并准确预知了用户内容需求的变化。人云亦云、堆砌资源无法形成真正的行业造血能力，搜狐视频将依靠对新变化的独特前瞻，引领行业新价值。

在搜狐公司董事局主席、CEO兼搜狐视频CEO张朝阳看来，艺术创作行业没有垄断性，视频未来也必然是多平台共存。自制剧、综艺，以及自媒体和直播的布局，将开拓搜狐视频通向未来的道路。

知乎的版权实践

2017年11月8日，为保障数字内容产业健康发展，知乎与腾讯、视觉中国、中国联通等合作伙伴共同成立“内容版权联盟”，共同探索更多版权合作，加强抵制侵权行为。作为“内容版权联盟”的重要发起方，周源还发表了关于内容版权的主题演讲，介绍了知乎以确权、维权、授权三大策略为核心的版权保护体系。

知乎CEO周源

周源介绍：一直以来，知乎对版权都十分重视。在基础的版权规范方面，知乎在用户协议中明确：用户在知乎上发布的原创内容，其著作权归用户本人所有。同时，知乎也规范了社区内转载流程，制定了非常严格的转载规范。在普法方面，知乎通过在站内发起版权主题线上圆桌等方式，邀请版权领域的专业人士，向用户普及版权常识。

在此基础上，知乎逐步围绕确权、维权、授权三个层面，构建出相辅相成的一整套体系，希望从源头上保护创作者的权益。

确权，即明确平台用户的版权归属。知乎与中国版权保护中心DCI体系展开合作，对于部分Live和全部知乎原创电子书进行版权登记，提前预防之后可能存在的版权纠纷。未来版权登记服务还会逐步扩展到其他产品，实现用户在内容产出的同时即可完成版权登记。

维权，即通过措施和手段维护原创者版权，主要针对止损和追责这两个不同阶段展开。止损的关键在于时效性，知乎和网易、新浪、ZAKER等平台也建立了“站外绿色通道”，用户可以通过“举报”功能和版权邮箱两个通道快速完成侵权反馈。其次是通过强大的跨平台维权产品维权。2016年，知乎和腾讯合作上线了“微信公众号侵权投诉”功能，确认侵权的文章可以24小时内删除。这是业内率先将跨平台版权保护进行产品化的举措。

对于个体原创者，想要维护自己的权益往往会感到势单力薄。“拿诉讼来说，个体在打官司时会遇到不少实际问题，包括碎片化网络侵权取证艰难，地区归属划分不清，诉讼流程耗时久等。”周源称。因此在追责方面，平台应当适时帮助原创者通过法律手段维权。以知乎针对新媒体营销账号“知乎大神”的侵权诉讼案件为例，“知乎大神”长期抄袭知乎原创者的内容，做成了有名的新媒体大号，也获得了商业上的盈利。然而，这种碎片化网络侵权在诉讼层面取证非常困难，而这种情况下，知乎主动起诉对方，帮助原创者维权。

授权，即对原创者版权的授予与开发提供更多支持。一方面，知乎为内容原创者开通了“禁止转载”选项，杜绝复制粘贴，提高侵权的实施难度。另一方面，2016年7月，知乎上线了“付费转载”。第三方通过简单操作即可付费完成授权的获取，实现原创者和内容使用者的共赢。授权还包括拓展版权收入层面，知乎通过知乎书店、知识付费类产品来帮助用户拓展版权收入和新机会。

明确权益、维护权益、积极维权、拓展授权，知乎在版权保护上做出了不少探索。但对于经历过独特“免费时代”的中国互联网来说，无论在版权意识上，还是在相应的机制上，单个平台的能力始终是有限的，还需要更多的互联网企业加入到版权保护的队列中。未来，知乎将持续从产品对接、跨平台合作、诉讼等等维度，探索多维度手段帮用户维权，并持续拓展版权收益，让每一位原创者的版权权益最大化。

知乎为用户主动维权

2017年11月2日，知乎起诉微博营销号“知乎大神”一案，在历经马拉松式调查取证过程后，终于开庭。作为互联网平台为用户向营销号维权的第一案，知乎以侵害作品信息网络传播权及不正当竞争纠纷为由，对微博营销账号“知乎大神”，以及与该账号有紧密联系的深圳蜂群互动有限公司，提起诉讼。

知乎法务负责人表示：诉讼维权是复杂的、耗费成本的、不确定性高的途径。侵权行为的形态和来源也从单一到多样，知乎希望用有限的资源，帮助用户和原创权益人获取比较好的维权效果。而在冒用知乎名义、未经作者许可转载内容的一批营销账号中，“知乎大神”是粉丝数多、侵权行径比较恶劣的，其运营方从中获取了可观的利益，却付出了很少代价甚至没有付出代价。鉴于之前鲜有以平台名义发起诉讼为原创作者维权的先例，这个过程充满着各种困难和不确定性。

知乎版权
专注协助知乎用户版权维权

早间播报：昨日知乎起诉微博营销号一案正式开庭，现向关注知乎版权的知友们同步庭审情况。我们会耐心等待法庭的最终判决，同时知乎版权也会继续为大家提供版权保护服务，与大家在保护知识产权之路一起前行。

知乎　首发于 知乎版权保护专栏　关注专栏　写文章

知乎起诉微博营销号开庭情况同步暨 10 月版权工作笔记

知乎版权
知乎 官方账号
＋ 关注她

300 人赞了该文章

> 前情提要：知乎起诉微博营销号「知乎大神」案情回顾及同步。

今天下午，知乎起诉微博营销号第一次正式开庭。根据国家相关法律法规要求，以及出于对法庭纪律的尊重，版权团队在这里仅向大家简述庭审情况：

庭审中，被告阮某指派了代理律师出庭，本人未到场；另一被告蜂群传媒委派员工出庭，没有代理律师。

在庭前质证、法庭辩论等环节，被告阮某的代理人表示，阮某确为微博账号「知乎大神」的运营人，但与另一被告蜂群互动没有关系，即「知乎大神」账号并非蜂群互动所运营的微博账号。被告代理人当庭承认对知乎用户原创内容的侵权行为并口头道歉，同时表示，转载行为未有主观获利意图，对知乎用户内容的转载都是个人分享行为。

互联网平台为用户向营销号维权第一案

作为互联网平台为用户向营销号维权的第一案，知乎诉“知乎大神”一案，本身就可称作填补空白的经典“马拉松式”诉讼案例。其中复杂而艰辛的过程，是外界难以想象的。

前期，是沟通投诉难。在向涉嫌侵权方投诉、多方沟通等前期维权行动未果的背景下，从2016年4月开始，针对“知乎大叔”“知乎大神”等一系列微博账号长期未经授权转载知乎站内回答等侵权行为，知乎方面发表声明，决定对涉嫌侵权方采取进一步行动，推进维权诉讼流程。

接着，是取证诉讼难。知乎需要通过诉讼的方式，确定被告的真实身份，方能起诉“知乎大神”营销号。之后，在锁定证据链条的基础上，追加蜂群互动为被告。经过大量前期取证，考虑到本案需公证的侵权内容量巨大，如果全部打印，可以填满一个10平方米的房间，知乎方面舍弃了传统的逐页截屏取证方式，并公证出了一个长达30小时56分钟16秒的视频。

此后，通过第一轮诉讼，知乎锁定了营销号注册人（阮某）身份信息，并沿着营销号背后的利益链条，顺藤摸瓜找到了“知乎大神”账号背后的运营主体——深圳蜂群互动有限公司。2016年10月，知乎将营销号注册人阮某和蜂群互动一并告上法庭。而推进开庭的过程也是一波三折。两被告长期多次通过管辖权异议、“失联”等诸多方式，导致案件开庭时间一再延迟。

在经历漫长的拉锯和等候之后，案件于2017年11月2日14时开庭。庭审现场，被告阮某的代理人虽承认对知乎用户原创内容的侵权行为，但拒绝承认转载行为有主观获利意图，而蜂群互动也辩称其与本案无关。知乎方面坚决反对，并列举了被告在微博号中大量侵权转载知乎用户内容，以吸引关注、获取粉丝、持续发布商业广告获取经济利益的证据，要求被告停止侵权、删除微博侵权内容并赔偿损失。

作为平台方主动替用户维权，对涉嫌版权侵权者提起诉讼的行动，不论对知乎来说还是在整个中文互联网行业都尚属先例。在这个过程中，知乎也得到了众多热心用户的理解、支持和帮助。不少用户在站内分享和曝光了自己与相关侵权营销号漫长的对峙过程，而相关领域内从业用户，更是从专业角度给出了很多建设性的意见和建议。

作为知乎对涉嫌版权侵权者提起诉讼的首次尝试，知乎希望通过这样的尝试来探索打击碎片化抄袭行为的可行之道，为原创者提供可参考以及可复制的维权方式，帮助每一个专业、认真的创作者获得应有的尊重。维权之路漫长、艰难，但知乎期望能在“空白”中留下一个脚印。知乎愿与所有原创者坚定地站在一起，为守护一个能够最大限度保障原创者权益的环境而共同努力。

Artron 雅昌

雅昌文化集团

2017年4月21日，由中国版权协会主办，中国版权协会艺术品版权工作委员会、雅昌文化集团承办，以“**尊重艺术原创，发掘版权价值**”为主题的艺术品版权高峰论坛在北京成功举办。中国版权协会艺术品版权工作委员会专家顾问聘任仪式同期举行。中国版权协会理事长阎晓宏，中国版权协会艺术品版权工作委员会主任委员、雅昌文化集团董事长万捷在论坛上发言，并向专家顾问颁发聘书。国家新闻出版主管部门版权管理司司长于慈珂出席论坛。受聘为专家顾问的中国美术家协会名誉主席、中国文联副主席靳尚谊等知名书画家，以及150余位艺术界、法律界代表也参加了本次活动。

中国版权协会理事长阎晓宏致辞

雅昌文化集团董事长万捷致辞

中国版权协会艺术品版权工作委员会专家顾问聘任仪式在论坛上举行，
国内知名艺术家、学者、企业家接受聘任

近年来，我国艺术产业发展迅速，在艺术品交易繁荣的同时，艺术品版权、艺术IP成为市场热点，艺术家和艺术机构逐渐认识到作品版权的价值；此外，艺术品价值飙升以及互联网的发展，使艺术品仿制、侵权盗版现象呈爆炸式增长，如何保护艺术家版权权益成为艺术界热门议题。

基于艺术版权产业现状，本次论坛以保护艺术家版权权益为宗旨，针对艺术界关心话题，交流探讨艺术品版权保护与开发的新趋势、新技术，以对我国艺术版权产业发展起到推动作用。著名艺术家何家英、北京海淀人民法院知识产权庭负责人杨德嘉、雅昌艺术品鉴证备案中心总经理王丽、中国美术馆副馆长安远远、华特迪士尼（上海）有限公司北京分公司政府事务总监郭忠、中国工艺美术协会理事长周郑生分别就艺术家版权权益保护、美术作品著作权案例、鉴证备案、版权保护与艺术创作、国际授权行业趋势、工艺美术版权保护等议题进行主题演讲。

雅昌艺术品鉴定中心总经理王丽以雅昌鉴证备案服务为例，就如何有力保障艺术家权益这一议题进行发言：雅昌秉承对艺术品“追溯本源、传承有序”的社会责任，结合二十年艺术品数据资源优势，创新并开发中国艺术品鉴证备案服务，通过艺术家本人和科技鉴证，完成对艺术品身份信息的锁定；通过数据库备案和查询，对接政府艺术品诚信数据库系统，实现对艺术品市场的规范化管理。同时，雅昌帮助艺术家进行作品版权的国家登记，为每一件艺术品建立唯一、权威、可追溯、可查询的“身份证”信息，最大限度保护艺术家权益。截至2016年6月，已有3 000多位艺术家、6 000余位藏家加入到雅昌鉴证备案项目，进入鉴证备案基础数据库的作品多达100 000件。

起点国际是阅文集团旗下的海外核心平台，承载了阅文集团海外文化输出的重要使命。起点国际于 2017 年 5 月 15 日正式上线，致力于为全球亿万读者提供高品质的网络文学作品。目前已上线 150 余部英文翻译作品，620 余部原创英文作品，全球访问用户累计超1 000万。一年后的今天，起点国际正式步入第二阶段，开启海外网文原创元年。未来起点国际除了持续为全球读者提供高质量的中国网文作品译文外，还会投入更多的资源和精力， 在海外市场推进当地网文原创的发展，让中国的网络原创文学成为全球文化！

欢迎访问起点国际

www.webnovel.com

起点国际一周年
开启海外网文原创元年

Webnovel's First Anniversary

Launching Original Online Literature Internationally

引领行业的正版数字阅

阅文

CHINA LITER

近700万创作者

完善的作家孵化和培养体系，
从辈出的新人到顶尖白金大神，创作阵容强大

1000余万部作品

包罗网络原创、出版图书、
音频听书等海量作品，覆盖200多种内容品类

原创文学品牌

创世中文网 阅文集团旗下网站

云起书院

红袖添香 www.hongxiu.com

潇湘书院

起点中文网 阅文集团旗下网站

小说阅读网 www.readnovel.com

起点女生网 www.qdmm.com 全球女性文学门户 阅文集团旗下网站

言情小说吧 xs8.cn

原创出版品牌

聚石文华

中智博文

华文天下

平台与文学IP培育平台

集团

JRE

触达数亿用户

以QQ阅读为中心，背靠微信、QQ等强势渠道，打通海量外部合作资源

IP产业核心源头

输出《鬼吹灯》《盗墓笔记》《琅琊榜》《择天记》《斗破苍穹》《全职高手》等超人气IP改编作品，长据市场优势份额

移动音频APP

天方听书网 WWW.TINGBOOK.COM 阅文集团旗下网站

懒人听书 lrts.me 阅文集团旗下网站

移动阅读APP

QQ阅读 海量原著 想读就读

起点读书 阅文集团旗下移动阅读软件

移动创作APP

作家助手 随时随地 全民写作

今日头条 | 華西都市報

内容、版权合作
共建西部内容创业基地

移动时代，新技术在让更多创作者享受红利的同时，也为版权保护带来了更大的挑战。今日头条作为国内一家智能内容分发平台，深知维护创作者权益，就是维护头条自己的权益。

作为技术公司，今日头条优先从技术角度切入，尝试规模化、低成本地解决版权问题。并在原创扶持、版权维权等方面，做出了一系列举措与努力。

澎湃、《华西都市报》、《三联生活周刊》、浙江卫视、灿星制作、papi酱、二更、一条……今日头条正在为越来越多的媒体机构和自媒体提供版权保护服务。

以下是今日头条2017年的版权保护成绩单：

1. 自主研发灵石系统（Toutiao Content Recognition）

今日头条工程师耗时数月自主研发的灵石版权保护系统，是国内较早上线的视频版权保护系统，每天识别疑似侵权视频5万余条，累计接入具有原创能力的制作机构超过400家。

2. 侵权投诉

平台设有24小时投诉渠道，2017年至今，累计处罚抄袭11 253次，封禁抄袭账号2 056个，平均处理时间小于1小时。

3. 全网维权平台

今日头条联合中国版权保护中心、维权骑士帮助创作者全网维权；2017年至今，全网累计确认抄袭侵权超过22万篇，维权成功超过16万篇，帮助作者删除侵权文章时间保持在3天内。

4. 维权赔付

创作者授权后，今日头条帮助创作者完成维权赔偿。2017年4月份正式上线至今，累计赔付超过18万元，有作者依靠维权赔付功能月入过万。

5. 版权认证证书

联合中国信息协会共同打造版权登记证书，帮助原创作者维权。

新媒体时代，版权保护面临的问题和挑战日益复杂。今日头条一直正视此问题，并致力于通过技术、制度等手段来解决类似问题。

今日头条一直坚信，创作者是平台的朋友，只有保障好创作者的权益，形成良性的内容创作生态，行业和今日头条才能获得更好的发展。

酷狗音乐

技术推动版权保护 正版促进产业发展
酷狗为数字音乐版权增值

我国自开展网络音乐版权专项整治以来，网络音乐的版权秩序明显改善，正版化已成为行业共识，版权的尊重保护更是激发音乐价值的重要前提。

国内数字音乐服务商酷狗音乐，2018年获“2017CPCC十大中国著作权人”荣誉。至今，酷狗为包括词曲作品、录音录像作品、计算机软件著作权在内的1 300余件原创作品完成版权登记。在尊重原创、坚持正版的基础上，酷狗为音乐产业提供了版权保护、运营的诸多示范。

目前，酷狗已建立超过1 700万首作品的正版音乐曲库，以付费下载、付费数字专辑、音乐众筹等方式实现版权价值。酷狗从版权保护出发，通过建立数字音乐评估体系、版权库及曲库匹配录入技术、预防版权侵权监测系统等，实现从版权采购、资源汇集到版权监测的全流程监控。围绕海量正版曲库，酷狗推出了酷狗音乐、酷狗直播、5sing、酷狗唱唱、酷狗KTV等产品，自主研发酷狗M1蓝牙耳机、酷狗智能音响、酷狗潘多拉互联网蓝牙音箱、酷小狗音乐启蒙早教机、酷狗超级K歌机等硬件产品，从软件到硬件为音乐版权赋能。

酷小狗音乐启蒙早教机

酷狗运用“技术+音乐”模式，当前已累计专利申请超千件，其中“一种音频文件的旋律提取方法及旋律识别系统”的专利（专利号：ZL201010567156.X）获第十九届中国专利优秀奖；独创的“蝰蛇音效”不仅为用户提供了3D丽音、5.1全景音效等超2 000种音效选择，也实现了用户DIY音效配置。2018年7月发布的酷狗音乐9.0版本中，蝰蛇音效5.0上线了调音师认证功能，为音效技术人才搭建展示作品的舞台。酷狗拥有的多项国际领先技术，如共享交互网络、数据传输方案、歌曲识别技术、动感卡拉OK歌词、音乐推荐管理系统等，在服务用户听歌体验的同时，为音乐版权实现增值。公司先后获得“国家知识产权优势企业”“广东省知识产权示范企业”“文化创意产业知识产权领先企业”等荣誉，技术创新成果获得政府部门肯定。

酷狗音乐APP 9.0

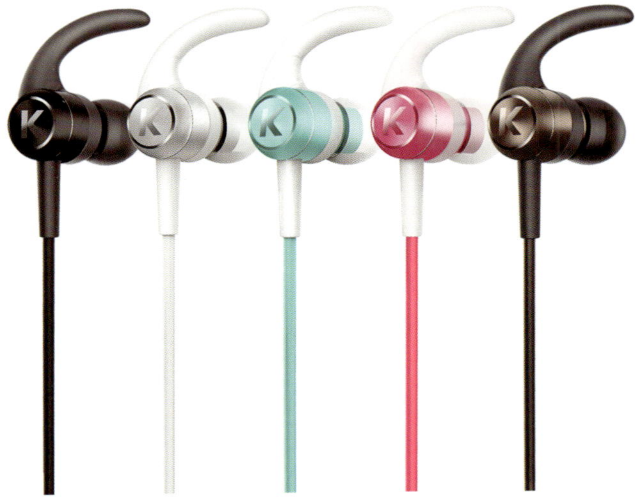

酷狗M1蓝牙耳机

酷狗智能音响

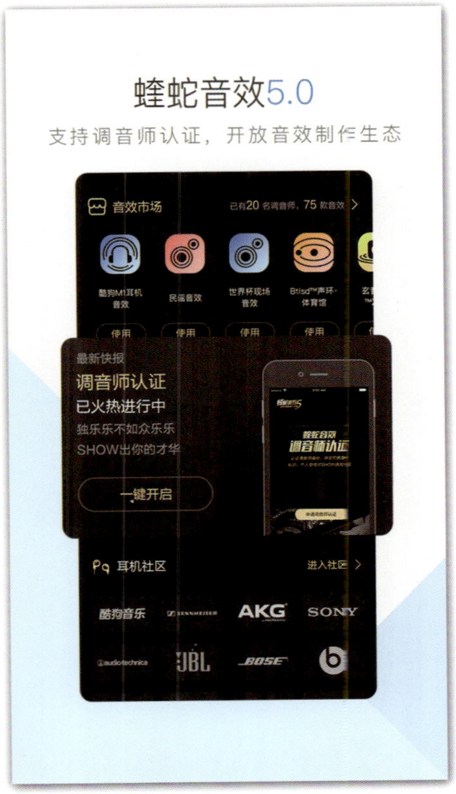

蝰蛇音效5.0

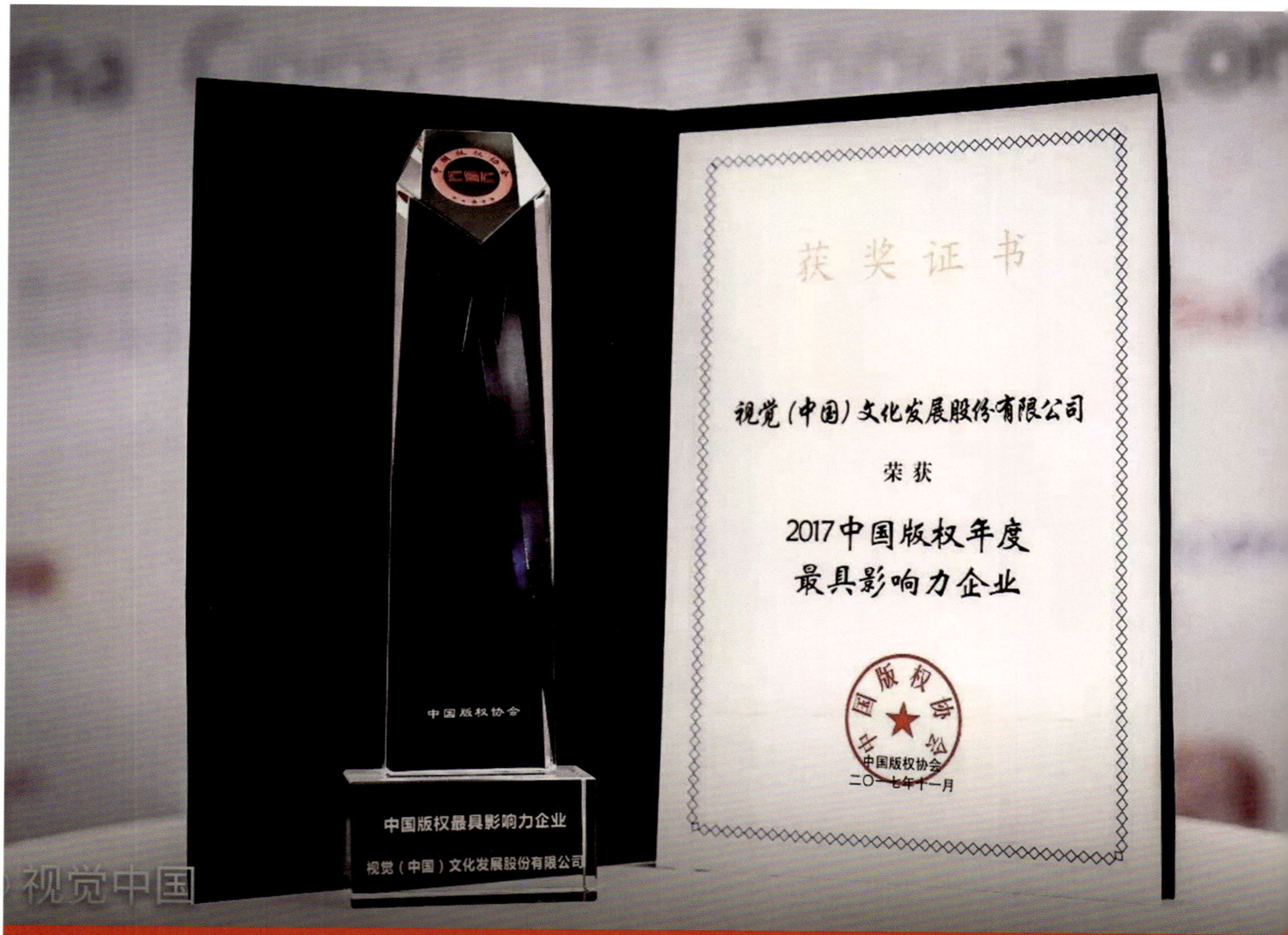

视觉中国
VISUAL CHINA GROUP

视觉中国（www.vcg.com）是一家国际知名的以“视觉内容”生产、传播和版权交易为核心的互联网科技文创公司，2014年成功在深圳A股上市（股票代码：000681）。视觉中国整合全球优质版权内容资源，基于大数据、人工智能技术，通过互联网版权交易平台提供亿级的高质量、专业性的图片、视频及音乐素材，为内容生态中的生产者与使用者提供全方位的版权交易和增值服务。多年来，视觉中国致力于传播高质量内容，保障创作者合法权益，培养健康的版权行业环境。

视觉中国是国内一家利用互联网技术创建的正版图片交易平台，通过多年的实践建立了业界领先的完善的图像版权管理体系和流程；公司高度重视版权保护工作以及相关能力建设；公司对版权保护的有关司法案件，多次入选法院系统的知识产权典型案例，受到政府部门的高度评价。

2017年4月20日，公司对版权保护的案例入选“2016年度北京法院十大知识产权创新性典型案例”。2017年4月26日，世界知识产权日，公司对版权保护的案例入选“福建省律师知识产权十大典型案例”。2018年4月26日，世界知识产权日，公司对版权保护的案例入选“2017年福建法院知识产权十大案例”。

公司在版权保护的技术创新方面积极探索，处于行业领先地位。公司是国内一家将“可信时间戳”用于图片版权的确权和认证的公司；并基于图像大数据与人工智能技术自行研发了“鹰眼”——图像版权网络追踪系统，能够追踪到公司拥有图片在网络上的使用情况，大幅降低版权保护的成本，有效地保护了版权人的利益。

2017年6月14日，由全国人大常委会领导带队的全国人大常委会著作权法执法检查组到公司进行实地检查，就版权保护的发展、版权传播等问题进行了深入调研，充分肯定了公司在贯彻著作权法方面取得的成绩。2017年7月28日，由中国版权协会主办、中国版权产业网承办的“互联网+图片版权保护与产业发展”研讨会在北京举行，这是目前国内以图片版权保护为专题召开的高规格研讨会，公司作为版权图片行业代表应邀参会并发言。2017年11月24日，公司第二次获得中国版权协会颁发的“中国版权年度最具影响力企业”的荣誉。

塔读文学

精品原创 阅在指尖

塔读文学主体公司为北京易天新动网络科技有限公司，成立于2008年，承载天音无线互联网战略。是国家高新技术企业、中关村高新技术企业、中国版权协会常务理事会单位，具备网络文化经营许可证、电信与信息服务业务经营许可证（ICP证），被国家新闻出版广电主管部门列为18家首批“全国网络文学试点单位”之一。

公司拥有众多签约作家及内容产品。截至2017年塔读注册用户数超过3.1亿，日活跃用户数420万以上，书库存量超过35万册，原创签约作者高达4 000多人。

官网：www.tadu.com

ios书城与书架

塔读文学APP是一款体验独特、功能强大、界面精美的在线阅读软件，拥有众多互联网及正版出版物书籍。软件安全省流量，多平台各机型适配优良，为手机用户提供“随身随心，乐享阅读”的优质服务。

扫一扫立刻下载

产品荣誉

2012工信部“创新2012”评选——最成功移动阅读平台奖

最佳应用平台top10——2012安卓全球开发者大会

2014中国好应用评选——年度最佳手机阅读应用

2014–2016连续三届易观之星——阅读应用奖得主

2016年度gmgc最佳阅读应用

飞象网2016年度最佳手机阅读软件

2016年度最具影响力应用–安智市场

2016年度最佳应用–安智市场

飞象网2015–2016、2016–2017年度最佳手机应用

飞象网2017年度最佳手机应用

文学最佳应用奖——OSCA2016最佳应用评选–世界O2O大会

2017最受欢迎阅读软件——上榜ASO科技–移动互联网营销峰会

www.tadu.com

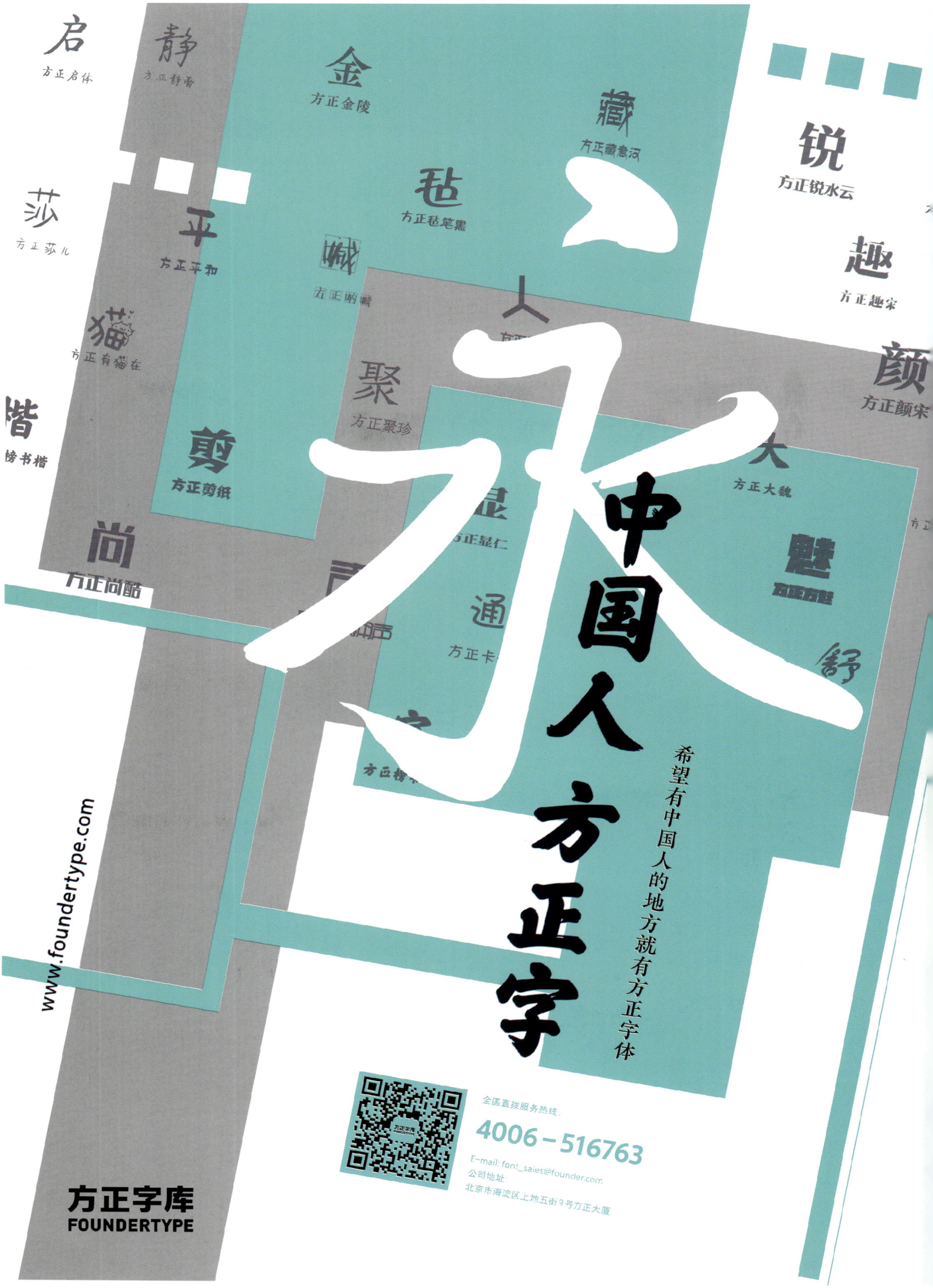
永
中国人方正字
希望有中国人的地方就有方正字体
方正启体
方正静蕾
方正金陵
方正藏意汉
方正锐水云
方正莎儿
方正平和
方正毡笔黑
方正趣宋
方正有猫在
方正聚珍
方正颜宋
方正剪纸
方正大魏
方正尚酷
www.foundertype.com
全国直拨服务热线：
4006－516763
E-mail: font_sales@founder.com
公司地址：
北京市海淀区上地五街9号方正大厦
方正字库
FOUNDERTYPE

心可书馆 THINKER
知网星空·心可书馆
www.thinker.cnki.net
数字化图书出版与发行总平台
专业图书、教育图书、大众阅读
海内外2.5亿文献汇聚知网星空，五大洲1.2亿学者集思心可书馆。
选对书选好书解决用户雾里看花，知识网络启迪联想创新研精致思。
知识关联信息挖掘读者需求分析，大数据支持精准化选购定向推送。
场景化发行激发思考者应用需求，专业化营销拓展出版社全球市场。
同方知网（北京）技术有限公司 图书出版运营中心
地址：北京市海淀区西小口路66号东升科技园—北领地A2楼
电话：010-62790670/62702669
cnki 中国知网 www.cnki.net
中国知识基础设施工程
为学术期刊转型升级提供整套装备
全流程出版系统
面向期刊出版单位，以用户为核心，多元产品为基础，多个终端为平台，深度服务为延伸，满足多层次、多样化、立体化的出版需求。
期刊文献编辑出版平台
期刊与论文评价平台
知识整合传播平台
知识扩散利用公有云
知识扩散利用私有云
新型出版模式催生学术出版新业态
增强论文出版 | 数据论文出版 | 协创论文出版 | 网络首发出版
《中国学术期刊（光盘版）》电子杂志社有限公司
同方知网数字出版技术股份有限公司
电话：010-61190882/62952632/61190850/61190851

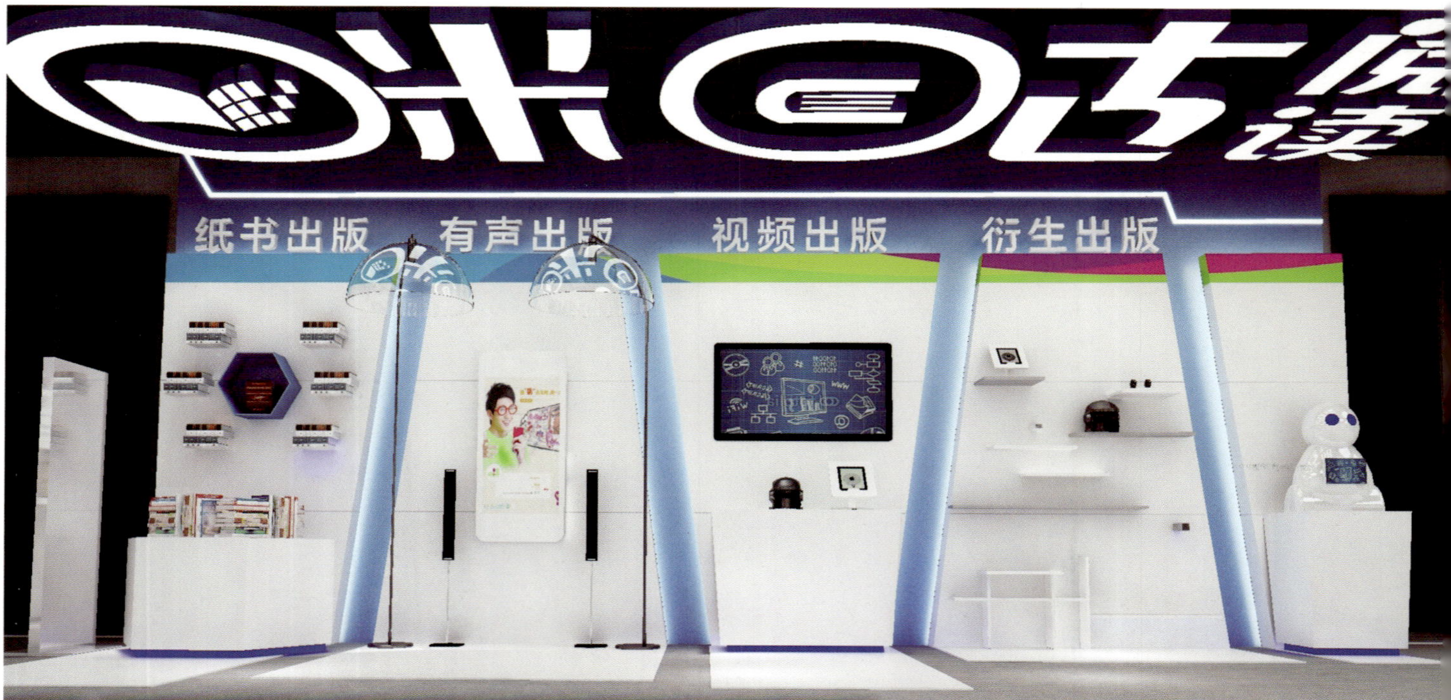

咪咕数媒是中国移动旗下开展全媒出版、人工智能、富媒体手机报业务的专业互联网公司，建立了以咪咕阅读、咪咕灵犀、手机报为核心的三大产品体系。

公司自成立以来，一直致力于版权保护的工作，制定了《咪咕数字传媒有限公司图书版权管理办法》，建立了包括作品引入前的版权审核规范、作品上架后的版权风险预防在内的版权管理体系：一是严格执行“先授权后传播”原则，作品引入前按照法律法规及版权管理办法进行版权审核，版权审核要求追溯至作者享有版权的原权利文件，确认授权方享有版权。二是作品上架后通过抽查、管理授权到期预防风险，重点核查榜单作品版权。

同时公司积极创新版权服务工作：一是与浙江省版权协会联合成立“浙江咪咕数媒版权服务工作站”，通过咪咕文学网为作者提供作品版权登记和版权保护服务。二是成立“绿色正版联盟”，通过建立内外联合的反盗版运行机制，达到维护广大作者切身利益、净化互联网文学传播环境之目的。三是加强技术保护，借助先进的DRM防盗版技术，对平台发布内容加强保护措施，防止内容被非法转载传播。

● 咪咕数媒办公楼

● 咪咕数媒书吧

版权相关产业与版权贸易

BAN QUAN XIANG GUAN CHAN YE YU BAN QUAN MAO YI

2016 年中国版权产业的经济贡献

中国新闻出版研究院

2016 年是“十三五”规划的开局之年，在以习近平同志为核心的党中央领导下，国家版权局全面落实党中央、国务院各项决策部署，紧紧围绕服务经济发展新常态，大力实施创新驱动发展战略，认真贯彻《国家知识产权战略纲要》和《国务院关于新形势下加快知识产权强国建设的若干意见》，按照“创新、协调、绿色、开放、共享”的发展理念，推进版权工作理念创新、内容创新、方法创新，不断提高工作水平，加快推进版权强国建设。2016 年，中国版权产业呈现较快发展态势，对国民经济的贡献进一步提高，最具代表性的核心版权产业比重得到提升，为推动文化领域供给侧结构性改革、完成“十三五”规划目标任务打下了扎实基础。2016 年中国版权产业的经济贡献具体数据详见表 1。

表 1　　2016 年中国版权产业的经济贡献

	行业增加值		城镇单位就业人数		商品出口额	
	数值（亿元人民币）	占全国比重	数值（万人）	占全国比重	数值（亿美元）	占全国比重
核心	34 056.42	4.58%	893.64	5.00%	51.75	0.25%
相互依存	8 849.47	1.19%	401.37	2.24%	2 153.35	10.27%
部分	4 047.91	0.54%	226.80	1.27%	211.64	1.01%
非专用支持	7 597.66	1.02%	150.64	0.84%	—	—
合计	54 551.46	7.33%	1 672.45	9.35%	2 416.74	11.52%

一、行业增加值呈较快增长，总体规模继续壮大

2016 年，中国版权产业实现行业增加值 54 551.46 亿元人民币，比上年增长 9.0%（未扣除价格因素，下同），比同期 GDP 名义增速高 0.4 个百分点；占 GDP 的比重为 7.33%，比上年提高 0.03 个百分点，在国民经济中的比重稳步提升，总体规模进一步壮大。

党的十八大以来，国家版权局全面贯彻落实中央各项决策部署，根据中央“发展仍是解决我国所有问题的关键”这个重大战略判断，综合运用法律、政策、经济、行政和技术等手段，促进版权创造和运用，加强版权交易中心建设，强化版权资产管理，做好版权示范工作，以全国版权示范城市、单位、园区（基地）创建机制作为产业发展的重要抓手，推动中国版权产业实现了较快增长。

2016 年中国版权产业的行业增加值比 2012 年增长了 52.9%，年均增速 11.2%，比同期 GDP 现价增速高 2.9 个百分点；从对国民经济的贡献来看，版权产业增加值占 GDP 的比重已由 2012 年的 6.87%提高至 2016 年的 7.33%，提高了 0.46 个百分点，占比呈逐年提高的态势（见图 1）。特别是部分东部发达省市，版权产业对地区的经济贡献位居全国前列。

其中，全国版权示范城市、单位、园区（基地）的带动示范效应明显，在促进地方区域经济发展、带动版权产业发展方面发挥了显著作用。以广东省为例，广州作为广东全省首个全国版权示范城市，广州市版权产业在地区 GDP 中的比重已超过 9%，其增加值占到了广东省版权产业的近三分之一，在全市经济和全省版权产业发展中贡献了重要作用；东莞作为驰名世界的制造之都，近年来加快产业转型升级速度，版权产业在全市中的比重高于多个传统行业，成为助推东莞发展转型的动力来源之一，2017 年 8 月 8 日国家版权局批复同意授予东莞全国版权示范城市的荣誉称号。

通过上述数据可以看出，中国版权产业作为创新驱动发展的重要推动力，对于推动我国经济保持中高速发展、转变发展方式发挥了重要作用，也为我国经济发展质量和效益提升提供了有力支撑。

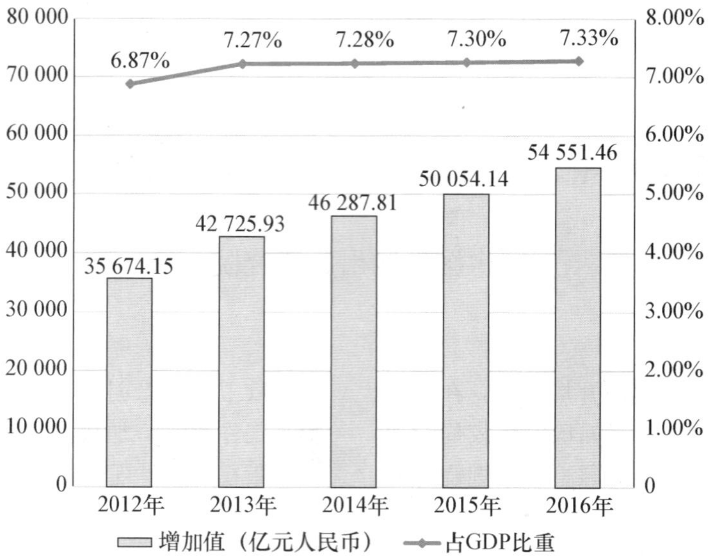

图 1　2012—2016 年中国版权产业的行业增加值及占 GDP 比重

二、核心版权产业带动明显，产业结构不断优化

在版权产业内部，核心版权产业的增长最为迅速，高于其他版权产业类别。2016 年中国核心版权产业的行业增加值为 34 056.42 亿元人民币，比上年增长 12.7%，分别高于同期全部版权产业和全国 GDP 增速 3.7 个百分点和 4.1 个百分点，成为推动中国版权产业发展最重要的力量；占 GDP 的比重已达 4.58%，比上年提高了 0.17 个百分点，核心版权产业在国民经济中的地位更加重要。特别是发达省份和区域中心城市核心版权产业在地区经济发展中的贡献明显。

2016 年，“互联网＋版权”的加速融合促使新产业新业态发展迅速，成为核心版权产业发展的一大亮点。其中，数字出版产业全年总收入超过 5 720 亿元，比 2015 年增长 29.9%，移动出版、在线教育、网络动漫等新兴板块发展强劲；移动游戏由于移动端的便捷性、游戏类型多元化和 IP 效应等因素推动实际销售收入比 2015 年激增 59.2%，达到 819.2 亿元，占据全国游戏收入的 49.5%，成为份额最大、增速最快的细分市场①。

近年来，核心版权产业一直保持快速发展的态势，2012 年至 2016 年其行业增加值的年均增长速度为 13.4%，远高于版权产业和全国 GDP 的同期增速。核心版权产业的快速发展也进一步推动了中国版权产业结构的优化升级，其增加值占全部版权产业的比重从 2012 年的 58%提高到 2016 年的 62%（见图 2），核心版权产业对版权产业发展的主体作用更加明显，对于促进中国版权产业提质增效、实现高质量发展发挥了重要作用。

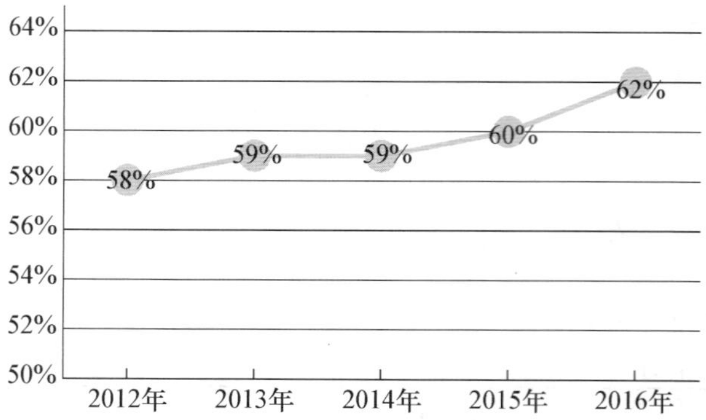

图 2　2012—2016 年核心版权产业的增加值占全部版权产业的比重

三、就业人数保持平稳增加，社会效益稳步提升

2016 年，中国版权产业的城镇单位就业人数为 1 672.45 万人，比上年增长了 0.3%，占到了全国城镇单位就业总人数的 9.35%，比上年提高了 0.12 个百分点（见图 3）。从长期数据来看，在经济下行压力加大、产业结构调整的关键时期，受到就业优先战略的指引，中国版权产业的就业形势总体稳定，就业规模持续扩大，就业人员有所增加，2016 年中国版权产业的城镇单位就业人数比 2012 年增长了 34.2%；从就业人员的结构来看，2016 年核心版权产业的就业人数已经占到中国版权产业的 53%，比 2012 年的占比提高了 4 个百分点，成为版权产业中吸纳就业的绝对主力。这反映出，中国版权产业的

① 数字出版产业数据来源于《2016—2017 中国数字出版产业年度报告》，游戏数据来源于《2016 年中国游戏产业报告》。

就业人数和质量实现稳步提升，为我国经济社会持续稳定健康发展奠定了良好基础。

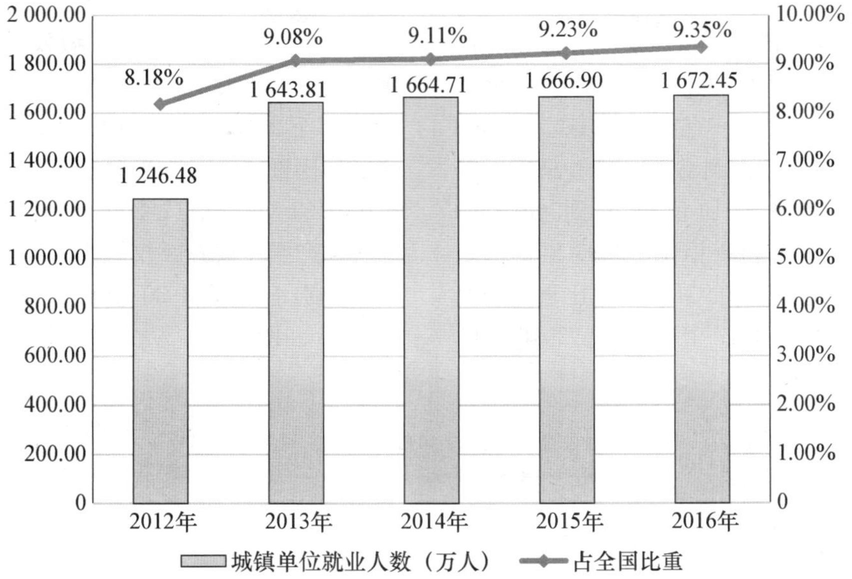

图 3　2012—2016 年中国版权产业的城镇单位就业人数及占全国比重

四、外贸形势趋于回稳向好，商品出口降幅收窄

由于全球经济仍处于国际金融危机后的深度调整期，国际市场需求疲软导致我国外贸仍面临着复杂严峻的形势，我国坚持稳中求进的工作总基调，出台了多项稳定外贸增长的政策措施，着力促进外贸回稳向好，相关政策措施的效果逐步显现，版权产业外贸出口近年来已呈现回稳向好的走势。2016 年中国版权产业的商品出口额为 2 416.74 亿美元，比上年下降 8.2%，降幅收窄 2.4 个百分点，占全国商品出口总额的比重为 11.52%，与上年基本持平（见图 4）。

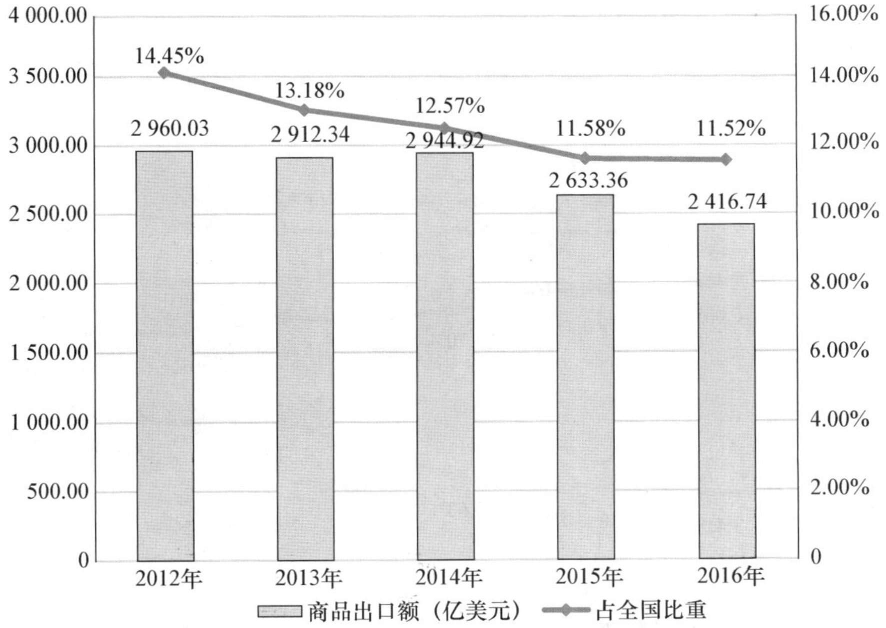

图 4　2012—2016 年中国版权产业的商品出口额及占全国比重

五、与美国、澳大利亚相比较，仍有继续提升空间

中国版权产业的经济贡献调研项目已经开展了十年，连续对 2006 年至 2016 年间 11 个年度的数据进行了测算，除了中国之外，美国和澳大利亚是开展版权产业调研最多的国家。从国际范围来看，中国版权产业的经济贡献在世界平均水平以上，但与美国和澳大利亚相比，版权产业特别是核心版权产业占 GDP 的比重仍有进一步提升的空间。

根据最新发布的调研报告①，2016 年澳大利亚版权产业的行业增加值为 1 228.16 亿澳元，占 GDP 的比重为 7.40%，其中核心版权产业的行业增加值为 892.07 亿澳元，占 GDP 的比重为 5.40%；美国版权产业在 GDP 中的比重一直在 10%以上，2015 年美国版权产业增加值已占到 GDP 的 11.69%，其中美国核心版权产业增加值已占到 GDP 的 6.88%②。与美国和澳大利亚相比，2015 年中国全部版权产业和核心版权产业在 GDP 中的比重分别比美国低 4.39 个百分点和 2.47 个百分点；2016 年中国全部版权产业和核心版权产业在 GDP 中的比重分别比澳大利亚低 0.07 个百分点和 0.82 个百分点。但从历史数据来看③，中国版权产业在 GDP 中的比重与美国、澳大利亚版权产业相比差距正逐年缩小。2007 年至 2015 年间，中国全部版权产业和核心版权产业的比重与美国的差距已分别缩小了 0.34 个百分点和 0.51 个百分点；2007 年至 2016 年间，中国全部版权产业和核心版权产业的比重与澳大利亚的差距已分别缩小了 2.30 个百分点和 2.03 个百分点（见图 5 和图 6）。

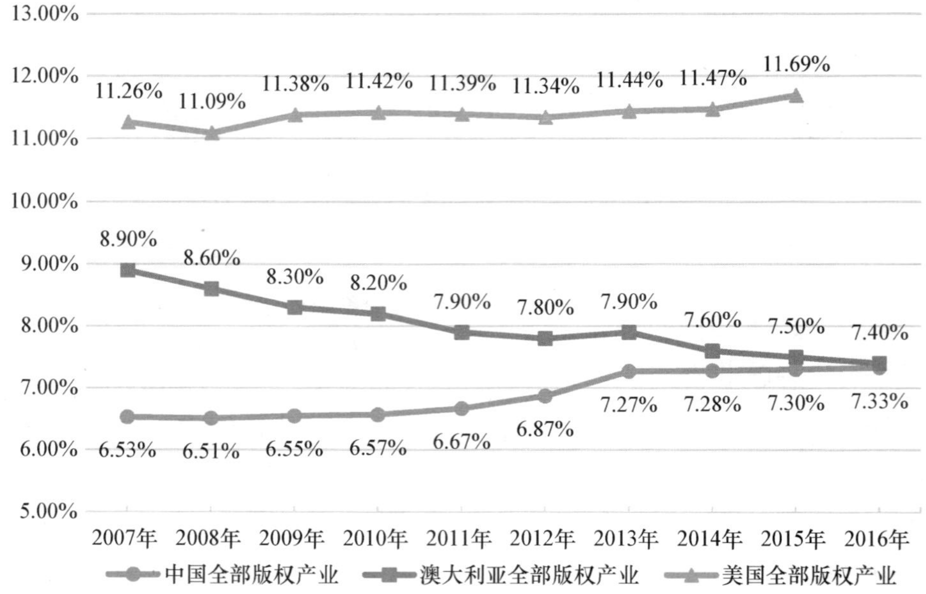

图 5 2007—2016 年中国、澳大利亚、美国全部版权产业占 GDP 的比重

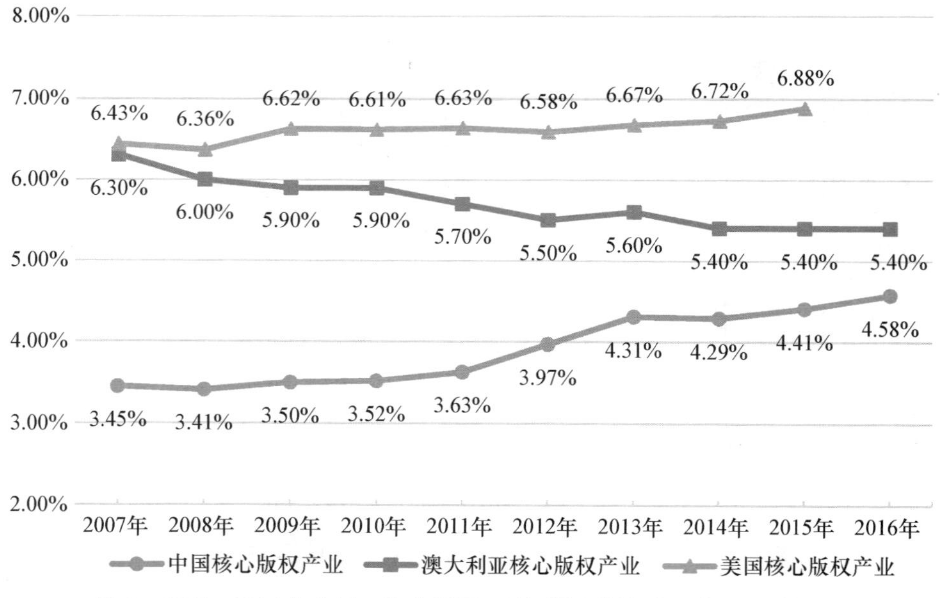

图 6 2007—2016 年中国、澳大利亚、美国核心版权产业占 GDP 的比重

① 澳大利亚版权产业数据来自 *The Economic Contribution of Australia's Copyright Industries*（*2002—2016*），美国版权产业数据来自 *Copyright Industries in the U.S. Economy: The 2016 Report*。

② 因美国发布的最新报告数据仅更新至 2015 年，在进行中美对比时仅使用 2015 年的有关数据。

③ 为更好地反映发展趋势，在中美澳比较时采用了十年的数据。

中国版权产业的经济贡献项目自2007年首次调研以来已经开展了十年，课题组赴广东、山东、河北、陕西、四川等多个省市开展了实地调研。通过多年的调研情况可以看出，中国版权产业在GDP中的比重得到提升，在国民经济和社会发展中发挥了越来越重要的作用，但整体上来看中国版权产业的发展水平与美国等发达国家相比还有一定差距，特别是核心版权产业的经济贡献仍有进一步提升的空间。课题组通过多年的调研，梳理出中国版权产业发展存在的几个问题。

一是版权产业发展存在区域不平衡的问题。从地域来看，我国东中西部地区的版权产业发展水平参差不齐，东部发达地区明显高于中西部地区；即使在发达地区内部也存在不平衡的问题，经济实力强、产业水平高的大型城市版权产业在区域版权产业中的贡献较大，特大城市和省会城市甚至能够占据省内版权产业的半壁江山，而其他中小城市的版权产业发展水平比较低，在地区经济发展中的贡献不大，区域发展差距依然较大。

二是版权产业劳动生产率低于美国等发达国家。世界知识产权组织根据各国调研数据将调研国划分为版权产业劳动生产率较高的国家、中等国家和较低的国家三类。其中，美国、韩国等国属于生产率较高的国家，中国属于中等国家。对比中美两国调研数据，中国版权产业在就业人数上明显多于美国，但美国版权产业的行业增加值却是中国的三倍左右，这反映出中国版权产业单位从业人员创造的价值并不高，仍带有明显的劳动密集型产业特征，与美国版权产业相比劳动生产率水平仍较低。

三是版权产业出口结构不够合理。从版权产业的出口结构来看，相互依存的版权产业是中国版权产业商品出口的主体，这些年来一直占到了全部版权产业的90%左右，特别是计算机和电视机等视听设备是中国版权产业最主要的出口商品，而版权附加值较高的核心版权产业商品出口额在全部版权产业中的比重仅为3%左右，这也反映出中国版权产业的商品出口结构亟待优化。

2017 年新闻出版产业分析报告

国家新闻出版署

一、综　述

2017 年，新闻出版业认真贯彻落实中央要求，把社会效益放在首位，努力实现社会效益与经济效益相统一，坚持稳中求进的工作总基调，按照高质量发展的要求，不断推进供给侧结构性改革，深入推动优化升级和融合发展，持续提高优质出版产品供给，实现了行业的良好发展。

新闻出版产业规模、效益稳步提升。全国出版、印刷和发行服务（不含数字出版）实现营业收入 18 119.2 亿元，较 2016 年同口径增长 4.5%；拥有资产总额 22 165.4 亿元，增长 3.0%；利润总额 1 344.3 亿元，增长 2.7%（见图 1）。另据中国新闻出版研究院调查汇总数据，2017 年数字出版实现营业收入 7 071.9 亿元[①]，增长 23.6%。

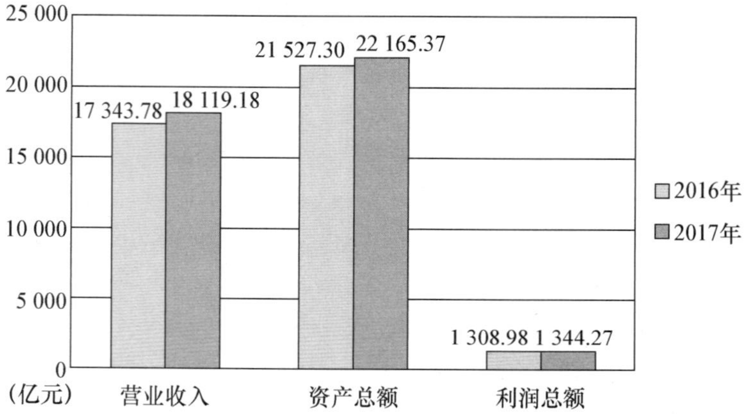

图 1　新闻出版产业营业收入、资产总额与利润总额增长情况

主题出版、主流媒体传播力持续彰显。17 种主题图书年度累计印数均超过 100 万册，占年度累计印数 100 万册及以上一般图书[②]的 29.3%；8 种进入印数前 10。党的十九大报告《决胜全面建成小康社会　夺取新时代中国特色社会主义伟大胜利》累计印数超过 2 400 万册，《习近平谈治国理政（第二卷）》超过 500 万册，《全面从严治党面对面——理论热点面对面·2017》超过 700 万册；《红岩》《红星照耀中国》《红星照耀中国（青少年版）》3 种红色经典首次进入百万册阵营。列入中宣部、国家新闻出版行政管理部门“2017 年主题出版重点出版物”的图书单品种平均印数 6.8 万册，是书籍单品种平均印数（1.4 万册）的 4.9 倍。《人民日报》平均期印数近 3 年持续增长，稳居综合类报纸第一；《参考消息》《环球时报》等报纸平均期印数均超过 100 万份。《求是》跻身期刊平均期印数前三位；《中国纪检监察》平均期印数突破 100 万册；《时事报告》大学生版和中学生版双双位列平均期印数前 10 位，其中《时事报告（大学生版）》平均期印数名列第一。

图书出版结构不断优化。2017 年，全国出版新版图书 25.5 万种[③]，降低 2.8%；总印数 22.7 亿册（张），降低 5.6%。重印图书 25.7 万种，增长 8.4%；总印数 53.9 亿册（张），增长 5.3%（见图 2）。租型图书总印数 15.8 亿册（张），增长 4.8%（见图 3）。新版图书品种与印数首次双双下降；重印

① 该数据系中国新闻出版研究院数字出版研究所调查汇总数据，并非政府统计数据，故不计入全国总量。
② 排除课本、中小学学习辅导材料等学生用书的书籍，统称“一般图书”。
③ 本报告参考国际上发布图书出版业报告的一般做法，将新版图书品种与重印图书品种分列发布。

图书品种与印数保持了较快增长，在品种上首次超过新版图书，总印数达到新版图书的 2.4 倍，单品种平均印数为新版图书的 2.3 倍。年度累计印数达到或超过 100 万册的 58 种一般图书中，新版图书 22 种，占 37.9%；重印图书 36 种，占 62.1%。课本品种、总印数及其所占比重继续降低，人文社科类书籍品种、总印数及其所占比重继续提高。科学技术类书籍品种增速（7.8%）高于其他类别图书，但印数增速（1.2%）和占比（2.9%）仍偏低。这表明控制品种数量、优化图书结构取得一定实效，但也从侧面反映出原创出版能力有待提高。

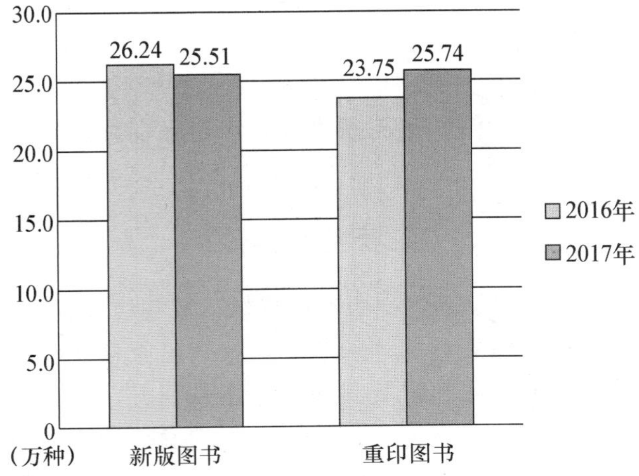

图 2　新版与重印图书品种

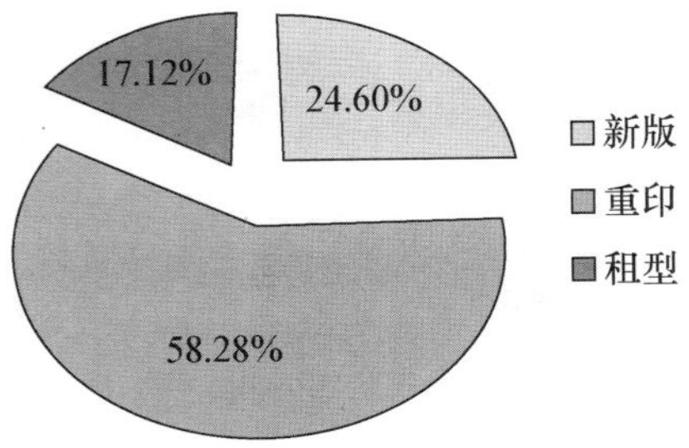

图 3　新版、重印与租型图书印数

文学和少儿类图书继续看涨，本土经典原创图书愈加畅销。2017 年，全国出版文学类图书 7.4 亿册，较 2016 年增加 1.0 亿册，增长 14.5%，在 22 个图书类别中增幅名列前茅（见表1）；文学类图书年度累计印数超过 100 万册的有 7 种，增加 2 种。全国出版少儿图书 8.2 亿册，增长 5.4%；年度累计印数超过 100 万册的少儿图书有 18 种，增加 13 种；50 万册及以上的 80 种，增加 55 种，其中本土原创图书 48 种，占 60.0%。年度单品种印数超过 100 万册的本土原创文学、少儿类图书有 18 种，较 2016 年翻番。其中，《红岩》《没头脑和不高兴》《狼王梦》《草房子》等优秀作品历经数十年岁月沉淀，依然畅销不衰；“米小圈上学记”系列异军突起，12 种图书上榜。

表 1　文学、少儿类图书出版情况

单位：种，万册（张），%

	文学类图书		少儿类图书	
	数量	增长速度	数量	增长速度
新版品种	36 585	−2.03	22 834	−10.18
重印品种	20 205	17.75	19 607	7.63
总印数	73 772	14.52	82 007	5.42

传统报刊业务仍下滑，利润止跌回升。与 2016 年相比，期刊出版总印数降低 7.6%，总印张降低 10.1%，降幅分别加大 1.3 和 0.6 个百分点；文学艺术类期刊印数继续大幅下滑，在期刊总印数中所占比重持续降低，哲学社会科学类与文化教育类期刊所占比重继续提高。各期刊社积极开源节流，利润总额增长 6.6%。报纸出版总印数降低 7.1%，总印张降低 15.1%，降幅分别收窄 2.2 和 3.4 个百分点；全国性报纸总印数降低 0.8%，专业类报纸降低 3.3%，在各级、各类报纸中降幅最小，在报纸总印数中所占比重进一步提高。2017 年，受益于上市公司信息披露业务大增①，证券类报纸营业收入和利润总额大幅增长；部分报纸受账目调整及补贴等因素影响，利润总额增长较大。上述因素拉动报纸出版利润总额增长 24.6%。

出版传媒集团整体规模进一步扩大，行业集中度有所提高。2017 年，全国 118 家集团共实现主营业务收入 3 559.6 亿元，较 2016 年增加 85.8 亿元；拥有资产总额 7 023.0 亿元，增加 489.7 亿元；实现利润总额 305.4 亿元，增加 9.2 亿元。其中，107 家图书出版集团、报刊出版集团和发行集团主营业务收入占全国书报刊出版和出版物发行主营业务收入的 79.7%，提高 5.2 个百分点；资产总额占全国出版发行全行业资产总额的 90.8%，提高 6.9 个百分点；利润总额占全国出版发行全行业利润总额的 62.0%，降低 0.5 个百分点。共有 18 家集团资产总额超过百亿元，其中江苏凤凰出版传媒集团有限公司、安徽出版集团有限责任公司、江西省出版集团公司、湖南出版投资控股集团有限公司、浙江出版联合集团有限公司、安徽新华发行（集团）控股有限公司和中国出版集团公司等 7 家集团资产总额、主营业务收入和所有者权益均超过百亿元。

① 据东方财富网数据，2017 年全年上市新股共计 438 只，较 2016 年的 227 只增长 92.95%。

出版传媒企业上市步伐加快，出版核心主业地位更趋稳固。2017年，中国科传、中国出版、新经典等6家出版传媒企业相继上市，为近年来最多。39家在中国内地上市的出版传媒公司共实现营业收入1 570.6亿元，增加201.7亿元，增长14.7%；拥有资产总额3 068.4亿元，增加579.0亿元，增长23.3%；实现利润总额223.7亿元，增加53.1亿元，增长31.2%，近年来首次实现全体盈利。出版、发行公司主业整体稳步增长，发行业务收入在各发行公司营业收入中所占比重平均为61.6%，出版、发行、印刷业务收入在各出版公司营业收入中合计所占比重平均为65.9%，同口径提高3.0个百分点，编印发核心主业地位更趋稳固。

对外版权输出提速，"一带一路"沿线国家版权贸易增长显著。2017年，全国共输出版权13 816项，增长24.1%，增速提高17.8个百分点，高出引进版权增速19.1个百分点（见图4）。其中，输出出版物版权12 651项，增长29.0%，提高18.3个百分点，高出引进出版物版权增速24.0个百分点。对越南、泰国、印度尼西亚、印度、尼泊尔、吉尔吉斯斯坦、阿联酋、黎巴嫩、埃及等"一带一路"沿线国家版权输出增加较多，表现抢眼。

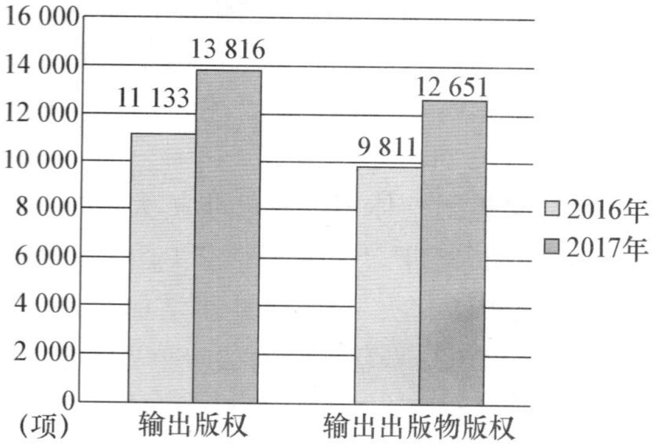

图4 对外版权输出数量

出版融合发展成果初显，知识服务新模式不断涌现。截至2017年底，20家国家出版融合发展重点实验室陆续挂牌运行，近百个融合发展研究项目相继实施，一批有引领性的出版融合发展重点项目初见成效。国家出版融合发展（武汉）重点实验室探索建立基于RAYS系统的"现代纸书"出版运营模式，200多家出版单位参与，13 000多名编辑参加新技术培训，5亿多册传统纸书成功对接RAYS系统，产生近3亿元线上增收。中国出版集团的数字精品内容综合运营平台、中国工信出版传媒集团的印数决策支持系统、辽宁出版集团的五大运营中心融通一体化、浙江日报报业集团的媒立方、咪咕数媒的有声阅读云平台、中文传媒的新闻出版领域物联网应用、安徽新华发行集团的"共享书店"、新华文轩的"共享书屋"等一批项目进展良好。国家知识服务建设工作全面启动，截至2017年底，50家出版单位确定为专业数字内容资源知识服务模式试点。得到APP、喜马拉雅、悟空、知乎等知识服务新业态蓬勃发展。新兴出版得到APP与传统出版融合发展，创新讲书、听书、售书知识服务链条，其通过对某图书全媒体渠道运营传播，上线7天即销售超9万册，码洋超900万元，APP注册用户突破1 600万人。越来越多的传统出版单位持续探索融合发展，加速向知识服务转型。中国科技出版传媒股份有限公司的"科学文库""中科医库"等数字化平台相继上线运行，《三联生活周刊》打造"中读"等知识付费产品，均获得良好的市场反响。

二、产业结构分析

2017年，新闻出版产业规模、效益稳步提升。图书出版营业收入增长提速，报刊出版营业收入保持稳定，报刊出版利润总额止跌回升，印刷复制营业收入增速有所回升，出版物发行营收利润增速趋缓，对外版权输出增长提速。电子出版物出版、图书出版和印刷复制营业收入增速分居前3位。

（一）产业总体情况

1. 经济总量规模

2017年，全国出版、印刷和发行服务（不含数字出版）实现营业收入18 119.2亿元，较2016年同口径增长4.5%（见表2）；利润总额1 344.3亿元，增长2.7%；拥有资产总额22 165.4亿元，增长3.0%；所有者权益（净资产）11 307.6亿元，增长2.6%。另据中国新闻出版研究院数字出版研究所调查汇总数据，2017年数字出版实现营业收入7 071.9亿元，增长23.6%。新闻出版产业营业收入构成如图5所示，产业结构如表3所示。

表2 主要经济指标 单位：亿元，%

经济指标	金额	较2016年增减
营业收入	18 119.18	4.47
资产总额	22 165.37	2.96
所有者权益（净资产）	11 307.55	2.63
利润总额	1 344.27	2.70

说明：表内经济指标未包括数字出版、打字复印、邮政发行、版权贸易与代理、行业服务与其他新闻出版业务，与2016年系同口径比较。

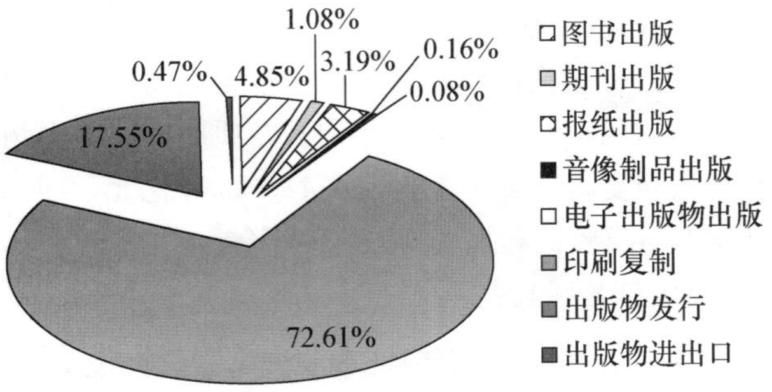

图 5　新闻出版产业营业收入构成

表 3　新闻出版产业结构　单位：亿元，%

产业类别	营业收入			
	金额	增长速度	所占比重	比重变动
图书出版	879.60	5.68	4.85	0.06
期刊出版	196.54	1.46	1.08	−0.03
报纸出版	578.25	−0.04	3.19	−0.14
音像制品出版	28.36	3.10	0.16	0.00
电子出版物出版	14.95	13.29	0.08	0.01
印刷复制	13 156.49	4.68	72.61	0.14
出版物发行	3 179.54	4.35	17.55	−0.02
出版物进出口	85.45	2.82	0.47	0.01

2. 图书出版总量规模

2017 年，全国共出版新版图书 25.5 万种[①]，较 2016 年降低 2.8%；重印图书 25.7 万种，增长 8.4%；总印数 92.4 亿册（张），增长 2.3%；总印张 808.0 亿印张，增长 4.0%；定价总金额 1 731.3 亿元，增长 9.5%。图书出版实现营业收入 879.6 亿元，增长 5.7%；利润总额 137.5 亿元，增长 2.4%（见表 4）。

表 4　图书出版总量规模

单位：万种，亿册（张），亿印张，亿元，%

总量指标	数值	较 2016 年增减
新版品种	25.51	−2.79
重印品种	25.74	8.39
总印数	92.44	2.29
总印张	808.04	3.97
定价总金额	1 731.25	9.51
营业收入	879.60	5.68
利润总额	137.48	2.37

3. 期刊出版总量规模

2017 年，全国共出版期刊 10 130 种，较 2016 年增长 0.5%；总印数 24.9 亿册，降低 7.6%；总印张 136.7 亿印张，降低 10.1%；定价总金额 223.9 亿元，降低 3.7%。期刊出版实现营业收入 196.5 亿元，增长 1.5%；利润总额 27.4 亿元，增长 6.6%（见表 5）。

表 5　期刊出版总量规模

单位：种，亿册，亿印张，亿元，%

总量指标	数值	较 2016 年增减
品种	10 130	0.46
总印数	24.92	−7.59
总印张	136.66	−10.06
定价总金额	223.89	−3.67
营业收入	196.54	1.46
利润总额	27.36	6.56

4. 报纸出版总量规模

2017 年，全国共出版报纸 1 884 种，较 2016 年降低 0.5%；总印数 362.5 亿份，降低 7.1%；总印张 1 076.2 亿印张，降低 15.1%；定价总金额 398.9 亿元，降低 2.3%。报纸出版实现营业收入 578.3 亿元，与 2016 年基本持平；利润总额 37.5 亿元，增长 24.6%（见表 6）。

表 6　报纸出版总量规模

单位：种，亿份，亿印张，亿元，%

总量指标	数值	较 2016 年增减
品种	1 884	−0.53
总印数	362.50	−7.07
总印张	1 076.24	−15.07
定价总金额	398.85	−2.29
营业收入	578.25	−0.04
利润总额	37.54	24.55

5. 音像制品出版总量规模

2017 年，全国共出版音像制品 13 552 种，较 2016 年降低 5.8%；出版数量 25 591.9 万盒（张），降低 7.2%。音像制品出版实现营业收入 28.4 亿元，增长 3.1%；利润总额 3.6 亿元，降低 1.7%（见表 7）。

表 7　音像制品出版总量规模

单位：种，万盒（张），亿元，%

总量指标	数值	较 2016 年增减
品种	13 552	−5.78
出版数量	25 591.88	−7.22
营业收入	28.36	3.10
利润总额	3.59	−1.66

6. 电子出版物出版总量规模

2017 年，全国共出版电子出版物 9 240 种，较

① 本报告参考国际上发布图书出版业报告的一般做法，将新版图书品种与重印图书品种分列发布。

2016 年降低 6.1%；出版数量 28 132.9 万张，降低 3.2%。电子出版物出版实现营业收入 15.0 亿元，增长 13.3%；利润总额 2.7 亿元，增长 11.9%（见表 8）。

表 8　　电子出版物出版总量规模

单位：种，万张，亿元，%

总量指标	数值	较 2016 年增减
品种	9240	－6.06
出版数量	28 132.93	－3.21
营业收入	14.95	13.29
利润总额	2.71	11.89

7. 印刷复制总量规模

2017 年，全国印刷复制（包括出版物印刷、包装装潢印刷、其他印刷品印刷、专项印刷、印刷物资供销和复制）实现营业收入 13 156.5 亿元，同口径增长 4.7%；利润总额 850.0 亿元，增长 1.3%（见表 9 和表 10）。

表 9　　印刷复制总量规模　　单位：亿元，%

总量指标	数值	较 2016 年增减
营业收入	13 156.49	4.68
利润总额	850.03	1.26

说明：表内经济指标未包括打字复印，与 2016 年系同口径比较。

表 10　　印刷复制的内部构成

单位：亿元，%

类别	营业收入			
	金额	增长速度	在印刷复制中所占比重	比重变动
印刷	13 133.73	4.72	99.83	0.04
其中：出版物印刷	1 670.39	4.04	12.70	－0.08
包装装潢印刷	10 172.79	4.74	77.32	0.04
其他印刷品印刷	1 095.67	1.03	8.33	－0.30
复制	22.76	－14.45	0.17	－0.04
合计	13 156.49	4.68	100.00	0.00

说明：出版物印刷包含专项印刷。表内经济指标未包括打字复印，与 2016 年系同口径比较。

8. 出版物发行总量规模

2017 年，全国共有出版物发行网点 16.3 万处，较 2016 年降低 0.2%。出版物发行实现营业收入 3 179.5 亿元，同口径增长 4.4%；利润总额 283.4 亿元，增长 4.8%（见表 11）。

表 11　　出版物发行总量规模

单位：处，亿元，%

总量指标	数值	较 2016 年增减
出版物发行网点数量	162 811	－0.18
营业收入	3 179.54	4.35
利润总额	283.35	4.77

说明：表内经济指标未包括邮政发行系统，与 2016 年系同口径比较。

9. 出版物进出口总量规模

2017 年，全国累计出口图书、报纸、期刊、音像制品、电子出版物、数字出版物（不含游戏）数量 2 178.4 万册（份、盒、张），较 2016 年降低 0.2%；金额 10 764.9 万美元，降低 2.2%［其中，全国出版物进出口经营单位累计出口数量 1 872.7 万册（份、盒、张），增长 6.0%；金额 6 188.0 万美元，增长 2.4%］（见表 12）。全国累计进口图书、期刊、报纸、音像制品、电子出版物、数字出版物（不含游戏）数量 3 269.2 万册（份、盒、张）①，增长 4.8%；金额 66 563.2 万美元，增长 19.1%（见表 13）。进出口总额 77 328.1 万美元（其中，全国出版物进出口经营单位进出口总额 72 751.2 万美元，增长 17.4%）。出版物进出口经营单位实现营业收入 85.5 亿元，同口径增长 2.8%；利润总额 2.2 亿元，降低 22.5%（见表 14）。

表 12　　全国出版物出口情况

单位：万册（份、盒、张），万美元

类型	数量	金额
图书、期刊、报纸	2 172.02	7 831.81
其中：进出口经营单位	1 870.72	6 024.66
音像制品、电子出版物、数字出版物	6.40	2 933.09
其中：进出口经营单位	1.93	163.34
合计	2 178.42	10 764.90
其中：进出口经营单位	1 872.65	6 188.00

说明：数字出版物只能统计金额，故数量指标中均未包含数字出版物。

① 因数字出版物目前只能统计金额，无法统计数量，故进出口数量中未包含数字出版物。

表 13　　全国出版物进口情况

单位：万册（份、盒、张），万美元

类型	数量	金额
图书、期刊、报纸	3 255.60	31 978.76
音像制品、电子出版物、数字出版物	13.56	34 584.46
合计	3 269.16	66 563.22

说明：同表 12。

表 14　出版物进出口经营单位经济总量规模

单位：亿元，%

总量指标	数值	较 2016 年增减
营业收入	85.45	2.82
利润总额	2.22	−22.54

10. 版权贸易总量规模

2017 年，全国共输出版权 13 816 项，其中输出出版物版权 12 651 项，包括图书 10 670 项，音像制品 424 项，电子出版物 1 557 项；输出版权总量较 2016 年增长 24.1%，其中输出出版物版权增长 29.0%。共引进版权 18 120 项，其中引进出版物版权 18 037 项，包括图书 17 154 项，音像制品 511 项，电子出版物 372 项；引进版权总量增长 5.0%，其中引进出版物版权增长 5.0%（见表 15）。

表 15　　对外版权贸易总量规模　　单位：项，%

总量指标	数值	较 2016 年增减
引进	18 120	5.03
输出	13 816	24.10

（二）各产业类别总体经济规模综合评价

选取营业收入、增加值、总产出和利润总额 4 项经济规模指标，采用主成分分析法对图书出版、期刊出版、报纸出版、音像制品出版、电子出版物出版、印刷复制、出版物发行和出版物进出口共 8 个新闻出版产业类别的总体经济规模进行综合评价。印刷复制、出版物发行和图书出版分居前 3 位，与 2016 年相比同口径保持不变（见表 16）。

表 16　　各产业类别经济规模综合评价

综合排名	产业类别	综合评价得分	2016 年排名	排名变化
1	印刷复制	2.399 1	1	0
2	出版物发行	0.213 8	2	0
3	图书出版	−0.243 7	3	0
4	报纸出版	−0.373 1	4	0
5	期刊出版	−0.446 9	5	0
6	出版物进出口	−0.512 6	6	0
7	音像制品出版	−0.517 1	7	0
8	电子出版物出版	−0.519 6	8	0

说明：综合评价得分系选取营业收入、增加值、总产出和利润总额 4 个指标，采用主成分分析方法，通过 SPSS 直接计算所得，仅用来显示各产业类别的相对位置，负数并不代表负面评价。2017 年排名系同口径排名。

印刷复制、出版物发行和图书出版实现营业收入共计 17 215.6 亿元，较 2016 年同口径增长 4.7%，占全行业营业收入的 95.0%，提高 0.2 个百分点。

（三）各产业类别增长情况

以各产业类别营业收入增长速度衡量，前 3 位降序依次为电子出版物出版、图书出版和印刷复制（见表 17）。

表 17　　各产业类别营业收入增长速度

排名	产业类别	增长速度（%）
1	电子出版物出版	13.29
2	图书出版	5.68
3	印刷复制	4.68
4	出版物发行	4.35
5	音像制品出版	3.10
6	出版物进出口	2.82
7	期刊出版	1.46
8	报纸出版	−0.04

说明：各产业类别增长速度=（该产业类别本年营业收入−该产业类别上年营业收入）÷该产业类别上年营业收入×100%。

三、产品结构分析

主题出版、主流媒体传播力影响力持续增强。在单品种当年累计印数和平均期印数排名前 10 位的图书、报纸、期刊中，主题图书、主流媒体占据多数；列入中宣部、国家新闻出版行政管理部门“2017 年主题出版重点出版物”的图书单品种平均印数远高于全部图书平均水平，党的十九大报告《决胜全面建成小康社会　夺取新时代中国特色社会主义伟大胜利》累计总印数超过 2 400 万册，《习近平谈治国理政（第二卷）》超过 500 万册，《全面从严治党面对面——理论热点面对面·2017》超过 700 万册；《人民日报》平均期印数继续稳居综合类报纸第一；《求是》跻身期刊平均期印数前三位，《中国纪检监察》进入平均期印数百万册及以上期刊行列。

新版图书品种与印数首次出现双双下降，重印图书品种与印数继续保持较快增长，且在品种上首次超过新版图书。人文社科类书籍品种、总印数和单品种平均印数继续增加，品种和总印数所占比重有所提高；科学技术类书籍品种增长最快；课本品种、总印数及其所占比重继续降低。文学类、少儿类图书持续热销，7 种文学类图书当年累计印数超过 100 万册，较 2016 年增加 2 种，3 种红色经典首次进入百万册行列；少儿图书总印数和单品种平均印数保持增长，18 种少儿图书当年累计印数超过 100 万册，增加 13 种。文学艺术类期刊继续大幅下滑，比重持续降低；哲学社会科学类与文化教育类期刊所占比重继续提高。全国性报纸和专业类报纸总印数在报纸总印数中所占比重进一步提高，省级报纸降幅较大。

（一）整体结构

2017 年，全国共出版图书、期刊、报纸、音像制品和电子出版物 485.2 亿册（张、份、盒），较 2016 年降低 5.4%。其中，出版图书 92.4 亿册（张），增长 2.3%，占全部数量的 19.1%；期刊 24.9 亿册，降低 7.6%，占 5.1%；报纸 362.5 亿份，降低 7.1%，占 74.7%；音像制品 2.6 亿盒（张），降低 7.2%，占 0.5%；电子出版物 2.8 亿张，降低 3.2%，占 0.6%（见表 18）。

表 18　出版物产品结构

单位：亿册（张、份、盒），%，百分点

出版物类型	总印数			
	数量	增长速度	所占比重	比重变动
图书	92.44	2.29	19.05	1.44
期刊	24.92	−7.59	5.14	−0.12
报纸	362.50	−7.07	74.70	−1.33
音像制品	2.56	−7.22	0.53	0.00
电子出版物	2.81	−3.21	0.58	0.01
合计	485.23	−5.43	100.00	0.00

说明：1. 数量指标书报刊采用总印数，音像制品和电子出版物采用出版数量。

2. 表中部分数据因四舍五入的原因，存在总计与分项合计不等的情况。

（二）图书结构

1. 新版与重印图书

2017 年，全国出版新版图书 25.5 万种，较 2016 年降低 2.8%；重印图书 25.7 万种，增长 8.4%。重印图书在品种上首次超过新版图书。二者的品种结构如图 6 所示。

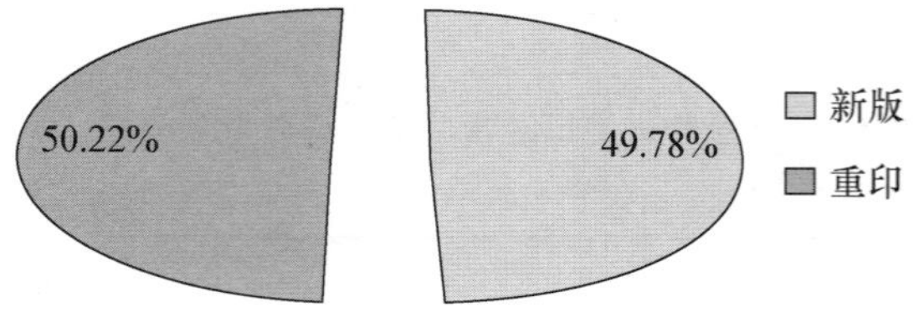

图 6　新版与重印图书品种结构

全国出版新版图书 22.7 亿册（张），降低 5.6%，占图书总印数的 24.6%，减少 2.1 个百分点；重印图书 53.9 亿册（张），增长 5.3%，占 58.3%，提高 1.6 个百分点；租型图书 15.8 亿册（张），增长 4.8%，占 17.1%，提高 0.4 个百分点（见图 7）。重印图书总印数为新版图书的 2.4 倍。

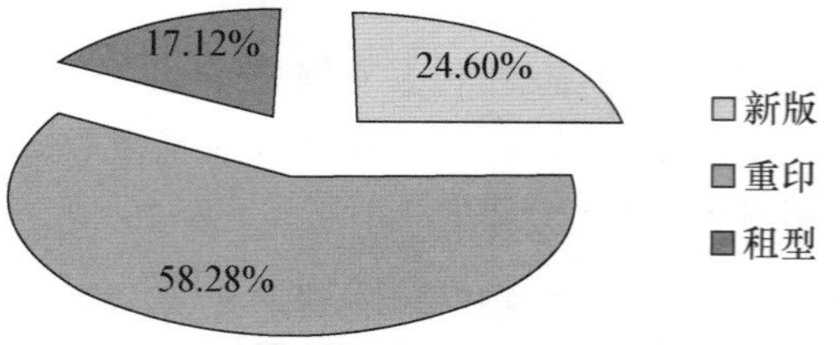

图 7　新版、重印与租型图书印数结构

2017 年，全国新版图书单品种平均印数 8 914 册（张），较 2016 年减少 264 册（张）；重印图书单品种平均印数 20 932 册（张），减少 622 册（张）。

2. 书籍与课本

图书主要包括书籍[①]、课本[②]和图片[③] 3 类。

2017 年，全国出版新版书籍 23.1 万种，降低 1.6%，占新版图书品种的 90.6%，提高 1.1 个百分点；新版课本 2.4 万种，降低 13.0%，占 9.3%，降低 1.1 个百分点；新版图片 157 种，降低 23.4%，占 0.1%（见图 8）。重印书籍 19.4 万种，增长 10.8%，占重印

① 书籍系指使用标准书号或统一书号，但不属于课本和图片的出版物。

② 课本系指使用标准书号或统一书号的以下各类出版物：（1）由国家教育行政部门和中央各部委、各地区审定、规划的，列入教材征订目录，供高等学校、电视大学、函授大学等高等教育机构，中等专业学校（包括中等师范学校）、技工学校使用的教材、教材习题解答集，以及对成人进行政治、业务、文化教育所使用的课本，包括广播电台、电视台举办或与其他单位合办的业余讲座使用的课本及其他业余教育课本；（2）在国家教育行政部门每年春秋两季颁发的《全国普通中小学教学用书目录》和由各省（自治区、直辖市）教育行政部门审定、补充下达的《中小学教学用书目录》中所列的课本、教学挂图和随课本作教材用的习题解答集，以及由省（自治区、直辖市）以上教育行政机关统一规定为各级学校教员必须采用的“教学参考资料”及“教学大纲”（包括少数民族自治州出版社出版，由少数民族自治州教育行政机关规定的此类出版物）；（3）专供扫盲使用的课本。具体包括大专及以上课本、中专技校课本、中小学课本、业余教育课本、扫盲课本和教学用书。

③ 图片系指单张或折页的美术画片，包括绘画的印制品和摄影的印制品，年画也归入图片。

图书品种的 75.5%，提高 1.6 个百分点；重印课本 6.3 万种，增长 1.9%，占 24.4%，降低 1.6 个百分点；重印图片 123 种，降低 48.8%，占 0.1%（见图 9）。

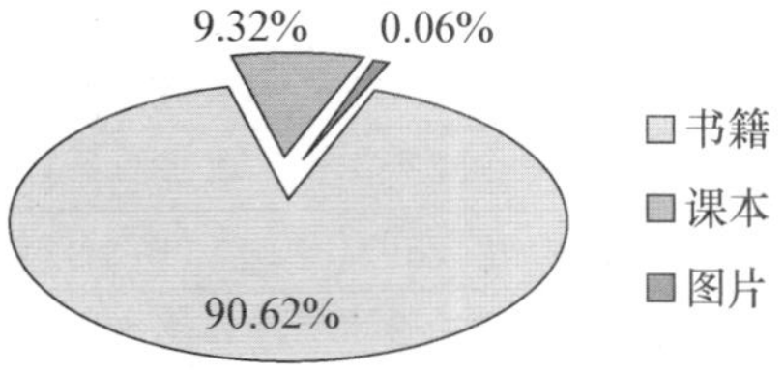

图 8　新版图书品种结构

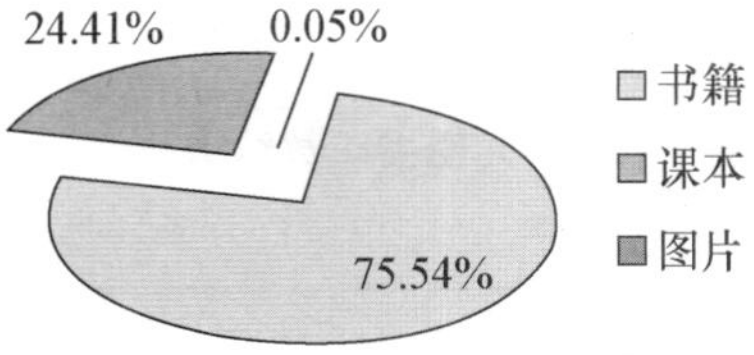

图 9　重印图书品种结构

全国出版书籍 59.7 亿册（张），增长 4.0%，占图书总印数的 64.7%；课本 32.6 亿册（张），降低 0.6%，占 35.3%；图片 251 万册（张），降低 39.2%（见图 10）。

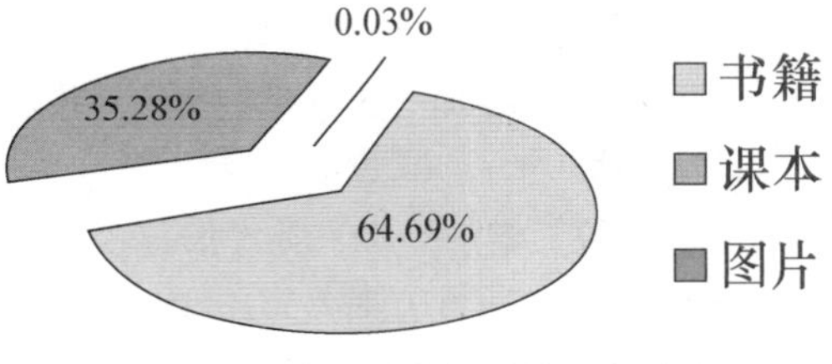

图 10　书籍、课本与图片印数结构

2017 年全国书籍单品种平均印数 14 024 册（张），较 2016 年略有增加（36 册）；课本单品种平均印数 37 603 册（张），增加 784 册（张）。

（1）书籍。

书籍按照内容划分为社科人文、科学技术和综合三大类。

2017 年，全国出版社科人文类书籍 35.6 万种，增长 3.1%，占书籍品种总数的 83.6%；科学技术类书籍 6.6 万种，增长 7.8%，占 15.5%；综合类书籍 0.4 万种，降低 5.0%，占 0.9%（见表 19 和图 11）。

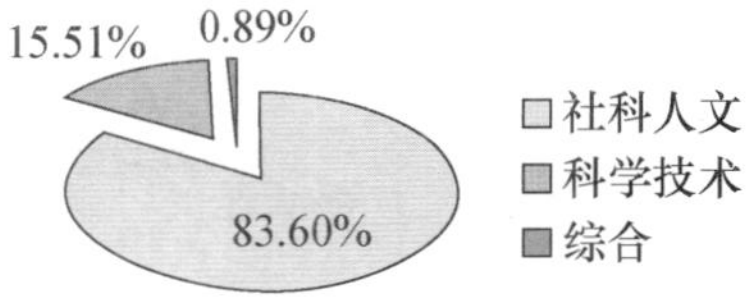

图 11　书籍品种结构

全国出版社科人文类书籍 56.8 亿册（张），增长 4.2%，占书籍总印数的 95.1%；科学技术类书籍 2.6 亿册（张），增长 1.2%，占 4.4%；综合类书籍 0.3 亿册（张），降低 6.7%，占 0.5%（见图 12）。

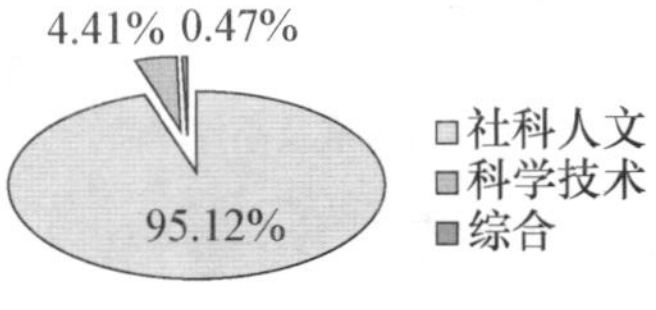

图 12　书籍总印数结构

2017 年全国社科人文类书籍单品种平均印数 15 958 册（张），较 2016 年增加 165 册（张）；科学技术类书籍单品种平均印数 3 986 册（张），减少 255 册（张）；综合类书籍单品种平均印数 7 380 册（张），减少 131 册（张）。

（2）课本。

课本划分为大专及以上课本、中专技校课本、中学课本、小学课本、业余教育课本、扫盲课本和教学用书 7 类。

2017 年，全国出版中学课本 6 015 种，降低 6.6%，占课本品种数的 6.9%；小学课本 5 530 种，降低 3.2%，占 6.4%。中小学课本合计 11 545 种，占课本品种数的 13.3%，占图书品种数的 2.2%，较 2016 年减少 0.2 个百分点。

全国出版中学课本 15.2 亿册（张），降低 0.8%，占课本总印数的 46.6%；小学课本 13.3 亿册（张），增长 1.3%，占 40.9%。中小学课本合计 28.5 亿册（张），占课本总印数的 87.5%，占图书总印数的 30.9%，减少 0.6 个百分点。

2017 年全国中学课本单品种平均印数 252 407 册（张），较 2016 年增加 14 785 册（张）；小学课本单品种平均印数 240 716 册（张），增加 10 735 册（张）。

表 19　　**书籍、课本与图片品种、印数结构**　　单位：万种，亿册（张），%，百分点

类型	品种				总印数			
	数量	增长速度	所占比重	比重变动	数量	增长速度	所占比重	比重变动
书籍	42.56	3.70	83.04	0.94	59.69	3.96	64.69	1.06
社科人文	35.58	3.07	69.42	0.36	56.78	4.16	61.54	1.12
科学技术	6.60	7.84	12.88	0.64	2.63	1.15	2.85	−0.03
综合	0.38	−5.00	0.74	−0.06	0.28	−6.67	0.30	−0.03

续前表

类型	品种				总印数			
	数量	增长速度	所占比重	比重变动	数量	增长速度	所占比重	比重变动
课本	8.66	−2.71	16.90	−0.90	32.56	−0.63	35.28	−1.04
中学	0.60	−6.63	1.17	−0.11	15.18	−0.82	16.45	−0.52
小学	0.55	−3.19	1.07	−0.07	13.31	1.33	14.42	−0.14
图片	0.03	−37.08	0.06	−0.04	0.03	−39.23	0.03	−0.02
合计	51.25	2.52	100.00	0.00	92.28	2.28	100.00	0.00

说明：1. 社科人文类书籍系指属于中国图书分类法马克思列宁主义毛泽东思想邓小平理论、哲学宗教、社会科学总论、政治法律、军事、经济、文化科学教育体育、语言文字、文学、艺术、历史地理 11 大类（A—K）的书籍，科学技术类书籍系指属于中国图书分类法自然科学总论、数理科学和化学、天文学和地球科学、生物科学、医药卫生、农业科学、工业技术、交通运输、航空航天、环境科学和安全科学 10 大类（N—X）的书籍，综合类书籍系指属于中国图书分类法最后一类（Z）的书籍。

2. 以上数据不包含国部标准及小件印品。

（3）主题出版重点图书。

2017 年，全国出版《以习近平同志为核心的党中央治国理政新理念新思想新战略》、《习近平讲故事》、《治国理政新理念新思想新战略重点文章选（一）》、《十八大以来新发展新成就》（上、下册）、《列宁全集（第二版增订版）》（全 60 卷）、《全面从严治党面对面——理论热点面对面・2017》、《党的十八大以来大事记》等入选中宣部、国家新闻出版行政管理部门“2017 年主题出版重点出版物”的图书 176 种，涉及马克思列宁主义毛泽东思想、哲学、政治、军事、经济、文化教育、文学、艺术、历史等诸多领域。其中，新版图书 166 种。

全国出版“2017 年主题出版重点出版物”图书 1 203.2 万册，单品种平均印数 68 364 册，远高于全部书籍单品种平均印数。其中，《习近平讲故事》年度累计印数达 180 万册，《全面从严治党面对面——理论热点面对面・2017》超过 700 万册，《中国家规》达 60 万册。

（4）少儿图书。

2017 年，全国出版新版少儿图书 2.3 万种，减少 2 588 种，降低 10.2%；重印少儿图书 2.0 万种，增加 1 390 种，增长 7.6%（见表 20）。

表 20　少儿图书品种结构　单位：种，%

类型	品种数	增减数量	增减百分比
新版图书	22 834	−2 588	−10.18
重印图书	19 607	1 390	7.63

全国出版少儿图书 8.2 亿册（张），增加 4 218 万册（张），增长 5.4%。其中，新版图书 3.3 亿册（张），减少 5 261 万册（张），降低 13.7%；重印图书 4.9 亿册（张），增加 9 510 万册（张），增长 24.2%（见表 21）。

表 21　少儿图书印数结构

单位：万册（张），%，百分点

类型	总印数	增减数量	增长速度	所占比重	比重变动
新版图书	33 227	−5 261	−13.67	40.52	−8.96
重印图书	48 779	9 510	24.22	59.48	9.00
租型图书	1	−31	−96.88	0.00	−0.04
合计	82 007	4 218	5.42	100.00	0.00

2017 年，全国少儿图书单品种平均印数 19 323 册（张），较 2016 年增加 1 498 册（张）。其中，新版图书 14 552 册（张），减少 589 册（张）；重印图书 24 878 册（张），增加 3 322 册（张）。

（5）当年累计印数百万册及以上书籍。

《决胜全面建成小康社会　夺取新时代中国特色社会主义伟大胜利》《习近平谈治国理政（第二卷）》《全面从严治党面对面——理论热点面对面・2017》等 58 种一般图书当年单品种累计印数达到或超过 100 万册。其中，主题图书 17 种，占 29.3%；党的十九大报告《决胜全面建成小康社会　夺取新时代中国特色社会主义伟大胜利》超过 2 400 万册，《习近平谈治国理政（第二卷）》超过 500 万册，《全面从严治党面对面——理论热点面对面・2017》超过 700 万册。《红岩》《红星照耀中国》等 7 种文学类图书、《中国幽默儿童文学创作・任溶溶系列　没头脑和不高兴》《动物小说大王沈石溪品藏书系　狼王梦》《曹文轩纯美小说　草房子》《米小圈上学记》等 18 种少儿图书当年累计印数均达到或超过 100 万册，分别较 2016 年增加 2 种和 13 种。

在 2017 年单品种累计印数排名前 10 位的一般图书中，主题图书占 8 种（见表 22）。前 10 位图书总印数合计 10 662.3 万册，较 2016 年增加 970.9 万册，增长 10.0%。

表 22　　2017 年单品种累计印数排名前 10 位的一般图书

排名	图书名称	出版单位	新版或重印
1	中国共产党章程（64 开）	人民出版社	新版
2	决胜全面建成小康社会　夺取新时代中国特色社会主义伟大胜利	人民出版社	新版
3	新华字典（第 11 版）	商务印书馆	重印
4	全面从严治党面对面——理论热点面对面·2017	学习出版社	新版
5	十九大党章修正案学习问答	党建读物出版社	新版
6	党的十九大报告学习辅导百问	党建读物出版社	新版
7	习近平谈治国理政（第二卷）（中文简体平装本）	外文出版社	新版
8	党的十九大报告辅导读本	人民出版社	新版
9	中国共产党第十九次全国代表大会文件汇编	人民出版社	新版
10	现代汉语词典（第 7 版）	商务印书馆	重印

《时刻听党话　永远跟党走》《百年追梦　全面小康》《传承中华文化　共筑精神家园》《科学学生活动手册（一年级上册）》等中小学学生用书①当年单品种累计印数均超过 100 万册，进入中小学学生用书印数前 10（见表 23）。

表 23　　2017 年单品种累计印数排名前 10 位的中小学学生用书

排名	图书名称	出版单位	新版或重印
1	传承中华文化　共筑精神家园（初中生读本）	新世界出版社	重印
2	科学学生活动手册　一年级上册	教育科学出版社	新版
3	时刻听党话　永远跟党走（小学中高年级读本，标准本）	中国妇女出版社	新版
4	时刻听党话　永远跟党走（小学低年级读本，标准本）	中国妇女出版社	新版
5	百年追梦　全面小康（初中生读本，标准本）	新世界出版社	新版
6	百年追梦　全面小康（小学低年级读本，标准本）	中国妇女出版社	重印
7	百年追梦　全面小康（小学中高年级读本，标准本）	中国妇女出版社	重印
8	义务教育教科书配套用书·科学学生活动手册　一年级（上）	江苏凤凰教育出版社	新版
9	北大绿卡课时同步讲练　小学一年级数学（下）（人教版）	东北师范大学出版社	重印
10	健康中国（小学高年级版）	湖南教育出版社	新版

（三）期刊结构

1. 内容结构

期刊按照内容划分为哲学社会科学、文化教育、文学艺术、自然科学技术和综合 5 类。

2017 年，全国出版哲学、社会科学类期刊 12.0 亿册，较 2016 年降低 5.8%，占期刊总印数的 48.0%，提高 0.9 个百分点；文化、教育类期刊 5.9 亿册，降低 4.9%，占 23.6%，提高 0.7 个百分点；文学、艺术类期刊 2.1 亿册，降低 19.4%，占 8.4%，减少 1.2 个百分点；自然科学、技术类期刊 3.3 亿册，降低 9.7%，占 13.4%，减少 0.3 个百分点；综合类期刊 1.7 亿册，降低 8.5%，占 6.7%，基本持平（见表 24）。文学、艺术类期刊印数继续大幅下滑，哲学、社会科学类与文化、教育类期刊所占比重继续提高。

表 24　　期刊产品结构　　单位：万册，%，百分点

类型	总印数			
	数量	增长速度	比重	比重变动
哲学、社会科学	119 654	−5.76	48.01	0.93
文化、教育	58 717	−4.90	23.56	0.66
文学、艺术	20 814	−19.35	8.35	−1.22
自然科学、技术	33 349	−9.67	13.38	−0.31
综合	16 679	−8.51	6.69	−0.07
合计	249 213	−7.59	100.00	0.00

① 仅限于书籍，不含课本。

2. 平均期印数百万册及以上期刊

2017 年，共有《求是》《时事报告（大学生版）》《时事（〈时事报告〉（中学生版）》《读者》等 11 种期刊平均期印数超过 100 万册，较 2016 年增加 1 种。

与 2016 年相比，前 10 位期刊保持稳定但名次有所变化（见表 25）；每种平均期印数 181.1 万册，增加 2.5 万册，增长 1.4%。

表 25　2017 年平均期印数排名前 10 位的期刊

排名	期刊名称	刊期	所在省份	2016 年排名	排名变化
1	时事报告（大学生版）	半年刊	中央在京	1	0
2	读者	半月刊	甘肃	2	0
3	求是	半月刊	中央在京	4	1
4	特别关注	月刊	湖北	3	−1
5	中共中央办公厅通讯	月刊	中央在京	6	1
6	小学生时代	月刊	浙江	5	−1
7	青年文摘	半月刊	中央在京	7	0
8	半月谈	半月刊	中央在京	10	2
9	家庭医生	半月刊	广东	9	0
10	时事（《时事报告》中学生版）	月刊	中央在京	8	−2

（四）报纸结构

1. 层级结构

报纸根据地域层级划分为全国性报纸、省级报纸、地市级报纸和县级报纸 4 类。

2017 年，共出版全国性报纸 78.1 亿份，较 2016 年降低 0.8%，占报纸总印数的 21.6%，提高 1.4 个百分点；省级报纸 166.7 亿份，降低 10.2%，占 46.0%，减少 1.6 个百分点；地市级报纸 116.9 亿份，降低 6.5%，占 32.2%；县级报纸 0.8 亿份，降低 1.0%，占 0.2%（见表 26）。各级报纸下滑幅度均较上年收窄；全国性报纸所占比重有所提高；省级报纸和地市级报纸降幅较大，省级报纸所占比重继续下降。

表 26　报纸的层级结构

单位：亿份，%，百分点

地域层级	总印数	增长速度	比重	比重变动
全国性报纸	78.14	−0.79	21.56	1.36
省级报纸	166.69	−10.17	45.98	−1.59
地市级报纸	116.87	−6.45	32.24	0.21
县级报纸	0.80	−0.98	0.22	0.01
合计	362.50	−7.07	100.00	0.00

2. 内容结构

报纸根据内容划分为综合、专业、生活服务、读者对象和文摘 5 大类。

2017 年，全国出版综合类报纸 229.1 亿份，较 2016 年降低 8.6%，占报纸总印数的 63.2%，减少 1.1 个百分点；专业类报纸 103.4 亿份，降低 3.3%，占 28.5%，提高 1.1 个百分点；生活服务类报纸 9.7 亿份，降低 8.7%，占 2.7%；读者对象类报纸 16.0 亿份，降低 6.9%，占 4.4%；文摘类报纸 4.4 亿份，降低 7.4%，占 1.2%（见表 27）。教学辅导类报纸较为集中的专业类报纸降幅较小，所占比重继续提高；综合类、生活服务类、读者对象类和文摘类报纸降幅较大，读者对象类和文摘类报纸降幅超过上年，综合类和生活服务类报纸所占比重继续下降。

表 27　报纸的内容结构

单位：亿份，%，百分点

内容类型	总印数	增长速度	所占比重	比重变动
综合	229.05	−8.61	63.19	−1.06
专业	103.38	−3.31	28.52	1.11
生活服务	9.70	−8.68	2.68	−0.05
读者对象	16.00	−6.92	4.41	0.01
文摘	4.36	−7.43	1.20	0.00
合计	362.50	−7.07	100.00	0.00

3. 平均期印数百万份及以上报纸

2017 年，共有《人民日报》《参考消息》《环球时报》等 24 种报纸平均期印数达到或超过 100 万份，较 2016 年减少 1 种；其中综合类 9 种（见表 28），减少 3 种；专业类报纸 13 种（其中教学辅导类 11 种），增加 2 种；读者对象类报纸 2 种，保持稳定。

表 28　　2017 年平均期印数百万份以上的综合类报纸

排名	期刊名称	刊期	所在省份	2016 年排名	排名变化
1	人民日报	周七刊	中央在京	1	0
2	参考消息	周七刊	中央在京	2	0
3	新华每日电讯	周七刊	中央在京	4	1
4	南方都市报	周七刊	广东	3	−1
5	广州日报社区报	周三刊	广东	9	4
6	都市快报	周七刊	浙江	7	1
7	环球时报	周六刊	中央在京	12	5
8	半岛都市报	周七刊	山东	6	−2
9	扬子晚报	周七刊	江苏	11	2

与 2016 年相比，《扬子晚报》《环球时报》《南方日报》跻身前 10，《钱江晚报》《广州日报》《齐鲁晚报》退出前 10；排名前 10 位的综合类报纸每种平均期印数 148.9 万份，减少 11.9 万份，降低 7.4%。

2017 年平均期印数排名前 10 位的专业类报纸见表 29。

表 29　　2017 年平均期印数排名前 10 位的专业类报纸

排名	期刊名称	刊期	所在省份	2016 年排名	排名变化
1	英语周报	周一刊	山 西	1	0
2	当代中学生报	周一刊	江 西	2	0
3	学习方法报	周一刊	山 西	3	0
4	中学生学习报	周一刊	河 南	4	0
5	英语辅导报	周一刊	吉 林	5	0
6	语文学习报	周一刊	吉 林	6	0
7	教育周报	周一刊	辽 宁	29	22
8	英语测试报	周一刊	吉 林	9	1
9	学生周报	周一刊	福 建	7	−2
10	快乐老人报	周二刊	湖 南	8	−2

与 2016 年相比，《教育周报》跻身前 10，《学英语报》退出前 10；每种平均期印数 443.3 万份，增加 16.8 万份，增长 3.9%。

四、地区结构分析

区域集中度有所提高，东部地区优势明显。总体经济规模综合评价前 10 位地区营业收入、资产总额和利润总额在全国所占比重，较 2016 年分别提高 0.9、0.3 和 2.1 个百分点；东部地区继续占据前 7 位。营业收入增长贡献率均超过 10%的前 6 位地区中，5 个为东部地区，且合计达到 75.3%。中西部和东北地区包揽增长速度前 4 位，均实现两位数增长。

(一) 各地区总体经济规模综合评价

选取营业收入、增加值、总产出、资产总额、所有者权益（净资产）、利润总额和纳税总额 7 项经济规模指标，采用主成分分析法对全国 31 个省（自治区、直辖市）及新疆生产建设兵团新闻出版业的总体经济规模进行综合评价。

广东、山东、北京①、浙江、江苏、上海、河北、安徽、四川和福建依次位居全国前 10 位（见表 30)。其中，前 7 位均属于东部地区。与 2016 年相比，前 10 位地区保持不变但名次有所改变；前 10 位中北京和四川排名上升，浙江、江苏和福建排名下降。

表 30　　总体经济规模综合评价前 10 位的地区

综合排名	地区	综合评价得分	2016 年排名	排名变化
1	广东	2.823 8	1	0
2	山东	1.920 3	2	0
3	北京	1.826 0	5	2
4	浙江	1.716 5	3	−1

① 包括中央在京新闻出版单位，后同。

续前表

综合排名	地区	综合评价得分	2016 年排名	排名变化
5	江苏	1.704 2	4	−1
6	上海	0.820 4	6	0
7	河北	0.400 3	7	0
8	安徽	0.393 0	8	0
9	四川	0.316 7	10	1
10	福建	0.251 1	9	−1

说明：1. 选取营业收入、增加值、总产出、资产总额、所有者权益（净资产）、利润总额和纳税总额 7 项经济规模指标，采用主成分分析方法，通过 SPSS 直接计算所得，仅用来显示各地区的相对位置。

2. 未包括数字出版、打字复印、邮政发行、版权贸易与代理、行业服务与其他新闻出版业务。

前 10 位地区实现营业收入共计 13 684.5 亿元，占全行业营业收入的 75.5%，较 2016 年提高 0.9 个百分点（见图 13）；拥有资产总额共计 15 920.1 亿元，占全行业资产总额的 71.8%，提高 0.3 个百分点（见图 14）；实现利润总额共计 946.5 亿元，占全行业利润总额的 70.4%，提高 2.1 个百分点[①]（见图 15）。

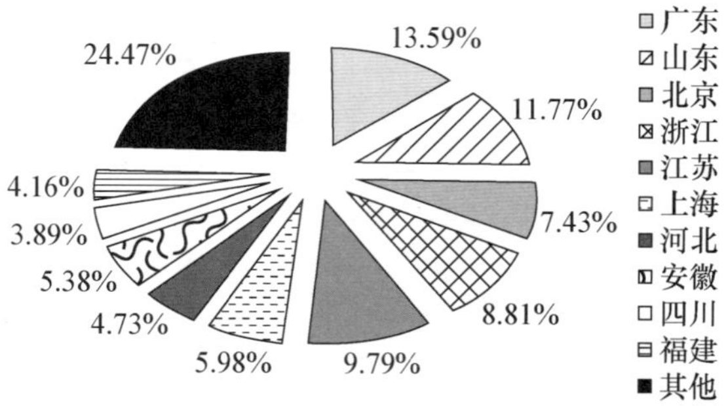

图 13　营业收入的地区结构

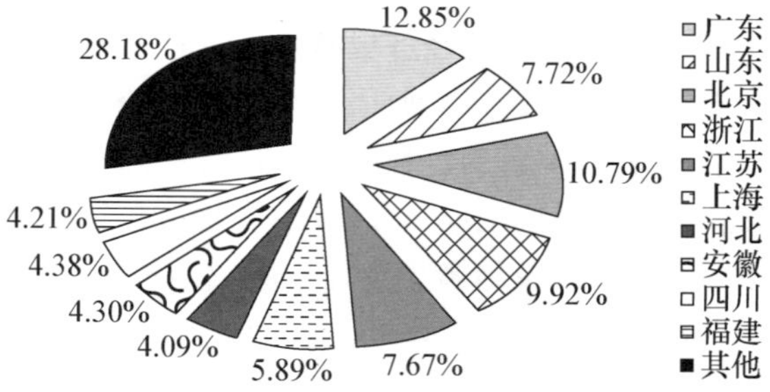

图 14　资产总额的地区结构

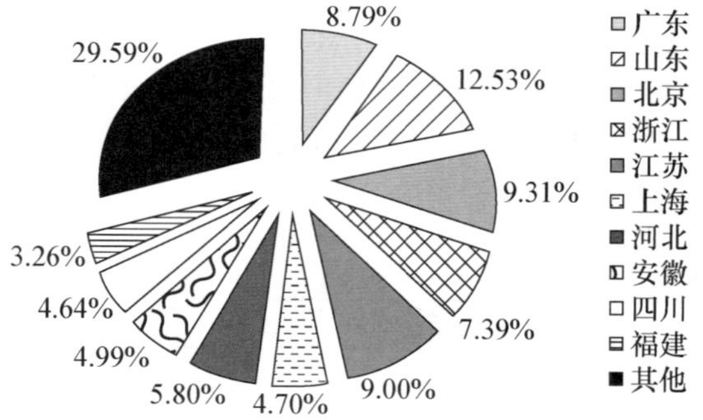

图 15　利润总额的地区结构

（二）地区增长情况

1. 增长速度

以各地区新闻出版全行业营业收入增长速度衡量，前 10 位降序依次为安徽、贵州、黑龙江、四川、广东、山东、江苏、北京、上海和新疆（见表 31）。其中，东部地区 5 席，中部地区 1 席，西部地区 3 席，东北地区 1 席；安徽、贵州、黑龙江和四川 4 省营业收入均实现两位数增长。

与 2016 年相比，东部和中部地区数量不变，西部地区减少 1 席，东北地区增加 1 席；实现两位数增长的地区增加 2 席。

表 31　　增长速度前 10 位的地区

排名	地区	增长速度（%）
1	安徽	11.21
2	贵州	10.94
3	黑龙江	10.13
4	四川	10.05
5	广东	7.61
6	山东	7.18
7	江苏	6.39
8	北京	6.13
9	上海	6.00
10	新疆	5.83

说明：地区增长速度＝(该地区本年营业收入－该地区上年营业收入)÷该地区上年营业收入×100%。

2. 增长贡献

以各地区新闻出版全行业营业收入增长额和增长贡献率衡量其对全国新闻出版产业增长贡献，前 10 位降序依次为广东、山东、江苏、安徽、浙江、北京、四川、上海、湖南和河南（见表 32）。其中，东部地区 6 席，中部地区 3 席，西部地区 1 席。广东、山东、江苏、安徽、浙江和北京 6 省市的贡献率均超过 10%，广东超过 20%。

① 扣除打字复印和邮政发行数据进行同口径比较，前 10 位地区营业收入合计所占比重较 2016 年提高 1.0 个百分点，资产总额提高 0.2 个百分点，利润总额提高 2.0 个百分点。

与2016年相比，中部地区省份增加2席，东部和西部地区省份各减少1席；贡献率超过10%省份增加2席。

表32　　增长贡献前10位的地区

排名	地区	增长额（亿元）	增长贡献率（%）
1	广东	174.04	22.44
2	山东	142.85	18.42
3	江苏	106.60	13.75
4	安徽	98.18	12.66
5	浙江	82.93	10.70
6	北京	77.72	10.02
7	四川	64.40	8.31
8	上海	61.38	7.92
9	湖南	22.97	2.96
10	河南	19.24	2.48

说明：各地区增长额=该地区本年营业收入－该地区上年营业收入，各地区增长贡献率=(该地区本年营业收入－该地区上年营业收入)÷(各地区本年营业收入合计－各地区上年营业收入合计)×100%。

五、单位数量及就业人员情况分析

单位数量有所减少，企业法人单位在全行业单位数量占比继续提高，个体经营户数量继续下降。在出版物发行企业中，国有企业营业收入、资产总额、利润总额所占比重继续降低，民营企业所占比重继续提高。就业人数整体减少，报纸出版就业人数下降较快。

（一）单位数量与构成

2017年，全国共有新闻出版单位23.2万家，较2016年同口径降低2.7%。其中，法人单位14.4万家，降低0.3%，占单位总数的62.2%，提高1.5个百分点；非法人单位0.9万家，增长1.6%，占3.7%，提高0.2个百分点；个体经营户7.9万家，降低7.2%，占34.1%，减少1.6个百分点（见表33和图16）。

表33　　新闻出版单位数量与构成　　单位：家，%，百分点

类型	数量	增减百分比	所占比重	比重变动
法人单位	143 892	－0.32	62.15	1.48
其中：企业法人单位	141 224	－0.25	—	—
非法人单位	8 623	1.60	3.72	0.16
个体经营户	79 025	－7.16	34.13	－1.64
合计	231 540	－2.70	100.00	0.00

说明：未包括数字出版单位、打字复印单位、邮政发行单位、版权贸易与代理单位和行业服务与从事其他新闻出版业务的单位，与2016年系同口径比较。

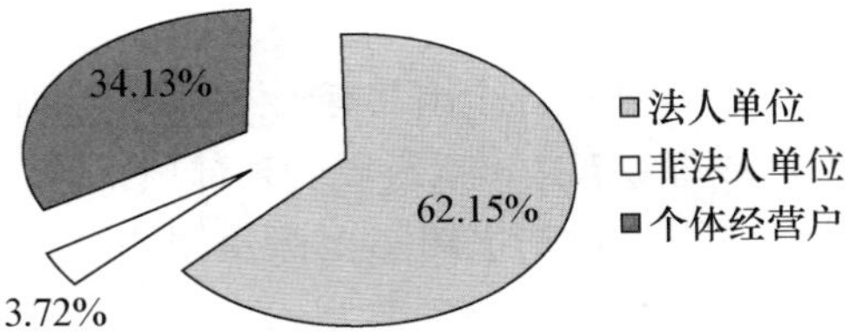

图16　新闻出版单位类型构成

（二）企业法人情况

1. 整体规模

2017年，全行业共有企业法人单位14.1万家，较2016年同口径降低0.3%，占全行业法人单位和非法人单位（不包括个体经营户）总数的92.6%。企业法人单位营业收入17 358.5亿元，增长4.5%，占全行业营业收入的95.8%，提高0.1个百分点；资产总额20 615.2亿元，增长2.9%，占全行业资产总额的93.0%，提高0.3个百分点；利润总额1 277.6亿元，增长2.1%，占全行业利润总额的95.0%，减少0.5个百分点（见表34）。

表34　　企业法人单位的整体规模

单位：家，亿元，%，百分点

指标	数额	增减百分比	占全行业比重	比重变动
单位数量	141 224	－0.25	92.59	－0.04
营业收入	17 358.54	4.53	95.80	0.06
资产总额	20 615.23	2.91	93.01	0.29
所有者权益	10 439.65	2.43	92.32	0.12
利润总额	1 277.56	2.13	95.04	－0.53

说明：未包括数字出版单位、打字复印单位、邮政发行单位、版权贸易与代理单位和行业服务与从事其他新闻出版业务的单位，与2016年系同口径比较。

2. 所有制结构

在14.1万家企业法人单位中，国有全资企业1.5万家，较2016年增长3.4%，占企业法人单位数量的10.3%，提高0.4个百分点；民营企业11.9万家，降低0.5%，占84.4%，减少0.2个百分点（见图17和表35）。

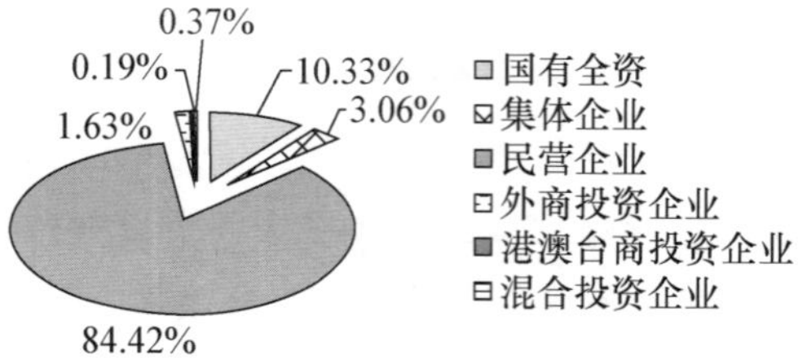

图 17　企业法人单位的所有制结构

表 35　　企业法人单位的所有制结构

单位：家，%，百分点

类型	数量	增减百分比	所占比重	比重变动
国有企业	14 914	3.37	—	—
其中：国有全资	14 594	3.44	10.33	0.36
集体企业	4 316	−8.09	3.06	−0.25
民营企业	119 226	−0.53	84.42	−0.24
外商投资企业	2 299	0.48	1.63	0.01
港澳台商投资企业	269	21.17	0.19	0.03
混合投资企业	520	30.98	0.37	0.09
合计	141 224	−0.25	100.00	0.00

说明：未包括数字出版单位、打字复印单位、邮政发行单位、版权贸易与代理单位和行业服务与从事其他新闻出版业务的单位，与 2016 年系同口径比较。

（三）就业人员状况

2017 年，全国新闻出版业直接就业人数为 405.9 万人，较 2016 年同口径降低 3.4%；其中男性 216.2 万人，女性 189.7 万人，分别占全行业直接就业人数的 53.3% 和 46.7%，男女比例基本平衡。就业人员的产业类别构成如图 18 所示。

印刷复制业直接就业人数 310.6 万人，降低 2.9%；出版物发行业 57.0 万人，降低 4.8%；报纸出版业 20.6 万人，降低 7.9%；期刊出版业 10.1 万人，降低 2.6%；图书出版业 6.7 万人，增长 0.7%（见表 36）。

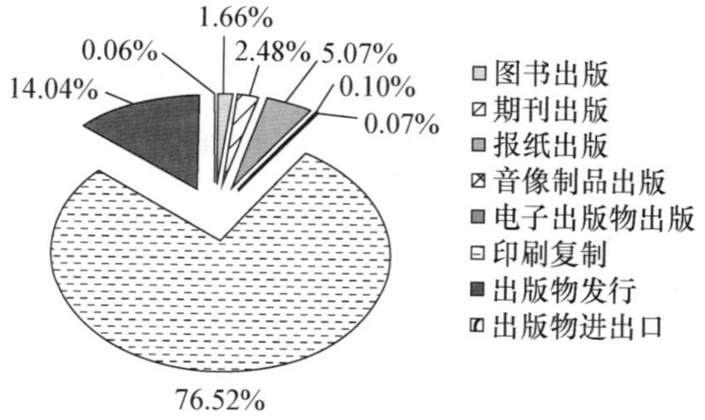

图 18　就业人员的产业类别构成

表 36　　就业人数的产业类别构成

单位：万人，%，百分点

产业类别	人数	增减百分比	比重	比重变动
图书出版	6.73	0.68	1.66	0.07
期刊出版	10.07	−2.55	2.48	0.02
报纸出版	20.59	−7.90	5.07	−0.24
音像制品出版	0.41	−3.43	0.10	0.00
电子出版物出版	0.29	−2.15	0.07	0.00
印刷复制	310.59	−2.91	76.52	0.34
出版物发行	56.97	−4.78	14.04	−0.19
出版物进出口	0.26	1.08	0.06	0.00
合计	405.91	−3.37	100.00	0.00

说明：未包括数字出版、打字复印、邮政发行、版权贸易与代理、行业服务与其他新闻出版服务就业人数，与 2016 年系同口径比较。

六、出版传媒集团分析

出版传媒集团整体规模继续扩大，行业占比明显提高。共有 18 家集团资产总额超过百亿元，较 2016 年增加 2 家；其中 7 家集团资产总额、主营业务收入和所有者权益均超过百亿元，“三百亿”集团增加 1 家。图书出版集团主营业务收入、利润总额保持稳定；发行集团利润总额保持较快增长；报刊出版集团主营业务收入止跌回升，利润总额因补贴收入减少由增转降，降幅明显；印刷集团主营业务收入止跌回升，利润总额受投资收益影响大幅增长。

（一）总体情况

截至 2017 年底，全国共有经国家新闻出版行政管理部门或省级新闻出版行政管理部门批准的出版传媒集团 125 家，其中图书出版集团 40 家、报刊出版集团 47 家、发行集团 27 家、印刷集团 11 家①。

2017 年，出版传媒集团资产规模进一步扩大，主营业务收入和利润总额有所增长。纳入统计的 118 家图书出版、报刊出版、发行和印刷集团②共实现主营业务收入 3 559.6 亿元，较 2016 年同口径增加 85.8 亿元，增长 2.5%；拥有资产总额 7 023.0 亿元，增加 489.7 亿元，增长 7.5%；实现利润总额 305.4 亿元，增加 9.2 亿元，增长 3.1%（见表 37）。

① 2017 年上海印刷（集团）有限公司与上海印刷新技术（集团）有限公司重组整合成立新的上海印刷（集团）有限公司，故印刷集团较 2016 年减少 1 家。

② 中国人力资源和社会保障出版集团有限公司、中国书法出版传媒有限公司、人民卫生出版集团、中国环境出版集团有限公司、人民法院出版集团、中国健康传媒集团有限公司、武汉出版集团有限公司等 7 家集团尚不能提供有效的集团财务数据，故纳入 2017 年财务状况与经营成果统计的出版传媒集团为 118 家，其中图书出版集团、报刊出版集团和发行集团为 107 家。

表 37　118 家集团收入、资产与利润合计情况

单位：亿元，%

指标	金额	增长率
主营业务收入	3 559.55	2.47
资产总额	7 022.99	7.49
所有者权益	3 863.92	9.20
利润总额	305.42	3.12

其中，107 家图书出版、报刊出版和发行集团共实现主营业务收入 3 503.9 亿元，较 2016 年同口径增加 84.2 亿元，增长 2.5%，占全国书报刊出版和出版物发行主营业务收入的 79.7%，提高 5.2 个百分点；拥有资产总额 6 902.9 亿元，增加 478.1 亿元，增长 7.4%，占全国出版发行全行业资产总额的 90.8%，提高 6.9 个百分点；实现利润总额 301.4 亿元，增加 6.2 亿元，增长 2.1%，占全国出版发行全行业利润总额的 62.0%，降低 0.5 个百分点①。

（二）图书出版集团

1. 经济规模

2017 年，图书出版集团资产规模增长较快，收入、利润保持稳定。33 家图书出版集团②共实现主营业务收入 1 976.2 亿元，较 2016 年增加 1.9 亿元，增长 0.1%；拥有资产总额 3 693.8 亿元，增加 315.1 亿元，增长 9.3%；实现利润总额 178.9 亿元，增加 0.5 亿元，增长 0.3%（见表 38）。

表 38　图书出版集团经济规模情况　单位：亿元，%

指标	金额	增长率
主营业务收入	1 976.23	0.09
资产总额	3 693.81	9.33
所有者权益	2 184.99	11.86
利润总额	178.91	0.25

江苏凤凰出版传媒集团有限公司、江西省出版集团公司、安徽出版集团有限责任公司、湖南出版投资控股集团有限公司、浙江出版联合集团有限公司和中国出版集团公司等 6 家集团资产总额、主营业务收入和所有者权益均超过 100 亿元，组成“三百亿”集团阵营；中国出版集团公司晋升为“三百亿”集团。湖北长江出版传媒集团有限公司和河北出版传媒集团有限责任公司等 2 家集团资产总额、主营业务收入均超过 100 亿元，组成“双百亿”阵营。另有中国教育出版传媒集团有限公司、山东出版集团有限公司、中原出版传媒投资控股集团有限公司和广东省出版集团有限公司等 4 家集团资产总额超过 100 亿元。

2. 总体经济规模排名

选取集团合并报表中的主营业务收入、资产总额、所有者权益和利润总额 4 项经济规模指标，采用主成分分析法，对图书出版集团的总体经济规模进行综合评价。前 10 位降序依次为江苏凤凰出版传媒集团有限公司、江西省出版集团公司、湖南出版投资控股集团有限公司、中国教育出版传媒集团有限公司、浙江出版联合集团有限公司、安徽出版集团有限责任公司、山东出版集团有限公司、湖北长江出版传媒集团有限公司、中国出版集团公司和河北出版传媒集团有限责任公司（见表 39）。

与 2016 年相比，山东出版集团有限公司跻身前 10，中原出版传媒投资控股集团有限公司退出前 10。

表 39　总体经济规模综合评价前 10 位的图书出版集团

综合排名	集团名称	综合评价得分	2016 年排名	排名变化
1	江苏凤凰出版传媒集团有限公司	3.154 5	1	0
2	江西省出版集团公司	1.710 4	3	1
3	湖南出版投资控股集团有限公司	1.487 0	2	—1
4	中国教育出版传媒集团有限公司	1.404 1	4	0
5	浙江出版联合集团有限公司	1.205 8	7	2
6	安徽出版集团有限责任公司	1.044 8	6	0
7	山东出版集团有限公司	1.036 0	11	4

① 扣除 2016 年邮政发行数据进行同口径比较，107 家图书出版集团、报刊出版集团和发行集团主营业务收入合计占比降低 1.3 个百分点，资产总额提高 2.3 个百分点，利润总额降低 2.1 个百分点。

② 2013 年批准成立的中国人力资源和社会保障出版集团有限公司和中国书法出版传媒有限公司，2016 年批准成立的人民卫生出版集团、中国环境出版集团有限公司、人民法院出版集团和中国健康传媒集团有限公司，以及武汉出版集团有限公司等 7 家图书出版集团尚不能提供有效的集团财务数据，故纳入 2017 年财务状况与经营成果统计并参与综合评价的图书出版集团为 33 家。

续前表

综合排名	集团名称	综合评价得分	2016 年排名	排名变化
8	湖北长江出版传媒集团有限公司	0.892 5	5	−3
9	中国出版集团公司	0.869 4	10	1
10	河北出版传媒集团有限责任公司	0.460 1	8	−2

说明：综合评价得分系选取主营业务收入、资产总额、所有者权益和利润总额四项指标，采用主成分分析方法，通过 SPSS 直接计算所得，仅用来显示各单位的相对位置，负数并不代表负面评价。

（三）报刊出版集团

1. 经济规模

2017 年，报刊出版集团资产规模平缓增长，主营业务收入止跌回升，但利润总额由增转跌。47 家报刊出版集团共实现主营业务收入 391.6 亿元，较 2016 年增加 9.5 亿元，增长 2.5%；拥有资产总额 1 672.4 亿元，增加 53.0 亿元，增长 3.3%；实现利润总额 29.9 亿元，减少 4.2 亿元，降低 12.2%（见表 40）。

表 40　报刊出版集团经济规模情况　单位：亿元,%

指标	金额	增长率
主营业务收入	391.58	2.48
资产总额	1 672.44	3.27
所有者权益	890.69	2.94
利润总额	29.93	−12.20

上海报业集团、浙江日报报业集团和成都传媒集团等 3 家集团资产总额超过 100 亿元。

2. 总体经济规模排名

采取同样的评价方法，报刊出版集团总体经济规模的前 10 名依次为上海报业集团、浙江日报报业集团、成都传媒集团、陕西华商传媒集团有限责任公司、山东大众报业（集团）有限公司、广州日报报业集团、湖北日报传媒集团、河南日报报业集团有限公司、重庆日报报业集团和南方报业传媒集团（见表 41）。

与 2016 年相比，重庆日报报业集团跻身前 10，深圳报业集团退出前 10。

表 41　总体经济规模综合评价前 10 位的报刊出版集团

综合排名	集团名称	综合评价得分	2016 年排名	排名变化
1	上海报业集团	3.653 1	1	0
2	浙江日报报业集团	3.327 0	2	0
3	成都传媒集团	1.749 5	3	0
4	陕西华商传媒集团有限责任公司	1.201 5	6	2
5	山东大众报业（集团）有限公司	1.116 0	5	0
6	广州日报报业集团	1.079 8	4	−2
7	湖北日报传媒集团	1.002 4	7	0
8	河南日报报业集团有限公司	0.876 2	8	0
9	重庆日报报业集团	0.677 3	13	4
10	南方报业传媒集团	0.652 4	10	0

说明：综合评价得分系选取主营业务收入、资产总额、所有者权益和利润总额四项指标，采用主成分分析方法，通过 SPSS 直接计算所得，仅用来显示各单位的相对位置，负数并不代表负面评价。

（四）发行集团

1. 经济规模

2017 年，发行集团继续保持良好发展态势，资产、收入规模继续扩大，利润总额较快增长。27 家发行集团实现主营业务收入 1 136.1 亿元，较 2016 年增加 72.9 亿元，增长 6.9%；拥有资产总额 1 536.6 亿元，增加 110.0 亿元，增长 7.7%；实现利润总额 92.5 亿元，增加 9.9 亿元，增长 12.0%（见表 42）。

表 42　发行集团经济规模情况　单位：亿元,%

指标	金额	增长率
主营业务收入	1 136.10	6.85
资产总额	1 536.63	7.71
所有者权益	724.60	8.01
利润总额	92.52	11.95

安徽新华发行（集团）控股有限公司资产总额、所有者权益和主营业务收入均超过 100 亿元。四川新华发行集团有限公司和上海新华发行集团有限公司资产总额超过 100 亿元。

2. 总体经济规模排名

采用同样的评价方法，发行集团总体经济规模的前10位依次为安徽新华发行（集团）控股有限公司、四川新华发行集团有限公司、湖南省新华书店有限责任公司、江西新华发行集团有限公司、山东新华书店集团有限公司、浙江省新华书店集团有限公司、河南省新华书店发行集团有限公司、河北省新华书店有限责任公司、上海新华发行集团有限公司和重庆新华书店集团公司（见表43）。

表43　总体经济规模综合评价前10位的发行集团

综合排名	集团名称	综合评价得分	2016年排名	排名变化
1	安徽新华发行（集团）控股有限公司	3.966 2	1	0
2	四川新华发行集团有限公司	1.778 6	2	0
3	湖南省新华书店有限责任公司	0.732 9	3	0
4	江西新华发行集团有限公司	0.619 3	5	1
5	山东新华书店集团有限公司	0.530 7	6	1
6	浙江省新华书店集团有限公司	0.494 3	4	−2
7	河南省新华书店发行集团有限公司	0.220 6	8	1
8	河北省新华书店有限责任公司	0.216 5	7	−1
9	上海新华发行集团有限公司	0.177 9	10	1
10	重庆新华书店集团公司	0.129 7	9	−1

说明：综合评价得分系选取主营业务收入、资产总额、所有者权益和利润总额四项指标，采用主成分分析方法，通过SPSS直接计算所得，仅用来显示各单位的相对位置，负数并不代表负面评价。

（五）印刷集团

1. 经济规模

2017年，印刷集团收入止跌回升，资产规模和利润总额受投资收益影响增长较快，利润总额更是呈现倍数增长。11家印刷集团①实现主营业务收入55.6亿元，较2016年增加1.6亿元，增长3.0%；拥有资产总额120.1亿元，增加11.5亿元，增长10.6%；实现利润总额4.1亿元，增加3.1亿元，增长306.2%（见表44）。

表44　印刷集团经济规模情况　单位：亿元，%

指标	金额	增长率
主营业务收入	55.64	2.98
资产总额	120.11	10.62
所有者权益	63.64	30.28
利润总额	4.06	306.22

2. 总体经济规模排名

采用同样的评价方法，对10家②印刷集团总体经济规模进行综合评价，依次为中国文化产业发展集团有限公司、上海印刷（集团）有限公司、浙江印刷集团有限公司、湖南天闻新华印务有限公司、江西新华印刷集团有限公司、北京印刷集团有限责任公司、广西正泰彩印包装有限责任公司、河南新华印刷集团有限公司、辽宁新闻印刷集团有限公司和北京隆达印刷包装集团有限公司（见表45）。

表45　印刷集团总体经济规模综合评价

综合排名	集团名称	综合评价得分	2016年排名	排名变化
1	中国文化产业发展集团有限公司	1.798 5	1	0
2	上海印刷（集团）有限公司	0.591 7	6	4
3	浙江印刷集团有限公司	0.280 1	5	2
4	湖南天闻新华印务有限公司	0.170 4	3	−1
5	江西新华印刷集团有限公司	0.065 7	2	−3

① 2017年上海印刷（集团）有限公司与上海印刷新技术（集团）有限公司重组整合成立新的上海印刷（集团）有限公司，故纳入2017年财务状况与经营成果统计的印刷集团较2016年减少1家，为11家。

② 上海印刷新技术（集团）有限公司因与上海印刷（集团）有限公司重组整合，黑龙江新华传媒集团有限公司因长期处于停产状态，均不再纳入综合评价，故参与综合评价的印刷集团较2016年减少2家，为10家。

续前表

综合排名	集团名称	综合评价得分	2016 年排名	排名变化
6	北京印刷集团有限责任公司	−0.510 4	8	2
7	广西正泰彩印包装有限责任公司	−0.519 1	10	3
8	河南新华印刷集团有限公司	−0.563 5	9	1
9	辽宁新闻印刷集团有限公司	−0.569 8	7	−2
10	北京隆达印刷包装集团有限公司	−0.743 7	11	1

说明：综合评价得分系选取主营业务收入、资产总额、所有者权益和利润总额四项指标，采用主成分分析方法，通过 SPSS 直接计算所得，仅用来显示各单位的相对位置，负数并不代表负面评价。

七、出版传媒上市公司分析

出版传媒上市公司阵容继续壮大，资产、收入和利润各项指标快速增长；经济效益明显提升，近年来首次实现全体盈利；资本市场表现疲弱，市值明显缩水。出版、发行、印刷和新媒体公司整体经营状况良好，出版公司和发行公司主业挺拔，主阵地、主渠道地位巩固；印刷公司和新媒体公司经济效益显著提升。报业公司业绩继续下滑。各公司持续探索转型升级、融合发展之路，但主要受网络游戏等业务下滑影响，部分公司新业态业务发展遭遇“瓶颈”。

（一）总体情况

截至 2017 年 12 月 31 日，中国内地共有出版传媒上市公司 43 家。其中，出版公司 14 家，报业公司 6 家，发行公司 8 家，印刷公司 10 家，新媒体公司 5 家；其中在中国内地上市 39 家，在中国香港上市 4 家（见表 46）。

表 46　出版传媒上市公司的业务类型与上市地点

业务类型	中国内地	中国香港	合计
出版公司	13	1	14
报业公司	4	2	6
发行公司	7	1	8
印刷公司	10	0	10
新媒体公司	5	0	5
合计	39	4	43

说明：出版公司包括业务内容描述为出版、出版发行和期刊的上市公司。

与 2016 年相比，新增上市公司 6 家，均在中国内地以 IPO 方式上市，募集资金总额共计 58.9 亿元。其中，出版公司 3 家，即中国出版传媒股份有限公司、中国科技出版传媒股份有限公司和山东出版传媒股份有限公司；发行公司 2 家，即新经典文化股份有限公司和山东世纪天鸿文教科技股份有限公司；新媒体公司 1 家，即掌阅科技股份有限公司（见表 47）。另有原属报业公司的浙报传媒集团股份有限公司整体剥离传统报刊业务，于 2017 年 4 月变更为浙报数字文化集团股份有限公司（以下简称“浙数文化”），转型为新媒体公司，故报业公司减少 1 家，新媒体公司再增 1 家。

表 47　2017 年新增出版传媒上市公司概况

单位：亿元

上市公司	股票简称	业务类型	上市时间	股票类型	上市方式	募集资金
中国科技出版传媒股份有限公司	中国科传	出版	1 月	上证 A 股	IPO	8.93
中国出版传媒股份有限公司	中国出版	出版	8 月	上证 A 股	IPO	12.17
山东出版传媒股份有限公司	山东出版	出版发行	11 月	上证 A 股	IPO	27.12
新经典文化股份有限公司	新经典	发行	4 月	上证 A 股	IPO	7.19
山东世纪天鸿文教科技股份有限公司	世纪天鸿	发行	9 月	上证 A 股	IPO	1.80
掌阅科技股份有限公司	掌阅科技	新媒体	9 月	上证 A 股	IPO	1.66

（二）经济规模

1. 总体规模

出版传媒上市公司市值有所下降。以 2017 年 12 月 29 日收盘价计算，43 家在中国内地和香港上市的出版传媒公司流通市值共计 3 463.3 亿元人民币，较 2016 年同期减少 612.4 亿元，降低 15.0%①。其中，在中国内地上市的 39 家出版传媒公司流通市值共计 3 430.6 亿元人民币，减少 598.9 亿元，降低

① 如排除上市公司数量增加带来的影响，则原有 37 家出版传媒上市公司 2017 年流通市值 3 339.5 亿元，较 2016 年同口径减少 736.1 亿元，降低 18.1%。

14.9%；总市值共计 4 803.3 亿元，减少 305.9 亿元，降低 6.0%[①]（见表 48）。

2017 年，出版传媒上市公司整体经济规模继续壮大，各项指标快速增长。在中国内地上市的 39 家出版传媒公司实现营业收入共计 1 570.6 亿元，较 2016 年增加 201.7 亿元，增长 14.7%；拥有资产总额共计 3 068.4 亿元，增加 579.0 亿元，增长 23.3%；实现利润总额共计 223.7 亿元，增加 53.1 亿元，增长 31.2%[②]，近年来首次实现全体盈利。流通市值、总市值、营业收入、资产总额、利润总额的公司类型构成如图 19～图 23 所示。

表 48　出版传媒上市公司经济规模情况　单位：亿元人民币，%

指标	金额	较 2016 年增减
在中国内地和香港上市公司流通市值	3 463.27	−15.02
其中：在中国内地上市公司流通市值	3 430.63	−14.86
在中国内地上市公司总市值	4 803.30	−5.99
在中国内地上市公司营业收入	1 570.62	14.74
在中国内地上市公司资产总额	3 068.35	23.26
在中国内地上市公司利润总额	223.68	31.15

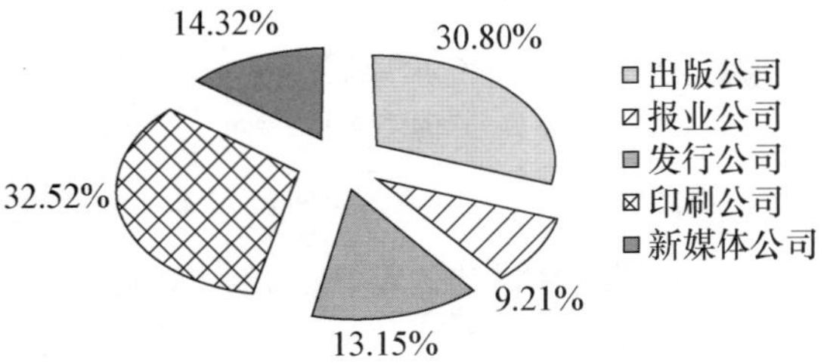

图 19　流通市值的公司类型结构

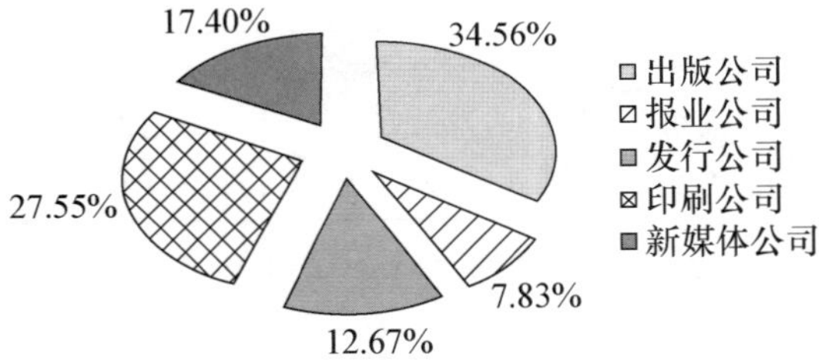

图 20　总市值的公司类型结构

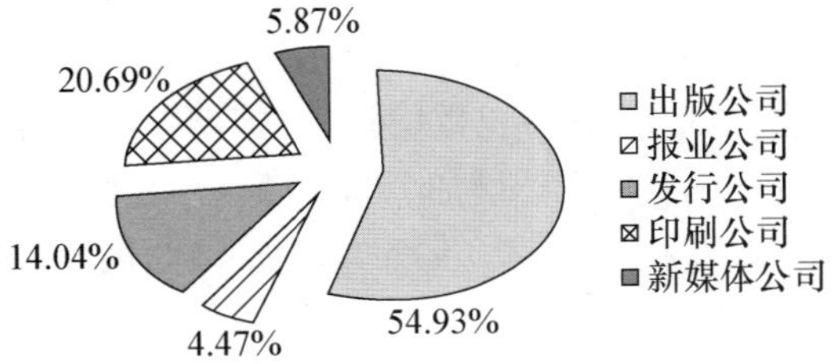

图 21　营业收入的公司类型构成

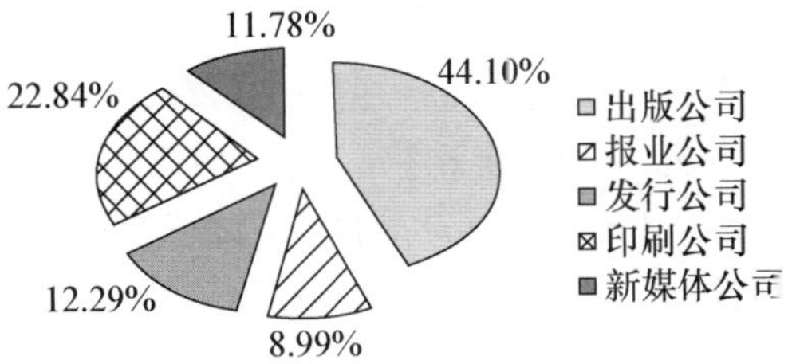

图 22　资产总额的公司类型构成

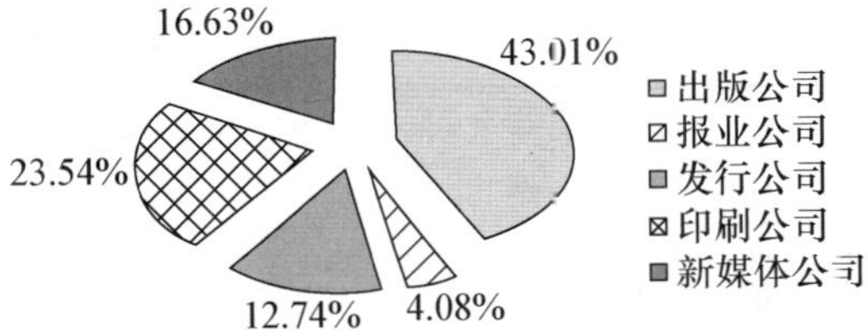

图 23　利润总额的公司类型构成

2. 出版公司

2017 年，出版上市公司新增 3 家，各项规模指标全面上扬，收入、资产和利润均实现两位数快速增长。13 家出版公司总市值共计 1 659.9 亿元，较 2016 年增加 140.3 亿元，增长 9.2%；实现营业收入共计 862.8 亿元，增加 143.2 亿元，增长 19.9%；拥有资产总额共计 1 353.1 亿元，增加 344.7 亿元，增长 34.2%；实现利润总额共计 96.2 亿元，增加 23.7 亿元，增长 32.7%[③]（见表 49）。

---

① 如排除上市公司数量增加带来的影响，则原有 33 家出版传媒上市公司 2017 年流通市值 3 306.9 亿元，较 2016 年同口径减少 722.7 亿元，降低 17.9%；总市值 4 012.5 亿元，减少 1 096.7 亿元，降低 21.5%。

② 如排除上市公司数量增加带来的影响，则原有 33 家出版传媒上市公司 2017 年实现营业收入 1 384.6 亿元，较 2016 年同口径增加 15.7 亿元，增长 1.2%；拥有资产总额 2 742.1 亿元，增加 252.7 亿元，增长 10.2%；实现利润总额 195.8 亿元，增加 25.2 亿元，增长 14.8%。如用现有 39 家出版传媒上市公司进行同口径比较，则营业收入增加 37.5 亿元，增长 2.5%；资产总额增加 336.5 亿元，增长 12.3%；利润总额增加 30.1 亿元，增长 15.6%。

③ 如排除上市公司数量增加带来的影响，则原有 10 家出版公司 2017 年总市值 1 169.0 亿元，较 2016 年同口径减少 350.7 亿元，降低 23.1%；实现营业收入 706.7 亿元，减少 12.8 亿元，降低 1.8%；拥有资产总额 1 064.6 亿元，增加 56.2 亿元，增长 5.6%；实现利润总额 73.3 亿元，增加 0.8 亿元，增长 1.0%。如用现有 13 家出版公司进行同口径比较，则营业收入增加 3.4 亿元，增长 0.[illegible]%；资产总额增加 124.9 亿元，增长 10.2%；利润总额增加 4.1 亿元，增长 4.5%。

表 49　在中国内地上市的出版公司经济规模情况

单位：亿元，%

指标	金额	较 2016 年增减
总市值	1 659.86	9.23
营业收入	862.79	19.91
资产总额	1 353.12	34.19
利润总额	96.22	32.67

凤凰传媒、中文传媒和中南传媒等 3 家公司营业收入和资产总额均超过 100 亿元，与 2016 年相比保持不变；另有山东出版、中原传媒、中国出版和长江传媒等 4 家公司资产总额超过 100 亿元，较 2016 年增加 3 家。

3. 报业公司

2017 年，报业上市公司减少 1 家，各项规模指标全面深度下滑。4 家报业公司总市值共计 376.3 亿元，较 2016 年减少 389.0 亿元，降低 50.8%；营业收入共计 70.2 亿元，减少 49.2 亿元，降低 41.2%；资产总额共计 275.9 亿元，减少 71.3 亿元，降低 20.5%；利润总额共计 9.1 亿元，减少 19.9 亿元，降低 68.5%[①]（见表 50）。

表 50　在中国内地上市的报业公司经济规模情况

单位：亿元，%

指标	金额	较 2016 年增减
总市值	376.28	−50.83
营业收入	70.18	−41.20
资产总额	275.92	−20.53
利润总额	9.13	−68.50

华闻传媒资产总额超过 100 亿元。

4. 发行公司

2017 年，发行上市公司新增 2 家，市值减少，收入、资产和利润继续保持两位数快速增长。7 家发行公司总市值共计 608.5 亿元，较 2016 年减少 213.4 亿元，降低 26.0%；实现营业收入共计 220.5 亿元，增加 37.3 亿元，增长 20.4%；拥有资产总额共计 377.1 亿元，增加 39.6 亿元，增长 11.7%；实现利润总额共计 28.5 亿元，增加 6.2 亿元，增长 28.0%[②]（见表 51）。

表 51　在中国内地上市的发行公司经济规模情况

单位：亿元，%

指标	金额	较 2016 年增减
总市值	608.45	−25.97
营业收入	220.49	20.35
资产总额	377.07	11.72
利润总额	28.49	27.97

皖新传媒、新华文轩等 2 家公司资产总额超过 100 亿元，与 2016 年相比保持不变。

5. 印刷公司

2017 年，印刷上市公司数量保持不变，市值有所下降，利润高速增长。10 家印刷公司总市值共计 1 323.1 亿元，较 2016 年减少 67.3 亿元，降低 4.8%；实现营业收入共计 325.0 亿元，增加 27.0 亿元，增长 9.1%；拥有资产总额共计 700.8 亿元，增加 100.1 亿元，增长 16.7%；实现利润总额共计 52.7 亿元，增加 17.8 亿元，增长 51.0%（见表 52）。

表 52　在中国内地上市的印刷公司经济规模情况

单位：亿元，%

指标	金额	较 2016 年增减
总市值	1 323.12	−4.84
营业收入	325.01	9.07
资产总额	700.76	16.66
利润总额	52.65	51.01

康得新、紫江企业等 2 家公司资产总额超过 100 亿元，与 2016 年相比保持不变；康得新营业收入首次突破 100 亿元。

6. 新媒体公司

2017 年，新媒体上市公司新增 2 家，各项规模指标全面飙升，利润倍数增长。5 家新媒体公司总市值共计 835.6 亿元，增加 223.5 亿元，增长 36.5%；实现营业收入共计 92.2 亿元，增加 43.3 亿元，增长 88.8%；拥有资产总额共计 361.5 亿元，增加 165.9 亿元，增长 84.8%；实现利润总额共计 37.2 亿元，增加 25.3 亿元，增长 212.0%[③]（见表 53）。

① 如排除上市公司数量减少带来的影响，现有 4 家报业公司总市值同口径减少 159.0 亿元，降低 29.7%；营业收入减少 13.7 亿元，降低 16.3%；资产总额增加 21.9 亿元，增长 8.6%；利润总额减少 9.0 亿元，降低 49.5%。

② 如排除上市公司数量增加带来的影响，原有 5 家发行公司 2017 年总市值 490.3 亿元，较 2016 年同口径减少 331.6 亿元，降低 40.3%；实现营业收入 207.2 亿元，增加 24.0 亿元，增长 13.1%；拥有资产总额 352.9 亿元，增加 15.4 亿元，增长 4.6%；实现利润总额 24.9 亿元，增加 2.6 亿元，增长 11.8%。如用现有 7 家发行公司进行同口径比较，则营业收入增加 25.0 亿元，增长 12.8%；资产总额增加 26.7 亿元，增长 7.6%；利润总额增加 3.7 亿元，增长 14.8%。

③ 如排除上市公司数量增加带来的影响，则原有 3 家新媒体公司 2017 年总市值 456.0 亿元，较 2016 年同口径减少 156.1 亿元，降低 25.5%；实现营业收入 59.2 亿元，增加 10.4 亿元，增长 21.3%；拥有资产总额 249.1 亿元，增加 53.5 亿元，增长 27.3%；实现利润总额 17.9 亿元，增加 6.0 亿元，增长 50.3%。如用现有 5 家新媒体公司进行同口径比较，则营业收入减少 4.1 亿元，降低 4.3%；资产总额增加 62.9 亿元，增长 21.1%；利润总额增加 13.5 亿元，增长 57.0%。

表 53　在中国内地上市的新媒体公司经济规模情况

单位：亿元，%

股市市值	金额	较 2016 年增减
总市值	835.60	36.52
营业收入	92.15	88.80
资产总额	361.47	84.80
利润总额	37.19	212.04

昆仑万维资产总额超过 100 亿元，掌趣科技资产总额降至不足 100 亿元。

（三）经济效益

1. 总体情况

2017 年，在中国内地上市的 39 家出版传媒公司保持了较强的盈利能力。平均净资产收益率为 10.9%，较 2016 年提高 0.5 个百分点，显著高于当期一年期存缴基准利率（1.50%）和贷款基准利率（4.35%）。

各类出版传媒上市公司的平均净资产收益率，降序依次为新媒体公司、印刷公司、出版公司、发行公司和报业公司（见表 54）。

表 54　在中国内地上市的出版传媒公司平均净资产收益率

公司类型	平均净资产收益率（%）
新媒体公司	13.92
印刷公司	12.31
出版公司	11.41
发行公司	9.82
报业公司	3.67
整体	10.90

平均净资产收益率前 10 位的出版传媒公司，按降序依次为昆仑万维、新经典、浙数文化、山东出版、珠海中富、东港股份、城市传媒、康得新、掌阅科技、南方传媒（见表 55）。其中，出版公司 3 家、发行公司 1 家、印刷公司 3 家、新媒体公司 3 家。

表 55　在中国内地上市的平均净资产收益率前 10 位出版传媒公司

排名	公司名称	股票简称	业务类型	股票类型	收益率（%）
1	北京昆仑万维科技股份有限公司	昆仑万维	新媒体	深证 A 股	23.56
2	新经典文化股份有限公司	新经典	发行	上证 A 股	21.20
3	浙报数字文化集团股份有限公司	浙数文化	新媒体	上证 A 股	21.18
4	山东出版传媒股份有限公司	山东出版	出版发行	上证 A 股	19.70
5	珠海中富实业股份有限公司	珠海中富	印刷	深证 A 股	17.21
6	东港股份有限公司	东港股份	印刷	深证 A 股	14.84
7	青岛城市传媒股份有限公司	城市传媒	出版发行	上证 A 股	14.84
8	康得新复合材料集团股份有限公司	康得新	印刷	深证 A 股	14.72
9	掌阅科技股份有限公司	掌阅科技	新媒体	上证 A 股	14.40
10	南方出版传媒股份有限公司	南方传媒	出版	上证 A 股	13.90

2. 出版公司

出版公司平均净资产收益率 11.4%，高出出版传媒上市公司平均净资产收益率 0.5 个百分点，较 2016 年减少 0.1 个百分点。

13 家出版公司的平均净资产收益率，按降序依次为山东出版、城市传媒、南方传媒、中国科传、中文传媒、中南传媒、长江传媒、中原传媒、凤凰传媒、中国出版、出版传媒、时代出版和读者传媒（见表 56）。

表 56　在中国内地上市的出版公司平均净资产收益率

排名	公司名称	股票简称	股票类型	收益率（%）
1	山东出版传媒股份有限公司	山东出版	上证 A 股	19.70
2	青岛城市传媒股份有限公司	城市传媒	上证 A 股	14.84
3	南方出版传媒股份有限公司	南方传媒	上证 A 股	13.90
4	中国科技出版传媒股份有限公司	中国科传	上证 A 股	13.36
5	中文天地出版传媒股份有限公司	中文传媒	上证 A 股	12.30
6	中南出版传媒集团股份有限公司	中南传媒	上证 A 股	11.85
7	长江出版传媒股份有限公司	长江传媒	上证 A 股	10.67
8	中原大地传媒股份有限公司	中原传媒	深证 A 股	10.08

续前表

排名	公司名称	股票简称	股票类型	收益率
9	江苏凤凰出版传媒股份有限公司	凤凰传媒	上证 A 股	9.51
10	中国出版传媒股份有限公司	中国出版	上证 A 股	8.99
11	北方联合出版传媒（集团）股份有限公司	出版传媒	上证 A 股	8.12
12	时代出版传媒股份有限公司	时代出版	上证 A 股	6.05
13	读者出版传媒股份有限公司	读者传媒	上证 A 股	4.15

3. 报业公司

报业公司平均净资产收益率 3.7%，低于出版传媒上市公司平均净资产收益率 7.2 个百分点，较 2016 年减少 6.4 个百分点。

4 家报业公司的平均净资产收益率，按降序依次为华媒控股、华闻传媒、粤传媒和博瑞传播（见表 57）。

表 57　　在中国内地上市的报业公司平均净资产收益率

排名	公司名称	股票简称	股票类型	收益率（%）
1	浙江华媒控股股份有限公司	华媒控股	深证 A 股	10.50
2	华闻传媒投资集团股份有限公司	华闻传媒	深证 A 股	4.20
3	广东广州日报传媒股份有限公司	粤传媒	深证 A 股	1.78
4	成都博瑞传播股份有限公司	博瑞传播	上证 A 股	0.62

4. 发行公司

发行公司平均净资产收益率 9.8%，低于出版传媒上市公司平均净资产收益率 1.1 个百分点，较 2016 年提高 0.2 个百分点。

7 家发行公司的平均净资产收益率，按降序依次为新经典、皖新传媒、广弘控股、新华文轩、世纪天鸿、天舟文化和新华传媒（见表 58）。

表 58　　在中国内地上市的发行公司平均净资产收益率

排名	公司名称	股票简称	股票类型	收益率（%）
1	新经典文化股份有限公司	新经典	上证 A 股	21.20
2	安徽新华传媒股份有限公司	皖新传媒	上证 A 股	12.40
3	广东广弘控股股份有限公司	广弘控股	深证 A 股	11.57
4	新华文轩出版传媒股份有限公司	新华文轩	上证 A 股	11.28
5	山东世纪天鸿文教科技股份有限公司	世纪天鸿	上证 A 股	9.35
6	天舟文化股份有限公司	天舟文化	深圳创业板	3.16
7	上海新华传媒股份有限公司	新华传媒	上证 A 股	1.56

5. 印刷公司

印刷公司平均净资产收益率 12.3%，高出出版传媒上市公司平均净资产收益率 1.4 个百分点，较 2016 年提高 2.8 个百分点。

10 家印刷公司的平均净资产收益率，按降序依次为珠海中富、东港股份、康得新、紫江企业、永新股份、劲嘉股份、盛通股份、陕西金叶、界龙实业和鸿博股份（见表 59）。

表 59　　在中国内地上市的印刷公司平均净资产收益率

排名	公司名称	股票简称	股票类型	收益率（%）
1	珠海中富实业股份有限公司	珠海中富	深证 A 股	17.21
2	东港股份有限公司	东港股份	深证 A 股	14.84
3	康得新复合材料集团股份有限公司	康得新	深证 A 股	14.72
4	上海紫江企业集团股份有限公司	紫江企业	上证 A 股	12.66
5	黄山永新股份有限公司	永新股份	深证 A 股	11.90
6	深圳劲嘉集团股份有限公司	劲嘉股份	深证 A 股	11.70
7	北京盛通印刷股份有限公司	盛通股份	深证 A 股	8.32

续前表

排名	公司名称	股票简称	股票类型	收益率
8	陕西金叶科教集团股份有限公司	陕西金叶	深证A股	3.98
9	上海界龙实业集团股份有限公司	界龙实业	上证A股	3.12
10	鸿博股份有限公司	鸿博股份	深证A股	0.72

6. 新媒体公司

新媒体公司平均净资产收益率13.9%，高出出版传媒上市公司平均净资产收益率3.0个百分点，较2016年提高4.4个百分点。

5家新媒体公司的平均净资产收益率，按降序依次为昆仑万维、浙数文化、掌阅科技、掌趣科技和中文在线（见表60）。

表60　在中国内地上市的新媒体公司平均净资产收益率

排名	公司名称	股票简称	股票类型	收益率（%）
1	北京昆仑万维科技股份有限公司	昆仑万维	深证A股	23.56
2	浙报数字文化集团股份有限公司	浙数文化	上证A股	21.18
3	掌阅科技股份有限公司	掌阅科技	上证A股	14.40
4	北京掌趣科技股份有限公司	掌趣科技	深证A股	3.42
5	中文在线数字出版集团股份有限公司	中文在线	深证A股	3.11

（四）业务与经营

2017年，出版、发行、印刷和新媒体公司整体经营状况良好，出版公司、发行公司编印发业务收入继续增长，主业地位进一步巩固；印刷公司和新媒体公司经济效益显著提升。报业公司业绩全面深度下滑，传统报刊业务萎缩。各公司持续探索转型升级、融合发展之路，但主要受网络游戏等业务下滑影响，部分公司新业态业务发展遭遇阻力。

1. 出版公司

主题出版、精品出版成果丰硕，主阵地作用彰显。2017年，各出版公司充分发挥党的宣传思想文化主阵地作用，强化导向管理，重点围绕党的十九大、改革开放40周年、新中国成立70周年、建党100周年，精心策划出版了一批彰显主流价值、弘扬时代精神、记录历史丰碑的重点作品。中国出版《幸存者》等12种出版物、凤凰传媒《立德树人——中国优秀传统文化经典》等4种出版物、中南传媒《红色传家宝》等3种出版物、长江传媒《"一带一路"青少年普及读本》等3种出版物、读者传媒"读者丛书·社会主义核心价值观读本"入选中宣部、国家新闻出版行政管理部门"2017年主题出版重点出版物"；中原传媒《共和国日记》"中国创造故事丛书"、凤凰传媒《中国文化二十四品》、长江传媒《马克思主义大辞典》、南方传媒"复兴之路——中国改革开放40年回顾与展望"丛书入选中宣部"迎接党的十九大主题出版重点选题"。精品力作层出不穷，一大批优秀作品获得国家或省级荣誉。中国出版《辞源》（第三版）等29种出版物、凤凰传媒16种出版物、中南传媒《鲁迅藏外国版画全集》等13个项目、时代出版10个项目获第四届中国出版政府奖各奖项；另有一批作品入选第十四届中宣部"五个一工程"奖、第六届中华优秀出版物奖、国家出版基金"中国好书"、"大众喜爱的50种图书"、向全国青少年推荐百种优秀出版物、百种优秀少儿报刊等国家级奖项和优秀作品名录；中国出版《朗读者》销售90万册，《中国诗词大会》销售70万册。

经济规模继续扩大，经济效益保持稳定。13家内地上市的出版公司中，10家公司营业收入实现增长，其中中国出版、中国科传、山东出版、城市传媒和出版传媒等5家增速超过10%；长江传媒、中南传媒和时代出版等3家公司收入下降，特别是长江传媒因缩减大宗及其他货物贸易，营业收入大幅减少25.6亿元，降低18.6%，影响到出版公司的整体增长①；长江传媒、中南传媒、时代出版和读者传媒等4家公司利润总额下降，其余9家公司利润总额保持增长。整体平均净资产收益率与2016年基本持平。

编印发业务收入占比提高，核心主业地位更趋稳固。出版公司出版、发行、印刷业务收入增长

① 如排除长江传媒特殊变动影响，其余12家出版公司2017年共计实现营业收入750.5亿元，较2016年同口径增加28.9亿元，增长4.0%。

7.1%；除中南传媒、读者传媒出版、发行、印刷业务收入略有下降外，其余11家公司均实现正增长，山东出版、南方传媒、城市传媒、中国出版等4家公司增速均在10%以上。出版、发行、印刷业务收入在各出版公司营业收入中所占比重平均为65.9%，较2016年同口径提高了3.0个百分点；除中文传媒、长江传媒、时代出版等3家公司外，其余10家公司出版、发行、印刷业务收入占比均超过公司营业收入的50%，其中山东出版出版和发行业务收入合计占公司全部营业收入的91.8%，南方传媒出版、发行业务收入增速均超过10%，合计占比超过公司营业收入70%；长江传媒、时代出版和中文传媒3家公司出版、发行、印刷业务收入所占比重则分别提高7.7、2.5和1.96个百分点，业务结构逐步向编印发主业回归。出版、发行业务收入构成出版公司收入和利润的主要来源，也是拉动收入与利润增长的主要动力，编印发业务对出版公司业绩支撑作用明显。

持续探索出版融合发展，部分公司新业态业务进入瓶颈期。2017年，各出版公司立足自身内容资源，持续推动融合发展和数字化升级。中国出版《朗读者》直播关注数达100多万人，“诗词中国”APP下载量超过3 600万次，旗下人民文学、商务、中华、三联、《三联生活周刊》的微信公众号入选“大众喜爱的50个阅读微信公众号”；中国科传加速推进向知识服务转型，“科学文库”“中科医库”等数字化平台已相继上线运行并形成收益；凤凰传媒旗下“学科网”合作学校数量持续增加，收入同口径增长36%，利润减亏近7 000万元；时代出版新业态、数字出版及电子商务板块营业收入分别增长24.4%和12.4%；南方传媒“时代财经”APP实现1 100万人次用户下载量，“生活派”项目集聚了80余个社群，微博粉丝超过1 500万，微信粉丝达60万；读者传媒数字版《读者》月均发行132万册，“微读者”微信公众号粉丝新增130万，达到350万，再次入选“大众喜爱的50个阅读微信公众号”；城市传媒启用首个“VR海洋教室”，旗下匠声公司以音频切入内容创业市场，有声产品累计播放量超过1 000万次，“兰阁”产品累计点击次数超过1亿次。不过，多数公司新业态业务收入在公司整体营业收入所占比重仍然不高，部分公司新业态业务未能延续前期快速发展势头，进入瓶颈期。中文传媒以网络游戏为核心的新业态板块收入整体降低16.5%，中南传媒以天闻数媒为核心的数字出版业务收入降低29.3%，凤凰传媒影视、游戏业务收入分别降低63.1%和16.0%。

2. 报业公司

经营业绩全面下滑，传统报刊业务萎缩。现有4家报业公司中，粤传媒、华闻传媒、博瑞传播等3家公司营业收入减少，华媒控股与2016年基本持平。效益下滑态势更为明显，粤传媒、华闻传媒、博瑞传播等3家公司利润总额降幅均超50%，华媒控股降幅也达25.3%；整体平均净资产收益率较2016年（10.1%）减少6.4个百分点。4家公司的报刊发行及广告业务收入全部下降。其中，博瑞传播代理的报刊广告收入降低62.4%，发行投递业务收入降低47.1%，相关子公司博瑞广告公司和成都商报发行投递广告公司分别亏损178万元和3 282万元；粤传媒报刊业务收入降低15.2%；华闻传媒传播与文化业务收入降低14.6%；华媒控股广告及策划业务收入降低7.9%，报刊与发行业务收入降低7.6%。

积极探索转型增效途径，部分公司新业态业务发展受阻。面对严峻的经营形势，各公司纷纷采取剥离部分传统报刊业务、推动媒体融合等举措。浙报传媒向控股股东浙报控股转让所持有的21家一级子公司股权，整体剥离传统报刊业务，并更名为浙数文化，由传统报业公司蜕变成为新媒体公司。博瑞传播将所持有的成都商报发行投递广告公司95.07%股权转让给控股股东博瑞投资。粤传媒向同乐投资出售香榭丽传媒98.6%股权；同时着力打造汇聚新闻资讯、政务宣传的融媒体平台“广报汇”，APP装机量已近百万，日累计浏览量1 000万；还大力拓展足球竞猜广告业务、网络竞猜数据销售业务，主攻“体面”APP平台足球领域核心视频直播。华闻传媒聚焦用户连接，布局面向二三线新媒体市场的“二三里”新闻客户端，已拥有300万注册用户，在多省实现内容的全覆盖。但是，部分公司前期布局的游戏、软件、动漫、新媒体等新业态业务发展受阻，公司整体业绩雪上加霜。华闻传媒数字内容服务、网络与信息安全服务、动漫产品及动漫服务等各项业务收入全面下滑，整体降低25.2%。博瑞传播游戏板块业务收入降低48.1%。

3. 发行公司

不断创新渠道模式，发行业务稳步增长。各发行公司坚持线上线下并行，努力拓展发行业务。新华文轩加快实体书店建设，新建、改造实体书店23家；同时大力拓展互联网销售渠道建设，实现互联网销售码洋21.7亿元，增长21.5%。皖新传媒首创“共享书店”模式，已在合肥、北京、上海等地开设

28家门店；“智慧书房”APP用户已超过23.4万，书籍借还册数超过96万册；“阅＋”平台项目已扩展成包括“阅＋”微信端、智慧书房、智慧书城、校园订阅号、皖新书院等产品的互联网生态圈，粉丝数达307万。广弘控股旗下教育书店完成对下属62家联营发行企业的增资扩股工作，进一步巩固了教材教辅发行业务。2017年，新华文轩、皖新传媒、广弘控股等6家公司发行业务收入保持增长，其中广弘控股图书发行业务收入增长21.9%，新华文轩发行业务收入增长13.1%。发行业务收入在公司营业收入中所占比重平均为61.6%，继续保持核心地位。其中，世纪天鸿、新经典、新华文轩、新华传媒等4家公司均超过65%。

经营业绩分化明显，投资收益与游戏业务影响显著。7家发行公司中，新华传媒收入、利润双降，新经典、新华文轩和广弘控股等3家公司利润总额增长均超过30%，天舟文化利润总额降低40%以上。其中，新华文轩因处置部分联营公司股权，投资收益增长3.2倍，对当期利润增长的贡献率超7成。广弘控股因将旗下教育书店62家联营企业纳入合并报表，确认投资收益，并利用闲置资金购买银行理财产品，对当期利润增长的贡献率达9成。天舟文化因移动网络游戏营业成本大幅增长438.2%，加之计提商誉减值准备，造成公司利润大幅下降。

4. 印刷公司

经营状况明显改善，经济效益显著提升。2017年，10家印刷公司整体平均净资产收益率达到12.3%，较2016年提高2.8个百分点；部分公司业绩大幅改善，拉动整体利润爆发式增长，利润总额增长51.0%。其中，康得新营业收入增长27.7%，突破百亿元；利润总额增长26.5%，利润总额继续保持出版传媒上市公司首位。盛通股份以主题出版物及少儿、教育类图书印刷为重点业务方向，出版综合服务业务（出版物印刷等）实现营业收入12.2亿元，增长44.7%，净利润6 290.2万元，增长71.7%；并将乐博教育纳入合并报表，导致公司营业收入增长66.4%，利润总额增长1.5倍。紫江企业转让所持的上海威尔泰工业自动化股份有限公司12.1%股份，实现投资收益4.0亿元，拉动公司利润总额增加3.5亿元，实现翻番。珠海中富压减营业成本6.8%，同时优化整合公司资产，实现扭亏为盈。

深化技术创新，加快业务数字化、网络化、智能化转型。2017年，康得新与飞利浦共建专利池，获得飞利浦在中国大陆和港澳台地区的700余项3D专利独占许可。盛通股份全面运营“出版服务云平台”项目，深化互联网和工业信息化技术运用，巩固公司印刷业务优势。推进对新收购教育机器人公司乐博教育的融合工作，相继控股、投资中鸣数码、编程猫、小橙堡等一系列素质教育项目。紫江企业技术创新取得新突破，全年共获得授权专利76项，较2016年增长2.0倍；旗下紫江新材料被列入2017年度上海市“专精特新”中小企业；自主研发E91黑色铝塑膜，成为全球少数供应商之一。劲嘉股份积极探索RFID、二维码、智能温控显示等技术，以及智能物流在包装领域的应用，提升自动化生产智能水平；新申请专利65项（其中发明专利24项），新获得专利授权95项（其中发明专利19项）。

5. 新媒体公司

盈利水平持续提升，游戏业务发展遇阻。2017年，5家新媒体公司利润总额增长57.0%；整体平均净资产收益率13.9%，较2016年提高4.4个百分点；利润增幅与收益率均居各类出版传媒上市公司之首。5家公司中，昆仑万维、掌阅科技和中文在线等3家公司营业收入和利润均高速增长，发展势头稳定。掌趣科技互联网页面游戏收入大幅降低41.3%，公司营业收入降低4.7%，加上大幅计提商誉减值准备等因素影响，利润总额大幅降低58.9%。在昆仑万维、掌趣科技、浙数文化这3家主要开展网络游戏业务的新媒体公司中，仅浙数文化游戏业务收入增长31.9%。

持续推进平台化建设，深化内容资源的一体化开发。掌阅科技数字阅读平台“掌阅”APP用户规模持续增长，平均月活跃用户数达到1.0亿；同时继续拓宽数字阅读业务外延，先后发布iReader Light和iReader Ocean等多款电子阅读器产品，发力版权衍生业务，向第三方互联网平台、影视公司、游戏公司等提供多元化的版权内容，硬件产品收入增长97.0%，版权产品收入增长243.9%。中文在线立足于网络文学平台，积极推进IP资源的一体化开发，多部原创IP定制游戏、网剧、电视剧上线或开机，数字阅读产品收入增长16.4%，数字内容增值服务收入增长19.9%。昆仑万维社交网络业务收入达到16.4亿元，占公司营业收入47.8%，首次超过游戏业务。

2017—2018 年中国数字出版产业年度报告

中国数字出版产业年度报告课题组

2017 年，数字经济发挥重要引擎作用，在新技术的助力推动下，以数字出版为代表的数字内容产业焕发了巨大活力，呈现出新的发展局面。伴随中国特色社会主义发展进入新时代，数字出版被赋予了新的文化责任与使命担当，取得新的突破，为国家数字经济发展，为数字中国和网络强国建设提供了有力支撑。数字出版产值超过 7 000 亿元，再创新高。新闻出版业转型升级、融合发展持续深化。

一、数字出版收入规模分析

（一）整体收入规模持续增长

2017 年国内数字出版产业整体收入规模为 7 071.93 亿元。其中：互联网期刊收入达 20.1 亿元，电子书达 54 亿元，数字报纸（不含手机报）达 8.6 亿元，博客类应用达 77.13 亿元，在线音乐达 85 亿元，网络动漫达 178.9 亿元，移动出版（移动阅读、移动音乐、移动游戏等）达 1 796.3 亿元，网络游戏达 884.9 亿元，在线教育达 1 010 亿元，互联网广告达 2 957 亿元。收入比例情况如图 1 所示。

（二）传统书报刊数字化收入占比增幅依然呈下降态势

2017 年互联网期刊、电子图书、数字报纸的总收入为 82.7 亿元，相比 2016 年的 78.5 亿元，增长幅度为 5.35%，低于 2016 年 5.44% 的增长幅度，在数字出版总收入中所占比例为 1.17%，相较于 2016 年的 1.54% 和 2015 年的 1.77% 来说，继续处于下降阶段。

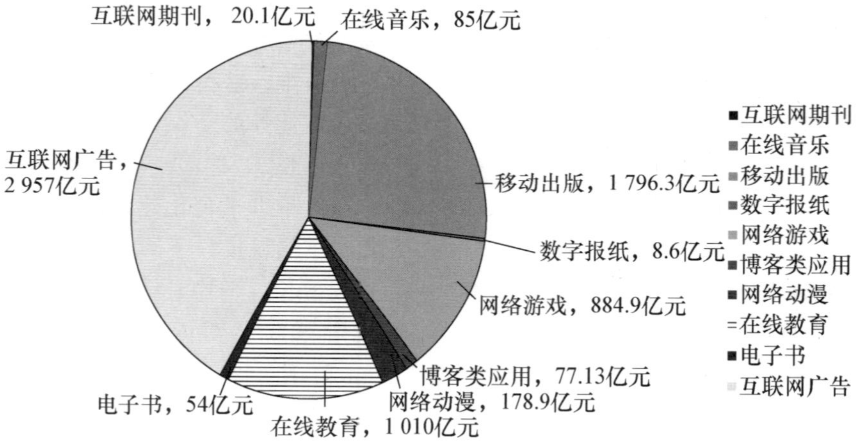

图 1　2017 年数字出版产业收入情况

（三）新兴板块持续发力

2017 年，移动出版收入规模为 1 796.3 亿元，在线教育收入规模为 1 010 亿元，网络动漫收入规模为 178.9 亿元，三者占数字出版收入规模的比例为 42.21%。表明移动出版依然是数字出版的重要发展方向，具有雄厚的发展潜力；在线教育作为数字教育出版最为活跃的部分，经过激烈的市场竞争，资源趋向集中化，马太效应初显；网络动漫经过多年的探索与坚持，在深受资本追逐和动漫 IP 运营颇受重视的情况下，继续保持快速发展态势。

二、数字出版产业态势分析

（一）转型升级迈向深化

近年来，我国出版业的数字化转型升级工作取得显著的阶段性成果，出版单位的转型升级、融合发展目标日益明确、布局日益清晰，数据共享与应用能力、创新能力大大增强，出版业转型升级基本具备进入深化阶段的基础条件。2017 年 3 月，国家新闻出版广电总局联合财政部，再次发布《关于深化新闻出版业数字化转型升级工作的通知》，对进一步推动新闻出版业转型升级进行新的部署，提出新的目标与任务。2017 年 9 月，《新闻出版广播影视业“十三五”时期发展规划》正式对外公布，将深化转型、融合发展作为“十三五”时期新闻出版业发展的重要任务。在主管部门积极引导下，出版单位积极探索，对转型升级、融合发展有了更加清晰、更为全局化的部署和规划，传统出版单位转型升级、融合发展无论从深度还是广度都迈上了新台阶。

（二）网络文学发展进一步规范化、产业化

2017 年以来，网络文学依然保持良好发展态势，并进一步向规范化、产业化方向发展。据相关数据，2017 年网络文学市场规模达到 130.2 亿元，比 2016 年增长 44.2%。网络文学用户规模达到 3.78 亿，占网民总数的 48.9%。

网络文学的政策法规体系日趋健全。2017 年 6 月，原国家新闻出版广电总局印发《网络文学出版服务单位社会效益评估试行办法》，提出对原创网络文学网站和网络文学阅读平台的单位实施社会效益评估，网络文学出版服务单位要做到始终把社会效益放在首位，实现社会效益和经济效益相统一。2017 年北京市新闻出版广电局制定了《网络文学阅评工作实施办法（试行）》，从阅评方法与要求、阅评工作管理、专家组成与职责、保障措施等方面，对网络文学阅评工作做出具体规定。

在内容生产方面，精品化趋势明显，现实主义题材增多。无论从企业引导还是作者创作意愿来看，反映时代风貌和社会百态的现实主义题材都成为网络文学作品发展的重点方向之一，同时，传统文化融入网络文学作品的现象日趋增多，网络文学在传承优秀传统文化中发挥的作用日益提升。

网络文学 IP 运营模式渐趋成熟。网络文学 IP 改编持续升温。网络文学在 IP 开发模式上更加多元，很多作品创作从创意策划就直接服务于 IP 改编，且更加注重作品的孵化培育。可以看到，网络文学企业、网络文学作者更加深入地参与到网络文学的衍生改编过程中，而影视、游戏等制作公司，也逐渐将业务延伸至内容生产环节，打造全产业链生态布局。

资本力量对网络文学发展格局影响加剧，进一步驱动网络文学的产业化发展进程。2017 年 9 月和 11 月，掌阅科技和阅文集团先后在 A 股和香港上市，阅文集团首日开盘价 90 港元，上市 20 分钟即破百，当日收盘价报 102.4 港元，总市值超过 900 亿港元（约合人民币 765 亿元）。

网络文学研究与培育体系建设不断完善。2017 年 4 月，中国作协网络文学研究院正式成立，打造中国网络文学的产业智库。12 月，我国首个网络文学作家村在杭州授牌，为创作者搭建线下良性沟通平台，营造网络文学创作的良好环境。2017 年 11 月，阅文集团和上海大学联合成立中国网络文学首个创意写作硕士点，实现网络文学作品创作与理论的真正接轨。

2017 年 8 月，首届中国“网络文学＋”大会召开，掌阅科技、中版集团数字传媒有限公司、中文在线等 16 家企业代表和 4 位作家代表共同发起《中国“网络文学＋”大会北京倡议书》，倡导业界坚持以人民为中心的创作导向，坚持把好网络文学质量关。此《倡议书》的发布，标志着我国网络文学的自律意识的提升。

（三）数字教育出版产品市场布局渐趋完整

2017 年初，国务院印发《国家教育事业发展“十三五”规划》，明确提出“互联网＋教育”成为国家教育事业的重要抓手，为数字教育出版带来发展机遇和空间。

2017 年，随着教育出版转型升级、融合发展渐趋深入，数字教育出版发展模式日趋多元，多家出版单位基于自身优势，在学前教育、基础教育、高等教育、职业教育、在线培训等领域探索数字教育发展路径，布局数字教育产品市场。特别是基础教育领域，基于课前、课中、课后不同场景，围绕教程、教辅、测试、作业各类内容的数字教育产品日益丰富。

教育出版是出版业融合发展探索的重要领域。多家出版单位以项目为抓手，进行教育出版转型融合探索实践。

人工智能在数字教育出版的探索应用逐步加强。出版单位纷纷加大对人工智能的布局，特别是幼教领域和学前领域，成为人工智能应用的重要领域。

（四）知识服务体系构建进一步完善

“知识资源服务中心”筹建工作进展顺利，国家知识服务平台建设工作已全面启动，首批试点单位在专业领域知识体系建设、知识服务标准研制、知识资源加工、知识生产工具研发、知识服务平台建设、知识服务模式探索等方面均卓有成效。2017 年 11 月，国家新闻出版广电总局发布《关于征集第二批专业数字内容资源知识服务模式试点单位的通知》，开启第二批专业数字内容资源知识服务模式试点单位的申报工作，并于2018年1月，公布了第二批试点单位名单。外研社等27家新闻出版单位被遴选为第二批专业数字内容资源知识服务模式试点单位。2018年3月，启动第三批知识服务模式（综合类）试点单位征集工作，并于6月1日公布了遴选名单，有55家单位入选。各试点出版单位根据自身资源状况和学科特点，分类别、级别，构建所属学科的专业领域知识体系，目前所开发知识服务产品中一级分类最多的能够达到100类，层级最多达到20余层。

（五）数字出版人才建设加快推进

2017年，数字出版人才队伍建设有力推进。一方面，“数字出版千人培养计划”有序实施。2017年8月国家新闻出版广电总局下发了《关于开展“数字出版千人培养计划”试点培训工作的通知》，正式启动此项工作，明确了培养对象及条件，对2017年相关工作做出了部署安排，将分年度、分类别、分层次为书报刊新闻出版企业培养高端复合型战略人才和精通专业技能的骨干人才。依据该项目总体工作部署，2017年以图书出版单位为主进行试点。经总局慎重遴选，确定北京印刷学院和武汉大学承担“数字出版千人计划”试点培训工作。另外，2017年以来，出版单位在人才建设方面也实施了多项举措，大力推进体制机制创新，以满足融合发展需求。

同时，数字出版人才考核评定机制逐步健全。2017年北京市数字编辑职称考试工作持续推进，方式进一步创新优化，进行了《数字编辑考试指导用书》修订再版，并完成了无纸化考试命题工作。在2017年北京市第二批数字编辑正副高评审工作中，人才选拔、评审机制进一步确立，民营技术企业、互联网企业的参评人数占比较高。值得关注的是，2017年出版专业高级职称评审工作中，将数字副编审、数字编审明确列入其中，从全国层面上，为数字出版的正副高职称评审建立了通道。

（六）知识付费风口持续成果初显

2017年以来，互联网知识付费浪潮仍在持续，市场竞争日益激烈。现有的知识付费形态与模式已基本成熟。现阶段，较为多见并在运营方面已较为成熟的知识付费模式包括：知识电商类、社区直播类、讲座课程类、内容打赏类、线下咨询类、第三方支付工具、付费文档类等。知识付费平台的行业格局也初步形成。知乎 live、分答、得到、喜马拉雅作为知识付费的先行者，也已成为行业的佼佼者，问咖、在行、知识星球、微博问答、馒头商学院、三节课、豆瓣时间、荔枝微课、熊猫书院、量子学派、樊登读书会等也凭借自身特点，实现了用户积累，并努力寻求差异化、特色化发展。

此外，2017年传统出版单位也开始加入到知识付费的阵营中来。如《三联生活周刊》围绕自身期刊品牌特色打造的知识付费产品——《中读》，以碎片化时代的深度阅读，获得良好的市场反响。相信未来会有越来越多的传统出版单位在知识付费领域找到发展新路径。同时，知识付费在得到各界更多关注的同时，也伴有争议。知识付费为人们的工作学习带来的便利，也面临让人丧失“思考能力”的质疑。

（七）互联网内容监管与自律机制进一步加强

2017年，相关管理部门进一步加大了对互联网信息内容的监管力度。国家互联网信息办公室于2017年5月2日发布了《互联网新闻信息服务管理规定》，明确了互联网新闻信息服务的许可、运行、监督检查、法律责任等内容，将各类新媒体纳入管理范畴。依据上述规定，互联网新闻信息服务平台要切实履行主体责任，加强平台账号管理，传递社会主义核心价值观，抵制低俗、恶俗、虚假之风，营造清朗的网络环境。10月30日，国家互联网信息办公室发布《互联网新闻信息服务单位内容管理从业人员管理办法》，首次从制度层面明确了互联网信息服务单位内容管理从业人员的行为规范，加强教育培训的要求，以及监督管理的措施，由此把党管媒体的原则贯彻到了新媒体领域。相关规定和管理办法的出台，规范了互联网信息流程，确立了主体责任，让互联网新闻信息传播更加法制化、规范化。互联网内容传播的约束力不断加强，引导互联网内容平台的自律意识不断强化，不断树立新时代的文化责任与文化担当意识，加强了对平台内容的管理，特别是对内容导向的管理。

2018年1月30日，北京市新闻出版广电局下发了《关于在北京地区网络出版服务单位全面落实编辑责任制度的通知》，要求北京地区网络出版服务单位全面落实“三审三校”制度，保障产品质量，在全国率先实行网络出版服务单位编辑责任制。这也是北京市新闻出版广电局首次对包括网络游戏、网络文学、网络动漫等在内的网络出版服务单位全面落实编辑责任制度做出的具体部署。

（八）保障体系进一步完善

2017 年，我国数字出版产业保障体系在诸多方面得以完善与丰富，尤其是在标准建设和版权保护方面取得了新的进展，成为产业发展的有力支撑。

在标准方面，标准体系建设得到进一步推进，原国家新闻出版广电总局数字出版司领导的新闻出版标准体系框架研究工作的启动与开展有助于推进标准体系框架的顶层设计。《内容资源数据化加工》等 10 项国家标准的立项和《数据加工规格》等 12 项资源加工行业标准的申报制定为形成一套完整的内容数字化加工规范系统奠定了基础，丰富和拓展了标准的涵盖领域。《数字出版产品内容标引规范》行业标准的申报立项和《新闻出版知识服务系列标准》的制定使关键技术标准问题有望得到进一步解决。2017 年新闻出版标准化技术委员会秘书处承担单位——中国新闻出版研究院承建的数字出版标准符合性测试北京市科委重点实验室通过考核，表明新闻出版标准化技术委员会对行业标准化工作的支撑能力得到进一步增强。

在数字版权保护方面，新修订的《反不正当竞争法》将知名人士的姓名扩大到商标法及其他存在特定联系的领域，有效解决相关纠纷中署名权遭遇的尴尬，加大了对版权权利人的保护力度。由北上广 3 家知识产权法院、以长沙为代表的 15 座二线城市的知识法院和杭州互联网法院共同构成的中国知识产权“3＋15＋1”新的大保护格局，将知识产权司法保护水平推向了一个新的高度。国家版权局、国家网信办、公安部、工信部等四部门联合开展的第 13 次打击网络侵权盗版“剑网 2017”专项行动，关闭侵权盗版网站 2 554 个，删除侵权盗版链接 71 万条，收缴侵权盗版制品 276 万件，立案调查网络侵权盗版案件 543 件，会同公安部门查办刑事案件 57 件、涉案金额 1.07 亿元，并向社会公开发布 20 件打击网络侵权盗版典型案件。由 10 家主要中央新闻单位和新媒体网站联合发起的“中国新闻媒体版权保护联盟”的成立与网络版权产业研究基地发布的《2017 中国网络版权产业发展报告》都表明业界和学界等各方面力量积极加入到版权保护工作中来，推进数字版权保护工作社会化进程。

三、数字出版产业问题与对策分析

2017 年，国家发展进入新时期，对数字出版产业也提出了新的要求，数字出版产业在新时代的发展，需要展现一番新作为，承担起新时代赋予我们的新责任与新使命，重塑发展定位，着力推进产业迈向高质量发展的新阶段。加快内容深耕，优化数字出版市场的有效供给；充分运用新技术、新工具，提升服务水平，增强发展竞争力；着力把握新动向，培育新动能，以打造精品 IP 为抓手，推进产业可持续发展。

（一）高度把握新时代产业新定位

党的十九大报告明确了文化建设在中国特色社会主义新时代的新定位，并把文化建设上升至兴国强国的高度。数字出版产业在新时代下被赋予了新的责任与使命。数字出版作为文化产业的新动能，要立足新时代的发展新起点，把握新定位，在传播主流意识形态，弘扬社会主义核心价值观，坚定文化自信方面承担起更加重要的责任，在拉动新经济，促进新增长，满足人民日益丰富多元的美好精神需求，进一步扩大精神文化产品的有效供给，推进文化产业进一步成为国民经济支柱性产业方面发挥更大作用。数字出版产业在保持较快速度发展的同时，也应提出更高要求。要以更强的使命感与责任感，更为广阔的视野，更高远的思想境界，顺应新时代新要求，加强内容导向管理，确保数字出版产业的意识形态安全，对数字出版产品的内容导向给予高度重视，持续强化导向意识、大局意识、核心意识、看齐意识，不断增强新时代数字中国和网络强国建设的文化自觉与文化担当。

（二）持续推进转型融合向高质量发展

当前产业环境变化快，新技术层出不穷，新的商业模式快速迭代，用户需求也在不断提高，持续推进出版业转型融合向高质量发展任重而道远。为了持续推进转型融合向高质量发展，需从以下几个方面着力：一是加强政策引导，主管部门应将党的十九大报告中对推动社会主义文化繁荣兴盛的总体部署和政策方针落到实处；根据出版业面临的新形势，所处的新阶段，制定行之有效的产业政策，着眼新形势，培育新动能，促进新发展，促进产业结构优化，推进新旧动能转换步伐；及时总结经验，制定符合市场规律的产业政策，努力营造创新环境。二是持续推进融合发展实验室和数字出版新型智库建设，为转型升级积累先进经验，为融合发展路径创新、技术应用提供持续智力支持。三是出版单位在转型升级、融合升级方面，要持续根据产业新热点、新趋向，运用新技术、新媒介，不断寻求转型升级、融合发展的突破口，打造新的竞争力，创造新的发展优势。四是持续完善出版单位的内部管理结构，创新激励机制，实现精准管理、精准作业、精准考核，促进生产、运营、管理的全面优化。五是充分借助资本力量，创新发展方式，激发转型升级动力，保持融合发展活力。六是大力推进“走出去”，持续创新“走出去”有效方式，积极开展与海外出版机构的合作，以多元化版权运营，传播中国好故事，提升我国出版业的影响力和竞争力。

（三）进一步增强优质内容供给能力

数字出版产业高质量发展，要始终坚持把内容建设放在首位，把提升内容质量作为打造数字出版产品的核心。在内容生产上精细打磨，打造质量上乘、有特色、有价值、受大众喜爱的高质量数字出版产品，努力实现“两个效益”“两种价值”的有机统一和有益增长。出版单位要建立数字出版产品的内容质量管理长效机制，加强对内容质量的把控，设立数字出版产品质量考核制度，将社会效益纳入出版单位绩效考核机制，建立数字出版精品生产的评价机制和激励机制，引导全体员工提升质量意识，从而建立数字出版精品化生产机制。与此同时，注重内容创新，推进内容与技术的有机结合，充分挖掘优势资源的潜在价值，运用新媒介、新形态、新模式，不断创新内容的表现方式，根据不同用户需求、不同媒介、不同场景，进行内容打造，不断丰富和优化产品结构；提升原创内容的生产能力，着力提升原创内容的文化品位和思想格调，丰富数字内容的文化内涵。

（四）着力提升运营服务能力

出版单位要不断创新服务方式，根据个性化需求，提供精准服务，构建完善运营体系。创新运营机制，做到精准定位、精准发力、精细化管理。充分运用各类技术工具、数据工具和运营工具，运用技术化手段，强化产品运营管理水平，提高运营的数据化、专业化水平，以数据为基础，提升运营效率和效果。经过专业化的整理、分析，从海量数据中挖掘出产品运营的有效信息。要不断强化用户服务意识，为服务对象提供持续稳定的确定性，满足消费者对自身的依赖，才能拥有获取竞争力的入场筹码。运用事件化运营等运营方式，提高在用户面前的存在感。不是只关注销量，而是反思什么样的运营方式才能让服务对象有良好的体验、感到满足，建立产品与用户之间的情感关联和利益契合。同时，要进一步强化品牌意识，塑造品牌个性，通过多元方式强化品牌的核心价值，强化用户心目中的品牌印象。

（五）努力打造精品 IP

随着我国数字内容产业的迅速发展，对优质原创内容的需求量大大增加，亟待构建数字内容 IP 评价体系，建立健全优质 IP 挖掘、孵化、生产、培育、安全转化、精品化打造的良性机制。

打造精品 IP，建立良性的 IP 运营生态需要做到以下几点：一是要具备优秀的、有潜力的 IP 的发现机制；二是要有耐心，摒弃急功近利的心态，对 IP 进行精细打磨、精心制作；三是要有规划，找到 IP 最适合的呈现方式和运作方式，不盲目消耗 IP。最重要的一点是，要建立起业内普遍认同的、普遍适用的 IP 价值评估标准，建立 IP 评估模型，从内容建设、品牌建设、市场运营等多维度判断 IP 所具备的潜力、优势，对 IP 进行价值衡量，与制作商、投资者形成对接，在 IP 运营时做到有的放矢。

（六）健全数字出版行业分类和统计指标体系

2017 年 6 月 30 日，国家质量监督检验检疫总局、国家标准化管理委员会发布了最新修订的《国民经济行业分类（GB/T 4754—2017 ）》，从 2017 年 10 月 1 日起正式实施。该标准添加了数字出版的行业分类代码（代码为 8626，其释义为：指利用数字技术进行内容编辑加工，并通过网络传播数字内容产品的出版服务），首次在国民经济行业分类的层面上给予“数字出版”一个独立的身份，由此也意味着数字出版对国民经济发展所发挥的作用得到肯定。下一步要明确数字出版的行业细分类目。做好这项工作主要包括以下几个层面：一是要明确数字出版的产业形态及相关概念，确定相关术语规范；二是明确数字出版的市场主体结构和影响因素；三是明确统计对象和统计方法，建立健全数字出版统计指标，构建统计模型。此外，要建立动态的统计机制，以适应数字出版的快速发展。

四、数字出版产业趋势分析

（一）内容深耕时代来临

可以看到，有越来越多的媒体从业者开始在娱乐至死的年代，回归到内容的严肃与认真，这不仅仅是出于政策层面上对意识形态管理的日益加强，也是作为文化传播者所应该担负起的责任和应该秉承的情怀，更是源于人们对优质内容的强烈诉求。数字内容产业的行业自律意识不断提升，行业发展的核心逐渐回归到内容本身，把重心更多地放在深耕内容方面，对内容进行精致打磨，自发地进行有深度、有思想、有价值的内容创作与传播，加强对平台内容的把关与审核，互联网内容良性生态渐趋形成。与此同时，数字内容分级制度将逐步形成，特别是在引导未成年人方面，各家媒体平台将予以加强。

（二）数据和技术将推动产业升级

在智能化时代，产品的品牌竞争已上升至更高层面，品牌对于数字产品而言具有越来越重要的意义，数据和技术对于产品的生产与运营、品牌的打造与升级也将发挥越来越重要的作用。

大数据、人工智能等技术的创新应用，将大大提升产品的运营效能，提升数字品牌的核心竞争力。通过舆情监测洞悉发展新机遇，海量数据实时监测、分析，更加精准地捕捉用户需求，及时、高效地调整品牌运营策略，优化产品设计。在数据和技术驱动下，产业发展路径得以重塑与优化，品牌价值将以更加科学的方式被认知与衡量，促进数字出版产品调整生产、运营思维，更精准有效地与用户完成个性化沟通。同时随着数字出版企业在业务上的持续推进，用户规模的不断增长，用户数据将实现更大程度的复杂性和规模积累，加强对大数据的投入与应用，将有效提高出版企业的生产效率和服务质量，促进产品创新与设计优化，从而进一步打造产品优势竞争力，提升产品的品牌价值。

（三）内容生产创作渐趋专业化

随着互联网内容创业者的生存压力日益加大，行业竞争日益加剧，对优质内容的持续供给能力和稳定变现能力提出了更高要求。当下，很多内容创业者都面临着流量红利消耗殆尽、品牌价值提升和变现困难等发展瓶颈。MCN模式应运而生，并逐渐迈向成熟。所谓MCN，是Multi-Channel Network（多频道网络）的简称，发源于美国视频网站YouTube，指将PGC或PUGC内容联合起来，在资本的支持下，保证内容的持续输出，从而实现稳定变现。

过去一年来，各领域MCN机构不断涌现，同时，越来越多的互联网企业和媒体平台从以前的直接对内容创作者的扶持，转向加大对MCN机构的扶持。以微信、微博为代表的社交媒体平台，以腾讯视频、优酷等为代表的视频平台，以美拍、快手等为代表的短视频平台，以腾讯新闻、今日头条等为代表的新闻资讯平台，与以花椒、映客等为代表的直播平台在构建内容生态的过程中，都从直接对内容创作者的聚集，逐渐转变为对MCN机构的聚集。目前，MCN模式已在新闻资讯、游戏、短视频等领域得以推行。特别是正值互联网风口的短视频，是MCN模式发展最快、最集中的领域。

（四）知识变现方式将更加多元

2018年，知识付费的热度仍将持续，并即将迎来从高潮迈向洗牌的拐点，分水岭逐渐形成。未来一年，知识付费领域仍然会有很多新参与者，但更多的是老产品的退出或迭代与拓展。当前，用户对知识付费产品的选择更加理性，源于对自身需求的认知更加清晰，对知识付费产品的内容和服务能力提出了更高的要求和更为艰巨的考验。知识付费的行业门槛将不断提高，产品的评价体系逐步建立。一些行业领先产品将要或者正在面临活跃用户增长的瓶颈，促使一些先期参与者的离场，同时也将催生更多围绕“知识”的变现新尝试。知识付费的概念将不断拓展，从知识付费迈向知识服务的更高层面。在形态和模式迭代更新之外，内容成为知识付费产品的核心竞争力。而强调内容深耕，并不仅仅是指内容的有深度、有价值，更是需要将优质内容以用户更加喜欢、需要的方式予以呈现。同时，知识内容的层次和领域细分化成为趋势，面向用户的不同需求，传递或书本知识或学习类知识，或常识类知识或专业类知识。此外，伴随在线课程成为知识付费的新模式，在线教育与知识付费之间或将找到更多的结合点。未来，无论是专业出版、教育出版还是大众出版领域，都能在知识付费领域找到自己的着力点。

（五）资本驱动IP价值潜能充分释放

近年来，伴随多家国有出版集团，以及掌阅科技、阅文集团等先后上市和积极筹备上市，各地文化产业投资基金相继设立，上海、广东、浙江等地也纷纷设立了文化产业政府引导基金，以资本力量撬动文化市场。文化产业投融资体系日臻完善，文化金融价值链条初步形成。可以看到，资本对于文化产业发展的驱动作用日益凸显，文化资本运作日益活跃。其中新媒体、网络文化等新兴文化领域是文化产业基金支持的重点。文化产业基金的市场化运作，将引入更多的社会资本，金融杠杆和市场化运作共同发力，增强文化产业发展动力，激发文化产业内在潜力。与此同时，近年来版权资产管理与评估相关政策体系逐步完善，文化产业与资本融合的环境得以持续优化。2018年2月，国家新闻出版广电总局发布《新闻出版广播影视企业版权资产管理工作指引（试行）》，从组织机构和人员、常规管理、建立制度等层面做出指引。由此，建立完整的IP评估指标体系和评估方法体系，既成为文化企业实现社会效益与经济效益相统一的必然要求，也是壮大版权产业、推进文化产业持续发展的迫切需求。让IP作为重要无形资产明确其市场价值定位，通过有效的运营管理，实现版权资产与资本的高效、有效对接，并使其潜在价值得以充分发掘和释放。

（六）新型园区建设赋能数字内容产业

近年来，国家大力推动特色小镇建设，为数字内容产业带来发展新机遇新空间。2018 年将是从战略规划迈向落地实践的关键之年，各地特色小镇建设将迈入实质阶段，结合地方文化和小镇发展定位，实现差异化发展。

2018 年 2 月，国家新闻出版广电总局制定了《国家新闻出版产业基地创建工作规范》，进一步规范开展国家新闻出版产业基地（园区、特色小镇）创建工作，充分发挥其在推进新闻出版产业供给侧结构性改革，促进产业优化升级，引领行业高质量发展中的作用。其中明确指出，国家新闻出版产业特色小镇包括阅读小镇、书香小镇、音乐小镇、动漫小镇、游戏小镇、IP 小镇等特色文化小镇。《规范》明确了基地创建的指导思想、基本原则、职责和条件、工作任务、工作程序、激励机制等，为新闻出版产业特色小镇建设提供了政策依据和基本思路，有助于加快推进新闻出版产业特色小镇建设发展。可以看到，以文化强特色，以文化调结构，在全国各地特色小镇建设中均取得了积极实践，特色小镇建设对包括数字文化创意在内的文化产业发展将具有重要的推动作用。与此同时，在文化及相关产业带动下，特色小镇建设将通过实现产业集聚、科技集聚与人才集聚，有效促进经济结构调整，打造新的经济增长极，推动地方经济腾飞发展。

（课题组组长：张立；副组长：王飚　李广宇；课题组成员：毛文思　徐瑶　刘玉柱　孟晓明　郝园园　宋迪莹）

2017 年中国广播电视产业发展报告

国家广播电视总局发展研究中心

2017 年，全国各级各类广播电视传媒机构以习近平新时代中国特色社会主义思想为指导，以迎接和学习宣传贯彻十九大为主题主线，认真落实中央决策部署，始终坚持正确方向，忠实履职尽责，改革创新发展实现新突破，各项工作取得新进展新成效。

一、广播电视播出机构稳步发展

全国各级各类广播电视播出机构始终坚持正确的政治方向、舆论导向和价值取向，不断巩固和扩大主流舆论阵地，大力提升服务水平，着力推动事业产业发展。截至 2017 年底，经新闻出版广电总局（以下简称总局）批准设立的播出机构共有 2 656 座，其中广播电台 134 座、电视台 144 座、教育电视台 40 座、广播电视台 2 338 座；开设广播电视节目 4 638 套（不含数字付费广播电视节目），其中广播频率 3 041 套，电视频道 1 597 套。

（一）播出机构职能定位不断强化

（1）全国各级电台电视台以宣传为中心，坚持导向立台、新闻立台，牢牢把握正确办台方向。一是完善采编播体系，加强新闻采编播能力建设，重点是加强“中央厨房”建设，着力完善融合环境下的新闻采编播工作流程、体制机制和体系。同时，推动高清频道建设、高清新闻采编播工艺链建设。央视建设了首个 4K-IP 转播车工程项目，实现了视音频、通话及控制信号的全 IP 化，设计并建设了基于 UHD（超高清）信号调度分发的移动总控系统。二是坚持以正面宣传为主，以党的十九大宣传为主题主线，紧紧围绕深入宣传以习近平同志为核心的党中央治国理政新理念新思想新实践，促进习近平新时代中国特色社会主义思想深入人心，各级电台电视台推出了一批主旋律响亮、正能量强劲的优秀节目。三是突出公益性，强化媒体社会责任建设。总局出台了《关于把电视上星综合频道办成讲导向、有文化的传播平台的通知》（新广电发［2017］163 号），着力强化电视上星综合频道公益属性和文化属性。引导全国各级电视台牢固树立正确办台办节目理念，自我革新净化荧屏，积极提升节目质量，自觉做党和政府声音的传播者，当代主流价值的弘扬者，社会正向趣味的引领者，社会效益放在首位、两个效益相统一的践行者。

（2）频率频道专业化特色化品牌化建设加强。2017 年，各级各类频道频率切实强化定位、突出特色、提升品质、打造品牌，专业化特色化品牌化发展格局进一步优化，综合效益不断增强，传播力吸引力影响力公信力不断提升。综合频道频率的主导地位进一步巩固，宣传主力军作用得到充分发挥，特别是在重大宣传和重大突发公共事件的宣传中，进一步做大做强正面舆论，产生了很好的效果。财经、体育、科教、农业、纪录片、少儿等专业电视频道不断创新，品牌影响力不断增强；交通、音乐、经济、城市等广播频率专业化程度整体提升。央视纪录频道着力打造央视纪录片精品工程，2017 年推出《航拍中国》等多部纪录片精品力作。上海纪实频道注重品牌建设，开办多档原创栏目。北京纪实频道加强专业化建设，启动 4K 技术海外拍摄。湖南金鹰卡通卫视不断加强品牌化建设，专业化、特色化凸显，市场份额不断扩大。部分地区的影视频道加强专业化特色化品牌化建设，在本地区收视份额稳步上升。各地交通频率纷纷加强专业化特色化品牌化建设，影响力逐步增大，在人民网发布的中国广播网络传播百强榜中，交通频率有 26 家，占四分之一强。付费频道节目内容建设得到加强，播出进一步规范，其收入成为广播电视收入的重要组成部分。电视购物经营稳中求进，坚持质量第一，注重品牌效益优先。2017 年行业销售总额 363 亿元，同比降低 0.82%，降幅比 2016 年度大幅收窄①。销

① 数据来源：中国电视购物产业联盟网站。同比增长率计算：0.82%＝(363－366)/366×100%。2016 年同比降幅为 8%，2016 年降幅约为 2017 年降幅的十倍，因此大幅收窄。

售总额占全国消费零售总额的 0.10%，仍有较大发展空间①。

（二）大力发展高清电视

为了适应技术迭代升级和满足广大受众视听新期待，加快向提供更高质量的服务方向发展，广电系统进一步加大电视高清化推进力度，着力推动高清频道成为主流播出模式，同时规范开展 4K 超高清电视试点。总局发布《关于加快推进高清电视发展的通知》，部署当前高清电视发展工作，制定了一系列新政策措施，协调推进高清和超高清发展，明确提出 2020 年省级和较发达地级台基本实现高清化，地级（含以上）台主要频道实现高标清同播，高清频道成为主流播出模式。同时，各地按照总局部署，积极探索推动体育赛事、纪录片、影视剧、文化科技等节目超高清制播，鼓励有线网络开展超高清点播。总局和广东省政府签署"推动广东省 4K 超高清电视应用与产业发展合作备忘录"，支持广东充分发挥在高端设备、编解码芯片等方面的产业优势，提高相关产品的产业成熟度，为总局下一步在全国推进 4K 超高清电视发展积累经验、提供借鉴。与工信部建立协调机制，在标准制定、产业支持、应用推广等方面加强合作，共同推进中国 4K 超高清电视发展。研究提出了中国 4K 超高清电视技术标准体系表，发布了三项基本标准，进一步统一标准规范保证技术质量。2017 年，广电系统共批准 22 个频道实施高标清同播，批准 4 套标清付费频道调整为高清播出。截至 2018 年初，中央、省、地市三级广播电视播出机构经批准共开办 151 个高清电视频道，高标清同播频道 122 个，高清开路频道 2 个，高清付费频道 27 个。

二、纪录片发展进入黄金时代

中国特色社会主义已进入新时代，波澜壮阔的历史变革，火热的现实生活，为纪录片创作提供了丰富题材。纪录片作为时代的记录者，迎来蓬勃发展新契机。纪录片受到前所未有的关注和重视，精品佳作不断涌现，传播平台不断拓展，受众群体不断扩大，综合效益和影响力显著提升。

（一）记录波澜壮阔新时代，纪录片创新突破，精品频出

广大纪录片工作者以做新时代的记录者为己任，力求忠实记录、深刻反映、艺术呈现这个伟大时代的巨大变迁，推动现实题材纪录片创作取得重大进展。一大批用匠心制作、与时代同频共振、反映人民"追梦"生活的纪录片涌现出来。很多作品以深切的人文情怀，独特的选材视角，生动的表达手法，围绕社会发展、百姓故事、文化传承等众多内容，进行有思想深度、情感力度、艺术精度的表达，从经济社会的巨大成就到自然环境的伟大雄奇，从震撼人心的尖端科技到源远流长的中华文明，纪录片为新时代打造出亮丽的中国名片，也用"国宝"打开了年轻人的眼界，产生了良好的社会效果。在 2017 年总局推荐播映的共 154 部优秀国产纪录片中，有 90%的作品是聚焦新时代历史性成就和历史性变革的现实题材作品。《航拍中国》《记住乡愁》等大制作展示大中国山河壮美、人文情怀，震撼人心。《我的中国梦》《我们这五年》《我们的青春》《中国表情》《希望的田野：拉林河畔》等，小切口大情怀，反映平凡人的奋斗故事，引发共鸣，耐人寻味。《港珠澳大桥》《超级工程》等记录正在建设的国家重点工程，为超级工程留下时代的影像。《寻找手艺》《我在故宫修文物》《本草中华》等，关注新时代的文化传承与创新，连通文脉与国脉、文运与国运，吸引广大年轻观众追看追评，赞叹中国文化的博大精深，进一步增强文化自信。

（二）积极响应"一带一路"倡议，深化纪录片制播国际合作

纪录片正在"一带一路"建设中发挥独特作用，成为促进国际文化交流和文明互鉴的重要载体，同时，"一带一路"建设也进一步拓展深化了纪录片的国际合作与交流，推动中国纪录片在与世界的交流和互动中创造更多发展机遇，迈出更大前进步伐。丝路主题中外合拍大型纪录片《寰行中国：一带一路》除了在国内播出，还借助海外合作渠道面向全球 171 个国家逾 3 亿观众播出，向世界观众全面展示了中国锦绣河山以及中华文化的独特魅力。中国国际电视台法语频道与瑞士法语国家电视台共同策划制作《丝路新纽带：中欧班列》等纪录片，以国际化视角深入阐述解读"一带一路"的积极作用和深远影响，乘着"一带一路"东风传播中国故事、推动国际合作、促进民心相通。中俄合拍的大型纪录片《这里是中国》，从海外受众的角度出发进行选题策划，使用俄语、英语、西班牙语和阿拉伯语共 4 种语言于 2017 年 3 月在俄罗斯 RT 电视台及其新

① 数据来源：商务部 2017 年社会消费品零售总额 366 262 亿元。数据计算：0.10%=行业销售总额 363 亿元/社会消费品零售总额 366 262 亿元×100%。

媒体平台首播，短短几天单集收视破亿，引起中俄两国政府和民众的高度关注。2017年适值中国与以色列建交25周年，中以合拍纪录片《中国制造》在以色列热播，反映中国由制造大国向创新大国的转变，片中展现的中国人勤奋工作的场景、现实生活中的喜怒哀乐，在当地观众中产生强烈共鸣。

（三）优质平台播出纪录片，有力拉动纪录片发展

更多纪录片进入主流媒体黄金档播出。自2016年《本草中国》试水周五黄金档以来，2017年，多家卫视纷纷在晚间黄金档安排播出优质纪录片。如广东卫视21:10《我们的青春》、湖南卫视19:30《百心百匠》、江苏卫视21:20《茶界中国》、东方卫视20:00《本草中华》等。《本草中华》创下35城0.94%的纪录片收视纪录，位居同时段全国第二名，超越了众多热门电视剧和综艺节目。2017年1月，中国教育电视台、旅游卫视、河北卫视等在晚间黄金档推出纪录片栏目《纪录中国》，探索纪录片制播新模式。央视和省级卫视开始日播纪录片。《国家记忆》自2017年4月正式成为日播栏目；旅游卫视将周播《纪录中国》改为日播栏目。

央视、省级卫视和视频网站播放平台形成多方互动和协同，推动纪录片进入更多观众视野。纪录片收视开始形成“老少三代不换频道”的新局面。国产纪录片逐渐从冷门小众走向大众，从“佐餐”变为“正餐”，赢得了年轻人的喜欢。调查数据显示，2017年纪录片在网络视频用户的偏好中位居第五，占比30%，比2016年上升3位。《寻找手艺》《如果国宝会说话》《水果传》《创新中国》等几部作品，大批年轻人自愿充当“自来水”宣传，推动这些纪录片成为“网红”。

三、国产动画片题材拓展，国际影响力提升

2017年国产动画片发展取得显著成绩，动画片创作进一步提质增效，现实题材动画创作尤为突出，国产动画的国际合作不断拓展。

（一）国产动画题材进一步拓展

2017年全国电视动画片创作在丰富题材类型、加强主题表达、注重艺术创新等方面都有进一步提升，在聚焦童趣作品、启发儿童智慧的同时，提供更加丰富的收视选择。2017年国产动画制作备案350部，约14万分钟；全年完成发行共244部，约8.4万分钟，产量稳中有降，整体进一步由数量规模向质量效益转变。童话题材、教育题材作为中国动画片创作的主要题材：从备案情况看，童话题材超过半数，制作备案数量达到185部；教育题材39部；其他各类题材在总体上日趋均衡。现实题材动画片备案生产数量较2016年同期大幅提升，达到35部，历史题材24部，文化、红色和现实题材更加突出。其余题材依次为神话21部、科幻20部、冒险4部，另有其他题材22部（见图1）。

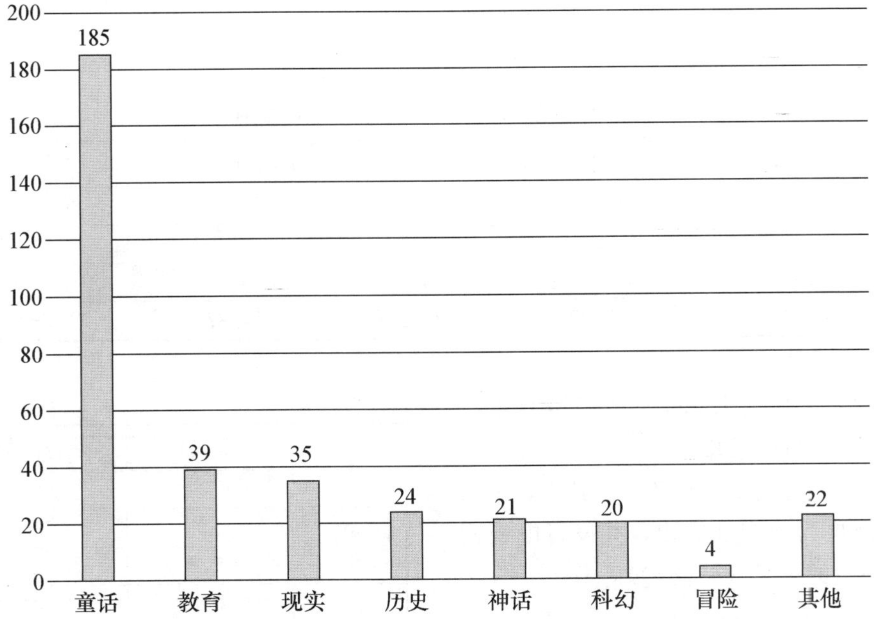

图1　2017总局备案公示的国产电视动画片分类数量

资料来源：根据总局网站发布的2017年1—12月国产动画制作备案数据情况整理统计。

（二）国产动画获得海外口碑，国际合作不断拓展

2017年以来，海外动画节展频现中国动画身影，国产原创动画精品受到国际好评，中国动画的国际影响力进一步提升。“一带一路”为动画国际合

作提供了宝贵机遇。中国动画积极参与国际合作合拍，进一步打开海外渠道，塑造中国动画品牌形象。自 2016 年成功推出中捷合拍动画片《熊猫与小鼹鼠》，央视 2017 年积极打造系列“熊猫”形象合拍动画片，拓展“熊猫＋”品牌的世界版图。与俄罗斯合拍的《熊猫和开心球》、与新西兰合拍的《熊猫和奇异鸟》、与南非合拍的《熊猫和小跳羚》等动画作品将与海内外观众见面。一系列具有国际视野、国际水准和国际化表达的中外合作动画项目结出累累硕果。

四、电视剧供给结构进一步优化

2017 年，电视剧创作仍处于活跃期，制作机构的创作热情持续高涨，并向品质提升方向发力。通过多年来的宏观调控和市场选择，电视剧发行数量连续五年保持理性回落，电视剧供给呈现出更加科学化的发展趋势。

（一）电视剧生产结构保持稳定

（1）电视剧产量延续平稳回落态势。从备案方面看，2017 年通过备案公示的剧目共 1 175 部、46 685 集，较 2016 年减少 33 部 1 117 集。从发行方面看，2017 年制作完成并获得发行许可的电视剧共 314 部、13 470 集，较 2016 年减少 20 部 1 442 集。经过近年来的有效调控，电视剧生产供大于求的局面得到了初步扭转。值得注意的是，2017 年电视剧的平均集数约 43 集/部，较 2016 年平均减少 2 集，自 2011 年以来电视剧平均集数首次出现下降趋势，长篇电视剧制作规模缩小的信号开始显现（见表 1）。

表 1　　2011—2017 年获得发行许可电视剧数量

年份	2011 年	2012 年	2013 年	2014 年	2015 年	2016 年	2017 年
部数	469	506	441	429	394	334	314
集数	14 942	17 703	15 770	15 983	16 540	14 912	13 470
平均集数	32	35	36	37	42	45	43

资料来源：总局电视剧司。平均集数＝集数/部数。

（2）现实题材主流地位进一步巩固。2017 年，现实题材仍是创作热点，其备案量和发行量较 2016 年均有所增加。从备案方面看，通过备案公示审核的剧目中，现实题材剧目共计 754 部、28 725 集，分别占备案总部数、集数的 64.17%、61.53%。当代现实题材不仅在数量上保持了主流地位，还涌现出一批值得期待的像《大江大河》《大浦东》等聚焦中国梦时代主题、艺术展现社会主义核心价值观的主旋律电视剧。从发行方面看，现实题材剧目共计 190 部 7 597 集，分别占总发行部数、集数的 60.51%、56.40%（见表 2）。其中，当代都市题材 112 部 4 764 集，分别占发行总量的 35.67%、35.37%。

表 2　　2017 年获得发行许可电视剧题材比例

题材	当代题材	现代题材	近代题材	古代题材	重大题材	合计
部数	174	16	80	38	6	314
占比	55.41%	5.10%	25.48%	12.10%	1.91%	100%
集数	6 914	683	3 660	2 003	210	13 470
占比	51.33%	5.07%	27.17%	14.87%	1.56%	100%

资料来源：总局电视剧司。

（3）区域发行集中度依旧较高。2017 年，电视剧发行数量超过 10 部的地区共 7 个，这 7 个地区共发行电视剧 216 部，占总量的 68.79%。其中，仍以北京、浙江和上海更为集中和突出，共发行电视剧 158 部，占发行总量的一半（见表 3）。

表 3　　电视剧发行量 10 部以上的地区

序号	地区	发行部数	占比
1	北京	73	23.25%
2	浙江	45	14.33%
3	上海	40	12.74%

续前表

序号	地区	发行部数	占比
4	广东	22	7.01%
5	江苏	14	4.46%
6	天津	12	3.82%
7	湖南	10	3.19%
合计		216	68.79%

资料来源：总局电视剧司。

（二）电视剧制作主体持续活跃

截至 2017 年 5 月，全国持有“广播电视节目制作经营许可证”的机构共 18 728 家，其中持有“电视剧制作经营许可证（甲种）”的机构113家，这些机构均可以进行电视剧生产发行工作。

（1）制作市场集约化程度进一步提升。随着资本投资电视剧行业的热情高涨，电视剧制作主体日趋多元，传统制作公司通过合并或合作的方式整合行业资源，既可以巩固其市场地位实现产能稳步提升，同时也能降低投资体量扩大带来的风险。一方面，上市公司继续稳步扩张，通过投资并购等方式吸纳优质资源。完美世界股份有限公司先后投资了西安嘉行影视传媒股份有限公司等多家知名企业，还储备和培养了多个不同风格的制作团队，针对不同的市场需求，创作题材丰富、类型多元的优质作品。2017年，完美世界电视剧营业收入11.28亿元，占总营收的14.23%①。另一方面，制作公司采取合作投资模式共同开发重点项目，聚集行业资源。如《那年花开月正圆》一剧背后就有华视娱乐投资集团股份有限公司、慈文传媒股份有限公司等多家公司参与投资出品。合作投资的模式可以缓解重点项目投资体量过大带来的压力，同时可以整合优质资源，发挥各方优势，提升作品品质和竞争力。

（2）整体制作理念向精品化转变。2017年，电视剧行业竞争进一步加剧，但竞争焦点从“拼数量”向“拼质量”转变。随着更多优秀现实题材作品的出现，观众对电视剧的期待和要求也逐渐提高，一些没有创新、质量平平的作品难以吸引观众，生存空间越来越小，制作机构开始将突破口放在电视剧品质提升上，走精品化路线。同时，电视剧制作公司也逐渐向高品质现实题材发力，创作出《生逢灿烂的日子》《平凡岁月》《花儿与远方》等剧，更加注重提高内容产品质量，不断增强打造现实题材精品剧目的能力。

（3）传统影视公司试水网剧市场。传统影视制作机构具有扎实的剧集制作和开发能力，以及专业化的制作经验，在稳固传统电视剧市场的同时，也逐渐向网络剧方面扩展。2017年，华策影视参与制作的《致我们单纯的小美好》《柒个我》等纯网剧获得成功，并带动了公司艺人经纪业务的发展。慈文传媒、欢瑞世纪、光线传媒等也开始向网络视听业务延伸。传统制作公司逐渐向以剧集类产品为核心、多业务板块协同发展的方向转型。

五、广告管理和发展不断创新

全国各级各地广播电视机构进一步强化广告的导向要求，坚持广告规范管理与创新发展并重，商业广告整治力度进一步加大，公益广告创作播出取得显著成效。各级各地广电机构不断加大经营创新力度，创收收入结构和广告收入结构持续调整向好。

（一）加强商业广告播出监管

一是加强商业广告的导向监管。全国广电系统认真贯彻落实习近平总书记关于广告宣传也要讲导向的重要论断，将广告纳入节目和宣传进行统一部署统一管理，广告的导向要求进一步强化。二是加大商业广告的整治力度。加强广告监测监管，进一步清理电视剧违规广告，出重拳整治变相虚假广告，着力解决先整治后反弹、边整治边反弹的情况。总局多次集中部署对全国各级各地播出机构广告播出进行监听监看，全年共向有关省局下发140多份整改通知单，查处违法违规广告近600条次。全国各地也纷纷加强对虚假广告的治理力度。三是网上网下同步重点清理医药广告。主管部门进一步规范全国各级播出机构医疗养生节目播出秩序，各省级广电部门相继开展针对虚假广告、违规医疗广告的专项整治行动，违规医疗养生类商业广告明显减少，广播电视广告播放秩序明显改善。总局出台了《关于加强网络视听节目领域涉医药广告管理的通知》（新广电办发［2017］47号）要求网上网下同一标准管理医药广告。各地广电机构严格实行医疗养生类节目备案管理制度，停播违规养生类节目。通过重点广告治理、重点平台监管，虚假广告锐减，广告播出环境明显好转，广告播出秩序总体规范有序。

（二）广播电视公益广告实现跨越发展

公益广告创作围绕中心，重点突出，特别是重大主题宣传成效显著。总局下发《关于认真做好迎接宣传贯彻党的十九大广播电视公益广告创作播出工作的通知》，各级各地广电机构高度重视，加强领导，加大投入，先后组织制作播出了一批主旋律响亮、正能量强劲的优秀公益广告作品，题材内容更加丰富，风格形式更加多样，整体质量相较以往有了显著提升。全年制作各类广播电视公益广告10万余条，其中十九大相关主题公益广告600余部。全年播出总时长超过3 700万分钟，播出比例大幅增长，广东省地市级以上广播电视台公益广告平均播出时长达到12%。各台公益广告质量不断提升，涌现出一批如《跟着他，走进新时

① 数据来源：完美世界股份有限公司2017年年度报告（2018年3月公布）。

代》《古丽的中国梦》《器官捐献篇》等主旋律响亮、正能量强劲的优秀作品。一些公益广告作品还获得了国内外奖项，2017 年央视制作的公益广告作品中有 19 件作品在国内外获得了 25 个公益类奖项。

（三）广播电视广告产业经营创新

广播电视经营结构发生重要变化，广告收入占创收收入的比重不断降低。2017 年广告收入稳中略升，其中，以网络媒体广告收入为主的其他广告收入呈现增长态势。这表明，各级各地广电机构不断加大经营创新力度，创收收入结构和广告收入结构持续发生变化。2017 年广播电视创收收入 4 841.76 亿元，同比增长 12.02%。广播电视广告收入占全部创收收入的比例为 34.10%。全国广播电视广告收入呈现稳定趋势，全年广播电视广告收入 1 651.24 亿元，同比增长 6.72%，增幅比 2016 年扩大 5.56 个百分点。其中广播广告收入 155.56 亿元，同比上涨 6.67%；电视广告收入 968.34 亿元，同比下降 3.64%（见图 2～图 4）。以网络媒体广告收入为主的其他广告收入 527.33 亿元，同比增长 32.99%。

广播电视行业广告收入结构显著变化，传统媒体广告收入比重下降，网络媒体广告为主的其他广告收入、融合经营收入比重增加。广告经营发展不平衡加剧，广播电视广告收入居前 10 位的省份广告收入总额为 1 113.00 亿元，占广电行业广告收入的 67.40 %，所占份额同比 2016 年（66.21%）增加 1.19 个百分点（见表 4）。

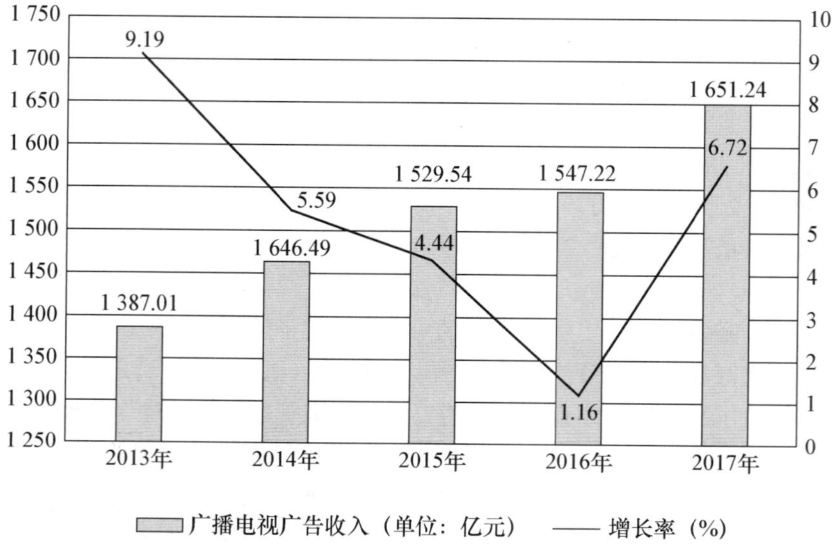

图 2　2013—2017 年全国广播电视广告收入情况

资料来源：总局财务司。

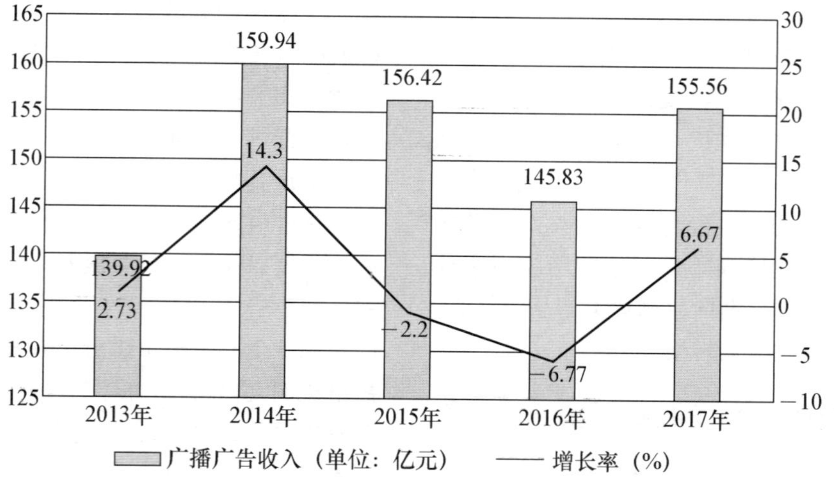

图 3　2013—2017 年全国广播广告收入情况

资料来源：总局财务司。

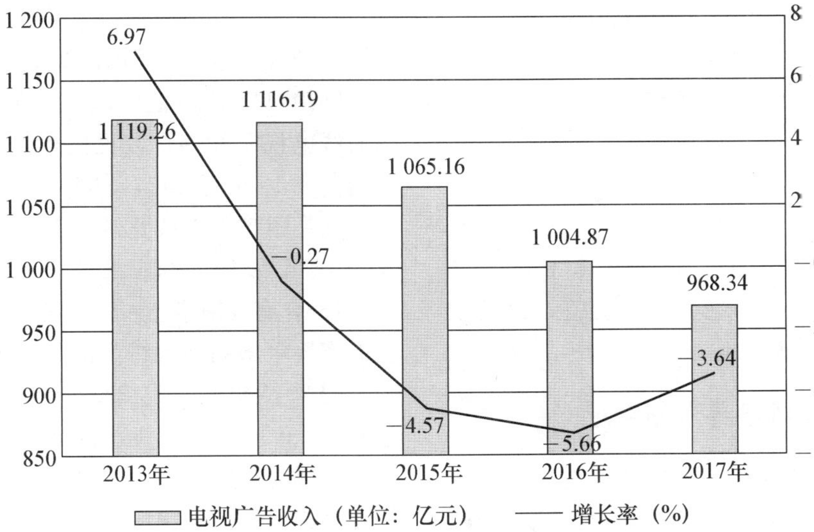

图 4　2013—2017 年全国电视广告收入情况

资料来源：总局财务司。

表 4　2017 年广播电视行业广告收入居前 10 名的省市　单位：亿元

省份	北京	上海	浙江	湖南	江苏	广东	山东	安徽	四川	贵州
收入	383.99	166.15	141.55	113.53	92.99	84.4	52.41	32.66	22.87	22.44

资料来源：总局财务司。

从广播电视广告收入分布情况看，中央级广播电视广告收入占比 18.03%，省级占比 66.56%，地市级占比 11.29%，县级占比 4.12%（见表 5）。其中，省级和县级广告收入所占比例略有上升，特别是省级广播电视机构立足本地、服务地方，创新广告经营推出大量活动，在满足地方受众需求方面下大力气，广告经营情况有所好转。

表 5　2013—2017 年广播电视行业广告收入分级占比情况（%）

地区	2012 年	2013 年	2014 年	2015 年	2016 年	2017 年
中央直属	24.77	24.26	21.78	19.08	18.92	18.03
省级	52.45	58.84	58.51	64.16	65.72	66.56
地市级	18.23	17.02	16.01	13.43	12.42	11.29
县级	4.55	3.88	3.70	3.33	2.94	4.12

资料来源：总局财务司。

各级各地广电机构积极推动广告产业经营创新。一是各级广播电视台突出特色、创新策略、重塑价值，促进广告提质增效。央视的“国家品牌计划”紧紧围绕供给侧结构性改革的主线，把握当前经济发展从数量规模型向质量内涵提升的内在变化需求，把广告经营与国家品牌建设紧密结合起来，以中央级媒体的公信力、影响力和权威性，对以往广告招标模式实现创新和突破。中央电台启动“中国品牌集结行动”，在全国各地开展了数十场活动，对广告收益形成了很强的直接拉动作用，撬动了潜在市场。

二是播出机构不断提升平台价值创新广告经营，增强广告吸纳能力。央视将“国家品牌计划”延伸推出了广告精准扶贫计划，利用权威媒体拓展贫困地区特产走向全国全球市场的通道，效果显著。一些省级卫视也纷纷开展广告精准扶贫活动，彰显媒体的社会责任建设，体现出广播电视的主流媒体形象，同时创作了大量公益类文化类原创精品节目，节目创新和品质强化提升了平台价值，为吸纳优质品牌广告奠定了坚实基础。

三是大力推动融合发展，广播电视产业质量不断提升。广播电视机构融合发展力度不断加大。各台积极创新“节目＋平台”的广告运营模式，把节目内容运营和平台营销结合起来，着力打造能够带来长效利益的节目内容，提升平台经营价值。积极创新“平台＋平台”的运营模式，推动广电平台之间、广电平台与新媒体平台之间的联合、整合与融合营销。不少省级卫视及地面频道积极实现联动、线上线下互动营销。积极探索“节目＋电商”“节目＋旅游推广”“节目＋产品”“广告＋服务”“节目＋服务”等多种经营模式，拓展垂直领域的服务业务，依托节目或者广告开发农产品、汽车、房产、旅游、家居等产业链。部分机构停播专题广告，大力推进落实广告运营、内容产业、新媒体、媒体延伸、资本运营五大产业板块，推动产业增收。一些交通等频率开展户外活动、线下活动，积极开拓人文、旅游、购物等产业同广告的融合，推动经营创收。各台还积极创新“广告+”的运营模式，整合广告与电商等资源，延伸平台（节目）的价值链，加强综合效益开发，实现效益最大化。

六、有线网络寻求新突破

2017 年，全国有线网络大力推动网络基础设施改造升级，宽带化双向化智能化建设取得重要进展，网络业务开发不断实现新突破。

（一）数字化宽带化高清化用户稳步增长

宽带用户、高清用户、智能终端用户不断增加。2017 年，有线网络用户结构不断优化。截至 2017 年底，全国有线电视实际用户 2.14 亿户，有线数字电视实际用户数 1.94 亿户，有线数字电视实际用户数占有线电视实际用户数比例达到 90.48%，比 2016 年提高 2.19 个百分点，有线电视数字化水平进一步提升（见图 5)。有线宽带家庭用户达 3 498.5 万户，比 2016 年增加 870.6 万户，有线宽带渗透率为 14.31%，有线网络进入宽带接入市场较晚，但市场占有率逐年增高；有线高清数字电视用户 8 902 万户，较 2016 年增加 1 137.1 万户，有线高清渗透率达到 36.38%。4K 业务已成为各大有线网络运营商争相发展的热点，深受用户欢迎；有线智能终端用户 1 253 万户，较 2016 年增加 856.6 万户，成为有线网络运营商探索智慧家居、智慧社区、智慧城市的重要抓手。

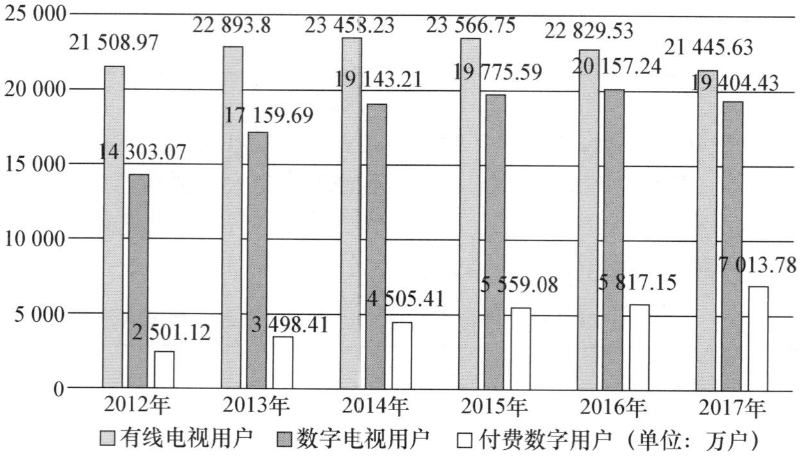

图 5　2012—2017 年全国有线电视用户、数字电视用户和付费数字电视用户增长情况

资料来源：总局财务司。

（二）有线网络收入下滑，产业经营寻求新突破

（1）有线网络收入首次下滑。2017 年全国有线电视网络总收入达 834.43 亿元，占全国广播电视总收入的 13.75%，比 2016 年的 910.26 亿元减少了 75.83 亿元，同比减少 8.33%（见图 6），综合收入月均 ARUP 值 32.4 元，低于 2016 年的 33.2 元。其中，有线电视收视维护费收入达 414.00 亿元，占有线电视网络总收入的 49.61%；付费数字电视频道收入为 65.56 亿元，三网融合业务收入为 102.82 亿元。2017 年，有线网络各项收入均不同程度减少，收入下滑的主要原因：一是一批替代性收视服务成为强劲竞争对手，分流大量用户，有线网络的独家优势被打破；二是有线网络过于依赖收视费，增值业务开发力度不足，尚未形成能够拉动产业发展的新业态；三是有线网络基础设施建设参差不齐，有些地区双向网改较为滞后，新业务融合业务较难推行；等等。

（2）积极开拓创新，寻求产业经营新突破。面对用户流失、收入下滑，有线网络发展形势日益严峻，各级有线网络公司努力寻求新突破。

一是坚持以视听业务为核心，积极开展高清、超高清电视业务和互动电视业务。2017 年，各级各地有线网络在认真做好现有各级广播电视节目传输的同时，积极开发新业务，打造有线网络新视听。如四川大力开展高清四川智慧广电示范市（州）建设，全省高清用户达到 500 万户，家庭高清化率达到 60%；广东积极推进 4K 超高清影视作品创作及电视应用产业发展，牵头成立广东南方新媒体 4K 生态产业联盟，4K 产业体系初步形成。吉视传媒、湖北广电、大连天途等有线网络运营商，积极探索虚

图 6　2012—2017 年全国有线广播电视网络收入及增长情况

资料来源：总局财务司。

拟现实（VR）等新型互动电视业务，开展“虚拟现实＋广播电视”产业化运营，布局 VR 生态链，不断寻求发展新思路。

二是充分发挥有线网络优势，重点发展宽带互联网接入服务及相关业务。随着三网融合走向深入，各级有线网络公司积极拓展宽带互联网接入服务，着力探索电子政务、电子商务、远程医疗、远程教育和智能家居等综合业务。如 2017 年 7 月，歌华有线与中国有线、重庆有线、东方有线、云广互联（湖北）、山东广电网络签署协议，共同发起设立全国性宽带综合业务运营公司，实现合作各方网络的互联互通、宽带业务网内流量的优化调度以及内容资源的全面共享，深入布局广电宽带互联网业务。甘肃网络探索电子政务服务，采用“宽带互联网＋机顶盒＋电视机＋移动终端”的模式，打造“甘肃省党员教育智慧云平台”。此外，多地有线网络还在积极打造“线上多屏交互＋线下体验”的电商智慧社区服务等等。

三是另辟蹊径，大力开展集团客户业务。在有线网络用户下滑的背景下，各级有线网络公司纷纷开展集客业务，拓展业务领域。如华数集团开展了智慧安防、雪亮工程（村居）监控、自动化控制等集客业务，2017 年集客业务收入同比增长 50%。湖北广电网络合作建设武汉市智慧交通示范工程等 8 个重大项目，实现集客业务收入同比大幅增长 51.93%。各大有线网络公司纷纷以“雪亮工程”“孝乐工程”“视联网项目”“应急广播项目”等为抓手，深入布局集客业务，带动公司发展。

七、新时代中国广播电视发展的新趋势

党的十九大报告指出，中国特色社会主义进入了新时代。我们迎来了实现“两个一百年”奋斗目标和实现中华民族伟大复兴的光明前景。站在新时代的起点，广播电视战线将以习近平新时代中国特色社会主义思想为统领，积极落实中央《深化党和国家机构改革方案》，以新气象新担当履行新使命，展示新作为，推动广播电视事业迈向新高度。中国广播电视发展将呈现以下几大趋势。

（一）广播电视将更加聚焦高质量和创新性发展

2018 年是全面贯彻党的十九大精神的开局之年，是改革开放 40 周年，是决胜全面建成小康社会、实施“十三五”规划承上启下的关键一年。2018 年春天，中央推出《深化党和国家机构改革方案》，这是以习近平同志为核心的党中央站在党和国家事业发展全局，适应新时代中国特色社会主义发展要求做出的重大决策部署，是着眼实现全面深化改革总目标的重大制度安排，是推进国家治理体系和治理能力现代化的一场深刻变革。在原国家新闻出版广电总局广播电视管理职责的基础上组建国家广播电视总局，充分体现了党中央对广播电视工作的高度重视，这是新时代赋予广电的新职责使命，给予广电的新历史机遇。新组建的国家广播电视总局，将在新起点上更加聚焦广播电视高质量和创新性发展。

中国广播电视事业产业经历了高速发展期，广播电视和网络视听节目、视听节目制作机构、广播电视播出机构和频道频率在数量规模上都领先全球。随着人民美好生活需要对广播电视的需求升级，广电迫切需要深化供给侧结构性改革，从重视数量转向提升品质，从规模扩张转向结构升级，从要素驱动转向创新驱动和价值驱动，走向更高质量、更高效率、更可持续的发展新阶段。

聚焦高质量发展，对广电来说，就是不断提高供给体系质量和效率，更好匹配需求。聚焦创新性发展，就是把握人民精神文化需求多层次、多方面、多样化的趋势，依靠创新促进供需匹配，提升综合实力和发展效率。从全球范围来看，传播生态、舆论格局、受众需求深刻变革，信息内容、传播载体、平台渠道创新越来越快，各种新技术新应用层出不穷。创新是高质量发展的第一动力，广播电视比以往任何时候都更需要创新。党的十九大报告强调，要"推动中华优秀传统文化创造性转化、创新性发展"，明确创新是推动新时代广播电视文艺繁荣兴盛的主线。高质量发展与创新性发展这两者有机统一，将成为未来广播电视发展的核心要义。

（二）推动广播电视宣传工作不断开创新局面

广播电视的核心任务是新闻宣传工作，新时代赋予新闻宣传新的职责使命，宣传工作的质量成效决定了广播电视的地位和前途。当前和今后相当长时间内，广播电视宣传的首要任务是深入宣传阐释贯彻习近平新时代中国特色社会主义思想，不断深化拓展"头条"建设和视听新媒体"首页首屏首条"建设，在更高水平上达到时度效目标。提高新闻节目质量是2018年的重点工作，总局要求主题宣传要做到生动活泼、观众听众容易接受。要按照新时代要求，着力建构大宣传格局。一方面，聚焦主题主线，创新政策，综合施策，推动广播电视新闻报道、综艺节目、纪录片、动画片、网络视听节目、公益广告等形成强大宣传合力，助力习近平新时代中国特色社会主义思想成为社会基准音、时代最强音；另一方面，需要创新传播方式和手段，顺应国际与国内、线上与线下、虚拟与现实等界限日益模糊趋势，进一步深化融合传播，打造适应互联网传播特点的新的宣传产品，诸如短视频、移动直播、VR、AR、H5等，创新内容呈现，丰富表现形式，增强传播交互，形成融媒体传播新格局。

近年来，在一系列结构化管理和宏观政策引导下，广电文艺宣传节目创新取得重大进展，原创文化类、科技类、公益类、经济类优秀节目持续涌现，引发舆论热议，荧屏"清流"逐渐成为主流，这一势头将进一步扩展深化，节目创新创优进入新的阶段。下一步，总局和各级广电行政部门的规划引导、跟踪指导、资金扶持、评奖推优、人才培养等政策措施将形成协同机制，为精品文艺节目创作传播提供全流程指引。广播电视"节目质量提升计划""网络视听节目精品创作传播工程""记录新时代工程"等重点工程的实施，将进一步引导生产要素、优质资源向高品质内容创作生产领域集中。"小成本、大情怀、正能量"节目创作模式将得到全面推广，并对网络综艺、网络动漫、网络纪录片产生持续示范引领作用。广播电视文艺，以传播社会主义核心价值观为宗旨，不断创新创优，其公益属性、文化属性将更加凸显，成为文艺繁荣的重要标志之一。

（三）以更大力度推动现实题材创作，现实主义电视剧有望迎来新高潮

习近平总书记在十九大报告中强调，要加强现实题材创作，不断推出讴歌党、讴歌祖国、讴歌人民、讴歌英雄的精品力作。在习近平文艺思想引领下，近年来现实题材电视剧热度不断升高、佳作迭出，比如《平凡的世界》《老农民》《鸡毛飞上天》等。从2018年1—4月全国电视剧拍摄制作备案公示剧目来看，现实题材剧目和集数占比分别达到68.13%、64.45%。但总体来说，优秀的现实题材电视剧还不多，还远不能满足时代的需要和人民群众的需求。现实题材剧的"伪现实"和"悬浮剧"现象尚未根本扭转，严重削弱审美价值。讴歌中华民族伟大复兴的新时代，不断提升现实主义创作水平，已成为中国电视剧发展的重要方向。

从2018年起，将相继迎来改革开放40周年、2019年新中国成立70周年、2020年全面建成小康社会、2021年中国共产党成立100周年等多个重要时间节点。总局十分重视重要时间节点的电视剧创作，已经提前谋划，并加强选题策划和评审扶持，制作机构对重大主题项目创作投入力度加大，届时将涌现一批精品和高峰之作。

2018年4月4日，总局召开全国电视剧创作规划会议，聂辰席同志对加快新时代电视剧高质量发展，打造永不落幕的中国剧场进行了全面部署，提出了电视剧高质量发展的基本路径，并要求管理部门、制作机构、播出平台协同聚力，积极落实"百部规划"。这一部署意味着总局将新时代电视剧创作提升到前所未有的高度，也意味着政策对电视剧创作的扶持引导力度将进一步加强，电视剧创作进入了转型提质的关键时期。"百部规划"、"记录新时代"工程、剧本扶持、评奖推优等将进一步向现实题材特别是现实主义创作倾斜，现实主义电视剧创作有望在今后几年内取得重要突破。2018年适逢改革开放40周年，也是中国电视剧诞生60周年，将推出一批展现改革开放40年发展历程的现实题材精品献礼剧，形成新一轮现实主义电视剧创作播出热潮。以未来五年的重要时间节点为坐标，聚焦实现中华民族伟大复兴中国梦主题，聚焦实现“两个一百年”伟大目标的不懈奋斗，还将产生一大批优秀现实主义电视剧。这些作品将以新时代气派和风格，讲述当代中国精彩故事，熔铸当代中国精神，成为新时代征程上的火炬和号角。

（四）供给侧结构性改革进入深化期，广播电视事业产业将在挑战和机遇中基本实现转型升级

广播电视的事业发展和产业繁荣，根本在于高品质内容和高价值产品供给。用户需求的多样化个性化趋势迫切要求广播电视改革供给结构。当前，新一轮信息科技变革正在重塑媒体传播和服务，为供给侧结构性改革提供了重要支撑。深化供给侧结构性改革、快速提高供给质量和效益已成为广播电视战胜重大挑战的关键举措。下一阶段广播电视供给侧结构性改革主要在四个方面。

进一步提升公共服务水平，在增强人民群众获得感幸福感上发力。全面服务全面建成小康社会、人民美好生活需要、脱贫攻坚战、乡村振兴战略等国家战略，是广播电视面临的历史性机遇，要抓住这个机遇，广电目前需要在夯实基础和提质增效两个支点发力。重点惠民工程是夯实基础的重要抓手，下一步将从三个方面推进：一是把基层和边疆民族地区重点惠民工程建设作为重中之重，进一步加大政策扶持和资金投入；围绕建设市县融媒体，进一步创新基层广播电视建设理念与模式，推动广播电视在脱贫攻坚和乡村振兴战略中发挥基础性作用。二是进一步扩展公共服务覆盖对象，加快升级服务方式。重点人群将从农村群众扩展到特殊人群、进城务工人员和社区居民；积极探索“菜单式”“定制式”服务创新，统筹推进服务的普惠化和服务多样化个性化，明显提升有效供给水平。三是从整合资源入手，提升服务绩效。中央已部署建设乡村综合文化服务中心，这是打破服务资源条块分割、提升工程绩效的关键措施。广播电视应定位到成为综合文化服务的枢纽和龙头，在实施重点工程中实现新发展。现在，人们对提高服务体验提出了更高要求，高清化和超高清节目频道已成为电视业提升用户体验、巩固扩大优势、满足家庭需求的必然选择。总局提出到2020年省级和较发达地级台基本实现高清化，央视提出到2021年要完成全台4K超高清制播技术系统建设，2018年10月将开设4K超高清试验频道。可以预见，高清化和稳步发展4K超高清将促进中国电视业在“家庭收视保卫战”的突围，推动中国电视进入高清和超高清时代。

加快媒体深度融合，在推进新型主流媒体建设取得重大突破上发力。目前，新兴网络媒体快速发展，传统广电媒体面临极为严峻的挑战。近年来，各级广电媒体不断深化媒体融合，成效显著。与此同时，信息化、网络化、移动化、智能化技术的发展与应用持续演进，广电媒体深度融合还在路上，未有穷期。下一步，广电媒体的创新发展主战场在深度融合，决胜在深度融合。可以预见，各级广电媒体将从各自条件出发进一步探索融合之路，但共同的路径是与信息技术和IT产业深度融合，加快应用互联网、云计算、大数据、区块链、智能化等新的信息技术，以建设平台型媒体为主轴，以创新产品为抓手，在深融合、强交互和重体验上发力，打破条块分割资源的体制约束，建设、整合和利用数据资源，以服务用户为核心，以巩固舆论阵地为目标，健全相应业务架构、组织架构和管理运行体制，发挥优势，加快建设媒体型综合信息服务主体。鉴于各台经济技术条件各异、融合发展不平衡不充分，广电媒体深度融合对资源互补、协同发展提出了新要求，加强纵横合作，推动用户协同、内容协同、技术协同、设备资源协同和人才资源协同，显得极为迫切。领先的广电媒体应抢抓机遇，加快建成具有强大资源聚合协同、内容分发能力的平台型媒体，实力较弱、进展较慢的广电媒体，应更多选择低成本“借梯上楼”的融合模式，对接资源，提升能力，扩展用户，在融合发展中重塑广电媒体格局，借深度融合增强广电媒体整体实力。

创新业态、强化运营，增强市场竞争能力。经济实力是媒体发展的基础，一个远离市场的媒体不可能成为强大的媒体。实际上，媒体已裹挟在市场竞争中，与其被动应对，不如主动迎战。目前，广告还是各级广播电视台的主要收入和财源支撑，但传统广播电视广告发展颓势难改，亟待探索新型广电广告产业。新阶段广播电视广告产业必须紧紧围绕国家战略和各级党委政府的地方发展战略，以权威性公信力为依托，推进广告理念和服务创新。有线网络产业也是广电产业重要组成部分，三网融合产业尚在培育中，有线网络产业亟待有效突破。下一步有线网络在加快技术改造、巩固渠道地位的同时，应着重发展高清、超高清电视服务，提升用户体验和价值，利用公信力与入户优势，聚合本地服务、电子政务、医疗、养老、教育、安全等垂直化、个性化服务，积极参与智慧社会、数字中国建设，壮大新兴产业。内容产业是广电媒体的核心产业，目前占比不高、支撑力不强，广电媒体应发挥内容专业优势，在传统场景外，着力强化网络传播、移动传播和短视频与网络直播业务。要深入实施网络内容建设工程，推动网络视听节目服务成为产业增长的强大引擎。在产业创新的驱动下，未来两三年内，将逐步形成各类产品相互支撑、共生互济的新型广电跨界业务生态和产业集群，引领广电产业发展由粗放走向集约、由传统走向新型，夯实新时代广电高质量发展基础。综合各方信息预测，未来几年，广播电视行业产业总体收入仍将保持较快增长，网络媒体收入会持续快速增长，传统传媒业务收入的下降将会在创新中反转，产业结构将发生深刻调整。

强化科技创新驱动，推动“智慧广电”成为事业产业转型升级重要突破口。习近平总书记在中国科学院第十九次院士大会、中国工程院第十四次院士大会发表的重要讲话中强调，要以关键共性技术、前沿引领技术、现代工程技术、颠覆性技术创新为突破口，敢于走前人没走过的路，努力实现关键核心技术自主可控，把创新主动权、发展主动权牢牢掌握在自己手中。广播电视科技创新要贯彻落实习近平总书记这一讲话精神，遵循新一代信息技术环境下广电科技发展规律，抓住新一代信息技术带来的重大机遇，着眼未来，推动广播电视同互联网、大数据、云计算、人工智能等新技术有机融合，积极参与网络强国、数字中国、智慧社会建设，结合自身特点全面实施大数据战略，只争朝夕开发新一代信息技术下的中国广电核心技术，争夺未来媒体发展的技术高地。目前，广播电视科技创新工作将围绕融合发展、超高清和新媒体来开展。近年来“智慧广电”战略的实施，有力促进了广电从数字化、网络化向信息化、智能化创新转变。全面实施“智慧广电”战略是广电发展的必然选择。2018 年总局将制定出台相关指导意见，以更高站位、更大力量推动“智慧广电”实施。“智慧广电”将在广电融媒体平台建设、内容生产、智能分发、协同覆盖、终端服务和监测监管等各环节取得初步成果。“智慧广电”是一个开放、融合、协同的可持续创新过程，需要强化信息科技驱动。“智慧广电”将成为新时代广电事业产业发展的强大引擎，引导新供给，催生新消费，培育新业态，增强新动能。与此同时，人工智能、物联网、5G、量子通信、区块链等快速迭代进步的高新技术研究，将推动“智慧广电”不断迭代升级。突破体制机制制约，致力科技创新和应用，广电才能在新一轮的发展中抓住机遇，实现转型升级。

（五）推进管理法治化科学化，建立健全网络综合治理体系

广播电视管理是意识形态工作的重要组成部分，是国家治理体系和治理能力现代化的重要环节。落实中央关于法治国家、法治政府、法治社会建设的重大部署，广播电视管理工作将加快推进法治化科学化。下一步，在导向、内容、传播秩序、阵地和安全等各方面的管理将更加专业、规范和严格，基本形成更加公平更加规范更有效率的管理体系。

一是不断提升科学管理效能。近年来，广电行政部门法治政府建设进程明显提速，总局《关于2017 年度法治政府建设情况的报告》明确表示，2018 年将启动《广播电视法》制定工作。有了《电影产业促进法》的立法和实施经验，广播电视领域基本法的立法进程会更顺畅，未来广播电视管理工作将全面纳入法治轨道。与此同时，在总局的有力推动下，全国各级广电行政部门都逐步实施管理创新工程，坚持目标导向和问题导向，更强调法律、经济、行政、科技等手段在管理方面的综合运用，加快形成管得到、管得住、管得好的良好局面。

二是加快建立健全网络综合治理体系。截至2017 年底，中国网民规模达到 7.72 亿，互联网成为舆论斗争的主战场。网络视听节目服务在互联网各业务流量中的占比超过 70%，是主战场中名副其实的主阵地。2018 年 4 月，习近平在全国网络安全和信息化工作会议上发表重要讲话，为新时代网信工作提供了根本遵循。广电行政部门将加快实现从管理向治理的职能转变，加快构建多主体参与、多种手段相结合的网络综合治理体系，全面实施网上网下统一导向、统一标准、统一尺度的管理原则。与此同时，网络市场监管联席会议制度、节目会商协调会议制度等协同联动机制将进一步强化，形成分工明确、系统协同的监管合力。行业协会等社会组织将强化引导监督职能，加强行业自律，督促网络视听企业压实主体责任、履行社会责任。社会监督机制也将不断完善，动员各方面社会力量有序参与治理，着力打造齐抓共管、良性互动的网络综合治理新格局，共创绿色美好“精神文化家园”。

新时代是奋斗者的时代。广播电视系统胸有新担当、肩负新使命、踏上新征程、应对新挑战、抓住新机遇，以习近平新时代中国特色社会主义思想和党的十九大精神为指引，满怀豪情抒写中国广播电视时代答卷，奋力谱写新时代广播电视更壮丽的篇章。

2017年中国电影产业发展报告

国家广播电视总局发展研究中心

2017年，全国电影系统学习贯彻习近平新时代中国特色社会主义思想和党的十九大精神，推动电影产业提质增效。行政部门狠抓电影质量和市场规范，电影创作水平稳步提升，市场秩序进一步规范。电影产业多项指标保持全球领先地位，中国已成为全球电影市场增长的主引擎。

一、发展概览

2017年，在习近平新时代中国特色社会主义思想引领下，中国电影产业发展步入新时代。《中华人民共和国电影产业促进法》（以下简称《电影产业促进法》）正式实施，全国各地踊跃学习并积极贯彻落实。电影创作繁荣发展，创作热情更加高涨，电影产量持续增长，多类型多样化创作格局凸显。在经历2016年电影票房增速放缓后，2017年中国电影市场年度票房突破550亿元，在票房庞大体量的基础上实现两位数的增幅，与世界第一大电影市场北美地区的距离进一步缩小。全国电影银幕数量突破5万块，成为全球银幕数量最多的国家。大中小城市影院布局日趋合理，县级影院银幕数占比38.03%。《战狼2》以56.83亿元的票房成绩，成为全球年度电影票房20强中唯一一部非好莱坞影片。与此同时，电影创作质量不断提升，市场管理日益规范化法制化，观众观影需求的提高和多元化，汇聚成推动中国稳步迈向世界电影强国的巨大动力。

二、电影管理迈入法制化规范化轨道

（一）稳抓《电影产业促进法》落实，出台利好政策

2017年3月1日，《电影产业促进法》正式施行。全国广电系统按照原国家新闻出版广电总局（以下简称总局）部署，积极贯彻落实。一是总局相关司局积极推进《电影产业促进法》的落实。原国家新闻出版广电总局电影局指导河北、山西、广东、重庆、深圳等十余个省市和众多电影单位召开《电影产业促进法》宣传贯彻相关会议，开展业务培训。2月27日，取消摄制电影许可证和摄制电影许可证（单片），不再单独发放电影技术合格证。政策法制司启动《电影管理条例》等配套法规规章制修订工作，完成相关理论研究工作，形成《电影产业促进法》配套法规初步草案，组织征求意见，进一步研究论证、修改完善。12月，国家电影专项资金管委会办公室印发了《关于支持中西部县城数字影院建设发展的通知》（电专办字［2017］40号），推动电影放映市场均衡发展，加大扶持经济欠发达地区县城影院建设的力度。

二是全国各地基于本地实际，出台相关政策。一些省市电影行政部门根据当地电影产业的实际情况，陆续出台相关电影扶持政策，为《电影产业促进法》全面落实提供保障与支持。浙江省人民政府办公厅于2017年8月16日正式发布了《关于加快促进影视产业繁荣发展的若干意见》（浙政办发［2017］88号），为推动浙江影视产业转型升级提供政策支持。11月7日，重庆市文化委发布《重庆市电影扶垚计划管理办法》（渝文委规［2017］15号），对当地电影生产进行扶持，促进电影全产业链均衡发展。2017年12月5日，山西省财政厅、山西省新闻出版广电局联合出台《优秀电影项目扶持奖励办法》，对山西省电影精品创作进行扶持。12月14日，中共上海市委、上海市人民政府共同出台了《关于加快本市文化创意产业创新发展的若干意见》（沪委发［2017］33号），明确提出将影视产业作为上海文化创意产业发展的着力点。北京市新闻出版广电局修订《北京市多厅影院建设补贴管理办法》，推动特色影院建设，扶持新建、改扩建影院，助推影院均衡发展。

（二）加强市场规范和管理，进一步营造良好环境

在《电影产业促进法》实施的同时，电影行政部门不断出台相关举措规范行业秩序，营造统一开放、竞争有序的电影市场环境。2017年是“电影市场规范年”，有关部门致力于通过创新市场监管手

段，发现涉嫌偷漏瞒报票房收入的影院。3 月 22 日，原国家新闻出版广电总局电影局下发《关于对首批 326 家违法影院进行处罚的通知》（影字〔2017〕96 号），对首批 326 家瞒报票房收入的影院实施严厉处罚，引发电影行业强烈反响和社会广泛关注，被视为《电影产业促进法》施行后规范市场的“第一记重拳”。原国家新闻出版广电总局电影局与版权司打击盗版的联动机制已制度化、常态化。2017 年“国庆档”共有 7 部影片进入版权司反盗版重点监控范围。行政部门继续利用“水印”检测技术打击盗版盗录工作，对三家发生盗录事件的影院进行了停业整顿、当地主管部门诫勉谈话等处罚。2017 年，中国电影发行放映协会共通报了四批存在严重违规行为的电影院，其中因“数据不符”而被通报的影院达 60 家，还有一些影院存在票房注水、技术锁场、截留票款等违法行为。

作为电影产业新业态，点播影院发展中存在的问题也引起总局的高度关注。2017 年 4 月 21 日，总局出台《关于规范点播影院、点播院线经营管理工作的通知》（新广电发〔2017〕81 号），对点播影院、点播院线的申报、管理等提出了具体要求；6 月，公布《关于点播影院、点播院线管理暂行规定（征求意见稿）》，明确了点播影院、点播院线相关技术规范，配套基础管理设施与系统的建设准备就绪。2018 年 3 月 6 日，《点播影院、点播院线管理规定》（国家新闻出版广电总局令第 14 号）正式出台，于 2018 年 3 月 30 日起施行。这一系列举措，预示着点播影院、点播院线将会沿着法治轨道健康繁荣发展。

（三）加强扶持，助力电影新力量迅速崛起

中青年电影人才已成为推动电影产业持续繁荣发展的主力军。2017 年，中国电影新力量培养与扶持力度继续加大。原国家新闻出版广电总局电影局联合电影剧本中心推进剧本孵化计划，继续开展“扶持优秀青年电影剧作计划”，改进对电影导演协会主办的“青葱计划”的扶持方式，助推优秀导演的培养；继续与好莱坞的迪士尼、20 世纪福克斯、派拉蒙、环球、索尼、哥伦比亚等大公司合作开展境外培训，先后推选 30 多位优秀的青年编剧、导演、制片人进修深造，为青年人才拓宽国际视野、参与国际交流、借鉴先进经验创造机会。北京电影学院“青年导演扶持计划”、中国电影家协会主办的“华语青年影像论坛”、华谊兄弟“H 计划”、光线传媒“新导演培养计划”、“FIRST 青年电影展：创投会＋青年发展计划”、贾樟柯“添翼计划”等由专业高校、影视公司、民间组织和电影人等自发筹办的青年电影人扶持计划，也为中国电影产业的发展挖掘了新的创作力量。

2017 年 11 月 26 至 27 日，在杭州举行的青年电影创作人员专题学习座谈会暨第三届中国电影新力量论坛上，120 多位当代中国电影创作的骨干力量集体亮相，共议中国电影新时代的新目标和新任务。论坛首次将“演员新力量”纳入“中国电影新力量”的队伍，让这支中国电影的生力军队伍全面覆盖编剧、导演、演员、制片人等多个重要工种，使得队伍结构更加完整，共同为打造高品质的国产影片贡献力量。

三、电影创作生产繁荣发展

（一）电影产量再创新高

2017 年，国产电影创作生产继续保持活跃态势，电影产量保持世界前列。2017 年全国共生产电影故事影片 798 部、动画影片 32 部、纪录影片 44 部、科教影片 68 部、特种影片 28 部，合计 970 部，同比增长 2.75%（见表 1）。其中合拍片立项 87 部，生产完成 63 部。国产故事影片申报备案 4 325 部，公示 2 496 部。国产电影坚持文化自信，创作质量整体攀升，多题材、多类型、多样化的创作格局更加凸显，取得了显著的社会效益与经济效益。

表 1　　2013—2017 年国产电影数量　　单位：部

年份 电影种类	2013	2014	2015	2016	2017
故事片	638	618	686	772	798
动画影片	29	40	51	49	32
纪录影片	18	25	38	32	44
科教影片	121	52	96	67	68
特种影片	18	23	17	24	28
合计	824	758	888	944	970

资料来源：国家电影局。自 2012 年起，供电视播出的数字电影生产数量并入故事片类计算。

（二）创作质量持续提升

1. 聚焦主题主线，新主流电影创作取得可喜突破。为迎接党的十九大胜利召开及纪念建军 90 周年，以《十八洞村》《建军大业》《战狼 2》《血战湘江》《空天猎》《家园》《守边人》等为代表的一批优秀献礼影片成功创作并上映，不仅营造了良好的社会氛围，还在社会主义核心价值观的艺术性呈现、现实主义精神的情节化表达等方面取得了可喜的突破。这些影片以创新的电影语言讴歌英模人物、展现时代激情，树立了主旋律影片创作的新标杆，激发起广大观众的爱国情怀，获得了良好的社会效益和经济效益。

2. 供给侧结构性改革深入发展，多类型多样化创作格局凸显。“电影质量促进年”活动扎实开展，电影产品供给侧结构性改革初见成效，国产电影质量稳步提高。以人民为中心的电影创作热情高涨，多题材、多类型、多元化的电影创作格局更加丰富。以《战狼2》《功夫瑜伽》为代表的动作电影，以《羞羞的铁拳》《大闹天竺》为代表的喜剧电影，以《西游伏妖篇》《悟空传》为代表的奇幻电影以及以《嫌疑人X的献身》《记忆大师》为代表的悬疑电影等类型电影百花齐放。《冈仁波齐》《二十二》等纪录电影，凭借影片质量和人文情怀成功实现市场突破。这些影片以良好的观赏性、影响力和传播度巩固了国产影片的市场主体地位。

3. 创作手法和视听表达不断创新，艺术水平持续提升。2017年，国产电影涌现出许多优秀作品，在题材、叙事、视听表达等多方面实现新突破，整体创作质量和艺术水准得到明显提升。《十八洞村》关注国家精准扶贫战略，用诗意的电影语言描述当代乡村，折射时代变迁，成功回归中国传统电影美学和现实主义创作精神。《战狼2》符合主流价值观、具有时代感的故事契合了爱国主义精神和时代精神，生动演绎出中华民族伟大复兴的中国梦。《芳华》《乘风破浪》《喜欢你》《妖猫传》《嘉年华》《大护法》等影片从题材选取、类型范式以及视听语言等方面，积极探索更具创新的美学表达，以及与现代观众更具亲和力的情感沟通方式。

（三）制作主体携手共进

2017年，在党的十九大胜利召开和建军90周年的历史时刻，国有制片单位深化使命感，创作出一批优质的献礼影片。由中影股份、八一电影制片厂等出品的《建军大业》，由八一电影制片厂等出品的《血战湘江》以及由中国人民解放军空军政治工作部电视艺术中心等出品的《空天猎》等影片都是典型代表。国有制片单位在发行领域依然保持重要地位。2017年，中影股份投拍影片27部，投放影片12部，包括《建军大业》《战狼2》《功夫瑜伽》等，票房总计约95.27亿元，约占全年总票房的17%。华夏电影发行有限责任公司发行影片200部，实现票房288.93亿元。

2017年，民营电影企业依然是制作中坚力量。万达影视主要出品并上映了包括《西游伏妖篇》《英伦对决》《缝纫机乐队》等影片，出品数量和票房成绩领跑民营电影企业。华谊兄弟凭借《芳华》《前任3：再见前任》等影片显示出不俗的票房号召力。博纳影业以《建军大业》《明月几时有》等口碑力作也给电影市场贡献了力量。此外，春秋时代影业、开心麻花影业等新锐公司分别凭借《空天猎》《羞羞的铁拳》等影片成为民营电影公司中的亮点。

四、电影产业发展活力凸显

（一）票房增长稳中有进，观众满意度进一步提高

2017年，全国电影总票房达到559.11亿元，同比增长13.45%。国产电影海外票房和销售收入达到42.53亿元，同比增长11.19%。与此同时，2017年全球票房406亿美元，同比增长5%，其中，北美地区票房达到111亿美元，同比减少2%①。由此可见，中国的总票房与北美地区总票房的差距进一步缩小，中国电影正逐步改变以好莱坞为主导的世界电影版图。国产电影继续保持本土电影市场优势地位，这一年国产电影票房达到301.04亿元，占票房总额的53.84%（见表2）。全年票房过亿的影片92部，其中国产电影51部②。在2017年年度票房前五的电影中，国产电影占有4席，而且位居票房榜首的国产电影《战狼2》，是第二位的《速度与激情8》票房的两倍（见表3）。

表2　2013—2017年国产电影和进口电影市场份额情况

类别		2013年	2014年	2015年	2016年	2017年
国产	票房（亿元）	127.67	161.55	271.36	287.47	301.04
	票房比例	58.65%	54.51%	61.58%	58.33%	53.84%
进口	票房（亿元）	90.02	134.84	169.33	205.36	253.07
	票房比例	41.35%	45.49%	38.42%	41.67%	45.16%

资料来源：国家电影局。

① 数据出自美国电影协会《2017年影院和家庭娱乐市场报告》。

② 昂首新时代　阔步新征程：2017年中国电影盘点．中国电影报［N］．2018-01-03.

表 3　2017 年全国票房收入前 10 名影片

排名	片名	观众人次（万人）	票房收入（万元）
1	《战狼 2》	15 951	531 041
2	《速度与激情 8》	7 289	251 879
3	《羞羞的铁拳》	6 619	206 574
4	《功夫瑜伽》	4 597	165 045
5	《西游·伏妖篇》	4 237	156 909
6	《变形金刚 5：最后的骑士》	4 200	146234
7	《摔跤吧！爸爸》	4 320	119 927
8	《寻梦环游记》	3 559	112 311
9	《芳华》	3 469	111 338
10	《加勒比海盗 5：死无对证》	3 296	110 531

资料来源：中国电影发行放映协会. 2017 中国电影市场报告. 北京：中国电影出版社，2018：325. 票房数据不含服务费。

2017 年，全国城市院线观影人次达到 16.2 亿，同比增长 18.08%。人们的观影习惯基本形成，看电影越来越成为中国老百姓的主要生活娱乐方式之一。随着国产电影质量的稳步提升，电影观众对于电影的满意度也在逐步提升。由中国电影资料馆联合艺恩咨询开展的“中国电影观众满意度调查”结果显示，在 2017 年各主要档期，观众对国产影片的满意度均保持在 80 分以上，进入“满意”区间，其中暑期档满意度得分 85.7 分，居年内首位（见表 4）。2017 年全年的满意度得分为 83.3 分，高出 2015 年 2.1 分、高出 2016 年 2.3 分，提升明显。

表 4　2017 年电影主要档期观众满意度概览

档期名称	满意度	观赏性	思想性	传播度
2017 年春节档	80.9	80.6	79.7	83.7
2017 年春季档	81.9	81.4	80.2	85.9
2017 年五一档	82.0	81.5	79.8	86.6
2017 年暑期档	85.7	85.3	85.8	86.5
2017 年国庆档	83.5	84.6	83.8	80.3
2017 年初冬档*	78.3	81.2	81.4	66.4

注：初冬档时间：10 月 27 日—11 月 26 日。
资料来源：国家电影局。

（二）粤苏浙稳居全国前三，一线市场趋于饱和

2017 年，全国 31 个省（自治区、直辖市）电影票房呈现普涨景象。广东、江苏、浙江三省持续领跑全国，三省年度票房占比达 31.48%，其中广东年票房突破 75 亿元，比第二名江苏高出 26 亿元（见表 5）。除前述三省外，上海、北京、四川、湖北、山东 5 省（市）年度票房突破 20 亿元。在票房普涨的同时，以一线城市北京、上海为代表的部分传统票仓票房增速减缓，分别为 6.33%和 7.94%，市场趋于饱和。

2017 年，全国 28 个省（自治区、直辖市）票房增幅达到两位数，西藏、海南、贵州、宁夏和青海位于前 5 位，票房涨幅均超过 25%①。三四线城市集中的省份票房潜力巨大，仍有较大市场空间。

表 5　2017 年全国票房收入前 10 名地区

排名	省（市）	票房（万元）	票房占比（%）
1	广东省	751 638	14.34
2	江苏省	486 616	9.28
3	浙江省	412 129	7.86
4	上海市	327 822	6.25
5	北京市	322 015	6.14
6	四川省	298 094	5.69
7	湖北省	247 179	4.71
8	山东省	215 462	4.11
9	河南省	190 087	3.63
10	辽宁省	177 066	3.38

资料来源：中国电影发行放映协会. 2017 中国电影市场报告. 北京：中国电影出版社，2018：162.

（三）电影放映布局更加均衡有效

1. 影院建设取得重大突破。2017 年，电影院线市场保持蓬勃发展的趋势，截至年底共有影院 9 446 家、银幕 50 776 块，全年新增影院 1 435 家，新增银幕 9 597 块（见表 6）。2017 年平均每天增加银幕约 26 块。中国已经超过北美地区，成为全球银幕数量最多的国家。尤其值得关注的是，影院建设进一步向中小城市，特别是县级城市延伸。2017 年，全国已有县级影院 4 694 家，县级银幕 19 311 块，占全国总银幕数量的 38%。反映出市场结构进一步“下沉”，布局更加合理。IMAX、中国巨幕、ALPD 激光放映、中国多维声等先进放映技术和装备应用更加广泛，巨型银幕数达到 764 块，位居世界前列。

表 6　2013—2017 年影院建设情况一览表

指标＼年份	2013	2014	2015	2016	2017
院线（条）	45	47	48	48	49

① 中国电影发行放映协会. 2017 中国电影市场报告［N］. 北京：中国电影出版社，2018：164.

续前表

指标 \ 年份	2013	2014	2015	2016	2017
银幕数（块）	18 195	23 592	31 627	41 179	50 776
新增银幕数（块）	5 077	5 397	8 035	9 552	9 597
新增影院数（家）	1 048	1 015	1 042	1 612	1 435
观影人次（亿人）	6.17	8.34	12.60	13.72	16.20
平均票价（元）	35.28	35.54	34.98	35.92	34.51
单银幕票房产出（万元）	119.64	125.63	139.34	119.68	110.11

资料来源：国家电影局、中国电影发行放映协会。

2017 年，万达电影院线以 68.68 亿元票房和 1.82 亿次观影人次位列全国院线票房收入榜首，位列第二、第三的是广东大地电影院线股份有限公司和上海联和电影院线公司。排名前 10 的院线票房贡献约占全年总票房的 63.46%①（见表 7）。

表 7　2017 年票房收入排名前 10 的院线情况

排行	院线名称	票房（万元）	影院数（家）	银幕数（块）	场次（万）	人次（万）
1	万达	686 762	451	4 081	700.35	18 194
2	广东大地	448 947	928	5 197	917.47	14 957
3	上海联和	424 433	489	3 056	473.23	12 290
4	中影南方新干线	382 072	661	3 793	703.61	11 766
5	中影数字	379 428	727	4 312	781.13	12 218
6	中影星美	371 911	490	3 039	548.81	11 281
7	广州金逸珠江	281 867	336	1 990	356.59	8 542
8	浙江横店	227 181	340	2 066	430.38	7 576
9	华夏联合	176 521	343	1 897	350.45	5 727
10	江苏幸福蓝海	168 959	249	1 489	274.48	5 466

资料来源：中国电影发行放映协会。

2. 组建人民院线拓展放映阵地。2018 年 1 月 30 日，总局下发《关于申报人民院线影厅的通知》（影字［2018］27 号），拟在全国 5 万余个现有城市影院中选出 5 000 个厅，作为签约影厅，组建一条“人民院线”。人民院线签约影厅采取组织观看、优惠票价、给予政策、资金扶持或奖励等方式，在日常商业放映的基础上，对特定的优秀主旋律影片和重要时间节点的重要影片“专厅专用”。

3. 全国艺术电影放映联盟发展迅速。由中国电影资料馆等 6 家单位发起的“全国艺术电影放映联盟”（以下简称艺联）自 2016 年 10 月正式启动，在 2017 年发展迅速。截至 2018 年 3 月 9 日，艺联共有 844 家影院、1 093 块银幕加盟，覆盖 174 个城市；已完成 500 余家艺联加盟影厅专属“加盟影厅”牌匾挂授。艺联积极探索艺术电影市场供给侧改革，尝试影院差异化经营、“分线发行”、“专线发行”，用长线的差异化特色放映吸引艺术电影的目标观众，为更多国内外艺术电影作品提供更广阔的放映空间。2017 年以来，艺联放映了《海边的曼彻斯特》、《八月》、《内心引力》、《奋斗》（修复版）、《尼斯·疯狂的心》、《三块广告牌》和《第三度嫌疑人》等国内外优秀艺术电影，举办“人生何处不相逢：吴天明和他的中国电影回顾展”“意大利辉煌艺术电影主题展”等专题影展。

（四）中国电影“走出去”和国际合作逐渐成熟

1. 利用国家重大外事外交平台，传播中国声音，深化人文合作。2017 年，电影节展更加有力紧密地配合国家战略，以电影为载体弘扬社会主义核心价值观。6 月 23 至 27 日在成都举办金砖国家电影节，其间举行了金砖国家电影合作论坛和金砖五国国家电影日活动，达成了《金砖国家电影合作成都共识》《金砖国家电影人才交流培养的计划》等；推出了首部金砖国家合拍影片《时间去哪儿了》，开创了崭新的电影国际化合作模式。

① 计算方法：（前 10 院线总和）354.81/（全年票房）559.11＝63.46%。

2. 国际交流与合作进一步深入，已与20个国家签署电影合拍协议。2017年，中国与丹麦、希腊、哈萨克斯坦、俄罗斯、巴西、卢森堡等6国签署了政府间电影合拍协议。至此，与中国签署合拍协议的国家已到20个。在11月28日至12月3日举办的第4届丝绸之路国际电影节期间，中法合拍项目《奇遇之城》、中国印尼合拍项目《蜡染》、中国希腊合拍项目《夺宝大师》等19部中外合拍电影签约，总投资额约为23亿元①。

3. 精心打造境外品牌中国电影节，提高中国电影的文化影响力。2017年，多项中国电影节展在国外举办，中国优秀影片在多个国家和地区展映，进一步推动了国际电影文化的传播和交流。3月22日，中国电影周在坦桑尼亚、毛里求斯举行，展映了《滚蛋吧！肿瘤君》等影片。3月27日，第23届地中海国家电影节中国主宾国活动在摩洛哥的得土安举行，展映了《湄公河行动》等影片。5月，2017法国中国电影节、中国丹麦合作影片《烽火芳菲》的特别展映活动在法国和丹麦分别举办。6月至12月，2017意大利中外合拍片影展、俄罗斯中国电影节、首届“中国-东盟电影节”等分别在意大利、俄罗斯和马来西亚等国家举办。

4. 稳步推进“中国电影，普天同映”。2017年，“中国电影，普天同映”平台在北美、澳新、欧洲、东南亚等地的50余个城市，与国内基本同期发行了《功夫瑜伽》《战狼2》等10余部优秀国产影片，取得良好效果。

五、新时代中国电影产业发展趋势

2017年，中国电影产业总体保持蓬勃发展态势。同时，也存在着国产影片在质量提升、类型发展以及档期安排等方面发展不均衡的问题，存在世界大型电影市场地位与市场主体结构不合理之间的矛盾，以及电影市场的不良现象。下一阶段，中国电影要始终坚持以人民为中心的创作导向，加强现实题材创作，讲好中国故事，进一步提高中国电影核心竞争力，打造中国电影文化软实力，增强中国电影国际竞争力，推动中国由电影大国向电影强国加速迈进。

（一）全面提升创作质量，中国电影核心竞争力将稳步提高

2018年是“创作质量加强年”。作为当前中国电影发展的重要命题，全面提升创作质量的共识将进一步强化。一方面，要积极引导创作者“深入生活、扎根人民”，全力做到“身入、心入、情入”，力争创作出“有筋骨、有道德、有温度”的好作品。另一方面，要始终坚持以人民为中心的创作导向，强化和改进现实题材创作，讲好中国故事。把社会效益放在首位，坚持“两效统一”和“三精统一”，让主旋律更响亮，让正能量更强劲，推动中国电影从“高原”向“高峰”攀登。面对未来全球电影市场的激烈竞争，凭借创作质量的加强，中国电影的文化自信将进一步增强，中国电影的核心竞争力将稳步提高。

（二）市场管理规范化法制化，产业发展环境将更加友善

2018年是“市场规范加强年”。电影产业的全面发展，需要更有利的政策环境和强有力的法制保障。要继续深入学习和宣传贯彻《电影产业促进法》，积极推进相关配套细则的制定出台，切实促进电影市场管理的规范化法制化发展。2018年，行政部门将重点加强市场管理，偷漏瞒报、注水票房、恶意技术锁场、盗录盗播以及其他不公平的竞争手段等将得到进一步治理，产业发展环境有望进一步净化。

（三）转型升级加快，由电影大国迈向电影强国的步伐更加稳健

中国电影经历了产业转型升级的阵痛，不断探索具有中国特色的电影发展之路，将以更加自信的姿态面向世界。随着国家实力的不断增强，中国有信心在不远的未来成为世界第一大电影市场。中国电影在世界电影格局中将以电影精品创作和产业发展规模两个方面的优势，显著增强文化话语权，对文化事业产业发展繁荣的贡献将更加突出，着力加快实现由电影大国向电影强国的转变，为实现中华民族伟大复兴的中国梦做出应有贡献。

---

① 全年与21个国家地区开展合拍业务 合拍片“正合拍”. 中国电影报［N］. 2018-01-10.

2017年中国动漫产业发展报告

牛兴侦

2017年，党中央和国务院出台多项动漫产业政策改善产业环境，行业主管部门出台多项举措加强行业规范建设，动漫产业进一步保质提量地发展，动漫产品生产发行数量和规模效益等指标平稳增长（见表1）。

表1　2011—2017年中国动漫产业发展主要指标

项目	2011年	2012年	2013年	2014年	2015年	2016年	2017年
动漫图书出版数量（种）	1 809	2 041	2 448	2 163	2 262	3 190	2 748
电视动画生产备案数量（部）	566	580	465	425	399	425	350
电视动画生产备案数量（分钟）	491 814	470 721	327 955	271 133	298 114	232 135	145 390
电视动画完成生产数量（分钟）	261 224	222 938	204 732	138 579	138 273	125 053	83 599
电视动画播出时长（小时）	280 254	304 877	293 140	304 839	309 060	328 864	362 825
动画电影生产备案数量（部）	80	70	84	134	148	194	158
动画电影完成生产数量（部）	24	33	29	40	51	49	32
动画电影票房收入（亿元）	16.35	14.24	16.18	30.31	44.10	70.56	47.50

一、漫画加速向移动网络平台迁移

2017年我国共出版动漫类图书2 748种，较2016年下降13.86%，其中，漫画图书1 819种，动画图书930种（交叉数量1种）。截止到2017年底，当当网在销动漫类图书共计64 647种，其中少儿类30 657种、非少儿类33 990种，占所有在销图书总量（10 502 431种）的0.62%。

随着信息化技术的发展，以漫画网站和漫画APP作为主要载体的网络漫画平台在中国漫画出版中扮演着重要角色。国内网络漫画平台普遍都推出了各自的APP，迎合了近年来持续移动互联网化的潮流趋势。根据易观千帆监测数据，2017年第1季度中国移动动漫市场整体活跃人数达到7 234.94万人，第2季度达到8 946.66万人，第3季度达到9 584.52万人。从全年整体情况来看，活跃用户渗透率排名居前的APP仍然为快看漫画和腾讯动漫，看漫画、咪咕圈圈、网易漫画、漫漫漫画、漫画岛、动漫之家和有妖气漫画等第二阵营APP与前者相比，仍有较大差距（见表2）。

表2　2017年12月国内漫画应用前10名

序号	应用名称	开发商名称	活跃用户（万人）	启动次数（万次）	使用时长（万小时）
1	快看漫画	快看世界北京科技有限公司	2 565.40	66 863.01	7 940.46
2	腾讯动漫	深圳市腾讯计算机系统有限公司	1 402.49	41 263.85	6 342.71
3	看漫画	四川明赋网络科技有限公司	564.65	38 876.44	5 987.82
4	咪咕圈圈	咪咕动漫有限公司	516.57	2 025.66	176.84
5	网易漫画	广州网易计算机系统有限公司	429.28	9 259.36	1 236.56
6	漫漫漫画	北京有梦文化有限公司	337.60	6 477.09	641.97
7	漫画岛	上海戴思软件技术有限公司	280.99	11 072.82	1 393.90
8	动漫之家	尚科齐（北京）网络科技有限公司	217.25	8 673.74	1 273.05

续前表

序号	应用名称	开发商名称	活跃用户（万人）	启动次数（万次）	使用时长（万小时）
9	有妖气漫画	北京四月星空网络技术有限公司	212.65	2 735.80	397.05
10	触漫	广州梦映动漫网络科技有限公司	139.36	6 341.78	641.33

注：活跃用户是指在所选取的时间范围内至少启动过 1 次的用户。通过对 Android 用户访问行为持续监测数据进行属性加权，并根据 iOS/Android 用户调研数据建模得出中国移动互联网用户规模以及相应的用户结构。

资料来源：易观千帆（http://qianfan.analysys.cn）。

二、影视动画深化供给侧结构性改革

在政策调控和市场杠杆的双重引导下，2017 年中国电视动画行业总体上调控数量，提高质量，由数量增长转向质量提升的趋势更加明显。2017 年，全年备案公示的国产电视动画片剧目数量为 350 部 145 390 分钟，同比分别减少 17.65%和 37.37%（见图 1）；全国制作完成的国产电视动画片 83 599 分钟，同比下降 33.15%，创 2008 年以来最低产量纪录（见图 2）。但由于动画片生命周期相对较长，可循环多年持续播放，从积累数量来看仍十分惊人，目前累计数量达 1 993 665 分钟，折合约 33 228 小时。2017 年，《故事奶奶》《熊小米系列之小小画家熊小米》《豆小鸭》《翻开这一页（第三季）》等 43 部优秀国产动画片获得国家新闻出版广电总局推荐播出，合计 1 363 集 17 376 分钟，约占全年电视动画片总产量的 20.78%。

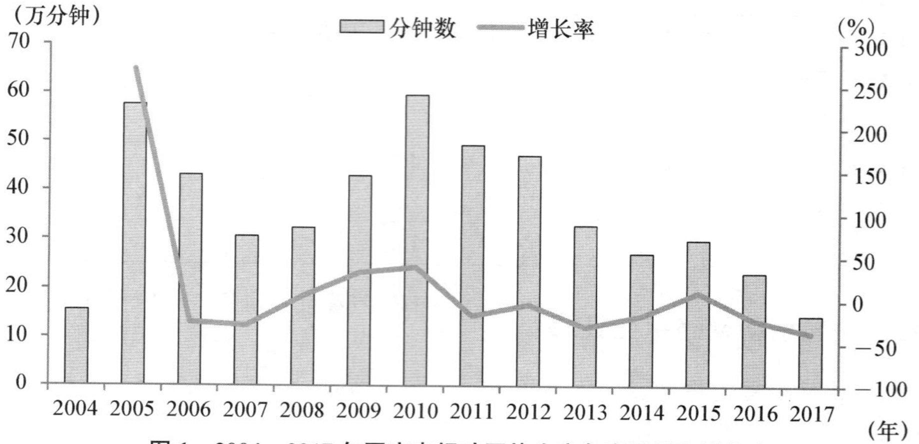

图 1　2004—2017 年国产电视动画片生产备案数量和增长率

资料来源：国家广播电视总局。

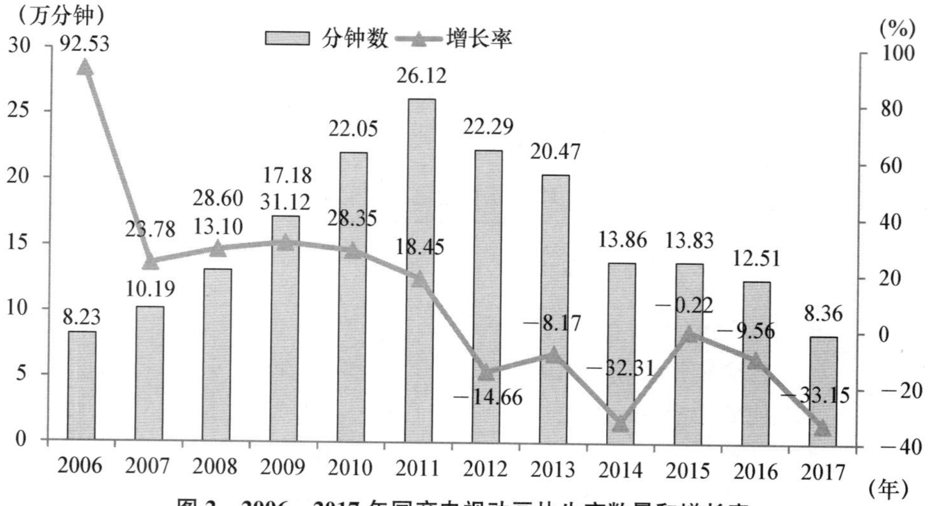

图 2　2006—2017 年国产电视动画片生产数量和增长率

资料来源：国家广播电视总局。

目前，我国已形成了以 6 个少儿动画卫星频道和 33 个少儿地面频道为主体，各电视上星综合频道和各地各级电视频道动画栏目为补充的动画播映体系。除了动画专业频道、少儿频道之外，其他电视频道也是我国动画播出平台的重要组成部分。截至2017年12月，我国已经开播了6个少儿动画卫星频道，19个省、9个省会城市、4个计划单列市和1个地级市开播了少儿地面频道，以及3套付费数字电视动画频道。截至2017年末，我国电视节目综合人口覆盖率为99.1%。2016年，全国各级电视频道动画片播出数量为328 864小时，其中国产片319 920小时、进口片8 945小时，与2015年相比，增长率分别为6.41%、6.85%和−7.36%，国产片和进口片所占比值为97.28：2.72。动画节目电视播出数量自2012年以来就稳定在30万小时左右，现阶段播出空间已经饱和。国产电视动画片经过多年来的持续高速增长，已经从原来的数量相对稀缺转为总体数量相对过剩，这将持续要求国产动画在降低产量的同时更加注重培育精品力作，从粗放式增长向精细化经营方向发展。

表3　2011—2016年全国电视动画播出数量

统计指标	2011年	2012年	2013年	2014年	2015年	2016年	平均值
全年动画电视播出时间（小时）	280 254	304 877	293 140	304 839	309 060	328 864	303 506
进口动画电视播出时间（小时）	14 822	12 063	14 015	15 883	9 655	8 945	12 564
国产动画电视播出时间（小时）	265 432	292 814	279 125	288 955	299 405	319 920	290 942
进口动画电视播出时间所占比例	5.29%	3.96%	4.78%	5.21%	3.12%	2.72%	4.14%
国产动画电视播出时间所占比例	94.71%	96.04%	95.22%	94.79%	96.88%	97.28%	95.86%

资料来源：根据历年《中国统计年鉴》整理。

2017年对于中国电影来说，是极具里程碑意义的一年——《电影产业促进法》自2017年3月1日起实施。《电影产业促进法》的立法初衷在于通过简政放权、加大扶持力度，提高电影产业的工业化和现代化水平。《电影产业促进法》在电影创作摄制、发行放映、产业保障、法律责任等各方面，明确了资质审查程序和审查权限。另外，对电影题材监管、虚报瞒报票房收入等行为，均有严格界定和处理办法。《电影产业促进法》的实施，为未来电影产业持续健康繁荣发展提供了有力的法制保障，对电影产业的长远发展具有里程碑意义。

近年来，在国家大力发展动漫产业和电影产业的有利政策支撑下，我国动画电影制作和票房市场持续升温。2017年，国产动画电影制作备案158部，制作完成并取得公映许可证的影片有32部，相较2016年有所减少。全年动画电影票房收入为47.50亿元（见图3），其中，进口片33.93亿元，国产片13.34亿元，合拍片0.24亿元，分别占总体的71.42%、28.08%和0.50%（见图4）。2017年总体票房较上年减少32.67%，主要系因缺少像《疯狂动物城》《功夫熊猫3》《你的名字》《愤怒的小鸟》等进口大片所致。全年票房收入突破10亿元的影片有《寻梦环游记》《神偷奶爸3》共2部，在5亿元以上的有《熊出没之奇幻空间》1部，在1亿元以上的还有《欢乐好声音》《蓝精灵：寻找神秘村》《哆啦A梦：大雄的南极冰冰凉大冒险》《赛车总动员3：极速挑战》《十万个冷笑话2》《大卫·贝肯之倒霉特工熊》《赛尔号大电影6：圣者无敌》等7部（见表4）。

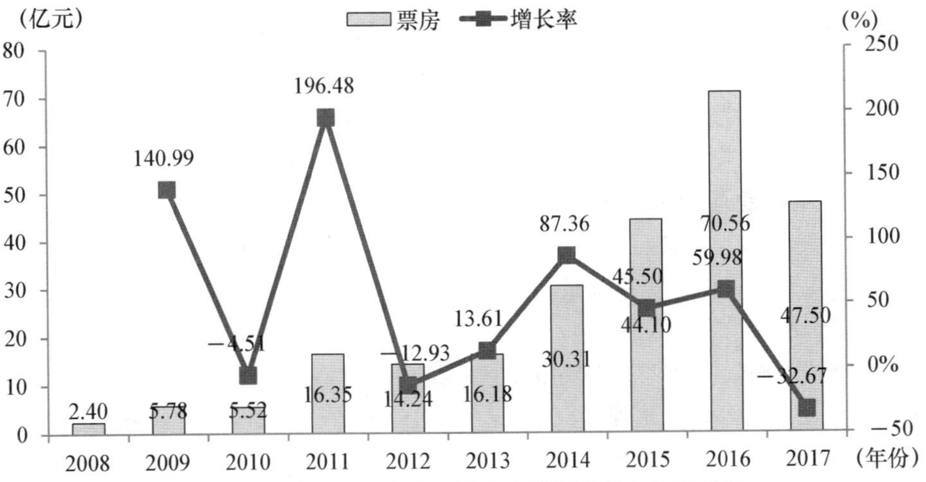

图3　2008—2017年全国动画电影票房收入和增长率

资料来源：艺恩数据（http://www.cbooo.cn/）。

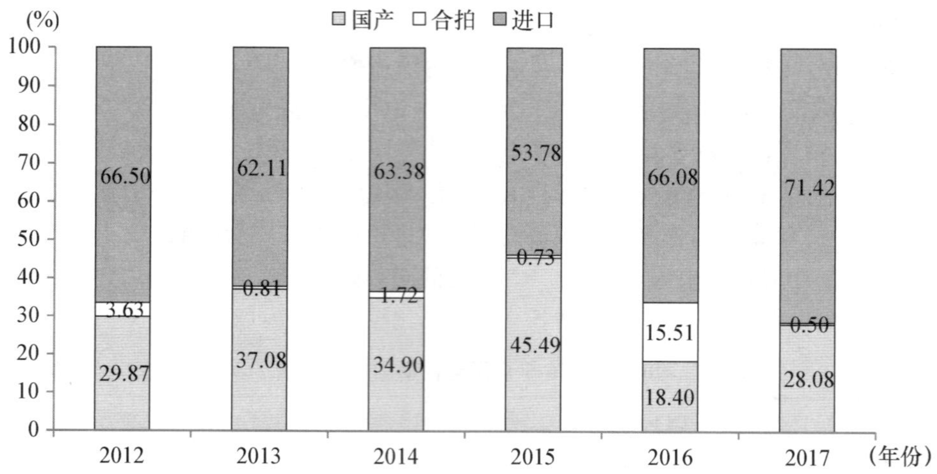

图 4 2015—2017 年全国动画电影票房收入结构

资料来源：艺恩数据（http://www.cbooo.cn/）。

表 4　　2015—2017 年全国动画电影票房收入前 10 名影片

排名	2015 年	2016 年	2017 年
1	西游记之大圣归来	疯狂动物城	寻梦环游记
2	哆啦 A 梦：伴我同行	功夫熊猫 3	神偷奶爸 3
3	超能陆战队	你的名字	熊出没之奇幻空间
4	小黄人大眼萌	大鱼海棠	欢乐好声音
5	熊出没之雪岭熊风	愤怒的小鸟	蓝精灵：寻找神秘村
6	疯狂外星人	冰川时代 5：星际碰撞	哆啦 A 梦：大雄的南极冰冰凉大冒险
7	小王子	爱宠大机密	赛车总动员 3：极速挑战
8	精灵旅社 2	熊出没之熊心归来	十万个冷笑话 2
9	十万个冷笑话	海底总动员 2：多莉去哪儿	大卫・贝肯之倒霉特工熊
10	头脑特工队	海洋奇缘	赛尔号大电影 6：圣者无敌

资料来源：艺恩数据（http://www.cbooo.cn/）。

三、视频平台加速布局网络动漫

根据统计，2017 年，中国动漫行业用户规模达到 3.1 亿人，同比增长 14.8%，“90 后”作为动漫用户的主要群体，占比达到六成。不断增长的动漫用户释放出强大的消费潜力，为中国动漫产业的发展提供了巨大空间和机会。随着动漫产业在文化娱乐产业中的分量越来越重，爱奇艺、腾讯视频、优酷等主流视频网站纷纷发力入局，进行包括上游制作、中游播出和下游衍生开发在内的全产业链布局，在一定程度上加速了中国网络动漫的发展。

海量内容是视频网站入局动漫领域的首要策略，2017 年各视频平台播放动漫内容数量达到 3 882 部，预计平台拥有动漫内容数量仍将持续上升。根据统计，2017 年新上线动漫超过 600 部，暑期上线动漫作品数量最多，是视频网站争夺动漫用户的重要档期（见表 5）。目前，优质头部内容把持着动漫平台的流量入口，具有强大的聚集流量的优势，依然是视频网站着力布局动漫领域的焦点。亿级播放量以上的优质头部动漫内容仍为稀缺资源，联播依然是头部动漫作品播放主流，每月在播作品播放量第一名中均为联播。从全年播放量来看，排名较高的日本动画作品包括《航海王》《名侦探柯南（国语版）》《龙珠超》等，美国动画作品包括《汪汪队立大功 2》《小巴林》《汪汪队立大功 3》等（见表 6），国产动画作品包括《熊熊乐园》《爆裂飞车 2》《秦时明月之君临天下》等（见表 7）。从 2017 年视频网站播出动画类别流量分布来看，儿童动画占 48%，青少年动画占 18%，成年人动画占 27%，全年龄动画占 6%。由此可见，经典国产儿童动画是头部内容主力，平台版权覆盖及内容深耕是联播中领先主因；新播国产青少年动画数量占流量前十名的 5 成，成为头部在播内容吸睛实力担当；平台入局国产成年动画，腾讯视频、优酷、爱奇艺等成为自制成年动画主要平台。

表 5　2017 年视频网站新播动漫作品数量和播放量

月份	每月新播作品数量（部）	播放量（亿次）	单月播放量冠军作品	冠军作品单月播放量（亿次）
1 月	31	46.5	熊出没之秋日团团转	6.0
2 月	15	15.5	汪汪队立大功 2	6.0
3 月	16	53.7	小猪佩奇 2	5.4
4 月	22	39.7	超级飞侠 3	6.8
5 月	45	37.8	熊熊乐园	17.2
6 月	60	40.9	熊熊乐园	8.2
7 月	118	61.7	熊熊乐园	7.5
8 月	171	30.8	小猪佩奇 2	29.0
9 月	64	32.1	熊熊乐园	7.0
10 月	76	29.1	小猪佩奇 4	6.2
11 月	57	37.0	小猪佩奇 4	5.4
12 月	20	4.5	熊出没之探险日记	22.0

注：每月在播流量冠军作品不包括全集作品。
资料来源：艺恩视频智库，统计周期为 2017 年 1 月 1 日至 12 月 31 日。

表 6　2017 年视频网站播放量前 10 名日本和美国动画作品

排名	日本动画作品	播放量（亿次）	美国动画作品	播放量（亿次）
1	航海王	45.7	汪汪队立大功 2	32.2
2	名侦探柯南（国语版）	23.0	小巴林	28.8
3	龙珠超	15.5	汪汪队立大功 3 *	10.1
4	捷德奥特曼 *	14.2	乐高幻影忍者	8.8
5	火影忍者	13.8	巴塔木儿歌	8.8
6	蜡笔小新 2	13.6	汪汪队立大功 1	6.9
7	欧布奥特曼	9.3	乐高城市系列	5.5
8	蜡笔小新 6 *	8.1	芭比之梦想豪宅 1	5.3
9	迪迦奥特曼 *	8.0	成龙历险记	3.8
10	名侦探柯南（日语版）	7.7	巴塔中文儿歌 *	3.5

注：排名不包含作品全集，标 * 者为 2017 年新播剧目。
资料来源：艺恩视频智库，统计周期为 2017 年 1 月 1 日至 12 月 31 日。

表 7　2017 年视频网站播放量前 10 名国产动画作品

排名	儿童动画作品	青少年动画作品	成年动画作品
1	熊熊乐园	爆裂飞车 2 *	秦时明月之君临天下
2	熊出没之秋日团团转	一人之下 2 *	狐妖小红娘
3	超级飞侠 3 *	巴啦啦小魔仙之飞越彩灵堡 *	斗破苍穹 *
4	熊出没之夏日连连看	纳米核心 3 *	全职高手 *
5	贝瓦儿歌	峡谷重案组 *	武庚纪
6	可可小爱	小破孩有内涵	画江湖之不良人 2
7	熊出没之冬日乐翻天	银河奥特曼	画江湖之杯莫停
8	超级飞侠 1	星学院	十万个冷笑话 3
9	超级飞侠 2	兽王争锋 2 原石之力	妖神记
10	猪猪侠之超星萌宠	我的天劫女友	妖怪名单 2

注：排名不包含作品全集，标 * 者为 2017 年新播剧目。
资料来源：艺恩视频智库，统计周期为 2017 年 1 月 1 日至 12 月 31 日。

各视频网站通过自身综合优势布局动漫产业，其中内容自制、版权内容布局、全产业链开发、国际化合作推动内容出海是平台提升自身竞争力的重要战略。近年，视频平台开始发力自制动画，至 2017 年自制作品数量达 21 部，播放量提升至 57 亿次，有力推动了中国网络动画的发展。爱奇艺自制动画《万古仙穹》上线第一天 VIP 收入及 VIP 会员增长量登顶爱奇艺平台第一名，超过爱奇艺其他自制真人影视和综艺内容；当第 1 季第 4 集上线就凭借会员付费收回动画投资成本；系列作品第 2 季于 3 月 15 日登陆爱奇艺播出。腾讯视频（企鹅影视）自制动画《全职高手》上线第 9、10 集，付费收入达 1 100 万元；上线第 11 集时，达到 1 400 万元（收入为腾讯视频及 B 站双平台合计收入）。

从目前几大视频平台动画影视内容播放情况看，爱奇艺和腾讯视频显示出较强的内容聚合能力，以及针对泛次元用户强大的平台影响力，优势显著，这与二者的定位有较大关系，但尚未形成稳定的竞争格局。爱奇艺主打儿童及二次元动画，并独立运营儿童动画 APP《奇巴布》及二次元动画 APP，目前覆盖了国内 40%以上的国产儿童动画内容资源，爱奇艺自制儿童动画《无敌鹿战队》及多部二次元动画作品等优质内容领航出海，国际一线动画播出平台或预购或购买版权播出。腾讯视频依托腾讯动画参与出品和播放了较多的青少年和成年动画，《全职高手》《斗破苍穹》等动画是其典型代表。从各平台动画内容产生的流量来看，爱奇艺在儿童动画、青少年动画的流量覆盖领先，腾讯视频在成年动画的表现中优势明显。在主流内容为联播的情况下，平台优质内容聚合能力以及对泛次元用户的影响力奠定流量基础。2017 年，爱奇艺在 12 月中有 7 个月成为第一名作品流量最高平台。从长远来看，优质头部动画内容将是视频网站未来在动画领域胜出的关键。

四、品牌授权助推动漫品牌成长

根据中国玩具和婴童用品协会统计，截至 2017 年 12 月，按照企业实际开展授权业务的口径统计，活跃在我国的品牌授权企业总数为 327 家，已经开展授权业务的 IP 为 1 032 项。在授权 IP 品类中，娱乐 IP 授权仍占据半壁江山（54%），其次为艺术（14%）和时尚类 IP（13%）。活跃在我国授权市场上的 IP 国别涉及 27 个国家和地区，其中主要为美国（40%）、中国大陆（26%）、日本（11%）、韩国（6%）、英国（6%）和港澳台地区（3%）。中国授权市场以其发展速度和潜力吸引了诸多国际 IP 的进入，活跃在我国授权市场上的 IP 中 74%为国际 IP，同时经典的但尚未进入我国或新兴的国际 IP 进入中国的速度均正在加快。据 2017 年 5 月美国 *License! Global* 期刊发布的 2016 年全球授权商前 150 强名单显示，全球授权年度零售额超 10 亿美元授权商有 55 家，其中 87%的企业已经进入中国市场，其中超过一半以上通过授权代理机构在我国开展授权业务。品牌授权商及其代理机构在我国主要分布在上海（30%）、北京（19%）、广东（17%）、香港（9%）及台湾（6%）等地。

调查还显示，品牌授权商在 2017 年合作的被授权商主要集中在玩具（15%）、服装（11%）、食品饮料（8%）、主题空间（7%）等行业，被授权品类更趋于全面性，其中食品饮料、主题空间及图书出版等行业较 2016 年增速更快。品牌授权商在选择被授权商合作时，除了考虑 IP 本身要与授权产品的类型相匹配，还会从以下五个维度来选择被授权商：被授权商品牌知名度（78%）、产品销售能力（78%）、生产研发能力（70%）、被授权商规模（67%）、被授权商的财务能力（41%）等。

我国已经开展授权业务的被授权商所从事的主要行业为玩具游艺（18%）、服装（13%）、礼品赠品（8%）、家居家纺（7%）及主题空间（7%）等，其中图书出版及食品饮料等行业在 2017 年有较快增长。被授权商主要分布在广东（23%）、浙江（16%）、江苏（15%）、上海（13%）和山东（8%）等地。70%的被授权商的授权业务在整个公司业务量中占比在一半以下，这与授权商所青睐的被授权商大多为该行业领头企业相关。在规模较大的被授权商中，授权业务经常只是作为拓展品牌和吸引消费者的营销手段，只占公司整体业务的较小部分。有 94%的被授权商表示，有 IP 授权产品的销售额要高于其他同类产品。我国活跃被授权商在 2017 年度合作过的授权 IP 品类前四类为娱乐（42%）、企业品牌（18%）、艺术（16%）和时尚（11%）。被授权商选择与授权商合作时考虑的重要因素中排在首位的是 IP 与产品的匹配度（81%），接下来是 IP 的知名度和影响力（78%）、版权费用（47%）、版权方实力和知名度（44%）、版权方给予被授权商后续支持和服务（38%）等。越来越多的被授权商已经认识到在授权业务中，IP 和自身产品结合匹配度更为重要。

2017年中国软件产业发展概况

国家工业信息安全发展研究中心

2017年，世界经济迎来逐步向好局面，全球经济增速和增长预期提升，发达经济体经济增长势头良好，新兴市场和发展中经济体增速企稳回升。同时世界经济格局的变化和调整导致保护主义和逆全球化风潮兴起，对世界经济增长造成持续威胁。中国经济正值新旧动能转换时期，一方面落后产业去产能、去库存成效显著，另一方面"中国制造2025""大众创业、万众创新""一带一路"等成为中国经济发展的新动能，引领了经济发展的方向。全年国内生产总值82.71万亿元，比上年增长6.9%①。软件产业受益于中国经济转型、产业升级和"两化融合"进程的不断深入，传统产业的信息化需求不断激发，市场规模逐年提升，"软件定义世界，智能驱动未来"理念彰显，大数据、人工智能、虚拟现实等新兴热点频现，制造业与互联网融合、软件创业创新等方面进展迅猛。

一、2017年中国软件产业发展的宏观环境

软件是新一代信息技术产业的灵魂，"软件定义"是信息革命的新标志和新特征。软件和信息技术服务业是引领科技创新、驱动经济社会转型发展的核心力量，是建设制造强国和网络强国的核心支撑。建设强大的软件和信息技术服务业，是我国构建全球竞争新优势、抢占新工业革命制高点的必然选择。经过多年的发展，中国软件产业规模快速增长，创新能力大幅提升，企业实力显著增强，与制造业加速融合，新业态、新模式不断涌现，广大软件企业积极响应国家战略部署，主动投身到"中国制造2025"、"互联网+"、两化深度融合等国家战略主战场，也为自身发展开辟了新的广阔空间。"中国制造2025"、"一带一路""互联网+"行动计划、大数据、军民融合发展等国家战略的推进实施，以及国家网络安全保障的战略需求，为软件产业带来更为广阔的发展空间，开拓出更多、更深的价值蓝海。2017年是我国"十三五"规划开局之年，重点围绕着力突破核心技术，积极培育新兴业态，持续深化融合应用，大力拓展国际市场，构建核心竞争优势进行重点部署，推动软件产业做大做强，实现产业发展新跨越，服务好制造强国和网络强国建设。

党的十九大明确提出"加快建设制造强国，加快发展先进制造业，推动互联网、大数据、人工智能和实体经济深度融合"，国家连续制定并出台《国务院关于深化制造业与互联网融合发展的指导意见》《促进大数据发展行动纲要》《国家信息化发展战略纲要》等国家战略，落实《信息产业发展指南》总体要求。工业和信息化部结合软件产业特色印发了《云计算发展三年行动计划（2017—2019年）》《工业技术软件化三年行动计划（2018—2020年）》《促进新一代人工智能产业发展三年行动计划（2018—2020年）》等一系列指导政策文件。以应对全球围绕技术路线主导权、价值链分工、产业生态的激烈竞争，借鉴发达国家在工业互联网、智能制造、人工智能、大数据等领域展开战略布局的做法，深入推进大众创业万众创新，进一步激活软件和信息技术服务业市场主体，赋予软件和信息技术服务业新的使命和任务。

二、2017年中国软件产业发展的基本状况②

2017年我国软件和信息技术服务业继续呈现稳中向好的运行态势，收入和效益同步加快增长，出口有所恢复，吸纳就业人数平稳增加，创新能力不断提升，产业结构持续调整优化，服务和支撑保障能力显著增强。

① 中华人民共和国2017年国民经济和社会发展统计公报［EB/OL］.［2018-07-16］. http://www.stats.gov.cn/tjsj/zxfb/201802/t20180228_1585631.html.

② 2017年软件业经济运行情况［EB/OL］.［2018-06-22］. http://www.miit.gov.cn/n1146285/n1146352/n3054355/n3057656/n5340637/c6040371/content.html.

（一）软件产业总体运行情况

软件业务收入加快增长。2017 年，全国软件和信息技术服务业完成软件业务收入 5.5 万亿元，比上年增长 13.9%，增速同比提高 0.8 个百分点。从全年增长情况看，走势基本平稳（见图 1）。

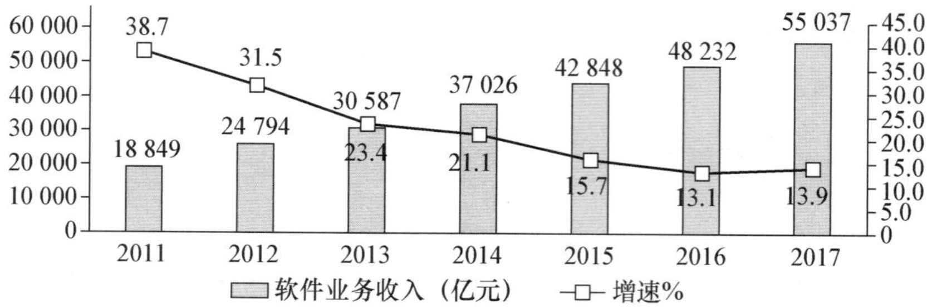

图 1　2011—2017 年软件业务收入增长情况

全行业利润增长快于收入增长。2017 年，全行业实现利润总额 7 020 亿元，比上年增长 15.8%，比 2016 年提高 2.1 个百分点，高出收入增速 1.9 个百分点。分季度来看，一至四季度利润总额增速分别为 9.6%、14.2%、15.6%和 21.2%，呈逐步上升态势（见图 2）。

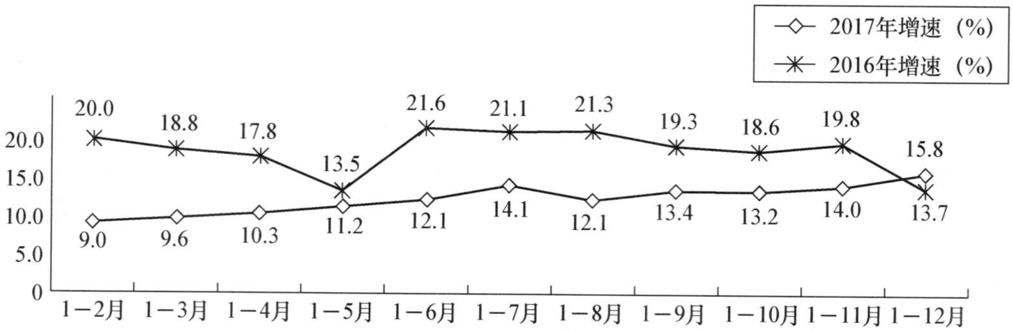

图 2　2017 年 1—12 月软件业利润总额走势

出口形势仍然低迷，但进入下半年以后情况有所改观。2017 年，全国软件业实现出口 538 亿美元，同比增长 3.4%，增速比上年提高 2.4 个百分点（见图 3）。其中，外包服务出口增长 5.1%，比上年提高 4.4 个百分点；嵌入式系统软件出口增长 2.3%。

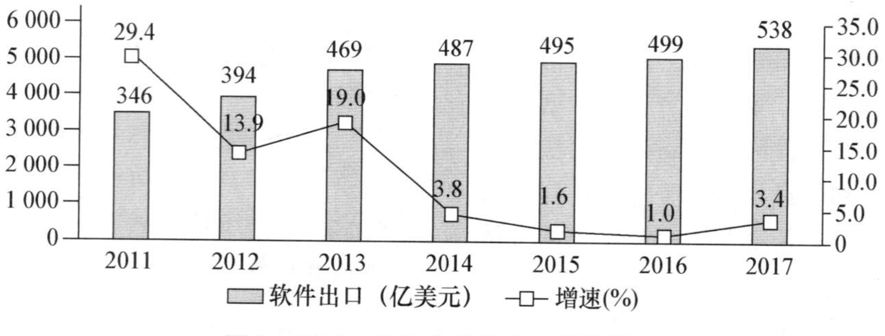

图 3　2011—2017 年软件出口增长情况

从业人数平稳增加，工资水平保持较快增长。全行业从业人数接近 600 万人，比上年同期增加约 20 万人，比上年增长 3.4%。从业人员工资总额增长 14.9%，人均工资增长 11.2%（见图 4）。

企业研发投入不断增强，创新能力逐步提升。对重点软件企业的监测显示，全年企业研发投入强度接近 11%。据中国版权保护中心的数据，2017 年我国软件著作权登记量突破 70 万件，比上年增长达 85%，呈现爆发式增长；大数据、云计算、人工智能等新技术迅速得到应用和扩展，产业活力不断增强。

（二）软件产业分领域运行情况

软件和信息技术服务业结构继续调整，产业生态链不断完善，为制造强国和网络强国建设提供重要支撑和保障。

信息技术服务保持领先，产业继续向服务化、云化演进。2017 年，全行业实现信息技术服务收入 2.9 万亿元，比上年增长 16.8%，增速高出全行业

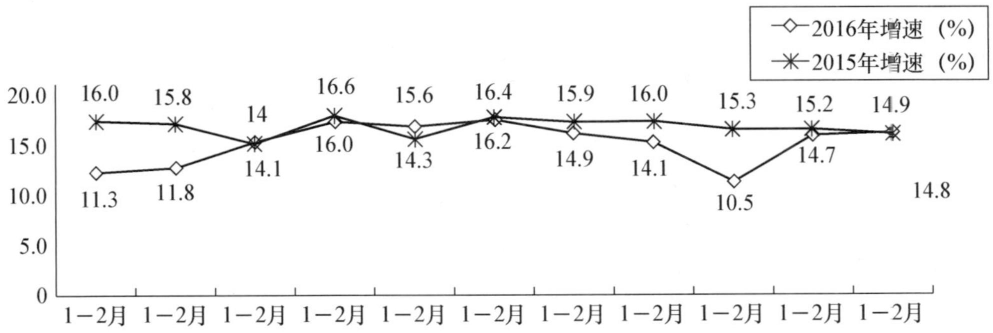

图 4　2017 年 1—12 月软件业从业人员工资总额增长情况

平均水平 2.9 个百分点，占全行业收入比重为 53.3%。其中，云计算相关的运营服务（包括在线软件运营服务、平台运营服务、基础设施运营服务等在内的信息技术服务）收入超过 8 000 亿元，比上年增长 16.5%。

软件产品平稳增长，支撑保障能力显著增强。2017 年，全行业实现软件产品收入 1.7 万亿元，比上年增长 11.9%，占全行业收入比重为 31.3%。其中，信息安全和工业软件产品收入均超过 1 000 亿元，分别增长 14.0%和 19.9%。随着核心关键技术的突破，软件产业正向构筑有力的产业基础、推进信息系统安全可控、驱动工业智能化等方向迈进。

软件技术加快向各领域渗透，应用服务能力不断提升。支撑电子商务快速发展，电子商务平台技术服务收入比上年增长 30.3%；助力集成电路产业发展，集成电路设计服务收入比上年增长 15.6%；加快向通信、医院、交通、装备等各领域渗透，嵌入式系统软件已成为产品和装备数字化改造、各领域智能化增值的关键性带动技术，全年实现收入 8 479 亿元，比上年增长 8.9%（见图 5、图 6）。

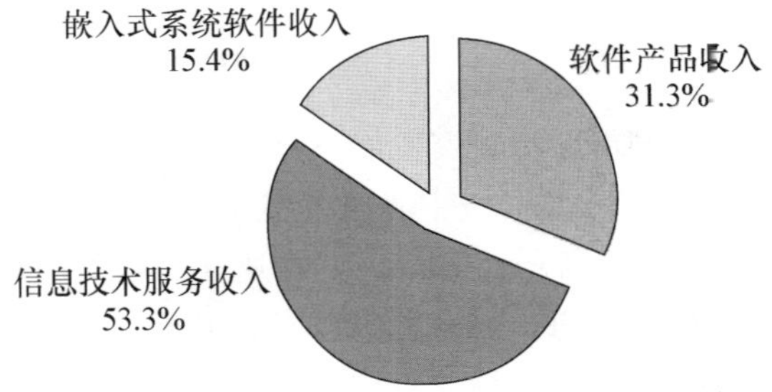

图 5　2017 年 1—12 月软件产业分类收入占比情况

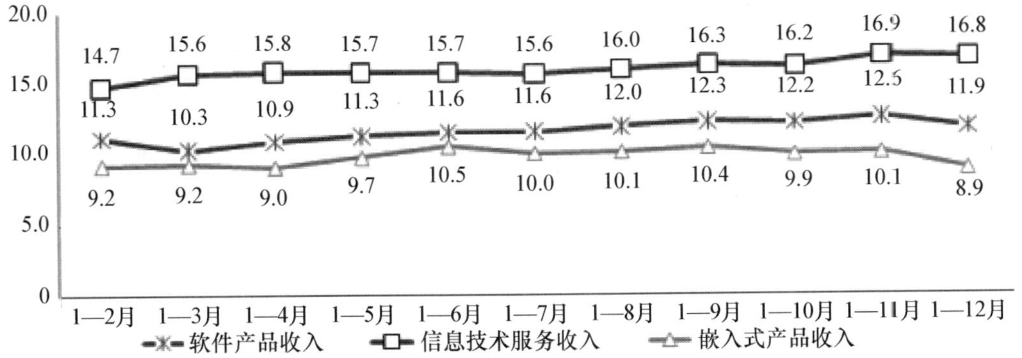

图 6　2017 年 1—12 月软件业分类收入增长情况

（三）软件产业分地区运行情况

东部地区稳步发展，中西部地区软件业加快增长。2017 年，东部地区完成软件业务收入约 4.4 万亿元，同比增长 13.8%，占全国软件业的比重为 79.2%，比上年下降 0.1 个百分点；中部和西部地区完成软件业务收入分别为 2 497 亿元和 6 187 亿元，分别增长 15.9%和 17.3%，占全国软件业的比重为 4.5%和 11.2%，比上年分别提高 0.1 和 0.3 个百分点；东北地区完成软件业务收入 2 778 亿元，增长 7.1%，占全国软件业的比重为 5.1%，同比下降 0.3 个百分点（见图 7）。

主要软件大省保持平稳发展，部分中西部省市快速增长。总量居前 5 名的广东、江苏、北京、山东、浙江共完成软件业务收入 3.5 万亿元，占全国软件业比重的 64.0%，分别增长 14.2%、12.6%、12.2%、14.3%和 20.1%。部分中西部省市增长较快，如西部的陕西增长超过 20%，云南、青海增长达 40%，中部的安徽增长达 30%（见图 8）。

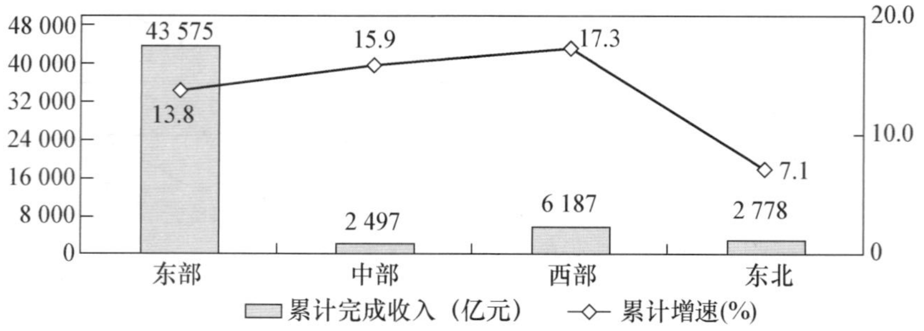

图 7　2017 年 1—12 月软件业分区域增长情况

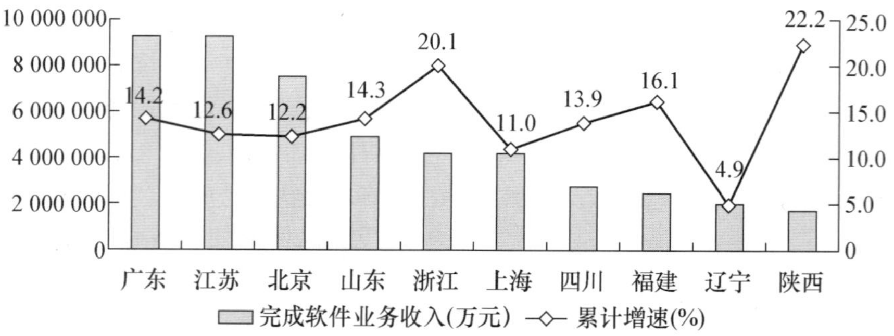

图 8　2017 年 1—12 月软件业务收入居前十位省市增长情况

中心城市保持集聚发展态势，质量效益领先全国。全国 15 个副省级中心城市实现软件业务收入 3 万亿元，比上年增长 14.3%，增速高出全国平均水平 0.4 个百分点，占全国软件业的比重为 55.2%，比上年回落 0.3 个百分点；实现利润总额 4 469 亿元，增长 19.1%，高出全国平均水平 3.3 个百分点，占全国比重的 63.7%。全国软件业务收入达到千亿元的中心城市和直辖市共 15 个，合计实现软件业务收入 4.3 万亿元，占全国的比重达到 78.0%（见图 9）。

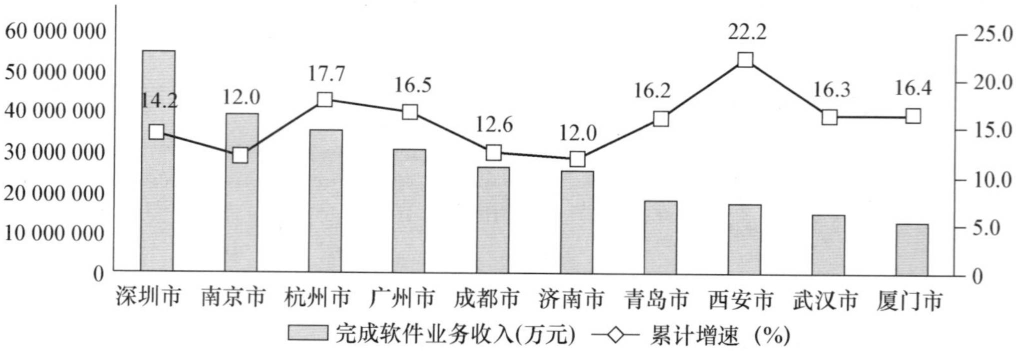

图 9　2017 年 1—12 月软件业务收入居前十位副省级中心城市增长情况

（四）主要软件企业发展情况①

根据国家统计局批准、工业和信息化部统计的《2016 年全国软件和信息技术服务业年报》数据，经各地工业和信息化主管部门初步审核，工业和信息化部最终核定 2017 年（第 16 届）中国软件业务收入前百家企业（以下简称软件百家企业）。

2017 年（第 16 届）软件百家企业入围门槛为软件业务年收入 14.5 亿元，比上一届提高了 1.2 亿元，增长 8.1%。软件百家企业中出现 14 家新上榜企业，更新率与上届持平。软件百家企业整体规模持续扩大，共完成软件业务收入 6 620 亿元，比上届增长 10.2%，占软件和信息技术服务全行业收入的 13.7%。其中，排名首位的华为技术有限公司，软件业务收入突破 2 000 亿元；软件业务收入过 100 亿元的企业达 9 家，比上届又增加 2 家。

软件百家企业增势凸显。软件百家企业中有四成企业收入增长率超过 20%，部分在云计算、大数据领域具有领先优势的企业增长突出，如阿里云、

① 2017 年（第 16 届）中国软件业务收入前百家企业发展报告［EB/OL］.［2018-06-22］. http://www.miit.gov.cn/newweb/n1146285/n1146352/n3054355/n3057656/n5340637/c5808732/content.html.

京东尚科排名连续两年快速上升，2016 年分别提升了 33 和 36 位，软件业务收入增长均超过 150%，新入围的百度云增长达到 90%。部分积极转型的企业取得新突破，如用友在新业务支撑下收入增长 68%，排名提升了 15 位；部分在新兴领域具有核心技术的企业持续保持增长，如华讯方舟、大疆分别在移动宽带、无人机等领域占据优势，排名分别提升了 28 和 17 位，软件业务收入增速达 73%和 68%。另有部分企业深耕产业链上下游或在横向拓展行业领域取得不错的成效，如小米移动、云中飞依托自有终端品牌，提供移动端解决方案，分别增长 55%和 69%，排名分别提升 9 和 19 位；天源迪科和北明软件抓住行业计算平台重构和智慧城市深入推进机遇，分别增长 46%和 101%，排名提升了 17 和 33 位。

软件百家企业研发力度增强，运行质量提升。软件百家企业共投入研发经费 1 485 亿元，比利润总额高出 6 亿元，比上届研发投入增长 20.5%，超过收入增长 10.3 个百分点；研发强度（研发经费占主营业务收入比例）达 11.5%，比上届提高 1.9 个百分点，高出全行业 4.3 个百分点；参与研发的人员数接近 39 万人，占总从业人员数的 48%，与上届相比增长 10%。百家企业共实现利润总额 1 479 亿元，占全行业利润的 22.6%，主营业务收入利润率为 11.5%，高出全行业 1.1 个百分点。软件百家企业在产业竞争中的盈利能力和话语权明显提升，运行质量得到改善，2016 年平均资产负债率下降 2.0 个百分点，应收账款下降 32.0%。

三、2017 年中国软件产业发展的特点

2017 年，中国软件产业受益于中国经济转型、产业升级，整体呈现快速发展态势，产业规模进一步扩大，创新活力增强，云计算、大数据、移动互联网等快速发展，新产品、新模式、新业态等不断涌现。具体表现出如下特点：

（一）中国软件产业受益于经济转型、产业升级，发展态势持续向好

受益于中国经济转型、产业升级战略实施，中国企业用户的 IT 需求已经由基于信息系统基础构建转变成基于自身业务发展需要，各行业对基于其自身行业特点的应用软件，连接应用软件和底层操作软件之间的中间件，跨行业的管理软件以及基于现有系统的专业化服务呈现出旺盛的需求。软件产业也由廉价劳动力为主的生产加工模式，向提供具有自主知识产权、高附加值的生产和服务模式转变，其中信息技术产业是经济转型和产业升级的支柱和先导，是信息化和工业化“两化融合”的核心。2017 年全年软件业务收入保持两位数增长，高于上年水平，利润增长快于收入增长，保持了向好状态。

（二）中国软件产业技术发展趋向网络化、服务化、智能化、平台化和融合化

网络化成为软件技术发展的基本方向，服务化成为软件产业转型的本质特征，智能化是软件技术发展的永恒主题，平台化是软件技术和产品发展的新引擎，融合化是软件技术和产业发展的新空间。具体来说，网络化是指计算技术的重心正在从计算机转向互联网，互联网成为软件开发、部署与运行的平台，将推动整个产业全面转型。服务化是指软件构造技术和应用模式正在向以用户为中心转变，具有可动态伸缩、使用成本低、可管理性好、节约能耗、安全便捷等优点。智能化是在海量信息基础上实现知识的自动识别，赋予信息系统自适应能力，大幅提高资源配置效率。平台化趋势下，软件的竞争从单一产品的竞争发展为平台间的竞争，未来软件产业将围绕主流软件平台构造产业链。融合化趋势催生了大量新技术、新模式、新业态，创造了巨大的市场需求。

（三）中国软件产业创新活力增强，新技术催生新业态

在以云计算、移动互联、大数据技术为特征的新技术推动下，已有的软件企业不断更新产品，寻求新的发展领域，新的软件企业也寻机出现，成长迅速，不断引发用户应用系统的升级和扩展，带来新的管理模式和新的应用市场，进而推动新一轮软件产业的大发展。在工业大数据、空间信息和系统集成等多个产业领域形成各种新的服务业态，如空间信息领域利用精准空间定位技术为车船调度管理、精准农业、智能交通、移动电子商务、物流管理信息系统、测绘、资源调查、环境监测等诸多行业提供个性化服务，加速向传统产业渗透，在农业、城市和区域规划管理、交通、商业、传统制造业的信息化改造、国家宏观规划、管理、决策以及社会服务等方面发挥越来越重要的作用。

（四）中国软件产业投融资活跃，助力软件企业快速发展

金融资本是软件产业转型升级和跨越式发展的重要保障和助推剂，中国软件产业适合国家发展和产业建设的投融资体系已经建立，投融资活动也愈加活跃，在优化产业结构，增强企业发展实力，推升软件创新能力等方面发挥巨大作用，催生了一批垂直领域的“独角兽”崛起。如中关村并购母基金

总规模达 300 亿元人民币，首期募集规模 125 亿元人民币，主要投资方向包括软件和互联网、云计算、定位导航与空间信息服务、集成电路设计、生物医药、新能源、新材料、节能环保、文化和科技融合等，超 50%的服务对象都是软件和软件相关的企业。再如金山云 2017 年 12 月宣布完成 D 轮 3 亿美元融资，面向“All in Cloud”战略，依托云存储技术和云计算能力，加速实现“存储—游戏—视频”的垂直化布局，数据存储量超过 600P。

四、2017 年中国软件正版化工作开展情况

中国一贯高度重视科学技术创新和知识产权保护，通过软件正版化加强软件知识产权保护，是鼓励和促进知识与技术创新的重要举措。2017 年，继续监督落实《关于计算机预装正版操作系统软件有关问题的通知》和《关于政府部门购置计算机办公设备必须采购已预装正版操作系统软件产品的通知》等一系列指导文件精神，并联合多部委开展软件正版化督查工作，维护计算机市场和软件市场秩序，营造良好的软件知识产权保护社会环境，推动软件产业自主创新。

（一）巩固计算机设备出厂预装正版操作系统工作成果

2017 年，根据计算机预装正版操作系统软件工作部署要求，下发《关于报送 2016 年度计算机预装正版操作系统软件有关问题的通知》（工信软函［2017］665 号），继续要求在国内销售产品的计算机生产商和操作系统软件提供商上报 2016 年度计算机销售数量和操作系统软件的预装数量，根据上报数据进行统计整理分析，完成该年度《计算机预装正版操作系统软件情况分析报告》。经过近 10 年预装正版操作系统工作的稳步推进，在计算机生产企业和软件企业的共同努力下，国内新出厂计算机正版操作系统软件的装机数量和预装情况得到极大改善，对推进国家软件正版化，改善国内软件知识产权保护环境发挥了积极的引领作用。2007 年正版预装率为 87.75%，2009 年正版预装率达到 98.02%，此后连年稳定维持在 98%以上，2016 年新出厂计算机正版操作系统预装率为 98.97%，创下历史新高。

（二）以“剑网行动”为抓手，开展专项执法活动①

2017 年 7 月，国家版权局、国家互联网信息办公室、工业和信息化部、公安部四部门联合下发《关于开展打击网络侵权盗版“剑网 2017”专项行动的通知》，对专项行动进行动员部署。针对当前互联网版权治理的热点和难点，专项行动实施分类管理，聚焦影视、新闻、移动互联网应用程序（APP）、电商平台等重点领域开展版权专项整治，查办了一批侵权盗版大要案件，为党的十九大胜利召开营造良好网络版权环境。2017 年全年，各级版权执法监管部门会同网信、工信、公安等部门共检查网站 6.3 万个，关闭侵权盗版网站 2 554 个，删除侵权盗版链接 71 万条，收缴侵权盗版制品 276 万件，立案调查网络侵权盗版案件 543 件，会同公安部门查办刑事案件 57 件、涉案金额 1.07 亿元。

（三）软件知识产权意识增强，间接推动软件著作权登记数量猛增②

软件正版化工作的持续推进，改善了中国软件产业整体知识产权保护意识，间接推动了软件知识产权水平的提升和能力创建。2017 年，全国共完成计算机软件著作权登记 745 387 件，同比增长 82.79%，登记数量继 2016 年达到 40 万件后，连续跨过 50 万件和 60 万件整数关口，一举突破了 70 万件。从热点类别软件登记情况来看，2017 年，游戏软件、金融软件、教育软件、医疗软件、物联网软件、地理信息软件、云计算软件和信息安全软件登记数量均较上一年度有不同程度提升。其中，APP 登记 154 977 件，约占全国软件登记总量的 20.79%，相比其他类别软件登记数量最高；金融软件登记 38 248 件，同比增长 133.95%，是增长最快的类别之一。另外，地理信息软件登记 17 780 件，同比增长 75.78%，增速较上一年度提升约 50 个百分点，呈现出高速增长的发展态势。计算机软件著作权质权登记 233 件，同比下降 10.73%；涉及合同数量 233 个，同比下降 10.73%；涉及作品数量 987 件，同比下降 2.18%；涉及主债务金额 212 279.5 万元，同比下降 24.76%；涉及担保金额 212 578.7 万元，同比下降 26.79%。

① “剑网 2017”专项行动有关情况的通报［EB/OL］.［2018-07-19］. http://www.ncac.gov.cn/chinacopyright/contents/10873/357502.html.

② 国家版权局办公厅关于 2017 年全国著作权登记情况的通报［EB/OL］.［2018-07-19］. http://www.ncac.gov.cn/chinacopyright/contents/483/359696.html.

2017 年中国网络游戏产业发展报告

廖旭华

一、2017 年中国网络游戏产业发展背景

（一）中国网络游戏产业政策背景

1. 游戏监管体系不断完善

自 2016 年发布《关于移动游戏出版服务管理的通知》以来，国家监管机关逐步建立以版号及运营备案为主要内容的游戏监管体系。版号审核，由国家新闻出版广电总局负责，于 2016 年 7 月 1 日起正式实施。游戏版号是游戏出版运营的批文号的简称，是根据著作权相关法律法规的规定，对游戏软件厂商或者个人作者开发的游戏软件的著作权的保护。而关于单独针对移动游戏的出版制度的制定，不仅能够更好地保护开发者的权利，也有利于肃清市场上的侵权产品，有效地维系了以移动游戏为主的游戏市场的运作秩序。同时，通过版号的审核，监管机构能够对游戏产品的内容进行有效的审核，从而更好地指导游戏产品生产，避免拥有违规内容的游戏产品流出市场。运营备案方面，由文化部负责，要求在游戏上线运营后的 30 日内到文化部做游戏运营备案。游戏运营备案制度的完善，有效地保证了游戏运营的规范化，对不符合法律法规的运营行为进行了有效的监管。

以版号和运营备案为主要内容的游戏监管体系，在 2016 年建立以来，其工作流程、监管内容细则、审核效率等均不断得到提升和完善，有助于网络游戏行业的健康及有序发展。

2. 国家不断加强内容监管，游戏行业持续规范化

在监管体系逐渐完善的基础上，监管机构亦通过专项活动、案例指导等多种方式，不断加强网络游戏内容监管，促进游戏行业的持续规范化，保护游戏用户的消费权益。

2017 年 5 月，《文化部关于规范网络游戏运营加强事中事后监管工作的通知》正式开始施行，该通知针对网络游戏经营单位运营责任不清、变相诱导消费、用户权益保护不力等问题的日益突出，明确网络游戏运营范围，规范网络游戏虚拟道具发行服务，加强网络游戏用户权益保护，加强网络游戏运营事中事后监管，严肃查收违法违规运营行为。从而进一步规范网络游戏市场秩序，保护消费者和企业合法权益，促进网络游戏行业健康有序发展。

除此之外，《关于严格规范网络游戏市场管理的意见》亦于 2017 年底开始起草，以专项行动的方式，对网络游戏行业违法违规行为以及不良内容进行了整治，对有害游戏用户权益，涉黄涉毒，政治及血腥的内容进行严格查处。

（二）中国网络游戏经济环境背景

1. 移动互联网经济持续增长

Anlaysys 易观数据显示，2017 年，中国移动互联网市场规模达到 82 298.80 亿元人民币，环比增长 48.81%（见图 1）。随着智能移动手机的普及以及网络传输的发展，移动互联网逐渐成为国民经济

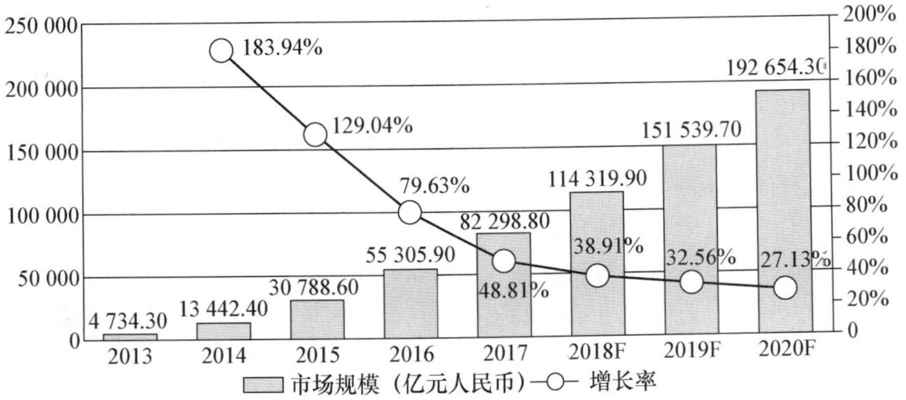

图 1　2013—2020 年中国移动互联网市场规模及预测

的关键产业之一，居民在移动互联网中的消费、娱乐以及移动互联网与传统行业的结合不断深入渗透。作为移动互联网中重要的文化娱乐行业之一，移动游戏也成为发展最为迅速的产业之一，享受了移动互联网经济持续增长的红利，在传播、用户、运营、消费等方面均得到了充分的基础支撑。进而，为以移动游戏为主要细分市场的网络游戏产业创造了良好的产业经济基础。

2. 居民文化娱乐消费支出占比不断提升

根据国家统计局公布数据，2015 年我国人均可支配收入为 21 966 元人民币，至 2016 年我国人均可支配收入达到 23 821 元人民币，而 2017 年，我国人均可支配收入则达到了 25 974 元人民币，实际增长率（扣除价格因素）为 7.30%。伴随着人均可支配收入的逐步增长，居民消费结构逐步发生变化，除食品烟酒、居住、交通通信等刚需因素外，教育文化娱乐消费占比逐渐提升，2017 年达到 11.40%，较 2016 年提升了 0.20%，这表明居民对教育文化娱乐需求日益增长，这为网络游戏产业的增长提供了重要的驱动因素（见图 2）。

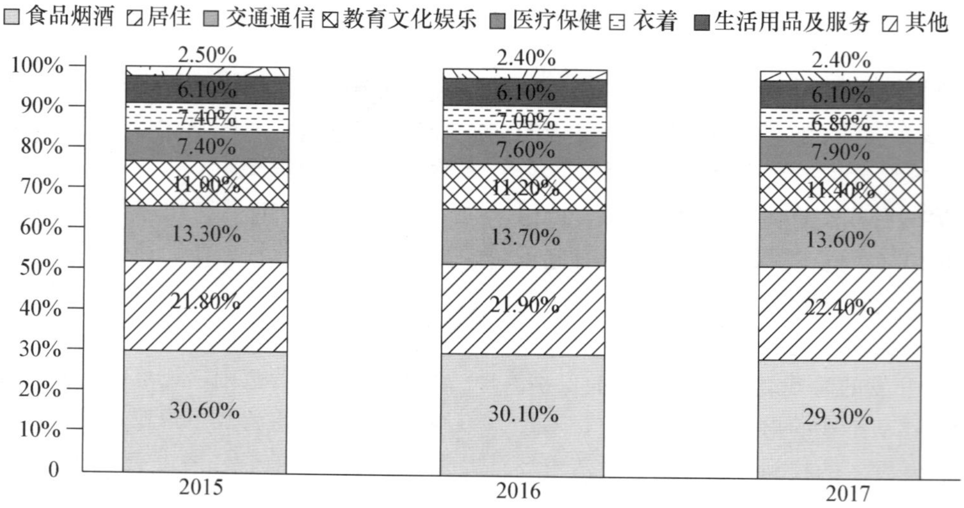

图 2　2015—2017 年全国居民人均消费支出及构成

（三）中国网络游戏产业社会环境背景

1. 主流社会对网络游戏的关注和认可不断增加

中国网络游戏产业在发展早期曾受到广泛的误解，随着近年来文化娱乐产业的发展，以及国家对网络游戏发展的支持，网络游戏在社会主流语境中的社会地位得以不断提升，人们对网络游戏的关注和认可程度也不断加深。

以中央电视台、《人民日报》为代表的主流媒体，在近年来对网络游戏产业及其企业的报道不断增多，其中，对于弘扬社会主义核心价值观，弘扬传统文化及美德的国产创新游戏，以及积极创新的原创网络游戏产品和企业均不吝赞美，并积极传播。除此之外，随着网络游戏产品的繁荣发展，用户覆盖范围越来越广，网络游戏被熟知和认可的范围也不断扩大。

2. 游戏行业人才教育体系不断完善

2017—2018 学年，以北京大学和中国传媒大学为代表的国内一流大学纷纷开设网络游戏相关课程或专业。北京大学方面，开设公选课“电子游戏通论”，旨在帮助在校生较清晰地了解电子游戏的发展规律、认识到开发和运营游戏所需的要素、理解这个业界的风波和存在的问题，从而慢慢培养起成熟健康的游戏观。而中国传媒大学方面，则通过与英雄互娱、腾讯电竞等企业合作的方式，开设数字媒体艺术（数字娱乐方向），将其原有游戏专业在已有游戏美术和游戏程序两个方向，并均涉及一些游戏策划、运营方面的学习内容的基础上，经历了这十余年的学术积累，整合新增游戏策划方向。

除一流大学外，2017 年在全国范围内已有超过 20 家高校开设电竞相关专业及学院。这标志着，游戏人才教育逐渐走出计算机学科的技术以及艺术学科的美术的范畴，逐渐向更为专业化的策划、运营等方向发展。这将进一步完善游戏行业的人才教育体系，为中国网络游戏产业持续供应优秀人才，进一步促进网络游戏产业的发展。

（四）中国网络游戏产业技术环境背景

1. 网络传输水平不断优化

据中国通信标准化协会旗下宽带发展联盟数据显示，2017 年第四季度，全国平均可用宽带下载速率已经达到了 19.01Mbit/s，同比提升幅度高达 60.5%，其中，4G 网络平均下载速率为 18.18Mbit/s，同比提升幅度 52.4%。此外，中国网民普及率亦达到了55.8%。

固定宽带和移动网络的传输技术水平的不断提升，在进一步促进了网络普及率提升的同时，亦不断提升网民的用户体验。下载速率的提升，一方面有利于网络游戏产品的快速推广和传播，另一方面也给游戏研发商开发更加高质量的游戏提供了环境基础，大幅提升了网络游戏的体验水平，从而促进网络游戏产业的消费增长。而网络普及率的提升，也将进一步扩大网络游戏产业的用户规模，提供更为广阔的市场拓展空间。

2. 游戏内容体验技术升级

一方面，网络游戏相关硬件技术不断升级，摩尔定律持续生效。无论是个人电脑领域的显卡，还是手机终端的处理器，都在持续地发展，在计算性能提升的同时，其销售价格和成本也不断降低。这为更多的用户用更加平价和优质的设备去体验游戏提供了重要的硬件基础。

另一方面，游戏开发引擎技术也越来越成熟，网络游戏研发商能够以更少的开发成本，使用引擎上的模块化内容及架构，从而提升网络游戏研发效率。同时，网络游戏研发商和移动手机厂商的合作也逐渐进入到游戏研发领域，针对不同的设备型号进行游戏运行的优化也逐渐成为游戏产业的常态化工作。这不仅有效地提升了网络游戏产品的产出效率，也为用户提供了技术运营事故更少的游戏体验。

除此之外，以AR、VR为代表的新兴创新内容技术，也随着硬件和内容的逐渐成熟，在趋于稳定发展的状态下与游戏产业逐步融合。自2016年起，以VR为核心形态的游戏产品逐渐推出，其中不发以《生化危机7》为代表的高质量作品，而苹果手机所提供的AR-kit平台也为游戏开发者研发相关游戏产品提供了支撑。

整体上看，中国网络游戏产业的游戏内容体验技术在用户、研发、发行等方面均不断升级。

二、中国网络游戏产业发展现状

（一）2017年中国网络游戏市场规模

数据说明：网络游戏市场规模即网络游戏（PC互联网游戏和移动互联网游戏，不包括主机游戏）在中国境内所产生的全部收益规模，包括版权分成、自主研发及代理产品运营所产生的充值卡、虚拟道具付费、游戏内广告收入等线上收入在内的全部收益规模。

从我国网络游戏市场来看，文娱需求逐步成为游戏用户的硬性需求，2017年全国网络游戏市场规模达到2 142.10亿元人民币。预计在2020年整体的网络游戏市场达3 215.30亿元人民币（见图3）。目前整体的网络游戏市场整体特征表现在：首先，随着智能硬件以及互联网技术发展，网络游戏在多方面的画面、内容、响应速度等不断更新迭代，并且场景更加契合用户的需求。其次，网络游戏良好的互动性，更加拉近融合了社交方面的能力，使玩家在网络游戏体验中得到与现实世界中类似的精神寄托诉求。最后，网络游戏相比于其他游戏来说类型题材更多，玩法更新颖。随着网络游戏不断的发展以及IP概念的不断兴起，IP对于网络游戏内容端也有着极大的导流能力，以至于目前我国大多数网络游戏产品具有IP属性。

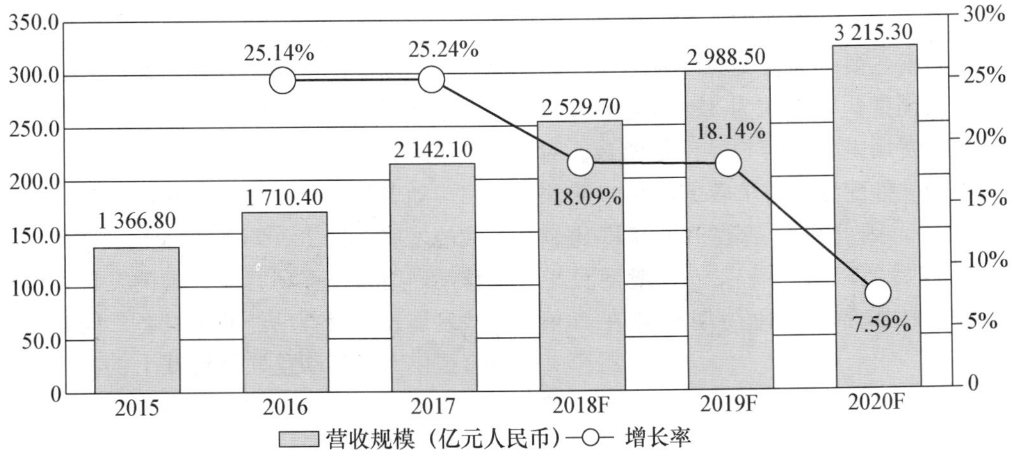

图3 2015—2020年中国网络游戏市场规模及预测

2016年我国网络游戏用户达到5.60亿，2017年我国网络游戏用户达到5.80亿，我国网络游戏用户数量增长趋于稳定，并且平稳增长，就目前来看，我国网络游戏用户群体是十分庞大的，未来整体的网络游戏市场仍旧是朝阳产业（见图4）。网络游戏用户规模基数足够大，仍较大的发展空间，

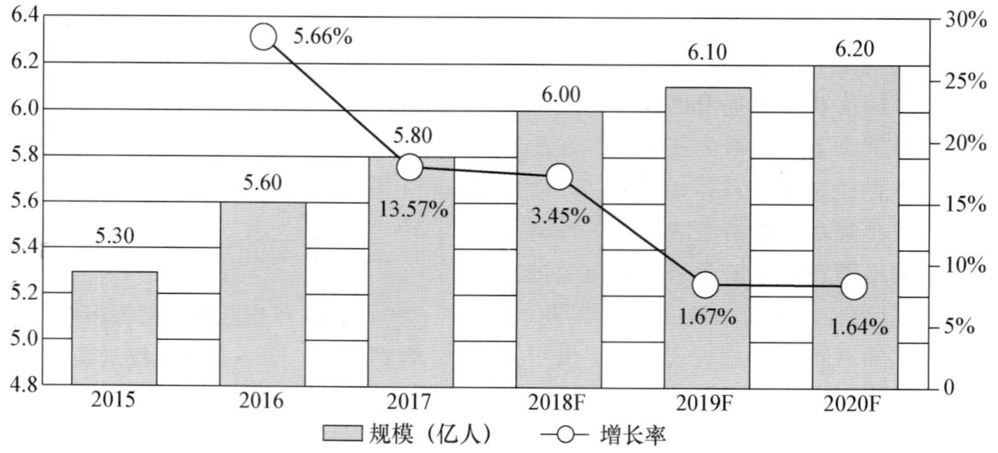

图 4　2015—2020 年中国网络游戏用户规模及预测

包括用户付费率、用户的游戏消费水平等依旧可以提高。

（二）2017 年中国网络游戏细分市场规模

目前我国网络游戏市场按照网络游戏所基于的网络及搭载的终端不同，分为互联网游戏和移动互联网游戏。其中互联网游戏又依据所运行模式不同分为客户端网络游戏、网页游戏两类。相互比较后，三类网络游戏细分产品具备的特征如下：

客户端网络游戏：基于互联网络依托个人电脑终端运行，必须下载客户端，在进行用户登录后方能使用。研发周期较长，在研发当中的投入的成本以及产品推广阶段的费用都比较高。相较于网页游戏和移动互联网游戏来讲，客户端网络游戏消耗游戏时间较长，用户的获取具备一定的门槛，但是用户获得以后比较稳定，流失率较低。一款客户端网络游戏的运营生命周期一般在 5 年以上。

网页游戏：基于互联网依托于个人电脑终端运行，最大的特点是无须下载，在浏览器上即可直接进行游戏行为。目前主要分为社交游戏及休闲类网页游戏两种。研发周期短，平均为 3 个月左右。投入成本较低，推广费用也低于客户端网络游戏。对于网速、个人电脑硬件配置的要求较低，用户获取的成本也比较低廉，因此用户基数扩展速度比较快。但是用户获取后比较容易流失。一般网页游戏都以 RPG 类题材居多，生命周期一般在 2 年左右。

移动互联网游戏：基于移动互联网，依托于移动终端运行的游戏产品。目前，移动互联网游戏是我国最大的网络游戏市场份额，也是盈利能力最强的细分网络游戏市场。最大的特点是不受空间的限制，可随时随地进行游戏活动。目前市场上的移动互联网游戏发展的主要促进因素是智能终端的发展，操作系统集中为 iOS 和 Android 两类。移动互联网游戏的研发周期平均为 6 到 10 个月左右，游戏所消耗的时间也为三者最低。但是，在整体产品品质不高、市场竞争激烈、更新迭代快速、用户迁移成本低等因素的综合作用下，移动互联网游戏的平均生命周期较短，平均为 6 到 12 个月左右。

从各细分游戏市场来看，客户端网络游戏的发展可以追溯到 1978 年，从最开始的文字网游发展至今，客户端网络游戏为整体的网络游戏市场奠定了殷实的基础。但是随着智能设备的普及以及用户的行为习惯发生迁徙，整体的客户端网络游戏增速放缓并且稳定。客户端网络游戏市场规模在 2016 年被移动互联网游戏超过。客户端网络游戏市场的疯狂吸金能力已经得到认可，整体的市场已经饱和。

网页游戏是一种较为特殊的产品形式，其最大的特征是不需要下载客户端，对硬件配置要求极低，非常容易普及。2015 年，网页游戏市场成为爆发点，市场占比达到 14.6%。2016 年，移动互联网游戏爆发增长，对网页游戏市场造成冲击，随后市场开始进行整体的下行趋势。

随着便携化的文娱方式的普及，移动互联网游戏的发展是自 2010 年以来业内关注的重点。伴随着移动网络以及移动智能终端的发展，移动互联网游戏发展硬件设备已经基本具备。同时伴随着游戏内容提供商在移动互联网游戏上的投入加大，可供用户选择的内容愈发丰富，游戏质量不断提高。2016 年我国移动互联网游戏市场规模超越客户端游戏市场份额，占比达到 52.70%，一跃成为网络游戏的第一大市场，未来的发展空间不容小觑，2017 年，中国移动互联网游戏市场份额占比持续提升，达到了 56.60%（见图 5）。

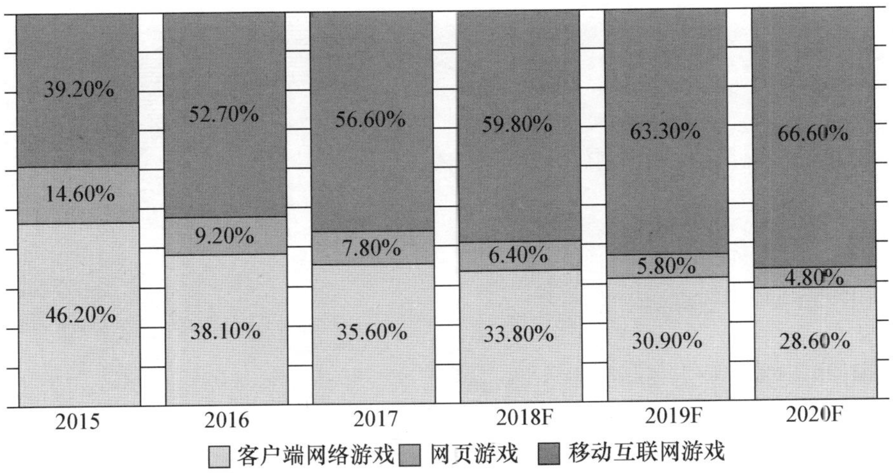

图 5　2015—2020 年中国网络游戏细分市场占比结构及预测

（三）2017 中国网络游戏产品结构

根据国家广电总局公布的信息，2017 年全年共有 9 356 款国产网络游戏过审，即获得游戏版号，其中，移动互联网游戏总计 9 013 款，而休闲益智移动游戏则有 6 308 款，其中大多属于棋牌类游戏。而客户端网络游戏全年过审仅为 141 款，网页游戏则为 202 款。因此，从产品的产出结构来看，移动互联网游戏已经成为我国网络游戏的核心市场，2017 年新产出的网络游戏产品中有 96%都属于移动互联网游戏（见图 6）。

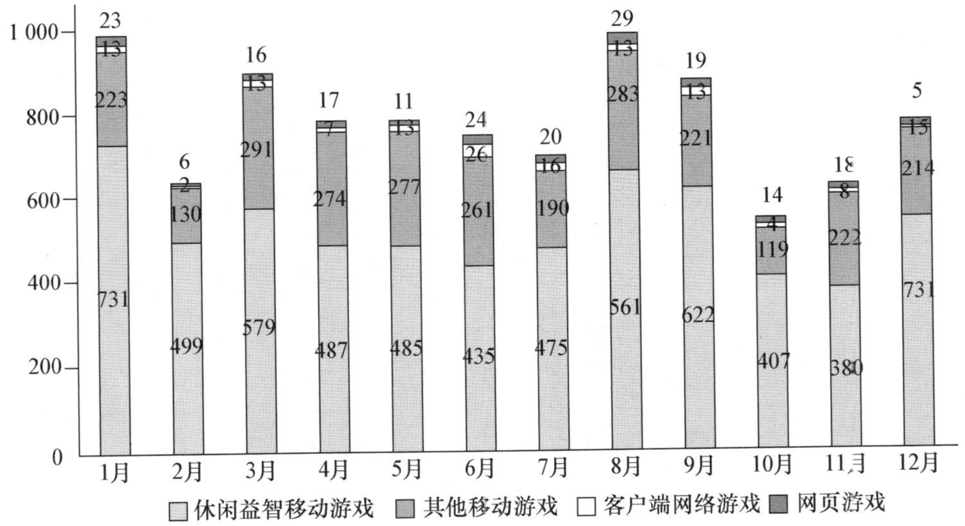

图 6　2017 年中国过审国产网络游戏统计

然而，从整体上看，虽然移动互联网游戏在产品数量上占绝大部分份额，但市场份额却不如产品数量所示般高占比。这主要是由于其中存在大量的休闲益智类游戏，而此类游戏常表现为内容和制作简单，且收益水平较低，并且还有大量无需过多创新能力的棋牌游戏。因此，移动互联网游戏在中国网络游戏中的产品质量水平依旧有待提高，无论是游戏内容的创新水平还是质量水平，都需要进一步加强，从而在量的基础上实现质变，实现进一步的市场规模增长。

（四）中国网络游戏产业地域分布

根据游戏工委收录数据，按企业数量算，2017 年中国网络游戏企业中，北京企业规模占比最高，达到了 25.5%，而上海和广东则分别以 19.6%以及 19.0%紧随其后，排名第四的是浙江，其游戏企业占比为 8.3%，江苏、福建、四川则分列第五至第七名（见图 7）。

从整体上看，网络游戏企业大多数还是集中在北上广深，拥有超过半数的网络游戏企业。这主要是由于，网络游戏作为信息及文创产业之一，与媒体、互联网、资本等各种高新产业有紧密的联系，同时，网络游戏产业链中的研发商、发行商等亦有较强的产业协作，产业集聚和积累效应较强，因此，大部分网络游戏企业都分布在一线城市。

但是，从产值的角度看，广东地区占据了超过 70%的市场份额，这主要是由于腾讯游戏及网易游

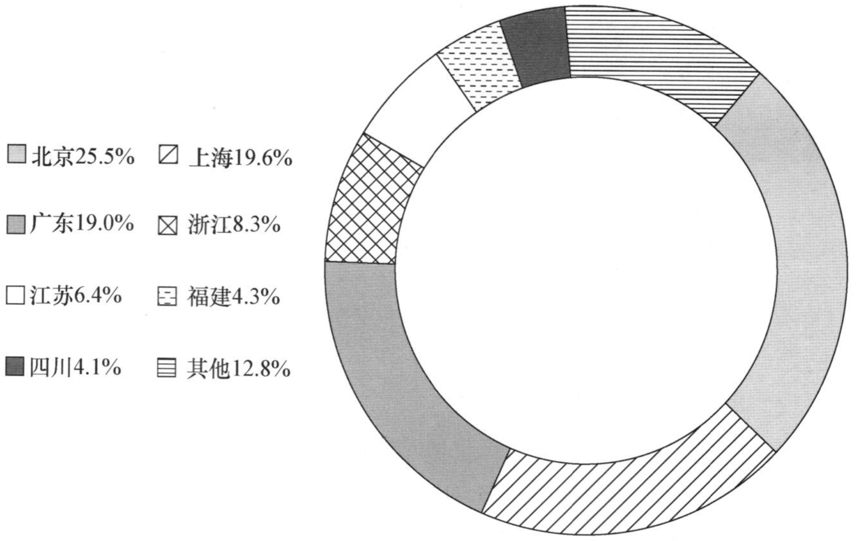

图 7　2017 年中国网络游戏企业地域分布（按数量）

戏的运营主体位于广深地区。此外，上海地区游戏产值亦超过 15%。这说明网络游戏产业的整体地域结构与市场结构类似，都是处于相对集中的状态，大部分产值集中在少部分的头部企业中。

（五）中国网络游戏产业境外收入

数据显示，由中国网络游戏企业研发及发行的网络游戏在境外市场的收入（不包括收购或投资的海外游戏公司的收入）于 2017 年达到了 92.30 亿美元，预计，随着移动游戏企业出海趋势的增强与全面化，中国网络游戏境外收入规模将在 2018 年达到 115.60 亿美元规模，并将持续增长（见图 8）。

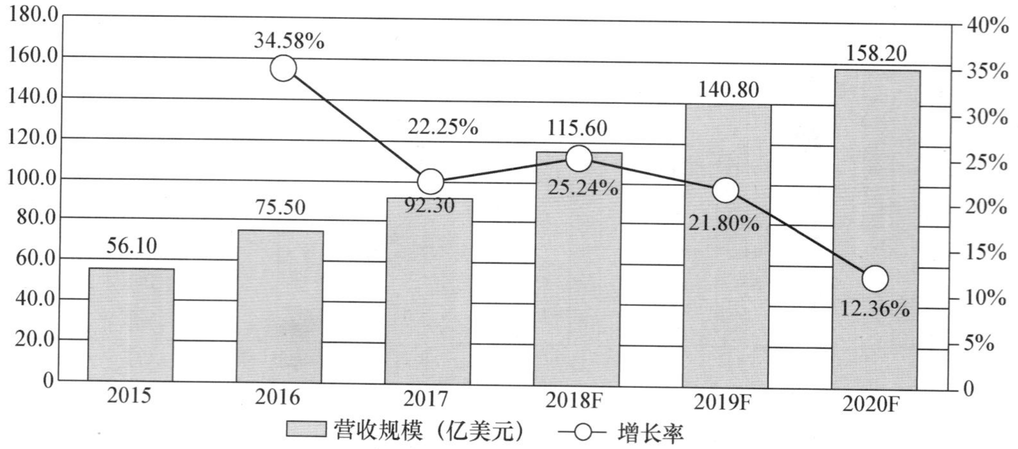

图 8　2015—2020 年中国网络游戏境外收入规模及预测

一方面，自 2015 年起，随着境内网络游戏市场的不断成熟，包括产品质量、发行运营能力等持续积累，国内成长起大量的具备优秀产品和市场能力的网络游戏企业。同时，随着全球移动互联网经济不断发展以及移动终端的普及，移动游戏逐渐成为增长最快的游戏市场。另一方面，国内市场以腾讯、网易为代表的主流厂商凭借自身的能力和资源积累，对整体市场形成相对垄断的态势，从而迫使众多中小型企业开始寻求境外市场的突破。而进入 2018 年后，腾讯、网易等头部企业的境外市场布局亦将持续推进，网络游戏将成为中国文化创意产业出口的重要细分产业之一。

三、2017 年中国网络游戏产业发展特点

（一）移动游戏市场集中化趋势进一步增强

以中国移动游戏企业在中国境内市场发行的移动游戏产品的充值流水计，2017 年，腾讯游戏占据 56.76%的市场份额，远高于其他游戏企业。腾讯游戏不仅拥有大量的自主研发的精品产品，同时，亦代理发行了包括巨人、盛大、游族等出色的研发商的产品，在其渠道和产品资源的基础上，整体市场份额处于遥遥领先的水平。而排名第二的则是网易游戏，其市场份额占比为 21.10%，网易游戏作为国内领先的网络游戏企业，在移动游戏市场中延续了

强大的产品研发能力，能够将其在客户端游戏领域的 IP 优势进一步开发和增强，从而在市场中建立了稳定的品牌号召力（见图 9）。

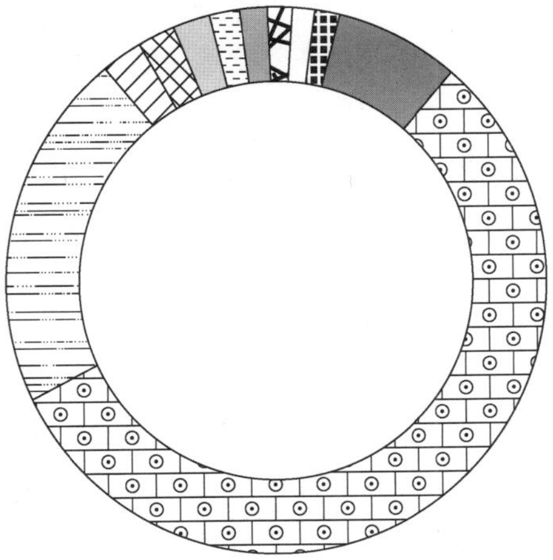

图 9　2017 年中国移动游戏企业中国境内市场竞争格局

说明：中国移动游戏企业中国大陆市场商竞争格局，以企业旗下在中国大陆市场内发行的移动游戏的充值流水计算，包括自研自发以及代理发行产品。

除此之外，排名第三到第十的分别是三七互娱、昆仑游戏、巨人网络、完美世界、乐元素、中手游、掌趣科技以及龙图游戏。从整体上看，这一部分企业的市场份额均较为接近，处于激烈竞争的状态，同时，其他数量众多的企业仅占据了 7.56%的份额。换而言之，除腾讯游戏和网易游戏外，其他移动游戏企业共同竞争的市场份额总和不足 25%，这说明，移动游戏的市场的集中化趋势进一步增强，头部企业所积累的产品、渠道等资源优势在市场中形成了强大的竞争力，而其他企业的竞争压力也在不断加大。

（二）资本市场逐渐趋于冷静

数据说明：统计目标公司不局限于研发、发行等游戏核心公司，还包括媒体、电竞、游戏直播、游戏企业服务等产业链相关公司；“综合”公司是指业务涉及两个及两个以上的终端类型的公司；不包括并购。

根据公开信息，2017 年全年中国游戏行业融资事件数为 153 起，较 2016 年的 262 起减少超过 100 起（见图 10）。从事件总数上看，资本市场已经进入理性状态，2017 年的资本市场更加关注拥有市场竞争力和造血能力的游戏公司。尤其进入下半年后，整体获得融资的公司数量愈加减少。这一方面是由于整体资本市场从追求布局向追求回报转变，标的选择更加谨慎；另一方面，中国网络游戏市场整体增长率有所回落，市场对游戏企业的综合产品资源和能力要求提高，整体成长性减弱，从而导致资本愈加冷静。

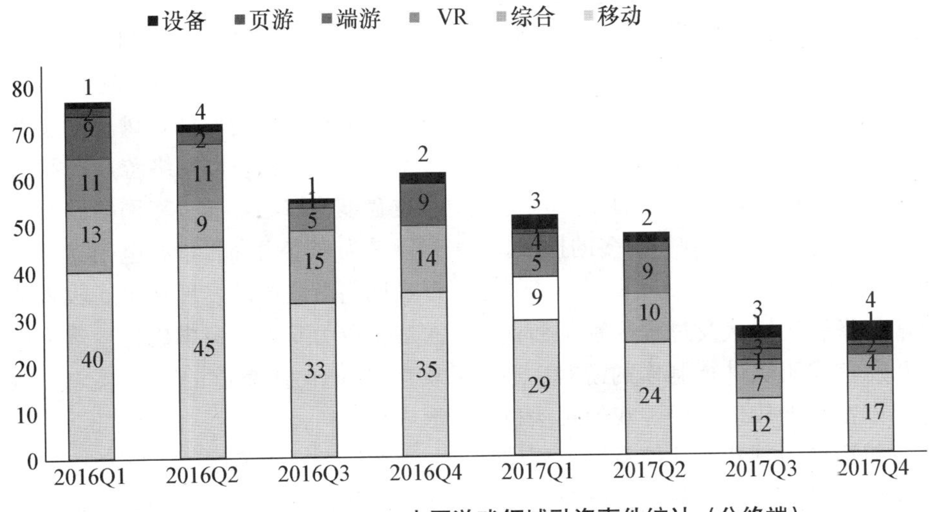

图 10　2016Q1—2017Q4 中国游戏领域融资事件统计（分终端）

从获得融资的公司所涉及的终端市场来看，获得融资的端游和页游公司数量在进入 2017 年后甚至不及设备游戏公司。这说明，页游和端游市场已经进入完全存量市场，成长性不被看好。相比之下，移动游戏则变成主要关注对象，已经成为中国游戏市场增长的核心。

（三）移动游戏中重度化趋势增强

中重度移动游戏，是指玩法系统更复杂、故事内容更丰富以及游戏持续性更强的游戏，主要指MMORPG、CCG、SLG、MOBA、STG等游戏，与以LTG为主的轻度游戏等相比，具有开发成本较高、盈利能力较强、生命周期较长的特点。

自2015年起，随着移动游戏制作技术的成熟以及IP游戏的发展，移动游戏的中重度化逐渐成为市场的主流。

在玩法复杂、内容丰富等特点的基础上，中重度游戏和IP游戏呈现重合的特征，越来越多的IP游戏被开发为中重度类的游戏。主要原因在于，中重度游戏能够给IP的故事、角色等元素提供更多的展示空间，而其盈利能力较强的特点也更有利于减轻IP授权所带来的成本压力。

移动游戏的中重度化发展与用户结构的升级相互影响。随着游戏经验的不断丰富，由轻度游戏吸引的大量用户开始追求更加深度和复杂的游戏体验，而这类游戏体验主要是由中重度游戏提供的，所以整体的用户结构持续升级，即中重度用户占比越来越大。一方面，中重度游戏的发展是用户结构升级的重要促进因素；另一方面，用户结构升级为中重度游戏提供了发展基础。

中重度游戏的发展是市场规模快速增长的直接动力，因为中重度游戏具有盈利能力强的特点，用户的付费率、ARPPU、黏性等水平均高于轻度游戏。以腾讯、网易为代表，其游戏收入的主要来源均为中重度游戏，如《王者荣耀》《梦幻西游》《阴阳师》等，而轻度游戏虽然拥有较大的用户规模，但整体的盈利能力远低于中重度游戏。

整体上看，移动游戏的中重度化趋势将越来越强，会有更多的用户追求中重度游戏，而中重度游戏也会受到游戏厂商的更多重视和获得更多的投入。

（四）独立游戏逐渐崛起

独立游戏通常是指制作团队及过程区别于商业公司的，由独立开发者或团队进行制作的游戏。通常独立游戏的内容丰富程度较低，而游戏的玩法机制与传统类型游戏相比更为创新。其创新性主要体现在玩法及机制设计不受主流类型制作经验及模式限制，同时故事内容、画面等元素拥有创新的特色和风格。

2017年独立游戏崛起的两个主要表现在于腾讯游戏“极光计划”以及中手游“拿手好戏”两个由主流游戏企业主导的独立游戏扶持计划的成功执行。其中，“极光计划”是由腾讯游戏于2017年4月推出的针对中小开发者的独立游戏的扶持计划，从用户社区、流量资源、专业支撑、资金扶持以及沟通连接等五个方面予以支持，致力于发行具有创新性的独立游戏，点亮极致创意。自发布以来，“极光计划”扶持和发行了《纪念碑谷2》《无尽远征》等多款优秀的独立游戏。而“拿手好戏”则是中手游于2017年初推出的独立游戏扶持计划，为独立游戏研发商提供高达亿元的独立游戏专项扶持资金，助力开发团队孵化项目，还将全程支持开发商所需服务器及技术指导，为开发团队提供包括客服、版号申请、营销推广、办公场地等在内的全方位服务支持。自计划推出以来，“拿手好戏”发行了《皮影美猴王》《激流快艇3》《萌龙冒险家》等十余款获得APP Store精品游戏推荐的产品，成绩瞩目。

独立游戏的崛起，一方面是主流厂商的积极扶持，但是，从另一方面来看，其崛起更代表着中国网络游戏市场的持续升级。独立游戏作为反模式化的游戏，比传统的类型游戏更具游戏性、内容性和艺术性。用户在传统类型游戏市场中已经积累了非常丰富的游戏经验和鉴赏能力，对游戏产品的内容品质要求越来越高，并且越来越个性化，向用户提供有品质、有内容的产品已经成为网络游戏企业基本任务。正是在此背景下，更具创新性的独立游戏在用户需求和厂商推进的过程中成为2017年中国网络游戏市场的重要崛起力量之一。

四、中国网络游戏产业发展趋势

（一）电子竞技逐渐专业化

电子竞技作为网络游戏的重要衍生产业之一，为网络游戏产业的发展提供了重要的发展动力和扩展空间。电子竞技以网络游戏产品为基础，以电子竞技赛事为核心，通过将网络游戏产品竞技化，并且以其为赛事内容，举办电子竞技赛事，从而实现促进网络游戏产品发展和扩展收入的目的。以网络游戏企业为基础，赛事执行运营为中心，并协同游戏直播等传播渠道的电子竞技产业链已经完全形成。

2017年，《英雄联盟》全球总决赛在上海、武汉、广州、北京四座城市成功举办，并于鸟巢成功举办冠军争夺赛，备受全球瞩目。与此同时，以《王者荣耀》为代表移动电子竞技亦逐渐规模化，成为重要的品牌之一。

随着产业链的完善，电子竞技将逐渐专业化，其专业化主要体现在三个方面：首先，产业协作的专业化，包括内容授权、赛事运营、内容传播、场馆管理等环节的协作和执行将进一步职能细分，由产业各方发挥各自专业能力，形成系统化的专业协作流程和体系；其次，赛事体系的专业化，无论是整体上的业务赛事、职业联赛、赛会三级赛事层级，还是具体的赛事的流程、章程以及赛制等方面，都将进一步向职业体育看齐，形成专业化的赛事体系；最后也最重要的是，商业变现的专业化，以赛事为价值核心，包括产品促进、品牌合作、社会价值等商业变现的途径和价值体系将逐渐形成并完善，从而促进电子竞技的全面发展。

（二）数据分析能力将愈加重要

一方面，随着整体市场的成熟化，游戏发行将逐渐进入全面发展阶段。单一的流量导入能力不足以支撑发行商在用户增量红利消亡的市场中的竞争，基于用户需求进行游戏开发及内容更新指导、基于数据分析进行推广优化以期高效获取流量、基于团队积累进行用户运营及服务等综合发行能力将日愈重要。

除游戏发行外，通过数据分析模型优化游戏研发流程和工作、通过数据收集和算法进一步分析用户和市场趋势等亦将成为游戏研发商的重要能力之一，具备数据分析能力的团队将能够用更少的成本打造出更加优秀的产品。

另一方面，以买量、棋牌为代表的传统粗放型市场亦将进入发展瓶颈期，在供应不断增加，且用户采买成本翻番增长的市场环境中，粗放型市场亦将进入行业清洗期。在市场竞争中获得生产空间的厂商将更加重视数据分析能力，通过人群分析、投放优化以及存量运营，以求在降低获客成本的同时，提升投资回报率。

（三）细分市场将成为企业布局重点

中国游戏市场增长亦将逐渐趋于平稳，积累了丰富的业务经验和能力的中国网络游戏企业，将在现有市场的基础逐渐拓展新的细分市场。一方面，基于产品逐步拓展海外市场，无论是以东南亚为代表的成长型市场，还是以欧美及日韩为代表的成熟市场，都将成为中国网络游戏企业的重点拓展方向；另一方面，不断向新的细分形态市场布局，其中，高速增长的 H5 以及小游戏将成为众多发行商布局的重点之一。

同时，VR、AR 等创新内容硬件和技术逐渐发展，行业趋于冷静并专注于用户体验和内容研发。网络游戏企业在此方面的布局亦将持续增加，通过布局创新内容市场，以求争得进入网络游戏市场新时代的资格，在给予用户更具沉浸感和交互性的 VR、AR 游戏产业中占据产业地位。

在传统网络游戏市场中，无论是客户端游戏还是移动互联网游戏，都需要用户进行下载，对用户的设备都有较高的要求。而随着 5G 的商用和视频传输技术的发展，以视频流为主要内容形态，主要计算过程发生在云端服务器的云游戏将有望成为新的细分市场，为用户提供随时随地、不受终端限制的丰富的游戏产品。

版权

典型案件选编

DIAN XING AN JIAN XUAN BIAN

［编者按］　本栏目刊登五部分内容：1. 2018年4月16日，最高人民法院发布了2017年中国法院10大知识产权案件和50件典型知识产权案例，本栏目选取其中7件著作权司法保护典型案件；2. 2018年4月26日，国家版权局在2018年中国网络版权保护大会上公布的2017年度打击侵权盗版十大案件；3. 2018年1月16日，国家版权局等四部门公布的“剑网2017”专项行动中20起较为典型的网络侵权盗版案件；4. 2018年“4·26”知识产权宣传周期间，部分省、自治区、直辖市高级人民法院公布了2017年度知识产权典型案件，本栏目选取其中的著作权典型案件；5. 部分省、自治区、直辖市公布或报送的2017年度著作权行政执法案件。

2017年全国著作权司法保护典型案件

一、沈韦宁、沈丹燕、沈迈衡与南京经典拍卖有限公司、张晖著作权权属、侵害著作权纠纷案［江苏省南京市中级人民法院（2017）苏01民终8048号民事判决书］

【案情摘要】　茅盾先生于1958年将其用毛笔书写创作的一篇评论文章《谈最近的短篇小说》向杂志社投稿，该篇文章的文字内容发表于《人民文学》1958年第6期。后手稿原件被张晖持有。2013年11月13日，张晖委托南京经典拍卖有限公司（以下简称经典拍卖公司）拍卖多件物品，其中包括涉案手稿。2013年12月30日，经典拍卖公司通过数码相机拍照上传了涉案手稿的高清数码照片，在其公司网站和微博上对手稿以图文结合的方式进行了宣传介绍。公众在浏览经典拍卖公司网站时，可以看到涉案手稿的全貌，也可以通过网页的放大镜功能观察到每页手稿的局部细节。预展过程中，经典拍卖公司展示了涉案作品原件，也向观展者提供了印有涉案拍品的宣传册。2014年1月5日，涉案手稿在经典拍卖公司2013季秋拍中国书画专场进行拍卖，案外人以1 050万元的价格竞得涉案手稿。但因此后竞买人未付款导致拍卖未成交，涉案手稿原件仍由张晖持有。拍卖结束后，经典拍卖公司仍在互联网上持续展示涉案手稿，直至2017年6月才将其删除。沈韦宁、沈丹燕、沈迈衡系茅盾先生的合法继承人，其认为张晖和经典拍卖公司的上述行为侵害了涉案手稿的著作权，故诉至法院。

【判决结果】　一审法院判决经典拍卖公司停止侵害涉案手稿信息网络传播权的行为并赔偿沈韦宁、沈丹燕、沈迈衡经济损失10万元。沈韦宁、沈丹燕、沈迈衡不服一审判决，提起上诉。二审法院认为，涉案手稿既是文字作品也是美术作品，张晖系涉案手稿的合法所有权人，有权选择以拍卖的方式处分自己的合法财产，张晖的行为没有侵害涉案手稿的著作权。经典拍卖公司侵害了涉案手稿的美术作品发表权、复制权和信息网络传播权，应当承担停止侵害、赔礼道歉和赔偿损失的侵权责任。二审法院遂判决经典拍卖公司向沈韦宁、沈丹燕、沈迈衡公开赔礼道歉并赔偿经济损失10万元。

【典型意义】　本案涉及美术作品拍卖活动中著作权法、物权法、拍卖法三部法律交叉调整地带的相关主体权利义务关系问题。判决平衡了物权人和著作权人的合法权益，明确了拍卖人对知识产权保护的注意义务。判决指出，在美术作品著作权与物权分离的情况下，原件所有人依法行使处分权、收益权、展览权的行为，均受到法律保护，著作权人无权干涉。但美术作品原件所有人行使物权应以不损害该作品著作权人的合法权利为前提。拍卖公司作为接受物权人委托的拍卖方，除负有物权保护注意义务外，还应负有合理的著作权保护注意义务，规范尽职地进行拍卖活动，审慎避让著作权人的权益。判决明确了不同主体权利的边界，体现了对物权人和著作权人合法权益平衡保护的司法精神，并按照尽职拍卖人的合理标准确定拍卖公司的注意义务，充分体现了严格保护的司法导向。

二、北京易查无限信息技术有限公司、于东侵犯著作权罪案［上海浦东新区人民法院（2015）浦刑（知）初字第12号刑事判决书］

【案情摘要】 被告单位北京易查无限信息技术有限公司（以下简称易查公司）系“易查网”的经营者。该公司的法定代表人及技术负责人于东提出开发触屏版小说产品的方案，易查网将WEB小说网页转码成WAP网页供移动用户阅读。公安机关扣押了易查公司的服务器硬盘，鉴定人员以此搭建出局域网环境下的“易查网”，发现可以搜索、阅读并下载小说。鉴定人员对从硬盘中下载的798本小说与原告玄霆公司享有著作权的同名小说进行了比对，确定相同字节数占总字节数70%以上的有588本。

【判决结果】 被告人及其辩护人提出，“易查网”的开发设想系提供搜索及转码服务，而非内容服务，即在用户搜索并点击阅读时，对来源网页进行转码后临时复制到硬盘上形成缓存并提供给用户阅读，当用户离开阅读页面时自动删除该缓存。但根据鉴定确认的事实可知，“易查网”在将其所谓“临时复制”的内容传输给触发“转码”的用户后，并未随即将相应内容从服务器硬盘中自动删除，被“复制”的小说内容仍可被其他用户再次利用，上述行为已明显超出转码技术的必要过程。据此可以认定，“易查网”直接向网络用户提供了涉案文字作品。易查公司未经著作权人许可，通过“易查网”传播他人享有著作权的文字作品500余部，情节严重，已构成侵犯著作权罪。于东作为易查公司直接负责的主管人员，亦应承担侵犯著作权罪的刑事责任。本案中，易查公司及于东具有自首和通过赔偿获得被害单位谅解等酌情从轻处罚情节，法院综合考虑本案的犯罪情节、后果，依法判处单位罚金，判处于东缓刑及罚金。宣判后，易查公司、于东均未提出上诉。

【典型意义】 转码技术是随着移动阅读逐渐普及产生的一项技术，本案是移动阅读网站不当使用转码技术构成侵犯著作权罪的案件。判决对转码技术实施的特点以及必要限度进行了详细阐释，从信息网络传播行为的本质出发，厘清了转码行为罪与非罪的界限。本案较好地展现了在技术飞速发展的时代背景下，知识产权司法保护在坚持技术中立的同时，结合技术事实认真厘清有关技术是否超越法律范围、侵犯他人合法权利的标准。对于以技术为挡箭牌，侵权情节严重，符合知识产权犯罪构成要件的行为，应依法给予刑事处罚。本案的裁判结果充分体现了人民法院处理科技进步带来的新型犯罪行为的司法智慧和司法能力，彰显了依法打击侵犯知识产权犯罪行为的力度和决心。

三、北京中航智成科技有限公司与深圳市飞鹏达精品制造有限公司侵害著作权纠纷案［北京市第一中级人民法院（2013）一中民初字第7号民事判决、北京市高级人民法院（2014）高民（知）终字第3451号民事判决、最高人民法院（2017）最高法民再353号民事判决］

【案情摘要】 在再审申请人深圳市飞鹏达精品制造有限公司（以下简称飞鹏达公司）与被申请人北京中航智成科技有限公司（以下简称中航智成公司）侵害著作权纠纷案中，中航智成公司一审起诉主张飞鹏达公司制造、销售的歼十飞机模型侵害其歼十飞机美术作品著作权，侵害其于2007年11月16日从中国航空工业集团公司成都飞机设计研究所（以下简称成飞所）获得授权制造、销售的歼十飞机模型的模型作品著作权，侵害其设计图纸的图形作品及美术作品著作权。请求一审法院判令：（1）飞鹏达公司立即停止生产、销售被控侵权产品并销毁生产被控侵权产品的全部模具、设备和库存的侵权产品及半成品；（2）飞鹏达公司在《中国航空报》上公开道歉、消除影响；（3）飞鹏达公司赔偿中航智成经济损失500万元；（4）飞鹏达公司赔偿中航智成公司为该案所支出的合理开支33 360元。

【判决结果】 中航智成公司一审主张其获得授权的歼十飞机模型是从歼十飞机等比例缩小而来。一审法院对中航智成公司的全部诉讼主张均未予支持，判决驳回中航智成公司的全部诉讼请求。中航智成公司不服一审判决，提起上诉。二审期间中航智成公司仅主张其歼十飞机构成美术作品，歼十飞机模型构成模型作品，并主张其要求保护的歼十飞机模型产生于歼十飞机（1998年3月首飞）之前。二审法院认定歼十飞机不构成美术作品，同时认定中航智成公司要求保护的模型作品是2007年1月5日央视国际报道上公开的由成飞所完成的模型，认为该模型是歼十飞机等比例缩小而来，根据《著作权法实施条例》第四条第（十三）项的规定，模型与原物的近似程度越高或越满足实际需要，其独创性越高，飞鹏达公司构成侵害中航智成公司歼十飞机模型作品著作权，判令飞鹏达公司赔偿中航智成公司经济损失40万元及合理费用33 360元。飞鹏达公司不服，向最高人民法院申请再审，中航智成公司再审期间变更其要求保护的权利基础为《中国航空工业四十年》图文集上一张1990年2月领导听取汇报照片上的模型，不要求保护歼十飞机的美术作品著作权。最高人民法院提审后认为，中航智成公司主张的权利基础在一审起诉时已明确，且未在规定的期限内申请变更，其变更权利基础的主张不予支持。中航智成公司要求保护的歼十飞机模型是飞机的等比例缩小，不具有独创性，不构成受著作权法保护的作品，改判撤销二审判决，维持一审判决。

【典型意义】 根据《著作权法实施条例》（以下简称《实施条例》）第二条的规定，我国著作权法保护的作品必须同时具备以下三个要件：一是必须属于文学、艺术和科学领域内的智力创作；二是具有独创性；三是能以有形的形式复制。该案的典型意义在于，明确在判断是否构成受我国著作权法保护的模型作品时，首先要判断该模型是否同时具备上述三要件，而不能将《实施条例》第四条第（十三）项的规定与《实施条例》第二条的规定割裂开来适用。即仅仅满足《实施条例》第四条第（十三）项的规定，在不能同时满足《实施条例》第二条规定的三要件的情况下，尚不能认定构成受我国著作权法保护的模型作品。该案中，中航智成公司一审起诉要求保护的歼十飞机模型作品，是其从成飞处获得授权制造、销售的歼十飞机模型，该模型是歼十飞机的等比例缩小，故歼十飞机产生在先，中航智成公司在该案中要求保护的歼十飞机模型产生在后。中航智成公司主张飞鹏达公司生产、销售的歼十飞机模型侵害其对歼十飞机模型享有的模型作品著作权，应当对其获得授权制造、销售的歼十飞机模型构成受我国著作权法保护的模型作品负有举证责任。中航智成公司在该案中要求保护的歼十飞机模型与歼十飞机相比，除材质、大小不同外，外观造型完全相同。因此，无论在将歼十飞机等比例缩小的过程中付出多么艰辛的劳动，中航智成公司均未经过自己的选择、取舍、安排、设计、综合、描述，创作出新的点、线、面和几何结构，其等比例缩小的过程仅仅是在另一载体上精确地再现了歼十飞机原有的外观造型，没有带来新的表达，属于严格按比例缩小的技术过程。在中航智成公司不能证明其根据歼十飞机等比例缩小而制造的歼十飞机模型具有独创性的情况下，该过程仍然是复制，产生的歼十飞机模型属于歼十飞机的复制件，不构成受我国著作权法所保护的模型作品。即便按二审法院认定的事实，中航智成公司制造、销售的歼十飞机模型是对成飞所完成的歼十飞机模型的复制，因二审法院认定由成飞所完成的歼十飞机模型，亦为歼十飞机的等比例缩小，故基于与上述同样的理由，该成飞所完成的模型亦不具有独创性，不受我国著作权法的保护。因此，二审法院关于"模型与原物的近似程度越高，其独创性越高"的认定，违背我国著作权法的基本原理。又鉴于我国著作权法只保护作品的表达，不延及思想、工艺、操作方法或数学概念，且我国著作权法保护的表达是具有文学、艺术和科学审美意义的智力成果，不保护为满足人们实际生活需要的实用性和功能性的表达，因此，二审法院关于"模型越满足实际需要，其独创性越高"的认定，也违背我国著作权法的立法本意。

四、李艳霞与吉林市永鹏农副产品开发有限公司、南关区本源设计工作室侵害著作权纠纷案［吉林省吉林市中级人民法院（2015）吉中民二知初字第52号民事判决、吉林省高级人民法院（2016）吉民终545号民事判决、最高人民法院（2017）最高法民申2348号民事裁定］

【案情摘要】 再审申请人李艳霞与被申请人吉林市永鹏农副产品开发有限公司（以下简称永鹏公司）及原审第三人南关区本源设计工作室（以下简称本源工作室）侵害著作权纠纷一案中，李艳霞创作完成"鹿献灵芝""为鹿疗伤""人鹿和谐"等连环画形式的系列剪纸作品，取名为《老爷岭的传说》，后改名为《老爷岭的故事》。经李艳霞授权，该系列剪纸作品在吉林珲春高速公路旁形成剪纸石雕作品，石雕上刻有"李侠剪纸"字样。该系列剪纸作品在2009年2月出版的《剪纸画吉林》和2012年2月出版的《剪纸画关东》《中华剪纸》等多种书刊上进行过公开发表。永鹏公司设立于2002年2月，经营范围为大米加工等。2012年6月13日，永鹏公司与南关区本源设计工作室签订《本源设计项目委托合同书》，约定的设计项目内容为1kg塑料袋、400k抽真空袋、500k站立袋、5kg手提普通米袋、5kg手提绿色米袋、5kg有机米袋，设计费为1.5万元。合同签订后，南关区本源设计工作室向永鹏公司提供了产品外包装的设计图，永鹏公司如约支付设计费。2012年10月，永鹏公司申请将该设计图中的"人鹿图案"注册为商标，并于2014年3月14日取得商标注册证，永鹏公司将该商标用于多种粮食产品的外包装上进行销售经营。李艳霞诉讼主张永鹏公司停止侵权、消除影响、赔礼道歉、赔偿210万元损失并支付20万元律师费。吉林省吉林市中级人民法院一审认为，李艳霞的"人鹿和谐"剪纸具有独创性，符合作品的特征，应受著作权法保护。永鹏公司注册并在产品外包装上使用的"人鹿图案"商标与李艳霞创作的"人鹿和谐"剪纸作品中的人、鹿形象高度相似。永鹏公司提供的现有证据不足以证明其注册并使用的商标具有合法独立创作来源或授权，应认定该商标系对李艳霞享有著作权的剪纸作品的复制和修改，构成著作权侵权，应当承担停止侵权、赔礼道歉、赔偿损失的法律责任。关于李艳霞请求永鹏公司赔偿 210 万元及承担律师代理费 20 万元的诉讼请求应否支持问题，李艳霞未能举证证明具体损失数额，亦未能证明永鹏公司因侵权而获利的数额，而企业宣传数据并非实际销售和收入数据，且现有证据也不能证明永鹏公司的所有经营收入均为使用李艳霞剪纸作品进行包装和宣传所得，故其主张的损失赔偿计算方式，缺乏合理合法依据，诉请赔偿损失 210 万元，数额明显过高，综合考虑涉案作品价值、独创性程度、侵权情节、主观过错程度及诉讼合理支出等因素，酌定赔偿数额为 8 万元。判决永鹏公司立即停止侵权行为、消除影响、赔礼道歉；赔偿李艳霞经济损失 8 万元（含合理维权支出）。李艳霞不服，提起上诉。吉林省高级人民法院二审判决驳回上诉、维持原判。李艳霞不服，向最高人民法院申请再审。最高人民法院于 2017 年 9 月 26 日裁定驳回了李艳霞的再审申请。

【判决结果】 最高人民法院审查认为：本案争议焦点是本案判决的赔偿额是否有事实和法律依据。

《中华人民共和国著作权法》第四十九条规定，侵犯著作权或者与著作权有关的权利的，侵权人应当按照权利人的实际损失给予赔偿；实际损失难以计算的，可以按照侵权人的违法所得给予赔偿。赔偿数额还应当包括权利人为制止侵权行为所支付的合理开支。权利人的实际损失或者侵权人的违法所得不能确定的，由人民法院根据侵权行为的情节，判决给予五十万元以下的赔偿。

考察侵害作品著作权的损害，应着眼于权利人因作品被侵权使用遭受的损失，或者侵权人因侵权使用作品而增加的收益。由于作品的使用方式多样，所涉及的著作权权利亦不相同，因此，就同一件作品而言，不同的侵权行为，可以采取多种方式计算。如根据权利人因侵权所造成复制品发行减少量或者侵权复制品销售量与权利人发行该复制品单位利润乘积计算；以报刊、图书出版或者类似方式侵权的，参照国家有关稿酬的规定计算；参照合理的许可使用费计算等。

本案所涉作品为剪纸美术作品。就美术作品而言，如果侵权行为系出版行为，可按照权利人因此遭受的稿酬损失计算；如果侵权行为系复制美术品的方式，一般应按照侵权人的市场利润即复制品数量与单位利润计算，因为作品是侵权复制品定价的核心，侵权复制品的获利应当视为来自作品的全部贡献或主要贡献。如果是将美术作品用于宣传其他商品，如用于广告、装饰装潢等，商品利润与作品价值之间并无直接的因果关系，不宜将商品利润直接作为作品损失。侵权行为的收益往往表现在未支付应当支付的成本，即著作权许可费用。

本案所涉侵权行为系擅自将他人作品用作商标的行为。作品被用作商标，一般有两种情况，一种是通过许可使用合同获得已有作品的授权，一种是自行或委托他人创作。在使用许可合同中，作品的独创性可能对商标显著性有影响，作品的知名度对商标的知名度有贡献，均可作为作品价值的参考要素，体现在许可使用费中。如果是自行创作或委托创作，一般分为两阶段，商标设计制作和商标交付使用阶段。在商标设计制作阶段，设计人使用的是作品，其通过创作作品获得相应报酬，因此商标设计费是作品被用作商标的对价。在商标交付使用阶段，使用人主要使用的是商标而非作品，其产生的价值应当主要属于商标价值而非作品价值了。无论上述哪种情况，对于作品权利人而言，当作品被他人擅自用作商标，丧失的既非出版稿酬损失，也非美术品损失，而是许可他人用作商标的费用与机会损失。因此，二审法院认为，不宜以标有商标的包装袋数量作为侵权复制品的数量，应以作品授权许可费用作为标准计算本案损失，符合法律规定。

本案当事人并未授权他人将作品用作商标，未举证证明许可使用费的数额，也未举证类似作品的授权情况。依据著作权法的规定，一审、二审法院据此认为本案属于损失和违法所得均无法确定的情况，符合法律规定。

依据《最高人民法院关于审理著作权民事纠纷案件适用法律若干问题的解释》第二十五条第二款规定，人民法院在确定赔偿数额时，应当考虑作品类型、合理使用费、侵权行为性质、后果等情节综合确定。本案中，作品被复制侵权的第一使用人系南关区本源设计工作室，其通过为永鹏公司设计商标获取的费用，是其使用涉案作品获得的直接利益，可以作为衡量作品损失的参考标准。一般认为，侵权复制者的成本较低，其授权作品的价格可能低于合法授权作品的价格，因此，可在参考该费用的基础上，考虑侵权行为的性质、影响等因素，乘以适当倍数，进行计算。有鉴于此，一审、二审法院综合考虑涉案作品价值、独创性程度、侵权情节、主观过错程度及诉讼合理支出等因素，酌定赔偿数额为8万元并无不妥，应予维持。李艳霞关于赔偿数额没有事实和法律依据的申请再审理由不能成立，法院不予支持。

【典型意义】 侵害著作权的损害赔偿额是著作权审判实践中的难题。著作权法、相关司法解释均对侵害著作权的损害赔偿规则做出了一些规定，特别是《最高人民法院关于审理著作权民事纠纷案件适用法律若干问题的解释》第二十四条对实际损失做出了解释，即权利人的实际损失，可以根据权利人因侵权所造成复制品发行减少量或者侵权复制品销售量与权利人发行该复制品单位利润乘积计算。发行减少量难以确定的，按照侵权复制品市场销售量确定。该规定指出了常见的侵害著作权行为计算权利人实际损失的一般方法，但是否适用于所有的作品类型及侵权行为，将作品用作商标时能否以商标所附着商品的利润计算的争论由来已久。本案的典型意义在于，裁定指出在考察侵害著作权行为的损害时，必须关注作品类型，关注作品的不同使用方式。通过对美术作品使用方式的分析得出将美术作品用于宣传其他商品，如用于广告、装饰装潢等，商品利润与作品价值之间并无直接的因果关系，不宜将商品利润直接作为作品损失，侵权行为的收益往往表现在未支付应当支付的成本，即著作权许可费用的结论。裁定进一步分析了将作品用作商标的几种情形，根据不同情形指出实际损失所在。本案裁判结果的提出对著作权赔偿规则回归作品和使用行为本身，倡导在赔偿问题上对作品和使用行为进行具体细分，实现著作权赔偿规则的逐步细化具有重要意义。

五、北京代代读图书有限公司与北京方正阿帕比技术有限公司、国家图书馆侵害著作权纠纷案

[北京市海淀区人民法院（2015）海民（知）初字第26904号民事判决]

【案情摘要】 2011年7月2日，杨洪涛（作者）授权原告代代读公司享有包括涉案图书在内独占专有信息网络传播权及转授权、制作、复制和销售电子出版物等以数字化制品的方式使用作品的权利。代代读公司曾与被告阿帕比公司签订有合作协议，2012年10月，国家图书馆以买断授权的方式向阿帕比公司集中购买10万种中文电子图书，国家图书馆可在其内部局域网上使用合同产品。2014年，代代读公司与阿帕比公司解除合作协议。2015年代代读公司公证国家图书馆网站中含有涉案图书。

【判决结果】 一审法院北京市海淀区人民法院认为，从《合作协议》与《变更协议》的前后承继关系及权利义务约定内容来看，在合作期间，阿帕比公司自代代读公司处获得了涉案图书的合法使用授权。鉴此，自协议签署开始，截至2014年5月协议解除期间，阿帕比公司在数字资源平台软件销售项目中，对涉案图书的销售行为应视为合法使用，并不涉及侵犯代代读公司关于涉案图书的相关著作权利。

国家图书馆通过合法途径获得包含涉案图书的阿帕比数字资源平台软件，属于《合作协议》所约定的“数字资源购买者”，其在内部局域网内使用合同产品，并供认证持卡读者远程访问使用合同产品，符合合同约定内容及社会公共利益，属于合法使用，未侵犯代代读公司的著作权权利。判决驳回原告诉讼请求。

【典型意义】 “权利用尽原则”是对权利人行使知识产权权利的重大限制。根据该原则，知识产权所有人控制知识产权产品的生产、使用以及销售的权利，随着产品首次合法进入流通领域而丧失殆尽。在著作权领域，权利用尽原则主要适用于发行权权利限制。合法获得该作品原件或复制件所有权的人可以不经著作权人许可将其再次出售或赠与。对于独立购置并在本地安装数据库资源的“数字图书馆”产品，特定数字图书资源并不会脱离阅读环境被独立传播，且本案中，涉案图书的授权方曾同意数据库供应商永久使用涉案图书资源。加之，国家图书馆通过自有服务器向读者提供有限制的在线服务，属于免费公共服务，满足社会公共利益需求。综上，在本案特定情形下，在合法授权期间内售出的数字图书数据库，在数据库供应商授权合同解除后，公益性买受人（公立图书馆）仍有权继续向特定公众传播数字图书数据库资源。这种对信息网络传播权的限制适用类似于“权利用尽原则”。

六、北京金铠星科技有限公司与大连市机动车污染管理处、深圳市安车检测股份有限公司以及大连市环境保护局侵害计算机软件著作权纠纷案

[辽宁省大连市西岗区人民法院（2015）西审民初字第67号民事判决、辽宁省大连市中级人民法院（2016）辽02民终5082号民事判决]

【案情摘要】 2007年12月，原告金铠星公司通过大连市政府招投标程序中标“大连市机动车尾气检测设备采购与安装项目”。2007年12月19日，金铠星公司与被告管理处签订了《协议书》，约定了大连市机动车尾气检测线设备采购与安装项目。协

议履行过程中，因质保金问题，金铠星公司发出告知函后锁止了案涉检测设备，导致程序无法继续运行。2011 年 4 月 2 日，管理处（环保局下设的事业单位法人）以第三人环保局的名义通过招投标形式与被告安车公司签订协议。案涉软件设备的实际使用人为管理处。2014 年 7 月 3 日，一审法院应金铠星公司的证据保全申请对管理处十一号检测线上一台电脑中安装的相关软件进行了复制，其中包含金铠星公司与安车公司的程序文件。诉讼中，金铠星公司不申请对案涉计算机软件是否被侵权进行司法技术鉴定。

【判决结果】 一审法院辽宁省大连市西岗区人民法院认为，金铠星公司主张管理处、安车公司在未获得其同意和许可的情况下在管理处运行的设备中对金铠星公司早前向管理处提供的计算机软件擅自进行了修改、复制、更改署名，金铠星公司对此不申请进行计算机软件程序的侵权比对鉴定，故应由金铠星公司承担举证不能的法律后果。判决驳回其诉讼请求。二审法院大连市中级人民法院认为，计算机软件是指计算机程序及其有关文档。对软件著作权的保护不延及开发软件所用的思想、处理过程、操作方法或者数学概念等。受著作权保护的计算机软件仅指计算机程序及其文档等对思想的表达，而计算机软件中的思想、概念、原理、处理过程和运行方法等并非表达，不受著作权法保护。功能是否相同不能成为判断程序是否相同的依据，虽然能够实现相同的功能，但只要是该程序系使用了不同的代码独立编写而成，也不构成著作权侵权。由于硬件设备与软件程序之间并不存在一一对应的绝对关系，仅根据安车公司的软件能够与金铠星公司的软件同样实现驱动底盘测功机等硬件设备的功能，并不能推断安车公司的软件必然使用了与金铠星公司相同的源程序。判决驳回上诉、维持原判。

【典型意义】 计算机软件作为传统著作权法伴随新技术发展而产生的一类新型作品，其保护范围及侵权认定标准上存在一些需要厘清的问题。本案中，原告主要从被控侵权软件能够在其提供的底盘测功机等设备上运行，实现相同功能的角度主张被告软件构成侵害著作权。对此，法院结合著作权关于思想与表达两分法的基本原理以及“接触加实质性相似”的著作权侵权判断标准，一方面通过正确行使释明权，保障著作权人的诉讼权利，一方面通过正确分配举证责任，防止著作权滥用诉讼权利，实现著作权保护的平衡。

七、宝高（南京）教育玩具有限公司、熙华世（南京）科技有限公司与南京金宝莱工贸有限公司、晋江市东兴电子玩具有限公司侵害著作权纠纷案

［江苏省南京市中级人民法院（2015）宁知民初字第 126 号民事判决、江苏省高级人民法院（2016）苏民终 482 号民事判决］

【案情摘要】 宝高（南京）教育玩具有限公司（以下简称宝高公司）、熙华世（南京）科技有限公司（以下简称熙华世公司）系涉案“老式火车站”等 19 款积木拼装玩具的著作权人。宝高公司与晋江市东兴电子玩具有限公司（以下简称东兴公司）原系合作伙伴，双方曾于 2010 年 6 月签订合作生产协议，约定：宝高公司提供生产模具并委托东兴公司加工生产塑料积木玩具产品，宝高公司负责包销其委托定制的塑料积木玩具产品；东兴公司不得向除宝高公司以外的第三方交付和宝高公司相同类型的产品，否则需承担违约责任，赔偿宝高公司 500 万元。后双方在协议履行过程中发生矛盾，经另案法院生效判决确认，双方的合作协议于 2012 年 2 月 23 日解除。合作协议解除后，东兴公司仍然继续生产相关玩具产品，并在中国玩具展及其官方网站上公开销售涉案玩具产品以及授权南京金宝莱工贸有限公司（以下简称金宝莱公司）经销涉案玩具产品。宝高公司、熙华世公司主张东兴公司、金宝莱公司生产、销售的玩具产品侵害了其玩具作品著作权，请求法院判令东兴公司、金宝莱公司停止侵权，并赔偿经济损失 500 万元以及制止侵权的合理开支费用。东兴公司、金宝莱公司认为，宝高公司、熙华世公司涉案玩具与知名品牌“乐高”产品高度近似，不具有独创性；宝高公司曾对涉案玩具的拼装颗粒申请过外观设计专利且相关专利已经失效，不应再受著作权法保护；宝高公司的作品充其量只是平面图片作品，而东兴公司生产的玩具颗粒拼装后是立体实物，不构成对宝高公司作品的复制、发行；宝高公司、熙华世公司主张的赔偿额没有事实和法律依据。

【判决结果】 一审法院南京市中级人民法院认为，宝高公司享有作品 1—17、19、20 的著作权，金宝莱公司、东兴公司的生产、销售和宣传行为侵害了宝高公司相关作品的复制权、发行权，应承担停止侵权，赔偿损失的民事责任。判决停止侵权，金宝莱公司赔偿 50 万元，东兴公司赔偿 400 万元。二审法院江苏省高级人民法院认为，首先，宝高公司创作的涉案玩具整体造型具有独创性，应受我国著作权法的保护。东兴公司提供的“乐高”产品图册与实物，绝大部分没有载明形成时间，不能用于否认宝高公司涉案作品的独创性。而“乐高”1966年、1967年火车产品与宝高公司作品1明显不同，“乐高”1989年海盗船产品虽然与宝高公司作品20在船的基本轮廓上近似，但在构成海盗船造型的具体元素上，存在一定的区别，显然并没有达到“实质性相似”的程度。其次，宝高公司在本案中主张的是涉案玩具整体造型的著作权，而非单个拼装颗粒的著作权。涉案玩具部分拼装颗粒是否申请过外观设计专利以及专利权是否失效对宝高公司涉案玩具整体造型的著作权并不产生影响。况且，对于专利权失效后的外观设计是否不受著作权法保护，我国法律并没有明确规定。故东兴公司提供相关外观设计专利权失效的证据与本案东兴公司生产被控侵权产品是否侵害宝高公司著作权无关。再次，宝高公司受著作权法保护的作品是涉案玩具的整体造型，平面设计图等只是该些作品的表现形式，而东兴公司被控侵权产品拼装之后的立体造型与宝高公司涉案作品一致，属于宝高公司作品的复制件，故东兴公司生产被控侵权产品的行为属于对宝高公司享有著作权作品的复制，其销售被控侵权产品的行为属于对宝高公司享有著作权作品的发行。最后，东兴公司应赔偿宝高公司、熙华世公司经济损失及制止侵权合理开支共计400万元。本案中双方合作协议中约定的知识产权赔偿额500万元，反映了双方对于宝高公司著作权商业价值的认识，属于宝高公司著作权受到侵害所受损失的预判，可以作为人民法院确定本案赔偿额的参考因素，而且本案中东兴公司侵权规模大，侵权过错明显。综上，东兴公司、金宝莱公司侵害了宝高公司、熙华世公司涉案玩具作品著作权，应承担停止侵权，赔偿损失的法律责任。判决驳回上诉、维持原判。

【典型意义】 改革开放几十年来，我国已成为玩具产品制造和消费的大国，与此同时，玩具行业的知识产权竞争亦日益激烈。本案中，宝高公司、熙华世公司创作的积木拼装玩具以其巧妙的创意、新颖的设计受到消费者的喜爱，并大量出口海外。东兴公司与宝高公司原系合作伙伴，但东兴公司在双方合作关系破裂后，并没有进行自主研发，而是简单复制宝高公司的玩具作品对外销售，给宝高公司造成了较大的损失。本案在认真分析宝高公司作品性质以及东兴公司侵权行为形式的基础上，判决东兴公司赔偿宝高公司经济损失与合理费用400万元，是人民法院加大知识产权保护力度，充分发挥知识产权在推动经济发展方式转变、产业结构升级中的重要作用的典型案件。

（撰稿人：马秀荣、李嵘、张江洲、罗伟明）

2017年度打击侵权盗版十大案件

一、北京优阅盈创科技有限公司侵犯文字作品著作权案

2017年4月，根据爱思唯尔等5家境外权利人投诉线索，北京市文化市场行政执法总队对北京优阅盈创科技有限公司侵犯文字作品著作权案进行调查。经查，该公司未经权利人许可，通过其运营的“优阅外文数字图书馆系统”向大学图书馆提供侵权文字作品3万篇，违法经营额17.76万元。2017年6月，北京市文化市场行政执法总队对其做出没收违法所得、罚款40万元的行政处罚。

【点　评】 版权行政执法部门从严查处该案，维护了权利人的合法权益，规范了数字图书馆版权秩序，彰显了我国政府严厉打击侵权盗版、保护中外著作权人合法权益、依法严格版权保护的鲜明态度和坚定立场。

二、上海智器投资咨询有限公司侵犯文字作品著作权案

2016年12月，根据国家版权局移转案件线索，上海市文化市场行政执法总队对上海智器投资咨询有限公司侵犯文字作品著作权案进行调查。经查，自2014年11月起，该公司未经权利人许可，将45篇证券研究报告上传到其租用的服务器，通过其运营的“汇智赢家网”网站和《汇智赢家》APP向公众提供，并收取费用，涉案金额累计28万余元。2017年3月1日，上海市文化市场行政执法总队对其做出罚款10万元的行政处罚。

【点　评】 该案是国内首起侵犯金融资讯类文字作品著作权的行政处罚案件。该案件的查处在行业内取得较大反响，多家同类网站主动停止类似侵权活动，保护了金融资讯类作品著作权人的合法权益，取得了积极的社会效果。

三、江西南昌“摇头网”侵犯音乐作品著作权案

2017年10月，江西省南昌市文化市场行政执法支队执法人员在日常网络巡查中，发现“摇头网”网站涉嫌未经授权传播大量侵权音乐作品。经查，2015年至2017年，“摇头网”未经权利人许可传播大量中外音乐作品，非法经营额达10万余元。2017年12月，江西省南昌市文化市场行政执法支队对当事人赵某某做出没收违法所得、罚款10万元的行政处罚。

【点　评】 2015年以来，国家版权局采取多项措施，大力整治网络音乐版权秩序，取得积极成效。该案的查处充分体现了版权行政部门保护网络音乐版权的态度和决心，对巩固初步形成的网络音乐版权良好生态发挥了积极作用。

四、天津“吉吉影院”网侵犯影视作品著作权案

根据权利人投诉线索，天津市公安部门对“吉吉影院”网侵犯著作权案进行调查。经查，自2014年6月起，秦某向胡某租赁服务器，设立“吉吉影院”网，未经权利人许可向公众提供近7万部影视作品侵权链接，日均访问量10万人次，涉案金额4 000余万元，通过广告联盟非法获利近100万元。2017年8月，天津市南开区人民法院以侵犯著作权罪，判处秦某有期徒刑三年六个月，并处罚金40万元；判处胡某有期徒刑一年，并处罚金2万元。

【点　评】 国家版权局等四部门联合开展的“剑网2017”专项行动将影视、新闻等重点作品版权专项整治列为重点任务，该案是专项行动中打击网络影视侵权盗版的一起重大案件。该案的查处有效震慑了从事网络侵权盗版的犯罪分子，充分体现了刑事打击知识产权犯罪的高压态势。

五、山东威海刘某等制售盗版光盘案

2016年8月，山东省威海市文化市场综合执法局根据举报线索，发现郭某某购进“哆咪音乐”系列盗版光盘并销售获利。山东威海文化执法与公安、检察机关成立专案组，进一步展开调查，发现其上家刘某购买空白光盘及刻录机等设备，未经著作权人许可，非法刻录音乐光盘，通过微信、网站及淘宝网店进行销售，3个月销售量达14.96万张，价值26.93万元。张某某、陈某某明知刘某从事非法刻录行为，仍向其销售光盘刻录机30台，并为其提供印有“哆咪音乐”字样的空白光盘26.42万张，从中非法获利6 000余元。2017年12月22日，山东省威海市经济技术开发区人民法院以侵犯著作权罪，分别判处刘某等4人有期徒刑四年至拘役不等，并处罚金。

【点　评】 该案侵权盗版制品数量大、侵权环节多、非法经营额高。该案从最初查获游商到对犯罪团伙的判决，反映了版权行政执法部门善于深挖案件线索的办案技巧和能力，体现了行政部门与刑事部门两法衔接机制的高效运作。

六、湖北恩施赵某某等侵犯网络游戏著作权案

2015年7月，根据权利人投诉线索，湖北省恩施州公安机关对赵某某等侵犯网络游戏著作权案进行调查。经查，赵某某于2011年制作了《战地之王》网络游戏的外挂“海豚AVA辅助”，进行销售获利；2015年5月又制作了《英雄联盟》网络游戏的外挂“海豚HaiTun”，并伙同陆某某、张某、贾某某进行网络销售获利。截至案发，赵某某非法获利132.6万余元。2017年5月22日，湖北省恩施州人民法院以侵犯著作权罪，分别判处赵某某等3人有期徒刑三年至有期徒刑缓刑不等，并处罚金；没收违法所得132.6万余元。

【点　评】 网络游戏“私服”活动不仅给网络游戏公司造成巨大经济损失，也严重影响了网络游戏产业的健康发展。该案的查办对网络游戏“私服”予以重拳打击，有力震慑了侵犯网络游戏著作权的违法犯罪行为。

七、广西南宁“皮皮小说网”侵犯文学作品著作权案

2015年7月，根据权利人投诉线索，广西壮族自治区南宁市公安局治安支队对“皮皮小说网”侵犯著作权案进行调查。经查，自2010年起，魏某某未经权利人许可，复制大量文学作品，在其自建的“皮皮小说网”上发布，并通过植入广告非法获利。2014年，陈某某购入该网站，明知网站内文学作品未获权利人许可，仍继续经营，并通过广告非法获利72万元。覃某先后受雇于魏某某、陈某某，对网站进行维护管理。后三名犯罪嫌疑人分别赔偿被害单位，取得其谅解。2017年6月，广西壮族自治区西乡塘区人民法院以侵犯著作权罪，分别判处魏某某等3人有期徒刑缓刑，并处罚金。

【点　评】 近年来，网络文学侵权盗版现象较为普遍，国家版权局将规范网络文学版权秩序作为“剑网行动”重点工作之一。该案的查办，一方面对巩固网络文学侵权盗版治理成果具有较强的现实意义，另一方面体现了西部少数民族地区版权保护水平的不断提升。

八、上海卿某制售盗版图书案

2017年7月，上海市公安局松江分局治安支队在日常工作中发现一专门制售盗版图书的非法地下窝点。经查，自2017年3月起，卿某未经著作权人许可，将从他处购买的电子书籍打印并胶装成册，通过其淘宝网店销售2 498册，销售额近10万元。后卿某主动投案。经鉴定，被扣押图书均系非法出版物。公安人员还从其被扣押的移动硬盘中检验出侵权电子文件2万余个。2017年12月8日，上海市徐汇区人民法院以侵犯著作权罪判处卿某有期徒刑六个月，并处罚金人民币3万元。

【点　评】 该案涉案作品种类众多且著作权人较为分散，涉及多家出版社。公安、检察部门与版权行政部门积极沟通，根据最高人民法院、最高人民检察院、公安部《关于办理侵犯知识产权刑事案件适用法律若干问题的意见》第十一条规定，结合其他证据，认定卿某的行为系“未经著作权人许可”，提高了办案效率，是解决办案中难以认定“未经著作权人许可”难题、较好运用司法解释相关规定的典型案例。

九、河南尉氏“12·15”印制盗版图书案

2016年12月，根据权利人投诉，河南省开封市文广新局对河南省开封市尉氏县产业集聚区一家非法印刷厂进行检查，现场查获开封市晟华印务有限公司非法印制盗版图书17种、7.9万册，涉案码洋316万元；从其他两个仓库查获盗版图书59种、38.7万册，涉案码洋1 900多万元。2017年12月15日，河南省开封市尉氏县人民法院以侵犯著作权罪，判处开封市晟华印务有限公司罚金人民币180万元；判处公司主管人员王某某有期徒刑一年，并处罚金人民币160万元。

【点　评】 该案涉案侵权图书种类多、数量大、码洋高，侵犯了多家出版社的合法权益。该案对犯罪单位和犯罪单位主管人员都做出刑事处罚，充分体现了刑事司法对著作权人的保护力度。

十、江苏徐州“3·11”印制盗版图书案

2015年底，根据群众举报线索，江苏省徐州市版权部门会同公安部门对一印刷厂和一印刷装订厂印制盗版图书情况进行前期侦查，并于2016年3月突击检查，现场查扣盗版图书近7万册，未装订盗版图书散页3万多份，印刷机器5台，涉案金额100余万元。2017年6月、7月，江苏省徐州市中级人民法院以侵犯著作权罪，先后判处徐某等3人有期徒刑三年三个月至有期徒刑缓刑不等，并处罚金。

【点　评】 在网络侵权盗版现象不断出现的情况下，传统侵权盗版现象在一定范围仍比较严重。该案为传统侵权盗版典型案件，涉案盗版图书数量巨大，侵权人反侦察能力较强。该案的查办有效规范了出版物市场秩序，产生了较好的社会影响。

“剑网2017”专项行动20起典型案件

国家版权局与国家互联网信息办公室、工业和信息化部和公安部四部门联合开展的“剑网2017”专项行动已进入收官阶段。国家版权局等四部门于2018年1月16日公布了20起较为典型的网络侵权盗版案件。

一、北京优阅盈创科技有限公司侵犯文字作品著作权案

案件详情，参见本栏目“2017年度打击侵权盗版十大案件”之一（第314页）。

二、北京王某涉嫌侵犯文字作品著作权案

2017年8月，根据权利人投诉线索，北京市文化市场行政执法总队会同公安部门对王某涉嫌侵犯文字作品著作权案进行调查。经查，犯罪嫌疑人王某通过互联网销售盗版电子出版物，涉及时政类等电子出版物4 429种，非法获利巨大。2017年10月，犯罪嫌疑人王某被刑事拘留，该案正在进一步查办中。

三、天津“吉吉影院”网侵犯影视作品著作权案

案件详情，参见本栏目“2017年度打击侵权盗版十大案件”之四（第314页）。

四、上海智器投资咨询有限公司侵犯文字作品著作权案

案件详情，参见本栏目“2017年度打击侵权盗版十大案件”之二（第314页）。

五、上海徐汇“3·2”侵犯网络游戏著作权案

2017年3月，根据举报线索，上海市徐汇分局治安支队在江苏、福建等地公安机关的配合下，侦破郑某等网络侵犯著作权案，在上海、江苏、福建3地抓获犯罪嫌疑人郑某、娄某等10人。经查，自2016年9月起，郑某盗用其所在公司开发的《航海王：启航》游戏源代码，重新生成新的游戏服务端，通过抽取游戏利润分成的方式销售给娄某。娄某开设私服游戏并在第三方网络平台“梦手游”进行游戏推广运营，涉案金额500余万元。2017年8月，上海市徐汇区人民法院以侵犯著作权罪判处郑某等5人有期徒刑两年至三年不等。

六、上海章某某等涉嫌印制并通过淘宝网店销售盗版图书案

2017年7月，根据前期侦查线索，上海市虹口区公安部门在江苏警方配合下，在江苏省宿迁市沭阳县查获一涉嫌侵犯著作权犯罪团伙，现场查获涉嫌盗版出版物10万余册，抓获犯罪嫌疑人章某某等4人。经查，自2016年起，章某某等人设立江苏印联实业有限公司，印制大量盗版图书并通过淘宝网店进行销售，涉案金额200余万元。4名犯罪嫌疑人已被批捕，案件正在进一步查办中。

七、上海李某某等涉嫌制售盗版动漫玩具案

2017年7月，根据权利人投诉线索，上海市奉贤区公安部门对李某某涉嫌通过淘宝网店销售盗版动漫玩具案进行调查，先后抓获犯罪嫌疑人4名，现场查获涉嫌盗版模型玩具3 500余个，涉案金额300余万元。经查，李某某于2009年11月成立木子动漫玩具有限公司，2016年开始生产模仿日本万代株式会社享有著作权的高达模型玩具，以“龙桃子”品牌销售给各淘宝网店。张某某和梁某某分别开设“新热潮动漫商城”“独一模二高达模型店”淘宝网店，销售“龙桃子”品牌盗版高达模型，涉案金额30余万元。案件正在进一步查办中。

八、江苏扬州“私服村”网站侵犯网络游戏著作权案

2016年6月，江苏省扬州市文化执法支队接到当事人投诉，反映“私服村”网站涉嫌在其平台上提供《问道》游戏的私服链接。2017年5月以来，扬州市文化执法支队通过深挖线索发起集群战役，与江西九江、山东东营、广东佛山、江苏宿迁等地市文化执法机构联合办案，对镇江市迈越网络科技有限公司和张某、朱某、张某等人共做出罚款17.2万元的行政处罚。

九、江苏徐州“5·10”涉嫌侵犯图片著作权案

2017年5月，根据权利人投诉线索，江苏省徐州市版权行政执法部门会同公安部门对“5·10”涉嫌侵犯图片著作权案进行调查。经查，雷某等4人设立“7kk”网，未经权利人许可下载图片近万张并通过该网站进行传播，通过广告联盟非法牟利200余万元。另外，雷某等4人运营的“4j4j”网、“99kk”网、“9kk”网三网站也涉嫌侵犯图片著作权。4名犯罪嫌疑人已被刑事拘留，该案正在进一步查办中。

十、江苏常州孙某某涉嫌侵犯网络游戏著作权案

2017年5月，根据权利人投诉线索，江苏省常州市版权行政执法部门会同公安部门对孙某某等涉嫌侵犯网络游戏著作权案进行调查。经查，孙某某等未经权利人许可，自2016年11月至2017年5月架设《中广联合破天一剑》游戏私服，并对游戏程序进行修改用于营利，涉案金额200万余元。孙某某已被刑事拘留，该案正在进一步查办中。

十一、山东威海刘某等制售盗版光盘案

案件详情，参见本栏目“2017年度打击侵权盗版十大案件”之五（第314页）。

十二、江西南昌“摇头网”侵犯音乐作品著作权案

案件详情，参见本栏目“2017年度打击侵权盗版十大案件”之三（第314页）。

十三、湖北咸宁黄某等涉嫌侵犯网络游戏著作权案

2017年4月，根据权利人投诉，湖北省咸宁市公安部门对黄某等涉嫌侵犯著作权案进行调查。经查，2016年以来，黄某等针对网络游戏《逆战》开发制作了多个外挂软件并在网上销售，非法获利近百万元，使用该外挂的玩家超过2万人次。黄某等5名犯罪嫌疑人已被抓获，案件正在进一步查办中。

十四、重庆宋某等涉嫌侵犯网络游戏著作权案

2017年3月，重庆市、北碚区两级版权行政执法部门会同公安部门对宋某等涉嫌侵犯著作权案进行调查。经查，宋某等人非法获取权利人开发的游戏软件源代码，私自架设《龙之传奇》游戏，并搭建游戏充值平台收取充值款，涉案金额达630万余元。案件正在进一步查办中。

十五、广东广州华多网络科技有限公司侵犯网络游戏著作权案

2017年6月，根据权利人投诉线索，广东省广州市文化市场行政执法总队对广州华多网络科技有限公司涉嫌侵犯网络游戏著作权案进行调查。经查，该公司未经权利人许可，通过其运营的“多玩我的世界盒子”网向公众传播《我的世界》等网络游戏，涉案金额18万余元。广东省广州市文化市场行政执法总队对其做出罚款27万元的行政处罚。

十六、广东广州“MTV235”网侵犯影视作品著作权案

2017年5月，根据权利人投诉线索，广东省广州市文化市场行政执法总队对“MTV235”网涉嫌侵犯影视作品著作权案进行调查。经查，该网站未经授权传播《战狼2》等大量影视作品。2018年1月，广东省广州市文化市场行政执法总队对汤某做出没收违法所得、罚款22.5万元的行政处罚，并将该案涉嫌犯罪线索移送公安部门。

十七、广东深圳“手机看电视直播”网涉嫌侵犯著作权案

2017年6月，根据举报线索，广东省深圳市市场稽查局对“手机看电视直播”网涉嫌侵犯著作权案进行调查。经查，当事人运营的该网站聚合了146个境内外频道的电视直播资源，通过网络传播侵权作品500余部，并通过广告联盟营利。该案已移送公安部门。

十八、广西南宁“皮皮小说网”侵犯文字作品著作权案

案件详情，参见本栏目“2017年度打击侵权盗版十大案件”之七（第315页）。

十九、四川“吹妖动漫”网涉嫌侵犯动漫作品著作权案

2016年10月，根据案件移转线索，四川省成都市版权行政执法部门对“吹妖动漫”网涉嫌侵犯动漫作品著作权案进行调查。经查，成都五二天科技有限公司设立“吹妖动漫”网，未经权利人许可提供2万余部漫画作品供公众观看，并通过广告联盟获利。该网站日均点击量上百万次，仅其中67部作品的点击量就高达200余万次，收取广告费用达120余万元。2017年6月，犯罪嫌疑人孙某已被批捕，朱某已被刑事拘留，案件已移送司法机关。

二十、宁夏银川王某等涉嫌侵犯网络游戏著作权案

2017年4月，宁夏回族自治区银川市版权行政执法部门会同公安部门对王某等涉嫌侵犯网络游戏著作权案进行调查。经查，王某等未经权利人许可，非法篡改《热血传奇》游戏的服务端及客户端源程序，在租用的服务器上架设运营《征战天下》私服游戏，并在“YY”直播平台开设多个直播房间对公众直播该私服游戏，非法牟利30余万元。8名犯罪嫌疑人已被抓获，该案正在进一步查办中。

2017年地方著作权司法保护典型案件

北 京 市

一、《中国好声音》著作权侵权纠纷案

【简要案情】 腾讯公司依法拥有由上海灿星文化传播有限公司（以下简称灿星公司）制作的大型励志专业音乐评论节目《中国好声音（第三季）》独家信息网络传播权。腾讯公司诉称，暴风公司在未取得节目信息网络传播权的情况下，在其经营的网站（www.baofeng.com）上播放该节目第1～6期。暴风公司明知该节目的信息网络传播权由腾讯公司独家所有，却仍在其经营的网站上播放，严重侵害腾讯公司的合法权益。据此，请求依法判决暴风公司赔偿腾讯公司每期节目经济损失及诉讼合理支出200万元，包括经济损失199万元，诉讼合理支出1万元。

一审法院认为：第一，根据涉案节目片尾署名，其著作权人为灿星公司，后灿星公司出具授权书，将综艺节目《中国好声音（第三季）》的独家信息网络传播权及维权权利授予腾讯公司，因此腾讯公司具有请求保护涉案节目信息网络传播权的权利基础。暴风公司未经腾讯公司许可，在其经营的暴风影音客户端提供涉案节目在线播放服务，已构成对涉案节目信息网络传播权的侵犯，依法应承担相应的法律责任。第二，依据相关证据及认定的事实，一审法院足以确信腾讯公司因暴风公司涉案行为所遭受的经济损失明显超出著作权法法定赔偿数额的上限50万元，为弥补权利人的经济损失、惩戒恶意侵权行为，酌定本案赔偿数额为每期节目100万元。第三，依据本案诉讼标的金额、腾讯公司确有律师代理出庭应诉且针对本案提交了多份公证书等事实，腾讯公司主张每期节目1万元诉讼支出具有合理性，故对其该项诉讼请求予以全额支持。综上，一审法院判决：暴风公司赔偿腾讯公司每期节目经济损失100万元及诉讼合理支出1万元，两项共计101万元。

一审判决后，暴风公司以一审判决的赔偿数额没有事实和法律依据，对于经济损失的认定明显过高且极不公平合理为由提起上诉。二审法院认为，本案采用裁量性赔偿的方法确定损害赔偿数额可以确认腾讯公司因暴风公司涉案行为所遭受的经济损失明显超出著作权法法定赔偿额的上限，故一审法院酌情确定每期节目100万元的赔偿数额并无不当。从而驳回上诉，维持原判。

【点　评】 本案涉及侵害著作权及邻接权损害赔偿计算方法的适用问题。在本案的审理中明确了以下规则，即侵害著作权及邻接权损害赔偿的计算方法是具有顺位要求的：第一顺位是权利人的实际损失；第二顺位是侵权人的违法所得；第三顺位是法定赔偿。可以适用前顺位方法时，排除后顺位方法的适用。确定权利人的实际损失与侵权人的违法所得通常包含多个参数。通常情况下，难以查明所有参数的准确数值，也几乎不可能查明任何参数的准确数值。能够查明权利人的实际损失或者侵权人的违法所得的部分参数时，应当尽量利用裁量性赔偿方法确定权利人的实际损失或者侵权人的违法所得，而不是直接适用法定赔偿。

二、《醉荷》著作权侵权纠纷案

【简要案情】 项维仁一审起诉称，其2007年6月出版发行了工笔人物画册《彩炫笔歌——项维仁工笔人物画》，其中收录了美术作品《醉荷》。2014年10月1日，人民网发布了题为《心似莲花·胸怀天下　“鬼才田七”欧洲巡回展莫斯科拉开帷幕》的文章，该文章介绍了彭立冲在莫斯科举办画展的情况，其中展出有一幅美术作品《荷中仙》。11月17日，人民网又发布了题为《心似莲花·胸怀天下　柏林中国文化艺术展倒计时100天》的文章，该文章介绍说“绢画《荷中仙》等作品也将亮相柏林”，且文章前面附有该作品，并标注“绢画作品《荷中仙》作者：田七”。经比对，《荷中仙》除画幅上部有红色文字外，整个画面的构图、造型、色彩、线条等与《醉荷》完全一致，属于《醉荷》的复制品。彭立冲擅自复制《醉荷》，并将复制件展览，侵犯了项维仁对《醉荷》享有的复制权、修改权、保护作品完整权、展览权、信息网络传播权和署名权。一审法院经审理认定彭立冲涉案行为侵害了项维仁对美术作品《醉荷》享有的署名权、修改权、复制权、展览权，应当为此承担销毁侵权复制品、公开赔礼道歉、赔偿经济损失10万元的责任。彭立冲不服一审判决提起上诉，请求撤销一审判决，改判驳回项维仁的诉讼请求。

经审理，二审法院认为本案产生的侵权民事关系的法律事实发生在俄罗斯莫斯科、德国柏林，属于涉外民事案件。项维仁在一审中虽然没有明确列明其法律适用的选择，但其起诉状所列理由完全系从《中华人民共和国著作权法》的规定出发、在一审法庭辩论时明确依据《中华人民共和国著作权法》第二十二条的规定，彭立冲亦是依据《中华人民共和国著作权法》对其行为进行了辩论，即双方当事人均引用了《中华人民共和国著作权法》。因此，可以认定双方当事人已经就本案应适用的法律做出了选择，本案适用《中华人民共和国著作权法》。项维仁涉案的美术作品《醉荷》公开发表于2007年1月，应当认定彭立冲具有接触《醉荷》的客观条件和可能性。将《荷中仙》与《醉荷》相比，两者在画面内容、人物造型、荷叶及花瓣形状、元素布局、构图、线条、色调等方面均一致，前者附着在绢材质上而后者附着在纸材质上，前者尺寸大后者尺寸小，据此可以认定前者临摹自后者。相对于画面内容、人物造型、荷叶及花瓣形状、元素布局、构图、线条、色调等内容，两作品的区别均非常细微，且均为中国传统绘画中惯常出现的区别，凭借该细微区别无法否定《荷中仙》与《醉荷》整体上高度近似的事实。《著作权法》第十条第一款第五项规定的复制包括法条列举之外的能将作品制作成一份或者多份的其他方式，临摹并没有被排除出复制的范围。复制权所控制的复制是指单纯再现了原作品或者保留了原作品的基本表达，同时又没有增加源自“复制者”的独创性劳动从而形成新的作品的行为，只要符合上述两个条件，即构成复制权所控制的复制。某一种临摹是属于复制还是其他行为，应该根据其是否增加了独创性的表达还是单纯再现了原作品或者保留了原作品的基本表达来判断。《荷中仙》与项维仁的《醉荷》相比，两者在画面内容、人物造型、荷叶及花瓣形状、元素布局、构图、线条、色调等美术作品的实质性要素方面均一致，不同之处仅在于尺寸大小不同、人物眼神有稍许不同、色彩深浅略有差异，而尺寸的不同并不影响两者构成相同或实质性相同，两者人物眼神及颜色深浅的些许不同过于细微，且为中国传统绘画中惯常出现的区别，因此彭立冲的《荷中仙》并未体现出其本人具有独创性的智力创作，而仅仅是再现了项维仁的美术作品《醉荷》的表达，故《荷中仙》实为《醉荷》的复制品，彭立冲涉案的临摹行为属于对《醉荷》的复制。彭立冲在以临摹的手段复制项维仁的涉案美术作品《醉荷》后，将该复制品用于公开展览，该行为未经项维仁的许可，同时亦未标明临摹自《醉荷》及指明项维仁的姓名，侵害了项维仁的署名权、复制权、展览权、修改权和保护作品完整权，应当为此承担相应的民事责任。

【点　评】 本案中，法院首先论述本案是否属于涉外案件，阐明了涉外案件如何适用法律，明确了涉案作品系在国外展览，产生侵权民事关系的法律事实发生在国外的情况下，该案属于涉外案件。在双方当事人未选择适用法律但在诉讼过程中主动适用我国法律的情况下，应适用我国法律予以审理。其次，判决详细论述了涉案被诉美术作品是否构成对原作者美术作品的临摹，并明确阐述了涉案临摹行为属于著作权法上的复制行为，擅自展览临摹件且未署原作者姓名的行为构成侵害原作者的著作权。

三、《产科医生》海报、剧照、截图著作权侵权纠纷案

【简要案情】 乐视花儿公司系电视剧《产科医生》的著作权人。豆网公司经营的“豆瓣电影”网站系网络用户围绕影视剧进行评论、交流的信息分享平台。该网站一条名为“产科医生/情定妇产科/Obstetrician”的条目下，展示了涉案电视剧的海报、导演、编剧、主演等信息，以及分集短评列表、剧情简介、电视剧图片。在图片区显示有网友上传的涉案电视剧海报、剧照、截图等内容。乐视花儿公司主张其作为涉案电视剧著作权人，应当享有该剧包括但不限于剧集、截图、海报等的著作权。豆网公司上述行为侵害了其著作权，请求判令豆网公司停止侵权、消除影响、赔偿损失及合理支出。

法院认为：在涉案剧照、海报均未显示署名，乐视花儿公司亦未提交相关作品的底稿、原件、取得权利的合同等任何著作权证明的情况下，不能仅凭乐视花儿公司系影视作品著作权人的身份，推定其为该影视作品剧照、海报的著作权人。影视作品截图作为从连续动态画面中截取出来的静态画面，不是与影视作品相独立的摄影作品。乐视花儿公司作为涉案电视剧的著作权人，有权对该作品的截图主张权利。网络用户实施的涉案信息网络传播行为虽然未经著作权人许可，但鉴于其并未与作品的正常利用相冲突，也没有不合理地损害著作权人的合法利益，本案中乐视花儿公司也未举证证明涉案行为给其造成了经济损失。因此，该行为属于对乐视花儿公司作品的合理使用，并未构成对乐视花儿公司信息网络传播权的侵犯。鉴于网络用户上传截图的行为并不侵权，豆网公司也不构成侵权。据此法院判决驳回了乐视花儿公司的全部诉讼请求。双方当事人均未上诉，一审判决生效。

【点　评】《著作权法》第二十二条通过列举的方式规定了 12 种合理使用行为。但新的传播技术和新的商业模式的飞速发展对这种封闭的立法模式带来了巨大冲击。该条穷尽列举的合理使用方式已经无法完全解决现实需求。本案从合理使用制度原理出发，适用三步检验法并结合《著作权法实施条例》第二十一条的规定，从涉案行为是否影响作品的正常使用、是否不合理地损害著作权人的合法利益等因素，考量涉案行为是否构成合理使用。本案对合理使用范围的划定方式进行了积极探索，判决结果实现了著作权人、网络服务提供者与社会公众的利益平衡，对同类案件的审理具有一定的参考意义，对影评行业的发展具有重要的促进作用。

四、"留守儿童图片"著作权侵权纠纷案

【简要案情】　刘飞越一审起诉称其系涉案 13 幅作品的作者，享有涉案 13 幅作品的著作权；而在央视公司（www.news.cntv.cn）网站中的《图说天下"留守村"的孩子们》视频中包含有涉案 13 幅作品，来源显示为央视网。刘飞越主张央视公司与江苏广播电视公司侵害了其信息网络传播权及署名权，要求央视公司和江苏广播电视公司在侵权网站（www.cntv.cn）公开致歉，并赔偿经济损失及合理开支共计 4.3 万元。

一审法院认为，刘飞越系涉案 13 幅作品的著作权人，涉案视频系央视公司未经刘飞越许可，在其网站中使用涉案作品，通过信息网络向公众提供涉案作品，未给刘飞越署名且未支付报酬，侵犯了刘飞越对涉案作品的署名权和信息网络传播权。在案证据不足以证明江苏广播电视公司将涉案视频上传至央视网或者协助实施上述行为，故江苏广播电视公司对本案侵权行为没有共同侵权的故意或过失。一审法院判决央视公司在其网站首页显著位置向刘飞越公开赔礼道歉并赔偿经济损失及合理支出共计 33 330 元，驳回刘飞越对江苏广播电视公司的全部诉讼请求。央视公司不服一审判决提起上诉。

二审法院认为，首先，涉案视频使用刘飞越享有著作权的涉案 13 幅摄影作品，构成视频的主要内容和主要画面，影响了刘飞越对其作品的正常使用，一定程度上损害了刘飞越作为著作权人的合法利益，不符合著作权法对著作权权利限制的条件，不构成合理使用。央视公司通过对涉案视频的信息网络传播行为实现了对涉案摄影作品的信息网络传播，侵害了刘飞越基于该 13 幅摄影作品而享有的信息网络传播权。其次，作品一旦经过使用被制作成电影作品或者以类似摄制电影的方法创作的作品后，对该类作品的后续传播者，在不知道或没有合理的理由知道其传播的作品存在侵害署名权的情况下，不应当让其基于自身单纯的传播行为而承担因他人侵害署名权的行为所导致的法律责任。央视公司涉案行为仅是对既有视频的传播行为，其未对摄影作品进行单独使用，亦无法在传播视频中就摄影作品进行署名。央视公司传播的视频是江苏广播电视公司制作并在电视台已经播出的电视节目，其主观上并不知道也没有理由知道涉案视频中使用的摄影作品存在侵权或侵权的可能性。故央视公司对涉案视频的信息网络传播行为未落入刘飞越对涉案 13 幅摄影作品享有的署名权保护范围，央视公司不应承担侵害署名权的法律责任。因此，二审法院判决央视公司赔偿刘飞越经济损失及合理支出共计 33 330 元，撤销一审法院认定央视公司侵害署名权的判项。

【点　评】　本案明确了"合理使用"的认定标准并确定传播者在不具有过错的情况下，对其传播的影视作品中使用的摄影作品未署名行为不承担侵害署名权的责任。著作权法规定的合理使用行为中的"为介绍、评论某一作品或者说明某一问题，在作品中适当引用他人已经发表的作品"，这种使用作品的目的既可以是公益性质的，也可以是商业性质的。认定使用他人作品的行为是否属于"适当引用"时，应当从使用作品的行为是否影响了该作品的正常使用，是否不合理地损害了著作权人的合法利益的角度进行考虑。此外，从著作权的立法目的来看，署名权的保护是为了表明作者身份，彰显作者与作品之间的关系，他人在使用作品时应保护作者的署名权。但是，作品一旦经过使用被制作成电影作品或者以类似摄制电影的方法创作的作品后，对该类作品的后续传播者，在不知道或没有合理的理由知道其传播的作品存在侵害署名权的情况下，不应当让其基于自身单纯的传播行为而承担因他人侵害署名权的行为所导致的法律责任。法律保护作品的著作权是为了鼓励对作品的创作和传播，在保护著作权时应兼顾鼓励创作和鼓励传播两种利益。本案对于类似案件具有重要指导意义。

河　北　省

热河文化公司运营的微信公众号"承德大小事"非法使用他人照片侵权案

【简要案情】　承德市热河文化传媒有限公司（以下简称热河文化公司）运营的微信公众号"承德

大小事”发布的文章《承德要在全国出名了，看完一个大写的“服”》，图文转载自网络文章《再过一个月，承德要在全国出名了，看完一个大写的“服”》。该文中有一组介绍承德旅游文化的图片，其中第十二幅介绍御道口草原森林风景区的图片是王良于2009年在内蒙古拍摄的组照中的一幅。王良发现后认为，热河文化公司未经许可使用其作品构成侵权，故起诉要求停止侵权、赔礼道歉并赔偿损失。法院审理认为，根据相关法律规定，“承德大小事”微信公众号转载该图片的来源并非报社、期刊刊登的作品，且未支付报酬，判决热河文化公司构成侵权，并赔偿损失5 000元。

【点 评】 通过判决，明确了微信公众号，特别是具有商业性质的公众号在传播中可能涉及的著作权侵权问题。一是即使微信公众号并未因此盈利，也可能因未得到相关主体的授权，未尽到合理注意义务而构成侵权；二是微信公众号合理使用他人图文的范围应限于“报纸、期刊、广播电台、电视台等媒体刊登或者播放其他报纸、期刊、广播电台、电视台等媒体已经发表的关于政治、经济、宗教问题的时事性文章”；三是微信公众号转载他人文章及图片时，要对图文权属进行必要的审查和获取授权。

辽 宁 省

一、刘某某与被告陕西三秦出版社有限责任公司、陕西新华发行集团有限责任公司、北京紫英轩文化传播有限公司、新华书店北方图书城有限公司、沈阳市新华书店侵害著作权纠纷

【简要案情】 刘某某系沈阳市文联文学创作一级作家，沈阳市作家协会副主席，参与创作的电视连续剧《努尔哈赤》曾获全国优秀电视剧“飞天奖”。

刘某某创作完成长篇历史小说《努尔哈赤》，并于2010年4月出版。该书共分二十八章，依据明朝末年至清朝初年的历史题材为背景，以清太祖努尔哈赤的一生为主线，采用历史小说的形式系统地介绍了努尔哈赤一生的沉浮。该书讲述了努尔哈赤作为女真族的领袖，年轻有志，虚心学习汉族文化，团结分散的女真部族，击败明军。在长达二十六年的征战中，由弱至强，由小到大，最后以清王朝代替了明王朝的统治。小说通过对人物性格的刻画、描写，将努尔哈赤的传奇人生展现在读者眼前。

被诉侵权的《努尔哈赤传》由三秦出版社、新华发行公司出版发行，于2013年首次出版，2014年3月第2次印刷，印数为1万至1.4万册。2015年1月第3次印刷，印数为3 000册。该书共九十章，合计41万字。该书同样以明末清初的历史题材为背景，讲述了努尔哈赤的一生。被诉侵权图书与涉案作品对比，在人物名称、故事情节、环境描写等方面，均构成雷同。紫英轩公司、北方图书城、新华书店分别销售被诉侵权图书。

法院经审理认为，小说《努尔哈赤》系一部历史题材长篇小说，以明末清初时期的历史题材为背景，通过对于人物的设计、故事情节的演绎，艺术性地再现了清太祖努尔哈赤的戎马生涯。小说《努尔哈赤》是在文学、艺术领域内具有独创性并能以某种有形形式复制的智力成果，属于文字作品。刘某某作为该书的著作权人，其合法权利应当受到法律保护，任何人不得剽窃他的作品。

被诉侵权图书《努尔哈赤传》采用与小说《努尔哈赤》相同的历史题材，两者在章节顺序、故事情节、人物编排上均出现雷同，《努尔哈赤传》构成对小说《努尔哈赤》的剽窃。《最高人民法院关于审理著作权民事纠纷案件适用法律若干问题的解释》第二十条规定，出版物侵犯他人著作权的，出版者应当根据其过错、侵权程度及损害后果等承担民事赔偿责任。出版者对其出版行为的授权、稿件来源和署名、所编辑出版物的内容等未尽到合理注意义务的，依据《著作权法》第四十八条的规定，承担赔偿责任。由于刘某某的作品知名度较高，三秦出版社、新华发行公司作为图书上署名的出版发行企业，多次出版发行被诉侵权图书，应具有较高的注意义务。三秦出版社、新华发行公司未能举证证明已尽到合理注意义务，对其出版行为的授权、稿件来源和署名、所编辑出版物的内容进行审查，应承担停止侵权、赔礼道歉、消除影响、赔偿损失的民事责任。紫英轩公司未经著作权人许可，销售被诉侵权图书，且不能提供合法的来源，应承担停止侵权、赔偿损失的民事责任。北方图书城、新华书店未经著作权人许可，销售被诉侵权图书，亦应承担停止侵权的民事责任。最终法院判决各被告停止侵权，被告三秦出版社、新华发行公司赔偿原告经济损失9万元并赔礼道歉、消除影响，被告紫英轩公司赔偿2.5万元。

【点 评】 本案涉及出版者对侵权出版物应承担的责任问题，判决明确出版者发生侵权行为的归责原则。《最高人民法院关于审理著作权民事纠纷案件适用法律若干问题的解释》规定，出版物侵犯他人著作权的，出版者应当根据其过错、侵权程度及损害后果等承担民事赔偿责任。出版者对其出版行为的授权、稿件来源和署名、所编辑出版物的内容等未尽到合理注意义务的，依据《著作权法》第四十八条的规定，承担赔偿责任。出版者尽了合理注意义务，著作权人也无证据证明出版者应当知道其出版涉及侵权的，依据《民法通则》第一百一十七条第一款的规定，出版者承担停止侵权、返还其侵权所得利润的民事责任。出版者所尽合理注意义务情况，由出版者承担举证责任。

本案中，《努尔哈赤传》采用与刘某某创作的小说《努尔哈赤》相同的历史题材，两者在章节顺序、故事情节、人物编排上均出现雷同，《努尔哈赤传》构成对小说《努尔哈赤》的剽窃。三秦出版社、新华发行公司不能提供稿件的来源，未能尽到审慎的注意义务，应承担停止侵权、赔偿损失的法律责任。宣判后，紫英轩公司提出上诉，经辽宁省高级人民法院审理，驳回上诉，维持原判。

二、付某某诉沈阳紫艺广告传媒有限公司、于某某、沈阳豫珑企业管理有限公司著作权侵权纠纷

【简要案情】 原告付某某因去被告沈阳紫艺广告传媒有限公司处应聘，应其法定代表人于某某要求完成了剧本《智多多和他的小伙伴们》，并将剧本电子版发送至被告指定邮箱，后将该剧本上传至中国编剧网；后原告发现被告豫珑公司剧场上演儿童剧《智多多和他的小伙伴们》，该儿童剧人物、情节、语句等内容与原告完成的剧本存在多处相同或相似，宣传海报中标明为吕帅、于某某作品。故起诉至法院。

法院经审理认为，本案争议焦点为：（1）原告主张的剧本是否构成作品；（2）原告是否对涉案剧本享有著作权；（3）各被告是否侵害了原告的著作权。

第一，著作权法所称的作品，是指文学、艺术和科学领域内具有独创性并能以某种有形形式复制的智力成果。作品的独创性，是指作品应当具有一定的创造性，而非抄袭或者对原有作品、文字材料进行的简单摹写、汇编，著作权法保护作品的表达而不是思想，即著作权法并不要求作者表达的思想主题绝无仅有，也并不禁止作者就相同的观点、思想进行再创作。本案中，涉案剧本《智多多和他的小伙伴们》虽宣传内容为公知的安全常识，但作为儿童剧，在角色设定、情节设计尤其是语言表达等方面均具有鲜明的特点，具有独创性，构成我国著作权法所规定的作品，受著作权法保护。

第二，根据著作权法的相关规定，著作权自作品创作完成之日起产生，原告自完成之日起即享有该剧本的著作权，其是否将作品公开或上传至权威网站均不影响其著作权的享有，故原告对其儿童舞台剧本《智多多和他的小伙伴们》享有著作权。对于被告紫艺传媒及于某某提出于某某系涉案剧本的合作作者，其与付某某完成作品系职务行为，剧本著作权应属于紫艺传媒抗辩的主张，因未提供相应证据加以证明，法院不予支持。

第三，关于被告于某某、紫艺传媒是否侵害原告著作权的问题，根据《著作权法》第四十七条的规定，剽窃他人作品构成侵权，本案中，原告完成剧本后，将作品发送给于某某，鉴于于某某系被告紫艺传媒的法定代表人，可以认定被告于某某及紫艺传媒接触了涉案剧本；同时，通过对二被告组织演出的剧本与原告剧本比对，二剧本名称相同、人物大部分一致、剧情构架存在多处相同或相似，且该剧本中有多达一百余处语句表达与原告剧本相同，可以认定二被告组织演出的剧本与原告剧本构成实质近似，侵害了原告的著作权，应当承担停止侵权、赔礼道歉、消除影响、赔偿损失的民事责任。被告豫珑公司作为演出场地的提供方，对演出作品是否侵权无法定义务进行审查，同时，豫珑公司与紫艺传媒签订的《演出合作协议》约定，演出作品版权产生的问题由紫艺传媒承担责任，故原告要求其承担侵权责任的诉请缺乏事实及法律依据，法院不予支持。

最终法院判决被告停止侵权并赔偿 2.5 万元，同时在报纸刊登《致歉声明》。宣判后，被告提出上诉，经辽宁省高级人民法院审理，驳回上诉，维持原判。

【点　评】 随着文化产业的发展，各类话剧演出市场日益红火，一些单位未经著作权人许可，擅自演出他人作品，甚至出现剽窃他人作品的情形，造成演出市场的混乱。因此，如何确定著作权归属、认定是否侵权，厘清著作权人、演出单位、剧场等之间的相互关系及各自的权利义务尤为重要。

吉　林　省

一、韩学智与吉林神驭机械有限公司著作权权属、侵权纠纷案

【简要案情】 韩学智享有神驭作品著作权，韩学智与案外人董志臣合作经营吉林市天成汽车自动调整臂厂，以韩学智主张的涉案图案申请注册神驭商标，后神驭商标被转让给吉林市神驭自动调整臂有限责任公司，韩学智系该公司的股东和董事。后该商标被再次转让给神驭公司，韩学智在神驭公司工作，直至双方协议解除劳动合同。韩学智诉请神驭公司侵害其著作权，要求停止侵权及赔偿。法院经审理驳回韩学智的诉讼请求。案件受理费9 300元，由韩学智负担。

【点　评】 权利受法律保护，但对已经处分了的权利再行主张，则受到其在先行为的约束。市场主体应遵从商业交易规则、遵守诚信原则。

二、吴朝霞与吉林省参花杂志社侵害著作权纠纷案

【简要案情】 吴朝霞通过电子邮箱向参花杂志社投稿原创短篇小说《因为爱情》，该篇小说发表于2012年7月第七期《参花》杂志，署名为福建晋江吴朝霞。该篇小说发表后，吴朝霞一直未收到稿费。《参花》杂志系吉林省参花杂志社编辑出版。2012年7月第七期《参花》杂志版权页载明：参花文学博客 http//blog. sina. com. cn/u/1077606473。该博客转载了涉案短篇小说《因为爱情》相关内容，署名福建晋江吴朝霞。法院经审理判决吉林省参花杂志社赔偿吴朝霞经济损失及维权合理支出17000元；驳回吴朝霞的其他诉讼请求。

【点　评】 在网络媒体和自媒体日益发达的情况下，应当公平保护著作权人和媒体运行者之间的权利义务关系，规范媒体约稿行为。未经特别约定，杂志社擅自将作者所投稿件发布于网络进行传播的，构成对作者信息网络传播权的侵害，应当承担侵权责任。

黑龙江省

张某某侵犯著作权罪案

【简要案情】 《地下城与勇士》（又名DNF）是深圳市腾讯计算机系统有限公司（以下简称腾讯公司）在韩国进口并在中国境内发行运营的一款免费角色扮演网络游戏，在国家版权局办理了出版发行手续，依法享有著作权。2014年7月至2015年4月期间，被告人张某某伙同张某等人合伙先后购买800台简易组装电脑，雇用王某、宁某、冯某某三人与张某（该四人均已判决）共同利用从姜某处购买的外挂程序刷取腾讯公司DNF游戏金币，并将金币挂在17uoo.com网站上出售牟利。经鉴定，该外挂程序对《地下城与勇士》游戏客户端具有增加、修改、删除的功能。被告人张某某等人共非法获利人民币313 846.53元。

法院经审理认为，被告人张某某伙同他人以营利为目的，违反国家规定，在《地下城与勇士》游戏客户端不具备自动进行游戏、完成自动创建游戏角色、自动执行任务、自动打怪、自动捡取物品、自动使用物品等功能的情况下，增加了以上自动实现的功能，该功能的实现必须复制互联网游戏程序的源代码。张某某未经著作权人许可，复制、发行他人享有著作权的作品，违法所得数额巨大，依法应以侵犯著作权罪定罪处罚。张某某能够如实供述犯罪事实，认罪态度较好，可对其从轻处罚。鉴于张某某犯罪情节较轻、有悔罪表现、没有再犯罪的危险，适用缓刑对所居住社区无重大不良影响，依法可以适用缓刑。判处被告人张某某犯侵犯著作权罪，判处有期徒刑三年，缓刑四年，并处罚金人民币313 846.53元。

【点　评】 本案是利用外挂程序侵犯网络游戏著作权的典型案例。与传统侵犯知识产权犯罪案件相比，此类犯罪利用信息技术、互联网络作案，隐蔽性强、销售范围广、传播速度快、社会影响恶劣。张某某等人的行为，不仅侵犯了著作权人对其作品享有的合法权益，扰乱其正常生产经营，造成经济损失，也破坏了国家对文化市场的管理秩序。本案的裁判结果充分体现了人民法院对知识产权的有力刑法保护，有助于震慑和预防侵犯知识产权违法犯罪行为，维护公平竞争的市场经济秩序。

上　海　市

"易查网"侵犯著作权罪案

案件详情，参见本栏目"2017年全国著作权司法保护典型案件"之二（第307页）。

江　苏　省

一、茅盾手稿著作权纠纷案

案件详情，参见本栏目"2017年全国著作权司法保护典型案件"之一（第307页）。

二、涉及宝高积木拼装玩具著作权侵权纠纷案

案件详情，参见本栏目"2017年全国著作权司法保护典型案件"之七（第312页）。

三、陈某诉吴江市某有限公司商标权与著作权冲突案

【简要案情】 原告陈某是一位专业从事平面设计工作的设计师，其作品有一定知名度，被告是盛泽镇的一家纺织企业，引起双方纠纷的是一幅由原告设计的美术作品。该作品由天鹅和荷花两种元素抽象组合在一起，由原告在深圳数字作品备案中心进行备案，并曾在公开发行的杂志上发表过。而被告公司在注册商标时使用了该图案。原告发现后，认为被告侵犯了原告享有著作权中的署名权、复制权、发行权和信息网络传播权等权利，因此起诉至法院，提出了被告立即停止使用商标，并赔偿经济损失 4 万元等诉讼请求。在案件审理过程中，被告承认其注册使用的商标是在成立公司时委托印制宣传册的彩印公司一并制作的，没有审查其独创性，极有可能是彩印公司在网络上下载的，侵犯了原告的著作权。

根据《中华人民共和国商标法》第三十二条规定："申请商标注册不得损害他人现有的在先权利，也不得以不正当手段抢先注册他人已经使用并有一定影响的商标。"法院认为，本案中，原告创作的图案作品享有在先权利，被告未经许可使用侵害了原告的著作权。最终经调解，被告公司同意支付原告涉案图形使用费 18 000 元，原告同意被告在商标注册有效期内继续使用该注册商标。

【点　评】 申请商标注册从本质上讲属于市场行为，应当遵循诚实信用原则，对在先权利予以合理避让，否则可能侵害他人合法权益。根据《中华人民共和国商标法》第三十二条规定，申请商标注册不得损害他人现有的在先权利。如果申请注册的商标侵犯了他人的著作权，可能面临不能获准注册，即使申请注册成功也可能面临被撤销，乃至侵权赔偿。本案涉及申请商标与其他权利的冲突即在先权利中著作权的保护问题。本案审理中，双方当事人在法院主持下自愿达成调解协议，由著作权人许可商标权继续使用作品备案，商标权人支付著作权人合理对价，有效平衡了著作权人与商标权人之间利益，通过"权力的博弈与平衡"实现了"互利互赢"的良好效果。

浙　江　省

一、蒋胜男与王小平、东阳市花儿影视文化有限公司侵害作品署名权纠纷案

【简要案情】 2012 年 8 月，东阳市花儿影视文化有限公司（以下简称花儿影视公司）和蒋胜男为创作电视剧《芈月传》剧本约定：花儿影视公司聘任蒋胜男为电视剧《芈月传》编剧；蒋胜男依公司要求修改创作，若经修改仍不能达到要求，公司有权聘请他人在蒋胜男剧本基础上进行修改创作；编剧署名排序由公司确定；蒋胜男同意在电视剧《芈月传》片头中署名为原创编剧。在《芈月传》剧本创作期间，因蒋胜男提交的剧本经修改后仍不能达到花儿影视公司的要求，该公司遂于 2013 年 8 月与王小平签订委托创作合同，委托王小平在蒋胜男剧本基础上进行修改创作。在制片人的协调下，《芈月传》剧本大部分内容创作模式为：蒋胜男创作初稿，将稿件发送给制片人，王小平进行进一步修改创作。王小平自 2013 年 10 月至 2014 年 10 月，陆续提交了《芈月传》电视剧拍摄剧本。2014 年 9 月，电视剧《芈月传》开机，王小平在拍摄现场对剧本做进一步修改。2015 年 11 月 30 日，电视剧《芈月传》在东方卫视和北京卫视开播。电视剧《芈月传》视频片头、DVD 出版物包装盒、宣传册封面等载明"原创编剧：蒋胜男""总编剧：王小平"。

蒋胜男认为花儿影视公司、王小平在上述载体、媒体宣传及其他资料上将王小平作为《芈月传》电视剧剧本的第一编剧及总编剧，花儿影视公司在部分海报、片花上未载明"根据蒋胜男《芈月传》同名小说改编"及未署名蒋胜男编剧身份，侵害其署名权，故诉至法院，请求判令王小平、花儿影视公司：立即停止侵权，向蒋胜男赔礼道歉，各赔偿蒋胜男经济损失及合理费用 1 元。诉讼过程中，蒋胜男和王小平均以蒋胜男版剧本和王小平版剧本为比对文件，通过人物设置、关系、情节等方面的数据比对，意图说明各自对电视剧剧本的贡献更大。

温州市鹿城区人民法院经审理认为：(1) 因蒋胜男经修改后的作品仍不能达到花儿影视公司要求，该公司有权依合同约定聘请王小平在蒋胜男剧本的基础上进一步修改创作，并确定编剧署名排序。(2) 总编剧强调的是指导性、全局性，而原创编剧强调的是本源性、开创性，二者侧重不同，花儿影视公司将王小平署名为"总编剧"，并未贬损蒋胜男作为原创编剧的身份和对剧本的贡献。(3) 海报、片花并非作品本身，故编剧署名不构成海报、片花的必备要素。(4) 王小平在微博上介绍自己为电视剧《芈月传》总编剧，是按花儿影视公司确定的署名称谓办理，其不应成为本案民事责任承担主体。综上，该院于 2016 年 10 月 24 日判决：驳回蒋胜男的诉讼请求。

一审宣判后，蒋胜男不服，向温州市中级人民法院提起上诉。

温州市中级人民法院经审理认为：(1) 蒋胜男和花儿影视公司提交的剧本比对意见，虽立场不同，各有侧重，但能够说明蒋胜男、王小平对《芈月传》

电视剧剧本均付出了大量创作劳动，发挥了重要作用。《芈月传》电视剧剧本以特有的创作模式由两位作者参与完成，每位作者的创作对上述要素产生的影响复杂，不能简单通过对不同版本在人物设置、关系、情节等方面的数据比对，计算不同作者对电视剧的贡献比例。在二位编剧付出的创作劳动不存在对比差异悬殊的情况下，上述比对不能得出哪位作者对该剧剧本贡献度更高的令人信服的确定结论。(2) 二人以上参与共同创作时，每位编剧所发挥的作用各有不同。在合同无约定的情况下，制片方在电视剧作品上为编剧署名时冠以特定的称谓（如本案的“总编剧”“原创编剧”）以体现每位编剧不同的分工和作用，这种做法本身并不为法律所禁止。在不违背善良风俗，且不侵害国家利益、公共利益和他人合法权益的情况下，制片方可实施上述行为。在《芈月传》电视剧剧本创作过程中，王小平客观上发挥了指导性、全局性的作用，蒋胜男发挥了本源性、开创性的作用。花儿影视公司为王小平署名时冠以“总编剧”称谓，为蒋胜男署名时冠以“原创编剧”称谓，并无不当，未侵害蒋胜男的署名权。(3) 根据《著作权法》的规定，署名权的行使应以作品为载体。电视剧海报和片花系制片方为宣传电视剧需要而制作，既不是电视剧作品本身，其目的和功能也非表明作者身份。因此，花儿影视公司未在《芈月传》电视剧海报、片花上载明“本剧根据蒋胜男同名小说改编”或蒋胜男编剧身份，并不侵害蒋胜男的署名权。综上，该院于2017年12月12日判决：驳回上诉，维持原判。

【点　评】　本案系因热播剧《芈月传》两位编剧的署名顺序和方式而引发的纠纷，社会关注度高，且涉及多个与署名权相关的疑难法律问题：一是在合同未约定署名形式的情况下，制片方可否在电视剧作品上对不同编剧冠以“总编剧”“原创编剧”等称谓；二是制片方未在电视剧海报、片花上为编剧署名，是否侵害其署名权。上述问题在相关法律中均无明确规定，司法实践中亦存在较大争议。法院从文义理解、行业惯例等角度出发，结合不同编剧的客观创作事实及发挥的作用，分析了制片方分别将两位编剧署名为“总编剧”“原创编剧”的合理性，同时明确了署名权的载体应结合该载体之功能进行确定的规则。本案判决填补了法律空白，并确立了具有一定典型性和参考价值的裁判规则，对类似案件的审理具有较强的借鉴意义。

二、张文江与钱文中著作权侵权纠纷案

【简要案情】　2014年，张文江接受被告人张某某的委托担任其涉嫌妨害作证罪一案的辩护人，并于10月15日向浙江省新昌县人民检察院（以下简称新昌检察院）提交《辩护词》一份。钱文中与另一律师接受张某某非同案共犯徐某某的委托，担任其审查起诉阶段的辩护人，并于2015年上半年向新昌检察院提交《审查起诉阶段辩护意见》一份。张文江的《辩护词》分五个部分对张某某不构成妨害作证罪进行论述；钱文中提交的《审查起诉阶段辩护意见》分四个部分对徐某某不构成妨害作证罪进行论述。经比对，《审查起诉阶段辩护意见》与《辩护词》在表述上存在大量雷同，主要体现在：前者第二部分1～5点与后者第一部分1～5点、前者第三部分与后者第二部分、前者第四部分2～4点与后者第四部分2～4点，均基本一致。张文江认为其对自行创作的《辩护词》享有著作权，钱文中未经许可摘抄其《辩护词》的主要内容为自己的当事人进行辩护，构成侵权，遂诉至法院，请求判令钱文中赔礼道歉并赔偿经济损失68 000元。

绍兴市中级人民法院经审理认为：张文江的《辩护词》属于文字作品，应受法律保护。双方的委托人系非同案共犯，钱文中在查阅其委托人案卷材料时，可能接触到张文江提交的《辩护词》。现钱文中在其《审查起诉阶段辩护意见》中大量复制张文江《辩护词》内容，构成实质性相似，侵害了张文江著作权，应当承担民事责任。因张文江未能举证证明其名誉受损，故对其赔礼道歉的诉请不予支持。该院遂于2017年7月10日判决：钱文中赔偿张文江经济损失20 000元。

张文江、钱文中均不服一审判决，向浙江省高级人民法院提起上诉。

浙江省高级人民法院经审理认为：张文江的《辩护词》虽遵循辩护词的基本格式，但张文江为论证其提出的无罪观点，结合案件相关事实、证据以及对法律条文的理解，从交易的真实合法、张某某无侵害其他债权人利益的意图、没有制造伪证、公安机关的取证不合法等方面，层层逻辑论证，行文体现了张文江的个性化选择和表达，具有独创性，涉案《辩护词》属于受《著作权法》保护的文字作品。同时，涉案《辩护词》是律师在诉讼过程中提出的有利于被告人的材料和意见，不涉及社会公众利益，不属于《著作权法》第五条规定的“具有立法、行政、司法性质的文件”。双方的委托人系非同案共犯，钱文中在诉讼过程中有接触到张文江涉案《辩护词》的可能，其撰写的《审查起诉阶段辩护意见》与张文江的涉案《辩护词》存在高度重合，两

者构成实质性相似。故钱文中未经张文江允许，大量复制了张文江的涉案作品，侵害了张文江对涉案作品享有的著作权。关于民事责任，钱文中剽窃张文江的《辩护词》系用于刑事案件中，受众范围较小，张文江的人格利益未受到明显损害，一审法院未支持其赔礼道歉的诉请并无不当。一审法院综合涉案作品的性质，钱文中侵权行为的性质、范围、后果，辩护词在整个刑事辩护活动中的比重等因素，确定赔偿数额 2 万元亦无不当。综上，该院于 2017 年 10 月 27 日判决：驳回上诉，维持原判。

【点　评】　关于辩护词能否构成作品，是否受《著作权法》的保护，我国法律并无明确规定，业界也存在不同观点。本案判决认为，辩护词系律师在诉讼过程中提出的有利于被告人的意见，不属于《著作权法》第五条规定的不受该法保护的“具有立法、行政、司法性质的文件”。如果辩护词的行文能够体现辩护人在写作时的个性化选择和表达，达到作品独创性的高度，就属于受《著作权法》保护的作品。但考虑到辩护词之特性，法院在进行实质性相似的比对时，应注意排除辩护观点、基本格式、基本案情、被指控罪名的构成要件等公共素材，采用较为严格的标准予以认定，使对作品的保护强度与其独创性高度相协调，在保护权利人合法权益的同时，防止过度限制他人的合理使用和再创作。

安　徽　省

一、“岸上草原”用“肖恩”形象属侵权

【简要案情】　优扬文化传媒股份有限公司自 2016 年 2 月 7 日至 2021 年 2 月 6 日，获得阿德曼动画有限公司（英国）“肖恩”“比泽尔”“农场主”“提米”文字和卡通形象的著作权独占使用许可资格，有权以自己的名义向法院提起诉讼。

合肥印象滨湖旅游投资发展有限公司未经其许可，擅自在合肥滨湖“岸上草原”滑草场使用“肖恩”“比泽尔”等系列卡通形象造型，用于滑草场促销宣传推广活动，构成对权利人在中国大陆地区著作权独占使用权的侵害。一审判决合肥印象滨湖旅游公司向优扬文化公司赔偿经济损失 28 000 元，当事人均未上诉。

【点　评】　优秀的卡通形象，可以唤起人们的美好感受，进而促进消费。合肥印象滨湖旅游公司未经许可，擅自在滑草场使用该系列卡通形象造型，构成侵权。本案通过查明实际著作权属以及综合考虑美术作品知名度、侵权作品的使用方式、侵权行为的性质及后果等因素，认定侵权责任承担，激励人们创作更多作品，督促企业在高速发展的同时，尽到版权保护的义务。

二、王某诉史某著作权侵权纠纷案

【简要案情】　史某系王某的领导，因需参与会议，其安排王某撰写涉案文章《理论和创作是艺术家的双翼》。该文章首先由王某执笔写作，通过双方的电话记录和邮件往来可以看出，二人就文章的创作进行了一定程度的沟通和交流，双方具有共同合作创作的意图，并且都对作品的完成做出了不同程度的贡献，但均未明确约定作品完成后著作权的归属，二人在案涉作品纠纷外，亦有积怨。该文章于 2014 年首次在《安徽文艺界》第 63 期期刊上发表，随后陆续在多本期刊上刊载发表，所属作者仅为史某一人。王某认为史某侵犯了其著作权，请求判令史某在省级报纸公开登报向其赔礼道歉，承担经济损失及与本案有关的律师费用共 120 000 元。法院一审判决史某就侵权行为向王某赔礼道歉，并赔偿经济损失 8 000 元。双方均未上诉。

【点　评】　本案对职务作品和合作作品进行了区分，涉案文章在创作时，原被告具有共同创作的意图，并且都对作品的完成做出了不同程度的贡献，应当认定该著作权为双方共同享有。而涉案文章作为不可分割的合作作品，就其著作权的行使应当双方协商一致，如若协商不一致，应当将所得收益分配给所有合作者。因此，史某行使著作权时未列王某为作者，取得收益也未分配给合作者，存在主观过错。法院通过判决引导合作作品的权属利益合法合理分配，同时也引导著作权人合理行使诉权，双方利益得到平衡。

三、康师傅方便面投资（中国）有限公司告安徽猛牛食品有限公司、巢湖市永维诚信烟酒商行著作权侵权纠纷一案

【简要案情】　康师傅方便面投资（中国）有限公司称自 20 世纪 90 年代初期开始在中国生产、销售“康师傅”方便面产品，其于 2004 年开始设计并生产老坛酸菜牛肉面系列产品，该产品受到消费者青睐，现年销售额已逾 20 亿元。该产品包装系通过专业设计，在消费者心中已形成了具有独创性的视觉美感，成为与其他同类产品包装的区别性标志。康师傅方便面投资（中国）有限公司认为，安徽猛牛食品有限公司自成立以来，即生产、销售并许诺不再销售，仿冒其产品包装设计的方便面产品，侵害其著作权，给康师傅方便面投资（中国）有限公司造成巨大经济损失，并对市场声誉和企业形象造成负面影

响，故请求法院判令，安徽猛牛食品有限公司立即停止生产、销售并许诺不再销售侵害其著作权的产品，销毁库存的侵权产品，收回已流向市场的侵权产品，在国家级媒体上及网站上发表致歉声明，赔偿经济损失及合理费用49万元。法院一审调解，安徽猛牛食品有限公司确认停止侵权行为，并向康师傅方便面投资（中国）有限公司赔偿经济损失。

【点　评】 山寨产品利用信息不对称，在县城、乡村大量流通，严重侵害了消费者的身心健康。方便面顺应中国改革开放近40年间生活节奏加快、人口快速流动的市场需要，建立了庞大的消费市场。除了不断研发、创新口味，各大厂商亦在产品包装设计上着力，以求用户在看到包装的瞬间，即联想起品牌的美好风味，唤醒购买欲望。与此同时，一些厂商从商标到包装设计对知名品牌进行模仿，使消费者产生混淆，稍不留意就可能买到山寨产品。本案中，由于涉及关联公司较多、“康师傅”品牌方便面不同年份所采用的包装也有所调整，法院工作人员前往生产厂家、经销商等地进行实地取证，对案涉权属、涉案侵权商品及侵权行为进行固定，在此基础上促成当事人调解，督促侵权方对市场进行清理，不仅保护了权利人的著作权，亦净化了市场，维护了消费者的知情权。

四、宋德强诉合肥供水集团有限公司著作权侵权纠纷案

【简要案情】 宋德强在与合肥供水集团的业务往来中，设计了10幅文字及图案标识，后发现合肥供水集团未经授权在水表箱、水费单、宣传单上，大量使用了“我们要做用户的贴心小棉袄”的文字及图案标识。合肥供水集团则认为，涉案标识是该公司领导到任后首先提出的发展理念，是按照合肥供水集团的指导要求，对图案反复修改完成的，宋德强进行的仅是辅助性工作，其原创程度并不构成著作权，因此合肥供水集团并未侵权。

裁判结果：调解结案，合肥供水集团有限公司向宋德强支付20万元，涉案十幅图案及文字作品的著作权归合肥供水集团所有。

【点　评】 著作权保护的是根据创意或构思形成的作品，且作品还需能够固定于某种有体物上，这样才能使其被他人感知，并供人们复制使用，而创意或构思本身并不受著作权法保护，因此宋德强是涉案作品的著作权人。但清除所有印有涉案作品的水表箱、水费单、宣传单上的涉案标识，将耗费巨大人力物力，如果清除得不干净，还可能会引起新的争议。基于此，审理过程中，高新区法院多次召开庭前会议，组织双方在厘清事实的基础上进行调解，既保护了著作权人的合法权益，也兼顾了社会利益的平衡，避免了合肥供水集团更换全市所有印有涉案作品的水表箱、水费单、宣传单带来的社会资源浪费，及更换期间给百姓生活带来的不便，实现了案结事了的良好效果。

福　建　省

华盖公司诉华美美容医院著作权案

【简要案情】 华盖公司依据涉案图片著作权人美国盖帝图像有限公司的授权，起诉称华美美容医院未经许可在微博上使用涉案图片，侵害其著作权，并提交了联合信任时间戳服务中心（以下简称联合时间戳中心）系统固定的电子证据，即微博页面截图、屏幕录像文件、外录设备录像文件，以及中国科学院国家授时中心出具的说明等。华美美容医院否认自己使用了涉案图片。

福州中院一审认为，可信时间戳是解决电子签名有效性和数据电文（电子文件）时间权威问题的有效方式。华盖公司出具的《可信时间戳认证证书》用于证明侵权的效力不予认定，判决驳回华盖公司的诉讼请求。

二审法院认为，华盖公司提交的以时间戳服务系统固定的华美美容医院的微博页面属于电子证据，其在生成、储存方法和保持完整性的方面，均较为可靠。华美美容医院的行为侵害了华盖公司的著作权，应承担相应的法律责任。

【点　评】 本案中，华盖公司提交了微博页面截图、屏幕录像文件、外录设备录像文件等联合时间戳中心的证明，以及中国科学院国家授时中心出具的证明等证据，彼此之间互相印证，构成较为完整的证据链。

山　东　省

一、“幸福妈妈网店”著作权侵权案

【简要案情】 泰安市金卡通家用纺织有限公司（以下简称金卡通公司）系《BABY@BEAR熊宝宝加长婴儿枕头图》等美术作品的著作权人，其认为青岛市幸福妈妈母婴用品有限公司（以下简称幸福妈妈公司）在淘宝网店销售的熊宝宝婴儿枕头等产品上使用了上述作品，侵害了其著作权，请求判令幸福妈妈公司停止侵权并赔偿经济损失。

法院经审理认为，幸福妈妈公司侵权事实成立，应当停止侵权并赔偿经济损失。关于赔偿数额，幸福妈妈公司淘宝网店显示被诉侵权产品销量逾10万件，幸福妈妈公司虽抗辩称上述交易不真实，存在刷单行为，但未能提交相关证据；再参考金卡通公司提交的由第三方机构做出价格鉴定意见书测算的单件成本价格，幸福妈妈公司实际获利应不低于50万元。法院判决幸福妈妈公司停止侵权并赔偿经济损失50万元。

【点　评】 本案是一起加大赔偿力度，适用著作权法法定赔偿顶额判赔50万元的典型案件。法院通过合理分配举证责任，在充分查证的基础上，对网络交易证据予以采信，进而合理确定了赔偿数额。本案的裁判，让侵权者付出了应有代价，对破解“赔偿低”问题进行了有益的探索，体现了加大知识产权保护力度的司法导向。

二、原告上海某商贸有限公司诉被告青岛某百货公司侵犯著作权纠纷

【简要案情】 原告诉称，原告经过相关著作权人授权取得了“哆啦A梦”在中国大陆地区的著作权，原告发现市场上由被告销售的带有“哆啦A梦”形象的台灯、小夜灯使用了原告所享有著作权的“哆啦A梦”形象，构成著作权侵权。被告在进货时没有尽到合理的注意义务致使侵权产品在其经营场所内销售，给原告造成经济损失。请求法院判令被告立即停止侵犯原告所享有的著作权的行为并赔偿损失4万元。

经法院审理，案件焦点问题是被告销售的“哆啦A梦”台灯、小夜灯是否为侵犯著作权的侵权产品。结合庭审举证，原告于2010年1月1日至2013年6月30日经相关授权可在中国大陆地域内行使涉案权利，并有权以自己的名义付诸诉讼，但不能否认相关权利人在上述期限之前授予过其他公司使用“哆啦A梦”卡通形象。涉案“哆啦A梦”台灯、小夜灯系中山市某电子厂于2008—2010年间生产，被告青岛某百货公司作为百货商场的经营者，能够证明上述灯具系由案外人青岛某贸易公司与其联营所售，业已提交初步证据证明相关权利人授权中山市某电子厂生产含“哆啦A梦”卡通形象的灯具及该厂授权青岛某贸易公司销售相关灯具，且所售灯具均有授权贴。庭审中，被告已提供初步证据证明其商品的合法来源，在原告未提交相反证据的情况下，法院认为被告作为商场经营者已尽到合理注意义务，最终判决驳回了原告的诉讼请求。

【点　评】 一方面，本案被告虽不承担侵权的法律责任，但为大量商家敲响了警钟。商家在向消费者出售商品时，除应保证商品质量外，还应对商品的商标、外观等隐性权利进行合理审查。本案被告在经营过程中比较注重知识产权权利保护，庭审中向法院提交了相应的授权，否则判决结果可能截然相反。另一方面，本案也对权利人的维权行为进行了约束：部分权利人系以受让方式取得部分著作及商标权利，在维权过程中，应当考虑到涉嫌侵权的商品是否有其他合法授权，否则将面临败诉风险。

三、潘某某与青岛市帆船运动管理中心著作权权属、侵权纠纷

【简要案情】 潘某某系《帆船运动基础教程》一书作者之一，曾为青岛市帆船帆板（艇）运动协会的工作人员，2011年7月份被借调到青岛市帆船运动管理中心“群众体育与竞赛部”工作。2012年12月，潘某某参与编撰《帆船运动进校园基础课程教材》系列教材。作品完成后，该系列教材通过青岛出版社出版发行。该系列教材署名作者为青岛市“帆船进校园”活动系列教材编委会，潘某某为各分册教材副主编。后潘某某诉至法院，请求确认《帆船运动进校园基础课程教材》系列教材系其个人作品，并要求青岛市帆船运动管理中心停止侵权并支付侵权赔偿数额20万元。

因潘某某提交的证据不能证明其对涉案教材享有著作权，法院对其要求被告停止侵权、支付赔偿金的诉讼请求不予支持。法院依法驳回潘某某的诉讼请求。潘某某不服一审判决，上诉至青岛市中级人民法院，青岛市中级人民法院终审维持一审判决。

【点　评】 创作作品的公民是作者。如无相反证明，在作品上署名的公民、法人或者其他组织为作者。《帆船运动进校园基础课程教材》系列教材应为法人作品，且署名作者为青岛市“帆船进校园”活动系列教材编委会。若潘某某想要证明涉案作品为其个人作品，应提出充分证据予以证明。本案中，首先，对相关作品享有著作权并不能当然证明其对涉案教材也享有著作权；其次，潘某某在涉案教材编写过程中系青岛市帆船运动管理中心的工作人员，承担了涉案教材的部分编写工作，涉案教材已将潘某某列为各分册的副主编之一，因此，潘某某有获取涉案教材底稿的可能性。在潘某某未提供其他证据佐证的情况下，其仅提供涉案教材底稿并不能证明涉案教材系由其独立创作完成，并对涉案教材享有著作权。《帆船运动进校园基础课程教材》系列教材对于传承奥运，夯实青岛帆船运动群众基础起到积极推动作用。本案的审理，厘清该系列教材的版权疑云，有助于推进青岛青少年帆船运动发展、普及。

四、原告经济科学出版社诉被告青岛某专修学校侵害出版者权纠纷一案

【简要案情】 经济科学出版社与财政部会计司（甲方）签订图书出版合同，经济科学出版社享有在中国范围内以图书（数字出版物或音像制品）形式出版发行《财经法规与会计职业道德》中文本的专有使用权。经济科学出版社在市场调查中发现，被告在其培训机构内发行的全国会计专业技术资格考试辅导教材《财经法规与会计职业道德》系侵犯原告著作权的盗版图书。

法院认为，原告对涉案的《财经法规与会计职业道德》图书享有专有使用权，其合法权益受国家法律保护，他人未经许可，不得复制、发行原告享有专有使用权的图书。被告在从事培训活动中向学员提供了被控图书，不管其收取的报名费中是否包含该图书对价，均属于著作权法规定的以出售或者赠与方式向公众提供作品的发行行为。虽被控图书与原告正版图书在封面、纸张等处存在不同，但内容基本一致，被告亦未提供充分的证据证实其合法来源，足以认定为侵权图书。被告的行为侵犯了原告对涉案图书享有的专有使用权，应承担停止侵权并赔偿损失的责任。关于赔偿损失的数额，由于原告未提供其因侵权所受损失及被告因侵权所获利润的证据，法院综合考虑涉案作品的类型和知名度、被告经营规模、侵权行为的性质、情节及原告为制止侵权所支出的合理费用等因素酌情判令被告赔偿原告经济损失5 000元。

【点　评】 销售者不能证明涉嫌侵权的复制品具有合法来源的，应当就其销售行为承担相应的民事侵权责任。现在各种各样的专业化培训机构越来越多，培训机构应当从合法正规途径购买正版书籍作为教材使用，如果贪图便宜，对其所使用、销售的教材不加注意，就有可能构成侵犯他人著作权的侵权行为，承担相应的法律后果。

河　南　省

河南某数码商务有限公司侵害著作财产权纠纷一案

【简要案情】 天津市网城天创科技有限责任公司、天津市网城科技股份有限公司是《网城天创ShopNC电商门户系统软件V2013》的计算机软件共同著作权人。河南某数码商务有限公司未经权利人许可，在其主办的泰购网对上述两家公司享有著作权的软件进行商业性使用，双方产生纠纷，诉至法院。法院经审理后认定河南某数码商务有限公司构成侵权，判决其赔偿权利人经济损失255 000元。

【点　评】 信息化时代，计算机软件开发能力是国家竞争力的重要标志，我国对计算机软件著作权实行立法保护，但从司法实践看，计算机软件著作权侵权行为的认定是一个难点。当代的计算机软件著作权侵权案件很少是那种简单的复制抄袭行为，而是已经更多地涉及软件中更深层次的问题，该类案件中大量的法律问题与技术问题相互交织、相互影响，本案通过对司法实践中发生的软件著作权侵权案件进行研究，对涉及的侵权认定、技术鉴定等常见问题及其解决、应对方法进行了分析。

湖　北　省

一、“真功夫图形”美术作品著作权纠纷案

【简要案情】 涉案“真功夫图形”系委托创作作品，作者为上海茂茂营销策划有限公司，著作权人为双种子公司。该美术作品由“李小龙”功夫造型及“真功夫”“蒸的营养专家”文字组成。涉案《真功夫你不要学》图书的作者为许丹，出版发行单位为经济日报出版社，销售商为鄂州分公司。被控《真功夫你不要学》图书的封面使用了“李小龙”人物造型图案，封内第72页由“李小龙”人物造型、“真功夫TM”、“全球华人餐饮连锁Global Chinese Fast Food Chains”组成。双种子公司认为涉案图书该两处使用行为侵害了涉案美术作品的著作权，故诉至法院。

武汉市中级人民法院认为：涉案“真功夫图形”具有独创性，应受《著作权法》的保护。出版社、许丹具有接触该项作品的可能，两处被控侵权图片与涉案美术作品“真功夫图形”均构成实质性相似，构成侵权，应承担停止侵权及相应的赔偿责任。许丹、经济日报出版社不服一审判决，分别提出上诉。

湖北省高级人民法院认为：

（1）关于被控图书封内第72页使用的图片与涉案美术作品“真功夫图形”。首先，涉案美术作品中“蒸的营养专家”文字要素部分中的“蒸”字寓意深远，“蒸”不仅反映了双种子公司以“蒸菜”为特色产品，也体现了绿色、健康的养生文化。同时，“真功夫”中的“真”与“蒸”构成谐音，“真功夫”文字既表达了双种子公司在餐饮业务上下“真功夫”的经营理念，又与中国功夫的杰出代表“李小龙”人物形象相呼应，体现了功夫文化强身健本、修炼意志的精神。“蒸的营养专家”文字与“李小龙”人物造型通过“真功夫”文字连接，三者形成统一整体，“蒸的营养专家”文字在涉案美术作品中属于不可或缺的要素。而被控侵权图片缺少“蒸的营养专家”文字要素，无法完整体现涉案美术作品的寓意与内涵。其次，被控侵权图片与涉案美术作品在构图要素的布图位置及编排顺序上均不相同，且缺少“蒸的营养专家”文字，两者给一般公众的整体感觉存在差异。故被控侵权图书封内第72页使用的图片与涉案美术作品不构成实质性相似，更不构成相同。

（2）关于涉案封面图片与涉案美术作品“真功夫图形”。被控图书封面仅单独使用了涉案美术作品中“李小龙”人物造型的图形要素，虽然该人物造型与涉案美术作品中人物造型一致，但在缺少“真功夫”及“蒸的营养专家”两处文字要素的情况下，无法使“真功夫”品牌与中国功夫及绿色饮食文化联系起来。两者不仅在表达方式上有差异，在所表达的意境上也不尽相同，这是其一；其二，“李小龙”人物造型被社会公众所熟知，任何人均可模仿，造型本身不能为某个人所独占。故，涉案封面图片与涉案美术作品“真功夫图形”亦不构成相同或实质性相似。

综上，湖北省高级人民法院认为两处被控图形均不构成侵权，判决驳回双种子公司的全部诉讼请求。

【点　评】 对于美术作品的侵权认定，两者构成实质性相似是先决要素，只有两者构成实质性相似，才需考虑其他侵权构成条件是否成立。判断实质性相似的标准，由于现行法律没有具体的规定，加之每个法官的认知差异，该要素判断存在较强主观性，故不同的法官在判案过程中采用的标准不一。因此，明确实质性相似要素的判断标准是当前司法实践中亟待解决的现实问题。

二、鱼趣公司与炫魔公司、脉淼公司、朱浩侵害著作权及不正当竞争纠纷案

【简要案情】 鱼趣公司与斗鱼公司为关联公司及战略合作伙伴，并为后者运营的斗鱼TV输送主播资源。朱浩与鱼趣公司签约成为斗鱼TV《炉石传说》游戏独家签约主播。鱼趣公司、斗鱼公司及其关联公司对朱浩进行了多种形式的推广，包括平台推荐、官方微博和微信推送、合作媒体网站宣传、商业活动安排等，增加了其曝光度和知名度，提高了其商业价值，斗鱼TV平台给予朱浩的报酬从2014年10月的2 500元/月迅速增至2015年9月的400万元/年。2016年，朱浩离开斗鱼直播平台来到全民直播平台。全民TV是与斗鱼TV相类似的直播平台，由炫魔公司、脉淼公司运营。2016年5月，鱼趣公司发现朱浩在斗鱼TV之外的直播平台进行游戏解说，鱼趣公司认为朱浩未经其同意在其他平台进行游戏解说直播的行为，炫魔公司、脉淼公司未经同意在其经营的网络直播平台直播朱浩《炉石传说》游戏解说作品的行为共同侵犯了其著作权，同时炫魔公司、脉淼公司的行为还构成不正当竞争，为此起诉至法院，请求：（1）确认鱼趣公司对朱浩在双方合约期内制作的协议游戏解说作品享有著作权，该游戏解说既包括在斗鱼TV平台上的游戏解说，又包括在含全民TV平台在内的其他所有直播平台的游戏解说；（2）确认炫魔公司、脉淼公司在其经营的网络直播平台全民TV上直播、播放朱浩《炉石传说》游戏解说作品的行为，侵犯了鱼趣公司的著作权（信息网络传播权）；（3）确认炫魔公司、脉淼公司的行为构成对原告的不正当竞争；（4）判令脉淼公司立即停止在其经营的网络直播平台全民TV上直播、播放朱浩《炉石传说》游戏解说视频、音频；（5）判令朱浩、炫魔公司、脉淼公司赔偿鱼趣公司经济损失90万元；（6）判令朱浩、炫魔公司、脉淼公司承担本案诉讼费用（包括但不限于诉讼费、保全费、公证费）。

湖北省武汉东湖新技术开发区人民法院认为，鱼趣公司对朱浩在双方合约期内、在斗鱼TV平台上直播的《炉石传说》游戏解说作品享有著作权。炫魔公司、脉淼公司在全民TV平台上直播、播放朱浩涉案《炉石传说》游戏解说视频、音频的行为对鱼趣公司构成不正当竞争。脉淼公司应立即停止在其经营的网络直播平台全民TV上直播、播放朱浩《炉石传说》游戏解说视频、音频；朱浩、炫魔公司、脉淼公司应向鱼趣公司连带赔偿经济损失（含维权合理费用）90万元。

宣判后，鱼趣公司提起上诉，要求确认鱼趣公司对朱浩在所有平台的游戏解说音频、视频均享有著作权，以及朱浩、炫魔公司、脉淼公司构成侵害著作权的行为；炫魔公司、脉淼公司提起上诉，要求驳回鱼趣公司诉讼请求。

武汉市中级人民法院认为，对主播操作画面能否构成独立作品的问题，应充分考虑游戏厂商、主播、平台的贡献，结合游戏类型及游戏操作中预留的创作空间，认定涉案的竞技类卡牌游戏不构成新的创作。对平台恶意挖角明星主播能否适用反不正当竞争法规制的问题，应深入分析网络直播行业的竞争特点，以流量为核心，认定使用他人签约主播，实质上就是直接攫取他人竞争果实——不仅仅是平台花费大量人财物所培养的优质主播资源，也包括了平台通过激烈竞争和长期经营所积累的观众及流量。同时，还结合分析涉案行为对行业、对竞争秩序、对竞争者以及消费者的影响，最终认定涉案被控行为构成不正当竞争。

武汉市中级人民法院最终判决：(1) 维持湖北省武汉东湖新技术开发区人民法院（2016）鄂0192民初1897号民事判决第四项即朱浩、炫魔公司、脉森公司于判决生效之日起十日内向鱼趣公司连带赔偿经济损失（含维权合理费用）90万元；(2) 撤销湖北省武汉东湖新技术开发区人民法院（2016）鄂0192民初1897号民事判决第一项、第二项、第三项、第五项；(3) 确认炫魔公司、脉森公司在全民TV上使用朱浩进行《炉石传说》游戏解说的行为构成不正当竞争；(4) 脉森公司于判决生效之日起立即停止在其经营的网络直播平台全民TV上使用朱浩进行《炉石传说》游戏解说；(5) 驳回鱼趣公司的其他诉讼请求。

【点　评】 (1) 本案系网络主播跳槽引发的侵害著作权及不正当竞争纠纷第一案，具有较大社会影响，案件处理有较好的示范效应。近年来，网络直播行业作为新产业、新业态蓬勃发展，2017年市场营收达到304.5亿元，未来5年市场规模预计超过600亿元。巨大利益引起纠纷频发，在直播行业中，主播就是企业吸引观众获得流量的核心资源，甚至是直播平台的生存基础，直播平台间不规范挖角明星主播的问题突出，乱象丛生，亟待规范。本案中，纠纷双方是全国知名的独角兽企业“斗鱼”和“全民直播”，涉及的问题又是行业内最为典型的问题，案件引起了实务界、学术界以及直播和游戏行业的广泛关注。案件宣判后，众多纸质传媒和互联网等新媒体予以了广泛报道，引发了热议和对审判结果的充分肯定。本案对新产业、新业态依法予以了保护，将进一步规范网络直播等新兴产业的发展。

(2) 案件深入分析了当前网络游戏直播行业涉及的众多新型疑难法律问题，论理充分，值得肯定，将对类似案件的处理提供参考，对行业的规范提供指引。

(3) 本案主张应重视反不正当竞争法的独立价值及评判标准，强调在涉互联网不正当竞争纠纷中，应紧紧围绕互联网行业独有的商业模式和竞争特点，分析竞争主体行为的正当性和可责性，而非简单以损害判定竞争正当与否，案件处理思路对互联网案件具有一定借鉴意义。互联网行业具有不同于传统行业的特有商业模式，即以免费为基础换取流量，再通过一定的商业模式将流量变现进行盈利。流量成为互联网企业估值的重要指标之一，互联网企业通过竞争获取流量，再通过流量变现进行盈利，而流量高的企业，可以更好地获得融资以及发展空间。该竞争方式将导致互联网行业与传统行业的诸多不同，如流量的竞争导致竞争的行业模糊化，比如安全软件与聊天软件为获取流量发生竞争。再如流量成为企业竞争的核心和生存之本，诸多竞争表象背后实为攫取竞争对手流量，从而与传统行业中获得间接竞争优势大为不同。市场竞争是一种争夺市场机会的行为，正是由于市场机会和经营资源的稀缺性，才有竞争的必要。反不正当竞争法旨在使竞争者免受不正当竞争之害。因此，涉互联网案件中，关键在于基于互联网行业特有的商业模式和竞争特点，来分析和评估竞争行为的实质影响，从而判定竞争者的行为会否扰乱市场竞争秩序，损害其他经营者或者消费者的合法权益。本案涉及网络直播这一新兴互联网产业的保护问题，引起了社会的高度关注。

湖　南　省

湖南长沙市中国音像著作权集体管理协会因著作权侵权纠纷申请支持起诉系列案

【简要案情】 2017年，中国音像著作权集体管理协会（以下简称音集协）发现长沙市天心区湘府吉园娱乐城、黎庆，未经授权，擅自在其经营的KTV娱乐场所内以卡拉OK方式，向公众放映《刀马旦》《真情人》《我的野蛮女友》等200首MV音乐电视作品，侵犯了其合法权益，且自身维权受阻，拟通过诉讼途径维权，并申请天心区人民检察院支持起诉。

2017年2月20日，音集协向长沙市天心区人民检察院提交20起案件支持起诉申请。该院经审查认为，长沙市天心区湘府吉园娱乐城、黎庆侵权行为，违反了《中华人民共和国著作权法》第四十八条之规定，侵犯了申请人的著作权。该侵权行为，不仅损害了申请人的正当权益，还破坏了正常的市场竞争秩序。天心区人民检察院于同年3月15日向天心区法院发出支持起诉书，并出庭支持起诉。在检法两院的共同努力下，当事人达成了赔偿和解协议。

2017年5月22日，法院根据音集协的申请，做出撤诉裁定。

【点　评】 该系列案的裁决，一是维护了著作权人的合法权益。KTV行业流动性大，有些经营者经常更换营业地点，有些营业周期短，很多情况下，KTV负责人玩“躲猫猫”避而不见，一些KTV经营者采取转承包、再承包等方式，导致难以查清实际的经营者，而经营者也常常采取踢皮球的方式推卸责任，这些都给当事人维权带来了困难。检察机关支持起诉，从证据的调取、事实的认定、法律的适用，到案件的最终处理，为著作权人维护自身权益提供了有力的司法保障。

二是提高了经营者的法治意识。该系列案涉及的著作权人较多、影响较广。KTV未经音集协许可以营利为目的向公众放映音集协管理的音乐电视作品，有的KTV播放的MV作品多达上千首。不少KTV经营者缺乏法律常识，知识产权保护意识淡薄，未经许可便使用KTV点唱机向公众播放；有些则认为设备中的歌曲是和设备一体的，在购买设备时应视为可以一并使用歌曲，不构成侵权；还有一些则存在侥幸心理，认为不会被追究责任。该系列案件的办理有利于提高经营者的法治意识。

三是维护了正常的文化市场秩序。在KTV等经营场所向消费者提供MV音乐制品，系公开放映涉案作品的行为，应取得著作权人许可。一些KTV经营者未经许可播放MV，降低其经营成本，不少经营者纷纷效仿，侵犯著作权问题广泛存在，严重影响了文化市场秩序。该系列案的裁决有力地维护了正常的文化市场秩序，对营造健康发展的文化市场秩序具有积极意义。

广　东　省

一、暴雪娱乐有限公司与北京分播时代网络科技公司等著作权、不正当竞争纠纷两案

【简要案情】 《魔兽世界》的开发者暴雪公司和独家授权运营者网之易公司，以手游《全民魔兽》高度抄袭其英雄角色、界面等游戏元素，被诉游戏开发者和运营者大势进行虚假宣传，并快速获得巨额非法利润为由，向法院提起诉讼，请求制止侵权及不正当竞争行为。

法院认为，对于多人在线角色扮演类游戏，当事人选择以游戏画面中的独立元素作为美术作品主张权利，符合独创性要件的，可以作为美术作品予以著作权保护。知名游戏的名称具有区别商品来源显著特征的，可以作为反不正当竞争法中的知名商品特有名称予以保护。知名游戏的标题、登录、创建界面，是玩家正式享受游戏服务前的必经界面，若这些界面具有独特装饰风格，能够产生来源区分作用，可以构成反不正当竞争法中的特有装潢。当事人调解过程中主动登录第三方销售平台核实的数据，不属于为达成调解妥协确认的事实，可以作为判赔的重要依据。

【点　评】 暴雪公司是全球领先的游戏开发运营公司，旗下的《魔兽世界》系列游戏知名度很高并获得巨大的市场成功，并也因此成为恶意模仿和搭便车者快速获取不法利益的目标。著作权和不正当竞争两案，体现了从作品智力成果到公平有序竞争秩序的立体保护模式。判决首次回答了游戏界面能否构成反法意义上特有装潢的问题，具有较强参考价值。两案主要依据被诉游戏第三方销售平台客观数据，在认定被告构成举证妨碍的情况下，综合考虑各种因素后确定600万元高额赔偿，体现了知识产权市场价值。

二、广州冠以美贸易有限公司与广州新族化妆品有限公司侵害实用艺术作品著作权纠纷案

【简要案情】 冠以美公司将其展示化妆品的美妆一体柜向国家版权局进行了著作权登记，并据此主张其美妆一体柜构成实用艺术作品，指控新族公司抄袭其作品，构成著作权侵权。

一审法院认为，冠以美公司的美妆一体柜具有独创性，构成作品，其侵权指控成立。二审法院则认为，实用艺术作品兼具实用性和艺术性，具有一定美感，故也可能获得外观设计专利。著作权与专利权在权利取得、保护范围、有效期限等方面都存在重要区别，应审查该类作品独创性。冠以美公司的美妆一体柜不具独创性，不构成实用艺术作品，其侵权指控应予以驳回。

【点　评】 作品独创性的认定一直是司法审查的难点，对于实践中少见的实用艺术作品更是如此。本案判决对实用艺术作品独创性的认定并未限于著作权法的规定，而是将目光扩大到其他知识产权专门法，指出应审查该类作品独创性，为类案审理提供了新的参考思路。

三、深圳韦富华涉嫌侵犯著作权案

【简要案情】 自2016年底起，被告人韦富华将破解的廖煌友开发的操作软件装在自己生产的型号为CNC-430的火花机上，至案发时已生产出四台，其中一台以248 000元人民币卖给东莞市瑞新

电子制品有限公司。经鉴定，两者的十六进制编码的相似率为99.9%，相似程度达到甚高同一性，设备操作界面呈实质性相似。

该案由深圳市公安局龙岗分局于2017年6月14日立案、侦查，2017年8月16日深圳市龙岗区人民检察院对犯罪嫌疑人韦富华批准逮捕，2017年10月20日提起公诉。2018年1月24日龙岗区人民法院以侵犯著作权罪判处韦富华有期徒刑3年6个月，并处罚金50万元。

【点　评】　本案为新型侵犯著作权案件，检察机关在办案过程中就侵权产品所使用的软件是否享有著作权、犯罪数额的认定等问题深入研究、论证，最后意见被法院采纳，有效打击了犯罪。

四、茂名刘国龙等5人侵犯著作权案

【简要案情】　被告人刘国龙以20万元人民币价格从姜大杰处购进了《全民奇迹》游戏的源代码，自2016年9月起，在未得到版权拥有者上海恺英网络科技有限公司任何授权的情况下通过互联网架设《全民奇迹》游戏私服"战神全民奇迹"，由被告人洪金发、叶清岳、綦伟、刘冉负责找游戏玩家和推广，被告人刘国龙负责《全民奇迹》游戏私服"战神全民奇迹"的架设和技术维护，在未得到版权拥有者上海恺英网络科技有限公司任何授权的情况下进行非法运营，并按比例对非法所得进行分成，分别获利几万元至十几万元。

该案由茂名市公安局茂南分局于2016年11月18日立案侦查，茂南区人民检察院于2016年12月29日以侵犯著作权罪对犯罪嫌疑人綦伟、洪金发、叶清岳、刘冉等做出批准逮捕决定。该院于2017年5月22日提起公诉。茂南区人民法院于2017年8月18日分别对嫌疑人綦伟、洪金发、叶清岳、刘冉等判处有期徒刑一年至四年不等。

【点　评】　本案嫌疑人人数众多，涉及金额较大，造成的社会影响很大。在网络产业逐步成为我国经济增长之重要组成部分的今天，本案的判决严厉打击了网游私服及其相关行为，有力地保护了互联网游戏经营者的合法权益，有利于规范互联游戏行来的市场秩序，推动我国游戏产业健康发展。

四　川　省

四川成都市林文勇、马骏、张翔侵犯著作权案

【简要案情】　2007年3月以来，被告人林文勇（网名：LEO）在网站上创建"轻之国度"论坛（www.lightnovel.cn），并未经授权在该论坛上发布日本原著轻小说提升论坛人气，后吸引广告商前来投放广告牟取利益。被告人张翔经林文勇许可进入"轻之国度"论坛并参与网站管理，在明知该网站发布侵权小说牟利的情况下，仍然继续负责小说的中文翻译和电子书的组织管理工作。该网站未经权利人授权，非法发布日本原著文学作品800多部，共收取广告费231 273.6元。被告人马骏建立"轻之文库"（www.linovel.com）网站，复制"轻之国度"在线轻小说网站数据到"轻之文库"网站，吸引广告商前来投放广告谋取利益，后其将"轻之文库"网站以10万元人民币出售。该网站未经权利人授权，非法发布日本原著文学作品1 400多部，共收取广告费47 950元。

林文勇、马骏、张翔侵犯著作权一案，由腾讯公司于2015年10月26日报案至四川省成都市双流县公安局，双流县公安局于2015年11月4日立案侦查并于同年11月10日将三人刑事拘留，12月17日，林文勇、马骏因涉嫌侵犯著作权罪被成都市双流县人民检察院批准逮捕，张翔被取保候审。2016年3月14日，成都市公安局双流分局（原双流县公安局）将该案移送成都市双流区人民检察院审查起诉。8月22日，成都市双流区人民检察院以三人涉嫌侵犯著作权罪向双流区人民法院依法提起公诉。2017年2月24日，成都市双流区人民法院一审以被告人林文勇犯侵犯著作权罪，判处有期徒刑一年五个月，并处罚金2万元；以被告人马骏犯侵犯著作权罪，判处有期徒刑一年四个月，并处罚金2万元；以被告人张翔犯侵犯著作权罪，判处有期徒刑一年，并处罚金5 000元。林文勇、马骏、张翔均未提出上诉，一审判决生效。

【点　评】　本案为公安部、国家版权局挂牌督办案件。本案中，涉案网站侵权时间跨度十年，非法发布日本原著文学，具有调查取证时间跨度大、取证难度大、媒体与社会各界关注度高等特点。成都市双流区人民检察院受理该案后，积极引导公安机关侦查取证，调取了日本株式会社KADOKAWA授权书声明及日本国立国会图书馆资料等书证，夯实了林文勇等三人侵犯著作权的犯罪事实，并准确区分了三被告人在共同犯罪中的作用，确定其依托网站收取广告费用的非法经营数额，做到了精准指控，效果良好。本案的查处，体现了网络背景下刑法对社会生活调整的维度和方法，对规制网络服务行为、深入理解网络环境下"复制发行"的含义、准确把握网络侵犯著作权尤其是涉外侵权的取证具有重要的借鉴意义和研究价值。

甘 肃 省

兰州西脉记忆合金股份有限公司与深圳市星河泉新材料有限公司侵害作品信息网络传播权纠纷案

【简要案情】 兰州西脉记忆合金股份有限公司（以下简称西脉公司）是国内专业化从事记忆合金生产的高科技企业，其研发智能金属垫片，并制作智能金属垫片宣传册。该宣传册对西脉智能金属垫片的原理、特点、结构尺寸、使用方法、数据参数、应用、示例等内容进行了详细说明和介绍。2016 年 9 月 5 日，国家版权局以国作登字 2016-L-00275382 号对西脉公司西脉智能金属垫片宣传册进行作品自愿登记，记载创作完成时间为 2014 年 1 月 1 日，首次发表时间为 2014 年 1 月 1 日。2017 年 6 月 2 日，西脉公司发现深圳市星河泉新材料有限公司（以下简称星河泉公司）未经许可，擅自在其网站上对其“记忆合金智能垫片”产品的介绍和宣传中，使用了西脉公司拥有著作权的西脉智能金属垫片宣传册中的图片、文字、数据及图表，认为构成对西脉公司的著作财产权的侵害，遂提起本案诉讼。

兰州市中级人民法院审理认为，星河泉公司未经著作权人西脉公司的同意，复制西脉公司宣传册中的产品图片、文字说明、数据参数，该行为侵犯了西脉公司宣传册的著作权。结合星河泉公司的过错程度、经营情况、侵权行为的性质和后果、涉案作品的声誉及西脉公司为制止侵权行为所支付的合理费用等因素确定本案的具体赔偿数额。判决：星河泉公司赔偿西脉公司经济损失并登报及在其企业网站上刊登致歉声明。宣判后，双方当事人均未上诉，一审判决已生效。

【点　评】 本案例能够警示网络用户，在互联网环境中，不经过自己创作而通过复制或简单改动别人的作品供自己宣传、经营使用，虽省事，但可能侵害别人的著作权，为此要承担法律责任。

2017年地方著作权行政执法案件

河北省

一、三河市“5·19”非法印刷销售盗版图书案

2016年5月19日，三河市公安局根据举报线索，对许某某涉嫌侵犯著作权案进行调查。经查：2014年10月以来，当事人许某某在没有图书复制、发行、销售相关手续的情况下，非法复制大量图书并在淘宝网上通过远帆书店、子欣书店等店铺进行销售。经核实，非法经营数额达328 329元。

2017年3月14日，三河市人民法院依据《中华人民共和国刑法》第二百一十七条第一项、第二十五条第一款、第二十七条、第四十五条、第四十七条、第五十二条、第五十三条以及《最高人民法院、最高人民检察院关于办理侵犯知识产权刑事案件具体应用法律若干问题的解释（二）》第四条之规定做出刑事判决：许某某犯侵犯著作权罪，判处有期徒刑3年，并处罚金人民币17万元。

二、石家庄市一素广告有限公司网络侵权案

2017年11月24日，石家庄市文化市场行政执法大队根据案件移交线索，对河北一素广告有限公司涉嫌通过信息网络擅自向公众提供他人作品案进行立案调查。经查：河北一素广告有限公司自2017年10月至2017年11月间，在未取得权利人许可的情况下，通过其注册经营微信公众号兰花泪（微信号：yxyx655），擅自向公众提供他人的影视剧作品200余部，扰乱了正常的市场经营秩序。

2017年12月20日，石家庄市版权局依据《信息网络传播权保护条例》第十八条第一项，对河北一素广告有限公司做出罚款5 000元的行政处罚。

三、石家庄市昊喆公司网络侵权案

2017年11月16日，石家庄市文化市场行政执法大队根据案件移交线索，对河北昊喆网络科技有限公司涉嫌通过信息网络擅自向公众提供他人作品案进行立案调查。经查：河北昊喆网络科技有限公司自2017年9月起，在未取得权利人许可的情况下，通过其注册经营的微信公众号影视龙高清影院（微信号：sew6655），擅自向公众提供他人的影视剧作品200余部，扰乱了正常的市场经营秩序。

2017年12月7日，石家庄市版权局依据《信息网络传播权保护条例》第十八条第一项，对河北昊喆网络科技有限公司做出罚款4 000元的行政处罚。

四、保定市周某某非法盗播影片案

2017年9月4日，保定市文化广电新闻出版局执法人员对保定市莲池区周某某经营的旅馆房间内的电视节目依法进行检查时发现，当事人在旅馆营业期间，为了增加影库里的影片数量，在未取得任何相关授权的情况下，擅自从网上下载19部3D影片，拷贝到电脑硬盘上后通过旅馆有线局域网，在8个房间内的投影设备上播放，尽管没有非法营业额，但侵犯了他人的著作权。

2017年9月15日，保定市文化广电新闻出版局依据《中华人民共和国著作权法》第四十八条第一款、《中华人民共和国著作权法实施条例》第三十六条规定，对周某某做出罚款1万元的行政处罚。

五、保定市龙潭宾馆非法盗播影片案

2017年6月26日，保定市文化广电新闻出版局执法人员对保定市新市区龙潭宾馆客房内的电视节目依法进行检查时发现，该宾馆在试营业期间，为了增加可供客人选择的影片数量，在未取得任何相关授权的情况下，擅自让保定市明华电脑城朱某下载拷贝12部3D影片到宾馆的电脑主机上，并通过宾馆有线局域网在宾馆各房间的投影设备上播放，尽管没有非法营业额，但侵犯了他人的著作权。

2017年7月5日，保定市文化广电新闻出版局依据《中华人民共和国著作权法》第四十八条第一款、《中华人民共和国著作权法实施条例》第三十六条规定，对新市区龙潭宾馆做出罚款1万元的行政处罚。

六、石家庄市“8·12”非法经营盗版光盘案

2016年8月，石家庄市版权局与石家庄市公安局根据巡查线索，对方某某等人涉嫌非法经营和销售侵权盗版影视光盘情况进行了立案调查。经查：2015年4月至2016年2月期间，方某某等人在石家庄市新华区新华电子城非法经营和销售侵权盗版影视光盘。经鉴定，其存放的侵权盗版光盘中有219种21 615张光盘为非法出版物，31种3 937张光盘为非境内指定机构模具生产，上述250种共计25 552张光盘市场价值为316 286元。

2017年8月25日，石家庄市新华区人民法院依据《中华人民共和国刑法》第二百一十八条、第六十七条第三款、第五十二条、第五十三条和《最高

人民法院、最高人民检察院关于办理侵犯知识产权刑事犯罪具体应用法律若干问题的解释》第十二条、《最高人民法院、最高人民检察院关于办理侵犯知识产权刑事犯罪具体应用法律若干问题的解释（二）》第四条做出刑事判决：被告人方某某犯销售侵权复制品罪，判处有期徒刑一年二个月，并处罚金人民币 16 万元。

七、石家庄市桥西区博远建筑书店发行侵权盗版图书案

2016 年 12 月 9 日，石家庄市文化市场行政执法大队根据举报线索，对桥西区博远建筑书店涉嫌未经著作权人许可发行其作品案进行立案调查。经查：2016 年 11 月，桥西区博远建筑书店未经著作权人许可发行其作品，涉案侵权出版物 166 册，码洋 1.19 万元。

2017 年 3 月 7 日，石家庄市文化广电新闻出版局依据《中华人民共和国著作权法》第四十八条第一款、《中华人民共和国著作权法实施条例》第三十六条之规定，对博远建筑书店做出行政处罚：没收违法所得 4.5 元，没收侵权复制品 166 册盗版出版物，并处罚款 5 995.5 元。罚没款合计 6 000 元。

八、石家庄栾城区撕夜娱乐会所使用侵权音乐作品案

2017 年 1 月 16 日，石家庄市栾城区文化广电新闻出版局依法对栾城区撕夜娱乐会所在经营中使用未经合法授权的音乐作品案进行立案调查。经查：2016 年 9 月至 2017 年 1 月间，栾城区撕夜娱乐会所未经著作权人许可，复制 27 首音乐作品并在其涉案会所中提供在线点播，非法获利 300 元。

2017 年 2 月 13 日，石家庄市栾城区文化广电新闻出版局依据《中华人民共和国著作权法》第四十八条第一款、《中华人民共和国著作权法实施条例》第三十六条之规定，对撕夜娱乐会所做出行政处罚：罚款 1 万元整，没收违法所得 300 元整，停业整顿 1 个月。罚没总额 1.03 万元。

九、邯郸市林海印务有限公司非法印制图书案

2017 年 3 月 8 日，邯郸市文化市场行政执法大队执法人员对位于邯山区农林路 73 号的林海印务有限公司进行检查。执法人员在检查过程中发现该印刷厂正在印制的中国矿业大学出版社出版的《高处安装、维护、拆除作业》一书，无相关出版社委托手续，属私自盗印，印刷数量共计 1 040 本，合计金额 4 680 元，严重侵犯了中国矿业大学出版社的著作权。

2017 年 3 月 16 日，邯郸市文化广电新闻出版局依据《中华人民共和国著作权法》第四十八条、《中华人民共和国著作权法实施条例》第三十六条之规定对林海印务有限公司做出了如下行政处罚：(1) 没收、销毁侵权复制品；(2) 罚款人民币 1 万元整。

（河北省版权局）

内蒙古自治区

一、“浅谈影片（qtyp0478）”微信公众号侵权案

2017 年 7 月 6 日，巴彦淖尔市文化旅游综合行政执法局执法人员在网络巡查中发现“浅谈影片（qtyp0478）”微信公众号中提供有 353 部电影影片在线观看、下载。执法人员从 2017 年 7 月 6 日至 2017 年 8 月 8 日对该微信公众号中 353 部电影影片进行了远程勘验取证。经过调查取证，该微信公众号中提供在线观看、下载的 353 部电影影片，未经过著作权人的许可。

依据《中华人民共和国著作权法》第四十八条第一款、《中华人民共和国著作权法实施条例》第三十六条规定，给予贾某（临河区七天优品百货经销店）没收违法所得人民币 200 元、处罚款人民币 2 万元的行政处罚。

二、王某某、杨某某销售侵权盗版音像制品案

经查，未经著作权人许可，自 2015 年至 2016 年上半年，杨某某购进大量盗版光盘进行销售，王某某从杨某某处购得光盘进行销售。2016 年 6 月 7 日，鄂尔多斯市文化市场综合执法局联合市公安局对“王某某、杨某某销售侵权盗版音像制品案”立案查处。专案组现场查获各类淫秽盗版 光盘共计 17 832 张。

依据《中华人民共和国刑法》第二百一十七条等规定，内蒙古自治区鄂尔多斯市中级人民法院于 2017 年 10 月 10 日做出刑事判决：杨某某犯侵犯著作权罪，判处有期徒刑 1 年，罚金 1 万元；王某某犯侵犯著作权罪，判处有期徒刑 6 个月，罚金 3 000 元。

三、通辽市 7 家音像店未经著作权人许可复制音乐和电影作品制作 SD 卡进行销售系列案

2017 年 7 月至 11 月，通辽市文化市场综合执法局执法通过日常巡查线索，对圈楼音像、野狼音像等 7 家音像制品店嫌侵犯著作权案进行调查。经查：通辽市圈楼音像店、野狼音像店、晓波数码、阳阳喜电子音像店、欢欢电子音像店、安华电子商行、国忠家电未经著作权人许可复制音乐和电影作品，拷贝在SD卡内进行销售。

依据《中华人民共和国著作权法》第四十八条之规定，通辽市文化市场综合执法局于2017年11月，对通辽市科尔沁区露天市场圈楼音像等7家单位销售带有侵权盗版内容的音视频卡的行为做出行政处罚：罚款人民币共计1.1万元。

（内蒙古自治区版权局）

辽 宁 省

一、《和生活爱辽宁》APP侵权案

2017年2月28日，沈阳市文化市场行政执法总队接到北京盛世骄阳文化传播有限公司委托辽宁皇阁音像传媒有限公司递交的投诉函，投诉中国移动通信集团辽宁有限公司运营的《和生活爱辽宁》APP客户端擅自向公众提供北京盛世骄阳文化传播有限公司享有著作权的影视作品。

5月25日，在辽宁省版权局的协调下，沈阳市文化市场行政执法总队执法人员与中国移动通信集团辽宁有限公司相关负责人进行了初步约谈，并于25日正式立案。经查，中国移动通信集团辽宁有限公司经营的《和生活爱辽宁》APP客户端存在通过信息网络擅自向公众提供北京盛世骄阳文化传播有限公司享有著作权的《倾城绝恋》等共计17部影视作品在线播放的违法行为。在沈阳执法总队调查处理期间，中国移动通信集团辽宁有限公司积极配合，并认真进行了自查整改，对在线播放的所有影视作品授权情况进行排查，对没有授权的作品进行下架处理。

8月30日，鉴于当事人的积极表现，沈阳市文化市场行政执法总队给予其责令停止侵权行为，并处罚款2万元的行政处罚。

（辽宁省版权局）

吉 林 省

一、"PC840车载音乐网"侵权案

2017年9月28日，吉林省版权局根据国家版权局的案件移转函，对在吉林省备案的"PC840车载音乐网"未经许可擅自提供链接下载音乐作品，涉嫌侵犯他人著作权的行为进行立案调查。执法人员依法对"PC840车载音乐网"（网站域名：www.pc840.com）进行远程勘验取证，取得初步证据。经查，涉嫌侵权网站的管理人尹某住所地在吉林省延边朝鲜族自治州珲春市，网站分为免费下载、高清MV下载、MP3下载和无损格式下载几个主要栏目，每个栏目均可直接下载或通过百度网盘分享下载音乐文件，总计提供链接约1万条，用户可在线获得作品或下载作品至电脑终端。2017年11月，吉林省版权局执法人员赴珲春市，联合珲春市文化市场综合执法大队对该网站依法进行现场勘验检查，并对网站管理人尹某依法进行询问。尹某承认该网站为其本人注册，并对未经著作权人许可，以营利为目的通过网站擅自向公众提供他人的音乐作品及录音制品的行为予以确认。根据属地管理的原则，吉林省版权局执法人员将相关证据材料移交珲春市文化广电新闻出版局进行处理。

2017年11月7日，吉林省珲春市文化广电新闻出版局依据《中华人民共和国著作权法》第四十八条及《信息网络传播权保护条例》第二条等有关规定，对当事人尹某做出没收违法所得300元、罚款1万元的行政处罚，并责令其关闭了网站。

二、长春星座微影院侵犯电影放映权案

2017年9月4日，吉林省版权局根据美国电影协会的投诉，对长春星座微影院涉嫌以营利为目的向公众放映未经授权影视作品侵犯著作权的违法行为进行立案调查。2017年10月10日，执法人员依法对该私人影院进行现场勘验取证，制作了勘验笔录，对管理该影院的有关当事人进行了询问，制作了询问笔录，并就现场取得的有关证据予以固定保存。经查，该私人影院通过网盘分享下载未经授权许可的电影作品，并复制存储于个人网盘中，其中包括国家版权局预警保护及美国电影协会投诉的多部电影作品，数量总计100余部。同时，该影院根据顾客点播要求，将有关侵权电影文件复制到观影包间的电脑主机中，通过投影设备放映电影，对每次观影收取一定数额的服务费。在调查过程中，该影院不能提供下载、播放电影的授权许可证明，同时对复制、播放的电影文件也不能提供可以核查的合法来源，无法准确计算播放数量、频次及从电影播放中直接获取的收益。根据以上事实及相关证据材料，执法机关认定该影院未取得相关著作权人许可，下载、复制并播放授权来源不明的电影，存在明显的侵权事实，主观上存在过错，应当承担侵权责任，同时该行为持续时间较长，破坏了电影放映市场的公平竞争秩序，损害了社会公共利益，依法应当予以行政处罚。

2017年12月5日，吉林省版权局依照《中华人民共和国著作权法》第四十八条第一项、《中华人民共和国著作权法实施条例》第三十六条的规定，对

长春星座微影院做出罚款人民币 2 万元的行政处罚，并责令停止侵权行为。

三、长春聚影咖私人影院侵犯电影放映权案

2017 年 10 月 24 日，吉林省版权局根据群众举报，对长春聚影咖私人影院涉嫌播放未经著作权人许可电影的侵权行为进行立案调查。2017 年 10 月 30 日，吉林省版权局执法人员对该私人影院进行现场执法检查，现场核验了相关文件、资料，对该影院的电脑服务器等设备进行了勘验，先行登记保存了电脑硬盘，同时对管理该影院的有关当事人进行了询问，制作了询问笔录及现场勘验笔录，依法固定保存证据。经查，长春聚影咖私人影院擅自从“电影天空”“下片片”等国内视频网站下载电影文件，并复制到该影院的视频播放服务器中，总计 110 部作品。同时，根据顾客点播要求，在服务器后台播放，通过影院局域网投影到观影包房的大屏幕上，并收取观影及包房服务费。调查过程中，该私人影院不能提供下载播放电影作品的授权许可证明，并承认对其下载的电影进行了营利性播放，无法准确计算播放数量、频次及从电影播放中直接获取的收益。依据以上事实及相关证据材料，执法机关认定当事人的行为构成了侵权，依法应当予以处罚。

2017 年 11 月 23 日，吉林省版权局依据《中华人民共和国著作权法》第四十八条、《中华人民共和国著作权法实施条例》第三十六条等有关规定对长春聚影咖私人主题影院做出罚款人民币 1 万元的行政处罚，并责令停止侵权行为。

四、长春市航伟图书发行有限公司图书侵权案

2017 年 1 月 13 日，长春市文化市场综合执法支队执法人员在对图书市场进行例行执法检查中，发现不具备发行教科书资质的长春市航伟图书发行有限公司存有尚未销售的《化学》《语文》《数学》等 7 种共计 443 册中小学教科书，涉嫌未经著作权人许可发行教科书，即予以立案调查。在案件调查过程中，执法机关依法对该批图书进行了先行登记保存，并依法定程序对该批出版物进行认定核实。经与该批图书著作权人及出版社核实，均认定为未经著作权人许可非法复制的盗版出版物，当事人也无法提供该批图书的授权许可证明及合法来源。据此，执法机关认定，长春市航伟图书发行有限公司的行为违反了《中华人民共和国著作权法》的相关规定，侵犯了该批图书的复制权、发行权，破坏了图书发行市场的竞争秩序，损害了社会公共利益，依法应当予以行政处罚。

2017 年 3 月 1 日，依据《中华人民共和国著作权法》第四十八条第一项及《中华人民共和国著作权法实施条例》第三十六条的规定，长春市文化广电新闻出版局对长春市航伟图书发行有限公司发行盗版出版物的行为做出没收侵权复制品、罚款人民币 1 万元的行政处罚。

五、杨某销售盗版软件侵权案

2016 年 12 月 15 日，长春市文化市场综合执法支队根据有关部门提供的线索，依法对欧亚科技城新瑞和办公用品经销部销售 Windows 操作系统软件侵权复制品行为进行调查。经查，新瑞和办公用品经销部为个体工商户，营业执照上所登记的经营者为齐某。侵权嫌疑人杨某借用齐某摊位销售 Windows 操作系统软件，以每张软件 10 元的价格向公众出售。杨某与齐某之间不存在任何经济往来，销售 Windows 软件属杨某个人行为，杨某对其所销售的 Windows 软件也无法提供相应的著作权人许可文件。截至执法人员查处杨某违法行为时，杨某已销售 Windows 软件侵权复制品五十余张。执法人员依法将抽样取证的 Windows 软件载体样品送有关部门进行鉴定。经鉴定核实，确认该批 Windows 软件载体为侵权复制品。

执法机关认为，杨某未经著作权人许可，向公众发行他人享有著作权的计算机软件，违反了《计算机软件保护条例》第二十四条第一款第二项规定，据此，执法机关对杨某做出没收侵权复制品、罚款人民币 1 万元的行政处罚。

六、吉林市新东方培训学校侵犯著作权案

2017 年 2 月 14 日，根据群众举报，吉林市文化广电新闻出版局执法人员依法对位于吉林市解放中路的新东方培训学校进行执法检查，现场发现正在销售的《泡泡少儿英语基础级Ⅰ（Pop Ready 1）》图书总计 168 册。执法人员要求该学校负责人提供上述出版物的进货渠道及发行许可手续，有关当事人不能提供，经执法人员初步判断，该批图书疑似侵犯他人著作权的非法出版物，该校涉嫌侵犯著作权，即决定立案调查。在调查过程中，执法人员将涉嫌侵权的出版物进行了先行登记保存，固定证物，并与相关权利人进行核实认定。根据该书出版单位群言出版社出具的《认定书》，确认该批图书均为侵犯群言出版社专有出版权的非法出版物。经执法人员与该校相关负责人进一步调查核实，确定该校共采购《泡泡少儿英语基础级 1（POP Ready 1）》教材 170 本，销售给相关的培训学员。执法机关认为，当事人采购来源不明的非法出版物，明知其为侵权复制品，仍转售给学员，其行为属未经著作权人许可发行其作品的侵权行为，侵犯了著作权人合法权利，扰乱了出版物发行市场秩序，同时损害了社会公共利益，根据《中华人民共和国著作权法》的有关规定，应当予以行政处罚。

2017年2月17日，吉林市文化广电新闻出版局依据《中华人民共和国著作权法》第四十八条和《中华人民共和国著作权法实施条例》第三十六条的规定，对吉林市新东方培训学校做出没收侵权复制品、罚款人民币3万元的行政处罚。

七、敦化市橙天影吧侵犯著作权案

2017年10月26日，根据权利人投诉，敦化市文化市场综合执法大队对敦化市民主街橙天影吧涉嫌侵权行为进行执法检查。检查中发现，该影吧擅自从互联网上下载、储存并向公众提供涉嫌侵权影视作品1 000余部，且不能提供权利人的授权许可证明，并通过投放广告联盟的广告获利近3万元。执法机关认定，该网吧以营利为目的，未取得相关权利人的许可，通过互联网大量下载、复制、播放电影作品，构成了著作权侵权行为，侵犯了电影作品著作权人的合法权利，也破坏了公平的竞争秩序，同时损害了社会公共利益，依法应当予以行政处罚。

2017年11月5日，敦化市文化广电新闻出版局依据《中华人民共和国著作权法》第四十八条和《著作权法实施条例》第三十六条等有关规定对橙天影吧做出没收主要用于制作侵权复制品的设备、罚款人民币3万元的行政处罚，并责令当事人停止侵权行为。

八、四平市金某侵犯软件著作权案

2017年3月2日，四平市文化市场综合执法支队的执法人员在对四平市师院路天地网吧进行例行执法检查过程中，发现负责网络维护的金某正在为该网吧无盘服务器安装Windows 7操作系统，执法人员要求其出示微软公司的Windows 7操作系统安装使用授权书，当事人金某无法提供。经调查，金某根据当地部分网吧的需要，长期为网吧安装操作系统和日常维护工作，每年每家网络经营场所收取数千元维护费用，其安装的Windows操作系统是从互联网上下载的某公司测试版本，并没有取得著作权人微软公司的合法授权，金某明知该软件没有取得授权，仍然为其客户安装使用，属于侵权复制行为。执法机关对金某故意避开著作权人为保护其软件著作权而采取的技术措施，安装未经授权软件的违法行为进行了证据固定。综合其违法事实及有关证据，执法机关认定其行为构成对软件著作权的侵权行为，且该侵权行为持续时间较长，依法应当予以行政处罚。

2017年3月28日，四平市文化广电新闻出版局依据《计算机软件保护条例》第二十四条等有关规定，对网络维护人员金某给予罚款人民币2万元的行政处罚。

九、通化金泰包装印刷有限公司图书侵权案

2017年6月8日，根据群众举报提供的信息，通化市文化市场综合执法支队执法执法人员对位于通化经济开发区的通化金泰包装印刷有限公司进行执法检查，发现该公司厂房内存放有其印制的《生命之歌》《挑战：创造生命的奇迹》（万卷出版有限责任公司出版）图书共计5 900册，总码洋8.24万元。当事人现场出具了两种出版物的印刷委托书，有效期分别至2012年6月30日、2011年8月18日，均已逾期。因该批图书涉嫌侵权，为保存证据，执法人员现场制作了《证据先行登记保存清单》，对该批图书进行先行登记保存。综合有关事实，通化市文化广电新闻出版局做出决定，对该公司进行立案调查。调查过程中，执法人员向两种图书的出版单位万卷出版有限责任公司核查有关情况，该公司向执法机关出具了现关书面证明。经查，万卷出版有限责任公司分别于2011年7月和2012年6月开具了《生命之歌》和《挑战：创造生命的奇迹》两种图书的印刷委托书，委托其印刷该两种图书。委托印刷完成后，出版单位再未允许通化金泰包装印刷有限公司承印上述两种图书，据此证明通化金泰包装印刷有限公司印刷的上述两种图书系未经权利人许可擅自非法加印，构成了侵权。综合有关事实及证据，执法机关认定，通化金泰包装印刷有限公司未经著作权人许可，盗版印刷图书违法事实清楚，证据确凿，同时损害社会公共利益，依法应当予以行政处罚。

2017年6月20日，依据《中华人民共和国著作权法》第四十八条和《中华人民共和国著作权法实施条例》第三十六条的规定，通化市文化广电新闻出版局依法向通化金泰包装印刷有限公司送达了《行政处罚决定书》，给予通化金泰包装印刷有限公司没收侵权复制品（5 900册图书）、罚款5.5万元的行政处罚。

十、东辽县学府印刷厂盗版印刷教辅图书案

2017年2月14日，辽源市文化市场综合执法支队根据群众举报，依法对东辽县学府印刷厂涉嫌非法印刷盗版图书的行为进行立案调查。执法人员在检查中发现，该印刷厂按照某学校的订购需要，对《高考古代文化常识汇编与训练》《高一文科寒假作业》《高一理科寒假作业》《高二文科寒假作业》《高二理科寒假作业》等多种教辅出版物进行快速复印。执法人员对该印刷厂负责人王某进行询问，确认该印刷厂没有取得对该批图书著作权人的授权许可，涉嫌侵权复制。经进一步询问核实，执法机关查明，当事人未经著作权人许可，以营利为目的，复制了他人享有著作权的图书 1 960 册及尚未装订的散页 12 000 张，违法经营额 3.2 万元，虽尚未发行，但仍侵犯了著作权人的图书复制权，依法应当承担侵权责任。

依据《中华人民共和国著作权法》第四十八条和《中华人民共和国著作权法实施条例》第三十六条等有关规定，东辽县文化广电新闻出版局于 2017 年 3 月 6 日，对东辽县学府印刷厂做出没收侵权复制品、罚款人民币 5 万元的行政处罚。

（吉林省版权局）

上 海 市

一、上海家昌旅游文化发展有限公司侵犯知识产权案

2017 年 2 月 24 日，当事人上海家昌旅游文化发展有限公司对外批发并销售大量标有“DISNEY”商标的小熊维尼钥匙挂件被上海市公安局浦东分局查获，因涉案金额未达到刑事标准被依法移送上海市浦东新区知识产权局。经查，当事人以营利为目的，擅自销售未经著作权人许可制作的与 WINNIE THE POOH（维尼熊）立体造型美术作品相同的小熊维尼钥匙挂件的行为，侵犯了著作权人迪士尼公司对维尼熊立体造型美术作品享有的著作权。当事人以低价批发、零售上述侵权的小熊维尼钥匙挂件，不仅扰乱正常的市场交易秩序、损害社会公共利益，同时还构成了《中华人民共和国著作权法》第四十八条第一款“未经著作权人许可复制、发行……通过信息网络向公众传播其作品”所指的行为。同时，当事人销售的小熊维尼钥匙挂件上标有的“DISNEY”商标与迪士尼公司享有的注册商标相同，并且使用在同种商品上。当事人的上述行为构成了《中华人民共和国商标法》第五十七条第三款“销售侵犯注册商标专用权的商品的”所指之行为。

鉴于当事人的侵权行为同时违反了《中华人民共和国著作权法》及《中华人民共和国商标法》之相关规定，根据《中华人民共和国著作权法实施条例》第三十六条及《中华人民共和国商标法》第六十条之规定，责令当事人停止侵权行为，并处罚如下：（1）没收未售出侵权的标有“DISNEY”商标的小熊维尼钥匙挂件 859 件。（2）罚款人民币 2 500 元整。

二、上海海关查办侵犯“星球图形”著作权足球案件

上海海关加强对进出口渠道侵犯著作权商品行为的打击力度，结合日常监管和以往工作经验，对国际重大赛事和社会热点项目呈现侵犯著作权高发态势予以重点关注。2016 年 10 月，南通某玩具礼品有限公司以一般贸易方式向上海海关申报出口足球等货物，上海海关隶属洋山海关现场开箱人工查验发现，实际出口的货物采用简单的无标识纸箱包装，外包装显得较为粗糙。纸箱中标有不同知识产权（商标权、著作权）的足球杂乱无章地堆放，较一般正品货物有较为显著的差别。其中，印有“星球图形”著作权的足球 3 000 个。经通知“星球图形”著作权权利人欧洲足球协会联盟，其认为该批货物为侵犯其著作权的货物并申请予以扣留。上海海关经进一步调查，确认当事人出口上述货物的行为已构成出口侵犯他人著作权货物的行为。上海海关依法对相关当事人做出没收侵权货物并处罚金的行政处罚决定，合计罚款人民币 3 400 元。通过行政力量有力地打击了进出口侵犯著作权货物的违法行为，有效保护了著作权人合法权益。

三、上海智器投资咨询有限公司擅自通过信息网络向公众提供权利人文字作品案

案件详情，参见本栏目“2017 年度打击侵权盗版十大案件”之二（第 314 页）。

（上海市版权局）

江 苏 省

一、南京杨某某未经许可复制、发行他人软件作品案

2017 年 3 月 21 日，南京争锋信息科技有限公司向南京市文化综合执法总队举报，称其前员工杨某某擅自复制、发行该公司拥有独占使用权的 3 款美容美发业务软件。鉴于被举报人离职时承诺内容不诚实且其对执法调查不予配合，执法总队建议争锋公司向审判机关起诉。南京市“扫黄打非”办公室接到执法总队请示后积极协调阿里云计算有限公司反馈杨某某发行侵权软件的证据材料。后总队将相关证据材料移送南京知识产权法庭。6 月 8 日，《民事调解书》下达，诉讼双方自愿达成和解协议：被告杨某某赔偿原告争锋公司28万元整。9月1日，28万元赔偿款全部给付到位。

二、无锡蒋某等四人侵犯著作权案

2012年12月至2013年8月间，被告人蒋某担任科茂公司软件部经理，通过被告人连某某的介绍，结识了无锡曼荼罗软件有限公司实施部的被告人葛某某、刘某某。经分别合谋后，由被告人葛某某、刘某某分别将Doqlei（花冠）电子病历系统安装于四家医疗机构，非法经营数额共计人民币46.5万元。2017年5月27日，江苏省无锡市新吴区人民法院判处蒋某有期徒刑二年三个月，缓刑三年，并处罚金人民币23.45万元；判处葛某某有期徒刑一年六个月，缓刑二年，并处罚金人民币6.94万元；判处刘某某有期徒刑一年三个月，缓刑一年六个月，并处罚金人民币5.8万元；判处连某某有期徒刑一年，缓刑一年六个月，并处罚金人民币5.66万元。禁止被告人在缓刑考验期内从事计算机软件销售活动，违法所得予以没收。

三、常州私人影院侵犯著作权系列案

常州市版权局2017年办理了一批私人影院（点播影院）侵犯著作权案。一批投资小、运营成本低、个性化需求强的私人影院如雨后春笋般悄然兴起，执法部门开展专项行动，专门开展全面摸排，调查了常州市主城区初具规模的私人影院十多家。执法部门结合国家新闻出版广电总局2017年4月下发的《关于规范点播院线、点播影院经营管理工作的通知》，着重对这类小影院播放未经授权影片的行为进行了行政处理。2017年7月25日，常州市版权局依法对7家私人影院分别做出罚款2 000元整的行政处罚。

四、南通未经著作权人许可，复制美术作品系列案

南通市开发区江海派出所在弘顺印染厂检查时发现印染有"大嘴猴"图样的布匹，侦查期间，通州区法院知识产权庭合议后认为，朱某某、雷某在南通农场委托弘顺印染厂印染有"大嘴猴"图样的布匹，属于侵犯著作权的行为，移交版权执法部门处理。经鉴定：送请鉴定的床上用品四件套上所印美术图案与权利人保罗弗兰克实业有限责任公司的美术作品《大嘴猴（Julius）》图案一致，存在抄袭、复制关系。南通市版权局对朱某某做出没收侵权复制品印染有"大嘴猴"图样的布匹3 746米并处罚款人民币5 000元的行政处罚，对雷某做出没收侵权复制品印染有"大嘴猴"图样的布匹3 500米并处罚款人民币5 000元的行政处罚。

五、淮安"12・8"网络游戏外挂侵权案

谢某自2013年以来，在未获得著作权人许可的情况下，将明知是破坏了他人享有著作权的互联网游戏作品技术保护措施的程序软件，通过互联网以160～210元不等的价格销售给丁某，丁某伙同李某代理销售；该软件程序为谢某编写，其至案发非法获利近120万元。经中国版权保护中心鉴定，谢某编写的该款网络游戏程序故意避开或者破坏了《御龙在天》网络游戏著作权人为其作品采取的保护著作权或者与著作权有关的权利的技术保护措施，属于网络游戏"外挂"。该案件由公安机关在前期侦查的基础上于2016年10月移送淮安市版权局，经调查取证，确认谢某编写销售《御龙在天》网络游戏程序软件，未经著作权人许可。2017年11月23日，淮安市版权局对谢某做出行政处罚：没收违法所得119.934万元整，没收笔记本电脑一台。

六、扬州张某某未经许可擅自发行他人作品案

2016年6月23日，扬州市文化行政综合执法支队接到省版权局转来厦门吉比特网络技术股份有限公司的举报，网站"私服村"（www.sifucun.com）在其平台上涉嫌提供上述公司具有版权的《问道》游戏的私服链接。经调查，发现该网站是一家提供网络游戏的私服开机资讯、服务端源码共享、私服架设技术、免费互联网稀有资源（VPN等）、网站源码发布等的网站。当事人真实姓名为张某某，网站"私服村"和"金雷子"（www.jinleizi.com）都是其创办运营的。在2016年9月得知查扣佛山顺德德胜机房的服务器后，当事人张某某就将"私服村"这个网站暂停运营，并于2017年5月1日重新运营，同时重新开发了新的网站"金雷子"，网站主要通过发布私服游戏帖，收取广告费获利。2017年9月21日，扬州市版权局责令当事人张某某关闭涉案侵权无证网站，并对张某某做出如下行政处罚：（1）警告；（2）罚款人民币5万元整。

七、扬州某网络科技有限公司擅自向公众传播他人作品案

2017年10月9日，扬州市邗江区文体新局行政执法人员在网络巡查中发现一个名为"评书网"的微信公众号以及名为"中国评书网"（www.zgpingshu.com）的网站，内有向公众提供评书在线收听、下载的服务。经勘验："评书网"公众号以及"中国评书网"网站内含有包括单田芳、袁阔成等在内的100余名评书名家的2 600余部评书音频作品供网友在线免费收听、下载，并且该网站内均未标注这些作品著作权人的授权说明。经调查询问，葛某某表示由他公司所创办的“评书网”微信公众号以及“中国评书网”网站上的所有资源均未取得著作权人的授权许可，这些作品都是由网友整理之后交给他上传至网站上的，网站的盈利模式为通过“百度联盟”在其网站上投放广告，依靠广告点击量由“百度联盟”付给当事人广告费，该网站于2011年上线运营，截至案发时，当事人共获得违法所得5 000元。2017年10月25日，扬州市邗江区文体新局做出立即停止侵权行为，没收违法所得5 000元，罚款15 000元的行政处罚。

八、镇江“10·26”淘宝网店制售盗版图书案

2015年9月20日，镇江市公安部门接到举报称，在淘宝网店“剑锋时代图书专营店”购买的图书疑为盗版图书。经调查发现，2015年1月至2016年7月，王某某以营利为目的，委托印刷厂复制或在他处采购侵权文字作品进行销售。其中受委托方北京永顺兴望印刷厂、北京潮运印刷厂印制《冰心散文精选》《骆驼祥子》等6.7万余册，并通过“剑锋时代图书专营店”网店进行销售。经版权行政执法部门会同“扫黄打非”、公安部门进一步调查，捣毁侵权盗版图书藏匿窝点2处，现场查获盗版图书340余种、100万余册及大量半成品盗版图书。2017年6月9日，镇江市经济开发区人民法院判决判处北京永顺兴望印刷厂等2家单位罚金20万元至60万元不等；判处赵某某、贾某某等7人有期徒刑3年，缓刑2年至5年不等，并处罚金8万元至80万元不等。

九、宿迁某商贸公司涉嫌销售侵权复制品案

2017年7月19日，上海瀚元律师事务所受微软公司委托到宿迁市公安局开发区分局报案：宿迁简某商贸有限公司、宿迁天某商贸有限公司在天猫商城分别设立名为“简某数码配件专营店”和“天某数码专营店”店铺长期出售多项微软公司享有著作权软件的U盘。经查明：2015年以来，为谋取不当利益，犯罪嫌疑人张某、陈某某购进闪迪U盘，在未经授权的情况下自行安装微软系统，命名“闪迪电脑重做系统U盘”后再进行销售，涉案价值600余万元。11月13日，执法人员将张某、陈某某在公司内成功抓获，同时查获装有微软系统等待销售的闪迪U盘2 732个，扣押涉案的笔记本电脑5台、集线器6台。犯罪嫌疑人朱某购进金士顿U盘，在未经授权的情况下自行安装微软系统，命名“金士顿电脑重做系统U盘”后再进行销售，涉案价值400余万元。11月17日，在公司将朱某抓获，同时查获装有微软系统等待销售的金士顿U盘568个，扣押涉案电脑3台。案件仍在进一步查处中。

十、昆山某汽车装备制造有限公司侵权案

2017年9月13日，根据举报，江苏省昆山市文化广电新闻出版局对昆山市某汽车装备制造有限公司进行调查。经查，该公司未经许可、超范围使用达索公司CATIA软件的行为属实。10月10日，经征求双方意见，江苏省昆山市文化广电新闻出版局主持权利双方开展两轮调解。经调解，江苏省昆山市文化广电新闻出版局和权利双方共同签订了《调解协议》。达索公司接受该公司道歉，不再追究侵权责任，该公司承诺购买达索正版软件11套，金额共1 661 418元。

（江苏省版权局）

安 徽 省

一、游某某侵犯著作权案

2015年12月，安徽省马鞍山市文化市场综合执法支队接到安徽新歌华图书发行公司举报，马鞍山市行政学院使用盗版教材。经马鞍山市文化市场综合执法支队立案调查，国家行政学院出版社发行部工作人员游靳伟，未经著作权人和出版社许可，私自印刷国家行政学院出版的出版物《专业技术人员的职业发展》，并以国家行政学院名义发行到马鞍山市行政学院，涉案出版物4 000余册。因复制、发行数量达到刑事追诉标准，马鞍山市文化市场综合执法支队于2016年2月将本案移送至马鞍山市公安局查处。

2017年7月10日，雨山区人民法院依法做出判决，对被告人游某某犯侵犯著作权罪，判处有期徒刑三年，缓刑三年，并处罚金100 000元。

二、戴某某销售侵权复制品案

2016年4月21日，合肥市文化市场综合执法支队对戴某某（合肥市蜀山区北文书店）涉嫌发行侵犯他人著作权复制品案立案调查，经查：当事人在其书店内私设一处隐蔽暗房存放和销售盗版图书，后经人民卫生出版社等权利人指认和安徽省新闻出版广电局对出版物进行鉴定，认定当事人发行侵犯他人著作权复制品135个品种共计1 339册，码洋共计88 283元。

合肥市文化广电新闻出版局于2017年5月25日对当事人做出行政处罚：(1) 没收侵犯他人著作权的出版物1 339册；(2) 罚款人民币123 596.2元。

三、冯某某销售侵权复制品案

2017年9月16日，滁州市文化广电新闻出版局根据举报线索，对冯某某未经著作权人许可，发行侵犯他人著作权的出版物的行为进行立案查处。经查，2017年1月至9月间，当事人冯某某未经著作权人许可，通过推销方式向滁州市幼儿园销售侵权盗版图书，涉案出版物共计486本，非法经营额为4 210.8元。

2017年10月16日，滁州市版权局对冯某某做出没收侵权复制品81套共计486本并处罚款人民币6万元的行政处罚。

（安徽省版权局）

江 西 省

一、南昌市“摇头网”侵犯音乐作品著作权案

案件详情，参见本栏目“2017年度打击侵权盗版十大案件”之三（第314页）。

二、赣州市深联电路有限公司侵犯软件著作权案

2017年5月，根据举报线索，赣州市文化广电新闻出版局执法人员对赣州市深联电路有限公司涉嫌侵犯软件著作权进行调查。执法人员在检查时发现该公司大量的电脑安装了Genesis软件。经查，该公司使用的Genesis软件系未经著作权人许可擅自进行下载。执法人员指出侵权问题后，该公司主动配合调查并进行整改，与Genesis软件著作权人奥宝科技有限公司达成了购买其正版软件的协议。

2017年8月，赣州市文化广电新闻出版局对赣州市深联电路有限公司做出罚款10万元的行政处罚。

三、九江市湖口县陈某销售侵权盗版图书案

2017年10月，九江市湖口县文化广电新闻出版局执法人员根据举报线索，在辖区学士路口发现陈某兜售的学生教辅试卷涉嫌侵权盗版。经查，陈某兜售的试卷为侵权盗版，向学校推销获利1.05万元。

2017年10月，九江市湖口县文化广电新闻出版局对陈某做出没收盗版教辅试卷508册、没收违法所得1.05万元并罚款5万元的行政处罚。

四、抚州市金溪县“佳佳影院”网站侵权案

2016年10月，抚州市文化广电新闻出版局根据省新闻出版广电局移转的案件线索，对金溪县“佳佳影院”网站涉嫌侵权传播影视作品进行核查。执法人员对该网站进行了远程勘验和调查，经查，该网站未经著作权人许可擅自上传影视作品100余部。

2017年1月，抚州市文化广电新闻出版局对“佳佳影院”网站张某做出罚款人民币5万元的行政处罚。

五、上海硕和文化传播有限公司销售盗版教辅案

2017年8月，赣州市于都县文化广电新闻出版局执法人员对辖区内物流市场进行检查，在快8物流公司现场查获由上海市托运至于都县各乡镇小学的教辅图书《读写新天地》涉嫌侵权盗版。经查实，此批教辅近3 000册，由上海硕和文化传播有限公司寄出，经鉴定为侵权复制品。

2017年8月，赣州市于都县文化广电新闻出版局对上海硕和文化传播有限公司做出没收盗版教辅并罚款4万元的行政处罚。

六、景德镇夏某侵犯陶瓷作品著作权案

2017年2月，景德镇市文化广电新闻出版局执法人员进行市场检查时，发现夏某陶瓷经销店的33件陶瓷作品涉嫌侵权。经查，该33件陶瓷鉴定为侵权作品。

2017年3月，景德镇市文化广电新闻出版局对夏某做出罚款人民币3万元的行政处罚。

七、鹰潭市部落网络文化有限公司侵权传播电影作品案

2017年5月，鹰潭市文化广电新闻出版局执法人员进行市场检查时，发现鹰潭市部落网络文化有限公司营业场所的电脑存储了电影作品117部。经调查，该公司对其擅自下载传播的电影作品提供不了合法授权证明，属于侵权传播电影作品行为。

2017年5月，鹰潭市文化广电新闻出版局对部落网络文化有限公司做出罚款3万元的行政处罚。

八、江西壹陆伍科技开发有限公司侵权传播“动态版《清明上河图》”案

2017年2月，南昌市文化广电新闻出版局执法人员根据案件线索，对江西壹陆伍科技开发有限公司涉嫌侵权传播“动态版《清明上河图》”进行核查。经查，江西壹陆伍科技开发有限公司于2016年12月至2017年1月期间，在未取得权利人上海世博发展（集团）有限公司许可的情况下，擅自在成都巡展放映“动态版《清明上河图》”，并以收取门票的形式获利。

2017年4月，南昌市文化广电新闻出版局对该公司做出没收侵权制品“动态版《清明上河图》”母盘4张、没收违法所得1.9万元并处1万元罚款的行政处罚。

九、新余朋克炫音工作室侵犯网络音乐作品著作权案

2017 年 7 月，新余市渝水区文化广电新闻出版局执法人员对朋克炫音工作室进行日常检查，发现该场所未经著作权人许可，通过互联网下载歌曲，然后刻录成歌碟进行销售。现场发现店内有刻录歌碟 403 张和刻录歌碟销售记录本一本，当事人提供不了音乐作品合法授权，属于侵权传播音乐作品行为。

2017 年 7 月，新余市渝水区文化广电新闻出版局对朋克炫音工作室做出罚款 1 万元的行政处罚。

十、南昌恒佳科技有限公司侵犯软件作品著作权案

2017 年 7 月，江西省版权局接到权利人投诉南昌恒佳科技有限公司涉嫌销售侵权软件。省版权局组织九江市、武宁县版权管理部门及文化综合执法部门，前往涉嫌使用侵权软件的武宁县某医院调查取证。

经查，武宁县某医院使用的南昌恒佳科技有限公司提供的软件确属侵权。经版权管理部门调查后，南昌恒佳科技有限公司就软件侵权行为主动向软件权利人进行道歉，并向权利人赔偿 35 万元。当事人双方签订了和解协议书。

（江西省版权局）

山 东 省

一、济南市贺明奎侵犯著作权案

2015 年 9 月 24 日，济南市文化市场综合行政执法局联合济南市市中区公安分局对贺明奎非法出版、印刷、发行侵权盗版出版物进行了调查。经查，贺明奎自 2013 年开始非法从事出版、印刷、发行侵权盗版出版物活动。执法人员在贺明奎的 4 处藏匿窝点内查获《数元教育丛书 手脑速算篇 1》《手脑速算 同步思维训练 提升版》等大量出版物。经济南市文化市场综合行政执法局详细清理、分类汇总，涉案出版物共计 38 种 167 115 册（盘），经济南市文化广电新闻出版局鉴定，以上物品为侵权盗版出版物。2015 年 10 月，嫌疑人贺明奎被批捕，公安机关立案侦查。2016 年 7 月 25 日，济南市市中区人民检察院向济南市市中区人民法院就贺明奎犯侵犯著作权罪、非法经营罪一案提起公诉。

2017 年 12 月 11 日，依照《中华人民共和国刑法》第二百一十七条第（一）项，第二百二十五条第（四）项，第六十九条第一、三款，第六十七条第三款，第六十四条之规定，济南市市中区人民法院依法判决：贺明奎犯侵犯著作权罪、非法经营罪，数罪并罚，判处有期徒刑 7 年，并处罚金人民币 12 万元；涉案侵权盗版出版物由济南市文化执法局予以没收。

二、聊城“11·2”销售侵权复制品案

2016 年 11 月 2 日，根据举报，国家、省“扫黄打非”办和聊城市文化市场综合执法局在北京反盗版联盟的带领下，对聊城东昌府区嘉明工业园白洼新村和嘉禾路西段路北两处仓库进行突击检查。经过三天的清点，现场共查扣路某涉嫌销售的盗版图书《盗墓笔记》《现代汉语词典》等 232 651 册，涉及 17 个出版社，图书种类达到 30 种，涉案金额 5 360 420.20 元，经鉴定，以上物品为侵权盗版出版物。由于案情重大，已经达到刑事立案标准，执法人员将该案移交到聊城市公安局东昌府分局，当事人路某于 2016 年 12 月 20 日被依法逮捕。

依照《中华人民共和国刑法》第二百一十八条、第六十一条、第二十三条、第六十七条第三款、第四十七条、第五十二条、第五十三条之规定，2017 年 5 月 27 日，聊城市东昌府区人民法院依法做出判决：被告人路某犯销售侵权复制品罪，判处有期徒刑 7 个月，并处罚金人民币 280 000 元。

三、青岛撕神来了文化传媒有限公司未经著作权人许可放映他人作品案

2017 年 7 月 20 日，青岛市文化市场行政执法局执法人员例行检查中发现青岛撕神来了文化传媒有限公司未经著作权人许可放映他人电影作品 3 800 部。经查，该公司无法提供放映电影权利人的相关授权，存在不正当竞争行为，影响市场正常经营秩序，损害公共利益。2017 年 7 月 25 日，本案经批准以一般程序立案，该公司的行为违反了《中华人民共和国著作权法》第四十八条第一款。

根据《中华人民共和国著作权法实施条例》第三十六条之规定，2017 年 8 月 21 日青岛市文化市场行政执法局对青岛撕神来了文化传媒有限公司做出罚款 16 万元的行政处罚，罚款已缴纳。

四、泰安市泰山区泰山文化城远大书店侵犯著作权案

根据出版社现场举报，2017 年 5 月 5 日上午泰安市文化市场综合执法支队执法人员到达泰山文化城远大书店进行检查。经查：该书店正常营业期间发行的《公共营养师》等 2 174 册图书涉嫌为侵犯他人著作权的非法出版物。5 月 8 日，本案经批准后以一般程序立案。5月9日，泰安市文化广电新闻出版局出版物鉴定委员会出具《出版物鉴定报告》，经鉴定：泰山文化城远大书店所发行的《公共营养师》等2 174册图书为侵犯他人著作权的非法出版物。5月10日，该书店法定代表人张建华到泰安市文化市场综合执法支队接受调查，承认违法行为，并说明了非法出版物的来源地。5月11日，本案调查终结。

5月22日，泰安市文化市场综合执法支队向当事人下达《行政处罚决定书》。该违法行为违反了《中华人民共和国著作权法》第四十八条第一款；依据《中华人民共和国著作权法实施条例》第三十六条给予当事人没收侵犯他人著作权非法出版物2 174册、罚款人民币12万元的行政处罚。

五、山东罗马假日文化传媒有限公司未经著作权人许可放映他人电影作品案

2017年11月17日，潍坊市文化市场综合执法局执法人员依法对山东罗马假日文化传媒有限公司进行了检查。经查：该公司有营业执照，未到新闻出版广电部门备案，该场所共设单间11个，正处在营业状态，执法人员随机点播了4部影片，均能正常播放，房间点播系统中共有电影418部，现场不能提供电影权利人合法有效的授权材料。同日，潍坊市文化市场综合执法局决定依法对本案予以立案并做进一步调查审理。2017年11月18日，当事人到潍坊市文化市场综合执法局版权执法科接受了调查询问并承认了相关违法事实。

2017年11月24日，潍坊市文化市场综合执法局依据《中华人民共和国著作权法》第四十八条第一款、《中华人民共和国著作权法实施条例》第三十六条、《信息网络传播权保护条例》第十八条第一项的规定，对当事人做出了罚款人民币11万元整的行政处罚。

六、山东新世纪印刷有限公司侵犯著作权案

2016年7月11日，根据举报，阳谷县文化广电新闻出版局对山东新世纪印刷有限公司进行调查。经查：该公司正在印制《英才教程》《教材全解》等系列教材，共计32 566册，涉及陕西人民教育出版社、武汉出版社，经著作权出版单位鉴定，该批书籍为盗版出版物。依据相关规定，阳谷县文化广电新闻出版局于7月11日将案件移交至县公安局。7月15日阳谷县公安局对山东新世纪印刷有限公司侵犯著作权案立案侦查。

2017年2月10日，阳谷县人民法院依照《中华人民共和国刑法》第二百一十七条做出判决如下：（1）山东新世纪印刷有限公司犯侵犯著作权罪，判处罚金人民币24万元；（2）被告人张金旺犯侵犯著作权罪，判处有期徒刑3年，缓刑4年，并处罚金人民币21万元。

七、威海三鹰印务有限公司未经著作权人许可复制其作品案

2017年2月16日，威海市文化市场综合执法局执法人员巡查发现威海三鹰印务有限公司印刷的图书《国医讲堂：偏方秘籍》无出版单位名称、版权页和书号。2月17日立案并成立专案组展开调查。经查，威海三鹰印务有限公司接受某保健品公司（已另案处理）的委托，未经著作权人许可，复制其作品3万册，交付3 000册，查获侵权图书半成品27 000套，违法经营额55 500元。

依据《中华人民共和国著作权法》第四十八条和《中华人民共和国著作权法实施条例》第三十六条的规定，威海市文化市场综合执法局于2017年5月9日对当事人做出罚款111 000元的行政处罚。

八、淄博“8·9”侵犯著作权案

2016年7月，淄博市公安局直属分局在工作中发现，李淑华、苏智朋、王华、全广芝等人在张店区某商场销售盗版影碟，非法获利。依公安、文化执法联动机制，启动联合办案程序，成立专案组。直属分局于2016年8月9日予以刑事立案侦查，经过缜密侦查，迅速将李淑华、苏智朋、王华、全广芝成功抓获，经查，涉案侵权制品1万余张，侵权制品数量已达到刑事犯罪案件立案标准。2017年4月27日，案件依法移诉至淄博市人民检察院。

2017年8月21日，张店区人民法院依据《中华人民共和国刑法》第二百一十七条等规定，依法判决被告人李淑华犯侵犯著作权罪，判处有期徒刑三年，缓刑三年，并处罚金人民币1万元；判决被告人苏智朋犯侵犯著作权罪，判处有期徒刑二年，缓刑二年，并处罚金人民币3 000元；判决被告人王华犯侵犯著作权罪，判处有期徒刑一年六个月，缓刑一年六个月，并处罚金人民币3 000元；判决被告人全广芝犯侵犯著作权罪，判处有期徒刑一年，缓刑一年，并处罚金人民币3 000元。

九、泰安市富蓉印刷有限公司侵犯著作权案

根据群众举报，2017年3月22日上午泰安市文化市场综合执法支队执法人员到夏张镇富蓉印刷有限公司进行依法检查。经查：该公司现场无法提供正在印制的《外科护理学》《寒假作业》《管理的力量》3种共计2 000余册出版物的相关委印手续，涉嫌印制侵犯他人著作权出版物，执法人员对三种出版物进行了抽样取证。3 月 23 日，本案经审批后以一般程序立案。4 月 19 日，该公司法定代表人李富蓉委托樊路军到泰安市文化市场综合执法支队接受调查，承认印刷侵犯他人著作权出版物。4 月 20 日，本案调查终结。

5 月 16 日，泰安市文化市场综合执法支队向当事人下达《行政处罚决定书》。该违法行为违反了《中华人民共和国著作权法》第四十八条第一款，依据《中华人民共和国著作权法实施条例》第三十六条给予处罚如下：（1）没收非法出版物 2 000 册；（2）罚款人民币 12 万元。

十、威海刘珍、郭铸毅制售侵权音像制品案

2017 年 7 月，该案件被全国“扫黄打非”办公室、国家版权局、公安部、最高人民法院和最高人民检察院联合挂牌督办。2016 年 8 月 2 日，威海市文化市场综合执法局依据群众举报，现场查获郭铸毅利用面包车售卖的侵权音乐光盘 155 张，执法人员当场对涉案光盘予以扣押。经查，郭铸毅通过淘宝网和微信自刘珍处购进“哆咪音乐”系列侵权音乐光盘共计 1 800 张销售牟利，非法获利 3 240 元。文化执法人员深入调查发现，刘珍利用“中国·哆咪音乐”微信号、“哆咪音乐”、“汽车音乐”等 5 个网站以及“哆咪音乐”淘宝网店进行宣传，以招募加盟商的形式大量销售侵权音像制品，同时展示了其光盘制作设备和遍布全国的销售车。办案人员调取其淘宝网店交易记录，证实刘珍三个月销售侵权音乐光盘 14.9 万张，非法经营额 26.9 万元，销售地涉及全国 31 个省市，约 3 000 个非法销售商贩。9 月 26 日，该案移交威海市公安局立案侦察，文化执法与公安、检察机关联合成立专案组。12 月 9 日，专案组赴内蒙古自治区呼和浩特市将侵权主犯刘珍抓获，现场查获已刻录及空白的“哆咪音乐”光盘 15.8 万张及刻录设备和包装材料一宗。2017 年 1 月 6 日，经中国音乐著作权协会核查，“哆咪音乐”光盘所载 5 252 首音乐作品为其会员创作并处于保护期内，未授权刘珍复制发行。经查，刘珍复制侵权音像制品使用的专用光盘，主要通过郑州蓝星科技有限公司的张江峰购进。2017 年 3 月，威海市文化执法、公安和检察机关再次成立专案组，以实现追源头的总目标。3 月 29 日，专案组赴河南省郑州市抓获侵权共犯张江峰和陈素娟，现场查获印刷有“汽车音乐”等空白光盘 108.36 万张及光盘贴和光盘包装材料一宗。经查，张陈二人六年中，向全国复制窝点销售 CD 光盘 3 825.7 万张，销售额约 6 700 万元。

依据《中华人民共和国刑法》第二百一十七条等规定，威海经济技术开发区人民法院于 2017 年 12 月 22 日做出刑事判决：刘珍犯侵犯著作权罪，判处有期徒刑四年，并处罚金 15 万元；张江峰犯侵犯著作权罪，判处有期徒刑三年六个月，并处罚金 10 万元；陈素娟犯侵犯著作权罪，判处有期徒刑二年，缓刑二年，并处罚金 4 万元；郭铸毅犯侵犯著作权罪，判处拘役四个月，缓刑六个月，并处罚金 5 000 元。

（山东省版权局）

湖　北　省

一、恩施州赵某某等人侵犯游戏私服著作权案

案件详情，参见本栏目“2017 年打击侵权盗版十大案件之六”（第 315 页）

二、《知音漫客》漫画作品被侵权系列案

2014 年 8 月 15 日，湖北知音传媒股份有限公司法务部分别向湖北省版权局、湖北省公安厅网安部门投诉报案称，该公司享有著作权的《知音漫客》漫画被其他网站非法登载并牟取暴利，希望有关部门能予以查处。因涉案网站数量较大且侵权事实涉嫌犯罪，湖北省公安厅指定由鄂州市公安局、荆门市公安局分别侦办；2016 年 6 月 2 日荆门市东宝区人民检察院以东检公诉刑［2016］90 号起诉书向荆门市东宝区人民法院提起公诉；2017 年 12 月 27 日，荆门市东宝区人民法院对“基德漫画”网站和“073 漫画”网站著作权侵权案进行了审理。经查，被告人倪某、周某以“基德漫画”网站和“073 漫画”网站为传播平台，以链接并提取内容、租用服务器等方式，未经著作权人许可，复制他人漫画作品，牟取非法广告推广费共计人民币 56 122 056.49 元，违法所得数额巨大，其行为已构成侵犯著作权罪，罪名成立。依照《中华人民共和国刑法》第二百一十七条、第二十五条、第五十二条、第五十三条、第六十四条、第六十七条和《最高人民法院关于审理非法出版物刑事案件具体应用法律若干问题的解释》第十条、第十一条之规定，判决如下：（1）被告人倪某犯侵犯著作权罪，判处有期徒刑 3 年 6 个月，并处罚金人民币 8 万元；（2）被告人周某犯侵犯著作权罪，判处有期徒刑 4 年，并处罚金人民币 10 万元。

三、上海有趣岛文化传播有限公司著作权侵权案

2014 年 8 月 15 日，湖北知音传媒股份有限公司法务部张某向湖北省公安厅网安大队报案，湖北省公安厅网安大队指定由鄂州市公安局侦办；2017年3月13日，鄂州市鄂城区人民检察院以鄂城检公诉刑诉（2016）8号起诉书向鄂城区人民法院提起公诉；2017年5月22日，鄂城区人民法院对上海有趣岛文化传播有限公司著作权侵权案进行了审理。经查，被告单位上海有趣岛文化传播有限公司和被告人余某某、宋某某以营利为目的，未经著作权人许可，复制发行其文字作品，情节特别严重，被告单位和二被告人的行为均已构成侵犯著作权罪，罪名成立。

依照《中华人民共和国刑法》第二百一十七条第（一）项、第二百二十条、第二十六条、第二十七条、第六十七条第三款、第五十二条、第五十三条第一款、第七十二条第一款和第三款、第七十三条第二款和第三款，《最高人民法院关于审理非法出版物刑事案件具体应用法律若干问题的解释》第十条、第十一条之规定，判决如下：被告单位上海有趣岛文化传播有限公司犯侵犯著作权罪，判处罚金3万元。被告人余某某犯侵犯著作权罪，判处有期徒刑3年，缓刑3年，并处罚金2万元。被告人宋某某犯侵犯著作权罪，判处有期徒刑3年，缓刑3年，并处罚金1万元。

四、杨某某涉嫌侵犯著作权案

2014年9月，公安机关接湖北知音传媒股份有限公司报案称《知音漫客》杂志和单行本漫画图书被侵权，遂立案调查。

经查：2013年以来，被告人杨某某开发制作某漫画网站，在未经湖北知音传媒股份有限公司授权的情况下，在其漫画网站上私自刊登知音公司享有著作权的《斗破苍穹》等12部漫画作品并通过网络进行传播供网民免费浏览，利用网站点击率收取广告费进行非法牟利。至2015年7月21日，上述《斗破苍穹》《斗罗大陆》《暗夜协奏曲》《浪漫传说》等四部漫画作品的被点击数共计达8.924 5万次。

2017年12月27日，鄂州市鄂城区人民法院做出判决，认定杨某某的行为触犯了《中华人民共和国刑法》的相关规定，以侵犯著作权罪判处被告人杨某某有期徒刑9个月，缓刑1年，并处罚金5 000元（已缴纳）。

五、崔某某侵犯著作权案

2014年至2015年7月，被告人崔某某经营“开心动漫”网站期间，在未经湖北知音传媒股份有限公司授权的情况下，在上述漫画网站上私自刊登知音公司享有著作权的《斗破苍穹》《斗罗大陆》《偷星九月天》《暴走邻家》等漫画作品，通过网络进行传播供网民免费浏览，并通过与百度广告联盟等广告平台签订广告投放协议，在上述漫画网站上投放广告，利用网站点击率收取广告费的方式进行非法牟利。

2017年12月26日，鄂州市鄂城区人民法院做出判决，认定崔某某的行为触犯了《中华人民共和国刑法》的相关规定，以侵犯著作权罪判处被告人崔某某有期徒刑3年，缓刑4年，并处罚金1万元（已缴纳）。

六、黄冈杨某某、赵某某涉嫌侵犯著作权案

2015年4月，罗田县公安局网安大队在网上巡查发现有犯罪嫌疑人杨某某、赵某某帮助“热血传奇私服游戏”进行网络推广，遂立案调查。

从2013年8月至2014年7月，犯罪嫌疑人杨某某、赵某某在明知杨某、杨某（均已另案处理）经营“热血传奇私服游戏”的情况下，仍通过搜狗、百度、360等搜索引擎为私服游戏做广告推广，收取推广费用1 800余万元，杨某某从中获利55万余元，赵某某从中获利31万余元。

2017年3月2日，罗田县人民法院做出判决，认定杨某某、赵某某的行为触犯了《中华人民共和国刑法》第二百一十七条第一款的规定，以侵犯著作权罪判处杨某某有期徒刑1年，缓刑1年6个月，并处罚金50万元；以侵犯著作权罪判处赵某某有期徒刑10个月，缓刑1年4个月，并处罚金30万元。

七、黄冈摄某某、赵某某、张某某、潘某某等人侵犯著作权案

2015年9月，罗田县公安局网安大队工作发现有网民在淘宝网销售针对网游《三国群英传OL》的外挂程序《三国贝贝》，涉嫌侵犯著作权罪，遂对该案立案侦查。

经查：2008年底，犯罪嫌疑人摄某某邀约张某某研发针对网游《三国群英传OL》的外挂程序《三国贝贝》，并发展赵某某、潘某某、雷某、余某某等人为代理商，通过互联网销售该外挂软件。2009年5月至2015年9月，摄某某、张某某、赵某某等人销售外挂程序《三国贝贝》月卡/季卡共计110万余张，累计金额1 200万余元，摄某某、张某某、赵某某、潘某某、雷某、余某某分别从中获利768万元、67万元、326万元、16万元、10万元、10万元。

2017年6月14日，罗田县人民法院做出判决，认定余某某、摄某某、张某某、赵某某、潘某某、雷某等的行为触犯了《中华人民共和国刑法》第二百一十七条第一款的规定，犯侵犯著作权罪，七名被告人均被判处有期徒刑及以上。

（湖北省版权局）

湖　南　省

一、株洲市五家设计企业侵犯软件著作权案

2017 年 11 月，株洲市文化市场综合执法局稽查四科组织开展家装设计行业企业软件检查，在对家博盛世装饰有限责任公司、苹果装饰设计工程有限公司、中策装饰有限公司、柠檬树装饰设计工程有限公司、东易日盛家居装饰集团股份有限公司等市内 5 家装设计行业企业办公电脑的软件使用情况的检查过程中发现，其复制安装的设计软件、操作系统、文字处理软件均未能提供在用软件的授权资料，亦不能提供相应的购买凭证。5 家装设计行业企业对未经许可安装复制软件的行为供认不讳。

株洲市文化市场综合执法局依据《计算机软件保护条例》第二十四条第一款第（一）项规定，对 5 家涉案企业分别给予 1 万元到 2 万元不等的行政处罚。

二、中移动公司益阳分公司侵犯电视节目著作权案

2017 年 10 月 9 日，益阳市文化市场综合执法局接到举报人关于中移动公司益阳分公司违规发展互联网电视业务的举报，经检查掌握违规事实后，益阳市文化市场综合执法局予以立案调查。经查，当事人依托其互联网络发展互联网电视业务，未经权利人许可且未向权利人支付报酬，擅自向公众提供中央电视台 3、5、6、8 整频道节目的行为，中移动公司益阳分公司对未经许可提供他人享有著作权的电视节目的行为供认不讳。

益阳市文化市场综合执法局依据《信息网络传播权保护条例》第十八条的规定，于 2017 年 11 月 23 日对当事人做出罚款人民币 7 万元整的行政处罚，并责令当事人停止侵权行为。

三、凤凰县五家歌舞娱乐场所侵犯音乐作品著作权案

2017 年 4 月至 5 月，凤凰县文化市场综合执法局日常巡查发现部分歌舞娱乐场所未经许可私自将音乐作品复制添加至曲库，于是对徐某、涂某、熊某某、周某某等人经营的五家歌舞娱乐场所立案查处。经查：上述五位当事人的 VOD 点播系统曲库中的音乐作品在未经著作权人或著作权集体管理机构许可，且未支付报酬的情况下，向消费者提供自娱性演唱或观看服务进行营利。

凤凰县文化市场综合执法局依据《中华人民共和国著作权法》第四十八条第一款、《中华人民共和国著作权法实施条例》第三十六条，分别对上述当事人做出行政处罚：罚款共计人民币 4.5 万元整。

四、陈某侵犯影视作品著作权案

2017 年 2 月，执法人员通过网络巡查发现当事人陈亮涉嫌通过开办“岳阳影视”网站，未经著作权人许可，通过信息网络向公众传播多部影视作品。2 月 21 日上午，经岳阳市文化市场综合执法局法制部门和相关负责人审核后批准立案。经查当事人陈某从网络、论坛下载多部热门的影视作品并上传到“岳阳影视”网站供网络用户在线观看。

岳阳市文化市场综合执法局依据有关法律规定裁量后给予当事人如下行政处罚：（1）责令停止侵权行为；（2）并处罚款人民币 1.5 万元。3 月 7 日当事人已停止侵权行为。1.5 万元人民币罚款已上缴。

五、益丰大药房连锁股份有限公司侵犯软件著作权案

2017 年 3 月 9 日，根据湖南省版权局交办，4 月 6 日，常德市文化综合执法局依法对益丰大药房连锁股份有限公司门店使用微软公司享有著作权的软件情况进行了现场检查。4 月 7 日，经法制部门和相关负责人审核后批准立案。6 月 16 日，案件调查终结。经查，当事人未经软件著作权人许可，复制或者部分复制微软公司的软件总共 201 件。当事人对未经许可复制安装微软公司软件的行为供认不讳。

常德市文化综合执法局下达了《行政处罚决定书》：责令其停止侵权行为，销毁侵权复制品，并给予罚款人民币 2.01 万元的行政处罚。

（湖南省版权局）

四　川　省

一、南充“8·13”侵犯著作权案

2015 年 8 月 13 日南充市文化广电新闻出版局（版权局）执法人员在检查中发现，嘉陵区吉安镇正安街程某的音像制品零售摊点涉嫌擅自从事音像制品零售经营活动，执法人员采取了现场询问、拍照、摄像、证据先行登记保存等措施，并对证据进行固定。随后经南充市文广新局（版权局）鉴定，涉嫌盗版的 1 372 种共 3 288 张音像制品中有 1 310 种 3 241 张为盗版音像制品。

2017年8月7日，嘉陵区人民法院依据《中华人民共和国刑法》第二百一十七条对程某侵犯著作权行为做出判决：(1)被告人程某犯侵犯著作权罪，判处拘役6个月，缓刑10个月，并处罚金人民币1 000元。(2)扣押在案的盗版光碟予以没收，由扣押机关南充市公安局嘉陵区分局依法处理。

二、德阳扬帆书店侵犯著作权案

2017年3月16日，德阳市文化广电新闻出版局接到举报人冯进举报，称德阳扬帆书店销售盗版中国建筑工业出版社出版的图书，当日，行政执法人员立即对德阳扬帆书店进行现场检查，发现该书店销售的《公路工程管理与实务复习题集》等33类共66册图书涉嫌为非法出版物。6月9日，经德阳市出版物鉴定委员会鉴定，上述66册出版物属盗印合法出版物而在社会上公开发行销售的非法出版物。经查明，涉案非法经营额为人民币2 220元，违法所得为人民币16.5元。

2017年6月28日，德阳市文广新局依据《中华人民共和国著作权法实施条例》第三十六条之规定，对德阳扬帆书店做出行政处罚：没收侵权复制品，没收违法所得人民币16.5元，并处罚款人民币10 000元。

三、“轻之国度”“轻之文库”网站侵犯著作权案

2015年10月，成都市文化市场综合执法总队接广州天闻角川动漫有限公司报案称，该公司取得正式授权的多部轻小说作品被名为“轻之国度”和“轻之文库”的网站通过电子书的形式在互联网上传播，涉嫌侵犯著作权。经调查，“轻之国度”和“轻之文库”网站上共有近万部轻小说作品，大多数来自日本、中国台湾等国家和地区，几乎所有作品均未经正版授权。

2017年4月，成都市双流区人民法院以侵犯著作权罪，分别判处“轻之国度”和“轻之文库”网站负责人林某有期徒刑1年5个月，并处罚金人民币2万元；马某有期徒刑1年4个月，并处罚金人民币2万元；张某有期徒刑1年，并处罚金人民币5 000元；没收作案工具（笔记本电脑、台式电脑主机）。

四、成都“11·27”侵犯著作权案

2016年11月27日，成都市公安局金牛区分局黄忠派出所联合金牛区文化旅游体育广电新闻出版局，在成都市金牛区蓉北商贸大道一段30号路边将正在贩卖盗版影视光盘的犯罪嫌疑人李某某当场挡获。现场挡获盗版影视光盘2张，并从其人力三轮车上查获还未贩卖的盗版影视光盘1 681余张、淫秽光盘343张，共计2 026张光碟。同日，成都市公安局金牛区分局以侵犯著作权罪立案侦查。经成都市公安局金牛区分局鉴定，上述淫秽光盘343张为淫秽视频光盘；经成都市金牛区文化旅游体育广电新闻出版局鉴定，上述1 681张盗版光盘为非法出版物。

犯罪嫌疑人李某某以牟利为目的，其贩卖淫秽物品的行为已触犯《中华人民共和国刑法》第三百六十三条之规定，涉嫌贩卖淫秽物品牟利罪，触犯《中华人民共和国刑法》第二百一十七条之规定，涉嫌侵犯著作权罪。金牛区人民法院对犯罪嫌疑人李某某判决有期徒刑六个月，并处罚金3 000元。

五、南充“9·20”侵犯著作权案

2017年9月20日接南充市文化广电新闻出版局移转案件，南部县文化广播影视体育局执法人员对南部县第二中学印刷厂违规印刷发行《读与写》（试卷）132页，合计42册进行调查处理。2017年10月31日，经鉴定，确认其为侵权盗版出版物。2017年11月3日，南充读与写出版有限责任公司也确认其未授权南部县第二中学印刷厂印制《读与写》（试卷）。

2017年11月9日，南部县文化广播影视体育局根据《中华人民共和国著作权法》第三十二条第三款之规定，对南部县第二中学印刷厂盗印发行行为做出行政处罚，没收违法所得，并罚款人民币20 000元。

六、简阳青柠冷饮店侵犯著作权案

2017年4月1日，成都市简阳市文化市场综合执法大队对简阳市青柠冷饮店（法人为徐某某）涉嫌未经著作权人许可，复制、放映影视作品的行为进行立案调查。经查，当事人未经著作权人许可，复制《极限特工3》等4部电影，并通过包间内投影设备向消费者提供点播放映，其行为损害了公共利益，违反了《中华人民共和国著作权法》第四十八条第一款之规定。

2017年4月20日，简阳市文广新局依据《中华人民共和国著作权法实施条例》第三十六条之规定，给予当事人罚款人民币5 000元的行政处罚，并责令当事人停止侵权行为，销毁侵权复制品。

七、都佳景文化传媒有限公司侵犯著作权案

2017年6月19日，成都市武侯区综合行政执法局执法人员对位于成都市武侯区锦绣路的成都佳景文化传媒有限公司进行现场检查。经查，该公司从事电影放映经营活动，现场有 8 个包间处于电影放映经营中，但当事人无法提供著作权人许可证明，该行为涉嫌违反了《中华人民共和国著作权法》第四十二条之规定。2017 年 6 月 20 日，成都市武侯区综合行政执法局立案调查。2017 年 6 月 23 日，该公司法定代表人接受调查询问。

2017 年 6 月 28 日，成都市武侯区综合行政执法局依据《中华人民共和国著作权法》第四十八条、《中华人民共和国著作权法实施条例》第三十六条之规定，对该公司做出行政处罚：没收当事人非法经营额人民币 1 218 元，罚款人民币 6 000 元。

八、资阳空座椅餐饮服务有限公司侵犯著作权案

2017 年 6 月 9 日，资阳市文化广电新闻出版局、资阳市雁江区文化体育广电新闻出版局行政执法人员，对资阳市空座椅餐饮服务有限公司进行现场检查，发现该公司通过互联网自行下载影片存放于服务器中供消费者进行选择播放观看，经调查核实，确定服务器中最终有效的影视作品数量为 411 部，且该公司无法提供相关影视作品著作权合法来源的情况说明。当事人未经著作权人许可复制、放映其作品，同时损害公共利益事实成立，证据确凿。

根据《中华人民共和国著作权法》第四十八条第一款之规定，资阳市文化广电新闻出版局责令当事人停止侵权行为，删除 411 部影视作品，并处以罚款 6 000 元的行政处罚。

九、成都金色印象足浴馆侵犯著作权案

2017 年 7 月，成都市文化市场综合执法总队在对位于成都市青羊区清江中路的金色印象足浴馆进行检查时发现，该足浴馆播放的《深夜食堂》、《天才少女》和《永远的托词》三部影片无相关授权文书，2017 年 7 月 7 日立案调查。经查，当事人在未取得著作权人许可的情况下，以营利为目的，擅自使用其电影作品在公共场所向公众进行放映的行为，违反了《中华人民共和国著作权法》第四十八条第一款规定。

成都市文化市场综合执法总队依据《中华人民共和国著作权法实施条例》第三十六条之规定，给予当事人警告，并做出罚款人民币 6 000 元的行政处罚。

十、成都"5·18"侵犯著作权案

2017 年 5 月 18 日，成都市崇州市文旅局组织公安局、综合行政执法局、市场监督管理局在崇州市石羊西街查获一起涉嫌销售非法音像制品案。5 月 24 日移送至崇州市公安局。6 月 9 日，崇州市公安局立案侦查。经查，犯罪嫌疑人杨智在未取得相关证照情况下涉嫌擅自从事音像制品的经营，执法人员现场查获音像制品 3 691 盘（其中涉嫌非法音像制品 3 587 盘，涉嫌淫秽音像制品 104 盘）。经鉴定，查获的 3 587 盘音像制品全部为非法出版物，其中 152 盘为淫秽光碟。

2018 年 3 月 6 日，崇州市人民法院依据《中华人民共和国刑法》第二百一十七条之规定，判处杨智侵犯著作权罪、贩卖淫秽物品牟利罪，数罪并罚，决定执行有期徒刑二年四个月，缓刑三年，并处罚金 1 万元，对涉案非法出版物 3 691 盘光碟予以没收、销毁。

十一、四川博文网络科技有限责任公司侵犯著作权案

2017 年 1 月 17 日，遂宁市射洪县文化执法大队接全国"扫黄打非"工作领导小组办公室案件移送，于 2 月 7 日立案调查。经查，四川博文网络科技有限责任公司旗下"学术之家"网站未经著作权人许可，登载《当代护士》期刊部分内容且提供 1 元/篇的下载服务，非法获取不正当利益 210 元。

射洪县文化广电新闻出版局依据《中华人民共和国著作权法》第四十八条之规定，对四川博文网络科技有限责任公司做出罚款人民币 1 万元的行政处罚。

（四川省版权局）

陕 西 省

一、贾某勋侵犯著作权案

2015 年 4 月 13 日，西安市长安区文体广电局联合工商部门在检查贾某勋雇用他人驾驶的货车上发现涉嫌盗版书籍 12 000 余本；2015 年 4 月 30 日在贾某勋杜曲街办岳村仓库中查获涉嫌盗版书籍 20 311 本。经鉴定从贾某勋处查获的书籍中有 8 271 本为盗版书籍，价值 330 044 元。2014 年 4 月 14 日，西安市长安区文体广电局将此案正式移交公安机关。2016 年 7 月 14 日，贾某勋到安康铁路公安处投案自首。

西安市长安区人民法院于 2017 年 2 月 24 日做出判决。依据《中华人民共和国刑法》第二百一十七条等规定，西安市中级人民法院于 2017 年 12 月 25 日做出刑事判决：贾某勋犯侵犯著作权罪，判处有期徒刑 2 年，宣告缓刑 2 年，并处罚金人民币 4 万元；没收盗版书籍 8 274 册；追缴非法所得 3.6 万元。

二、陕西裕隆印刷包装有限公司侵犯著作权案

2017年2月28日，西安市文化市场行政执法总队执法人员对陕西裕隆印刷包装有限公司进行检查。发现该公司承印的出版物《中成药临床应用指南：妇科疾病分册》无印刷委托手续。经调查及权利人中国中医药出版社认定，陕西裕隆印刷包装有限公司承印的出版物《中成药临床应用指南：妇科疾病分册》为侵权出版物。

依据《中华人民共和国著作权法》第四十八条第一款、《中华人民共和国著作权法实施条例》第三十六条规定，西安市文化市场行政执法总队于2017年3月17日对陕西裕隆印刷包装有限公司做出行政处罚：(1) 没收侵权制品500册；(2) 没收违法所得4 115元；(3) 罚款12 345元 。

三、榆林市美术作品侵权系列案

2017年3月9日—4月10日，根据权利人的举报投诉，榆林市横山区文化市场综合执法大队执法人员对李某玲、陈某山、陈某山、李某翔、榆林市向东彩色印务有限公司进行检查。发现上述人员和公司场所均有涉嫌侵犯权利人美术作品的作为。经调查及经省版权局认定，以上人员及公司场所内的美术作品均为侵权美术作品。

依据《中华人民共和国著作权法》第四十八条第一款和《中华人民共和国著作权法实施条例》第三十六条规定，榆林市横山区文化市场综合执法大队于2017年4月17日对李某玲、陈某山、陈某山、李某翔做出了分别罚款1 000元，没收侵权复制品的处罚。对榆林市向东彩色印务有限公司做出罚款1 500元的处罚。

四、西安誉耀影业有限公司未经电影作品著作权人许可擅自向公众放映其电影作品案

自2016年10月起，当事人未经电影作品著作权人许可，擅自复制下载相关电影作品，通过当事人经营的塞纳时光私享影院向公众放映，并收取费用。

根据《中华人民共和国著作权法》第四十八条第一款“未经著作权人许可，复制、发行、表演、放映、广播、汇编、通过信息网络向公众传播其作品的”之规定，西安市文化市场行政执法总队于2017年2月28日对当事人（西安誉耀影业有限公司）做出了罚款人民币2万元整的行政处罚。

五、弓某军未经电影作品著作权人许可擅自复制下载其电影作品案

经查，自2015年12月起，当事人弓某军未经相关电影作品著作权人许可，擅自复制下载相关电影作品，通过当事人经营的澎湃影吧向公众放映，并收取费用。

根据《中华人民共和国著作权法》第四十八条第一款“未经著作权人许可，复制、发行、表演、放映、广播、汇编、通过信息网络向公众传播其作品的”之规定，西安市文化市场行政执法总队于2017年6月26日对当事人（弓某军）做出了罚款人民币5 000元整的行政处罚。

六、西安星岛网吧未经电影作品著作权人许可擅自复制下载其电影作品案

经查，自2016年6月起，西安星岛网吧未经相关电影作品著作权人许可，擅自复制下载相关电影作品，通过当事人经营的西安星岛网吧向公众放映，并收取费用。

根据《中华人民共和国著作权法》第四十八条第一款“未经著作权人许可，复制、发行、表演、放映、广播、汇编、通过信息网络向公众传播其作品的”之规定，西安市文化市场行政执法总队于2017年7月19日对当事人（西安星岛网吧）做出了罚款人民币3 000元整的行政处罚。

（陕西省版权局）

法律法规及规章文件

FA LYU FA GUI JI GUI ZHANG WEN JIAN

中华人民共和国电影产业促进法

（2016年11月7日第十二届全国人民代表大会常务委员会第二十四次会议通过）

第一章　总　则

第一条　为了促进电影产业健康繁荣发展，弘扬社会主义核心价值观，规范电影市场秩序，丰富人民群众精神文化生活，制定本法。

第二条　在中华人民共和国境内从事电影创作、摄制、发行、放映等活动（以下统称电影活动），适用本法。

本法所称电影，是指运用视听技术和艺术手段摄制、以胶片或者数字载体记录、由表达一定内容的有声或者无声的连续画面组成、符合国家规定的技术标准、用于电影院等固定放映场所或者流动放映设备公开放映的作品。

通过互联网、电信网、广播电视网等信息网络传播电影的，还应当遵守互联网、电信网、广播电视网等信息网络管理的法律、行政法规的规定。

第三条　从事电影活动，应当坚持为人民服务、为社会主义服务，坚持社会效益优先，实现社会效益与经济效益相统一。

第四条　国家坚持以人民为中心的创作导向，坚持百花齐放、百家争鸣的方针，尊重和保障电影创作自由，倡导电影创作贴近实际、贴近生活、贴近群众，鼓励创作思想性、艺术性、观赏性相统一的优秀电影。

第五条　国务院应当将电影产业发展纳入国民经济和社会发展规划。县级以上地方人民政府根据当地实际情况将电影产业发展纳入本级国民经济和社会发展规划。

国家制定电影及其相关产业政策，引导形成统一开放、公平竞争的电影市场，促进电影市场繁荣发展。

第六条　国家鼓励电影科技的研发、应用，制定并完善电影技术标准，构建以企业为主体、市场为导向、产学研相结合的电影技术创新体系。

第七条　与电影有关的知识产权受法律保护，任何组织和个人不得侵犯。

县级以上人民政府负责知识产权执法的部门应当采取措施，保护与电影有关的知识产权，依法查处侵犯与电影有关的知识产权的行为。

从事电影活动的公民、法人和其他组织应当增强知识产权意识，提高运用、保护和管理知识产权的能力。

国家鼓励公民、法人和其他组织依法开发电影形象产品等衍生产品。

第八条　国务院电影主管部门负责全国的电影工作；县级以上地方人民政府电影主管部门负责本行政区域内的电影工作。

县级以上人民政府其他有关部门在各自职责范围内，负责有关的电影工作。

第九条　电影行业组织依法制定行业自律规范，开展业务交流，加强职业道德教育，维护其成员的合法权益。

演员、导演等电影从业人员应当坚持德艺双馨，遵守法律法规，尊重社会公德，恪守职业道德，加强自律，树立良好社会形象。

第十条　国家支持建立电影评价体系，鼓励开展电影评论。

对优秀电影以及为促进电影产业发展作出突出贡献的组织、个人，按照国家有关规定给予表彰和奖励。

第十一条　国家鼓励开展平等、互利的电影国际合作与交流，支持参加境外电影节（展）。

第二章　电影创作、摄制

第十二条　国家鼓励电影剧本创作和题材、体裁、形式、手段等创新，鼓励电影学术研讨和业务交流。

县级以上人民政府电影主管部门根据电影创作的需要，为电影创作人员深入基层、深入群众、体验生活等提供必要的便利和帮助。

第十三条　拟摄制电影的法人、其他组织应当将电影剧本梗概向国务院电影主管部门或者省、自治区、直辖市人民政府电影主管部门备案；其中，涉及重大题材或者国家安全、外交、民族、宗教、军事等方面题材的，应当按照国家有关规定将电影剧本报送审查。

电影剧本梗概或者电影剧本符合本法第十六条规定的，由国务院电影主管部门将拟摄制电影的基本情况予以公告，并由国务院电影主管部门或者省、自治区、直辖市人民政府电影主管部门出具备案证明文件或者颁发批准文件。具体办法由国务院电影主管部门制定。

第十四条　法人、其他组织经国务院电影主管部门批准，可以与境外组织合作摄制电影；但是，不得与从事损害我国国家尊严、荣誉和利益，危害社会稳定，伤害民族感情等活动的境外组织合作，也不得聘用有上述行为的个人参加电影摄制。

合作摄制电影符合创作、出资、收益分配等方面比例要求的，该电影视同境内法人、其他组织摄制的电影。

境外组织不得在境内独立从事电影摄制活动；境外个人不得在境内从事电影摄制活动。

第十五条　县级以上人民政府电影主管部门应当协调公安、文物保护、风景名胜区管理等部门，为法人、其他组织依照本法从事电影摄制活动提供必要的便利和帮助。

从事电影摄制活动的，应当遵守有关环境保护、文物保护、风景名胜区管理和安全生产等方面的法律、法规，并在摄制过程中采取必要的保护、防护措施。

第十六条　电影不得含有下列内容：

（一）违反宪法确定的基本原则，煽动抗拒或者破坏宪法、法律、行政法规实施；

（二）危害国家统一、主权和领土完整，泄露国家秘密，危害国家安全，损害国家尊严、荣誉和利益，宣扬恐怖主义、极端主义；

（三）诋毁民族优秀文化传统，煽动民族仇恨、民族歧视，侵害民族风俗习惯，歪曲民族历史或者民族历史人物，伤害民族感情，破坏民族团结；

（四）煽动破坏国家宗教政策，宣扬邪教、迷信；

（五）危害社会公德，扰乱社会秩序，破坏社会稳定，宣扬淫秽、赌博、吸毒，渲染暴力、恐怖，教唆犯罪或者传授犯罪方法；

（六）侵害未成年人合法权益或者损害未成年人身心健康；

（七）侮辱、诽谤他人或者散布他人隐私，侵害他人合法权益；

（八）法律、行政法规禁止的其他内容。

第十七条　法人、其他组织应当将其摄制完成的电影送国务院电影主管部门或者省、自治区、直辖市人民政府电影主管部门审查。

国务院电影主管部门或者省、自治区、直辖市人民政府电影主管部门应当自受理申请之日起三十日内作出审查决定。对符合本法规定的，准予公映，颁发电影公映许可证，并予以公布；对不符合本法规定的，不准予公映，书面通知申请人并说明理由。

国务院电影主管部门应当根据本法制定完善电影审查的具体标准和程序，并向社会公布。制定完善电影审查的具体标准应当向社会公开征求意见，并组织专家进行论证。

第十八条　进行电影审查应当组织不少于五名专家进行评审，由专家提出评审意见。法人、其他组织对专家评审意见有异议的，国务院电影主管部门或者省、自治区、直辖市人民政府电影主管部门可以另行组织专家再次评审。专家的评审意见应当作为作出审查决定的重要依据。

前款规定的评审专家包括专家库中的专家和根据电影题材特别聘请的专家。专家遴选和评审的具体办法由国务院电影主管部门制定。

第十九条　取得电影公映许可证的电影需要变更内容的，应当依照本法规定重新报送审查。

第二十条　摄制电影的法人、其他组织应当将取得的电影公映许可证标识置于电影的片头处；电影放映可能引起未成年人等观众身体或者心理不适的，应当予以提示。

未取得电影公映许可证的电影，不得发行、放映，不得通过互联网、电信网、广播电视网等信息网络进行传播，不得制作为音像制品；但是，国家另有规定的，从其规定。

第二十一条　摄制完成的电影取得电影公映许可证，方可参加电影节（展）。拟参加境外电影节（展）的，送展法人、其他组织应当在该境外电影节（展）举办前，将相关材料报国务院电影主管部门或者省、自治区、直辖市人民政府电影主管部门备案。

第二十二条　公民、法人和其他组织可以承接境外电影的洗印、加工、后期制作等业务，并报省、自治区、直辖市人民政府电影主管部门备案，但是不得承接含有损害我国国家尊严、荣誉和利益，危害社会稳定，伤害民族感情等内容的境外电影的相关业务。

第二十三条　国家设立的电影档案机构依法接收、收集、整理、保管并向社会开放电影档案。

国家设立的电影档案机构应当配置必要的设备，采用先进技术，提高电影档案管理现代化水平。

摄制电影的法人、其他组织依照《中华人民共和国档案法》的规定，做好电影档案保管工作，并向国家设立的电影档案机构移交、捐赠、寄存电影档案。

第三章　电影发行、放映

第二十四条　企业具有与所从事的电影发行活动相适应的人员、资金条件的，经国务院电影主管部门或者所在地省、自治区、直辖市人民政府电影主管部门批准，可以从事电影发行活动。

企业、个体工商户具有与所从事的电影放映活动相适应的人员、场所、技术和设备等条件的，经所在地县级人民政府电影主管部门批准，可以从事电影院等固定放映场所电影放映活动。

第二十五条　依照本法规定负责电影发行、放映活动审批的电影主管部门，应当自受理申请之日起三十日内，作出批准或者不批准的决定。对符合条件的，予以批准，颁发电影发行经营许可证或者电影放映经营许可证，并予以公布；对不符合条件的，不予批准，书面通知申请人并说明理由。

第二十六条　企业、个人从事电影流动放映活动，应当将企业名称或者经营者姓名、地址、联系方式、放映设备等向经营区域所在地县级人民政府电影主管部门备案。

第二十七条　国家加大对农村电影放映的扶持力度，由政府出资建立完善农村电影公益放映服务网络，积极引导社会资金投资农村电影放映，不断改善农村地区观看电影条件，统筹保障农村地区群众观看电影需求。

县级以上人民政府应当将农村电影公益放映纳入农村公共文化服务体系建设，按照国家有关规定对农村电影公益放映活动给予补贴。

从事农村电影公益放映活动的，不得以虚报、冒领等手段骗取农村电影公益放映补贴资金。

第二十八条　国务院教育、电影主管部门可以共同推荐有利于未成年人健康成长的电影，并采取措施支持接受义务教育的学生免费观看，由所在学校组织安排。

国家鼓励电影院以及从事电影流动放映活动的企业、个人采取票价优惠、建设不同条件的放映厅、设立社区放映点等多种措施，为未成年人、老年人、残疾人、城镇低收入居民以及进城务工人员等观看电影提供便利；电影院以及从事电影流动放映活动的企业、个人所在地人民政府可以对其发放奖励性补贴。

第二十九条　电影院应当合理安排由境内法人、其他组织所摄制电影的放映场次和时段，并且放映的时长不得低于年放映电影时长总和的三分之二。

电影院以及从事电影流动放映活动的企业、个人应当保障电影放映质量。

第三十条　电影院的设施、设备以及用于流动放映的设备应当符合电影放映技术的国家标准。

电影院应当按照国家有关规定安装计算机售票系统。

第三十一条　未经权利人许可，任何人不得对正在放映的电影进行录音录像。发现进行录音录像的，电影院工作人员有权予以制止，并要求其删除；对拒不听从的，有权要求其离场。

第三十二条　国家鼓励电影院在向观众明示的电影开始放映时间之前放映公益广告。

电影院在向观众明示的电影开始放映时间之后至电影放映结束前，不得放映广告。

第三十三条　电影院应当遵守治安、消防、公共场所卫生等法律、行政法规，维护放映场所的公共秩序和环境卫生，保障观众的安全与健康。

任何人不得携带爆炸性、易燃性、放射性、毒害性、腐蚀性物品进入电影院等放映场所，不得非法携带枪支、弹药、管制器具进入电影院等放映场所；发现非法携带上述物品的，有关工作人员应当拒绝其进入，并向有关部门报告。

第三十四条　电影发行企业、电影院等应当如实统计电影销售收入，提供真实准确的统计数据，不得采取制造虚假交易、虚报瞒报销售收入等不正当手段，欺骗、误导观众，扰乱电影市场秩序。

第三十五条　在境内举办涉外电影节（展），须经国务院电影主管部门或者省、自治区、直辖市人民政府电影主管部门批准。

第四章　电影产业支持、保障

第三十六条　国家支持下列电影的创作、摄制：

（一）传播中华优秀文化、弘扬社会主义核心价值观的重大题材电影；

（二）促进未成年人健康成长的电影；

（三）展现艺术创新成果、促进艺术进步的电影；

（四）推动科学教育事业发展和科学技术普及的电影；

（五）其他符合国家支持政策的电影。

第三十七条　国家引导相关文化产业专项资金、基金加大对电影产业的投入力度，根据不同阶段和时期电影产业的发展情况，结合财力状况和经济社会发展需要，综合考虑、统筹安排财政资金对电影产业的支持，并加强对相关资金、基金使用情况的审计。

第三十八条　国家实施必要的税收优惠政策，促进电影产业发展，具体办法由国务院财税主管部门依照税收法律、行政法规的规定制定。

第三十九条　县级以上地方人民政府应当依据人民群众需求和电影市场发展需要，将电影院建设和改造纳入国民经济和社会发展规划、土地利用总体规划和城乡规划等。

县级以上地方人民政府应当按照国家有关规定，有效保障电影院用地需求，积极盘活现有电影院用地资源，支持电影院建设和改造。

第四十条　国家鼓励金融机构为从事电影活动以及改善电影基础设施提供融资服务，依法开展与电影有关的知识产权质押融资业务，并通过信贷等方式支持电影产业发展。

国家鼓励保险机构依法开发适应电影产业发展需要的保险产品。

国家鼓励融资担保机构依法向电影产业提供融资担保，通过再担保、联合担保以及担保与保险相结合等方式分散风险。

对国务院电影主管部门依照本法规定公告的电影的摄制，按照国家有关规定合理确定贷款期限和利率。

第四十一条　国家鼓励法人、其他组织通过到境外合作摄制电影等方式进行跨境投资，依法保障其对外贸易、跨境融资和投资等合理用汇需求。

第四十二条　国家实施电影人才扶持计划。

国家支持有条件的高等学校、中等职业学校和其他教育机构、培训机构等开设与电影相关的专业和课程，采取多种方式培养适应电影产业发展需要的人才。

国家鼓励从事电影活动的法人和其他组织参与学校相关人才培养。

第四十三条　国家采取措施，扶持农村地区、边疆地区、贫困地区和民族地区开展电影活动。

国家鼓励、支持少数民族题材电影创作，加强电影的少数民族语言文字译制工作，统筹保障民族地区群众观看电影需求。

第四十四条　国家对优秀电影的外语翻译制作予以支持，并综合利用外交、文化、教育等对外交流资源开展电影的境外推广活动。

国家鼓励公民、法人和其他组织从事电影的境外推广。

第四十五条　国家鼓励社会力量以捐赠、资助等方式支持电影产业发展，并依法给予优惠。

第四十六条　县级以上人民政府电影主管部门应当加强对电影活动的日常监督管理，受理对违反本法规定的行为的投诉、举报，并及时核实、处理、答复；将从事电影活动的单位和个人因违反本法规定受到行政处罚的情形记入信用档案，并向社会公布。

第五章　法律责任

第四十七条　违反本法规定擅自从事电影摄制、发行、放映活动的，由县级以上人民政府电影主管部门予以取缔，没收电影片和违法所得以及从事违法活动的专用工具、设备；违法所得五万元以上的，并处违法所得五倍以上十倍以下的罚款；没有违法所得或者违法所得不足五万元的，可以并处二十五万元以下的罚款。

第四十八条　有下列情形之一的，由原发证机关吊销有关许可证、撤销有关批准或者证明文件；县级以上人民政府电影主管部门没收违法所得；违法所得五万元以上的，并处违法所得五倍以上十倍以下的罚款；没有违法所得或者违法所得不足五万元的，可以并处二十五万元以下的罚款：

（一）伪造、变造、出租、出借、买卖本法规定的许可证、批准或者证明文件，或者以其他形式非法转让本法规定的许可证、批准或者证明文件的；

（二）以欺骗、贿赂等不正当手段取得本法规定的许可证、批准或者证明文件的。

第四十九条　有下列情形之一的，由原发证机关吊销许可证；县级以上人民政府电影主管部门没收电影片和违法所得；违法所得五万元以上的，并处违法所得十倍以上二十倍以下的罚款；没有违法所得或者违法所得不足五万元的，可以并处五十万元以下的罚款：

（一）发行、放映未取得电影公映许可证的电影的；

（二）取得电影公映许可证后变更电影内容，未依照规定重新取得电影公映许可证擅自发行、放映、送展的；

（三）提供未取得电影公映许可证的电影参加电影节（展）的。

第五十条　承接含有损害我国国家尊严、荣誉和利益，危害社会稳定，伤害民族感情等内容的境外电影的洗印、加工、后期制作等业务的，由县级以上人民政府电影主管部门责令停止违法活动，没收电影片和违法所得；违法所得五万元以上的，并处违法所得三倍以上五倍以下的罚款；没有违法所得或者违法所得不足五万元的，可以并处十五万元以下的罚款。情节严重的，由电影主管部门通报工商行政管理部门，由工商行政管理部门吊销营业执照。

第五十一条　电影发行企业、电影院等有制造虚假交易、虚报瞒报销售收入等行为，扰乱电影市场秩序的，由县级以上人民政府电影主管部门责令改正，没收违法所得，处五万元以上五十万元以下的罚款；违法所得五十万元以上的，处违法所得一倍以上五倍以下的罚款。情节严重的，责令停业整顿；情节特别严重的，由原发证机关吊销许可证。

电影院在向观众明示的电影开始放映时间之后至电影放映结束前放映广告的，由县级人民政府电影主管部门给予警告，责令改正；情节严重的，处一万元以上五万元以下的罚款。

第五十二条　法人或者其他组织未经许可擅自在境内举办涉外电影节（展）的，由国务院电影主管部门或者省、自治区、直辖市人民政府电影主管部门责令停止违法活动，没收参展的电影片和违法所得；违法所得五万元以上的，并处违法所得五倍以上十倍以下的罚款；没有违法所得或者违法所得不足五万元的，可以并处二十五万元以下的罚款；情节严重的，自受到处罚之日起五年内不得举办涉外电影节（展）。

个人擅自在境内举办涉外电影节（展），或者擅自提供未取得电影公映许可证的电影参加电影节（展）的，由国务院电影主管部门或者省、自治区、直辖市人民政府电影主管部门责令停止违法活动，没收参展的电影片和违法所得；违法所得五万元以上的，并处违法所得五倍以上十倍以下的罚款；没有违法所得或者违法所得不足五万元的，可以并处二十五万元以下的罚款；情节严重的，自受到处罚之日起五年内不得从事相关电影活动。

第五十三条　法人、其他组织或者个体工商户因违反本法规定被吊销许可证的，自吊销许可证之日起五年内不得从事该项业务活动；其法定代表人或者主要负责人自吊销许可证之日起五年内不得担任从事电影活动的法人、其他组织的法定代表人或者主要负责人。

第五十四条　有下列情形之一的，依照有关法律、行政法规及国家有关规定予以处罚：

（一）违反国家有关规定，擅自将未取得电影公映许可证的电影制作为音像制品的；

（二）违反国家有关规定，擅自通过互联网、电信网、广播电视网等信息网络传播未取得电影公映许可证的电影的；

（三）以虚报、冒领等手段骗取农村电影公益放映补贴资金的；

（四）侵犯与电影有关的知识产权的；

（五）未依法接收、收集、整理、保管、移交电影档案的。

电影院有前款第四项规定行为，情节严重的，由原发证机关吊销许可证。

第五十五条　县级以上人民政府电影主管部门或者其他有关部门的工作人员有下列情形之一，尚不构成犯罪的，依法给予处分：

（一）利用职务上的便利收受他人财物或者其他好处的；

（二）违反本法规定进行审批活动的；

（三）不履行监督职责的；

（四）发现违法行为不予查处的；

（五）贪污、挪用、截留、克扣农村电影公益放映补贴资金或者相关专项资金、基金的；

（六）其他违反本法规定滥用职权、玩忽职守、徇私舞弊的情形。

第五十六条　违反本法规定，造成人身、财产损害的，依法承担民事责任；构成犯罪的，依法追究刑事责任。

因违反本法规定二年内受到二次以上行政处罚，又有依照本法规定应当处罚的违法行为的，从重处罚。

第五十七条　县级以上人民政府电影主管部门及其工作人员应当严格依照本法规定的处罚种类和幅度，根据违法行为的性质和具体情节行使行政处罚权，具体办法由国务院电影主管部门制定。

县级以上人民政府电影主管部门对有证据证明违反本法规定的行为进行查处时，可以依法查封与违法行为有关的场所、设施或者查封、扣押用于违法行为的财物。

第五十八条　当事人对县级以上人民政府电影主管部门以及其他有关部门依照本法作出的行政行为不服的，可以依法申请行政复议或者提起行政诉讼。其中，对国务院电影主管部门作出的不准予电影公映的决定不服的，应当先依法申请行政复议，对行政复议决定不服的可以提起行政诉讼。

第六章　附　则

第五十九条　境外资本在中华人民共和国境内设立从事电影活动的企业的，按照国家有关规定执行。

第六十条　本法自 2017 年 3 月 1 日起施行。

中华人民共和国网络安全法

（2016 年 11 月 7 日第十二届全国人民代表大会常务委员会第二十四次会议通过）

第一章　总　则

第一条　为了保障网络安全，维护网络空间主权和国家安全、社会公共利益，保护公民、法人和其他组织的合法权益，促进经济社会信息化健康发展，制定本法。

第二条　在中华人民共和国境内建设、运营、维护和使用网络，以及网络安全的监督管理，适用本法。

第三条　国家坚持网络安全与信息化发展并重，遵循积极利用、科学发展、依法管理、确保安全的方针，推进网络基础设施建设和互联互通，鼓励网络技术创新和应用，支持培养网络安全人才，建立健全网络安全保障体系，提高网络安全保护能力。

第四条　国家制定并不断完善网络安全战略，明确保障网络安全的基本要求和主要目标，提出重点领域的网络安全政策、工作任务和措施。

第五条　国家采取措施，监测、防御、处置来源于中华人民共和国境内外的网络安全风险和威胁，保护关键信息基础设施免受攻击、侵入、干扰和破坏，依法惩治网络违法犯罪活动，维护网络空间安全和秩序。

第六条　国家倡导诚实守信、健康文明的网络行为，推动传播社会主义核心价值观，采取措施提高全社会的网络安全意识和水平，形成全社会共同参与促进网络安全的良好环境。

第七条　国家积极开展网络空间治理、网络技术研发和标准制定、打击网络违法犯罪等方面的国际交流与合作，推动构建和平、安全、开放、合作的网络空间，建立多边、民主、透明的网络治理体系。

第八条　国家网信部门负责统筹协调网络安全工作和相关监督管理工作。国务院电信主管部门、公安部门和其他有关机关依照本法和有关法律、行政法规的规定，在各自职责范围内负责网络安全保护和监督管理工作。

县级以上地方人民政府有关部门的网络安全保护和监督管理职责，按照国家有关规定确定。

第九条　网络运营者开展经营和服务活动，必须遵守法律、行政法规，尊重社会公德，遵守商业道德，诚实信用，履行网络安全保护义务，接受政府和社会的监督，承担社会责任。

第十条　建设、运营网络或者通过网络提供服务，应当依照法律、行政法规的规定和国家标准的强制性要求，采取技术措施和其他必要措施，保障网络安全、稳定运行，有效应对网络安全事件，防范网络违法犯罪活动，维护网络数据的完整性、保密性和可用性。

第十一条　网络相关行业组织按照章程，加强行业自律，制定网络安全行为规范，指导会员加强网络安全保护，提高网络安全保护水平，促进行业健康发展。

第十二条　国家保护公民、法人和其他组织依法使用网络的权利，促进网络接入普及，提升网络服务水平，为社会提供安全、便利的网络服务，保障网络信息依法有序自由流动。

任何个人和组织使用网络应当遵守宪法法律，遵守公共秩序，尊重社会公德，不得危害网络安全，不得利用网络从事危害国家安全、荣誉和利益，煽动颠覆国家政权、推翻社会主义制度，煽动分裂国家、破坏国家统一，宣扬恐怖主义、极端主义，宣扬民族仇恨、民族歧视，传播暴力、淫秽色情信息，编造、传播虚假信息扰乱经济秩序和社会秩序，以及侵害他人名誉、隐私、知识产权和其他合法权益等活动。

第十三条　国家支持研究开发有利于未成年人健康成长的网络产品和服务，依法惩治利用网络从事危害未成年人身心健康的活动，为未成年人提供安全、健康的网络环境。

第十四条　任何个人和组织有权对危害网络安全的行为向网信、电信、公安等部门举报。收到举报的部门应当及时依法作出处理；不属于本部门职责的，应当及时移送有权处理的部门。

有关部门应当对举报人的相关信息予以保密，保护举报人的合法权益。

第二章　网络安全支持与促进

第十五条　国家建立和完善网络安全标准体系。

国务院标准化行政主管部门和国务院其他有关部门根据各自的职责，组织制定并适时修订有关网络安全管理以及网络产品、服务和运行安全的国家标准、行业标准。

国家支持企业、研究机构、高等学校、网络相关行业组织参与网络安全国家标准、行业标准的制定。

第十六条　国务院和省、自治区、直辖市人民政府应当统筹规划，加大投入，扶持重点网络安全技术产业和项目，支持网络安全技术的研究开发和应用，推广安全可信的网络产品和服务，保护网络技术知识产权，支持企业、研究机构和高等学校等参与国家网络安全技术创新项目。

第十七条　国家推进网络安全社会化服务体系建设，鼓励有关企业、机构开展网络安全认证、检测和风险评估等安全服务。

第十八条　国家鼓励开发网络数据安全保护和利用技术，促进公共数据资源开放，推动技术创新和经济社会发展。

国家支持创新网络安全管理方式，运用网络新技术，提升网络安全保护水平。

第十九条　各级人民政府及其有关部门应当组织开展经常性的网络安全宣传教育，并指导、督促有关单位做好网络安全宣传教育工作。

大众传播媒介应当有针对性地面向社会进行网络安全宣传教育。

第二十条　国家支持企业和高等学校、职业学校等教育培训机构开展网络安全相关教育与培训，采取多种方式培养网络安全人才，促进网络安全人才交流。

第三章　网络运行安全

第一节　一般规定

第二十一条　国家实行网络安全等级保护制度。网络运营者应当按照网络安全等级保护制度的要求，履行下列安全保护义务，保障网络免受干扰、破坏或者未经授权的访问，防止网络数据泄露或者被窃取、篡改：

（一）制定内部安全管理制度和操作规程，确定网络安全负责人，落实网络安全保护责任；

（二）采取防范计算机病毒和网络攻击、网络侵入等危害网络安全行为的技术措施；

（三）采取监测、记录网络运行状态、网络安全事件的技术措施，并按照规定留存相关的网络日志不少于六个月；

（四）采取数据分类、重要数据备份和加密等措施；

（五）法律、行政法规规定的其他义务。

第二十二条　网络产品、服务应当符合相关国家标准的强制性要求。网络产品、服务的提供者不得设置恶意程序；发现其网络产品、服务存在安全缺陷、漏洞等风险时，应当立即采取补救措施，按照规定及时告知用户并向有关主管部门报告。

网络产品、服务的提供者应当为其产品、服务持续提供安全维护；在规定或者当事人约定的期限内，不得终止提供安全维护。

网络产品、服务具有收集用户信息功能的，其提供者应当向用户明示并取得同意；涉及用户个人信息的，还应当遵守本法和有关法律、行政法规关于个人信息保护的规定。

第二十三条　网络关键设备和网络安全专用产品应当按照相关国家标准的强制性要求，由具备资格的机构安全认证合格或者安全检测符合要求后，方可销售或者提供。国家网信部门会同国务院有关部门制定、公布网络关键设备和网络安全专用产品目录，并推动安全认证和安全检测结果互认，避免重复认证、检测。

第二十四条　网络运营者为用户办理网络接入、域名注册服务，办理固定电话、移动电话等入网手续，或者为用户提供信息发布、即时通讯等服务，在与用户签订协议或者确认提供服务时，应当要求用户提供真实身份信息。用户不提供真实身份信息的，网络运营者不得为其提供相关服务。

国家实施网络可信身份战略，支持研究开发安全、方便的电子身份认证技术，推动不同电子身份认证之间的互认。

第二十五条　网络运营者应当制定网络安全事件应急预案，及时处置系统漏洞、计算机病毒、网络攻击、网络侵入等安全风险；在发生危害网络安全的事件时，立即启动应急预案，采取相应的补救措施，并按照规定向有关主管部门报告。

第二十六条　开展网络安全认证、检测、风险评估等活动，向社会发布系统漏洞、计算机病毒、网络攻击、网络侵入等网络安全信息，应当遵守国家有关规定。

第二十七条　任何个人和组织不得从事非法侵入他人网络、干扰他人网络正常功能、窃取网络数据等危害网络安全的活动；不得提供专门用于从事侵入网络、干扰网络正常功能及防护措施、窃取网络数据等危害网络安全活动的程序、工具；明知他人从事危害网络安全的活动的，不得为其提供技术支持、广告推广、支付结算等帮助。

第二十八条　网络运营者应当为公安机关、国家安全机关依法维护国家安全和侦查犯罪的活动提供技术支持和协助。

第二十九条　国家支持网络运营者之间在网络安全信息收集、分析、通报和应急处置等方面进行合作，提高网络运营者的安全保障能力。

有关行业组织建立健全本行业的网络安全保护规范和协作机制，加强对网络安全风险的分析评估，定期向会员进行风险警示，支持、协助会员应对网络安全风险。

第三十条　网信部门和有关部门在履行网络安全保护职责中获取的信息，只能用于维护网络安全的需要，不得用于其他用途。

第二节　关键信息基础设施的运行安全

第三十一条　国家对公共通信和信息服务、能源、交通、水利、金融、公共服务、电子政务等重要行业和领域，以及其他一旦遭到破坏、丧失功能或者数据泄露，可能严重危害国家安全、国计民生、公共利益的关键信息基础设施，在网络安全等级保护制度的基础上，实行重点保护。关键信息基础设施的具体范围和安全保护办法由国务院制定。

国家鼓励关键信息基础设施以外的网络运营者自愿参与关键信息基础设施保护体系。

第三十二条　按照国务院规定的职责分工，负责关键信息基础设施安全保护工作的部门分别编制并组织实施本行业、本领域的关键信息基础设施安全规划，指导和监督关键信息基础设施运行安全保护工作。

第三十三条　建设关键信息基础设施应当确保其具有支持业务稳定、持续运行的性能，并保证安全技术措施同步规划、同步建设、同步使用。

第三十四条　除本法第二十一条的规定外，关键信息基础设施的运营者还应当履行下列安全保护义务：

（一）设置专门安全管理机构和安全管理负责人，并对该负责人和关键岗位的人员进行安全背景审查；

（二）定期对从业人员进行网络安全教育、技术培训和技能考核；

（三）对重要系统和数据库进行容灾备份；

（四）制定网络安全事件应急预案，并定期进行演练；

（五）法律、行政法规规定的其他义务。

第三十五条　关键信息基础设施的运营者采购网络产品和服务，可能影响国家安全的，应当通过国家网信部门会同国务院有关部门组织的国家安全审查。

第三十六条　关键信息基础设施的运营者采购网络产品和服务，应当按照规定与提供者签订安全保密协议，明确安全和保密义务与责任。

第三十七条　关键信息基础设施的运营者在中华人民共和国境内运营中收集和产生的个人信息和重要数据应当在境内存储。因业务需要，确需向境外提供的，应当按照国家网信部门会同国务院有关部门制定的办法进行安全评估；法律、行政法规另有规定的，依照其规定。

第三十八条　关键信息基础设施的运营者应当自行或者委托网络安全服务机构对其网络的安全性和可能存在的风险每年至少进行一次检测评估，并将检测评估情况和改进措施报送相关负责关键信息基础设施安全保护工作的部门。

第三十九条　国家网信部门应当统筹协调有关部门对关键信息基础设施的安全保护采取下列措施：

（一）对关键信息基础设施的安全风险进行抽查检测，提出改进措施，必要时可以委托网络安全服务机构对网络存在的安全风险进行检测评估；

（二）定期组织关键信息基础设施的运营者进行网络安全应急演练，提高应对网络安全事件的水平和协同配合能力；

（三）促进有关部门、关键信息基础设施的运营者以及有关研究机构、网络安全服务机构等之间的网络安全信息共享；

（四）对网络安全事件的应急处置与网络功能的恢复等，提供技术支持和协助。

第四章　网络信息安全

第四十条　网络运营者应当对其收集的用户信息严格保密，并建立健全用户信息保护制度。

第四十一条　网络运营者收集、使用个人信息，应当遵循合法、正当、必要的原则，公开收集、使用规则，明示收集、使用信息的目的、方式和范围，并经被收集者同意。

网络运营者不得收集与其提供的服务无关的个人信息，不得违反法律、行政法规的规定和双方的约定收集、使用个人信息，并应当依照法律、行政法规的规定和与用户的约定，处理其保存的个人信息。

第四十二条　网络运营者不得泄露、篡改、毁损其收集的个人信息；未经被收集者同意，不得向他人提供个人信息。但是，经过处理无法识别特定个人且不能复原的除外。

网络运营者应当采取技术措施和其他必要措施，确保其收集的个人信息安全，防止信息泄露、毁损、丢失。在发生或者可能发生个人信息泄露、毁损、丢失的情况时，应当立即采取补救措施，按照规定及时告知用户并向有关主管部门报告。

第四十三条　个人发现网络运营者违反法律、行政法规的规定或者双方的约定收集、使用其个人信息的，有权要求网络运营者删除其个人信息；发现网络运营者收集、存储的其个人信息有错误的，有权要求网络运营者予以更正。网络运营者应当采取措施予以删除或者更正。

第四十四条　任何个人和组织不得窃取或者以其他非法方式获取个人信息，不得非法出售或者非法向他人提供个人信息。

第四十五条　依法负有网络安全监督管理职责的部门及其工作人员，必须对在履行职责中知悉的个人信息、隐私和商业秘密严格保密，不得泄露、出售或者非法向他人提供。

第四十六条　任何个人和组织应当对其使用网络的行为负责，不得设立用于实施诈骗，传授犯罪方法，制作或者销售违禁物品、管制物品等违法犯罪活动的网站、通讯群组，不得利用网络发布涉及实施诈骗，制作或者销售违禁物品、管制物品以及其他违法犯罪活动的信息。

第四十七条　网络运营者应当加强对其用户发布的信息的管理，发现法律、行政法规禁止发布或者传输的信息的，应当立即停止传输该信息，采取消除等处置措施，防止信息扩散，保存有关记录，并向有关主管部门报告。

第四十八条　任何个人和组织发送的电子信息、提供的应用软件，不得设置恶意程序，不得含有法律、行政法规禁止发布或者传输的信息。

电子信息发送服务提供者和应用软件下载服务提供者，应当履行安全管理义务，知道其用户有前款规定行为的，应当停止提供服务，采取消除等处置措施，保存有关记录，并向有关主管部门报告。

第四十九条　网络运营者应当建立网络信息安全投诉、举报制度，公布投诉、举报方式等信息，及时受理并处理有关网络信息安全的投诉和举报。

网络运营者对网信部门和有关部门依法实施的监督检查，应当予以配合。

第五十条　国家网信部门和有关部门依法履行网络信息安全监督管理职责，发现法律、行政法规禁止发布或者传输的信息的，应当要求网络运营者停止传输，采取消除等处置措施，保存有关记录；对来源于中华人民共和国境外的上述信息，应当通知有关机构采取技术措施和其他必要措施阻断传播。

第五章　监测预警与应急处置

第五十一条　国家建立网络安全监测预警和信息通报制度。国家网信部门应当统筹协调有关部门加强网络安全信息收集、分析和通报工作，按照规定统一发布网络安全监测预警信息。

第五十二条　负责关键信息基础设施安全保护工作的部门，应当建立健全本行业、本领域的网络安全监测预警和信息通报制度，并按照规定报送网络安全监测预警信息。

第五十三条　国家网信部门协调有关部门建立健全网络安全风险评估和应急工作机制，制定网络安全事件应急预案，并定期组织演练。

负责关键信息基础设施安全保护工作的部门应当制定本行业、本领域的网络安全事件应急预案，并定期组织演练。

网络安全事件应急预案应当按照事件发生后的危害程度、影响范围等因素对网络安全事件进行分级，并规定相应的应急处置措施。

第五十四条　网络安全事件发生的风险增大时，省级以上人民政府有关部门应当按照规定的权限和程序，并根据网络安全风险的特点和可能造成的危害，采取下列措施：

（一）要求有关部门、机构和人员及时收集、报告有关信息，加强对网络安全风险的监测；

（二）组织有关部门、机构和专业人员，对网络安全风险信息进行分析评估，预测事件发生的可能性、影响范围和危害程度；

（三）向社会发布网络安全风险预警，发布避免、减轻危害的措施。

第五十五条　发生网络安全事件，应当立即启动网络安全事件应急预案，对网络安全事件进行调查和评估，要求网络运营者采取技术措施和其他必要措施，消除安全隐患，防止危害扩大，并及时向社会发布与公众有关的警示信息。

第五十六条　省级以上人民政府有关部门在履行网络安全监督管理职责中，发现网络存在较大安全风险或者发生安全事件的，可以按照规定的权限和程序对该网络的运营者的法定代表人或者主要负责人进行约谈。网络运营者应当按照要求采取措施，进行整改，消除隐患。

第五十七条　因网络安全事件，发生突发事件或者生产安全事故的，应当依照《中华人民共和国突发事件应对法》、《中华人民共和国安全生产法》等有关法律、行政法规的规定处置。

第五十八条　因维护国家安全和社会公共秩序，处置重大突发社会安全事件的需要，经国务院决定或者批准，可以在特定区域对网络通信采取限制等临时措施。

第六章　法律责任

第五十九条　网络运营者不履行本法第二十一条、第二十五条规定的网络安全保护义务的，由有关主管部门责令改正，给予警告；拒不改正或者导致危害网络安全等后果的，处一万元以上十万元以下罚款，对直接负责的主管人员处五千元以上五万元以下罚款。

关键信息基础设施的运营者不履行本法第三十三条、第三十四条、第三十六条、第三十八条规定的网络安全保护义务的，由有关主管部门责令改正，给予警告；拒不改正或者导致危害网络安全等后果的，处十万元以上一百万元以下罚款，对直接负责的主管人员处一万元以上十万元以下罚款。

第六十条　违反本法第二十二条第一款、第二款和第四十八条第一款规定，有下列行为之一的，由有关主管部门责令改正，给予警告；拒不改正或者导致危害网络安全等后果的，处五万元以上五十万元以下罚款，对直接负责的主管人员处一万元以上十万元以下罚款：

（一）设置恶意程序的；

（二）对其产品、服务存在的安全缺陷、漏洞等风险未立即采取补救措施，或者未按照规定及时告知用户并向有关主管部门报告的；

（三）擅自终止为其产品、服务提供安全维护的。

第六十一条　网络运营者违反本法第二十四条第一款规定，未要求用户提供真实身份信息，或者对不提供真实身份信息的用户提供相关服务的，由有关主管部门责令改正；拒不改正或者情节严重的，处五万元以上五十万元以下罚款，并可以由有关主管部门责令暂停相关业务、停业整顿、关闭网站、吊销相关业务许可证或者吊销营业执照，对直接负责的主管人员和其他直接责任人员处一万元以上十万元以下罚款。

第六十二条　违反本法第二十六条规定，开展网络安全认证、检测、风险评估等活动，或者向社会发布系统漏洞、计算机病毒、网络攻击、网络侵入等网络安全信息的，由有关主管部门责令改正，给予警告；拒不改正或者情节严重的，处一万元以上十万元以下罚款，并可以由有关主管部门责令暂停相关业务、停业整顿、关闭网站、吊销相关业务许可证或者吊销营业执照，对直接负责的主管人员和其他直接责任人员处五千元以上五万元以下罚款。

第六十三条　违反本法第二十七条规定，从事危害网络安全的活动，或者提供专门用于从事危害网络安全活动的程序、工具，或者为他人从事危害网络安全的活动提供技术支持、广告推广、支付结算等帮助，尚不构成犯罪的，由公安机关没收违法所得，处五日以下拘留，可以并处五万元以上五十万元以下罚款；情节较重的，处五日以上十五日以下拘留，可以并处十万元以上一百万元以下罚款。

单位有前款行为的，由公安机关没收违法所得，处十万元以上一百万元以下罚款，并对直接负责的主管人员和其他直接责任人员依照前款规定处罚。

违反本法第二十七条规定，受到治安管理处罚的人员，五年内不得从事网络安全管理和网络运营关键岗位的工作；受到刑事处罚的人员，终身不得从事网络安全管理和网络运营关键岗位的工作。

第六十四条　网络运营者、网络产品或者服务的提供者违反本法第二十二条第三款、第四十一条至第四十三条规定，侵害个人信息依法得到保护的权利的，由有关主管部门责令改正，可以根据情节单处或者并处警告、没收违法所得、处违法所得一倍以上十倍以下罚款，没有违法所得的，处一百万元以下罚款，对直接负责的主管人员和其他直接责任人员处一万元以上十万元以下罚款；情节严重的，并可以责令暂停相关业务、停业整顿、关闭网站、吊销相关业务许可证或者吊销营业执照。

违反本法第四十四条规定，窃取或者以其他非法方式获取、非法出售或者非法向他人提供个人信息，尚不构成犯罪的，由公安机关没收违法所得，并处违法所得一倍以上十倍以下罚款，没有违法所得的，处一百万元以下罚款。

第六十五条　关键信息基础设施的运营者违反本法第三十五条规定，使用未经安全审查或者安全审查未通过的网络产品或者服务的，由有关主管部门责令停止使用，处采购金额一倍以上十倍以下罚款；对直接负责的主管人员和其他直接责任人员处一万元以上十万元以下罚款。

第六十六条　关键信息基础设施的运营者违反本法第三十七条规定，在境外存储网络数据，或者向境外提供网络数据的，由有关主管部门责令改正，给予警告，没收违法所得，处五万元以上五十万元以下罚款，并可以责令暂停相关业务、停业整顿、关闭网站、吊销相关业务许可证或者吊销营业执照；对直接负责的主管人员和其他直接责任人员处一万元以上十万元以下罚款。

第六十七条　违反本法第四十六条规定，设立用于实施违法犯罪活动的网站、通讯群组，或者利用网络发布涉及实施违法犯罪活动的信息，尚不构成犯罪的，由公安机关处五日以下拘留，可以并处一万元以上十万元以下罚款；情节较重的，处五日以上十五日以下拘留，可以并处五万元以上五十万元以下罚款。关闭用于实施违法犯罪活动的网站、通讯群组。

单位有前款行为的，由公安机关处十万元以上五十万元以下罚款，并对直接负责的主管人员和其他直接责任人员依照前款规定处罚。

第六十八条　网络运营者违反本法第四十七条规定，对法律、行政法规禁止发布或者传输的信息未停止传输、采取消除等处置措施、保存有关记录的，由有关主管部门责令改正，给予警告，没收违法所得；拒不改正或者情节严重的，处十万元以上五十万元以下罚款，并可以责令暂停相关业务、停业整顿、关闭网站、吊销相关业务许可证或者吊销营业执照，对直接负责的主管人员和其他直接责任人员处一万元以上十万元以下罚款。

电子信息发送服务提供者、应用软件下载服务提供者，不履行本法第四十八条第二款规定的安全管理义务的，依照前款规定处罚。

第六十九条　网络运营者违反本法规定，有下列行为之一的，由有关主管部门责令改正；拒不改正或者情节严重的，处五万元以上五十万元以下罚款，对直接负责的主管人员和其他直接责任人员，处一万元以上十万元以下罚款：

（一）不按照有关部门的要求对法律、行政法规禁止发布或者传输的信息，采取停止传输、消除等处置措施的；

（二）拒绝、阻碍有关部门依法实施的监督检查的；

（三）拒不向公安机关、国家安全机关提供技术支持和协助的。

第七十条　发布或者传输本法第十二条第二款和其他法律、行政法规禁止发布或者传输的信息的，依照有关法律、行政法规的规定处罚。

第七十一条　有本法规定的违法行为的，依照有关法律、行政法规的规定记入信用档案，并予以公示。

第七十二条　国家机关政务网络的运营者不履行本法规定的网络安全保护义务的，由其上级机关或者有关机关责令改正；对直接负责的主管人员和其他直接责任人员依法给予处分。

第七十三条　网信部门和有关部门违反本法第三十条规定，将在履行网络安全保护职责中获取的信息用于其他用途的，对直接负责的主管人员和其他直接责任人员依法给予处分。

网信部门和有关部门的工作人员玩忽职守、滥用职权、徇私舞弊，尚不构成犯罪的，依法给予处分。

第七十四条　违反本法规定，给他人造成损害的，依法承担民事责任。

违反本法规定，构成违反治安管理行为的，依法给予治安管理处罚；构成犯罪的，依法追究刑事责任。

第七十五条　境外的机构、组织、个人从事攻击、侵入、干扰、破坏等危害中华人民共和国的关键信息基础设施的活动，造成严重后果的，依法追究法律责任；国务院公安部门和有关部门并可以决定对该机构、组织、个人采取冻结财产或者其他必要的制裁措施。

第七章　附　则

第七十六条　本法下列用语的含义：

（一）网络，是指由计算机或者其他信息终端及相关设备组成的按照一定的规则和程序对信息进行收集、存储、传输、交换、处理的系统。

（二）网络安全，是指通过采取必要措施，防范对网络的攻击、侵入、干扰、破坏和非法使用以及意外事故，使网络处于稳定可靠运行的状态，以及保障网络数据的完整性、保密性、可用性的能力。

（三）网络运营者，是指网络的所有者、管理者和网络服务提供者。

（四）网络数据，是指通过网络收集、存储、传输、处理和产生的各种电子数据。

（五）个人信息，是指以电子或者其他方式记录的能够单独或者与其他信息结合识别自然人个人身份的各种信息，包括但不限于自然人的姓名、出生日期、身份证件号码、个人生物识别信息、住址、电话号码等。

第七十七条　存储、处理涉及国家秘密信息的网络的运行安全保护，除应当遵守本法外，还应当遵守保密法律、行政法规的规定。

第七十八条　军事网络的安全保护，由中央军事委员会另行规定。

第七十九条　本法自2017年6月1日起施行。

国务院办公厅关于印发 2017 年全国打击侵犯知识产权和制售假冒伪劣商品工作要点的通知

国办发〔2017〕46 号

各省、自治区、直辖市人民政府，国务院各部委、各直属机构：

《2017 年全国打击侵犯知识产权和制售假冒伪劣商品工作要点》已经国务院同意，现印发给你们，请认真贯彻执行。

国务院办公厅

2017 年 5 月 16 日

2017 年全国打击侵犯知识产权和制售假冒伪劣商品工作要点

2017 年，全国打击侵犯知识产权和制售假冒伪劣商品工作要认真贯彻党的十八大和十八届三中、四中、五中、六中全会精神，认真落实党中央、国务院决策部署，结合推进供给侧结构性改革，依法严厉打击影响知识产权保护、妨碍公平竞争和侵害消费者、权利人合法权益的侵权假冒违法犯罪，打造法治化营商环境，为实施国家创新驱动发展战略、国家知识产权战略和《“十三五”国家知识产权保护和运用规划》，促进经济平稳健康发展与社会和谐稳定提供有力保障。

一、持续推进重点领域治理

（一）加大互联网领域侵权假冒治理力度。强化网上交易管理。开展 2017 网络市场监管专项行动，以打击侵权假冒、虚假宣传等违法行为为重点，提升协同管网水平。开展以消费品为重点的电子商务产品质量执法打假专项行动，进一步健全电子商务产品质量执法打假全国协查机制，加强追踪溯源和全链条打击。加强农村电子商务产品质量问题集中整治。加大互联网医疗监督管理力度。开展邮件、快件寄递渠道重点执法。（工业和信息化部、公安部、农业部、国家卫生计生委、海关总署、工商总局、质检总局、食品药品监管总局、国家网信办、国家邮政局按职责分工分别负责）加强网络侵权盗版治理。深入开展“剑网行动”，进一步加大网络文学、影视、动漫、教材等领域和电子商务、软件应用商店等平台版权整治力度，严格新闻作品转载使用，将新型传播方式纳入版权监管范围。组织查处违法违规互联网文化产品和经营单位。继续深入开展电子商务领域专利执法维权行动，健全电子商务领域专利执法维权机制。（工业和信息化部、公安部、文化部、工商总局、新闻出版广电总局、国家知识产权局、国家网信办按职责分工分别负责）强化交易平台监管。继续加强网站备案、网际协议地址（IP 地址）、域名等基础管理，严格网络零售第三方平台交易规则备案管理。指导和督促电子商务平台切实落实主体责任，进一步完善内部管理制度，加强对网络经营者的资格审查，严格内容审核，研发应用技术措施，加强商品和营销信息监控，畅通举报处置渠道，提高自我管理能力。组织对网站完善内控管理情况进行督导检查验收，从源头上阻断有害信息发布传播渠道。（工业和信息化部、公安部、商务部、文化部、工商总局、质检总局、新闻出版广电总局、国家网信办按职责分工分别负责）

（二）持续开展农村和城乡结合部市场治理。针对农村市场侵权假冒行为易发多发的情况，从生产源头、流通渠道、消费终端多管齐下，加强市场监管执法，严厉打击违法犯罪行为，净化农村市场环境。（公安部、农业部、商务部、工商总局、质检总局、食品药品监管总局、国家林业局、国家知识产权局、国家邮政局按职责分工分别负责）严厉打击制售假劣农资违法犯罪行为。深入开展红盾护农行动，依法加强农资市场监管。开展春、秋两季农资打假专项治理行动，加大大案要案查处和曝光力度。推动农产品质量安全例行监测、农资质量监督抽查和执法办案相结合，强化检测、监管、执法部门联动。严肃查处含量不合格、标识不规范、无证生产化肥农药以及非法添加违禁成分行为。（农业部、工业和信息化部、公安部、工商总局、质检总局、高检院、高法院按职责分工分别负责）组织开展全国林木种苗质量抽查，对持有林木种子经营许可证的企业开展“双随机”抽查。（国家林业局负责）

（三）深入开展中国制造海外形象维护“清风”行动。重点针对“一带一路”沿线国家和地区，突出进出口、重点专业市场、跨境电子商务等重点环节，加强部门执法协作，严厉打击跨境制售侵权假冒商品违法犯罪行为。加强进出口高风险货物监控，建立风险信息数据分析模型，提高打击精准度。加强对重点产品生产企业、输出重要商品的集散地和大型专业市场的监管，强化涉外展会、交易会的知识产权保护。充分发挥驻外经商机构和贸促会驻外代表处职能作用，加强对外沟通协调和对境外中资企业、商户的服务与教育引导。（工业和信息化部、公安部、农业部、商务部、海关总署、工商总局、质检总局、食品药品监管总局、国家知识产权局、国家网信办、国家邮政局、贸促会按职责分工分别负责）

二、大力加强商品质量日常监管

（四）加强重点产品管理。围绕群众普遍关心的事关生命健康、财产安全、环境保护的重点产品，深入开展“质检利剑”专项行动，严肃查处质量违法行为。（质检总局负责）进一步规范流通领域商品质量监管工作，积极开展商品质量监管执法，加强线上线下商品质量一体化监管。（工商总局负责）对假冒治疗慢性病药品、无证医疗器械和假冒知名化妆品等重点产品，加大打击力度，坚决查处一批典型案件。积极拓展案源，主动发现线索，严肃查处通过投诉举报、虚假广告监测等渠道发现的违法行为。（食品药品监管总局负责）开展“双随机”抽查，重点监管第一类消毒产品生产企业，加强对消毒剂、消毒器械、灭菌剂、灭菌器械等重点产品的抽检。（国家卫生计生委负责）加强车用燃油监管，重点加强车用汽柴油和普通柴油质量监管与专项检查，集中力量严肃查处生产、销售假劣车用油品行为，严厉打击黑加油站点。对非标油进行综合治理，加大道路运输环节稽查抽检力度。（国家发展改革委、公安部、环境保护部、商务部、国务院国资委、税务总局、工商总局、质检总局等按职责分工分别负责）

（五）加强重点区域治理。把区域集中整治作为质量和品牌提升行动的重要内容，创新管理理念和工作方式，完善治理机制，积极巩固整治成果，推进区域性质量问题集中整治深入开展。（质检总局负责）

（六）加强寄递环节监管。推动落实寄递渠道安全管理收寄验视、实名收寄、过机安检三项制度。加强市场监管执法检查，督促企业切实遵守寄递渠道安全管理各项规定，积极推进寄递渠道安全监管“绿盾”工程建设。（国家邮政局负责）

（七）强化无害化销毁。加大侵权假冒商品环境无害化销毁工作力度，确保将危险废物送到有资质的单位进行无害化销毁，防止二次污染。指导各地公布并定期更新本地具有环境无害化销毁能力的单位名录。（环境保护部牵头负责）探索建立假劣农资销毁长效机制，制定假劣农资统一储存和销毁办法。（农业部、环境保护部按职责分工分别负责）

三、加大打击侵犯知识产权工作力度

（八）依法处理侵犯专利权行为。深入开展知识产权执法维权专项行动，以食品、药品、医疗器械、环境保护等民生和高新技术相关领域为重点，进一步加大专利执法办案工作力度。增强专项行动的协同性，带动执法办案效率持续提升。（国家知识产权局牵头负责）

（九）加强商标行政执法。加大对驰名商标、地理标志、涉外商标和老字号商标的保护力度。协调查处重大仿冒侵权行为。将查处商标侵权假冒行为的监督检查和行政处罚信息纳入国家企业信用信息公示系统，加大失信惩戒力度。研究推进商标代理信用监管，提高商标代理行业服务水平。（工商总局牵头负责）

（十）加大版权保护工作力度。严肃查处侵权盗版行为，集中查处一批大案要案，加强重点产业专项保护。组织开展“秋风2017”专项行动，着力查缴盗版文学作品、少儿读物、教材教辅，从严查处高校及其周边复印店、培训机构擅自编印教材教辅行为。按照“双随机、一公开”要求，开展版权重点企业、印刷复制发行企业专项检查。（新闻出版广电总局牵头负责）对部分地区文化市场进行暗访抽查。（文化部负责）

（十一）深入推进软件正版化工作。持续开展政府机关软件正版化工作，推进正版化自查、软件采购、管理维护、年度报告、考核评议常态化。完善中央企业和大中型金融机构软件正版化工作长效机制，加快推进地方国有企业、中小金融机构和民营企业软件正版化工作。推进软件正版化与信息化建设相融合，加强技术手段应用，推进政府机关软件正版化督查全覆盖。扩大软件协议供货产品种类，加大推广应用国产软件力度，依法查处软件行业垄断和不正当竞争行为。加强新出厂计算机预装正版操作系统软件监管。贯彻落实《中央行政单位通用办公设备家具配置标准》，完善软件采购和使用管理制度。（新闻出版广电总局牵头负责，工业和信息化

部、财政部、国务院国资委、工商总局、国家知识产权局、国管局按职责分工负责）

（十二）加强植物新品种保护。组织开展打击制售侵权假冒种子种苗工作，继续开展打击农、林业植物新品种侵权行政执法活动。加强农业植物新品种测试体系建设，完成对林业植物新品种现有测试机构能力评估工作，提高植物新品种测试能力和侵权证据鉴定水平。（农业部、国家林业局按职责分工分别负责）

四、加强刑事打击与司法保护

（十三）加大刑事打击力度。以情报导侦带动全面打假，完善集群战役发起和组织模式以及“一体化”作战机制，强化集群战役攻势，对侵权假冒犯罪行为实施全链条打击。（公安部负责）

（十四）充分履行检察职能。重点办理一批情节严重、影响恶劣的侵权假冒犯罪案件，加强对重点案件、新型案件的研究和督办，适时公布打击侵权假冒参考案例。严查侵权假冒犯罪案件背后的玩忽职守、贪赃枉法、徇私舞弊等职务犯罪。（高检院负责）

（十五）加大司法保护力度。依法加强对侵权假冒重点行业和重点领域民事、刑事、行政案件的审判工作，加强指导监督，适时出台司法解释和司法政策性文件。推进知识产权民事、刑事、行政案件审判“三合一”改革，推进跨区域知识产权法庭建设。（高法院负责）

五、全面推进跨区域跨部门协作

（十六）推广区域协作经验。总结长三角、京津冀、泛珠三角地区开展区域间、部门间执法协作的做法与经验，及时向全国推广。健全联席会议、线索通报、证据移转、案件协查等制度，加强跨区域、跨部门综合执法、联合执法。（全国打击侵权假冒工作领导小组办公室牵头负责，公安部、海关总署、工商总局、质检总局、国家知识产权局等按职责分工负责）

（十七）推进行政执法与刑事司法衔接。深化行政执法部门与司法机关衔接配合，加强信息共享、案情通报，及时移送涉嫌犯罪案件，克服有案不移、有案难移、以罚代刑现象。充分发挥全国打击侵权假冒行政执法与刑事司法衔接信息共享系统作用，加强数据管理和有效应用，进一步促进行政执法与刑事司法衔接。推动打击侵权假冒涉案物品检验鉴定和保管处理体系建设。（全国打击侵权假冒工作领导小组办公室、高检院牵头负责，公安部、农业部、文化部、海关总署、工商总局、质检总局、新闻出版广电总局、食品药品监管总局、国家林业局、国家知识产权局、高法院按职责分工负责）

（十八）加大涉税案件查处力度。加强侵权假冒涉税案件线索移交和调查处理工作，严肃查处相关税收违法行为。继续组织开展相关行业和领域税收专项整治，加强对侵权假冒企业的日常税收监管。（税务总局、海关总署、工商总局、食品药品监管总局等按职责分工分别负责）

（十九）加强监管信息化建设。探索充分利用大数据、云计算等现代信息技术，创新监管方式，加强技术监测平台建设，探索实行“互联网＋监管”模式，逐步提升侵权假冒违法线索发现、收集、甄别、处置能力。（工业和信息化部、公安部、农业部、商务部、文化部、海关总署、工商总局、质检总局、新闻出版广电总局、食品药品监管总局、国家林业局、国家知识产权局、国家网信办、国家邮政局按职责分工分别负责）推进农资监管信息化建设和农药、种子、兽药等主要农资产品质量追溯体系建设。推广知识产权海关保护备案移动执法查询系统，升级知识产权海关保护执法系统，实现案件在线办理。推进质检 12365“执法管理”和“信息采集”系统全面上线应用。（农业部、海关总署、质检总局按职责分工分别负责）

六、加强法规制度建设

（二十）加快相关法律法规制修订工作。按照立法计划，积极推进保护知识产权和打击侵权假冒方面的立法工作，推动制修订反不正当竞争法、著作权法、专利法、消费者权益保护法实施条例等法律法规。（国务院法制办、国家发展改革委、工业和信息化部、财政部、商务部、人民银行、海关总署、工商总局、质检总局、新闻出版广电总局、食品药品监管总局、国家知识产权局、国家网信办、国家邮政局按职责分工分别负责）

（二十一）加强信用建设与联合奖惩。建设完善全国信用信息共享平台，统筹部门信用信息系统与地方公共信用信息共享平台建设。优化完善“信用中国”网站，做好信用信息、行政许可和行政处罚信息、联合奖惩信息、红黑名单信息公示工作。加强信用法律制度建设，完善守信联合激励和失信联合惩戒机制。（国家发展改革委、人民银行牵头负责）建立打击侵犯知识产权和制售假冒伪劣商品领域黑名单。（全国打击侵权假冒工作领导小组有关成员单位按职责分工分别负责）加快完善国家企业信用信息公示系统，继续推进涉企信息归集共享和失信联合惩戒工作。（工商总局牵头负责）完善全国企业质量信用档案，建立质量信用信息归集机制。（质检总局负责）将打击侵权假冒作为互联网诚信体系建设的重要内容，大力营造依法办网、诚信用网的良好氛围。（国家网信办负责）推进农资领域、寄递行业、林木种苗企业诚信体系建设工作。（农业部、国家林业局、国家邮政局按职责分工分别负责）

（二十二）健全督查考评机制。将打击侵权假冒违法犯罪活动纳入综治工作（平安建设）考核评价体系，纳入综治领导责任查究、重点地区治安突出问题排查整治、群众安全感调查和明察暗访范围，加强地方绩效考核，全面推进基层督查考核，落实地方政府责任。对领导不重视、侵权假冒问题长期高发地区通过通报、约谈、挂牌督办等方式督促其限期整改；对整治无效、工作不力导致发生重特大案（事）件的地区，按照有关规定实行一票否决制，追究有关领导干部的责任。（中央综治办、全国打击侵权假冒工作领导小组办公室按职责分工牵头负责）

七、积极推进社会共治

（二十三）加大信息公开力度。发挥政府网站信息公开主渠道作用，依法及时公开侵权假冒行政处罚案件信息。完善案件信息公开管理制度。加强对打击侵权假冒信息公开工作的监督检查、情况通报和考核。（全国打击侵权假冒工作领导小组办公室牵头负责，农业部、文化部、海关总署、工商总局、质检总局、新闻出版广电总局、食品药品监管总局、国家林业局、国家知识产权局按职责分工负责）

（二十四）加强政企合作。深化政府部门与电子商务平台合作，借助电子商务大数据资源，提升监测预警、风险防范、线索发现和精准打击能力。加强政府部门与权利人企业的交流互动，提升打击侵权假冒工作效率。（公安部、农业部、文化部、海关总署、工商总局、质检总局、新闻出版广电总局、食品药品监管总局、国家林业局、国家知识产权局按职责分工分别负责）

（二十五）发挥行业组织自律作用。整合行业组织力量，充分发挥行业自律作用，加强行业统计、维权服务和信用评价，培育发展知识产权服务业，引领行业健康发展。引导企业强化主体责任，加强知识产权自我保护。（全国打击侵权假冒工作领导小组办公室牵头负责）

（二十六）加强企业知识产权法律服务。研究制定律师办理知识产权业务尽职调查规范，加快推动知识产权公证服务平台建设。（司法部负责）开展出口知识产权优势企业培塑计划试点，为企业创新发展和“走出去”提供支持。（海关总署负责）

（二十七）加强宣传教育。加大打击侵权假冒宣传教育工作力度，深入宣传打击侵权假冒政策措施，及时报道有关专项行动进展成效，积极开展对外宣传和网上宣传，为深入推进打击侵权假冒工作、切实维护公平有序的市场环境营造良好舆论氛围。推动打击侵权假冒法治宣传与“法律六进”活动有机结合，加强新媒体、新技术运用，解读相关法律法规，及时曝光典型案例，结合“3·15”国际消费者权益日、“4·26”世界知识产权日、“5·15”打击和防范经济犯罪宣传日等重要节点做好集中宣传。（全国打击侵权假冒工作领导小组办公室、中央宣传部牵头负责，司法部、国家网信办、贸促会等按职责分工负责）

八、提升国际交流合作水平

（二十八）加强磋商谈判与交流合作。做好中美全面经济对话等双边高层经贸对话中的知识产权议题磋商，加强中美、中欧、中俄、中巴（西）、中瑞（士）、中日等知识产权对话交流，加快中欧地理标志协定谈判进程，深化与经贸相关的中美、中欧等多双边知识产权合作。（商务部牵头负责）加强与世界贸易组织、世界知识产权组织、世界海关组织、国际刑警组织等的交流合作。（商务部、国家知识产权局、海关总署、公安部牵头负责）在经贸领域积极推动与金砖国家、“一带一路”沿线国家和地区的知识产权合作。（商务部牵头负责，海关总署、工商总局、新闻出版广电总局、国家知识产权局按职责分工负责）举办2017年国际工商知识产权峰会。充分利用多双边工商合作机制，推动知识产权领域国际交流。（贸促会负责）

（二十九）开展多双边执法协作。建立完善多双边执法合作机制，策划重大侵权假冒案件跨国联合执法，加强中美、中欧知识产权刑事执法合作。（公安部负责）提升中美、中欧、中俄、中日韩海关执法合作水平，适时开展联合执法行动。（海关总署负责）

（三十）健全海外维权援助机制。完善国际经贸领域知识产权海外维权援助机制，引导我国企业积极开展海外维权，建立海外知识产权问题及案件信息提交平台，推动形成海外知识产权维权援助服务网。（商务部牵头负责）继续完善境外展会防侵权管理体系，完善知识产权综合服务机制，帮助企业加快适应国际规则，增强知识产权保护意识，提升管理知识产权和应对纠纷能力。在美国国际消费类电子产品展览会等国外重要展会上设立中国企业知识产权服务工作站。（商务部、国家知识产权局、贸促

会按职责分工分别负责）拓展海关对外合作，协助企业维护海外知识产权利益。（海关总署负责）

（三十一）加强地方涉外交流合作。指导和推动地方加强打击侵权假冒涉外交流工作，与有关国家和地区开展务实合作。（全国打击侵权假冒工作领导小组办公室牵头负责）各地区要主动加强与外国驻华机构、跨国公司的沟通交流，营造良好的营商环境，要指导企业加强展会知识产权保护，提升民族品牌意识。要统筹协调，主动加强对外宣传，努力维护我国国际形象。（各地打击侵权假冒工作领导小组负责）

国务院知识产权战略实施工作部际联席会议办公室关于印发《2017 年深入实施国家知识产权战略加快建设知识产权强国推进计划》的通知

国知战联办［2017］12 号

中央组织部、中央宣传部、中央编办、中央网信办，高法院、高检院，外交部、发展改革委、教育部、科技部、工业和信息化部、公安部、司法部、财政部、人力资源社会保障部、环境保护部、农业部、商务部（全国打击侵权假冒工作领导小组办公室）、文化部、卫生计生委、人民银行、国资委、海关总署、工商总局、质检总局、新闻出版广电总局（版权局）、食品药品监管总局、统计局、林业局、知识产权局、法制办、中科院、银监会、保监会、国防科工局、邮政局、中医药局，中央军委装备发展部，贸促会：

《2017 年深入实施国家知识产权战略加快建设知识产权强国推进计划》已经国务院知识产权战略实施工作部际联席会议审议通过，现印发给你们，请认真贯彻落实，有关进展情况请及时报告联席会议办公室。

特此通知。

国务院知识产权战略实施工作部际联席会议办公室

2017 年 6 月 23 日

2017 年深入实施国家知识产权战略加快建设知识产权强国推进计划

为全面贯彻党的十八大和十八届三中、四中、五中、六中全会精神，深入贯彻习近平总书记系列重要讲话精神和治国理政新理念新思想新战略，认真落实党中央、国务院决策部署，深入实施国家知识产权战略，加快建设知识产权强国，明确 2017 年重点任务和工作措施，制定本计划。

一、深化知识产权领域改革

（一）推进知识产权管理体制机制改革

1. 落实《知识产权综合管理改革试点总体方案》，确定改革试点地方，加强对试点工作的指导，统筹协调改革试点中的重大政策问题，做好试点地方改革推进的督促检查和考核评估工作，及时总结推广改革的成功经验。（知识产权局、工商总局、新闻出版广电总局（版权局）负责）

2. 推进国家知识产权服务业集聚发展试验区和示范区建设，制定集聚发展示范区建设指引。（知识产权局、发展改革委负责）

3. 积极研究探索知识产权管理体制机制改革。（中央编办、工商总局、新闻出版广电总局（版权局）、知识产权局负责）

（二）改革完善知识产权重大政策

4. 积极推进《中国国民经济核算体系（2016）》的实施，完善研发、计算机软件等知识产权产品的核算方法，探索数据库、娱乐、文学和艺术品原件等知识产权产品核算方法。（统计局负责）

5. 制定党政领导干部考核规定，体现知识产权相关内容和要求。（中央组织部、工商总局、新闻出版广电总局（版权局）、知识产权局负责）

6. 推动发布《关于妥善处理国防知识产权权利归属和利益分配问题的若干意见》。（中央军委装备发展部、财政部、国防科工局负责）

7. 推动国家科技计划和重大专项知识产权管理相关办法修订工作。(科技部、知识产权局负责)

8. 研究制定知识产权评议政策和知识产权评议服务相关标准，深入实施重大经济科技活动知识产权评议项目，发布知识产权评议报告，遴选一批知识产权评议服务示范机构。(知识产权局、发展改革委、科技部、工业和信息化部、工商总局负责)

9. 建立以知识产权为重要内容的创新驱动发展评价体系，发布年度知识产权发展状况报告。(知识产权局、科技部、农业部、工商总局、质检总局、新闻出版广电总局(版权局)、统计局、林业局负责)

(三) 深化知识产权服务业“放管服”改革

10. 实施进一步放宽专利代理准入的改革措施，完善专利代理执业信息披露制度，充分利用专利代理机构经营异常名录和严重违法专利代理机构名单加强社会监督。(知识产权局负责)

11. 加强商标代理机构监管，推动出台商标代理信用管理暂行办法。(工商总局负责)

12. 加强对著作权集体管理组织及涉外著作权机构的监管，规范其开展的各项涉及版权的活动，推动版权社会组织资源进一步整合。(新闻出版广电总局(版权局)负责)

13. 制定并推行知识产权尽职调查规范。选取若干地方开展知识产权保护公证服务试点工作，遴选培育若干家知识产权保护公证服务示范机构。(司法部负责)

14. 研究国防专利代理机构准入退出机制，制定《关于加强国防专利代理工作的意见》。(中央军委装备发展部负责)

二、严格保护知识产权

(一) 完善法律法规规章

15. 积极推进专利法第四次修订和《专利代理条例》的立法进程。(知识产权局、法制办负责)

16. 推进著作权法第三次修订。(新闻出版广电总局(版权局)、法制办负责)

17. 积极推动《植物新品种保护条例》修订。(农业部、林业局、知识产权局负责)

18. 推进生物遗传资源获取管理法规和《人类遗传资源管理条例》立法进程。(环境保护部、科技部、农业部、质检总局、林业局、知识产权局、法制办负责)

19. 推动修订《国防专利条例》。(中央军委装备发展部、工业和信息化部、知识产权局、国防科工局负责)

20. 参与修订《奥林匹克标志保护条例》。(工商总局负责)

21. 出台《关于审查知识产权与竞争纠纷行为保全案件适用法律若干问题的解释》。(高法院负责)

22. 出台滥用知识产权的反垄断指南，明确知识产权领域中垄断行为的判定标准，加强对滥用知识产权行为的监管。(发展改革委、商务部、工商总局、知识产权局负责)

23. 修订《农业植物新品种权侵权案件处理规定》，起草《农业植物新品种权行政执法规程》。(农业部负责)

24. 出台《军用计算机软件著作权登记工作暂行规则》。(新闻出版广电总局(版权局)、中央军委装备发展部负责)

25. 研究制定《军用集成电路布图设计登记办法》的可行性。(中央军委装备发展部、知识产权局负责)

26. 推动发布《国防专利定密解密工作规程》。(中央军委装备发展部、知识产权局负责)

(二) 加强保护长效机制建设

27. 推进知识产权民事、行政和刑事案件审判“三合一”工作，推动南京、苏州、武汉和成都等地中级人民法院知识产权审判庭跨区域管辖部分知识产权案件，积极推动完善知识产权案件上诉机制。(高法院负责)

28. 推进政府机关软件正版化检查机关全覆盖、计算机全覆盖，推广正版软件使用管理工作指南，扩大国产软件应用试点范围。(新闻出版广电总局(版权局)牵头负责)

29. 加强检察机关办理知识产权案件专业力量建设，加强对知识产权领域新型案件办案指导，重点查办一批情节严重、影响恶劣的侵犯知识产权犯罪案件。(高检院负责)

30. 以情报导侦带动全面打击知识产权侵权假冒工作，强化集群作战攻势，对侵权假冒犯罪实施全链条打击，建立完善双边、多边合作机制，策划大案联合执法。(公安部负责)

(三) 开展重点领域专项治理

31. 落实严格专利保护的意见，围绕重点领域关键环节开展执法专项行动，加大对专利侵权行为的惩治力度，深化京津冀、长江经济带和长三角、珠三角等区域的专利联合执法。(知识产权局牵头负责)

32. 加大商标专用权保护力度。加大对驰名商标、地理标志商标、涉外商标专用权保护力度。严厉打击网络商标侵权假冒违法行为，推进线上线下一体化监管。创新商标监管方式，将查处商标侵权假冒行为的监督检查和行政处罚信息纳入国家企业信用信息公示系统，加大失信惩戒力度。(工商总局牵头负责)

33. 加强网络侵权盗版治理，开展打击网络侵权盗版专项治理“剑网行动”，完善国家版权监管平台，突出对网络影视、新闻、游戏、动漫、软件等重点领域的专项整治，探索对新型网络侵权盗版行为的有效治理模式。(新闻出版广电总局（版权局)、工业和信息化部、公安部、文化部负责)

34. 深入开展中国制造海外形象维护“清风”行动，推进互联网领域侵权假冒专项治理，开展寄递渠道重点执法。(中央网信办、工业和信息化部、公安部、农业部、商务部、文化部、卫生计生委、海关总署、工商总局、质检总局、新闻出版广电总局（版权局)、食品药品监管总局、知识产权局、邮政局、贸促会按职责分工分别负责)

35. 以网络游戏、网络音乐、网络动漫、网络表演等领域为重点，大力推进知识产权保护，发布违法违规互联网文化产品和经营单位查处名单。(文化部负责)

36. 加强植物新品种保护执法体系建设，组织开展打击侵犯植物新品种权专项行动。(农业部、林业局负责)

(四）加强日常监管执法

37. 出台知识产权海关保护工作规程，健全部门间执法合作机制，上线知识产权海关保护执法系统，在自贸试验区试点推行新型执法模式，研究建立区域海关联合办案、同类型案件联合督办等大要案办理模式，推广知识产权海关保护备案移动查询系统，实现智能化执法。(海关总署负责)

38. 加强对个体专业市场的知识产权保护规范化培育工作，开展第二批知识产权保护规范化培育市场评审认定工作，推动“专业市场知识产权保护信息管理系统”在相关培育市场的应用。(知识产权局负责)

39. 研究林业植物新品种保护行政执法考核指标，推进林业遗传资源调查编目工作。(林业局负责)

40. 加强商业模式等新业态创新成果专利保护研究，研究完善实用艺术品外观设计专利保护制度，收集整理实用艺术品外观设计专利保护典型案例。(知识产权局负责)

41. 开展知识产权保护社会满意度调查，发布知识产权保护社会满意度调查报告。(知识产权局、工商总局、新闻出版广电总局（版权局）负责)

三、促进知识产权创造运用

(一）提升知识产权创造质量

42. 实施专利质量提升工程，优化专利统计指标体系和各类专利资助政策，强化质量导向，加强对非正常专利申请行为的监管，建立健全信息反馈联动机制和工作约谈机制。(知识产权局负责)

43. 开展重点优势产业专利申请集中审查试点，研究建立专利申请集中审查中涉及产业安全的沟通机制，启动制定重点优势产业专利申请的集中审查管理办法。(知识产权局负责)

44. 完善发明专利审查质量保障案例分享机制，加强质量保障体系建设和审查质量外部反馈机制，完善业务指导体系，制定《关于加强和规范审查协作中心业务指导的意见》。(知识产权局负责)

45. 试行专利复审及无效优先审查，探索实施短周期案件审查模式，探索建立涉及系列申请复审案件的集中审查机制。(知识产权局负责)

46. 加强与相关国家或地区专利审查机构的“专利审查高速路”合作，探索与“一带一路”沿线国家开展“专利审查高速路”合作的可行性，推进“一带一路”地方战略支点建设工作。(知识产权局负责)

47. 大力推进商标网上申请，将网上申请由仅对商标代理机构开放扩大至所有申请人，业务受理范围由仅受理注册申请业务，逐步扩大至续展、转让、变更、注销等。(工商总局负责)

48. 深入推进商标注册便利化改革，加强上海、重庆等地区商标审查协作工作。(工商总局负责)

49. 上线运行农业植物新品种保护在线申请系统，实现在线申请系统与办公自动化系统信息对接。(农业部负责)

50. 推动国防知识产权信息平台建设，分类建设国防知识产权信息平台，开展国防专利标准数据加工，完善国防专利申请审查系统。完成国防科技工业领域专利信息分类检索系统开发，开展国防科技工业领域专利技术分类体系研究。(中央军委装备发展部、国防科工局负责)

51. 开展中医药传统知识保护制度研究，完善中医药传统知识保护名录数据库，制定并发布中药产业专利报告。(中医药局、卫生计生委、知识产权局负责)

(二）加强知识产权综合运用

52. 完善科技成果转移转化支持机制，加快实

施国家科技成果转化引导基金，设立新一批子基金，实施贷款风险补偿。（科技部、财政部负责）

53. 上线试运营全国知识产权运营公共服务平台，完善全国知识产权运营平台体系，发挥重点产业知识产权运营基金引导作用。（知识产权局负责）

54. 研究制定知识产权跨国许可与转让指南、知识产权许可合同范本。（知识产权局负责）

55. 推动商标受理和注册商标质权登记工作便利化改革，优化设立商标受理窗口和注册商标质权登记申请受理点。（工商总局负责）

56. 举办2017中国国际商标品牌节与中国商标金奖颁奖活动，促进商标运用与保护。（工商总局负责）

57. 加强对国家版权贸易基地、国家版权交易中心的培育和管理，支持“国家版权交易中心联盟”建设。（新闻出版广电总局（版权局）负责）

58. 深入推进商标富农工作。（工商总局、农业部负责）

59. 主办世界地理标志大会。（工商总局负责）

60. 推进国家地理标志产品保护示范区建设，开展地理标志产品精准扶贫工程，重点支持西部地区申请地理标志产品保护。（质检总局负责）

61. 编制印发《国防科技工业知识产权转化目录（第三批）》。（国防科工局、知识产权局负责）

62. 推动中央企业和中央创新投资基金参与相关知识产权运营基金，加大在重点产业领域的布局和投入力度。（国资委负责）

63. 完善知识产权信用担保机制，鼓励有条件的商业银行等金融机构，在风险可控、商业可持续的前提下，开展知识产权质押融资业务，加强专利保险的险种开发、服务完善、人才培养和风险监控。推动《融资担保公司管理条例》尽快出台，完善被担保人或者第三人以知识产权质押方式向融资担保公司提供反担保的登记机制。（人民银行、工商总局、知识产权局、银监会、保监会负责）

64. 出台知识产权强企建设实施方案，继续实施中小企业知识产权战略推进工程，深入推进国家知识产权示范优势企业培育工作。（知识产权局、工业和信息化部、国资委负责）

65. 建立基于产业行业的共享专利池，加强中科院和企业的交流合作，共享专利技术。（中科院负责）

66. 正式启用国家标准制修订系统中国家标准涉及专利管理子系统，实现统计、查询和管理功能，开展《标准必要专利布局指南》的研究和起草工作，加快专利价值分析等国家标准制定。（知识产权局、质检总局负责）

67. 推动完善知识产权认证制度建设，推动知识产权领域认证能力建设，完善知识产权认证监管体系建设。（知识产权局、质检总局负责）

68. 开展《高等学校知识产权管理规范》和《科研组织知识产权管理规范》贯标工作，指导高校和科研组织完善知识产权规范化管理制度，推行高校和科研组织的专利分级管理。（知识产权局、教育部、中科院负责）

69. 实施中小企业知识产权托管试点工程，遴选一批知识产权服务机构，面向小微企业开展知识产权运营与维权服务。（知识产权局负责）

70. 制定印发《关于促进国防知识产权向民用领域转移鼓励民用领域知识产权在国防领域运用的若干意见》。（中央军委装备发展部、工业和信息化部、知识产权局负责）

（三）强化知识产权信息利用

71. 推广实施针对区域、产业和企业的专利导航项目，构建专利导航工作体系。制定专利导航区域创新发展质量评价指标。推动构建产业知识产权联盟。（知识产权局负责）

72. 推进知识产权区域布局试点工作，发布知识产权区域布局发展报告，研究编制知识产权区域布局导向目录范本。（知识产权局负责）

73. 开展产业知识产权协同运用推进行动和行业知识产权服务能力提升行动。发布重点产业知识产权态势报告，建设知识产权信息服务类产业技术基础公共服务平台。（工业和信息化部、知识产权局负责）

74. 修订国际专利分类与战略性新兴产业对照表，完善战略性新兴产业中国专利数据库和全球专利数据库结构和内容，持续完成战略性新兴产业总体情况及七大子产业专利统计分析工作。（知识产权局负责）

75. 积极推进电子商标注册证及电子送达工作，开放商标数据库，加强内部办公平台、社会服务平台“两个平台”建设，推动网上查询、网上申请、网上缴费、网上公告系统提速升级。（工商总局负责）

76. 开展林业知识产权示范、专利产业化推进及林业重点领域专利预警分析研究工作。（林业局负责）

77. 统计监测知识产权密集型产业发展态势，发布2017年知识产权密集型产业统计报告。（知识产权局、统计局负责）

78. 完善全国专利信息公共服务体系建设，推进专利数据信息资源开放共享，全面推进“新一代地方专利信息服务中心检索与分析系统”试点工作，依法公开专利审查过程信息。（知识产权局负责）

四、深化知识产权国际交流合作

（一）加强重点产业海外布局和风险防控

79. 开展海外知识产权环境研究，及时发布主要贸易目的地、对外投资目的地知识产权制度等信息。（知识产权局负责）

80. 制定《中小企业海外经营知识产权实务指南》，探索建设中小企业知识产权工作远程培训与在线咨询服务平台。（贸促会负责）

81. 鼓励社会资本设立中国企业海外知识产权维权援助服务基金，遴选海外和涉外知识产权维权服务援助机构，推动“中华老字号”企业在外落地发展。（贸促会负责）

82. 加强海外知识产权维权援助机制建设，完善与产业、行业主管部门及商协会的沟通机制，继续在重点国际展（博）览会设立中国企业知识产权服务站，为企业“走出去”提供知识产权指引，协助解决企业在境外遇到的知识产权纠纷。（商务部、工商总局、新闻出版广电总局（版权局）、知识产权局、贸促会负责）

83. 拓展与“一带一路”沿线国家海关合作，邀请我国企业参加海关对外合作，维护我国企业海外知识产权利益，助推中国企业“走出去”。（海关总署负责）

（二）提升知识产权对外合作水平

84. 加强与世界知识产权组织、世界贸易组织及相关国际组织的合作交流，积极推动“一带一路”沿线国家、金砖国家知识产权合作。深入参与发明领域和外观设计领域中美欧日韩合作。利用知识产权海外交流活动平台扩大中国品牌国际影响，提升涉外知识产权工作成效。（外交部、商务部、知识产权局牵头，农业部、海关总署、工商总局、质检总局、新闻出版广电总局（版权局）、林业局、贸促会按职责分工分别负责）

85. 发挥中美、中欧知识产权工作组等双边政府对话机制作用，服务中美高层交往、中国-欧盟领导人会晤等重大双边活动。推动中美、中欧知识产权合作项目延续事宜。加快中欧地理标志协定谈判进程。积极推动区域全面经济伙伴关系和亚太经合组织框架下以及金砖国家经贸合作机制下的知识产权合作。（商务部、外交部、文化部、海关总署、工商总局、质检总局、新闻出版广电总局（版权局）、知识产权局负责）

86. 设立援助发展中国家的知识产权学历教育项目，开展面向发展中国家的知识产权学历教育和短期培训。（知识产权局、教育部负责）

87. 拓展企业参与国际和区域性知识产权规则制修订途径。推动国内服务机构、产业联盟等加强与国外相关组织的合作交流。（知识产权局负责）

88. 组织召开博鳌亚洲论坛知识产权研讨会和第九届金砖国家知识产权局局长会议。（知识产权局负责）

89. 参加国际植物新品种保护联盟系列会议、东亚论坛等，借鉴优势国家经验，开展双边新品种保护合作交流，参与国际植物新品种保护联盟电子申请系统建设。（知识产权局、农业部、林业局负责）

90. 积极履行《生物多样性公约关于获取遗传资源和公正和公平分享其利用所产生惠益的名古屋议定书》，加强履约能力建设。（环境保护部负责）

91. 建立知识产权仲裁机构，完善知识产权争议解决机制。（贸促会、知识产权局负责）

五、加强组织实施和保障

（一）加强政策制定和推进落实

92. 完善国务院知识产权战略实施工作部际联席会议工作规则，修订国家知识产权战略信息工作管理办法，研究制定国家知识产权战略实施评价制度，启动《国家知识产权战略纲要》实施十年评估工作。（联席会议办公室、联席会议成员单位负责）

93. 推动出台《“十三五”国家知识产权保护和运用规划》任务分工方案，做好规划宣传解读。（知识产权局牵头负责）

94. 深入实施商标品牌战略，推动出台《关于深入实施商标品牌战略推进中国品牌建设的意见》。（工商总局、质检总局负责）

95. 印发实施《关于国防科技工业推进知识产权强国建设的指导意见》。（国防科工局、财政部、知识产权局负责）

96. 印发实施《关于支持东北老工业基地全面振兴深入实施东北地区知识产权战略的若干意见》。（知识产权局、发展改革委、科技部、工业和信息化部、农业部、文化部、海关总署、工商总局、新闻出版广电总局（版权局）负责）

97. 推进引领型、支撑型、特色型知识产权强省建设，遴选一批城市开展知识产权强市建设。深入推进知识产权试点示范城市工作，实施知识产权强县工程。（知识产权局负责）

（二）加强人才培养和宣传引导

98. 制定印发《知识产权人才“十三五”规划》，推动全国知识产权系统结合本地区工作实际，制定实施相应的知识产权人才规划或落实方案。（知识产权局负责）

99. 重点开展“五个一批”人才培养，积极推动知识产权专业技术人员评价体系建设。（知识产权局、人力资源社会保障部负责）

100. 支持高水平高校设置知识产权相关专业，推动开设知识产权本科专业的高校修订知识产权专业人才培养方案。支持有关学位授予单位自主设置知识产权二级学科和交叉学科。（教育部负责）

101. 深入实施专业技术人才知识更新工程，加大对知识产权领域专业技术人才培养培训工作的支持力度。完善知识产权专业技术人员职称评价标准。加大知识产权高层次人才引进力度，完善相关高层次人才回国优惠政策。进一步加强公务员知识产权培训。（知识产权局、人力资源社会保障部负责）

102. 加强对非物质文化遗产传承人群的知识产权培训，实施中国非物质文化遗产传承人群研修研习培训计划，提高非物质文化遗产传承人群知识产权保护意识和保护能力。（文化部负责）

103. 实施知识产权文化建设工程，组织办好世界知识产权日、全国知识产权宣传周、中国知识产权保护高层论坛等大型活动。加强知识产权普及型教育，深入推进中小学知识产权教育试点示范工作，建设命名中小学生知识产权教育社会实践基地，认真开展知识产权普法工作和公益讲座，提高全社会知识产权意识。（知识产权局、中央宣传部、中央网信办、教育部、司法部、文化部、工商总局、新闻出版广电总局（版权局）负责）

上述各项任务分工中，由多个部门负责的，列第一位的部门为牵头部门，其他为参与部门；由多个部门牵头的，牵头部门不分先后。

关于同意在深圳报业集团设立“深圳国际版权交易中心”的复函

国版函［2017］1号

广东省版权局：

你局上报的《关于申请成立深圳国际版权交易中心的请示》（粤权［2016］46号）收悉。经认真研究并实地考察，同意在深圳报业集团设立“深圳国际版权交易中心”。

请你局加强对“深圳国际版权交易中心”的指导和管理，督导深圳报业集团抓紧落实总体运营方案的建设规划，完善配套政策。发挥深圳市作为“一带一路”国家战略中“海上丝绸之路”桥头堡的重要作用，充分利用深圳市版权产业集聚和作为中国（深圳）国际文博会承办城市的区位优势及资源优势，建成一个立足深圳、服务广东、辐射全国、面向世界的具有较强实力的国家级版权交易平台，为全面推动版权产业发展作出贡献。

国家版权局

2017年2月9日

关于同意法国国际作者和作曲者协会联合会北京代表处延长驻在期限的批复

国版函［2017］2号

国际作者和作曲者协会联合会：

关于法国国际作者和作曲者协会联合会北京代表处延长驻在期限的申请收悉。

经研究，同意法国国际作者和作曲者协会联合会北京代表处延长驻在期限，延长后的驻在期限为2017年1月3日至2020年1月2日。

请依照《中华人民共和国境外非政府组织境内活动管理法》有关规定办理相关手续。

国家版权局
2017年1月13日

关于同意在辽宁出版集团有限公司设立“北方国家版权交易中心”的复函

国版函［2017］4号

辽宁省人民政府：

你省报送的《关于申请设立北方国家版权交易中心的函》（辽政函［2016］61号）收悉。经实地考察并认真研究，同意在辽宁出版集团有限公司设立“北方国家版权交易中心”。

请你省加强对“北方国家版权交易中心”的指导和管理，支持并督导辽宁出版集团有限公司抓紧落实总体运营方案的建设规划，完善配套政策，充分发挥你省在“一带一路”国家战略、振兴东北老工业基地规划及区位、人才、版权产业集聚等方面的重要作用和资源优势，努力建成一个立足辽宁、服务东北、辐射全国、面向世界的具有较强实力的国家级版权交易平台，为全面推动版权产业发展作出贡献。

国家版权局
2017年2月3日

关于同意授予中国石油化工集团公司等单位全国版权示范单位（软件正版化）称号的复函

国版函［2017］8号

国资委、银监会、证监会、保监会、全国工商联：

为贯彻落实《国务院关于新形势下加快知识产权强国建设的若干意见》和《版权工作“十三五”规划》，充分发挥软件正版化工作先进典型的示范带动作用，不断提升版权创造、运用、保护和管理的整体水平，根据《全国版权示范城市、示范单位和示范园区（基地）管理办法》（以下简称《办法》）规定，我局对你单位推荐企业的材料进行了认真审核，认为符合《办法》规定的申报条件，在全国具有推广价值和典型意义，同意授予中国石油化工集团公司、国家电网公司、中国电子信息产业集团有限公司、国家开发银行股份有限公司、中国农业银行股份有限公司、中国建设银行股份有限公司、广发银行股份有限公司、上海浦东发展银行股份有限公司、上海期货交易所、鲁证期货股份有限公司、中银保险有限公司、中国出口信用保险公司、中国人寿保险股份有限公司、江西北软科技系统工程有限公司、广东和新科技有限公司15家单位“全国版权示范单位（软件正版化）”称号。

希望你单位对获得“全国版权示范单位（软件正版化）”称号的企业加强监督管理，充分发挥版权示范单位（软件正版化）的引领和示范作用，加强智力成果保护，推动智力成果的创新与运用，促进经济、文化、科技和社会事业的全面发展。

国家版权局
2017年3月10日

关于同意在中国出版创意产业基地设立“国家版权创新基地”的复函

国版函［2017］9号

北京市新闻出版广电局（版权局）：

你局报送的《关于申请建设国家版权创新基地的请示》（京新广文［2017］104号）收悉。经研究并实地考察，同意在中国出版创意产业基地设立“国家版权创新基地”。

请你局加强对“国家版权创新基地”的指导和管理，督导落实总体运营方案的建设规划，完善配套政策，充分发挥北京市作为首都和文化中心的区位优势及版权产业和版权人才聚集的资源优势，努力建成一个集版权政策落地、版权创新、版权展示、版权评估交易、版权监测维权、版权融资为一体的版权全产业生态基地，为全面推动版权产业发展作出贡献。

国家版权局

2017年4月6日

关于同意在保利文化集团股份有限公司设立“国家艺术品版权贸易基地”的复函

国版函［2017］10号

保利文化集团股份有限公司：

你公司《关于申请设立保利“国家艺术品版权贸易基地”的请示》（保文字［2017］17号）收悉。经研究并实地考察，同意在你公司设立“国家艺术品版权贸易基地”。

请你公司严格按照总体方案规划开展建设，完善配套措施和人才队伍，充分发挥你公司在艺术品业务领域形成的全产业链优势、交易渠道优势和影响力优势，努力建成一个集艺术品创作、交易、权益保护为一体的综合平台，推动艺术品的创作、使用、保护和传播，促进形成良好的艺术品交易秩序，为文化大繁荣大发展和版权强国建设作出贡献。

国家版权局

2017年4月18日

关于规范电子版作品登记证书的通知

国版函［2017］14号

各省、自治区、直辖市版权局，中国版权保护中心：

为妥善解决当前电子版作品登记证书制发、出具过程中的不规范问题，为网络条件下出具、制发电子版作品登记证书提供便利和保障，根据我国《著作权法》和《作品自愿登记试行办法》等规定，现就规范电子版作品登记证书的有关事项通知如下：

一、国家版权局和各省级版权行政管理部门为作品登记机关，可以根据有关规定委托具备条件的单位办理作品登记具体事务，包括制发电子版作品登记证书。

二、各作品登记机关出具的电子版作品登记证书，其法律效力完全相同；作品登记机关出具的电子版作品登记证书，与同作品的纸质版登记证书的法律效力完全相同。

三、电子版作品登记证书须按照国家版权局《关于规范作品登记证书的通知》（国版函〔2016〕1号）制发、出具，不得改变、增删任何信息。电子版作品登记证书样本须通过国家版权局网站（http://www.ncac.gov.cn/chinacopyright/contents/483/276158.html/contents/483/276158.html）下载使用，不得擅自变更、制作。

四、根据司法、海关等机关规定或者要求以及相关权利人请求，作品登记机关出具电子版作品登记证书的同时，应当出具纸质版作品登记证书。

五、电子版作品登记证书纳入全国作品登记信息统计系统，同一登记作品的电子版证书与纸质版证书不得重复统计。

六、受作品登记机关委托制发电子版作品登记证书的，适用本通知。

七、违反国家版权局《关于规范作品登记证书的通知》（国版函〔2016〕1号）制发、出具的电子版作品登记证书一律无效。

本通知自颁布之日起施行。各登记机关和有关单位要认真执行，有关情况及时报告国家版权局。

国家版权局
2017年6月5日

关于同意授予东莞市全国版权示范城市称号的复函

国版函〔2017〕15号

广东省版权局：

你局上报的《关于申请对东莞市创建全国版权示范城市工作进行考核验收的请示》（粤权〔2017〕32号）收悉。

东莞市委、市政府高度重视版权工作，将版权工作纳入城市经济和社会发展规划，严格按照《全国版权示范城市、示范单位和示范园区（基地）管理办法》的要求，积极有效推进创建工作，形成了政府引导、企业参与、群众支持的创建格局，充分发挥了版权工作在城市经济社会发展中的影响力，有力促进了智力成果的创造、运用、保护与管理，取得了显著成效。经我局对东莞市全国版权示范城市创建工作考核验收，认为符合规定条件，同意授予东莞市全国版权示范城市称号。

请你局指导东莞市认真贯彻落实《国家知识产权战略纲要》和《国务院关于新形势下加快知识产权强国建设的若干意见》等相关规定，深入开展版权知识的宣传普及工作，加大版权执法力度，保障著作权法律、法规的有效实施，加强版权保护队伍和版权服务体系建设，努力打造版权产业集群，推动智力成果的创新与运用，促进区域经济、文化、科技和社会全面发展。

国家版权局
2017年8月8日

关于同意廊坊市创建全国版权示范城市的复函

国版函〔2017〕16号

河北省版权局：

你局《关于廊坊市创建全国版权示范城市的请示》（冀版权字〔2016〕7号）收悉。

近年来，廊坊市委、市政府高度重视版权工作，将版权保护工作纳入城市经济和社会发展议事日程，版权工作机制健全、政策到位，版权服务举措不断创新，版权产业持续健康发展，软件正版化工作扎实推进，版权执法工作取得明显成效，版权保护意识整体提高，促进了智力成果的创造、运用、保护与管理。

经研究，同意廊坊市创建全国版权示范城市的申请。希望廊坊市人民政府认真贯彻落实《国家知识产权战略纲要》和《国务院关于新形势下加快知识产权强国建设的若干意见》等相关规定，以创建为契机，推动智力成果的创新与运用，促进区域经济、文化、科技和社会事业全面发展。创建期满后，我局将按照《全国版权示范城市、示范单位和示范园区（基地）管理办法》的规定对廊坊市的创建工作进行综合测评，符合条件将授予全国版权示范城市称号。

国家版权局

2017年8月8日

国家版权局关于同意设立“江苏国家版权贸易基地”的复函

国版函［2017］17号

江苏省版权局：

你局上报的《关于创建江苏国家版权贸易基地的请示》（苏版权发［2017］27号）收悉。经研究并实地考察，同意以江苏省文化产权交易所为主体机构，设立“江苏国家版权贸易基地”。

请你局加强对“江苏国家版权贸易基地”的指导和管理，督导落实总体建设规划，完善配套政策，充分发挥江苏省的版权资源优势，努力建成一个集版权登记、版权价值评估、版权市场交易、版权保护、版权研究等业务为一体的功能齐备、业务多样、体系完整的版权贸易基地，为全面推动版权产业发展做出贡献。

国家版权局

2017年8月31日

关于同意授予即墨市“全国版权示范城市”称号的复函

国版函［2017］18号

山东省版权局：

你局上报的《关于申请对即墨市创建全国版权示范城市考核验收的请示》（鲁版字［2017］24号）收悉。

即墨市高度重视版权工作，将版权工作纳入城市经济和社会发展规划，严格按照《全国版权示范城市、示范单位和示范园区（基地）管理办法》的要求，积极有效推进创建工作，形成了政府主导、企业参与、群众支持的全社会创建格局，在版权创造、运用、保护、管理与服务方面取得了显著成效，充分发挥了版权在经济、文化和社会发展中的积极作用。我局经对即墨市创建全国版权示范城市考核验收，认为符合《全国版权示范城市、示范单位和示范园区（基地）管理办法》规定的条件，同意授予即墨市“全国版权示范城市”称号。

请你局指导即墨市总结并宣传推广做好版权工作和创建“全国版权示范城市”的先进经验，

不断完善版权相关政策和配套措施，加大版权执法力度和版权服务体系建设，保障版权法律、法规的有效实施，促进当地经济、文化和社会全面发展。

国家版权局

2017 年 9 月 7 日

关于同意授予天津人民出版社有限公司全国版权示范单位、示范单位（软件正版化）和示范园区（基地）称号的复函

国版函〔2017〕19 号

北京、天津、上海、河北、山西、内蒙古、黑龙江、江苏、安徽、福建、江西、山东、河南、湖北、湖南、广东、四川、陕西等省、自治区、直辖市版权局；国务院国有资产监督管理委员会、中国银行业监督管理委员会、中国证券监督管理委员会、中国保险监督管理委员会、中华全国工商业联合会；中国出版集团公司、中国出版传媒股份有限公司、中国教育出版传媒集团有限公司：

为充分发挥版权先进典型的示范引领作用，不断提升版权创造、运用、保护和管理的整体水平，自《全国版权示范城市、示范单位和示范园区（基地）管理办法》（以下简称《办法》）实施以来，各地、各部门及中央大型出版企业大力培育、打造了一批具有鲜明特色和典型带动作用的版权示范单位、示范单位（软件正版化）、示范园区（基地）。根据《办法》规定，2017 年下半年，我局经对各地版权局、中央各有关部门及出版集团公司申报的《全国版权示范单位申报表》《全国版权示范单位（软件正版化）申报表》《全国版权示范园区（基地）申报表》等材料进行认真审核，并对其中部分单位、园区（基地）进行了实地考察，认为下列单位、园区（基地）符合《办法》规定的条件，同意授予天津人民出版社有限公司、新蕾出版社（天津）有限公司、天津颐博数码科技有限公司、江西迈思科技有限公司、江西凯天动漫有限公司、武汉博润通文化科技股份有限公司、武汉出版社、河南日报报业集团、河南广播电视台、河南大学出版社有限责任公司、内蒙古人民出版社、山西科学技术出版社、《英语周报》社有限公司、安徽漂牛网络科技有限公司、福建泉州顺美集团有限责任公司、福建省三福古典家具有限公司、黑龙江省同源文化发展有限公司、黑龙江亿林网络股份有限公司、山东教育出版社有限公司、山东尚舜文化传媒有限公司、山东省泰山教育创新研究院、威海海马地毯集团有限公司、西安维真视界影视文化传播股份有限公司、上海人民出版社有限责任公司、上海东方娱乐传媒集团有限公司、四川根石家文化传播有限公司、广州市朗声图书有限公司、苏州太湖雪丝绸股份有限公司、江苏佳一教育科技股份有限公司、天舟文化股份有限公司、龙源创新数字传媒（北京）股份有限公司、河北乐聪网络科技股份有限公司、中国大百科全书出版社有限公司、人民教育出版社有限公司、荣宝斋出版社等 35 家单位“全国版权示范单位”称号。

同意授予西安西电开关电气有限公司、大唐环境产业集团股份有限公司、中国普天信息产业股份有限公司、航天科工财务有限责任公司、云南铜业（集团）有限公司、中国银行股份有限公司、兴业银行股份有限公司、泰安银行股份有限公司、平安信托有限责任公司、中国东方资产管理股份有限公司、中国证券投资者保护基金有限责任公司、北京高华证券有限责任公司、海通期货股份有限公司、中国人民人寿保险股份有限公司、太平洋资产管理有限责任公司、新华资产管理股份有限公司、卓尔控股有限公司、石家庄君乐宝乳业有限公司、上海申通地铁集团有限公司运营管理中心、安徽江淮汽车集团股份有限公司、山东省商业集团有限公司、湖北教育出版社有限公司等 22 家单位“全国版权示范单位（软件正版化）”称号。

同意授予武汉大学科技园、鄂尔多斯蒙古源流文化产业园区、国家中印科技国际创新园、昆山文

化创意产业园、长沙天心文化产业园等5个园区（基地）“全国版权示范园区（基地）”称号。

希望各地版权局、中央各相关部门和各出版集团公司认真贯彻落实《国务院关于新形势下加快知识产权强国建设的若干意见》精神，加强对所辖全国版权示范单位、示范单位（软件正版化）、示范园区（基地）的指导和管理，充分发挥版权示范单位、示范园区（基地）的引领作用，推动版权的创作、保护与运用，促进区域经济、文化、科技和社会事业的全面发展。

国家版权局

2017年10月3日

关于同意中国版权保护中心下属企业中华版权代理总公司在英国设立子公司的批复

国版函［2017］20号

中国版权保护中心：

《关于中国版权保护中心下属企业中华版权代理总公司在英国设立子公司的请示》（中版权字［2017］114号）收悉。经研究，总局同意你中心下属企业中华版权代理总公司在英国设立子公司。中国版权保护中心需落实监管责任，对英国子公司加强监管，确保该公司严格遵守中华人民共和国和驻在国的法律、法规及其他相关规定，按照设立宗旨，合法经营，做大做强，为中国版权事业发展做出积极贡献。

特此批复。

国家新闻出版广电总局

（国家版权局）

2017年11月6日

关于同意绵阳市创建全国版权示范城市的复函

国版函［2017］21号

四川省版权局：

你局《关于四川省绵阳市申报全国版权示范城市的请示》（川版权［2017］9号）收悉。

近年来，绵阳市委、市政府高度重视版权工作，将版权保护工作纳入城市经济和社会发展议事日程，版权工作机制健全、政策到位，版权服务举措不断创新，版权成果转化成果突出，版权产业持续健康发展，软件正版化工作扎实推进，版权执法工作取得明显成效，版权保护意识整体提高，促进了智力成果的创造、运用、保护与管理。

经研究，同意绵阳市创建“全国版权示范城市”的申请。希望绵阳市人民政府认真学习贯彻落实党的十九大精神，以及《国家知识产权战略纲要》和《国务院关于新形势下加快知识产权强国建设的若干意见》等相关政策，以创建为契机，推动智力成果的创新与运用，促进区域经济、文化、科技和社会事业全面发展。创建期满后，我局将按照《全国版权示范城市、示范单位和示范园区（基地）管理办法》的相关规定，对绵阳市的版权示范创建工作进行综合考察测评，符合条件将授予“全国版权示范城市”称号。

国家版权局

2017年11月15日

关于做好 2017 年推进使用正版软件有关工作的函

国版办函〔2017〕15 号

各省、自治区、直辖市人民政府办公厅：

为贯彻落实汪洋副总理 4 月 11 日主持召开的全国打击侵犯知识产权和制售假冒伪劣商品工作电视电话会议精神和推进使用正版软件工作部际联席会议《2017 年推进使用正版软件工作计划》，各省（区、市）要进一步完善推进使用正版软件工作长效机制，巩固和拓展软件正版化成果，重点抓好以下工作：

一、建立健全计算机软硬件采购制度

严格落实国务院办公厅印发的《政府机关使用正版软件管理办法》“各级政府机关购置计算机办公设备时，应当采购预装正版操作系统软件的计算机产品，对需要购置的办公软件和杀毒软件一并作出购置计划”要求，完善计算机软硬件采购制度，规范计算机软硬件采购流程。审批新采购计算机办公设备时，要审核是否预装正版操作系统软件，以及是否有相应的办公软件和杀毒软件购置计划，严把计算机软硬件采购关，从源头防止盗版软件流入政府机关。

二、规范正版软件管理工作

参照推进使用正版软件工作部际联席会议印发的《正版软件管理工作指南》，推进政府机关完善正版软件使用管理制度和正版软件管理台账。注重应用技术手段加强监管，推动政府机关落实正版软件管理工作主体责任，落实奖惩措施，强化责任人的责任意识，规范经费保障、软件采购、维护管理、日常监管、年度报告等软件正版化工作关键环节，推进政府机关软件使用管理规范化、标准化。

三、建立健全考核评议制度

贯彻落实国务院办公厅印发的《政府机关使用正版软件管理办法》“各级政府应当将使用正版软件工作纳入年度考核，建立考核评议制度和责任追究制度，定期对使用正版软件工作进行考核、评议”要求，结合本省（区、市）实际，建立健全政府机关使用正版软件工作考核评议和责任追究制度，制定完善《政府机关使用正版软件工作考核办法》。

四、明确推进企事业单位使用正版软件目标任务

认真梳理本省（区、市）企事业单位使用正版软件工作进展情况，加大推进企事业单位使用正版软件工作力度。结合本省（区、市）实际，制定推进本省（区、市）企事业单位使用正版软件工作规划，明确推进本省（区、市）政府机关所属事业单位和国资委监管企业实现软件正版化时限要求。

五、进一步强化督促检查

加强督促检查，压紧压实各地各部门责任，确保各项政策措施落地生效。抓好国务院办公厅印发的《政府机关使用正版软件管理办法》贯彻落实，推进政府机关软件正版化督查全覆盖。建立常态化随机督查制度，加大企事业单位软件正版化督查力度，推动企事业单位落实软件正版化工作主体责任。各省（区、市）要充分认识推进使用正版软件工作是一项长期战略任务，意义重大、责任重大。要加强组织领导，完善长效机制，强化督促检查，积极宣传培训，推进使用正版软件工作制度化、标准化，不断巩固和拓展推进使用正版软件工作成果。请各省（区、市）于 6 月 30 日前向推进使用正版软件工作部际联席会议办公室报送《省省级机关单位软件正版化工作责任人信息表》（附件 1）、《推进企事业单位使用正版软件工作规划》和《推进省（区、市）国资委监管企业使用正版软件工作计划表》（附件 2），于 9 月 30 日前向推进使用正版软件工作部际联席会议办公室报送政府机关使用正版软件工作考核办法相关文件及政府机关计算机软硬件采购相关规定。

附件：1. 省级机关单位软件正版化工作责任人信息表（略）

2. 推进省（区、市）国资委监管企业使用正版软件工作计划表（略）

推进使用正版软件工作部际联席会议 办公室

国家版权局办公厅 代章

2017 年 5 月 1 日

关于"剑网 2017"专项行动开展情况的通报

国版办函［2017］49 号

各省（自治区、直辖市）版权局，北京市、天津市、上海市、重庆市文化市场行政执法总队：

今年 7 月 25 日，国家版权局、国家互联网信息办公室、工业和信息化部、公安部联合启动打击网络侵权盗版"剑网 2017"专项行动。专项行动开展以来，在国家互联网信息办公室、工业和信息化部、公安部的大力支持下，在各地区相关部门的共同努力下，专项行动取得阶段性成效，得到国内外权利人的高度肯定和社会公众的广泛关注。现将专项行动有关工作情况通报如下。

一、专项行动取得阶段性成效

截至 10 月底，各级版权行政执法监管部门巡查网站 5.5 万家（次），关闭侵权盗版网站 1 655 个，删除侵权盗版链接 27.48 万条，收缴侵权盗版制品 151 万件，立案调查网络侵权盗版案件 314 件，会同公安部门查办刑事案件 37 件、涉案金额 6 900 万元，专项行动取得阶段性成效。

（一）开展多领域专项整治，为党的十九大营造良好网络环境

专项行动开展以来，各级版权行政执法监管部门坚持以迎接、宣传、贯彻党的十九大作为首要政治任务，围绕专项行动重点任务，开展多个领域版权专项整治，为党的十九大营造良好网络环境。一是开展影视版权专项整治。天津对"吉吉影院"网侵犯著作权案作出判决，判处当事人有期徒刑 3 年 6 个月、并处罚金 40 万元。江西、吉林、山东、湖南等地查办 24 起私人影院侵权盗版案件，江西抚州、广东中山、浙江宁波、河北保定等地执法部门分别对"佳佳影院"网、海曙拉勾公司等一批盗版影视作出行政处罚。北京监测、删除 562 个侵权平台的 20 856 条盗版影视链接，云南将 44 家点播影院列入重点整治对象。二是开展新闻作品版权专项整治。广西下发《关于加强新闻作品转载秩序管理的通知》和《关于开展全区新闻网站版权核查监管工作的通知》，通过建章立制，从源头上规范各类媒体的新闻作品转载秩序。福建引导互联网企业申报新闻作品"白名单"，引导传统媒体与"两微一端"等新媒体开展版权合作。河南召开打击"新闻四假"暨规范互联网版权秩序会议，省内主要传媒单位和互联网企业代表签订《网络版权承诺书》。吉林责令《彩练新闻》APP 运营主体限期整改非法传播他人新闻作品问题。上海协调"看看新闻"网和东方网就版权纠纷达成调解协议。北京对 17 家移动端和 15 家 PC 端新闻平台进行版权监测，下线侵权链接 15 897 条。辽宁、湖南分别将 49 家、20 家新闻媒体纳入版权重点监管。重庆推动报业集团建立"新闻生产及运营监管""数字化转型技术支撑"两级"中央厨房"平台，累计确权原创新闻作品 300 余万条，处理网络侵权转载行为 13 余万次。三是开展移动互联网应用程序（APP）版权专项整治。北京查处《MeWOOVR》APP 非法传播影视作品案，对 APP 运营方幻维世界（北京）网络科技有限公司作出罚款 3.8 万元的行政处罚。上海查处《汇智赢家》APP 非法传播金融信息案，对 APP 运营方上海智器投资咨询有限公司作出罚款 10 万元的行政处罚。重庆查处《音乐一号》APP 非法传播音乐作品案，对 APP 运营方重庆音乐一号科技有限公司作出罚款 2 万元的行政处罚。辽宁沈阳查处《和生活爱辽宁》APP 非法传播影视作品案，对 APP 运营方中国移动通信集团辽宁有限公司作出罚款 2 万元的行政处罚。湖南岳阳查处《岳阳影院》APP 非法传播影视作品案，对 APP 运营人陈某作出罚款 1.5 万元的行政处罚。四是开展电商平台版权专项整治。江苏镇江对"剑锋时代图书专营店"淘宝网店销售盗版图书案作出判决，判处赵某某等 4 人 3 年不等有期徒刑，并处罚金人民币 80 万元。河北三河对许某某通过"远帆书店""子欣书店"等淘宝网店销售盗版图书案作出判决，判处当事人有期徒刑 3 年，并处罚金 17 万元。安徽破获谢某通过淘宝网店销售盗版图书案，非法经营额逾千万元。重庆将阅淘网、猪八戒网、大龙网、西港全球购等大型电商平台纳入版权重点监管。湖北、湖南版权部门联合工商、商务、公安等部门开展电商平台专项整治，切断侵权盗版复制品的网络销售渠道。

（二）创新网络监管方式，进一步扩大专项行动的覆盖面和影响力

各级版权行政执法监管部门不断创新工作理念

和工作方法，加大网络主动巡查工作力度，进一步拓展专项行动的覆盖领域。一是加强重点网站版权监管。国家版权局深入开展对大型视频网站、音乐网站、文学网站、网盘企业、电商平台的版权重点监管，专项行动开展以来，共公布4批重点作品版权保护预警名单，对《战狼2》等12部院线电影和29部热播热映影视作品开展预警保护，下线盗版链接24 845条。福建公布100家重点监管的新闻、影视、文学、音乐、游戏、动漫网站和“两微一端”相关互联网企业名单。海南将17家新闻网站、11家视听网站、8家出版和游戏网站及52家电子商务企业纳入全省版权重点监管。二是积极关注新兴领域新型版权问题。北京对《橙子VR》APP通过VR方式非法提供盗版影视作品案进行查处，依法对北京橙子维阿科技有限公司作出罚款3万元的行政处罚，这是国内查处的第一起通过VR方式实施侵权盗版的案件。内蒙古巴彦淖尔在网络巡查中发现微信公众号“浅谈影片”涉嫌非法传播353部影视作品，经调查对其运营人贾某作出罚款2万元的行政处罚，这是国内较早对微信公众号侵权盗版进行处罚的案件。三是加大重点案件督办力度。国家版权局联合全国“扫黄打非”办公室、公安部、高检院、高法院等部门，对北京“5·8”制售侵权盗版图书案等23起案件进行挂牌督办。其中，北京查办的优阅盈创科技有限公司侵犯文字作品著作权案，外界反映良好，得到中央领导同志充分肯定；江苏侦破“迅播影院”网侵犯著作权案，该网站涉嫌非法传播影视作品3万余部，主要犯罪嫌疑人牟利800余万元，为近年来影视作品侵权数量较大的案件；山东威海查办“哆咪音乐”网店制售侵权盗版音像制品案，涉嫌侵权盗版音像制品年供货量1 000万张以上，数量巨大。四是充分发挥约谈、预警、调解等工作机制的作用。国家版权局连续集中约谈国内外主要电商平台、唱片公司和网络音乐服务商，要求相关企业规范网络版权传播秩序。北京、上海、重庆、吉林、湖南等地分别约谈辖区内重点互联网企业，要求网络企业建立版权投诉举报处理机制，限期整改涉嫌侵权盗版问题。北京召开5次版权预警会议，推动建立版权保护绿色通道。专项行动开展以来，各地共调解各类版权案件110件，有效化解企业矛盾。五是加强社会共治。各级版权行政执法监管部门充分调动行业协会、企业、权利人的积极性，构建政府监管、企业自管、行业自律与公众监督相结合的网络版权执法监管工作新格局。专项行动以来，各级版权行政执法监管部门深入互联网企业开展调研，积极推动行业自律，鼓励权利人投诉举报，引导互联网企业履行主体责任。国家版权局联合全国“扫黄打非”办公室等部门推动淘宝网严格出版物证照审核，专项行动以来，出版物证照审核拦截率提高到58.7%。上海指导蜻蜓FM对200个无版权证明的专辑不予审核上线，向微信、微博投诉处理100余个侵权自媒体，向淘宝、闲鱼投诉并下架300余条盗版音频商品链接。

二、存在的问题

（一）部分地区下发工作通知不及时，发文质量有待提高

部分地区协调相关部门力度不够、下发通知时间较晚。甘肃9月4日印发通知，青海9月5日印发通知，新疆9月8日印发通知。部分地区发文质量不高，存在照搬照抄四部委文件的情况。甘肃下发通知，将专项行动工作部署阶段定为“7月2日—7月31日”，早于四部委部署时间和省里通知下发时间；附件套用“剑网2016”表格。新疆下发通知的工作部署阶段、清理检查阶段早于区里文件下发时间，抄送单位不准确，附件报送表格联系方式未留区版权局联系方式，而留国家版权局联系方式。

（二）在查办案件方面还存在不平衡不充分等问题

一是案件总体数量不多，部分地区案件数量为零。各地目前共行政立案314件，作出行政处罚161件，行政调解110件，会同公安部门办理刑事案件37件，案件总体数量不多。截至10月底，贵州、海南、甘肃、青海、西藏未上报网络侵权案件。二是大案要案不多，尚未形成足够的震慑态势。有的地区行政处罚额度明显偏低，如吉林“灵运网络”影视盗版案，复制、传播盗版影视作品2 236部，罚款5 000元；安徽“黛安娜工作室”淘宝网店盗版案，销售金额32万元，罚款1 000元；辽宁“0414dj”网音乐盗版案，查获侵权音乐光盘130余张，罚款2 000元；宁夏夏某销售盗版图书案，罚款544元。三是发动社会投诉举报效果不理想，主动发现线索不多，关闭网站、删除侵权盗版链接等工作有待进一步提高。

（三）开展网络版权重点监管工作的主动性不够

一是重点监管工作覆盖面不广，很多地区重点监管的对象多集中在政府官网以及报社、杂志社、出版社网站，对视频网站、音乐网站、文学网站、网盘企业、电商平台等商业网站监管不全面不充分不深入，监管效果不明显。二是重点监管的作用发

挥不充分，监管与执法相辅相成、互相促进的局面还未形成，监管中还存在对发现的问题不及时处罚、不及时整改的情况。

（四）在夯实基层基础工作和完善体制机制方面还有待提高

部分地区开展了执法监管培训，但课程设置的针对性和实操性不够，对专项行动重点任务的深入解读不够。地区有亮点的创新性监管工作举措不多，跨部门、跨区域执法办案力度不够，联动执法协作工作机制尚未完善。对基层督查特别是实地督查较少，约谈、警示、调解等工作手段利用不足，宣传工作深入报道少，协会社团作用发挥不充分，社会共治局面尚未形成。

三、下一步工作要求

（一）坚持以党的十九大精神为统领，推动版权执法监管工作再上新台阶

要把思想和行动统一到党的十九大精神上来，深刻学习领会十九大报告的精髓和要义，在学懂弄通做实上下功夫，努力做到全面准确深入。要以习近平新时代中国特色社会主义思想武装头脑、指导实践、推动工作，进一步强化知识产权创造、保护和运用，切实解决各地版权执法监管工作发展面临的不平衡不充分问题，努力营造良好的版权环境，以新业绩新气象体现学习宣传贯彻党的十九大精神的实际效果。

（二）坚持以查办案件为中心，全面推进专项行动向纵深方向发展

要把查办案件作为当前专项行动的重中之重，加大网络巡查力度，及时发现侵权线索，加快案件查办进度。在法律允许的范围内，要加大行政处罚惩处力度；对于触犯刑法的侵权盗版分子，要及时移送司法机关，增强刑事打击的震慑力。要深入推进“剑网行动”，创新工作方法，继续开展重点监管工作，抓紧推动未结的案件依法快罚快审快判和重罚重审重判。各地区要深入基层，开展重点督查，了解具体情况，解决实际问题。要加强执法培训，提高基层办案能力。本次专项行动结束后，对查办案件数量较低的省份，国家版权局将进行约谈，并将约谈情况报送全国打击侵权假冒工作领导小组办公室，抄送省级打击侵权假冒工作领导小组。

（三）坚持以推进社会共治为抓手，抓好宣传扩大影响

要进一步强化宣传工作，整合宣传资源，拓展宣传手段，充分利用多种新媒体平台，推动宣传常态化、形式多样化，提升版权执法监管工作的影响力。要按照国务院有关工作要求，进一步加强案件信息公开工作，震慑侵权盗版违法者，促进严格规范公正文明执法。要积极调动权利人及其组织和社会公众的积极性，加大对有效举报的奖励力度。要充分发挥行业协会和社团联盟的自治作用，推动行业自律。

特此通报。

国家新闻出版广电总局
（国家版权局）办公厅
2017 年 11 月 17 日

中标软件有限公司

中标普华Office是中标软件面向我国政府、企业推出的办公软件通用产品。该产品以满足中国办公市场需求为出发点，在涵盖办公软件常用功能的基础上，进一步提供符合中国办公需求的特色功能，形成了具有中国特色的办公软件。

中标普华Office功能全面、安全可靠、方便易用、性能稳定，具有良好的跨操作系统平台能力，支持Windows、Linux等主流操作系统，可有效支撑多平台环境下的混合部署；支持UOF国家标准和ODF国际标准，且双向兼容MS Office；针对政府、企业需求，提供丰富的公文模板和工具；提供基于数字证书的数字签名、加密功能，构筑涵盖文档编辑、流转、存储、安全审计等多方面的文档安全体系，保障用户信息安全；提供标准的二次开发接口，可实现应用定制与现有的办公系统的无缝集成。

中标普华Office专业版采用先进软件架构，包含文字处理、电子表格、演示文稿三大模块，基本涵盖MS Office产品的各项功能，易学易用，可满足日常办公需求。

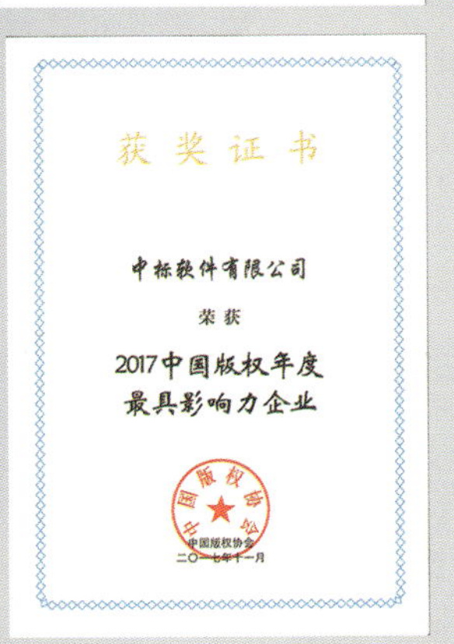

教育科学出版社

全国百佳图书出版单位
中国出版政府奖先进出版单位

阅读思维的练习，也是人生的训练

阅读教学新视野丛书

- **美国哥伦比亚大学教授露西·麦考密克·卡尔金斯经典著作，畅销 40 年**
- **200 多所美国学校使用，40 年阅读教学精华，带你轻松搞定阅读教学**
- **懂孩子、懂老师、懂教学、懂阅读，让阅读教学变得容易，让阅读真正发生**

《如何创设适宜的阅读环境与课程？》
[美]露西·麦考密克·卡尔金斯　著　祝玉娟　译
定价：39.80元
我们创造的是一个更好的阅读世界，一个老师能教、学生能学的世界。

《如何有效运用阅读教学策略？》
[美]露西·麦考密克·卡尔金斯　著　林玲　译
定价：39.80元
对很多人来说，读书不是消磨时间，而是生活。
选择合适的阅读教学策略，会让课堂更高效。

《如何设计阅读教学工作坊？》
[美]露西·麦考密克·卡尔金斯　著　丁义静　马楠　译
定价：39.80元
如何设计让所有学生感到自己很棒很聪明的阅读课程？
本书能帮助你把阅读教学变得容易起来。

《如何培养良好的阅读品质？》
[美]露西·麦考密克·卡尔金斯　著　韦丽平　译
定价：39.80元
我们想让孩子们学会的，无非是阅读让我们变得更完整。
对孩子们来说，创作诗歌、回忆录、读书固然比较重要，
但更重要的是创造一种离不开阅读与写作的人生。

教育科学出版社
ESPH Educational Science Publishing House

地　址：北京市朝阳区安慧北里安园甲9号　　邮　编：100101
电　话：(86)-(010)-64981161
传　真：(86)-(010)-64981161
网　址：http://www.esph.com.cn

教科社微信订阅号

2017年度中国十大出版人物——王焰

王焰，现任华东师范大学出版社有限公司董事长、社长。曾被评为“全国新闻出版行业领军人才”，荣获“2017年度中国十大出版人物”奖。2011年，王焰接任社长，成为“领头人”，注重品牌战略和知识产权保护，拯救了一度跌到谷底的“一课一练”；立足市场，勇于改革，带领华东师大社2017年回款码洋突破11亿元；华东师大社的教材也走进了英国的课堂。

【坚持教育出版的核心和特色】

2001-2008年，王焰带领团队成功开发并推广基础教育新课标教材，累计发行数超2亿册，提升了华东师大社的教育品牌地位。2012年，华东师大社率先提出了“学术教辅”的概念。其对教辅图书的高要求促成了集原创性、科学性和规范性为一体的学术教辅《华东师大版一课一练·数学》到英国出版集团哈珀·柯林斯的版权输出。2014年底，成立了教育学出版中心，以出版教育理论、教育实践、教师教育为定位，年出版图书近百种；教师教育图书品牌“大夏书系”已成为该领域知名品牌。

【加强主题出版和原创精品图书出版】王焰一直说，我们要做有理想、有情怀的出版人，要把做好“十三五”出版规划工作作为实施出版精品战略、打造精品力作的重要抓手，不断加强主题出版以及原创精品图书出版，弘扬中华文化，讲好中国故事，服务党和国家工作大局。

近年来，华东师大社获得了7项中国出版政府奖。承担国家“十二五”“十三五”重点图书出版规划项目16项；承担上海“十二五”“十三五”重点图书出版规划项目41项；获得各类图书出版基金资助项目79项。

【抢先布局，大力推动融合发展】王焰带领团队较早地启动了数字出版转型进程，从“融合发展，塑造品牌产品”“把握热点，抢占市场先机”“注重科研，提升创新能力”三个维度有效开展数字出版工作，完成了“互联网+教育出版”的产品和市场布局。2013年，华东师大社获评“全国数字出版转型示范单位”。2016年，成立了出版融合发展（华东师大社）重点实验室，推动新闻出版产业拓展新业务、建立新业态、产生新效能。

【凸显特色，推动教育出版“走出去”】“十二五”以来，华东师大社逐步形成了立体化的多学科优质教育资源“走出去”的版权贸易特色，在行业中起到了积极良好的示范作用。2016年获评“全国版权示范单位”，并被授予“中国版权最具影响力企业”称号。

融出版高峰论坛

六十周年纪念大会

“一课一练”在英国书店

1957–2017

华东师范大学出版社

华东师范大学出版社创建于1957年6月，是新中国成立后最早创建的两家大学出版社之一。华东师范大学出版社秉承大夏大学（华东师范大学前身）的人文精神，依托华东师范大学深厚的学术底蕴，形成了以大教育为出版宗旨的综合性出版特色。华东师范大学出版社、华东师范大学电子音像出版社、华东师范大学出版社互联网出版，构成了印刷类图书、电子音像出版、数字网络出版等全品种出版格局。自建社以来，共出版图书约4万种，《大学语文》等成为华东师范大学出版社长销的名牌图书。其中，2017年，共出版图书5027种，其中初版与重版图书1181种、重印图书3 846种；回款码洋11.26亿元，销售收入4.23亿元。

华东师范大学出版社始终坚持为教育和学术服务、注重出版物的高质量，荣获了许多奖项。其中的重要奖项为：“先进高校出版社”、“全国良好出版社”、“全国百佳图书出版单位”称号；“数字出版转型示范单位”称号；“全国版权示范单位”、“上海市知识产权示范企业”称号；第四届“中国出版政府奖先进出版单位”奖。

如今，华东师范大学出版社正按照本社“十三五”规划目标，以大教育为出版宗旨，在引领中国教育出版，建设国内一流、国际知名的大学出版社的道路上继续前行。

2017年度中国十大出版人物——黄强

黄强，男，汉族，1965年9月生，中共党员。1988年7月参加工作，1996年9月入党，西北师范大学中国古代文学专业硕士研究生毕业，复旦大学新闻学专业在职博士研究生毕业。先后担任过甘肃教育出版社社长兼总编辑，读者出版集团党委副书记、副总经理、副总编辑兼读者出版传媒股份有限公司副总经理，甘肃省新闻出版局党组成员、副局长，中国教育出版传媒集团有限公司党组成员、中国教育出版传媒股份有限公司副总经理，现任中国教育出版传媒集团有限公司党组成员、人民教育出版社社长。2001年被评为第四届“全国优秀中青年图书编辑”，2005年入选“甘肃省宣传文化系统拔尖创新人才”，2006年入选“甘肃省555创新人才工程”，2010年入选“全国百名有突出贡献的新闻出版业专业技术人员”和“甘肃省领军人才”，2016年入选“全国新闻出版行业领军人才”，2017年入选“中国十大出版人物”。

黄强同志从事教育出版工作30年，政治立场坚定，团结同志，廉洁自律；有强烈的事业心和责任感，有丰富的教材图书研究编写编辑和出版生产经营管理经验。黄强同志策划组织编辑的《藏族文化发展史》、“陇文化丛书”、“国际敦煌学丛书”、“敦煌学研究丛书”、“走近敦煌丛书”、“敦煌讲座书系”等获得国家级大奖。黄强同志的主要研究论文有《应当提倡编辑学者化》《观念转变与出版强国：关于编辑业务的特殊性及其与生产经营关系的再认识》《中国教育出版的数字化转型》等，并出版论著《编辑出版与先进文化建设》。

黄强同志2016年担任人民教育出版社社长以来，团结带领全社广大职工，认真学习贯彻党的十九大精神和习近平新时代中国特色社会主义思想，进一步加强意识形态工作和全面从严治党，研制实施“十三五”时期发展规划，与全国各出版发行单位紧密配合，圆满完成了国家统编三科教材出版发行的重大政治任务。2017年秋季起三科教材正式由人民教育出版社出版发行，起始年级在全国范围内推广使用，高中阶段三科教材的统编工作也已经正式启动。在黄强同志主持下，一批精品出版物入选国家新闻出版广电主管部门2017年向全国青少年推荐百种优秀出版物（图书类）目录。人民教育出版社取得了社会效益和经济效益双丰收。

中国版权协会创办的“远集坊”文化讲坛，黄强社长在第八期讲坛上主讲《新时代 新教材》

PEOPLE'S EDUCATION PRESS 人民教育出版社

2017年，人民教育出版社（以下简称人教社）将“以版权运营为重点的合作共赢战略”列入“十三五”规划，提出将版权资源作为战略性资源加强保护和开发，开展多领域、多地区、多形式的合作。在上述战略的指导下，人教社版权工作在版权创造、运营、保护和管理等方面都取得了出色的业绩。

版权创造长期以来一直是人教社的特色和优势。2017年，人教社按照教育主管部门的通知要求，圆满完成了义务教育统编语文、历史、道德与法治三科教材的起始年级和新编二八年级共10种教材面向全国的编辑出版和发行这一政治任务。还积极做好其他各级各类教材的编修、出版和发行工作。全年共编辑出版图书4 852种，彰显了教材出版国家队强大的编创能力和出版实力。《汉字源流精解字典》荣获“第四届中国出版政府奖·图书提名奖”；“最美中国系列图画书”入选“第四届向全国推荐百种优秀民族图书”及国家新闻出版广电主管部门“十三五”重点项目规划，被评为“2017年度30本好书”，并获2017年度“‘原动力’中国原创动漫出版扶持计划”项目资助20万元人民币；“走进科学大门丛书”入选2017年国家出版基金资助项目；《炫彩童年：中国百年童书精品图鉴》被评为2017年度“中国最美的书”；为澳门地区编写的《品德与公民》教材被评为“2017-2018 年度国家文化出口重点项目”；《日本侵华教育全史》获评“第十六届全国引进版、输出版优秀图书奖”。

在编辑出版工作中，人教社认真执行《著作权法》，尊重著作权人的权益，积极做好法定许可使用付费工作，向中国文字著作权协会、中国音乐著作权协会、中国摄影著作权协会和中国音像著作权集体管理协会支付文字作品、音乐作品、摄影作品和音像制品的法定许可使用费，成为履行教科书法定许可使用付费义务的楷模，得到业内高度赞誉。

人教社同时积极开展非法定许可使用作品签约工作，引导编辑部门先许可，后使用，减少法律纠纷。

在版权运营方面，人教社继续完善中小学教科书代理模式，重视与代理单位的合作关系，确保教科书

"人手一册，课前到书"，维护正常的教学秩序。人教社非常重视教辅授权工作，慎重选择授权对象，凡上目录进学校的教辅均授权给各省具备教辅编写资质且具有长期教辅编写出版经验的出版社，以保证教辅的内容质量和印制质量。同时强化授权合同管理，确保合同的履行。

人教社加强版权保护，逐步形成切实有效的维权工作流程。积极配合各地公安机关和文化行政执法机构开展对盗版等侵权行为的查处行动；积极协助执法机构进行侵权鉴定；积极开展网络维权，进一步打通网络平台维权渠道，及时处理侵权事宜。另外，作为京版十五社反盗版联盟理事长单位，人教社积极代表出版业发声，认真维护出版业合法权益，受到上级主管部门和行业同人的一致认可。

人教社积极落实出版国际化战略，2017年版权输出155项，版权引进36项。国际学术交流和版权贸易平稳推进，国际影响进一步扩大。

鉴于以上在版权方面的业绩，人教社被评为2017年"全国版权示范单位"和"2017-2018年度国家文化出口重点企业"。

与摄著协举办续签教科书法定许可使用费收转协议签约仪式

伦敦书展版权洽谈

突尼斯书展人教社对外汉语图书广受欢迎

参加北京国家图书博览会

配合执法部门查抄盗印教材的印刷设备

与文著协就教科书文字作品法定许可使用费支付进行商洽

①清华大学党委副书记、校长邱勇（右二）、清华大学出版社社长宗俊峰（右一）会见《纳米研究》（英文版）主编戴宏杰教授、副主编段镶锋教授

②清华大学出版社党委书记、董事长李勇（左二）出席第十二届中美华人纳米论坛，并为第四届“纳米研究奖”得主中国科学院院士、中国科技大学谢毅教授颁发奖牌和获奖证书

清華大學出版社
TSINGHUA UNIVERSITY PRESS

清华大学出版社成立于1980年6月，是国家教育主管部门主管、清华大学主办的综合性大学出版社。2009年4月由国有独资全民所有制企业改制为有限责任公司。2014年10月成立清华大学出版集团。清华大学出版社是原国家新闻出版主管部门审定的国家一级出版社，国内领先的综合性教育与专业出版机构，是国家主管部门表彰的全国优秀出版社和全国先进高校出版社，2007年获“中国出版政府奖先进出版单位”，2009年被评为“全国百佳图书出版单位”，2011年获“十一五”国家重点出版规划出版工作“先进单位”，2014年被评为“中国版权事业影响力企业”。历年来，一大批图书和期刊获得国家奖励，2014年一举获得4项第三届“中国出版政府奖”。2017年获得第四届“中国出版政府奖先进出版单位”，1种图书和1种期刊获得“中国出版政府奖提名奖”。清华大学出版社现年出版图书、音像、电子出版物8 000余种（含重印书），发货码洋超13亿元，销售规模和综合实力以及在高等教育教材市场、科技图书市场、馆配图书市场占有率均名列前茅。

清华大学出版社下设有计算机与信息、理工、经管与人文社科、外语、职业教育、音像电子与数字出版、少儿、医学八个分社和期刊中心、学术出版中心，下辖九个子公司，建立了完善的经营体系与集团化架构，实现了图书、音像、电子、期刊和网络等多种媒体立体化出版格局。其中，高品质、多层次、全方位的计算机图书是出版社的特色品牌，自1995年以来在我国计算机教材市场上一直位居前列；理工和基础学科图书在清华大学强大的学科资源的支持下已形成强势板块；经管与人文社科图书经过数年的发展快速居上；外语、职业教育图书一直保持着良好的发展势头；少儿图书在市场上也已崭露头角。伴随着清华大学创建世界一流大学的步伐，清华大学出版社不断调整和优化图书结构，在文学、艺术、医学、法律、建筑、少儿等领域的竞争力不断增强，在全国图书出版市场的传播力和影响力显著提升。以《纳米研究》为代表的一批高水平的国际化学术期刊在国内外的学术影响力日益增强。

清华大学出版社以专业化为目标，集聚了一批复合型、开拓型的策划编辑、市场营销和经营管理等各方面的人才，员工总数达500余人。一支具有现代企业经营理念、结构合理、富有创造力的专业化、年轻化的队伍已经形成，他们已成为清华大学出版社发展的主力。

③清华大学出版社社长宗俊峰（右二）参加图书版权洽谈活动

④清华大学出版社党委书记、董事长李勇（左三）与部分社领导和海外合作部人员在北京国际图书博览会上

⑤清华大学出版社2017年北京国际图书博览会展位

清华大学出版社重视国际化发展，积极拓展海外业务，开展版权贸易和合作出版，与包括Springer Nature、Elsevier、Cengage Learning、John Wiley & Sons、Pearson Education和 McGraw-Hill 等在内的多家国际著名出版公司建立了战略合作关系，在将海外优质版权引进中国的同时，积极向海外输出版权。作为“中国图书对外推广计划”成员单位，出版社迄今已有约700项、近20个文种的图书版权输出到欧美和“一带一路”沿线国家，并有约400项图书的中文繁体字版在中国港澳台地区及东南亚国家出版发行。出版社自主或合作策划的英文版科技学术著作和期刊已销往世界，进入了国际学术界和教育界的视野。

⑥清华大学出版社参加北京国际图书博览会

⑦清华大学出版社开展图书推广活动

数字教学平台“智学苑”是清华大学出版社向教育服务提供商转型的新成果，平台基于MOOC + Classroom模式，将教材及其他各类教学资源进行数字化，同时与课堂教学紧密结合，开发个性化的课程管理模块，实现教学资源共享智能化。“书问搜索”——出版物的全文搜索引擎，为用户提供书页级的内容搜索服务，并以此为核心功能，为出版机构提供指定网页链接服务。北京兆泰源信息技术有限公司开发的“素质教育平台”，是清华大学出版社根据国家对素质教育和美育的新政策要求，联手业内教育专家和各领域的学科专家，自主研发的图文、音视频并茂的数字教学课件，旨在全面帮助中小学校提升素质教育水平。

清芬挺秀，华夏增辉。“十三五”期间，清华大学出版社将实现教育出版到教学资源研发、服务的战略转型，实施“集团化、数字化、品牌化、国际化、人才化”战略，依托清华大学的综合优势，秉承“自强不息，厚德载物”的清华精神，致力于打造国际一流的文化品牌企业，为我国文化事业的大发展大繁荣做出更大贡献！

⑧清华大学出版社2018年北京图书订货会展位

⑨清华大学出版社图书在国际书展上亮相

⑩清华大学出版社参加罗马尼亚高迪亚姆斯国际图书展

北大社展台

“走出去”成果展示

北大社向中国驻塞使馆人员赠送《中华文明史》塞尔维亚文版

普林斯顿大学出版社来访

《解读中国经济》阿拉伯文版新书发布

北京大學出版社 PEKING UNIVERSITY PRESS

北京大学出版社把发展版权贸易作为走向世界、融入国际社会、参与国际竞争的重要途径，在版权贸易工作中一直坚持“输出引进并举”的工作思路，并建立了让版权贸易健康发展的长效机制。目前，北京大学出版社已同几十个国家、地区的上百家出版社建立了业务往来。

北京大学出版社在引进版权图书上坚持“为我所需”和“双效并重”方针，坚持社会效益与经济效益并重，引进各种版权3 000余种。北大社组织翻译的一系列高质量的优秀外版图书，如《全球通史》《世界：一部历史》《美国人民》《科学的旅程》《哲学的邀请》《经济学原理》《批评官员的尺度》《轻松学韩语》等，受到读者的广泛欢迎，并多次获得各级图书奖。

近年来北京大学出版社积极响应党中央、国务院的中国文化“走出去”战略，立足于版权输出，整合全社资源，结合本社的发展规划，大力推进本社图书“走出去”工作。北大出版社根据自身的出版特点和优势，将对外汉语教材和人文社科类图书作为版权输出的重点领域，与剑桥大学出版社、荷兰博睿学术出版社、施普林格出版社等一批国际知名出版社展开深入广泛的合作，共向海外输出版权1500余种，涉及英语、德语、法语、俄语、泰语、越南语等十几个语种。其中《中华文明史》成功输出了英文版、日文版、韩文版、塞尔维亚文版、匈牙利文版和印地文版，《解读中国经济》成功输出了英文版、日文版、韩文版、德文版、阿拉伯文版、泰文版、吉尔吉斯文版等，出版后在国际市场上产生了良好反响。北大社共获得“经典中国国际出版工程”“中国图书对外推广计划”“中华文化著作翻译出版工程”“丝路书香工程”重点翻译资助项目、“外国人写作中国计划”、“中华学术外译项目”等“走出去”项目立项共计150余项。

北京大学出版社是全国“新闻出版走出去先进单位”、“中国版权影响力企业”、“中国图书对外推广计划”工作小组成员单位之一，并被商务主管部门、文化主管部门、国家广电主管部门、新闻出版主管部门联合认定为2007-2008年度、2009-2010年度、2011-2012年度、2013-2014年度、2015-2016年度、2017-2018年度“国家重点文化出口企业”。

《中华文明史》英文版

《中华文明史》塞尔维亚文版

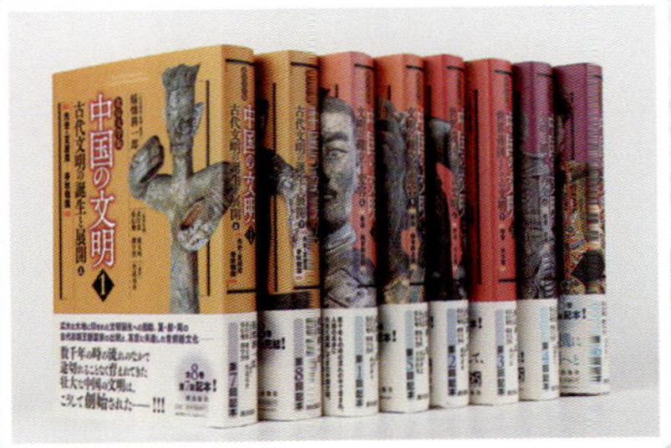

《中华文明史》日文版

《中华文明史》韩文版

《敦煌学十八讲》四个语种

《丝绸之路十五讲》四个语种

中国人民大学出版社

中国人民大学出版社成立于 1955 年，是中华人民共和国成立后建立的第一家大学出版社。作为中国最重要的高校教材和学术著作出版基地，人大出版社始终秉承“出教材学术精品，育人文社科英才”的出版理念，实施精品战略，建社 60 多年来已累计出书两万五千余种，出版了一大批具有文明传播、文化累积价值的优秀教材和学术著作。新世纪以来，人大出版社的优秀出版物获得省部级以上奖项500多项，是荣获国家级奖项最多的出版社之一。作为集图书、音像、电子、网络和数字出版物等跨媒体经营的大型综合性出版社，人大出版社已成为我国哲学社会科学出版的重镇和旗舰。

多年来，人大出版社致力于搭建国际文化交流平台，极大推动了中外学术文化交流。以高端学术著作国际出版为特色，人大出版社在“中国图书对外推广计划”成员单位的版权输出业绩中，连续取得单体出版社综合排名 5 个第一名和 4 个第二名的成绩。2008 年至今，连续 6 届入选国家文化出口重点企业。截至目前，人大出版社已累计输出图书版权近 3 000 种，涉及 40 多个语种，与 40 多个国家和地区的百余家出版机构建立了合作伙伴关系，同时积极实施本土化战略，在以色列、罗马尼亚、蒙古、哈萨克斯坦、土耳其、意大利设立了海外分支机构，并发起成立了“一带一路”学术出版联盟，有效推动中国文化“走出去”。通过搭建国际出版平台，人大出版社倾力打造国家出版名片，努力讲好中国故事、传播好中国声音、阐释好中国特色，不断增强中国文化国际传播的软实力。

新中国的大学出版事业，从这里开始

"十三五"国家重点出版物出版规划项目

"治国理政新理念新思想新战略" 研究丛书

靳诺 刘伟 主编

为了更全面、更深刻、更细致地学习和领会习近平治国理想，中国人民大学组织全校的著名专家学者，研讨、撰写、"治国理政新理念新思想新战略"研究丛书。靳诺书记、校长担任丛书主编，丛书作者均为中国人民大学各学科带。该丛书分为十卷：理论卷、经济卷、政治卷、法治卷、社会卷、历史文化卷、科技教育卷、生态文明卷、治党卷、外交卷。从多个领域深入领会、梳理与呈现习近平治国理政思想。该丛书出版了中文版、英文版，并同时在国内外发行，以便更广地促进对习近平治国理政思想的学习与传播。这十卷著作将会对人们学好用好习近平治国理政思想带来有益的帮助。

文版

书名	作者
特色社会主义新论	秦宣
思主义政治经济学在当代中国的新发展	邱海平
更加成熟更加定型的制度	杨光斌 王衡 林雪霏
依法治国新征程	冯玉军
治理新蓝图	冯仕政
复兴的历史根基与文化底蕴	刘后滨
世界科技教育强国	王伯鲁 等
社会主义生态文明新时代	张云飞 李娜
从严治党新阶段	杨凤城 赵淑梅 张世飞
人类命运共同体	陈岳 蒲俜

英文版

书名	作者
中国特色社会主义新论（英文版）	秦宣
马克思主义政治经济学在当代中国的新发展（英文版）	邱海平
建设更加成熟更加定型的制度（英文版）	杨光斌 王衡 林雪霏
全面依法治国新征程（英文版）	冯玉军
社会治理新蓝图（英文版）	冯仕政
民族复兴的历史根基与文化底蕴（英文版）	刘后滨
建设世界科技教育强国（英文版）	王伯鲁 等
开创社会主义生态文明新时代（英文版）	张云飞 李娜
全面从严治党新阶段（英文版）	杨凤城 赵淑梅 张世飞
构建人类命运共同体（英文版）	陈岳 蒲俜

走近马克思" 小丛书

宣部"2018年重点主题出版物选题"

8年"全国高校出版社主题出版选题"

京市社会科学理论著作出版基金重点资助项目

书名	作者	书名	作者
克思与我们	孙正聿	马克思与当代中国	陈学明
克思与信仰	陈先达	马克思与世界	顾海良

马克思是全世界无产阶级和劳动人民的革命导师，是马克思主义的主要创始是马克思主义政党的缔造者和国际共产主义的开创者，是近代以来最伟大的思家。为纪念马克思诞辰200周年、走近"千年第一思想家"，中国人民大学出特邀请国内马克思主义领域知名学者撰写了"走近马克思"小丛书。该套小第一批包括《马克思与我们》《马克思与信仰》《马克思与当代中国》《马克思世界》，分别由孙正聿、陈先达、陈学明及顾海良撰写。丛书不仅体现了几位对马克思主义理论研究和传播强烈的担当意识、宏阔的思想境界、深厚的理论和不懈的探索精神，而且有力地论证了马克思主义是我们认识世界、把握规律、真理、改造世界的强大思想武器。

马克思主义研究论库 · 第二辑

"马克思主义研究论库"是中国人民大学出版社于2012年启动的重点项目，获得国家出版基金项目资助。第一辑50种已于2015年出版完成，集中展示了我国马克思主义优秀研究成果。第二辑计划有50个选题，分4个不同的研究主题，分别是马克思主义经典文本研究、马克思主义理论研究、马克思主义中国化研究和西方马克思主义研究。第二辑更注重原创研究，希望通过"马克思主义研究论库"的持续编辑出版，继续为坚持马克思主义理论的指导地位服务，体现马克思主义理论研究和出版的重要责任，更正当前理论界存在的对马克思主义理论的误读误解，正本清源、释疑解惑，批判谬论、指导实践，开拓马克思主义理论研究和学术出版的新境界，推动马克思主义理论研究和学术出版再上新台阶、再创新辉煌。

工智能：
家人工智能战略行动抓手

讯研究院、中国信通院互联网法律研究中心、讯 AI Lab、腾讯开放平台 著

该书由腾讯携手工信部高端智库倾力打造，是同题材图书中当之无愧的精品。工智能这一颠覆性技术的前世今生说起，对人工智能产业全貌、最新进展、发势进行了清晰的梳理，对各国的竞争态势做了深入研究，还对人工智能给个人、、社会带来的机遇与挑战进行了深入分析。对于想全面了解人工智能的读者，提供了重要参考，是一本必备书籍。

天下为公：
中国社会主义与漫长的21世纪

鄢一龙 白钢 吕德文 刘晨光 江宇 尹伊文 著

该书是畅销60万册的《大道之行：中国共产党与中国社会主义》的姊妹篇，由来自北京、上海、武汉、华盛顿的六位学者联袂创作。该书创作采用了思想共同体的方式。作者们以贯通中西的学术视野、真挚朴实的人民情怀、强烈的问题意识，从社会主义文明的核心品质、社会主义在世界各国的探索、21世纪社会主义新农村、中国社会主义的道统与政统、社会主义和人的自由全面发展、虚拟化和信息化条件下资本主义发展的新特点等方面，探讨了理论界和现实社会中的一些热点问题，展望了社会主义运动在中国乃至世界的未来发展趋势。

2017年中国版权卓越成就者——黄书元

黄书元，安徽舒城人，全国政协第十一、十二届委员，人民出版社党委书记、社长，中宣部“四个一批”人才，全国百佳新闻出版工作者，全国新闻出版行业领军人物，全国出版系统先进个人（全国劳动模范），第十二届韬奋出版奖获得者，中国十大出版人物。

黄书元从事出版工作三十多年，2002年出任人民出版社社长兼党委书记。人民出版社是新中国出版的旗舰，有光荣的传统与骄人的成绩，也有许多历史遗留的难题。在16年的风风雨雨中，黄书元让这艘文化巨舰平稳驶入了转型的航道，越做越大，越办越强。在读者心中，人民出版社是“最受欢迎的出版社”；在书业评奖中，人民出版社是获奖大户，曾一次获得6项国家政府大奖；在学术影响力方面，《中国人文社会科学图书学术影响力报告》中人民出版社名列前茅；多年来，人民出版社的发行量、码洋数、利税额每年都呈两位数增长。在出版行业跨入传统媒体与新媒体融合发展的新时期，面对新的机遇与挑战，黄书元用一位出版家的版权思维，带领全社主动出击，创新机制，使出版社的版权工作走上了新的台阶。

人民出版社始建于1921年9月，重建于1950年12月，是新中国重要的政治理论书籍出版社和著名的哲学社会科学综合出版社。毛泽东主席亲笔题写的“人民出版社”社名，成为人民版图书显著的形象标志。人民出版社历经97年的发展，在中国出版界打造了一块金字招牌，积累了丰厚的版权资产。黄书元社长认为：版权资源是出版社的核心资源，版权资产是出版社的核心资产。人民出版社高度重视版权工作，努力尝试从盘活存量、管好增量两方面入手，探索科学、有效的版权资产管理模式，在岗位设置、人才培养、工作机制、管理流程等方面给予支持，在版权资源的开发与利用、版权资产管理、版权贸易及版权保护等方面形成了一套清晰的版权工作思路。

人民出版社肩负着党和国家赋予的特殊使命，以“向世界介绍当代中国”为己任，充分发挥自身品牌优势，创新版权输出模式，增强发展后劲，走出了一条哲学社会科学出版社版权输出的新路。近年来，人民出版社有一大批讲述中国故事、展示中国形象、弘扬中国精神的优秀图书被翻译成多国文字与世界读者见面。中国这个世界第二大经济体取得的成就、发生的变化、正在进行的变革等等都通过人民出版社的出版物迅速地传递到全球。2017年，人民出版社外文版权全年输出量同比增长22.2%，创历年新高；“十九大”主题图书“走出去”项目共25个，《习近平讲故事》等图书实现了多语种输出，增强了人民出版社在国际上的品牌影响力。

同时，人民出版社坚持“重质控量”的原则，积极引进具有高水平高价值的国外优秀学术著作，努力打造一系列精品学术图书，填补了国内专业领域的空白，获得了良好的社会效益。

人民出版社

《习近平讲故事》

该书荣获第十四届精神文明建设“五个一工程”图书类特别奖、“2017年中国好书年度荣誉图书”奖；全国发行量已逾两百万册，并成功签约英语、俄语、日语等13个语种的版权输出协议。

人民出版社两款数字化产品：

- 中国共产党思想理论资源数据库
- 党员小书包

自2016年上线以来，“党员小书包”已经覆盖全国23个省、自治区、直辖市的1 395家单位、14 855个党支部，几十万名党员成功使用。该产品斩获了“中国出版政府奖”、“中国优秀出版物奖”和“2016—2017年度数字出版优秀品牌”等多项大奖。

在做好传统出版工作的同时，黄书元社长带领人民出版社积极探索数字化时代版权新产品的开发。“中国共产党思想理论资源数据库”建成后，完整系统地收入了党的思想理论重要著作文献，被党政干部和专家学者称为“用科学技术传播中国化马克思主义的重大创新工程”。由人民出版社设计开发的党员学习新平台“党员小书包”，以手机客户端APP为载体，利用互联网和大数据宣传习近平新时代中国特色社会主义思想，传播党的思想理论，成功打造了党的思想理论宣传的新媒体阵地。

随着版权资产的深度开发，人民出版社也进一步加强了版权的保护工作。一是在做好传统出版物版权保护工作的基础上，积极研究数字版权、音频视频改编版权的保护问题。由人民出版社首创的时政视频书是“互联网+”在出版领域的一个标志性案例，也是名副其实的融媒体产品。这种创新形式将音频、视频与文字、图片有效链接起来，增加了图书内容附加值。为此，人民出版社组织专人研究讨论，逐步完善视频书音视频资源的授权许可制度，整合并规范管理音视频版权资源库，为视频书出版以及融媒体发展提供安全、丰富、高效的版权资源。二是积极参与并配合打击盗版活动，2017年，人民出版社配合公安机关查获多起盗版侵权案件，保障了国家和人民财产不受损失。

人民出版社作为公益性事业单位，始终保持高度自觉的大局意识和政治责任感，始终坚持出版事业的社会效益和公益属性，始终坚持以改革创新精神指导出版工作，不断提高出版管理的科学化水平，寻求新的发展机遇和突破，提高版权资源的使用效率，创造新的经济增长点，为党和国家的出版事业做出更大的贡献。

商务印书馆海外合作伙伴恳谈会

商务印书馆 The Commercial Press 创于1897

2017年，商务印书馆荣获“中国版权年度最具影响力企业”称号。引进版权313项，引进图书品种涉及外语工具书和教材、人文社科学术著作和大众文化类图书等，与英、美、德、日等20余个国家的一流出版机构，如英国牛津大学出版社、英国泰勒弗朗西斯出版集团、德国德古意特出版社、德国施普林格出版社、荷兰威科集团等国际知名的出版机构保持着密切的业务往来。与此同时，商务印书馆积极向德国、英国、韩国、日本、印尼等国家输出语言、社科、管理、文学、对外汉语教学等类别的图书版权，全年输出版权50项，《汉语与文化交际》（修订本）、《汉语儿童早期语言的发展》、《数说“一带一路”》、《中国著作权案例精读》、《汉语语法学》（修订本）、《汉语图解词典》（日语版）、《文字学概要》等优秀图书顺利实现“走出去”。《中国法学史纲》、《世界汉语教育史》、《经济危机与规则重构》荣获“第十六届（2016年度）输出版优秀图书奖”，《蓝海战略》（扩展版）荣获“第十六届（2016年度）引进版优秀图书奖”，王齐被评为第十六届（2016年度）推动引进输出典型人物。《中国专利案例精读》荣获国家新闻出版主管部门“图书版权输出奖励计划”重点奖励，《中国特色社会主义审计理论研究》《中国语言生活状况报告（2008/2009）》《中国语言生活状况报告（2009/2010）》《中国语言生活状况报告（2014）》《中国语言规划论》《对外汉语课堂教学技巧研究》《实用汉语课本》《汉语图解词典》荣获国家新闻出版主管部门“图书版权输出奖励计划”普遍奖励。《汉语世界》（南亚版）荣获北京市新闻出版主管部门“2017提升出版业国际传播力奖励扶持项目”优秀版权输出奖励。

2017年，商务印书馆参加了第24届北京国际图书博览会、第69届法兰克福国际书展，以及英国伦敦国际书展、美国纽约书展等各种大型的版权贸易和文化交流活动。全年共接待伊朗出版代表团、英国牛津大学出版社、剑桥大学出版社、德国施普林格出版社等合作伙伴代表来访100余人次。各项展览和会谈活动推动了商务印书馆的版权贸易工作，扩大了商务印书馆的品牌影响力。2017年，商务印书馆跻身“2017 中国图书海外馆藏影响力出版100强”及“连续三年中国图书海外馆藏影响力出版30强”。

商务印书馆-施普林格出版社“农民三部曲”英文版发布会

《牛津初阶英汉双解词典》（第四版）、《牛津少儿英语图解词典》新书发布会

商务印书馆与伊朗文化部联络组织战略合作协议签约仪式

商务印书馆–博睿学术出版社战略合作协议签约仪式

商务印书馆参加第24届北京国际图书博览会

伊朗出版社代表团访问商务印书馆业务交流会

定位城市 立足版权 延伸服务

——青岛出版集团注入版权兴企发展新活力

多年来，青岛出版集团坚持正确政治方向，坚持把社会效益放在首位，坚持深化体制改革，图书主业日益壮大，版权资产不断巩固，新媒体新业态布局稳健积极，已从功能单一的图书出版社发展成为功能跨媒体、产业多元化、出版业态齐全的出版传媒集团，社会效益和经济效益取得双丰收。2017年，集团总资产63亿元，总收入20亿元，利润2.9亿元，连续十七年保持两位数高速发展，再获“中国出版政府奖先进出版单位奖”（连续三届），子公司青岛城市传媒股份有限公司斩获年度中国版权最具影响力企业奖。

作为国有文化企业，集团一贯坚守文化使命，坚持精品出版战略，把内容建设放在第一位，把图书质量放在第一位，把出好书放在第一位，突出思想内涵和价值

2015年9月，青岛城市传媒在上交所上市

《云冈石窟全集》

导向。2017年，出版了《瓜饭楼钞庚辰本<石头记>》、《世界遗产全集》（亚洲甲卷、乙卷）、《云冈石窟全集》、《冯骥才艺术谈》、《中国江河流域自然与人文遗产影像档案·三峡》等一批思想性、艺术性、观赏性俱佳的精品力作，市场反响良好，品牌知名度不断扩大。全年，集团共生产图书7 071种次，品牌图书重印再版率超过90%，全年共计有106种图书获得132次省部级以上图书奖，连续10年获得国家出版基金。

《世界遗产全集》（亚洲甲卷、乙卷）

《中国江河流域自然与人文遗产影像档案·三峡》

3D打印等比例复制的云冈石窟艺术馆

中国青岛新媒体基地开园

青岛出版集团成功并购日本渡边淳一文学馆

多年来，青岛出版集团把握城市定位，推动业态创新转型，初步建立起独具特色的“城市文化消费服务体系”。2017年，集团在青岛西海岸新区投资兴建的青岛城市传媒广场开业，以“时尚的文化体验平台”为核心定位，融版权、时尚、艺术、科技等元素于一体，成为集团转型升级发展的一个重要支点和平台；3D打印的云冈石窟3号窟艺术馆落成，科技与版权实现创新融合；集团结合城市文化生活，集中精力打造主题书店运营模式，逐渐形成西海岸万米传媒书城、BC美食书店、青岛书房、明阅岛24小时书店、栈桥书店等不同主题定位的主题书店群。集团在城市社区生活圈

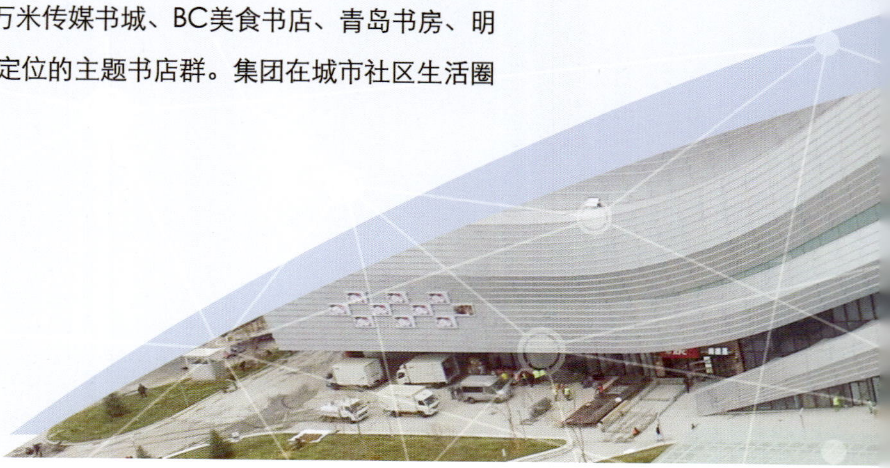

设立无人值守共享书亭，实现对城市“末梢”的渗透，初步形成了对城市文化消费需求全覆盖的服务体系。

此外，集团立足优质版权资源，积极向新媒体、影视、教育、游戏等板块转型，成立的三家团队持股的新媒体公司成果丰硕。目前，VR产品日渐成熟，助力青岛上合峰会；青岛海峡两岸产业园运营顺利，报刊转型支点渐次铺开；影视公司借力“峰会电影节”，探索“走出去”发展路径；业余围棋赛事形成自有品牌，产业融合加速布局；外地设立合资分社，引领出版模式复制输出；申获游戏资质，联动优质IP。

面对新趋势、运用新技术、满足新需求，集团将进一步调整发展思路、转变增长方式，持续推进转型升级，为城市“丰富阅读、丰富思想”，让文化要素、市场要素、资本要素和科技要素、人才要素在产业平台上融汇聚合，向品质影响力、市场影响力和资本影响力俱佳的出版传媒企业转型。

2017年12月，青岛城市传媒广场开业

版权输出签约仪式

接力杯双奖合影

接力出版社 Publishing House

全国百佳图书出版单位 Top 100 Publishing Houses in China

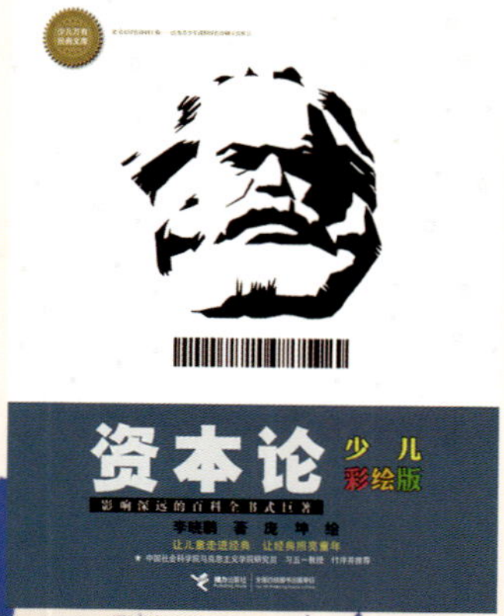

接力出版社于1990年建社，28年来，曾连续八届荣获中央宣传主管部门“五个一工程”奖，三次荣获由国家新闻出版主管部门颁发的“中国出版政府奖先进出版单位奖”。2016年，接力出版社荣获由伦敦书展和英国出版协会共同主办的“国际卓越奖”的“国际儿童及青少年出版商奖”，成为中国出版行业率先获得此奖项的出版单位。

多年来，接力出版社始终坚持“以社会效益为先，两个效益统一”的原则。截至目前，接力出版社共有27种图书（或音像电子出版物）获得“五个一工程”奖、“国家图书奖”、“中国图书奖”、“中国出版政府奖”、“中华优秀出版物奖”等奖项，500多种图书获省部级以上各类奖项。

大家一起做好书

博洛尼亚“优秀的儿童艺术作品好在哪”论坛

接力出版社多年来持续稳步发展，不断调整产业结构，一般图书发货码洋快速提升，特别是党的十八大以来，接力出版社高速度、高质量发展，取得了新的成绩。五年来，接力出版社一般图书平均每年出版新书350种，在售图书2 883种。年发货码洋从2013年的5.62亿元，逐年递增到2017年的7.6亿元。自上市以来，有“怪物大师”“荒野求生” 两个套（系）图书发货码洋超过2亿元，“暮光之城”“鸡皮疙瘩”等五个套（系）图书发货码洋超过1亿元。

接力出版社长期与国内外众多优秀作家有着良好的合作，包括金波、曹文轩、秦文君、郑春华、彭懿、黑鹤、贝尔·格里尔斯等，并推出了“大王书”系列、“小鸟公主”系列、“黑鹤动物动物文学精品系列”、“小饼干和围裙妈妈”系列、“少儿万有经典文库”、“中国梦之歌校园朗诵诗”系列、“巴巴爸爸”系列、“蓝精灵”系列、“荒野求生少年生存小说系列”等一大批“双效”显著的优秀图书。

接力出版社始终坚持“让世界读者感受中国精彩，让中国读者与世界同步阅读”的出版理念，截至2017年，向17个国家和地区输出图书版权400余种。接力出版社埃及分社于2016年10月正式运营，这是中国少儿出版社首次在海外建立分社，目前，接力出版社埃及分社已有26种阿语版图书出版发行。

陕西師範大學出版总社

SHAANXI NORMAL UNIVERSITY GENERAL PUBLISHING HOUSE

陕西师范大学出版社成立于1985年，于2010年更名为陕西师范大学出版总社，是集图书、期刊、电子音像、数字出版、教育文化服务于一体的综合出版传媒机构。出版的一大批图书荣获“中国图书奖”“国家图书奖”“中华优秀出版物奖”“鲁迅文学奖”“中国好书”等重大奖项。出版的8种“中学教学参考”期刊全部被新闻出版主管部门评为学术期刊，其中7种先后入选全国中文核心期刊。

陕西师范大学出版总社高度重视版权管理与开发工作，在制度建设、软件正版化、尊重作者著作权、自主研发创新、拓展合作平台、加大“走出去”步伐等方面取得可喜成绩。与俄罗斯、美国、英国、韩国等国家的出版机构建立合作关系，引进版权图书两百余种，输出版权图书一百余种。成立俄语、英语、小语种三个翻译出版基地，拓展版权贸易。先后被陕西省版权主管部门、国家版权主管部门授予“陕西省版权示范单位”“全国版权示范单位”称号，2017年被中国版权协会评为“中国版权年度最具影响力企业”。

总社微信二维码

2017年总社被中国版权协会评为“中国版权年度最具影响力企业”

总社部分精品图书

2018年5月，总社举行“文化 文学‘走出去’”译介出版基地、“一带一路”小语种翻译出版基地揭牌仪式

2017年5月，俄罗斯莫斯科大学高级翻译学院院长尼古拉·卡尔博夫斯基教授一行到总社交流，洽谈合作

2017年8月，总社输出版权图书《在西北局的日子里》韩文版出版纪念会在韩国新闻中心大礼堂举行

《在西北局的日子里》中文版、韩文版

明天出版社

明天出版社成立于1984年，是一家出版少年儿童读物的专业出版社。自建社以来，明天出版社始终坚持正确的出版导向，以向广大少年儿童提供精美的精神食粮为己任，以高质量、高品位、高格调的精品图书赢得读者、赢得市场，把确保图书的质量、努力为少年儿童打造精品图书作为求生存、谋发展的着力点。近年来，明天出版社一直处于全国同行业领先地位，先后被国家新闻出版主管部门评为“国家一级出版社”“全国百佳图书出版单位”，被国家人力资源和社会保障主管部门、国家新闻出版主管部门评为“全国新闻出版系统先进集体”，被山东省委宣传主管部门、省新闻出版主管部门、省人力资源和社会保障主管部门、省财政主管部门授予“山东省新闻出版奖优秀集体奖”，被中国版权协会授予“中国版权影响力企业”称号。

文学类

《笑猫日记：又见小可怜》《笑猫日记朗读本》 《大冬瓜的自卫战》 《谁来参加屋顶大会》 “拾光者丛书” 《动物联盟》

《艾雅苏克河的猞猁》 《初春的海》 《男孩的雨》 “童话山海经” 《我们是云朵乐队》 “特拉芙斯作品典藏”

《我的克莱曼汀号》 “明天原创图画书” “金谷粒桥梁书” “童年小咕咚”

低幼类

知识类

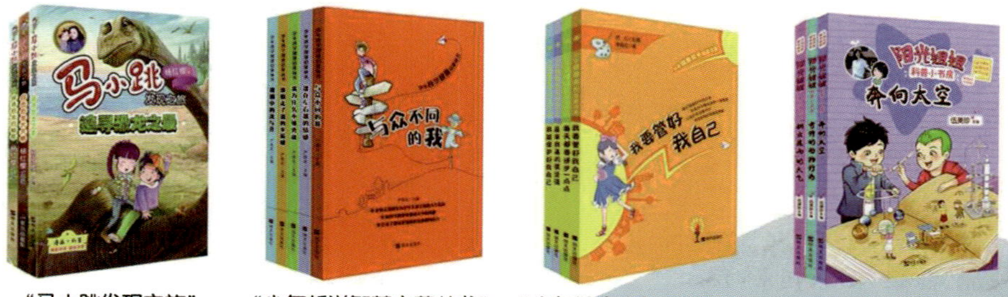

“马小跳发现之旅” “少年哲学智慧启蒙丛书” “少年健康成长必读书系” “阳光姐姐科普小书房”

欢迎关注明天出版社微信

联系地址：山东省济南市市中区万寿路19号 联系电话：0531-82098622

★“2017 中国好书”入围图书
★第十三届文津图书奖推荐图书

★中国出版政府奖图书奖

★中国出版政府奖网络出版物提名奖

★国家科学技术进步奖

★入选“强素质·作表率”推荐图书

★第十二届文津图书奖

★2017 年度“大众喜爱的 50 种图书”
★2017 年向全国青少年推荐百种优秀图书

★第十三届文津图书奖推荐图书

人民邮电出版社成立于 1953 年 10 月，隶属于中国工信出版传媒集团。建社以来，始终坚持正确的出版导向，围绕“立足信息产业，面向现代社会，传播科学知识，服务科教兴国，为走中国特色新型工业化道路服务”的出版宗旨，出版领域涵盖科技出版、教育出版、大众出版，涉及信息技术、通信、工业技术、科普、经济管理、摄影、艺术、运动与休闲、心理学、少儿、大中专教材等十余个出版门类，年出版新书约 3000 种，再版图书超过 5000 种，年出版音像电子与网络出版物 2000 余种。出版《通信学报》《电信科学》《大数据》《网络与信息安全学报》《物联网学报》《无线电》《集邮》《摩托车》《米老鼠》《童趣》等 19 种期刊。

人民邮电出版社整合优势资源建设了“异步社区”“人邮学院”“人邮教育”“通信世界全媒体平台”等一系列融合发展项目，入选国家“数字出版转型示范单位”，入选“国家出版融合发展重点实验室”（工信出版集团）。

近年来，人民邮电出版社先后有数百种图书、期刊、音像电子及网络出版物荣获“中国出版政府奖”“中华优秀出版物奖”“文津图书奖”等国家和行业重大荣誉，或入选“三个一百”原创出版工程、向全国青少年推荐百种优秀出版物、百强报刊、“十二五”和“十三五”国家重点出版规划及规划教材、国家出版基金等重要项目。

人民邮电出版社是全国优秀出版社、全国百佳图书出版单位，近年来连续荣获第一届、第二届、第三届“中国出版政府奖先进出版单位”，以及“全国文明单位”、“中央国家机关文明单位标兵”和“首都文明单位标兵”等重要荣誉。

人民邮电出版社
POSTS & TELECOM PRESS

地址：北京市丰台区成寿寺路 11 号邮电出版大厦　邮编：100164
电话：010－81055137（社长办公室）
010－81055315（总编室）
010－81055059（发行部）
传真：010－67656995　网址：www.ptpress.com.cn
电子邮箱：315@ptpress.com.cn

2017年12月，安徽出版集团与台湾图书出版事业协会在台北举行业务对接会

时代出版

时代出版传媒股份有限公司于2008年由安徽出版集团以其所持有的出版、印刷等文化传媒类资产在全国率先以出版业务整体上市，目前拥有全资或控股子公司23家，其中有9家出版社。公司成立10年来，高度重视版权推广运用，大力实施文化“走出去”战略，把版权作为提高出版竞争力、抢占竞争制高点、推动文化产业发展的重要战略资源，以版权输出提升文化影响力，增进国际文化交流。

近年来，公司不断创新发展模式，积极推进资本合作，积极开发互联网平台，有效促进版权数字化转变，加快版权资源产业化进程，加快“走出去”由简单版权贸易向新媒体、新业态转型，由传统合作模式向多元化国际合作转型的步伐，实现了从产品“走出去”到产业“走出去”、从出版“走出去”到文化“走进去”、从产业项目化到资本国际化的巨大飞跃。

公司先后荣获“全国文化体制改革先进单位”“国家文化出口重点企业”“新闻出版‘走出去’先进单位”等诸多荣誉，连续10年图书版权输出位居全国前列，被评为“国家文化出口重点企业”。截至2017年，共输出版权6 968种，先后输出到50多个国家和地区，在全国出版企业中名列前茅。2016年，获得“‘中国图书对外推广计划’优秀奖”，还是2016年荣获“中国版权金奖”的地方出版企业之一。2017年，在中国图书对外推广计划年度排名中位列全国第二，成为全国“走出去”工作典范。2名海外子公司负责人荣获 “第十一届中华图书特殊贡献奖”。

图片注释

① 第24届BIBF展会上，安徽出版集团暨时代出版举办“唱响主旋律，迎接十九大主题出版物丝路行”签约仪式 ② 安徽出版集团考察新加坡友联书局安徽出版集团图书专柜 ③ 两位海外子公司负责人——穆罕默德·哈提卜、约安娜·马尔沙维克·卡瓦荣获“第十一届中华图书特殊贡献奖” ④ 时代出版传媒广场

廣東教育出版社

广东教育出版社是兼具“国家一级出版社”和“全国优秀出版社”等荣誉的优秀教育出版机构。成立至今33年来，秉承服务基础教育、弘扬传统文化的宗旨，在国标教材、省编教材、教学辅导材料、教育理论、教学杂志以及大众图书的编写出版等方面创下了累累硕果。近年来，出版社不断创新体制机制，结合区域特色设立地级市出版分支机构，结合出版的资源优势成立全资的幼教咨询公司和英语培训学校，不断根据新媒体发展趋势，强化传统出版与新媒体的充分融合。出版社正在将巨资规划建设的南方教育城打造成为集文化、创意、创新、教育培训、文化娱乐于一体的，具有相当规模和影响力的文化产业中心。

新时代，新引领，广东教育出版社将继续砥砺前行，再创佳绩！

①② 2018年5月16日与深圳开维教育信息技术股份有限公司签署战略协议

③④2018年4月9日“全民阅读 绘本入园”签约仪式

⑤⑥ 2017年12月27日社长应中伟与江西求知就悦教书法系统销售进行签约

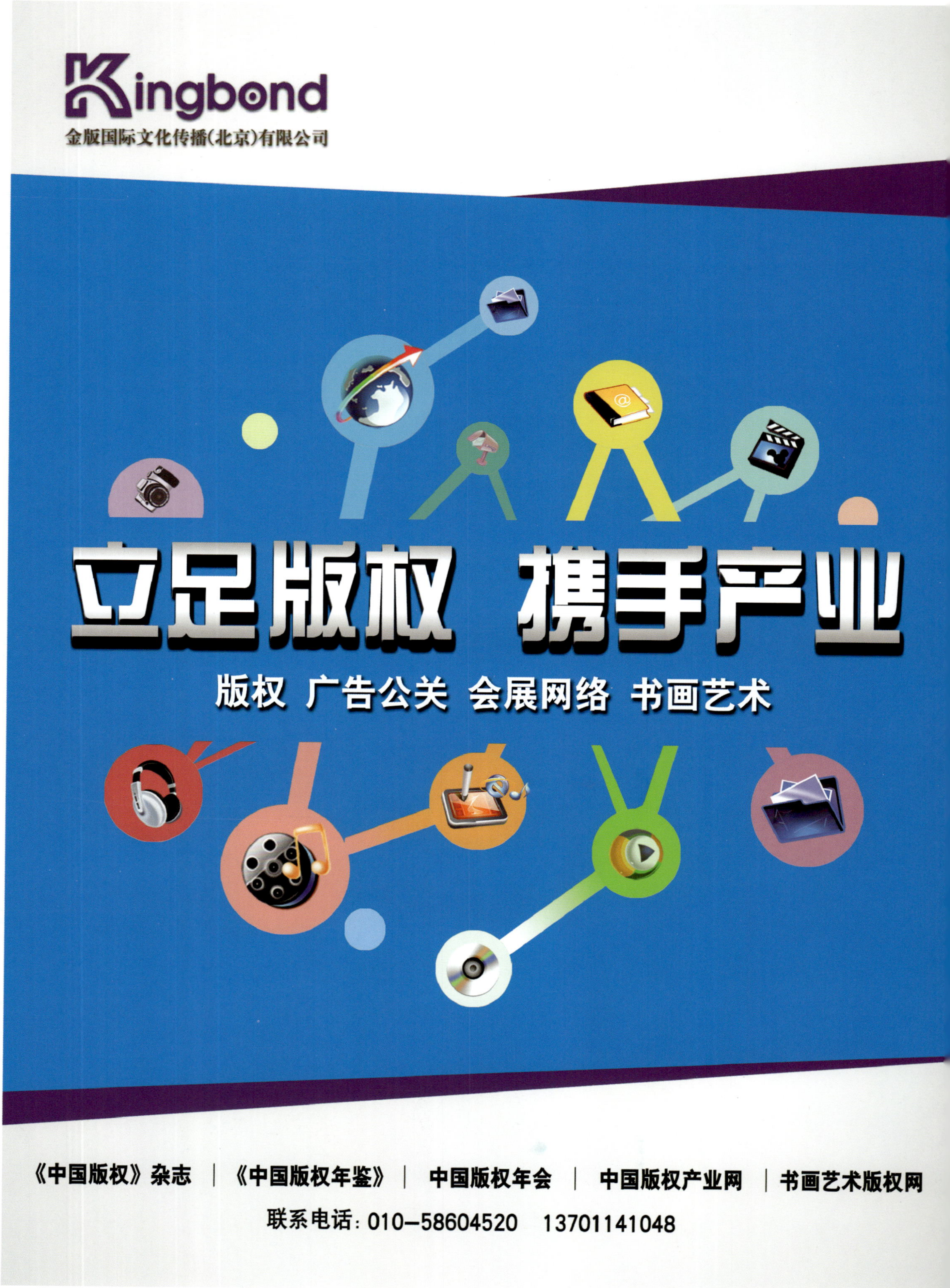
Kingbond
金版国际文化传播(北京)有限公司
立足版权 携手产业
版权 广告公关 会展网络 书画艺术
《中国版权》杂志 | 《中国版权年鉴》 | 中国版权年会 | 中国版权产业网 | 书画艺术版权网
联系电话：010-58604520 13701141048

版权

年度发布

NIAN DU FA BU

2017 年中国网络版权保护年度报告

国家版权局委托中国信息通信研究院撰写

2017 年是全面落实国家“十三五”规划实施承上启下的关键之年。党的十九大报告明确提出，倡导创新文化，强化知识产权创造、保护、运用，这为版权事业的发展指明了方向。与此同时，互联网的“颠覆性创新”也在不断影响着版权内容的创作、传播与保护方式。在创新与变革的推动下，网络版权保护各项工作取得重大进展，形成网络版权保护新态势。各种新型版权保护问题也给网络版权保护工作带来一定挑战。本报告从网络版权的立法保护、司法保护、社会保护和行政保护等多个层面，向社会各界展示 2017 年我国网络版权保护状况，阐明网络版权保护对净化版权环境、促进科技进步文化繁荣的重要作用。

一、2017 年中国网络版权保护的主要进展

（一）2017 年中国网络版权保护迎来新机遇

2017 年，党的十九大胜利召开。十九大报告确立了新时代包括版权在内的知识产权工作的总基调，为新时代版权工作指明了方向。知识产权“十三五”规划首次列入国家重点专项规划，版权工作在党和国家工作大局中的地位进一步提升。国家持续加大对侵权盗版行为的打击力度，版权环境不断改善，网络版权保护工作迎来新的发展机遇期。

1. 党的十九大的重要战略部署，为新时代网络版权保护工作提出了新的更高要求

党的十九大报告指出，“创新是引领发展的第一动力，是建设现代化经济体系的战略支撑”；要“倡导创新文化，强化知识产权创造、保护、运用”；要“激发全民族文化创新创造活力，建设社会主义文化强国”。版权与文化和创新有着天然的联系，版权制度对于激励创新、繁荣创作起着十分重要的作用。强化版权保护是推动我国加快建设创新型国家、由“文化大国”向“文化强国”转变的关键所在。在当前互联网环境下，加强网络版权保护显得更加重要。党的十九大为包括版权在内的知识产权工作确立了发展总基调，版权工作面临新的发展形势，强化网络版权保护工作成为新时代版权工作的必然要求和重要内容。

2. 知识产权首次列入国家重点专项规划，版权战略地位不断提升

2017 年 1 月，国务院印发《“十三五”国家知识产权保护和运用规划》（以下简称《规划》）。这是包括版权工作在内的知识产权规划首次列入国家重点专项规划，对进一步提升包括版权在内的知识产权工作地位具有重要作用。《规划》提出，在立法方面，要推动修订完善知识产权法律、法规和部门规章；在执法方面，要加强“双轨制”保护，完善行政和司法保护两条途径有机衔接的保护模式，同时全方位加强社会共治。1 月 25 日，国家版权局印发《版权工作“十三五”规划》，对“十三五”时期版权工作进行全面部署，明确了版权工作的发展目标和重点任务，为“十三五”时期版权工作强化了顶层设计，打牢了发展基础。

3. 对侵权盗版行为打击力度不断加大，网络版权保护环境持续改善

在经济新常态背景下，国家实行严格的知识产权保护制度，不断加大新兴领域知识产权侵权违法行为惩治力度。习近平总书记在中央财经领导小组第十六次会议上指出，要加快新兴领域和业态知识产权保护制度建设，加大知识产权侵权违法行为惩治力度。2017 年 1 月，中共中央办公厅、国务院办公厅印发《关于促进移动互联网健康有序发展的意见》指出，要规范网络服务秩序，提高侵权代价和违法成本，有效威慑侵权行为。2017 年 6 月，国务院知识产权战略实施工作部际联席会议办公室印发《2017 年深入实施国家知识产权战略加快建设知识产权强国推进计划》，提出加强网络侵权盗版治理、探索对新型网络侵权盗版行为的有效治理模式等具体工作措施。国家版权局联合国家网信办、公安部、工信部继续开展打击网络侵权盗版“剑网 2017”专项行动，狠抓大案要案查办，网络版权保

护环境持续改善。

（二）2017 年中国网络版权保护促进版权产业实现新发展

2017 年，随着网络版权保护力度的不断加大，中国网络版权市场迎来了从流量经济向内容经济的结构性转变。人工智能、云计算、大数据等新技术与网络聚合等商业模式不断发展，智能语言、网络直播、电子竞技等新型业态发展活跃，以数字文化创意内容为基础的网络版权产业，呈现出勃勃生机。

1. 数字经济成为我国经济增长的重要驱动力，助推核心版权产业迅猛发展

2017 年，中国数字经济发展步入快车道，对 GDP 的贡献率高达 69.9%[①]。以数据为关键要素的数字经济的全面构建，不断扩张作品的数字化外延，加速了新闻出版、广播影视、动漫游戏等核心版权产业与互联网技术的融合发展[②]，人工智能技术开始应用于文艺创作领域。数字经济对促进我国经济、文化发展起到了重要的支撑作用。中国新闻出版研究院《2016 年中国版权产业经济贡献》调研数据显示，2016 年版权产业占我国 GDP 的比重已达 7.33%，其中核心版权产业 GDP 占比已达 4.58%，其占全部版权产业的比重已达 62%，年均增长速度为 13.4%。而不断完善的版权保护体系为核心版权产业的迅猛发展提供了基本保障。

2. 媒体深度融合进入关键阶段，优质作品成为内容产业的核心竞争力

2017 年，我国媒体融合发展进入关键时期，传统媒体和新兴媒体从相“加”迈向相“融”，主流媒体持续发力，内容生产能力显著提高。优质作品成为发展内容产业的核心竞争力，许多同质化明显、用户黏性不足的新媒体逐渐被市场淘汰。随着版权监管政策的细化与完善，媒体行业生态得到有效净化，初步建立起保护、管理和运营传媒版权的新秩序。

3. 共享经济促进内容产业新模式、新领域、新平台发展壮大，加速优质内容分发传播

在消费内容升级、付费意愿增强、供需主体培育等多重因素的影响下，2017 年，共享经济在知识付费、网络直播、移动音频等领域持续增长，商业模式多元化[③]，国内知识共享市场开始初具规模。知识共享加速了传统出版与互联网的融合，使得大量优质内容通过知识共享平台得以传播分发，但同时也带来海量的匿名化非法传播所引发的网络版权保护问题。

（三）2017 年中国网络版权保护取得新成效

1. 立法保护方面，有关部门积极推进著作权法修改，颁布相关法律、法规、规章，版权法律体系日益完善

在推进著作权法修改方面，全国人大常委会开展著作权法实施以来最大规模的一次执法检查，检查报告建议抓紧著作权法修改，对推进著作权法修订具有重要意义；国务院法制办将《著作权法修订草案送审稿》在相关领域征求意见，努力使著作权法修改适应新时代、新形势版权工作的需要。在法律实施方面，《中华人民共和国电影产业促进法》全面实施，为“黄金时代”的中国电影产业的版权保护强化了法律保障；2017 年 6 月实施的《中华人民共和国网络安全法》明确规定要保护网络技术知识产权。在监管规定方面，国家互联网信息办公室先后出台《互联网新闻信息服务管理规定》《互联网用户公众账号信息服务管理规定》，明确互联网信息服务提供者在内容安全、版权方面的主体责任；国家版权局下发《关于开展北京 2022 年冬奥会会徽和冬残奥会会徽版权专项保护工作的通知》，对会徽版权明确予以保护。

2. 司法保护方面，司法机关积极探索遏制侵权蔓延的有效措施，网络版权侵权纠纷判赔力度不断加大

2017 年网络版权司法保护力度不断加大，主要呈现出以下特点：一是网络内容产业各领域案件分布变化较大，近半数为网络文字领域案件（见图 1）。二是通过 PC 端网站侵权案件数量大幅增长，是侵权问题最严重的领域（见图 2）。三是网络版权侵权案件的地域分布继续呈现相对集中的态势（见图 3）。四是司法审判原告赔偿请求支持率较高，网络版权侵权纠纷判赔力度不断加大（见图 4）。一些关注度较高的案件（如腾讯公司诉暴风公司《中国好声音（第三季）》盗播案等）判赔额度突破法定赔偿上限，为后继案件起到积极的示范效应。此外，网络游戏成为 2017 年网络版权刑事案件的高发领域。

---

① 中国信息通信研究院. 2017 中国数字经济发展白皮书［R］. 2017-07-13.

② 其中，电影票房突破 559 亿元，《战狼 2》以 56.8 亿元独占鳌头；游戏行业整体营业收入约为 2 189.6 亿元，同比增长 23.1%。

③ 《中国分享经济发展报告 2017》的统计数据显示，经初步估算，2016 年国内知识技能领域市场交易额约为 610 亿元，同比增长 205%。

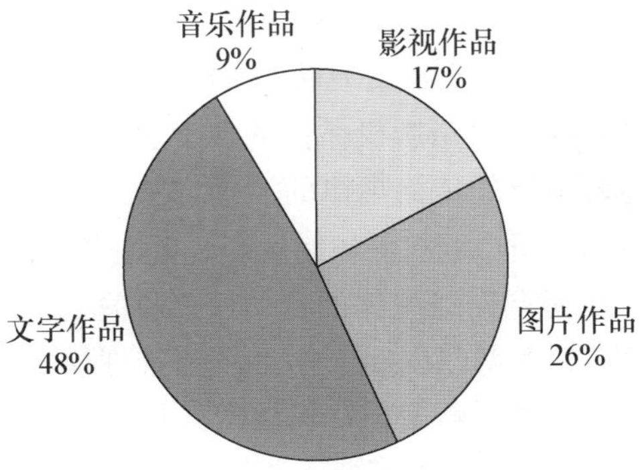

图 1　2017 年网络版权侵权案件作品类型分布情况

资料来源：中国信息通信研究院。

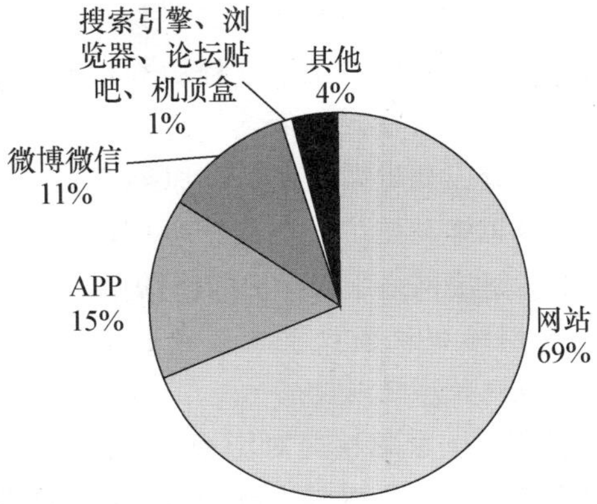

图 2　2017 年网络版权侵权案件传播途径分布情况

资料来源：中国信息通信研究院。

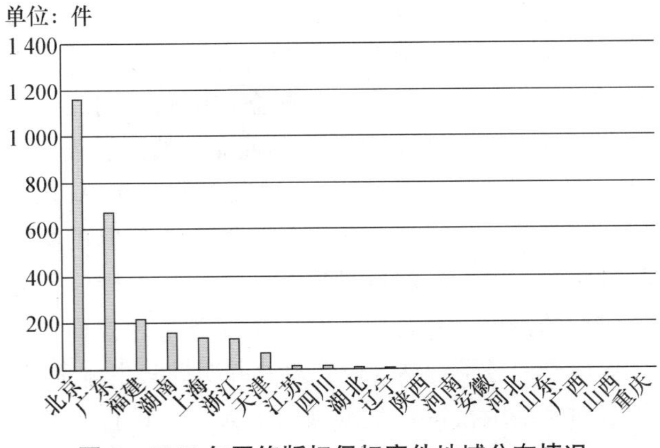

图 3　2017 年网络版权侵权案件地域分布情况

资料来源：中国信息通信研究院。

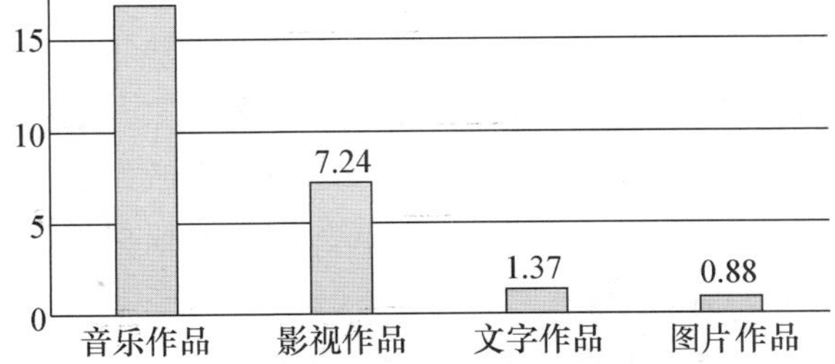

图 4　2017 年网络版权各类侵权案件平均赔偿额

资料来源：中国信息通信研究院。

3. 社会保护方面，版权相关机构在作品创作、保护、运用等方面发挥积极作用，网络版权社会保护工作进一步深化

在作品创作方面，著作权集体管理组织通过组织维权座谈会、研讨会等形式积极探索新技术背景下如何有效激发作者原创热情，提升作品质量。在作品保护方面，文著协、音著协诉咪咕、知网等案件引起社会极大反响；技术手段广泛应用于自媒体平台的侵权检测和判定中，各大平台相继推出主动原创保护措施；中国“网络文学＋”大会上，多家企业和作家代表倡导反对抄袭模仿、自发抵制侵权盗版。在版权交易与合作方面，版权图片开放平台精准对接供需双方，版权合作共赢模式步伐加快；区块链技术也开始应用于原创内容交易平台。在版权资产运用方面，正在研究成立的北京版权银行探索通过版权质押等方式发放贷款，创新文化信贷模式。

4. 行政保护方面，突出工作重点，创新工作方法，网络版权执法监管工作的覆盖面和影响力持续扩大

在以国家版权局为主导的相关各方的共同努力下，2017 年网络版权行政保护主要呈现以下特点：一是严格保护成为 2017 年网络版权行政执法监管的基本导向。与往年相比，“剑网 2017”专项行动在立案调查和行政查处的案件数量上均有稳步提升（见图 5），共检查网站 6.3 万个，关闭侵权盗版网站 2 554 个，删除侵权盗版链接 71 万条，收缴侵权盗版制品 276 万件，立案调查网络侵权盗版案件 543 件，会同公安部门查办刑事案件 57 件、涉案金额 1.07 亿元。查办大案要案的数量和处罚力度空前，重点监管和专项整治领域由点及面，逐步深入。二是创新监管模式，制度与技术手段并重。及时解决新技术条件下出现的新的版权问题，2017 年对新兴技术领域如 VR、微信公众号、聚合盗链等形式非法提供作品的行为给予及时关注和有效治理；约谈主要网络音乐服务商，要求对网络音乐作品全面授权，引导建立良好的网络音乐版权授权和运营模式。三是强化版权执法协作，推进社会共治。版权行政执法与刑事司法的“两法衔接”机制进一步完善，国家版权局与公安部、高法院和高检院联合督办多起重大侵权盗版案件；加强与权利人组织合作，畅通群众对侵权盗版的投诉举报渠道，通过约谈、限期整改等方式推动落实网络企业主体责任，形成政府监管、企业自管、行业自律与公众监督相结合的网络版权保护社会

共治新格局。

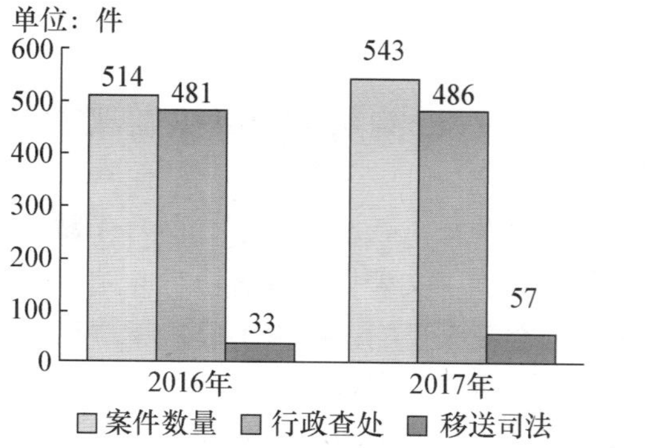

图 5　2016—2017 年“剑网行动”查处案件数量对比

资料来源：国家版权局。

二、2017 年中国网络版权保护的基本特点

（一）在严格保护的基础上，促进版权的创造和运用成为网络版权工作的重要着眼点和着力点

“十三五”期间，实施严格的版权保护是网络版权保护工作的基本原则。在此基础上，通过法律、经济、技术等多种手段激发创作活力，促进版权的创造与运用成为 2017 年网络版权工作的亮点。《“十三五”国家知识产权保护和运用规划》与《版权工作“十三五”规划》均指出，严格知识产权保护是为了促进知识产权运用，既要将版权保护放在版权工作的突出位置，又要构建版权产业又好又快的发展格局。在相关政策文件的指导下，版权保护工作的助推下，新业态、新领域的版权运营实现了从量变到质变的跨越，IP① 市场从爆发期进入理性成长期，内容质量、品牌影响力和商业价值等多个方面都成为衡量 IP 价值的重要因素，版权的创造和运用逐步进入良性发展。

（二）网络版权保护促进我国网络版权产业有序发展，较为良好的网络版权生态逐渐形成

经过多年整治，全社会版权意识不断提高，创作者、版权方、信息分发平台、用户、粉丝逐渐构成有机的生态系统，版权利润分配等一系列产业问题也在生态合力中得到解决，合作与共赢成为数字内容产业的发展趋势。随着网络版权市场的有序发展，正版化已成为业界普遍共识，IP 正在从资本竞争的手段回归其权利本质，如何更规范、更有效地运用版权成为新的热点，产业对版权资产的资本化探索也在产业生态的可持续发展中发挥重要作用，较为良好的网络版权生态逐渐形成。

（三）网络版权保护坚持理念创新、制度创新、方法创新，保护手段更加贴近实际富有成效

2017 年，网络版权保护从多个层面探索遵循网络技术环境下的传播规律的治理方法：制度设计层面，网络环境中版权保护制度和政策逐渐精细完善，不断规范协调网络主体的责、权、利关系；行政监管层面，监管部门创新工作手段和管理模式，执法监管的有效性不断增强；司法实践层面，司法机关对新型案件的审理为产业实践提供指引和判定标准，推进互联网法院建设成为司法系统的创新举措；技术保护层面，国家版权监管平台、企业的技术措施等将版权保护理念融入技术开发设计中，通过技术架构和技术投入增强打击侵权盗版和权利人预防式保护的效果；商业模式层面，平台方探索版权补偿机制、创新分成和付费机制，与原创者共享版权利益。互联网思维开始广泛应用于版权环境的治理和保护中，为解决网络版权保护问题打开新思路。

（四）网络版权侵权重点领域治理工作成效显著，网络版权秩序日渐规范

2017 年，国家版权局对影视、新闻、APP、电商平台等网络版权侵权重点领域，有针对性地开展版权整治工作。在网络影视方面，国家版权局公布 12 批 202 部重点作品版权保护预警名单，对《战狼 2》《芳华》等国产优秀电影进行专项保护，基本遏制了影视作品侵权盗版泛滥的态势；在网络新闻方面，推动中央新闻单位发起成立“中国新闻媒体版权保护联盟”，引导传统媒体与商业网站开展版权合作，完善网络转载版权许可付酬机制；在 APP 方面，加强对以热门文学影视作品命名的 APP 的版权授权审核，着力查处通过聚合、破坏技术措施等方式进行的侵权盗版行为；在电子商务平台方面，将主要电子商务平台纳为监管对象并明确其主体责任。通过对网络版权侵权重点领域下大力气进行分类整治，网络版权秩序明显好转，不断规范。

三、2017 年中国网络版权保护的诸多挑战

2017 年，保护与开放之间的平衡依然是网络版权发展的重要命题。在技术开放的大趋势下，越来越多的市场主体参与到网络版权市场中来。如何在保证交易自由、维护市场秩序的前提下激发创新创作活力、促进文化发展繁荣成为网络版权保护工作面临的共同挑战。

---

① IP：“Intellectual Property”的缩写，意为“知识产权”。近年来产业界将 IP 特指为泛娱乐产业链中具有高人气和高市场价值的文学、动漫、影视、音乐、游戏、综艺节目等作品。

（一）新载体、新业态的不断出现，增加了网络版权案件的执法难度

随着技术的发展和商业模式的演进，新型侵权形态层出不穷，给网络版权执法带来很大困难。以网盘侵权为例，侵权入口、播放器、内容存储均由不同主体各自提供，按照现行著作权法律体系追责极其困难。需要充分利用新技术、新手段，提高监管的精准度和有效度，加强行政机关和司法机关的联动，构建网络版权维权的司法、行政对接平台，实现诉讼维权与行政执法的有效对接，才能逐步破解这一版权保护难题。

（二）“独家授权”争议引发广泛关注，网络版权市场需要树立良性竞争机制

在“内容为王”的发展法则下，对优质作品资源的核心控制力成为网络平台竞争的关键。而独占优质内容版权会影响用户获取内容的便捷性，不利于内容服务市场的良性竞争，这一现象在网络音乐市场尤为明显。虽然国家版权局为此专门约谈了主要网络音乐服务商及境内外音乐公司，促使其相互授权，大大改善了网络音乐版权秩序，但“独家授权”问题尚未得到根本解决，仍在一定范围内存在。市场呼唤基于服务质量的平等竞争，既让创作者获得应有的版权收益，也应保证用户对作品的平等使用权和作品本身的正常传播。

（三）行业自律及内部管理存在薄弱环节，网络版权社会保护仍需加强

著作权集体管理组织和各类版权机构是架设在著作权人、相关权人与作品使用人之间的桥梁，对于作品的合法传播和使用具有不可替代的重要作用。由于缺少同类组织的市场竞争，目前一些著作权集体管理组织存在分配机制不透明、谈判能力不强、许可方式不灵活等问题，无法适应网络环境下海量作品授权使用和报酬收取、分配的需要，亟待进一步规范服务，探索新技术环境下市场化、规模化的版权授权许可交易机制，完善集体管理收费模式。而其他版权相关机构则普遍存在着力量不强、影响不大、作用不明显的问题，网络版权社会保护仍需要大大加强。

（四）在互联网经济的背景下，对原创作品的版权保护思路尚需完善

目前，注意力经济衍生出的新型业态处于发展阶段，对原创作品版权保护的程度和方法如何适应技术的发展尚在探索之中。一些原创作品保护机制往往无法跨平台使用，对原创作品的保护思路大多停留在“一告一赔”“一诉一罚”的阶段，既不符合著作权法鼓励传播的宗旨，也没有充分体现技术演进趋势和分享经济的内涵。原创作品的保护思路亟待升级，需要创新和完善原创作品的保护机制与利益实现形式，实现维护作品合法权利与提升传播价值的“双赢”。

2017 年中国版权十件大事

［编者按］ 2018 年 3 月 5 日，国家版权局在官网发布了“2017 年中国版权十件大事”，涵盖政策推行、执法检查、版权产业、剑网行动等多领域。

1. 新时代版权利好政策不断出台

党的十九大报告指出，要“倡导创新文化，强化知识产权创造、保护、运用”，确立了新时代包括版权在内的知识产权工作的总基调，版权工作形势持续向好。2017 年 1 月，国务院印发《“十三五”国家知识产权保护和运用规划》，国家版权局印发《版权工作“十三五”规划》；11 月，十九届中央深改组第一次会议审议通过《关于加强知识产权审判领域改革创新若干问题的意见》。一系列宏观政策相继出台为我国版权事业发展注入了强劲动力，为建设版权强国和创新型国家提供了保障。

2. 全国人大常委会开展著作权法执法检查

2017 年，全国人大常委会开展著作权法执法检查，十二届全国人大副委员长王晨等领导亲自带队前往北京、上海、福建、广东、青海等 5 省市开展检查，同时委托天津、河北、内蒙古、山东、河南、湖北、湖南、重庆、贵州、四川等 10 个省、自治区、直辖市人大常委会对本行政区域内著作权法实施情况进行检查。这是著作权法自 1991 年实施以来最大规模的一次执法检查，此举对于增强全社会著作权意识、提升版权保护水平、促进版权产业发展和推进著作权法修订都具有重要意义。

3. 国家版权局推进网络音乐版权秩序持续好转

自 2015 年重点整治网络音乐版权秩序以来，针对抢夺独家版权、哄抬版权授权费用等不利于音乐作品广泛传播和网络音乐产业健康发展的现象，2017 年 9 月，国家版权局约谈主要网络音乐服务商及境内外音乐公司，要求对网络音乐作品全面授权、避免独家授权，引导探索建立良好的符合市场规律和国际惯例的网络音乐版权授权和运营模式，共同推动网络音乐繁荣健康有序发展。各主要网络音乐服务商积极响应，相互授权，网络音乐版权秩序持续好转。

4. 中国核心版权产业迅猛发展

2017 年，新闻出版、广播影视、软件设计、动漫游戏等行业与互联网技术加快融合发展，推动核心版权产业快速发展。其中，电影票房突破 559 亿元，《战狼 2》以 56.8 亿元独占鳌头；游戏行业整体营业收入约为 2 189.6 亿元，同比增长 23.1%。中国新闻出版研究院发布的《2016 年中国版权产业经济贡献》调研数据显示，2016 年版权产业占我国 GDP 的比重已达 7.33%，其中核心版权产业占比 GDP 已达 4.58%，其占全部版权产业的比重已达 62%，年均增长速度为 13.4%。核心版权产业的迅猛发展，对促进我国经济、文化发展起到了重要的支撑作用。

5. “剑网行动”彰显保护网络版权的突出作用

2017 年，国家版权局、国家网信办、公安部、工信部等四部门联合开展了第 13 次打击网络侵权盗版“剑网 2017”专项行动。各级版权执法监管部门会同网信、工信、公安等部门共检查网站 6.3 万个，关闭侵权盗版网站 2 554 个，删除侵权盗版链接 71 万条，收缴侵权盗版制品 276 万件，立案调查网络侵权盗版案件 543 件，会同公安部门查办刑事案件 57 件、涉案金额 1.07 亿元，并向社会公开发布 20 件网络侵权盗版典型案件。“剑网行动”连续开展 13 年以来，大规模侵权盗版现象得到遏制，网络版权环境持续好转，日益彰显保护网络版权的突出作用。

6. 全国设立 11 家知识产权法庭

2017 年，最高法院批准在南京、苏州、武汉、成都、济南、福州、青岛、合肥、杭州、宁波、深圳 11 个市设立了跨区域管辖的知识产权专门法庭，促进知识产权案件裁判的标准、尺度统一和质量提升。11 家知识产权法庭的挂牌成立，使我国形成了由北京、上海、广州 3 家知识产权法院和 11 家知识产权法庭构成的“3＋11”知识产权专门审判机构。这对于进一步健全司法保护体系，加大包括版权在内的知识产权司法保护力度具有重要意义。

7. 中国新闻媒体版权保护联盟成立

新闻作品是新闻媒体的核心资源，新闻作品版权保护得到各界高度重视。2017年4月26日，在国家版权局主办的2017中国网络版权保护大会上，人民日报社、新华社、中央电视台、中国搜索等10家中央新闻单位发起成立“中国新闻媒体版权保护联盟”，并发布了《中国新闻媒体版权保护联盟宣言》。除10家联盟发起单位之外，全国还有122家报纸、期刊、电台、电视台发布了《关于加强新闻作品版权保护的声明》，旗帜鲜明地表达了维护版权的坚定立场。随后，全国省级党报集团版权保护联盟、中国财经媒体版权保护联盟等相继成立，传统媒体抱团维护新闻作品版权。

8. 软件正版化推动软件产业发展

2017年，推进使用正版软件工作部际联席会议加强统筹协调、服务指导和督促检查，推进使用正版软件工作取得了新的成效。各级党政机关共采购操作系统、办公和杀毒软件127.7万套，中央企业和金融机构共采购操作系统、办公和杀毒软件245.11万套，全国累计推进37 667家企业实现软件正版化。部际联席会议共督查单位389家、检查计算机26 989台。党政机关和大中型企业带头使用正版软件，起到了很好的示范引领作用，促进了软件创新能力不断增强，软件著作权登记量大幅增长，2017年软件著作权登记量达到74.54万件，同比增长83%；软件和信息技术服务业收入达到5.5万亿元，同比增长13.9%。

9. 司法审判对版权保护的作用不断加大

2017年，人民法院通过案件审理有效解决各类版权纠纷，司法审判对版权保护的作用不断加大。如腾讯公司诉暴风公司《中国好声音（第三季）》盗播案中，法院认定暴风公司构成侵权，判决其赔偿腾讯公司单集超100万元、6集总额606万元，创下北京地区单期综艺节目赔偿数额历史新高；网易诉YY侵犯著作权及不正当竞争案一审判决中，法院明确直播电子游戏构成对电子游戏著作权侵权，判决被告赔偿原告经济损失2 000万元，创下网络游戏侵权最高赔偿额。随着赔偿数额的不断提升，版权司法保护的力度不断加大。

10. 人工智能创作带来版权新问题

2017年是人工智能元年，人工智能在新闻采写、文学创作等领域大显身手。5月，被称为人类历史上首部100%由人工智能创作的诗集《阳光失了玻璃窗》由北京联合出版公司出版。人工智能创作物的大量出现以及可预见的快速增长，引发了人们关于人工智能创作物的可版权性及权利归属等问题的热烈探讨，成为2017年版权理论界的热点话题。

2017 CPCC 十大中国著作权人

［编者按］ 2018年3月22日，由中国版权保护中心主办、中华版权代理总公司协办、《中国版权》杂志社有限公司承办的2018 CPCC中国版权服务年会在北京开幕，2017 CPCC中国十大著作权人年度评选结果同时揭晓。“2017 CPCC十大中国著作权人”分别为：吴京、孙赫阳、中国科学院自动化研究所、北京梦之城文化股份有限公司、上海棠棣信息科技股份有限公司、中教易未来（北京）文化传媒有限公司、惟邦环球建筑设计（北京）事务所、北京小米移动软件有限公司、广州酷狗计算机科技有限公司、北京华彩世嘉网络科技有限公司。

1. 吴京

著名影视演员。他不忘使命，扎根新时代，以严肃认真的态度创作了一系列紧扣时代脉搏、讴歌当代英雄的《战狼2》《战狼》等电影剧本。他自导自演的电影《战狼2》成功塑造了一个中国式的铁血硬汉，生动演绎了中华民族昂扬向上、热爱和平的时代精神，激发了国人的爱国热情和对英雄的崇拜，成为2017年感动中国并引起世界关注的电影大片。该片以56.8亿元票房和1.59亿观影人次的骄人业绩斩获了2017年中国电影的桂冠，实现了口碑和市场的双赢。

他努力把创新理念和讲责任、讲奉献的时代主旋律有机融合，不断将作品锻造成为抒写人民心声、彰显信仰之美的精品佳作。其参演的《男儿本色》《西风烈》《太极宗师》《我是特种兵》等影视作品生动形象地诠释了这一主题，传播了正能量，显示出坚定的文化自信。

吴京坚持原创，具有很强的版权保护意识，积极主动进行作品登记，已在中国版权保护中心登记了剧本《战狼2》《战狼》，美术作品《犯我中华虽远必诛》《战狼展翅》《战狼手表》《战狼狼头》等，为作品版权价值的深挖奠定了基础，更为社会树立了影视明星尊重版权的典范。

2. 孙赫阳

珐琅彩瓷技艺传承人、北京政合宫文化发展有限公司总经理。他不但使失传了二百多年的宫廷珐琅彩瓷技艺得以恢复，而且超越梦想，创新设计制作出了雕塑瓷与珐琅彩融合的新时代工艺精品，让传统融入到现代生活，将宫廷奢侈品创新转化成为一个极具版权价值的大IP，满足了人民群众的文化需求，提高了文化传承的质量。

珐琅彩瓷学名瓷胎画珐琅，是中国瓷器生产工艺发展到顶峰期的产物，堪称中国古代彩绘瓷器的佼佼者，亦是古代中外文化交流的见证物。乾隆以后逐渐失传，鲜有人知。为了传承古代经典，他不忘初心，刻苦坚持了13年，以百折不挠的工匠精神，不断进行设计创新、工艺创新、功能创新，解决了颜料调和油、釉面、色料的膨胀系数和吸附性的难题，终于让失传的古代技艺重新复活，让宫廷珐琅彩瓷再次走进人们的视野。

2017年他在中国版权保护中心登记的美术作品《新十二花神（男神、女神）》中将男神、女神的元素融入画面里，指代历史上的著名男性与女性，再附上诗句，呈现出别开生面的新视觉，体现了传承中的创新。比起《清康熙青花五彩十二花神》，绘画更为精细，使用瓷胎画珐琅的套色工艺，凸显了花卉的立体感，弥补了原花神绘画单一的缺憾。他创新推出的雕塑瓷与珐琅彩融合的十二生肖工艺品，更是突破传统瓷器生产工艺水平，在符合当代人审美的同时，让传统经典迸发出新的光彩，为衍生品开发及市场推广奠定了基础。他设计制作的中国太空珐琅彩凤舞龙腾天球瓶，随神州十一号飞船进入太空巡游33天，版权价值被开发到了太空，并被中国国家博物馆收藏，出版发行了纪念邮册。

3. 中国科学院自动化研究所

中国科学院自动化研究所（以下简称自动化所），建所60多年来，勇攀高峰，不断创新，积极推动科技与数字信息和文化的融合，维护国家文化安全，给文化赋能，用科技打开传统文化的体验之门，为文化供给侧结构性改革提供了新装备。

自动化所在中国版权保护中心先后登记了1 000多件软件，其中涉及支撑虹膜识别核心技术系统的软件就有30余件。基于该类软件研发的一系列虹膜识别产品被广泛应用于国家安全部门、军事设施、矿山安全生产等众多领域，填补了中国活体虹膜识别技术在国际领域的空白，打造了中国虹膜识别领域的民族品牌，提升了中国生物识别产业的国际竞争力。

自动化所积极参与文化创新建设，为满足新时代人民日益增长的文化需求，构建了“人工智能+文化体验装备”的创新模式。以中国传统文化为内涵、以现代科技手段为支撑、以“人工智能+”为表现形式，开发推广公共文化服务体验装备。依托自身人工智能、人机交互、模式识别、动作捕捉、图像处理等创新优势，以其登记的《书法真迹仿真生成技术展示》《舞蹈体验设备技术展示》等作品展示的文化创新体验为目标，开发了“软笔书法数字化体验台”和“舞蹈体验设备”，将人们书写、舞蹈的全过程高度还原并进行数字化、智能化、个性化处理分析，实现了中国模式的人机交互，扩大了公众参与度，提升了公共文化服务效能，满足了社会多元化的需要，市场前景非常广阔。其建功文化数字工程的创新成果，引起多家主流媒体高度关注报道。

走进新时代，自动化所牢记使命，始终把科研与国家发展和创新战略融为一体，高度重视知识产权保护与运用工作，积极主动进行著作权登记，不断积聚版权资产，挖掘版权价值，彰显版权在服务科技转化成生产力中的延展和促进作用。

4. 北京梦之城文化股份有限公司

北京梦之城文化股份有限公司（以下简称梦之城）以原创动漫形象“阿狸”为核心，创新打造自有IP，充分挖掘版权价值，构建了一条集内容运营、出版发行、商品销售、商业授权及主题场馆于一体的动漫全产业链，创造了几何级数般的辐射效应。在此基础上，不断研发新形象并实现快速孵化变现，从而保持原创IP资源的持续性优势，使之成为一个版权价值不断攀升的“高端”大IP。

“阿狸”是国内当红的原创动漫形象，线上粉丝达1 700万。阿狸动漫绘本总发行量高达300万册，是动漫绘本类的销量冠军，手绘风格的动画片累计时长超过160分钟，在线点击量超8亿。在互联网和移动客户端的200个平台上均可下载“阿狸”的网络表情和壁纸等，“阿狸”表情微信下载量过3亿，输入法皮肤下载5亿次，原创壁纸下载3亿次，是动漫类下载冠军。2016年和2017年梦之城在中国版权保护中心登记的32件各类作品中，围绕“阿狸”的相关作品就有18件。梦之城致力于中国原创动漫平台化与产业化，为互联网源源不断提供绘本、动画片、动漫阅读平台APP、互联网增值产品，授权麦当劳、中国银行等知名客户进行衍生品开发，旗下拥有2 000余款衍生品。

“阿狸”的产品多次登上CCTV《新闻联播》，并作为国礼被赠予外国友人。还多次斩获国内外大奖：2017年入围中国授权业大奖年度中国IP奖和年度企业及时尚、生活授权IP奖；2016年获得亚洲授权业大奖年度最佳亚洲授权形象奖。

梦之城重视原创，通过授权、开发衍生产品等方式全方位开发利用原创动漫作品，将作品的版权价值最大化，并因此得到巨大社会反响和经济效益，成为中国原创动漫及动漫产业发展的榜样。

5. 上海棠棣信息科技股份有限公司

上海棠棣信息科技股份有限公司（以下简称棠棣信息）是一家致力于为金融机构、互联网金融企业、智慧社区、医疗机构提供软硬件产品和系统集成服务的高科技企业，是十九大会议期间唯一入选的现场智能服务机器人——棠宝机器人的研发公司。

棠棣信息抓住机遇、勇于创新，积极抢占产业的制高点和未来的主导权，凭借自身在软件领域的研发和服务优势，站在人工智能这一当下重要的产业前沿，市场潜力和时代意义巨大。其自主研发的《棠棣机器人核心平台V1.0》等软件，为棠宝机器人系列产品提供了强大的功能支撑。棠宝机器人与业务场景结合紧密，语音交互、人脸识别、场景感知和行走避障等功能表现出众，真正实现了一“人”多用，一“人”多面，为满足人们日益增长的美好生活需求带来更多的便捷。目前，棠棣信息服务机器人已经进入金融、政府、电信和电力等重要行业。

棠棣信息始终将软件知识产权的创造、运用、保护和管理作为企业赖以生存的生命线，持续改进企业知识产权管理体系，积极开展软件著作权登记，先后在中国版权保护中心登记了27件软件。棠棣信息通过版权登记保护自身的合法权益，促进以“赋能、赋值、赋智”为使命的新一代软件开发积极性，带动了产业的转型升级。

6. 中教易未来（北京）文化传媒有限公司

中教易未来（北京）文化传媒有限公司（以下简称中教易未来）是一家由专业电竞俱乐部转型为

以电子竞技运动及职业教育为核心，从事高级电竞咨询、开展国际电竞交流、传播电竞体育文化的专业公司。其在参与国内外电子竞技赛事中取得过多项骄人成绩，集聚了众多明星选手和冠军选手，是中国电子竞技业的佼佼者。

中教易未来抓住国家鼓励电子竞技运动事业发展和周边产业越来越完善的机遇，激活青年人为国争光，勇于挑战的创新力，盯住电子竞技产业链中人才培训这个关键点，抢占“高地”，集聚起行业人才，整合资源，打造出了具有专业化、实战化、国际化的电子竞技类系列培训教材，为中国电竞 IP 敢于立“标”，填补了中国电子竞技职业教育的空白，解决了一些开设电子竞技专业院校的燃眉之急。

2017 年，中教易未来将 10 本全套教材在中国版权保护中心进行了登记。首批出版的 5 000 套教材刚一问世，即被抢购一空。不仅为中高级电子竞技专业提供了专业的教材，也为亿万电子竞技爱好者提供了全面实用的自学工具书。中教易未来依托这一国内首创的系列电子竞技教材与国内多家院校进行合作，建立了学历教育、技能培训教育、兴趣教育等灵活多样的教育模式，为培养中高级职业电子竞技人才参与国际竞争，提供了具有实践意义的规范和标准，为促进中国电子竞技这一新兴体育运动的健康发展，奉献了创新成果。

7. 惟邦环球建筑设计（北京）事务所

惟邦环球建筑设计（北京）事务所（以下简称惟邦）是一家主张“全面设计、全程服务”和“新营造、新时代”的建筑设计公司。2009 年起与清华大学建筑设计研究院强强联合，组建清华惟邦城市与营建研究中心，参与了湖北省、贵州省、珠海市等一系列省市级博物馆的国际设计竞赛，无一例外全部进入前三名，为中国设计师争得了荣誉。2017 年，惟邦登记的美术作品《“六枝记忆”三线建设博物馆“建筑与艺术”》展示了设计者独特的创意和对历史文化的精准把握，再造了城市新景观，使其成为一张地方文化的名片。

作品运用中国人居“山水”哲学理论，从现存工业遗产建筑中摄取“廊桥”意象，围合新的时代山水整体，让参观者宛如在中国山水园林中畅游，获得最佳观景体验。修旧如旧的改造理论和新旧对比的创新设施，将一度废弃的旧厂房变成一座崭新的博物馆，创造性地一举打破了建筑专业与展陈专业长期以来形成的隔阂状态。设计者打破常规静态展陈，引进飞行、椭球影院，利用最新数字技术成果，调动观众的视听艺术感受。该作品涵盖了建筑项目全部用地范围以及其中的建筑物、构筑物和风景园林景观，通过现代建筑设计与地方历史文化有机融合，将文化转变为景观，构建了集文化创意、建筑、展陈为一体的整体建筑群，创新性地从“创业学”的角度来诠释博物馆的每一个主题，把传统建筑中的历史文化通过现代设计解读出来。惟邦一直以来重视作品的版权保护和自主知识产权管理，全方位的版权资产管理体系已经建立。从建筑设计方案到单件艺术品，以具有自主知识产权的世界第一座椭球影院为代表的一系列创作作品均进行了作品著作权登记。版权资产的不断累积，将持续助力惟邦在建筑业中的创新与突破。

8. 北京小米移动软件有限公司

北京小米移动软件有限公司（以下简称小米），是一家集“硬件＋新零售＋互联网”三大优势为一体的“互联网＋”创新型企业。小米致力于将最新的创新智慧和成果带给广大的用户，2017 年在中国版权保护中心共登记 48 件作品，其中软件 33 件，其他各类作品 15 件。

小米坚持自主研发和原创设计，使产品具有明显的价格优势，同时专业的研发和设计团队专注于将产品做到美感、功能与科技的有机融合。时尚简洁的创意设计、高科技的产品内涵、使用过程中的人性化反馈，都使消费者以更亲民的价格获得了最前沿的科技体验。同时，科技和设计的创新融合使产品迭代更新快，提升了自主知识产权的含量，在高端国际竞争中通过打造民族品牌，增强了民族文化自信。小米自主研发的手机操作系统《MIUI》，自问世近十年来，为用户提供了丰富的互联网服务。研发团队坚持与时俱进，时时更新《MIUI》系统，使其不断融合新技术新设计，始终力求将保证用户需求和体验做到极致。小米还依托原创的卡通形象“米兔”，充分挖掘其版权价值，制作了“米兔”抱枕、“米兔”漫画以及“米兔”动画短片等一系列衍生品，使“米兔”成为小米最好的卡通代言人。

小米重视原创，坚持创新研发和设计，积极开展知识产权保护工作，让“中国智造”走出去，打造自己的国产原创品牌。

9. 广州酷狗计算机科技有限公司

广州酷狗计算机科技有限公司（以下简称酷狗）是一家致力于为互联网用户和数字音乐运营提供最佳解决方案的数字音乐交互服务提供商。公司的核心产品《酷狗音乐》播放器，凭借其简单的操作、高效的搜索、优质的内容以及对用户最佳体验的极致追求，发展至今已成为月活跃用户达 4.5 亿的中国最有影响力的 P2P 音乐共享软件之一。

作为国内第一代音乐平台的酷狗，在致力于推动中国数字音乐产业健康发展的基础上，也在不断探索能够使综艺、影视 IP 等泛音乐版权延伸的开放生态圈，通过与热门音乐节目的合作，推出相关主题歌单，实现线上线下的联通互动。同时，酷狗建立了资源丰富的正版曲库，用户既可以免费听到部分歌曲，也能通过付费购买数字专辑获得相应的增值服务，获得丰富多元的音乐体验。酷狗通过整合版权资源，实现深度融合，让版权价值得到提升，助力音乐版权变现，为音乐人及唱片公司创造更多的价值，进而推动音乐产业的循环发展和转型升级。

在对数字音乐创新融合的坚持下，酷狗着力打造音乐多元化平台，推出“技术＋音乐”的模式，不断探索“音乐新玩法”。2017 年推出的原创蝰蛇音效，根据听歌场景、空气干湿度等情况进行音效 DIY 配置，给用户带来突破极限的听歌感受，并在 Global Tech 2017 环球·智能世界大会上斩获人气音效黑科技奖，让中国的文化产品走向国际，成为实现文化输出的一张重要名片。

酷狗是一家非常重视版权保护的企业，2017 年公司对原创作品开展版权登记超过 260 件。未来，酷狗在尊重原创的基础上，还将不断完善版权保护举措，让音乐产业的价值得到最大化体现。

10. 北京华彩世嘉网络科技有限公司

北京华彩世嘉网络科技有限公司主要致力于交互式电影、动漫、游戏和新媒体领域的开发。2017 年，公司在中国版权保护中心登记了文字作品《数字交互式电影（第三代电影）》，提出了全新概念的影视产业模式，起到了撬动中国电影产业发展的杠杆作用。

数字交互式电影是传统电影艺术与人机交互技术结合诞生的全新媒体形式，把传统电影的灌输式叙事转化为互动探索式叙事，改变单向被动观影体验，创新出多线性叙事艺术，让观众的主观能动思维活跃起来，使观众成为电影中的角色、设计者甚至制作者，从而实现观众与电影的真正意义上互动。

数字交互式电影把游戏产业中的强社交性融合到电影产业中，实现版权与专利技术的融合，它不仅仅满足了人们的文化需求，也完成了电影艺术与高精尖科技的完美融合，为中国电影文化发展提供了全新的传播平台，也为未来电影产业发展做出了实质性的推进。未来电影在科技支撑下，必能提供更多展现形式。数字交互式电影通过试点，将逐步推向市场，而它的市场化则会催生新的影视产业链形成，将给现有电影产业带来重大变革，并带动影视衍生品、互联网购物、个体数据库等大范围产业提升和创新拓展。

数字交互式电影是电影产业发展的必然趋势，其独特的艺术语言和表现特征，使我国一跃成为新电影时代的发源地。

2017 年中国版权年会年度评选获奖名单

［编者按］　2017 年 11 月 24 日，由中国版权协会主办的第十届中国版权年会在京举行。会上公布了“2017 年中国版权年会年度评选获奖名单”，包括 2017 中国版权最具影响力企业 41 家、2017 中国版权卓越成就者 10 人、2017 中国版权年度特别贡献奖 2 家。全国人大教科文卫委员会主任委员、中国版权协会名誉理事长柳斌杰出席大会，并为获奖者颁奖。

2017 中国版权最具影响力企业

（排名不分先后）

万达影视传媒有限公司
上海腾讯影业文化传播有限公司
广东省南方文化产权交易所股份有限公司
广州中望龙腾软件股份有限公司
广州漫友文化科技发展有限公司
中国人民大学出版社有限公司
中标软件有限公司
世纪优优（天津）文化传播股份有限公司
东方明珠新媒体股份有限公司
北京万慧达知识产权代理有限公司
北京百度网讯科技有限公司
北京师范大学出版社（集团）有限公司
北京思维造物信息科技有限公司
北京鲲鹏大雅实业投资有限公司
电子工业出版社
辽宁出版集团有限公司
西部电影集团有限公司
西藏天利经济文化发展有限公司
成都新西南陶瓷艺术股份公司
江西网络广播电视台
江西金太阳教育研究有限公司
江西新华发行集团有限公司
江苏省广播电视集团有限公司
江苏联邦信息技术有限公司
安徽新媒体集团有限公司
苏州太湖雪丝绸股份有限公司
苏州原本图像科技有限公司
沪江教育科技（上海）股份有限公司
青岛城市传媒股份有限公司
幸福蓝海影视文化集团股份有限公司
国文经信（北京）文化发展有限公司
视觉（中国）文化发展股份有限公司
陕西师范大学出版总社有限公司
荣信教育文化产业发展股份有限公司
南通市嘉宇斯纺织集团有限公司
咪咕数字传媒有限公司
闽清聚福工艺品有限公司
商务印书馆有限公司
湖北广播电视台（集团）
福建网龙计算机网络信息技术有限公司
福建德化五洲陶瓷股份有限公司

2017 中国版权卓越成就者

（排名不分先后）

刘丛星　吉林出版集团股份有限公司总经理

迟子建　中国作家协会主席团成员、黑龙江省作家协会主席

阿　来　中国作家协会主席团委员、四川省作家协会主席

李树江　北京市文化市场行政执法总队党组书记、总队长

张凌云　掌阅科技股份有限公司联合创始人、董事

孟鸣飞　青岛出版集团党委书记、董事长

徐　炯　上海市版权局局长

黄书元　人民出版社党委书记、社长
梁志祥　百度副总裁、CEO 助理
雷　毅　北京数码大方科技股份有限公司董事长、总裁

2017 中国版权年度特别贡献奖

（排名不分先后）

外文出版社
北京登峰国际文化传播有限公司

版权

理论研究

LI LUN YAN JIU

2017 年中国著作权法研究综述

向　波*

一、关于著作权法基础理论问题的研究

（一）关于作品独创性问题的研究

有学者考察了实际案例，归纳出认定独创性的四种司法标准：是否表达出作者的个性；是否为自主意识下的选择、组织、加工等；是否影响公有领域；是否具有新颖性。认为应当以社会标准原则、整体性原则、区分原则与公共政策原则作为独创性认定的基本原则①。还有学者认为，作为“独创性”的一个判断标准——“创造性”不应成为作品的构成要件，而作为“独创性”的另一个判断标准——“独立完成性”则是作者身份认定的实质要件，应当归属于著作权主体制度。因此，由“创造性”和“独立完成性”构成的“独创性”不是作品的构成要件②。另有学者认为，财产权利规则下的作品认定，遵循著作权法规则中的“原创性”要件，将作者人格化要素加以客观化并外在地固定下来的同时，仍兼具了模糊处理最低限度创造性标准的开放结构③。也有学者探讨了英国版权制度中的独创性概念，基于不同的法哲学基础，通常英国版权法上的“劳动、技能或者判断”的独创性标准被认为低于欧盟的“独立的智力创造”标准，这使得英国法院不得不面对来自欧盟的挑战④。

（二）关于思想表达二分法问题的研究

有学者认为，思想表达二分法是法律问题，思想与表达的界分是事实问题；前者蕴含价值判断，后者与价值无涉；前者是法官在裁判时加以裁量，后者由当事人举证证明⑤。还有学者认为，从制度变迁的角度来看，“表达”的内容经历了从严格字面解释向“非文字性要素”扩张的历史变迁。事实上，二分法的本质是反映产业利益诉求和实现版权激励功能的价值取舍，因此，应当从产业利益的角度理性认知思想表达二分法⑥。也有学者认为，基于思想表达二分法之合并原则，可将思想与表达之间难以界分的模糊区域划入不受保护的思想范围，让其失去受保护之地位，虽对作者私有权益构成一定损害，却能在司法实践中有效避免诸多难题，极大增强思想表达二分法原则之具体操作性⑦。另有学者认为，思想表达二分法并非是对作品“思想”与“表达”的简单分割，而是将作品划分为“思想”与“表达”两个基本维度，界定著作权范围的理论方法。应当立足于思想表达二分法对著作权范围进行学理界定，从而保证“实质性相似＋接触”规则的准确适用⑧。

（三）关于其他问题的研究

有学者认为，我国著作权法“应当由著作权人享有的其他权利”这一兜底条款的存在，意味着著作权法没有严格遵循承接自物权法的绝对权法定原则，而是允许特定条件下的造法行为，其中既包含着法官造法对著作权类型化不足的弥补，也关联了私人设权对新兴商业模式的回应⑨。还有学者探讨了著作权绝对主义的实质，即将著作权视为有期限的无限制的财产权。这使得著作权的推理与保护规则倾向于将作品的全部剩余利益归属于著作权人，也使得限制体系逐渐膨胀。绝对主义理念过度强调著作权的自然权利属性，将不利于文学艺术领域的

---

* 向波，法学博士，南开大学法学院副教授，从事知识产权法学研究。

① 唐先博，黄明健，李萍．我国作品独创性认定的实证研究［J］．贵州师范大学学报（社会科学版），2017（3）．

② 葛龙．反思独创性在著作权法中的地位［J］．北京政法职业学院学报，2017（1）．

③ 徐珉川．作品“原创性”规则的功能化解读：兼评《著作权法（第三次修改送审稿）》第5条［J］．法律科学（西北政法大学学报），2017（3）．

④ 万琦．论英国版权法上的独创性［J］．知识产权，2017（11）．

⑤ 卢海君．论思想表达两分法的法律地位［J］．知识产权，2017（9）．

⑥ 赵锐．版权法中思想/表达二分法的反思与认知［J］．东岳论丛，2017（9）．

⑦ 王凤娟，刘振．著作权法中思想与表达二分法之合并原则及其适用［J］．知识产权，2017（1）．

⑧ 宋戈．著作权范围的模型建构与学理界定［J］．广西民族大学学报（哲学社会科学版），2017（3）．

⑨ 熊琦．著作权法定与自由的悖论调和［J］．政法论坛，2017（3）．

创新与新兴产业的发展①。

二、关于人工智能与著作权保护问题的研究

（一）人工智能生成内容的可版权性

有学者认为，对人工智能创作物的可版权性判断，应该以“额头出汗”原则建立起独创性判断的客观标准。不能因为人工智能创作物的创作主体不是自然人，就否定其可版权性。应当将智能作品纳入传统版权分析框架，因为它实际上是一种人工智能对设计版权的演绎作品②。还有学者认为，人工智能创作物是否可以构成作品的关键在于其是否具有独创性。在现行著作权法原理和框架下，独创性的判断往往同创作者的人格属性密切相关。人工智能在现阶段仍是创作工具，人工智能创作物仍是作者思想的延伸表达，若符合“独创性”条件，仍应被认定为作品③。也有学者认为，作为遵循人工智能软件设计者意志创作的产物，人工智能生成内容的结果仍可由独创性判定标准来认定④。另有学者认为，根据人工智能创作过程对人的依赖程度，将人工智能生成物类型化为来自人类的生成物（第一类生成物）和非来自人类的生成物（第二类生成物）。从解释论的角度来看，第一类生成物可以受到现行著作权法的保护，而第二类生成物不满足构成作品的要件。从立法论的角度来看，应基于激励理论来考虑第二类生成物著作权法保护的必要性⑤。相比较而言，有学者认为，如果人工智能生成的内容在表现形式上不符合作品的构成要件，如计算机生成的无独创性数据库，当然不能作为作品受到保护。迄今为止这些内容都是应用算法、规则和模板的结果，不能体现创作者独特的个性，并不能被认定为作品⑥。

（二）人工智能生成物的权利归属

有学者认为，对于智能作品上的权利配置，应该以所有者与使用者之间的约定优先，建立起以所有者为核心的权利构造，以鼓励投资人并促进人工智能技术的长足发展⑦。还有学者认为，人工智能生成物的著作权是否归属于编程者或程序使用者，应从商品经济和社会发展水平出发进行综合判断⑧。也有学者认为，作为遵循人工智能软件设计者意志创作的产物，其权利归属也应借鉴早已存在且运作成熟的法人作品制度安排，将人工智能的所有者视为著作权人⑨。

（三）其他问题

有学者认为，狭义著作权制度与人工智能创作物保护存在难以解决的理念冲突与规制困境。邻接权保护则有助于缓解人工智能创作物保护与著作权原理的冲突，同时能合理配置人工智能创作的利益关系⑩。还有学者认为，在理论上，构建以人类读者（受众）为基础，而不是以人类作者、发明人为中心的版权法和专利法理论，即可解决人工智能创造物的法律地位问题，其权利归属问题也同样可以在不与传统规则相冲突的方式下得到解决。

三、关于著作权对象问题的研究

（一）网络游戏

有学者认为，在目前司法实践中，网络游戏被归入视听作品类型得到著作权保护，这种保护方式是对著作权法保护客体的一种扩张性解释。鉴于网络游戏作品在网络直播视域下的特殊属性，有必要将其作为特定客体类型加以保护，排除广播权适用，将玩家行为界定为表演，同时引入法定许可解决相关权利行使问题⑪。关于网络游戏直播，有学者认为，网络游戏直播行为涉及网络游戏著作权人、游戏玩家、主播和网络游戏平台等不同主体的专有权利。网络游戏直播行为是否构成合理使用，需要根据不同的游戏类型具体个案判断⑫。另有学者认为，电竞动态画面除游戏开发者独创设计的图形、音乐等资源外，还包括了游戏玩家的对战策略等智力成果，符合著作权法对作品的要求，应给予其著作权

① 付继存．著作权绝对主义之反思［J］．河北法学，2017（7）．
② 易继明．人工智能创作物是作品吗？［J］．法律科学（西北政法大学学报），2017（5）．
③ 王小夏，付强．人工智能创作物著作权问题探析［J］．中国出版，2017（17）．
④ 熊琦．人工智能生成内容的著作权认定［J］．知识产权，2017（3）．
⑤ 刘影．人工智能生成物的著作权法保护初探［J］．知识产权，2017（9）．
⑥ 王迁．论人工智能生成的内容在著作权法中的定性［J］．法律科学（西北政法大学学报），2017（5）．
⑦ 同②．
⑧ 同③．
⑨ 同④．
⑩ 罗祥，张国安．著作权法视角下人工智能创作物保护［J］．河南财经政法大学学报，2017（6）．
⑪ 徐红菊．网络直播视野下游戏作品的视听作品保护模式的反思与重塑［J］．河南财经政法大学学报，2017（4）．
⑫ 许安碧．网络游戏直播中的著作权问题探究［J］．政法学刊，2017（1）．

保护[①]。

有学者认为，游戏直播画面由游戏用户界面呈现的画面、游戏用户行为呈现的画面以及游戏直播行为呈现的画面这三部分组成，我国著作权法上的作品通常包含三个方面的条件，即文学艺术、科学领域内的表达、独创性以及可复制性。在判断游戏直播画面的法律属性时，应以构成作品的条件为基础，根据其具体构成要素的不同而做出不同的判断[②]。还有学者认为，网络游戏画面构成美术作品或者类电影作品（视听作品），著作权归网络游戏作品创作者。未经网络游戏作品著作权人同意，通过网络进行网络游戏直播，构成向公众播放作品行为，落入应当由网络游戏作品著作权人“享有的其他权利”（播放权）排他范围内，不属于著作权法规定的著作权限制情形[③]。也有学者认为，电竞游戏比赛的动态画面具备人物、背景、故事情节等表现形式，与电影作品类似，应被纳入电影类作品的范畴，其著作权归属于游戏开发商[④]。另有学者认为，基于著作权法对独创性作品保护的精神和规定，网络游戏直播画面应当成为受著作权保护的作品，其相关权利主体则由于网络游戏种类的不同而不同[⑤]。

对于电竞赛事直播节目，有学者认为，首先需厘清电子游戏不同衍生作品的性质区别，只有当直播主体对电竞赛事的画面进行独创性的选取、对赛况进行创造性的解读等工作时，形成电竞赛事直播节目方能形成著作权法意义上的作品[⑥]。还有学者认为，在网络直播案件中，电视综艺节目、体育赛事节目和电子游戏竞技赛事节目性质的认定至关重要，在一定条件下将上述三类节目认定为录像制品是合理的，也是必要的。我国著作权法上的“独创性”应当体现一定程度的创造性，录像制品以不具有独创性为前提。录像制品制度应当保留，不应被视听作品所吸收[⑦]。

（二）体育赛事与体育赛事节目

有学者认为，体育竞赛不能作为著作权法中的“作品”来保护，因为其不符合作品的构成要件，但可用“表演者权”保护竞技者的利益[⑧]。也有学者认为，应当扩大著作权法中规定的广播组织范围，将互联网媒体平台加以吸纳。应当更多地通过市场行为调节观众在赛事观看过程中摄像、录音、拍照等行为可能产生的著作权法律问题[⑨]。另有学者认为，与邻接权保护模式和反不正当竞争保护模式相比，版权保护模式更能够有效地维护网络市场的健康发展，给予体育产业更充分的激励[⑩]。还有学者认为，在著作权项下，体育赛事直播节目的作品类型的界定，以及对著作人身权和著作财产权的路径选择有助于保护体育赛事直播节目的合法权益。通过对广播权和信息传播权的界分、反不正当竞争法的适用以及赛事转播权和著作权的重构，可以为体育赛事直播节目提供有效的保护[⑪]。

（三）角色形象

有学者认为，角色商品化包括对知名虚构角色和真实人物人格特征的商品化。构建角色商品化的法律保护模式，应当在民法典中引入形象权来保护自然人以及由自然人扮演的知名角色的人格特征，还应通过反不正当竞争法和商标法来对形象权所无法涵盖的知名角色特征提供保护[⑫]。还有学者认为，文学作品中的人物角色特征不能通过视觉感知而呈现，无法展现出人物角色的鲜明特征，这就加深了文学作品中人物角色版权保护和侵权判定的难度。美国判例中的相关司法理念和方法，特别是在判定人物角色是否受版权保护、后续作品是否侵权中所采用的思路和方法，可资借鉴[⑬]。也有学者认为，在涉及文字作品虚拟角色的法律保护问题时，首先，

① 赵银雀，余晖．电子竞技游戏动态画面的可版权性研究［J］．知识产权，2017（1）．

② 黄玉烨，王骁．论游戏直播画面的法律属性［J］．河南财经政法大学学报，2017（4）．

③ 李扬．网络游戏直播中的著作权问题［J］．知识产权，2017（1）．

④ 祝建军．网络游戏直播的著作权问题研究［J］．知识产权，2017（1）；李旭颖．网络游戏画面的作品定性及相关著作权问题研究［J］．成都理工大学学报（社会科学版），2017（3）；于焕超．“互联网＋”时代网络游戏整体画面的著作权属性：兼评“壮游科技诉硕星科技侵犯著作权、商标权及不正当竞争案”［J］．中国发明与专利，2017（7）．

⑤ 冯晓青．网络游戏直播画面的作品属性及其相关著作权问题研究［J］．知识产权，2017（1）．

⑥ 刘承韪，黄寅．电竞赛事直播节目的作品性质［J］．人民司法，2017（31）．

⑦ 王国柱．网络直播案件中录像制品的认定：兼论录像制品制度的不可替代性［J］．河南财经政法大学学报，2017（4）．

⑧ 郑家红，谢申文．体育竞赛著作权保护的法理学思考［J］．知识产权，2017（5）．

⑨ 刘阳．自媒体时代体育赛事转播权的保护［J］．知识产权，2017（5）．

⑩ 刘家瑞．论体育节目的国际版权保护［J］．知识产权，2017（8）．

⑪ 高天翼．论体育赛事直播节目的著作权保护［J］．河南财经政法大学学报，2017（2）．

⑫ 李阁霞．角色商品化再论［J］．知识产权，2017（3）．

⑬ 华劼．借用文学作品人物角色创作的版权问题研究：美国判例研究的启示［J］．江苏社会科学，2017（4）．

需要判断被利用的虚拟角色在原文字作品中的属性以及被利用的程度，从而确定被告是否侵犯原文字作品的著作权；其次，还要判断文字作品中的虚拟角色是否满足相应的标准，从而作为作品受到著作权法的保护。基于现有的制度环境和司法状况，文字作品中的虚拟角色也很难通过“商品化权”获得充分保护①。

（四）民间文学艺术作品

有学者认为，民间文艺作为创作素材是不受著作权法保护的思想。私权保护民间文艺不具有正当性。民间文艺的再创作，产生法律意义上的“作品”，必须符合“独创性”标准②。还有学者认为，在检视现有理论缺陷的同时，应当探寻民间文学艺术表达保护模式的最佳路径选择，即构建公、私法二元保护模式；在此基础上，应当树立民间文学艺术表达保护创新观，借鉴物权及其衍生理论“二元知识产权体系”构建民间文学艺术表达权，从而充分释放其内在价值③。

（五）标准

有学者认为，对于“标准”之表达的可版权性分析应从版权激励的必要性、接触“标准”内容的可能性及表达方式的可选择性等三个维度进行。与普通作品相比，对于表达性使用“标准”之情形，被告的合理使用与默示许可抗辩更容易获得成功，版权人禁令救济请求获得支持的难度也更大④。也有学者认为，政府标准不属于法律、法规等官方文件，应受到著作权法的保护。政府标准具有一定的公共性，应该向社会公开，政府机关不得以此牟取经济利益，这属于著作权的限制范畴，与保护政府标准著作权并不矛盾⑤。

除以上内容外，还有学者对电视节目⑥、工艺品⑦、电子书⑧、短语类作品⑨、服装设计作品⑩、公共作品⑪、绘文字⑫、临摹品⑬、表情包⑭、合作作品⑮、网页⑯、违法作品⑰、电视新闻⑱、实用艺术品⑲、网络游戏规则⑳等对象的可版权性与著作权保护问题展开了讨论与分析。

四、关于著作权主体与内容问题的研究

（一）著作权主体

有学者认为，我国高校要实现保护作者合法权益、保护高校知识产权与促进学位论文利用三大目标，应当遵循著作权制度的基本理念和具体规范，明确学生对学位论文的著作权归属，规范高校学位论文管理中的委托创作合同和著作权许可使用合同，并促进学位论文的知识共享㉑。还有学者认为，中国《著作权法修改草案》新增“视听作品”概念，但是关于“视听作品”归属的相应法律制度未做实质修改。应以“视为作者”原则安排“视听作品”的归属制度。制片者是“视听作品”的法律作者，著作权由制片者享有，实际创作者是事实作者，不享有“视听作品”的著作权㉒。另有学者认为，应采用二元论，将作者权与著作权分置。作者权定性为作品创作事实的确认机制，由创作者独享。

① 向波．文字作品虚拟角色的著作权保护：以“摸金校尉”案为例［J］．中国版权，2017（5）．

② 宋青霞．民间文艺：创作素材？版权作品？［J］．科技与法律，2017（3）．

③ 曾钰诚，李远龙．民间文学艺术表达保护模式选择：误区、澄清与展望［J］．贵州师范大学学报（社会科学版），2017（2）．

④ 杨红军．论“标准”的表达性使用及其法律调整［J］．河北法学，2017（12）．

⑤ 蔡睿．政府标准的著作权问题：基于《著作权法》第 5 条第 1 项的分析［J］．科技与法律，2017（1）．

⑥ 李士林．电视节目保护方式的有效性论证［J］．北方法学，2017（3）．

⑦ 王晓芬．从工艺品到建筑物之跨界著作权侵权问题研究：以江苏无锡紫砂壶案为分析对象［J］．上海政法学院学报（法治论丛），2017（2）．

⑧ 郑万青，高金强．电子书版权保护的欧美经验：兼论我国电子书版权保护体系的构建［J］．知识产权，2017（12）．

⑨ 鲁甜．短语类作品版权保护的困境与进路：以“我叫 MT”案为切入点［J］．重庆理工大学学报（社会科学），2017（5）．

⑩ 陈伊卓宁．服装设计作品的著作权司法保护探析［J］．电子知识产权，2017（1-2）．

⑪ 孙汉基．韩国《著作权法》中公共作品自由利用制度的引入及完善［J］．中南民族大学学报（人文社会科学版），2017（4）．

⑫ 杨梦倩，唐春．绘文字的著作权保护探析［J］．电子知识产权，2017（11）．

⑬ 何淑平．临摹品的著作权保护问题探析［J］．广西政法管理干部学院学报，2017（1）．

⑭ 肖海，左荣昌．论表情包的版权保护［J］．齐齐哈尔大学学报（社会科学版），2017（4）．

⑮ 李伟民．论不可分割合作作品［J］．暨南学报（哲学社会科学版），2017（7）．

⑯ 毕文轩．论网页的著作权法保护［J］．学术探索，2017（5）．

⑰ 尹腊梅．论违法作品的著作权保护：兼谈《著作权法》第 4 条之法律适用［J］．知识产权，2017（4）．

⑱ 贺涛．融媒体时代电视新闻的著作权保护：兼评“取消录像制品”的观点［J］．知识产权，2017（3）．

⑲ 李军．实用艺术品之著作权保护资格：艺术统一、可分离或高阶层［J］．电子知识产权，2017（9）．

⑳ 曾晰，关永红．网络游戏规则的著作权保护及其路径探微［J］．知识产权，2017（6）．

㉑ 卫绪华．高校学位论文著作权归属与利用的制度完善［J］．广西政法管理干部学院学报，2017（3）．

㉒ 李伟民．视听作品著作权主体与归属制度研究［J］．中国政法大学学报，2017（6）．

著作权定性为作品经济利益的分配机制，由创作者与投资者分享。作者权中的署名权是表明创作者的身份，著作权中的署名权是表明著作权人的身份①。

（二）追续权

有学者认为，法国立法者认识到作品上的著作权与作品原件的财产所有权相独立，并考虑到艺术创作难以受到著作权法的有效保护，由此创设了追续权制度②。从影响市场的因素上看，追续权只是卖家在选择交易市场时所考量的众多因素之一，追续金对艺术市场的影响甚微，追续权制度的创设不会损害艺术品市场③。追续权在继承上应当遵循一般的民事继承制度，我国应规定追续权权利主体为作者或其继承人、受遗赠人，且追续权权利主体应限于自然人。在追续权义务主体上，追续权义务的创设来源于中间商使用作品行为，因此，追续权的义务主体为中间商，即艺术作品原件的出让人④。在计量基础上，追续权是对艺术作品使用的补偿，无论艺术品转售中是否发生增值，艺术家都有权获得追续金，我国追续金的计量基础应为除税的转售总额，计提比例宜采用固定计提比例⑤。另有学者认为，追续权制度的立法宗旨在于维持著作权人和作品购买者间的利益平衡，以保障著作权人获得与其付出相应的回报，实现社会公平。从此法理基础出发进行衡量，美术和摄影作品原件应当纳入追续权客体，文字和音乐作品的手稿则应排除在外⑥。

（三）复制权

有学者认为，在3D打印技术背景下，需要重新界定复制权的内涵，将异体复制明确纳入复制权的外延，以解决因立法不明导致理论与实务存在严重分歧的问题⑦。也有学者认为，无论是通过3D打印机将CAD文档等打印成三维实体物，抑或通过3D扫描仪将三维有体物转换为CAD文档，都属于现有著作权法中广义“复制”行为，完全可以适用现有法律。同时，针对3D打印技术的特征，应当就使用目的、使用行为以及对权利人利益的影响等方面对我国“合理使用”制度进行调整⑧。另有学者认为，在数字环境下应将3D打印中的“异形复制”纳入著作权法的“复制”范围。同时，对于3D打印中的“复制”，需要区分艺术美感性的“复制”与工业实用性的“制造”，“复制”需要以美感传递为必备要件⑨。

（四）视听作品的获酬权

有学者提出，视听作品的二次获酬权制度，是指视听作品的主要创作人在基本报酬之外，获得后续的额外报酬的制度。二次获酬权不是创作人对视听作品的著作权，而是一项获得报酬的权利。二次获酬的计算标准只能以达到预期收益来界定。达到预期收益以后，得到的所有利润，都要从中计算二次获酬的费用⑩。还有学者指出，针对视听作品的利益分配，应当以按要素分配理论为基础，将视听作品利益的构成要素进行细分，衡量各主体的要素贡献，并以各要素的贡献作为利益分配的主要依据。其中，作者的创造要素是作品得以产生的根源，因而需要在著作权法中明确规定：唯有创造要素投入的主体才能成为作者。同时，应当赋予作者公平的获酬权，包括二次获酬的权利⑪。

除以上内容外，还有学者对法国作者权的形成与发展⑫、广播组织权制度的完善⑬、技术中立原则在信息网络传播权保护领域的适用⑭、向公众提供权⑮、

① 张玲．署名权主体规则的困惑及思考［J］．中国法学，2017（2）．

② 戴哲．法国追续权立法及其启示研究［J］．电子知识产权，2017（12）；戴哲．我国追续权适用范围研究［J］．东南学术，2017（2）．

③ 戴哲，张芸芝．论追续权对艺术市场的影响之争议及其厘清［J］．电子知识产权，2017（5）．

④ 戴哲．论追续权之主体：兼评我国《著作权法》修改草案［J］．电子知识产权，2017（1-2）．

⑤ 王晓芬，戴哲．追续金计量研究：兼论《著作权法》修改草案［J］．浙江学刊，2017（4）．

⑥ 郭斯伦．我国《著作权法》中追续权的适用客体［J］．电子知识产权，2017（8）．

⑦ 宋智慧．3D打印技术背景下复制权的扩张［J］．电子知识产权，2017（4）；孙玉荣，王罡．论3D打印数字模型的复制［J］．科技与法律，2017（4）．

⑧ 毕文轩．3D打印视阈下著作权法适用问题研究：从法解释学的视角入手［J］．东南大学学报（哲学社会科学版），2017（Z19）．

⑨ 单晓光，袁博．论3D打印中的“异形复制”［J］．科技与法律，2017（1）．

⑩ 李雨峰，刘名洋．论视听作品的二次获酬权［J］．湖南社会科学，2017（3）．

⑪ 曾青未．论视听作品的利益分配：以作者的公平获酬权为视角［J］．知识产权，2017（4）．

⑫ 蔡晓东．法国作者权的形成和发展［J］．南昌大学学报（人文社会科学版），2017（5）．

⑬ 刘文杰．互联网时代广播组织权制度的完善［J］．环球法律评论，2017（3）．

⑭ 何培育，刘梦雪．技术中立原则在信息网络传播权保护领域的适用［J］．重庆邮电大学学报（社会科学版），2017（3）．

⑮ 万勇．论国际版权公约中“向公众提供权”的含义［J］．知识产权，2017（2）．

改编权[①]、网络环境中的表演权[②]、技术措施[③]、影视作品的商品化权[④]、网络著作权的边界[⑤]、信息网络传播权与广播权的界限[⑥]等问题展开了较为深入的探讨。

五、关于著作权限制问题的研究

（一）转换性使用

有学者认为，在区分版权产业与互联网产业传播动机差异的基础上，可以将转换性使用作为判定“用户创造内容”合法性的标准，将基于或利用原作品增加新表达、新意义或新功能的“用户创造内容”行为视为合理使用，同时根据《著作权法实施条例》第二十一条的两个合理使用一般判定来限定转换性使用的适用范围，把可能替代原作品并造成经济损失的“用户创造内容”行为归入改编权范畴[⑦]。还有学者认为，从当前的司法实践来看，“转换性使用”在合理使用中的重要性已逐渐超越“对作品潜在市场的影响”要素，成为合理使用判断的主导要素。法院对“转换性使用”的界定应以相关作品领域的“普通理性公众”为标准，判断重心应从“内容性转换”向“目的性转换”转移[⑧]。另有学者认为，转换性使用在内容和目的上均存在解释困境。对于“不同目的”和“新的表达、含义或信息”的界定缺乏客观衡量标准[⑨]。转换性使用实为公共利益补贴和市场失灵的体现，且在四因素衡量中，市场始终为最终的判定因素。我国可以不引入转换性使用，可在公共利益需要或市场失灵时，考虑适用合理使用，并回归市场路径予以判定。潜在市场损失程度以及形成相关许可市场的难易程度可成为重要的衡量标准[⑩]。

（二）首次销售原则

有学者认为，我国面对数字作品所有权转让与著作权许可争议纠纷时，应在尽快确立首次销售原则的基础上，以公共利益为判断元规则，通过整体考察方法，运用格式条款规则进行分析，同时利用科技防护规则平衡数字作品适用首次销售原则时所有权人与著作权人间的利益[⑪]。还有学者认为，在虚拟发行模式下，作品的传播与物质的移转相分离，著作权与物权的冲突已经不复存在，而数字文化产品的边际生产成本又趋近零。为此，除软件等可用时间度量使用价值消费程度的作品外，首次销售原则不宜作为著作权法定限制事由或相关合同的默认补充规则适用于作品虚拟发行之情形[⑫]。另有学者认为，首次销售可被视为著作权法赋予作品交易买方的法定权益，交易双方要通过合同约定放弃法定权益，至少应当满足两大条件：一是买方有明确的弃权表示，二是所放弃的法定权益不涉及第三人或社会公众的利益[⑬]。

（三）合理使用

有学者认为，著作权法中的注明出处义务关涉的是著作权人的人身权益，并非合理使用的构成要件，而是使用人在使用他人作品时应负有的独立义务。合理使用人未注明出处的，并不导致原本属于合理使用的情形成为侵害著作财产权的行为，但应承担消除影响或赔礼道歉的民事责任[⑭]。还有学者认为，在著作权强保护的情形下，中国现行《著作权法》第二十二条列举的 12 种合理使用情形不能平衡创作的激励与作品的接近，以及私人利益和公共利益。基于此，《著作权法（修订草案送审稿）》第四十三条则采用折中式的立法模式，即一般规定与具体列举相结合，扩充了合理使用的适用范围、增强了合理使用的适应性[⑮]。也有学者认为，具有独创性的游戏画面应属于作品，直播行为应受到著作权专有权利的规制，但游戏直播是否构成合理使用值得商榷。电竞类游

① 华劼．改编权权利范围及立法模式研究［J］．南京大学学报（哲学人文科学社会科学），2017（6）．

② 王迁．论网络环境中表演权的适用：兼评《著作权法修改草案（送审稿）》对表演权的定义［J］．比较法研究，2017（6）．

③ 刘颖．版权法上技术措施的范围［J］．法学评论，2017（3）．

④ 姚曙明，王星星．论影视作品的商品化权及其法律保护［J］．山东行政学院学报，2017（1）．

⑤ 孙昊亮．网络著作权边界问题探析［J］．知识产权，2017（3）．

⑥ 刘银良．信息网络传播权及其与广播权的界限［J］．法学研究，2017（6）．

⑦ 熊琦．“用户创造内容”与作品转换性使用认定［J］．法学评论，2017（3）．

⑧ 袁锋．论新技术环境下“转换性使用”理论的发展［J］．知识产权，2017（8）．

⑨ 谢琳．论著作权转换性使用之非转换性［J］．学术研究，2017（9）．

⑩ 谢琳．论著作权合理使用的扩展适用：回归以市场为中心的判定路径［J］．中山大学学报（社会科学版），2017（4）．

⑪ 马晶，杨天红．论数字作品所有权转让与著作权许可的区分：基于首次销售原则的考察［J］．大连理工大学学报（社会科学版），2017（1）．

⑫ 陈琛，夏瑶．虚拟发行语境下首次销售原则的法律与经济分析［J］．广西社会科学，2017（1）．

⑬ 冯可欧．论首次销售与合同约定之关系：以淘宝电子书市场“集体违约”现象为观察视角［J］．出版发行研究，2017（7）．

⑭ 凌宗亮．合理使用他人作品未注明出处的法律性质及责任承担：兼谈我国《著作权法》的第三次修改［J］．知识产权，2017（6）．

⑮ 焦海洋．论中国著作权合理使用制度的完善：兼评《著作权法修订草案（送审稿）》第 43 条［J］．电子知识产权，2017（6）．

戏直播具有构成合理使用的正当理由，实现了与游戏本身不同的功能，且失去游戏直播许可市场并不会实质性损害著作权人创作游戏的动力①。

还有学者对转载报刊的法定许可权与首发报刊的专有使用权之冲突及问题解决途径展开了比较深入的探讨②。

六、关于著作权行使问题的研究

（一）著作权登记

有学者认为，互联网技术的发展和在线版权交易平台的兴起为版权登记制度的革新提供了第三条道路。在线版权交易平台进行登记和审查的必要性源于其合理注意义务。为取得理想效果，有必要为版权登记提供激励，并实施区别化的审查机制③。还有学者认为，应将作品登记纳入立法，明确作品登记证书推定为真及具有对抗第三人的效力。统一作品登记平台，由立法指定的作品登记主管机构牵头组织著作权集体管理组织等类似机构共同建设和管理该平台，在立法上还应制定统一的收费标准或对收费标准的确定方法做出规定④。

（二）孤儿作品

有学者认为，在对孤儿作品“尽力查找”时应以使用人为查找主体而以著作权行政管理部门或其指定机构为认定主体，并遵循相应的查找原则和查找路径；使用费可参照法定许可标准并酌情考量市场因素；此外，孤儿作品的利用应延及非数字化形式，救济规则的设计则需兼顾公平与效率⑤。还有学者认为，著作权登记是解决孤儿作品问题的根本方法，著作权登记要符合国际规则。自愿登记、著作权转让登记和孤儿作品登记这三种方式同时存在，共同发挥作用，可以为孤儿作品的利用提供方便并且尽可能地减少未来孤儿作品的数量⑥。也有学者认为，当孤儿作品权利人复出后，如果对使用费金额多寡有异议，适合提起以行政管理机关为被告、以申请使用人为有独立请求权的第三人的行政诉讼⑦。另有学者认为，关于孤儿作品的利用，需要在制度上明确“合理勤勉查找”标准，明确使用费的提存目的和管理规则，确立合适的许可组织⑧。

（三）著作权许可

有学者认为，版权法中的开放许可是权利人自愿放弃部分权利，允许公众在一定范围内，遵循相关规则自由使用作品的许可模式。版权立法有必要关涉开放许可，并对其进行调整与规范，强化开放许可协议的效力，并明确侵权责任与救济机制⑨。还有学者认为，需要完善我国现行立法，规范版权专有许可合同，规制版权专有许可使用流程，发挥版权集体管理组织作用，以引导和规范网络环境下的版权专有许可使用行为，实现网络环境下作品著作权人、作品传播者、作品使用者以及社会公众之间的利益平衡⑩。也有学者认为，对于作者将其尚未创作或尚未创作完成的作品转让或许可他人使用而签订的合同，无论是出于我国司法实践的需要，还是考虑其法理基础或现实情况，都应该承认未来作品著作权许可和转让合同的效力⑪。

（四）著作权集体管理

有学者认为，就我国的现状而言，赋予集体管理组织先天的垄断性容易使其滥用垄断权，给著作权人和作品使用者的利益造成损害。必须从源头上引入竞争机制，允许一类作品建立多个集体管理组织；同时必须完善监督手段和监督程序，明确集体管理组织的义务和责任，以便消除市场竞争形成的事实垄断⑫。还有学者认为，表演者权的个体性、小权利性决定了表演者权在当下集体管理视角下的逻辑展开必要和实践可能。依据中国著作权集体管理的法律规定，由筹建表演者权集体管理组织、建立表演者权集体管理组织和著作权集体管理组织联合收费⑬。另有学者认为，我国法院对非法集体管理

① 谢琳．网络游戏直播的著作权合理使用研究［J］．知识产权，2017（1）．

② 焦和平．转载报刊的法定许可权与首发报刊的专有使用权之冲突及解决：兼评《著作权法（修订草案送审稿）》第43条［J］．现代法学，2017（6）．

③ 吕炳斌．版权登记制度革新的第三条道路：基于交易的版权登记［J］．比较法研究，2017（5）．

④ 刘利．作品登记的不同实践与我国作品登记制度的完善［J］．中国出版，2017（5）．

⑤ 何莹．孤儿作品使用与法律救济探析：以《著作权法》第三次修改为中心［J］．出版发行研究，2017（8）．

⑥ 邵燕．孤儿作品著作权登记制度研究［J］．广西政法管理干部学院学报，2017（4）．

⑦ 杨丹．我国孤儿作品使用费金额争议的司法救济途径［J］．中国出版，2017（7）．

⑧ 石春雷．数字化环境下孤儿作品版权保护：以《著作权法》第三次修订为背景［J］．科技与出版，2017（11）．

⑨ 赵锐．开放许可：制度优势与法律构造［J］．知识产权，2017（6）．

⑩ 来小鹏．论网络环境下的版权专有许可［J］．中国出版，2017（3）．

⑪ 张敏．未来作品著作权许可转让合同的效力问题研究［J］．中州大学学报，2017（2）．

⑫ 袁杏桃．著作权集体管理组织反垄断问题研究［J］．知识产权，2017（5）．

⑬ 陈化琴．著作权集体管理视角下表演者权的实现机制研究［J］．河北法学，2017（5）．

行为的司法认定，仅仅建立在著作权代理公司以自己名义收取和分配使用费的基础上，忽略了集体管理在集中许可适用过程中有意分离作品定价标准和使用情况的特殊性安排，将著作权代理公司的行纪行为与著作权集体管理组织的集体管理行为混淆，进而造成集体管理组织得以垄断许可渠道的社会后果①。

七、关于著作权法律保护问题的研究

（一）民事保护

1. 实质性相似

有学者以“琼瑶诉于正案”为主样本，分析“接触加实质性相似”原则的法律本质，并对实质性相似判断的抽象、过滤与比较三步法与整体观感法两种方法进行比较，提出判定作品间是否实质性相似，通常应以抽象、过滤与比较三步法为主，以整体观感法为辅，只在前者不适用或者适用明显不合理的情况下才适用后者②。还有学者认为，对实质性相似问题进行研究，寻找合理的认定规则，目的是为了使结论尽量向客观真实靠近，裁判更加公正合理。而对于美术作品，整体测试法并不合适，在作品的实质性相似认定问题上，应当始终坚持思想表达二分法、著作权法保护作品的表达而不保护思想等基本理念③。也有学者认为，部分比较法以思想表达二分法和独创性理论为适用前提，在一定程度上降低了著作权法对文学作品的保护力度。而整体比较法则扩大了著作权法的保护范围，使用综合比较法能够更好地平衡著作权人和社会公众的利益④。另有学者认为，在具体的著作权侵权判定过程中，首先应根据思想表达二分法正确认定涉诉著作权保护对象，其次在不以使用的数量或比例来衡量实质性相似认定其基础上，根据不同的作品类型，合理适用不同的侵权认定方法。作品实质性相似的判断并不在于判断作品间相似元素所占的比例，而在于判断相似元素是否构成独创性的表达⑤。

2. 间接侵权

有学者认为，在我国日趋完善的民事共同侵权制度之下，著作权“间接侵权”并无共存的必要和平台，其内容完全可经由著作权共同侵权的法理来阐明。实体层面，直接侵权的预备行为可由消除危险请求权和诉前保全措施予以解决；扩大侵权损害后果的行为属于共同侵权的范畴；辅助侵权可由帮助型共同侵权取代，引诱侵权可由教唆型共同侵权来实现⑥。还有学者考察了美国案例，认为联邦最高法院主张通过广告、阐述侵权使用指南等积极措施鼓励或者引诱产品使用者将其产品用作侵权使用，可以由此推断销售者或者开发者具有明确的帮助侵权意图，那么其向用户提供这种产品的行为就构成帮助侵权，即使该产品仍然具有一定的合法用途，也要其产品使用者的版权侵权行为承担间接侵权责任⑦。

3. 损害赔偿

有学者认为，对侵犯知识产权的行为人适用惩罚性赔偿，应当满足两个基本条件，即故意与实施了两次以上的侵权行为或者侵权行为给著作权人的利益或者潜在利益造成了严重损害。惩罚性赔偿的计算规则要以补偿性赔偿数额作为基数，我国《著作权法》规定了补偿性赔偿的四种计算标准，应采取“依次递进”的原则进行适用⑧。还有学者认为，德国《著作权与邻接权法》将主观过错作为赔偿责任前提条件的立法值得我国参考借鉴，同时对确定侵权赔偿数额的顺序、法院酌定赔偿数额、惩罚性赔偿的范围等适用于我国的修法建议进行了可行性论证，并建议过错应作为著作权侵权损害赔偿责任的构成要件，合理确定侵权赔偿数额的顺序，设定酌定赔偿的最低数额，酌定赔偿不应作为惩罚性赔偿的计算基础⑨。也有学者认为，当以合理许可费作为计算侵犯著作权损害赔偿数额的基准时，可借鉴德国经验，不限于著作权人已经签订的许可合同，但不宜采用德国的“假设谈判法”确定合理许可费。如有证据证明侵权人的获利大于权利人的损失时，合理许可费倍数的上限可以是侵权人的获利⑩。

4. 视频聚合

有学者认为，深度链接在客观上满足了公开提

① 熊琦．非法著作权集体管理司法认定的法源梳解［J］．华东政法大学学报，2017（5）．

② 江南，刘远山．“接触加实质性相似”原则在著作权侵权判定中的运用：以“琼瑶诉于正案”为主样本［J］．吉首大学学报（社会科学版），2017（S2）．

③ 朱梦笔．美术作品实质性相似认定论析［J］．湖州师范学院学报，2017（5）．

④ 殷贵山，邱立民．文学作品实质性相似的司法判定方法评析［J］．出版发行研究，2017（10）．

⑤ 郑万青，丁媛．作品“实质性相似”的判断与认定：从“琼瑶诉于正”谈起［J］．中国出版，2017（21）．

⑥ 刘平．著作权“间接侵权”之理论反思与制度重述［J］．电子知识产权，2017（12）．

⑦ 姜荣．Grokster 案：美国版权间接侵权责任判定标准的完善［J］．法律适用，2017（18）．

⑧ 杜蓓蕾，安中业．我国著作权惩罚性赔偿制度探析［J］．安徽理工大学学报（社会科学版），2017（5）．

⑨ 李秀芬，赵龙．中德著作权损害赔偿之比较法研究［J］．华南理工大学学报（社会科学版），2017（4）．

⑩ 李军，朱雪忠．我国著作权侵权赔偿中的合理许可费制度研究：以《德国著作权法》为参照［J］．出版科学，2017（4）．

供作品和交互式传播两个要素，是对权利人信息网络传播权的直接侵犯，因此，直接侵权说更符合利益平衡原则。应遵循侵权四要件分析的基本路径，采用“直接提供作品”的法律标准界定信息网络传播行为，并以此规范聚合类视频APP的侵权认定①。还有学者认为，无论是结合市场因素来理解播放，还是在著作权交易结构下按照“最低成本（预防成本）避免者规则”进行分析，聚合链接行为都可能构成直接的传播行为②。也有学者认为，“服务器标准”和“用户感知标准”均不足以适应网络环境的巨大变化，应当适用“直接提供权利人作品”的法律标准，将聚合类视频APP提供者的行为与传统的网络链接服务提供者相区分，定义为直接侵权行为③。另有学者认为，虽然深层链接在用户感知上与上传行为有类似之处，但由于直接侵权标准的众多局限性，中美欧的司法实践不约而同地向服务器标准等间接侵权责任方向发展。法院对服务器标准的适用，达到充分保护作者权益并促进网络信息传播的双重目的④。还有学者认为，在涉及技术类著作权司法审判中，应区分技术本身与技术应用者以及技术中性论与技术价值论，技术与视频聚合行为法律定性没有必然关系。应坚持以法律下的自由为由对视频聚合行为者规定相应的义务，应通过著作权法来修复著作权人与传播者之间失衡的利益分配⑤。

5. 同人作品

有学者认为，大多数同人创作并非以营利为目的，所以只要同人团体达成创作共享协议，且该协议不减损社会公共利益，应属合法。同人作品平台应受避风港的保护，但同时应该尽到一定的监督和筛选的义务⑥。还有学者认为，演绎类同人作品的传播应以不侵犯原作品著作权人的改编权、修改权和保护作品完整权为限。续写类同人作品的传播和利用重要元素再创作类同人作品应以不侵犯原作品著作权人获得报酬的权利和保护作品完整权为限。利用重要元素再创作类同人作品，不构成合理使用⑦。也有学者认为，尽管同人作品与原作品可能会产生著作权上的冲突，但是基于其自身特性和公共利益的考量以及社会文化发展的需要，法律不应当完全否定同人作品的合法性，而是应在明确其法律属性基础上规范其合法性要件，寻求合理保护原作品权利人合法权益的方法⑧。另有学者认为，同人作品在法律意义上可分为演绎类同人和非演绎类同人，前者与原作的关系更为紧密，如未经许可，则侵犯了原作的改编权乃至复制权。后者并非改编作品，故不会侵犯改编权，但对原作有关素材的借用，也可能被认定是对相关表达包括复制权在内的权利的侵害⑨。

6. 与微信有关的著作权保护问题

有学者认为，应从传统著作权的角度来对微信作品的概念以及微信作品侵权的特点进行准确把握，明确哪些作品是受著作权法保护的以及在作品传播过程中有哪些特点。作为微信平台的利益相关者，微信公众号版主、微信普通用户以及腾讯公司应当明确自身定位，认真履行自身的权利与职责，严格界定自身与他人的侵权行为⑩。还有学者认为，微信用户的推送行为与创作、发表有竞合之处，部分推送内容属于作品。擅自转发他人推送作品的行为易引起著作权纠纷。传统的认定作品的方式存在不足，应结合主观具备创作意图以及客观声明发表行为作为综合认定作品的标准⑪。另有学者认为，微信公众号未经著作权人许可直接行使他人著作权，构成直接侵权。对于微信公众号的直接侵权责任容易确定，即只要有证据证明其未经许可使用，即判定其有过错，权利人可以要求其承担相应法律责任。除此之外，还可通过追究微信服务商的间接侵权责任来救济著作权人⑫。

除以上内容外，还有学者对深层链接⑬、通

① 方芳，张玲．聚合类视频APP的著作权侵权认定［J］．科技与法律，2017（2）．
② 杨明．聚合链接行为定性研究［J］．知识产权，2017（4）．
③ 武谦．视频聚合APP著作权直接侵权责任问题分析［J］．黑龙江省政法管理干部学院学报，2017（4）．
④ 刘家瑞．为何历史选择了服务器标准：兼论聚合链接的归责原则［J］．知识产权，2017（2）．
⑤ 李芬莲．著作权法视野下视频聚合行为法律定性的思考［J］．法学杂志，2017（3）．
⑥ 卢海君．同人创作、同人作品与版权责任：《此间的少年》案所引发的思考［J］．中国出版，2017（11）．
⑦ 孙山．同人作品传播中的《著作权法》限制［J］．科技与出版，2017（12）．
⑧ 骆天纬．同人作品的著作权问题研究：以《此间的少年》为例［J］．知识产权，2017（8）．
⑨ 袁秀挺．同人作品知识产权问题迷思：由金庸诉江南案引出［J］．电子知识产权，2017（1-2）．
⑩ 吕凯，王锦．微信平台著作权侵权问题研究［J］．河北工业大学学报（社会科学版），2017（1）．
⑪ 高启耀．微信作品的认定及其著作权保护［J］．社会科学家，2017（2）．
⑫ 徐咏军，高玉玲．论微信公众号转载作品版权责任需厘清的若干问题［J］．科技与出版，2017（6）．
⑬ 施小雪，赵浩．深层链接著作权侵权判定问题研究：回归民法路径的重构［J］．电子知识产权，2017（5）．

知—移除规则[①]、封网禁令[②]、网络服务商版权内容过滤义务[③]、网络著作权行政法保护的正当性与必要性[④]、屏蔽网站禁令[⑤]、视频网站盗链行为[⑥]、提供第三方插件行为[⑦]、网络服务商提供搜索链接行为[⑧]、网络服务提供者的版权法规制模式[⑨]、作品剽窃的司法认定[⑩]、应用程序商店著作权侵权[⑪]等问题展开了比较深入的探讨与分析。

（二）刑事保护

1. 营利性目的

有学者认为，“以营利为目的”在《刑法》第二百一十七条侵犯著作权罪和第二百一十八条的销售侵权复制品罪中的性质不同，前者是短缩的二行为犯，后者是断绝的结果犯。“以营利为目的”包括直接营利和间接营利，但仅限于积极获利的情形。销售侵权复制品的情形无须特殊举证，销售本身即可反制“营利目的”[⑫]。另有学者认为，为了应对数字版权时代的著作权犯罪，要删除“以营利为目的”的主观目的，修正著作权犯罪客观行为，规制对象涵盖数字化作品等都是有益的努力，要在司法实务中确立“固定＋双向浮动”的危害结果认定标准，准确适用罪名[⑬]。还有学者认为，应当在坚持谦抑性原则、利益平衡原则和国际保护原则的前提下，适用“非营利目的”模式，适当扩大刑法规制的侵权行为范围，赋予更多侵权对象被刑法保护的可能性，以实际损失代替违法所得作为犯罪数额的计算标准[⑭]。

2. 侵犯著作权罪的行为方式

有学者认为，出租属于发行的一种行为方式，复制后出租侵权复制品的行为，构成侵犯著作权罪。在解释论的层面上，出租盗版物的行为既不构成侵犯著作权罪，也不构成销售侵权复制品罪，而只能以无罪论处。单纯销售没有著作权人、但他人享有专有出版权的图书，可能构成销售侵权复制品罪[⑮]。还有学者认为，应当准确界定民事侵权行为与侵犯著作权罪的界限。侵犯著作权罪之复制行为中“相同”的认定应当主要考虑两点：是否改变作者署名、作品名称；是否为作品内容的直接再现[⑯]。另有学者认为，在认定私人复制分享行为的性质时需考虑如下因素：私人使用的目的是营利性还是非营利性的，复制分享作品本身的性质以及复制分享作品的数量规模以及对著作权人的市场影响。如果为著作权法所禁止的行为而又完全符合侵犯著作权罪的要件，则不能排除刑法的适用[⑰]。

3. 网络技术与侵犯著作权罪的判定

有学者认为，我国的版权犯罪立法可以在有限借鉴美国标准的基础上走中国化道路，既然版权犯罪已经发生了根本的变化，而无论是直接还是间接通过平台来规制个人的方案都不可行，那么未来应当更加注重对平台版权保护技术的保护[⑱]。还有学者认为，在侵犯著作权罪刑法规则尚未做出更新性应对之前，应当积极发挥司法的自我适应功能，对于网络云端服务提供者侵犯著作权的行为，可以基于实质解释论的立场，在不违背罪行法定原则的前提下，对“复制发行”“以营利为目的”“犯罪主观”等犯罪构成要件进行扩大解释[⑲]。另有学者认为，著作权法领域对于深度链接行为属性的认定倾向于采取“服务器标准”而非“用户感知标准”，由此深

① 李旭颖．“通知＋移除”制度在网络侵权治理中的局限性及解决办法［J］．中国发明与专利，2017（2）；王烈琦，唐艳．论著作权法上“通知-移除”规则的移植问题［J］．知识产权，2017（7）．

② 权彦敏．“封网禁令”探析：以英国和澳大利亚为例［J］．电子知识产权，2017（11）．

③ 崔国斌．论网络服务商版权内容过滤义务［J］．中国法学，2017（2）．

④ 宗艳霞．论网络著作权行政法保护的正当性与必要性［J］．电子知识产权，2017（8）．

⑤ 胡开忠．屏蔽网站禁令的制度分析及其对我国的启示［J］．法学，2017（3）．

⑥ 林承铎，万善德．视频网站盗链行为的著作权侵权分析［J］．电子知识产权，2017（7）．

⑦ 石冠彬．提供第三方插件行为侵犯软件修改权的证成：以“间接正犯理论的私法构造”为视角［J］．社会科学，2017（12）．

⑧ 马一德．网络服务商提供搜索链接行为之侵权责任［J］．法学评论，2017（3）．

⑨ 梁志文．网络服务提供者的版权法规制模式［J］．法律科学（西北政法大学学报），2017（2）．

⑩ 王国柱．作品剽窃司法认定的关键问题评析［J］．出版发行研究，2017（9）．

⑪ 吕凯，李慧君．应用程序商店著作权侵权问题研究［J］．北京工业大学学报（社会科学版），2017（3）．

⑫ 谢焱．“以营利为目的”在网络著作权案件中的刑法适用［J］．东方法学，2017（4）．

⑬ 李海良．数字版权时代著作权犯罪的刑事治理探析［J］．出版发行研究，2017（2）．

⑭ 梅传强，黄铱．论互联网时代版权刑法保护的完善［J］．南昌大学学报（人文社会科学版），2017（2）．

⑮ 黄旭巍．版权犯罪疑难问题研究［J］．中国出版，2017（23）．

⑯ 霍文良，冯兆蕙．侵犯著作权罪之复制发行的司法认定［J］．知识产权，2017（10）．

⑰ 杨彩霞．网络时代私人复制分享行为的刑法思考［J］．中国矿业大学学报（社会科学版），2017（3）．

⑱ 张燕龙．数字技术时代我国版权保护的刑事路径思考：以美国版权犯罪立法的转型为参照［J］．政治与法律，2017（4）．

⑲ 李永升，袁汉兴．网络云端服务提供者侵犯著作权罪的刑法应对：刑法实质解释论之运用［J］．吉首大学学报（社会科学版），2017（2）．

度链接不是提供作品的信息网络传播行为。从实然层面看，在《刑法修正案（九）》之前，深度链接入罪只能考虑共犯路径，之后刑法虽新设了罪名但亦不能完全突破共犯模式下的追责障碍。从应然层面看，当前刑法应谨慎介入搜索引擎深度链接行为的规制①。

除以上内容以外，还有学者认为，对侵犯著作权单位共同犯罪的量刑，单位和个人宜根据主犯来确定数额；对单位相关责任人员共同犯罪而言，《法释［2000］31号》答复既引起理论混乱又无法有效指导实践，可直接按主从犯定罪量刑。对侵犯著作权罪的单位仅处以罚金难以实现威慑、警示和预防效果，可借鉴我国禁止令的实践和法国刑法的经验，对其施以资格刑②。

八、结语

从2017年我国学者发表的有关著作权法诸多问题的论文成果来看，一方面，研究热点主要集中在人工智能生成内容的著作权保护、网络游戏直播画面的著作权保护、孤儿作品的利用制度、与同人作品有关的著作权保护、视频聚合中的著作权保护等问题。在对上述热点问题的研究讨论中，学者们多从作品、独创性、思想表达二分法等著作权制度的基本概念展开分析，并越来越强调从产业发展的角度来讨论有关著作权的保护问题。对于此种研究倾向，尚需做进一步的基础研究，以揭示著作权保护、社会福利增长与产业发展之间的内在逻辑与实证关联。另一方面，尽管有部分发表的论文成果探讨了著作权制度中的基础理论问题，但大部分论文成果仍然局限于具体问题的研究和讨论，在研究方法上也少见突破与创新。即使就相关热点问题的研究而言，也是对著作权制度的基本概念在具体领域中的运用和阐释比较重视。如在关于人工智能生成内容的著作权保护问题的研究中，学者们比较集中讨论人工智能生成内容的可版权性与权利归属等具体问题。总之，随着前沿技术的进一步拓展与应用，在实践中会引发越来越多有关著作权保护的新问题。学者们在展开研究以及及时应对新的具体挑战的同时，也需在总结以往经验的基础上做出理论上的创新。

① 杨彩霞．搜索引擎深度链接行为的刑法规制：实然和应然层面的双重思考［J］．东北大学学报（社会科学版），2017（3）．

② 陈萍．侵犯著作权单位犯罪司法认定之反思：基于14份典型判决的实证分析［J］．中国出版，2017（23）．

2017年著作权热点问题研究

中国知识产权司法保护体系改革研究

管荣齐　李明德

中国知识产权司法保护体系面临新的机遇和挑战，亟待充分发挥司法保护知识产权的主导作用，实现知识产权司法保护与行政保护、国际保护的有机衔接。

一、中国知识产权司法保护体系改革的形势和要求

从国际来看，知识产权日益成为国家发展的战略性资源和国际竞争力的核心要素。在全球新一轮科技革命和产业变革加速演进的今天，创新成果特别是拥有知识产权的科技创新成果日益成为国家发展的战略性资源，国际竞争力的核心要素变为后天形成的创新成果（知识产权）及其相关法律、制度、政策。欧、美、日等发达国家除了提升知识产权战略高度、保护水平和完善知识产权国内法以外，还加紧进行新的知识产权国际布局和主导制定新的知识产权国际规则，试图建立超越世界贸易组织《与贸易有关的知识产权协议》（“Agreement on Trade-related Aspects of Intellectual Property Rights”）的“面向21世纪”和“高标准、全面”的知识产权国际保护新机制。

世界各国知识产权保护模式主要有“单轨制”和“双轨制”两种。知识产权司法保护的“单轨制”为多数国家普遍采用，知识产权司法保护和行政保护并行的“双轨制”以中国为代表。“双轨制”在我国知识产权制度初创阶段发挥了重大作用，但随着知识产权司法保护能力和水平的提升，其与行政保护在相互配合、相互协调过程中出现的问题不断增多。一是知识产权行政执法的普遍性和广泛性，导致认定侵权甚至犯罪的标准多样化，缺乏统一性；二是在知识产权侵权纠纷解决上司法审判和行政执法机构的重叠化，在证据取得和解决程序上缺乏效率性；三是知识产权行政执法程序独立化，同司法审判机关在知识产权确权、侵权纠纷解决和刑事犯罪司法移送方面缺乏衔接性①。

与知识产权行政保护比较而言，知识产权司法保护更加符合知识产权的私权属性，并且具有终局权威性、稳定长效性、全面完整性和指引指导性等制度优势，但也存在一些迫切需要克服的缺陷：第一，诉讼周期长，侵权诉讼程序常会叠加诉讼保全、无效宣告、行政诉讼等程序；第二，诉讼成本高，常会发生司法鉴定费、无效宣告费、诉讼保全费等一些特殊费用；第三，权利人举证难，侵权证据具有无形性、技术性和复杂性，且绝大多数掌握在侵权人手中；第四，赔偿数额低，知识产权市场价值难以充分评估，权利人损失和侵权人收益难以举证证明。

在国内，加强知识产权司法保护的目标任务十分艰巨。中国正在深入实施知识产权战略、创新驱动发展战略，加快建设知识产权强国和创新型国家，贯彻落实创新、协调、绿色、开放、共享五大新的发展理念，要求充分发挥司法保护知识产权的主导作用，实现知识产权司法保护与行政保护优势互补、有机衔接。全国人大常委会关于《中华人民共和国专利法》实施情况的检查报告指出，知识产权审判队伍和司法能力建设有待进一步加强，侵权诉讼中确权程序复杂、举证难度较大而判赔数额难以弥补权利人损失。知识产权行政机关以专利法第四次修改为契机扩张行政执法权，并以此形成修订草案送审稿报请国务院审议并面向社会征求意见，严重危及知识产权司法保护的主导地位。

二、中国知识产权司法保护体系改革的现状和问题

我国基于知识产权“双轨制”保护模式，已经逐步建立起比较完善的知识产权司法保护体系，但对应于“充分发挥司法保护知识产权的主导作用，实现知识产权司法保护与行政保护优势互补、有机衔接”的目标要求，现有知识产权司法保护状况仍然不尽如人意，主要表现在知识产权司法保护体系内部运行和外部衔接两大方面。

---

① 吴汉东，锁福涛．中国知识产权司法保护的理念与政策［J］．当代法学，2013，27（6）：42-50.

（一）中国知识产权司法保护体系内部运行改革的现状和问题

1. 知识产权审判体制尚待完善

我国现有北京、上海、广州三家知识产权法院，运行至今有三个问题凸显出来亟待研究解决：一是三家知识产权法院各项制度欠缺，特别是符合知识产权案件司法审判规律的专门化审理程序和审理规则（如技术调查官制度）欠缺；二是三家知识产权法院一审案件的上诉管辖法院不统一，难免出现裁判结果不协调甚至冲突的情况；三是三家知识产权法院不管辖知识产权刑事案件，使得知识产权民事、行政与刑事交叉案件审判不统一。

2. 民事、行政和刑事“三审分离”的审判模式不尽合理

知识产权民事、行政和刑事案件分别交给民事、行政和刑事审判庭审理，虽然符合中国相应法律法规的规定和司法审判机构整体分工设计的总原则，但在由于知识产权民事、行政和刑事审判发展不平衡，其中民事审判为知识产权司法保护主渠道的情况下，极易造成知识产权行政、刑事审判的不专业和不准确，知识产权民事、行政和刑事交叉案件在管辖机关、证据规则和裁判标准上不统一，难以形成司法保护合力并获得知识产权相关各方较为满意的保护效果。

3. 损害赔偿制度未对侵权人形成足够威慑甚至会使侵权人获得不正当利益

我国目前主要实行补偿性损害赔偿制度，权利人因举证困难大多仅能获得低于知识产权市场价值的侵权损害赔偿数额，无法弥补知识产权权利人所遭受损害和维权成本，严重影响了知识产权司法保护的权威。比较而言，我国现行的知识产权侵权损害赔偿制度，与美国等西方发达国家的区别并不大或者说基本相同，甚至在一些方面超越了它们，但法院判赔数额却大相径庭。其主要原因是，知识产权市场价值评估相当复杂和困难，我国当事人和法院没有像美国等西方发达国家一样比较充分地评估涉案知识产权的市场价值①。

4. 诉讼证据制度不完善

我国目前知识产权诉讼证据制度中，权利人和侵权人之间的举证义务分配不合理，尤其是权利人举证负担过重，无正当理由拒不提供证据的法律后果不明确和制裁不严厉，给案件事实查明和权利人维权造成极大困难。我国第四次专利法修订草案送审稿给出了一个解决方案，即赋予知识产权行政执法机关对涉嫌侵权行为调查取证的权力，这虽然能够在一定程度上缓解知识产权权利人“举证难”的问题，但会造成公权力侵犯私权利、行政执法标准偏离司法审判标准和行政权力干预企业生产经营活动的新问题②。

5. 法院对临时保护措施运用不足

我国法院目前对知识产权保护临时措施特别是行为保全的运用过于谨慎，不能满足权利人及时制止侵权、有效保护权利的正当需求，影响了知识产权司法保护效率③。其原因主要有两点：一是知识产权保护临时措施的适用条件有争议，一种意见认为应该强调胜诉可能性，另一种意见认为应当采取存在实质性争议的条件；二是知识产权保护临时措施的裁定程序有问题，民事诉讼法允许当事人申请和法院依职权启动，而著作权法、专利法、商标法仅允许当事人申请，且在48小时内难以完成询问、合议、汇报、担保、制作和送达裁定等工作。

（二）中国知识产权司法保护体系外部衔接改革的现状和问题

1. 知识产权侵权纠纷面临行政处理和司法审判的竞合与衔接

我国知识产权司法保护和行政保护并行。知识产权侵权纠纷可以交由法院审判，也可以交由知识产权行政机关处理。但是，行政处理知识产权侵权纠纷的程序和标准没有明确规定，如果采用司法审判标准将会丧失及时、便利和高效的比较优势，如果案情超出知识产权行政机关职权范围还会面临案件及其证据移交问题。我国第四次专利法修订草案送审稿进一步扩大了行政执法机关的职权范围，使得行政认定侵权缺乏标准、证据和案件移交缺乏力度等问题更加突出。

2. 侵权诉讼程序与无效宣告程序各自分立

目前我国知识产权侵权民事诉讼案件由地方法院管辖，知识产权无效宣告案件由国家相应行政复审机关管辖，不服知识产权无效宣告决定程序提起的知识产权行政诉讼案件由北京知识产权法院管辖，不服北京知识产权法院的行政诉讼裁判还可以向北京市高级人民法院提起上诉，管辖机关的不同和众多造成相应程序分立从而带来彼此衔接不足问题。这是我国知识产权司法保护周期长和效率低的主要根源。

① 李明德. 关于知识产权损害赔偿的几点思考［J］. 知识产权，2016（5）：3-9.

② 李明德. 关于《专利法修订草案（送审稿）》的几点思考［J］. 知识产权，2013（9）：3-8，19.

③ 宋晓明. 新形势下我国的知识产权司法政策［J］. 知识产权，2015（5）：3-9.

3. 专利商标确权程序定位不科学

我国现行专利商标确权程序中，行政复审阶段的民事诉讼模式与司法审查阶段的行政诉讼模式不相对应。在行政复审阶段，存在争议的申请人和被申请人相互对抗，行政复审机关居中裁判，不仅可以引入新证据还可以和解或调解结案，采用的是民事诉讼模式。在司法审查阶段，采用的是行政诉讼模式，既不能引入新证据又不能和解，行政复审机关恒定为被告与第三人联合对抗原告，其处境尴尬且疲于应诉①。

4. 司法保护国际竞争力有待进一步提升

知识产权国际争端日益增多，其解决既要熟练掌握和善于运用现有知识产权国际规则，又要具有创设新的知识产权国际规则的能力和水平，还要努力使中国在新的国际规则制定中发出更多中国声音和注入更多中国元素。但我国部分知识产权法官对知识产权国际竞争形势了解不多，其对知识产权保护的国家利益意识有待进一步增强，国际视野还需进一步拓宽，参与和引领国际知识产权司法前沿的能力有待进一步提高。

三、中国知识产权司法保护体系改革的内容和举措

（一）中国知识产权司法保护体系内部运行改革的主要内容和举措

1. 改革完善知识产权司法审判体制

发挥三家知识产权法院的示范、引领作用，积极探索知识产权司法保护实践中前沿性问题的解决方案，如在知识产权民事、行政交叉案件审理中适度审查知识产权有效性，对严重侵害知识产权行为切实加大损害赔偿力度②，形成符合知识产权案件审判规律的专门化审理程序和审理规则③。研究建立国家层面的知识产权高级法院，统一管辖技术类知识产权上诉案件，其前提已经具备，即知识产权法院对技术类知识产权一审案件实行跨区域管辖④。

2. 改革完善知识产权“三审合一”司法审判模式

众多知识产权“三审合一”司法审判实践模式缺乏系统化，导致一些知识产权民事、行政和刑事案件一审时统一由知识产权审判庭审理，而二审时仍旧分别由民事、行政和刑事审判庭审理⑤。建立知识产权“三审合一”司法审判协调机制，统一知识产权民事、行政和刑事案件的管辖机关、证据规则和司法审判标准，在全面提升知识产权司法审判专业性的基础上，充分发挥知识产权“三审合一”司法审判模式的整体保护效能⑥。

3. 改革完善知识产权损害赔偿制度

我国专利法、著作权法和反不正当竞争法仿效商标法，在补偿性损害赔偿制度的基础上增设惩罚性损害赔偿制度，以有效遏制恶意侵权行为的频繁发生。同时切实依据经过充分评估的知识产权的市场价值，充分利用法定赔偿、许可使用费的合理倍数和维权的合理支出等规则，加大对知识产权侵权损害的赔偿力度。

4. 改革完善知识产权诉讼证据制度

建立民事诉讼证据开示制度、文书提出命令制度和举证妨碍制度，赋予侵权人和第三人披露相关证据和提供相关文书的义务，明确其无正当理由拒不提供相关证据包括相关文书的法律后果。我国2013年修订的《商标法》第六十二条规定初步建立了文书提出命令制度和举证妨碍制度，但相关文书的范围、妨碍举证的制裁等尚待完善。

5. 改革完善知识产权诉讼保全制度

充分发挥知识产权保护临时措施的制度效能，妥当有效地采取行为保全、财产保全和证据保全措施，依法满足权利人及时制止侵权、便利获取证据、有效保护权利的正当需求。其中行为保全的适用综合考虑侵权可能性、难以弥补的损害、双方利益平衡和社会公共利益等因素⑦。在著作权法、专利法、商标法中增加法院依职权启动的规定，并允许诉前行为保全在48小时内实施完成且免于询问，诉中行为保全在询问后48小时内实施完成。

（二）中国知识产权司法保护体系外部衔接改革的主要内容和举措

1. 实现知识产权侵权纠纷的司法审判与行政处理有机衔接

优化以司法保护为主导、以民事诉讼为主渠道的知识产权保护模式，对一般民事侵权行为的行政执法限定于调查取证⑧，集中有限的行政资源用于处理损害社会公共利益的严重侵权案件；在程序和

① 郃中林. 知识产权授权确权程序的改革与完善［J］. 人民司法，2010（19）：86-91.
② 宋晓明. 新形势下我国的知识产权司法政策［J］. 知识产权，2015（5）：3-9.
③ 陶凯元. 充分发挥司法保护知识产权的主导作用［J］. 民主，2016（4）：12-14.
④ 全国人民代表大会常务委员会2014年颁布的《关于在北京、上海、广州设立知识产权法院的决定》。
⑤ 潘晨. 知识产权案件“三审合一”审判模式的现状及问题［J］. 法制博览，2015（34）：246.
⑥ 同③.
⑦ 宋鱼水，杜长辉，冯刚，蒋利玮. 知识产权行为保全制度研究［J］. 知识产权，2014（11）：18-25.
⑧ 张楚. 知识产权行政保护与司法保护绩效研究［M］. 北京：中国政法大学出版社，2013.

实体上强化对知识产权行政执法行为的司法审查，以司法审判标准严格规范和纠正知识产权行政执法行为；对于知识产权行政执法中调查取得的证据超出其处理或查处范围的案件，明确规定知识产权行政机关向司法机关移交的法定义务。

2. 实现知识产权侵权纠纷的民事诉讼程序与无效宣告程序间有机衔接

借鉴美国的相关制度和经验，授予知识产权专门法院审查知识产权有效性的司法职权，凡是知识产权专门法院管辖的侵权、确权案件，当事人只能向该院而不能再向国家相应行政复审机关申请宣告知识产权无效，但应通知国家相关行政复审机关以第三人身份参加庭审①。

3. 实现专利商标确权纠纷的行政复审程序与司法审查程序的有机衔接

明确专利商标确权纠纷案件的民事纠纷属性，将专利商标行政复审机关定性为准司法机构，对其专利商标无效宣告决定不服的，以申请人和被申请人为诉讼双方当事人、行政复审机关为诉讼第三人，向北京市高级人民法院或者将来设立的知识产权高级法院提起上诉，法院有权直接宣判专利商标有效性并实行一审终审②。

4. 实现知识产权案件国内裁判与国家利益、国际争端及国际规则有机衔接

通过知识产权大案要案的审判，增强参与和引领知识产权国际司法前沿的能力，推动我国法院成为知识产权国际争端解决的首选地③；进一步增强知识产权司法保护中的国家利益意识，注重保护具有浓厚历史传统和中国特色的创新成果；争取更多机会参与知识产权国际规则的制定，在知识产权国际规则制定中谋求更多国际话语权。

（本文原发表于《学术论坛》2017年第1期，发文时内容有删减。
作者单位：天津大学 中国社会科学院）

网络游戏直播画面作品属性及其相关著作权问题研究

冯晓青

引言

我国网络游戏产业方兴未艾。网络游戏基于其极强的竞技性和娱乐性而赢得了大量社会公众，尤其是青年一代的青睐。网络游戏蕴含了巨大的利益空间，随着其急剧发展，网络游戏市场也吸引了投资商的眼光，时下网络游戏产业呈现欣欣向荣景象。然而，由于网络游戏领域存在的巨大商机，围绕网络游戏直播、转播等也产生了法律上的争议。2015年，广州斗鱼网络科技有限公司与上海耀宇文化传媒有限公司著作权侵权及不正当竞争纠纷上诉案就较为典型。在该案中，原告明确主张其网络游戏直播界面具有作品属性，应当受到著作权保护。但法院否认了网络游戏直播画面的作品属性和被告著作权侵权主张，转而认可原告关于不正当竞争行为的主张、适用反不正当竞争法追究被告从事不正当竞争行为的法律责任。该案判决后，在我国知识产权学术界和实务界引起了较大争议。笔者则主张网络游戏直播画面具有作品属性，是受到著作权法保护的具有独创性的作品。本文拟从网络游戏及其作品属性入手，对网络游戏直播画面成为受到著作权保护的作品的合理性进行论述，并对涉及网络游戏直播画面著作权相关问题进行探讨，以就教于同人。

一、网络游戏及其作品属性

网络游戏属于游戏的范畴，而游戏开发、设计的目的在于追求娱乐性。在当代网络信息社会，游戏的传播和使用更多地以网络游戏形式存在。网络游戏的开发、制作、设计离不开基本的策划、美术设计、计算机程序设计和音效。其中，策划是针对游戏的定位、适用对象、风格和市场差异化竞争优势等方面的综合考量和决策；美术设计又称美工，是设计游戏的各种道具、场景以及特定环境，并通过一定的画面形式呈现出来；计算机程序设计是通过撰写前端代码和后端代码形式将呈现出来的画面转化成计算机语言；音效是配置音乐、音响效果等事宜。网络游戏形式和类型多样，有的较为简单，有的较为复杂，有些存在直播，有些甚至具有比一般电影还复杂的情景和剧情。无论如何，网络游戏开发的目的是提供娱乐性质的使用，并通过这一使用和传播赢得商机，最终形成一个庞大的网络游戏产业。

网络游戏从作品著作权方面的属性讲，可主要定位于计算机软件。在该软件中，游戏软件和游戏资源库是基本的构成。其中游戏资源库涵盖了游戏

① 李明德．专利权与商标权确权机制的改革思路［J］．华中科技大学学报（社会科学版），2007（5）：12-18．
② 邰中林．知识产权授权确权程序的改革与完善［J］．人民司法，2010（19）：86-91．
③ 宋晓明．当前我国知识产权司法保护的政策导向与着力点［J］．人民司法，2015（13）：39-44．

人物背景、游戏角色、音效、道具、运行游戏的算法等。网络游戏本身具有著作权法意义上的作品属性，这一点通常没有争议。网络游戏是在借用一定的数据库程序将设计者事先安排和配置的要素调出来进行不同形式的组合，最后以画面形式呈现出来的。根据上面对网络游戏设计、开发和制作的过程分析可知，网络游戏中单独的设计元素、成分，可以作为一类作品给予著作权保护。这些单独设计的元素、成分包括美术作品、音乐作品，以及游戏人物、游戏名称、游戏道具和装备。构成网络游戏的单个要素成为受著作权保护的作品，这一点比较容易理解。但是，从“游戏作品”的角度去认识和理解网络游戏，则不能局限于这些单个要素的作品属性，而是需要认识到单个要素的作品属性所不能体现的由这些要素构成的网络游戏整体所展现的综合性视听效果。正如“电影作品和以类似摄制电影的方法创作的作品”[①] 包含了诸多构成作品的要素，但类电作品是作为一个独立类型的作品受到著作权保护的。当然，我国现行著作权法并没有提及专门的游戏作品类别，在类电作品的规定中也没有明确其是否可以纳入其范畴。笔者主张，网络游戏如果达到了类电作品所具备的独创性，即可以构成类电作品。这类游戏尤其是大型电子竞技类游戏，需要投入大量的人财物资源，如确定主播、现场表演、玩家、针对画面优先选择的后台编辑人员等。这些不同主体分工协作，最终结果是产生网络游戏直播画面。还有些网络游戏需要游戏脚本，设计复杂的剧情，网络游戏直播画面的过程与类电作品没有差别，将其纳入类电作品具有合理性。

进言之，很多网络游戏之所以能够成为类电作品，是因为其总体上符合类电作品的条件。根据我国现行《著作权法实施条例》的解释，“电影作品和以类似摄制电影的方法创作的作品，是指摄制在一定介质上，由一系列有伴音或者无伴音的画面组成，并且借助适当装置放映或者以其他方式传播的作品”。该定义强调创作的手段是“摄制在一定介质上”，实际上是机械适用《伯尔尼公约》第 2 条第 1 款的结果，因为根据李明德教授的观点，类电作品的制作并不考虑其工艺方法，只要在屏幕上显示都应当受到保护[②]。实际上，将类电作品限于“摄制”的方法会大大限制其适用范围。著作权法第三次修改草案征求意见稿就明确废除了“摄制”这一制作要件，并将作品名称修改为“视听作品”，规定“视听作品，是指由一系列有伴音或者无伴音的连续画面组成，并且能够借助技术设备被感知的作品，包括电影、电视剧以及类似制作电影的方法创作的作品”。该规定借鉴了国际上其他国家和地区的经验，不再限制以“摄制”作为手段创作视听作品，实为可取。

实际上，国外司法判例已有将电子游戏作为视听作品保护的先例。例如，在美国联邦第二巡回上诉法院 1981 年 1 月的一份判决中，法院针对游戏玩家每次操作不同而不能满足美国版权法上作品固定性要求的抗辩指出，虽然不同玩家在每次玩游戏时基于不同的选择而会呈现不同的界面和音效，但都是由图像和音效构成，这一点是相同的。法院最后确认了电子游戏作为视听作品的著作权保护地位[③]。

不过，在我国司法实践中，法院判决将游戏认定为类电作品的并不多，代表性的如广西桂林市中级人民法院审理的《捕鱼达人》游戏纠纷著作权侵权纠纷案、上海市浦东区人民法院审理的《奇迹MU》纠纷案，以及上海市第一中级人民法院审理的《卧龙传说》著作权纠纷案等。以最后者为例，上海市第一中级人民法院认为，原告请求保护的游戏视频和动画特效是由一系列画面构成的，因而符合以类似摄制电影的方法创作的作品的条件，可以作为类电作品获得著作权保护[④]。之所以此类案件不多，可能是法院认为游戏满足类电作品独创性要求不够，即如果独创性程度不高，则不构成类电作品。能够作为类电作品受到保护的，一般多见于剧情类游戏。

二、网络游戏直播画面的法律性质

（一）网络游戏画面的内涵

在探讨网络游戏直播画面著作权问题时，有必要先了解一下网络游戏画面的概念和内涵。网络游戏画面不同于网络游戏直播画面，前者是由网络游戏设计者设计的网络游戏各种素材、元素、布景、特定场景等组成的，根据我国《著作权法》规定，这些设计只要具备独创性要件，就可以成为受著作权保护的作品。通常，网络游戏画面涵盖的作品有美术作品、文字作品、音乐作品等。

---

① 下称“类电作品”。

② 李明德. 美国知识产权法：第 2 版［M］. 北京：法律出版社，2014：917.

③ 夏家明. 电子游戏直播中知识产权保护研究［J］. 电子知识产权，2016（2）.

④ 上海市第一中级人民法院（2014）沪一中民五（知）初字第 23 号民事判决。

（二）网络游戏直播画面的作品属性

网络游戏直播画面能否构成作品，这是涉及网络游戏直播法律方面争议最大的问题。在认定构成著作权法意义上的作品的情况下，则势必存在独创性判断问题和作品作者判断问题。不仅如此，在认定构成作品的情况下，还涉及属于什么类型作品的问题。从目前发表成果和有关学术研讨[①]。的观点看，大致存在作品属性说和非作品属性说。在主张作品属性说的观点中，则又有类电作品、计算机程序、美术作品、汇编作品等不同观点。另外，在承认网络游戏直播画面属于作品的前提下，还涉及网络游戏直播画面是独立创作的作品还是演绎作品的不同看法。至于主张网络游戏直播界面不属于作品的观点，多强调其是玩家按照网络游戏开发者事先设计好的程序和既定的游戏规则自然呈现的画面，不具有独创性。此外，网络游戏直播画面也可以从单幅画面的角度加以理解[②]，不过本文探讨的主要还是网络游戏被动态直播形成的动态画面，而不限于从网络游戏直播视频中截取一个静态的画面。

从网络游戏直播画面实际情况看，为了提高"人气"，网络游戏直播中通常会有现场主持人对游戏比赛过程进行现场解说，同时在直播画面中还配上字幕、相关信息以及音乐。对于精彩环节，经常还会有慢镜头回放。根据网络游戏直播画面广州研讨会上广东省高级人民法院陈国进庭长的介绍，网络游戏直播分为游戏主播录制的游戏节目和大型的电子竞技直播。其中前者"直播的连续画面，玩家特别是主播在里面应该是一种融合，所以作品著作权应归于游戏开发商，主播在里面应该没有什么独创性的贡献。他加上音频、音像的这些因素能不能涉及邻接权就要从音像制品角度去考虑"。该观点实际上是承认了网络游戏直播画面的作品属性。

由于文字解说可以归结到口述作品范畴、字幕可以归结到文字作品范畴，播放的音乐本身是一种艺术作品，本文对网络游戏直播画面是否构成著作权法意义上作品的探讨并不针对这些明显可以属于著作权保护的作品的部分，而是针对这些口述作品、文字作品和音乐作品以外的单纯的由游戏玩家按照网络游戏设计程序和游戏规则操作游戏软件展示的直播画面是否构成著作权法意义上的作品进行探讨。

有一个相关的概念需要区分，就是网络游戏画面本身与网络游戏直播画面不是完全相同的概念。从实际情况看，游戏画面本身可分为单机游戏和网络游戏两类。在单机游戏情况下，不同的玩家遵守同一游戏规则、调用游戏程序中的资源，所展示的游戏游戏画面结果差别不大。但在网络游戏中，涉及不同玩家的对阵，这些不同的玩家玩游戏展现的画面不同。网络游戏直播画面则需要利用摄像机等设备对玩游戏的过程进行现场直播，网络游戏直播画面就是这种现场直播的产物[③]。不过，网络游戏直播还有一些流行的做法，如玩家允许他人在其网络游戏平台中开设一个窗口，他人可以通过这一窗口欣赏玩家打游戏的全程，他人的这一行为也可以视为网络游戏直播。进言之，网络游戏有些本身自带直播功能，有些则不带直播功能，即使是后者，玩家一般也希望能够将其打游戏的过程通过直播形式扩散以积攒更多人气，展示其高超的游戏技巧。在自带直播功能的网络游戏中，玩家在注册直播软件后，就可以通过点击直播菜单将其玩游戏过程直播给其他玩家观看。在不具备直播功能的网络游戏中，玩家则可以通过下载专门的直播软件，通过这个直播软件实现将玩游戏过程同步直播，其他玩家得以同步观看玩家玩游戏过程。本文主要探讨的也就是在玩家或者用户参与下，直播网络游戏过程的画面，是不是作品的问题。广州研讨会上广东省高级人民法院知识产权庭副庭长张学军也指出，"网络游戏直播画面就是玩家在线或者单机去进行游戏闯关活动的表演或者竞技的直播画面"。实际上，它就是网络游戏直播形成的画面。在很多情况下，它是对网络游戏竞技活动直播形成的动态画面，是玩家运行网络游戏程序而展现出来的连续画面。笔者认为：网络游戏直播画面可以构成作品，但不同网络游戏直播画面独创性程度有所差异。有些网络游戏设计侧重于竞技性或对抗性，追求玩家在对抗中的娱乐性，而有些网络游戏则具有较强的剧情色彩，注重玩家在游戏情节走向中获得的满足与愉悦。对于后者，动态的网络游戏直播画面可以定性为类电作品。当然，从我国现行《著作权法》第十五条第

① 近年来，国内相关机构组织了网络游戏直播画面性质的学术研讨，观点不大统一。例如，2016年11月12日在广州举行的网络游戏直播画面法律问题研讨会（下称广州研讨会），同年12月18日在清华大学法学院举行的学术研讨会中，均有涉及网络游戏画面直播问题的讨论。讨论的结果是，理论、实务界及其相互之间，存在较大的分歧。

② 即使从单幅画面的角度理解，实践中也有判例主张其属于智力劳动成果而构成摄影作品。参见上海市高级人民法院（2006）沪高民三（知）终字第35号民事判决。

③ 广州研讨会上深圳市中级人民法院知识产权庭祝建军法官的观点。

一款的规定看，将网络游戏直播画面定位于类电作品有一定障碍，因为该款规定的内容是“电影作品和以类似摄制电影的方法创作的作品的著作权由制片者享有，但编剧、导演、摄影、作词、作曲等作者享有署名权，并有权按照与制片者签订的合同获得报酬”。其强调了制作手段需要类似摄制电影的方式。不过，值得注意的是，正在第三次修订之中的著作权法修改草案采用了“视听作品”的概念，并且强调借助技术设备被感知以及连续活动的画面，不再强调摄制等手段存在与否①。

关于网络游戏直播画面是否构成作品问题，一种观点将其简单地类比于体育赛事节目直播画面，认为当前网络游戏直播很多属于竞技类，而国家体育总局已经明确将电子竞技列为我国第九十九项体育比赛，而由于体育赛事节目直播画面不能认定为作品，网络游戏画面也不构成作品。笔者认为，网络游戏直播画面和体育赛事直播画面颇不相同，而这一不同也是基于网络游戏与体育赛事的根本不同之处：前者始终是在网络游戏设计者预设的程序和范围内进行的操作和运行，后者则完全是选手身体与个人技巧的高度组合，并不存在受制于预设程序的问题，当然二者在遵守共同规则这一点上是相同的。这一区分使得不能因为主张体育赛事节目不能作为作品②而认为网络游戏直播画面也不能成为作品。同时，“网络游戏直播画面是要经过主办方通过各种技术、视频截取或者是通过各种垄断性的方法完成形成一种新的作品，这种作品可以被看作类竞作品或者美术作品等等来保护，这个网络游戏直播画面当中由于有了选取或者截取的独创性劳动在里面，构成一个独创性，可以受著作权的保护。因为目前还很难把它归入到《著作权法》里的明确的规定上，在草案的修改当中，可以把它当成视听作品，毕竟是一个有动态的平面”③。

从国内外相关司法实践的情况看，明确肯定网络游戏画面作为受著作权保护的作品的案件并非罕见。例如，在美国 Stern Electronics 诉 Kaufman 宇宙飞船游戏著作权侵权纠纷案④中，原告指控被控游戏画面和操作体念与其高度雷同，尽管其为实现同样的效果而使用了不同的代码。被告则认为，游戏软件系记载在电路板上的计算机程序，玩家通过操作该程序，形成能够被视听的画面和音效，因此玩游戏不是纯粹地播放视频影像，游戏中的影像随着玩家的操作而变化，基于此，原告主张的涉案游戏画面并非艺术创作。法院则认为，虽然原被告游戏软件程序代码不同，但当游戏表现形式雷同时，游戏中不断出现的画面以及声音的聚合可以成为受著作权保护的视听作品⑤。

明确否认网络游戏画面作品属性的案件则也有先例。例如，在斗鱼案中，一审法院否认了网络游戏直播画面的作品性，理由是“直播过程具有随意性、不可复制性，结果有不确定性”。该案案情大致如下：2015 年 1 月 5 日至 2 月 9 日，DOTA2 网络游戏竞赛亚洲邀请赛举行。上海耀宇文化传媒有限公司（耀宇公司）在取得权利人许可后，对涉案赛事在其游戏直播网站上进行了网络直播。在此期间，广州斗鱼网络科技有限公司（斗鱼公司）在其直播网站实时直播了 DOTA2 亚洲邀请赛。耀宇公司诉斗鱼公司未经许可直播 DOTA2 亚洲邀请赛的行为既侵犯了其对游戏比赛直播画面的著作权，也构成不正当竞争。一审法院认定涉案游戏比赛直播画面不构成受著作权保护的作品，但被告的行为构成了不正当竞争行为，遂以不正当竞争判决被告承担法律责任。在该案中，一审法院否认游戏竞技比赛画面的作品性质，其理由是：“由于涉案赛事本身并无剧本之类的事先设计，比赛画面是由参加比赛的双方多位选手按照游戏规则，通过各自操作所形成的动态画面，系进行中的比赛情况的一种客观、直观的表现形式，比赛的过程具有随机性和不可复制性，比赛结果具有不确定性，故比赛画面并不属于著作

① 具有剧情类的网络游戏直播画面定位于视听作品，这在国外立法中可以找到依据。例如，根据《俄罗斯民法典》对视听作品的界定，只要能够供视觉或者听觉感知，就可以构成视听作品。

② 从司法实践的情况看，体育赛事直播画面一般并不被视为作品。不过，近年也有法院判决体育赛事直播画面构成了作品，受著作权保护。例如，北京朝阳区人民法院在一起涉及中超足球赛事直播纠纷案中，认定体育赛事直播画面构成作品。无独有偶，北京新浪互联信息服务有限公司诉北京天赢九州网络技术有限公司擅自转播体育赛事侵犯著作权及不正当竞争纠纷案中，法院也认定体育赛事直播画面构成作品，其理由是“从涉案赛事转播呈现的画面看，满足上述分析的创造性，即通过摄制、制作的方式，形成画面，以视听的形式给人以视觉感应、效果，构成作品”。

③ 广州研讨会上张晓阳先生的观点。

④ Stern Electronics，Inc. v. Kaufman，669 F. 2d 852，865 (2d Cir. 1982).

⑤ Stern Electronics，Inc. v. Kaufman，669 F. 2d 852，865 (2d Cir. 1982). 王丽娜. 网络游戏画面是否构成作品之辨析. 中国版权，2016 (2). 国内也有判决认为，游戏画面是具有审美意义的平面造型艺术作品。北京市高级人民法院知识产权参阅案例 [EB/OL]. [2016-12-30]. http://www.guo-jin.org/news/gjdt/736.html.

权法规定的作品，被告使用涉案赛事比赛画面的行为不构成侵害著作权”①。

笔者认为，该案否认网络游戏比赛画面作品的性质值得商榷。其上述理由存在的问题在于，将游戏竞技比赛画面简单地类比于体育赛事节目画面，进而认定其不构成受著作权保护的作品。就体育赛事节目直播画面而言，由于参赛者是在遵守体育比赛规则的前提下通过形体、动作所完成的特定竞技类活动，其赛事画面是体育比赛的直观记载和反映，一般认为不具有作品的独创性。网络游戏直播画面则不同，它需要借助于网络游戏软件事先设计好的场景，调用游戏中的人物、道具、服装等，通过游戏中高超的技巧，使得游戏中的人物、场景、情节活生生地展现出来。网络游戏直播画面确实不同于体育赛事直播画面，玩家也不等同于体育比赛的选手，因为整个直播画面包含了网络人物、事件、情节，尤其是剧情类网络游戏，公众欣赏网络游戏直播动态画面，如同在观看一部动漫电影，其作品属性应当得到肯定。“网络游戏赛事基于游戏展开，游戏比赛画面来源于游戏本身，为直接呈现在计算机屏幕上的具有可感知性和可复制性的连续画面”，因而网络游戏画面应当构成作品②。

进言之，上述判决否认网络游戏直播画面作品属性的一个理由“比赛的过程具有随机性和不可复制性，比赛结果具有不确定性，故比赛画面并不属于著作权法规定的作品”，也存在问题。实际上，并不能从著作权法意义上的作品的角度否认网络游戏直播画面作为作品的固定性和可复制性。这是因为，在现有技术条件下，完全能够通过技术手段将网络游戏动态过程以直播形式固定下来，形成网络游戏比赛视频，并可以在此基础上进行无限制的复制。实际上，相关问题国外司法判例早就有定论。例如，在美国1982年Artic国际公司与Midway制造公司涉及游戏软件的著作权纠纷中，法院认为游戏的视听画面可以在很长时间内被反复复制③。

在解决了网络游戏直播画面作品属性问题后，值得进一步探讨的是其属于我国著作权法中的哪一类作品？笔者认为，将其归入类电作品具有合理性。主要是因为网络游戏直播画面与网络游戏作品本身一样，是通过以声音或者图像为聚合体、由一系列有伴音或者无伴音的画面组成，符合类电作品的本质属性。不过，应当指出，如同前述关于网络游戏作品性质的阐述一样，其难以在我国现行著作权法关于类电作品的规定中完全“对号入座”，因为它没有被事先“摄制在一定的介质上”，而是事先由网络游戏开发者设计计算机程序并通过网络游戏的玩家调用而得以显现出来。不过，需要进一步看到，对于观众来说，最后呈现的画面效果是大致相同的。而且，著作权法律制度也处于不断发展之中。以我国著作权法为例，如前所述，著作权法第三次修改草案已经采用了“视听作品”的概念，取代现行的“电影作品和以类似摄制电影的方法创作的作品”的提法，而且取消了“摄制”手段的限制。这一立法修改具有合理性，正如有学者指出：视听作品与传统电影之间的不同在于制作技术，从法律属性来说并没有必要将其与主要使用摄像机摄制的电影作品加以区别④。从国外立法看，即使保留电影作品的概念，也不再强调电影作品以“摄制”为前提。如《日本著作权法》即规定，电影作品包括由产生类似电影中视觉或听觉效果的方法表现的，并且固定于物质载体的作品⑤。

三、玩家在网络游戏直播画面中的法律地位

关于玩家在网络游戏直播画面中的法律地位，一般而言，由于玩家在注册时受到网络游戏开发者格式合同的制约，其不能主张相关的著作权、邻接权或者其他民事权益。然而，从现实中发生的纠纷案件看，也有缺乏有效的合同安排的情况。在缺乏合同约束的情况下，玩家就可能对其打游戏产生的直播画面主张权利。因此，有必要专门针对玩家在网络游戏直播画面中的法律地位进行探讨。

（一）玩家是否为网络游戏直播画面的作者

在竞技类网络游戏中，可以将玩家称为“选手”。网络游戏直播画面显然是由玩家根据游戏规则，调用事先预置的道具、场景等完成的。因此，这很容易使人认为网络游戏直播画面是由玩家创作完成的，玩家就是网络游戏直播画面的作者。如果

① 该案二审维持了一审判决。二审强调被告对涉案赛事组织运营未进行任何投入，也未取得视频传播权的许可，而是免费坐享原告投入了大量的人财物取得的商业成果，因此是一种不正当竞争行为。

② 欧修平，孙明飞，吴东亮．庖解中国网络游戏直播第一案：权利属性及责任归属［EB/OL］．［2016-12-20］．http://www.zhichanli.com/article/16303/.

③ Midway Manufacture Co. Artic International，Inc. 547，F. Supp. 999（N. D. III 1982）.

④ 王迁．著作权法［M］．北京：中国人民大学出版社，2015：107.

⑤ 王丽娜．网络游戏画面是否构成作品之辨析［J］．中国版权，2016（2）.

认可玩家是网络游戏直播画面的作者，则实际上是认定玩家玩游戏的过程就是创作网络游戏直播画面作品的过程。根据这一观点，玩家进入游戏界面开始游戏时，是将网络游戏当成自身创作的工具。但是，从现有研究成果和学术研讨的观点看，一种颇有影响的观点认为：无论网络游戏的玩家有多高的玩游戏技巧，也无论其怎么调用网络游戏中的资源完成游戏，其结果都是在网络游戏程序设计者事先设计好的成千上万种预设范围内的一种。

如前所述，游戏包括网络游戏本身构成作品是毫无疑问的。问题是玩家玩游戏的过程是不是著作权法意义上的创作作品的过程，玩家玩游戏是不是创作作品的行为。对此，从目前讨论看，主流的观点是主张玩家玩游戏的行为是在遵循游戏设计者预设的规则和可能的结果的前提下调用游戏设计元素和场景，并以动态画面呈现出来的，因此玩家不能成为著作权法意义上的作者。例如，在广州研讨会上，实务界有专家即指出："我们要看玩家在整个画面生成的过程中具体起到一个什么作用？这个玩家仅仅只是遵守开发商预先设定的游戏规则，把静态的游戏数据发出指令调取出来，最终呈现为动态的游戏画面，这就是他起的全部作用。而且所有的游戏数据和游戏画面都是开发商预先设定的，虽然说不同的游戏玩家玩游戏呈现的画面可能不同，但是不同的玩家遵循相应的游戏规则呈现的画面本身是一致的"①。有学界专家也认为：玩家玩游戏时，网游公司并没有提供给其个性化表达空间，玩家玩游戏只是在网络游戏设计者程序设计预设范围内，因为玩家玩网络游戏的所有的可能性都是在网络游戏设计者已经策划好的，玩家展现的只是技巧的高低，难言有个性表达的空间。该学者还谈到玩家只是将各种可能性表演出来，是不是需要从表演的角度加以思考②。在探讨关于玩家是否为网络游戏直播画面的作者时，还有一种观点类比体育竞赛中的运动员，认为玩家不过是展现自己的游戏技巧和操作经验，与体育运动员没有多少区别，给予著作权保护缺乏理由③。

根据前面阐述的观点，网络游戏直播画面成为作品是没有问题的，即使否认玩家是网络游戏直播画面的作者，也仍然成立。而且，笔者也主张玩家对网络游戏直播画面可以成为演绎作者，而不仅仅是简单地调用网络游戏中已经存在的资源，不存在个性化表达空间的问题。主流观点确实看到了网络游戏直播画面是玩家在运用网游公司设计好的网络游戏元素并遵循游戏规则所实现的结果，正如有专家在学术研讨会中发表的类似观点，"玩家在玩游戏的时候，他所呈现的画面基本上就是在游戏公司的已有制作范围内。比如说各种武器装备的性能、打斗时候的呈现效果，不管是低级玩家、高级玩家，虽然画面不一样，都是在游戏的设计范围内"④。这些观点至少说明网络游戏直播画面如果说是作品，它是网游公司创作出来的。虽然网络游戏直播画面形成的基础仍然是玩家完成的被直播画面，这些动态画面是玩家遵循网络游戏开发者设定的既有的游戏规则、按照既定的模式实现的。并且玩家无论怎样调用网络游戏中的数据库，利用其中的场景、人物角色、道具、背景音乐等，其展现的都是具有图像和音效的活动画面，因此可以认为玩家打游戏最后呈现的活动画面具有作品属性，玩家玩游戏还是在已有作品基础上进行的，不是其独立的行为。但是，根据各国著作权法规定，并不排除他人在已有作品基础之上进行再创作而形成演绎作品。就网络游戏直播画面而言，玩家在玩游戏过程中最终呈现的画面是在网游公司既有的制作范围之内，一方面体现了玩家不是完全独立的自由创作过程，另一方面则体现了玩家是在已有作品基础之上进行的再创作，包括汇编和改编等形式。可能有观点会认为，玩家的行为主要还是一种操作行为和过程，这种操作行为和过程，不是创作行为。固然，并非在任何情况下玩家打游戏的行为都能够被视为演绎性质的创作行为，玩家打游戏的过程是不是参与了网络游戏直播界面的创作，与网络游戏开发者设定的权限和能够调用的网络游戏资源直接相关。一般而言，网络游戏设计的重要理念是尽量体现玩家的智慧和操作技巧，以吸引更多的玩家参与网络游戏，形成人气。这样就有必要重视网络游戏开发中的根据特定游戏的目的设置尽量大的自由活动空间。如果网

① 广州研讨会上周高见先生的观点。

② 广州研讨会上中山大学法学院李扬教授的观点。

③ 否认玩家成为作者还有一些理由，如一种观点主张玩家在玩游戏前或者玩游戏过程中，根本不存在所谓创作的动机和目的。不过，这不能成为否定玩家取得作者身份的理由，因为根据著作权法原理，创作作品是一种事实行为，只要在客观上有符合著作权保护条件的作品产生，就可以成为作者，并不以意思表示为前提。

④ 广州研讨会上张剑平先生的观点。

络游戏开发者没有开放创作剧情的权限，则玩家就不能基于网络游戏剧情取得著作权法意义上的独创性创作身份。至于有的游戏软件设置了 UGC 功能，能够使玩家在玩游戏过程中享有个人的操作空间，如允许玩家利用画图软件绘制作品并置于游戏画面中，更是具备作品的属性。不过，本文对网络游戏直播画面作者的分析，主要还不是针对这种情况。

当然，笔者主张网络游戏直播画面的玩家可以享有演绎作者身份，也并不是针对所有情况，关键还是看其在打游戏过程中的行为根据我国著作权法的规定是否具有独创性。一般而言，玩家打游戏的目的是为了赢，在竞技类网络游戏中尤其如此。通过调用网络游戏程序中的元素，玩家将网络游戏以直播画面形式动态地展现出来，玩家的行为和原始的创作行为有所不同，正如前面引用专业人士的观点，无论怎么玩，都避不开既设定的框架，因此网络游戏直播画面包含了网络游戏开发者的智力创作成果。但是，毕竟该网络游戏直播画面是在玩家操作之下实现的，而不是对网络游戏软件自动运行产生的结果进行直播形成的画面。因此，在探讨玩家是否构成作者时，即使认可其构成作者，充其量也只能是在已有作品基础上进行再创作而形成的演绎作者。这就需要进一步明确网络游戏开发商或者说设计者对玩家打游戏的行为能够提供何种内容与工具。从著作权保护的原理来看，又取决于游戏本身能够给玩家操作提供多大的个性化表达空间。早期的游戏可能比较简单，创作性的空间比较少，无论谁玩，展现的结果都表达得很有限。由于表达形式雷同，难以构成著作权保护的作品。但现在的问题是，游戏越来越人性化，给玩家很多个性化表达的空间，这样就不能轻易地否定玩家参与网络游戏直播画面的创作的可能了。游戏开发商给玩家提供了引擎、操作平台和各种要素，虽然这些是事先设计好了的，但当玩家打开游戏去运行的时候，会有很多想象、游戏的选择和编排，不同玩家通过不同个性化的选择、编排，会显现出很多不同的结果，这使得最后呈现的动态画面不一样。换言之，网络游戏设计者可能为玩家提供富有个性化表达的元素和工具，玩家在玩游戏过程中，可以不仅仅是纯粹竞技，而且可以适当利用网络游戏中的工具和操作平台，创造一些新的游戏故事情节，因此可以认为是在现有游戏作品基础之上所做出的演绎性创作。正如有观点主张：如果一种电子游戏体现的某种思想具有千万种自由发挥自己的独创性表达的空间，玩家就能在既定的圈子内发挥自己的独创性表达，融入自己的智力投入，只要这一智力投入符合著作权法中对作品的独创性要件，玩家就可以成为作者①。通过将玩家打游戏行为界定为演绎性创作，并不排除网络游戏设计者本身提供的工具、元素等各种创作素材的作用，这些创作素材与玩家行为合为一体，使网络游戏直播画面得以最终呈现。

此外，尽管笔者主张玩家可以成为网络游戏直播画面的演绎作者，但并不认为网络游戏直播画面作品的著作权由玩家享有，并可以由其主张对网络游戏直播画面的控制，而是认为基于网络游戏设置的目的和网游公司为网络游戏付出了巨大成本代价的事实，以及玩家在网游公司注册时接受的不享有著作权的合约规定，玩家不应取得网络游戏直播画面的著作权。这里不妨先分析一下网络游戏直播画面涉及的相关利益主体，再具体探讨玩家为何不能主张对网络游戏直播画面的控制权。网络游戏直播画面涉及的相关利益主体有网络游戏开发者、玩家和网络游戏直播平台商等主体。网络游戏开发商为开发游戏无疑需要付出巨大的成本，网络游戏直播平台为提高直播画面效果也需要投入较大的成本，至于玩家或者主播也当然需要进行技术投入。但是，相对于网络游戏开发商和网络游戏直播平台商，玩家的投入较小，难以支持其控制网络游戏直播画面传播的主张。具体理由如下：首先，从玩家从事网游的行为看，并没有取得著作权的目的，玩家不是将其自身定位于创作者，而是定位于一个玩家，试图通过参与游戏获得愉悦、人气。当然，没有取得著作权的目的并不是否定著作权的法定理由。不过，这也可以做一个侧面考虑。其次，相比网络游戏开发商，玩家为网络游戏支付的成本极低，如果由玩家享有网络游戏直播画面作品的著作权并因此禁止网络游戏开发者使用该直播画面，则会造成网络游戏开发者和玩家之间权利义务关系严重不对等，有失公平和合理，不符合知识产权法上的利益平衡原则。再次，由玩家享有著作权会对网络游戏开发者和第三方使用网络游戏带来严重障碍，不利于网络游戏产业发展。最后，从现实情况看，玩家已经通过注册用户协议处分了针对网络游戏产生的实体权利，则可以视为玩家放弃作为网络游戏直播画面作者（无论是否为演绎作者）享有的著作权等权利。

---

① 夏家明．电子游戏直播中知识产权保护研究［J］．电子知识产权，2016（2）．

即使没有事先的合同约定，玩家主张控制对网络游戏直播画面的传播也难以获得支持。在特定情况下，即使法院支持玩家享有对网络游戏直播画面的控制权，一般也不宜判决网络游戏直播平台商停止直播行为，而是可以基于利益平衡考虑判决做出一定的经济补偿或赔偿，以更合理地协调玩家与网络游戏开发商和网络游戏直播平台之间的利益关系。

（二）玩家是否为网络游戏直播画面的表演者

在关于网络游戏直播画面著作权问题的讨论中，有一种观点主张玩家是网络游戏直播画面的表演者。这种观点认为网络游戏类似体育赛事。也有主张认为“在游戏包括体育赛事里用不上表演权和表演者权，这是著作权法的基本原理。不是说所有的作品著作权都可以行使表演权，表演权一般针对的就是词曲来行使的权利。像打游戏，我把游戏画面展示出来，决不是著作权法上的表演”①。该观点认为，游戏中不应有表演者和表演权的概念，否则会破坏著作权法的统一性。

笔者则主张，当网络游戏玩家的行为不构成前述演绎性创作、达不到著作权法对创作作品要求的独创性时，在一定条件下可以构成表演行为。在网络游戏中，玩家的行为虽然主要不是意图展示艺术之美，而是通过操作网络游戏中的元素和资源库，展示其高超的玩游戏技巧，但其在客观上具有展示技艺之美，以及获得竞技等方面愉悦的目的。有观点主张网络游戏之竞技行为难言为竞技表演，参与竞技者也不是表演者，玩家欣赏的还是竞技，尽管可能增加美的要素，但竞技的秉性还是保留的。但也应看到，受网络游戏开发者开发权限的限制，有时网络游戏玩家在既有的程序限制范围内难以形成带有创作性劳动的成果，难以成为作品作者，但其仍然具有相当的智力投入，对这一智力投入也应当给予重视，因为网络游戏玩家的行为对于被直播出去的网络游戏直播画面的形成具有基础性价值和意义。

当然，将不具备演绎性创作条件的玩家玩游戏行为视为著作权法中表演者表演意义上的表演行为，需要扩张对表演者概念的规定，因为在我国现行著作权法关于表演权的规定中，表演者的内涵较为狭窄，难以涵盖网络游戏直播画面的玩家操作游戏的行为——根据2013年修订的《著作权法实施条例》第五条第六项规定，表演者“是指演员、演出单位或者其他表演文学、艺术作品的人”。从各国立法来看，表演者的内涵也是处于逐渐扩张之中的。甚至有著作权法意义上的表演者也可以针对非作品表演，如法国将杂耍和马戏纳入表演范畴，巴西将足球运动视为表演等。此外，不是针对已有作品的表演还有一种情况，即即兴表演，这种表演的特点是作品创作和表演同时发生，如即兴朗诵一首诗、即兴表演相声、即兴舞蹈等。网络游戏尤其是其中的竞技类游戏，已被视为体育节目之一。否认网络游戏玩家表演者身份，一种理由是这个表演权应当由著作权人控制，如果没有经过同意则构成侵权。实际上，这种情况在现实中难以发生，因为网络游戏开发者开发和推销游戏的目的，就是吸引玩家打游戏，故玩家打游戏的行为应视为事先获得了一种默示许可。

（三）玩家是否仅为普通的网络游戏的消费者

关于网络游戏玩家的法律地位，还有一种观点主张他们只是网络游戏中的普通消费者而已，既不能构成作者，也不能成为表演者②。也就是说，玩家不享有我国著作权法上著作权人或者邻接权人地位。笔者认为，如前所述，网络游戏玩家在一定情况下可以成为演绎作者或表演者。在一个特定的网络游戏中，如果玩家不能满足演绎作者或者表演者的条件，则确实只能是网络游戏的普通消费者。

四、网络游戏直播画面著作权侵权问题

网络游戏直播画面相关主体包括网络游戏开发者、玩家、第三方直播平方等。通常，网络游戏相关主体权利义务的确定是通过各类合同实现的。在发生著作权侵权纠纷时，也有一些则不是基于合同关系而形成的。故以下可以根据玩家与第三方直播平台是否签订了协议而大致分两种情况加以探讨。在玩家与第三方网络游戏直播平台签订了协议的情况下，玩家与第三方网络游戏直播平台的权利义务是通过协议形式加以明确的。通常根据协议，玩家授权网络游戏直播平台同步直播网络游戏画面，玩家则取得一定的报酬。网络游戏直播平台为了攒取人气，往往需要对玩家玩游戏呈现的画面进行一定的包装和补充，包括解说、配音乃至互动画面、回放等，以此吸引更多用户，攒取流量和广告收益。根据前面的阐述，玩家在网络游戏直播画面中可以成为演绎作者，在不能成为演绎作者时，在一定情况下还可以成为表演者，如果连表演者标准也不符

① 广州研讨会上祝建军法官的观点。
② 2016年12月16日北京君策知识产权发展中心成立五周年庆典上国家版权局版权司原司长许超先生的观点。

合，则只能成为网络游戏的普通消费者。以下不妨以这三种情况分别对玩家玩某款网络游戏的行为与第三方网络游戏直播平台合约直播是否构成对网络游戏开发者著作权的侵害进行分析。

在玩家在网络游戏直播画面中成为演绎作者时，其与第三方网络游戏直播平台签订了协议直播网络游戏画面，并按照协议的安排实现各自的利益，此时玩家与第三方网络游戏直播平台属于共同提供作品的行为，“构成共同提供行为，除了要求以合作协议等方式有意识联络外，还在内容提供、针对内容提供的利益分享等方面有深度合作”①。若网络游戏画面直播行为未经网络游戏开发者许可，根据我国著作权法关于行使演绎作品著作权的规定，第三方直播平台未经原作品著作权人许可实施的行为构成著作权侵权。玩家尽管作为演绎作者，仍无权单独授权第三方直播平台播放该直播画面。在上述情况下，玩家与第三方直播平台可以构成共同侵害网络游戏开发者的对网络游戏直播画面的著作权。在玩家不具备演绎作者身份而可以认定为表演者身份时，由于网络游戏开发者享有表演权等著作权，玩家的表演者权不能对抗网络游戏开发者的表演权，第三方直播平台在未取得网络游戏开发者许可的情况下，其直播行为也会与玩家一起构成共同侵权。至于很多情况下玩家连表演者也无法构成时，共同侵权也成立。

当然，如前所述，玩家也可能开设直播间、直播动态的网络游戏画面，供用户观赏，此种情况是否属于侵犯网络游戏开发者对网络游戏画面的著作权，取决于直播间播放行为是否会损害著作权人的游戏市场。如果直播间直播行为损害了著作权人的游戏市场，则需要考虑是否构成对网络游戏开发者著作权的侵害。在关于直播间行为方面，出现了是否属于合理使用问题的主张②。

在玩家没有与第三方直播平台签订网络游戏画面直播协议时，通常情况下是玩家将事先录制好的网络游戏视频上载到第三方网络平台，供用户下载和观看。这种情况下的网络游戏视频实际上是玩家玩游戏时的原始录制品在第三方平台的播放和传播。由于玩家上载的行为未经网络游戏开发者同意，其构成侵害网络游戏开发者对网络游戏画面享有的著作权应当成立。至于第三方平台提供网络游戏视频上载和用户下载行为是否构成侵害网络游戏开发者对网络游戏画面的著作权，则应当考察其是否对上载的网络游戏视频未获得合法许可具有主观过错。最高人民法院2013年1月1日实施的《关于审理侵害信息网络传播权民事纠纷案件适用法律若干问题的规定》第十二条规定，“有下列情形之一的，人民法院可以根据案件具体情况，认定提供信息存储空间服务的网络服务提供者应知网络用户侵害信息网络传播权：（一）将热播影视作品等置于首页或者其他主要页面等能够为网络服务提供者明显感知的位置的；（二）对热播影视作品等的主题、内容主动进行选择、编辑、整理、推荐，或者为其设立专门的排行榜的；（三）其他可以明显感知相关作品、表演、录音录像制品为未经许可提供，仍未采取合理措施的情形”。尽管第三方平台不可能对被上载的所有文档是否侵犯他人合法民事权利进行审查，但如果其可以明显感知玩家上载的网络游戏视频是未经许可的而仍未采取合理措施，则根据上述规定应当承担侵害著作权的法律责任，具体而言是侵害了网络游戏开发者的信息网络传播权。

结语

随着网络游戏及其相关衍生产业发展，网络游戏直播也逐渐成为一个颇具市场前景的行业。由于我国现行著作权法并未对网络游戏、网络游戏直播画面在著作权法中的地位做出界定，无论是在理论上还是司法实践中，对此均有不同认识。本着保护相关主体利益、平衡利益关系和促进我国网络游戏产业发展的宗旨，本文主张网络游戏直播画面构成著作权法意义上的作品，并且针对玩家在不同类型网络游戏直播以及其在网络游戏中发挥的作用，将其分别定位于演绎作者、表演者和普通消费者等类型。为保护相关主体的合法权益，促进我国网络游戏产业发展，需要对网络游戏直播平台商、玩家侵害网络游戏开发者等主体合法权益的行为予以规制。至于不同情况下玩家和网络游戏直播平台是否存在侵权责任豁免，笔者将另行探讨。

（本文原发表于《知识产权》2017年第1期。为国家社会科学基金重点项目“中国特色知识产权理论体系研究”（项目编号：11AZD047）阶段性成果，中国政法大学首批优秀中青年教师培养支持计划项目阶段性成果。
作者单位：中国政法大学）

① 孔祥俊．网络著作权保护法律理念与裁判方法［M］．北京：中国法制出版社，2015：164．
② 王迁．电子游戏直播的著作权问题研究［J］．电子知识产权，2016（2）．

论网络服务商版权内容过滤义务

崔国斌

引言

过去二十多年来，网络技术的飞速发展使得普通公众获得廉价而强大的传播能力。如何阻止公众滥用这一能力传播盗版作品，是著作权法上的持久挑战。在立法和司法层面，决策者不断强化网络用户的直接侵权责任以提高法律的吓阻效果；同时，推动共同侵权（或间接侵权）制度的变革，促使网络服务商和著作权人合作共同抑制盗版。

在法律之外，著作权人将眼光投向预防或阻止盗版的技术措施。现在，版权内容过滤技术实际上已接近成熟，逐步被应用于识别和预防网络盗版。典型的做法是：网络服务商事先建立正版作品数据库——网络用户对外传播作品时，网络服务商通过技术措施扫描该作品内容，确定是否含有正版作品数据库中的内容——如果含有，则阻止用户的传播行为。正版作品入库、索引、目标作品的扫描、比对和拒绝传播等过程，均由服务器自动完成[①]。相对现有的人工进行的“通知—删除”程序，版权内容过滤机制具有巨大的效率优势。因此，版权作品的技术过滤措施有望成为著作权人对抗网络盗版的强有力武器，也很有可能彻底改变网络服务商间接侵权规则，对于著作权法的改革方向产生深远影响。

在实务层面，中国决策者对于版权内容过滤措施已经表现出一定的接纳态度。比如，国家版权局2015年在关于网盘服务的通知中指出，“网盘服务商应当建立必要管理机制，运用有效技术措施，主动屏蔽、移除侵权作品，防止用户违法上传、存储并分享他人作品”[②]。2016年在关于网络文学的通知中重申了类似要求[③]。这里的有效技术措施应该包含本文所述的版权内容过滤措施。在个别司法案例中，法院也暗示采取技术过滤措施阻止用户的侵权行为是网络服务商的合理义务[④]。

不过，要求网络服务商采取版权内容过滤措施，远非上述规章或个别司法判决所暗示的那样简单。这一要求实际上背离了现有网络安全港规则，让网络服务商承担更多的注意义务，在一定程度上限制了网络服务商的商业经营自由[⑤]。对于这样一项重大的法律制度改革的正当性与合理性，需要深入研究。本文尝试着完成这一任务。

一、过滤技术进步提供的可能性

在传统的“通知—删除”模式下，著作权人与网络服务商合作对抗盗版的方式效率低下，成本高昂。著作权人人工或者借助于技术措施监督目标网络服务商发现侵权内容，准备和发送侵权通知，跟踪网络服务商的处理进度；网络服务商再人工接收并审查侵权通知，人工删除侵权内容或断开侵权链接。著作权人需要面对的主流的网站动辄数十甚至上百家[⑥]。不仅如此，商业规模的网站常常有海量的网络用户侵权行为，著作权人和网络服务商因此要不断发送海量的侵权通知[⑦]。对于很多小规模的分散的著作权人而言，不间断监控这些目标站点并准备侵权通知，耗费大量的时间和精力，几乎注定是一项无利可图的生意。网络服务商在短时间内人工处理大量的侵权通知，同样要耗费大量的人力成本。另外，对于大量的具有时间敏感性的作品而言，“通知—删除”模式本质上是无效的。比如，新闻、体育赛事节目、热门电影等作品，等到权利人发现网络上的侵权行为，损失就无可挽回了。等网络服务商根据权利人的侵权通知完成人工审查等处理措施，损失将进一步扩大。如果网络服务商出于自身的利益故意拖延，则后果更加严重。

网络内容识别和过滤技术的进步使得著作权人与网络服务商合作共同预防盗版的方式发生革命性变化。过去，最为常见的技术过滤方法包括：利用网络内容标签进行过滤、对人工选定的URL地址信息进行过滤、利用内容关键词进行过滤、基于视

① How Content ID Works [EB/OL]. [2016-09-05]. https://support.google.com/youtube/answer/2797370? hl=en.

② 国家版权局《关于规范网盘服务版权秩序的通知》(2015) 第2条。

③ 国家版权局《关于加强网络文学作品版权管理的通知》(2016) 第10条。

④ 沈阳莎梦文化发展有限公司诉上海全土豆网络科技有限公司，上海市浦东新区人民法院 (2010) 浦民三 (知) 初字第789号。

⑤ 比如，欧洲法院 (ECJ) 在 SABAM v. Netlog NV, Case C-360/10 (2012) 和 Scarlet Extended SA v. SABAM, Case C-70/10 (2011) 案中就表达了这一关切。

⑥ 在“剑网行动”中，各地版权部门实施重点监管的大型网站达到3 029家。赖名芳. “剑网”持续亮剑：构建网络版权生态环境：访国家版权局版权管理司司长于慈珂 [M]. 中国新闻出版广电报，2016-07-14 (5).

⑦ 比如，在 Viacom Intern. Inc. v. YouTube, Inc., 718 F. Supp. 2d 514 (S. D. N. Y., 2010.) 案中，Viacom公司在数个月内就积攒了大约10万份侵权视频的侵权通知。

频时长进行过滤、基于智能内容分析进行过滤等等[①]。前几种类型的过滤方案的原理比较简单，但出错率较高[②]，或者需要过多的人工干预因而成本很高。服务商采取这些过滤措施，很可能过度损害用户的言论自由[③]或网络服务商的正当利益。强制要求服务商采取此类过滤措施阻止盗版明显不合理。

到目前为止，最为可行的内容过滤方案是基于智能内容分析的过滤方法，代表内容识别和过滤技术发展的主流方向[④]。它利用语言分析、图像处理、机器学习等技术对文本、图像或影音作品等进行深度分析，自动识别出需要过滤的内容特征并建立索引，然后分析目标文件中是否含有上述版权内容特征，从而决定是否干预。在操作层面，此类版权内容过滤方案有两个核心步骤：其一，网络服务商应著作权人请求或自行收集版权作品及相关的授权信息，对版权作品进行索引分析之后建立起版权作品的特征信息库；其二，在网络的关键节点（比如内容存储服务商的网络服务器或客户端）获取用户传播的作品的复制件，分析确定该复制件是否含有版权作品特征信息库内的作品内容，进而决定是否阻止该用户的传播或访问行为。

现在，文字作品（文本）的分析、索引和比对技术已经非常成熟。只要文字类的版权作品被纳入过滤系统的版权作品特征信息库中，任何用户上传的文字内容中只要含有该作品的实质性内容，都能被准确而及时地识别出来。技术上，文本比对的错误或误差已经可以忽略不计。比如，我国高校普遍使用的中国知网的学术不端文献检测系统就能够非常迅速而准确地确定学生的毕业论文中是否含有数百亿字数的公开文献库中的内容[⑤]。这一技术进步应该远远超出立法者在制定网络安全港规则时的想象。

图片、声音或视频文件的过滤，比文本过滤要复杂一些，但也逐渐完善。这里以视频文件为例加以说明。过滤系统首先按照特定的算法提取视频画面中的若干关键帧，然后对关键帧进行技术分析，并将分析结果保留在数据库中用于比对[⑥]。在算法合理的情况下，这一比对结果非常可靠。比如，提供过滤服务的美国Audible Magic公司宣称：该系统能够在几秒钟内识别出用户上传的媒体内容是否含有版权内容；识别概率超过99%，而且错报率几乎为零；此类内容的识别技术不受媒体格式、编码方式、压缩技术的影响[⑦]。在实际应用过程中，视频或音频识别与过滤技术是否一直都能达到各方所描述的那样成熟和稳定的程度，还有待时间检验。不过，有一点是肯定的，这类技术日益成熟的趋势不可动摇。

网络内容识别与过滤技术不仅报错率已经很低，而且审查速度惊人。这也就意味着技术过滤措施引发时间延迟等社会成本急剧下降。几年前，还有学者以土豆网为例说明版权审查过程耗时费力。当时，土豆网存储的视频作品数量超过3 000万个，以每天3万个左右的速度增加。该学者估计："这是一个非常庞大的数字，以现有的技术，若要对这些作品全部进行版权审查，即使用几千台服务器也需要几年的时间才能完成。"[⑧] 现在，市面上的商业软件系统已经可以轻松完成这一原本不可能的任务。"结合独有的搜索引擎索引技术，对视频特征进行自动索引、匹配，速度达到200～300倍实时，即在60秒内可以完成200～300分钟视频特征的提取"[⑨]。"现有的30台服务器每天可以完成对300T容量的视频数据进行索引，完成对60T容量的视频进行特征提取，可以有效地满足版权监控、技术审片、海量视频图像搜索、去重复等需求。"[⑩] 回到土豆网的例子：当初每天3万个视频的总量大约为3 000G～

① 孙艳，周学广．内容过滤技术研究进展［J］．信息安全与通信保密，2011（9）：45-46．

② 在2000年前后，过滤措施还不够成熟，错误率很高。Junichi P. Semitsu. Buring Cyberbooks in Public Libraries: Internet Filtering Software vs. The First Amendment. 52 Stan. L. Rev. 509，513-519（2000）．

③ 国内学者对于网络过滤技术对言论自由的威胁，有深入的讨论。时飞．网络过滤技术的正当性批判：对美国网络法学界一个理论论证的观察［J］．环球法律评论，2011（1）：106-118．

④ 同①．

⑤ AMLC系统介绍［EB/OL］．［2016-12-03］．http://check.cnki.net/Article/intro/Index.html．

⑥ 王松，韩永国，吴亚东，等．基于图像主色彩的视频关键帧提取方法［J］．计算机应用，2013（33）：2631-2635；陈志国，姚瑞虹，张奇．不良视频特征提取与重复检测技术探讨［J］．广播与电视技术，2014（4）：32-36．

⑦ Audible Magic. Copyright Compliance Service［EB/OL］．［2016-12-03］．http://www.audiblemagic.com/compliance-service．

⑧ 吕斌，陈思．"安全港"或能终结视频业混战［J］．法人，2010（5）．

⑨ 冠勇科技．冠勇科技助力国内某知名视频网站影视版权监控［EB/OL］．［2017-03-03］．http://www.firstbrave.com/detail.aspx?id=270．

⑩ *Id*.

9 000G（假定每个视频为 100M～300M），或者说 3T～9T 之间。如果采用上述公司的技术方案对这些视频进行索引，30 台服务器只需工作 0.24～0.72 个小时！对用户上传作品进行索引之后，比对该作品与版权库内的作品也要耗费一定时间和服务器资源，但是，相对索引而言，这一时间延迟几乎可以忽略不计。

正因为内容识别技术已经逐渐成熟，国内外诸多网站在打击盗版的舆论压力下，已经主动采用这一技术措施。比如，著名的 YouTube 网站 2007 年开始主动采用的内容身份（Content ID）系统，核心就是版权内容过滤技术①。通过该系统，YouTube 网站建立著作权人提交的正版作品数据库，然后实时扫描用户通过 YouTube 发布的作品。一旦发现用户传播的作品与正版作品数据库里的作品相同，则通知著作权人，让后者决定如何处置该用户上传的内容②。著作权人可以选择静音（如果背景音乐侵权）、屏蔽整个视频、许可继续使用并获得广告分成、追踪视频的浏览统计等③。根据 YouTube 公司公布的数据，截至 2015 年 7 月，有超过 8 000 个合作伙伴（包括主要的广播组织、电影公司、唱片公司等）使用该内容身份识别系统，对超过 4 亿份视频内容提出权利主张；该内容身份识别系统内活跃的对比作品（active reference files）条目超过 3 500 万④。国内也有部分视频分享网站在 2008 年就引进先进的视频音频“指纹识别技术”对网站上的内容进行过滤，清除网络服务器中的盗版视频⑤。百度公司 2011 年为“百度文库”服务建立了版权作品过滤系统（DNA 反盗版文档识别系统）⑥。腾讯公司从 2015 年开始为微信公众账号建立所谓的原创声明制度，显然也是建立在作品的自动识别与比对技术的基础之上。只不过，它没有走得更远，直接阻止他人未经许可的转载，而只是强制在转载页面上表明作品的原始来源⑦。

与内容识别与技术过滤相配套的简单且相对可靠的措施就是基于 URL、用户名或网址的白名单过滤机制。具体而言，著作权人向网络服务商提供已经获得版权授权的用户的 URL 地址、用户名或网址，供后者设立所谓许可传播或访问的白名单或禁止传播的黑名单。如果内容识别与过滤系统发现白名单之外的用户或网址提供版权内容，则直接阻止该用户利用网络服务商的服务公开传播这些作品。比如，美国电影协会（MPAA）和迅雷公司过去就达成过内容保护协议（content protection agreement），迅雷公司同意在其服务器中安装内容识别系统，根据 MPAA 提供的名单过滤视频版权内容⑧。显然，网络服务商所维护的白名单，可以根据著作权人的请求不断增加或更新。

在版权内容过滤的模式下，分散的著作权人不再需要时刻监控目标网站，也不再需要不断重复地准备和发送各种侵权通知。网络服务商也可以大大压缩处理侵权通知的团队规模，节省经营成本。对于著作权人而言，保护那些具有时间敏感性的版权内容，也不再是太大的难题。技术进步为著作权人和网络服务商合作打击盗版提供了前所未有的机遇。

二、引入技术过滤义务的合理性

虽然网络技术进步为网络版权保护提供了新的可能性，要将它变成现实却并不容易。在现有法律框架下，占据主导地位的是美国式的安全港规则。网络服务商原则上没有与著作权人合作主动监视用户行为、主动查找侵权事实的义务⑨。技术过滤措施本质上是一种版权审查措施。网络服务商既然没有主动的版权审查义务，自然就没有与著作权人合作进行事先的版权内容过滤的义务。中国学术界对网络服务商版权审查义务的理解，与美国趋同⑩。

① Fred von Lohmann. YouTube's Copyright Filter: New Hurdle for Fair Use? [EB/OL]. [2016-05-03]. https://www.eff.org/deeplinks/2007/10/youtubes-copyright-filter-new-hurdle-fair-use (last visited on May 3, 2016).

② supra note 185.

③ Id.

④ Statistics [EB/OL]. [2016-09-05]. http:// www.youtube.com/yt/press/statistics.html.

⑤ 梅术文，温博. 探析“避风港”规则主观要件：以视频分享网站为视角. 电子知识产权，2009（11）：23；胡嫚. 视频分享网站尝试版权管理新模式 [N]. 中国知识产权报，2009-05-07.

⑥ 关于百度的反盗版系统的介绍，可以参见韩寒诉北京百度网讯科技有限公司案（北京市海淀区法院（2012）海民初字第 5558 号）；北京中青文文化传媒有限公司诉北京百度网讯科技有限公司案（北京市高院（2014）高民终字第 2045 号）等。

⑦ 腾讯科技. 微信公众平台上线原创声明功能：为维护作者权益 [EB/OL]. [2016-06-09]. http://tech.qq.com/a/20150122/081739.htm.

⑧ Andy. Failed MPAA/Xunlei Anti-Privacy Deal Is Shocking [EB/OL]. [2016-06-19]. https://torrentfreak.com/failed-mpaa-xunlei-anti-piracy-deal-is-shocking-150120/.

⑨ 崔国斌. 网络服务商共同侵权制度之重塑 [J]. 法学研究，2014（2）：140-141.

⑩ 同⑨149-152.

稍稍不同的是，司法解释的条文尚有一定的模糊性，法院有弹性解释的空间。如前所述，也的确有个别法院暗示，网络服务商的合理注意义务包含采取合理的版权作品过滤措施的内容①。国家版权局也的确持积极肯定态度②。不过，到目前为止，我们并没有看到更多的代表性的法院判决网络服务商有义务采取技术过滤措施。

在上述背景下，是否必须改革网络安全港规则以引入网络服务商技术过滤义务，成为决策者无法回避的问题。本文的答案是肯定的，但理由并非仅仅限于前文所介绍的技术过滤措施所产生的巨大效用。接下来，本文将进一步探讨网络服务商与著作权人自愿合作采取技术过滤措施的交易成本障碍，并分析安全港规则本身的技术局限性，从而揭示法律干预的必要性。在此基础之上，还对一些典型的质疑技术过滤义务合理性的意见做出回应。

（一）自愿合作的交易成本障碍

理论上，在技术进步导致网络服务商与著作权人合作收益急剧上升之后，如果市场机制本身可以促成双方的自愿合作，则著作权法未必一定要调整既有立场以促进这种合作。按照科斯定理③，我们大致可以推断：在交易成本可以忽略的情况下，只要合作采取技术过滤措施的确能够更有效地打击网络盗版从而增加著作权人的收益（或减少其损失），则无论将版权审查义务赋予网络服务商还是著作权人，双方最终都会通过谈判达成最有效率的安排，即合作采取版权内容过滤措施。即便著作权法不要求网络服务商承担版权内容过滤义务，著作权人也可能通过谈判"收买"网络服务商，使之与自己合作进行过滤，从而实现更有效率的结果。不过，在预防网络盗版方面，期待交易成本为零或可以忽略是不现实的。我们需要进一步探究，在现有的著作权法体制下，交易成本因素是否实质性妨碍双方自愿合作，从而是否需要法律干预以消除障碍。

在现有安全港规则下，著作权人更多地依赖所谓"通知—删除"规则来打击盗版。网络服务商接到著作权人的合格的侵权通知后，需要立即移除侵权内容④。如果拖延太久，服务商就可能被视为"未及时采取必要措施"，"对损害的扩大部分与该网络用户承担连带责任"⑤。服务商为应对侵权通知也必须支付相当的运营成本。如果服务商与著作权人合作采取技术过滤措施，能在一定程度上减少侵权通知的发生数量，从而降低应对侵权通知的运营成本。如前所述，实践中的确不乏网络服务商与著作权人合作惩罚侵权用户以阻止盗版⑥，甚至直接采用版权过滤措施的例子，但是，在这些合作的例子中，网络服务商都只是在有限的范围内与著作权人合作，与本文所建议的开放式的版权内容过滤机制相差甚远。比如，YouTube公司并没有承诺对所有著作权人开放内容身份系统，而是自主审核著作权人是否有资格参与该系统。如果著作权人无法通过评估，则只能依据现有的法律途径保护自己的版权，比如，事后提供侵权通知等等⑦。因此，上述著作权人与网络服务商合作采取过滤措施的个案并不能说明，在现有著作权法框架下，网络服务商和著作权人总是或者在大多数情况下能够实现有效合作。

实际上，著作权人要说服网络服务商有效合作，需要越过重重障碍。首先，技术过滤措施的开发和采用需要耗费实质成本⑧，网络服务商不会轻易就采取此类措施。即便理论上网络服务商可以向著作权人收取费用以转嫁成本，在实际操作中，如果没有法律的明确支持，服务商依然很难让社会接受这一商业模式。

其次，很多网络服务商实际上从盗版内容的传播中获利，即便需要遵守所谓"通知—删除"规则而支付一定的成本，通常依然如此。在网络效应普遍存在的情况下，少数侵权威胁最大的网络服务商常常在谈判中处于优势地位。如果没有法律的干预，这些服务商在与著作权人谈判中很可能采取策略行动寻求获得合作剩余中的绝大部分，从而导致谈判陷入僵局，或者分配结果不公平——网络服务商拿走大部分版权利益。毕竟，网络服务商如果选择不

① 沈阳莎梦文化发展有限公司诉上海全土豆网络科技有限公司，上海市浦东新区人民法院（2010）浦民三（知）初字第789号。

② 国家版权局《关于规范网盘服务版权秩序的通知》（2015）第2条；国家版权局《关于加强网络文学作品版权管理的通知》（2016）第10条。

③ Ronald H. Coase. The Problem of Social Cost，3 J. L. & Econ. 1（1960）.

④ 《信息网络传播权保护条例》（2013）第15条。

⑤ 《侵权责任法》（2009）第36条。

⑥ Enrico Bonadio，File Sharing. Copyright and Freedom of Speech，33 E. I. P. R. 619，627-128（2011）.

⑦ Qualifying for Content ID-YouTube Help [EB/OL]. [2016-09-05]. https://support.google.com/youtube/answer/1311402.

⑧ 参见后文关于"过滤技术的成本"的讨论。

合作，还可以直接或间接地从用户传播盗版行为中获益。

再次，网络服务商需要面对所谓“先发劣势”问题。在法律没有强制要求服务商承担更高注意义务的情况下，那些采取技术过滤措施的网络服务商，会损害用户体验，导致用户流失。如果没有得到著作权人的充分补偿，就会在竞争中处于劣势地位。在没有法律强制网络服务商统一行动的情况下，网络服务商通常要看自己的竞争对手（网站）是否采取类似的商业策略，并不愿意率先采取过滤措施。

最后，单个著作权人的游说和支付能力有限，难以促使服务商与自己合作。著作权人比较分散，绝大多数单个主体都不足以说服网络服务商采取技术过滤措施。因为该措施的投入通常会远远超出单个著作权人版权收益。只有多个著作权人联合起来一起“收买”网络服务商时，才有可能越过这一成本障碍。不过，让这些著作权人联合起来，类似于建立一个新的著作权管理机构，并非易事。建立集中游说机制，著作权人也不能保证集体机构与服务商的谈判前景很光明。这反过来降低了著作权人建立集体游说机制的积极性。

在著作权人难以越过成本障碍，游说网络服务商合作采用有效的版权过滤机制的情况下，著作权人的确有退而求其次的选择——与一些专门从事作品过滤服务的第三方公司合作，建立正版作品库，然后由该第三方对于目标网络服务商进行监测。即，通过该第三方实时收集目标网络服务商的网络内容，与正版数据库中的作品进行技术比对。如果发现该内容侵犯著作权，则做出提示。著作权人自己或委托该技术服务提供商向目标站点发出侵权通知，要求后者尽快删除侵权内容或侵权链接①。这一机制相对传统的著作权人分散地进行人工审查再发侵权通知的做法，效率大大提高，算是很大的进步了。

不过，第三方版权监测措施无法将技术的可能性发挥到极致，依然有很大的技术障碍和人工成本。首先，被监控的目标站点可能采取技术措施对抗，增加第三方的扫描和监控目标站点的难度和成本。比如，在 2013 年的百度诉奇虎案中，百度利用 Robots 协议阻止 360 搜索引擎的网络爬虫访问百度公司的服务器②。如果目标站点采用更复杂的用户登录访问等限制措施，第三方的技术监控将更加困难。其次，第三方（代表著作权人）在发现侵权内容之后，依然要反复准备和发送侵权通知，与目标站点进行人工沟通。如果侵权行为反复出现，这一成本依然很高。最后，目标服务商在接收人工通知后，需要合理的时间进行人工审查，而这常常以牺牲著作权人的利益为代价。目前最为严厉的关于网盘服务商的“通知—删除”规则也许可在 24 小时内移除侵权内容③。而在实际操作中，其他类型的服务商通常无法如此高效，从几天到一个月做出反应的都有④。第三方介入的次优方案虽然不尽如人意，但依然还是成为部分著作权人的选择，这一事实本身也说明，著作权人与网络服务商要达成最优的合作方案（服务商与著作权人合作直接采取过滤措施），需要越过更大的交易成本障碍。

综上所述，交易成本或策略行为妨碍网络服务商直接与著作权人合作采取过滤措施预防盗版，而著作权人的单方面行动又无法有效预防侵权行为的损害。著作权法应当放弃网络安全港规则所确立的消极立场，明确部分网络服务商在技术条件成熟的情况下，有义务与著作权人合作采取技术措施阻止侵权内容的网络传播。著作权法确认网络服务商存在此类注意义务之后，网络服务商在纵容用户盗版与保护著作权人之间左右逢源的空间不复存在，著作权人也无须支付集体游说服务商的交易成本。这样，服务商与著作权人合作的障碍大大降低。

（二）安全港规则的技术基础

为了促进网络服务商与著作权人合作进行版权作品过滤，我们需要对安全港规则进行改革。不过，它也是当初决策者经过深思熟虑才出台的规则，努力在服务商、著作权人和公众之间维持一种精细的利益平衡关系。要改革这一规则，我们有必要进一步分析安全港规则适用的技术前提，并对可能的反对意见做出回应。

安全港规则从一开始就有明显的促进著作权人与网络服务商合作的立法意图。容纳技术措施、“通知—删除”规则本身就是明证。不过，网络安全港规则产生于 20 世纪 90 年代，它所倡导的合作方式有明显的时代烙印。当时，自动化的网络版权内容的识别、对比、过滤技术还远未成熟，著作权人与

---

① 比如，冠勇科技公司提供的版权监测就是此类服务。冠勇科技．冠勇科技助力国内某知名视频网站影视版权监控［EB/OL］．［2017-03-03］．http://www.firstbrave.com/detail.aspx?id=270.

② 北京百度网讯科技有限公司诉北京奇虎科技有限公司，北京市第一中级人民法院（2013）一中民初字第 2668 号。

③ 国家版权局《关于规范网盘服务版权秩序的通知》（2015）第 4 条。

④ 谢惠加．网络版权侵权中“通知删除”规则的完善［J］．中国出版，2015（2）：42.

网络服务商合作设立正版作品数据库，利用技术过滤措施阻止他人传播盗版作品的可能性，还未进入决策者的视野。当时网络服务商与著作权人合作预防盗版的最为合理的方式就是，著作权人通过人工审查方式监督网络，发现侵权内容之后向网络服务商发布侵权通知，网络服务商删除侵权内容或断开侵权链接。在收到著作权人的侵权通知之前，网络服务商不知道用户的传播行为是否经过授权，因此无法主动采取措施阻止用户首次上传侵权作品，也没有有效手段防止该作品重新出现。

在当时的技术条件下，让网络服务商接受著作权人的请求进行全面的人工版权内容过滤，是不可取的制度安排。如果一定要承担这一义务，网络服务商首先要熟悉版权作品清单和版权内容，然后人工浏览用户上传的作品以决定是否许可对外传播。显然，单个审查者能够记住和人工浏览的内容都非常有限。审查者即便分工合作或借助于关键词过滤等技术措施辅助审查来提高效率，依然只能在非常有限的范围内起作用。此类人工版权审查机制理论上可行，实际上耗时、费力、错误率高，耗费巨大①。因此，当时的立法者选择了安全港规则下的“通知—删除”模式，让分散的著作权人自己负责监督网络，而网络服务商承担接收通知、移除侵权内容的成本。

“通知—删除”模式曾经是合理选择，但并不意味着它现在或将来还是必然的选择。在网络技术有了长足的进步之后，这一模式赖以存在的技术前提不复存在。网络服务商与著作权人合作预防侵权的成本迅速下降②。在网络服务商能够以合理的成本侦测和阻止侵权行为时，要求网络服务商采取新的过滤措施就有了合理性③。

实际上，中外的网络版权保护的实践的确也已经在不同程度上偏离了安全港规则当初设定的方向④。比如，在前文提到的百度文库案中，法院就认为采取过滤措施是合理选择⑤。再比如，美国最高法院 2005 年在 Grokster 案中，就暗示服务商采取过滤措施的可能性。尽管下级法院认为，Grokster 没有采取过滤措施，是无关的事实（因为《数字千年版权法》（DMCA）不要求主动采取措施），美国最高法院指出，被告没有采取过滤等措施降低用户侵权风险，对于认定其过错有关系⑥。后来，美国区法院的确要求 Grokster 案的被告 StreamCast 公司采用新的过滤系统⑦。2005 年，澳大利亚联邦法院（The Federal Court of Australia）在 Universal Music Australia Pty Ltd. v. Sharman License Holdings Ltd. 案中，认为 P2P 的服务提供商通过一些合理步骤可能大幅度地降低侵犯版权的音乐文件共享软件的使用，包括一些关键词或者元标记过滤措施等⑧。

著作权法始终要在权利人和社会公众之间合理地分配侵权预防的成本。重大的技术进步常常会彻底改变侵权法所预设的前提，导致权利人和相关公众在预防侵权方面的相对成本发生变化，因而是推动侵权法变革的重要力量。在网络版权内容过滤技术日趋成熟之后，立法者自然应修正现有的网络安全港规则，明确网络服务商在一定条件下有义务采取预防措施识别出用户的侵权行为，并避免为之提供帮助。如果服务商没有能够识别出此类侵权行为并提供帮助，则服务商很可能存在过错，从而需要为用户的行为承担帮助侵权责任。当然，法律并不需要明确指出，网络服务商所采取的预防措施必须是所谓的技术过滤措施。如果人工审查能够有效阻止用户的侵权行为，也是合理的选项。换言之，在新的技术条件下，网络服务商的注意义务被适当提高，采取技术过滤措施是履行这一注意义务的最为合理的选择，但未必是唯一选择。

（三）对质疑意见的回应

要求网络服务商承担技术过滤义务，本质上也是一种通过强化守门人责任来降低直接侵权风险的法律策略。反对意见可能从滋生替代性盗版源、看门成本高昂、损害用户基本权益等方面质疑这一守门人策略的合理性。接下来，对这些质疑意见逐一回应。

1. 替代性盗版源

笔者就版权技术过滤问题调研代表性的网络服务商时，发现部分管理人员质疑版权过滤措施的合

① 大数据监测让盗版现形［EB/OL］.［2017-03-03］. http://www.sipo.gov.cn/wqyz/dsj/201409/t20140905_1006065.html.
② 刘家瑞. 论我国网络服务商的避风港规则：兼评“十一大唱片公司诉雅虎案”［J］. 知识产权，2009（2）：21.
③ Assaf Hamdani，Gatekeeper Liability，77 S. Cal. L. Rev. 53，99（2003）.
④ 崔国斌. 网络服务商共同侵权制度之重塑［J］. 法学研究，2014（2）：144-149.
⑤ 北京中青文文化传媒有限公司诉北京百度网讯科技有限公司，北京高院（2014）高民终字第 2045 号。
⑥ Metro-Goldwyn-Mayer Studios Inc. v. Grokster，Ltd.，545 U.S. 913（2005）.
⑦ Metro-Goldwyn-Mayer Studios Inc. v. Grokster，Ltd.，518 F. Supp. 2d 1197，1241（2007）.
⑧ Universal Music Australia Pty Ltd. v. Sharman License Holdings Ltd.，［2005］FCA 1242，para. 262.

理性，认为此类法律施行的后果很可能是，网络用户会避开采取过滤措施的商业规模的网站而转向那些难以管制因而不采取过滤措施的中小网络服务商。

上述担心可以理解，但是不太可能成为现实。以中国网络音乐和视频作品的市场为例。在政府加强对主流的网络服务商的版权执法以后，中小盗版音乐与视频分享网站或更隐蔽的网盘等的确成了新的盗版作品的替代源头①。但是，这些替代渠道并没有能够实质性替代主流网站。主流网站放弃搭盗版便车后，持续投入大量资源购买正版视频内容，结果大大推高了正版内容的版权许可价格②。

上述事实表明，主流网站被迫正版化以后，依旧能够吸引大部分的用户，并没有给市场上的替代性盗版源头留下太多的空间。否则，在中小盗版网站的竞争压力下，这些主流网站也无法负担高额的版权许可费成本，无法让依法获得版权许可成为市场上的主导趋势。另外，中小网站或个人网盘背后通常都是为数不多的代表性的服务商在提供网络内容存储与发布服务。按照后文的规制思路，这些大的存储服务商将也有义务采取技术过滤措施阻止盗版。这将大大压缩替代性盗版源头的生存空间。最后，在法律明确商业规模的服务商需要承担版权过滤义务的情况下，很多期待通过盗版起家的中小网站的商业前景将更加暗淡。它们受到风险资本追捧的程度也会下降。这实际上在很大程度上限制了它们成为新的实质性盗版源头的可能性。

2. 过滤技术的成本

版权过滤系统本质上是一种预防用户侵权的技术措施。要求服务商采取此类侵权预防措施的正当性，与网络用户侵权行为发生的概率、过滤措施的成本以及侵权危害大小等因素相关。依据著名的汉德公式（Hand Formula）③，只有侵权发生的概率与侵权损失的乘积大于预防措施的成本时，要求相关主体采取侵权预防措施才具有经济上的合理性。服务商采取这一措施，需要付出实质性的成本，主要有如下几方面：首先，开发或采购网络过滤系统需要成本；其次，维持网络过滤系统的正常运作，需要耗费服务器硬件、网络带宽等一系列资源；最后，对于过滤错误的预防或事后纠正，需要一定的人力资源。被过滤作品的数量增加，后两项成本也会随之增加。显然，只有在用户侵害版权的风险达到一定程度之后，要求网络服务商的版权过滤义务才有合理性。如果用户的侵权风险微不足道，则可能会出现过滤措施的运行成本超过版权侵权损害后果的局面。

与前述守门人策略合理性分析的第四项要素有关的反对网络服务商技术过滤的理由是，技术过滤的成本过高，损害网络服务商的投资积极性。比如，著名的 Mark Lemley 教授指出，版权内容过滤技术非常复杂和昂贵。建立一套过滤机制的成本很高，一般的网络服务商无力负担。在他看来，YouTube 的内容身份（Content ID）系统耗费 Google 公司 6 000 万美元，其他公司无力复制这一做法。要求网络公司建立过滤系统，会有效扼杀风险投资者建立类似 YouTube 和 Facebook 公司的可能性④。他认为，安全港规则的精髓是，保证技术型创业公司无须雇用一批版权律师就能够符合法律要求⑤。

这一反对理由其实并没有什么说服力。Google 公司花费巨资建立有效的内容身份系统，并不意味着其他网络服务商就必须重复投资。其实，类似 YouTube 的内容身份系统的核心是软件和作品内容库，而这些都可以近乎零边际成本进行复制。多家网络服务商采用相同的内容身份系统，并没有什么商业或技术障碍。其中的道理就像不同的服务商可以在自己的网络服务器中采用相同的操作系统软件一样。因此，不同的网络服务商可以分担过滤系统的研发成本。

对于商业规模的内容存储和发布服务的服务商而言，用户版权侵权风险是实质性的，采取过滤措施给著作权人带来的收益应该远远超过过滤措施本身的成本。比如，在美国的 Grokster 案中，法院引用的 MGM 的专家证词指出，在 Grokster 的 P2P 流行音乐分享系统中，75%的作品为侵权作品，15%很可能侵权⑥。在 YouTube 等视频平台上盗版内容

---

① 姜旭. 当心！盗版成网盘的漏“网”之鱼［N］. 中国知识产权报，2014-03-21.

② 田小军，柏玉珊. 我国网络版权制度演化的现状、挑战与应对［EB/OL］.［2016-08-01］. http://www.tisi.org/4697.

③ U.S. v. Carroll Towing，159 F. 2d 169，173 (2d Cir. 1947).

④ Chris Sprigman，Mark Lemley，Why Notice-and-Takedown Is a Bit of Copyright Law Worth Saving［EB/OL］.［2017-03-03］. http://www.latimes.com/opinion/op-ed/la-oe-sprigman-lemley-notice-and-takedown-dmca-20160621-snap-story.html.

⑤ 同④.

⑥ Metro-Goldwyn-Mayer Studios Inc. v. Grokster，545 U.S. 913 (2005).

的比例也非常高[①]。相对技术过滤措施可能阻止的侵权活动规模，这一系统的研发和运营成本有限。比如，YouTube系统虽然研发成本高达6 000万美元，但截至2015年7月实际获益的合作伙伴已经超过8 000个，提出版权主张的作品数量已经超过4亿，活跃的作品数量超过3 500万[②]。每个合作伙伴和每个作品对应的成本非常有限。如果考虑到将来由诸多受益的著作权人分担部分成本的可能性，研发和运营成本因素就更不应该是引入版权内容过滤机制的障碍了。

对于未达到商业规模的中小型服务商而言，用户数量较少，用户偶然上传特定版权内容的可能性也很小。此类网站的访问量也比较小，即便用户上传特定侵权内容，损害也要小很多。在这种情况下，网络服务商的服务未对特定著作权人利益构成现实威胁，因此没有义务支付成本建立所谓的版权内容过滤系统。一些处在模糊地带（是否具有商业规模不清楚）的网络服务商，即便被强加版权过滤义务，它们实际上也可以克服成本障碍，即通过网络将版权内容过滤业务外包给独立运行的第三方网络内容身份系统。换言之，中小网络服务商可以委托第三方为自己把门，就像现实世界中的物业管理业务可以外包一样。通过服务外包，中小网络服务商不必独立运行和维护版权过滤系统，而由第三方集中处理，从而有效分担过滤技术的成本。当然，如后文所述，这些尚未达到商业规模的网站如果相信“自甘冒险”策略比建立技术过滤机制更有效，它们依然可以选择“冒险”而降低成本。

3. 用户的基本权益

从用户权益保护的角度看，要求网络服务商采取版权内容过滤措施，的确是一项重大的法律制度选择，会引发严重关切[③]。之所以说重大，是因为网络技术过滤措施实际上是一种基于代码的秘密的技术规制，没有法律管制措施那样公开透明。它有可能会削弱一个社会的民主价值[④]。具体到版权内容过滤措施，它可能错误地阻止用户的合法言论，不适当地使用用户的个人信息等。比如，在SABAM v. Netlog NV案中，欧洲法院（ECJ）指出，P2P服务提供商采取过滤措施阻止盗版文件的传播，会损害用户的隐私（personal data），也会损害用户传播和获取信息的自由[⑤]。在Scarlet Extended SA v. SABAM案中，欧洲法院有类似意见[⑥]。美国也的确有学者认为过滤措施损害言论自由[⑦]。

不过，过滤技术是否损害用户基本权利，不在于技术是否会犯错，而在于它犯错的概率。如前文所述，过滤技术飞速进步，文本比对技术已经能够非常准确地识别出侵权内容，出错的概率已经可以忽略。辅以适当人工举报和纠错机制，技术过滤措施能够有效避免对合法的利用作品的行为进行干扰，对言论自由的损害微乎其微[⑧]。同时，这一措施仅仅阻止用户公开传播版权作品，并不利用用户个人身份和其他私密信息，完全可以避免损害用户的言论自由和隐私。最近欧盟的立法者实际上已经提出了要求内容存储和发布服务的网络服务商承担类似的内容过滤义务的立法建议[⑨]。该立法建议报告指出，含有此类技术过滤义务条款的指令对于企业的经营自由和表达自由的影响有限[⑩]。这一态度的转变让人印象深刻。对于中国的决策者而言，在不牺牲网络言论自由和隐私权的保护的情况下，拥抱版权过滤措施并加以管制，应当是一项合理的政策

---

① 在Viacom Intern.，Inc. v. YouTube，Inc.，676 F. 3d 19（2012）案中，原告引述Google财务顾问的评估结果后指出，60%的YouTube内容为版权材料，只有10%经过授权。

② supra note 205.

③ 这一问题其实值得深入讨论，在西方也有大量的研究。但限于主旨和篇幅，本文只做简要分析。

④ Lawrence Lessig. Code：Version 2.0，at 138（Basic Books，2006）[EB/OL]. http://codev2.cc/download+remix/Lessig-Codev2.pdf.

⑤ SABAM v. Netlog NV，Case C-360/10（2012）.

⑥ Scarlet Extended SA v. SABAM，Case C-70/10（2011）.

⑦ Seth F. Kreimer. Censorship by Proxy：The First Amendment，Internet Intermediaries，and the Problem of the Weakest Link，155 U. Pa. L. Rev. 11（2006）；Wendy Seltzer. Free Speech Unmoored in Copyright's Safe Harbor：Chilling Effects of the DMCA on the First Amendment. 24 Harv. J. L. & Tech. 171（2010）.

⑧ 关于版权保护与言论自由的关系，本文接受美国最高法院Ginsburg法官在Eldred v. Ashcroft案中所持意见：“思想和表达的二分学说”与合理使用学说是版权法内在的自由言论保护机制，只要国会停留在版权法的传统框架（traditional contours）内，就没有第一修正案（言论自由）的问题。Eldred v. Ashcroft，537 U.S. 186，221（2003）。进一步的讨论，超出本文研究范围。

⑨ 比如，art. 13 of the Proposal for a Directive of the European Parliament and of the Council on Copyright in the Digital Single Market就规定提供存储和发布服务的服务商有义务与著作权人合作通过内容识别技术等阻止盗版行为。

⑩ The Proposal for a Directive of the European Parliament and of the Council on Copyright in the Digital Single Market，Section 3 of the Explanatory Memorandum（2016）.

选择。

三、过滤义务的适用范围与成本负担

在确认商业规模的网络服务商具有采取技术过滤措施的义务之后，法律必须仔细定义网络服务商的过滤义务的范围，才能够有效促使著作权人和网络服务商有效合作，同时避免该义务成为网络服务商的不合理负担。具体而言，决策者需要问答如下问题：哪些服务商需要与著作权人合作？在何种情况下需要对哪些作品进行过滤？服务商是否应该主动采取措施对某一作品进行过滤？如何分担过滤措施所对应的成本？等等。

（一）区别对待服务商

商业规模的网络服务商提供的服务类型很多，包括通信服务、内容存储与发布服务、P2P 网络服务、普通链接服务、搜索引擎服务等等。技术过滤措施对于不同类型服务商而言，实施成本和阻止侵权的效果有很大差异。对照前文提到的关于法律设立守门人机制的合理性的四项权衡要素①，不同类型的网络服务商在"能否以合理成本阻止直接侵权行为"方面有很大差别。这里的成本不仅仅包括服务商自身的成本，还应包括用户或公众因网络传输效率、个人自由等受到限制而引发的社会成本。显然，在考虑版权过滤义务的适用范围时，立法者应当区别对待不同的服务商，仅仅要求那些能够以合理成本阻止用户侵权行为的服务商承担此类义务。

首先被排除的应该是提供基础通信和技术服务的网络服务商。如果要求此类服务商承担过滤义务，则意味着无论用户是否公开自己所传输的信息内容，服务商均需要对其进行过滤审查。这导致大量用户原本不打算公开的信息传输被扫描甚至被阻止，这很可能威胁到网络用户的通信自由和隐私②，并实质性降低网络传输的效率。另外，此类服务商常常与直接侵权的用户没有直接的业务联系，比如，它们可能只是为提供存储和内容发布的服务商提供服务，而不直接针对后者的个人用户。这时候，基础通信的服务商无法对终端用户采取有效措施。因此，著作权法没有必要为了保护版权而过度追究中间机构（基础通信和技术服务提供商），增加社会成本。

为网络用户提供内容存储和发布服务的提供商是最适宜采用版权内容过滤措施的机构。如我们所知，各类文学作品、视频或音乐文件分享网站等，许可用户上传并对外传播内容。如果这些网站在用户公开传播内容前采用版权作品过滤措施，就能及时判别用户即将发布的内容是否侵害版权，从而在第一时间阻止盗版内容的传播。进行技术过滤时，服务商需要关注的仅仅限于用户上传到自己服务器并对外公开的内容。作品内容范围明确，用户行为可控。因此，要求此类服务商采用版权作品过滤措施，是合理的安排。

提供搜索或链接服务的服务商是否有义务采取过滤措施阻止用户搜索或链接盗版作品，答案不如内容服务提供商直接。技术上，搜索或链接服务提供商的确有可能通过自己的网络爬虫访问第三方网站，获得该网站的作品复制件。在此基础上，可以利用过滤机制判断该内容是否为侵权作品。如果内容侵权，搜索或链接服务商可以拒绝对外提供这些作品所对应的 URL 地址链接，用户也就难以利用该搜索引擎找到该作品。现在一些反盗版机构对于部分目标站点的反盗版监控实际上就是通过用网络爬虫技术获取该网站作品内容然后加以分析的方式实现的③。

不过，搜索引擎服务商采取过滤措施，也可能会遇到技术和商业成本的障碍。首先，整体而言，通过网络下载复制并分析第三方网站的全部内容的版权特征信息，对于搜索引擎服务商而言，是一个很大的负担，因为它索引的是整个网络的各种类型的作品，如果都要一一比对，并及时更新，是一项复杂而庞大的工程。其次，链接或搜索引擎服务商（或者各种整合了搜索引擎或链接功能的客户端软件提供商）在屏蔽相关链接时，并不能有针对性地告知受影响的网络用户哪些 URL 地址被屏蔽。否则，屏蔽措施就失去意义。于是，公众或受影响的网站通常也难以察觉到过滤或屏蔽行为的存在。即便搜索引擎服务商错误屏蔽了某一 URL 地址，也难以有效纠错。再次，搜索引擎服务商即便采取技术过滤

---

① Reinier H. Kraakman. Gatekeepers: The Anatomy of a Third-Party Enforcement Strategy. 2 J. L. Econ. & Org. 53, 61 (1986).

② 比如，美国的 The Electronic Communications Privacy Act (18 U. S. C. § 2511) 禁止拦截和披露电子通信的内容。关于 Google 电子扫描邮件或其他网络内容引发的争议，可以参考 Crystal Schreiber. Google's Targeted Advertising: An Analysis of Privacy Protections in an Internet Age. 24 Transnat'l L. & Contemp. Probs. 269 (2014—2015); Michael Zimmer, Privacy on Planet Google: Using the Theory of Contextual Integrity to Clarify the Privacy Threats of Google's Quest for the Perfect Search Engine. 3. J. Bus. & Tech. L. 109 (2008).

③ 冠勇科技. 冠勇科技助力国内某知名视频网站影视版权监控［EB/OL］.［2017-03-03］. http: www. firstbrave. com/detail. aspx? id=270.

措施，也只能在有限范围内有效：它只能避免提供指向侵权内容的链接，并不能最终阻止侵权内容的传播。最后，相当一部分网站为了保护自己的内容，采取Robots协议等技术措施阻止网络爬虫获取其网站内容的复制件①，这导致搜索引擎或链接服务提供商无法轻易够获取该网站视频内容的版权特征，因而无法进行后续的版权过滤②。如果第三方网站的内容文件太大（比如很长的视频文件）而网络速度有限，网络爬虫也可能放弃下载该内容文件并分析其版权作品特征。及时判断被链接网站内容的更新，也并非易事③。因此，在现有的技术条件下，要求搜索引擎服务提供商对所有链接所指向的作品采取过滤措施，应该是不合理的。

（二）原则上“依请求”

在没有收到著作权人的过滤请求之前，要求网络服务商主动对普通版权作品进行过滤，通常是不合理的。其中原因是多方面的。首先，网络服务商一般并不知道自己的服务会对哪些特定作品构成现实威胁。很多时候，即便侵权作品已经出现在网络中，网络服务商也无从知晓它是否侵权④。著作权人提出的过滤请求，在过滤机制中起到帮助网络服务商区分侵权行为与授权行为的作用。对于服务商而言，没有侵权通知通常意味着没有侵权征兆，因此无须将特定作品纳入过滤系统。

其次，如果要求网络服务商在收到过滤请求之前主动将所有可能被侵害的版权作品纳入到自己的数据库中进行过滤，则会导致网络服务商的成本无限制地增加。在目前的技术条件下，要求网络服务商对所有作品进行过滤，看来是一项不可能的任务。

合理的规则应该是，在一般情况下，只有著作权人提出过滤请求之后，网络服务商才有义务过滤版权作品。著作权人向服务商提出过滤请求时，应当提供可供版权过滤系统识别的版权作品复制件、权属证据和可能的授权其他用户使用的信息等⑤。所谓授权信息，是指著作权人对外许可该网络服务商向其他用户传播该作品的基本信息。网络服务商利用这些信息，可以避免过滤措施阻止已获许可的网络用户的传播行为。在许可信息发生变化时，著作权人通常有足够动机通知服务商更新相关信息，否则技术措施会阻止新的被许可人通过该网络对外传播作品。被许可人也会因此对错误的过滤措施提出挑战⑥。

只有在一些例外情况下，网络服务商才有义务主动将版权作品加入过滤系统的数据库。可能的情形是，相关作品已经进入其网络，而网络服务商采取合理措施就能识别出明显属于侵权作品的类型。比如，出现在免费下载或浏览排行榜中排名明显靠前的热门影视剧作品、畅销书等，著作权人不可能通过网络免费提供这些作品⑦。这些作品既然已经出现在其网络中并备受追捧，那自然有理由相信这一作品有持续的侵权风险。这时候，有必要要求网络服务商主动采取措施过滤此类作品，阻止侵权行为的再次发生，或者，至少要阻止特定的行为人再次侵权。

在上述例外情形下，如果一味强调网络服务商只需静候著作权人通知，则很可能导致损害大范围发生而且难以弥补。实际上，中国有些法院在此类例外情形下，已经要求网络服务商在收到侵权通知前，对出现在其网络上的侵权作品主动采取措施阻止其传播。比如北京慈文影视制作有限公司诉广州数联软件技术有限公司案⑧、广东中凯文化发展有限公司诉广州数联软件技术有限公司案⑨、北京中青文文化传媒有限公司诉北京百度网讯科技有限公司案⑩等。在这些案例中，在当时的技术条件下，法院并没有明确指出，被告网络服务商应当采取技术过滤措施来阻止用户的侵权行为，而是模糊地要求网络服务商采取措施阻止侵权。这可能包含必要的人工审查措施。在技术进步之后，在上述特殊情形下，要求网络服务商主动代之以技术过滤措施，

---

① 比如，百度公司就曾经利用Robots协议等技术措施阻止奇虎公司搜索引擎的网络爬虫获取百度公司服务器上的内容。杨华权.论爬虫协议对互联网竞争关系的影响［J］.知识产权，2014（1）：12-13.

② 网络爬虫在网页上提取视频内容并非易事。曾文、湛腾西.网络视频爬虫系统的设计与实现［J］.中国科技信息，2010（15）：98-99.

③ 同②.

④ 孔祥俊.网络著作权保护：法律理念与裁判方法［M］.北京：中国法制出版社，2015：102-103.

⑤ 大致可以参考《信息网络传播权保护条例》（2006）第14条关于侵权通知的规则。

⑥ 参见后文关于错误过滤的救济措施的讨论。

⑦ 比如，果子电影有限公司诉北京风行在线技术有限公司，北京市一中院（2010）一中民初字第11821号。

⑧ 福建高院（2006）粤高法民三终字第355号。

⑨ 上海高院（2008）沪高民三（知）终字第7号。

⑩ 北京高院（2014）高民终字第2045号。

应当是顺理成章的事情。

接下来的问题是，在一般情况下，是否只要著作权人提出过滤请求，网络服务商就必须采取措施进行过滤？答案应该是否定的。这里所说的技术过滤义务依然只是侵权法意义上的注意义务的一部分，而非行政管制意义上的强制义务①。网络服务商违反这一义务并不当然地产生侵权法上的后果，只有实际损害发生时才需要承担侵权责任。换言之，在收到著作权人的过滤请求后，服务商依然可以自由决定是否建立过滤机制、是否将该作品纳入过滤机制。如果服务商自认为用户侵权的风险很小，可以“自甘冒险”，拒绝著作权人的过滤请求。当然，拒绝是有风险的。如果日后该作品的确被网络用户上载并对外传播，则网络服务商很可能被认定为存在过错而要承担帮助侵权责任。这里之所以不建议将采取过滤措施作为一项必须具体履行的强制义务，是因为许可服务商在采取技术过滤措施和“自甘冒险”之间进行权衡，能够实现最有效率的结果——如果支付零星的版权侵权损害赔偿金比采用系统的技术过滤措施成本更低，不妨让技术服务商选择成本更低的“自甘冒险”策略。

（三）过滤成本的分担

如前所述，网络服务商需要为版权过滤系统的开发、运行和维护支付相当的成本。按照传统的侵权法的思路，既然商业规模的网络服务商有版权过滤义务，那合理的选择似乎是由网络服务商自行负担成本，进而将它分散给自己的客户或网络用户。不过，由于过滤义务由著作权人的通知触发，著作权人可能过度通知，导致需要过滤的作品库过度膨胀，造成资源浪费。对于著作权人而言，找到特定的服务商、提供作品复制件并提出过滤请求，有一定的成本，这在一定程度上能起到抑制著作权人提出过多过滤请求的作用，但是很可能不足以从制度上保证过滤请求数量被控制在合理的范围内。

为了保证过滤机制的运行效率，避免著作权人提出过度的过滤要求，著作权法大致有两种相互竞争的思路：其一，要求著作权人负担部分成本，抑制不合理的过滤请求（以下称作“合理收费机制”）；其二，审查著作权人的过滤请求的合理性，建立准入和退出机制（以下称作“合理性审查机制”）。

在“合理收费机制”下，著作权人提出过滤请求时，需要支付合理的费用，即将过滤措施的运行成本内部化。这样，在著作权侵权威胁不够真切或者作品价值不够明显时，著作权人不会轻易提出过滤请求以至于无谓增加网络服务商的运营成本。同时，随着时间的推移，特定作品的著作权侵权威胁下降后，著作权人继续维持过滤机制无利可图时，就可能主动选择退出过滤机制②。从社会的角度看，过滤措施让著作权人直接获益，由其来负担部分成本也是合理的。这一思路实际上接近民法领域管制某些公用事业的“强制缔约”思路③。著作权人提出过滤请求后，网络服务商原则上应当与之缔约，提供网络版权内容过滤服务，否则在侵害实际发生后要面对更大的侵权责任风险。不过，在提供过滤服务时，网络服务商可以收取一定的服务费用。

在“合理性审查机制”下，网络服务商有权对于著作权人过滤请求的合理性进行审查，只有存在合理的侵权威胁时，网络服务商才有过滤义务。当针对特定作品的侵权威胁消失时，网络服务商可以主动终止过滤该作品，从而避免过滤系统过度膨胀。在这一机制下，著作权人并不负担过滤措施的成本，但是他提出的过滤请求并不当然导致网络服务商承担过滤义务。显然，著作权人在提出过滤请求时，要提供证据证明该特定作品受到网络服务的现实威胁，比如：特定版权侵权作品已经出现在网络服务商的网络空间中④，或者著作权人先前的与特定版权作品类似的作品已经出现在该网络空间中，等等。对于热播的影视作品、流行音乐、畅销小说等，著作权人提供相关证据后，应该视为存在侵权的现实威胁。一部作品受到的侵权威胁是动态的。随着时间的推移，侵权风险也在发生变化，一项原本需要过滤的作品可能不再需要过滤。比如，那些时效性很强的作品就属于这一类别。这一审查机制可以在一定程度上实现上面所说的收费机制的功能，避免

① 这里有信息不对称（知识差异）的问题。对政府而言，准确判断具体情形下服务商究竟应该采取技术过滤措施还是承担侵权风险更符合效率原则，并非容易的事情。将这一问题交给拥有更多信息的服务商自己来判断更为合适。Steven Shavell. Liability for Harm Versus Regulation of Safety. 13 J. Legal Studies 357，359（1984）.

② 比如，我国电影作品在电影院的生命周期就很短，通常不超过8周。李波，陆凤彬，赵秀娟，等. 我国电影生命周期模型及实证分析［J］. 系统工程理论与实践，2010（10）：1795.

③ 崔建远. 强制缔约及其中国化［J］. 社会科学战线，2006（5）：214－221；朱岩. 强制缔约制度研究［J］. 清华法学，2011（5）：62－81.

④ 如前所述，在Grokster案中，法院认为只有相关作品出现在网络中且权利人发出侵权通知后，P2P服务商才有义务进行过滤。Metro-Goldwyn-Mayer Studios Inc. v. Grokster，Ltd.，518 F. Supp. 2d 1197，1239（2007）.

著作权人提出无谓的过滤要求，过度增加网络服务商的经营成本，降低网络过滤的效率。

当然，如果事实证明，在“合理性审查机制”下，著作权人合格的过滤请求依然太多，导致网络服务商负担过重，则不排除进一步引入“合理收费机制”，即触发过滤义务的条件包括“实质性侵权威胁”和“支付合理费用”两项。

上述两种思路，各有千秋。“合理收费机制”避免对个案中著作权人的过滤请求的合理性进行审查，转由统一或标准化的价格筛选机制决定是否过滤。在这一机制下，决策者只需对收费标准进行适当的管制，就能够避免著作权人提出过多的过滤请求，也避免服务商可能会滥用定价权而逃避技术过滤义务。在操作层面，只要著作权人提出过滤请求，网络服务商就有过滤义务，简单明了。当然，收费标准的制定和争议解决程序稍微麻烦一些，可以参考发达国家的著作权集体管理许可费标准的争议解决机制[①]。限于篇幅，本文不再进一步讨论。

“合理性审查机制”接近典型的侵权法思路：在一定情形下直接认定网络服务商具有避免侵权的过滤义务，并自行承担履行过滤义务的成本[②]。毕竟，网络服务商的经营增加了版权侵权的风险，由它负责消除这一风险并分散成本，并非不合理的制度安排[③]。在操作层面，法院或监管机构避免为过滤措施定价，即无须确定受益人应负担多少成本。但是，在这一机制下，网络服务商需要持续关注针对特定作品的过滤措施的合理性，并在“接受过滤请求”（准入）和“终止过滤义务”（退出）两个环节进行合理性判断。在很多情况下，服务商和著作权人之间存在一定的信息不对称，前者很难判断一项作品所面对的侵权威胁。这很容易引发“合理性”审查方面的争议。因此，“合理性审查机制”会产生相当高的制度管理成本。两相对照，本文认为“合理收费机制”作为一种强制缔约机制，管理成本更低，因而更为合理一些。

著作权人分担技术过滤成本的一般原则并不适用于例外情形。在上一节所述例外情况下，网络服务商主动过滤，自然由服务商负担过滤成本。有人可能会担心，这是否会导致部分著作权人故意不主动提出过滤请求，却主张网络服务商有主动过滤义务以避免分担成本？这种可能性有，但是应该很小。如前所述，主动过滤义务的触发有比较严格的限制条件，认定起来有一定的不确定性。理性的著作权人不太可能主要依靠这一充满不确定性的机制来维护自己的权益，大多数场合下还是应该会主动提出过滤请求，并负担成本。换言之，例外情形的存在，仅仅使得网络服务商在有限的范围内负担作品过滤成本。这不至于成为服务商难以忍受的负担。

最后，需要特别强调一点，由于现阶段缺乏实证数据支撑，我们尚不能确定过滤系统受过多过滤请求的影响会有多大，上述制度设计难免有臆测的成分。不排除将来技术进步之后，过滤系统可以以极低成本接受海量的过滤请求，那时候可能要重新考虑过滤成本的分担问题。

四、过滤标准的选择

著作权法为网络服务商设定版权内容过滤义务之后，自然要回答的问题就是如何确定合理的技术过滤标准。

理论上，著作权法可以不直接规定网络服务商具有版权内容过滤义务，也无须规定具体的技术过滤标准，而是将问题交给法院。在具体案件中，法院可以解释网络服务商的合理注意义务，将技术过滤的义务纳入其中；或者，扩张解释信息网络服务商的安全保障义务，使之涵盖版权内容过滤义务[④]。如果服务商不履行此类义务导致用户的侵权行为发生，则网络服务商要承担帮助侵权或共同侵权责任。

不过，允许法院以解释“正常合理人注意义务”的方式来确认网络服务商具有采用技术过滤措施的义务并定义过滤标准后，如何限制司法裁量的空间是个难题。从机构分工的角度看，法院本来就不适宜在个案中完成此类具体而复杂的行业规制任务。法院可以对具体的法律法规进行解释适用，但是法院并不能直接设计技术标准，也不能命令技术设计朝着特定的方向发展[⑤]。因此，理想的做法是通过专门法律法规明确服务商有采用技术过滤措施的义务并授权版权行政主管部门制定具有比较明确的指

① 曹世华．著作权集体管理组织版权使用费标准争议解决机制探讨［J］．电子知识产权，2009（1）：57；《著作权法（修订草案送审稿）》（2013）第62条也尝试做出规定。

② 在Grokster案中，法院认为在禁令救济中，被告负担为避免侵权而承担过滤技术成本并不是问题。Metro-Goldwyn-Mayer Studios Inc. v. Grokster，Ltd.，518 F. Supp. 2d 1197，1237（2007）.

③ 刘文杰．网络服务提供者的安全保证义务［J］．中外法学，2012（2）：403.

④ 张新宝，唐青林．经营者对服务场所的安全保障义务［J］．法学研究，2003（3）.

⑤ Jack M. Balkin. The Future of Free Expression in a Digital Age. 36 Pepp. L. Rev. 427，441（2008—2009）.

导性的技术过滤标准，并根据实际需要不断修订①，避免过度依赖法院的自由裁量。

合理的过滤标准应当避免威胁“合理使用”或其他合法的利用作品的行为。不过，如我们所知，著作权法没有也不可能对“合理使用”等例外行为设置量化标准。网络服务商在进行版权内容过滤时，却必须依据一个机器能执行的量化尺度。网络技术进步导致执行特定技术标准的过滤系统出错（背离该标准）的概率大大降低，甚至可以忽略不计。但是，这并不意味着在著作权法下选择过滤标准是轻而易举的事情——能否从技术上执行该标准与该标准在法律上是否合理是两个问题。法律上合理的过滤标准应该在追求低漏报率（未能阻止非法内容的概率）和低错报率（不当阻止了合法行为的概率）之间维持一种平衡。漏报率越低，错误阻止合法内容的可能性就会增加，即错报率越高。从著作权人的角度看，自然是漏报率越低越好。可是，从用户基本权利（言论自由）保护的角度看，却是错报率越低越好，甚至为了压低错报率而适当提高漏报率也是值当的。显然，过滤标准的选择是政策性权衡的结果。

著作权人和网络服务商很可能在过滤标准的选择过程中持相反意见而难以达成一致②。先以文字作品为例。假定版权作品为一部十万字的小说。在设定网络过滤标准时，过滤系统能够容忍目标文件中含有多少雷同文字？完整的十万字、一万字、一千字？或者更少？显然，如果只要求过滤掉那些含有完整十万字内容的文件，则几乎不会误杀那些合法的利用作品的行为；如果将过滤标准降低到一百字，则误杀他人合法利用行为（比如合理引用）的可能性就大大增加③。尽管法律标准不明确，过滤措施的设计者必须决定过滤系统能够容忍的最低数量的文字字数。对于视听作品，过滤标准选择也存在同样的问题。假定版权作品为一部 90 分钟的电影作品。技术过滤时，究竟应该容忍目标作品中含有多长的版权内容？时长 10 分钟、5 分钟或更短？

在选择具体的过滤标准时，决策者可以考虑从“绝对数量”和“相对比例”两个维度进行量化。在“绝对数量”维度，对于文字作品，或许可以 1 000 字为最低门槛限制。这是因为单独文字片段的合理引用超过 500 字的情形，已不多见，超过千字的更少④。如果文字作品字数较少，则可以允许被过滤的作品包含全部文字内容。对于视听作品，或许可以以时长 5 分钟为限。如我们所知，电影视频作品典型的预告片长度通常为 2 分 4 秒，而预告片的传播通常并不损害电影著作权人的利益。在此基础上，技术过滤措施放松要求，适当延长至 5 分钟，似乎是合理选择。对于音乐 MP3 文件，则以完整文件（或 5 分钟）为宜，因为大部分音乐 MP3 文件的时长都在 2.5～3.5 分钟之间。中国法院有判决 23 秒不侵权的例子，美国法院有判决认为重复 5 遍使用短短 2 秒的乐曲片段就构成侵权⑤。对照这些判决，有理由相信，如果行为人要求复制完整的 MP3 文件或超过 5 分钟时长的内容，则很少会构成合理使用。

在“相对比例”维度，决策者可以要求版权内容占被过滤作品适当比例，从而进一步降低合法利用行为被阻止的可能性。比如，可以考虑规定，被过滤作品内容的 90%或更高比例源自单一版权作品⑥。这一比例要求应该非常保守了，因为如果被过滤内容 90%来源于单一的版权作品，构成合理使用的可能性微乎其微。以捍卫网络言论自由著称的美国电子前线基金会（Electronic Frontier Foundation）就认为，对于视频内容，被过滤内容应当满足：（1）视频画面内容应当与版权作品匹配（matches）；（2）音频内容也应当与版权作品匹配；（3）几乎全部（90%或更多）内容源于单一的版权内容（a single copyrighted work）⑦。这三重要求，尤其是“相对比例”要求，对于著作权人而言，也是一个有效约束。如果对于过短的片段提出过滤要求，可能很难满足这一“相对比例”要求。当然，最终是否

① 在技术过滤的专门领域，行政执法部门通常比法院更有能力获得必要的知识并制定出更细致的管制规则。Robert Cooter，Thomas Ulen. Law and Economics（Fourth Edition）. Pearson Education，Inc.，2004：353-354.

② Metro-Goldwyn-Mayer Studios Inc. v. Grokster，545 U.S. 913，958（2005）（Breyer Concurring）.

③ 比如，在刘伯奎诉徐卫卫案（浙江高院（2009）浙知终字第 112 号）中，法院认为教材中引用 150 字构成合理使用。

④ 在王天成诉周叶中等案（最高人民法院（2009）民申字第 161 号）中，多处雷同字数累计超过一千。法院认为这构成合理使用。这应该属于极端个案。

⑤ Bridgeport Music，Inc. v. Dimension Films，410 F. 3d 792（6th Cir. 2005）.

⑥ 这是非常保守的建议。据报道，百度公司的过滤系统要求文档“基因”符合率达到 80%，比本文建议的标准更宽松一些。赖名芳.“剑网”持续亮剑：构建网络版权生态环境：访国家版权局版权管理司司长于慈珂［M］. 中国新闻出版广电报，2016-07-14（5）.

⑦ Electronic Frontier Foundation. Fair Use Principles for User Generated Video Content［EB/OL］.［2016-06-15］. http://www.eff.org/issues/ip-and-free-speech/fair-use-principles-usergen.

应该严格要求90%以上，尚有进一步讨论的空间。

上述建议标准中的“绝对数量”和“相对比例”的双重要求，只是为讨论方便而做出的初步建议，实际立法时自然还有进一步研究和浮动的空间。即便前文那些武断的数值标准建议被证明不够合理，也不应实质损害本文论证思路或结论的合理性。在立法者或其授权机构制定具体的指导性的过滤标准之前，个案中的过滤标准只能由著作权人、网络服务商和用户等主体通过司法过程进行博弈选择。网络服务商可以根据公众或著作权人的投诉或疑问，随时调整该过滤标准。比如，公众基于言论自由或合理使用的投诉过多时，可以适当提高过滤的“绝对数量”和“相对比例”要求，以降低错误过滤的概率。在司法个案中，在言论自由和版权权利的模糊地带，法院如果不能确信自己所做决定是否合理，押宝言论自由一边，是合理的选择①。法院在个案中不一定能够确保自己确定的过滤标准是正确的。不过，只要法院的判决标准大致在合理标准上下正态分布，不出现偏向原告或被告的系统性偏差，服务商就不会采取过激的过滤措施以避免侵权风险②。

五、错误过滤的救济

在评价一般性的网络过滤措施的合理性时，学者们普遍强调的行为准则包括：公开、透明、节制和责任等③。我们有理由要求版权过滤措施或制度符合上述基本原则。一项负责的审查措施，应当保证公众能够参与并影响网络过滤策略，明确限定执行者的权限，有机会挑战错误的过滤行为，有措施阻止多数人的“暴政”④。

网络服务商通过技术过滤措施阻止用户对外传播相关作品时，应当以适当方式向公众或受影响的用户披露版权内容过滤机制的相关信息⑤。具体而言，网络服务商在阻止用户上传侵权内容时，应当告知存在过滤机制的事实、受保护的版权作品名称等基本信息、用户投诉和沟通渠道等。这样，用户可以根据具体情况来判断该过滤行为是否不合理地损害了自己的言论自由或其他合法权益，进而决定是否对过滤行为提出挑战。一旦用户决定挑战，网络服务商应对引发争议的过滤结果进行人工审查。必要时，服务商可以通知著作权人用户提出的挑战请求，要求他在合理时间内提供答复意见。

著作权法可以借用现行“通知—删除”的立法模式⑥，建立用户与网络服务商之间的沟通机制——“通知—恢复”模式，即一旦网络服务商的武断的技术过滤标准损害了用户利益，用户可以向网络服务商发出异议通知，说明自己的使用行为不侵权的合理理由。网络服务商收到符合条件的异议通知后，启动人工审查程序。如果有合理理由相信用户并不侵权（比如，获得版权授权或者构成合理使用等），则网络服务商应当恢复网络服务并告知著作权人⑦。著作权人如果坚持要阻止用户的传播行为，则应提起诉讼或寻求临时禁令（行为保全措施）。相反，如果人工审查后服务商认为有合理理由继续阻止用户传播，则用户可以选择和著作权人协商解决或通过司法途径提起确认不侵权之诉。

只要网络服务商在上述人工审查过程中本着中立和善意原则，就无须因为自己的决定而向著作权人或用户承担责任。显然，著作权法上的侵权认定标准有一定的模糊性，网络服务商在进行人工审查时，即便没有过错，依然有可能会排除部分合法的作品利用行为。不过，这一后果并未超出现行网络安全港规则下“侵权通知”可能引发的负面影响，因而大致可以容忍。

如果服务商恶意损害用户的言论自由，用户在中国现有法律框架下如何寻求救济，的确是个棘手的问题。言论自由虽然被视为公民的一项基本自由，但并未被明确纳入民事权利的范围，因此关于言论自由民事赔偿的案件很少见到⑧。在将来的著作权法立法中，直接解决这一问题也非易事。或许，可以将损害言论自由的行为视为区别对待（歧视）不同言论的行为⑨，从而损害一般人格权所保护的

① Alfred C. Yen. Internet Service Provider Liability for Subscriber Copyright Infringement, Enterprise Liability, and the First Amendment. 88 Geo. L. J. 1833, 1869 (2000).

② 同①.

③ Derek E. Bambauer. Cybersieves. 59 Duke L. J. 377, 390 (2009).

④ 同③ 401.

⑤ 比如，para. 2 of art. 13 of The Proposal for a Directive of the European Parliament and of the Council on Copyright in the Digital Single Market (2016) 就要求网络服务商采取必要的救济措施以应对技术过滤措施所引发的争议。

⑥ 《信息网络传播权保护条例》(2013) 第14～17条；《侵权责任法》(2009) 第36条。

⑦ supra note 279. EFF所倡导的过滤原则中也含有类似建议。

⑧ 孙宁，尹德亮. 我国宪法制度对言论自由规定的不足及其完善 [J]. 政法论丛，2003 (4)：54.

⑨ 周云涛. 论德国宪法人格权：以一般行为自由为参照 [J]. 法学家，2010 (6)：33-34.

"人身自由和人格尊严"[①]。这或许可以为受影响的用户追究网络服务商的侵权责任提供法律机制。这一问题很复杂，并非本文关注焦点，进一步的讨论，超出本文的研究范围。

在网络服务商采用过滤措施出现错误后，发表言论的网络用户为了维护自己的言论自由，需要与网络服务商交涉甚至诉讼。公开透明、有效而便捷的争议解决程序，对公众言论自由保护而言至关重要。如前所述，试图发布争议内容的用户从该发布行为中获得的利益可能远远小于公众在言论自由意义上获得的价值。如果用户发现挑战技术过滤措施的程序很麻烦，很可能选择放弃发表被阻止的言论，而不是费时费力地质疑网络服务商的过滤行为的正当性，更别说发起诉讼了。发布者言论自由受损，公众获得信息的机会也因此受害。"通知—恢复"模式在一定程度上将保护言论自由的成本转嫁到网络用户身上。因此，在设定过滤标准时，应当确保过滤措施出现错误的比例很小，否则这一制度将失去合理性。

结论

网络版权内容过滤技术的进步使得预防版权侵权的方式发生革命性变化。著作权人与网络服务商合作，采取技术措施自动识别和阻止用户的版权侵权行为，将节省著作权人监督网络和发送侵权通知的成本，降低网络服务商处理侵权通知的成本。著作权法的立法者应适当修正现行的安全港规则，提高网络服务商注意义务水平，引导网络服务商与著作权人合作建立合理的过滤机制。网络版权内容过滤机制原本有可能损害公众的合法利用作品的行为或言论自由，但是，网络技术进步已大大削减甚至消除了这一威胁。在著作权法的框架下，通过设定合理的技术过滤标准，网络服务商能够将出错率控制在合理的范围内。辅以配套的人工纠错机制，技术过滤措施对网络用户的合理使用、言论自由等合法权益不会造成实质性影响。因此，著作权法正式确认部分网络服务商具有版权内容过滤义务，只是时间早晚的问题。随着网络技术的进步，本文所提的具体制度建议未必能够经受住时间的考验，但是它所预言的趋势应该值得持久地认真对待。

（本文原发表于《中国法学》2017 年第 2 期。作者单位：清华大学）

署名权主体规则的困惑及思考

张 玲

一、我国署名权主体规则在解释论上的困惑

我国著作权法在理念、总体结构、主要内容上是著作权体系的立法模式，但是，在一些具体问题上又杂糅了版权体系的规则[②]。由此，不可避免地出现了条文之间的逻辑矛盾。仔细研读我国著作权法有关作者、著作权人、署名权的规则，可以发现，从不同条文出发，可以得出不同结论，而结论之间存在着冲突。

（一）署名权主体：作者抑或著作权人

1. 法条解读之矛盾

（1）署名权是作者享有的表明身份的权利。

按照法律解释方法的适用顺序，对法律条文首先应进行文义解释。《著作权法》第 10 条第 1 款第 2 项规定了署名权的定义，"即表明作者身份，在作品上署名的权利"[③]。以此表述解释得出的结论是：署名权主体只能是作者，由作者在作品上署名。

《著作权法》第 11 条的主旨是确认作者的方法，即"如无相反证明，在作品上署名的公民、法人或者其他组织为作者。"据此，法律明确规定在作品上署名的推定为作者，而不是著作权人。

在特殊作品著作权归属规则中，综观《著作权法》第 12 条至第 17 条，可以发现：第一，在作者是著作权人时，法律仅规定著作权由作者享有，诸如演绎作品、合作作品、汇编作品、一般职务作品。第二，在作者与著作权人分离时，法律区分署名权和其他权利，分别规定了不同主体。在第 15 条规定的视听作品中，由编剧、导演、摄影、作词、作曲等作者享有署名权，制片者享有其他权利；在第 16 条规定的特殊职务作品中，作者享有署名权，单位享有其他权利。

在著作权保护期限规则中，《著作权法》第 20 条规定："作者的署名权……保护期不受限制"。在著作权权利限制规则中，合理使用（第 22 条）和教科书的法定许可（第 23 条）都规定：应当"指明作者姓名"。《著作权法实施条例》第 19 条规定，"使用他人作品的，应当指明作者姓名、作品名称；但

① 关于一般人格权的最新立法建议条款参见《民法总则（草案）》（2016）第 99 条。

② 阿道夫·迪茨. 中国著作权制度：英美模式还是大陆模式 [J]. 中国专利与商标，2011 (1).

③ 《著作权法（修订草案送审稿）》第 13 条将署名权定义修改为："决定是否表明作者身份以及如何表明作者身份的权利。"与现行法律表述相比，没有实质变化，只是细化了权利行使方式。

是，当事人另有约定或者由于作品使用方式的特性无法指明的除外”。上述条文给出的信息是：署名权的主体是作者。

《著作权法》第47条规定了只需承担民事责任的侵权行为，第3项是侵犯署名权的行为：“没有参加创作，为谋取个人名利，在他人作品上署名的”。《最高人民法院关于审理著作权民事纠纷案件适用法律若干问题的解释》（法释〔2002〕31号）第11条规定了解决署名纠纷的规则：“因作品署名顺序发生的纠纷，人民法院按照下列原则处理：有约定的按约定确定署名顺序；没有约定的，可以按照创作作品付出的劳动、作品排列、作者姓氏笔划等确定署名顺序。”其中“没有参加创作”“创作作品付出的劳动”“作者姓氏笔划”的表述，均指向作者，而不是著作权人。

（2）署名权是著作权人享有的一项人身权。

在进行文义解释无法揭示条文真实含义、不能得出唯一解释结论时，就应当启用体系解释方法，“结合具体法律条文所处的上下文、在某一制度整体中所处的地位等因素来进行解释”①。我国《著作权法》第二章的标题是“著作权”，第一节的标题是“著作权人及其权利”，第10条规定了著作权人享有的权利，包括人身权和财产权。该条一共列举了17项，其中第2项是署名权。第17项采用开放式规范，表述为“应当由著作权人享有的其他权利”，并且规定，著作权人可以许可和转让的是第5项至第17项权利。因此，在此条文框架下，署名权的定性是著作权权利束下的一项具体权利，属于著作权人享有的一项人身权，且不适用许可、转让规则。

第9条的主旨是规定著作权人的种类，以是否为创作者为标准分为作者和依照著作权法享有著作权的公民、法人或者其他组织。所以，著作权人与作者不是一个概念，著作权人既可以是作者，也可以是非作者。而第10条第1款第2项规定署名权是“表明作者身份”的权利。但是，法释〔2002〕31号第7条第2款又规定：“在作品或者制品上署名的自然人、法人或者其他组织视为著作权、与著作权有关权益的权利人，但有相反证明的除外。”依据该条文得出的结论是：在作品上署名的被视为著作权人。

上述由不同法条解读得出的结论，让人产生疑惑：署名权究竟是作者的权利，还是著作权人的权利？非作者的著作权人是否享有署名权？如果以署名权定义为基点，得出的结论是：非作者身份的著作权人不享有署名权，作者身份的著作权人享有署名权也是表明作者身份，而不是表明著作权人身份，即不是以著作权人的身份享有署名权。

2. 学者观点之争论

由于法条在表述上的问题，学者关于作者、著作权人、署名权、精神权利的论述也存在颇多争议，形成了署名权主体的不同观点：著作权人权利说、作者权利说、多重彰示说。著作权人权利说主张，“署名权是著作权人享有的表明作者身份，在作品上署名的权利”②。“作者在作品上署名的目的在于公示自己的著作权人身份，与物权公示作用相同。”③作者权利说主张，“署名权，是指作者在其创作的作品及其复制件上如何标记作品来源的权利”④“只有作者才有署名权。”⑤ 多重彰示说主张，署名权既彰示作者与创作行为及作品之间的关联，也彰示著作权人与作品之间的关联⑥。

抛开著作权人权利说、多重彰示说的正当性，仅从文义解释而言，该两种学说难以成立。第一，法理与规则相冲突。同一论著中有关署名权的观点之间自相矛盾。一方面，在法理上主张：署名权是作者基于作品的创作事实，享有的与人身相联系的专属权利。署名权的根本目的在于彰显作者与作品之间存在“血缘”关系的客观事实。署名权的本质是准确、恰当地表明作者与其智力成果之间的关联，集中体现作者的人格尊严和人格自由，与作者不可分离。另一方面，在规则上却又主张：作者包括自然人、法人和其他组织。承认法人能被视为作者，是面对现实的一种实事求是的态度；委托作品中，包括署名权在内的著作人身权和财产权可以约定归属。署名权的主体包括作者、著

① 王利明．法学方法论〔M〕．北京：中国人民大学出版社，2012：368．

② 杨信，余德峰．作品署名权可转让之证成〔J〕．江西社会科学，2013（12）．

③ 柳励和．论作品署名权的转让〔J〕．湖南科技大学学报（社会科学版），2009（3）．

④ 刘春田．知识产权法〔M〕．北京：中国人民大学出版社，2014：71．

⑤ 王迁．将知识产权法纳入民法典的思考〔J〕．知识产权，2015（10）．

⑥ 周晓冰．著作人格权的保护〔M〕．北京：知识产权出版社，2015：37-39．

作权人及其他智力劳动者①。这样的规则设计超出了理论预设。

第二，不符合现行法中的署名权定义。我国《著作权法》明确规定，署名权是“表明作者身份”的权利，而不是表明著作权人的身份。在作者与著作权人不是同一主体时，不可能由著作权人来替作者做出决定“是否表明作者身份以及如何表明作者身份”，著作权人的意志不能强加在作者身上。署名权如何行使，只能由作者依据作品特点以及自身心理考量，来决定是否署名或署真名、假名、笔名、艺名、别名等。

第三，混淆了作者与著作权人。依据我国《著作权法》第 9、11 条，作者与著作权人是两个不同的概念。只是在法律没有特别规定时，作者享有著作权，成为著作权人。此时，两种身份集于一体。在特殊职务作品、视听作品等情形下，作者与著作权人是不同的主体。因此，署名权在彰示作者与作品之间关联的同时，不可能再具有彰示著作权归属的功能，下述命题不能成立：“在作品上署名的人，即被法律推定为作品的作者，被推定为作者的人也就被推定为作品的著作权人。”② “署名权可以彰示作品的著作权归属，继而起到表明作者具有作品的创作者之身份的目的。”③

3. 法官审理思路之差异

立法上逻辑矛盾的规则表述缺陷、学界中理论体系失调的解读，导致法官在处理纠纷时，也存在诸多值得反思的问题。针对相同案由、类似案情的案件，法官的审理思路却完全不同。一种审理思路是：争议对象是否为作品，原告是否参与了创作。如果原告参与了创作，即是作者，应享有署名权。即作品—创作—作者—署名权。如在朱明来诉陈文学侵犯署名权纠纷案中，法院认为，作品署名权是作者表明作者身份的权利，这一权利来源于作者对作品的创作。是否署名、如何署名、怎样署名该由作者控制。其他没有参与作品创作的人都不得侵犯，否则构成署名权侵权④。在陕西省西安影视制片公司诉陕西省西安曲江影视投资（集团）有限公司等侵犯署名权纠纷案中，法院认为，署名权的权利主体是作者，作品是作者享有署名权的前提和载体。署名的目的在于表明作者身份，从而使创作者获得一定的精神利益和财产利益⑤。

但是，与上述案件不同，另一种审理思路是：先确定争议对象是否为作品，之后确定著作权人，最后解决署名权保护问题。如果原告享有著作权，也就当然享有署名权。即作品—著作权人—署名权。在说理论证部分，法官将著作权人与作者两个法律术语交叉使用。在赵春霖诉张京先著作权纠纷案中，法院认为，署名权是著作权法赋予作者或编者的一项权利。“只要在作品上署上著作权人的姓名并排除未参加创作人在该作品上署名的情况，那么，就达到了著作权法保护著作权人署名权的程度和高度了。”⑥ 此外，在张明德诉上海文艺出版总社著作权署名权纠纷案⑦，南京博励实业公司诉中国人民解放军南京军区电视艺术中心电视剧署名权纠纷案⑧，吴嘉振与朱湘君、温州晚报社署名权纠纷上诉案⑨，圆谷制作株式会社诉北京长安商场侵犯署名权纠纷案⑩中，法官遵循了相同的审理思路。

（二）委托作品中署名权归属的约定效力

1. 著作权整体约定说、著作权限制约定说之争

《著作权法》第 17 条规定了委托作品的著作权归属规则：有约定的，从约定；没有约定，由受托人享有。在当事人可以约定“著作权的归属”规则中，“著作权”的含义在学界、司法界均存在争议。

学界中，有著作权整体约定说、著作权限制约定说之争⑪。前者认为：委托作品著作权归属的第 17 条，可以理解为其中所说的著作权既包括经济权

---

① 刘春田. 知识产权法［M］. 北京：中国人民大学出版社，2014：71，88，95；李明德，许超. 著作权法［M］. 北京：法律出版社，2003：70，76，139，156；吴汉东. 知识产权法［M］. 北京：法律出版社，2014：73，62，67，72；周晓冰. 著作人格权的保护［M］. 北京：知识产权出版社，2015：14，28，37-46.

② 柳励和. 论作品署名权的转让［J］. 湖南科技大学学报（社会科学版），2009（3）.

③ 周晓冰. 著作人格权的保护［M］. 北京：知识产权出版社，2015：14.

④ 湖北省武汉市中级人民法院（2010）武知初字第 279 号民事判决书。

⑤ 陕西省西安市中级人民法院（2011）西民四初字第 00149 号民事判决书。

⑥ 北京市海淀区人民法院（1993）海民初字第 2698 号民事裁决书；北京市中级人民法院（1994）中经知终字第 34 号民事裁决书。

⑦ 上海市第一中级人民法院（2000）沪一中知初字第 37 号民事判决书。

⑧ 江苏省高级人民法院（2000）苏知终字第 3 号民事判决书。

⑨ 浙江省高级人民法院（2002）浙经二终字第 41 号民事判决书。

⑩ 北京市第一中级人民法院（2004）一中民初字第 11242 号民事判决书。

⑪ 孙新强. 委托作品著作权原始归属之辨析［J］. 法学，2009（3）.

利又包括精神权利[①]。依据我国《著作权法》，委托作品中的出资人可以成为原始主体，享有全部的著作财产权和著作人身权[②]。委托创作中，作者的署名权可以通过约定转让[③]。而后者认为：委托作品的精神权利只能由作者专有，不得转让。经济权利可以通过合同约定归属[④]。

学界的争论在司法界同样存在。有的法院认可著作权整体约定说，有的法院认可著作权限制约定说，由此出现了同案异判现象。在严会生诉中国唱片总公司等侵害著作权案中，法院认为，著作权法没有对委托创作合同可以约定的著作权权项进行限制，故应认定当事人可以约定的著作权为第10条所列的所有权项，其中包括署名权。原告关于著作权中的精神权利不可转让、协议内容违反法律规定应属无效的主张，没有法律依据[⑤]。在张楚诉社会科学文献出版社侵犯署名权纠纷案中，法院认为，署名权是指表明作者身份，在作品上署名的权利。社会科学文献出版社提出涉案图书为委托创作的作品，双方在合同中对著作权归属做出了约定，因此包括署名权在内的著作权均由其享有的主张，依据不足，不予支持[⑥]。

2. 著作权整体约定说、著作权限制约定说的两难境地

笔者认为，在我国现行著作权法规范框架下，著作权整体约定说、著作权限制约定说均处于两难境地，都存在法条体系解释上的困难。

以著作权整体约定说为基点，当事人关于由委托人享有署名权的约定应该认定有效。但是，依据《著作权法》第11条第2款，委托人不是创作作品的公民，不符合作者的认定要件，但却享有署名权，可以表明作者身份，在公众视野中变成了作者。如此一来，与署名权、作者的定义条款发生了矛盾，并且违反了著作人身权不可转让的规定。而作为委托作品智力投入一方的受托人，完全符合法律规定的作者要件，是委托作品的作者，但却不享有第10条规定的包括署名权在内的任何权利。作者意义上的受托人在公众视野中与作品不存在任何关系。著作权整体约定说完全遮蔽了委托作品的创作者。

以著作权限制约定说为基点，当事人关于由委托人享有署名权的约定应该认定无效，符合著作人身权不能转让的基本理论。但是，在《著作权法》、《著作权法实施条例》、著作权法的司法解释中，没有任何条文对委托合同可以约定的“著作权”范围做出限定，而“著作权”一词，按照《著作权法》第10条规定，就应该是包括署名权在内的所有著作人身权和著作财产权。由此，著作权限制约定说违反了委托作品著作权可以约定的权利归属规则。

二、域外署名权主体规则的立法例考察

上述在作者、著作权人、署名权规范方面存在的立法、司法、理论的问题，使得比较法研究成为必要。作品保护领域存在着著作权体系与版权体系之分。因而，我们在两大体系框架下，分别考察典型国家的立法例。

（一）著作权体系的考察

著作权体系的法哲学基础是自然权利论。作品只能由自然人创作，作品与作者的人格（精神所有论）或创作行为（劳动所有论）有内在的关联。因此，注重保护作品的智力投入一方的创作者，而非出资一方的制作者的权利[⑦]。只有创作者能够原始获得著作权。以法国和德国为代表的大陆法系国家，坚持这种理念历经200多年而不改[⑧]。著作权体系框架下，有单一权利体系与双重权利体系之分。

1. 单一权利体系下的署名权主体规则

单一权利体系下又可细分为一元论、二元论。前者的代表是德国，后者的代表是法国。

（1）德国立法例。

一元论认为著作权是单一权利。财产性与人格性不是著作权的两个组成部分，而是一个统一权利的双重功能。奥易根·乌尔默称之为“树形理论”。财产与人格两大利益是一棵树的树根，正是这些树根构成了一棵树——著作权，各项著作权权能是这棵树的树杈、树枝。基于著作权的这种统一性，以作者的精神利益与物质利益相互结合、渗透为出发点，德国著作权法始终贯彻了“创作主义原则”，将

① 李明德，许超. 著作权法［M］. 北京：法律出版社，2003：156.
② 吴汉东. 知识产权法［M］. 北京：法律出版社，2004：61.
③ 杨延超. 作品精神权利论［M］. 北京：法律出版社，2007：305.
④ 李明德. 著作权主体略论［J］. 法商研究，2012（4）.
⑤ 北京市第一中级人民法院（1999）一中知初字第23号民事判决书；北京市高级人民法院（1999）高知终字第69号民事判决书。
⑥ 北京市第二中级人民法院（2003）二中民初字第4689号民事判决书；北京市高级人民法院（2003）高民终字第669号民事判决书。
⑦ 李琛. 著作权基本理论批判［M］. 北京：知识产权出版社，2013：200，201.
⑧ 曹新明. 我国著作权归属模式的立法完善［J］. 法学，2011（6）.

客观第一性的作者事实创作行为直接上升为法律第二性的著作权原始取得规则，其第 1 条明确规定，“文学、科学、艺术作品的作者对其作品按照本法规定享有保护”。而“作者是指作品的创作人”（第 7 条）。因此，只有给予作品独创性的人——创作者意义上的作者，才是著作权人，其他任何人不能以任何形式原始获得著作权。即使是作者按照雇佣合同、委托合同或者其他方式预订创作作品的情形，著作权也是由作者原始取得。其他人只能依据合同约定或法律规定，取得授权许可，行使著作财产权。而署名权只能由作者享有。作者可以在任何时间要求确认自己的作者资格，并且可以对抗任何第三人对其资格的冒充、剥夺等干扰行为①。

（2）法国立法例。

二元论认为著作权是“一体两权”，由精神权利和财产权利构成。两者相互独立，分别按照人格和财产的特性设计法律规范。著作精神权利不可转让，专属于作者；著作财产权利可以转让。《法国知识产权法典》第 L111-1 条规定，作者仅仅根据其创作的事实，就可以享有独占的、对抗任何人的权利。这些权利包括精神权利和财产权利。即使作者订有劳务合同或者劳动合同，也不影响作者享有全部的精神权利和财产权利。并且，第 L121-1 条规定，作者的署名权系于作者人身，永远存在、不可剥夺、不因时效而丧失。但是，法国并没有自始至终坚持创作者本位原则。依据第 L113-5 条规定，如无相反证明，以法人名义发表的汇编作品，其著作权可以由法人原始取得。依据第 L113-9 条规定，职务软件及其文档作品的财产权利，属于雇主并由其单独行使。在作者享有的精神权利中，修改权、收回权除另有约定外，不得再行使（第 L121-7 条），等于已经名存实亡。综上，在法国知识产权法框架下，上述规范综合适用的结果是：创作者的作者原始取得各项精神权利和财产权利，但汇编作品、职务软件及其文档作品除外。其中，在汇编作品情形下，包括署名权在内的全部著作权可以由法人享有；在职务软件及其文档作品情形下，雇主享有财产权利，雇员（创作者）的部分精神权利或被剥夺或被限制，但是，仍然享有署名权。

2. 双重权利体系下的署名权主体规则

日本著作权法既吸收了大陆法系的价值观，也借鉴了英美法系的规范，同时，又拥有自己的特色②。

第一，在作品权利体系方面，坚持双重权利模式。日本著作权法规定了作者人格权，属于大陆法系理念。但是，其权利体系构造与德国、法国均不同③。德国、法国的共同点是在作品之上设置一个权利：著作权。在此前提下，德国坚持一元论、法国遵循二元论。而日本在作品之上设置了两种权利：作者人格权和著作权。日本著作权法第二章标题是“作者的权利”，下面第三节为“权利的内容”，其第二小节为“作者人格权”，第三小节为“著作权的权利种类”。因此，作者人格权不属于著作权范畴，作者人格权与著作权是在作品之上存在的两类相互独立的权利。作者人格权保护精神利益，具有人身专属性，由作者专享，不能转让（第 59 条）；著作权保护财产利益，可以全部或部分转让（第 61 条）。

第二，在权利归属方面，遵循作者本位原则。第二章标题是“作者的权利”。作者是原始主体，由作者享有各项作者人格权和著作权（第 17 条）。在此前提下，规定了电影作品例外。第 29 条规定，在符合规定要件时，电影作品由制作者享有著作权；播放组织专门为播放而制作的特殊电影作品，由播放组织享有部分著作权。

第三，在作者界定方面，原则上是大陆法系理念。尊重客观事实，认可作者是有生物大脑、能进行智力创作的自然人。第 2 条之 2 规定：“作者，是指创作作品的人。”但是，在特殊作品的具体规则设计上，偏向了英美法系的价值观。第 15 条确认职务作品、职务软件作品的作者是雇主——法人。法人以作者的身份享有作者人格权和著作权。

在日本著作权法框架下，上述规范综合适用的结果，使得署名权主体变得复杂许多。通常遵循法律适用规则即先特殊后一般的顺序，首先应适用的是职务作品规范，凡属于职务作品的，均由雇主作为作者享有署名权；其次，适用电影作品规则，由制作者享有署名权；最后，适用一般规范，由“创作作品”的自然人享有署名权。

（二）版权体系的考察

版权体系的法哲学基础是激励论，更多地从功利主义角度看待作品之上的权利，认为“copyright”

① M. 雷炳德. 著作权法［M］. 张恩民，译. 北京：法律出版社，2005：26-28，273，275.

② 张彦民. 日本著作权保护制度的变迁［J］. 出版发行研究，1990（3）. 笔者基于对现行日本著作权法的总体认识，将其归入著作权法体系。

③ 杨延超. 作品精神权利论［M］. 北京：法律出版社，2007：38.

只保护财产利益，将作品的财产利益更多地分配给了作品的投资者，而非智力投入的创作者。其代表国家是英国、美国。

1. 英国的署名权主体规则

英国长期以来坚持作品财产价值观。1710年的《安娜法》是世界上第一部版权法。该法虽然将保护主体由出版商变为作者。但实际上是出版商行会丧失特许权后改变策略，为博取公众的认可，以保护作者、激励创作为口号来掩盖其真实目的——延续出版商的垄断利益。因此，版权法以保护作者为名，实则保护出资者的利益①。在此立法背景下，《安娜法》仅规定了作者的复制权。直到1948年，英国在参与修订《伯尔尼公约》布鲁塞尔文本时，才开始考虑本国版权法修订问题，并于1956年在版权法中规定了一些防止错误地赋予作者身份的非经济权利（1956年《英国版权法》第43条）。1988年，英国制定并颁布了现行版权法，第四章规定了四项权利：身份权、反对对作品进行损害性处理权、反对冒名权、某些照片与影片的隐私权②。其中，前两项属于作者的精神权利，后两项是非作者享有的权利，实质上是对作者精神权利的限制。

关于权利归属，第11条第1款规定："作品之作者是作品中一切版权之第一权利人，但须服从下列规定：除非雇佣合同另有规定，雇员在雇期间创作的文学、戏剧、音乐、艺术作品，其雇主是该作品版权的第一权利人。"委托作品的版权属于委托人。关于作者的界定，第9条给出了宽泛的外延：自然人和法人都可以成为作者。因此，可以成为作者的人包括：创作作品之人、制作录音或电影之人、制作广播之人、提供电缆节目服务之人、出版者。并且，英国版权法对署名权做出了非常严格的限制。第一，作者行使署名权适用声明规则，即必须提前以书面方式声明该权利。第二，署名权不适用于计算机程序、字形设计、出自计算机的作品、雇佣作品、为时事报道创作的作品、期刊、汇编性参考书、政府作品等，也不适用于法律允许的不侵犯著作财产权的行为③。因此，在英国，权利的归属显然偏重于投资者，作为创作者的自然人在很多作品中，既不享有版权，也不是作者。创作者与作品的关系被彻底割裂。创作者的智力贡献在社会公众视野中被隐去。

2. 美国的署名权主体规则

1790年，美国以《安娜法》为蓝本，制定了第一部联邦版权法，秉承英国的版权理念，以财产价值说为基点，仅保护作品之上的财产利益。版权就是财产权，而不包括精神权利。但正是这个被版权体系标榜的特点，成为美国加入《伯尔尼公约》的障碍。美国为了符合《伯尔尼公约》第6条之2第1款对作者精神权利保护的标准，于1990年制定《视觉艺术家权利法》，确认了署名权以及保护作品完整权。虽然该两项权利仅限视觉艺术作品的作者享有，但终于在美国的版权法中加入了精神权利，突破了仅保护财产利益的版权体系的传统。据此，视觉艺术作品的作者有权在其作品上署名，并且可以禁止在任何不是其创作的视觉艺术作品上作为作者使用其姓名（第106条之2）。

关于版权的原始取得，美国《版权法》在《联邦宪法》的"知识产权条款"之下，遵循了作者本位原则。第201条（a）规定，作品的原始版权属于作品的作者。但是，该条（b）同时规定：除非另有约定，雇主或委托创作作品的其他人，视为作者，享有版权中的一切权利。通过将雇主或委托人拟制为作者的方式，既符合宪法的规定，又实现了经济价值观，达到了保护出资者利益的目的。拟制作者最初源于美国判例法。1903年，美国最高法院在Bleistein v. Donaldson Lithographing Co. 一案中，首次确认"视为作者原则"。霍姆斯大法官在该案判决中写道："如果雇员创造某种东西是为了履行部分职责，那么，他所创造出来的东西就应该属于雇主的财产。"6年后，美国国会正式将该原则写进了1909年版权法。该法第26条规定："作者"一词应当包括雇佣作品情形下的雇主④。拟制作者的规则彻底打破了客观事实第一性与法律规范第二性之间的契合，使得作品的出资者能够公开享有作品的全部权利。客观上投入智力创作的事实作者就此被第二性的法律遮蔽，失去了与作品的联系。公众不能再得知作品的思想、表达出自何人。

（三）域外立法例类型化梳理

上述域外立法例的考察显示，在著作权与版权体系不同法哲学基础上的宏观层面的类型化之下，两大体系的不同国家在微观层面的具体制度设计上，

① 熊琦．著作权法中投资者视为作者的制度安排［J］．法学，2010（9）．

② 吴汉东．知识产权基本问题研究［M］．北京：中国人民大学出版社，2004：216，219，227，252．

③ 阿道夫·迪茨．中国著作权制度：英美模式还是大陆模式［J］．中国专利与商标，2011（1）．

④ 熊琦．著作权法中投资者视为作者的制度安排［J］．法学，2010（9）．

又呈现出相互借鉴学习后的近似规则。

1. 作者界定

(1) 作者一元论。德国坚持作者一元论，是严格贯彻作者权解决方案的代表。作者仅限于创作者，只能是独立创作了作品的自然人。法人不可能从事创作工作，因而不能成为作者①。

(2) 作者二元论。美国、英国、日本遵循作者二元论，作者原则上是创作者，但在符合法律规定的作品情形时，法人也可以成为作者。将作者扩展至非创作者的法人、投资者。

2. 作品之上的权利体系构造

(1) 单一权利论。该模式是在作品之上设置一个权利，同时保护精神利益、财产利益。

第一，著作权一元论。德国以精神利益和物质利益相互渗透为出发点，按照一元论的要求，在作品之上设置一个统一的权利：著作权。著作权在性质上既不属于财产权，也不属于人身权，是一种新型的复合权利形式。著作权的期限、转让、继承等，均适用统一规则。著作权项下各权能的保护期限一致，著作权不能转让，可以继承。一元论将民法中财产权、人格权的不同规则杂糅在一起，使原本仅适用于财产权或人格权的某一个规则，适用于同时涵盖财产利益和精神利益的著作权整体，造成了理论上的自相矛盾，存在规则设计上的缺陷②。

第二，著作权二元论。法国将在作品之上的权利规定为著作权，著作权是一个集合性权利，属于一体两权，可以再分为著作人格权和著作财产权。基于作品之上精神利益和财产利益的不同特点，分别适用人格权和财产权的规则。

(2) 双重权利论。该模式的立法指导思想是：著作权或版权是纯粹的财产权，作者精神利益属于民法中的一般人格权或普通法中的权利。

第一，统一立法例。日本在前期制定的有关作品保护的法律中，都仅规定了著作权人的财产权。直到1899年，为了加入《伯尔尼公约》，才增加了人格权的保护。由于旧法中著作权仅是财产权，因而在著作权之外单独规定了人格权③。由此形成了双重权利模式：作者人格权和著作权。作者人格权是一种具体的人格权，与一般人格权之间不存在本质差别，因而可以直接受到民法的保护④。著作权法规定作者人格权的目的不是为了宣示作者人格权在著作权法框架下具有特性，而在于明确作者人格权的具体权项，让作者更好地保护自己的利益，也让公众能更好地尊重作者的人格，以防侵害⑤。

第二，分散立法例。美国、英国在作品之上设置的是版权。版权法最初只保护财产权，后来虽然纳入了精神权利，但是其保护很有限，非常不充分。在美国，除非有悖于《视觉艺术家权利法》，法院只能援引版权法之外的保护名誉、隐私、不正当竞争、合同法等零星的救济手段保护作者的精神利益。在英国，也是可以通过版权法之外的普通法予以保护。因此，美国、英国对于精神权利的保护采用了分散立法模式。除了可以明确适用版权法保护署名权的极少数情形外，还可以获得普通法的保护。但是，由于分散立法模式缺少明确、统一的法律依据，只能依赖法官的解释与推定，是否能获得保护以及保护的力度，都缺乏可预见性⑥。

3. 作品之上的权利归属规则

(1) 创作者独享。

德国秉承“各人应得的归于各人”思想，将作品归作者所有。著作权主体只能是那些给予作品独创性的人。对创作人的人格以及他们为文化生活所带来的价值的尊重，要求人们只能把作品之上的权利赋予作者，而不是其他人。著作权法适用创作人原则，即“作品原则上归作者本人所有，而且该作品所产生的所有权利都由作者本人原始取得”⑦。职务作品、电影作品中雇主、出资者的利益，通过法定许可或约定许可的方式予以保护，但创作者仍是署名权的主体。

(2) 创作者、出资者分享。

以“作品人格论”为基础的著作权体系中，日本、法国将一部分作品的署名权赋予了创作者之外的法人，背离了其理论预设；以“作品财产论”为基础的版权体系中，美国、英国为了符合《伯尔尼

① M. 雷炳德. 著作权法［M］. 张恩民，译. 北京：法律出版社，2005：181.

② 李琛. 知识产权片论［M］. 北京：中国方正出版社，2004：71.

③ 吴汉东. 知识产权法［M］. 北京：法律出版社，2014：240.

④ 美国规定版权是财产权，日本也认可著作权是财产权。两国在该点上一致。但是，美国对作者精神权利的保护是援引版权法之外的法律，采分散保护模式。日本虽然认为作者人格权与一般人格权同质，但是，却在著作权法内规定了作者人格权，采统一保护模式。

⑤ 半田正夫，纹谷畅男. 著作权法50讲［M］. 魏启学，译. 北京：法律出版社，1990：154.

⑥ 李琛. 著作权基本理论批判［M］. 北京：知识产权出版社，2013：75-78.

⑦ M. 雷炳德书. 著作权法［M］. 张恩民，译. 北京：法律出版社，2005：88，181.

公约》的规定，加入了保护署名权的条款。但是，美国只适用于复制品在200件以下，经作者署名、按序编号的视觉艺术作品，并且排除了属于雇佣作品的视觉艺术作品，在司法实践中，仍然遵循版权财产权理念，并未真正保护著作人格权①。英国则通过声明规则和排除规则，对雇佣作品、计算机程序等之外的作品，余下不多的能够享有署名权的创作者，设置了诸多限制，大大削弱了对精神权利保护的力度。

综上，在知识产权现代化、国际化、一体化的趋势下，著作权体系与版权体系互相借鉴、融合，从立法理念到法律规则，两者之间的差异在逐渐缩小。著作权体系不再严格固守人格价值说，或通过拟制作者方式，使作者从一元论到二元论，将投资者纳入作者范畴；或通过权利配置路径直接将权利给予投资者，从而淡化了创作者的精神利益保护。版权体系也突破了财产价值说，赋予了作者署名权等精神权利，以保护作者的精神利益，在版权法体系的国家，将署名权等精神权利纳入版权法进行保护已经是不可扭转的历史趋势②。

三、署名权主体规则的重构

在署名权问题上，理论界冲突的学理解释，司法界的同案不同判，均源自我国立法在体系设计上的矛盾和法条表述上的逻辑缺陷。因此，需要我们超越现行法的具体规范层面，从法理角度深入研究，在理顺两大体系价值理念的基础上，重新审视署名权规则的本质属性，回归其应有的价值功能，以构建起满足逻辑自洽性、具有条理化和系统化的法律规范。

（一）作品本质属性的反思

权利构造取决于权利保护对象的本质属性，署名权是基于作品而产生的权利。

1. 抛弃作品“人格观”

（1）作品“人格观”只是特定国家、特定历史时期的产物。

版权体系以财产价值观为哲学基础，奉行“商业版权”学说③。把创作视为投资，其基本信念是：孰投资孰受益④。作品“人格观”只是著作权体系的法哲学基础。并且，其形成具有偶然性，是19世纪的哲学观与美学观影响的结果。先验唯心主义“赋予人的智力以巨大的强力和力量……把人的思想变成‘宇宙的唯一支柱’”⑤。该哲学流派的代表人物黑格尔、康德都从“人格之反映”的角度解释作品的本质。康德主张作品是作者个人禀赋的实现，是作者人格之外化。黑格尔强调作品完全表现作者个人的独特性，是其思想的表现以及人格的表现。此外，19世纪正是法国的浪漫主义文学运动高涨时期，美学史认为浪漫派的文学观点与德国古典哲学一脉相通，德国古典哲学强调的非理性的唯心主义是浪漫派思潮的哲学基础。浪漫派作家强调表现人的主观情感。因此，“作品体现人格”的观念与特定的历史背景、文化思潮相连。19世纪的哲学观与美学观偶然地被法律选择，成为著作权合理性的基础。这种对作品的诠释是历史的偶然，而非逻辑的必然⑥。

（2）作品“人格观”受到现代美学观、哲学观的挑战。

作品“人格观”已经受到一些学者的质疑、批判。李琛教授在进行历史分析后，揭示作品“人格观”受到现代美学观、哲学观的挑战。20世纪以来，美学观点沿着“从主体本位到文本本位”的路径发展，后现代主义逐渐颠覆了浪漫主义美学认可的作者统治地位。罗兰・巴特宣告“作者的死亡”，主张作品的意义应当由读者确定。读者的诞生应以作者之死为代价，“是语言在说话，不是作者在说”，作者与文本相分离。20世纪20年代后，在德国哲学家卡西尔的影响下，产生了符号哲学美学，作品被诠释为纯粹的符号形式。作品不再被视为直接的思想或情感的外化，已不是作者人格的附肩，而是具有独立存在价值的符号形式。曾经影响作品“人格观”产生的哲学和美学理论已经悄然隐退，作品“人格观”也就丧失了证明自己正当性的基础⑦。

（3）作品并非都体现个人的情感。

当今社会，不管是创作主体，还是创作客体，

---

① 张娜．论著作人格权保护在美国的演绎［J］．知识产权，2012（4）．

② 吴汉东，曹新明，王毅，等．西方诸国著作权制度研究［M］．北京：中国政法大学出版社，1998：22-25．

③ 吴汉东．知识产权法［M］．北京：法律出版社，2014：186．

④ 李琛．著作权基本理论批判［M］．北京：知识产权出版社，2013：47．

⑤ E．博登海默．法理学：法律哲学与法律方法［M］．邓正来，译．北京：中国政法大学出版社，2004：77．

⑥ 彼得・德霍斯．知识财产法哲学［M］．周林，译．北京：商务印书馆，2008：91-93；李琛．质疑知识产权之“人格财产一体性”［J］．中国社会科学，2004（2）．

⑦ 李琛．质疑知识产权之“人格财产一体性”［J］．中国社会科学，2004（2）；杨延超．作品精神权利论［M］．北京：法律出版社，2007：189-193．

与19世纪作品“人格观”确立时的情况相比，都发生了极大变化。作品“人格观”已不符合社会的客观实际情况。并非所有的作品都是作者情感的体现。首先，在创作主体方面，早期的创作多是个体创作、自由创作。个人被看作创作的来源或者起源[①]。自然人完全出自自己的情感、看法、偏好、想象，可以不受限制、天马行空地表达。但是，随着版权产业的发展，职务创作、法人创作的趋势日趋增强，并且越发地依赖巨额资本的支撑。创作的动机也不再单纯是自然人个体所思所想的外在表达，而是面向大众的喜好，推出能被市场认可的作品，进行产业化运作，以取得最大投资效益。影视公司、娱乐公司、广播电视媒体、软件集团、数据库开发公司等主导创作了大量作品。其次，在创作客体方面，早期的作品多属于小说、诗词、散文、绘画、书法、音乐、戏剧等，这些形式的作品内容中情感因素占据主导。但随着社会客观需求和数字化发展，软件、游戏、数据库、摄影作品、产品及工程设计图、地图、示意图、模型、实用艺术品等功能类、事实类作品日益增多。而上述作品形式中，作者的思想感情色彩等个体特征因素已经淡化或根本不再体现。

（4）体现个人情感的作品也不属于人格要素范畴。

作品“人格观”认为作品是作者思想、情感的外在形式，著作权法应保护作者的人格利益。笔者认为，该观点存在逻辑缺陷，把思想、情感，思想、情感的外在表现形式（作品），人格要素三者等同化，并将人格利益概念进行泛化解释。

依据宪法、人格权法基本理论，上述三者之间有关联，但并不等同；“人格利益”一词也具有其固有内涵。人格尊严是宪法规定的基本人权[②]。民法将其转化为民事权利人格权后，民事主体得以真实享有。因此，人格尊严是人格权的基石，是人格权法的重要内在价值。现代人格权法的构建以人格尊严的保护为中心而展开[③]。而人格尊严，是指人作为法律主体应当得到承认和尊重，是人之为人的基本条件、最起码的资格，是人作为社会关系主体的基本前提[④]。人格权是指民事主体对其生命、健康、姓名（或名称）、肖像、名誉、隐私、信用等各种人格利益所享有的排除他人侵害的权利[⑤]。因此，人格利益是权利主体基于其人身所享有的非财产利益，具有固有性、专属性、不可剥夺性，其载体为不能脱离开人身的、符合“人之为人”标准的人格要素。

宪法赋予公民从事文学艺术创作的自由、言论自由[⑥]，它们是现代法治社会中的基本人权。作为宪法基本权利的创作自由、言论自由，经由人格权法转化为一般人格权或一项具体人格权[⑦]。表达自由是作品产生的前提，但并不是作品本身。作为体现作者思想、情感的作品，以表达自由为前提，是表达自由的产物，但是，它已经脱离开人体，不再属于宪法、人格权法中的“人之为人”所固有的、不可剥夺的、基础性的“表达自由”的范畴。衍生物与本体不能混为一谈。因此，表达自由是人格利益的组成部分，但表达自由的产物——作品，不再属于人格要素[⑧]。作品一旦创作完成，就外在于人体本身，不再属于“人之为人”理应具有的基本条件。与此相应，也就不再符合人格权保护的固有人格利益的法律标准[⑨]。“人之为人”人格要素之上的人格利益与作品之上的精神利益不能混淆。况且，著作权法遵循思想表达二分法原则。受法律保护的作品只是一种表达，而表达中所蕴含的思想、观点，并不受著作权法保护。如果思想、观点还能牵强地说与“人格”有关的话，用文字、声音、线条、色彩等符号组合而成的表达，绝不能纳入人格要素范畴。对作者本人的评价不同于对作品的评价，基于人身的人格利益不同于基于作品的精神利益。人格

---

① 布拉德·谢尔曼，莱昂内尔·本特利．现代知识产权法的演进［M］．金海军，译．北京：北京大学出版社，2005：43.

② 《宪法》第38条。

③ 王利明．人格权法中的人格尊严价值及其实现［J］．清华法学，2013（5）；刘凯湘．人格权的宪法意义与民法表述［J］．社会科学战线，2012（2）.

④ 王利明．人格权法中的人格尊严价值及其实现［J］．清华法学，2013（5）.

⑤ 王利明．人文关怀与人格权独立成编［N］．重庆大学学报（社会科学版），2016（1）.

⑥ 《宪法》第47条、第35条。

⑦ 宋慧献．版权保护与表达自由［M］．北京：知识产权出版社，2011：59.

⑧ 有学者主张：“著作人格权不是一个人成为作者之后拥有的特权，而是作者作为人应当享有的权利。”李琛．知识产权片论［M］．北京：方正出版社，2004：69．笔者认为应区分作品产生前后的不同权利性质。作品产生之前，表达自由属于宪法、民法中的“人之为人”的人格权范畴；作品产生之后，属于著作权法中的作者的精神权利。作者的精神权利并不是作者作为“人”应当享有的权利，而是自然人创作完成作品，有了作者资格后，才享有的权利。

⑨ 人格尊严作为人格权法的基本价值理念，检验着哪些人格利益应当受到人格权法的保护、哪些不应当受到人格权法的保护，为是否损害人格利益划清了界限。王利明．人格权法中的人格尊严价值及其实现［J］．清华法学，2013（5）.

利益的内容是：保持个人与人身、姓名、肖像、社会评价的联系处于正当状态。精神利益的内容是：保持作者与作品之间的联系处于正当状态①。因此，只要作品创作完成后，基于作品而产生的利益，都应归属于著作权法规范效力之内，不能再回到人格权法领域。著作权法不保护人格利益，保护的是作品中体现的与作品相关的作者的精神利益。

在哲学、美学等领域，可以宽泛地将作品描述为作者人格的延伸，是作者人格的物化②。但是，在法学领域，必须严格界定人格要素、人格利益等术语的法律内涵，以划定人格权法保护对象的范围和边界。既不能将人格延展至体力劳动的产物上，也不能延展至智力创造的作品上。否则，不同法律就失去了区分的基础，人格权法与物权法、著作权法之间的界限将无法划定。

综上，“智力劳动的成果皆具人格要素”无法成立。对象的形成过程中有智力的参与，不能证明对象本身就具有人格要素。“智力成果体现人格”是一种缺乏法律意义的结论③。所谓作品体现人格，实质含义是作品表达了作者的思想、情感。而思想、情感在著作权法中属于被排除的领域。

2. 树立作品“智力成果观”

否定了作品“人格观”后，我们不应再以作品“反映人格”为基点分析问题。但作品毕竟有个人的烙印，那又应该如何概括作品的本质呢？笔者主张以“智力成果观”替代“人格观”。

(1) 作品是智力成果具有规范价值。

有学者主张，知识产权前现代法与现代法之间的差异之一是，前者关注保护对象中所体现的智力劳动，后者则把注意力更多地集中于对象本身，即从创造到对象④。因此，“对法的规范功能而言，权利对象自身具有法律意义，产生对象的劳动过程没有法律意义”。“法律制度的设计只关心财产的形态以及由此决定的行为方式”。⑤ 笔者认为，以权利对象的形成过程来解释对象的法律特征，并非都是“缘木求鱼”，在一切场域都没有价值。在著作权法领域中，关注保护对象的形成来源是否属于智力创作，就具有特别的重要意义。“著作权产生于作品的创作行为。”“证明著作权的凭证是智力创作行为。”它源于事物的本质⑥。

第一，智力创作是区分所有权与著作权保护对象的标准。有别于商业标识⑦，在著作权法领域，从作品的来源角度抽象出作品的本质特征，更具规范价值。按照通说，著作权法保护对象是具有独创性的表达。而这种“独创性的表达”是由有主物大脑的自然人基于其意志创作而成，是自然人对认知对象进行思考、选择、取舍、安排、设计、构思等一系列智力活动的结果。与物的生产者在生产过程中可能投入的“智力或情感”在内涵上有本质差别。刘春田教授在论证方正“倩体字”是否能得到著作权法保护问题时，就是从分析方正字生成的关键环节和制作过程入手，得出结论：方正字的生成过程从始至终都是劳动，没有创造行为。因而，它不是作品，不能得到著作权法保护。刘春田教授特别指出要区分劳动和创造。创造不属于劳动，而是堪与劳动相提并论的另类人类活动。以劳动为正当性依据，产生了传统意义上的财产权；以创造为正当性依据，产生了崭新的财产权形态——知识产权。劳动成果与创造成果是获得传统财产权和知识产权的分水岭⑧。

第二，智力创作是区分著作权与邻接权保护对象的标准。德国学者雷炳德教授在其论著中专门开辟章节，专题分析智力创作成果的渊源、创作过程、作品与相关劳动投入等问题，并主张应区分精神方面的创作行为与精神方面的投入行为。前者产生了一个新的精神方面的客体，作者本人不可以替换。后者则仅仅服务于某个精神方面的财富，并不表达任何具有独创性的智慧，付出这种投入的人经常可以被替换。基于上述不同，得以分别构建著作权制

① 李琛. 知识产权片论［M］. 北京：方正出版社，2004：60；M. 雷炳德. 著作权法［M］. 张恩民，译. 北京：法律出版社，2005：267.

② 黑格尔主张：“财产是自由的首要体现”，“财产是人格的体现”。因此，作品体现人格，物也是人格的延展。（彼得·德霍斯. 知识财产法哲学［M］. 周林，译. 北京：商务印书馆，2008：86-93.）所以，作品人格观摘取黑格尔政治哲学思想中关于财产与人格关系的部分表述，来论证其合理性，是牵强的。

③ 李琛. 质疑知识产权之“人格财产一致性”［J］. 中国社会科学，2004（2）.

④ 布拉德·谢尔曼，莱昂内尔·本特利. 现代知识产权法的演进［M］. 金海军，译. 北京：北京大学出版社，2005：4-173.

⑤ 李琛. 法的第二性原理与知识产权概念［J］. 中国人民大学学报，2004（1）.

⑥ 德利娅·利普希克. 著作权与邻接权［M］. 联合国，译. 北京：中国对外翻译出版公司，2000：33，91.

⑦ 在商业标识领域，法律主要保护的是符号的识别性。但是，也并非绝对不考虑符号的设计来源。臆造商标的保护力度高于任意商标、暗示商标、叙述商标，与其在设计时投入了智力创作，有直接关系。

⑧ 刘春田. 论方正“倩体字”的非艺术性［J］. 知识产权，2011（5）.

度和邻接权制度[①]。

第三，智力创作是区分作品与非作品的标准。猴子自拍照、大象作画、软件自动生成的诗作、新闻稿件、译作等，在信息表现形式上与自然人创作的作品没有区别。但是，前者并不是作品。2014 年猴子自拍照事件在美国和英国引发了广泛争议。美国版权局最终做出声明：非人类所产生的“作品”不具有版权。美国加州旧金山联邦地区法院也认定动物不能拥有版权。著作权体系、版权体系均把独创性作为作品的实质要件，区别只在于强调的程度高低不同。但是，在解读独创性的基本内涵时，它们是一致的：需要创作者在创作的过程中独立投入智力性劳动，是其经过大脑对文字、线条等元素的选择、取舍，按照一定的逻辑有机组合在一起。因此，在衡量和评价一个对象究竟能否成为著作权保护的作品时，信息的产生是否包含了人的智力创作过程是最关键、最具评价力的标准[②]。

（2）作品是智力成果已是范式。

作品是智力成果，无论是在学界，还是在立法、司法层面，均已是共识。

在学界，知识产权保护对象是否都是智力成果，仍是一个争议问题。肯定说认为，知识产权是保护智力创造成果的权利[③]。否定说认为，知识产权是保护智力成果和商业标识的权利。用“智力成果”描述全部知识产权的对象，本身难以成立。并非所有的知识产权对象都是智力成果。商标权的出现，瓦解了智力劳动对知识产权的统一功能。智力成果不能覆盖商业标记。商业标记受保护并不以一定的智力含量为要件，只要标记能够起到记号的功能即可[④]。两种学说争议的焦点在于商业标识是否属于智力成果，而对于著作权保护对象作品，则一致认可是智力成果。

在立法层面，我国《著作权法实施条例》第 2 条直接将作品定义为：“文学、艺术和科学领域内具有独创性并能以某种有形形式复制的智力成果。”并在第 3 条中进一步解释：“创作，是指直接产生文学、艺术和科学作品的智力活动。”德国著作权法明确规定作品是个人的智力创作。意大利著作权法定义作品的内涵为独创性。韩国著作权法规定作品是对人的思想或情感的独创性表达。上述立法例表明：独创性表达或成果是对作品的经典表述[⑤]。

司法层面，法官在原告以著作权侵权为由的纠纷中，首先要分析原告请求保护的对象中是否投入了创造性智力活动，以此判断是否构成作品。诸如，北大方正诉广州宝洁字体单字案[⑥]，广西广播电视报社诉广西煤矿工人报社电视节目预告表案[⑦]，王继明诉王强华、中国大百科全书出版社名录案[⑧]，等等[⑨]。此外，法官在判定是否构成著作权侵权时，遵循的判定规则是实质性相似加接触。“实质性相似”是从财产形态的角度分析诉争对象。而“接触”就是要分析财产的形成过程，以判断被告的表达是否来源于原告，是剽窃、抄袭，还是独自创作。只构成实质性相似，而没有证据证明被告有机会接触到原告的作品，不能认定为著作权侵权。法释［2002］31 号第 15 条规定：“由不同作者就同一题材创作的作品，作品的表达系独立完成并且有创作性的，应当认定作者各自享有独立著作权。”所以，在著作权侵权判定时，财产来源即是否来源于作者的的智力创作，起到了决定性作用。

（3）智力成果是所有作品的本质。

有作品“人格观”的反对者主张：当今社会，作品创作已从“个人时代”进入“团体时代”。作品功能也从“提供精神享受”延伸到了“解决技术问题”。纯粹追求商业利益的作品、由团队集体创作完成的作品、以解决技术问题为目的实用作品，在社会生活中已大量存在，不再是例外，而这些作品并

---

① M. 雷炳德书. 著作权法［M］. 张恩民，译. 北京：法律出版社，2005：46-57.

② 张玲，王果. 动物“创作成果”的民事法律关系三要素分析［J］. 知识产权，2015（2）.

③ 世界知识产权组织. 知识产权法教程［M］. 北京：专利文献出版社，1990：2；郑成思. 知识产权法教程［M］. 北京：法律出版社，1993：1.

④ 李琛. 质疑知识产权之“人格财产一致性”［J］. 中国社会科学，2004（2）；李琛. 对智力成果权范式的一种历史分析［J］. 知识产权，2004（2）.

⑤ 付继存. 著作权法的作品观：从本质主义到建构主义［J］. 知识产权，2016（1）.

⑥ 北京市第一中级人民法院（2011）一中民终字第 5969 号民事判决书。

⑦ 郑成思. 版权法［M］. 北京：中国人民大学出版社，1997：612-615.

⑧ 北京市中级人民法院（1993）中民知初字第 2782 号民事判决书。

⑨ 有学者主张：在法律上，劳动结果决定劳动性质。只有产生了作品的劳动才是创作，产生了临摹品的劳动是复制。据此，进一步主张：法律应当关注权利对象自身的特征，而非权利对象产生的来源。（李琛. 对智力成果权范式的一种历史分析［J］. 知识产权，2004（2）.）笔者认为，从因果关系上讲，只有劳动过程决定劳动结果，不能由劳动结果反推劳动过程。此外，创造是事实行为，是否是智力活动属于事实判断。该事实判断的结论是为了进行价值判断，即智力成果是否属于著作权法保护对象：作品。

不体现作者人格特征。由此，作品“人格观”陷入危机[①]。笔者赞同上述结论，但不认可论据。正如上述，我们已经证成：当今社会中，作品并非都必然反映情感因素，反映情感因素也并非人格要素。因此，“人格观”已经不能表述作品的本质了，但“智力成果观”是所有作品本质的概括。著作权法保护的作品是表达，而表达在客观事实第一性层面只能出自有血有肉的自然人，思维是人脑的特有技能。只有自然人才能完成智力创作。学习、构想、鉴赏、撰写和表达文学、音乐和艺术作品，是只有人才能完成的活动[②]。法人、其他组织不可能成为表达的创作者。不体现个人思想、感情的法人作品、职务作品，也是出自有血有肉、有生物大脑的自然人，是由自然人完成“表达”的创作，是他们智力活动的结晶。因此，作品均是自然人的智力成果。

（4）智力成果观具有逻辑周延性。

作品“人格观”在19世纪为证成作品保护的合理性提供了理论基础，为著作权制度的建立做出了贡献。但是，其本身在逻辑推理上是不周延的。作品“人格观”的核心观点是作品不同于普通财产，因为它是智力劳动的精神产物。作者通过精神创作活动使自己具有个性特点的思想得以体现。所以，作品是人格的反映，著作权法要保护作者的人格。在上述论证推理的思路中，存在逻辑错误，没有形成一个完整的逻辑链条。从作品是智力劳动的产物出发，可以得出作品是不同于普通财产的智力成果的结论，但不能得出是“人格反映”的结论。从“智力成果”到“人格反映”尚需进行论证，主张者应承担论证负担。但是，在上述推理中，并没有论证，而是直接得出了结论。由此发生了问题。智力创作的成果并非都具有人格情感特征。在专利法领域，技术方案、设计方案不体现人格情感；在反不正当竞争法领域，商业秘密不体现人格情感。但是，它们都是智力成果。因此，不能从作品是智力成果，直接得出作品体现人格的结论。据此，笔者认可作品“人格观”的第一步推理的结论：作品是智力成果，不是普通的商品。版权体系的作品财产观抹杀了作品中的智力创作因素。但只能止于此，不认可“人格观”的第二步推理的结论：智力成果是人格体现，是人格要素。

（二）作者署名权的价值

有学者主张：作品体现人格的观念已成为著作权体系的历史负累，处处作茧自缚。并发问：任何劳动者与其劳动产品之间的联系都是客观的，为何唯独作者与作品的联系不能割断[③]？另有学者主张：署名权是一类特殊的占有权，直接满足的是权利人的物质需求，在本质上属于财产权[④]。署名权应该纳入财产权体系[⑤]。笔者认为：署名权作为作者享有的一项最基本的精神权利，已被《伯尔尼公约》和越来越多的国家所确认。作者署名权的价值或曰创设目的既有保护作者精神利益的私法属性，也有维持作者与作品之间的精神纽带关系的社会属性。

1. 表明作品的智力来源

通说认为作者署名权是为了保护作者的人格利益。基于上述对作品本质属性的论证，笔者建议，应将此表述修正为：作者署名权的价值在于表明作品的智力来源，以确认作者与其作品之间存在创作关系这一客观事实。

知识产权是一个权利束，其中包括许多子权利。著作权、专利权、商标权是三大核心权利。以权利对象与智力的关系为标准分类，专利权、著作权同属智力成果权，商标权是商业标识权。商标在客观第一性设计阶段，可能投入了智力创作因素，诸如臆造商标。但是，法律第二性上，商标法保护的是商标的识别性，是商标符号之上承载的商誉。因此，未经许可，他人不得在相同或类似商品上使用相同或近似商标，以免消费者发生混淆、误认，从而使生产者（包括服务提供者）与其商品之间保持正常联系。商标侵权人“搭便车”，擅自使用他人的注册商标，销售自己的商品，切断商标权人与其商品之间的联系，结果是挤占了商标权人的市场份额，使商标权人受到经济损失。因此，商标法通过商标符号，维护商家与其商品之间的联系，保护商标权人的经济利益。所以，商标权是单一的财产权。

---

① 易健雄. 从“署名”到署名权：观念的遗弃与权利的困境［J］. 中国版权，2013（5）.

② 德利娅·利普希克书. 著作权与邻接权［M］. 联合国，译. 北京：中国对外翻译公司，2000：90.

③ 李琛. 知识产权片论［M］. 北京：中国方正出版社，2004：106-108；李琛. 著作权基本理论批判［M］. 北京：知识产权出版社，2013：172.

④ 有学者主张构建“精神权利二元保护理论”，即作品精神权利和作者精神权利。前者体现作者对作品的支配利益，在本质上属于财产权，包括：署名权、发表权、修改权、保护作品完整权、收回权；后者体现作者对作品的精神利益，是真正意义上的精神权利，包括：名誉权、隐私权、创作自由权。（杨延超. 作品精神权利论［M］. 北京：法律出版社，2007：13，14，165.）该观点大胆、新颖，但笔者持有异议。论者在自己构建的物质权利、财产权概念的基础上，所做的逻辑推理，值得商榷。

⑤ 杨信，余德峰. 作品署名权可转让之证成［J］. 江西社会科学，2013（12）.

与商标权不同，专利权、著作权保护对象在第一性上是智力成果，在第二性上也是作为智力成果来保护。只是专利权保护的是发明创造，著作权保护的是作品。由此，专利法、著作权法基于智力成果设计出了不同于商标法的权利构造。在专利法领域，分别设有发明人（包括设计人）权利与专利权人权利。在第一性上，发明创造是出自发明人的大脑。正是发明人的发明创造成果推动了科学技术发展。发明人对人类的物质文明进步做出了贡献。在第二性上，法律要确认这一客观事实，承认发明人的创造性劳动，保护发明人与其智力成果之间的联系。因此，发明人作为发明创造完成人的身份在世界上绝大多数国家的法律中均得到肯定①。《保护工业产权巴黎公约》第 4 条之 3 也规定："发明人有权要求在专利证书上记载自己是发明人"。我国《专利法》第 17 条规定："发明人或者设计人有权在专利文件中写明自己的发明人或者设计人"。即发明人、设计人享有署名权。同理，保护智力成果的著作权法，也应确认作者与其作品之间的智力来源关系，赋予作者署名权。作品是作者创造性脑力劳动的结晶。作者创作的大量优秀作品，丰富了人们的文化、艺术生活，推动了人类精神文明的发展。"在这种态势下，执行着社会职能的国家就需要对作者的贡献予以认可。"② 通过立法确认这一客观事实，尊重作者付出的智力劳动，维系作者与其作品之间的联系，赋予作者署名权，使作者得以表明其作者身份，也使社会公众了解作品出自谁。并且，与专利法保护的发明创造不同，著作权法保护的作品发生在文学、艺术、科学领域。独创性要求作者必须独立构思，从而使作品更具有作者的个性特征，打上了个人独特智慧的烙印。学术著作、论文、诗词、小说、音乐、绘画、戏剧等作品与发明创造相比，更多地表达了作者的思想、观点、认识、感受，抒发了作者的情感，体现了作者的人文价值。因此，著作权法也有更充足的理由保护作者的署名权。作者署名权的正当性在于基于创作事实，表明作品的智力来源。

2. 维护法律体系内署名规则的统一性

作品具有传承性。作者在借鉴已有成果的基础上，创作出作品。该作品又成为后人创作的参考文献。作品一旦创作完成，就成为社会文化的组成部分。因此，作品不单纯是作者所思所想的外在表达，同时也是社会的精神财富，推动了文学、艺术、科学事业的发展和繁荣。作品之上存在的上述私人属性和社会属性，使得与作者署名相关的规则中，既有私法规范，也有公法规范。但是，在我国现有法律体系内，私法规范内部以及私法与公法规范之间存在着法律冲突。著作权法允许非创作者署名，特别是第 17 条规定委托作品的当事人可以约定署名权的归属，使得"枪手代笔"成为合法，切断了真正的创作者与作品之间的智力来源关系。对创作者来讲，其真实身份不为社会公众所知，不能因其创作而获得应有的科研、创新、学术能力和才华素养的评价，其姓名之上的声誉（读者吸引力）也无法累加；对委托人来讲，则可以仅仅因为约定，或支付对价，或无偿，就能沽名钓誉，获得本不该属于他的学术评价和社会声誉。这违背了私法领域的帝王原则——诚实信用原则。我国《民法通则》将诚实信用原则规定为民法的一项基本原则，应当具有适用于包括著作权法在内的全部私法领域的效力。

此外，非创作者署名与规范学术诚信的公法规范也发生了直接冲突。由非创作者署名的挂名、代笔等学术不端行为违背了创作者与作品之间的智力成果纽带关系的公共利益属性，与学术道德规范背道而驰，扰乱了正常的社会评价体系，并且使学术评价机制及社会监督失去了客观基础，文学史、学术史、制度史、思想史等一切需要以创作者真实身份为基础资料的研究也将无法进行。《高等学校预防与处理学术不端行为办法》（中华人民共和国教育部令第 40 号）第 27 条规定了学术不端行为，其中与署名有关的是（一）（四）（六）项。《学位论文作假行为处理办法》（中华人民共和国教育部令第 34 号）第 3 条也将非创作者署名定性为学位论文作假行为。查处学术不端行为，维护学术诚信，虽然不是著作权法的直接目的，但是，在著作权法框架下，规定由创作作品的作者享有署名权，可以直接起到上述作用，并且能够使公众得知作品的真正作者，以探寻学说发展的轨迹、学者的思想发展历程、思潮诞生的前因后果，全面、准确把握文化发展过程中的各种思想观点、文学艺术的发展脉络。

作者与作品的关系不能隔断，它同时承载着作者的私人利益和文化发展的公共利益。因此，作者署名权的设置一方面是为了保护作者的私益，另一方面也是为了保护社会文化发展利益的需要。署名

① 刘春田. 知识产权法 [M]. 北京：中国人民大学出版社，2014：21；吴汉东. 知识产权法 [M]. 北京：法律出版社，2014：149.

② M. 雷炳德. 著作权法 [M]. 张恩民，译. 北京：法律出版社，2005：7.

相关规范之间的一致性，有利于避免因不同法律规定的规则不同而带来的制度障碍，破除人为的制度藩篱，消除在署名问题上的私法内部的冲突，理顺私法和公法之间的衔接。

（三）作者署名权与著作权人署名权的建构

在证成作者应享有专属的署名权后，应解决著作权人与署名权的关系问题。笔者认为，要解决该问题，应基于作品是智力成果的本质属性，在剖析版权体系、著作权体系现有解决方案的困惑之后，重构作品之上的权利配置模式。

1. 作品两大体系解决署名权方案的困惑

在客观事实上，一个作品的创作过程中，既需要智力的投入，也需要资金的投入。在法律层面上，如何进行价值判断，协调智力投入者（作者）与资金投入者（雇主、投资者）的关系，就成为一个难题。版权体系、著作权体系为解决该难题，都付出了努力，各自给出了解决方案，但都背离了自己的理念，造成体系内部的不和谐，理论预设与署名权规则发生冲突。

上述比较法考察显示，版权法体系将作品与一般商品同等对待，只保护作品之上的财产利益，版权就是财产权。但是，为了加入《伯尔尼公约》，符合公约对作者精神权利保护的最低要求，英国、美国均修改其版权法，加入了保护作者署名权的规定。由此，与其作品财产观发生了冲突，已经背离了作品即商品、创作即投资的理念。著作权法体系否认作品是纯粹的商品，而将作品与作者人格紧密相连，要保护作品之上的作者人格利益。但是，为了保护文化投资者的利益，消除作者人格权对作品市场运作的消极影响，不得不设置了一些特殊规则，诸如：构建法人作品，将法人拟制为作者；在职务作品中，将雇主视为作者；等等。以此将作品的利益分配给非创作者的投资者，由投资者享有包括署名权在内的全部著作权。可是，这样的权利配置规则已经违背了作品人格观的理论预设，切断了智力投入方创作者与其作品之间的联系。剥夺创作者的署名权，不仅使其失去了基于作品的全部精神利益，而且对其职业发展产生了实质性的消极影响。创作者无从证明自己的专业创作能力，从而使其更换工作非常困难[①]。此外，公众也无从了解作品出自谁，是谁的所思所想，是谁的智力创作成果。“视为作者原则”掩盖了实际的创作者。“拟制作者的‘延生’，标志着实际作者的‘死亡’。”[②]

我国现行著作权法在接受著作权体系理念的同时，也规定了法人作品，将组织体视为作者，由其享有全部著作权。此外，我国在作品之上设立的权利模式是著作权，著作权再分为著作人身权和著作财产权。著作权一般情况下属于作者，特殊作品则由作者和投资者分享。在这里，立法的思路是作者需按照法定规则转换成著作权人的身份后，才能享有著作权[③]，而不能直接以作者的身份享有署名权。但作品是作者智力成果的本质属性，意味着作者应该直接以其本来的身份享有署名权。因此，我国著作权法的权利配置模式应该在解构之后，重新设计。

2. 在作者权和著作权中分置署名权

在客观第一性上，作品是智力成果，是作者独特智慧的表达。基于对作品的这一事实判断结论，笔者既不赞同版权体系的作品财产观，也不赞同著作权法体系的作品人格观。而是主张吸收两大体系的合理内核，正视作品之上既有精神利益，也有财产利益。因此，既要保护智力投入一方创作者的利益，也要保护投资一方的利益。权利原始取得规则的设定必须对与作品有关的各方利益进行衡量，并使之达到平衡。要兼顾作品创作过程中各方参与者的利益和需求，不能一刀切地把作品之上的全部利益分配给任何一方，尤其不能切断作品与作者之间的智力来源关系[④]。

借鉴专利法框架下发明人权利与专利权分置模式的范本，以及商标法中保护商品生产者、服务提供者与其商品、服务之间的联系，维护市场竞争秩序的理念，笔者主张：在作品之上也设立两种权利，即作者权和著作权。作者权由创作作品的自然人作为创作者独享；著作权由作者与非作者的投资者按照一定规则分享。作者权设立的目的在于确认客观事实——作品出自谁，“表达”谁的所思所想——以保护创作者的精神利益，并肯定自然人对文学、艺术、科学事业发展所做出的贡献，使文化消费者能够正确得知作品的智力来源，维护文化市场的竞争秩序。著作权设立的目的在于分配作品在市场运作中的经济利益。因此，作者权是一种确认机制，著

---

① 李琛. 知识产权片论［M］. 北京：中国方正出版社，2004：86.

② 孙新强. 论作者权体系的崩溃与重建［J］. 清华法学，2014（2）.

③ 《著作权法》第9条、第11条。

④ 有学者主张：“保护创作者和激励创作只是支撑著作权制度正当性的符号性表达，著作权法的真正目的是保护作者中的投资者。”（熊琦. 著作权法中投资者视为作者的制度安排［J］. 法学，2010（9）.）笔者不赞同该观点。

作权是一种利益分配机制①。

在上述重构的作品权利体系模式下，作者权和著作权中均设置署名权。作者权中的署名权是表明创作者的身份，著作权中的署名权是表明著作权人的身份。以此来解决我国现行著作权法中仅有表明作者身份的署名权，没有表明著作权人身份的署名权所带来的困境。在我国现行法律框架下，在作品上署名的只能是作者，但是，当依据著作权归属规则，作者不能原始取得完整著作权，诸如职务作品、委托作品、视听作品等，作者与著作权人不再是同一主体，此时，公众就无从得知谁是著作权人。著作权人缺乏一个公示的路径，并由此给著作权转让、许可带来困难。虽然我国有作品登记制度②，但实行的是自愿登记原则，登记不具有强制性。如果在作品登记制度之外，再赋予著作权人署名权，由著作权人在作品上署名，其公示效果更直接、高效，能够减少公众的搜索成本。

综上，笔者建议将《著作权法（修订草案送审稿）》的相关条文修改如下：第13条第2款第2项为“署名权，即表明著作权人身份，在作品上署名的权利”。此外，删除第15条第3款法人作者的规定③，将第4款提升为第3款，并改为“作者享有表明创作者身份，在作品上署名的权利”。

结语

仔细研读我国著作权法有关署名权的规则，难免产生疑惑：署名权的主体究竟是作者还是著作权人？学者对此持有不同观点，从而产生著作权人权利说、作者权利说、多重彰示说。此外，司法层面也存在着同案异判的现象。我国立法、司法、学界关于署名权主体规则的混乱，使得比较法研究成为必要。但是，域外立法例的考察不仅没有消除疑惑，反而促使笔者思考一个问题：难道创作者与作品之间的联系可以被完全切断？为此，笔者着手从法理层面进行分析论证，重新审视作品、作者、署名权、著作权背后的价值理念、功能定位。继而主张以作品“智力成果观”为出发点，吸收两大体系的合理内核，借鉴专利法的权利分置模式，在作品之上设立两种权利——作者权和著作权。作者权由创作者独享；著作权由创作者与投资者按照一定规则分享。作者权设立的目的在于确认客观事实：作品出自谁，“表达”谁的所思所想。著作权设立的目的在于分配作品在市场运作中的经济利益。因此，作者权是一种确认机制，著作权是一种利益分配机制。在上述重构的作品权利体系模式下，作者权和著作权中均设置署名权。作者权中的署名权是表明创作者的身份，著作权中的署名权是表明著作权人的身份。

（本文原发表于《中国法学》2017年第2期，系南开大学亚洲研究中心资助课题“著作人身权及其归属规则研究”（项目批准号：AS1601）的阶段性研究成果。
作者单位：南开大学）

“用户创造内容”与作品转换性使用认定

熊　琦

一、问题的提出

所谓“用户创造内容” （user-generated content），主要指网络用户在线创作和传播作品的行为④。从网络用户自发编辑的维基百科和百度百科，到自行传播各类原创作品的各类网络视频直播和自媒体平台，“用户创造内容”在Web 2.0时代已成为常态化行为，“全民众创”借助互联网的普及得以实现⑤。与以往作品创作和传播行为所不同的是，“用户创造内容”在创作主体和创作方式上体现出对数字技术和网络环境的完全依赖，并对著作权法适用形成全面挑战。首先，从创作主体上看，“用户创造内容”中的用户乃是众多不以创作为职业的主体，这一方面意味着创作从少数职业作者的工作蜕变成

① 有学者主张：著作权是纯粹的财产权，著作人格权是民法人格权的一种。对著作人格权进行特别法保护，纯粹是出于技术上的需要，并不表示二者在性质上存在差异。（李琛．著作权基本理论批判［M］．北京：知识产权出版社，2013：183，171；李琛．知识产权片论［M］．北京：中国方正出版社，2004：68-70，94.）笔者认为：既然已经证成作品不是人格的反映，不是人之为人的人格要素。那么，作品之上的精神利益也就不能再纳入民法人格权范畴，而应在著作权法框架下设计对作者精神利益的保护。

② 《著作权法实施条例》第25条、《计算机软件保护条例》第21条。

③ 关于法人作品与职务作品的关系，有二元分立说和一元合并说之争。笔者赞同后者。

④ Daniel Gervais. The Tangled Web of UGC: Making Copyright Sense of User-Generated Content. 11 Vand. J. Ent. & Tech. L. 841 (2009), p. 842.

⑤ 世界经济合作与发展组织在2007年专门发布了关于“用户创造内容”的全球报告。Organization for Economic Co-operation and Development, Participative Web: User-Created Content (2006). 更有学者将其视为重塑在线传播行为的契机。Maria Montagnani. a New Interface Between Copyright Law and Technology: How User-Generated Content Will Shape the Future of Online Distribution. 26 Cardozo Arts & Ent. 719 (2009).

为一项全民参与的日常活动，另一方面说明多数网络用户并无从中获取经济收益的动机①。然而著作权法三百余年以来的调整对象，基本集中于社会上少数职业化的创作者与传播者，最终用户长期作为著作权法的例外而不受著作权法规制②。即使在网络用户大量利用P2P软件交互传播作品的20世纪末，著作权法也只是引入共同侵权或间接侵权来追责网络服务提供者，规制重点仍然是职业传播者。“用户创造内容”引发的众创现象，使得历史上一直规制少数人的著作权法在规制大众行为时失灵。其次，从创作行为上看，“用户创造内容”更多是对既有数字化作品进行添加、删除或改编的“重混”(remix)式创作，存在大量对已有作品的使用问题③。然而无论是著作权法的权利类型还是许可机制设定，都缺乏对这种现象进行合法性上的界定。既有著作权类型更多侧重于直接使用作品的行为，适用最频繁的复制权、发行权和信息网络传播权，许可机制中都没有涉及作品内容的改变。改编权作为少数规制作品内容变动的权利类型代表，在适用中使用者不但需要就改编行为获得原作品著作权人许可，而且对改编后作品的各类使用也皆须获得授权，新作品几乎无法独立使用。而对于常态化的网络“众创”来说，动辄需要事前许可的规则设定，使得普通网络用户的在既有作品基础上的创作行为无法在合理交易成本范围内实现。

“用户创造内容”的合法性界定，旨在理清新作品与原作品的著作权法律关系。由于改编行为与合理使用皆包含对原作品的“转换”(transform)，其中何种情况属于改编行为而应纳入改编权调整范畴，何种情况又属于无须取得事前许可的合理使用，必须有明确的判定标准④。2006年网络视频《一个馒头引发的血案》首次使“用户创造内容”的合法性问题成为讨论焦点，但由于未进入司法程序而成为“悬案”，当时昙花一现的学理讨论也未能在司法上得到印证⑤。十年过后，随着中国网络用户数量的迅猛增长，“用户创造内容”的合法性判定标准却仍然缺位，导致我国法院对该行为的认定完全凭借法官的自由裁量，同案不同判的情况大量存在，无法归责的问题始终突出⑥。音乐作品《南山南》被重新填词后以各种版本在网络上广泛传播，新歌词甚至被各高校官方微博转载；美术作品“翻船体”漫画被众多网络用户进行再创作后，只能依靠原作者通过微博公开许可来实现合法化⑦。虽然发达国家“用户创造内容”现象更甚于我国，但无论是司法实践还是学理解说都无力正面回应。“用户创造内容”因此被称为著作权法无法调整的“灰色地带”(gray areas)，只能以非正式的私人规则应对⑧。自2007年开始，微软和暴雪公司已先后声明用户可在有限范围内不经许可利用其游戏视频片段进行演绎创作⑨。还有学者直接将此视为“容忍性使用”(tolerated use)，主张著作权人在经济利益不会受损的情况下应放弃追诉这些侵权行为⑩。但无论是私立规则还是容忍使用，仍然都是因法律失灵带来的无奈之举。

“用户创造内容”合法性标准缺位，使得著作权

① 学界一般认为“用户创造内容”中的网络用户乃“业余创作者”(amateurs)，但此处的“业余”并非意指创作水平低或不专业，而是指创作者并非以创作行为的收益作为主要收入来源。Andrew Keen. The Cult of the Amateur: How Today's Internet Is Killing Our Culture. Doubleday (2007), p. 54.

② Maria Montagnani. A New Interface Between Copyright Law and Technology: How User-Generated Content Will Shape the Future of Online Distribution. 26 Cardozo Arts & Ent. L. J. 719 (2009), p. 769.

③ “重混”现象首先出现在20世纪60年代的音乐领域，特指对既有音乐通过改变配器或其他音响效果的再创作，因此长期被译为“混音”。随着互联网的普及，这种行为逐步扩大到了视频、图像和文字等领域。重混之“重”即代表着其中存在对原作品的再利用。Lawrance Lessig. Remix: Making Art and Commerce Thrive in the Hybrid Economy [M]. New York: The Penguin Press, 2008.

④ 我国《著作权法》(2010)第10条第2款使用了“改变”来描述改编权，第22条关于合理使用的规定虽然没有直接明确对原作品进行转换性使用，但其中第2、3款关于介绍、评论、说明和新闻报道中使用他人作品的情形，已被我国法院认定可视为对原作品的转换性使用。参见上海美术电影制片厂诉新影年代文化传播有限公司案，(2015)沪知民终字第730号。

⑤ 此事件是指网络用户利用电影《无极》的片段进行数字加工和拼贴，最终合成了一部十余分钟名为《一个馒头引发的血案》的网络视频，由此引发了著作权乃至表达自由问题的讨论。季卫东. 网络化社会的戏仿与公平竞争 [J]. 中国法学，2006 (3).

⑥ 例如针对网络用户在大众点评网留言的可版权性问题，法院就有不同的认定方式。有法院认为留言因具备独创性构成作品，网络服务提供者对所有留言享有汇编作品的保护；也有法院认为留言的可版权性需要细分情况进行个案考察，抄袭点评的行为需以反不正当竞争法规制。参见大众点评诉百度案，(2015)浦民三(知)初字528号。

⑦ 邹韧. 微信原创内容被擅自转载，作者维权有难度 [N]. 中国新闻出版广电报，2016-05-12.

⑧ Edward Lee. Warming Up to User-Generated Content. 2008 U. Illi. L. Rev. 1459 (2008), p. 1476.

⑨ Christina J. Hayes. Changing the Rules of the Game: How Video Game Publishers Are Embracing User-Generated Derivative Works. 21 Harv. J. L. & Tech. 567 (2008), p. 569.

⑩ Tim Wu. Tolerated Use. 31 Colum. J. L. & Arts 617 (2008), p. 619.

法无法确定其法律属性，网络用户亦无法预期其创作行为的法律效果。而解决该难题的关键，在于类型化“用户创造内容”中的转换行为，将其分别纳入权利和例外范畴，一方面为网络用户的自由创作和传播提供合法空间，另一方面为著作权人追诉侵权行为提供认定渠道。上述类型化的实现，需要从三个方面着手：第一，重新界定著作权法中激励创作与产权保护之间的价值关联，回应著作权法关于如何应对如今无需经济激励的创作行为的问题，为常态化的转换行为建立价值前提；第二，探寻转换行为进入我国合理使用条款的解释路径，在法解释学上构建“用户创造内容”的合法性范畴，解决我国合理使用条款列举式立法带来的著作权例外类型化不足问题；第三，区分转换行为在作为改编权与合理使用构成要件上的差异，明确界定归属与改编权的转换性使用与合理使用，将鼓励自由创作的“用户创造内容”限定在不影响原作品潜在市场的范围内，避免影响建立在经济激励基础上的产业化创作行为。

二、著作权法如何介入“用户创造内容”

著作权法在“用户创造内容”上的困境，并非调整规则缺位，而是调整方式失灵。作为用户利用网络分享“重混”作品的行为，“用户创造内容”本身并未改变任何既有著作权法律关系的要素，因此亦不存在既有法律难以涵盖新法律关系的情况。制度失灵的情形之所以仍然客观存在，主要原因在于“用户创造内容”不但极度放大了作品使用的范围和频率，更改变了作品使用过程中的同一性预设，使得借鉴于不动产法的著作权制度无法将数字作品的保护与许可控制在合理交易成本内①。数字技术的普及，让任何网络用户皆可借助对已有数字作品的“重混”进行创作，与前网络时代以职业作者身份存在的创作者相比，网络用户不但数量庞大，传播行为不受载体限制，而且其作品内容和形式在传播过程中被不断改变。例如每个用户对“维基百科”内容的编辑，都涉及原作品的修改，致使每个词条的作者一直处于不断变化的状态中；网络用户制作的视频中，也大量存在对他人作品内容的使用。然而，鉴于印刷时代作品与载体难以分离，著作权制度设计完全基于规制数量有限且范围集中的权利人与使用者，权利许可机制亦完全以不改变作品同一性为前提，少数如改编权等涉及作品演绎行为的权利，要求改编行为本身和改编后作品的使用皆需要原作品著作权人许可。所以虽然权利人与使用者之间的著作权法律关系并未发生变化，但面对海量“非职业创作者”的参与和传播过程中作品同一性的丧失，著作权法围绕职业创作者和商业使用者设定的许可机制，显然无法满足“用户创造内容”对传播效率的追求，网络用户一方面在使用作品时承受侵权风险，另一方面又无法以合理成本获得授权，著作权法需要重新寻找介入“用户创造内容”的方式。一直以来，私人领域的使用行为多属于著作权法的例外，其原因一方面是私人使用并未影响著作权人的经济收益，另一方面规制私人使用在成本和技术上无法实现。互联网的普及颠覆了私人使用无法影响著作权人经济利益的预设，却尚未解决规制私人使用的成本问题，所以在法律上归类“用户创造内容”，需要重新界定创作行为与经济利益的关系，以及许可效率与传播效率的取舍。

“用户创造内容”现象出现至今，可以发现其所涉司法诉讼并不频繁，不但著作权人更多采取一种宽容的态度，法律上的定性亦不明晰。相比之下，之前同样具备作品分享功能的“点对点传播”(P2P) 则在一开始即遭遇权利人的强烈反对和司法上的明确否定②。之所以存在上述差别，在于“重混”行为并非对原作品的直接传播或简单加工，而是以某种方式在其中加入了自己的表达，因此与著作权法鼓励作品创作与传播的立法目标具有一致性。对待这种网络用户基于已有作品的再创作的定性不明晰，使得著作权法的价值基础遭遇质疑。长久以来，对著作权法激励作品创作与传播方式的经典解读，乃是赋予创作者或投资者排他性权利，以保障经济收益换取公众对作品的获取③。随着互联网对创作门槛的降低，公众自身不但成为创作主体，且其中多数不再以经济收益为创作和传播动机，而是以实现自由表达或宣传效应为目标，经济激励对于“用户创造内容”而言不再起决定作用，围绕传统价

① 著作权法学者一般都认为不动产法是著作权和知识产权制度设计的借鉴对象。Julie E. Cohen. Copyright as Property in the Post-Industrial Economy：A Research Agenda. 2011 Wis. L. Rev. 141 (2011)，p. 151.

② “点对点传播”始于 20 世纪 90 年代末网络信息传播从主从式架构向点对点架构转型，网络用户利用 P2P 分享软件在彼此间分享作品，成为各国著作权法引入间接侵权和共同侵权规则的主要原因，网络服务提供者在其中的责任承担问题至今仍在争论中。Peter K. Yu. P2P and the Future of Private Copying. 76 U. Colo. L. Rev. 653 (2005).

③ 不同历史时期关于经济激励与作品创作之间关系的代表性描述，可参见 Mazer v. Stein，347 U. S. 201 (1954)，p. 219；Twentieth Century Music Corp. v. Aiken，422 U. S. 151 (1975)，p. 156；Eldred v. Ashcroft，537 U. S. 186 (2003)，p. 212。

值目标构建的制度体系则被认为当然失灵[①]。在此基础上，呼唤放松规制“用户创造内容”的声音不绝于耳，著作权法被认为应该围绕数字时代重构其价值基础，使普通网络用户皆能在“重混”文化的氛围中得以便易地使用作品[②]。在规则调整方式上，则意图扩大著作权例外的范围，将包括“用户创造内容”在内的网络非营利性使用皆纳入其中[③]。

上述通过扩大著作权例外来适应“用户创造内容”的提议，并非旨在针对无需经济激励的创作行为构建价值基础，而是基于将传播效率置于许可效率之上的价值安排。传统著作权法秉承许可效率优先的价值理念，无论是权利体系抑或许可机制，皆致力于实现作品经济收益的最大化，商业性使用和改编都需要建立在权利人同意的基础上，作品传播范围的任何扩张都意味着许可机制的同步介入。对于经济激励不再重要的“用户创造内容”行为，网络用户的意图更多是数字化作品能够被无障碍使用，且新作品能够以最大范围传播，这就需要法定权利体系和许可机制给作品传播带来的制度成本越低越好。如今各界对著作权法的苛责，目的就是促使其完成从侧重许可效率向侧重传播效率的转型[④]。然而，这种以传播效率优先为核心的立法价值，不但低估了著作权法私权设定对创作行为的关键作用，而且忽略了作品创作模式之间的显著差异。

倡导传播效率至上的根本误区，在于片面地认为所有作品创作都能够享受网络技术带来的便利。从已有“用户创造内容”的社会绩效来看，网络用户一方面基本凭借兴趣而非社会需求进行创作，无法及时回应著作权市场的真实需求；另一方面将多数创作行为建立在对他人作品的添附（add-ons）上，无法独立完成如今建立在复杂分工基础上的创作行为[⑤]。从迄今为止“重混”作品创作和传播规律可以发现，看似繁荣的“用户创造内容”虽然出现频率很高，但基本局限于网络社区内的传播和分享，以“网络社区公约”的方式存在于黑客集中的计算机软件测试平台和爱好者集中的同人作品交流平台范围内[⑥]。传统依靠产业模式实现的作品创作和传播，完全建立在“职业化创作”（creative professionals）的基础上，即创作者和投资者须以作品收益作为主要收入来源[⑦]。这一预设具有以下两个为我们所忽略的意义。首先，“职业化创作”完全以回应市场需求为目标，使公众对作品的需求得以及时满足。以产业化模式创作和传播作品，完全根据市场供求关系来决定，因为这是实现经济收益最大化的前提。相比之下，“用户创造内容”无关经济激励和收益，网络用户更多根据自身兴趣或需求来决定创作内容和方向，虽然可以不依赖著作权法提供的经济激励，但公众的需求亦无法得到有效回应。其次，产业化模式所业已形成的分工，使作品的质量与创作的持续性得以保证。产业化创作的优势，在于能够基于稳定的经济收益构建完整的创作产业链。以电影作品和计算机软件为代表的多媒体作品，如今需要大规模的创作团队通过严密分工合作才能完成，不但前期创作过程需要长时间的投资保障和试错过程，而且后期唯有依赖严格的著作权保护才能收回成本和实现收益，这也是“用户创造内容”所始终无法具备的优势。有学者将“用户创造内容”产生的作品描述为“业余”，在某种程度上也是认为其无法通过复杂分工完成创作[⑧]。

可以认为，著作权法在回应供求关系和构建创作分工上的优势，虽然不是直接激励创作的因素，却是繁荣创作不可或缺的必要条件，因此意味着著作权法介入“用户创造内容”的方式和程度，仍需建立在传统许可效率优先的价值基础上，不应以损害原作品著作权人的预期利益为代价。既然乃属于著作权例外，介入“用户创造内容”的重点就不是

① Rebecca Tushnet. Economies of Desire: Fair Use and Marketplace Assumptions. 51 Wm. & Mary L. Rev. 513 (2010), pp. 522-527。更有甚者，甚至直接认为经济激励乃著作权法价值基础的伪命题。(Julie E. Cohen. Creativity and Culture in Copyright Theory. 40 U. C. Davis L. Rev. 1151 (2007), pp. 1177-1192.)

② Henry Jenkins, et al. Confronting the Challenges of Participatory Culture: Media Education for the 21st Century [M]. Boston: The MIT Press, 2009: 10.

③ Edward Lee. Copyright-Exempt Nonprofits: A Simple Proposal to Spur Innovation. 45 Ariz. St. L. J. 1433 (2013), p. 1453.

④ David Fagundes and Jonathan S. Masur. Costly Intellectual Property. 65 Vand. L. Rev. 677 (2010), pp. 705-708.

⑤ Robert P. Merges. Locke for the Masses: Property Rights and the Products of Collective Creativity. 36 Hofstra L. Rev. 1179 (2008), p. 1180.

⑥ 支持放松规制“用户创造内容”的学者在论证其观点的过程中，相关论据即主要来源于此。Rebecca Tushnet. I Put You There: User-Generated Content and Anticircumvention. 12 Vand. J. Ent. & Tech. L. 889 (2010), pp. 896-897.

⑦ Robert P. Merges. The Concept of Property in the Digital Era. 45 Hous. L. Rev. 1239 (2008), p. 1250.

⑧ Steven Hetcher. User-Generated Content and the Future of Copyright: Part One-Investiture of Ownership. 10 Vanderbilt J. Entertainment & Tech. L. 863 (2008), p. 864.

对创作者的保护，而是处理原作品与新作品之间的法律关系，在原作品使用方式和目的上为“用户创造内容”提供合理的实现空间，以调和传播效率与许可效率为目标来重新解释上述权利例外。因此，界定“用户创造内容”的合法性范畴，关键在于认定网络用户在创作时能够在何种程度上使用原作品。本来“为个人学习、研究或者欣赏，使用他人已经发表的作品”已被明确列入合理使用而无须取得权利人的许可，但“用户创造内容”的特殊性，在于网络用户同时是创作者和传播者，这必然使对原作品的使用超出上述范围，进而在合法性上遭遇质疑。对于同时构成改变同一性和向公众传播的行为，事实上我国法院在司法审判中已通过将转换性使用作为合理使用的方式加以解释，认为“转换性使用属于我国著作权法合理使用规定的为了说明某一问题的情形”①，转换性使用由于与原作品的使用目的不同，因此不会不合理地损害原告的合法利益②。借助转换性使用解释“用户创造内容”，有助于解决作品同一性变更带来的新问题，也是著作权介入“用户创造内容”的正确方式。

三、“用户创造内容”中的转换性使用解释路径

所谓转换性使用，意指以增加原作品某方面价值的方式使用原作品的行为③，原本出自美国法官造法，其创制目的是为了解决同为法官造法的合理使用条款在判定要件上过于模糊的问题，在经过长期适用后已经成为美国合理使用案件的主要考量标准④。美国联邦最高法院曾在判决中指出，如果二次使用行为基于或利用原作品增加了新表达、新意义或新功能，那么应视为通过转换原作品使用目的或方式的合理使用⑤。虽然我国司法审判中已有运用转换性使用的先例，但其在我国法律适用上仍无明确的立法渊源或司法解释。我国作为成文法系国家，在立法和司法解释皆无先例的情况下，法院在著作权案件中直接引入转换性使用这一概念来认定合理使用，显然有脱离本土法源进行法官造法的嫌疑⑥。法院在案件判决的表述中既没有明确定义何谓转换性使用，也未能说明转换性使用所应具备的构成要件，仅简略地提出使用行为使原作品的“艺术价值发生转换”，然后将其归属于我国著作权法中“为说明某一问题”的合理使用类型⑦，甚至直接认定构成对原告作品的转换性使用行为不会不合理地损害原告的合法利益⑧。在概念内涵和适用外延皆无法源基础的前提下，上述判决直接认定转换性使用“不会不合理地损害原告的合法利益”显然缺乏说服力，加上“使用目的、使用比例和市场影响”等来自美国版权法的判定要件被直接适用，更不符合我国以“三步检验法”为基础的合理使用判定标准⑨。

我国著作权合理使用采取了穷尽式的列举模式，所以《著作权实施条例》中已存在的“不得影响正常使用”和“不得不合理损害著作权人合法利益”两个判定要件，也只能局限于解释著作权法中已列举的合理使用类型⑩。从列举内容看，法定合理使用类型主要针对直接使用作品，例如对作品的“学

---

① 上海美术电影制片厂诉新影年代文化传播有限公司案，(2015) 沪知民终字第 730 号。

② 王莘诉谷翔信息技术有限公司案，(2011) 一中民初字第 1321 号。

③ Pierre N. Leval. Toward a Fair Use Standard. 103 Harv. L. Rev. 1105 (1990), p. 1111.

④ Benjamin Moskowitz. Toward a Fair Use Standard Turns 25: How Salinger and Scientology Affected Transformative Use Today, 25 Fordham Intell. Prop. Media & Ent. L. J. 1057 (2015), p. 1058.

⑤ Campbell v. Acuff-Rose Music, Inc., 510 U. S. 569 (1994), p. 579. 但联邦最高法院并非转换性使用的“原创者”，而是借用自 Leval 法官 1990 年在哈佛法学评论上发表的合理使用论文，该文主旨为批判索尼案终审判决对合理使用行为创造性要求的忽略。Pierre N. Leval. Toward a Fair Use Standard. 103 Harv. L. Rev. 1105 (1990).

⑥ 适用“转换性使用”的代表性判例可参见杨洛书诉中国画报出版社案，(2007) 鲁民三终字第 94 号；王莘诉谷翔信息技术有限公司案，(2011) 一中民初字第 1321 号；上海美术电影制片厂诉新影年代文化传播有限公司案，(2015) 沪知民终字第 730 号。最后者上海知识产权法院在判决书中将转换性使用视为给原作品增加了“新的价值、意义和功能”，基本照搬了美国联邦最高法院在坎贝尔案终审判决中的表述。Campbell v. Acuff-Rose Music, Inc., 510 U. S. 569 (1994), p. 579.

⑦ 上海美术电影制片厂诉新影年代文化传播有限公司案，(2015) 沪知民终字第 730 号。

⑧ 王莘诉谷翔信息技术有限公司案，(2011) 一中民初字第 1321 号。

⑨ 法院之所以直接适用美国版权法中的合理使用判定标准，原因在于最高人民法院曾明确表明，“在促进技术创新和商业发展确有必要的特殊情形下，考虑作品使用行为的性质和目的、被使用作品的性质、被使用部分的数量和质量、使用对作品潜在市场或价值的影响等因素，如果该使用行为既不与作品的正常使用相冲突，也不至于不合理地损害作者的正当利益，可以认定为合理使用”，其中的判定标准即完全照搬美国版权法合理使用条款。参见《最高人民法院关于充分发挥知识产权审判职能作用推动社会主义文化大发展大繁荣和促进经济自主协调发展若干问题的意见》，法发 [2011] 18 号。

⑩ 《著作权法》(2010) 第 22 条列举了十二项合理使用的类型，但其中并未如著作权权利类型那样规定一个兜底性条款，因此属于穷尽式列举，在利用《著作权法实施条例》(2013) 第 21 条时，也只能局限于解释前述十二项类型。在 2012 年的著作权法第三次修订草案（送审稿）中，合理使用并未改变列举式的立法模式，仅从穷尽列举改为非穷尽列举，在条款的最后增加了“其他情形”这一兜底条款。

习，研究，复制，适当引用和再现"等情形。涉及改变原作品内容的，仅是有限条件下的翻译和表演，允许在再传播中使用作品的，也只限于时事性文章等特定客体。因此，如果严格依照文义解释，事实上很难从合理使用中抽象出转换性使用来适用于"用户创造内容"。鉴于上述立法局限，我国法院对转换性使用的解释，也只能借用《著作权法》（2010）第 22 条第 2 款"为介绍、评论某一作品或者说明某一问题，在作品中适当引用他人已经发表的作品"，事实上是希望用"介绍、评论和说明"来囊括改变作品同一性的使用行为，以弥补我国合理使用类型过分拘泥于直接利用作品的不足。然而，我国虽通过判例扩大解释合理使用条款的第二款来实现转换性使用的合法化，却仅散见于少数判决中，既未上升到立法或司法解释的层面形成共识，也未在长期适用中提炼出明确的判定要件，导致类似案件能否适用上述规则成疑。因此，论证转换性使用能否解释如今常态化的"用户创造内容"，需要结合现行立法从既有判例中抽象出转换性使用的适用要件，同时梳理借鉴美国转换性使用的判例法经验，从中寻求未来我国司法适用和立法完善的线索[①]。

从制度来源上看，转换性使用作为涵盖改变作品内容的合理使用类型，在美国被视为颠覆合理使用判定标准的判例法贡献，如今已被广泛适用于判定几乎所有类型的合理使用行为[②]。既然著作权法以鼓励作品创作与传播为目标，且任何创作行为不可能完全独立于对已有作品的借鉴，那么转换性使用作为激励"二次创作"的合法性基础就应该得到认可[③]。转换性使用的特点，在于重新解释了作品使用的目的和方式，将合理使用的适用条件建立在使用者二次使用行为的转换性上。所谓转换性，是指使用者在对原作品使用的过程中所体现出的新表达、新意义或新功能[④]。自 1994 年美国联邦最高法院在坎贝尔案中确立转换性使用的地位后，关于何谓转换性的判例法解释一直呈扩大趋势，其从最初狭义地被用来解释戏仿行为[⑤]，到如今广义地被认为任何"能足以被视为转换原作品的元素"[⑥]，不但越来越多涉及合理使用的案件开始以使用行为是否具备转换性作为判定标准，而且对立法中缺少抽象判定要件的我国司法审判都产生了深刻影响。根据至今已有的代表性判决，转换性使用的要件可以归纳为两个方面：第一为内容转换，即改变原作品的表达内容或方式，或实现对原作品的批判或评论，或借助原作品内容构造新的表达。第二为目的转换，即在不改变原作品同一性的情况下，以区别于原使用目的的方式利用作品。这意味着对"转换性"的判断标准从新作品扩大到了新目的，只要对原作品的使用目的不同，那么即使是不以创作新作品为目的而直接大规模复制原作品，也可能被视为合理使用[⑦]。换言之，转换性使用的解释规则，将"使用目的和方式"上的差异视为使用行为被归于著作权例外的重要依据。对于"用户创造内容"而言，转换性使用可以作为网络环境下"重混"式创作的合法性判定标准，从中区分出符合合理使用标准的"用户创造内容"类型。

首先，转换性使用不再拘泥于要求对原作品的部分使用和适量使用，而是允许以目的转换为前提直接甚至完全使用原作品，符合"用户创造内容"中大规模使用作品的创作习惯。大量网络用户的创作行为，都是借助数字技术的便利对已有作品表达的提取和重新整合，显然超出了传统合理使用制度所要求的"适当引用"或"少量复制"[⑧]。转换性使用的引入，将合理使用的适用要件以使用目的和方式为核心加以重新解释，只要二次使用行为的目的与原使用目的相比，能够挖掘出原作品新价值或新内涵，即使大规模使用原作品且没有任何改动，也属于合理使用。美国曾有法院将通过数字拼贴在他人摄影作品上增加简单装饰内容的行为认定为合理

① 我国法院在一些案例中并未严格根据我国合理使用的认定标准来裁判，而是借助美国合理使用的"四要件"来判案，即以"使用的方式和目的，作品性质，作品被使用的总量和显著性，以及对潜在市场造成的影响"作为合理适用判定要件。例如北京海淀区法院曾在判决书中即通过"使用行为目的正当，未超过合理范围，未给原告造成不利后果"来认定合理使用；上海知识产权法院也明确在判决书中将"引用他人作品目的，被引用作品占整个作品的比例，是否会对原作品的正常使用或市场销售造成不良影响等因素"作为合理使用的判定标准。两个案例分别参见吴锐诉北京世纪读秀技术有限公司案，（2007）海民初字第 8079 号；上海美术电影制片厂诉新影年代文化传播有限公司案，（2015）沪知民终字第 730 号。

② Pamela Samuelson. Possible Future of Fair Use. 90 Wash. L. Rev. 815 (2015), p. 817.

③ Pierre N. Leval. Toward a Fair Use Standard. 103 Harv. L. Rev. 1105 (1990), pp. 1109-1110.

④ Campbell v. Acuff-Rose Music, Inc., 510 U. S. 569 (1994), p. 579.

⑤ Dr. Seuss Enters., L. P. v. Penguin Books USA, Inc., 109 F. 3d 1394 (9th Cir. 1997), p. 1399.

⑥ Cariou v. Prince, 714 F. 3d 694 (2d Cir. 2013), p. 705.

⑦ Bill Graham Archives v. Dorling Kindersley Ltd., 448 F. 3d 605 (2d Cir. 2006), p. 609.

⑧ 《著作权法》（2010）第 22 条第 2、6 款。

使用，其采取的就是以使用目的为核心的认定标准①。上述合理使用考量标准的转变，使得建立在利用他人作品基础上的创作行为不会统归于侵权行为范畴。网络用户只要在作品内容上增加了新的独创性表达，甚至在表达方式上体现了不同于原作品表达的独创性，都可以适用合理使用，保证网络用户得以自由利用已有作品，在发挥“用户创造内容”的众创规模优势的同时避免了不可承受的许可成本。

其次，转换性使用不再以“非商业性”作为使用行为的合法前提，而是认可使用者对满足合理使用要件的作品进行商业性传播，使“用户创造内容”所生成的内容得以利用互联网传播优势为公众所获取。一直以来，合理使用的认定需要以“非商业性”使用为前提。我国著作权合理使用中“个人学习研究、媒体新闻报道、免费表演和版本保存”等条件限定，都旨在禁止使用者通过未经许可的使用行为获得经济利益。美国法院也曾通过著名的索尼案强调，如果使用行为的目的和性质为商业性使用，那么该行为应被视为对原作品权利人的市场造成损害而不得适用合理使用条款②。这一对合理使用的解释预设，还导致随后坎贝尔案的一审法院根据被告二次使用涉及音乐作品发行而认定其不属于合理使用③。转换性使用的最终确立，破除了非商业性使用即合理使用的解释关联，转而从更为有利于激励创作和传播的使用目的转换上认定使用行为的合法性。在此基础上，“商业性使用”不再被当然地认为损害了原作品权利人的潜在市场，完全使用也不再被直接认定为超出了适当范围。对于“用户创造内容”而言，转换性使用提供的解释规则，能让互联网激发的创造力在不增加交易成本的情况下惠及公众。

转换性使用的上述适用优势，使得“用户创造内容”行为的合法性得以通过合理使用认定，作为著作权例外，既因无需事前许可协商而避免了“全民众创”面临的交易成本困境，也因摆脱商业/非商业性判定标准而释放了“用户创造内容”的传播效率。虽然转换性使用规则的出现早于互联网的普及，但其设立时所针对的问题，在本质上完全等同于“用户创造内容”所引发的现象，两者皆以添加、删除或改编的方式二次使用原作品为特征，因此以转换性使用解释“用户创造内容”，完全不会因传播技术的差异而出现隔阂。根据转换性使用的适用要件，除去完全独创和完全复制这两种明显合法和非法的情形外，“用户创造内容”的如下类型可以被认定为转换性使用而具备合法性：

第一为改编型“用户创造内容”，即网络用户以改变作品内容的方式使用原作品，使其通过与新加入的内容相结合成为新的表达，达到了对使用目的和方式的转换。以合理使用认定这种创作方式的结果，与著作权法鼓励创作的立法目标一致，也是当时法官引入转换性使用的真实意图。在坎贝尔案中，被告对原音乐作品的使用，就是通过对编曲风格和歌词内容的调整，借此传达出了新的意义④。虽然当时并无任何互联网技术的参与，但该行为的本质与如今多数“用户创造内容”并无差别。随后，转换内容的使用行为不再局限于对作品表达的改动，而是将原作品片段纳入新作品表达的使用行为涵盖其中，且弱化了对原作品使用质量和比例的考量要求。特别是在拼贴式创作领域，数字技术的发达，使得网络用户将他人作品截取片段后加以替换或重构的行为大量存在，其中许多被视为转换性使用。

第二为融合型“用户创造内容”，即网络用户虽然未改变原作品的内容，但通过将原作品纳入到新作品的表达中，由此改变原作品的使用目的和方式，实现了对原作品的创造性使用。这种使用方式虽然整体利用了原作品，但由于其在使用目的上区别于原作品，因而不影响原作品的经济利益，亦有利于网络用户以数字技术实现“重混”式创作。在我国首个引入转换性使用的判决中，动画片《黑猫警长》中的标志性人物形象黑猫警长作为独立的美术作品被纳入涉案电影海报，即属于此类拼贴行为⑤。法院在判决中认定，“对原作品的整体引用如果属于说明某一问题，则该使用行为不具备侵权意图”，并将此作为作品转换性使用存在的法源基础⑥。与十年前的判决相比，司法上已明显对“用户创造内容”

① Cariou v. Prince, 714 F. 3d 694 (2d Cir. 2013).

② Sony of America v. Universal City Studios, Inc., 464 U.S. 417 (1984), p. 451.

③ Acuff-Rose Music, Inc. v. Campbell, 972 F. 2d 1429, 1436 (6th Cir. 1992), pp. 1436-1437. 判决书在陈述理由时，就直接引用了索尼案判决中认定合理使用行为应具备“非商业性”的结论。

④ Campbell v. Acuff-Rose Music, Inc., 510 U.S. 569 (1994).

⑤ 上海美术电影制片厂诉新影年代文化传播有限公司案，(2015) 沪知民终字第730号。

⑥ 同⑤.

的行为采取更为宽容的认定方式[①]。但从法源上看，法院仅以“介绍、评论和说明问题”来解释转换性使用，难免会因该条文表述过于具体化而显得偏隘，多数“用户创造内容”的目的严格来讲并非为了说明问题，而是网络用户自由表达的需要，只是该表达方式乃是建立在对既有作品加以拼贴和再创作的基础上。因此，需要广义地解释“介绍、评论和说明问题”，将利用既有作品表达新内容纳入其中，同时辅以《著作权法实施条例》(2013)第21条“不得影响该作品的正常使用”和“不得不合理地损害著作权人的合法利益”两个要件，将其作为转换性使用的判定要件，要求“介绍、评论和说明问题”必须达到对原作品使用目的和方式的转换。

四、“用户创造内容”中的转换性使用范围限定

以转换性使用解释“用户创造内容”，能够在发挥网络用户众创优势的同时，借助合理使用无须经过权利人许可的优势避免交易成本的累积而引起的价值耗散。然而在著作财产权体系中，同样存在改编权这样涉及改变作品内容的排他性权利。转换性使用与法定著作财产权边界的确定，直接关系到“职业化创作”领域的经济激励效果。在许可效率仍需优先于传播效率的前提下，认可“用户创造内容”作为转换性使用的同时，还要清晰界定其合法性限度，方能避免影响不可替代的产业化著作权市场。

“用户创造内容”通过“重混”方式所利用的，多数还是来自产业化创作模式下完成的作品。例如网络用户对维基百科词条的编纂，并非源于作者本人的独立创作，而是更多摘录自他人发表的作品；视频网站上被分享传播的电影作品或录像制品，很多也来自对已有电影作品或录像制品内容的拼贴。转换性使用对上述使用行为的合法性认定，必然会对著作权人自行创作或制作上述内容产生影响，实践中也引起了过分偏向使用者的忧虑。事实上很早即有学者提出，转换性使用在成为合理使用类型后，将对法定著作财产权范畴中改编权范畴造成直接的影响[②]。特别当网络服务提供者对作品的整本复制和大规模复制被法院视为转换性使用后，转换性使用与著作财产权的冲突这一问题更成为热点[③]。还有学者从法律解释的视角提出，转换性使用对合理使用制度的影响，表现在其使得合理使用的判定要件只剩下“使用目的和方式”一项，其他关于作品性质、使用比例和潜在市场影响等要件在案件审理过程中几乎被完全忽视[④]。在立法上，转换性使用也被认为破坏了法定权利与例外之间的平衡，著作权法对合理使用的原初设计因法官造法而偏离[⑤]。

基于本土著作权法体系，解决上述问题的可行方法在于利用我国《著作权法实施条例》(2013)第21条提供的两个一般判定标准来制衡转换性使用对合理使用范围的扩大。从我国著作权合理使用制度体系出发，对法定列举适用范围的限定来源于《著作权法实施条例》(2013)第21条“不得影响该作品的正常使用”和“不得不合理地损害著作权人的合法利益”两项一般判定要件。《著作权法》列举的十二项法定例外加上《著作权法实施条例》(以下简称《条例》)相关内容，事实上共同构成了源自《伯尔尼公约》的“三步检验法”标准，即“在特定且特殊情形下可以不经著作权人许可使用已发表作品的，不得影响该作品的正常使用，也不得不合理地损害著作权人的合法权益”[⑥]，著作权法规定的法定

① 2006年发生在我国的一起与美国坎贝尔案极为类似的戏仿作品案件中，被告即通过对原音乐作品的歌词加以修改，表达出不同于原作品的新内容，并制作成网络动画在互联网上传播。双方以调解方式结案，但被告最终向原告赔礼道歉并补偿了经济损失，法院在调解书中也明确指出原告的行为属于侵权行为。参见李海鹰诉北京空中信使信息技术有限公司案，(2006)海民初字27178号民事调解书。

② Ruth Okediji. Givers, Takers, and Other Kinds of Users: A Fair Use Doctrine for Cyberspace. 53 Fla. L. Rev. 107 (2001), p. 126.

③ 在关于网络服务提供者通过数字化扫描复制他人作品的案件中，法院已经以使用目的转换来认可搜索引擎服务提供者直接使用他人作品的合法性。(Perfect 10, Inc. v. Amazon. com, Inc., 508 F. 3d 1146 (9th Cir. 2007).）谷歌公司为实现图书搜索而针对文字作品全面实施的大规模数字化行为，亦被法院认为属于合理使用。(Authors Guild v. Google, Inc., No. 13-4829 (2d Cir. 2015).)

④ Jennifer Pinto. Has the Transformative Use Test Swung the Pendulum Too Fair in Favor of Secondary Users. 56 Advoc. 26 (2013), pp. 28-29.

⑤ 美国国会于2014年曾召开旨在调整“著作权合理使用适用范围”的听证会，会上就有学者提出这一忧虑。The Scope of Fair Use, Hearing Before the Subcommittee on Courts, Intellectual Property, and the Internet of the Committee on the Judiciary House of Representatives, 113th Congress, 2nd Session (Jan. 28, 2014), (Prepared Statement of June M. Besek, Executive Director, Kernochan Center for Law, Media and the Arts and Lecturer-in-Law, Columbia Law School).

⑥ Berne Convention for the Protection of Literary and Artistic Works art. 9 (2), (July 14, 1967). 之后的《世界知识产权组织版权条约》和《知识产权协定》都先后将“三步检验法”作为著作权例外的考量标准，使其成为世界各国广泛认可的著作权例外判定规则。Agreement on Trade-Related Aspects of Intellectual Property Rights (Apr. 15, 1994), arts. 9, 13, 26 (2), 30; World Intellectual Property Organization Copyright Treaty (Dec. 20, 1996), arts. 10 (1), (2).

例外对应“特定且特殊情形”，意味着法院不得在已列举的十二项情形之外创设合理使用法源①；《条例》规定“不影响正常使用”和“不得不合理损害合法利益”显然直接借鉴自后两项。根据这一合理使用立法体系，《条例》一般判定标准可作为约束转换性使用适用范围的要件。根据世贸组织裁决机构的权威解释，要件一“不影响正常使用”采取了“禁止经济利益竞争标准”，即要求合理使用行为不得与法定权利行使所获经济利益相冲突，所有法定权利所生成的收益应归属于著作权人所有②。即使著作权例外已将使用行为从法定权利范畴内排除，该使用行为的结果也不能与权利行使所生经济利益相抵触③。要件二“不得不合理损害合法利益”事实上并非对著作权例外的再限制，而是旨在平衡私人利益与公共利益④。由于正常使用的界定涉及基于法定权利的著作权市场，所以如果将“正常”界定为权利人通常行使的权利，未免过于扩大例外的范围而未能给新技术和新市场留足保护空间；相反，如果将“正常”限定为已有著作权市场，又不免过于限制例外的范围，因为如果从广义上理解，转换性使用行为必然会对作品的市场价值造成影响，但鉴于存在交易不能，且转换性所包含的创造性要求与著作权法激励作品创作和传播的主旨一致，因此从成本收益取舍的角度看应视为合理使用⑤。有鉴于此，解释“不得不合理损害合法利益”要件的重点应该在于对“不合理”界限的确定。国际权威解释将“不合理”认定为著作权例外将造成或可能造成的权利人收益减损，但对该收益的保护不得违背著作权法激励创作与传播的立法目标⑥。因此可以认为，上述两个要件事实上是通过正反两个解释角度来配合界定合理使用的范围，受此约束，转换性使用与法定权利之间的法律关系，显然应认定前者不得不合理损害后者正常行使所产生的经济利益。

选择以“不得不合理损害法定权利行使所生利益”作为转换性使用适用范围的限定标准，目的仍在于回归著作财产权立法设计的价值初衷，即以排他性权利实现著作权人经济利益的方式激励作品创作与传播。特别是在构成要件上与转换性使用存在重合的改编权，区分两者的界限更是直接对产业发展形成影响。改编权作为法律赋予著作权人控制演绎作品市场的权利类型，其意义在于鼓励演绎作品的创作和传播，最终实现对作品类型的丰富。对于诸多类型的作品而言，其经济价值并非一次创作即可完全实现，而是建立在改编原作品的基础上。例如音乐作品的价值，更多需要通过对其演绎的录音制品来实现；文字作品的经济价值，也可能因被改编成电影作品而显著增加。因此改编权的立法目标，在于通过扩大作品著作权市场范围的方式激励权利人增加对作品的投入，使权利人得以从多重市场中获得收益，而非仅仅局限于现有作品的单一市场⑦。如此制度安排，既可以通过提前预期演绎作品收益来促使权利人提高对创作投入的程度，也能够因演绎作品市场的利益得以充分保障而提高演绎作品的创作质量⑧。基于上述经济激励因素，转换性使用适用范围的调整，必然对改编权产生深远影响，一旦转换性使用作为著作权例外将未经许可的改编行为合法化，显然破坏了这种经济激励机制的实现。依此类推，转换性使用对特定情况下直接利用作品行为的合法性认定，也同样会影响复制权和信息网络传播权等权利类型带来的市场收益。如前所述，以产业化模式创作的作品在满足著作权市场需求等方面具有不可替代的作用，“用户创造内容”这样无需经济激励的创作行为已被证明无法真正替代传统的创作方式。所以，基于两种创作模式地位的差异，应需要以“不得不合理损害法定权利行使所生

① 我国《著作权法第三次修订草案（送审稿）》的第43条却在明文列举的合理使用情形之外增加了一项“其他情形”作为开放性司法解释的入口，事实上违背了“三步检验法”中特定且特殊情形的要件。因为“特定”意指著作权例外类型应由法律明确界定，而不能仅提供模糊标准。Silke von Lewinski，International Copyright Law and Policy，Oxford University Press (2008)，p. 161.

② Report of the WTO Panel，United States-Section 110 (5) of the US Copyright Act，WT/DS160/R (June 15，2000)，para. 6. 172-6. 173；6. 179.

③ Report of the WTO Panel，United States-Section 110 (5) of the US Copyright Act，WT/DS160/R (June 15，2000)，para. 6. 183.

④ Christophe Geiger，et al. The Three-Step Test Revisited：How to Use the Test's Flexibility in National Copyright Law. 29 Am. U. Int'l L. Rev. 581 (2014)，p. 595.

⑤ William M. Landes. Copyright，Borrowed Images，and Appropriation Art：An Economic Approach. 9 Geo. Mason L. Rev. 1 (2000)，p. 10.

⑥ Report of the WTO Panel，United States-Section 110 (5) of the US Copyright Act，WT/DS160/R (June 15，2000)，para. 6. 229.

⑦ Paul Goldstein，Derivative Rights and Derivative Works in Copyright，30 J. Copyright Soc'y，USA 209 (1983)，p. 227.

⑧ Michael Abramowicz，A Theory of Copyright's Derivative Right and Related Doctrines，90 Minn. L. Rev. 317 (2005)，pp. 319-320.

利益”来限定转换性使用的适用范围，保障法定著作财产权的范围不因转换性使用而缩小，法定权利所涵涉的经济利益亦不会因“用户创造内容”受到损失。

对于如何在司法实践中界定“法定权利所生利益”，不但我国立法和司法解释皆无权威依据，发达国家亦存在相当争议①。司法裁判难以界定的原因，在于法定权利所生利益的范围难以在事前界定。如果从广义上认定合法利益，那么任何未经授权的使用行为都意味着使用者没有向权利人支付版税而存在“损失”，因此可能因合法利益无处不在而使合理使用丧失适用空间②。相反，如果从狭义上认定合法利益，将其局限于实际发生的授权领域③，又会导致权利人因丧失收益保障而草率开发潜在著作权市场。但从保护作品创作和传播的经济激励，以及许可效率优先于传播效率的立法价值基础出发，应将“法定权利所生利益”视为基于法定著作财产权的现有和预期市场收益，才能避免“用户创造内容”中未经许可使用行为的不合理扩大而损害经济利益对创作和传播的激励作用④。因此，损害合法利益应界定为使用行为构成对原作品著作权市场的替代，或者说使用行为与原作品著作权范围内的使用服务于相同市场。

根据著作财产权的类型安排，行使著作权所形成的市场包括既有市场与预期市场，其中包括未来授权演绎行为带来的可能性收益。之所以涵盖对预期市场收益的保护，主旨在于对改编权涵盖的演绎作品市场加以保护，该市场被视为是激励创作的重要组成部分⑤。既有市场是指实际存在以法定著作财产权方式使用或授权的市场，例如文字作品改编为戏剧或电影作品，音乐作品在其他多媒体作品中的使用等。上述市场基于著作财产权的授权，且在实践中不存在交易不能的情形。预期市场则是指不存在市场失灵的可能性市场领域。作品经济价值的实现，很多情况下既需要等待传播技术的成熟，也需要经历漫长的开发周期，特别是对演绎作品市场来说，其收益预期甚至会直接影响被演绎作品的创作。因此合法利益不能局限于原作品已授权的市场，而是应加入对未来可预期市场利益的保护。以此标准，“用户创造内容”中戏仿等以说明问题为目的的使用方式，实践中不存在相关著作权市场，因此网络用户在此前提下借用原作品创作并传播的行为，即使存在商业性使用的要素，也仍可视为转换性使用。相比之下，对维基百科和百度百科等类似网络百科全书的编辑行为，由于对原作品而言存在同一性市场，所以对使用行为是否属于合理使用的判定应严格以文义解释的方式适用著作权法的合理使用条款，直接使用或大规模使用将无法依据转换性使用获得免责。由此可见，虽然转换性使用与改编权的构成要件中都包含了对原作品内容的改变，转换性使用的适用还需排除同一性市场中的使用行为，以求不会压缩改编权的适用范围。如此解释一方面不再将商业性使用片面地视为对合法利益的损害，另一方面以相关市场利益的保护作为改编权与转换性使用的区分方法，有效平衡了“用户创造内容”追求的传播效率与著作权人坚持的许可效率，且最重要的是没有将传播效率的发挥建立在牺牲许可效率的基础上。

五、结论

“用户创造内容”是否以转换性使用的方式纳入合理使用范畴，首先应要求使用者的二次使用行为能够基于或利用原作品增加新表达、新意义或新功能，并将其纳入“为介绍、评论某一作品或者说明某一问题，在作品中适当引用他人已经发表的作品”这一法定合理使用类型中，为如今大规模普适性的网络用户利用数字技术创作和“重混文化”提供合法性基础。其次，由于产业模式下的作品创作与传播无法被替代，且经济激励乃其中不可或缺的前提，所以“用户创造内容”的合法性范畴当然不得影响著作财产权经济利益的实现，《著作权法实施条例》中的两项合理使用一般判定要件因此应解释为转换性使用不得替代原作品既有和预期的著作权市场，以此限定转换性使用的适用范围，保证经

---

① 我国现有以“不得不合理地损害著作权人的合法利益”作为判决理由的案例中，都是直接适用该条款，从未对合法利益的标准和范畴加以任何说明，例如段起来、侯瑾辉诉吉通网络通信股份有限公司广东分公司案，（2004）粤高法民三终字第74号；周雁鸣诉《环球时报》社案，（2012）京二中民终字第16700号。美国司法界的争议可参见 Jeanne C. Fromer, Market Effects Bearing on Fair Use, 90 Wash. L. Rev. 615 (2015), p. 616.

② Pierre N. Leval, Toward a Fair Use Standard, 103 Harv. L. Rev. 1105 (1990), p. 1124.

③ Wall Data Inc. v. Los Angeles County Sheriff's Dept., 447 F. 3d 769 (9th Cir. 2006), p. 780.

④ 从比较法的角度看，这里的“合法利益”事实上类似于美国著作权法合理使用判定要件第四项的“潜在市场”（potential market）。17 U.S.C. § 107 (4) (2015).

⑤ Gulfstream Aerospace Corp. v. Camp Systems Intern., Inc., 428 F. Supp. 2d 1369 (S.D. Ga. 2006), p. 1374.

济激励与兴趣动机得以并行不悖地存在于著作权制度中。

（本文原发表于《法学评论》2017 年第 3 期，系司法部法治与法学理论研究项目“3D 打印行为的著作权规制研究”（14SFB30027）的阶段性成果。作者单位：华中科技大学）

网络服务商提供搜索链接行为之侵权责任

马一德

一、问题的提出

互联网的普遍应用对人们生产生活的影响不断扩大，自 Web 2.0[①] 时代以来，我国在线视频与音乐播放服务蓬勃发展，但随之而来的还有大量的网络侵权诉讼。2010 年 7 月 1 日正式生效的《中华人民共和国侵权责任法》（以下简称《侵权责任法》）第 36 条首次以全国人大立法形式对网络服务提供商的侵权责任做出了明确规定，这部法律的颁布为侵犯网络著作权案件的司法实践提供了新的审理依据，除《侵权责任法》外，目前我国还相继出台了《信息网络传播权保护条例》（以下简称《条例》）、《最高人民法院关于审理涉及计算机网络著作权纠纷案件适用法律若干问题的解释》（以下简称《解释》）等作为网络著作权侵权案件的审理依据。然而，随着网络技术的不断进步，互联网事物日新月异，且法官对有关网络侵权的法律条文的理解和适用上难免会存在模糊不解之处，因此，网络侵权案件的审理在司法实践中仍然是老大难问题。

网络服务商提供搜索链接行为侵权损害赔偿的请求权基础为网络著作权，网络著作权侵权又属于网络侵权行为之一，因此，如何认定网络著作权侵权行为以及如何对此进行归责，是侵权责任法与著作权法共同关注的问题，众多学者对此各有论述。吴汉东、张新宝、杨立新等教授运用民法解释论的方法深入剖析我国《侵权责任法》第 36 条，对网络侵权责任制度的立法精神以及法律适用问题进行了重点阐释[②]。知识产权专家王迁、王凌红以美国判例法相关资料为基础，以我国《信息网络传播权保护条例》为分析对象，对著作权间接侵权问题进行了理论探究[③]。民法学家周波、杨康锐以网络著作权间接侵权为视角，论述了网络服务商承担与网络用户连带责任的理论基础，进而明确二者的责任分配：网络服务商在连带责任的内部承担次要责任[④]。崔国斌教授更是通过比较法分析，主张对网络服务商共同侵权制度进行重塑，在修改著作权法时放弃美国式的安全港规则，恢复侵权责任法一般规则的适用[⑤]。

在实践中，对于网络服务商的侵权责任常适用共同侵权的相关规定，然而网络服务商提供搜索链接这一行为与其他网络服务商侵权行为在性质上有较大的差别，并且在对于网络服务商侵权的主观过错认定上，现行法律法规或司法解释整体上没有给出一致的标准，诸如“明知”“不知道也没有合理的理由应当知道”“知道”“明知或者知道”等法律术语均是用于描述网络服务商的主观状态，导致了在司法适用中存在诸多差异[⑥]。鉴于该问题日益突出，且学界对此仍未形成通说，笔者不揣浅薄，将在本文中依据现行法律法规，辅以国内外法院相关判例为佐证，通过民法基本理论，尝试对网络服务商提供搜索链接行为侵权的责任主体地位、过错认定规则以及赔偿责任形式做出解读和分析。网络服务商提供搜索链接服务行为究竟属于直接侵权还是间接侵权？其主观认知义务应如何判定？应采用何种归

① 指的是一个利用 Web 的平台，由用户主导而生成的内容互联网产品模式，为了区别传统由网站雇员主导生成的内容而定义为第二代互联网。

② 吴汉东．论网络服务提供者的著作权侵权责任［J］．中国法学，2011（2）：38；张新宝，任鸿雁．互联网上的侵权责任：《侵权责任法》第 36 条解读［J］．中国人民大学学报，2010（4）：17；杨立新．《侵权责任法》规定的网络侵权责任的理解与解释［J］．国家检察官学院学报，2010（2）：3.

③ 王迁，王凌红．知识产权间接侵权研究［M］．北京：中国人民大学出版社，2008：3-5.

④ 周波，杨康锐．论网络服务提供者的连带责任：以网络著作权间接侵权为视角［J］．国际商务（对外经济贸易大学学报），2012（1）：108.

⑤ 崔国斌．网络服务商共同侵权制度之重塑［J］．法学研究，2013（4）：159.

⑥ 《信息网络传播权保护条例》第 22 条；《最高人民法院关于审理涉及计算机网络著作权纠纷案件适用法律若干问题的解释》（2000 年）第 5 条；《最高人民法院关于审理侵害信息网络传播权民事纠纷案件适用法律若干问题的规定》第 8 条第 1 款；《最高人民法院关于审理侵害信息网络传播权民事纠纷案件适用法律若干问题的规定》第 8 条第 1 款；《侵权责任法》第 36 条第 3 款。（但侵权责任法第一次审议稿和第二次审议稿都以“明知”作为该款所规定的网络服务提供者承担侵权责任的主观要件。而在第三次审议稿中，立法者采纳了一些意见，将其改为“知道或应当知道”。最终审议时，改为“知道”。）张新宝，任鸿雁．互联网上的侵权责任：《侵权责任法》第 36 条解读［J］．中国人民大学学报，2010（4）：17；崔国斌．网络服务商共同侵权制度之重塑［J］．法学研究，2013（4）：150.

责原则及如何划定其责任范围？网络服务商的著作权侵权责任的承担和责任的限制为何？这不仅与保护著作权人的合法权益和网络用户的使用行为紧密相关，更关乎互联网产业的现状与未来的发展，需谨慎待之。

二、现行法下网络服务商的法律地位

在《侵权责任法》、《条例》和《解释》中均采用了“网络服务提供者”这一概念。所谓“网络服务提供者”，概括而言乃是指为互联网用户提供上网中介服务的组织或个人。在当前互联网发展阶段，网络用户要实现其网络行为都必须依托网络服务提供者的服务，换言之，所有网络侵权行为都是建立在利用网络服务商提供的“服务”基础之上的①。

（一）“网络服务提供者”之分类

目前我国司法界以及学界对“网络服务提供者”的外延都存在着许多不同且混乱的界定和理解。从法院判决书来看，诸如百度、谷歌、优酷等提供网络服务的专业性网站均被称为“网络服务提供者”；而依据相关学者的解释，“网络服务提供者”的范围也非常宽泛，包括网络信息传输基础服务提供者、网络接入服务提供者、网络信息搜索服务提供者、网络链接服务提供者以及综合服务提供者，以上服务商大都提供的是技术方面的服务，在此之外，有学者甚至认为内容服务提供者亦应当包括在“网络服务提供者”之内②。

笔者认为，可以将网络服务提供者以“提供服务的内容”为标准分成两类：第一类，技术服务提供商（Internet service provider，ISP），本身并不组织或是筛选其所传播的信息，只是通过其设备与技术按照服务对象的选择传输或接受信息，为信息在网上传播提供中介服务的服务商。第二类，内容服务提供商（Internet content provider，ICP），其是将信息上传或以其他的手段使信息呈现在网络服务器中，并提供给所有网络用户的服务商。《信息网络传播权保护条例》第20至23条规定的提供自动接入、自动传输、系统缓存、信息存储空间、搜索和链接服务的网络服务提供者即ISP③。由于ICP的服务是直接将信息储存于网络空间并提供给用户浏览、下载，因此，可以得出ICP比ISP具备更强的信息控制能力的结论。正因为ICP的信息属于自主选择、发布，如其所提供的信息涉及侵权问题，其行为多被法院判定为主观故意。有鉴于此，笔者认为ICP不存在“构成间接侵权并与直接侵权行为人承担连带责任”的情况，ICP在侵权案件中即可被认定为直接侵权行为人，并无间接侵权适用空间，因此本文不对ICP展开论述。本文将着重讨论ISP在构成著作权间接侵权时的连带责任承担问题。

（二）网络技术服务提供者

根据网络服务主体提供网络服务的功能的不同，可进一步将ISP划分为三大类：第一类，网络基础设施服务提供者，互联网接入提供商（Internet access provider，IAP）为此类服务提供者的主要代表，其主要的服务功能是向用户提供支持访问网上信息的客户端和服务器之间的连接。第二类，信息存储空间服务提供者，其将平台系统提供给网络用户进行信息的自主上传、储存与发布，该信息开放性地供其他的用户在线观看和下载，系统自动服务于用户的操作并进行相应的信息处理。目前最为典型的信息平台服务包括BBS、个人空间、博客空间和视频共享空间等。第三类，网络中介服务提供者，仅指通过互联网提供信息传播媒介的网络主体，其本身并不直接向网络用户提供任何的信息服务，而是对位于第三方网站中的内容提供中介链接，简而言之，其只是提供了一个网络技术的通道和平台。其中，提供搜索引擎服务便属于这类网络服务的典型。

（三）搜索引擎服务

在我国的现行法律中，对搜索引擎服务商的法律地位始终没有明确的规定。“搜索引擎服务商”与“提供内容服务的搜索引擎服务商”这两个概念虽然较早出现在我国的版权网络司法解释中，但是对其却缺乏详细明确的阐述。2006年的《信息网络传播权保护条例》以及2010年的《侵权责任法》也同样未对搜索引擎服务商的性质及权利等做出明确的界定，仅涉及其所要承担的义务及责任问题。这样的立法不足会对搜索引擎服务商的积极性造成不利的影响，从而也会对网络信息产业的发展造成一定的障碍④。只有对网络服务提供商的法律地位做出明确的判定，才能使其在不同的版权侵权归责原则的适用中更加明晰自己的责任。

目前，搜索引擎服务商提供的网络服务主要为互联网中信息的搜索引擎服务，各个搜索引擎服务商

① 周波，杨康锐. 论网络服务提供者的连带责任：以网络著作权间接侵权为视角［J］. 国际商务（对外经济贸易大学学报），2012（1）：109.

② 王胜明.《中华人民共和国侵权责任法》解读［M］. 北京：中国法制出版社，2010：180.

③ 陈锦川. 网络服务提供者过错认定的研究［J］. 知识产权，2011（2）：56.

④ 陈锦川. 著作权审判原理解读与实务指导［M］. 北京：法律出版社，2014：227.

提供的服务内容和服务形式都大同小异。一般而言，其主要服务是提供所有网页的全文搜索引擎服务，同时还提供很多其他分类搜索引擎服务。以最大的中文搜索引擎百度为例，其在提供普通的网页搜索的同时还有百度新闻、百度图片、百度知道、百度地图等搜索服务。根据搜索引擎服务商提供的服务内容不同，其对信息的筛选、过滤、采集、加工的能力也不同。这些能力直接影响到搜索引擎服务商的法律地位。总体而言，搜索引擎服务商并不自主提供任何作品，没有发布信息的能力，不属于发布者，不能要求其承担与出版商一样严格的责任①。

笔者根据服务商所采取的不同技术模式，将搜索引擎服务分为以下两类：第一类，提供空白搜索框键入关键词的搜索服务，典型代表如百度公司提供的“百度搜索”、360 公司提供的“360 搜索”，以及搜狐、腾讯、雅虎等公司提供的搜索引擎服务，网络用户需要查找相关信息时，在空白搜索框中键入相应的关键词即可得到所需的资料；第二类，在服务商编排目录下的搜索服务，比如迅雷的视频搜索、雅虎 MP3 搜索以及百度 MP3 搜索等，服务商预先收集相关领域的所有信息并加以选择、整理和编排，再以目录的形式将相关的关键词作为搜索指令列出，用户使用时只需在目录中列出的关键词中搜索并点击，即可得到所需的信息②。

对于第一类服务，因其服务的性质是自动的、被动的、纯粹技术性的，搜索服务提供商仅提供此项技术，对用户使用空白搜索框所获得的信息并不知情，故亦无法确认信息侵权与否。笔者总结相关司法判例所阐述的观点③，概括出的结论是：除非存在确凿证据证明搜索服务商有过错，或信息权利人已向搜索服务商发出侵权通告，搜索服务商才可能承担相应责任；否则，根据“技术中立”原则，可以认为此类搜索服务提供者无过错④。

对于第二类服务商提供编排目录下的搜索链接服务，由于网络服务商对信息已进行了排列与归类，在信息的整理过程中可以根据链接的名称、指向与类型等特征对其合法性加以判断，因此，此类服务商存在过错的可能性并非没有⑤。

综上，搜索引擎服务商所提供的搜索、链接等服务是基于其自身所有的技术与设备，依照服务用户的操作，通过上载、存储、搜索、链接等功能，进而使相关信息在网络上传播和使用，此项技术服务本身与直接上传或放置他人录音录像制品、作品、表演在网络服务器中的行为并不相同。在多数情况下，搜索引擎服务商既不直接提供信息，也不选择信息的接收方，仅是提供技术服务，其在双方当事人的信息交流中处于消极中立的第三方主体地位。由此可见，搜索引擎本质上来说并没有直接侵犯复制权，即使搜索引擎服务商删除了该链接，网络用户实际上还是可以找到侵权作品的来源网站。

当然，客观上搜索引擎服务商还是为信息在网络上的传播提供了条件和帮助，如果没有搜索引擎服务商所提供的服务，网络用户所上传的信息传播范围将不会那么广泛。因此，如果网络用户上传或放置在网络服务器的信息对他人著作权构成侵权，即在网络用户利用网络服务实施侵权行为的情况下，搜索引擎服务商客观上帮助了侵权信息的传播，且可证明其主观上存在过错，根据相关民事法律，服务商在此所应承担的责任，属于他人直接侵权行为所产生的间接责任。

三、提供搜索链接行为侵权的过错形态

侵犯著作权的行为方式有两种：间接侵权与直接侵权⑥。由于著作权属于专有权利，只有著作权

① 刘婧．搜索引擎服务商著作权侵权责任研究［D］．北京：中国政法大学硕士学位论文，2011.

② 同①.

③ “被告通过设立搜索引擎，使上网用户可以通过键入关键词快速地在网络中查找到所需信息，并建立与其它网站的临时链接。法院认为：要求设置搜索引擎的网络服务商对其搜索引擎搜索到的全部信息内容是否存在权利上的瑕疵先行作出判断和筛选是不现实的。但当权利人得知权利被侵害并向相关网站经营者发出通知后，被通知者有义务承担包括停止链接、关闭路径等抑止侵权的责任。本案原告在发现自己的作品被其它网站非法上载后，便向被告发出通知。被告在接到通知后，积极地采取了措施，针对原告通知中所提的两条路径，停止了与非法上载原告作品网站的链接。本院认为被告已经履行了合理义务，被告无须再承担其它民事责任。”参见叶延滨诉搜狐爱特信信息技术（北京）有限公司侵犯著作权案，北京市第二中级人民法院（2001）二中知初字第 40 号民事判决书。

④ “法院认为用户是通过键入关键词的形式向服务提供者发出指令从而获得信息。被告接到用户的指令后根据用户的要求进行搜索，建立临时链接。所搜索、链接的内容既可能是侵权的，也可以是公有领域的信息，或者是经权利人许可传播的不侵权的内容。显然，被告事先无法判断用户将键入什么关键词、要求提供什么服务。基于这种服务的技术、自动和被动等性质，即使被告施予与其能力所及的注意，也难以知道其所提供服务涉及到的信息是否侵权。”参见浙江泛亚电子商务有限公司诉北京百度网讯科技有限公司案，北京市高级人民法院（2007）高民初字第 1201 号民事判决书。

⑤ 陈锦川．网络服务提供者过错认定的研究［J］．知识产权，2011（2）：61-62.

⑥ 吴汉东．论网络服务提供者的著作权侵权责任［J］．中国法学，2011（2）：38-39.

人或经其授权的人才可以享有。因此，网络中著作权直接侵权指的是：行为人实施的信息网络传播行为不存在法定的抗辩事由，且没有经过著作权人的许可，该行为即构成法律规定的“直接侵权”[①]。间接侵权是指行为人本身并没有实施信息网络传播行为，但其行为是直接侵权行为的预备或继续，也就是说间接侵权人的行为在客观上对直接侵权行为的发生起到了诱导或者帮助的作用，间接地损害了著作权人的合法利益。法律之所以追究间接侵权责任，是基于加强版权保护力度的体现。在著作权人的合法权益遭受侵害，却又无法寻找到直接侵权人的情况下，可以要求间接侵权人承担侵权责任，以弥补权利人的损失，同时也可通过责任的追究来规范网络服务提供者的行为，减少直接侵权行为的发生和防止损害结果的进一步扩大[②]。

根据《著作权法》第10条第1款第（12）项、《信息网络传播权保护条例》第2条以及第26条的规定[③]，向公众“提供作品”的“信息网络传播行为”才属于“信息网络传播权”的管制之下。从表面上看，搜索引擎服务商[④]提供链接的行为的确是向网络用户“提供”了作品，网络用户通过点击链接，即可观看或下载相应的作品。但是，正如前文所述，这些侵权作品的来源并非搜索引擎服务商，而是被链接的其他网站。无论是普通链接还是深层链接，当用户点击链接获得侵权作品时，用户浏览器显示的地址都已经发生改变，表明其获得的内容来自被链接网站，而非由搜索引擎服务商提供。搜索引擎服务商提供的服务只是导致更多的网络用户从第三方网站获得侵权作品，而不是自己提供侵权作品。

（一）间接侵权之认定

前文已有论述，提供搜索链接服务的行为并不属于直接的侵权行为，应有直接侵犯信息网络传播权行为的前提存在，搜索链接行为才可能与其构成共同侵犯信息网络传播权，且仅当有过错时才构成共同侵权行为中的帮助侵权。换言之，如果前提行为不构成直接侵权（已获权利人许可的被链接网站的传播作品、表演、录音录像制品行为，或被链接网站即为权利人的网站等）[⑤]，那么提供搜索链接服务的行为显然不构成共同侵权。根据该标准，即可不考虑网络用户的主体感知，而只需要看搜索链接服务行为本身是否使得作品被上传到开放的服务器上，仅当作品确实被上传的情况下，才属于“信息网络传播权”管制下的“信息网络传播行为’。该标准可以称为“服务器标准”，由此来判断网络服务商是否实施了“信息网络传播行为”，常见于国外的司法判例，如澳大利亚高等法院于2005年终审判决的环球音乐公司诉Cooper案[⑥]。

对于被链接内容而言，各类搜索链接服务都会在一定程度上对其传播起到帮助作用，但并非搜索链接服务行为起到“任何程度”的帮助作用都可认定为构成共同侵权，其中的关键还是视其是否具有直接关联关系。并且应该以搜索链接服务提供者能否单独停止特定服务对象的搜索链接服务作为原则，判断其是否具有直接关联关系。如果能够停止，则可认定两者具有直接关联关系，反之则不具有直接关联关系。举浅层链接[⑦]中的相关页面链接与首页链接两种形式为例，在权利人主张的不是网页的著作权的情况下，相关页面链接通常被认定为与被链接内容之间存在直接关联关系，而对首页链接则无法做出同样认定。究其原因在于，就相关页面链接而言，通过设链接网站的链接指引用户可以直接获得被链接内容，如该被链接内容构成侵权，此特定内容的链接完全可以被搜索链接服务的提供者单独停止。但对于首页链接来说，网站的首页通常仅提供网站具体内容的摘要或索引，而不会载有具体的

---

① 王迁．网络版权法［M］．北京：中国人民大学出版社，2008：80．

② 胡宓．浅析网络服务商的侵权责任认定［EB/OL］．［2016-11-15］．http://www.shezfy.com/view.html? id=6273．

③ “信息网络传播权”是“以有线或者无线方式向公众提供作品，使公众可以在其个人选定的时间和地点获得作品的权利”。由此可以推出受“信息网络传播权”所垄断控制的“网络传播行为”是“以有线或者无线方式向公众提供作品，使公众可以在其个人选定的时间和地点获得作品的行为”的定义。

④ 为语句畅通，文中交替使用“搜索链接服务商”与“搜索引擎服务商”，二者意思一致。

⑤ 北京市第二中级人民法院（2006）二中民终字第12666号民事判决书。德都公司所诉三七二一公司侵权案：被告所链接的页面系原告自己的网站，而非侵权网站的页面，该案中不存在未经许可传播网页内容的直接侵权行为，因此，原告主张被告网站以链接的方式传播其作品（即原告网站的页面内容）构成对其信息网络传播权的侵犯的主张，法院未予支持。

⑥ Universal Music Australia Pty Ltd. v. Cooper (2005) FCA 972, p.63, 65, 66, 67.

⑦ 浅层链接系指设链网站所提供的链接服务直接将用户指引到被链接网站上，用户在被链接网站的页面下获得相应内容。浅层链接所指向的既可以是被链接网站的“首页”，亦可以是用户所欲获得的“相关具体内容”的页面。浅层链接系相对于深层链接而言，深层链接是用户在不脱离设链网站的网页页面即可获得被链接网站中的相关内容的一种链接方式，因该链接的提供并未脱离设链网站的页面，因此用户无法认知到该网站提供的是链接服务。

表演、作品或录像录音制品，所以，如果因为摘要或索引所对应的内容侵权要求搜索链接服务者停止对被链接网站首页的链接，那么其停止的将不单是对侵权内容的链接，未免打击面过大。

搜索链接服务不是提供作品的行为，那么可以认为该服务行为不受“信息网络传播权”的控制，当然也就不构成对“信息网络传播权”的直接侵犯。但否定网络服务提供商的链接服务构成直接侵权，不等于说网络服务提供商的链接服务绝对不会构成侵犯信息网络传播权的行为，不需要对权利人负责。根据本部分开头的叙述，该服务行为有可能会构成对“信息网络传播权”的间接侵犯——帮助侵权。1971 年的 Gersh win Publishing Corp. 一案[①]的判决，为版权法中的帮助侵权做出了经典的定义：“在知道他人的行为构成版权侵权的情况下，诱导、促成或实质性地帮助他人进行侵权行为，应当作为帮助侵权者而承担责任”[②]。

之所以将“直接”链接到具体侵权表演、作品或录音录像制品作为搜索、链接提供行为构成侵权的要件，主要出于以下三方面考虑：

第一，在学理上，民法中明确“视教唆人及帮助人为共同侵权行为人，须客观对于结果有相当因果关系”。即视教唆和帮助行为与直接侵权行为和后果的联系程度，来判断其是否构成共同侵权，只有在其与直接侵权行为及后果达到相当联系程度的情况下，才能够认定为共同侵权[③]。所以如果搜索链接服务提供行为并未“直接”指向被链接内容，那么就无法认定搜索链接服务行为对直接侵权的损害结果具有相当的因果关系。

第二，在目前的《条例》中，搜索链接服务提供者的法定义务是断开与侵权表演、作品、录音录像制品的链接，而这一法定义务显然是指断开对具体的表演、作品、录音录像制品的链接，要尽到此项义务，必须在有“直接”指向关系的情况下才可能成立。

第三，从承担责任的后果而言，如将不具有“直接”指向关系的链接认定为侵权，因此让网络服务商停止此项链接，会导致其他在被链接页面中的未侵权内容的链接也被断开，伤及无辜[④]。在司法实践中此要件是判断提供搜索链接服务行为是否构成侵权的考虑要素之一。如在武汉回归公司诉百度公司侵权案中，原告武汉回归公司作为涉案软件的著作权人，诉被告百度公司在用户搜索结果中提供了首页上载有被控侵权软件的文字介绍的青岛博智公司网站链接，主张被告的链接行为构成帮助侵权。青岛博智公司网站首页虽载有被控侵权软件的文字介绍，但并未提供下载或在线使用，对此，法院认为“被告提供对青岛博智公司网站首页链接的行为未构成帮助侵权”[⑤]。

（二）未主动告知合法授权情况之探讨[⑥]

在考虑网络服务商提供搜索链接行为是否满足要件构成侵权时，网络服务商有无主动提供合法网站也应当考虑在内。在相关权利人已向搜索链接服务商主动告知网络授权情况的情形下，搜索链接服务商在设置链接时有义务主动仅链接到合法传播的网站，否则便存在主观过错。

1. 合法权利人未主动告知，服务商主动链接文字、图片、摄影作品或者其他类型作品[⑦]

对于文字作品、摄影作品以及美术作品，搜索链接服务提供者了解合法传播网站相关义务不存在客观可能性，故对于此类内容而言，搜索链接服务提供者是否具有过错应结合具体案件事实进行判断。

采用这一做法，是考虑到现实中许多网络用户会在网络上将自行创作的文章、照片、绘画作品等与网友共享。也常有正规出版物的权利人许可不同网站传播其出版物。实践中此类作品传播于众多网站，合法与非法传播比重难以认定。并且，这类作品通常不需要过高的物质设备条件进行创作，权利人数量大而分散，即使赋予搜索链接服务提供者了解合法传播网站的相关义务，在客观上也不存在有效渠道及可操作性，给搜索链接服务提供者增加了过重负担。因此，对于此类内容，搜索链接服务提供者是否具有过错应结合具体案件事实进行判断。

---

① Gersh win Publishing Corp. v. Columbia Artists Magaement, Inc. 443F. 2d. 1159, 1162 (2dCir. 1971)。

② 陈明涛. 网络服务提供商版权责任研究［M］. 北京：知识产权出版社，2011：19；牛静. 视频分享网站著作权风险防范机制研究［M］. 北京：华中科技大学出版社，2012：47.

③ 史尚宽. 债法总论［M］. 北京：中国政法大学出版社，2000：175.

④ 胡康生. 中华人民共和国著作权法释义［M］. 北京：法律出版社，2002：56；张建华. 信息网络传播权保护条例释义［M］. 北京：中国法制出版社，2006：92.

⑤ 北京市海淀区人民法院（2007）海民初字第 22956 号民事判决书。

⑥ 芮松艳. 论搜索链接服务提供行为的侵权构成要件［J］. 知识产权，2011（1）：61.

⑦ 中国社会科学院知识产权中心. 实施国家知识产权战略若干基本问题研究［M］. 北京：知识产权出版社，2012：225.

2. 合法权利人未主动告知，服务商主动链接放映期以外的电视、电影作品，以及音乐作品等内容

对于放映期以外电视、电影作品，以及音乐作品等内容，搜索链接服务提供商在主动设置链接前应对该内容网络授权情况有所了解，尽可能保证主动链接合法传播网站，否则可认定其存在主观过错。搜索链接服务提供商可以主动向相关权利人、行业协会、集体管理组织等了解合法传播网站，也可以通过行业协会或权利人本身的信息公开网站了解。在优度诉暴风网际等案件中①，法院将这一认知义务赋予了搜索链接服务提供者。

值得注意的是，对于盗版严重的内容而言，这一义务并不意味着只要链接到侵权网站必然可以认定其主观上存在过错。该义务仅要求搜索链接服务提供者在其能力范围内尽可能地了解合法传播网站，如果搜索链接服务提供者无法与其所主动链接的此类内容的权利人取得联系，或虽取得联系，但权利人不予告知，权利人亦未在公开渠道公布其网络授权情况，则此种情况下针对该具体内容而言，无法认定搜索、服务提供者存在主观过错。

对于此类内容赋予搜索链接服务提供者主动了解合法传播网站的义务，系出于以下因素考虑：

首先，在当前网络环境中，各类网络传播对于影视、音乐作品盗版情况严重。在目前发生的搜索链接服务纠纷中，上述两类作品占据主要比重。在这种情况下，搜索链接服务提供者应引起重视，意识到其所链接的网站大部分为盗版网站。

其次，对于上述内容，搜索链接服务提供商了解合法传播网站的可行性。正规发行的影视作品通常仅会选择几家网站作为授权网络传播网站，且可能同时对授权网站的传播方式进行限制，避免影响权利人从其他传播渠道获利②。音乐作品虽相对复杂，存在网络歌手或不知名歌手许可他人免费传播其作品，且许可网站数量大的情况。但调查发现，搜索链接服务提供商主动设置链接的歌手通常为国际唱片业协会会员单位、国内大中型唱片公司旗下的知名歌手③，这些歌手演唱的歌曲权利通常情况下属于其唱片公司④。对于此类权利人而言，其采用网络传播方式时选择的合法传播网站数量极其有限，如国际唱片业协会所授权的合法传播网站仅有12家，由于上述歌曲权利人较为集中，且有行业协会授权限制，授权网站数量较少，故对此类作品来说，搜索链接服务者了解合法传播网站具有可行性。

3. 合法权利人未主动告知，服务商主动链接正在院线放映期间的电影作品⑤

搜索链接服务提供商应避免对热映期间电影作品设置主动链接，否则便可认定其存在主观过错。热映期间的院线电影作品，其通常投资额大，主要靠院线票房收入收回投资，就惯例而言，为避免影响票房收入，在院线放映期间不可能许可网站进行网络传播。《伤城》著作权人将影片信息网络传播权授予优度公司，但在合同中明确约定“在约定的网络上线日期前，优度公司仅可以行使网络传播权人和网络传播权收益权人的维权权利，而不得擅自传播影片”，因此，优度公司无权在《伤城》热映期间对该影片进行网络传播。故对于院线播放期间的电影作品，搜索链接服务提供者可以合理推定该期间网站对其播放均未经许可，其有义务避免对院线播放期间电影作品设置主动链接，否则可推定其具有主观过错。司法实践中也多采用这一做法⑥。

四、间接侵权的认定及不真正连带责任

对于网络服务商提供搜索链接这一行为究竟属于何种侵权责任这一问题，根据《侵权责任法》第36条，《条例》第23条，《解释》第3、4条的规定，辅以查阅侵权网络著作权的相关案例，笔者认为此类侵权属于著作权法上共同侵权中的帮助侵权，网络服务商与网络用户实际上属于一种无意识联络、但两者的行为直接结合并导致了同一损害结果发生的事实，因而对网络服务商适用过错责任原则。

（一）归责方式：过错责任

提及责任的承担，就需要考虑以何种方式进行归责。过错责任与无过错责任在《侵权责任法》中属于两种截然不同的归责方式：过错责任主要根据行为人的主观过错进行归责；而无过错责任更侧重于根据某种客观事实进行责任的确定，只要存在法律特别规定的损害事实，即可在不考察人的主观过错情况下进行归责⑦。过错责任与无过错责任在国外关于网络

① 北京市西城区人民法院（2009）西民初字第8636号民事判决书。

② 王超. 网络侵权责任及其规制规则：兼谈对《侵权责任法》第36条的理解与适用［J］. 科技与法律，2011（3）：66-69.

③ 上海市第一中级人民法院（2009）沪一中民五（知）初字第23号民事判决书。

④ 北京市高级人民法院（2004）高民终字第01303号民事判决书。

⑤ 中国社会科学院知识产权中心. 实施国家知识产权战略若干基本问题研究［M］. 北京：知识产权出版社，2012：225

⑥ 上海市浦东新区人民法院（2007）浦民三（知）初字第69号民事判决书。

⑦ 吴汉东. 论网络服务提供者的著作权侵权责任［J］. 中国法学，2011（2）：42.

服务商侵权赔偿责任的立法上均适用。当网络服务商知道他人在利用其系统实施网络侵权行为而未采取任何有效的处理措施时，其承担过错责任①；网络服务商负有信息审查监督义务时，虽然其仅提供中介服务，但其系统或网络中传输、存储或缓存的信息一旦被认定为侵权，其无论是否有过错均需承担责任，即无过错责任②。从立法史来看，限于当时的认知，无过错责任多存在于互联网发展的早期，随着时代的进步，现今世界各国对于网络服务商多采用过错责任，且为了促进技术的进步与服务的提升，欧美各国还在法律中规定了部分责任限制条款，以缓解网络服务商所背负的法律压力③。

从比较法上来看，关于著作权和邻接权的国际条约中，《伯尔尼公约》和《罗马公约》只规定了对作品的最低保护水平，并未涉及著作权侵权的归责原则问题。在网络技术日新月异的当下，前两项公约所确立的体系已经不足以保护著作权人的权利④，由此看到世界贸易组织所通过的《知识产权协定》（“Agreement on Trade-Related Aspects of Intellectual Property Rights”，TRIPs）虽然没有对著作权侵权的归责原则的直接明确的用词，但从其规定中可以看出⑤，TRIPs是采用过错责任原则来处理知识产权侵权案件的。

有学者认为TRIPs第45条第2款⑥支持了无过错责任，笔者对此并不认同。首先，该条的规定只是在“适当的情况下”才可以适用，并非适用于一切情况下的普遍条款，其适用范围是有限的。其次，该条是授权性条款，缔约方“可以”授予司法部门这些权利，但不是“必须”。最后，该条规定的是返还利润和法定赔偿，并非侵权责任中的损害赔偿责任。很明显，返还利润是不当得利的后果，损害赔偿也是法定的数额，而不是根据受害方的损失而确定的侵权损害赔偿。这种返还不是对侵权责任的认定，而是对不当得利的规定，对著作权人利益的返还。由此可以确定，TRIPs支持了知识产权侵权的过错责任原则。这同样适用于搜索引擎服务著作权侵权。

目光回到我国现行法中，根据我国《侵权责任法》第36条的规定，只有在证明网络服务商行为存在过错的情况下，其在网络侵权案件中才承担相应的侵权责任，即采用过错责任的归责原则。现实生活常见的情况是，网络用户利用网络上传、下载他人的版权作品，网络服务商作为第三方提供搜索链接帮助或者引导网络用户进行上述行为，此种情况下，根据相关著作权法，只有网络服务商知道或者应当知道这些网络用户的行为侵害他人版权时，才可能承担帮助侵权责任。

（二）间接侵权之帮助侵权：“知道条款”

要判断网络服务商提供搜索链接行为是否构成侵权，就需要对行为人（网络服务商）主观态度进行认定。美国第二巡回上诉法院在1971年判决的Gersh一案中⑦对帮助侵权进行了典型定义：“知道侵权活动而引诱、促使或以物质帮助他人实施侵权，可以作为帮助侵权者而承担责任。”⑧ 由此，判断是否成立帮助侵权，需要看行为是否满足以下三个条件：(1) 存在有实际的直接侵权行为；(2) 行为人的行为实质性地促进了直接侵权行为的发生；(3) 行为人有能力、权利采取但却没有采取相应的措施停止帮助侵权行为，放任该行为的发生，或是知道或有理由知道正在帮助直接的具体实际侵权行为但并未停止或放任该行为的发生⑨。

前文已提及，现行法律法规在描述网络服务商主观状态时术语不一，导致法学家各执一词、司法实践中法官适用杂乱。举例而言，在《侵权责任法》

① 美国1998年《新千年数字著作权法》、欧盟2000年《电子商务指令》、日本2001年《特定电气通信提供者损害赔偿责任之限制及发信者信息揭示法》均采过错责任原则。

② 刘德良. 网络时代民法学问题［M］. 北京：人民法院出版社，2004：314.

③ 张新宝. 互联网上的侵权问题研究［M］. 北京：中国人民大学出版社，2003：65-68.

④ 1996年12月20日世界知识产权组织通过的《世界知识产权组织版权条约》（“World Intellectual Property Organization Copyright Treaty”）和《世界知识产权组织表演和录音制品条约》（“WIPO Performances and Phonograms Treaty”）未对该侵权问题做出规定。

⑤ TRIPs第45条第1款的规定：“司法部门应有权责令侵权者向权利所有人支付适当的损害赔偿费，以便补偿由于侵犯知识产权而给权利所有者造成的损害，其条件是侵权者知道或应该知道他从事了侵权活动。”“侵权者对侵权活动的主观心态是知道或者应当知道”，对应着我国过错认定中的故意和过失两种主观心态。

⑥ “司法部门应有权责令侵权者向权利所有者支付费用，其中可以包括适当的律师费。在适当的情况下，即使侵权者不知道或者没有正当的理由应该知道他从事了侵权活动，缔约方也可以授权司法部门，责令返还其所得利润或支付预先确定的损害赔偿费。”

⑦ Gersh win Publishing Corp. v. Colunmbia Artists Management，Inc. 443F. 2d159 (2dCir. 1971).

⑧ 李明德. 美国知识产权法［M］. 北京：法律出版社，2003：217；张平. 网络法律评论：第10卷［M］. 北京：北京大学出版社，2009：16-20.

⑨ 喻磊，蔡文雅. 论搜索引擎提供链接行为的侵权界定［J］. 华南理工大学学报（社会科学版），2008（3）：24-28.

第36条第3款[①]中对网络服务商承担连带责任主观态度上的用词是“知道”，“知道”可以包含“明知”“应知”两种主观状态[②]，现行民法学界对此条款中的“知道”理解并不一致，有学者认同全国人大常委会法制工作委员会民法室的解读文本[③]，认为此条款中的“知道”涵盖了“明知”“应知”两种状态，也有学者认为此条款的“知道”只代表“已知”一种情形。此外，是否“明知”他人的侵权行为，抑或是根据应尽“合理注意义务”的要求推定“应知”心态，均属于网络服务商的主观态度，都需要借助外部事实加以判断才能识别。为了具体判断其是否“明知”或者“应知”，美国的“红旗标准”是被公认为可以借鉴采用的较好选择。

“红旗标准”指的是当网络服务提供商能够清楚地意识到侵权行为的“红旗”而未采取任何措施时，网络服务提供商不再享有侵权责任限制的保护，即采用客观理性人的认知标准来判定网络服务商对相关事实或情况的“主观过错”是否达到触犯“红旗”的程度。该标准源自美国1998年《数字千年版权法》（“Digital Millennium Copyright Act”，DMCA）的规定，根据该项条款，只要网络服务提供商意识到了“能够从中明显推出侵权行为的事实或情况”且没有“迅速移除材料或屏蔽对它的访问”，无论是否有权利人的通知，网络服务提供商即构成帮助侵权[④]。因此，当侵权行为人的侵权事实已经如红旗般招展时，应当认定搜索引擎服务商对该侵权事实是知情的。在“红旗标准”之下，无需著作权人的通知就可以认定搜索引擎服务商对侵权行为具有过错。此时认定过错的关键就在于，什么情况下侵权事实才是如红旗般招展，并且搜索引擎应当注意到这个侵权事实。从现实情况来看，刚上映的电影，刚发行的歌曲、书籍，收费阅读的电子书等作品的著作权人一般不会许可他人免费使用，那么，对这些作品提供免费下载等服务的网站的侵权行为可以视为如红旗招展般的侵权事实。事实上，网络服务商基本都会对自己提供链接的信息进行一定的审查，不可能完全没有发现所提供的链接有侵犯著作权的可能性。当然，这不代表着网络服务商对提供的所有链接负有事前审查义务，因为互联网传播的信息有即时性、无穷性的特点，网络服务商不可能也不必要对所有用户传播的链接信息进行审查[⑤]。

搜索链接服务商承担侵权责任的另一个条件就是其行为构成对直接侵权行为实质性的帮助或引诱。教唆、帮助他人实施侵权行为的，依据《侵权责任法》规定应和行为人承担连带责任，对于搜索链接服务商而言，笔者认为可以参照美国侵权法上对教唆和帮助的认定。从理性人的角度看，行为人提供的服务或商品只是为侵权行为而提供，不存在实质性的非侵权用途，这种帮助行为才构成辅助侵权[⑥]。因此，只要搜索引擎服务商不存在或不能证明有教唆和帮助的意图，其提供的服务存在实质性的非侵权用途就不宜认定为侵权。

搜索引擎服务商提供的搜索引擎服务肯定存在除了提供侵权链接之外的实质性非侵权用途，关键就在于搜索引擎服务商提供的服务是否对侵权行为有教唆或帮助作用。普通的搜索引擎服务商提供的搜索结果由用户输入的搜索关键词决定。一般情况下，搜索引擎服务商提供的搜索结果都没有特别地引诱用户访问某一网站。然而，搜索引擎服务商在提供竞价排名的服务时，会将出资购买关键词的网站列在搜索结果的前几项。这样做的意图很明确，就是引导用户点击该链接，让用户访问特定的网站。对于这种情形，如果被链接网站有侵权作品，搜索引擎服务商的引诱和帮助意图很容易认定。在分类目录服务商提供的服务中，也有类似的情形。例如在谷歌音乐搜索引擎下，有top100排名等选项。在该选项下，是搜索引擎整理编辑的受欢迎歌曲的排名和链接，此时，搜索引擎服务商的引诱意图也十分明显。至于其他普通搜索引擎由技术手段生产的搜索结果，一般很难直接认定搜索引擎具备引诱或帮助的意图，只有在搜索引擎服务商对侵权行为明知仍提供链接的情形下才能认定。这样对引诱和帮助意图的认定又回到对知情的认定上去。

（三）不真正连带责任

从连带责任制度的基本特点及其立法目的来看，

① 《侵权责任法》第36条第3款：“网络服务提供者知道网络用户利用其网络服务侵害他人民事权益，未采取必要措施的，与该网络用户承担连带责任。”

② 王胜明. 中华人民共和国侵权责任法解读［M］. 北京：中国法制出版社，2010（1）：168-187.

③ 全国人大常委会法制工作委员会民法室. 中华人民共和国侵权责任法条文说明、立法理由及相关规定［M］. 北京：北京大学出版社，2010：1-19.

④ Senate Report on the Digital Millennium Copyright Act of 1998，Report 105-190. 105th Congress，2d Session，p. 44

⑤ 吴汉东. 侵权责任法视野下的网络侵权责任解析［J］. 法商研究，2010（6）：29.

⑥ 信息网络传播权相关常识［M］. 中国知识产权报，2010-05-14.

为了保护权利人的利益，无论权利人向一个或是数个共同行为人要求赔偿，连带责任人无论有无赔偿能力，均需对其承担全部责任，满足权利人的赔偿请求。依据《侵权责任法》规定，网络服务提供者承担的即是连带责任，按照上述责任承担方式操作即可。但是，因为网络的特殊性，该连带责任具有特殊性，网络服务提供者往往需要独自承担最终责任，因为在现实情况中，权利人只知道或为了方便只起诉网络服务提供者，而不起诉或无法起诉作为直接侵权人的网络用户①。网络服务提供者在承担了全部侵权责任后，也难以向直接侵权的网络用户进行追偿，于是，网络服务提供者实际上承担了不真正连带责任。从理论上来说，连带责任人对于连带之责存在内部责任的分摊，通常按照法律规定来确定各连带责任人的“责任大小”，继而确定各自的赔偿数额，但从前文论述来看，该规则对于网络侵权连带责任的内部分配来说无法妥善适用。那么，鉴于网络服务商承担了连带责任后难以向直接侵权人追偿的事实，且又难以准确拆分网络侵权行为的各项因素，现今世界各国一般采取按过错和原因力大小的判断标准来确定网络侵权行为责任的内部分配②。

此外，网络服务商承担的不真正连带责任还存在范围的限定。根据《侵权责任法》第 36 条第 2 款③，网络服务商在接到被侵权人通知后未及时采取必要措施的情形下需承担相应的连带责任。此处确认的通知规则是借鉴了美国 DMCA 中的“通知与取下”规则，即只有网络服务商违反了“通知与取下”规则时，才对损害的扩大部分与实施侵权行为的网络用户承担连带责任。并且，在网络服务商对权利人承担了全部责任后，有权向实施侵权行为的网络用户进行追偿。当然，作为网络服务商采取必要措施的前提，这里被侵权人的通知需要达到法律要求的标准才可能产生效果。

在北京源泉知识产权代理有限公司诉北京百度网讯科技有限公司等侵犯著作财产权纠纷一案中④，原告在起诉之前，通过律师向被告百度公司寄送了律师函，要求对方断链，随信附上了福茂音乐著作权国际股份有限公司和福茂唱片音乐股份有限公司的授权书、歌曲清单等，被告百度公司认为这样的通知并不符合《条例》有关通知的规定，主要体现在缺乏权利证据。原告对此的解释是原告已经提供了原始权利人——两家福茂公司的证明，无需其他权利证据，况且作为境内经授权获得信息网络传播权的主体而言，其要获取权利证据难度太大，如果这样严格要求，则根本无法维权。法院认为，根据《条例》第 14 条的规定，适格的通知应当包括以下三方面的内容：(1) 权利人的姓名（名称）、联系方式和地址；(2) 要求删除或者断开链接的侵权作品、表演、录音录像制品的名称和网络地址；(3) 构成侵权的初步证明材料。双方的争议显然是围绕着第三方面的内容。对此，法院认为权利初步证据应在侵权初步证据中呈现，因为如果请求断链的人连权利都不存在，那就谈不上侵权的问题，因此侵权初步证据应该包含权利初步证据在内，这是形式逻辑的必然要求。而从《条例》的目的解释角度来考虑，亦应将权利初步证据解释在侵权初步证据的范围内。

回到本案中，原告提供了原始权利人的证明是否可以认为符合通知的要求呢？答案显然是否定的。两家福茂公司的声明仅仅只符合第一方面（需提供权利人姓名、联系信息）的要求，并非适格通知，没有实现通知与反通知规则的利益平衡目的。原告认为对于继受权利人而言，提供权利初步证据的要求过高。不过，对原告提供几张载有权利信息的 CD 封套的要求在法院看来是正当的，况且继受权利人通过合同获得授权本应在缔约之前了解和掌握权利人的权利资料，这也是继受权利人保护自身合法权益的必要手段。既然原告关于难以提供权利初步证据的主张不能成立，即原告的通知不是适格的通知，那么原告以其已通知百度公司而认为后者侵权的主张就不能成立。综上，原告尚不能证明被告百度公司存在应知的过失，就更不能举证百度公司违反了其注意义务，法院不予支持原告对被告百度公司提出的诉讼请求。

作为前例的补充，在某某（北京）科技有限公司与上海某某传媒技术有限公司侵害其他著作财产权纠纷一案中⑤，被告公司提供的是搜索链接服务，原告并没有向被告发出通知即提起诉讼，被告在接到本案诉讼通知书后立即取下了涉案电视剧。根据

① 杨立新.《中华人民共和国侵权责任法》精解［M］. 北京：知识产权出版社，2010：69；王林清，杨心忠. 侵权纠纷裁判标准与规范［M］. 北京：北京大学出版社，2014：79-101.

② 吴汉东. 论网络服务提供者的著作权侵权责任［J］. 中国法学，2011（2）：46.

③《侵权责任法》第 36 条第 2 款：“网络用户利用网络服务实施侵权行为的，被侵权人有权通知网络服务提供者采取删除、屏蔽、断开链接等必要措施。网络服务提供者接到通知后未及时采取必要措施的，对损害的扩大部分与该网络用户承担连带责任。”

④ 上海市第一中级人民法院一审（2009）沪一中民五（知）初字第 23 号民事判决书。

⑤ 上海市浦东新区人民法院一审（2009）浦民三（知）初字第 389 号。

《信息网络传播权保护条例》第23条的规定，在此情况下，如需被告承担侵权责任，则需要证明被告明知或者应知其所链接的作品、表演、录音录像制品侵权[①]。根据案情事实所述，被告所提供的不属于编排目录下的搜索链接服务，其并未通过搜索的人工编辑对涉案电视剧进行着重推荐和类似操作，对于被告来说，其没有很高的审查义务，对网络中海量的影视作品一一审查，其无法预知用户在其提供的搜索框内中输入的关键词，被链接网站又事实存在被搜索内容，被告无法事先屏蔽涉案电视剧关键字或断开与涉案电视剧播放内容有关的链接[②]。被告作为搜索链接服务商，在原告无法证明被告是否明知或者应知其所链接的涉案电视剧侵权的情况下，又主动关闭了对涉案电视剧的搜索服务。综上，被告并不存在侵权责任。

从以上两则案例可以看到，被侵权人的通知需要符合相应的要求，且网络服务商只要及时取下侵权链接，即可不承担赔偿责任。提及通知，首先，一份有效的通知至少应当包括以下内容：（1）通知者的有效身份证明，包括身份证、法人执照、营业执照等有效身份证件；（2）涉及侵权的材料和网址，如果网络服务提供者是搜索引擎服务商，如谷歌、360等，则应提供侵权材料的链接；（3）被侵权人主张构成侵权的初步证据；（4）保证该通知的准确性，且声明承担虚假通知的法律责任[③]。其次，在被侵权人发出包括以上内容的通知后，网络服务提供者在特定条件下可以要求通知人提供担保。因为网络服务提供者在很多情况下无法认定侵权行为是否成立，因此，其采取删除、屏蔽、断开链接等措施是要承担违约风险的。要求通知人提供担保，可避免权利义务的失衡。

由此，依前文所述，为了均衡版权人和搜索引擎服务商之间的利益，两者之间可以建立有效的沟通渠道，加强合作。从版权人角度出发，应当将作品的信息主动向搜索引擎服务商提供，并且这些信息的质量应该达到能够对该作品明确定位的标准，从而保证该作品的可受保护性；同时，搜索引擎服务商对版权人提供的信息进行备案，采取有效的过滤、筛选以及屏蔽等措施，以保证版权人的版权不受侵犯。同理，搜索引擎服务商也应该与其他享有版权权利的合法网站共同建立起有效的互动机制，来保证两者之间利益的均衡。例如，相关网站对那些不愿意被搜索的作品需要做一些特殊的过滤处理，可设置在爬虫程序抓取网页时跳过包含该作品的特定网站，或者在分析抓取到的网页数据时对包含该作品的网页进行过滤[④]。

五、结语

由于提供搜索链接的网络服务商没有储存和直接提供作品，网络服务商的行为一般不构成对著作权的直接侵权，认定其侵权责任一般都是从间接侵权入手。尽管《侵权责任法》并未明确规定此种侵权行为适用哪一类归责原则，但通过本文对第36条第2、3款的分析，可以认为该侵权行为适用的是过错责任原则，且第36条第3款中的“知道”应当根据案件实际情况进行理解判断[⑤]。

伴随着大数据时代的到来与网络技术的不断进步，根据最新的《侵权责任法》及侵权法理论，结合《条例》与《解释》等相关法律法规，“网络服务商在提供搜索链接行为侵权时，与网络用户之间构成无意识联络的共同侵权，根据其知道侵权行为的过错程度，以连带责任的形式承担不真正连带责任”是当下较为妥当的归责机制。这不仅符合立法上权利充分救济原则、填补损害原则及利益平衡原则，还顺应整个国际在此方面立法的趋势，既可以促进网络服务商履行其应尽的注意义务，也妥善保护了相关著作权人的权益，有助于网络秩序的良性发展，有利于调解网络服务商提供给公众享受的技术进步便利与著作权人利益之间的冲突，进而推动互联网不断创新和发展。

（本文原发表于《法学评论》2017年第3期，系国家社会科学基金重大项目“创新驱动发展战略实施保障机制研究——以构建‘立体式’企业知识产权战略布局为重点”（项目编号：15ZDB152）的阶段性成果。
作者单位：中南财经政法大学）

① 郭俭．浦东法院二十年裁判文书精选［M］．北京：法律出版社，2013：414-420.

② 原告作为权利人有可能将涉案电视剧的信息网络传播权授予其他网络服务商，若被告事先屏蔽关键字或断开链接后，被告的用户就无法通过其搜索引擎搜索到已得到合法授权的服务商的播放内容，会造成损失的无谓扩大。

③ 高圣平．中华人民共和国侵权责任法立法争点、立法例及经典案例［M］．北京：北京大学出版社，2010：444.

④ 黄冉．论搜索引擎服务商的版权侵权责任［D］．北京：北京邮电大学硕士学位论文，2012.

⑤ 如果被侵权人能够举证证明网络服务提供者对侵权行为“知道”，可以不发出侵权通知，直接要求网络服务提供者承担第3款规定的侵权责任；如果被侵权人认为其无法举证证明网络服务提供者具有过错，可以根据第2款发出侵权通知。而网络服务商所承担的连带责任，系基于网络服务商与网络用户的共同侵权行为。

论人工智能生成的内容在著作权法中的定性

王　迁

近来，随着计算机程序《阿尔法围棋》（AlphaGo）战胜人类顶级的围棋高手，以及机器人绘画、写作和谱曲的出现，有关人工智能与著作权保护的问题获得了关注。人工智能与基因工程和纳米科学并称为21世纪三大尖端技术，虽然“人工智能至今尚无统一的定义，要给人工智能下个准确的定义比较困难”①，但一般认为它描述了计算机模拟人的某些思维过程和智能行为（如学习、思考、推理、规划等）的过程②。既然人工智能在表面上缩小了纯粹机械活动与人类思维之间的差距，利用人工智能生成的内容似乎就有了智力创作的痕迹。那么，对这些内容在著作权法中如何定性？它们能否作为著作权法意义上的作品受到保护？这些问题与著作权法的未来发展息息相关，实有深入研究的必要。

一、研究范围的确定：考察相关内容的表现形式

人工智能生成的内容是否应被认定为作品，当然是应当进行深入研究的问题。但是，并非所有由人工智能产生的内容都需要被纳入讨论范围，因为在许多情况下，对相关内容法律属性的判断与其由人工智能产生的事实并无关系，运用著作权法的基本原理就可以获得圆满的解决。同时，对上述问题的讨论也必须有前后顺序之分，否则将使讨论丧失焦点和重点。

在对人工智能生成内容的定性进行研究之前，应当排除那些即使源于人类，也被公认为不可能构成作品的内容。因为人工智能只是生成相同内容的技术手段，围绕人工智能进行的著作权研究，应当针对人工智能带来的特殊问题——人工智能生成内容的过程是否属于创作行为，该内容是否构成作品。但这一特殊问题依赖于一个前提——人工智能生成的内容符合除“由人创作”之外的作品构成要件。如果相同的内容即使源于人类，也不可能构成作品，则对上述问题就丧失了研究的必要。

在澳大利亚发生的Telstra公司诉电话号码出版公司案中，原告因被告复制其编制的电话号码簿而起诉被告侵权。法院认为该电话号码簿不受澳大利亚《版权法》的保护，理由之一在于“它不是人类创作的结果，而是由计算机生成的”③。该案也被一些学者在研究人工智能生成内容的著作权问题时所引用④。

这样的讨论是缺乏价值的。如果源自人类的相同内容都不属于作品，则无论该内容是源自动物还是人工智能，都不可能被认定为作品，此时仅需要讨论作品的范围是否应当扩充，或者是否应当在著作权法中增设邻接权，以保护此种不构成作品的内容，但显然这与人工智能无关。只有当源自人类的相同内容属于作品时，才有必要讨论由人工智能生成的该内容能否被认定为作品。例如，《阿尔法围棋》程序强大无比，其使用的许多招数可能都是人类望尘莫及的，但它产生的仅是围棋的下法，并不属于“文学、艺术和科学领域内”的表达，其表现形式无法被归入任何一类著作权法所规定的作品。即使一位围棋高手基于巧合，经过独立思考，下出了同样的棋局，也不会被认为创作了作品。因此讨论《阿尔法围棋》程序所产生内容的著作权问题是没有意义的。这正如当一只猕猴抢走了摄影师的相机，模仿人类动作进行拍摄，如果其没有打开镜头盖就按下快门，以至于拍出的是无法从中识别任何事物的一片漆黑，则即使该行为由人实施也不可能形成作品，自然也就不需要考虑该照片作为“动物智能”生成内容的著作权问题。但当猕猴摆了姿势进行自拍，且拍成了一张露齿微笑的猕猴照片时，情况就完全不同：由于其表现形式与摄影作品相符合，如果摄影师并未披露该照片的拍摄过程，人们当然会认为照片是由拍摄师抓拍猕猴形成的，属于摄影作品；在得知它是由猕猴自拍之后，才有必要讨论它能否被认定为作品⑤。

在上文提及的Telstra公司诉电话号码出版公司案中，即使涉案的电话号码簿确实是利用人工智能生成的，但由于它仅是将所有电话号码按照用户姓

---

① 蔡自兴，徐光祐. 人工智能及其应用［M］. 北京：清华大学出版社，2004：1-2.

② 为什么人工智能（AI）如此难以预测？［EB/OL］.［2017-04-02］. http://tech.qq.com/a/20141229/006887.htm；蔡自兴，等. 人工智能及其应用［M］. 北京：清华大学出版社，2016：2.

③ Telstra Corporation Ltd. v. Phone Directories Company Pty Ltd.，［2010］FCA 44，para. 5.

④ Jani McCutcheon. The Vanishing Author in Computer-Generated Works：A Critical Analysis of Recent Australian Case Law. 36 Melb. U. L. Rev. 915，924-927（2013）.

⑤ 美国法院认定“猕猴自拍照”并非由人类创作，不应受到美国《版权法》的保护。Naruto v. David john slater，2016 U. S. Dist. LEXIS 11041.

名的字母顺序排列，即使由某人在不借助任何程序的情况下以纯手工方式编成，也不可能构成作品（汇编作品）①，因此人工智能并非认定号码簿是否构成作品的因素，以此案讨论人工智能生成内容的著作权问题也缺乏合理性。与之相反的是，目前在网络中流行的一些美图软件利用“深度神经网络”的人工智能，可以将照片或图片变为印象派、野兽派等各种风格②。对于进行风格转换后的图片而言，如果人们并不知道它是美图软件生成的，而以为是人工绘制的，也就是该图片源于画家之手，则当然会认定它是美术作品，即基于原作品形成的演绎作品。因为从表现形式上看，它以原作品为基础，以新的色彩与线条形成了有别于原作品的艺术造型，体现了画家富有个性的独特选择与判断。对于此类内容，在明确了其由人工智能产生，而非源于画家之后，需要讨论其是否构成作品。

鉴于此，在研究人工智能生成的内容是否构成作品时，需要首先考虑的问题是：在相同内容源自于人类创作的情况下，该内容在表现形式上是否构成作品。所谓“在表现形式上构成”，是指仅从相关内容的外部表现形式判断它与人类作品是否相同，并不考虑该内容的形成过程是否符合独创性的要求（这是下一步考虑的问题）。如果相关内容是从无到有产生的，也就是被主张为完全原创的作品（而非演绎作品），则应当判断其表现形式是否符合著作权法对各类作品的定义。例如，上文所述的《阿尔法围棋》程序下出的棋局不符合著作权法对任何类型作品要求的表达形式，可以直接将其排除出讨论范围。但是，对于采用了人工智能的绘画机器人绘制的肖像画或风景画而言③，其在形式上就属于“以线条、色彩或其他方式构成的审美意义的平面造型艺术”④。同样道理，由“新闻写作软件”生成的新闻报道⑤，以及由软件生成的音乐⑥，在形式上具备著作权法对文字作品及音乐作品的要求。此时就应将其纳入研究范围，进一步分析其是否构成作品。

如果相关内容是基于原有作品产生，即被主张为演绎作品，则应当判断其表达与原作品是否已存在实质性差异。例如，智能软件将简谱自动转换成五线谱，是对同一音乐作品在记录方式上的变更，并没有产生新的音乐作品⑦。再如，利用人工智能的语音识别软件对口头表达的文字记录，以及文字处理软件对输入计算机的文字进行拼写和语法的校对和更正，无法形成与口头表达或原始文字存在实质性差异的表达。同样，绘画机器人利用人工智能对绘画进行精确临摹的成果，由于未能与原画作产生可被客观辨别的差异⑧，只属于复制件⑨。但是，对于上文提及的应用人工智能的修图软件而言，由于在对照片或图片进行风格转换后，新图片与其原始状态相比已存在实质性差异，如果新图片是由人绘制的，则在形式上已属于演绎作品，此时需要将其纳入研究范围，以回答其是否构成作品等一系列后续问题。

二、研究路径的确定：考察相关内容的产生过程

对于由人工智能生成，在表现形式上与人类作品相同的内容，应当根据著作权法的原理判断其是

---

① 美国联邦最高法院早在1991年的Feist案中，就已经认定这样的电话号码簿并不属于美国《版权法》保护的作品。（Feist Publications v. Rural Telephone Service，499 U.S.340（1991））在我国发生的“族谱案”中，原告辛苦收集了某一家族族人的姓名并编成了族谱。法院同样认为，“族谱资料虽然记载了在若干自然村屯上曾经生息繁衍的祖先及其后代的名字，并对这些名字按辈分大小进行编排，但这种编排不具有独创性”，因此判决涉案族谱并不构成作品。（广西壮族自治区河池市中级人民法院民事判决书（2004）桂民三终字第3号。）

② 效果惊艳 你应该试试Prisma这款软件［EB/OL］.［2017-04-02］. http://mobile.163.com/16/0801/09/BTCHAI79001168BQ.html；钱好．一键“变身”毕加索“文艺心”修图软件为何走红？［N］．文汇报，2016-08-02；刘燕秋．Prisma走红人工智能试水图像处理［N］．21世纪经济报道，2016-08-17.

③ 刘霞．艺术或不再是人类专属：下一个毕加索可能是机器人［N］．科技日报，2016-04-03；德国研制出绘画机器人［EB/OL］.［2017-04-03］. http://tech.qq.com/a/20141229/006887.htm.

④ 《著作权法实施条例》第4条第（八）项。

⑤ 任翀．机器人写稿？是大数据分析！［N］．解放日报，2015-09-11.

⑥ 你还在听人类的歌？机器人创作天团都来了［EB/OL］.［2017-04-03］. http://mt.sohu.com/20161130/n474580792.shtml.

⑦ 在司法实践中，已有法院确认用新创造的记谱方法对已有音乐记谱，不能形成作品，参见北京市第一中级人民法院民事判决书（2009）一中知民初字第9159号。

⑧ 这里所称的精确临摹，产生的是与被临摹的美术作品几乎无差异的结果。绘画大师也可以做到这一点，有些模仿画作的行为虽然也被称为“临摹”，但产生的结果与原画作存在明显的视觉差异，自然不在此列。

⑨ 王迁．著作权法［M］．北京：中国人民大学出版社，2015：22-24；最高人民法院《关于范曾诉盛林虎著作权纠纷一案的复函》，1989民他字第55号。但对此学术界存在不同观点（郑成思．版权法［M］．修订本．北京：中国人民大学出版社，1997：161，173；杨明．文字作品v．美术作品：对几个基本理论问题的反思［J］．中外法学，2009（2）.），即使承认由人进行的精确临摹可构成演绎作品，由具有人工智能的绘画机器人所作的精确临摹是否构成作品的问题，也能在后文的讨论中得以解决。

否确实属于作品。如果相关内容仅在表现形式上与人类作品相同，但实际上并不能被认定为作品，则自然无须再考虑如何确定作者身份和著作权的归属。

（一）以相关内容的产生过程为切入点

笔者认为，在对上述内容是否确实构成作品进行判断时，应当在暂不考虑主体的前提下，从相关内容的产生过程为切入点，分析它们是否符合独创性的要求。此处之所以强调“暂不考虑主体因素”和以“相关内容的产生过程”作为切入点进行分析，是为了避免形成逻辑循环。根据传统的著作权理念，只有人才能创作作品。任何源于人之外的内容即使在形式上属于作品，该内容也不能被著作权法承认为作品并提供保护。在前文所述的猕猴自拍照案中，露齿微笑的猕猴照片在形式上属于作品，同时猕猴具有一定智力的事实也毋庸置疑①，猕猴在自拍时，很可能基于自己对影像美感的认识，进行了一定的选择与判断，从而决定了手持相机离自己的距离和按下快门的时机，属于动物的“智力活动”。这张猕猴自拍照未被认定为作品的原因，仅仅是其拍摄主体是猕猴而不是人。可见，对作品的认定原本需要考虑主体因素，但在讨论人工智能生成内容的定性时，如果一开始就纳入主体因素，势必会造成逻辑循环，即“因为主体不是人，所以相关内容不是作品；因为相关内容不是作品，所以它没有作者，无须认定作者和著作权归属”。而“暂不考虑主体因素”，并只考察“相关内容的产生过程”，就可以在“形式上与人类作品相同的内容”中，识别出那些不符合独创性要求的内容并将其排除出著作权保护的范围，这样一来，有可能被认定为作品的，只能是那些不仅在形式上与人类作品相同，而且产生过程符合独创性要求的内容。换言之，这些内容类似于“猕猴自拍照”，除了主体因素之外完全符合作品的构成要件。对此类内容，才需要进一步研究：是否应当突破作品必须源自人的传统著作权理念，将其认定为作品，以及如何认定作者和确定著作权。按照上述方法，对人工智能所产生内容著作权问题的讨论既可以避免逻辑循环，也更加聚焦。

（二）人工智能生成的内容是应用算法、规则和模板的结果

从目前有关人工智能的各种报道和描述来看，至少在现阶段，人工智能生成的内容只是应用某种算法、规则和模板直接产生的结果，与为形成作品所需的智力创作相去甚远。算法、规则和模板本身并不受著作权法的保护。《著作权法》也没有像TRIPs和美国《版权法》那样，将“思想”明文排除出保护范围②，但这并不意味着思想就能够受《著作权法》的保护。在算法、规则和模板不受保护的情况下，应用其产生的唯一或有限结果不可能符合独创性的要求。以上文提及的修图软件为例，它可利用“深度神经网络”的人工智能，将照片或图片处理成印象派等各种绘画风格。如暂不考虑主体因素及处理过程，仅从结果来看，多数人都会以为是画家绘制而成。然而，该项人工智能对照片或图片的处理，与绘画者根据照片或图片创作同样风格画作的行为存在本质区别。

在艺术家眼中，就一张照片或图片而言，其影像或造型与印象派等风格的画作之间并不存在严格的一一对应关系。以同一照片或图片为基础，可以绘制出无数被称为印象派风格的画作。绘画者即使熟知印象派的画风，也了解将普通照片或图片绘制成印象派画作应当遵循的一般方法，绘制过程也为绘画者留下了发挥的空间。绘画者可以凭借自己对印象派的理解和感悟，在线条的位置、粗细和弯曲度方面做出选择，在造型、明暗、阴影和色彩等因素上进行判断和处理，以表达其独特的思想感情。由此产生的绘画具有个性化的特征：多名绘画者在具有相同专业水准的情况下，以同一照片或图片为基础，绘制成的印象派画作也会存在差异。即使对同一名绘画者而言，在绘制印象派画作之后，如果事隔几年后要求其再次将同一照片或图片绘制成印象派画作，除非其记忆力超群或将第一次绘出的印象派画作摆放在旁边，否则也很难绘制出与前一次画作几乎完全相同的画作③。这正如文字作品的作者如果因电脑故障无法打开未做备份的电子文档而被迫重写，也往往会感到重写

① 黄橙．动物智力究竟有多高？[N]．科技日报，2007-12-26．

② TRIPs 第 9 条第 2 款规定：版权保护应延及表达，而不延及思想、工艺、操作方法或数学概念之类。美国《版权法》第 102 条第 2 款规定：“在任何情况下，对于作者原创性作品的版权保护，都不延及于思想观念、程序、工艺、系统、操作方法、概念、原则和发现，不论它们在该作品中是以何种形式被描述、解释、说明或体现的。”

③ 在美国发生的一起诉讼中，一名摄影师以一名年轻女性为模特，拍摄了名为《青春的优雅》的照片，并将该照片版权转让给了他人。两年之后，这名摄影师让同一位模特摆出了相同的姿势又拍摄了一张照片，在光线、阴影处理等方面都与第一张照片基本相同。美国联邦第二巡回上诉法院认为：在拍摄第二张照片时，这名摄影师的天分并没有被用于创作新的作品，而是用于复制原有作品，形成的是复制品。至于摄影师在拍摄内容相同的照片时，是将第一张照片直接摆放在面前以作参照，还是凭借对第一张照片清晰的记忆，都无关紧要。(Gross v. Seligman，212 F. 930 (2nd Cir.，1914).)

后的文字与原文有所不同，原文中的一些精彩表述再难重现一样。这也就是为什么作者们总是对丢失其手稿等作品唯一载体的行为深恶痛绝①。

上述现象正是“独创性”的体现——作品源于作者独立的、富有个性的创作，打上了其聪明才智的独特烙印，是作者精神与意识的产物。这就使著作权法意义上的创作有别于人们严格根据算法、规则和模板实施的行为，如使用密码本对文字进行加密或解密，在五线谱和简谱之间进行相互转换，使用微软图表软件（Excel）中的图表模板将数据转换成图表等。显然，这些行为都利用了智力成果——各种方法和计算公式，如密码系统的设计和破解，五线谱和简谱等记谱方法的发明，各种图表模板及与数据之间的转换程序，都需要投入智力劳动。但是，算法、规则和模板是否为智力成果，与应用算法、规则和模板的过程是否属于智力创作，产生的结果能否构成作品并无必然联系。如果将它们应用于原始材料之后，只要方法正确，无论由何人实施，获得的结果都具有唯一性，这就排除了实施者发挥聪明才智的可能性，导致相应的结果无法具有个性化的特征，从而不符合独创性的要求。例如，Excel中将统计数据转换为各类图表的代码化指令序列可作为计算机程序受到保护，但任何人使用该程序处理同一套统计数据，所能够获得的各类图表都是相同的，这些图表显然不能构成作品。

利用“深度神经网络”人工智能的修图软件对照片或图片进行风格处理时，本质上仍然是在实施一套优化后的算法，该算法使软件在分析了上千万张图像后，通过图像的颜色、结构和纹理确定不同风格之间的对应关系，从而在较短的时间内实现图像处理②。但是，无论这套算法多么复杂、先进和富有创意，也无论转换的规则是由程序员直接输入还是程序根据算法自动产生，采用该算法的修图软件一旦编制完成，使用不同的计算机应用该软件对相同的照片或图片进行风格转换，只要不是由于软件的缺陷而出现计算错误，所得到的结果不会有所不同。这就从根本上抹杀了处理过程的创作空间，排除了处理结果具有个性化特征的可能性。正如有技术专家所指出的，这种风格转换只是“让大众有了机器可以作画的错觉”③。

即使是形式上比风格转换更接近人类创作的“机器人作画”，也无法符合独创性的要求。德国机器人实验室研发的机器人为真人绘制素描的视频新闻曾轰动一时，甚至引发了“美术学院教谁去”的疑问④。但是，在美术学院的人体绘画课上，如果许多学生都以同一个人为模特进行绘画，每个人绘出的人物画会互不相同，各具特色，这反映了美术作品创作过程中的独特个性。而机器人之所以能绘制素描，无非是根据研发者预先确立的算法和编制的计算机程序，先用机器人自带的照相机对人脸进行拍摄，提取其中的特征点，再将其矢量化为一些线段，最后将这些线段传给机器人的控制器，由末端执行器在纸上绘制肖像⑤。由此可见，机器人素描的过程是高度程式化的，只要模特是同一人，在相同的照明条件下，在同一距离和位置上具有相同姿势和神态，被绘制出的素描肖像就别无二致。在有关机器人绘画的科技论文中，研究的对象是“人脸肖像轮廓提取算法”、“人脸肖像轮廓的细节处理算法”和“数据采集系统和机械控制系统设计”⑥，均为定量化分析，说明“机器人作画”本质上仍然属于执行既定流程和方法，并通过计算获得确定的结果，与体现个性化的智力创作存在根本区别。

“自动新闻写作”则是综合运用算法与模板的结果，其关键在于针对某一类型文章，如财经新闻、体育新闻等开发出针对原始数据进行分析的算法，再将其分类套入内置的各种模板⑦。以自动对美国职业篮球赛（NBA）进行直播报道的自动写作软件为例，虽然其生成的直播报道足以“以假乱真”，被球迷评价为由人工创作的比例高达90%⑧，但它是

① 典型案例见高丽娅诉重庆市四公里小学案，重庆市第一中级人民法院民事判决书（2005）渝一中民初字第603号。

② 刘燕秋．Prisma走红人工智能试水图像处理［N］．21世纪经济报道，2016-08-17.

③ 赵陈婷．Prisma爆红这么久现在才有中国追随者［N］．第一财经日报，2016-08-09.

④ jfy19920503（原文未署真实姓名，只有此代号）．智能机器人来绘画，八大美院教谁去？［EB/OL］［2017-04-10］．http://www.ithome.com/html/next/185755.htm.

⑤ 倪菲，付庄，曹其新，等．肖像漫画绘制机器人技术研究［J］．自然杂志，2007，29（4）：212.

⑥ 孟盼盼．肖像绘制机器人技术研究［D］．合肥：中国科学技术大学硕士学位论文，2011：目录部分.

⑦ 技术宅．自动写作“语言大师”揭秘［J］．电脑爱好者，2015（9）：58.

⑧ 摘录其中一段如下：“首节开场之后双方杀得相当胶着，你来我往都有得分，快船在克里斯·保罗的带领下取得10分的优势，杰弗瑞·洛文吉的扣篮成功帮助掘金缩小差距，紧接着杰米尔·尼尔森、威尔森·钱德勒也为球队做了贡献，最后的混战过后，首节，快船以22：17领先。次节，快船轰出34：25的高潮，领先对手14分。第二节已经接近结束，上半场结束快船56：42暂时领先。易边再战，快船凭借一波26：19攻击波，将比分差距扩大到21分。杰弗瑞·洛文吉的投篮成功帮助掘金缩小差距，随后威尔·巴顿也为球队赢得了得分，前三节结束，快船84：65暂时领先”。陈玉敬，吕学强，周建设，等．NBA赛事新闻的自动写作研究［J］．北京大学学报（自然科学版），2017（2）：217.

基于开发者构建的球队“比分差函数”，运用由该函数的数据分片算法和数据合成算法，对数据进行分类，并填充到开发者事先预定的上百个模板中所产生的结果。模板是根据数据的类别以及历史NBA赛事的新闻报道制作的，类似于有固定格式、栏目和标题的表单，用于填入数据。如以球队为报道对象的模板包括“＊队开局打出＊比＊的比分，取得了＊分的优势”“双方杀得胶着，你来我往都有得分，比分为＊比＊”“＊奋力打出＊的攻击波将分差缩小到个位数”等。以球员个人为主要报道对象的模板包括“在＊球员的带领下，取得＊分的领先优势”“＊队在＊的带领下打出＊比＊的攻击波，一举将比分反超”“双方打得相当胶着，＊连投带罚接连得分，＊也打得非常有活力”[①]。显然，当软件根据函数和算法对原始信息进行筛选和计算后，将所得数据依对应关系填入模板之中，一篇新闻报道就形成了。它与前文所述的“机器人作画”一样，本质上仍然属于执行既定流程和方法的结果。

有观点认为，只要最终成果具有独创性，即使形成过程应用了算法、规则和模板，也应承认该成果是作品。对此需要指出的是，在上文中，笔者所举人工智能生成的内容，均为算法、规则和模板直接生成的内容。比如运用了人工智能算法的软件将照片转换为印象派风格的绘画。它的关键在于，只要算法、规则和模板确定了，所得结果就是唯一的或者只产生在有限的可能性之中。此时最终结果不可能符合独创性的要求。如果仅是以算法、规则和模板为基础进行智力创作，产生因人而异、反映个性化选择与判断的成果，而不是产生算法、规则和模板所决定的成果，该成果当然可以成为作品。正如上文所举实例：画家以同一照片或图片为基础，按照印象派的画风（如果可将之称为规则或模板）进行绘画，可以绘制出无数被称为印象派风格的画作，这样的画作当然是作品。但与之相反的是，在算法、规则和模板已经确定的情况下，人工智能运用它们，将同一照片或图片转换成印象派风格的绘画，其结果是唯一的，其中不可能体现创作空间。

（三）人工智能的“学习”是确定规律的过程

具有“学习”能力是人工智能技术发展进步的标志。开发《阿尔法围棋》程序的“深度思维”公司首席执行官曾称该程序“拥有强大的自我学习能力……它是通过自我对局来优选最佳方法，这跟人类的思考方式一样”[②]。然而，人工智能所具有的“学习”能力并不意味着应用这种“学习”成果生成内容的过程是创作，以及生成的内容是作品。它只意味着与程序设计者预先确定可直接得出结果的固有规则（如简谱与五线谱之间的对应关系）不同，拥有人工智能的程序可以通过对大量数据的分析，自己找出事物之中更为具体、细致的规律。毫无疑问，这种“学习”能力在数据处理方面具有极大的优势，但它仍然属于应用特定算法获取最佳结果的过程，其作用在于从无数可能性中找到唯一或者极为有限的正确路径。因此一些人工智能的研究者将人工智能的“学习”描述为：将神经—中枢—大脑的工作原理设计成一个不断迭代、不断抽象的过程，以便得到最优数据特征表示的机器学习算法[③]。例如，《阿尔法围棋》程序的人工智能体现在它具有由“策略网络”和“估值网络”构成的“深度神经网络”。这种“神经网络”实际上是由简单处理单元构成的大规模并行分布式处理器[④]。其中“策略网络”通过对人类对弈大数据分析，“搜索出更像人类高手该落子的位置”，“估值网络”对备选的落子位置进行后续计算，“推演出胜率最高的走法”[⑤]，这是一种对从外界获取的信息进行的逐层加工的过程[⑥]。

同样，相关研究表明：计算机程序之所以能“作曲”，是应用了统计学中的马尔可夫链（一种未来状态的概率只取决于当前状态的数学模型）选择音调。根据对大量音乐作品中音调之间的搭配与和谐关系的分析，可以发现其中的规律，比如当前的音调是C，则下一个音调为G的概率为70%，为E的概率为15%，为F的概率为10%，为A的概率为5%，不同的概率由不同的马尔可夫链模型所决定[⑦]。这样，程序就可以通过三个步骤生成乐曲，首先是建立规则表和数学模型，然后是随机生成单个音符，最后是根据规则表和数学模型测试其和谐

① 陈玉敬，吕学强，周建设，等. NBA赛事新闻的自动写作研究［J］. 北京大学学报（自然科学版），2017（2）：216.
② “阿尔法狗”之后的科技征途：眺望人机共存时代［N］. 经济参考报，2016-03-18.
③ 蔡自兴，等. 人工智能及其应用［M］. 北京：清华大学出版社，2016：290-291.
④ Haykin. 神经网络与机器学习［M］. 申富饶，徐烨，郑俊，等译. 北京：机械工业出版社，2011：1.
⑤ 吴月辉. “阿尔法狗”为什么厉害［N］. 人民日报，2016-03-21.
⑥ 周志华. 机器学习［M］. 北京：清华大学出版社，2016：114.
⑦ 李星燕. 算出音乐来［J］. 新发现，2009（9）：98.

度，“通过不断重复生产和测试环节，越来越多有效音符被选择出来并组成了完整的乐曲”①。如果将程序这种反复试错、筛选合格组合的过程称为“自我学习”，则它仍然是依据算法进行的有规律的运算过程。虽然其初始因素（如第一个单音符的生成）具有随机性，因此程序设计者也无法准确预测最后的结果，但在重复该运算过程并输入相同初始数据的情况下，同一程序得出的结果是有限的。这正是人工智能生成内容的本质特征——是计算而非创作②。一篇文章在描述“机器作曲”时，其标题恰如其分地说明了这一点——《算出音乐来》③。

由此可见，具有“学习”能力的人工智能与以往机械式处理手段的不同，在于人工智能能够根据算法分析数据并找出最优策略，再采取该策略产生最佳结果，而不是仅仅应用算法直接获取结果。但是，对最优策略的确定仍然是基于算法产生的，而且策略本身属于方法，落入了思想的范畴，不可能作为作品受到著作权法的保护。算法和计算机程序设计者也许无法准确地预测计算机运行程序并分析数据后能得出怎样的最优策略，但不同的计算机运行同一程序，根据同一算法分析相同数据，得出的最优策略是相同的或有限的，而不同的计算机对相同的数据采取该最优策略，获取的结果也是相同的。换言之，对相同的原始材料，人工智能运用相同的策略进行处理，其结果具有高度的可重复性，这正说明对策略的应用不具备个性化的特征。与之形成鲜明对比的是，不同作者即使遵循同一创作理念、原则或规律，使用相同原始素材创作的作品也会在内容上五花八门。这是因为创作理念、原则或规律仅仅属于创作背景或外部限定，它无法决定作品的内容。有时，作者打破惯例、不按常规的创作还会产生更佳的艺术效果。正因为是作者独特的个性和情感，甚至是稍纵即逝的灵感，而不是创作理念、原则或规律驾驭着创作活动，所以如果作品内容较为复杂，甚至连作者本人在遗失作品的唯一载体之后，往往也难以重新创作出相同的内容。在提出著名的“图灵测试”的论文中，阿兰·图灵引述了杰弗里·杰斐逊（Geoffrey Jefferson）教授对“机器会思考”的怀疑：直至一部机器因思考和情感而不是通过随机排列符号而写出一首十四行诗或谱写一部协奏曲，我们才能认同机器等同于大脑④。

从上述分析中可以得出一个结论，目前的人工智能本质上是应用“人”的“智能”，其生成内容的过程并不涉及创作所需的“智能”，因此并不能成为受著作权法保护的作品。日本政府设立的知识产权战略本部在一份报告中指出“一般认为，人工智能自动生成的内容不属于著作权的客体”，其原因就在于“人工智能自动产生的创作物（类似作品的信息），并非（日本）《著作权法》第2条第1项规定的‘表现思想或者情感的作品’，也就根本不存在对其享有的著作权”⑤。澳大利亚司法部下设的澳大利亚版权审议委员会曾在有关计算机软件版权保护的报告草案中建议澳大利亚《版权法》增加“计算机生成的作品”（computer-generated work）的作品类别⑥，但遭到了澳大利亚版权委员会的反对，理由之一正是此类内容无法达到独创性的要求⑦。澳大利亚版权审议委员会接受了该观点，在其发布的最终报告中，不再建议将诸如由报告撰写程序（类似于前文提及的自动新闻写作程序）生成的内容作为作品保护，而是建议创设邻接权的客体以提供保护，其用语也从“计算机生成的作品”改为“计算机生成的内容”（computer-generated material）⑧。

在最早对“计算机生成的作品”进行规定的英国《版权法》中，“计算机生成的作品”被定义为“在该作品没有作者的情况下，由计算机生成的作品”⑨。该法第9条第3款规定：“对（由计算机生成

① 李星燕．算出音乐来［J］．新发现，2009（9）：98.

② Haykin．神经网络与机器学习［M］．申富饶，徐烨，郑俊，等译．北京：机械工业出版社，2011：389-398.

③ 同①96.

④ A. M. Turing. Computing Machinery and Intelligence. 59 Mind 236，445（1950）.

⑤ http://www.kantei.go.jp/jp/singi/titeki2/kettei/chizaikeikaku20160509.pdf.

⑥ Copyright Law Review Committee. Draft Report on Computer Software Protection，Office of Legal Information and Publishing，Attorney-General's Department（1993），para. 13. 08.

⑦ Australian Copyright Council. Response to the Copyright Law Review Committee's Draft Report on Computer Software（1993），p. 18，para. 96.

⑧ Copyright Law Review Committee. Computer Software Protection，Office of Legal Information and Publishing，Attorney-General's Department（1995），para. 13. 11-13. 21.

⑨ The Copyright，Designs and Patent Act 1988，Section 178.

的）作品的创作进行了必要安排的人”被视为“作者”①。然而，世界知识产权组织的报告对此指出：该规定看来是建立在一个假设之上，即计算机可以在没有任何人类创造性贡献的情况下“创作”文学艺术作品，但是否真正存在能够不借助任何人类创造性贡献而创作出“作品”的计算机“智能”，则是存疑的②。英国本国学者对此也持怀疑态度，认为“很难理解此种成果如何能够符合既有的独创性标准，特别是该标准要求作品应当是‘劳动、技巧或判断’的产物，更不用说符合欧盟有关作品是‘作者自己的智力创作成果’的要求了”③。同时，将该条适用于上文提及的机器人写作、作画和作曲等情形，也会遇到难以克服的障碍。试问谁对“由计算机生成的作品”的“创作”进行了必要安排？是相关计算机程序的编写者还是该机器人或程序的使用者？如果是前者，则其获得了对计算机程序和运行该程序生成结果的双重权利，属于重复获利，有失公平。如果是后者，则意味着只要选择了某机器人或运行了某一程序就可获得著作权④，显然是不合理的。

迄今为止，也只有一个涉及计算机游戏的英国案例适用了上述条款。在该案中，原告起诉被告抄袭了自己的计算机游戏，并主张计算机运行过程中呈现的画面属于“计算机生成的作品”，而原告的程序员则应被视为该作品的作者。对此，英国法院认为：组成（电子游戏画面）的各帧画面都是计算机生成的作品，为创作作品进行必要安排的工作是由琼斯⑤承担的，因为他设计了游戏各要素的外观，还设计了游戏的规则和逻辑，由此产生了游戏的每一帧画面，他还编写了计算机程序。在这种情况下我确信琼斯对作品的创作进行了必要的安排，应当根据（英国《版权法》）第 9 条第 3 款的规定被视为作者⑥。

显然，在该案法官的心目中，虽然程序员编写了计算机程序，也设计了游戏中人物、道具等各要素的画面，甚至是单幅的静止画面，但游戏在运行过程中形成的连续画面，并不是程序员直接创作的作品，而是“计算机生成的作品”，程序员并不是真正的作者⑦，只能被“视为”作者。这样的判断实不足取，在游戏运行时，屏幕上显示的所有连续画面，都是计算机程序根据玩家的操作调用预先输入的各要素图像，并加以组合形成的。虽然连续画面的内容会随着不同玩家的不同选择有些区别，但不可能超越程序员对游戏进程的预先设立的各种要素的组合，因此当然属于由程序员等作者们创作的作品，计算机只是在技术意义上“生成”了它们⑧。我国和其他国家的司法实践也认为计算机游戏画面是人创作的作品，并未将其认定为“计算机生成的作品”⑨。如我国法院就曾认定“游戏画面由游戏引擎按照既定规则调取开发商预先创作的游戏素材自动生成，……（该）连续画面构成类电影作品，其著作权属于游戏开发商”⑩，“网络游戏中因操作不同产生的不同的连续活动画面，其实质是因操作而产生的不同选择，并未超出游戏设置的画面，不是

---

① The Copyright, Designs and Patent Act 1988, Section 9（3）. 一些以英国立法为参照的英美法系国家和地区的法中也有类似规定，如我国香港特别行政区《版权条例》第 11 条第（3）款；Copyright Act 1994（New Zealand），Section 5（2）；Copyright Act 1978（South Africa），Section 1（1），in definition of “author”（h）；Copyright Act 1957（India），section 2（d）（vi）。

② WIPO，BCP/CE/I/2. Committee of Experts on a Possible Protocol to the Berne Convention for the Protection of Literary and Artistic Works，First Session，Memorandum prepared by the International Bureau，para. 51。

③ Jonathan Griffiths，Lionel Bently，William R. Cornish，UK，§ 2［b］［i］，in Paul Edward Geller（ed），International Copyright Law and Practice，Matthew Bender & Company，Inc.（2015）.

④ 这正是某些学者的观点，Jani McCutcheon. Curing the Authorless Void：Protecting Computer-Generated Works Following IceTV and Phone Directories. 37 Melb. U. L. Rev. 46，56（2013）.

⑤ 原告的股东兼程序员。

⑥ Nova Productions Ltd. v. Mazooma Games Ltd.，［2006］R. P. C. 14，398－399，para. 105.

⑦ 法院还否认运行游戏的玩家是作者，因为他们既没有投入艺术性的技巧和劳动，也没有对各帧画面的创作进行必要的安排。同②399，para. 106.

⑧ 即使是认同英国《版权法》该规定的学者，也认为该判决的观点存疑，因为“组成（电子游戏画面）的各帧画面都是组合自琼斯创作的单幅图片，是他的心灵和意志决定了由计算机生成的组合画面的形状”。Jani McCutcheon. Curing the Authorless Void：Protecting Computer-Generated Works Following IceTV and Phone Directories. 37 Melb. U. L. Rev. 46，66（2013）.

⑨ 如美国法院认为游戏运行过程中出现的连续画面属于“视听作品”，游戏设计者当然是作者。典型案件如 Stern Electronics，Inc. v. Kaufman，669 F. 2d 852（2d Cir. 1982）；Atari，Inc. v. North American Philips Consumer Electronics Corp.，672 F. 2d 607（7th Cir.，1983）；Midway Mfg. Co. v. Artic Intern.，Inc.，704 F. 2d 1009（7th Cir. 1983）；Atari Games v. Oman，888 F. 2d 878（D. C. Cir. 1989）等。

⑩ 上海市浦东新区人民法院民事判决书（2015）浦民三（知）初字第 529 号。

脱离游戏之外的创作"[①]。由此可见，英国《版权法》对所谓"计算机生成的作品"的定义和权利归属的规定，实不足为我国所仿效。

三、区分对人工智能生成内容的实然定性与应然定性

综上所述，对于人工智能生成的内容而言，即便在表现形式上与人类创作的作品几无差别，如机器人生成的人像素描和财经报道等，由于是应用算法、规则和模板的结果，其生成过程没有给人工智能留下发挥其"聪明才智"的空间，不具有个性特征，该内容并不符合独创性的要求，不能构成作品。

上文在讨论人工智能生成内容的定性时，暂时排除了主体的因素，并得出了此类内容不构成作品的结论。现在再考虑主体因素，也可以从不同的角度得出相同结论。《著作权法》的立法目的是鼓励作品的创作[②]。实现鼓励效果的途径，则是通过赋予作者复制权、发行权和信息网络传播权等一系列权利，使作者能够在法律上制止他人未经许可以复制、发行、信息网络传播等方式利用作品，确保他人在利用作品时经过作者许可并向作者支付报酬，从而使作者从创作中获得应有的回报，能够体面地生活，保持继续创作的动力，并为志在创作的年青一代产生良好的示范效应。那么，谁能在这套精心设计且十分复杂的法律机制之中受到鼓励呢？当然只可能是人。郑成思教授对此指出：不论何种人持何种看法，在认定版权制度的本质是鼓励用头脑从事创作之人这一点上，意见是一致的[③]。无论是动物还是机器，都不可能因著作权法保护作品而受到鼓励，从而产生创作的动力。正因为如此，"作品是作为有血有肉的自然人对于思想观念的表达；……由非人类'创作'的东西不属于著作权法意义上的'作品'"[④]。我国《著作权法》第2条将享有著作权的主体限定为"中国公民、法人或者其他组织"和符合条件的"外国人、无国籍人"，印证了著作权法的立法目的。美国版权局要求被登记的作品"必须由人类创作"，并将"在没有任何源于人类作者的智力投入或参与的情况下，由机器以及随机或自动运行的纯粹机械过程生成"的成果排除出可登记范围[⑤]，美国法院认定"猕猴自拍照"不构成作品[⑥]，也鲜明地反映了这一立场。因此，人工智能生成的内容不构成作品，属于法律对其的应然定性。

然而，对于那些由人工智能生成的，但在表现形式上与人类创作的作品类似的内容而言，如果人工智能的操控者并未披露其真实的生成过程，相反，此人还在该内容上署名，对外表明自己是创作者，则由于署名有推定作者身份的法定效力[⑦]，除非质疑者有相反证据证明该内容源自人工智能对算法、规则和模板的运用，在实然状态下，该内容仍然会被认定为作品并受到著作权法的保护，人工智能的操控者也将被认定为作者并享有一系列著作人身权和著作财产权。日本知识产权战略本部在否定了所谓"人工智能创作物"能作为作品受现行日本《著作权法》保护的可能性之后，又认为"然而，人类的创作物和人工智能创作物在外观上通常难以区分。基于此，除去明显是人工智能创作物的情形，应当与人类的创作物进行相同的对待。……人工智能创作的音乐、小说等内容也应当受到著作权法的保护"[⑧]，这实际上是指出了有别于法律规定的实然状态。

这种情况的出现，说明人工智能给著作权保护增加了一些复杂性，但尚不足以对著作权制度形成真正的挑战，因为它本质上属于证据规则的范畴，在以往也并不罕见。著作权法对作品构成的相关规定并不会因此改变，也无须改变。在前文提及的猕猴自拍照案中，如果摄影师发布照片时声称是自己拍摄，由于现场并无他人，猕猴当然也不会开口反驳，这张猕猴露齿微笑的照片当然会被认定为是摄影师的作品，真相可能永远无人知晓。同样，诗人晚年将其早年不为人知的诗歌投稿刊出，没有读过早年相同诗歌的人们都会认为诗人创作了新作品。但这并不意味着著作权法承认动物的"智力成果"是作品，或者抄写之前的诗歌属于创作。是信息的不对称造成了在作品认定方面应然状态与实然状态的对立。

那么，对于在应然状态下不构成作品的由人工

---

① 上海知识产权法院民事判决书（2016）沪73民终190号。

② 《著作权法》第1条即开宗明义地规定："为……鼓励有益于社会主义精神文明、物质文明建设的作品的创作……根据宪法制定本法"。

③ 郑成思. 版权法［M］. 修订本. 北京：中国人民大学出版社，1997：31-32.

④ 李明德，许超. 著作权法［M］. 2版. 北京：法律出版社，2009：29.

⑤ US Copyright Office, Compendium of the U. S. Copyright Office Practices (3rd Edition), § 313.2.

⑥ Naruto v. David john slater, 2016 U. S. Dist. LEXIS 11041.

⑦ 《著作权法》第11条第3款规定："如无相反证明，在作品上署名的公民、法人或者其他组织为作者"。

⑧ http://www.kantei.go.jp/jp/singi/titeki2/kettei/chizaikeikaku20160509.pdf.

智能生成的内容，能否视人工智能的研发者或使用者为创作者呢？有学者主张，可比照《著作权法》中视法人为作者和将著作权归属于投资者的规定，“将人工智能的所有者视为作者”①。对此需要指出的是，《著作权法》的上述规定，是以相关内容已构成作品为前提的。如果内容产生的过程并不属于创作，相关内容并不是作品，又谈何通过法律拟制将未参与创作者视为作者呢？在上述猕猴自拍照案中，当摄影师自己宣布涉案照片为猕猴自拍时，就从根本上否定了该照片属于作品的可能性，此时无论该照片在形式上与人类拍摄的照片多么近似，都不可能视摄影师为作者。

有观点认为上述结论是自相矛盾的，认为不能根据披露内容是否由人工智能产生来认定其是否为作品。对此需要强调的是，如果相关内容是人工智能产生的，也就是上文所述的机器应用算法、规则和模板而直接形成的唯一的结果或结果只在有限的可能性之中，则该内容就不是作品。只是当这一事实不为世人所知，且该内容形式上与人类创作的作品无异时，在内容上署名的人（这种署名与《著作权法》中的署名权毫无关系）会被推定为作者。这两者之间并不存在矛盾，只是应然状态与实然状态的区别而已。上文所举的猕猴自拍照案已经说明了这一点——“猕猴自拍照”当然不是作品，无论其拍得多么好，是否与人类拍摄的照片无法区别，只是在那名摄影师隐匿事实，谎称是自己拍摄了照片时，该照片因真相被掩盖而错误地被认定为作品而已。

（本文原发表于《法律科学》（西北政法大学学报）2017年第5期，系国家社会科学基金重大项目“互联网领域知识产权重大立法问题研究”（项目编号：14ZDC020）的阶段性成果。
作者单位：华东政法大学）

信息网络传播权及其与广播权的界限

刘银良

为适应互联网技术的发展，在《伯尔尼公约》基础上，世界知识产权组织（WIPO）于1996年主持通过“互联网条约”即《世界知识产权组织版权条约》（WCT）和《世界知识产权组织表演和录音制品条约》（WPPT），从而把著作权保护延伸至互联网空间②。我国著作权法第一次修订（2001年）亦因应互联网发展，直接借鉴WCT第8条后半段规定的向公众提供权，为作者增设信息网络传播权，使之能够控制作品在互联网等信息网络中的传播，网络著作权保护从此有了确定的法律依据③。然而遗憾的是，在信息网络传播权条款实施后迄今十多年间，关于如何理解和界定信息网络传播权的范畴却一直有理论分歧，这直接导致信息网络传播权法律适用的困局。针对传播方式、传播媒介和侵权后果相似甚至完全相同的网络传播行为，不同法院在不同案件中分别认定其侵犯信息网络传播权、广播权或者其他权利，这不仅增加了法律适用难度，也与公众期盼的统一司法标准相去甚远④。虽然有较多的研究与论证，但问题的根本仍没有被揭示，然而人们对于法律理解的裂痕却被固定，司法应有的指引作用阙如，这并非良好的法律适用现象。鉴于信息网络传播权是互联网环境下的一项基本著作权，理论阐释不足和司法适用混乱已经对网络著作权保护产生不利影响，也使互联网版权产业面临法律上的不确定性。

在与信息网络传播权法律适用相关的问题中，尤以信息网络传播权的范畴界定最为基础，它是理解其他法律问题（包括侵权标准界定）的关键。为求正本清源，本文将首先对WCT规定的向公众传播权和向公众提供权进行解析，然后结合我国著作权法规定和司法实践论述信息网络传播权的范畴，其中包括它与广播权的界限。本文亦将同时辨析一些关于互联网传播或信息网络传播权的观点，它们虽然可能属我国当前网络著作权法学界和司法界的“主流”认识，但却未必有国际条约或著作权法基础。由于我国著作权法赋予作者的信息网络传播权和赋予表演者及录音录像制作者就其固定的表演或录音录像制品所享有的信息网络传播权具有基本相同的法律属性，本文将主要阐述作者的信息网络传

① 熊琦．人工智能生成内容的著作权认定［J］．知识产权，2017（3）：8.

② 李明德，等．欧盟知识产权法．北京：法律出版社，2010：275.

③ 《著作权法》（2010年修订）第10条第1款第12项。关于表演者和录音录像制作者的信息网络传播权，见《著作权法》第38条第1款第6项、第42条第1款。

④ 李瑞钦．信息网络传播权制度适用的实践困境及其完善构建：从非交互式网络传播行为的侵权认定切入［J］．法律适用，2014（12）：60ff.

播权。在WCT和我国著作权法下，向公众提供权和信息网络传播权基本等义，本文亦如此视之，并在WCT语境下主要使用前者，在我国著作权法语境下主要使用后者。

除《伯尔尼公约》、WCT和我国著作权法文本外，还有几个权威文献值得参考。WIPO出版的《伯尔尼公约指南》是理解《伯尔尼公约》的标准参考物①。WIPO专家委员会对WCT实质条款基础提案的说明为WCT谈判文本提供了基础性解释，其中尤以“关于第10条的说明”（基础提案第10条即WCT第8条）最为重要②。还有深度参与WCT和WPPT谈判的版权法专家的著述，其一是届时负责互联网条约谈判且最早提出向公众传播权“伞型权利方案”的WIPO原助理总干事米哈依·菲彻尔的解释③，其二是欧盟专家莱因伯特和莱温斯基的评注④。

一、WCT规定的向公众传播权解析

《伯尔尼公约》分别为部分文学和艺术作品的作者赋予控制其作品被表演与传播的权利：针对戏剧、戏剧音乐作品和音乐作品的现场公开表演权（第11（1）（i）条）和机械表演权（第11（1）（ii）条）；针对文学和艺术作品的广播权（第11之二（1）条）；针对文学作品的现场公开朗诵权（第11之三（1）（i）条）和机械朗诵权（第11之三（1）（ii）条）；针对由文学和艺术作品改编的电影作品的公开放映权和有线公开传播权（第14（1）（ii）条，第14之二（1）条）。

这些权利非常重要，但它们作为控制作品传播的权利体系却是不完整的。第一，这些权利较为分散，系统性较差。第二，公约仅为部分文学和艺术作品的作者设置了表演权或机械表演权等权利，却没有对所有种类作品的作者赋予相应权利。第三，鉴于传播技术不断发展，由《伯尔尼公约》所赋予的权利难以覆盖所有电信传播行为，如直接通过有线电缆播放的有线节目就难以归入《伯尔尼公约》规定的广播权范畴⑤。按照《伯尔尼公约指南》的解释，如果广播组织直接（无线）广播作者的作品或其表演（如现场音乐会），就属（无线）广播权范畴（由第11之二（1）（i）条管辖）；如果是其他组织利用有线或无线方式转播广播组织的广播信号，就属广播权中的有线或无线转播权范畴（由公约第11之二（1）（ii）条管辖）；但如果是广播组织或其他组织直接通过有线方式播放作品或现场音乐会，就属机械表演权范畴（由第11（1）（ii）条管辖）⑥。第四，自20世纪90年代初开始兴起的互联网传播更是超越了公约规定的各项传播权：尽管也可以把它解释为属公约第11之二（1）（i）条规定的通过任何无线传播方法向公众传播作品的行为⑦，但信息网络传播与广播毕竟不同，把它列为广播权的一项子权利在逻辑上不自洽。

在欧盟代表团建议的基础上，经过缔约国广泛讨论，WCT最终以“伞型权利”的形式赋予所有作品的作者控制通过有线或无线方式向公众传播其作品的权利，以弥补《伯尔尼公约》关于作品传播权分散且不周延等缺陷⑧。在“不损害”之前缀后，

---

① WIPO. Guide to the Berne Convention for the Protection of Literary and Artistic Works (Paris Act, 1971) [M], Geneva: WIPO Publication No. 615 (E), 1978.

② WIPO. Basic Proposal for the Substantive Provisions of the Treaty on Certain Questions Concerning the Protection of Literary and Artistic Works to Be Considered by the Diplomatic Conference (December 1996), Prepared by the Chairman of the Committees of Experts on a Possible Protocal to the Berne Convention and on a Possible Instrument for the Protection of the Rights of Performers and Producers of Phonograms [R], CRNR/DC/4, August 30, 1996, “Notes on Article 10”.

③ FICSOR M. The Law of Copyright and the Internet: The 1996 WIPO Treaties, their Interpretation and Implementation [M]. Oxford: Oxford University Press, 2002, para. C8.11, note 179. 本书的中译本见［匈］米哈依·菲彻尔. 版权法与因特网［M］(上、下). 郭寿康，万勇，相靖，译. 北京：中国大百科全书出版社，2009.

④ REINBOTHE J, von LEWINSKI S. The WIPO Treaties on Copyright: A Commentary on the WCT, the WPPT, and the BTAP [M], 2nd ed. Oxford: Oxford University Press, 2015. 本书的部分中译本见［德］约格·莱因伯特，西尔克·冯·莱温斯基. WIPO因特网条约评注［M］. 万勇，相靖，译. 北京：中国人民大学出版社，2008. 该中译本译自 REINBOTHE J, von LEWINSKI S. The WIPO treaties 1996: the WIPO Copyright Treaty and the WIPO Performances and Phonograms Treaty [M]. Reed Elsevier, 2002.

⑤ 同②，Notes 10.01－10.06；REINBOTHE J, von LEWINSKI S. The WIPO Treaties on Copyright: A Commentary on the WCT, the WPPT, and the BTAP [M], 2nd ed. Oxford: Oxford University Press, 2015, paras. 7.8.10－7.8.19。

⑥ 同①，paras. 11.5, 11bis.9, 11bis.10。

⑦ 同②，Notes 10.04 and 10.13；REINBOTHE J, Von LEWINSKI S. The WIPO Treaties on Copyright: A Commentary on the WCT, the WPPT, and the BTAP [M], 2nd ed. Oxford: Oxford University Press, 2015, para. 7.8.6。

⑧ 同②，Notes 10.07－10.08；FICSOR M. The Law of Copyright and the Internet: The 1996 WIPO Treaties, their Interpretation and Implementation [M], Oxford: Oxford University Press, 2015, paras. C 8.02, C 8.03；REINBOTHE J, Von LEWINSKI S. The WIPO Treaties on Copyright: A Commentary on the WCT, the WPPT, and the BTAP [M], 2nd ed. Oxford: Oxford University Press, 2015, paras. 7.8.1－7.8.9。

WCT 第 8 条前半段规定了广泛的向公众传播权（right of communication to the public），后半段规定了向公众提供权（right of making available to the public）。我国《著作权法》第 10 条第 1 款第 12 项关于信息网络传播权的规定几乎直接源自 WCT 第 8 条后半段，因此有必要对该条款进行全面解析。

WCT 第 8 条规定（各条款后的权利或行为为本文所加）："在不损害《伯尔尼公约》第 11（1）（ii）条（机械表演权）、第 11 之二（1）（i）与（ii）条（广播或无线传播、对广播的有线转播或无线转播）、第 11 之三（1）（ii）条（机械朗诵权）、第 14（1）（ii）条和第 14 之二（1）条（电影的公开放映权和有线公开传播权）规定之情形下，文学和艺术作品的作者应当享有专有权，以授权将其作品以有线或无线方式向公众传播，包括将其作品向公众提供，使公众成员可以在其个人选定的地点和时间获得这些作品。"该规定内容丰富，从中可以推导出向公众传播权和向公众提供权的要点与范畴。对基础且广泛的向公众传播权而言，第 8 条前半段的规定有多方面的含义。

首先，它用"任何"来界定向公众传播行为，对《伯尔尼公约》规定的机械表演、机械朗诵、广播等远程机械传播行为给予补充，借以弥补可能存在的传播权缺陷，其中包括第 8 条前缀所述的由《伯尔尼公约》规定的机械传播条款没有覆盖的作品类型以及有线广播、对有线广播的有线转播、发射初始广播信号的广播组织对其广播节目的无线和有线转播等行为。这意味着，向公众传播权覆盖了所有作品类型和所有电信传播行为，扩展了《伯尔尼公约》规定的传播权范畴。当然仅就其规制的广播行为而言，与《伯尔尼公约》第 11 之二（1）条涵盖的广播行为种类相比，由 WCT 第 8 条前半段所额外涵盖的广播行为种类范围要小得多，它仅属于对《伯尔尼公约》规定的广播权的补充①。

其次，"向公众传播"意指通过各种有线或无线的电信传输手段向公众提供作品。作品承载信号可为模拟信号或数字信号，传播介质可以是电磁波或引导光束等。"公众"意味着针对超越了家庭或私人范围的不特定传播对象。"传播"意味着把作品传输至非原发地，属远程传播，不涉及现场公开表演，相应地，第 8 条前缀亦无须声明对规定现场公开表演的《伯尔尼公约》相关条款不构成损害。在缔约国的国内法中，使用的概念可能是"传输"（transmission）或"传播"（communication）。虽然一般来说传输注重技术上的转移，而传播则除技术上的转移外还提示传播了作品，但在 WCT 层次它们并无区别，都意指传播或传输了作品。作品传播可能涉及信号传输和临时存储等环节，如果临时存储是作品传输之必需步骤，它就可能无须权利人许可，但如果存储时间超过了必要限度从而相当于向公众提供作品，临时存储就可能落入向公众传播权（包括向公众提供权）或复制权的范畴②。

再次，WCT 第 8 条前半段虽然规定了广泛的向公众传播权，足以覆盖所有通过有线或无线方式传播作品的行为，但鉴于缔约国著作权（版权）体系的多样性，并且围绕各项传统的传播权已形成稳定的利益平衡体系，因此在国际条约层面也不宜简单地以向公众传播权替代《伯尔尼公约》规定的各项传播权，第 8 条前缀因而明确规定由《伯尔尼公约》规定的机械表演权、机械朗诵权、广播权和电影公映权等权利不应受到损害③。不唯如此，WCT 还在第 8 条的议定声明中明确由《伯尔尼公约》第 11 之二（2）条规定的广播权例外不受第 8 条规定的影

① WIPO. Basic Proposal for the Substantive Provisions of the Treaty on Certain Questions Concerning the Protection of Literary and Artistic Works to Be Considered by the Diplomatic Conference (December 1996), Prepared by the Chairman of the Committees of Experts on a Possible Protocal to the Berne Convention and on a Possible Instrument for the Protection of the Rights of Performers and Producers of Phonograms [R], CRNR/DC/4, August 30, 1996, Notes 10.13, 10.18; REINBOTHE J, Von LEWINSKI S. The WIPO Treaties on Copyright: A Commentary on the WCT, the WPPT, and the BTAP [M], 2nd ed. Oxford: Oxford University Press, 2015, paras. 7.8.10−7.8.21.

② WIPO. Basic Proposal for the Substantive Provisions of the Treaty on Certain Questions Concerning the Protection of Literary and Artistic Works to Be Considered by the Diplomatic Conference (December 1996), Prepared by the Chairman of the Committees of Experts on a Possible Protocal to the Berne Convention and on a Possible Instrument for the Protection of the Rights of Performers and Producers of Phonograms [R], CRNR/DC/4, August 30, 1996, Notes 10.14, 10.16。

③ WIPO. Basic Proposal for the Substantive Provisions of the Treaty on Certain Questions Concerning the Protection of Literary and Artistic Works to Be Considered by the Diplomatic Conference (December 1996), Prepared by the Chairman of the Committees of Experts on a Possible Protocal to the Berne Convention and on a Possible Instrument for the Protection of the Rights of Performers and Producers of Phonograms [R], CRNR/DC/4, August 30, 1996, Note 10.09; FICSOR M. The Law of Copyright and the Internet: The 1996 WIPO Treaties, their Interpretation and Implementation [M], Oxford: Oxford University Press, 2015, para. 4.86。

响[①]。这有两方面的含义：第一，WCT第8条虽然规定了广泛的向公众传播权，其中包括对广播权范畴的扩展，但它却不影响由《伯尔尼公约》规定的广播权限制，即针对广播权的强制许可仍然可以适用。第二，由《伯尔尼公约》规定的对作者广播权的限制，也不对由WCT第8条规定的向公众传播权（尤其是第8条后半段规定的向公众提供权）构成限制[②]。从向公众提供权（信息网络传播权）角度视之，由它所规范的信息网络传播行为不应受到《伯尔尼公约》规定的广播权例外的限制，因此网播组织不能像广播组织一样当然享有相应的广播权强制许可，这一点非常重要。

最后，需严格界定广播权的强制许可范畴。《伯尔尼公约》第11之二（2）条规定了针对广播权的强制许可。我国《著作权法》相应地规定了广播权的法定许可：广播组织可以不经著作权人同意就播放其已发表的作品，但需支付报酬[③]。这看似简单的法定许可，却是众多广播组织的运行基础。为维护作者的合法利益，《伯尔尼公约》对于广播权的强制许可也规定了限制条件，包括广播权例外的效力仅限于规定了该强制许可的国家境内、作者的精神权利应该得到保护和作者应当获得合理补偿[④]。广播权强制许可作为一项重要的利益平衡机制，在WCT谈判过程中也曾遭遇挑战。WCT草案第6（1）条曾试图废除《伯尔尼公约》规定的广播权强制许可，但却遭到中国和非洲国家集团反对，在讨论表决中也未得到多数支持，因此未能成功[⑤]。这反过来表明，在很多国家的著作权体系下，它仍是一种不可或缺的利益平衡制度。

概言之，WCT通过设置向公众传播权以弥补《伯尔尼公约》规定的传播权缺陷，再通过设置专门的向公众提供权以适应互联网时代[⑥]。《伯尔尼公约》成员国著作权体系各异，并无统一的传播权体系，如果WCT要完全取代《伯尔尼公约》规定的传播权体系，势必带来条约谈判的艰难甚至使其不可能，也可能会因为打破了原有的权利与限制平衡而带来履约困难[⑦]。概括性的向公众传播权再加上针对互联网环境的特别权利的立法策略因而具有较大程度的合理性与可行性。

二、WCT规定的向公众提供权解析

在WCT第8条前半段规定的向公众传播权之下，第8条后半段为作者规定了向公众提供权，使其可以控制互联网下的作品传播：在不损害《伯尔尼公约》规定的广播权等权利之情形下，文学和艺术作品的作者应当享有专有权，以授权“将其作品向公众提供，使公众成员可以在其个人选定的地点和时间获得这些作品”。基于以上对向公众传播权的分析，再加上第8条后半段的规定，可推知互联网环境下向公众提供权的范畴。

WCT设置向公众提供权主要是为适应互联网技术时代。然而考虑到网络技术发展的不可预测，为对未来技术发展保持开放性，WCT并未使用互联网技术特征界定该新型传播模式，此为技术中立原则，其目的主要是为维护国际条约的稳定性。考虑到各缔约国具有不同的传播权保护路径，为避免明示或暗示其倾向性，第8条后半段也没有利用法律特征界定该新型权利，而只是规定了相关行为，即向公众提供作品使公众成员可在其个人选定的地点和时间获得作品。此为法律中立原则，即不把该行为规定为发行或传播，从而使缔约国可以自由选择适用发行权或传播权等权利形式规制互联网环境下向公众提供作品的行为[⑧]。

① WCT，Article 8 and the Agreed Statement concerning Article 8.

② REINBOTHE J，Von LEWINSKI S. The WIPO Treaties on Copyright：A Commentary on the WCT，the WPPT，and the BTAP [M]，2nd ed. Oxford：Oxford University Press，2015，para. 7.8.44。

③ 《著作权法》第43条第2款（针对作品）、第44条（针对录音制品）。

④ WIPO. Guide to the Berne Convention for the Protection of Literary and Artistic Works（Paris Act，1971）[M]，Geneva：WIPO Publication No. 615（E），1978，para. 11bis. 16。

⑤ WIPO. Basic Proposal for the Substantive Provisions of the Treaty on Certain Questions Concerning the Protection of Literary and Artistic Works to Be Considered by the Diplomatic Conference（December 1996），Prepared by the Chairman of the Committees of Experts on a Possible Protocal to the Berne Convention and on a Possible Instrument for the Protection of the Rights of Performers and Producers of Phonograms [R]，CRNR/DC/4，August 30，1996，Note 6.05；FICSOR M. The Law of Copyright and the Internet：The 1996 WIPO Treaties，their Interpretation and Implementation [M]，Oxford：Oxford University Press，2015，paras. 2.56-2.57。

⑥ REINBOTHE J，von LEWINSKI S. The WIPO Treaties on Copyright：A Commentary on the WCT，the WPPT，and the BTAP [M]，2nd ed. Oxford：Oxford University Press，2015，para. 7.8.10。

⑦ 同⑥，paras. 7.8.1-7.8.9；FICSOR M. The Law of Copyright and the Internet：The 1996 WIPO Treaties，their Interpretation and Implementation [M]，Oxford：Oxford University Press，2015，para. 4.84。

⑧ FICSOR M. The Law of Copyright and the Internet：The 1996 WIPO Treaties，their Interpretation and Implementation [M]，Oxford：Oxford University Press，2015，paras. C 8.06，PP 10.02。

虽然 WCT 第 8 条后半段并未明确界定向公众提供权的适用范围，然而在当前阶段它显然主要是指互联网环境下向公众提供作品的行为，如欧盟专家认为，第 8 条后半段规定的就是“在线”向公众提供作品权的最低标准①。这也是我国著作权法称之为“信息网络传播权”的缘由。人们在理解向公众提供作品行为时，亦需结合互联网技术特征，否则就难以全面界定此种传播行为及相应的权利范畴。作为数字通信工具，互联网具有开放性、公共性、非同步性和交互性等特点，它们是理解向公众提供权的前提②。这些特点让互联网成为迄今最具包容性的通信工具和信息存储基地。基于其开放性和公共性，行为人一旦把作者的作品提供于对公众开放的互联网空间，公众成员就可以在其个人选定的时间和地点获得作品，并且只要作品持续存在于网络空间，公众就可以随时获得作品。此即 WCT 第 8 条后半段规定向公众提供作品、使公众可主动获得作品的含义。向互联网空间提供作品的行为一旦完成，是否有人登录网站获得作品并不重要。这与广播组织的广播信号一旦发射就构成广播行为，是否有人收看或收听其节目也不重要属相同的逻辑。《伯尔尼公约指南》强调，“关键是信号的发射；它们是否被实际接收并不重要”③。从著作权保护角度看，只要权利的设置能够控制人们未经著作权人许可向网络空间提供作品，就能够保护著作权人在互联网空间的传播权益免于被侵犯。就此而言，防止他人未经许可把作品置于互联网空间就是该权利所应规范的关键。

WCT 第 8 条后半段规定了向公众提供行为的多种因素，对其分析可有助于理解“向公众提供行为”和界定“向公众提供权”的范畴。以下同时比较我国著作权法的相关规定，并分析一些流行但却未必正确的理解。

第一，是客体，即人们通过信息网络提供和获得什么。WCT 第 8 条前半段规定的是“文学和艺术作品”，后半段的用语是“这些作品”（these works）或具有指代意义的“他们（作者）的作品”（their works）。根据 WIPO 专家委员会的解释，行为人向公众提供的是“作品”，相关用语包括“这些作品”或“所有种类的作品”④。可见无论是针对广泛的向公众传播权还是专门的向公众提供权，WCT 均从作品的归属、作品本身或种类方面予以强调，此外并无任何限定。这意味着，对于 WCT 第 8 条规定的向公众传播权和向公众提供权所涉及的“作品”，仍需从《伯尔尼公约》或著作权法的一般原理出发予以理解，即无论是作品的整体还是部分，只要作品或其部分属于作者的原创性表达，就属于“作品”的范畴，行为人把它向网络空间提供就可能构成向公众提供作品的行为。相应地，WCT 第 8 条后半段对于向公众提供作品行为的界定，也未规定行为人对他人作品的整体或任意部分的提供才构成提供。合乎著作权法的理解应当是：只要行为人未经著作权人许可将其作品（无论是电影作品还是音乐或文字作品）提供于互联网空间，即使它仅是作品的部分或片段，也构成在互联网空间提供作品，从而可能侵犯著作权人的向公众提供权。

和 WCT 第 8 条后半段相一致，我国《著作权法》第 10 条第 1 款第 12 项规定：“信息网络传播权，即以有线或者无线方式向公众提供作品，使公众可以在其个人选定的时间和地点获得作品的权利”。和 WCT 一样，我国《著作权法》对于“作品”也未给予更多限定。这意味着，行为人未经许可在互联网空间对于作品或其独创性部分的提供均构成信息网络传播行为，从而可能侵犯信息网络传播权。然而，有研究者认为，在信息网络传播权纠纷中，网络用户在任何时间所能够获得的必须是作品的全部或其任何部分，“在个人指定的时间（在一部电视连续剧中）选择其中一集加以欣赏”⑤，或按照其“个人的需要”决定“获得哪些内容”以及

① REINBOTHE J，von LEWINSKI S. The WIPO Treaties on Copyright：A Commentary on the WCT，the WPPT，and the BTAP [M]，2nd ed. Oxford：Oxford University Press，2015，para. 7.8.10。

② 理查德·斯皮内洛. 铁笼，还是乌托邦：网络空间的道德法律 [M]. 李伦，等译. 北京：北京大学出版社，2007：34ff.

③ WIPO. Guide to the Berne Convention for the Protection of Literary and Artistic Works（Paris Act，1971）[M]，Geneva：WIPO Publication No. 615（E），1978，para. 11bis. 3。

④ WIPO. Basic Proposal for the Substantive Provisions of the Treaty on Certain Questions Concerning the Protection of Literary and Artistic Works to Be Considered by the Diplomatic Conference（December 1996），Prepared by the Chairman of the Committees of Experts on a Possible Protocal to the Berne Convention and on a Possible Instrument for the Protection of the Rights of Performers and Producers of Phonograms [R]，CRNR/DC/4，August 30，1996，Notes 10.09-10.13。

⑤ 王迁. 论“信息网络传播权”的含义：兼评“成功多媒体诉时越公司案”一审判决 [J]. 法律适用，2008（12）：65.

"主动'按需'对获得的内容予以选择"[①]，否则就不构成侵犯信息网络传播权。显然这是研究者在理解或解释著作权法规定的信息网络传播权时所附加的额外要求，并无WCT和著作权法规定的支持。

第二，是作品"提供"行为。按照WIPO专家委员会的解释，向公众提供权规范的是以提供"获得作品（的可能性）"的方式（by providing access to it）向公众提供作品的行为，其关键是"提供作品的初始行为"，而非提供服务器空间、通信链接、信号运输与路由等设备或服务的行为[②]。从行为效果看，只要行为人把作品提供于对公众开放的互联网空间，就完成了作品提供行为，该行为就落入向公众提供权范畴。基于不同的技术设置，公众或许能够把作品下载或存储至个人终端形成复制件，或许只能在线浏览或感知作品，或许只能在有限的时间（如一星期内或每天的固定时间段）或地点（如ISP可把能够获得作品的终端IP范围限定在一国境内或一所大学内）获得该作品，皆无关紧要。

第三，是"获得"作品的行为。根据韦伯斯特词典的解释，无论作为名词或动词，在互联网环境下，"获得"作品的含义仅意味着人们可以在互联网上获得、打开或利用某作品。WIPO专家委员会也阐明，考察行为人对作品的提供与网络用户是否可以获得作品复制件或只能简单地感受作品（如观看）无关[③]。人们一般认可，"获得"作品有下载、浏览、观看等形式[④]。只要公众可以在其个人选定的时间和地点下载、浏览或观看提供于互联网空间的作品，就认为他们可以或者能够获得相关作品。除此之外，无论WCT第8条后半段还是我国《著作权法》第10条皆未为"获得"作品规定更多条件或要求，其中包括公众对于浏览或观看过程的控制。一些研究者把"获得"作品理解为公众对于作品播放过程的随意控制，或对作品内容的主动选择，认为"如果受众根本不能自由选择节目内容加以个性化的观赏"[⑤]，就不构成获得作品，也不侵犯信息网络传播权。这样的观点既无WCT或著作权法文本的支持，也难以符合向公众提供权或信息网络传播权的立法目的。

第四，是公众成员可在其"个人选定的时间和地点"获得作品的含义。如上所述，互联网传播具有非同步性与交互性等特点，这与广播电视等传统媒体不同。为避免人们对向公众提供作品行为的机械理解，WIPO专家委员会特别说明，WCT第8条后半段规定公众成员在获得作品时的个性化选择条件，目的在于排除广播行为，即明确互联网环境下的作品提供行为不同于广播[⑥]。该说明有助于避免向公众提供权和广播权的混淆，对于界定向公众提供权范畴极为重要。WCT第8条后半段对公众获得作品的个性化选择条件的规定，表明条约之所以为作者设置向公众提供权，目的在于设置一种可适用于互联网环境的向公众传播权——该权利有别于广播权，且与广播权互补——借此完善作者在电信环境下的向公众传播权。在向公众传播权之下，向公众提供权和广播权共同规范着基于电信技术应用的作品传播。由此可理解，WCT第8条后半段对于网络用户获得作品的个性化选择条件的规定，不仅"提示"作品传播的交互性[⑦]，也基本划定了向公众提供权和广播权的界限。

与此相关，公众能否在"个人选定的时间"获得作品是信息网络传播权纠纷中的争议焦点。如上所述，WCT和我国著作权法之所以如此规定，目的在于界定信息网络传播与广播的不同。广播节目一播而过，公众不可能在其个人选定的时间主动获得节目；但对于信息网络传播来说，只要作品被提供于向公众开放的互联网空间，人们就可以在其个人选定的时间和地点获得作品。因此对于信息网络传播下的作品获得而言，只要公众具有高于广播行为下的作品获得主动性即可，研究者不宜将之理解为公众可以随意在其个人选定的时间获得作品的全部或任何部分，否则可能让信息网络传播权难以成为

① 芮松艳．信息网络传播权的理解适用与第三次《著作权法》修改：以国际公约及司法实践为视角［J］．电子知识产权，2013（Z1）：127ff.

② WIPO. Basic Proposal for the Substantive Provisions of the Treaty on Certain Questions Concerning the Protection of Literary and Artistic Works to Be Considered by the Diplomatic Conference（December 1996），Prepared by the Chairman of the Committees of Experts on a Possible Protocal to the Berne Convention and on a Possible Instrument for the Protection of the Rights of Performers and Producers of Phonograms［R］，CRNR/DC/4，August 30，1996，Note 10.10。

③ 同②.

④ 《最高人民法院关于审理侵害信息网络传播权民事纠纷案件适用法律若干问题的规定》（法释［2012］20号）第3条。

⑤ 王迁．论"信息网络传播权"的含义：兼评"成功多媒体诉时越公司案"一审判决［J］．法律适用，2008（12）：65.

⑥ 同②，Note 10.12。

⑦ 同②，Note 10.11。

维护作者在互联网空间的作品传播权益的工具，从而有违信息网络传播权的立法目的。

第五，是向公众提供权和广播权的关系。很多研究者在分析向公众提供权（信息网络传播权）时都忽略了 WCT 第 8 条的前缀部分。该前缀很重要，它不仅限制向公众传播权，也同样限制互联网环境下的向公众提供权。正如 WIPO 专家委员会所阐述，设置向公众提供权主要是为明确互联网环境下的作品传播属向公众传播权范畴，并且 WCT 也不打破由《伯尔尼公约》规定的广播权及其限制所维持的利益平衡①。在现代著作权体系下，表演权与机械表演权（包括朗诵权和机械朗诵权）虽然也属广义的传播权范畴，但它们基本自成表演权体系，并且固定的表演也是传播的客体②。因此在 WCT 第 8 条前半段规定的向公众传播权之下，运用电信手段的作品远程传播在当前只有广播和信息网络传播两种。相应地，向公众传播权基本包括广播权和向公众提供权两种权利（当然在不同国家它们可有不同的保护路径和权利形式，此亦上述法律中立原则之原因③）。英国版权法在向公众传播权之下规定了广播权和向公众提供权这两种基本平行的权利就是证明④。

在当前的电信传播环境（包括互联网）下，如果相关行为可被归于广播权调整的行为，它就属于广播权范畴，而不应纳入信息网络传播权范畴；但是如果相关行为属于在互联网环境下向公众提供作品，它就应由信息网络传播权予以规范，而不能归入广播权范畴。在 WCT 规定的向公众传播权框架下，非广播权（由《伯尔尼公约》第 11 之二（1）条规定并由 WCT 第 8 条前半段予以补充）规范的行为，就属向公众提供作品的行为。此即信息网络传播权和广播权的界限，这也说明在 WCT 第 8 条规定的向公众传播权之下，并无“其他权利”的空间。

三、信息网络传播权与广播权关系再探究

（一）行为与权利之比较

一方面，事实上，广播和信息网络传播具有较多一致性。作为一种公共传播手段，广播（包括广播和电视）的特点包括公共性和节目内容的丰富性，广播也因此改变了人类的知识和娱乐获得模式⑤。这些特点信息网络传播也具备，并且在传播地域之广和内容之丰富方面均已超越广播。从传播内容看，广播和信息网络传播行为传播的都是作品（或固定的表演或录音录像制品等）。从著作权人享有的权利性质看，广播权和信息网络传播权皆属排他性专有权。而从传播形式以及传播与公众的关系看，二者都是传播组织向公众提供信号或作品供公众选择获得。

再从技术和信号角度看，广播等传统媒体和互联网皆属有线或无线的电子信息传播媒体。广播是以无线或有线方式向公众传播广播信号或有线广播信号的行为（广播信号可以是模拟信号或数字信号），互联网等计算机信息网络传播则是基于其特有的架构（包括传输协议）以无线或有线方式传播数字信号（数据包）的行为，二者的根本差别在于广播信号属单方向传输，只能从广播电台（电视台）传递至信号接收者，而互联网传播则属数据包的双向传输，这也是互联网被称为交互性传播的基本理由。在这方面两者看似有别，但在“三网融合”的数字时代，随着流媒体技术的广泛应用，广播信号和互联网信号及其传输方式已经发生交叉与重叠，流媒体技术使网络实时播放节目或转播广播节目成为可能，很多电视台或网络电视台都同时提供实时网络直播和事后点播服务（回看时间可以是几分钟

① WIPO. Basic Proposal for the Substantive Provisions of the Treaty on Certain Questions Concerning the Protection of Literary and Artistic Works to Be Considered by the Diplomatic Conference (December 1996), Prepared by the Chairman of the Committees of Experts on a Possible Protocal to the Berne Convention and on a Possible Instrument for the Protection of the Rights of Performers and Producers of Phonograms [R], CRNR/DC/4, August 30, 1996, Notes 10.09, 10.11; REINBOTHE J, Von LEWINSKI S. The WIPO Treaties on Copyright: A Commentary on the WCT, the WPPT, and the BTAP [M], 2nd ed. Oxford: Oxford University Press, 2015, para. 7.8.44。

② WIPO. Basic Proposal for the Substantive Provisions of the Treaty on Certain Questions Concerning the Protection of Literary and Artistic Works to Be Considered by the Diplomatic Conference (December 1996), Prepared by the Chairman of the Committees of Experts on a Possible Protocal to the Berne Convention and on a Possible Instrument for the Protection of the Rights of Performers and Producers of Phonograms [R], CRNR/DC/4, August 30, 1996, Note 10.18。

③ FICSOR M. The Law of Copyright and the Internet: The 1996 WIPO Treaties, their Interpretation and Implementation [M], Oxford: Oxford University Press, 2015, paras. C 8.06, PP 10.02。

④ UK Copyright (2003), Sections 16 (1) (d) and 20 (2).

⑤ WIPO. Guide to the Berne Convention for the Protection of Literary and Artistic Works (Paris Act, 1971) [M], Geneva: WIPO Publication No. 615 (E), 1978, paras. 11bis.6, 11bis.7。

或数年)①。这表明在信号及其传输方面，广播和信息网络传播的界限已经交融，区分变得越来越没意义。

但另一方面，广播和信息网络传播却至少在信号呈现方式、对作品的使用方式、信号在传播介质中保存时间长短等方面表现出不同。相应地，其市场后果、自由许可的必要性及权利限制等制度安排也有所不同。广播信号一播而过，无法在传播介质中保留，对作品的使用属一次性使用，作为信息接收者的公众只有一次收听或收看机会，错过了就只能等重播或再次广播，公众因而不能依赖此方式获得他想欣赏的作品。在流媒体技术支持的网络直播或互联网电视系统中也是如此，节目的一段数据只在网络用户的终端缓存中存续几秒钟甚至更短时间就被其后的数据所覆盖。因此网络广播虽然使用了互联网作为信号传播介质（并因而具有互联网传播的基础交互性），但它在本质上仍属于广播而非向公众持续提供作品的行为（对网络直播或转播节目同时或延迟提供的回看服务则可能属信息网络传播行为）。信息网络传播克服了该缺陷，它让作品等信息持续提供于向公众开放的互联网空间，使作品持续暴露在公众的获得可能性之下，只要作品被提供于互联网空间，公众就可在其个人选定的时间和地点获得作品，并且可以多次重复获得作品，因此信息网络传播属于对作品的持续使用。这是互联网传播的本意，也体现了信息网络传播和广播的真正差别。

因此在传播介质都是互联网的情形下，区别广播和信息网络传播的要点应在于作品（或承载作品的数字信号）是否在网络空间保留足够长时间，从而使公众能够主动地在其个人选定的时间和地点获得作品。这也因而决定了公众在获得节目或作品时的主动性差异：在广播行为下公众只能被动收听广播节目而几乎没有主动性，而在信息网络传播行为下公众具有较大的获得作品的主动性。米哈依·菲彻尔认为，信息网络传播之所以不同于广播，仅在于人们假定广播有一个主动的传播者和被动的接受者②。由此角度看，公众是否具有获得节目或作品的主动性似乎可作为广播和信息网络传播的区别性特征。然而若进一步分析就可发现，公众是否具有获得作品的主动性，其基础仍在于相关的信息或信号在传播介质中保留的时间长短。

从市场结果看，广播由于其一播而过的特性难以成为公众可依赖的作品获得途径，它因而难以对著作权人的作品市场产生竞争性的消极影响。但是在作品被持续提供于互联网的情形下，网络空间就可成为公众可依赖的作品获得途径，消费者也就可能不再去购买作者的图书或DVD等音像载体，也可能不去电影院欣赏电影或购买在线播放许可，从而使作者的作品市场（包括许可市场）受到持续的消极影响。从自由许可的必要性以及权利限制角度看，广播组织为制作广播节目每天都需使用大量作品或作品片段，如果每件作品都需事先经过著作权人许可，就可能让广播组织支付过高的时间成本和谈判成本，从而不利于广播节目制作，公共利益也可能受到影响。因此，《伯尔尼公约》为广播权设置了强制许可，让广播组织可以在支付费用的情形下利用作品制作广播节目，公众亦可由此受益。此种强制许可在多国著作权法中均有体现。但在 WCT 等国际条约下，尚难以针对互联网环境下的向公众提供权设置强制许可。从权利及其制约角度看，广播的消极市场效应低，广播权可以被强制许可，但在互联网环境下向公众提供作品行为的消极市场效应高，因而难以通过强制许可限制向公众提供权，仍需把它保留在自由许可领域，借此维护著作权人的利益。

从作品角度视之，作品是否处于持续向公众提供的状态应是划分广播和信息网络传播界限的基本标准。从行为人角度看，需考察他是否未经著作权人许可将其作品提供于互联网空间，从而使公众可以在其个人选定的时间和地点获得作品：如果是，即使公众能够选择获得作品的时间只有一天或数小时乃至更短时间（如一小时），其行为也可能构成在网络空间向公众提供作品，从而侵犯作者的信息网络传播权；但是如果作品在网络空间停留时间较短，只有数秒钟乃至更短，就可认为它是广播而受到广播权规制。从公众角度看，就是考察人们是否可在其个人选定的时间和地点获得作品，此即 WCT 第 8 条和我国《著作权法》第 10 条规定的标准。

以上方面是信息网络传播权与广播权的不同之处，它们也应是判断信息网络传播权和广播权界限以及界定信息网络传播权范畴的标准。这些因素分别源自作品、行为人、公众、作品传播的市场结果四个方面，其实质一致，而最终判断标准就是考察作者的作品市场是否受到相关作品传播行为的消极

---

① Rolf Auf der Maur. Internet Distribution of Music Performance. 27 International Business Lawyer 165, 166 (1999).

② FICSOR M. The Law of Copyright and the Internet: The 1996 WIPO Treaties, their Interpretation and Implementation [M], Oxford: Oxford University Press, 2015, para. C 8.05.

影响。

（二）对一些观点的辨析

有些研究者论述的信息网络传播的特点或者信息网络传播与广播之间的区别，或属无关紧要的细节，或属似是而非的观点，并无著作权法意义。例如，有研究者认为信息网络传播和广播之间的“唯一区别在于电视台使用的传输媒介是电缆，而网站使用的是网线”①，还认为信息网络传播的特点包括点对点传播，以及和广播相比，互联网传播属窄播（narrow-casting）等②。也有不少研究者和法官对此予以认可。不可否认，认为点对点传播和窄播等属于互联网传播特点的观点源自国际论坛，如WIPO专家亦认为这些是互联网传播的特点③。本文认为，把这些方面理解为互联网传播的一般特点尚可，但是如果把它们作为界定信息网络传播权范畴必须考虑的要素，就需认真斟酌。

从启动互联网数据信息传输过程来看，每台联入互联网的计算机终端和目标服务器（或其他具有类似功能的设备）之间的数据传输，皆属点对点传播。但如果从作品传播的方式和受众范围看，互联网并非单纯的点对点传播，因为它还有点对多和多对多等传播方式。如联合国（UN）网站的网页可能每时每刻都有来自世界各地的多个网络用户在访问，其网页信息也因而能够在同一时间同时传播至每个用户的终端，此即典型的点对多传播。这意味着，点对多传播是广播和信息网络传播均具备的特征：广播固然是“广播”，但信息网络传播却未必是“窄播”。众多网站与无数网络用户的交织和互动，就使互联网空间跨越了国界，延伸至现实社会的各角落，其传播范围要远大于传统的广播电视和卫星传播。这是互联网空间的真实情况，也显示互联网是典型的点对多和多对多传播模式。亦有专业人士认为，无论是互联网还是局域网，作品的传播都是面对不特定多数的公众，点对点传播并非互联网传播的主要形式④。在互联网环境下，有多对多、点对多、点对点多种通信模式，点对点传播并非互联网传播的唯一模式。研究者不宜把互联网环境下视听作品播放的个别特点无条件延伸为互联网传播的特点，然后再以之限定信息网络传播行为及信息网络传播权。

对互联网交互性的强调也是如此。传播学专业的艾略特教授认为，人们所称的互联网交互性，包括用户控制内容的交互性和信息生产者与接收者之间信息反馈的交互性，这两种交互性的含义既不相同，也不相关。信息接收者与生产者之间反馈的交互性是真正意义上的交互性：与单向度的广播等传统媒体相比，双向传播的互联网在较大程度上改变了信息生产者与接收者的关系。但用户控制内容的交互性仅指用户在获得作品或信息方面具有一定的主动性，如在网络电台的网站上制作个性化节目列表等，从而使其个性化网页成为符合个人品味的个性化信息库。但是此种交互性概念具有内在缺陷，它相当于把用户获得作品的行动混淆为交互性。用户虽然可以主动获得信息或作品，但他所获得的信息仍基本依赖于信息生产者提供（真正的交互性网站除外），用户对于获得信息的时间和地点的主动性选择难以改变两者之间的关系，即在两者之间并无必然的交互性⑤。

考察互联网环境下网络用户的行为，可知他在个人选定的时间和地点获得作品的含义仅体现了他获得作品的主动性。该特点使信息网络传播迥异于广播，因为在广播模式下人们只能被动接受节目而无获得节目的主动性。但是在互联网环境下人们具有获得作品的主动性并不必然使他与信息生产者或提供者之间产生交互效果，就如人们对联合国网站的访问并不必然对联合国或其网站产生影响一样。WIPO专家委员会也说明，网络用户在其个人选定的地点和时间获得作品仅“提示”（imply）作品传播的交互性⑥。也有研究者把此理解为作品的再现

① 王迁．论“信息网络传播权”的含义：兼评“成功多媒体诉时越公司案”一审判决［J］．法律适用，2008（12）：65.

② 王迁．我国《著作权法》中“广播权”与“信息网络传播权”的重构［J］．重庆工学院学报，2008（9）：25ff.

③ FICSOR M. The Law of Copyright and the Internet：The 1996 WIPO Treaties，their Interpretation and Implementation［M］，Oxford：Oxford University Press，2015，para. 4.81。

④ 阿拉木斯．关于“信息网络传播权”及其他［J］．电子知识产权，2002（1）：55.

⑤ ELLIOTK. Redefining Relationship：Interactivity Between News Producers and Consumers［J］. Convergence：The Journal of Research into New Media Technologies，1998，4（4）：26-29.

⑥ WIPO. Basic Proposal for the Substantive Provisions of the Treaty on Certain Questions Concerning the Protection of Literary and Artistic Works to Be Considered by the Diplomatic Conference（December 1996），Prepared by the Chairman of the Committees of Experts on a Possible Protocal to the Berne Convention and on a Possible Instrument for the Protection of the Rights of Performers and Producers of Phonograms［R］，CRNR/DC/4，August 30，1996，Note 10.11.

性或连续性传播行为①。其实该特点就是互联网传播非同步性的体现，它因而也是在互联网空间向公众提供作品的验证标准。

有研究者认为，互联网的交互性就是按需传播，即网络用户根据自己的需要启动作品传播过程②。这仅有部分意义，即仅在网络用户发现了他想获得的信息或作品（如一部小说或电影）后才适用，此时的传播才属按需传播，而在很多情形下，用户只是在互联网上浏览一些他未必真正希望获得的信息，那么此时是否属按需传播？如果是，则按需传播含义极为泛滥，几乎所有互联网传播行为都属按需传播，因为它们都需网络用户登录相关网站获得信息。如果不是，此类传播又属何种传播？

一些研究者把网络用户获得作品的主动性认定为“交互性”，又把此种“交互性”视为信息网络传播的最大特征乃至“本质特征”③。曾任最高人民法院知识产权庭庭长的蒋志培法官质问，交互性“怎么可能属于网络传播的唯一特点或者最大、最突出的特点呢”④？也有研究者认为，公众对于获得作品的个性化时间和地点的选择并非信息网络传播必备且本质的特征，把它作为唯一特征可能以偏概全，引起人们误解⑤。对点对点、窄播和交互性等特征的过分强调，都会产生此种效果。

（三）信息网络传播权与广播权的界限及范畴

基于由《伯尔尼公约》和WCT规定的广播权、向公众传播权和向公众提供权（信息网络传播权）之间的关系，就可理解广播权和信息网络传播权的界限与范畴。基于以上论述，本文认为界定广播权和信息网络传播权的基本原则是：如果相关行为属广播权范畴（包括广播、对广播节目的有线或无线转播、有线广播及对有线广播的有线或无线转播等），就需由广播权予以规制（包括相关的权利限制，但如果是有线广播节目，则未必能够适用强制许可⑥）；如果相关行为属在互联网环境下向公众提供作品，就需纳入信息网络传播权范畴予以规范。换言之，信息网络传播权规制互联网环境下向公众提供作品的行为，但它不应当对《伯尔尼公约》规定的广播权及其限制所维系的利益平衡产生影响。这有两方面的含义：从广播权的角度看，信息网络传播权不应介入其范畴，如果某些作品传播行为属于广播或其转播，即使该转播可能是通过互联网等信息网络实施，如网络电视台或ISP对于电视节目的转播，它仍应该由广播权予以规范（强制许可亦未必能够适用）⑦。从限制广播权的角度看，信息网络传播权亦不应干扰《伯尔尼公约》规定的广播权强制许可。只有如此，才能继续维持《伯尔尼公约》下的广播权利益平衡，并同时保护作者在互联网环境下的传播权益。

在我国著作权法语境下，如何界定广播权和信息网络传播权的界限与范畴，情形更为复杂，因为除广播权和信息网络传播权外，《著作权法》第10条第1款第17项还规定了开放式的“应当由作者享有的其他权利”。无论把本应属于信息网络传播权范畴的行为界定为属广播权范畴或其他权利范畴，皆会损害作者的信息网络传播权益，因为界定为广播权可能使之受到法定许可（强制许可）的限制，界定为其他权利则可能损害著作权人自由许可其信息网络传播权的权益，此时其权利被转换为无名权利，不利于其自由许可和定价。反之亦然，如果把本应属于广播权范畴的网络广播或转播行为界定为信息网络传播权，就会让可能伴随广播权的强制许可落空，从而不利于广播组织或网播组织发展，公众利益亦可能受到消极影响。

综合两方面可知，合理把握信息网络传播权和广播权之间的界限非常重要。虽然在表面上看，这仅涉及如何区分适用广播权或信息网络传播权，仅是一个技术或法律问题，但实质上这可能涉及作者、

① 阿拉木斯. 关于“信息网络传播权”及其他［J］. 电子知识产权，2002（1）：54；梁志文. 信息网络传播权的谜思与界定［J］. 电子知识产权，2008（4）：11ff.

② 王迁. 我国《著作权法》中“广播权”与“信息网络传播权”的重构［J］. 重庆工学院学报，2008（9）：25.

③ 芮松艳. 信息网络传播权的理解适用与第三次《著作权法》修改：以国际公约及司法实践为视角［J］. 电子知识产权，2013（Z1）：127.

④ 蒋志培. 我国网络版权司法保护的回顾与展望［J］. 中国知识产权，2016（109）：73.

⑤ 阿拉木斯. 关于“信息网络传播权”及其他［J］. 电子知识产权，2002（1）：54.

⑥ FICSOR M. The Law of Copyright and the Internet：The 1996 WIPO Treaties，their Interpretation and Implementation［M］，Oxford：Oxford University Press，2015，paras. C 8.05，C8.07；REINBOTHE J，Von LEWINSKI S. The WIPO Treaties on Copyright：A Commentary on the WCT，the WPPT，and the BTAP［M］，2nd ed. Oxford：Oxford University Press，2015，paras. 7.8.8，7.8.44.

⑦ 央视国际诉百度和搜狐侵犯著作权纠纷案，北京市海淀区人民法院（2012）海民初字第20573号民事判决书；北京市第一中级人民法院（2013）一中民终字第3142号民事判决书。

广播组织、网播组织和公众之间的利益平衡，因而是一个立法或司法政策问题。

四、信息网络传播边缘行为性质之认定

在以上论述的基础上，就可讨论网络定时、定集循环播放影视作品的性质，以有助于界定它们在作品传播意义上的行为属性和法律性质。此类影视作品播放行为虽然是通过互联网等信息网络实施，但它又与通常的信息网络传播行为不同，而在某些方面与电影院或电视台的播放模式相似，所以可称之为信息网络传播边缘行为。此问题是我国信息网络传播权法律适用中的争议焦点，值得深入探究。

关于网络定时、定集循环播放影视作品的知名案例是涉及电视剧《奋斗》的北京时越网络技术有限公司与宁波成功多媒体通信有限公司侵犯著作权纠纷案（以下简称《奋斗》案）。在该案中，被告定时、定集在线循环播放32集电视连续剧《奋斗》，北京市海淀区人民法院认为，“法律并未规定要使公众在其选定的时间获得作品的全部或任意一部分内容”才属信息网络传播行为，因此无须认定一定能够使公众在选定的时间获得作品的全部或任意部分才构成侵权，只要网络用户通过信息网络可以在其个人选定的时间获得涉案作品的“部分内容”，相关行为就属信息网络传播行为，就可构成侵犯信息网络传播权。北京市一中院对此予以认可，认为即使被告的播放方式是定时定集播放，亦可构成侵犯信息网络传播权①。但在案情几乎相同、涉及电影《霍元甲》的安乐影片有限公司与北京时越网络技术有限公司等侵犯著作权纠纷案（以下简称《霍元甲》案）中，北京市二中院和北京市高院均认定被告在线定时循环播放《霍元甲》的行为侵犯了“应当由著作权人享有的其他权利”②。这些案件涉及信息网络传播边缘行为，对其分析有助于界定信息网络传播权范畴并厘清其与广播权的界限。

针对《奋斗》案判决，有研究者批评法官没有理解信息网络传播固有的交互性特点，误解了信息网络传播权③。该批评者的论证与结论为不少研究者和法官所引用，成为之后法院判决的理论依据④。有法官认为，网络定时播放是典型的点对多与非交互式网络传播行为，根本不符合点对点与交互式的传播模式，《奋斗》案判决将其认定为侵犯信息网络传播权于法无据⑤。随后“应当由作者享有的其他权利”似乎成为此类案件标准的法律适用路径⑥。如何认识这些批评理由和诉诸“其他权利”的司法路径，仍需回归至WCT第8条和我国《著作权法》第10条的具体规定予以解释。

如上所述，WCT不希望向公众提供权侵入广播权范畴，从而打破关于广播权的权利与限制平衡。针对互联网传播，流媒体技术的应用克服了数据下载后才可播放的技术瓶颈。网播组织一般需要把采集的视听作品或其他信号（现场信号或广播信号）进行转码压缩，并对内容进行必要编辑，再把作品的数字化信息存储在对公众开放的服务器或其他具有类似功能的设备上（为保证信息安全ISP也可能实施其他技术措施，如把信息存储在其他服务器上），然后就可根据网络用户请求把载有视听作品或节目的数据流持续发送至网络用户终端，使其在多媒体播放器上观看⑦。这是ISP定时、定集循环播放电影或电视剧以及网络广播或转播的基础，具体方式包括直接播放数字节目的网播（webcasting）、实时网络直播（演唱会或综艺节目等）或转播广播电视节目等。这些基本属直接利用互联网架构（包括通信协议）传播作品或节目的行为，在影视作品播放、网络直播或转播节目期间，公众可登录该网站获得该作品或节目。然而就网络直播或转播广播电视节目而言，这些行为又可能属于利用有线或无线方式转播广播节目的广播行为（由《伯尔尼公约》第11条之二（ii）条规制），或者利用有线方式播放节目的有线广播行为（由WCT第8条前半段规定的向公众传播权规制，在有些国家由广播权规制）。

① 北京市海淀区人民法院（2008）海民初字第4015号民事判决书；北京市第一中级人民法院（2008）一中民终字第5314号民事判决书。

② 北京市第二中级人民法院（2008）二中民初字第10396号民事判决书；北京市高级人民法院（2009）高民终字第3034号民事判决书。

③ 王迁．论“信息网络传播权”的含义：兼评“成功多媒体诉时越公司案”一审判决［J］．法律适用，2008（12）：66.

④ 孔祥俊．网络著作权保护法律理念与裁判方法［M］．北京：中国法制出版社，2015：89.

⑤ 李瑞钦．信息网络传播权制度适用的实践困境及其完善构建：从非交互式网络传播行为的侵权认定切入［J］．法律适用，2014（12）：63.

⑥ 《北京市高级人民法院关于网络著作权纠纷案件若干问题的指导意见（一）》（试行，2010年5月19日发布）第10条；《山东省高级人民法院关于审理网络著作权侵权纠纷案件的指导意见（试行）》（2011年1月6日）第18条。

⑦ 李晓明．网络播放及其管理技术［J］．现代电视技术，2007（7）：90页以下．

欧盟专家认为，WCT第8条后半段强调公众成员可在其个人选定的时间和地点获得作品，有助于排除网络电台或电视台的网播、直播或实时转播等情形①。在这些情形下，承载作品或广播信号的数字信号只在互联网空间短暂停留，其存在时间不会超过技术上必要的时间（零点几秒至几秒），人们虽然是通过互联网获得数字信号，但是和面对广播信号一样没有主动性，因此这些行为皆应属于广播而被纳入广播权范畴②。然而在网络直播音乐会后，如果网播组织再把其保存的音乐会录制品在互联网上向公众提供，就应适用向公众提供权③。研究者认为，网播组织通过流媒体技术既可以直播现场音乐会，也可以在直播后把文件存储于服务器向公众播放，供人们登录其网站按照播放的音乐会顺序再观看（这与上述《奋斗》案中的循环播放过程类似，即网络用户都不能控制播放进程）——此种近于“按需提供音乐”的服务（close to the “music on demand” service），也可能侵犯著作权人的向公众提供权④。事实上，WIPO专家委员会在关于WPPT第10条和第14条的解释中曾引入“准交互式”（near to interactive）传播的概念，意图澄清相关信息网络传播边缘行为的法律性质，讨论WCT草案的外交会议也曾就该问题进行讨论⑤。随着流媒体技术和存储技术发展，ISP可以在服务器上存储大量作品，并通过不同播放方式向公众提供。涉及“准交互性”传播的情形，例如在很多案件中，录音制品的播放方式并不给予网络用户在获得作品时的充分主动性，而是对其获得作品的时间有所限制。在充分的交互性和准交互性之间，存在的差别仅是获得作品的“时间”上的自由度：在前者情形下，网络用户具有充分的选择自由；而在后者情形下，网络用户获得作品的选择自由受到限制。但是由于ISP能够在服务器空间存储大量作品，并提供多频道播放，就能够让公众容易获得相关作品。外交会议强调，此种“准交互式”传播显然与录音制品的正当利用相冲突，并有损权利人的利益⑥。针对准交互式传播是否属向公众提供权范畴，欧盟专家的论述更为明确：“必须从整体上考虑向公众提供行为，包括实际的传输（如果发生的话）。如果孤立地看，即使某种实际的传输未被认为是‘面向公众’提供（意指公众成员不得不同步接收该传输），但是如果该传播的初始行为（即‘提供作品行为’）是面向公众实施，则足可适用向公众提供权。”⑦这些论述说明，所谓“定时播放”或“点对多播放”并非信息网络传播权的禁忌，北京市高院和山东省高院的相关“指南”或“指导意见”未必有必要的法律依据⑧。

根据欧盟专家的说明，如果网播组织每隔20分钟就重复广播每周音乐排行榜的上榜歌曲，也属广播行为，不适用向公众提供权⑨。这可以理解，因为在此情形下网络用户接受的仍然是一播而过的“网播节目”。这和广播电台重复播放某些流行歌曲的安排类似，如网络电台安排的重复播放行为一般仅持续有限的时间，并且一般还会随着音乐排行榜的调整而更换歌曲。因此就此种间隔而重复的网络播放而言，网播组织仍然是在“广播”音乐作品。尽管这些网播节目是有间隔地重复，但它们仍然是一播而过，并未被持续提供于对公众开放的互联网

① REINBOTHE J，von LEWINSKI S. The WIPO Treaties on Copyright：A Commentary on the WCT，the WPPT，and the BTAP [M]，2nd ed. Oxford：Oxford University Press，2015，para. 7.8.33。

② 国内关于网络实时转播行为及其侵权责任的争议，参见：苏志甫. 从著作权法适用的角度谈对网络实时转播行为的规制 [J]. 知识产权，2016（8）.

③ 同①，para. 7.8.33，note 394。

④ Rolf Auf der Maur. Internet Distribution of Music Performance. 27 International Business Lawyer 167（1999）.

⑤ FICSOR M. The Law of Copyright and the Internet：The 1996 WIPO Treaties，their Interpretation and Implementation [M]，Oxford：Oxford University Press，2015，para. 4.146。中文“准交互式（传播）”的概念，FICSOR M. The Law of Copyright and the Internet：The 1996 WIPO Treaties，their Interpretation and Implementation [M]，Oxford：Oxford University Press，2015，353页。“Near to interactive”也被译为“接近于交互性”，REINBOTHE J，Von LEWINSKI S. The WIPO Treaties on Copyright：A Commentary on the WCT，the WPPT，and the BTAP [M]，2nd ed. Oxford：Oxford University Press，2015，427页。

⑥ FICSOR M. The Law of Copyright and the Internet：The 1996 WIPO Treaties，their Interpretation and Implementation [M]，Oxford：Oxford University Press，2015，para. 4.146；WIPO，Basic Proposal for the Substantive Provisions of the Treaty for the Protection of the Rights of Performers and Producers of Phonograms to be Considered by the Diplomatic Conference（December 1996），prepared by the Chairman of the Committees of Experts on a Possible Protocal to the Berne Convention and on a Possible Instrument for the Protection of the Rights of Performers and Producers of Phonograms，CRNR/DC/5，August 30，1996，Note 18.06.

⑦ 同①，para. 7.8.40。

⑧ 《北京市高级人民法院关于涉及网络知识产权案件的审理指南》（2016年4月13日发布）第15条；《山东省高级人民法院关于审理网络著作权侵权纠纷案件的指导意见（试行）》第18条。

⑨ 同①，para. 7.8.33。

空间，使公众可以在其个人选定的时间和地点获得，因此此类行为并不构成互联网环境下向公众提供作品的行为。

网络定时、定集循环播放影视作品的问题看似复杂，但依据以上论述就可得以厘清。有研究者引用上述欧盟专家对于网络电台有间隔但却重复播放音乐排行榜歌曲的论述，试图类比论证网络定时、定集循环播放电视剧的行为也应属于网播行为①。然而网播组织重复广播排行榜歌曲的行为与网络定时、定集循环播放影视作品的行为至少在三方面有所不同。第一，播放模式不同：前者是对于排行榜歌曲的重复播放，并非针对一首或几首流行歌曲的简单循环播放，通常会在歌曲播放之间插播其他节目，它更像传统电台的节目播放模式；后者一般是一部电视连续剧、一部电影或几部电影的循环播放，虽然也可能在每集电视剧或每部电影循环播放之间插播广告，但它更像电影院的播放。第二，循环播放持续的时间不同：前者可能仅持续有限的时间（如一天或更短），这又和传统的广播节目安排类似；后者则可能持续较长时间（如数天、数月或更长时间），如在《奋斗》案中被告在线播放电视剧《奋斗》的时间就至少持续了40天。第三，涉及的作品市场价值不同：前者一般涉及音乐作品（尤其是流行歌曲）或录音制品，后者则涉及电视连续剧或电影作品，其市场价值通常相差巨大。综合三者，则可知重复网播排行榜歌曲的行为与网络定时、定集循环播放影视作品的行为模式既不相同（前者更像广播而后者更像电影院放映），其涉及的作品类别及市场价值也根本不同，在著作权法的立法框架下，两者不可能适用相同的调整模式和立法路径，就如在非互联网环境下音乐作品可适用广播权的法定许可而电影作品却不能适用一样②。

就网络定时、定集播放影视作品而言，网播组织既可以设置一播而过的播放模式，也可以设置循环播放模式，如果是前者，其行为就更接近于网络广播行为，这和传统电视台的电影播放行为并无不同。为加强其论证，研究者还假设了时长为一小时的电影的网络播放以及一部24集的电视剧以每小时播放一集的方式在每天固定时间播放某一集的案例，并反问此种行为属于何种行为③。问题的答案显然要看具体的播放模式如何设置（假设网络用户都不能够控制播放过程）：如果该电影或电视剧是一次性播放，就是网络播放或广播行为；如果是循环播放，就属信息网络传播行为。有律师认为，如果照此逻辑，网播者就可能因不同的节目编排方式而落入不同的权利范畴④。其实这正是法律规范含义的体现，即权利的设置与适用一般针对行为模式而非技术或其他因素予以调整，不同的行为模式当然可能适用不同的权利予以规范。在我国著作权法框架下，由于向公众传播作品的方式不同而适用不同的权利予以调整，正是分解式著作权立法所导致的结果⑤。

考察网络定时、定集循环播放影视作品行为的性质，最根本的标准仍然是我国《著作权法》第10条关于信息网络传播权的具体法律规定。该循环播放行为属行为人把电视剧或电影置于向公众开放的服务器，且持续足够长时间，使作品始终处于可被公众持续获得的状态，对于这点人们应该没有异议。与广播或网播相比，循环播放并非一播而过，承载作品的数字信息被持续存储于互联网空间，并向公众提供。如上所述，WIPO专家委员会在解释向公众传播权时已阐明，在作品传播涉及临时存储的情形下，如果作品在传播介质中的存储时间超过必要限度，就相当于向公众提供作品而可能落入向公众提供权的范畴⑥。这意味着，作品在传播介质中的存储时间长短是界定相关作品传播行为法律性质的要素。

事实上，人们对于网络定时、定集循环播放影视作品是否属信息网络传播权范畴的争论主要集中在“获得”和“作品”两要素上：“获得”是否意味着公众对于作品的播放进程需有绝对控制能力？“作

① 王迁．论“信息网络传播权”的含义：兼评“成功多媒体诉时越公司案”一审判决［J］．法律适用，2008（12）：66.

② 我国《著作权法》第43条第2款、第44条、第46条。

③ 王迁．论“信息网络传播权”的含义：兼评“成功多媒体诉时越公司案”一审判决［J］．法律适用，2008（12）：64；王迁．我国《著作权法》中“广播权”与“信息网络传播权”的重构［J］．重庆工学院学报，2008（9）：23.

④ 戎朝．定时在线播放行为之权利属性探究：仅限于有线信息网络传播视野下［R］．2009中华全国律师协会知识产权专业委员会年会暨中国律师知识产权高层论坛论文集，2009：291.

⑤ 刘银良．论著作权法中作者经济权利的重塑：以比较和实践为视角［J］．知识产权，2011（8）：7ff.

⑥ WIPO. Basic Proposal for the Substantive Provisions of the Treaty on Certain Questions Concerning the Protection of Literary and Artistic Works to Be Considered by the Diplomatic Conference（December 1996），Prepared by the Chairman of the Committees of Experts on a Possible Protocal to the Berne Convention and on a Possible Instrument for the Protection of the Rights of Performers and Producers of Phonograms［R］，CRNR/DC/4，August 30，1996，Notes 10.14，10.16。

品”是否意味着在某具体时间公众可以获得所涉电视剧或电影的全部或任何部分？无论从法律文本审视还是从信息网络传播权的立法目的看，“获得”作品仅意味着人们可以在网络空间下载、浏览、感知或欣赏某作品，其中并无控制作品播放进程的含义，而对“作品”的理解亦需根据著作权法原理，即无论是作品全部或其独创性部分皆属“作品”范畴，认为使公众在某具体时间需要获得作品的全部或任何部分才构成侵犯信息网络传播权，显然偏离了著作权法的一般原理，也背离了著作权侵权判定标准法定的基本准则。上述WIPO专家委员会和外交会议对于“准交互式”传播的论证，也说明在选择获得作品的时间方面，即使公众不具有充分自由，也可能构成信息网络传播①。

在涉及互联网传播的数字版权领域，美国国会提出了可预测性标准以帮助判断网络服务是否具有交互性，在其基础上联邦法院又发展出市场替代理论②。美国联邦第二巡回法院认为，如果某网站对一首歌曲设置的提供方式能够让网络用户预测他能够在该网站获得该歌曲，从而使其购买该歌曲的需求减弱，就可认为该传播方式可能损害版权人的市场价值，从而侵犯其权利③。从可预测性标准看，如果电视剧《奋斗》或电影《霍元甲》持续在某网站循环播放，观众就可以随时登录该网站观看该电视剧或电影，而不管它正在播放哪一集或哪一幕。就如在《奋斗》案中，被告曾连续在线循环播放《奋斗》至少40天，如果按每集电视剧40分钟计算（外加5分钟广告），在此期间内整部电视剧被循环播放了大约40次，对于喜欢《奋斗》电视剧的观众而言，他既可以跟随被告网站设置的播放顺序一次欣赏整部作品，也可以有足够的自由，在其个人选择的时间登录网站多次欣赏作品。从市场结果看，网络定时、定集循环播放影视作品的方式完全可以成为人们获得作品的可依赖渠道，人们也就可能没有动力再去购买该作品的音像载体或播放许可。因此，从美国的可预测性标准看，亦可知网络定时、定集循环播放影视作品的行为构成对信息网络传播权的侵犯。

结论

本文主要依据WCT和我国《著作权法》的文本，并结合其立法背景和立法目的，具体解析信息网络传播权的范畴，并探究其与广播权的界限。本文认为，在“三网融合”及流媒体技术时代，作为向公众传播权框架下基本平行的两种权利，信息网络传播权和广播权的界定应以承载作品的信号在传播介质中保留的时间为基本考察标准，它也同时决定了公众获得作品的主动性。以此为认定标准，则实时的网络播放、直播或转播是广播行为，属于广播权范畴；而把作品提供于互联网空间使公众可在其个人选定的时间和地点获得作品的行为，包括网络定时、定集循环播放影视作品以及网络播放、直播或转播节目之回放（超过合理期间），是信息网络传播行为，属信息网络传播权范畴。研究者和法官不宜把公众在其“个人选定的时间和地点获得作品”的条件无端拔高，以至于超出WCT和《著作权法》文本的规定，从而可能限制信息网络传播权的适用范围。

我国《著作权法》规定的信息网络传播权直接源于WCT，其本身并无缺陷，是机械的理解与错误的法律解释导致了信息网络传播权法律适用的困局。《著作权法》第三次修订宜保留信息网络传播权的现行规定，但需要把广播权的范畴进行明确扩展，使之包括有线广播（包括网播），即可弥补现行《著作权法》关于电子环境下向公众传播权的缺陷。这应是保护著作权人在互联网空间的向公众传播权益的最佳修法路径。如果《著作权法》对信息网络传播权和广播权的范畴界定都较为清楚合理，在当前阶段也未必需要规定广泛的向公众传播权，以免造成权利叠加，抑或不利于著作权许可和司法实践。在《著作权法》修订前，法院宜发挥司法能动性，合理扩展现行著作权法关于广播权的规定，使之包括有线广播及对有线广播的有线转播等传播方式，则实时网络直播或转播行为就可被纳入广播权范畴。

（本文原发表于《法学研究》2017年第6期。
作者单位：北京大学）

---

① FICSOR M. The Law of Copyright and the Internet：The 1996 WIPO Treaties，their Interpretation and Implementation [M]，Oxford：Oxford University Press，2015，para. 4.146；WIPO. Basic Proposal for the Substantive Provisions of the Treaty on Certain Questions Concerning the Protection of Literary and Artistic Works to Be Considered by the Diplomatic Conference（December 1996），Prepared by the Chairman of the Committees of Experts on a Possible Protocal to the Berne Convention and on a Possible Instrument for the Protection of the Rights of Performers and Producers of Phonograms [R]，CRNR/DC/4，August 30，1996，Note 18.06。

② LANE M A. “Interactive Services” and The Future of Internet Radio Broadcasts [J]，Alabama Law Review，2011，62：469-470.

③ Arista Records v. LAUNCH Media，578 F. 3d 148，162（2d Cir. N. Y. 2009）.

论知识产权一体化的国家治理体系

—— 关于立法模式、管理体制与司法体系的研究

吴汉东

一、导言：从知识产权一体化到国家治理现代化

知识产权一体化的前提是权利的类型化。知识产权可以概分为创造性成果权和经营性标记权。前者是指民事主体基于自己的智力创造成果而享有的权利，包括著作权、专利权、商业秘密权等。后者是民事主体基于对其经营管理活动中的标记而依法享有的权利，包括商标权、商号权和其他与反不正当竞争有关的识别性标记权。

知识产权一体化的基础是客体的同一性。客体的同一性基础，建立在两个方面：一是客体形态的非物质性。法国学者将支配性财产权的客体分为有体物（如动产、不动产）与无体的精神产品（如作品和发明）①。诸如著作权、专利权、商标权等得以整合在知识产权之中，关键在于客体非物质性的共同特性。二是客体地位的法定性。无体的精神产品，只有法律的规定，客体的财产关系内涵才能得到法律保障。知识产权的出现并以私权名义给予其保护，即是法律对新财产“发现”并认可的过程。正如马克思所言：“每当工业和商业的发展创造出新的交往形式……法便不得不承认它们是获得财产的新方式”②。

知识产权所涉及的国家治理体系问题，事关现代国家的制度文明建设。现代化发展的历史进程表明，实现国家治理现代化，关键在于推进国家制度建设，其重要任务是加强法治建设，为国家治理现代化匹配制度条件。国家制度建设是一个统筹的法治系统工程，主要涉及立法、行政和司法三大领域，知识产权治理体系的现代化，是一个现代化制度体系成长和成熟的过程。对于近代中国而言，知识产权的法律形式和治理方式都是移植而成的舶来品。在当下中国，我们正致力于知识产权强国建设，理所当然需要建立相应的现代化治理体系。知识产权强国之基本蕴意，不仅在于有着先进的知识产权发展实力，而且也要求匹配先进的知识产权治理能力。可以认为，实现知识产权领域的“科学立法、严格执法、公正司法”，即是国家治理体系和治理能力的现代化提升。

二、知识产权一体化的立法模式：从“入典”走向“成典”

自20世纪以来，知识产权法得以长足发展：基本规范不断完善，保护范围逐渐扩大，制度创新与变革日益频繁。其中，现代化、一体化即是知识产权立法的两大趋势，前者动因于现代科学技术的发展，后者受制于新国际经济秩序的形成。知识产权现代化，表现为这一制度与时俱进的时代先进性。知识产权既是保障知识创新的制度，也是自身不断创新的制度。可以说，创新价值是知识产权法的价值灵魂。知识产权一体化，则表现为这一制度在全球范围内的普遍适用性。在现代国际贸易体系中，知识产权保护规则与贸易规则、投资规则一起成为国际贸易规则的重要组成部分。在世界范围内，知识产权制度进入了一个统一标准的新阶段。

知识产权立法的现代化、一体化，不仅表现为法律理念、法律内容的制度安排，而且还表现为法律形式、法律外观的制度选择，这即是知识产权法典化的问题。在知识产权领域，法典化运动大抵有两个含义：一是实现知识产权法与民法典的连接，是一个知识产权法“入典”问题；二是实现知识产权法律体系化，是一个知识产权法“成典”问题。无论是“入典”还是“成典”，其法典化的过程即是国家知识产权治理体系的重大变革，都是知识产权法律创新与制度建设的重要构成。

民法典对知识产权法的接纳，是法律现代化的发展结果，表明民法典古而不老、固而不封的时代精神。自20世纪上半叶以来，大陆法系一些国家做出尝试，在“物权—债权”二元结构以外增列知识产权，其立法例以1942年《意大利民法典》为代表③；尔后，在90年代兴起的第二次民法典编纂运动中，“知识产权编”成为新民法典编纂的普遍选择，代表性立法例如1994年的《俄罗斯联邦民法典》④。后社会主义国家的民法立法，以时代胸怀和创新精神，接纳知识产权法“入典”，彰显了知识产

---

① 卡尔·拉伦茨. 德国民法通论［M］. 北京：法律出版社，2003：337-338，404.

② 马克思，恩格斯. 马克思恩格斯全集［M］. 北京：人民出版社，1960：72.

③ 1942年《意大利民法典》将知识产权作为一种新问题、新关系、新制度，规定在该法典“劳动”编中。其中，标记性权利规定在名为“企业”的第8章，创造性权利规定在题为“智力作品权和工业发明权”的第9章。

④ 上述立法例，包括将知识产权法全部移植民法典的“纳入式”；将知识产权作为“无形财产权”与一般物权进行整合的“糅合式”；民法典对知识产权作出概括性原则规定的“链接式”。

权的私权本位，完整地构造了民事权利体系。尽管其立法模式有异，立法技术存疑，但总的立法取向是值得肯定的。

知识产权从体系化走向法典化，不仅表现为编入民法典，而且表现为自成专门法典。从立法动因来说，专门法典的编纂，一是在于统一知识产权法律体系，二是意图规范知识产权集中管理。可以认为，知识产权法典化与知识产权保护一体化相随而行。从专门法典地位来说，民法典与专门法典既是一种先后关系，又是一种主从关系。在法典编纂过程中，一般是民法典制定在前，专门法典颁布在后①。同时，在一国法律体系中，民法典与专门法典是体系分立的两部法典，但并不是地位平行的两部法典，它们仍是一种基本法与特别法的关系②。

知识产权法典化，是法的形式理性，表现为系统化的制度安排和科学性的立法技术运用。我国知识产权的法典化运动目前处于“入典”阶段。从《民法通则》到《民法总则》，知识产权在民事基本法体系中不断发展，顺应世界民事立法潮流并表现了知识产权立法成就③。1986 年的《民法通则》在知识产权法律尚未完善的起步之时，即在“民事权利”一章中以专节对知识产权做了原则性规定。2017 年，《民法总则》采取客体列举式的方法规定了知识产权。“知识产权条款”虽只有一个条文，但较之《民法通则》的“知识产权专节”有许多优点：(1) 规定民事主体依法享有知识产权，消除了《民法通则》关于商标注册主体资格的限制。(2) 从客体角度规定知识产权，且有兜底条款，为知识产权保护范围留下制度空间。(3) 采取国际通行做法，对相关权利客体做出准确表述。例如发明、实用新型、外观设计并未通称为“专利”。(4) 采用立法例通行做法，在客体中对存有争议的“发现”“数据信息”不做规定。但是，“知识产权条款”存有相当缺憾：首先，《民法总则》关于知识产权的规定仅是宣示性的，难以达到统领知识产权单行法的目标，在司法活动中也不足以作为裁判依据。其次，“知识产权条款”较多参考了 WTO《知识产权协定》，其列举式客体皆是与贸易有关的客体。但对于其他国际公约相关规定则关注不够，例如《保护工业产权巴黎公约》《成立世界知识产权组织公约》规定的“商号和商业标记”“制止不正当竞争”等④。

中国知识产权法典化不能就此止步，未来立法有两种选择：一是在民法典中独立设置“知识产权编”。即是将知识产权与物权、合同、继承等民事权利置于同等的位阶，实现民法典及知识产权法的现代化、时代化的制度转型。二是专门制定“知识产权法典”。与各单行法相比较而言，体系化的知识产权法典具有更高的价值体现和更多的功能优势，可以更好地发挥知识产权法的整体效应，“从而达到重组相应的司法执法体系，重构相应的法学理论体系，提高相应的法律权威”的目的⑤。

三、知识产权一体化的管理体系：“二合一”抑或“三合一”

在知识产权的国家治理体系中，行政管理体制与市场运行体制、社会运行体制有着不同的地位和功能。构建一种与创新驱动发展要求相匹配，与强化政府公共服务职能相一致，与国际运行规则相接轨的知识产权集中管理体制，是建构知识产权制度文明的必然选择，是推进国家治理现代化的重大举措。

关于知识产权事务的国家治理方式，其现代化改造的一个重要目标是“和谐善治”。实现知识产权事务的“和谐善治”的重要路径是实现国家知识产权综合管理。做出此种选择，主要是基于以下两点考虑：一是“超大型崛起”的本土国情。截至 2016 年，我国发明专利申请已占据全球申请总量的 35%，连续 6 年位居世界首位；注册商标申请量、有效注册商标量、累计注册商标量正连续 15 年稳居世界第一；版权产业对经济发展的贡献率达到 7.2%，超过世界平均水平。面对如此庞大的知识产权事务，其行政管理和法律治理，须体现“效率、稳定、公正、严谨”的现代化要求。二是知识产权管理的客观规律。知识产权是在知识形态资源之上所设置的私人产权，但更是服务于公共政策目标的制度工具。基于知识、技术、信息资源而产生的知识产权，在现代化社会中已经形成一个有机的法律体系，在国际社会以及大多数国家中，相关国际组织和国家管理部门，都是将知识产权事务作为一个整体看待并建立起统一集中或相对集中的

① 何华. 知识产权法典化基本问题研究 [M]. 吉林：吉林出版集团有限责任公司，2010：95-97.

② 除例外规定外，民法典的一般规定应适用知识产权。黄晖. 法国知识产权法典 [M]. 北京：商务印书馆，1999.

③ 何华，肖志远.《民法总则》知识产权条款评析及未来立法展望 [J]. 知识产权，2017 (5)：23-29.

④ 李明德.《民法总则》知识产权条款述评 [J]. 中国知识产权，2017 (4).

⑤ 曹新明. 中国知识产权法典化研究 [M]. 北京：中国政法大学出版社，2005：29.

体制。

对知识产权事务实行集中统一的行政管理体制，是现代各国政府治理的基本选择。大体而言，主要有两种模式：一是“三合一”模式，即集专利、商标和著作权为一体的集中统一管理模式；二是“二合一”模式，即专利和商标为一体，著作权另行分设的相对集中的管理模式。截至2016年底，在世界知识产权组织188个成员国中，有181个国家实行综合管理体制，其中采“三合一”模式的国家近40%，采“二合一”模式的国家占55%，而实行分散管理模式的国家仅有埃及、希腊、沙特、朝鲜、中国等个别国家①。在知识产权大国中，英国、加拿大、俄罗斯等实行集中统一管理；美国、法国、日本、韩国等实行相对集中管理。上述情形表明：采取集中管理模式，是绝大多数国家基于各类知识产权相同属性，科学配置治理结构，保障本国创新发展的普遍制度安排。

当前，我国中央层面知识产权管理涉及知识产权局、工商总局、版权局、农业部、林业局、国防知识产权局等十多家部门和单位，存在“各管一摊，分立并行，职能交叉”的情况。地方专利、商标、版权等管理部门各自都有执法队伍，版权执法由文化大队执行，专利有单独执法队伍，商标执法由工商行政管理机构负责，“分兵把守”情况突出。

当下中国承载着许多非现代化的历史负担，缺乏治理体系理性化的积累和治理方式科学化的传承。“我国知识产权体制存在着职能配置碎片化、协调机制碎片化、执法体系碎片化、涉外应对碎片化等‘形散且神散’的问题”②，其主要表现及结果是：（1）分头管理对知识产权治理绩效的制约；（2）政出多门对知识产权集成运用的限制；（3）多头对外对知识产权国际事务的影响。针对上述问题，我们需要推进知识产权综合管理体制改革，从以往的“九龙治水”的分散管理，走向“三合一”或“二合一”的集中管理体制。

实现知识产权的综合管理，是国家治理体系变革的重要制度设计。2015年12月，国务院发表《关于新形势下加快知识产权强国建设的若干意见》，提出“有条件的地方开展知识产权综合管理改革试点”。“协调中央和地方的事权划分和合作关系，探索具有中国特色、满足实践需要的多门类知识产权集中管理制度，是当前知识产权领域具有标志性、统领性的重要改革任务之一”③。同时，知识产权管理“三合一”或“二合一”，也是各地改进分散管理模式的试点样本。在全国范围内，江苏省苏州市于2008年推行专利和著作权综合管理模式，上海市浦东新区自2015年以来首创专利、商标和著作权的集中管理机构，此外深圳、长沙以及各自贸区也开展了试点改革。可以认为，知识产权综合管理，是战略目标要求、改革制度设计与“自下而上”试点共同作用的结果。

四、知识产权一体化的司法体系：专门法院＋上诉法院

知识产权法治现代化的一个基本面向，就是司法专门化和一体化，在知识产权法治体系中即是专门法院及其上诉法院的设置。司法现代化的机构设置和诉讼管辖在两个层面展开：一是司法专门化，即把本来属于普通法院管辖的事务提取出来，交给特设的法院管辖；或是将新的法律案件交给普通法院以外的法院管辖，即成立专门法院。二是司法一体化。一体化司法，不仅意味着专门法院是一个独立设置不依附合成法院的司法单位，而且往往在诉讼管辖方面具有统一性，即上诉案件由同类专门法院受理。

在我国，专门法院是法院系统的重要组成部分。专门法院的设立，来自宪法性文件的授权，其法律依据有两点：一是例示主义立法规则。根据《人民法院组织法》的规定，军事法院、海事法院等是为我国的专门法院。这说明，我国的专门法院，包括但不限于军事法院、海事法院，这就为知识产权法院的设立预留了制度空间。二是专门立法授权规则。《人民法院组织法》第29条规定，专门法院的组织和职权由全国人民代表大会常务委员会另行规定。由此可见，知识产权法院的设立及其相应职权，应由全国人大常委会专门做出规定，方能合法有效。

知识产权法院的设立，不仅是中国知识产权司法保护制度的重大改革，而且也成为中国司法体制改革的先声和前奏。从司法权的基本属性出发，知识产权司法的权力性质具有两个特征：一是专属权，即有关知识产权的司法权，是为国家专属权和中央事权。承认知识产权法院的专门法院地位，实行司法区域与行政区域适当分离的错位管辖制度，有助于确立知识产权司法的中央事权属性和促进国家法律的统一实施。二是裁判权，即有关知识产权的司

① 易继明．构建集中统一的知识产权行政管理体制［J］．清华法学，2015，9（6）：137-155.

② 宋世明，张鹏，葛赋斌．中国知识产权体制演进与改革方向研究［J］．中国行政管理，2016（9）：34-40.

③ 王淇．知识产权集中管理改革的法制方向研究［J］．科技促进发展，2016（3）：291-296.

法权，是一种中立地位的判断权，具有独立性、专业性的特点。从这一特性出发，司法体制改革不仅意味着应赋予知识产权法院以专属管辖职能，建立公正、高效、权威的专门审判制度；而且还要求在知识产权法院内部全面推行各项改革措施，包括司法主体体制改革、司法运行体制改革、司法保障体制改革。

知识产权专门法院的系统构造，必须考虑中国问题的特殊性：一是知识产权大国事务的治理困难。随着中国改革开放的深入和创新发展的推进，知识产权司法保护需求日益强烈。二是地域发展不平衡与司法资源配置的问题。在现代化国家的建设过程中，中国存在着经济和社会发展不平衡的突出问题，这在知识产权领域则表现为各地区创新力量的明显差异和案件数量分布的不平衡。三是现行司法体制的制度障碍。长期以来，我国知识产权审判体制是“一元三极”模式。当下，知识产权“三合一”的审判模式已在全国法院施行，将在案件管辖、诉讼程序、证据制度等方面有所突破。总之，我们必须坚持从中国实际出发，以改革的精神、思维和行为方式去推动知识产权司法体制改革。

我国知识产权法院的设立，采取了逐步探索、稳步推进的原则，既借鉴他国司法的有益经验，又坚持从中国实际出发。可以认为，在北京、上海、广州设立专门法院，只是探索建立知识产权法院的第一步，知识产权司法体制改革还有待深化。笔者认为，以下两个问题值得注意：

一是关于知识产权法院的布局问题。在法院设置方面，要考虑超大型国土面积和人口规模的实际情况，不可能将知识产权案件集中在几个专门法院审理；同时要遵从司法规律，有效配置司法资源，在案件比较集中的地区设立专门法院。因此，未来知识产权法院的布局，既不能仅限于前述三个地区，更不能依省、自治区、直辖市行政区划逐一设置。我们有必要进一步探索，在一些中心城市设立专门法院，不仅对本地区技术类案件进行专属管辖，而且负责审理邻近省、自治区、直辖市的技术类案件。进而言之，知识产权专门法院集中审理专利、商标授权确权案件和技术类侵权案件，实行专属管辖，而其他案件仍由普通法院进行管辖。以专属管辖为主、专属管辖与普通管辖相结合的做法，为大多数国家所采用，我国可予以借鉴。

二是关于知识产权高级法院（或上诉法院）的设置问题。知识产权司法体制深化改革的关键，在于设立知识产权高级法院（或上诉法院），使得专门法院系统拥有技术类知识产权案件的终审权。在世界范围内，多数国家知识产权司法体系关注的重点是专利等技术类案件，且审判层级的重心放在上诉审①。域外知识产权上诉法院的设立有两个特点：其一，实行案件分类管辖。即将知识产权案件分为技术类案件和一般民事案件，上诉法院对于前者实行专属管辖、集中审理。其二，保持司法单位独立，使得知识产权法院拥有技术类案件的终审权。可以说，这是深化知识产权司法体制改革的重点。笔者认为，我国现行法律关于审判机构的规定，没有“上诉法院”一说，而只有“二审法院”之谓；我国“二审法院”在上诉中既审理事实问题，也审理法律适用问题，这与国外“上诉法院”仅负责法律审理有明显区别②。基于以上所述，未来可以考虑，在北京设立国家知识产权高级法院，集中审理知识产权授权确权纠纷案件和技术类知识产权侵权上诉案件，这是解决知识产权司法体制和机制问题的目标模式。考虑到中国幅员广大的国情，在条件成熟的时候，可以选择在华东、华中、西南、西北和东北各大区的中心城市，另行设立3～5个知识产权高级法院巡回法庭或派出机构。

五、结语：知识产权治理体系现代化的中国选择

知识产权一体化的形成和发展，既是时代制度新潮流，也是国际立法大趋势。我们似可得出以下两点认识：首先，知识产权一体化的实质是知识产权保护的国际化。它意味着在世界贸易组织体系下的知识产权领域，国际法高于国内法，国内法遵从国际法。其实质意义在于知识产权的保护范围、保护方式、保护水平等，在各国立法中当出现一体化、趋同化的基本特点③。其次，知识产权一体化的目标是知识产权法治的现代化。现阶段，中国正处于从“经济大国”向“经济强国”过渡，从“科技大国”向“科技强国”转变，从“知识产权大国”向“知识产权强国”跨越的关键时期，科学之治、文明之治、法律之治，构成了知识产权现代化治理的基本要求。

知识产权治理体系或者说法治系统，包含着立法模式、管理体制和司法体系三个重要方面。其现

---

① 刘银良．我国知识产权法院设置问题论证［J］．知识产权，2015（3）：3-13，22．

② 胡淑珠．试论知识产权法院（法庭）的建立：对我国知识产权审判体制改革的理性思考［J］．知识产权，2010（4）：37-42．

③ 吴汉东．国际化、现代化与法典化：中国知识产权制度的发展道路［J］．法商研究，2004（3）：73-79．

代化向度[①]，在制度文明发展中既是变革过程，更是目标实现。可以认为，知识产权现代化治理体系的构建，就是一场以制度创新推动知识创新、以法治建设保障创新发展的伟大社会实践。这是时代的选择，也是中国的选择。

（本文原发表于《知识产权》2017 年第 6 期，收入本书时内容有删减。
作者单位：中南财经政法大学）

同人作品的著作权问题研究

——以《此间的少年》为例

骆天纬

引言

2016 年 10 月 11 日，金庸向广州天河区人民法院起诉畅销书作家江南。金庸认为，江南的作品《此间的少年》侵犯其著作权，并构成不正当竞争。作家江南承认，书中人物姓名确实基本都是来源于金庸先生的系列武侠作品，但《此间的少年》并不是一部武侠小说，而是一部校园故事，情节基本是他在北大读书时候亲历的校园生活和北大逸闻。并且江南是金庸的忠实读者，最初使用这些人物名字，主要是出于好玩的心理。由于金庸先生及其作品在华人世界中长盛不衰、久负盛名，使得此案一出立即引起各方热议。

由于我们无法从现行有效的著作权法中对同人作品准确定性并加以规范，所以在认定其是否应当享有著作权法保护、是否侵犯原作品权利人合法权益以及适用什么法律等方面产生较大争议。如果此次判决江南侵权，将会影响整个同人作品的发展。

一、同人作品的界定

近来随着网络文化的广泛传播，同人作品蓬勃发展。同人作品（fan fiction），即“同好者在原作或原型的基础上进行的再创作活动之产物”[②]，由于其对原作品的依赖性以及有“搭便车”构成不正当竞争行为的嫌疑，大众普遍认为同人作品游走在侵犯原作品著作权人合法权益的边缘。然而随着深入研究近年来有关著作权侵权诉讼案件，我们不难发现《此间的少年》类似案例不在少数，为何有的胜诉有的败诉[③]？特别是近期的两个案例判决，法院均认定相关作品并不构成侵权：《潜伏》案中，虽然原告小说《潜伏》与被告小说《地上，地下》都是描写地下工作者与女游击队在组织安排下潜入敌人内部的故事，但在具体情节设计上并不相同，因此法院并未认定被告小说《地上，地下》侵权。同人小说第一案——“天下霸唱”《摸金校尉》案也于 2017 年 6 月 6 日在上海市浦东法院一审宣判。法院经审理认为，虽然《摸金校尉》中使用了与《鬼吹灯》中同样的人物名称、关系等因素，但与原作品在情节上并不相同或相似，也无任何延续关系，不构成对原作品著作权的侵犯[④]。

基于以上分析，笔者认为应当对同人作品的定义进行更为精准的界定，从而在此基础上准确判断争议作品法律属性，进行高效且正确的法律适用。目前，对同人作品的定义，学界存在不同看法，有学者从广义的同人作品概念出发，将同人作品分为演绎同人作品和非演绎同人作品。所谓演绎作品，是指在保留原有作品基本表达的基础上，增加符合独创性要求的新表达而形成的作品[⑤]。演绎同人作品保留原作基本表达[⑥]，使用原作品相同或近似角色创作新作品，换言之，演绎同人作品本质上是现有理论框架内演绎作品的一种新的创作方式，无须加以更多探讨。而狭义的同人作品仅包括上述的非演绎同人作品一种。所谓非演绎同人作品，指在不同于原作基本表达的情况下，使用既有作品中相同或近似角色等元素，为表达自身思想创作而形成的新作品。其使用元素既可以是颜色、线条形式，也可以是文字描述。

根据我国的著作权自动取得制度，只要经过创作形成作品，同人作品就依法自动取得著作权并受法律保护。而同人作品与原作品的争议焦点在于，

① 在政治学理论中，维度是对社会现象关系不同层次、视角的阐述，而向度是对上述社会现象关系发展趋势的观察。

② 王铮. 同人的世界：对一种网络小众文化的研究［M］. 北京：新华出版社，2008：3.

③ 王迁. “此间的少年”不在少数，为何有的胜诉有的败诉？［EB/OL］. ［2017-03-10］. http://www.shobserver.com/news/detail? id=34506.

④ http://www.guancha.cn/society/2017_06_06_411863.shtml.

⑤ 王迁. 知识产权法教程（第五版）［M］. 北京：中国人民大学出版社，177.

⑥ 要准确定义同人作品的概念，必须从作品的“基本表达”中寻求突破。毕竟著作权法只保护思想观念的表达，而不是作者想要表达的思想，即思想与表达二分法。如若争议作品与原作品构成实质性相似或存在延续关系，则该争议作品应定性为演绎同人；反之，即为非演绎同人。目前我国《著作权法》关于演绎作品规定中列举了包括改编、翻译、注释、整理这四种演绎行为。虽有后一创作者独创性表达成果，却保留了原作品基本表达，自然也保留原作品著作权人所表达之思想与内容。

同人作品权利人在行使其著作权时，是否会侵犯原作品权利人相关权益以及是否有不正当竞争行为。在现实生活中，与使用可视化元素如美术作品、视听作品中人物形象等相比较，同人作品使用文字类描述、人物名称、形象以及人际关系等元素引发的侵权纠纷要多得多，且更加复杂。故本文仅针对使用文字类元素的狭义同人作品合法性问题展开研究。

二、同人作品著作权属性分析

同人作品已经成为现代网络流行文化中的重要组成部分，成功出版的例子屡见不鲜。但是基于其创作初衷以及自身依赖性，大众普遍认为同人作品自问世以来就具有违法的“原罪”。面对这样的现实，继续忽视已非明智之举，我国应当在法律层面上有所回应。下文将从同人作品是否享有著作权、与原作品著作权纠纷以及是否构成不正当竞争、明确其合法性是否符合著作权立法宗旨共三个方面探讨其合法性。

（一）同人作品具有独创性，应受著作权法保护

同人作品对原作品具有一定的依赖性，这一特征就决定了其或多或少使用了原作品的内容，如角色、人物背景等。其创作者往往都是原作品粉丝，基于对原作品的热爱才进行创作，向偶像致敬。而同人作品本身也依赖于原作品知名度得以广泛传播，有“搭便车”嫌疑并且在一定程度上抢占了原作品的市场份额。这样的局面使得同人作品一直处于涉嫌侵权的灰色地带。然而，同人作品又有着明显区别于原作的独创性。在实际审判中，法官常常以“被使用部分的数量和质量”来判断作品的独创性。使用原作品比例越多，使用的原作品独创表达的越多，就越有可能被判侵权。但这并非一成不变，比如著名的Campbell案，被诉作品大量使用了原作品核心内容，但是最高法院仍判定其滑稽模仿构成合理使用。因此，独创性与“被使用部分的数量与质量”不可简单等同。时至今日，各国对独创性的理解也各有不同，反映了不同的立法取向。英国的法官一般把独创性理解为包括独立完成和足够的创作投入两个方面的内容。美国的法官多数把独创性理解为独立完成加上最低限度的创造性①。这也是目前被控侵权的同人作品权利人使用最频繁的抗辩理由。值得注意的是，我国著作权法并不过问思想、感情是否具有独创性，它关注的只是某种思想、感情在某个时间是否进行了创作性表达②。所以独创性要求作品由其权利人自己创作，不是抄袭，是一种个性的表达。而同人作品都是由其权利人独立创作完成，并以不同于原作品基本表达的方式来叙述自己的内容与思想，所以笔者认为可以从该定义中判断出，同人作品所表现出的独创性属于法律意义上所要求的著作权取得实质要件中的独创性。

法官斯托雷在160多年前指出：“从抽象意义来讲，在真理、文学、科学和艺术中，几乎没有什么是真正全新和原创的。所有的文学与艺术作品以及科学成果都必然要借用以及使用前人的创造成果”③。因此，我们不能仅仅依据其对原作品具有的依赖性，就否决同人作品的独创性。既然同人作品具备著作权取得的实质要件，就理应享有与原作品同等的著作权地位，并受著作权法保护。

（二）同人作品是否对原作构成侵权或不正当竞争

TRIPs协定第9条第2款规定：版权保护应延及表达，而不延及思想、工艺、操作方法或数学概念本身。这就表明，作为TRIPs协定成员国，我国在著作权法中并不保护“思想”而延及“表达”。而本文所探讨的同人作品，其使用元素仅来源于文字作品中角色元素。这不同于视听作品和美术作品中可视化人物形象等元素，能够被清晰描述与感知，还需要通过相关故事情节来描述与体现，单纯人物形象如人的相貌、性格，单纯的人物关系如父女、情侣等，属于公共思想领域，难以构成表达本身。从北京最高院审理庄羽诉郭敬明抄袭一案中看出，只有相应情节及语言赋予这些元素以独特内涵时，所使用元素与这些表达共同成为著作权法保护对象。同人第一案——《摸金校尉》案判决书中，也体现了同样司法裁判思路，因此判决《摸金校尉》可用《鬼吹灯》同人元素再创作而不构成著作权侵权。尽管我国不是判例法国家，但现有判决仍可为以后同类型案件提供一种可借鉴的裁判方案。倘若同人作品使用的角色元素与相应情节和内容共同组成“表达”本身，此时该作品与原作品很难不构成实质性相似或不存在延续关系，这显然与狭义的同人作品定义相悖。然而即便未侵犯原作品“表达”之同人

① 刘春田．知识产权法［M］．北京：法律出版社，2009：66．

② 尤杰．在私有与共享之间：对版权与表达权之争的哲学反思［M］．上海：上海交通大学出版社，2014：1．

③ 同②．

作品，仍可能会损害原作品权利人合法权益如署名权[①]。因此，其必须在文章明显位置附有“声明”，表明使用的原作品、使用元素以及原作品作者等基本信息。表明的方式也有很多种，如江南的《此间的少年》小说，在开篇序言中就表明该书中的角色来源于金庸的多部作品。毕竟，同人作品仍使用了原作品中创作的角色元素，不当使用也会给原作品权利人造成消极影响，因此仍需结合“合理使用”制度对其合法性进行判断。

在反不正当竞争法对知识产权的兜底性保护作用中，虽然反不正当竞争法与著作权法关联性较弱，却在众多同人作品被诉侵权案件中被反复提起与适用。原作品著作权人常常认为同人作品权利人未经其许可将作品用于商业性活动如复制、发行，侵占其市场份额并损害其财产权益。一般认为，与知识产权有关的不正当竞争行为有以下四种：（1）假冒行为；（2）引人误解的虚假宣传行为；（3）商业诋毁行为；（4）商业秘密。在防止作品混同方面，反不正当竞争法中对假冒行为的规定能够弥补著作权法的不足。如果同人作品使用他人作品元素，造成与他人作品相混淆时，应构成假冒行为，适用反不正当竞争法。即使无上述不正当竞争行为，法院可依据《反不正当竞争法》第二条规定[②]，对于违反自愿、平等、公平、诚实信用原则的同人作品，认定其构成不正当竞争。我们不能否认的是，许多同人作品的创作初衷完全是出于恶搞原作品或用于描写情色内容等，这些不良行为在一定程度上影响公众对原作品阅读兴趣，也会损害原作品权利人声誉，就个案而言，反不正当竞争法能够很好保护原作品著作权人合法权益。但若未引起市场混淆，也不存在不当使用情况，就不能仅凭原作品权利人主张其财产权益受到损害而认定该同人作品构成不正当竞争。况且在现实中，它们吸引的市场往往也是平行的，都是基于权利人的不同创作目的、不同思想表达。无论读者阅读何者在先，都不影响其阅读与其相关但又不同的其他作品。很多同人作品往往都是以免费的形式在网络中传播，所以很多原作品权利人即使觉得自己的作品被侵权了，也选择视而不见、听而不闻。但是，被借用的原作品都是已发表的作品，基于其已定性的题材、内容以及表现方式，吸引的目标群体基本固定，占据的市场比例也相对稳定。由于同人作品对原作品的依赖性，大众在看过同人作品后很有可能对与其相关的作品进行研究，进一步起到推广原作品的作用。作品最独特的魅力，就在于其源源不断的生命力。如果陷入了亘古不变、不入时宜的困境，再经典的著作也终难逃脱被遗忘的命运。此时，同人作品的创作会给原作品注入新鲜的血液，它的传播与关注，必然会增加原作品的市场曝光度。并且同人作品属于新作品，原作品对其创作价值上的贡献并不大，如果对所有同人作品都适用反不正当竞争法，要求其权利人获得许可和支付报酬，也难谓公平。何况，对同人作品合法性问题适用著作权法中“合理使用”制度即可，无须再适用其他一般法。

（三）明确同人作品受著作权保护符合立法宗旨——鼓励创作

我国《著作权法》第一条这样规定：“为保护文学、艺术和科学作品作者的著作权，以及与著作权有关的权益，鼓励有益于社会主义精神文明、物质文明建设的作品的创作和传播，促进社会主义文化和科学事业的发展与繁荣，根据宪法制定本法。”由此可见，著作权法并非只是纯粹保护著作权所有权益的法律，过多的权利保护势必会成为垄断性权利，反而会给社会发展带来不利的影响。劳伦斯·雷席格教授在其著作《谁绑架了文化创意——打造知识共享的自由文化》中这样论述：“我们一直以来对于创作产权和其他产权是区别对待的”[③]，著作权“从未授予著作权人全面权利以彻底控制其作品所有的使用可能”[④]。纵观著作权法的起源与发展的整个过程，其一直致力于平衡好著作权人与社会公共的利益，来达到促进文化创新、社会发展的最终目的。因此，著作权法应当合理规定著作权人的权利范围，而不是任由著作权人权利任意扩张。换句话说，同人作品的合法性并不违背著作权法的立法精神和立

---

① 《保护文学艺术伯尔尼公约》第十条第一款规定：“使用作品时，应指明出处，如原出处有作者姓名，也应同时说明。”

② 《反不正当竞争法》第二条规定：“经营者在市场交易中，应当遵循自愿、平等、公平、诚实信用的原则，遵守公认的商业道德。本法所称的不正当竞争，是指经营者违反本法规定，损害其他经营者合法权益，扰乱社会经济秩序的行为。”

③ Lawrence Lessig. Free Culture：How Big Media Uses Technology and the Law to Lock Down Culture and Control Creativity [M]. New York：The Penguin Press，2004：87.

④ 要准确定义同人作品的概念，必须从作品的“基本表达”中寻求突破。毕竟著作权法只保护思想观念的表达，而不是作者想要表达的思想，即思想与表达二分法。如若争议作品与原作品构成实质性相似或存在延续关系，则该争议作品应定性为演绎同人；反之，即为非演绎同人。目前我国《著作权法》关于演绎作品规定中列举了包括改编、翻译、注释、整理这四种演绎行为。虽有后一创作者独创性表达成果，却保留了原作品基本表达，自然也保留原作品著作权人所表达之思想与内容。

法目的。著作权法应着眼于如何明确界定以及保护好原作品著作权人的合法权益，而非一味地否定同人作品合法性。

有些学者认为限制同人作品，从而对原作品形成严密保护，才能稳定作品市场以及激发人们更多的创作热情，其利大于弊。如果连原作品著作权人基本权利都得不到有效保护，势必会有损我国著作权法的公信力，造成侵权、抄袭事件层出不穷，市场紊乱。这似乎言之有理，但是同人作品的创作是人类文学艺术活动的本性，纵观文学艺术发展历程，正是同人作品的产生与发展繁荣了文化事业，其具有巨大发展潜力。况且社会公共利益、文化创新等是对我们更为重要的利益。我们应当抛弃这种观点——作品属于作者，任何人不得未经许可以任何方式使用。因为，"版权是私人的，而作品永远是公共的"①，一旦作品进入公共领域，任何人都有权使用。如果著作权法禁止人们使用，同人作品乃至整个同人产业都将受到限制，著作权从而演变成由权利人享有的完全私有垄断性的权利，导致社会文化事业陷入停滞不前的尴尬境地。当然，最终也会同时损害广大读者对文化多样性的需求。

三、保护同人作品及规范同人作品创作行为的现实路径

虽然同人作品具有著作权取得实质性要件——独创性，应享有著作权法保护，但其不当使用行为仍可能对原作品造成不法侵害，因此有些学者认为同人作品进行商业性使用时，还需要取得原作品著作权人许可并支付合理费用，这无疑将同人作品认定为著作权"二等公民"，也有违公平原则。笔者认为，在不影响原作品著作权人行使自己合法权利的前提下，应肯定同人作品的合法性，其做任何使用都无须原作品权利人许可。为引导构建规范化的同人作品著作权合法制度以切实保护原作品权利人合法权益，我国著作权法应该采取以下措施：

（一）明确同人作品在我国著作权法作品分类体系中的地位

同人作品权利人使用原作品进行的任何创作活动，是其正当行使宪法所赋予他的言论自由、文学艺术创作的权利，任何人都不能非法剥夺。况且宪法作为国家的根本法，具有最高的法律效力，任何普通法律、法规都不得与它的原则与精神相违背。因此，目前对此进行研究的学者们达成了一个共识：同人作品权利人应依法享有从事作品创作的权利，并对其创作品享有相应的著作人身权。但是当涉及复制、发行等商业化的财产性权利时，学者们又各执一词了。既试图于同人作品中保留原作品著作权人财产权益又主张其权利人享有著作财产权，意欲兼容并蓄却不可避免产生理论逻辑冲突，无法指明原作品著作权人财产权来源正当性以及合理性依据。根据《中华人民共和国著作权法实施条例》第二条规定："著作权法所称作品，是指文学、艺术和科学领域内具有独创性并能以某种有形形式复制的智力成果。"既然同人作品符合我国著作权法对于"作品"的定义，就应在著作权法律框架体系内明确其法律地位。法律属性不清晰是同人作品取得著作权的基础性障碍。这不仅牵扯到同人作品是否具有合法性、能否依法享有著作权保护，更影响其以后推动规范有序的商业化发展，如出版、影视改编等。只有明确同人作品著作权属性，才能有效寻求解决其与原作品争议焦点的方法，平衡两者之间的利益冲突，最终达到促进社会文化和谐发展的目的。显然，随着网络时代快速发展，我国现有著作权法律框架体系已无法对应所有新兴作品，由此产生著作权侵权纠纷案件数量也呈现大幅度上升趋势，然而我们还无法准确适用法律对此做出判断，应当及时将同人作品纳入我国著作权法作品分类体系中。

（二）规范同人作品对原作元素的使用方式

由上述分析可知，著作权法自始就不是纯粹的保护著作权人所有权益的法律，这里的著作权人不仅仅指原作品权利人，还应包括同人作品权利人。因此，我们在限制原作品著作权人权利的同时，理应同等对待同人作品权利人相应权利，力求平衡著作权人与社会公众的利益，以达到鼓励创新的最终目的。除了必须具备著作权取得的实质性要件——独创性，和不违反法律的特别规定，以及程序性要件以外，同人作品还应符合"合理使用"制度才具有合法性。我国现行的"合理使用"制度采取穷尽列举的方式，规定了12种不需要经过著作权人许可、不向著作权人支付报酬而使用作品的情形。然而，我们目前还未能将同人作品直接适用于"合理使用"制度的任何情形。美国《著作权法》没有像我国这样列出具体的合理使用方式，而是列出了判

① 宋慧献．版权保护与表达自由［M］．北京：知识产权出版社，2011：468.

断是否为合理使用的四项原则①。相对于美国的概括式解释，我国现有的“合理使用”制度保护不足的缺陷就显得异常明显了。不过，我国最新《著作权法（修订草案送审稿）》第四十二条十三款提出了“其他情形”的兜底条款。该草案明确指出“以前款规定的方式使用作品，不得影响作品的正常使用，也不得不合理地损害著作权人的合法权益”。这是同人作品合法性问题在我国著作权法律框架体系中得以解决的一次历史性探索，令人期待。否则，即使其社会认可度再高或者原作品权利人明确表示不反对，著作权法都不得认可该同人作品合法性。而在现实生活中，原作品著作权人常常采用事先申明的方式，保留部分或全部权利，这一行为显然将自身合法权益视为垄断性权利，有违著作权法鼓励创新的目的。因此，并非所有原作品权利人的事先申明都是合法有效的，只有该事先申明与其合法权益紧密联系时，才能抗辩“合理使用”。该权利保留不因原作品著作权人的事先申明而具有排他性。

（三）寻求合理保护原作品著作权人正当权利的方法

我们在倡导明确同人作品合法性的同时，也要保护好原作品著作权人合法权益。为此，大多数学者倡导原作品权利人可以借鉴“知识共享”，即“Creative Commons”（以下称 CC 协议）②。CC 协议试图在“保留所有权利”与“不保留权利”两者中间广大的灰色地带保有弹性，使得原作品权利人可以“保留部分权利”。但是，笔者并不认同这种模棱两可的方式，同人作品权利人理应享有完整著作权，不以原作品著作权人意志而转移。然而，原作品毕竟凝聚着原作品著作权人大量心血，是原作品著作权人赋予了其生命力，尤其是其中的人物角色，在原作品著作权人笔下熠熠生辉。此次金庸在状告江南《此间的少年》侵权时，就曾明确指出，周星驰在电影《功夫》中使用其著作中人物角色都需要经其同意并缴纳使用费。笔者认为，原作品著作权人可以将其作品中具有鲜明形象特征的人物角色注册为商标，从而得到商标法的保护。然而并非所有作品中人物形象等元素都可注册为商标，《商标法》第九条第一款规定，“申请注册的商标，应当具有显著性”，换句话而言，只有原作品中人物形象自身具有显著性以及与他人商标不混同才能申请注册成为商标。只要他人在相同或相似的商品或服务上使用了这种商标并且造成了消费者混淆即可构成对注册商标的侵权。如果对该商标使用，不导致混淆，这属于合理使用，不构成侵权。或者如果该人物角色在市场享有较高声誉、为相关公众所熟知，并且有较强竞争力，即使未经注册，原作品权利人也可以利用驰名商标来进行保护。现行《商标法》对驰名商标保护进一步扩大：对未经注册驰名商标禁止在相同或类似商品或服务上申请注册和使用；而对于已经注册驰名商标，不但禁止在相同或类似商品或服务上，而且还禁止在不相同或不相类似商品或服务上申请注册和使用。此时该同人作品就不再符合“合理使用”，有侵犯原作品权利人其他合法权益行为，应当事先征求原作品权利人许可并支付合理费用。

（本文原发表于《知识产权》2017 年第 8 期。作者单位：泰州学院）

① 美国《版权法》第 107 条规定：“在任何特点情况下，确定是否合理使用要考虑一下这些因素：（1）使用的目的和性质；（2）被使用作品的性质；（3）与被使用的原著作权作品相比使用部分的多少和内容的实质性；（4）这种使用对原著作权作品价值或潜在市场所造成的影响”。

② “Creative Commons”协议已于 2006 年在中国完成本土化，正式名称为“知识共享”。

2017年著作权相关图书简介

《中华人民共和国国家知识产权局公报（2016年英文版）》，国家知识产权局办公室编，北京：知识产权出版社，2017年12月。

该书是面向国内外公开发行的政府出版物，其主要刊载内容为：全国人民代表大会及其常务委员会通过的涉及知识产权的法律；国务院发布的涉及知识产权的法规和法规性文件；国家知识产权局发布的规章、公告、重要文件、统计数据以及其他需要公告的事项。书上刊登的国家知识产权局规章、规范性文件为标准文本。

《知识产权国际保护》，叶建川等著，北京：知识产权出版社，2017年12月。

该书采用“以案说法”的形式，介绍知识产权国际保护领域的基本理论、规则、存在的问题以及应对这些问题的措施。全书包含概述、专利权的国际保护、商标权的国际保护、版权及邻接权的国际保护、其他知识产权的国际保护、知识产权国际争端的解决等章节。各章均配以“典型案例”“本章要点提示”“课外阅读材料”“本章自测题”等内容。

《网络游戏知识产权司法保护》，孙磊等著，北京：中国法制出版社，2017年10月。

该书通过厘清网络游戏相关的概念、规则，结合相关知名案例和思维路径，详细讲解知识产权的相关实务问题和前沿问题。一方面，系统化解析网络游戏知识产权纠纷中涉及的著作权、商标权、专利权、合同纠纷、反不正当竞争法等原理与规则。另一方面，专题分析行业中常见的实务问题，为网络游戏市场提供知识产权保护指引和风险防控措施。作者剖析了大量中外典型案例，直观展现法官裁判原理与当事人诉讼技巧。

《网络环境下著作权的边界问题研究》，孙昊亮著，北京：法律出版社，2017年9月。

网络正快速影响我们的生活，技术的发展冲击着著作权制度，如何合理界定网络环境下著作权的边界，成为网络时代必须解决的重要问题。

该书重点讨论了网络著作权引发的问题，网络技术对著作权制度的影响，网络对传统著作权边界的冲击，网络环境下著作权边界的理论基础、理论分析及制度设计等内容。网络时代的到来，在带给著作权领域无数棘手问题的同时，也使我们逐渐认清了著作权的本质，并为划定合理的著作权边界提供了可能。划定合理的著作权边界，让著作权回归到它应处的领域中，能使著作权制度逃离目前的尴尬境地，在网络时代焕发新的生机。

《法政策学视点下的知识产权法》，李扬著，北京：知识产权出版社，2017年9月。

按照知识产权产权法政策学的观点，虽然知识产权制度的创设应当以功利主义的激励理论作为正当化根据，但由于作为激励论核心概念的效率性难以准确测定，因而知识产权制度有赖于具有政治责任的立法机关通过民主立法程序进行创设。田村善之认为，围绕利用知识财产的行为，在进行知识产权制度的创设和运行时，市场、立法、行政、司法应当分担不同的作用。而由于市场失灵的存在、民主立法程序过程中利益反映的不均衡、行政机关以效率性为正当化根据进行扩权从而将手脚延及司法领域实质上却并没有提高授权确权维权效率等现象的存在，以裁决的终局性和稳定性为特征的司法，从某种意义上来看，在知识产权保护中有理由发挥主导作用。在上述视点的指引下，该书从立法论和解释论两个层面展开，探讨知识产权基础理论、专利法、商标法、著作权法、竞争法等各个领域涉及到市场、自由、立法、司法和行政作用分担的重大理论和现实问题。

《最高人民法院知识产权审判案例指导（第9辑）》，最高人民法院知识产权审判庭编，北京：中国法制出版社，2017年8月。

该书收录了最高人民法院每年发布的知识产权年度报告全文和该报告所涉及的所有裁判文书。该报告已经成为最高人民法院指导知识产权审判工作的重要载体和社会公众了解最高人民法院知识产权审判发展动态的重要渠道。

该书首次公布了最高人民法院知识产权案件年度报告（2016）及其所涉及的27个典型案例裁判文书全文，共归纳出39个具有普遍指导意义的法律适用问题，总结和梳理了人民法院在知识产权和竞争审判领域处理新型、疑难、复杂案件的审判标准、裁判方法和司法导向。

《知识产权精要：制度创新与知识创新》，吴汉东著，北京：法律出版社，2017年8月。

知识产权法源于创新而生，是为财产权制度革新的产物；基于创新而变，当以激励知识创新为价值目标。知识产权法产生、变革和发展的历史，就是科技、文化创新与法律制度创新相互作用、相互促进的历史。可以认为，坚持制度创新与知识创新是知识产权法的历史过程和时代使命。基于“制度创新与知识创新”这一主题，该书选择了二十多篇有较高引注率和影响力的学术论文，集中表现了作者关于知识产权的主要学说思想。在编选成书时，作者对原来的论文标题做了适当修饰，力图聚焦主题、形成体系并便于阅读。

《数字网络技术背景下著作权法的困境与出路》，姜福晓著，北京：知识产权出版社，2017年8月。

全书共分为五部分。第一章，数字网络技术对著作权法的挑战。第二章，权利配置：著作权法的基础架构及调整。第三章，权利保护之一：使用者行为的失范与规制。第四章，权利保护之二：权利人技术保护措施的保护与限制。第五章，权利实现：数字网络环境下著作权市场机制。该书不仅从宏观层面分析数字网络技术对著作权法的挑战，对著作权法在新技术背景下的困境进行了分析和理论抽象，而且提出在新的环境下对著作权权利进行保护的方法。

《中国知识产权司法保护纲要（2016—2020）》，最高人民法院编，北京：法律出版社，2017年8月。

该书是最高人民法院第一次针对专门审判领域制定发布的保护纲要，《纲要》在总结、归纳和提炼30年知识产权司法保护“中国道路”成功经验的基础上，首次系统地、创新性地提出了知识产权司法保护发展要达到的8个目标，明确了知识产权司法保护工作的指导思想、基本原则、主要目标和重点措施。其主要目的是为未来五年知识产权司法保护明确指导思想和目标，确定保护原则和措施，希望通过五年的努力，知识产权司法保护体系更加完善，司法保护能力得到更大提升，司法保护的主导作用更加突出，同时为国际知识产权司法保护提供更多的“中国经验”和“中国智慧”。

《开放式创新与知识产权制度研究》，肖尤丹著，北京：知识产权出版社，2017年9月。

开放式创新是新近技术创新模式的新实践，与之相适应而提出的开放式创新概念也是创新理论的最新发展。“开放式创新”（open innovation）作为一种全新的创新模式，最早是在2003年由哈佛大学的切萨布鲁夫教授所提出。切萨布鲁夫教授认为，开放式创新的出现革命性地影响了被视为“封闭式创新”（closed innovation）的传统创新模式，开放式创新更加强调创新主体间的相互渗透与借鉴，重视建立更为广泛的创新平台，使用更为便捷创新的共享机制，并建立更为合理的创新收益分配方法。同时，开放式创新作为重要的技术创新实践也已经为众多领域和诸多市场主体所适用，并且正在逐步成为激发全球新一轮创新获利的重要方式。该书是创新理论与知识产权理论全面融合的一次尝试，为转换知识产权研究路径提供了一种新视角。

《兰台知识产权评论》，兰台知识产权团队著，北京：知识产权出版社，2017年8月。

该书主要针对新型的、前沿的、热点的知识产权法律问题进行深入分析，包括著作权、专利权、商标权、不正当竞争及其他相关领域有关知识产权的法律问题，同时将影响较大的知识产权案件以及兰台知识产权团队承办的案件融入其中，深入浅出，不流于表面，而是洞彻问题实质，追本溯源。所选文章兼具实务作业的指导性及学术理论的创新性，皆为原创作品。

《知识产权海关保护法律解读与实践精要》，徐枫、俞则刚、朱秋沅著，北京：法律出版社，2017年8月。

该书通过对实际发生案例的分析和相关法律法规的解读，总结并指出知识产权海关保护的一些正确做法。它以《知识产权海关保护条例》为主线，深入探讨了海关知识产权保护的范围和执法程序，还从海关工作角度系统地观察当前知识产权保护方面存在的法律热点问题，如定牌加工、平行进口、自贸区知识产权保护等，深入浅出地介绍知识产权海关保护的历史背景、法规解读、实务操作和疑案应对，集理论研究与实务操作于一体。

《国家知识产权战略实施：回顾与展望——郑成思教授逝世十周年纪念文集》，中国社会科学院知识产权中心、中国知识产权培训中心编，北京：知识产权出版社，2017年8月。

该书是由中国社会科学院知识产权中心和中国知识产权培训中心主办的“2016知识产权上地论坛”“纪念郑成思教授逝世十周年暨‘国家知识产权战略实施：回顾与展望’研讨会”的论文集，其中包括“纪念郑成思教授逝世十周年”座谈会发言实录及知识产权各专业领域的学者、法官等提交的与知识产权理论和知识产权产权战略相关的数十篇论文。

《最高人民法院司法观点集成：知识产权卷》，王松编，北京：中国法制出版社，2017年8月。

该书主要以最新修正的著作权法、专利法、商标法、反不正当竞争法、反垄断法等制定法的章节体系为主线，对最高人民法院发布的知识产权司法解释、司法业务文件、个案批复答复和指导性案例、最高人民法院裁判文书、《最高人民法院公报》案例、知识产权审判参考性案例以及最高人民法院领导讲话、法官著述等内容进行梳理、分类，提炼出最高人民法院知识产权司法观点并根据知识产权制定法体系予以编排，以便读者通览全部现行有效的最高人民法院知识产权司法观点。该书在编辑过程中，坚持以问题为导向，对近些年最高人民法院优秀知识产权裁判文书中的司法观点予以重点收录。

《中国网络版权侵权实证研究》，徐剑著，上海：上海人民出版社，2017年8月。

网络版权侵权已经成为国内法学界、传媒界越来越关注的话题，随着互联网产业的迅速发展，网络版权侵权的话题争论将更加激烈，司法机关也面临着如何将法律的一般规定运用到不断变化的具体案件中的难题。该书使用了对实证案例进行建模和量化分析的研究方法，主要选取中国知识产权裁判文书网提供的实际案例，选择2002年至2011年间各地上传的司法裁判文书，经过筛选得到3 004份优化样本。进而对样本进行编码和量化分析，综合运用法学、传播学等多学科方法，对中国网络版权侵权做出多方面的实证分析，描绘出国内网络版权侵权领域的当下面貌并展望未来。

《网络知识产权犯罪制裁体系研究》，于志强著，北京：法律出版社，2017年8月。

虚拟空间的知识产权犯罪从计算机时代的侵犯计算机软件等初级行为进化到如今大数据背景下的网络知识产权犯罪，对于传统知识产权刑法保护是一个极大的挑战。大数据时代网络知识产权刑法政策应当如何根据新时代的要求进行一定的转化以应对网络知识产权的侵害，正视网络时代知识产权刑法保护所面临的挑战，积极地进行理论回应进而指导刑事立法和刑事司法实践，及时地填补网络知识产权犯罪这一新生犯罪现象所造成的刑法制裁“真空”，是目前网络知识产权保护中迫切的问题。该书对信息网络传播权的现实困境与解决思路、侵犯著作权罪中“复制发行”的网络异化及对策、网络盗版上传的刑法规制、信息时代侵权作品传播行为及网络空间中著作权犯罪的定罪标准等网络知识产权犯罪制裁进行了深入的思考与研究。

《北大知识产权评论（2016）》，张平编，北京：北京大学出版社，2017年7月。

该书收录了我国和国外的一批知识产权法学的研究者及实务工作者的多篇文章，文章内容涵盖了对知识产权法学理论的探索和对知识产权实践问题的探究。书中不仅介绍了国内、国外新的知识产权法学的发展动态，而且包含了国内、国外新的有影响力的知识产权学科的几个案件以及从学术角度、实务角度对案例的评析。不仅体现了国内、国外知识产权法学界的新研究成果，而且体现了知识产权司法实践的具体过程，对我国知识产权法学的发展具有一定的意义。

《中国知识产权区域布局理论与政策机制》，贺化著，北京：知识产权出版社，2017年7月。

我国的知识产权数量近年来大幅度增长，但仍存在质量不高、结构不合理、布局碎片化、转化率偏低等矛盾和问题，提高知识产权质量，优化知识产权空间布局，促进知识产权与产业深度融合已经成为实现创新驱动发展的当务之急。为了做好顶层设计，加强前瞻性理论研究，更好地推进知识产权强国战略和创新驱动发展战略的实施，该书以区域研究为切入点，以知识产权与产业的融合为主线，探讨通过知识产权区域布局优化，促进区域产业发展的实现机制。

《传媒版权管理研究》，丁汉青著，北京：中国人民大学出版社，2017 年 6 月。

传媒产品的生产、开发、交易、合作、维护等都紧紧围绕版权展开，中国传媒业在版权管理领域取得了较大进步，但某种程度上仍然处于复杂纠缠、界限不清的境地。该书是一项跨法学、管理学与新闻传播学的探索性研究，作者采用定量与定性研究方法，将中国传媒版权管理放在制度框架内、历史视野中以及国外参照系里加以审视，多角度地研究国家、社会与企业三个层面的传媒版权管理。在书中，国家与社会层面的传媒版权管理聚焦于版权保护制度及社会版权管理平台，企业层面的传媒版权管理则侧重于企业版权生产、开发、交易和保护等具体活动。

《“十三五”国家知识产权规划研究》，国家知识产权局规划发展司编，北京：知识产权出版社，2017 年 6 月。

该书为国家知识产权事业发展“十三五”规划研究项目课题的研究报告，由各子课题承编单位撰写。每部分对“十二五”期间各领域的知识产权事业发展状况及问题进行分析研究，在此基础上，提出国家知识产权事业“十三五”知识产权规划的发展思路及政策建议，对于我国制定“十三五”知识产权事业发展规划提供了重要的参考和借鉴。规划编制过程中，知识产权局坚持以问题为导向，联合 11 个部委、7 个地方知识产权局及中科院等研究机构开展了 23 项专题研究，研究成果包括文字报告和拟写入规划的文本建议，各专题研究系统地梳理了知识产权相关领域取得的成绩、面临的问题和“十三五”时期的政策建议。

《知识产权司法保护前沿（第 1 辑）》，王秋良主编，北京：知识产权出版社，2017 年 6 月。

该书包含理论前沿、精品案例两大部分。理论前沿部分汇集了上海知识产权法院若干重点调研课题成果和上海知识产权法院法官围绕司法实践撰写的具有较高学术性、实用性的应用法学研究文章，内容涵盖知识产权审判前沿问题和疑难问题研究、审判实务经验总结、知识产权司法保护、专业化审判机制改革等。精品案例部分选自上海知识产权法院具有典型性、代表性、新颖性和可参考性的生效案件，能够为解决疑难法律问题提供参考，并且体现法律效果与社会效果的统一。

《变革中的知识产权研究》，武志孝著，北京：中国政法大学出版社，2017 年 6 月。

社会处于发展变化之中，知识产权制度也在不断发展变化。在当今的法律当中，知识产权的发展变化尤其快，体现在知识产权的权利形态和权利内容方面。该书重点探讨了知识产权该如何适应变革时代的需要，选取当前知识产权的重点问题进行研究，分为理论篇和制度篇两大部分、六个章节。其研究重点既着眼于知识产权理论也着眼于知识产权制度，既是整体上的研究也是相对独立的研究。

《迈向知识产权强国之路（第 2 辑）：知识产权强国建设实施问题研究》，申长雨主编，北京：知识产权出版社，2017 年 6 月。

该书由国家知识产权局知识产权发展研究中心和国家知识产权局保护协调司组织编写，申长雨主编。从战略思路、战略任务、战略措施三个方面，汇集 2015 年度和 2016 年度知识产权强国主题的优秀研究成果，为全面落实《国务院关于新形势下加快知识产权强国建设的若干意见》提供理论支撑、实践指导，进一步统一思想认识、开拓工作局面、细化任务措施，凝心聚智、群策群力，切实将知识产权强国建设的设计图转化为施工图。

《著作权法激励理论研究》，周贺微著，北京：中国政法大学出版社，2017 年 5 月。

该书以著作权法激励理论为研究对象，力图解决著作权法受到的批判质疑以及著作权法激励理论现实适用方面的困境，为当前著作权法的发展困境提供理论支撑及指导。著作权法激励理论不仅包含经济方面的激励，也包含精神方面的激励，两者在相关标准的量化上具有类似之处。著作权法激励理论不仅激励作品的创作、作品的传播，也包含相关投资的激励。在相关利益冲突的解决上，应当以社会福利最大化这一功利主义思想为主导，并以比例原则、利益平衡等实践制度来操作制度设置，以制度优化实现资源的有效配置。在市场的效率要求和法律的公平正义双重标准下，著作权法的相关制度应当做调整，充分发挥著作权法激励理论的作用，实现著作权法的社会价值和使命。

《知识产权保护理论与判例研究》，吕甲木著，北京：知识产权出版社，2017 年 5 月。

该书采用理论分析与案例分析相结合的方式，在系统阐述知识产权理论知识的基础上，配以对近年来有影响的知识产权案件的分析，围绕案件争议的焦点、难点、热点，条分缕析。该书也可作为知识产权学生的配套教学材料使用。书中以“一带一路”和“中国制造2025”建设过程中出现的典型知识产权案例为蓝本，对涉外定牌加工和跨境电子贸易中的商标侵权，商标撤三，OEM/ODM生产中的专利侵权，专利侵权中的技术特征比对、等同判定、禁止反悔、现有技术抗辩、先用权抗辩，以及关键词竞价排名不正当竞争等知识产权司法实践中出现的争议问题根据现行法律结合相关理论进行深入研究分析，提出一种既有法理法律依据又具有实务可操作性的解决方案。

《知识产权运营管理法律实务与重点问题诠释》，傅宏宇著，北京：中国法制出版社，2017年5月。

该书分为上下两篇，直击知识产权运营管理各层面的重点法律问题。上篇为“知识产权运用管理基本法律问题”，讲解了知识产权许可与垄断、知识产权运营管理与资本化、知识产权价值评估及适用、商业秘密的管理和利用、品牌保护、管理、运营与价值实现、知识产权运营管理中的人力资源法律问题以及知识产权贯标的概念、适用及成效等问题。下篇为“知识产权运营管理前沿法律问题”，探讨知识产权管理运营推动创新的制度构建前沿问题，包括专利主张实体（PAEs）知识产权运营策略及法律问题，药物专利运营管理中的法律问题——研发药、仿制药与反向支付，国有知识产权运营管理中的法律问题等。

《互联网环境下的知识产权制度变迁》，陈健著，北京：中国政法大学出版社，2017年5月。

作者强调了互联网环境下，应当强化知识产权使用规则，以便使知识产权制度更加适应互联网的特点。在版权领域，该书重点研究了版权保护技术措施的发展状况，着重研究了互联网环境下的合理使用制度应当如何完善，对于首次销售理论和数字市场销售电子产品问题进行了研究，分析了网络服务提供商的版权责任。在专利领域，着重研究了商业方法可专利性判断标准的新进展，对于目前计算机软件申请中涉及的功能性限定制度问题进行了研究。在商标领域，着重研究了跨境电子商务中的平行进口制度的发展与完善策略，以及电子商务平台商的商标共同侵权责任问题。

《探寻知识产权的边界：以信息技术平台兼容性为视角》，张吉豫著，北京：法律出版社，2017年4月。

该书从探究信息技术系统兼容与互联互通的意义及相关利益关系出发，以我国专利权与软件著作权相关制度设计的基本价值理念为研究和论证基础，结合比例原则的应用、合作主义等前沿理论和思潮，面向信息技术系统领域知识产权保护的实际问题与案例，对专利权和软件著作权中的关键问题展开研究论述，具体包括信息技术系统接口的可著作权性及可专利性问题，软件反向工程的合法性问题，标准必要专利的公平、合理、无歧视许可问题等。作者不仅从法理层面着重阐述了比例原则和禁止滥用权利的原则在确定知识产权边界中的作用和意义，还同时在计算机程序接口、反向工程以及标准必要专利可能受到的限制等具体操作层面进行了研究。

《知识产权国际法治问题研究》，杨健著，北京：法律出版社，2017年4月。

经济全球化推动了知识产权国际保护制度的不断发展和知识产权保护标准的不断提升。在国际经济贸易规则重构、全球经济治理完善的大背景下，须积极关注知识产权国际法治问题。该书从知识产权国际立法中已确立的和将要确立的国际知识产权规则以及知识产权国际保护制度本身所存在的问题出发，深入考量现有的知识产权国际保护制度和相关规则是否符合时代的潮流、是否符合法治的一般原理、是否符合国际法治的内涵要求。既要对知识产权国际保护制度的合法性危机进行辩证分析，探寻合理性期待问题，也要探讨知识产权国际法治基本理论问题，并对知识产权国际法治进行现实考量，从而进一步探讨知识产权国际法治的理论进路。从中国立场出发，须从国际、国内两个视角分析，以期在国际知识产权规则变革的形势下正确选择我国的应对策略。

《中国知识产权蓝皮书（2015—2016）》，吴汉东编，北京：知识产权出版社，2017年4月。

该书秉承“民间视野、学者观点”的编写方针，对热点问题进行分析，记录和总结2015—2016年中国知识产权事业发展情况。全书分为特稿、中国知识产权发展研究状况报告、专题研究报告、制度创新与驱动发展、地区知识产权创新发展报告、知识产权智库建设和知识产权大事记七篇，记录2015—2016年度我国知识产权事业发展的脉络和轨迹，展示中国知识产权事业的发展成果，并概括了知识产权市场发展商情。

《知识产权与竞争法研究（第三卷）》，张伟君、张韬略编，北京：知识产权出版社，2017 年 3 月。

该书是由同济大学法学院知识产权与竞争法研究中心主办，立足于中国视角，定位于推进知识产权与竞争法交叉问题研究为特色的连续出版物，以期实现与同行分享美国、欧洲、亚洲包括中国在这一领域的最新进展的目标。本卷主要研究竞争法前沿问题、竞争法与知识产权政策研究、标准必要专利等，并对我国该领域的相关法规及审判案例做了系统整理。本卷所选择的文献既有来自国际学术界关于竞争法、知识产权相关研究的前沿观点，也有部分国内重量级学者的研究成果。

《民间文学艺术的知识产权保护》，刘瑾、孙晓立著，北京：知识产权出版社，2017 年 3 月。

如何保护、以何种立法模式来有效地保护民间文学艺术成为当下迫切需要解决的问题，也是该书重点论述的内容。该书对非物质文化遗产、民间文学艺术和民间艺术作品等概念进行了辨析，探讨了民间文学艺术的特点和功用，论述了知识产权与民间文学艺术保护的关系，分析了近年来我国民间文学艺术的几个比较有影响和有代表性的司法案例，阐述了我国民间文学艺术的法律保护现状以及国外相关立法的经验，最后尝试就我国民间文学艺术法律保护机制的建立与完善提出自己的建议。

《知识产权制度与规范》，孙玉荣、管荣齐著，北京：中国财富出版社，2017 年 2 月。

作者吸收国内外知识产权学界的最新研究成果，结合我国现行知识产权法律、法规和司法解释，从理论和实务角度对知识产权制度的基础理论和基本制度进行研究，由浅入深，详尽地介绍了知识产权的基本制度、理论及相关实务问题，内容包括知识产权总论、著作权、专利权、商标权和其他知识产权共五编十八章。该书内容系统全面：体现最新的知识产权法律、法规和案例，结合知识产权领域的热点和发展动向，系统、全面地介绍知识产权法学的基本知识；注重实际操作，剖析知识产权创造、管理、运用和保护中的实务问题，并对知识产权法学的相关典型案例进行专门探讨和研究。

《图书出版著作权保护导论》，徐康平、张莉、冷荣芝编，北京：中国财富出版社，2017 年 1 月。

全书共有十五章，分别是图书出版概论、著作权制度、著作权法保护的对象、图书著作权人的权利、图书著作权的取得和归属、图书著作权的限制、图书著作权的流转、图书出版者的权利义务、图书出版的流程管理、图书著作权的集体管理、图书著作权的国际保护、侵犯图书出版著作权的行为、图书出版侵犯著作权的法律责任、图书出版侵权的保护措施、图书出版的非著作权法上的侵权。

《知识产权侵权损害赔偿问题研究》，刘筠筠著，北京：知识产权出版社，2017 年 1 月。

知识产权侵权损害赔偿问题的解决直接关系到知识产权司法保护的力度和知识产权权利人的切身利益，已经引起了各方面的重视，加强这些问题的研讨有十分重要的现实意义。该书就知识产权侵权损害赔偿的构成、过错的认定、民事责任的形式和损害赔偿范围等，进行了深入研究。

《知识产权保护对中国对外贸易的影响研究》，余长林著，北京：经济科学出版社，2017 年 1 月。

该书围绕知识产权保护制度对国际贸易的作用机制与影响路径的主题，将国际贸易理论、知识产权保护政策与中国现实结合，从理论和实证两个层面分析了国内外知识产权保护对中国进出口贸易的影响。在此基础上，作者构建了中国知识产权保护制度框架，探讨提升出口竞争力的对策和建议，力求通过不断改革和完善知识产权保护制度来优化中国进出口贸易结构，提高中国出口产品的技术含量和竞争力，由此塑造和培育中国知识产权制度的比较优势。

《科研机构知识产权管理创新研究：以中国科学院为例》，肖尤丹、刘海波、贺宁馨著，北京：科学技术文献出版社，2017 年 1 月。

全书以中国科学院知识产权专员制度和知识产权管理标准化规范等制度创新为对象，专题研究科研机构知识产权管理的重要制度创新实践，系统梳理科研机构知识产权管理的理论基础、制度现状、人员保障与流程安排，并通过文献、调研、座谈等系统了解相关制度创新的实施情况和知识产权管理制度创新的关键性问题，为知识产权管理人才制度改革提出相关制度建议。

统计资料

TONG JI ZI LIAO

2017年中国版权统计资料

2017年全国作品登记情况统计

单位：件

	合计	文字	口述	音乐	戏剧	曲艺	舞蹈	杂技	美术	摄影	建筑	影视	图形	模型	录音	录像	其他
全国合计	**2 001 966**	**480 640**	**201**	**11 619**	**293**	**154**	**266**	**27**	**653 820**	**734 998**	**743**	**45 171**	**8 007**	**338**	**4 714**	**38 045**	**22 930**
北　京	809 586	221 624	0	4 889	5	0	1	0	6 944	538 575	0	72	349	49	533	29 77[illegible]	6 768
天　津	307	126	0	20	10	2	0	0	122	0	0	9	0	4	0	0	14
河　北	1 904	495	1	14	3	1	0	0	1 311	1	0	13	19	0	0	3	43
山　西	198	69	0	6	1	0	0	0	72	1	0	9	34	3	0	0	3
内蒙古	299	55	0	28	0	0	7	0	162	0	15	7	0	0	1	0	24
辽　宁	9 007	2 653	0	188	1	0	0	0	2 361	388	3	197	5	0	0	3 21[illegible]	0
吉　林	1 073	171	1	86	28	1	1	0	392	232	0	37	0	0	0	0	124
黑龙江	564	228	0	97	0	0	0	0	231	2	0	4	1	0	0	0	1
上　海	234 658	129 859	0	280	24	0	0	0	69 943	19 464	2	8 924	105	4	583	1 96[illegible]	3 506
江　苏	286 596	46 445	160	606	36	5	55	4	199 563	14 329	3	23 631	333	88	1 007	32[illegible]	4
浙　江	21 005	554	0	117	0	0	0	0	17 731	1 984	0	43	13	0	3	10[illegible]	453
安　徽	10 011	1 437	2	21	5	0	2	0	2261	6 056	0	160	11	40	0	[illegible]	15
福　建	67 203	1 444	0	408	1	1	0	1	64 079	477	50	301	268	14	1	82	76
江　西	10 212	3 773	0	72	0	0	1	0	2 361	539	0	3 093	37	10	11	312	3
山　东	83 722	2 181	9	90	1	5	0	4	13 568	65 662	390	490	1 027	29	0	0	266
河　南	1 367	586	0	73	1	0	1	0	375	0	0	140	23	1	0	0	167
湖　北	22 005	1 621	0	78	18	0	0	0	17 870	489	0	240	9	0	11	1 580	89
湖　南	3 971	673	0	36	1	0	0	0	2 347	607	0	142	59	0	3	53	45
广　东	54 641	7 282	0	391	11	2	3	0	39 488	1 239	4	903	813	34	1 670	51	2 747
广　西	378	125	0	82	6	0	0	0	77	23	0	13	43	0	0	3	6
海　南	172	51	1	21	0	0	0	0	44	1	0	7	31	0	0	5	10
重　庆	75 601	10 851	0	407	1	0	7	0	42 585	14 761	31	714	594	13	27	545	5 064
四　川	140 271	37 028	6	1 221	13	113	168	18	26 514	68 878	239	2 470	3 491	46	0	0	66
贵　州	429	20	0	22	4	5	11	0	229	29	0	10	95	0	0	0	4
云　南	583	312	0	91	0	0	0	0	180	0	0	0	0	0	0	0	0
西　藏	0	0	0	0	0	0	0	0	0	0	0	0	0	0	0	0	0
陕　西	5 008	599	1	50	3	0	0	0	3 219	1 026	0	80	13	0	1	5	10
甘　肃	190	104	0	3	0	0	0	0	76	1	0	4	0	0	0	0	2
青　海	58	10	0	0	0	0	0	0	42	0	0	2	0	2	0	2	0
宁　夏	488	107	0	34	2	0	0	0	319	0	0	25	1	0	0	0	0
新　疆	1 270	228	13	122	0	0	0	0	889	1	0	8	8	0	0	1	0
中国版权保护中心	159 189	9 929	7	2 066	118	19	9	0	138 465	233	6	3 423	625	1	863	5	3 420

注：中国版权保护中心作品登记 226 915 件，涉及作品 159 189 件，DCI 登记 67 726 件。

2017 年全国版权合同登记情况统计

单位：份

	合计	图书	期刊	音像制品	电子出版物	软件	电影	电视节目	其他
全国合计	**20 015**	**16 526**	**109**	**1 860**	**424**	**869**			**227**
中国版权保护中心	1 845			1 763		82			
北　京	9 596	9 375	108		113				
天　津	417	363			54				
河　北	192	187				5			
山　西	29	29							
内蒙古									
辽　宁	326	326							
吉　林	72	72							
黑龙江	165	165							
上　海	1 340	1 129		97	114				
江　苏	526					526			
浙　江	543	364				179			
安　徽	117	117							
福　建	94	92				2			
江　西	522	522							
山　东	337	337							
河　南	287	287							
湖　北	481	366				65			50
湖　南	306	306							
广　东	555	235			143				177
广　西	495	495							
海　南	178	178							
重　庆	298	298							
四　川	737	726	1			10			
贵　州	14	14							
云　南	301	301							
西　藏									
陕　西	185	185							
甘　肃	18	18							
青　海									
宁　夏	25	25							
新　疆	14	14							

2017 年全国版权执法情况统计

案件查处情况		收缴盗版品情况	
项目	本年度数量	项目	本年度数量
行政处罚数量（件）	3 552	合计	9 709 243
案件移送数量（件）	442	书刊	5 468 163
检查经营单位数量（个）	636 864	软件	365 423
取缔违法经营单位数量（个）	4 102	音像制品	1 393 489
查获地下窝点数量（个）	155	电子出版物	169 552
其中：地下光盘生产线（条）	4	其他	2 312 621
违法经营网站服务器（个）	244	未分类项	
罚款金额（人民币元）	10 024 793		

2017 年版权引进地汇总表

单位：册、盒、张、件、部、集

原版权所在国家或地区	合计	图书	录音制品	录像制品	电子出版物	软件	电影	电视节目	其他
引进版权总数（项）	**18 120**	**17 154**	**147**	**364**	**372**	**12**	**10**	**61**	
美　　国	6 645	6 217	41	239	126	1	2	19	
英　　国	2 991	2 835	23	17	80			36	
德　　国	951	933	2	11	3			2	
法　　国	1 164	1 133	2	11	14		4		
俄 罗 斯	93	90	0	1	2				
加 拿 大	170	156	0	5	9				
新 加 坡	259	249	5	0	3	1		1	
日　　本	2 232	2 101	25	54	46	4	1	1	
韩　　国	183	168	1	4	10				
香港地区	165	139	15	3	6	2			
澳门地区	0	0	0	0					
台湾地区	946	917	18	0	9	2			
其　　他	2 321	2 216	15	19	64	2	3	2	

2017 年版权输出地汇总表

单位：册、盒、张、件、部、集

版权输出的国家或地区	合计	图书	录音制品	录像制品	电子出版物	软件	电影	电视节目	其他
输出版权总数（项）	**13 816**	**10 670**	**322**	**102**	**1 557**	**8**	**2**	**1 152**	**3**
美　　国	1 213	592			525			95	1
英　　国	496	421			24	1		50	
德　　国	498	421			26			50	1
法　　国	222	172						50	
俄 罗 斯	309	306	2					1	
加 拿 大	273	222						51	
新 加 坡	363	254			9	1		99	
日　　本	330	327			3				
韩　　国	540	490	25		25				
香港地区	1 177	339	168	100	514			56	
澳门地区	141	87			4			50	
台湾地区	2 035	1 909	16		58			52	
其　　他	6 219	5 130	111	2	369	6	2	598	1

2017年中国新闻出版产业统计资料

2017年全国各地区图书出版总量

	图书总计											
	种数（种）			总印数（万册、张）			总印张（千印张）			定价总金额（万元）		
	合计	新版	租型	合计	新版	租型	合计	新版	租型	合计	新版	租型
全国总计	**512 487**	**255 106**	**11 150**	**924 399**	**227 398**	**158 258**	**80 803 506**	**22 943 921**	**11 372 634**	**17 312 528**	**6 903 943**	**1 223 064**
中　央	**203 354**	**102 810**	**188**	**239 988**	**78 526**	**492**	**27 085 025**	**9 803 996**	**37 728**	**6 346 050**	**3 000 934**	**8 912**
地　方	**309 133**	**152 296**	**10 962**	**684 411**	**148 872**	**157 766**	**53 718 481**	**13 139 925**	**11 334 906**	**10 966 478**	**3 903 009**	**1 214 152**
北　京	14 411	6 875		27 407	7 309		2 345 519	671 330		611 547	232 849	
天　津	7 803	5 035	205	8 081	2 776	1 181	698 380	275 215	81 040	210 858	104 711	8 909
河　北	9 857	2 924	375	29 436	5 215	7 277	2 210 994	390 111	547 620	424 793	97 994	55 465
山　西	3 517	2 192	260	10 899	3 330	3 922	1 041 129	478 708	286 433	164 770	80 379	32 301
内蒙古	3 411	1 554	362	6 018	688	3 216	474 596	57 441	268 174	66 941	19 769	27 647
辽　宁	10 940	4 796	351	17 449	3 626	3 036	1 468 111	346 458	228 188	301 052	99 694	23 885
吉　林	28 397	15 299	621	27 652	8 603	3 820	2 402 606	791 551	313 613	568 713	218 178	32 981
黑龙江	7 549	5 577	562	8 837	2 550	3 723	755 820	233 402	289 882	137 922	58 671	32 451
上　海	27 772	13 262	6	42 315	12 425	317	3 752 941	1 132 126	13 539	1 020 094	418 026	2 449
江　苏	28 864	12 610	424	63 660	15 095	8 627	4 574 636	1 171 984	549 352	935 732	352 563	60 247
浙　江	14 462	7 135	453	39 919	10 608	8 688	2 921 821	834 909	590 182	646 018	262 013	65 554
安　徽	9 745	4 864	449	30 704	6 992	7 533	2 352 866	524 374	577 565	428 737	142 585	64 076
福　建	4 289	2 545	204	10 809	2 263	3 709	856 126	219 954	262 909	163 964	69 534	27 048
江　西	7 982	4 546	234	22 657	5 180	6 351	1 484 655	377 109	509 444	306 215	116 357	48 314
山　东	17 109	6 334	709	55 543	8 801	14 619	3 649 265	655 424	787 406	647 029	176 938	98 446
河　南	9 497	5 283	279	27 498	4 771	11 111	2 143 038	392 922	863 695	326 836	108 388	83 657
湖　北	13 590	7 404	408	22 973	6 044	6 559	1 883 288	556 250	489 982	390 504	169 206	54 645
湖　南	12 219	4 844	442	45 901	8 259	10 504	3 848 415	837 429	710 075	759 020	232 928	83 565
广　东	9 868	5 031	173	30 202	4 233	7 485	2 316 856	394 893	581 315	377 103	117 640	54 947
广　西	7 319	2 909	515	29 022	3 718	7 692	2 107 198	335 663	568 225	362 315	100 363	56 414
海　南	4 098	1 685	224	6 071	1 015	1 347	430 645	99 669	85 162	86 210	29 247	9 635
重　庆	5 320	2 208	298	13 533	2 687	3 266	904 518	223 776	219 764	176 209	59 756	28 248
四　川	13 329	8 287	450	29 197	7 207	7 092	2 241 653	587 574	526 886	452 335	195 032	57 048
贵　州	1 062	769	619	9 151	474	7 507	686 506	6 903	554 517	89 358	17 523	57 909
云　南	7 972	4 438	314	16 423	3 886	6 139	1 403 448	389 648	482 256	226 234	86 818	46 837
西　藏	622	327	286	1 483	104	835	103 492	11 082	58 877	15 477	3 625	7 218
陕　西	11 220	5 692	471	18 748	3 334	3 853	1 670 173	356 863	272 371	387 603	111 779	29 940
甘　肃	3 480	1 998	258	7 822	1 253	3 076	568 365	116 556	236 947	97 304	31 978	21 957
青　海	599	296	222	1 054	75	742	87 980	10 370	56 644	11 420	3 652	5 882
宁　夏	3 570	1 617	191	5 837	1 752	817	628 680	182 249	60 783	153 350	46 053	7 181
新　疆	8 814	3 655	597	17 637	4 420	3 722	1 649 748	457 589	262 060	403 454	132 311	29 296
兵　团	446	305		473	179		55 013	20 393		17 361	6 449	

2017 年全国各级

	合计					中央及省、自治区、直辖市级				
	种数（种）	平均期印数（万份）	总印数（万份）	总印张（千印张）	总金额（万元）	种数（种）	平均期印数（万份）	总印数（万份）	总印张（千印张）	总金额（万元）
全国总计	**1 884**	**18 669.49**	**3 624 989.12**	**107 624 474.77**	**3 988 467.59**	**981**	**14 130.09**	**2 448 309.62**	**70 710 569.49**	**2 808 859.57**
中　央	**215**	**2 992.68**	**781 430.61**	**22 459 272.98**	**907 328.38**	**215**	**2 992.68**	**781 430.61**	**22 459 272.98**	**907 328.38**
地　方	**1 669**	**15 676.81**	**2 843 558.51**	**85 165 201.79**	**3 081 139.21**	**766**	**11 137.41**	**1 666 879.01**	**48 251 296.51**	**1 901 531.19**
北　京	34	221.91	57 625.13	2 507 079.77	60 282.50	34	221.91	57 625.13	2 507 079.77	60 282.50
天　津	24	141.14	37 589.59	1 166 239.07	39 304.75	24	141.14	37 589.59	1 166 239.07	39 304.75
河　北	64	477.15	116 453.98	2 438 570.77	116 844.35	27	320.45	73 504.14	1 166 204.85	74 069.84
山　西	60	2 469.20	201 110.34	1 886 605.69	208 592.89	36	2 342.05	177 069.73	1 444 883.46	188 084.73
内蒙古	58	122.08	28 289.07	629 492.39	27 747.96	23	67.91	13 341.87	337 572.75	13 940.58
辽　宁	66	529.39	85 937.79	2 601 828.02	73 565.68	18	351.67	39 098.03	1 138 402.65	34 073.38
吉　林	51	912.46	76 452.63	1 774 673.08	104 071.23	24	800.30	59 146.99	1 328 467.06	84 716.47
黑龙江	68	316.34	56 321.20	1 109 249.44	60 968.00	27	132.86	29 362.57	584 931.62	25 515.10
上　海	70	418.07	90 838.75	3 978 862.52	103 756.93	70	418.07	90 838.75	3 978 862.52	103 756.93
江　苏	81	1 128.52	228 584.70	6 429 230.25	228 657.60	30	719.38	125 142.77	3 092 556.06	119 747.91
浙　江	66	832.53	230 829.56	7 616 571.67	213 931.51	19	316.02	79 883.93	1 887 220.31	82 137.23
安　徽	51	325.29	71 577.13	1 555 705.88	64 658.28	19	180.36	37 396.63	695 121.27	34 007.45
福　建	42	413.55	83 956.51	3 042 692.56	94 961.65	19	287.36	41 380.87	1 504 516.66	46 368.53
江　西	40	1 006.56	90 693.74	1 502 630.58	91 133.87	18	922.45	63 485.73	883 181.96	68 848.71
山　东	87	809.79	233 653.14	10 271 127.40	215 668.03	29	412.60	123 782.22	6 603 772.76	115 506.58
河　南	77	1 417.18	178 065.98	4 428 986.82	220 186.12	32	1 174.20	118 811.24	2 801 679.00	148 044.14
湖　北	73	446.30	105 847.77	2 968 269.53	120 237.10	27	158.71	39 500.04	1 197 218.49	49 371.80
湖　南	48	534.40	92 912.67	2 338 088.12	94 655.37	22	394.50	54 711.34	1 437 995.20	65 476.60
广　东	99	1 073.32	274 299.43	14 268 078.54	428 234.16	32	475.17	124 601.50	6 867 750.73	240 215.15
广　西	53	203.34	57 997.11	1 395 607.00	56 190.72	20	109.60	28 278.10	765 078.33	27 523.60
海　南	14	73.38	20 913.78	667 259.07	26 006.29	10	54.88	16 034.46	518 966.96	20 325.64
重　庆	27	188.28	38 599.96	1 458 064.74	43 634.72	24	180.20	36 310.34	1 399 744.56	41 832.55
四　川	85	550.87	141 827.86	3 688 461.14	151 126.81	37	318.48	70 775.31	1 895 601.84	83 016.50
贵　州	27	94.35	27 610.84	703 506.66	31 598.82	11	43.14	11 854.78	349 901.02	15 700.41
云　南	42	139.50	35 615.23	739 922.78	34 141.83	17	90.17	21 261.66	485 971.39	22 736.45
西　藏	27	49.27	11 556.36	242 370.48	9 212.36	11	26.27	5 628.83	119 838.93	3 512.87
陕　西	43	225.60	52 761.36	1 454 775.40	56 919.63	27	142.61	31 935.55	961 545.19	34 801.65
甘　肃	50	241.61	47 025.25	844 917.71	41 312.21	23	167.84	25 335.12	373 850.53	26 696.94
青　海	26	36.09	9 093.73	305 082.64	7 222.13	13	20.44	4 890.47	142 976.71	4 580.66
宁　夏	14	46.58	10 494.78	268 948.30	11 906.20	8	34.26	6 909.57	183 385.90	8 155.18
新　疆	82	199.54	42 171.02	772 648.01	36 779.42	32	95.02	16 987.26	346 489.55	14 024.19
兵　团	20	33.22	6 852.12	109 655.76	7 630.09	3	17.39	4 404.49	84 289.41	5 156.17

报纸出版数量

地、市级					县级				
种数（种）	平均期印数（万份）	总印数（万份）	总印张（千印张）	总金额（万元）	种数（种）	平均期印数（万份）	总印数（万份）	总印张（千印张）	总金额（万元）
884	**4 510.55**	**1 168 676.33**	**36 786 180.68**	**1 173 256.78**	**19**	**28.85**	**8 003.17**	**127 724.60**	**6 351.24**
884	**4 510.55**	**1 168 676.33**	**36 786 180.68**	**1 173 256.78**	**19**	**28.85**	**8 003.17**	**127 724.60**	**6 351.24**
36	155.48	42 657.16	1 266 512.32	42 437.93	1	1.22	292.68	5 853.60	336.58
23	126.83	24 009.89	441 415.03	20 450.41	1	0.32	30.72	307.20	57.75
32	52.87	14 749.70	290 042.14	13 640.40	3	1.30	197.50	1 877.50	166.98
45	175.92	46 531.21	1 461 882.62	39 196.08	3	1.80	308.55	1 542.75	796.22
27	112.16	17 305.64	446 206.02	19 354.76					
41	183.48	26 958.63	524 317.82	35 452.90					
51	409.14	103 441.93	3 336 674.19	108 909.69					
44	502.20	145 858.52	5 633 675.53	127 933.43	3	14.31	5 087.11	95 675.83	3 360.85
32	144.92	34 180.50	860 584.61	30 650.83					
23	126.19	42 575.64	1 538 175.90	48 593.12					
20	80.92	26 715.37	614 522.24	21 869.23	2	3.19	492.64	4 926.38	415.93
58	397.19	109 870.92	3 667 354.64	100 161.45					
45	242.98	59 254.74	1 627 307.82	72 141.98					
43	282.48	64 951.43	1 757 088.05	69 818.57	3	5.11	1 396.30	13 962.99	1 046.73
26	139.90	38 201.33	900 092.92	29 178.77					
67	598.15	149 697.93	7 400 327.81	188 019.01					
33	93.73	29 719.01	630 528.67	28 667.12					
4	18.50	4 879.32	148 292.11	5 680.65					
3	8.08	2 289.62	58 320.18	1 802.17					
48	232.40	71 052.55	1 792 859.30	68 110.31					
16	51.21	15 756.06	353 605.64	15 898.41					
25	49.33	14 353.57	253 951.39	11 405.38					
16	23.00	5 927.53	122 531.55	5 699.49					
16	82.99	20 825.81	493 230.21	22 117.98					
27	73.77	21 690.13	471 067.18	14 615.27					
11	14.22	4 022.26	158 610.93	2 486.27	2	1.43	181.00	3 495.00	155.20
6	12.32	3 585.21	85 562.40	3 751.02					
49	104.36	25 167.09	426 075.11	22 740.23	1	0.17	16.67	83.35	15.00
17	15.84	2 447.63	25 366.35	2 473.92					

2017 年全国各地区各类期刊出版的种数、印数、总印张、总金额（1）

	合计					综合					哲学、社会科学				
	种数（种）	平均期印数（万册）	总印数（万册）	总印张（千印张）	总金额（万元）	种数（种）	平均期印数（万册）	总印数（万册）	总印张（千印张）	总金额（万元）	种数（种）	平均期印数（万册）	总印数（万册）	总印张（千印张）	总金额（万元）
全国总计	**10 130**	**13 084.96**	**249 212.69**	**13 666 091.59**	**2 238 940.53**	**365**	**791.59**	**16 678.81**	**891 638.00**	**117 468.19**	**2 676**	**6 650.94**	**119 653.89**	**6 062 602.16**	**1 037 689.77**
中　央	**3 067**	**5 162.23**	**82 974.02**	**5 494 410.21**	**967 018.23**	**66**	**95.09**	**2 242.29**	**150 772.86**	**26 747.52**	**931**	**3 565.86**	**57 821.00**	**3 054 555.07**	**576 745.67**
地　方	**7 063**	**7 922.73**	**166 238.67**	**8 171 681.38**	**1 271 922.30**	**299**	**696.50**	**14 436.52**	**740 865.14**	**90 720.67**	**1 745**	**3 085.08**	**61 832.89**	**3 008 047.09**	**460 944.10**
北　京	175	162.59	3 030.06	211 344.19	35 603.61	2	0.25	0.50	127.41	59.60	51	65.81	1 396.44	82 258.06	13 721.59
天　津	255	181.91	2 859.60	147 732.96	29 468.25	3	1.80	20.80	1 323.22	206.00	50	53.26	962.35	44 659.45	7 571.28
河　北	227	193.32	4 228.02	192 354.82	31 334.16	10	2.35	28.06	1 750.21	552.64	57	88.38	1 708.04	73 717.91	11 083.69
山　西	202	117.31	2 217.28	138 403.97	23 606.28	3	1.05	31.80	2 382.48	777.00	51	49.34	782.08	43 171.16	7 820.51
内蒙古	152	74.95	1 398.46	72 982.48	9 159.60	3	1.15	12.30	876.06	183.00	51	48.05	807.58	38 161.59	4 800.05
辽　宁	321	427.87	7 834.01	325 506.45	49 274.69	6	2.97	44.72	2 622.11	472.39	72	250.72	5 130.96	205 156.56	28 249.53
吉　林	241	226.51	7 437.21	345 212.81	48 962.29	3	1.86	39.48	2 752.57	646.24	63	53.85	1 512.64	70 500.27	9 344.17
黑龙江	315	198.51	4 389.75	242 054.74	35 744.98	9	3.19	31.30	2 231.20	446.64	75	92.75	1 788.77	94 667.80	13 558.10
上　海	639	578.94	9 431.58	514 633.25	89 420.03	14	6.45	62.27	5 676.99	1 093.71	144	189.16	3 709.16	197 814.19	33 527.12
江　苏	471	369.84	11 543.94	509 824.50	102 905.48	18	5.55	88.51	4 689.44	1 551.20	105	141.21	4 437.54	195 329.51	39 548.54
浙　江	229	512.19	7 533.67	321 014.44	57 665.46	21	3.40	22.81	1 548.76	308.30	49	117.41	1 938.80	100 259.74	20 016.86
安　徽	186	259.07	4 399.35	200 078.89	37 612.67	25	2.93	17.25	1 586.62	334.24	34	66.82	1 103.79	51 580.41	8 665.04
福　建	176	168.88	3 031.81	149 110.84	23 827.41	8	4.77	53.69	2 248.87	641.73	55	113.78	2 206.42	97 753.79	14 945.34
江　西	166	263.87	7 384.89	225 082.30	35 950.61	6	2.62	63.48	4 217.71	1 043.80	48	80.45	1 889.90	63 096.96	9 555.97

续前表

	合计					综合					哲学、社会科学				
	种数（种）	平均期印数（万册）	总印数（万册）	总印张（千印张）	总金额（万元）	种数（种）	平均期印数（万册）	总印数（万册）	总印张（千印张）	总金额（万元）	种数（种）	平均期印数（万册）	总印数（万册）	总印张（千印张）	总金额（万元）
山　东	272	423.43	9 760.66	427 391.28	58 734.32	18	10.16	256.91	11 977.57	2 143.28	76	218.96	3 514.37	205 275.55	25 171.84
河　南	248	321.30	8 516.89	410 058.74	54 315.03	21	2.69	16.14	1 521.90	262.30	69	159.08	3 788.59	195 373.23	23 807.54
湖　北	430	631.90	14 335.26	757 915.86	93 949.14	21	253.03	5 015.05	210 140.00	22 679.30	107	170.54	4 003.88	183 389.92	26 256.65
湖　南	259	525.40	11 684.48	544 426.28	79 537.15	13	2.12	13.66	1 178.59	222.20	53	137.99	2 751.71	124 834.06	18 337.52
广　东	388	594.43	11 428.46	607 564.15	96 829.51	27	23.63	331.33	20 891.88	3 857.18	98	273.08	5 582.48	296 966.08	43 344.03
广　西	184	178.45	4 090.01	177 766.22	30 756.06	12	5.61	141.32	7 129.22	1 168.02	50	77.43	1 390.45	67 191.67	9 778.92
海　南	44	39.28	749.79	53 907.64	8 199.84	2	8.20	96.20	10 820.24	1 792.00	13	9.67	127.77	7 114.36	1 247.72
重　庆	138	212.32	4 706.75	274 827.53	47 598.58	4	2.20	73.70	5 998.31	1 530.00	32	132.22	2 048.32	103 271.59	18 245.41
四　川	357	281.85	5 127.78	286 721.07	52 175.71	14	21.85	657.72	18 731.69	4 226.35	77	125.92	2 332.65	131 409.07	22 544.84
贵　州	93	73.97	1 734.20	88 965.59	15 542.75	6	2.34	33.36	2 033.37	612.07	29	47.15	1 171.79	65 827.64	10 944.82
云　南	128	152.93	2 830.08	130 898.94	19 023.79	6	1.04	17.96	1 429.76	394.36	38	79.62	1 127.99	48 298.37	6 707.62
西　藏	39	22.10	247.95	15 432.69	2 388.97	1	0.30	1.20	102.06	6.00	12	11.72	99.58	5 043.65	739.16
陕　西	287	165.67	2 976.40	180 272.62	29 040.65	6	4.35	77.70	4 615.18	771.90	57	77.43	1 442.67	75 901.27	11 511.15
甘　肃	134	393.78	8 762.63	475 889.06	52 614.37	7	296.29	6 928.16	393 833.85	42 278.12	34	68.20	1 386.52	53 706.39	6 528.28
青　海	54	17.74	283.41	17 058.75	2 317.76						19	8.17	137.18	5 484.13	827.68
宁　夏	37	27.29	648.80	47 626.76	8 038.78	1	0.45	4.95	675.18	198.00	14	20.09	544.93	37 982.29	5 651.58
新　疆	199	113.85	1 501.74	73 566.07	9 201.35	8	21.89	254.09	15 743.87	262.70	56	51.92	919.38	38 776.77	6 322.35
兵　团	17	11.29	133.75	6 055.49	1 123.02	1	0.03	0.10	8.82	0.40	6	4.92	88.16	4 073.65	569.20

注：含高校学报、公报、政报、年鉴1 597种，平均期印数330万册，总印数4 172万册，总印张622 226千印张。

2017 年全国各地区各类期刊出版的种数、印数、总印张、总金额（2）

	自然科学、技术					文化、教育					文学、艺术				
	种数（种）	平均期印数（万册）	总印数（万册）	总印张（千印张）	总金额（万元）	种数（种）	平均期印数（万册）	总印数（万册）	总印张（千印张）	总金额（万元）	种数（种）	平均期印数（万册）	总印数（万册）	总印张（千印张）	总金额（万元）
全国总计	**5 027**	**2 298.14**	**33 349.11**	**2 620 875.32**	**434 217.12**	**1 397**	**2 504.79**	**58 716.94**	**2 930 625.04**	**470 294.54**	**665**	**839.49**	**20 813.94**	**1 160 351.07**	**179 270.91**
中　央	**1 568**	**866.45**	**11 323.25**	**1 320 718.15**	**203 320.06**	**358**	**494.82**	**8 722.30**	**781 170.65**	**120 764.76**	**144**	**140.01**	**2 865.18**	**187 193.48**	**39 440.22**
地　方	**3 459**	**1 431.70**	**22 025.86**	**1 300 157.17**	**230 897.06**	**1 039**	**2 009.97**	**49 994.64**	**2 149 454.39**	**349 529.78**	**521**	**699.49**	**17 948.76**	**973 157.59**	**139 830.69**
北　京	77	29.87	429.38	33 259.26	6 653.25	33	57.19	1 070.81	82 536.47	13 284.43	12	9.47	132.93	13 162.99	1 884.74
天　津	148	60.55	742.45	44 230.22	10 489.79	33	28.79	527.63	22 476.95	4 861.07	21	37.51	606.37	35 043.12	6 340.11
河　北	110	47.86	728.55	51 842.16	10 110.94	36	43.65	1 568.35	52 204.76	7 813.75	14	11.08	195.02	12 839.78	1 773.14
山　西	92	28.17	331.56	26 561.60	4 241.98	35	25.41	842.74	53 482.39	8 457.92	21	13.35	229.10	12 806.34	2 308.87
内蒙古	51	13.70	355.67	21 111.13	2 390.10	24	5.36	132.76	7 327.61	961.71	23	6.69	90.15	5 506.09	824.74
辽　宁	180	81.27	1 017.21	58 563.27	10 634.32	45	85.08	1 483.49	50 340.02	8 414.10	18	7.84	157.63	8 824.49	1 504.35
吉　林	103	22.05	341.97	29 698.77	5 538.77	45	41.26	1 121.93	43 624.37	7 646.05	27	107.49	4 421.19	198 636.83	25 787.06
黑龙江	162	42.74	872.50	44 376.16	6 842.83	51	41.29	1 241.88	71 899.47	11 771.39	18	18.55	455.30	28 880.11	3 126.02
上　海	361	152.34	1 813.77	126 264.86	24 474.68	80	104.98	1 510.68	86 022.15	15 997.38	40	126.00	2 335.70	98 855.06	14 327.14
江　苏	262	107.34	2 001.79	89 351.05	16 877.48	58	85.03	4 175.66	181 755.20	35 937.67	28	30.71	840.44	38 699.30	8 990.59
浙　江	111	41.00	419.09	24 970.72	4 698.59	31	329.80	4 753.55	176 096.48	28 803.37	17	20.58	399.42	18 138.74	3 838.34
安　徽	88	49.38	593.91	38 957.75	4 919.54	26	120.88	2 370.52	83 578.11	14 165.58	13	19.05	313.88	24 376.00	9 528.27
福　建	72	24.07	223.25	21 024.01	3 711.01	30	17.73	415.98	20 665.71	3 337.50	11	8.53	132.47	7 418.46	1 191.83
江　西	70	19.44	273.72	15 089.42	2 436.55	32	153.45	4 949.23	133 958.26	21 173.49	10	7.90	208.56	8 719.95	1 740.80
山　东	133	50.73	1 089.57	49 963.08	7 875.58	30	122.75	4 200.47	140 336.99	20 068.10	15	20.83	699.34	19 838.09	3 475.52
河　南	114	41.92	1 002.31	53 367.10	8 638.36	24	84.64	2 679.82	109 877.36	12 765.07	20	32.97	1 030.03	49 919.15	8 841.76
湖　北	210	65.11	856.33	63 874.35	12 746.26	62	54.92	1 377.29	70 395.05	10 779.34	30	88.30	3 082.71	230 116.54	21 487.59

续前表

	自然科学、技术					文化、教育					文学、艺术				
	种数（种）	平均期印数（万册）	总印数（万册）	总印张（千印张）	总金额（万元）	种数（种）	平均期印数（万册）	总印数（万册）	总印张（千印张）	总金额（万元）	种数（种）	平均期印数（万册）	总印数（万册）	总印张（千印张）	总金额（万元）
湖　南	133	99.02	1 472.06	71 708.39	12 098.66	44	258.42	6 592.75	295 858.19	42 848.61	16	27.86	854.30	50 847.05	6 030.16
广　东	183	218.61	4 014.95	199 548.49	33 050.89	48	60.21	1 232.97	67 464.00	12 836.77	32	18.91	266.73	22 693.70	3 740.64
广　西	77	36.68	633.68	29 720.06	5 676.87	30	54.24	1 887.40	71 184.42	13 733.63	15	4.48	37.16	2 540.85	398.62
海　南	15	6.81	143.30	8 129.57	1 085.90	11	13.55	373.62	27 060.47	3 956.02	3	1.05	8.70	783.00	118.20
重　庆	80	26.55	577.47	46 336.18	8 491.75	19	50.46	2 000.12	118 800.25	19 274.06	3	0.89	7.14	421.20	57.36
四　川	204	63.46	747.83	61 748.68	11 053.51	44	62.71	1 220.73	60 648.67	12 089.79	18	7.92	168.85	14 182.96	2 261.22
贵　州	35	6.69	66.24	5 005.00	1 007.72	16	15.01	406.69	10 553.02	2 011.05	7	2.78	56.12	5 546.56	967.09
云　南	51	17.14	330.42	17 279.31	3 030.41	21	17.98	496.01	25 947.84	3 649.59	12	37.14	857.70	37 943.66	5 241.81
西　藏	8	1.73	6.47	274.20	45.10	13	7.45	136.60	9 735.15	1 563.51	5	0.90	4.10	277.63	35.20
陕　西	173	43.98	652.45	47 671.35	8 544.57	37	29.48	602.97	37 733.04	5 772.64	14	10.43	200.61	14 351.78	2 440.39
甘　肃	66	11.97	110.54	9 621.40	1 660.72	20	16.25	329.89	18 119.30	2 072.93	7	1.07	7.52	608.12	74.32
青　海	18	2.09	11.02	718.34	100.18	9	4.53	97.92	7 861.41	990.00	8	2.96	37.29	2 994.87	399.90
宁　夏	11	2.62	28.18	2 351.00	436.72	7	2.72	55.32	5 059.85	1 616.40	4	1.42	15.42	1 558.44	136.08
新　疆	55	14.59	117.24	6 435.05	1 156.93	44	14.67	138.50	6 832.53	875.06	36	10.77	72.53	5 777.85	584.31
兵　团	6	2.23	20.78	1 105.24	177.10	1	0.06	0.36	18.90	1.80	3	4.06	24.35	848.88	374.52

注：含高校学报、公报、政报、年鉴 1 597 种，平均期印数 330 万册，总印数 4 172 万册，总印张 622 226 千印张。

2017 年全国各地区电子出版物出版品种、数量及发行数量（按载体形式分类）

单位：种、万盒、万张

	电子出版物合计					只读光盘（CD-ROM）				高密度只读光盘（DVD-ROM）				交互式光盘（CD-I）				其他			
	合计		其中：新版		发行数量	合计		其中：新版		合计		其中：新版		合计		其中：新版		合计		其中：新版	
	种数	数量	种数	数量		种数	数量	种数	数量	种数	数量	种数	数量	种数	数量	种数	数量	种数	数量	种数	数量
全国总计	**9 240**	**28 132.93**	**3 991**	**7 895.89**	**27 307.16**	**5 746**	**25 157.16**	**1 984**	**6 628.04**	**3 026**	**2 619.84**	**1 630**	**1 032.52**	**5**	**2.90**	**5**	**2.90**	**463**	**353.02**	**372**	**232.43**
中　央	**5 614**	**20 065.18**	**2 026**	**6 810.50**	**19 589.47**	**3 497**	**17 923.63**	**948**	**5 981.90**	**1 905**	**1 926.01**	**909**	**696.89**	**1**	**0.10**	**1**	**0.10**	**211**	**215.43**	**168**	**131.61**
地　方	**3 626**	**8 067.75**	**1 965**	**1 085.39**	**7 717.69**	**2 249**	**7 233.53**	**1 036**	**646.14**	**1 121**	**693.83**	**721**	**335.63**	**4**	**2.80**	**4**	**2.80**	**252**	**137.59**	**204**	**100.82**
北　京	79	30.00	79	30.00	25.46	25	27.11	25	27.11	51	2.74	51	2.74					3	0.16	3	0.16
天　津	97	37.34	93	36.52	36.04	29	14.66	25	13.84	68	22.68	68	22.68								
河　北	102	116.25	25	43.13	128.35	81	104.28	18	41.02	19	11.77	5	1.91					2	0.20	2	0.20
山　西	59	11.82	59	11.82	11.61	41	9.87	41	9.87	8	1.60	8	1.60					10	0.35	10	0.35
内蒙古	35	14.40	17	3.66	12.20	31	14.30	13	3.56	4	0.10	4	0.10								
辽　宁	257	238.75	146	24.83	260.89	211	233.14	108	20.54	46	5.60	38	4.28								
吉　林	57	29.92	57	29.92	29.89	43	28.52	43	28.52	14	1.40	14	1.40								
黑龙江	3	1.50	3	1.50	1.50					3	1.50	3	1.50								
上　海	748	1 456.50	261	244.04	1 271.16	450	1 196.29	102	133.43	137	151.63	46	38.80					161	108.58	113	71.81
江　苏	304	2 717.76	66	54.69	2 727.10	193	2 664.41	18	30.46	97	43.85	34	14.73					14	9.50	14	9.50
浙　江	326	802.22	99	79.74	798.79	180	723.19	67	21.65	142	77.78	28	56.84					4	1.25	4	1.25
安　徽	12	2.23	12	2.23	2.51	1	0.01	1	0.01	11	2.22	11	2.22								
福　建	22	10.09	22	10.09	12.88	9	1.12	9	1.12	12	8.96	12	8.96					1	0.01	1	0.01
江　西	72	9.04	72	9.04	5.93	50	7.07	50	7.07	20	1.77	20	1.77					2	0.20	2	0.20
山　东	345	357.57	289	134.83	238.04	131	131.68	93	16.60	213	225.78	195	118.13					1	0.10	1	0.10
河　南	133	210.13	133	210.13	214.79	64	201.20	64	201.20	60	8.70	60	8.70					9	0.23	9	0.23

续前表

	电子出版物合计					只读光盘（CD-ROM）				高密度只读光盘（DVD-ROM）				交互式光盘（CD-I）				其他			
	合计		其中：新版		发行数量	合计		其中：新版		合计		其中：新版		合计		其中：新版		合计		其中：新版	
	种数	数量	种数	数量		种数	数量	种数	数量	种数	数量	种数	数量	种数	数量	种数	数量	种数	数量	种数	数量
湖 北	145	256.48	104	9.01	256.43	109	252.73	78	8.02	30	3.22	20	0.47					6	0.53	6	0.53
湖 南	97	172.05	24	28.87	165.74	74	151.07	14	7.98	23	20.98	10	20.88								
广 东	312	1 337.90	142	55.23	1 246.01	226	1 266.17	85	27.55	52	54.07	23	10.00	4	2.80	4	2.80	30	14.87	30	14.87
广 西	11	1.30	11	1.30	1.30	6	0.80	6	0.80	5	0.50	5	0.50								
海 南	1	0.05	1	0.05	0.05	1	0.05	1	0.05												
重 庆	146	70.63	55	17.47	67.98	66	26.57	15	2.97	77	43.46	37	13.90					3	0.60	3	0.60
四 川	163	84.62	111	6.89	106.87	162	84.51	110	6.78									1	0.10	1	0.10
贵 州	0	0.00	0	0.00	0.00																
云 南	28	65.42	21	31.44	65.48	22	65.27	15	31.29	6	0.15	6	0.15								
西 藏	0	0.00	0	0.00	0.00																
陕 西	66	32.30	57	7.48	30.50	44	29.51	35	4.70	18	2.08	18	2.08					4	0.70	4	0.70
甘 肃	0	0.00	0	0.00	0.00																
青 海	5	1.30	5	1.30	0.00					5	1.30	5	1.30								
宁 夏	0	0.00	0	0.00	0.00																
新 疆	1	0.20	1	0.20	0.20													1	0.20	1	0.20
兵 团																					

2017 年全国各地区录音制品出版品种、数量及发行数量（按载体形式分类）

单位：种、万盒（张）

	录音制品合计					录音带（AT）				激光唱盘（CD）				高密度激光唱盘（DVD-A）				其他载体			
	合计		其中：新版		发行数量	合计		其中：新版		合计		其中：新版		合计		其中：新版		合计		其中：新版	
	种数	数量	种数	数量		种数	数量	种数	数量	种数	数量	种数	数量	种数	数量	种数	数量	种数	数量	种数	数量
全国总计	**8 259**	**18 676.73**	**3 042**	**2 618.78**	**18 028.79**	**1 212**	**7 556.11**	**254**	**663.08**	**6 107**	**9 652.03**	**2 365**	**1 542.66**	**138**	**74.74**	**109**	**43.69**	**802**	**1 393.85**	**314**	**369.35**
中　央	**3 194**	**12 314.19**	**1 075**	**1 718.89**	**11 487.76**	**602**	**5 596.62**	**48**	**571.01**	**2 127**	**6 110.13**	**818**	**868.00**	**54**	**15.25**	**51**	**12.83**	**411**	**592.19**	**158**	**267.06**
地　方	**5 065**	**6 362.54**	**1 967**	**899.89**	**6 541.03**	**610**	**1 959.49**	**206**	**92.08**	**3 980**	**3 541.90**	**1 547**	**674.66**	**84**	**59.50**	**58**	**30.86**	**391**	**801.66**	**156**	**102.29**
北　京	234	126.84	234	126.84	124.90	76	10.81	76	10.81	139	92.53	139	92.53	1	1.00	1	1.00	18	22.50	18	22.50
天　津	45	24.13	28	11.40	18.96	16	12.53			6	1.70	5	1.50					23	9.90	23	9.90
河　北	67	248.93	6	7.38	344.20	60	125.26	6	7.38	7	123.67										
山　西	57	59.00	57	59.00	59.00	1	0.40	1	0.40	56	58.60	56	58.60								
内蒙古	41	15.18	41	15.18	8.97					41	15.18	41	15.18								
辽　宁	178	84.72	72	44.56	69.54					178	84.72	72	44.56								
吉　林	126	164.73	43	6.41	483.68	51	90.64	6	0.60	75	74.09	37	5.81								
黑龙江	1	0.01	1	0.01	0.01					1	0.01	1	0.01								
上　海	2 399	2 037.43	371	230.73	2 016.92	113	503.32	6	1.19	1 980	903.92	269	157.00	51	44.19	26	15.85	255	585.99	70	56.69
江　苏	151	1 058.79	47	21.42	1 095.62	64	925.49	7	0.44	87	133.31	40	20.98								
浙　江	102	301.72	27	22.77	297.98	26	64.06			74	237.06	25	22.17	2	0.60	2	0.60				
安　徽	13	8.41	12	8.15	8.94	1	0.26			12	8.15	12	8.15								
福　建	44	8.41	21	4.20	8.06	8	2.59			35	5.67	20	4.05					1	0.15	1	0.15
江　西	163	125.37	41	9.20	121.95	28	2.80	28	2.80	134	118.57	12	2.40	1	4.00	1	4.00				
山　东	91	26.63	77	23.63	11.17					86	26.13	72	23.13					5	0.50	5	0.50
河　南	4	1.66	4	1.66	1.10					4	1.66	4	1.66								

续前表

	录音制品合计					录音带（AT）				激光唱盘（CD）				高密度激光唱盘（DVD-A）				其他载体			
	合计		其中：新版		发行数量	合计		其中：新版		合计		其中：新版		合计		其中：新版		合计		其中：新版	
	种数	数量	种数	数量		种数	数量	种数	数量	种数	数量	种数	数量	种数	数量	种数	数量	种数	数量	种数	数量
湖　北	42	11.81	19	3.61	11.80	4	4.02			26	5.18	8	1.30	12	2.61	11	2.31				
湖　南	133	264.35	38	35.47	267.11	23	20.43	15	18.33	90	76.97	20	14.13	3	3.00	3	3.00	17	163.95		
广　东	824	1 651.93	591	191.86	1 423.63	85	171.67	34	43.73	683	1 464.42	520	133.99	8	2.30	8	2.30	48	13.54	29	11.85
广　西	107	52.65	89	37.04	52.65					107	52.65	89	37.04								
海　南	27	5.89	27	5.89	8.79	14	3.04	14	3.04	7	1.05	7	1.05	6	1.80	6	1.80				
重　庆	45	16.48	2	0.30	16.49	10	0.76			21	11.30	2	0.30					14	4.42		
四　川	17	3.80	17	3.80	3.70					15	3.60	15	3.60					2	0.20	2	0.20
贵　州																					
云　南	44	11.63	31	10.85	10.85	7	0.65			35	10.88	29	10.75					2	0.10	2	0.10
西　藏	28	8.90	28	8.90	7.41	7	3.00	7	3.00	19	5.70	19	5.70					2	0.20	2	0.20
陕　西	75	38.06	37	8.55	38.81	16	17.75	6	0.36	55	20.11	27	7.99					4	0.20	4	0.20
甘　肃	3	0.30	3	0.30	0.30					3	0.30	3	0.30								
青　海	1	0.50	1	0.50	0.40					1	0.50	1	0.50								
宁　夏	1	0.10	1	0.10	0.10					1	0.10	1	0.10								
新　疆	2	4.20	1	0.20	27.99					2	4.20	1	0.20								
兵　团																					

2017 年全国各地区录像制品出版品种、数量及发行数量（按载体形式分类）

单位：种、万盒（张）

	录像制品合计					录像带（VT）				数码激光视盘（VCD）				高密度激光视盘（DVD-V）				其他载体			
	合计		其中：新版		发行数量	合计		其中：新版		合计		其中：新版		合计		其中：新版		合计		其中：新版	
	种数	数量	种数	数量		种数	数量	种数	数量	种数	数量	种数	数量	种数	数量	种数	数量	种数	数量	种数	数量
全国总计	**5 293**	**6 915.15**	**3 528**	**3 933.10**	**6 579.25**					**671**	**1 263.52**	**203**	**385.53**	**4 490**	**5 619.63**	**3 212**	**3 526.21**	**132**	**32.00**	**113**	**21.37**
中　央	**2 348**	**3 129.49**	**1 348**	**1 095.80**	**2 842.34**					**349**	**1 030.84**	**31**	**256.99**	**1 903**	**2 080.27**	**1 230**	**830.13**	**96**	**18.38**	**87**	**8.68**
地　方	**2 945**	**3 785.66**	**2 180**	**2 837.30**	**3 736.91**					**322**	**232.68**	**172**	**128.54**	**2 587**	**3 539.36**	**1 982**	**2 696.08**	**36**	**13.62**	**26**	**12.68**
北　京	128	28.19	128	28.19	11.20									125	27.74	125	27.74	3	0.45	3	0.45
天　津	12	5.90	12	5.90	5.90									12	5.90	12	5.90				
河　北	13	2.40	13	2.40	2.99									13	2.40	13	2.40				
山　西	68	5.15	68	5.15	15.38									68	5.15	68	5.15				
内蒙古	32	4.98	32	4.98	4.43									31	4.95	31	4.95	1	0.03	1	0.03
辽　宁	58	4.46	58	4.46	4.44					5	1.25	5	1.25	53	3.21	53	3.21				
吉　林	127	44.95	126	44.35	40.25					1	0.10	1	0.10	126	44.85	125	44.25				
黑龙江	2	0.11	2	0.11	0.11					1	0.10	1	0.10	1	0.01	1	0.01				
上　海	750	1 882.26	299	1 191.44	1 872.77					147	51.17	52	22.70	588	1 830.73	241	1 168.44	15	0.35	6	0.30
江　苏	95	149.29	78	112.20	148.79					6	5.13	4	3.20	87	132.83	73	98.55	2	11.33	1	10.45
浙　江	173	37.99	133	28.18	42.10					11	5.96	1	0.10	150	30.83	120	26.88	12	1.20	12	1.20
安　徽	54	11.50	51	11.25	22.13									53	11.49	50	11.24	1	0.01	1	0.01
福　建	50	18.55	35	17.95	19.48									50	18.55	35	17.95				
江　西	104	97.34	69	20.65	72.62					29	12.50	29	12.50	75	84.84	40	8.15				
山　东	82	23.12	81	22.72	24.80									82	23.12	81	22.72				
河　南	63	6.56	63	6.56	8.91									63	6.56	63	6.56				

续前表

	录像制品合计					录像带（VT）				数码激光视盘（VCD）				高密度激光视盘（DVD-V）				其他载体			
	合计		其中：新版		发行数量	合计		其中：新版		合计		其中：新版		合计		其中：新版		合计		其中：新版	
	种数	数量	种数	数量		种数	数量	种数	数量	种数	数量	种数	数量	种数	数量	种数	数量	种数	数量	种数	数量
湖　北	82	27.39	39	11.80	27.22					26	11.26	8	2.40	56	16.12	31	9.40				
湖　南	141	121.50	71	99.91	115.52					13	24.03	12	23.98	127	97.42	58	75.88	1	0.05	1	0.05
广　东	334	115.94	313	107.89	82.40					3	8.53	1	7.50	330	107.22	311	100.19	1	0.20	1	0.20
广　西	29	14.64	21	7.08	14.64									29	14.64	21	7.08				
海　南	12	1.84	12	1.84	1.84									12	1.84	12	1.84				
重　庆	21	8.20	14	3.70	20.09					4	3.90			17	4.30	14	3.70				
四　川	53	61.25	53	61.25	61.58									53	61.25	53	61.25				
贵　州																					
云　南	154	91.07	154	91.07	91.41					54	54.00	54	54.00	100	37.07	100	37.07				
西　藏	115	42.50	115	42.50	22.05									115	42.50	115	42.50				
陕　西	59	70.15	35	14.80	61.36					22	54.73	4	0.71	37	15.41	31	14.09				
甘　肃	17	4.85	16	4.75	3.65									17	4.85	16	4.75				
青　海	10	6.96	10	6.96	7.80									10	6.96	10	6.96				
宁　夏	1	0.10	1	0.10	0.10									1	0.10	1	0.10				
新　疆	106	896.52	78	877.17	930.95									106	896.52	78	877.17				
兵　团																					

2017 年全国新华书店系统、出版社自办发行单位出版物发行进、销、存情况

单位：万册（张、份、盒）、万元

	购进		销售		库存	
	数量	金额	数量	金额	数量	金额
全国总计	**2 110 215.09**	**30 421 913.65**	**2 131 895.69**	**29 544 347.84**	**625 861.02**	**12 209 706.54**
中　央	**248 956.64**	**6 578 830.08**	**245 095.46**	**6 144 323.12**	**133 116.91**	**4 655 361.95**
地　方	**1 861 258.45**	**23 843 083.57**	**1 886 800.23**	**23 400 024.72**	**492 744.11**	**7 554 344.59**
北　京	13 709.34	415 373.09	13 039.78	389 097.39	8 910.68	290 484.64
天　津	15 582.55	250 557.80	15 019.68	242 791.35	5 214.42	116 933.21
河　北	81 669.45	1 138 121.26	93 706.60	1 125 861.38	44 532.51	185 093.41
山　西	43 837.56	549 221.35	47 890.06	580 952.71	12 474.10	186 539.30
内蒙古	18 863.23	265 026.07	19 227.45	265 332.31	3 283.70	39 216.87
辽　宁	30 148.48	392 110.61	30 941.72	399 632.05	9 426.40	205 672.77
吉　林	20 012.08	332 417.54	21 026.92	342 585.35	5 695.01	125 250.24
黑龙江	29 391.66	411 610.73	29 831.94	412 444.20	4 964.86	90 480.88
上　海	45 144.88	1 173 379.51	42 839.82	1 043 280.67	23 389.65	760 277.68
江　苏	193 395.11	2 222 005.27	195 534.57	2 136 738.77	64 757.55	958 987.62
浙　江	136 721.34	2 075 594.75	136 692.19	1 985 096.91	48 521.94	966 037.42
安　徽	114 168.01	1 322 957.49	113 696.12	1 321 177.88	19 305.17	299 018.95
福　建	43 535.12	454 801.06	41 423.00	437 599.29	10 619.79	115 663.90
江　西	96 390.97	1 192 935.93	92 064.04	1 150 537.07	13 091.98	210 313.27
山　东	144 350.63	1 643 299.12	144 942.28	1 624 195.65	54 646.41	514 833.18
河　南	161 334.43	1 334 434.89	161 024.93	1 322 490.63	16 014.59	211 796.82
湖　北	66 047.10	867 264.58	65 381.91	885 856.30	9 618.33	201 657.40
湖　南	128 617.42	1 771 269.82	136 183.13	1 793 731.76	33 749.61	460 349.24
广　东	78 828.38	941 427.73	75 377.02	877 992.01	35 416.91	410 054.21
广　西	67 090.82	622 417.45	67 193.50	622 192.24	4 847.67	102 003.46
海　南	13 166.44	154 330.87	14 535.38	167 436.63	1 032.17	23 493.13
重　庆	30 410.17	434 805.13	31 189.32	456 773.95	10 287.68	175 366.92
四　川	67 692.90	1 096 462.03	70 888.88	1 058 129.45	11 651.74	336 691.05
贵　州	37 260.44	349 987.77	36 907.33	347 612.01	3 452.89	31 949.06
云　南	46 675.12	652 108.99	46 099.13	632 273.09	7 035.11	128 609.80
西　藏	2 265.34	27 019.50	2 797.66	26 979.19	990.00	7 963.92
陕　西	62 160.36	712 162.24	64 941.10	710 962.92	18 944.88	212 927.45
甘　肃	27 599.82	363 150.18	30 633.33	368 229.37	920.00	42 549.36
青　海	2 252.82	34 686.50	2 138.72	34 870.34	1 261.36	11 313.32
宁　夏	5 454.41	68 134.59	5 428.18	67 517.11	602.00	15 968.96
新　疆	37 482.07	574 009.72	38 204.54	569 654.74	8 084.84	116 844.15

2017 年全国图书、期刊、报纸进出口情况

类别		出口		进口	
		数量（万册、万份）	金额（万美元）	数量（万册、万份）	金额（万美元）
总计		**1 870.72**	**6 024.66**	**3 255.60**	**31 978.76**
图书	合计	1 232.71	5 460.53	2 033.59	17 036.94
	哲学、社会科学	177.09	1 438.03	86.39	2 549.01
	文化、教育	144.32	1 001.70	436.38	3 903.70
	文学、艺术	198.92	1 102.92	265.11	2 108.04
	自然、科学技术	46.81	291.03	66.38	2 368.56
	少儿读物	539.70	802.35	690.59	2 371.98
	综合性图书	125.87	824.50	488.74	3 735.65
期刊		335.19	504.37	311.74	13 595.01
报纸		302.82	59.76	910.27	1 346.81

注：以上数据为全国有出版物进口经营许可证的出版物进出口经营单位数据。

2017 年全国音像、电子出版物、数字出版物进出口情况

类别		出口		进口	
		数量（盒、张）	金额（万美元）	数量（盒、张）	金额（万美元）
总计		**19 294**	**163.34**	**135 551**	**34 584.46**
录音	合计	18 123	30.49	130 951	119.85
	录音带（AT）				
	激光唱片（CD）			130 951	119.85
	数码激光唱盘（DVD-A）	18 123	30.49		
录像	合计	1 171	0.78	4 600	10.10
	录像带（VT）				
	数码激光视盘（DVD-V）	1 171	0.78	4 600	10.10
	数码激光视盘（VCD）				
电子出版物					
数字出版物			132.07		34 454.51

注：以上数据为全国有出版物进口经营许可证的出版物进出口经营单位数据。

2017年中国广播影视产业统计资料*

2017 年全国广播电视发展主要指标一览表（一）

	宣传情况				覆盖情况				有线广播电视发展情况				
	广播节目播出时间（万小时）	电视节目播出时间（万小时）	广播节目制作时间（万小时）	电视节目制作时间（万小时）	广播综合人口覆盖率（%）	电视综合人口覆盖率（%）	无线广播综合人口覆盖率（%）	无线电视综合人口覆盖率（%）	有线广播电视实际用户（万户）	数字电视实际用户（万户）	付费数字电视实际用户（万户）	有线广播电视用户占本地区总户数比重（%）	有线广播电视网络传输干线总长（不含县级前端以下）（万公里）
全国合计	1 491.89	1 881.02	788.83	365.18	98.71	99.07	97.48	96.99	21 445.63	19 404.43	7 013.78	48.32	214.52
总局直属	18.04	24.63	22.04	21.16	—	—	—	—	—	—	—	—	4.00
北　京	18.12	13.16	17.88	18.05	100.00	100.00	100.00	99.81	586.83	546.85	67.27	109.04	20.12
天　津	13.52	17.27	8.73	2.54	100.00	100.00	100.00	100.00	358.37	341.53	122.89	96.70	0.38
河　北	76.11	84.94	38.78	20.00	99.35	99.29	98.41	97.43	850.99	628.42	242.50	35.68	11.00
山　西	47.50	59.10	21.04	10.51	98.75	99.55	98.53	99.32	443.05	346.79	50.94	33.92	6.04
内蒙古	66.22	62.37	27.78	7.56	99.24	99.22	99.03	95.20	273.00	238.21	23.20	32.58	3.53
辽　宁	70.77	78.07	40.23	16.97	99.07	99.15	98.98	98.07	800.11	724.71	176.90	52.43	5.85
吉　林	54.77	51.59	29.19	11.93	98.94	98.86	98.64	93.99	466.51	448.56	218.56	45.82	1.00
黑龙江	57.38	58.71	25.60	9.05	98.83	98.94	98.83	98.94	606.14	554.60	244.39	41.63	4.60
上　海	14.87	17.80	8.24	5.47	100.00	100.00	100.00	100.00	519.28	485.08	256.90	95.95	4.82
江　苏	78.59	76.17	57.80	19.59	100.00	100.00	100.00	100.00	1 605.82	1 478.65	634.54	65.44	4.35
浙　江	77.08	74.07	53.30	18.76	99.68	99.75	99.65	99.58	1 419.56	1 401.81	475.48	85.88	7.31
安　徽	52.11	63.30	17.80	7.65	99.04	99.19	99.04	99.17	837.39	550.85	67.77	39.09	3.29

* 附录及全书涉及的广播影视产业主要数据由国家广播电视总局财务司依据 2017 年 11 月国家统计局批准的最新《广播影视行业统计报表制度》调查统计得出，统计范围和具体指标与往年有所不同。

续前表

	宣传情况				覆盖情况				有线广播电视发展情况				
	广播节目播出时间（万小时）	电视节目播出时间（万小时）	广播节目制作时间（万小时）	电视节目制作时间（万小时）	广播综合人口覆盖率（%）	电视综合人口覆盖率（%）	无线广播综合人口覆盖率（%）	无线电视综合人口覆盖率（%）	有线广播电视实际用户（万户）	数字电视实际用户（万户）	付费数字电视实际用户（万户）	有线广播电视用户占本地区总户数比重（%）	有线广播电视网络传输干线总长（不含县级前端以下）（万公里）
福　建	52.07	39.52	26.37	7.84	99.01	99.15	97.82	96.58	727.02	727.02	307.77	67.18	5.20
江　西	38.72	66.10	17.06	10.11	98.35	98.89	97.94	98.31	638.15	581.89	225.64	49.82	8.95
山　东	94.47	133.83	56.01	25.78	99.07	98.93	98.04	97.21	1 765.70	1 694.99	731.42	55.86	41.22
河　南	68.25	95.88	31.45	13.59	98.62	98.84	98.61	98.81	1 011.59	804.42	59.82	30.74	5.20
湖　北	49.90	71.58	23.99	10.00	99.38	99.32	99.12	98.70	1 082.94	1 060.57	525.43	52.26	11.93
湖　南	44.81	75.70	22.23	12.62	98.49	99.30	97.23	98.15	1 181.87	1 038.15	278.28	56.91	10.92
广　东	78.31	80.35	59.59	25.28	99.94	99.93	98.41	98.39	1 798.13	1 691.66	398.44	72.68	17.15
广　西	42.13	59.60	23.79	8.38	97.21	98.55	95.43	96.71	678.73	533.23	212.30	42.80	1.12
海　南	14.13	10.00	7.55	2.17	99.05	99.07	99.05	99.07	131.71	124.38	22.06	50.14	1.31
重　庆	17.72	30.36	8.31	6.22	98.96	99.22	92.37	91.25	351.47	316.39	183.82	27.88	5.28
四　川	72.40	115.82	30.11	16.37	97.42	98.54	95.67	96.19	1 088.43	1 006.40	637.50	30.31	2.82
贵　州	24.82	43.26	14.57	3.87	93.45	96.47	83.12	74.01	576.43	576.43	167.37	43.26	12.53
云　南	36.91	88.31	17.89	14.05	98.39	98.66	96.13	96.23	407.97	360.68	250.67	27.92	2.66
西　藏	14.97	21.92	4.20	1.80	96.17	97.26	93.82	82.81	23.62	19.81	2.51	30.54	0.46
陕　西	46.25	61.87	23.35	12.76	98.60	98.99	97.72	97.75	693.56	690.10	180.57	54.12	4.54
甘　肃	37.92	51.40	13.90	7.45	98.38	98.68	94.66	95.05	200.99	159.00	93.66	23.83	1.66
青　海	12.41	22.35	4.51	1.32	98.41	98.43	98.36	98.15	44.91	44.35	24.86	25.09	0.71
宁　夏	11.45	16.61	5.74	2.90	97.59	99.37	97.53	98.69	68.00	62.00	47.00	32.11	0.36
新　疆	89.17	115.38	29.80	13.43	97.26	97.47	97.06	96.92	169.98	166.91	83.30	26.92	3.16
兵　团	—	—	—	—	98.70	99.60			37.30	—	—	—	1.05

2017 年全国广播电视发展主要指标一览表（二）

	总收入	实际创收收入	广告收入	广播广告收入	电视广告收入	网络媒体广告收入	网络收入	有线电视收视维护费收入	付费数字电视频道收入	三网融合业务收入	新媒体业务收入	网络视听节目服务收入	资产总额
	（亿元）	亿元	（亿元）	（亿元）	（亿元）	（亿元）	（亿元）	（亿元）	（亿元）	（亿元）	（亿元）	（亿元）	（亿元）
全国合计	6 070.21	4 841.76	1 651.24	155.56	968.34	306.71	834.43	414.00	65.56	102.82	277.66	142.98	17 437.24
总局直属	738.22	585.59	297.74	1.83	287.37	6.75	15.57	7.21	2.60	0.38	30.65	1.04	2 141.57
北　京	1 166.72	995.78	383.99	11.26	70.83	169.64	27.92	11.05	1.85	5.88	129.41	119.22	3 260.59
天　津	46.49	36.91	6.46	3.46	2.80	0.03	11.63	4.84	1.23	2.74	1.65	—	150.01
河　北	94.76	60.32	19.94	5.43	12.87	0.19	22.47	13.61	0.62	3.42	0.15	—	241.77
山　西	64.61	34.31	8.21	2.92	4.98	0.07	9.60	7.43	0.14	0.17	0.05	—	145.40
内蒙古	54.61	24.26	4.20	1.17	3.02	—	19.17	8.40	1.68	—	0.20	—	122.48
辽　宁	68.35	49.02	18.15	4.58	12.90	0.06	23.84	17.81	0.55	2.27	0.08	0.01	238.60
吉　林	56.10	35.36	10.38	3.00	7.32	0.00	20.52	11.72	4.10	—	1.58	—	221.18
黑龙江	71.25	49.30	18.37	3.97	13.92	0.05	23.52	18.05	1.67	1.60	0.44	—	192.84
上　海	561.36	449.55	166.15	11.87	54.54	94.42	36.80	14.62	4.68	7.70	29.43	0.13	1 197.34
江　苏	331.01	314.71	92.99	11.68	60.98	2.18	81.45	36.38	5.11	7.94	14.99	—	1 509.12
浙　江	553.14	473.51	141.55	12.46	117.07	4.85	78.26	30.31	6.10	17.13	5.39	1.25	2 034.91
安　徽	91.63	74.56	32.66	3.31	25.90	0.30	15.07	8.18	1.04	2.13	1.70	0.05	170.95
福　建	117.19	93.72	17.18	3.94	10.74	0.36	30.39	10.67	2.87	4.33	5.30	0.01	234.34
江　西	68.47	53.66	18.05	6.19	11.18	0.24	18.08	10.25	0.95	0.98	0.50	—	116.67
山　东	160.42	136.50	52.41	8.70	39.43	1.30	53.99	28.56	4.02	2.98	4.73	0.03	431.70
河　南	71.29	52.47	20.25	4.63	12.39	0.02	16.93	11.42	1.06	1.16	0.01	—	230.76
湖　北	106.07	82.12	21.31	4.41	15.12	0.80	39.86	21.51	2.83	6.64	3.55	0.74	334.68

续前表

	总收入（亿元）	实际创收收入（亿元）	广告收入（亿元）	广播广告收入（亿元）	电视广告收入（亿元）	网络媒体广告收入（亿元）	网络收入（亿元）	有线电视收视维护费收入（亿元）	付费数字电视频道收入（亿元）	三网融合业务收入（亿元）	新媒体业务收入（亿元）	网络视听节目服务收入（亿元）	资产总额（亿元）
湖　南	271.12	235.92	113.53	7.30	89.89	13.75	27.08	16.15	1.77	3.54	8.62	1.78	673.61
广　东	332.23	261.42	84.40	23.29	39.97	6.80	79.59	45.02	3.87	5.20	14.31	5.17	1 251.31
广　西	69.26	45.15	8.50	1.50	6.60	0.08	27.08	9.67	1.08	3.13	1.16	—	184.22
海　南	19.89	13.46	4.55	0.32	3.15	1.07	4.01	2.33	0.21	—	0.42	0.20	42.82
重　庆	69.46	49.82	11.88	1.95	8.90	0.58	25.43	10.29	2.17	5.79	1.64	0.09	146.32
四　川	225.69	123.07	22.87	5.00	13.65	1.09	46.63	19.45	4.53	8.74	3.61	0.06	536.27
贵　州	99.28	87.16	22.44	2.06	15.52	—	23.73	8.55	2.75	2.25	0.02	—	204.82
云　南	70.60	44.75	12.94	2.72	9.93	—	16.48	9.16	1.58	1.65	0.75	0.10	196.52
西　藏	13.51	1.20	0.44	0.02	0.40	0.00	0.47	0.42	0.01	—	—	—	22.06
陕　西	83.03	63.50	15.03	3.01	8.94	0.26	17.23	9.65	1.34	3.43	1.85	0.11	196.40
甘　肃	35.06	15.36	3.89	1.11	2.57	0.00	7.24	4.20	0.49	0.82	0.74	0.37	167.53
青　海	13.31	3.91	0.85	0.23	0.59	0.02	2.51	1.19	0.46	—	—	—	28.67
宁　夏	14.96	7.76	2.72	0.27	2.17	0.01	2.95	1.34	0.70	0.44	0.06	—	55.90
新　疆	329.13	286.18	16.89	1.99	2.40	1.80	8.11	3.79	1.48	0.34	14.70	12.62	755.88
兵　团	2.00	1.44	0.30	—	0.30	—	0.80	0.80	—	—	—	—	—

2017年分省市软件和信息技术服务业业务收入表

单位：万元

地区	企业个数	软件业务收入
全国合计	**34 895**	**551 031 187**
北　京	3 026	78 366 516
天　津	353	13 519 355
河　北	218	2 378 557
山　西	94	298 862
内蒙古	61	157 280
辽　宁	1 957	19 901 517
吉　林	914	5 837 083
黑龙江	495	1 895 876
上　海	1 497	43 414 756
江　苏	4 903	89 364 545
浙　江	1 669	43 404 221
安　徽	269	3 411 238
福　建	2 926	24 965 223
江　西	152	1 066 180
山　东	3 741	42 331 438
河　南	188	3 066 831
湖　北	2 622	15 311 988
湖　南	425	4 548 845
广　东	4 414	96 812 075
广　西	174	813 490
海　南	182	1 036 894
重　庆	1 457	12 129 036
四　川	1 731	27 822 349
贵　州	225	1 297 262
云　南	170	776 749
*西　藏		
陕　西	686	15 935 959
甘　肃	121	457 531
青　海	14	8 744
宁　夏	80	155 508
新　疆	131	545 280

注：西藏暂无规模以上统计数据。

2017 年软件和信息技术服务业主要经济指标表

单位：万元

指标名称	单位	本年完成	比 2016 年增长（%）
企业个数	个	34 895	8
软件业务收入合计	亿元	55 103	14.2
其中：1. 软件产品收入	亿元	16 984	13
2. 信息技术服务收入	亿元	30 604	17.3
3. 嵌入式系统软件收入	亿元	7 516	5.6
软件业务出口	亿美元	541	8.3
利润总额	亿元	8 755	33.5
研发经费	亿元	5 622	23.7
从业人员年末数	万人	618	5.4
其中：软件研发人员	万人	237	7.7
本年应付职工薪酬	亿元	8 401	21.5

注：软件和信息技术服务业统计范围为：

1. 在我国境内注册（港澳台地区除外），主要从事软件和信息技术服务业务，且主营业务年收入 500 万元以上，具有独立法人资格的软件企业；

2. 在我国境内注册，主营业务年收入在 1 000 万元以上，有软件和信息技术服务收入，且该收入占本企业主营业务收入 30%以上的独立法人单位；

3. 在我国境内注册，主要从事集成电路设计的企业或其集成电路设计和测试的收入占本企业主营业务收入 60%以上，且主营业务年收入 500 万元以上的独立法人单位。

版权名录

MING LU

版权行政管理部门

国家版权局

版权管理司司长：于慈珂
地　址：北京市西城区宣武门外大街 40 号
邮　编：100052
电　话：010-83138740
传　真：010-83138740
邮　箱：copyright@ncac. gov. cn
网　址：www. ncac. gov. cn

北京市版权局

局　长：杨　烁
副局长：王野霏
地　址：北京市东城区朝内大街 55 号
邮　编：100010
电　话：010-64081208
传　真：010-65159068
邮　箱：webmaster@bjcab. gov. cn
网　址：www. bjcab. gov. cn

天津市版权局

局　长：王建存
副局长：梁淳久
地　址：天津市河西区尖山路 82 号
邮　编：300211
电　话：022-28335745
传　真：022-28335745
网　址：xwcb. tj. gov. cn

河北省版权局

局　长：李晓明
分管副局长：董　毅
地　址：石家庄市建华南大街 100 号
邮　编：050031
电　话：0311-87116309
传　真：0311-85081417
邮　箱：hbbq206@163. com
网　址：www. hbcbgd. gov. cn

山西省版权局

局　长：李海渊
副局长：夏　祯
地　址：太原市迎泽大街 318 号
邮　编：030001
电　话：0351-8301523
传　真：0351-8301523
邮　箱：sxsbqj@163. com
网　址：www. sxrt. gov. cn

内蒙古自治区版权局

局　长：姜伯彦
专职副局长：乌恩奇
地　址：呼和浩特市回民区成吉思汗西街 1 号
邮　编：010051
电　话：0471-4590196
传　真：0471-3288042
邮　箱：nmgbqjbqc@163. com
网　址：xwcbgdj. nmg. gov. cn

辽宁省版权局

局　长：刘向阳
局长助理：季秉学
地　址：沈阳市和平区北一马路 108 号
邮　编：110001
电　话：024-23261003
传　真：024-23261003
邮　箱：lnsbqj@163. com
网　址：www. lnxcgd. gcv. cn

吉林省版权局

局　长：许云鹏
专职副局长：姚玉和
地　址：长春市卫星路 2066 号
邮　编：130033
电　话：0431-85816000
传　真：0431-85816789

网　址：gdj. jl. gov. cn

黑龙江省版权局
局　长：赵洪生
副局长：朱德宝
地　址：哈尔滨市南岗区汉水路 333 号
邮　编：150090
电　话：0451-82898560
传　真：0451-82898560
邮　箱：hljbanquanju@163. com
网　址：www. hljxwcbgd. gov. cn

上海市版权局
局　长：徐　炯
副局长：蔡纪万
地　址：上海市绍兴路 5 号
邮　编：200020
电　话：021-64370176
传　真：021-64332452
邮　箱：slzx@sppa. gov. cn
网　址：cbj. sh. gov. cn

江苏省版权局
局　长：缪志红
副局长：于国民
地　址：南京市秦淮区中山东路 132 号
邮　编：210087
电　话：025-58500713
传　真：025-58500730
邮　箱：jsbq2013@126. com
网　址：jsxwcbgdj. jiangsu. gov. cn

浙江省版权局
局　长：寿剑刚
副局长：单　烈
地　址：杭州市体育场路 178 号
邮　编：310039
电　话：0571-87163108
传　真：0571-87163107
网　址：www. zjxwcb. gov. cn

安徽省版权局
局　长：陈　烨
副局长：董　荣
地　址：合肥市桐城南路 355 号
邮　编：230022
电　话：0551-62846150
传　真：0551-63418047
邮　箱：anhuibanquan@126. com
网　址：www. ahgd. gov. cn

福建省版权局
局　长：陈立华
分管副局长：肖贵新
地　址：福州市东水路 76 号
邮　编：350001
电　话：0591-87532711
传　真：0591-87532711
邮　箱：fjbq001@163. com
网　址：www. fjxwgd. gov. cn

江西省版权局
局　长：杨六华
专职副局长：兰丽华
地　址：南昌市红谷滩区翠林路 339 号
邮　编：330038
电　话：0791-86895383
传　真：0791-86895383
邮　箱：349354270@qq. com
网　址：www. jxxgj. gov. cn

山东省版权局
局　长：司安民
副局长：谢　宁
版权管理处处长：张晓生
地　址：济南市经十路 18567 号
邮　编：250062
电　话：0531-85036507
传　真：0531-85038149
邮　箱：sdbq8606@126. com
网　址：www. sdxg. gov. cn

河南省版权局
局　长：李宏伟
分管副局长：赵　艳
地　址：郑州市金水区农业路 3 号
邮　编：450002
电　话：0371-65887555
传　真：0371-65887227
邮　箱：hnxwcb@hnppb. gov. cn

网　址：www. hnppb. gov. cn

湖北省版权局

局　长：张良成
专职副局长：胡　伟
地　址：武汉市武昌区黄鹂路39号
邮　编：430077
电　话：027-68892414
传　真：027-68892414
网　址：www. hbnp. gov. cn

湖南省版权局

局　长：张　严
副局长：蒋强先
地　址：长沙市金鹰影视文化城
邮　编：410003
电　话：010-84801000
传　真：010-84801888
邮　箱：hncopyright@126. com
网　址：www. hnxwcbgd. gov. cn

广东省版权局

局　长：白　洁
副局长：陈春怀
地　址：广州市环市东路331号广电中心二期
邮　编：510066
电　话：020-61228902
传　真：020-61228902
邮　箱：415791705@qq. com
网　址：www. xwcbj. gd. gov. cn

广西壮族自治区版权局

局　长：黄　宇
地　址：南宁市青秀区金湖路53号
邮　编：530028
电　话：0771-5516174
传　真：0771-5516087
邮　箱：gxbq123@163. com
网　址：www. gxpprft. gov. cn

海南省版权局

局　长：林光强
地　址：海口市海府路59号
邮　编：570204
电　话：0898-65337894
传　真：0898-65339391
邮　箱：wtt. tuyin@hainan. gov. cn

重庆市版权局

局　长：张洪斌
副局长：王增恂
地　址：重庆市江北区鸿恩路25号
邮　编：400020
电　话：023-67502723
传　真：023-67502722
网　址：www. cqwhw. gov. cn

四川省版权局

局　长：邹吉祥
副局长：周　青
地　址：成都市红星路二段119号
邮　编：610072
电　话：028-86697076
传　真：028-86696803
邮　箱：sccopyright@163. com
网　址：www. scppa. gov. cn

贵州省版权局

局　长：朱新武
专职副局长：王贤赓
地　址：贵阳市延安中路5-9号
邮　编：550001
电　话：0851-85813428
传　真：0851-85813428
邮　箱：2534243157@qq. com
网　址：www. gzpp. gov. cn

云南省版权局

局　长：梁宗华
副局长：洪耀星
地　址：昆明市人民西路182号
邮　编：650031
电　话：0871-64192869
传　真：0871-64192869
邮　箱：bqj@ynppb. gov. cn
网　址：www. ynxgj. gov. cn

西藏自治区版权局

局　长：韩　辉
副局长：刘　俐

地　址：拉萨市江冲路 7 号
邮　编：850000
电　话：0891-6506688
传　真：0891-6356213

陕西省版权局
局　长：王福豹
专职副局长：沙庆超
地　址：西安市长安南路 336 号
邮　编：710061
电　话：029-85496158
传　真：029-85230801
邮　箱：sxbqc@163. com
网　址：www. srftd. gov. cn

甘肃省版权局
局　长：彭鸿嘉
专职副局长：张亚杰
地　址：兰州市东岗西路 226 号
邮　编：730000
电　话：0931-8539501
网　址：www. gsgd. gov. c

青海省版权局
局　长：高玉峰
分管副局长：周　宇
地　址：西宁市同仁路 10 号
邮　编：810001
电　话：0971-6141050
传　真：0971-6143650
邮　箱：qhsbqc@163. com

新疆维吾尔自治区版权局
局　长：古力先·吐拉洪
地　址：乌鲁木齐市北京南路 591 号
邮　编：830011
电　话：0991-2385490
传　真：0991-3637555
邮　箱：xjbqj@sina. cn
网　址：www. xjgdj. gov. cn

版权公共服务机构

中国版权保护中心
主　任：段桂鉴
地　址：北京市西城区天桥南大街 1 号天桥艺术大厦 A 座 3 层
邮　编：100050
电　话：010-68003887
邮　箱：duan@ccopyright. com
网　址：www. ccopyright. com. cn

北京版权保护中心
主　任：薛　峰
地　址：北京市东城区朝阳门内大街 55 号新闻出版大厦
邮　编：100010
电　话：010-64081206
传　真：010-64081900
邮　箱：bcpc@bjcab. gov. cn
网　址：www. bjcopyright. org. cn

北京计算机软件登记中心
主　任：崔玉军
地　址：北京市东城区朝阳门内大街 55 号新闻出版大厦
邮　编：100010
电　话：010-64081391
传　真：010-64081204
邮　箱：bcpc@bjcab. gov. cn
网　址：www. bjcab. gov. cn

河北省版权保护中心
主　任：刘　浏
地　址：石家庄市和平西路新文里 8 号
邮　编：050071
电　话：0311-67561197
传　真：0311-67561091

浙江省版权服务中心
主　任：张蓓君

地　址：杭州市庆春路219号601-603室
邮　编：310006
电　话：0571-88137853
传　真：0571-85062879
网　址：www.zjbanquan.org

江西省版权保护中心
主　任：赖政兵
地　址：南昌市红谷滩区翠林路339号
邮　编：330038
电　话：0791-86894610
传　真：0791-86895220
网　址：www.jxbq.gov.cn

湖北省版权保护中心
主　任：郑凌辉
地　址：武汉市武昌区公正路9号
邮　编：430077
电　话：027-87329148
传　真：027-87329148
网　址：www.ccct.net.cn

重庆市版权保护中心
副主任：王　京
地　址：重庆市江北区洋河一村78号
邮　编：400020
电　话：023-67708231
传　真：023-67708231
邮　箱：cpc1604@yahoo.com.cn
网　址：www.cqca.com.cn

山西省版权保护中心
主　任：王克冰
地　址：山西省太原市并州北路31号
邮　编：030001
电　话：0351-4088107
传　真：0351-4113046
邮　箱：sxbanquan@163.com

版权协会

中国版权协会
理事长：阎晓宏
秘书长：孙　悦
地　址：北京市朝阳区化工路甲18号中国北京出版创意产业基地先导区3层
邮　编：100023
电　话：010-68003910
传　真：010-68004450
邮　箱：csc@csccn.org.cn
网　址：www.csccn.org.cn

北京市版权保护协会
负责人：刘志伟
地　址：北京市朝阳区呼家楼北里2号楼4门303
邮　编：100026
电　话：010-64460903
邮　箱：bjbqbhxh@163.com

天津市版权协会
会　长：刘锦泉
秘书长：宋庆伟
地　址：天津市南开区长实道19号
邮　编：300191
电　话：022-23678898
传　真：022-23678898
邮　箱：TJBQXH@126.com

河北省版权协会
会　长：陈建英
秘书长：刘　浏
地　址：石家庄市和平西路新文里8号
邮　编：050071
电　话：0311-67561177
传　真：0311-67561112
邮　箱：hebeibanquan@126.com
网　址：www.hebeibanquan.gov.cn

山西省版权协会
会　长：张金柱
副会长：杨志云
秘书长：王　琦

地　址：太原市建设南路 21 号希望出版社
邮　编：030012
电　话：0351-4956162
传　真：0351-4956162
邮　箱：3523482@163. com

内蒙古自治区版权保护协会
会　长：高金祥
秘书长：志　民
地　址：呼和浩特市新城区老缸房街 18 号印刷物资楼 202 室
邮　编：010010
电　话：0471-4967453
传　真：0471-4967453
邮　箱：1371951119@qq. com

辽宁省版权保护协会
负责人：李安庆
地　址：沈阳市和平区北一马路 108 号
邮　编：110001
电　话：024-23261003
传　真：024-23261003

吉林省版权保护协会
秘书长：李长江
负责人：王培舒（兼）
地　址：长春市卫星路 2066 号广电大厦 18A-13
邮　编：130021
电　话：0431-85816270
传　真：0431-85816275

黑龙江省版权保护协会
秘书长：周美胜
地　址：哈尔滨市南岗区汉水路 333 号
邮　编：150090
电　话：0451-88622758
传　真：0451-82898560
邮　箱：hljbanquanju@163. com

黑龙江省反盗版联合会
秘书长：周美胜
地　址：哈尔滨市道里区森林街 68 号
邮　编：150010
电　话：0451-88622758
传　真：0451-82898560
邮　箱：hljbanquanju@163. com

上海版权协会
会　长：胡大卫
秘书长：张　宏
地　址：上海市张江路 69 号 612
邮　编：200020
电　话：021-50278103
传　真：021-50278103

江苏省版权协会
会　长：傅杰三
法人代表、副会长兼秘书长：曹　阳
地　址：江苏省南京市鼓楼区高云岭 56 号
邮　编：210009
电　话：025-83207838
传　真：025-83207838
邮　箱：buyzx01@fhzscq. com

浙江省版权协会
会　长：单　烈
秘书长：吾晓红
地　址：杭州市庆春路 219 号
邮　编：310006
电　话：0571-88137853
传　真：0571-88137853

安徽省版权保护协会
秘书长：杨　剑
地　址：合肥市桐城南路 355 号 A 座 1705 室
邮　编：230022
电　话：0551-62846150
传　真：0551-62850751
邮　箱：anhuibanquan@126. com

福建省版权协会
会　长：白京兆
秘书长：刘行宇
地　址：福州市东水路 76 号
邮　编：350001
电　话：0591-87535956
传　真：0591-87535956
邮　箱：fjsbqxh@163. com

山东省版权协会
地　址：济南市经十路18567号旧楼1414
邮　编：250062
电　话：0531-85038149
传　真：0531-85038149

河南省版权协会
负责人：赵　艳
秘书长：李清彬
地　址：郑州市农业路3号
邮　编：450002
电　话：0371-65887627
传　真：0371-65887227
邮　箱：hnsbqj@163.com

湖北省版权保护协会
会　长：陈　锋
秘书长：赵文福
地　址：武汉市武昌区黄鹂路39号
邮　编：430061
电　话：027-68892562
传　真：027-68892562

湖南省版权保护协会（湖南省反盗版联盟）
会　长：张树青
秘书长：张树青
地　址：长沙市营盘东路3号
邮　编：410005
电　话：0731-82231655
传　真：0731-82231655

广东省版权保护联合会（广东省版权事务所）
常务副会长：陈冬云
秘书长：梁守坚
地　址：广州市环市东水荫路44号2楼
邮　编：510075
电　话：020-37667333，37638239
传　真：020-37638192
邮　箱：gdcopyright@gdpg.com.cn

广西壮族自治区版权保护协会
会　长：于开金
秘书长：石　卫
地　址：南宁市金湖路53号
邮　编：530028
电　话：0771-5516087
传　真：0771-5516087
邮　箱：gxbqbhxh@163.com

海南省版权协会
会　长：王　琦
秘书长：唐　俐
地　址：海口市海南大学社科联楼708房
邮　编：570100
电　话：0898-66259079
传　真：0898-66259079
邮　箱：18907526181@189.cn

四川省版权保护协会
负责人：李正培
地　址：四川省成都市红星路二段119号
邮　编：610075
电　话：028-86697076
传　真：028-86696803

云南省著作权保护协会
会　长：艾罕炳
秘书长：马云虹
地　址：昆明市环城西路609号新闻出版大楼
邮　编：650034
电　话：0871-64110371
传　真：0871-64110371

陕西省版权协会
会　长：曹先觉
秘书长：党　雷
地　址：西安市雁塔区曲江行政商务区陕西文化大厦B座
邮　编：710003
电　话：029-89131695
传　真：029-89131698

新疆维吾尔自治区版权协会
会　长：古力先·吐拉洪
秘书长：施晓娟
地　址：乌鲁木齐市北京南路591号
邮　编：830011
电　话：0991-3637542
传　真：0991-3637555

深圳市版权协会
会　长：詹培明
秘书长：陈　彦
地　址：深圳市福田区梅林路 19 号斯达大厦 6 楼 602
邮　编：518106
电　话：0755-86185519
传　真：0755-86185516
邮　箱：szcopyright@163. com
网　址：www. scs. org. cn

宁波市版权协会
会　长：陆开江
地　址：浙江省宁波市江东区兴宁路 53 号
邮　编：315000
电　话：0574-89187806
传　真：0574-89187806
邮　箱：nbbq2011@126. com
网　址：www. nbbqxh. com

苏州市版权协会
会　长：张　梅
秘书长：冯　坚
地　址：苏州市干将路 178 号苏州大学北校区科技园 309（中）
邮　编：215004
电　话：0512-65156801
传　真：0512-65156801

青岛市版权保护协会
会　长：张　焱
秘书长：封红雨
地　址：青岛市市北区郑州路 43 号 A 栋 125 室
邮　编：266045
电　话：0532-67773267
邮　箱：gy1@rubbervalley. com
网　址：bqbh. org. cn

大连市版权保护协会
会　长：李东平
秘书长：李毅男
地　址：大连市西安路 107 号
邮　编：116021
电　话：0411-84522067
传　真：0411-84522067
邮　箱：wgj _ dcpa@dl. gov. cn
网　址：www. dcpa. org. cn

南京市版权保护协会
会　长：江　飞
常务副会长：杜维鸣
秘书长：陈　锷
地　址：南京市秦淮区瑞金北村 57 幢 5 楼
邮　编：210016
电　话：025-85659022，84645491
传　真：025-85659011
邮　箱：1148694563@qq. com
网　址：www. njbq. org. cn

郑州市版权协会
会　长：董现仓
秘书长：倪天礼
地　址：郑州市西太康路 19 号郑州购书中心 820 室
邮　编：450018
电　话：0371-66280990
网　址：www. zzbq. org

厦门市版权协会
秘书长：詹朝晖
地　址：厦门市软件园二期望海路 6 号 303
邮　编：361008
电　话：0592-5914419
传　真：0592-2070020-807
邮　箱：412324212@qq. com

著作权集体管理组织

中国音乐著作权协会
主　席：赵季平
总干事：屈景明
地　址：北京市东城区东单三条 33 号京纺大厦五层
邮　编：100005

电 话：010-65232656
传 真：010-65232657
网 址：www. mcsc. com. cn

中国音像著作权集体管理协会
理事长：周建潮
总干事：邹建华
地 址：北京市朝阳区呼家楼京广中心商务楼 401
邮 编：100020
电 话：010-66086468
传 真：010-66086475
邮 箱：licence@cavca. org
网 址：www. cavca. org

中国文字著作权协会
会 长：陈建功
总干事：张洪波
地 址：北京市西城区珠市口西大街太丰惠中大厦 1027-1036 室
邮 编：100050
电 话：010-65978905
传 真：010-65978926
邮 箱：wenzhuxie@126. com
网 址：www. prccopyright. org. cn

中国电影著作权协会
理事长：任仲伦
秘书长：史文霞
地 址：北京市西城区北展北街 5 号楼 F 座 5 层
邮 编：100044
电 话：010-62364640
传 真：010-62369799
邮 箱：cfcac2009@163. com
网 址：www. cfca-c. org

中国摄影著作权协会
主 席：李前光
总干事：林 涛
地 址：北京市东城区东四 12 条 48 号
邮 编：100007
电 话：010-65978100
传 真：010-65595720
邮 箱：hyb@icschina. net
网 址：www. icsc1839. org

版权相关行业协会

中国互联网协会网络版权工作委员会
主 任：高卢麟
秘书长：石现升
地 址：北京海淀区板井路曙光花园智业园 B 座 6E 室
邮 编：100097
电 话：010-88466861-815
传 真：010-88546086
网 址：www. iscu. cn

中国音像与数字出版协会
理事长：孙寿山
常务副理事长兼秘书长：王 炬
地 址：北京市西城区莲花池东路 102 号天莲大厦 17 层
邮 编：100055
电 话：010-65122882
传 真：010-65127030
邮 箱：cava2008@163. com
网 址：www. cadpa. org. cn

版权代理公司

中华版权代理总公司
总经理：贺传军
地 址：北京市西城区天桥南大街一号天桥艺术大厦 A 座 4 层

邮　编：100050
电　话：010-68003887，84195154
传　真：010-84195860
网　址：www. ccopyrightagency. com. cn

中国图书进出口（集团）总公司版权部
主　任：雷建华
地　址：北京市朝阳区工体东路 16 号
邮　编：100020
电　话：010-65069500
邮　箱：publishing@cnpiec. com. cn

中国出版对外贸易总公司
负责人：张　羚
地　址：北京市朝阳区安定门外安华里 504 号
邮　编：100011
电　话：010-64210403
传　真：010-64214540
网　址：www. cnpitc. com. cn

中国国际电视总公司
负责人：薛继军
地　址：北京市海淀区羊坊店路 9 号京门大厦
邮　编：100038
电　话：010-63950016
传　真：010-63955916
邮　箱：office@citvc. com
网　址：www. citvc. com. cn

九洲音像出版公司版权贸易部
负责人：吕艺鸥
地　址：北京市朝阳区外馆斜街甲 1 号泰利明苑 A 座 510
邮　编：100011
电　话：010-85285083

北京版权代理有限责任公司
负责人：刘志伟
地　址：北京市海淀区知春路 23 号量子银座 1403
邮　编：100191
电　话：010-82915383

湖南省版权代理公司
负责人：张树清
地　址：长沙市营盘东路 3 号
邮　编：410005
电　话：0731-82231655

重庆市版权代理有限公司
负责人：王　京
地　址：重庆市江北区洋河一村 78 号国际商会大厦 10 楼
邮　编：400020
电　话：023-67708231
传　真：023-67708231
邮　箱：934986845@qq. com

国家级版权交易机构

中国人民大学国家版权贸易基地
主　任：白连永
地　址：北京市海淀区中关村大街甲 59 号文化大厦
邮　编：100872
电　话：010-62514334
传　真：010-62519147
邮　箱：copyrightyb@126. com
网　址：www. copyrightmall. com

北京国际版权交易中心
董事长：李　衢
地　址：北京市朝阳区京广中心商务楼二层
邮　编：100020
电　话：010-65974890（总机）
传　真：010-65978017
邮　箱：kf@icfea. com
网　址：www. e-bq. com

东方雍和国际版权交易中心
董事长：殷秩松
地　址：北京市东城区安定门东大街 28 号雍和大厦 E 座 208

邮　编：100007
电　话：010-64097700
传　真：010-84195406
邮　箱：public@cbice. com
网　址：www. cbice. com

华中国家版权交易中心
董事长：赵建潮
地　址：武汉市武昌区公正路 9 号
邮　编：430077
电　话：027-87329679
传　真：027-87329612
网　址：www. ccct. net

成都国家版权交易中心
执行主任：杨　蛟
地　址：成都高新区世纪城南路 599 号 2 栋 1 层 103、104 号
邮　编：610213
电　话：028-61375595
网　址：www. cdice. com. cn

国家版权贸易基地（上海）
负责人：任义彪
地　址：中国（上海）自由贸易试验区马吉路 2 号 33 层
邮　编：200131
电　话：021-58697777
传　真：021-58698366
邮　箱：fenglan@soict. com. cn
网　址：www. soict. com. cn

广州市越秀区国家版权贸易基地
董事长：黎伟成
地　址：广州市越秀区文德北路 68 号
邮　编：510030
电　话：020-83349123
邮　箱：123@banquanmaoyi. com
网　址：www. cnscee. com

台儿庄国家版权贸易基地
管理办公室主任：黄　伟
地　址：山东省枣庄市台儿庄区文化路 258 号
邮　编：277400
电　话：0632-6611762
传　真：0632-6611762

青岛国际版权交易中心
总经理：封红雨
地　址：山东省青岛市郑州路 43 号橡胶谷 A 栋 134
邮　编：266045
电　话：0532-81638255
传　真：0532-68662009
邮　箱：lijs@rubbervalley. com
网　址：www. nctcqd. com

国家海峡版权交易中心
总经理：王　斌
地　址：福建省厦门市软件园二期望海路 6 号 2 层
邮　编：361008
电　话：0592-5953686
传　真：0592-5953687
邮　箱：contact@hxnce. net
网　址：www. hxnce. net

西部国家版权交易中心
总经理：党　雷
地　址：陕西省西安市雁塔区雁塔南路陕西文化大厦 B 座 6 楼
邮　编：710061
电　话：029-89131653
传　真：029-89131698
邮　箱：ctvtc _ china@163. com
网　址：www. xtce. cn

横琴国际版权交易中心
负责人：陈钦禄
地　址：珠海市香洲区海洲路 8 号九昌大厦 6C
邮　编：519015
电　话：0756-3211668
传　真：0765-3210567

知识产权教学与研究机构

中国人民大学知识产权学院
地　址：北京市海淀区中关村大街 59 号中国人民大学明德法学楼 612 室
邮　编：100872
电　话：010-82500369
传　真：010-62514365
邮　箱：law612@126. com
网　址：www. law. ruc. edu. cn

北京大学知识产权学院
地　址：北京大学凯原楼 309 室
邮　编：100871
电　话：010-62751268
邮　箱：zscq@pku. edu. cn
网　址：www. iplaw. pku. edu. cn

中国社会科学院知识产权中心
地　址：北京市东城区沙滩北街 15 号
邮　编：100720
电　话：010-64054144
传　真：010-64014045
邮　箱：ipstudies@163. com
网　址：www. iolaw. org. cn

中国政法大学民商法经济法学院知识产权研究所
地　址：北京市昌平区府学路 27 号
邮　编：102249
电　话：010-58909336
网　址：msjjfxy. cupl. edu. cn

中南财经政法大学知识产权学院
地　址：湖北省武汉市东湖高新技术开发区南湖大道 182 号
邮　编：430073
电　话：027-88386364
网　址：www. iprcn. com

上海大学知识产权学院
地　址：上海市宝山区上大路 99 号
邮　编：20044
电　话：021-66132597
传　真：021-66133938
网　址：www. ips. shu. edu. cn

华中科技大学科技法与知识产权系
地　址：湖北省武汉市洪山区珞瑜路 1037 号东四楼
邮　编：430074
电　话：027-87545438
传　真：027-87542228
邮　箱：stud201@hust. edu. cn
网　址：www. hust. edu. cn

复旦大学知识产权研究中心
地　址：上海市淞沪路 2005 号法学楼 410 室
邮　编：200438
电　话：021-51630042
传　真：021-51630112
邮　箱：zhangng@fudan. edu. cn
网　址：www. ipcenter. fudan. edu. cn

华东政法大学知识产权学院
地　址：上海市松江区龙源路 555 号
邮　编：201620
电　话：021-57090083
邮　箱：zsb@ecupl. edu. cn
网　址：www. ipschool. ecupl. edu. cn

暨南大学知识产权学院
地　址：广州市黄埔大道西 601 号
邮　编：510632
电　话：020-85228561
邮　箱：ozsb@jnu. edu. cn
网　址：law. jnu. edu. cn

同济大学知识产权学院
地　址：上海市四平路 1239 号同济大学综合楼 1001 室
邮　编：200092
电　话：021-65983113
邮　箱：sicip@mail. tongji. edu. cn
网　址：law. tongji. edu. cn

武汉大学知识产权高级研究中心
地　址：湖北省武汉市武昌区珞珈山街 16 号

邮　编：430072
电　话：027-68753447
邮　箱：wdzsb@whu. edu. cn
网　址：www. whu. edu. cn

西安交通大学知识产权学院
地　址：陕西省西安市咸宁西路 28 号
邮　编：710049
电　话：029-82665824
邮　箱：xjtuzs@mail. xjtu. edu. cn
网　址：fxy. xjtu. edu. cn

中国科学技术大学知识产权研究中心
地　址：安徽省合肥市金寨路 96 号
邮　编：230026
电　话：0551-63492241
邮　箱：songlan@ustc. edu. cn
网　址：pas. ustc. edu. cn

西北大学知识产权学院
地　址：西安市长安学府大道 1 号
邮　编：710127
电　话：029-88308080
传　真：029-88308079
邮　箱：lawdep@nwu. edu. cn
网　址：fxy. nwu. edu. cn

华南理工大学知识产权学院
地　址：广州市广州大学城华南理工大学 B9
邮　编：510006
电　话：020-39380308
传　真：020-39380308
邮　箱：scutg06@scut. edu. cn
网　址：www. scut. edu. cn/law

南京理工大学知识产权学院
地　址：南京市孝陵卫 200 号
邮　编：210094
电　话：025-84303386
传　真：025-84303386
网　址：ip. njust. edu. cn

中山大学知识产权学院
地　址：广东省广州市新港西路 135 号
邮　编：510275
电　话：020-84113148
网　址：law. sysu. edu. cn

重庆知识产权学院（重庆理工大学知识产权学院）
地　址：重庆市巴南区李家沱红光大道 69 号重庆理工大学花溪校区
邮　编：400054
电　话：023-62563375
传　真：023-62563375
邮　箱：cgzs@cqut. edu. cn
网　址：ipschool. cqut. edu. cn

湘潭大学知识产权学院
地　址：湖南省湘潭市雨湖区湘潭大学法学院知识产权学院
邮　编：411105
电　话：0731-58292281
邮　箱：zscqxy@xtu. edu. cn
网　址：ipf. xtu. edu. cn

厦门大学知识产权研究院
地　址：厦门市思明南路 422 号厦门大学知识产权研究院
邮　编：361005
电　话：0592-2182729
传　真：0592-2182729
邮　箱：ip@xmu. edu. cn
网　址：www. iprixmu. com

西南政法大学知识产权研究中心（民商法学院）
地　址：重庆市渝北区宝圣大道 301 号西南政法大学集美楼三楼
邮　编：401120
电　话：023-67258430
邮　箱：xsczsb@supsl. cn
网　址：ccls. swupl. edu. cn

深圳大学知识产权学院
地　址：广东省深圳市南山区南海大道 3688 号
邮　编：518060
电　话：0755-26534171
传　真：0755-26535115
邮　箱：szu _ ip@163. com
网　址：law. szu. edu. cn

中南大学知识产权研究院
地　址：湖南省长沙市麓山南路 932 号
邮　编：410012
电　话：0731-88660480
传　真：0731-88660291
邮　箱：admis@mail. csu. edu. cn
网　址：law. csu. edu. cn/zscq

山东师范大学法学院（知识产权学院）
地　址：山东省济南市长清区长清大学科技园大学路 1 号
邮　编：250358
电　话：0531-89611070
网　址：www. law. sdnu. edu. cn

南京三江学院法律与知识产权学院
地　址：江苏省南京市雨花台区龙西路 10 号
邮　编：210012
电　话：025-52354969
网　址：www. sju. edu. cn

青岛大学法学院
地　址：青岛市崂山区香港东路 7 号
邮　编：266071
电　话：0532-85955950
网　址：law. qdu. edu. cn

杭州师范大学沈钧儒法学院
地　址：浙江省杭州市余杭区仓前街道余杭塘路 2318 号
邮　编：311121
电　话：0571-28865484
传　真：0571-28865484
网　址：fxy. hznu. edu. cn

中国计量大学法学院（知识产权学院）
地　址：浙江省杭州市下沙高教园区学源街
邮　编：310018
电　话：0571-86835791
邮　箱：cjlufxy@cjlu. edu. cn
网　址：fxy. cjlu. edu. cn

重庆邮电大学网络空间安全与信息法学院
地　址：重庆市南岸区崇文路 2 号
邮　编：400065
电　话：023-62461824
传　真：023-62471932
网　址：sl. cqupt. edu. cn

温州知识产权学院（浙江工贸学院）
地　址：浙江省温州市鹿城区府东路 717 号
邮　编：325002
电　话：0577-66325606，88111397
邮　箱：5562558@qq. com
网　址：www. wzipb. com

中原工学院法学院（知识产权学院）
地　址：河南省新郑市双湖经济开发区龙湖镇淮河路 1 号
邮　编：450007
电　话：0371-62506888
网　址：fxy. zut. edu. cn

四川理工学院法学院（知识产权学院）
地　址：四川省自贡市汇兴路学苑街 180 号
邮　编：643000
电　话：0813-2113003
传　真：0813-2113003
网　址：fxy. suse. edu. cn

北京知识产权学院（北京工业大学）
地　址：北京市朝阳区平乐园 100 号
邮　编：100124
网　址：bjip. bjut. edu. cn

郑州大学法学院（知识产权学院）
地　址：郑州市科学大道 100 号
邮　编：450001
网　址：www5. zzu. edu. cn/newlaw

辽宁大学法学院
地　址：辽宁省沈阳市沈北新区道义南大街 58 号
邮　编：110136
电　话：024-62602408
传　真：024-62602408
网　址：law. lnu. edu. cn

桂林电子科技大学法学院（知识产权学院）
地　址：广西桂林金鸡路 1 号

邮　编：541004
电　话：0773-2301033
传　真：0773-2290083
邮　箱：jzy518518@126. com
网　址：gxippxjd. guet. edu. cn

中国科学院大学知识产权学院

地　址：北京市石景山区玉泉路19号（甲）
邮　编：100049
网　址：www. ucas. ac. cn

大连理工大学人文与社会科学学部法律系

地　址：辽宁省大连市高新区凌工路2号
邮　编：116024
电　话：0411-84708320
网　址：fhss. dlut. edu. cn

附录：国际版权动态

FU LU：GUO JI BAN QUAN DONG TAI

综述

传承、创新与公共利益保障

——2017年国际著作权法制发展述评

郭　禾　李逸竹

当今世界，知识经济方兴未艾，新一轮科技革命和产业变革正如火如荼地进行中。这种形势无疑对各国著作权制度乃至国际著作权秩序提出了新的挑战，同时也为世界著作权制度的发展与完善提供了机遇。著作权制度是文化领域激励创新、保护创新最为有效的机制。长期以来，著作权制度更多地关注当下文艺领域作品的保护以激励创新，而对于传统文化、遗传资源与先祖文化则未给予相应的重视。与此同时，对于著作权领域的新的创作模式、新的客体类型、新的权利纠纷，尤其是因人工智能、大数据等引起的著作权纠纷，现有的制度尚未能提供合理及有效的解决机制。

纵观2017年的国际著作权制度和有关国家著作权制度的发展，我们可以看出，著作权制度的革新，主要围绕在新类型客体、合理使用与传统文化等方面，同时公共利益也正在成为各国尤其是欧洲国家强调的对象。就过去一年中国际著作权领域所发生的事件及有关国家的立法和修法而言，著作权制度除了力求紧跟技术发展的脚步，适应并满足其提出的需求外，还有心做一名公共利益的保卫者、历史文化的拾遗者。这种价值观的多元化发展趋势在一定程度上致使著作权制度的发展呈现出撕裂状态，即制度衍生中的内禀自洽的逻辑受到挑战。

一、国际协调层面

（一）世界知识产权组织关于保护遗传资源、传统知识和民间文学艺术表达的努力

为保护发明、作品等而创设的知识产权制度，对遗传资源、传统文化以及土著人民继承发展的先祖文化，从未给予特别关注。但在近几十年里，土著人民、社区部落的文化权利越来越引起各界的重视。世界知识产权组织在这方面做了大量工作，试图利用知识产权制度保护遗传资源、传统文化和民间文学艺术表达，以避免其被非法盗用。

2017年6月12日至16日，世界知识产权组织下的知识产权与遗传资源、传统知识和民间文学艺术政府间委员会，举办了第三十四届会议。在此次会议上，世界知识产权组织推出了两份出版物，一是《土著居民和当地社区知识产权实用指南》，二是《关于遗传资源和传统知识专利披露要求的重要问题》。其中，《土著居民和当地社区知识产权实用指南》旨在帮助土著居民和当地社区更好地了解知识产权制度，使其能够就知识产权的利用做出更为明智的决定，进而更好地保护他们的传统知识、民间文艺等。而《关于遗传资源和传统知识专利披露要求的重要问题》则侧重于分析政策制定者在遗传资源和传统知识相关专利公开要求方面的制度选择，具有更强的技术性。该出版物的作者通过分析来自不同国家和地区的司法管辖区的案例，记录了“各种各样的问题和选择”，目的在于帮助政策制定者做出适合各自情况的决定[①]。其中有关民间文艺表达的相关内容牵涉到各国著作权制度的改革设计。

截至2017年底，世界知识产权组织的知识产权与遗传资源、传统知识和民间文学艺术政府间委员会共召开了34次会议，形成了遗传资源、传统知识与民间文学艺术表达等三类文件[②]。其中传统知识、民间文学艺术表达均涉及著作权制度。上述文件反映出相关各方的观点尚存在非常大的分歧：各方在有关制度的政策宗旨、术语定义、保护对象、受益人、权利范围与权利管理、权利例外与限制等方面均未能达成一致，这导致该项工作的进展十分缓慢。2017年10月，知识产权与遗传资源、传统知识和

① https://www.ip-watch.org/2017/06/27/new-wipo-publications-help-policymakers-protection-tk-folklore.

② http://www.wipo.int/meetings/zh/details.jsp? meeting_id=42302.

民间文学艺术政府间委员会向世界知识产权组织成员国大会第五十七届系列会议提交上述三类文件进行审议，该会议授权知识产权与遗传资源、传统知识和民间文学艺术政府间委员会在 2018 至 2019 年召开 6 次会议，同时设立“知识产权与遗传资源、传统知识和民间文学艺术政府间委员会 2018—2019 年会期特设专家组”帮助制定相关草案，至 2019 年提交世界知识产权组织成员国大会评估后，决定是否召开外交会议，抑或授权继续谈判①。

然而，纵观几十年来世界知识产权组织以及此前非洲知识产权组织等国际组织在这方面所做出的不懈努力，均收效甚微。分析其中原因，除了发达国家和发展中国家各自利益分歧导致其在这一问题上立场对立之外，还有著作权制度乃至知识产权制度本身的内禀性因素。

长期以来，知识产权制度都打着“鼓励创新”的旗号，“创新”已经成为证明知识产权制度正当性的根本性标志。然而，保护传统知识、历史文化遗产、民间文学艺术等的出发点或者终极目的与“创新”并无直接关系。非但如此，这种做法还会招来“吃祖宗饭”“啃老”的骂名，这与知识产权制度中所倡导的观念显然相冲突。这种冲突必然会反映在一些具体的制度上，如著作权的保护期问题。传统知识、民间文艺大多早已过了知识产权的保护期。很难想象以著作权模式保护古典文献不会给知识创新或知识传播带来阻碍。

事实上，保护历史文化的根本宗旨是保持文化的传承，维护文化的多样性。尤其是那些在现代社会没有市场价值的历史文化遗产，亟须公权力机构以非市场的手段加以干预，以防后继无人而失传。这种对历史文化保护的手段无疑是一种公法的手段。这与作为私权的著作权或知识产权保护模式在实施机制上显然是背道而驰的②。简言之，国家为鼓励人们传承那些没有市场价值的历史文化遗产，会对传承人乃至学习者给予经济上的补贴，以支持他们承袭、使用、传播历史文化遗产的行为。即传统知识或民间文艺的传承人会因为其使用这些没有市场价值的对象而获得物质和精神方面的奖励或鼓励。而知识产权保护模式的运作则相反，凡使用知识产权者不但不可能得到经济支持，反而需要给权利人缴纳使用费。类似这种机制或观念上的冲突，才是导致在知识产权框架下讨论历史文化遗产或民间文艺表达保护步履艰难的深层原因。从这种意义上讲，著作权乃至知识产权制度在保护传统知识或民间文艺表达方面，充其量只能扮演一个“拾荒者”的角色，不可能担当主角。换言之，历史文化遗产以及民间文艺表达在著作权制度中只能是“鼓励创新”这一主旋律下的和声而已。

（二）《关于为盲人、视力障碍者或其他印刷品阅读障碍者获得已出版作品提供便利的马拉喀什条约》

《关于为盲人、视力障碍者或其他印刷品阅读障碍者获得已出版作品提供便利的马拉喀什条约》（以下简称《马拉喀什条约》）于 2013 年 6 月 28 日在摩洛哥马拉喀什通过，并于 2016 年 9 月 30 日生效。世界知识产权组织订立该条约，旨在为视力障碍者无障碍地获得已出版作品提供法律上的便利。基于这一目标，条约规定了一系列著作权例外制度，以方便相关厂商制作盲文版、大字号版或有声读物等特殊格式的出版物，以及进行针对这类出版物的发行、进出口等。

2014 年 4 月，欧盟签署了《马拉喀什条约》。起先，英国、法国、芬兰、意大利等八个成员国否认欧盟委员会有权缔结该条约，并于 2015 年 8 月将此问题提交欧洲法院。2017 年 2 月，欧洲法院确认欧盟委员会有权缔结该条约。同年 3 月，欧洲议会对委员会提交的相关指令草案进行投票。同年 9 月，理事会正式通过立法。欧盟根据该条约的要求引入针对视力障碍者的著作权例外规定，允许受益人和相关组织以无障碍格式复制作品，并可在整个欧盟和缔约方范围内进行传播。保加利亚文化部部长博伊尔·巴诺夫指出：“（加入《马拉喀什条约》）这个决定对于欧盟来说意义非常，因为该条约将帮助我们克服视力障碍群体接触文化资源的歧视性壁垒。”③

几乎与欧盟同时，新西兰政府也决定加入该条约。2017 年 6 月，新西兰商务和消费者事务部部长与残疾人问题部部长联合公布新西兰政府加入《马拉喀什条约》的决定。决定加入该公约的有关提案不仅包括《马拉喀什条约》中的要求，还有额外的著作权例外规定，因而新西兰未来的版权法将更有

① 赵富伟，蔡蕾，臧春鑫．遗传资源获取与惠益分享相关国际制度新进展［J］．生物多样性，2017（11）：1150．

② 郭禾．对非物质文化遗产私权保护模式的质疑［J．中国人民大学学报，2011（2）：28．

③ http://www.consilium.europa.eu/en/press/press-releases/2018/02/15/marrakesh-treaty-on-access-to-published-works-for-blind-and-visually-impaired-persons-council-authorises-ratification/.

利于视力障碍者获得可阅读制品。新西兰版权法将主要针对1994年版权法第69章以及1995年版权条例进行修改①。就在同月，为履行《马拉喀什条约》所涉及的义务，澳大利亚参议院通过了版权法修正案。该修正案针对残障人获取无障碍版本过程中涉及的著作权使用方面的事项做出了例外规定②。

然而就全球范围而言，视力障碍者在获取阅读制品上仍面临诸多障碍。一方面，尽管国际上对保护视力障碍者已形成普遍共识，要将这种共识落实到相关国家的法律中尚有许多法律上和技术上的障碍需要克服。客观地讲，《马拉喀什条约》是在大家承认著作权必须加以保护的基础上给视觉障碍者额外打开的“一扇窗”。然而，在全球经济发展尚不平衡的今天，这一条约的实施显然首先应当针对发达国家。欧洲国家号称一贯具有保护基本人权的传统，但在承认《马拉喀什条约》的道路上不是一帆风顺。对于特朗普治下的美国，尤其是在“美国优先”的基本价值观引导下，《马拉喀什条约》在美国的实施着实令人担心，更何况在著作权观念尚未真正深入人心的发展中国家。

另一方面，无障碍阅读制品的推广在当下的互联网时代，控制不好的确有可能存在损害权利人利益的风险。尤其是有声读物，如果没有相对完善的法律保护环境，很可能成为侵犯著作权的重灾区。很显然，有声读物既可以为视觉障碍者提供方便，也是当下正常人在紧张的日常生活中普遍喜欢的一种阅读方式。因此，在著作权保护环境相对较差的地区，《马拉喀什条约》是否能成为侵权人的挡箭牌，相关国家无不持谨慎态度。

（三）关于《区域全面经济伙伴关系协定》

东南亚国家联盟（ASEAN）的十个成员国（包括印度尼西亚、马来西亚、菲律宾、新加坡、泰国、文莱达鲁萨兰国、柬埔寨、老挝、缅甸和越南）和澳大利亚、中国、印度、日本、新西兰、韩国六国在“东盟＋六国”的框架下提出了《区域全面经济伙伴关系协定》（RCEP），除了回应《跨太平洋战略经济伙伴关系协议》（TPP）以外，还试图在“东盟＋（中日韩）三国”“东盟＋六国”框架以及亚太经合组织已有经贸合作基础上做进一步发展③。

该协定知识产权章节中的“著作权权利限制与例外”采用了《与贸易有关的知识产权协定》（TRIPs）三步检验法。其中，澳大利亚提出，各成员应努力通过制定著作权权利限制与例外的规则，在著作权和相关权制度中达到利益平衡，如为教育、研究、批评、评论、新闻报道、图书馆和档案馆保存作品，向视力障碍者提供阅读制品等使用作品的例外规则。此外，该章节还规定了对计算机软件的著作权保护要求，对广播组织权利的保护要求，反规避技术措施和电子权利管理信息保护规则，以及针对网络著作权侵权问题的即时制止侵权并对后续侵权构成威慑作用的相关措施等④。在系列谈判中，日本、韩国、澳大利亚、新西兰倾向于对著作权的强保护标准，而发展中国家则倾向于《与贸易有关的知识产权协定》的保护标准，甚至更为保守的保护标准。

2017年2月，该协定第17轮谈判在日本神户举行，来自不同国家和地区的64位知识产权学者共同发布了《著作权保护中的公共利益原则的声明》，指出该协定的知识产权章节将“设立一系列知识产权保护的最低标准”。他们认为，公共利益应该成为著作权协商的核心价值取向，并呼吁提高公共利益谈判当中的透明度。当然，也有人认为该声明的最低标准将有可能导致意料之外的影响，包括“对于创造力以及经济增长的扼杀”等⑤。

毫无疑问，RCEP的发起国从经济发展水平上看差异非常大。发展中国家与发达国家在知识产权领域的矛盾在这里体现得淋漓尽致。如何协调它们之间的关系显然需要大智慧。对发展中国家来说，其知识产权保护水平的提高大多处于被动状态，通常希望参照既有的国际条约，而不是重新设定新的更高的标准。TRIPs协定作为十多年前达成的最有影响的知识产权协议，自然会成为争相效仿的标杆。与此同时，包括发达国家的一些知识产权学者近年

① http://www.mbie.govt.nz/info-services/business/intellectual-property/copyright/marrakesh-treaty.

② https://www.aph.gov.au/Parliamentary_Business/Bills_Legislation/Bills_Search_Results/Result? bId=r5832.

③ 华劼.《区域全面经济伙伴关系协定》知识产权章节评述［J］. 重庆理工大学学报（社会科学版），2017（5）：67.

④ 同③68.

⑤ https://1.next.westlaw.com/Document/Ia8bccf00fd1711e69db2d33848f9cf4d/View/FullText.html? navigationPath=Search%2Fv3%2Fsearch%2Fresults%2Fnavigation%2Fi0ad6ad3e0000015b273b0e040ab10a8c%3FNav%3DNEWS%26fragmentIdentifier%3DIa8bccf00fd1711e69db2d33848f9cf4d%26startIndex%3D101%26contextData%3D%2528sc.Search%2529%26transitionType%3DSearchItem&listSource=Search&listPageSource=37e3e9cdf72a7398363a1615755668bf&list=NEWS&rank=109&sessionScopeId=f003a20c0eb6055f5c132e2f9ea7ea3bd66303afd1de509cde078212a9403583&originationContext=Search%20Result&transitionType=SearchItem&contextData=%28sc.Search%29.

来也不断提出一些平衡知识产权权利人和公共利益关系的主张和文件；WIPO 的版权与邻接权专门委员会也在 2017 年就图书馆、博物馆、档案馆的著作权例外问题数度召开专家会议和外交会议，试图在这方面就著作权例外问题形成一致看法，以便达成新的专门公约。可见，公共利益在知识产权制度的发展中有着至关重要的作用，有关国家在 RCEP 框架中提出公共利益问题是再自然不过的了。

然而，在 RCEP 这个“10+6”的机制中，不少国家同时也是 TPP 的发起国，这就使 RCEP 成员的利益取向更加复杂。如日本、澳大利亚、韩国、新加坡已属经济发达国家，从这种角度看，RCEP 要达成一致尚有很长的道路要走。这些发达国家若没有充分的让步，则很难在知识产权条款上取得进展。

二、国家与地区层面

（一）艺术与技术发展对著作权保护范围的拓展

随着技术和艺术的进步，著作权领域不断有新生事物出现。一般而言，著作权法只保护具有独创性的作品，典型的著作权保护对象即视听艺术品，如绘画、雕塑、音乐、诗词等。但有一些艺术品，超出了人们对传统的著作权保护对象的认知范围，如香水的气味和食物的味道等。不同香料、调料的组合将给人带来不一样的嗅觉、味觉感受，一份制作精良的香水或食物在公众面前，俨然是一份艺术品，表达了嗅觉、味觉领域的美。但这类对象长期以来一直徘徊在著作权法的边缘。

2017 年，荷兰二审法院（Arnhem-Leeuwarden Court of Appeal）在受理 Heks'nkaas 品牌的奶酪味道是否受著作权保护一案时，向欧盟法院就有关问题提出咨询①。荷兰法院同时询问，欧盟的著作权体系是否同意成员国扩大著作权的保护范畴，比如是否允许成员国以著作权保护嗅觉、味觉元素的产品；如果可以，则其构成要件为何等。目前，此案仍在审理中，欧盟法院尚未回复。

实际上，早在 2000 年，荷兰法院就审理了类似案件。荷兰的一家香水生产公司 Kecofa 生产了一款与 Lancôme 气味相同的香水。Lancôme 公司在商标诉讼未能胜诉的情况下，提起著作权侵权诉讼。荷兰最高法院判决香水的气味可以被认定为著作权法上的“作品”，对香水气味的模仿构成对著作权的侵犯。但是这样一个特殊的案件，并没有得到其他国家和地区的认可。这一问题在理论界和司法界都存有争议②。

南安普顿大学的 Eleonora Rosati 教授认为，这类感官要素的著作权问题需要引起关注，并提出两点理由：第一，它对于商品交易有着重要的影响。不久前，法国最高法院否决了气味纳入著作权法保护的范畴。在 2015 年，荷兰的一审法院同样否决了 Heks'nkaas 奶酪的味道受著作权法的保护。但此类案件不断出现表明，这类感官要素的产品寻求著作权法的保护，至少反映出在商业视角是存在价值的。第二，欧盟法院需要明确何种客体可以作为著作权法意义上的“作品”③，《伯尔尼公约》中对著作权法中的“文学作品和艺术作品”采取了开放式定义。因此，视听领域之外的感官产品并未被绝对排除在著作权客体范畴之外。

近年来，“人工智能”成了国际著作权领域中最热门的词语之一。2018 年 2 月 28 日，在东京召开的会议“CNET Japan live 2018”中，日本知名著作权律师福井建策发表了主题为“人工智能、大数据时代的知识产权”的演说。他认为利用人工智能技术创造一个改写工具并不难，利用这一工具可以制作出大量的改写文章，俗称“洗稿”。很显然，改写工具不能承担法律责任，不是创作主体。在日本，通说认为人工智能所创作的作品不存在著作权，但是“人利用电脑创作的作品”“人作为主体的创作”是享有著作权的。词曲作者与音乐出版商协会（SACEM）作为法国最大的著作权管理组织，已经认可人工智能创作的音乐存在著作权。如果承认了此类著作权，是否意味着大量人工智能制作的内容都存在著作权呢④？

应当看到，人工智能软件生成的产物可能存在一定商业价值。这种价值必然会导致不同主体间的利益分配问题。由此可能引发各类利益之争。因此，对待人工智能等技术发展采取鸵鸟政策视而不见，显然不是办法。

法律制度因现实需求而诞生。而现实需求则因技术或艺术的发展和进步而生成。当人们不再将艺

---

① https://www.law.kuleuven.be/citip/blog/protection-for-tastes-copyright-quo-vadis/.

② 孙宁. 著作权法对香水气味的保护：荷兰最高法院对法国 Lancôme 香水诉荷兰 Kecofa 香水侵犯著作权案判决评析 [J]. 河北法学，2009 (3)：124-127.

③ Eleonora Rosati. Why the CJEU cheese copyright case is anything but cheesy [J]. Journal of Intellectual Property Law & Practice，2017，12 (10)：813-814.

④ http://www.itmedia.co.jp/news/articles/1803/01/news095.html.

术素材局限于视觉或听觉可感知的元素，关于嗅觉、味觉的艺术也就随之诞生。好在我们的前辈在《伯尔尼公约》中所给出的作品构成元素界定并非局限于视听元素，这意味着现有的著作权框架完全可以容纳由嗅觉或味觉元素构成的智力成果。然而，这里所述仅仅是一种逻辑推演，这种设想的生命力完全取决于由嗅觉或味觉构成的智力成果的市场价值。

事实上，人类的嗅觉或味觉古已有之。千万年的演化居然没有让其造就出如视听元素般的斑斓艺术世界。这一事实已经说明嗅觉或味觉较之视觉或听觉作为感知艺术的媒介存在明显的劣势。且不说嗅觉或味觉的客观测定问题尚有待研究，仅仅从市场操作的方便程度看就远不如视觉或听觉艺术。无论视觉或听觉艺术，技术上都非常容易找到恰当的物质载体，如声音艺术可录制在光盘或磁带等介质上。而嗅觉或味觉艺术的载体是什么呢？香水可谓典型的嗅觉艺术品，但如果气味商标制度能够正常建立并实施，何须舍近求远寻求嗅觉作品的保护？况且对嗅觉作品独创性的要求一定高于其作为商标的显著性要求，这致使对其保护的范围和效果都不及气味商标。同样地，味觉作品也是一样，其最佳的载体当为食品。人们或许更愿意选择专利法来保护食品，这会更具操作性且保护水平更高。避重就轻地去寻求对味觉感受上的表达并加以保护，显然不尽如人意。基于此，嗅觉或味觉作品即使在著作权法理论上可以为学者们接受，但市场的选择会使其价值大打折扣。

至于人工智能技术，目前其发展尚未完全成熟。即使是所谓的强人工智能，也是按照人事先设计的方法进行自我学习，并按照设计的逻辑进行推理。从这种意义上讲，所有的成果依旧是设计人员根据预先设定的目标或价值标准形成的，尽管其具体表达可能由机器完成。只有条理清晰、符合逻辑或具备构成文艺作品必要的形式、内容与美感的诗词画作才能构成作品。对于不构成作品者，可以由操作者对其享有邻接权，如美国版权法对照片规定了低于美术作品著作权保护期的较短保护期，以区别于作品。对于构成作品者，实际上肯定有操作者的修改润饰等后期智力投入，此时其应享有著作权。

当然，目前我们还无法完全预料人工智能技术的影响，毕竟该技术正如火如荼地发展着。随着人工智能技术走向成熟，我们或许可以找到更适当的方法解决人工智能技术带来的困扰。

（二）合理使用与权利限制进一步发展

合理使用规则是对著作权行使的限制，其宗旨是保护公共利益，在公共利益与作者权利之间取得平衡，进而防止著作权对知识传播、信息交流等方面产生负面影响。牛顿曾经说过："如果说我看得比别人更远些，那是因为我站在巨人的肩膀上。"爱因斯坦提出相对论，同样也是基于前人的研究。在科学领域，无人可以撇开前人的经验与知识而创作纯粹属于他的理论体系，在文学创作领域也一样。尤其是在学术领域，创作学术论文，或多或少总是要引用他人的观点。如果每一次的引用均需取得他人的许可、向他人付费，是不现实的。而在新闻报道、课堂教学等领域，也都会涉及对他人作品的使用、传播等问题。著作权法在赋予作者著作权的同时，也需保护公众的利益，确保公众可以在日常生活、学习研究等领域对作品进行必要的使用及传播等。这就需要著作权法制定合理使用及权利限制规则，在权利主体与社会公众之间取得利益平衡。

在国际著作权领域，越来越多的国家强调合理使用与权利限制规则的适用与完善。2017 年 5 月 15 日，澳大利亚政府通过了版权法的修正案，大量的合理使用与权利限制情形被引入。同年 6 月 15 日，澳大利亚版权法修正案在参议院获得通过，至此该修正案走完了国会的所有程序①。纵观此次澳大利亚版权法的修订，其突出强调了公共利益的保障：一是将针对残障人员以及其他涉及合理使用的事项做出例外规定；二是对有关机构针对阅读障碍者或认知障碍者获取特殊版本的阅读印刷品采用单一的例外规定，以取代旧法中的法定许可规定；三是协调图书馆、档案馆及重要文化机构针对版权作品保存的例外，同时使其适用于现代化的保护形式；四是简化教育机构使用作品和进行广播的法定许可规则等等。澳大利亚电子前言基金会（EFA）评论道：现在需要的是超越版权法案，大量引进并扩大合理使用与权利限制的范围，同时增加规则的灵活性。其主席 David Cake 指出："……如果澳大利亚意欲完全实现数字化科技带来的社会、经济、艺术以及教育上的利益，那么就必须要在版权法体系中引入合理使用制度。"②

2017 年，美国版权局公布了一份草案，对版权法案第 108 节进行了修改。第 108 节规定了"避风

① https://www.aph.gov.au/Parliamentary_Business/Bills_Legislation/Bills_Search_Results/Result?bId=r5832.

② https://www.efa.org.au/2017/06/15/copyright-amendment-bill/.

港”规则，即在特定情况下为保存、保护版权作品收藏品（或其他限制性目的），图书馆和档案馆复制或散发版权作品，免于承担版权侵权责任。草案修改内容主要包括：增加“博物馆”这一主体，从而扩大第108节的适用范围，保证更多的作品能够被保存及提供给学者和研究人员；允许适格主体制作收藏作品的保存复制品，同时扩大非公开传播作品的复制品的获取渠道；增加“易碎性”作为制作保存复制品的条件之一，扩大保存复制品的非现场获取渠道，并使用“合理必要”标准取代传统限制标准等等①。

著作权虽是激励创新、保障创新的制度，然而其所激励并保障的创新，并不只是个体的创新，更是整个社会的创新。如果不允许教学科研人员、图书馆、博物馆等公益机构以及日常生活中人们对作品的合理使用，必将限制知识信息的保存及传播，从而阻碍科技文化的发展和进步，反而将在整体上削减创新的总能量。如果整个社会的创新能量是创新方程的函数值，则每一个个体的权利范围不仅是创新方程的自变量，同时也是彼此的因变量。只有将每一个变量调整到适合社会经济发展的水平，才能得出创新方程的最大函数值。每个国家国情不同，因而具体的合理使用与权利限制规则不可能完全一致，但在著作权制度整体的发展趋势上，我们可以看到，在扩大著作权保护范围、提升保护力度的同时，各国也在为合理使用及权利限制规则的完善做出努力，以求在权利保护与公共利益之间做出平衡。

三、结语

国际著作权的发展力求不断适应科技文化领域的发展，但仍存在诸多理论困惑与实践困境。一方面，人工智能、大数据等新技术的出现，使著作权制度遭受了前所未有的挑战。各国著作权法均试图通过修法或判例的形式，对新领域、新客体、新问题做出积极回应，以求化解矛盾、定纷止争。另一方面，著作权人的权利与社会公共利益之间的冲突问题也日益受到各界关注，如视力障碍者的阅读权利，科研教学机构的合理使用以及图书馆、博物馆保存作品的合理需求，均对现有制度提出了强烈诉求。各国也都通过不同程度的努力，强调公共利益政策在著作权法中的落实，通过完善合理使用、法定许可等系列规则，从而在权利人与社会公众之间取得利益平衡，进一步保障社会公众的合理利益。

（作者单位：中国人民大学知识产权学院）

① http://www.districtdispatch.org/2017/09/copyright-office-releases-draft-bill-change-section-108/.

2017年国际版权动态

◆ 立法与行政

【南非版权法改革：合理使用问题之观察】

在南非版权法改革的过程中，“合理使用”（fair use）问题一直是知识产权利益相关方密切关注的议题。早在2015年7月，政府就曾在报纸上刊登版权法修改草案，旨在向公众征询意见，从而细化草案的实施步骤。起初此举在公众中引发强烈反响，但因草案制定中众多不确定因素而并未带来实质性的成果。

在随后的众多学术研讨中，合理使用问题成为争论的焦点之一。南非目前的立法中采取的是“合理处理”（fair dealing）的概念。与合理使用最大的不同在于合理使用目的的开放性程度更高。南非现行法律条文所列举的合理使用是一个规定了特殊情形的“封闭清单”。而美国等国家所规定的合理使用则采用非穷尽式列举，具有更高的灵活程度和开放程度。

有南非学者指出，南非版权法不应与美国在规定合理使用权方面完全一致，因为该法并不以涵盖所有潜在的使用意图为目的。例如，每天商业网站搜索引擎上产生数以万次的复制行为，其目的并不在“教育、研究”的范围之列。

通常来说，合理使用是指版权法中未经权利人许可或同意而以公共利益为目的使用受保护作品服务的权利。扩展此类用途正是南非版权法修订的核心目的之一，这使得教育机构使用作品、残障人士获知作品的可能性大大增加。

鉴于此，南非版权法的修改或应以加入《马拉喀什条约》为契机。该条约的全称为《关于为盲人、视力障碍者或其他印刷品阅读障碍者获得已出版作品提供便利的马拉喀什条约》，签署于2013年6月。该条约旨在通过对特殊出版物的版权规定来为视力障碍者提供便利。签署国在继续实行本国有关版权法相关规定的同时，还需遵守条约中所列情形，并许可该类印刷品的进出口。

当然围绕此话题也展开了一系列相关讨论，比如，南非会在何种程度上对美国、以色列、新加坡等国使用的合理使用概念加以借鉴。美国华盛顿大学法学院教授肖恩·弗林（Sean Flynn）称，合理使用是各国版权法中普遍存在的例外情形，在具体适用时应在作者正当权益和社会公共利益之间做出恰当裁量。

借鉴美国版权法中合理使用的相关法规无疑具有一定的好处。在美国版权法中，这种较为灵活的列举方式，使得法律能够较好地应对未来科学技术和社会生活的进步。正如上个世纪的立法者完全无法预料到我们如今的互联网时代以及海量知识，我们现在也不能预料到未来科技和文化变革将会如何改变我们的生活方式。版权法以及与版权相关联的问题必将由新技术及其带来的新的社会关系所决定，而非由立法时的构思所决定。

但是至于南非是否会沿用这一普遍、开放而灵活的概念，尚不能确定。有学者认为采取美国式的合理使用概念将会导致诉讼数量增加，产生更高的司法成本。诚然，美国的案例很丰富，可以帮助解释合理使用原则，但这无疑会使本国的裁决严重依赖美国的判例经验。这是新的立法不得不考虑的问题。

（信息搜集、编译：陈泓怡。

资料来源：https://www.ip-watch.org/2017/01/13/panels-present-importance-fair-use-south-africas-draft-copyright-amendment/；http://journals.co.za/content/afjic/2015/16/EJC189557；https://www.ip-watch.org/2017/07/11/lessons-south-africa-protecting-non-expressive-uses-copyright-reform/）

【澳大利亚资助土著人民参与国际谈判】

2005年，WIPO成员国建立经认可的土著和当地社区自愿基金（Voluntary Fund for Accredited Indigenous and Local Communities），以帮助土著和当地社区参与知识产权与遗传资源、传统知识和民间文学艺术政府间委员会（IGC）的活动。该基金自建立以来已筹集62万瑞士法郎，资助69位代表参与IGC和相关的会议。自2014年2月初以来，该基金已亏空，尽管有些国家呼吁补充资金，但也无济于事。

在2017年2月27日—3月3日IGC第33届会议间隙举行的澳大利亚土著文化与创新庆祝活动开幕式上，澳大利亚国际发展与太平洋事务部部长康赛塔·威尔斯（Concetta Fierravanti-Wells）表示，澳大利亚将为自愿基金捐献 5 万澳元。至今，澳大利亚的所有捐献已占该基金自成立以来所征集费用的 20%。

世界知识产权组织（WIPO）总干事弗朗西斯·高锐（Francis Gurry）感谢澳大利亚政府提供一份独立基金资助全球土著人民参加 WIPO 举行的国际谈判。高锐对此表示赞赏，他表示，澳大利亚的捐献可帮助土著和当地社区居民向 WIPO 传达个人观点。

澳大利亚工业、创新和科技助理部长克雷格·朗迪（Craig Laundy）表示，他很高兴澳大利亚知识产权局捐款，这些捐款将帮助土著人民参加相关谈判。

（信息搜集、编译：韩军琦。

资料来源：http://www.wipo.int/portal/en/index.html；http://www.ipr.gov.cn/article/gjxw/guojizuzhi/201703/1902869.html）

【文本数据挖掘可能成为新的阅读权利】

文本数据挖掘大致相当于对文本进行分析，是一个从文本中提取高质量信息的过程。文本挖掘需要几个步骤：首先，构造输入文本，包括解析语法、提取语言特征、删除不相关内容、导入数据库等过程；其次，从输入的文本中提取出所需的信息或信息模式；最后，对提取出的结果进行评估和解释。高质量的信息通常是指那些兼具相关性、新颖性和趣味性的信息。典型的文本数据挖掘包括文本分类、文本聚类、概念提取、情感分析、文件概要和实体概念建模等。

2017 年 3 月 22 日，新的《欧盟版权指令草案》听证会在布鲁塞尔举行。学术界代表高度赞扬了这一新的草案，特别是对草案中提及的扩大文本与数据挖掘的豁免范围表示了极大的欢迎。同时，出版商的代表表示，对文本和数据挖掘进行额外的强制性豁免是缺乏证据支持的。

听证会上，与会人员对文本数据挖掘条款的修改进行了汇报，对其修改理由做了阐述，汇报称：“我们可以利用新技术对数字信息，比如文本、声音、图片或数据，进行自动计算分析，这通常被称为文本数据挖掘。文本数据挖掘使得我们可以通过阅读和分析大量的数字信息来获取新的知识并预测新的发展趋势。要实现文本数据挖掘，我们首先要能够获取信息，然后才能对这些信息进行分析。”

通常来说，信息只有经过统一化处理之后才能进行文本数据挖掘。当进行数据统一化处理的时候就会面临版权保护的问题，因为需要转换信息的格式或者从数据库中提取信息。其中，涉及与版权保护相关的步骤不是阅读和分析经过统一化处理的信息，而是获取和处理信息使它们可以进行自动分析计算，而后者已经由其他欧盟法律法规进行规制了。

欧洲议会司法委员会（JURI），是对欧盟版权指令进行审查的主要委员会之一，也就草案相对于原提案的修改进行了简要的讨论。

芬兰阿尔托艺术大学法律顾问玛丽亚·伊丽莎白·雷宾德表示，扩大文本和数据挖掘的豁免，比如对研究人员和初创企业的豁免，非常符合欧洲的福利政策。文本和数据挖掘的豁免是迫切需要的，“挖掘的权利就是阅读的权利”，这项豁免将允许我们阅读学术出版物中的原始文本、数据和表格，允许我们对这些内容进行深入的研究。

雷宾德首先肯定了当前欧盟版权指令审查的重要性，并补充说：“内容与发明不同，作为内容的信息和知识应当共享。我们应该拓宽数据使用的渠道，出版商不能禁止读者挖掘那些他们已经付费阅读的内容，而他们现在正通过‘霸王条款’实施这种禁止。”

比利时卢浮宫大学的阿兰·斯特尔教授表示，他反对版权保护对数据使用的阻碍，本次草案对豁免主体的定义需要进一步修改。

与学术届人士的观点相反，国际科学、技术和医疗出版协会（STM）的法律顾问卡洛·拉维扎里则反对这一草案的修改。拉维扎里指出，对于研究而言，数据挖掘并没有额外增加支出，出版物中的信息比原始信息更有价值。拉维扎里呼吁欧盟立法者关注那些推动额外豁免的人所持有的观点，他们认为数据和文本应当是可以获得的。

教育与研究版权联合行动的代表奥利弗·幸特对本次草案表示欢迎，该修正案扩大了有豁免资格的“教育机构”的范畴。而原提案排除了跨境运营的远程学习机构的豁免资格。

与此同时，出版商对修正案并不满意，甚至对原提案的某些部分也不满意。

阿歇特出版公司法律事务总监阿尔诺·罗伯特表示，在法国有运行很良好的模式为老师提供教科书中的原始材料。每年只需 20 欧元，他们就能够使用教科书中的数据，并且可以推送到任何电子设备上去。以每个学生 11 美分的价格，老师就可以在没有教科书的情况下以同样的方式使用教科书中的数据，而这一切都是拥有政府许可的。如果要进一步扩大豁免范围，那必须保证是在非商业的范围内进行扩大。

他还表示，如果允许免费使用教科书，将会对市场造成极大的伤害，而对非商业作品，则没有必要进行豁免。

（信息搜集、编译：赵沁兰。

资料来源：https://www.ip-watch.org/2017/03/23/mining-new-reading/；https://en.wikipedia.org/wiki/Text_mining；http://www.europarl.europa.eu/sides/getDoc.do?pubRef=-//EP//NONSGML+COMPARL+PE-601.094+01+DOC+PDF+V0//EN&language=EN）

【乌克兰强化网络知识产权执法】

越来越多的国家开始关注网络知识产权保护问题。除近日欧洲法院（ECJ）宣布中间商因侵犯知识产权需承担法律责任外，乌克兰和土耳其等国家在网络知识产权保护方面也积极采取措施并制定法律，以规定网站和网页所有人及托管服务提供商等需承担的中间商责任。

2017年3月23日，乌克兰议会通过了对《著作权及相关权保护法》（以下简称《著作权法》）的修订。4月26日，修正案生效。该法纳入了第三方侵权责任以及新的网络知识产权执法程序。

此类立法也成为欧盟之外的其他国家或地区的立法趋势。土耳其也实施了类似的网络知识产权保护规定，并根据侵权情况，规定了中间商应承担的民事和刑事责任。

ECJ已对中间商责任做出几项重要判决，包括提供其他服务器上受著作权保护作品的链接的案件。在这些判决中，ECJ分析了中间商向公共传播受著作权保护内容的行为以及中间商对此类知识产权侵权的知情情况。

乌克兰制定的新法案的主要内容如下：

A. 法案的适用范围

侵权通知：知识产权所有人可以向中间商发送侵权通知（也称为“删除通知”），要求其删除侵犯他们权利的材料（侵权材料）。如下文所述，中间商未能处理此类要求需承担责任。

知识产权的种类：修正案仅适用于以下受著作权和相关权利保护的知识产权作品——视听作品、音乐、计算机程序、唱片、录音制品和广播节目。

域外效力：修正案也具有域外效力，适用于乌克兰境外的中间商。

B. 中间商应遵守的要求

信息义务：网站所有人和托管服务提供商应在其网站上和（或）域名记录公共数据库（域名登记查询）中发布关于自己的详细信息。

现有协议：托管服务提供商必须修订现有的托管服务协议及其标准托管服务协议，以反映其客户在保护著作权和（或）相关权利方面的其他义务。

C. 法律责任

a. 中间商责任

民事责任：以下情形中，著作权和相关权利所有人可以按照乌克兰民法对中间商提起诉讼，以弥补以下行为造成的损害：

（1）中间商未按照法律规定删除侵权材料；

（2）3个月内，中间商2次或超过2次允许相同侵权材料发布在其网站上，即使这些中间商遵守了删除通知并删除侵权材料。

行政罚款：网站所有人和托管服务提供商（如果他们是自然人或法律实体的管理人员）在收到侵权通知后没有采取行动或者不遵守上述信息义务的，应被处以罚款。

刑事责任：在极端情况下，网站所有人和托管服务提供商（如果他们是自然人或者法律实体的管理人员）的行为构成传播或复制受知识产权保护作品的，应承担刑事责任，包括监禁。

b. 缓存服务提供商的责任

缓存服务提供商（即提供自动和临时储存信息服务的公司）未能立刻终止用户访问受乌克兰《著作权法》保护的信息或材料的，应对其服务造成的损害负责。

在发现此类信息或者材料已从最初来源删除或访问被终止时，或者法院做出的删除或者终止访问此类信息或材料的判决生效时，缓存服务提供商必须终止访问。

c. 当事方因侵权通知中信息不准确而承担责任

在要求中间商终止侵权行为的通知中，当事方可能会因提供关于著作权和（或）相关权利所有权的虚假信息而被处以罚款。

（信息搜集：冯格。

资料来源：http://www.lexology.com；http://www.ipr.gov.cn/article/gjxw/lfdt/oz/bqoz/201707/1908011.html）

【美国众议院通过版权注册官由总统任命的议案】

2017年4月26日，美国众议院通过了两党均支持的立法议案，规定版权注册官由总统任命。

众议院以378票支持、48票反对通过《版权注册官选任与问责法案》（“Register of Copyrights Selection and Accountability Act”）。

3月，据《世界知识产权评论》报道，美国国会众议院司法委员会（House Judiciary Committee）主席鲍勃·古德雷特（Bob Goodlatte）及资深议员约翰·科尼斯（John Conyers）提出将该立法议案作为实现美国版权办公室（US Copyright Office）现代化目标的一部分。

一个由国会议员和国会图书馆馆长组成的选任小组即将设立，该小组负责向总统提交至少3个有资格参评的人员，供其审议。

总统将从中提名一人然后经美国参议院确认。

2016年10月，玛丽亚·帕兰特（Maria Pallante）被免去版权注册官一职，并被任命为国会图书馆数字战略高级顾问。然而，帕兰特拒绝了新的任命。

该立法议案还规定版权注册官每届任期为10年，总统再一次提名和参议院确认后可连续任职。

4月26日，鲍勃·古德雷特和约翰·科尼斯发表声明，称赞该立法议案获得通过。

声明称，该立法议案是众议院司法委员会全面审查美国版权法的一个成果。

本次审查的重点是确保美国版权法能与数字时代保持同步。本次审议还对美国版权办公室脱离国会图书馆获得更多自主权的好处进行了大量的讨论。

他们表示：“该项立法是众议院司法委员会促使美国版权法现代化的第一项重大举措，而且我们仍然致力于与所有的国会议员和利益相关方合作，采取进一步措施以确保美国版权办公室的现代化，从而对所有美国人有效且有用。”

（信息搜集：冯格。

资料来源：http://www.worldipreview.com；http://www.ipr.gov.cn/article/gjxw/lfdt/mj/bqmj/201705/1905350.html）

【研究组织在欧盟版权改革方案中寻求更强有力的保护】

欧洲的研究组织日前声明，欧洲立法者应该在欧盟版权指令修正案有关数字单一市场的规定里加强对研究人员和教育工作者的保护。此外还指出，立法者和政策制定者必须重新考虑文本和数据挖掘的规定，以及在数字和跨境教学中使用作品的例外情况。

欧洲研究图书馆协会执行董事Susan Reilly号召大家：“团结起来，我们是成千上万的研究人员、教育家、创新者、图书馆和学术机构的呐喊者。研究人员、教育家、创新者、图书馆以及学术机构是创造知识、捍卫知识，从知识上成长并帮助别人前进的人。因此，我们强烈建议保护那些创造知识的人以及那些进一步推动其产生价值的人。”

据该组织称，文本和数据挖掘（TDM）使得研究人员能够从机器可读材料中获取信息，同时也是其处理大量数据和出版物所必需的。此外，拟议的新版权指令引入了文本和数据挖掘豁免的主体要求，限定了主体须是研究机构，并以科学研究为目的。组织认为应当重新起草指令，允许任何个人或组织合法使用内容，通过数字技术来开发。

另一个问题是拟议的版权指令修正案第4条规定了在数字和跨境教学活动中使用作品和其他对象的例外。然而LIBER和其他人士认为，这一规定缩小了信息社会指令中已经存在的例外范围，并限制在数字输出的范围。

除此之外，研究组织认为应当使研究人员能够在一定程度上摆脱私人机构所控制资源的范围，这在版权指令修正案中没有涉及。研究组织还反对在本次修订中用版权法（附属版权）保护与内容有关的链接。

（信息搜集、编译：兰鉴。

资料来源：https://www.ip-watch.org/2017/01/10/research-groups-seek-stronger-protections-eu-copyright-reform-proposal/；http://libereurope.eu/blog/2017/01/10/eu-copyright-reform-liber-joins-leading-research-groups-call-change/）

【欧洲需要更多成功的数据挖掘创业公司】

Brand24首席执行官迈克尔·桑德斯基和Senti-One创始人迈克尔·布莱兹克认为，欧盟委员会提出的版权改革措施阻碍了初创公司充分合法地使用文本和数据挖掘技术。这两位科技公司的年轻创始人联合发布了声明：

我们生活在数字经济时代。数据无处不在，包括设备、服务、商业、用户在内的一切事物都可以创造数据。随着数据分析变得比以往更有价值，确保一切事物顺利运转也变得极为重要，这其中包括了当地企业、大学、非营利组织和政府等在内。

欧盟委员会关于版权改革的措施可能会导致大量的年轻创新企业走出欧洲，数千家最成功的创新公司将会被迫迁址或面临倒闭。对于欧盟来说，在未来出现像Skypes、Spotifys或者Pipedrives这样具有竞争力的公司将变得更加困难，其在与硅谷的竞争中也难以取得上风。

我们（迈克尔·桑德斯基和迈克尔·布莱兹克）在波兰创业，并且十分自豪地与有才华的欧洲团队一起工作。尽管硅谷能够为我们提供许多的补贴，但我们仍然愿意在欧洲经营业务。

我们利用了欧洲地区庞大的人才资源。同时，我们推动形成一种开放、合作的文化，这正是欧盟年轻企业与资金充足的硅谷企业进行竞争所急切需要的文化。毋庸置疑，将我们的企业搬离欧盟，将会是一个无奈的、不希望看到的、不得已的措施。

不仅仅是年轻企业会受到影响，欧盟委员会的立法举措可能会间接地打击许多利用数据挖掘来满足公共利益的商业公司。

过去五年来，我们与许多大学、非营利组织、慈善机构等合作，我们鼓励来自美国、加拿大、澳大利亚、委内瑞拉、墨西哥、中国、阿拉伯等地的公司信任欧洲技术。

更让我们难以理解的是欧盟这一举动将损害创新企业的成果，特别是考虑到为了营造良好的创业环境，欧盟投入了大量的资金作为“创新经济运行方案”（The Innovative Economy Operational Program）的一部分，波兰的许多科技创业公司都曾从欧盟的资助中获益（这一经济运行方案由欧洲区域发展基金和波兰政府支持）。

上述运行方案帮助我们开发了对网络文本的数据提取和技术分析，并且资助了我们第一次前往美国的商务旅行，在那里我们会见了我们的第一批客户。而根据欧盟的版权改革方案，欧盟委员会在帮助我们的企业“加速”后，又给我们踩下了“刹车”。

我们需要激励年轻企业走向全球，我们需要向它们表明，想建立有意义的业务，并非一定要搬迁到硅谷。我们需要法律使它们能够成为勇敢的新的数据世界的一部分。

法国、波兰、德国、罗马尼亚或捷克的企业要走向全球，同样需要借助进步的法律。如果我们不能抓住数据挖掘技术为我们提供的机会，实现进步的可能性恐怕微乎其微。

（信息搜集、编译：白志晖。

资料来源：https://www.euractiv.com/section/digital/opinion/europe-needs-more-successful-data-mining-startups/；http://www.euractiv.com/section/elections/news/fillons-former-deputy-backs-controversial-copyright-reform/）

【澳大利亚版权法的重大变化成为现实】

2017年5月15日，澳大利亚政府通过了版权法修正案。2017年6月15日，参议院通过了版权法修正案。至此，该修正案走完了国会的所有程序。

此次的修法成果主要有：修正案将取代针对残障人以及其他涉及合理使用的例外规定；用单一的例外规定取代机构帮助印刷品阅读障碍者或认知障碍者这一法定许可的规定；协调图书馆、档案馆以及重要文化机构版权作品保护的例外，同时使其更为现代化；加强并简化教育机构使用作品和进行广播的法定许可；批准将版权作品并入在线教育评估；为出版和未出版的版权作品以及皇家版权的原始资料制定新的保护标准；更新、制定法规以扩大或者限制版权法案在国外实行的先决条件。

这一修正案也是澳大利亚履行《马拉喀什条约》所涉及的国际义务的体现，该条约意欲通过提供无障碍格式版本作品等方式消除盲人以及视力受损者的阅读障碍，从而达到真正的公平。

澳大利亚电子前言基金会（EFA）认为现在需要的是超越版权法案，大量引进并扩大合理使用，增加合理使用的灵活性。EFA的主席David Cake说：“……如果澳大利亚意欲完全实现数字化科技带来的社会、经济、艺术以及教育上的利益，那么就必须在版权体系中引入合理使用。”该组织对于该修正案简单对待避风港制度也很失望，认为修正案只是一个量而非质的改变，仍然不能适应数字化时代的版权体系。

（信息搜集、编译：李良玉。

资料来源：https://www.aph.gov.au/Parliamentary_Business/Bills_Legislation/Bills_Search_Results/Result?bId=r5832；https://www.efa.org.au/2017/06/15/copyright-amendment-bill/）

【图书馆电子信息联盟谈马拉维新《版权法》】

2017年11月，图书馆电子信息联盟（EIFL）对马拉维于2016年修订的《版权法》做出评论，发现尽管新《版权法》允许图书馆开展一系列的版权活动，例如，以研究为目的复制他人作品或在学习环境中使用他人作品，但是该法对图书馆实际可以开展的版权活动施加了严格的限制，例如，不允许图书馆将他人作品数字化或限制无障碍格式作品的制作。

EIFL从图书馆的角度对新《版权法》做出评价。

EIFL评价马拉维新《版权法》的目的是提高公

众对该法的认识，帮助图书管理员了解新《版权法》对马拉维图书馆活动和服务的作用，并且强调了新《版权法》需要改进的方面。

EIFL 的主要发现如下：

（1）新《版权法》允许的图书馆活动。新《版权法》允许图书馆开展一系列的活动，例如以研究为目的复制他人作品、在学习环境中使用他人作品以及公共借阅。该法还规定了保护图书馆藏品的重要原则，例如访问图书馆的藏品受各种技术保护措施的保护，如密码保护或者复制控制系统。

（2）限制数字作品使用的复杂的条件。新《版权法》中复杂的条件（尤其是对数字作品使用的限制条件）限制了马拉维图书馆的实际活动，这种限制比许多其他国家的更加严格。例如，除非得到版权主管部门的特别许可，才可以将印刷材料数字化保存并备份。新《版权法》明文禁止研究人员拷贝数字化作品。

（3）错失的机会。例如，新《版权法》并未涉及版权所有人无法确定或作者未知的孤儿作品的版权问题。因此，具有较高社会和文化价值的作品很可能不会在图书馆藏书中被发现。此外，新《版权法》也没有涉及网站、博客和其他公共在线媒体信息的保存，即网络信息存档，这使得马拉维宝贵的网络遗产面临丢失的风险。

（4）有关无障碍格式作品制作的限制。无障碍格式作品的制作（盲文、音频、大字体）受商业可用性检验的限制，即在制作无障碍格式作品前要检查一下作品是否已存在这种特殊格式。现在的问题是无法确定某作品是否已存在特殊格式，特别是外国作品（据世界盲人联盟估计，非洲 99%的已出版作品在市面上不存在无障碍格式版本）。EIFL 与国际图书馆协会联合会（IFLA）以及非洲图书馆信息协会与机构联合会（AfLIA）发布了名为《马拉维：发扬〈马拉喀什协定〉精神——杜绝商业可用性检验》的联合声明。

（5）新《版权法》在马拉维引入 2 个新的法律概念：公共借阅权（PLR）和延伸性集体许可制度（ECL）。关于 PLR，马拉维政府将向新成立的版权基金会支付免费使用公共图书馆作品的费用（EIFL 不支持马拉维等低收入国家引入 PLR）。ECL 允许复制权组织授权使用非会员作者的作品并替该作者收取版税。最初，北欧国家采用 ECL，但 ECL 并未被广泛使用。

EIFL 将与马拉维图书馆和信息联盟（MALICO）共同提高公众对新《版权法》的认识，并寻求改进新《版权法》的机会，以使该法更好地支持马拉维的图书馆、教育和残障人士。

（信息搜集：冯格。

资料来源：http://www.infojustice.org；http://www.ipr.gov.cn/article/gjxw/lfdt/fz/bqfz/201711/1913117.html）

◆ 司法判例

【陪审团对《星际迷航》版权纠纷做出判决】

在一名法官举行听证会之后，美国派拉蒙影业（Paramount Pictures）和哥伦比亚广播公司（CBS Studios）将准备在陪审团前对涉及众筹电影《星际迷航》的一起版权侵权案件进行辩论。

派拉蒙影业和哥伦比亚广播公司在美国加利福尼亚州中区联邦地区法院对 Axanar Studios 提起诉讼。

Axanar Studios 提起动议，并称两家公司并未指出《星际迷航》中哪些内容遭到了侵权，随后两家公司对先前提出的投诉进行了修改。

2015 年 3 月提起的新诉讼称，众筹电影《星际迷航：Axanar Studios 前奏》未经授权使用了《星际迷航》这部知名电影的人物、物种、主题以及服装。

5 月，《世界知识产权评论》报道称，《星际迷航》及其续集《星际迷航：暗黑无界》的导演 J. J. 艾布拉姆斯（J. J. Abrams）曾宣布，派拉蒙影业将撤销诉讼，而且双方正试图达成和解协议。

但是在 2017 年 1 月，美国地区法院法官罗伯特. 克劳斯纳（Robert Klausner）驳回了派拉蒙影业和哥伦比亚广播公司提起的简易判决动议。

2017 年 1 月 3 日，克劳斯纳在递交的一份意见书中解释称，Axanar Studios 执行制作人亚力克 · 彼得斯（Alec Peters）很久以前就是《星际迷航》的粉丝了。

克劳斯纳说，“但是，被告寻求‘同专业的全组成员一起进行专业的影片制作’，其中的许多人都曾从事过《星际迷航》的工作，并筹集了 100 多万美元的资金，在制作《星际迷航》粉丝电影方面这是其他人未曾做到过的”。

法院认为该电影与受版权保护的《星际迷航》电影之间存在“客观、实质的相似”。但法院将“客观、实质的相似”这一问题留给陪审团来做决定。

克劳斯纳解释称，在派拉蒙影业与哥伦比亚广播公司拥有《星际迷航》作品的版权以及 Axanar

Studios无权使用这些作品方面不存在争议。

他说："因此，如果Axanar Studios的作品与受版权保护的《星际迷航》作品之间存在实质性相似，版权侵权索赔可以站得住脚。"

由于克劳斯纳解释称这些作品是《星际迷航》的"演绎作品"，所以Axanar Studios使用合理使用例外的打算也以失败告终。

他还说："拒绝被告使用合理使用抗辩与版权的目的是一致的，因为演绎作品是'对创造原创作品重要的经济激励'。"

Axanar Studios发布的官方声明称："尽管关于合理使用的判决令人遗憾，但对于月底的陪审团审判以及上诉至美国联邦第九巡回上诉法院的潜在可能而言则是法律程序又向前迈进的一步。"

该声明还称："Axanar Productions依然致力于找到解决该问题的一个合理方案，要既能尊重哥伦比亚广播公司和派拉蒙影业的利益，又能让我们通过讲述Axanar的故事来满足那些从一开始就支持我们的项目的1万多《星际迷航》粉丝们的合理期待，我们想让粉丝和支持者们对这一点感到放心。我们期待出庭的那一天。"

（信息搜集：冯格。

资料来源：http://www.worldipreview.com；http://www.ipr.gov.cn/article/gjxw/ajzz/bqajzz/201701/1900272.html）

【木匠兄妹指控环球唱片未支付许可使用费】

美国二人组合乐队木匠兄妹（The Carpenters）中一名尚在世的成员对环球唱片公司（UMG）未支付其许可使用费而提起诉讼。

BBC等报道称，乐队存世成员理查德·卡朋特（Richard Carpenter）指控UMG未对他与该二人组合乐队一起录制的歌曲支付许可使用费。

木匠兄妹风靡于上世纪70年代，乐队成员是名叫凯伦·卡朋特（Karen Carpenter）和理查德·卡朋特（Richard Carpenter）的一对兄妹。

他们二人曾在1969年4月签约A&M Records公司（现在是UMG的子公司）。

乐队知名热曲包括《雨天和周一》（"Rainy Days and Mondays"）、《超级明星》（"Superstar"）和《我们如此了解》（"For All We Know"）。二人曾多次获得格莱美奖提名（Grammy Awards），并在1970年和1971年荣获三项格莱美奖。

据BBC报道，2017年1月11日，理查德·卡朋特在美国洛杉矶法院提起诉讼，并称"他应被赔偿至少200万美元的许可使用费"。

理查德·卡朋特在诉讼中称，UMG为亚马逊和苹果的iTunes等平台上的下载支付了所欠金额中的"极小的一部分"。

BBC还称，理查德·卡朋特还代表凯伦·卡朋特（于1983年去世）提起该诉讼。

报道称，理查德·卡朋特雇用会计审查UMG和A&M Records公司的财务报表。

他说，这些会计发现报表中存在"许多错误"，并且对实体和数字唱片销售获得的收入分类标签也是"错误的"。

理查德·卡朋特还称，数字下载的数量被"少记了"。

他在发给BBC的声明中称："木匠兄妹的唱片是流行乐史上最畅销的唱片，并在48年后的今天依然每年为UMG贡献了大量的收入。"

他还说："只有这些公司对我和妹妹的财产进行公平报账，这才算得上是公平。"

（信息搜集：冯格。

资料来源：http://www.worldipreview.com；http://www.ipr.gov.cn/article/gjxw/ajzz/bqajzz/201701/1900587.html）

【微软起诉一公司销售未授权软件】

微软对一家名为M. Media的公司提起版权和商标侵权诉讼。

M. Media以Metro Media和QuinMart的名义经营业务。

2017年1月17日，微软在美国加利福尼亚州中区联邦地区法院提起该诉讼，并称M. Media销售了未授权的微软软件。

据称，微软曾警告M. Media侵犯其版权和商标的后果，但该公司仍继续销售侵权产品。

微软在诉讼中称："被告称自己分销的是正版微软软件。但被告分销的微软软件和（或）相关的部件其实是假冒产品，属于侵权行为。"

微软称，自2010年起被告就存在销售微软未授权产品的嫌疑，但微软首次确认这些嫌疑是在2016年8月，当时M. Media将侵权产品分销给了一位调查人员。

2016年9月，M. Media还分销了Windows 7系统防伪标签。该标签经分析被确定属于假冒。

微软还称："被告的各种行为对微软造成了伤害，包括被告举行的各种广告活动，未授权使用微软受版权保护的材料以及未授权使用微软的商标描述被告分销的商品。”

微软请求法院判决 M. Media 错误且误导性使用微软的标识，并侵犯了它的商标和版权。

微软还请求法院判决禁令救济，并责令被告向其支付损害赔偿。

（信息搜集：冯格。

资料来源：http://www.worldipreview.com；http://www.ipr.gov.cn/article/gjxw/ajzz/bqajzz/201702/1901016.html）

【碧昂斯试图以合理使用为由推翻版权侵权判决】

流行歌星碧昂斯（Beyoncé）试图以合理使用为由推翻因其歌曲及视频“Formation”部分内容版权侵权需支付 2 000 万美元赔偿的判决。

2017 年 2 月，已故新奥尔良说唱歌手安东尼·巴雷（Anthony Barré），艺名梅西·米娅（Messy Mya）的遗产管理公司向美国路易斯安那州东区联邦地区法院对碧昂斯和索尼音乐（Sony Music）提起诉讼。

安东尼·巴雷的遗产管理公司称，碧昂斯在其歌曲“Formation”中盗用巴雷 YouTube 视频中的表述——例如短句“在新奥尔良发生了什么”（what happened at the New Orleans）和“欧耶，宝贝，我喜欢”（oh yeah baby. I like that）。

2016 年发行的“Formation”是碧昂斯新专辑“Lemonade”中的一首歌。

原始诉讼指出，“Formation”视频及歌曲在开始时使用了巴雷在 YouTube 视频中的声音，如“在新奥尔良发生了什么”、“应群众呼声我回来了”（bitch I'm back, by popular demand）和“欧耶，宝贝，我喜欢”。

巴雷的遗产管理公司寻求损害赔偿，包括该歌曲产生的 2 000 多万美元的利润。

4 月 14 日，碧昂斯做出回应，称巴雷的遗产管理公司“大大夸大了”她对巴雷 YouTube 视频的使用。

驳回诉讼的动议写道：“实际上，YouTube 视频上的片段只在歌曲视频里使用了，在现场表演的时候，使用的不多。”

动议中写道，另一位被告——“Pretty Bird”的权利人在巴雷的妹妹（姐姐）安杰尔·巴雷（Angel Barré）任命自己为巴雷遗产管理公司的管理人之前，已经从巴雷家族获得使用该视频的许可。这发生在音乐视频首映后几周。

动议中写道：“然而，即使没有得到许可，从 YouTube 视频中使用 10 秒或者几秒的视频是受合理使用原则保护的。”

《版权法》第 107 条规定了合理使用原则。

动议补充道，“Formation”的视频和现场表演将声频用作“转换成新信息、新美学、新见解和新理解”的原材料。

巴雷的遗产管理公司已经提出了虚假代言诉讼，称使用巴雷的声音可能会导致消费者以为遗产公司已经授权并同意此等使用。

碧昂斯回应道：“也许原告预料到被告使用合理使用原则进行辩护，原告企图在版权纠纷中提出虚假代言主张。”

驳回诉讼的动议补充道，许多法院已经考虑并“一致驳回”原告认为稍微使用受版权保护的作品就与该作品的创作者或主题产生关联的论断。

（信息搜集：冯格。

资料来源：http://www.worldipreview.com；http://www.ipr.gov.cn/article/gjxw/ajzz/bqajzz/201704/1904612.html）

【美国联邦第二巡回上诉法院驳回 LV 戏仿案重审请求】

美国联邦第二巡回上诉法院拒绝重新审理路易·威登（LV）与 My Other Bag（MOB）之间的商标和版权纠纷。

《世界知识产权评论》报道称，LV 曾请求法院进行全席重审。联邦第二巡回上诉法院拒绝了该请求。

法官称：“受理上诉案的合议庭已对 LV 提出的重新审理请求进行考虑，法院的活跃成员也考虑了 LV 提出的全体重审请求。”

LV 曾对 MOB 提起过商标诉讼，认为对方印有 LV 经典老花设计的手袋和其他手袋稀释了 LV 的品牌。

LV 还认为 MOB 侵犯了自己的版权。

2016 年 1 月，纽约州南区联邦地区法院法官杰西·弗曼（Jesse Furman）驳回了 LV 提起的认为 MOB 侵犯了 LV 知识产权的诉讼。

随后 LV 对法院判决进行上诉，12 月，联邦第二巡回上诉法院确认并维持了该判决。

LV 随后请求重新审理，称联邦第二巡回上诉法院仅根据自己的主观判断（即法院认为 MOB 的产品明显就是个笑话）而断定 MOB 只是戏仿。

《世界知识产权评论》的读者在接受调查时对联

邦第二巡回上诉法院是否应同意重审产生了分歧。

调查中有55%的读者认为法院不应批准上诉，其中一位读者认为这个案件“没有意义”。

Debevoise & Plimpton负责知识产权诉讼业务的主席戴维·伯恩斯坦（David Bernstein）称根据第一次的判决，法院决定不再组织全席重审很正常。

他说：“但是法院对LV的主张持敌对态度则令人失望。MOB之所以能够以高价销售廉价的手提袋是因为它抄袭了LV和其他品牌所有人的设计并印在自己的手提袋上。”

他认为如果这种抄袭被允许扩散到其他产品和营销人员，这将会“削弱LV设计的独特性”，这也就是为什么法院应该“意识到MOB的行为其实就是典型的商标稀释行为”。

（信息搜集：冯格。

资料来源：http://www.worldipreview.com；http://www.ipr.gov.cn/article/gjxw/ajzz/bqajzz/201702/1901812.html）

【新西兰法院为金·达康引渡至美国扫清障碍】

新西兰高等法院称，文件共享网站“麦加共享”（Megaupload）的创始人金·达康（Kim Dotcom）可依法引渡至美国。

2017年2月20日，该法院发布判决称金·达康以及3位共同被告符合引渡的条件。

但高等法院认为通过数字方式向公众传播受保护的作品在新西兰并不属于犯罪行为。

法院称：“上诉人在一个核心要点上胜诉。”

金·达康在推特上写道：“也许你还没注意到。今天法院对我的案件做出的判决已澄清在线版权侵权在新西兰不是犯罪。”

他在另一条推特上说：“我会密切关注，因为法律界正在认真分析版权案件（已经不再是版权案件了）中有关引渡的判决。”

但也并非完全一帆风顺：法院还称串谋实施版权侵权构成欺诈罪的，属于可引渡的犯罪。

高等法院维持了新西兰地区法院在2015年12月做出的判决。

高等法院解释称，尽管地区法院认为上诉人有资格进行引渡的观点存在“缺陷”，但是判决中的错误是“非实质性的，因为每项罪名都符合引渡的条件”。

自2012年以来，美国政府在屏蔽Megaupload之后就一直寻求引渡金·达康以审判他的13项罪名，包括版权侵权、共谋敲诈、洗钱以及通信诈骗。

（信息搜集：冯格。

资料来源：http://www.worldipreview.com；http://www.ipr.gov.cn/article/gjxw/ajzz/bqajzz/201702/1901888.html）

【美国第九巡回上诉法院判决耐克公司赢得关于“飞人”标志的著作权诉讼】

在耐克公司使用乔丹的扣篮姿势为其制作了乔丹篮球鞋的专属标志后，“飞人”标志为乔丹挣得了一大笔钱。随后，拍摄了乔丹相同姿势的摄影师也希望分一杯羹，但其提出的诉讼在2017年2月27日被法院否决了。

在1984年，摄影师雅各布斯·伦特米斯特为《生活》杂志拍摄了一系列的照片以迎接即将到来的洛杉矶奥运会。这组照片之一为当时还是大学生的迈克尔·乔丹扣篮的场景。雅各布斯在北卡罗来纳大学校园偏僻的小草丘上拍摄了这张照片。他告诉乔丹在起跳时双腿一前一后地舒展开，让篮筐和篮板呈现于乔丹之上，并且运用了灯光和快门的速度使得乔丹的剪影和天空形成了鲜明的对比。后来，耐克公司雇用了一名摄影师，在雅各布斯创意的启发下为自己公司拍摄了一张乔丹照片。在照片中，乔丹左手持球举过头顶，高高跃起飞向篮筐。这张照片拍摄于一个室外篮球场，采用了与雅各布斯一样的拍摄角度，但耐克公司的影像以芝加哥的天际线为背景，背景颜色、内容以及乔丹的穿着也和雅各布斯照片中的有所不同。在雅各布斯威胁要提出诉讼后，耐克公司支付了其15 000美元。

1987年，耐克制作了其现在的“飞人”标志，这个标志是一个以耐克为乔丹所拍摄的图片中乔丹身形为轮廓的坚实的黑色剪影。2015年1月，雅各布斯最终向法院提起诉讼，指称耐克的照片以及“飞人”标志侵犯了他在1984年拍摄的乔丹照片的著作权。

2017年2月27日，地区法院批准了耐克所提的驳回诉讼的动议，随后第九巡回法院也以2∶1的票数维持了地区法院的判决。

尽管法院认为耐克抄袭了原照片受保护的表达，但从法律上看，两张照片并没有构成“实质相似”，使得被告的照片构成对原告照片的非法使用。代表多数意见的保罗·沃特福德法官指出虽然两张照片中乔丹的姿势是相似的，但是内容的设置、光线以及其他因素是不同的。而且原告对照片享有的著作权并不能使照片中的姿势也受著作权保护，原告不能因此而垄断自己的创意。“著作权通过鼓励他人在现有作品的观点和信息基础上自由创作来促进科学和实用艺术的发展，”保罗·沃特福德法官如是说，“而这正是耐克公司在本案中所做的事。”

投了反对票的约翰·欧文斯法官则认为，实质性相似“是一个固有的事实问题”，应当保留给陪审团决定，而不应由法院在动议解除起诉阶段来决定。

（信息搜集、编译：林文静。

资料来源：https://www.lexology.com/library/detail.aspx?g=95ac2346-f76e-477b-8015-7893d3e5adce；http://www.oregonlive.com/pacific-northwest-news/index.ssf/2018/03/nike_defeats_appeal_over_iconi.html；https://sneakernews.com/2018/02/28/court-rules-michael-jordan-didnt-violate-copyright-jumpman-logo/；http://blogs.findlaw.com/ninth_circuit/2018/03/court-photographer-cant-copyright-michael-jordans-jumpman-pose.html）

【保罗·麦卡特尼被控在版权诉讼中择地行诉】

Sony/ATV唱片发行公司（Sony/ATV Publishing）控告创作歌手保罗·麦卡特尼（Paul McCartney）在起诉其公司的版权诉讼中挑选诉讼法院。

2017年1月，据《世界知识产权评论》报道：“甲壳虫乐队的前成员已经提起诉讼，要求法院采取宣告式判决宣布他没有侵犯乐队所创作歌曲的版权合同。”

在美国纽约南区联邦地区法院提出的案件关系到1962—1971年间麦卡特尼和约翰·列侬（John Lennon）共同创作的作品。

在此期间，麦卡特尼和列侬将他们的版权卖给音乐发行公司，Sony/ATV唱片发行公司从两个相关的发行公司购得版权。

2008年，麦卡特尼向美国版权办公室提出终止通知，请求收回其歌曲的版权，例如“Love Me Do”和“All You Need Is Love”。

在该诉讼中，麦卡特尼想要回在1962—1971年间转让的版权。

现在，Sony/ATV唱片发行公司正在努力驳回该版权声明。

2017年3月13日，Pryor Cashman律所诉讼组主席兼Sony/ATV唱片发行公司的代理律师唐纳德·扎卡林（Donald Zakarin）向法院提交了一封答辩状。

扎卡林说道：“麦卡特尼提交版权声明的时机并不成熟，因为他提出的版权声明涉及英国法律未解决的问题。”

他继续补充道：“在涉及相同问题的一起尚无先例的英国案件的结果出来之前，该案应该被驳回。”

扎卡林说：“原告显然很关心当前英国初审法院对正在上诉案件做出的最新判决（Gloucester Place Le Bon案），他试图让法院宣告他的终止通知没有违反合同。”

2017年2月，英国流行乐队杜兰·杜兰（Duran Duran）获得英国高等法院法官的许可，对初审法院在2016年12月的版权判决提出上诉。

Gloucester Place唱片公司试图阻止杜兰·杜兰乐队行使美国版权法赋予的权利，即在35年后终止音乐发行公司收取他们早期歌曲的版税。

在2016年12月的判决中，法院做出支持Gloucester Place的判决。

扎卡林说：“因此，本次诉讼不可避免地参考Gloucester Place案件的审判结果和可能永远不会发生的诉讼的假定性索赔。”

他补充道：“麦卡特尼正在挑取诉讼法院。如果英国法律足够明确，美国法院的判决将是‘多余的’。”

“该法院应该行使自行决定权，驳回本案并让英国法院决定英国合同法中的相关问题。”

（信息搜集：冯格。

资料来源：http://www.worldipreview.com；http://www.ipr.gov.cn/article/gjxw/ajzz/bqajzz/201703/1903042.html）

【美国著名财经杂志《福布斯》陷入照片版权纠纷】

根据2017年3月13日的版权声明，美国商业杂志《福布斯》非法使用了哈佛大学讲师的照片。

新闻摄影记者乔迪·希尔顿（Jodi Hilton）在美国纽约南区联邦地区法院向《福布斯》杂志提出索赔，指控其未经许可，使用了哈佛大学高级讲师汉娜·莱利·鲍里斯（Hannah Riley Bowles）的照片。

希尔顿对于该照片享有版权注册，编号为1-454187761。

据称，《福布斯》杂志在《零工经济时代成功的三条策略》（“3 Strategies to Earn What You Deserve in the Gig Economy”）一文中使用了这张照片。

希尔顿说：“《福布斯》杂志既没有获得原告的授权便在文章中使用照片，也没有经过原告同意就将照片公布在其网站上。”

她补充道，《福布斯》杂志是故意地、有目的地侵权。此外，其无视她的合法权利。

目前，她正在寻求陪审团审判、损害赔偿、利润所得和法院认为公正和适当的进一步救济。

（信息搜集：冯格。

资料来源：http://www.worldipreview.com；http://www.ipr.gov.cn/article/gjxw/ajzz/bqajzz/201703/1903083.html）

【HTML文件应被赋予著作权保护吗?】

HTML文件由制作人努力思考而独创，不存在完全相同的HTML文件。与其他编程语言相比，该文件使用的单词和语法是有限的，因此不管是谁创作出的，都很容易出现相同的情况。如果HTML文件构成了著作权保护的作品，则可能存在弊端：HTML的制作人对其写的任何内容均可主张他人创作出的内容与自己的内容类似或者他人创作出的内容属于复制自己的内容。

关于HTML文件的著作权问题，可以根据2017年3月14日知财高等法院的判决书进行探讨。

案件中，电子销售公司的用户委托销售商开发其销售网站。销售商允许用户在合同约定的期限内使用该网站的程序，但期限届满后，用户复制该程序仍继续使用。销售商就该程序中HTML文件属于销售商职员创作，用户的行为侵害了其著作权而基于用户的侵权行为提起诉讼主张损害赔偿。

销售商表示，其作为开发者时多次使用HTML制作顾客的网站页面。在开发HTML时，不仅要考虑与顾客企业形象相匹配的颜色和设计，还要兼顾容易导致使用者操作失误的情况，因而其中凝聚了个人的想法和心血，以及特色“语法”。因此，认为HTML应当被认定为受著作权法保护的对象。

但是，纵观现有的网站资源，其命名均遵循一定规则。由此可见，其表现范围是非常有限的。

不论耗费多大的努力，制作人创作出的HTML文件均是大同小异，难道能被赋予著作权保护吗?何种情况可被赋予著作权保护?

法院就认定程序的著作权条件进行了一般的说明：被认定为受著作权法保护的作品的独创性是指展现作者个性的内容。程序是指为发挥电子计算机的功能得到某一效果而发出的组合指令的表现。由于是对计算机发出的指令的组合，应在正确且符合逻辑的同时，受到著作权法保护范围之外的程序语言、规则及算法的制约。如此一来，程序开发者的个性表现在如何对计算机发出的指令以及指令如何组合、其顺序如何等方面。但是，为了让程序成为受著作权法保护的作品，指令的表达、组合、顺序组成的所有程序可选择范围非常大，并且属于非常见的表达，应为展现开发者个性的表达。在程序的表达没有选择的余地，或者选择范围非常小的情况下，程序开发人的个性表达空间非常小，就不能认定为受著作权法保护。简而言之，计算机的程序由于是由各自的指令、自身既有的规则所决定的，为承认其为受著作权法保护的作品，则必须要凝聚程序开发人自身的新颖之处，如指令的组合方式、组合顺序等。

知财高等法院2017年3月14日判决认为：HTML设计和标识语句等，由用户订购者决定。本案中的HTML文件是根据用户指示的文字大小和排列等形式而表达的，可以认为本来表达的可选择范围非常小。因此，销售商主张其凝聚的“创意的心血”的范围变得非常少，即使其也出示了具体的HTML记录并提出了自己的创新之处，但不能得到法院的支持。

知财高等法院2017年3月14日判决（关于HTML的记述，法院判断其是否有其独创性）认为：（用户）从会员的基本信息登录画面中输入信息，点击“同意会员注册”之后，再点击“确认”按钮，就能确认将传送数据。（销售商就其文章结构主张其独创性）关于HTML的教程及辞典中认为，HTML中存在风格（style）的要素，且有这样的做法：将有文章表示形式等规定的CSS文件在HTML标签中直接记载，例如标示记载为〈p style=“font-size:20 px;”〉；另外，以指定HTML长度的方法作为像素数量单位整数中指定的方法；还有将“submit”作为“发送按钮”的语义而记载。根据这些记载，“margin：0px;”可以理解为“空白0像素”，“onsubmit”与“发送按钮”有关，而且“return false”意味着执行中止。关于根据HTML教程及辞典记载的记述，难以认定尚有软件开发者表现个性的余地，从语义内容看来也是毫无新意，因而难以认定HTML文件表现了软件开发者的个性。简而言之，法院认为这些HTML上写的东西都和HTML技术书上写的一样，均为任何人都能想到的表达，因此难以认定为具有独创性。

（信息搜集、编译：兰鉴。

资料来源：http://www.atmarkit.co.jp/ait/articles/1804/04/news009.html；http://www.atmarkit.co.jp/ait/articles/1804/04/news009_2.html；http://www.atmarkit.co.jp/ait/articles/1804/04/news009_3.html）

【美国最高法院认定啦啦队制服设计受版权法保护】

2017 年 3 月 22 日，美国最高法院在 Star Athletica，LLC v. Varsity Brands，Inc. 案中，以 6 票赞成、2 票反对的结果做出裁判，认定 Star Athletica，LLC 侵犯了美国主要啦啦队服制造商 Varsity Brands，Inc. 五款啦啦队制服设计的版权。在此案中，美国最高法院澄清了版权法范畴下时尚设计乃至实用物品设计的可保护性，认为如果融入实用物品的某些特征可以在观念上从中分离出来，那么给予它版权保护就是适当的。这一裁判也展示了评估可分离性的二分测试法。

Respondents 品牌公司及其附属公司，设计和制作啦啦队制服，并拥有超过 200 个美国版权注册，用于覆盖其制服和其他服装外观的设计。Respondents 以五项设计中著作权被侵犯为由，起诉了制造和销售啦啦队制服的 Petitioner Star Athletica 有限责任公司。这些设计主要是组合、位置和元素的排列，包括条纹、人字纹、曲线和色块。

2014 年 3 月，田纳西州西区地方法院做出简易判决，认为 Respondents 的设计不被版权保护，因为它们不是"物理上或概念上地"可以从啦啦队制服分离出来的。2015 年 10 月，美国第六巡回法院驳回并认定，制服上的"图形设计"是"可以独立辨认的"，因此是有版权的，因为这些设计是"能够独立存在的"。第六巡回法院的裁决指出，法院一直在尝试制定一种能够判断设计是否可以被分离的测试方法。事实上，各联邦巡回法院应用了一些不同的测试方法来确定可分离性。

最高法院的决定让这个问题得到了解决。其认为具备以下两个特征的，才有资格获得版权保护：(1) 可以被视为可从整体中分离的二维或三维艺术品；(2) 无论是独立还是固定在某些其他有形的表达媒介中，可被视为一种可保护的图画、图形或雕塑作品。法院指出，对特征 (1) 的判断通常是直截了当的，在大多数情况下，更难满足的是特征 (2)。

本案中的啦啦队服，法院认为，首先，制服上的装饰品具有图画、图案或雕塑品质。其次，法院认为，如果将啦啦队服装表面上的颜色、形状、条纹和人字形的布置与制服分开并应用到另一种介质——如画家的画布上，则它们将被视为二维作品艺术。事实上，Respondents 也将设计应用在了其他的媒介上，例如其他不同类型的服装。因此，装饰品是可以与制服分开的，因此符合版权保护的条件。然而，法院对制服上的表面装饰是否有资格获得版权保护存在不同的意见。法院进一步澄清说，啦啦队制服有版权的特征是织物上的二维艺术品，而不是制服本身的形状、切割或尺寸。

这个决定将在时尚产业中产生影响并引起共鸣，因为其主张将观念上可从服装中分离出的设计单独作为绘画、图像或雕刻元素受到保护，不论这些元素独立存在还是与其他有形介质相结合。这一主张对体育产业来说也值得关注，因为它为保护原始、独特的团队制服设计提出了另一个武器来武装队伍和联盟。在商标法范畴下保护队服的要求存在引起消费者混淆的可能性，而在版权法范畴下对原始、独特的队服进行保护只需要证明复制了受版权法保护的表达。

此项测试方法的适用范围究竟有多大仍值得考虑，但是 Star Athletica 案中法院无疑将版权之保护范围扩大至实用物品。在此测试方法下，实用物品中具有艺术创作的部分能够更容易地受到保护，且在版权诉讼中，关于版权的范围如何及相关作品是否被侵权争论的焦点将向更加事实性的问题转移。

(信息搜集、编译：范瑞、白宇嘉。

资料来源：http://www. natlawreview. com/article/supreme-court-finds-cheerleading-uniform-designs-copyrightable；http://www. natlawreview. com/article/supremecourt-outlines-new-test-copyrightability-useful-articles)

【意大利上诉法院判定盗版电影流媒体网站合法】

罗马上诉法院推翻了一项要求为公众提供电影在线观看服务的 4 个未授权网站支付约 60 万欧元罚款的判决。上诉法院认为，尽管这些网站通过广告获利，但是只提供链接不属于散布受版权法保护的文件。

在对所谓的盗版网站进行判决时，意大利比欧洲其他大多数国家更有经验。法院已经对未授权网站做出多项判决，被网络服务提供商 (ISP) 屏蔽的未授权网站已达数百个。

然而，2017 年 3 月 27 日，来自意大利的消息称将来盗版网站的定义参数不会如此宽泛。

2015 年，法院判决 4 个链接盗版电影的网站经营者侵犯版权，并要求其支付超过 60 万欧元的罚款和诉讼费用。因此，这 4 个网站——filmakers. biz、filmaker. me、filmakerz. org 和 cineteka. org 全部关闭。随后网站的经营者们提交了上诉。

2017 年 2 月，罗马上诉法院审理该上诉案。网站经营者的律师富尔维奥·萨尔扎纳（Fulvio Sarzana）说判决特别有趣。

萨尔扎纳在给 torrenfreak 网站的邮件中表示，法院做出以下判决：只显示链接不属于直接散布受版权保护的文件。

通常，在这类案件中，网站经营者的经济动机起到至关重要的作用。然而在这个问题上，通过广告获取利润却是另一种情况。

萨尔扎纳表示："尽管存在广告，法官仍认为门户网站的活动是合法的。"

律师称，仅仅证明盗版网站有收益是不够的，还必须证明盈利活动与个体（individual）有关。如果不能证明，文件共享只能被认为是节省开支而不是能产生显著收益的盈利活动。这恰恰就是本案的关键。

事实上，法官做出如下判决：文件共享，即共享受版权保护的文件，是节省开支，而不是盈利性的业务。因此，在这种情况下，不能使用版权法的惩罚条款及由此产生的行政处罚。

推翻网站面临的所有指控及取消网站经营者经济处罚的判决在意大利和整个欧盟都必定是一项存在争议的判决。只有时间能够证明该判决会如何造成更大的影响。

同时，保护视听和多媒体内容联合会（FAPAV）秘书长费德里科·贝格诺利·罗西（Federico Bagnoli Rossi）也注意到这一案件的复杂性。他认为传统的法律渠道不是处理盗版问题的唯一途径。

罗西说："我们知道调查活动遇到困难，因此，我们深信中介机构应该承担起它们的责任并与保护文化的各方进行密切合作。"

（信息搜集：冯格。

资料来源：http://www.torrentfreak.com；http://www.ipr.gov.cn/article/gjxw/ajzz/bqajzz/201703/1903721.html）

【华特迪士尼电影公司陷入《疯狂动物城》版权纠纷】

美国编剧起诉华特迪士尼公司（Walt Disney Company）出品的电影《疯狂动物城》（*Zooptia*）侵犯其版权。

2017年3月21日，由编剧加里·戈德曼（Gary Goldman）创立的 Esplanade Productions 公司向美国加利福尼亚州中区联邦地区法院提起诉讼。

诉讼称，华特迪士尼公司侵犯了戈德曼的版权和事实上的默示合同，泄密及参与不公平竞争。

诉讼称，2000—2009年间，电影《宇宙威龙》（*Total Recall*）的编剧戈德曼研究、构思并创作出一部名为《疯狂动物城》的原创艺术作品。

戈德曼原计划将《疯狂动物城》的版权特许给电视节目和电影，计划打造一部动画片，通过生活在虚幻场景（丰富多彩而具有现代文明的社会）中的拟人动物暗射美国的生活百态。戈德曼在美国版权办公室注册了人物描述、插画和故事梗概的版权。

该诉讼补充道，2000年，戈德曼将《疯狂动物城》推销给 Mandeville Films 的首席执行官戴维·赫伯曼（David Hoberman）。

诉讼称，在这样的会面中，所讨论的想法和材料是保密的。

诉讼称，赫伯曼是华特迪士尼公司负责电影的前主席，而且 Mandeville Films 与"被告签有优先制作合同"。

据称，赫伯曼对戈德曼的提案"反应良好"，并索取了编剧的人物插图副本。

然而，之后赫伯曼告诉戈德曼，Mandeville Films 不会购买这部电影的版权。

2009年，戈德曼再次将作品推销给布莱根·泰勒（Brigham Taylor），他当时是华特迪士尼公司负责制作和发展的执行副总裁。

戈德曼再次被告知他们不会购买该作品的版权。

2016年3月，华特迪士尼公司的《疯狂动物城》首映，并获得金球奖（Golden Globe）和奥斯卡奖（Academy Award）。

这部电影讲述的是拟人动物共同揭露阴谋的故事。

诉讼称，这部电影与戈德曼的《疯狂动物城》存在实质性相似，并采用了实质性相似的背景、角色、对话、语气、节奏和艺术作品。

Esplanade Productions 要求法院对华特迪士尼公司颁布临时和永久禁令，并索取损害赔偿、未来损害赔偿、惩罚性损害赔偿、判决前后利息、诉讼费、律师费及法院认为适当的其他救济。

华特迪士尼公司发言人对《世界知识产权评论》说："戈德曼先生的诉讼充满着非常明显的虚假指控。向一部他没有参与创作的成功电影提出诉讼是不道德的行为，我们将在法庭上捍卫我们的权利。"

（信息搜集：冯格。

资料来源：http://www.worldipreview.com；http://www.ipr.gov.cn/article/gjxw/ajzz/bqajzz/201704/1903747.html）

【"糖果粉碎"系列游戏制作公司起诉中国公司版权侵权】

手机游戏《糖果粉碎传奇》的制作公司起诉一家中国公司版权侵权。

2017年3月27日，King.com网站向加利福尼亚州北区联邦地区法院提出诉讼，称JoyFox公司蓄意抄袭King开发的《泡泡女巫传奇2》(Bubble Witch Saga 2)、《糖果粉碎传奇》(Candy Crush Saga)和《糖果粉碎苏打传奇》(Candy Crush Soda Saga)三款游戏，这些游戏在Google Play服务和苹果手机APP商城很受欢迎。

诉讼补充道，JoyFox公司的《泡沫狂》(Bubble Mania)公然抄袭King的《泡泡女巫传奇2》，并且不可否认地抄袭了《糖果粉碎传奇》和《糖果粉碎苏打传奇》游戏的核心元素。

King表示，JoyFox"完全剽窃"其游戏中大部分的独创性表达和创意决策，例如插图、设计美学、布局及游戏元素、颜色和形状的选择和协调。

诉讼补充道，JoyFox"公然抄袭"了很多King创作的游戏消息和弹出式菜单的整体设计和外观。

King表示在JoyFox发布《泡沫狂》之后，Google Play的用户能立刻辨别出该游戏是King制作的游戏的仿造品。

诉讼称，其中一位用户表示："我点开Google Play软件时，希望能够找到《泡沫女巫传奇2》，但是找到的却是《泡沫狂》，感觉很失望。"

King要求法院根据《版权法》颁布禁令来限制JoyFox侵犯King的权利，并寻求损害赔偿、利润所得、诉讼费、律师费、判决前后利息和陪审团审判。

(信息搜集：冯格。

资料来源：http://www.worldipreview.com；http://www.ipr.gov.cn/article/gjxw/ajzz/bqajzz/201704/1903746.html)

【华纳兄弟陷入《招魂》版权侵权案　或赔付9亿美元】

一部关于超自然现象调查者的作品的作者杰拉尔德·布里特(Gerald Brittle)起诉华纳兄弟电影公司(Warner Bros.)拍摄的电影《招魂》侵犯其版权。

2017年3月29日，杰拉尔德·布里特向美国弗吉尼亚州东区联邦地区法院提交了355页修正后的起诉书，并寻求9亿美元的损害赔偿及诉讼费。

杰拉尔德·布里特最初于2016年11月起诉华纳兄弟。

《招魂》是一系列超自然的恐怖电影。该电影涉嫌侵犯了杰拉尔德·布里特于1980年出版的《恶魔大师》(*The Demonologist*)的版权。

《恶魔大师》讲述了超自然现象调查者埃德和罗琳·沃伦夫妇(Ed and Lorraine Warren)的故事。

诉讼称，1978年，埃德和罗琳·沃伦夫妇就该书与杰拉尔德·布里特达成协议。

据称，该协议包括"非竞争"条款。该条款禁止埃德和罗琳·沃伦夫妇以《恶魔大师》中的"相同主题"制作或者签约任何作品，包括他们作为超自然现象调查者的生活和经历。

罗琳·沃伦授予华纳兄弟和导演詹姆斯·温(James Wan)等其他被告使用其案例文件的权利，该诉讼称，"她不应该这么做"。因为"在早些年，按照合同，她已经将使用沃伦案例、沃伦案例文件和相关材料的专有权授权给杰拉尔德·布里特"。

杰拉尔德·布里特表示，华纳兄弟需要获得他的允许和支持，但他从未获得。

诉讼称，很难相信大集团(例如华纳兄弟)、他们的律师团及知识产权专家没有发现《恶魔大师》这部作品、与之相关的交易或者是杰拉尔德·布里特的存在。

诉讼补充道，唯一符合逻辑的结论是被告知道该书，"深思熟虑后决定忽略"该书及协定，以为永远不会被发现。

杰拉尔德·布里特请求法院对华纳兄弟做出蓄意侵权的判决，禁止华纳兄弟制作任何衍生作品，寻求利润所得、惩罚性损害赔偿及陪审团审判。

(信息搜集：冯格。

资料来源：http://www.worldipreview.com；http://www.ipr.gov.cn/article/gjxw/ajzz/bqajzz/201704/1903927.html)

【彪马起诉Forever 21侵犯其知识产权】

运动服装公司彪马(Puma)起诉零售商Forever 21侵犯其外观设计专利、商业外观及版权。

2017年3月31日，彪马向美国加利福尼亚州中区联邦地区法院提起诉讼。

诉讼称，音乐艺术家哈雷娜(Rihanna)担任彪马服装和鞋类的女装创意总监，并作为该公司Fenty系列的形象大使。

2015年，彪马研发并推出由哈雷娜设计的名为Fenty Puma品牌的Creeper Trainer跑鞋。

诉讼称："鞋子的整体设计，包括鹿皮鞋面和橡胶松糕鞋底使得彪马的 Creeper Trainer 在视觉上具有显著性。”

2016 年 4 月，彪马推出毛拖（Fur Slide）。该拖鞋采用毛皮鞋面配以泡沫材质的光滑内衬。

Bow Slide 系列于 2017 年 3 月推出。该拖鞋除包含泡沫材质的光滑内衬外，在其侧面条带上还包含用绸缎做成的蝴蝶结。

诉讼称，Forever 21 出售 Yoki Sneaker 运动鞋，蓄意抄袭彪马鞋子的设计。

诉讼称，Creeper 受美国第 D7742858 号专利保护，彪马所有的鞋子受商业外观的保护。

诉讼称，Fenty 鞋款也受版权保护。

彪马要求法院对 Forever 21 颁布禁令，并寻求利润所得、法定损害赔偿、三倍赔偿、诉讼费、审判前后利息及律师费。

3 月，据《世界知识产权评论》报道，Forever 21 起诉阿迪达斯（Adidas）。

Forever 21 表示，它是阿迪达斯“威胁”的受害者。2 月 24 日，在最新的律师函中，阿迪达斯的律师起诉 Forever 21 在 6 套服装中使用“三道杠”。

Forever 21 请求法院判决其没有侵犯阿迪达斯的商标。其服装上的条纹是装饰性的，并不具有确定其来源的功能。

Forever 21 的发言人告诉《世界知识产权评论》：“由于公司政策，我们对未决诉讼不予评论。”

（信息搜集：冯格。

资料来源：http://www. worldipreview. com; http://www. ipr. gov. cn/article/gjxw/ajzz/bqajzz/201704/1903926. html）

【世界摔角娱乐起诉比特流用户版权侵权】

世界摔角娱乐（WWE）起诉一些比特流（BitTorrent）用户侵犯其版权。

2017 年 4 月 6 日，WWE 向美国康涅狄格州联邦地区法院提起诉讼，称被告（身份不明）侵犯或间接侵犯其版权。

诉讼称，被告利用比特流协议非法获得、复制并传播一部名为《毁灭者》（*Eliminator*）的电影。

《毁灭者》是 WWE 工作室于 2016 年拍摄的动作惊悚电影。

诉讼称，比特流协议是“最普遍的点对点文件共享协议之一，用于大量数据的传输”，但 WWE 并未起诉为比特流提供服务的公司。

该协议允许用户传播大型文件，而不用在源电脑和网络上创建重负载。

诉讼补充道，WWE 使用取证软件来鉴别与版权侵权相关的 IP 地址。

WWE 补充道，当版权作品被复制到每位被告的电脑上时，每位被告通过将其可下载的文件提供给其他比特流用户来传播这部作品。

WWE 正在寻求实际损害赔偿、每次侵权 15 万美元的法定损害赔偿、诉讼费和陪审团审判。

（信息搜集：冯格。

资料来源：http://www. worldipreview. com; http://www. ipr. gov. cn/article/gjxw/ajzz/bqajzz/201704/1904298. html）

【美国第九巡回法院针对安全港制度提出挑战】

2017 年 4 月 7 日，美国第九巡回上诉法院针对 Mavrix Photographs v. LiveJournal 案做出判决，该案主要涉及美国版权法中的安全港制度。

原告 Mavrix Photographs 针对被告 LiveJournal 在其网站上张贴原告享有版权的照片提起诉讼，并主张在其从未发出删除请求的情况下，被告依然应当对张贴其版权照片的行为承担责任。

美国适用于网络出版商（online publication）的基本法律制度是安全港原则，即只要出版商在版权所有人发出删除侵权材料通知时移除相关内容，它们就不应对网络用户在其网站上上传的材料承担责任。

然而，原告 Mavrix Photographs 对此并不满意，因为根据此项制度其将消耗大量时间发送删除通知。且在本案中，Mavrix Photographs 根据下列因素认为 LiveJournal 利用了此项法律制度的漏洞，允许其拥有版权的照片出现在它的网站上并从中获益：

（1）照片只有在获得监督者批准后才能出现在被告的网站上。

（2）被告有一系列监督者在批准上传时必须遵循的指导性规定。

（3）被告知道它是在张贴版权材料——很大程度上是因为部分照片有清晰可见的 Mavrix Photographs 的水印。

Mavrix Photographs 主张，被告 LiveJournal 知道它的行为触犯了版权法并从中获益，仅因是网站用户实施了初始上传行为而允许 LiveJournal 不承担侵权责任有失公允。但 LiveJournal 声称它的监督者仅对如照片尺寸等内容（不包括照片的版权问题）进行审查。

Mavrix Photographs 在一审判决中败诉了，因为地区法院认定认为照片是由用户上传的。Mavrix

Photographs 提起上诉，第九巡回法院在很大程度上支持了 Mavrix Photographs 的主张。

第九巡回法院并没有对该案直接做出判决，而是将其发回下级法院重审，要求下级法院审查网站的监督者是否为 LiveJournal 的代理人，并指出，如果是代理人，那么下级法院还应当考察下列新因素：

（1）LiveJournal 是否“实际知道”涉案照片侵犯原告的版权？

（2）或者，它是否应当依据“红旗标准”（red flag knowledge）知道侵权行为存在，即对于正常的“合理人”而言涉案照片侵犯版权是否很明显？——在回答这一问题时，水印是一项非常关键的因素。

第九巡回法院的判决可能导致大量的网络出版商不能再继续仅根据《数字千年版权法》的“通知—删除”制度而主张其行为合法。相反，如果第九巡回法院的判决被法律所接受，相关公司不得不重新考虑是否需要更为严格的审查制度。该判决不仅会影响到针对上传的内容实施审查批准制度的网站，还会对法律本身产生震荡。

下附第九巡回上诉法院判决的主要内容：

（1）撤销地区法院在简易判决中针对被告可以依据《数字千年版权法》安全港原则对将原告照片置于网络的行为不承担责任的认定；（2）撤销证据披露令（vacated a discovery order）。

合议庭主张，在用户上传照片的情况下，美国版权法第 512 条第（c）款所规定的安全港原则可以被适用。不同的是，本案中，被告作为一家社交平台，用户仅在由其雇员领导的自愿监督者（volunteer moderators）审查和批准后，才能上传照片。合议庭认为，认定照片是否由用户上传，关键在于认定监督者的行为是否可以归属于被告。与地区法院不同的是，合议庭认为普通法中的代理制度可以适用于被告关于安全港的抗辩中。由于针对监督者是否为被告的代理人存在真正的事实争议（genuine factual disputes），因此合议庭撤销了地区法院的简易判决并将此案发回重审。

合议庭还讨论了安全港积极抗辩（affirmative defense）成立的其他因素。网络服务提供者证明侵权材料由用户上传后，还必须证明：（1）它对于涉案材料侵权不实际知道（lacked actual ... knowledge），也不存在符合“红旗标准”意义上的知道；（2）它并未从它有权也有能力控制的侵权行为中获益。合议庭主张，在认定实际知道（actual knowledge）时，事实调查者（fact finder）必须不仅考虑版权持有人是否针对侵权行为发出通知，还需要考察服务提供商对于相关内容的侵权属性是否有主观认知。合议庭认为，在判断被告是否对侵权材料存在符合“红旗标准”意义上的知道时，事实调查者需要考察相同的情况，即带有通用水印或者指向原告网站的水印的材料侵犯版权，对于正常合理人而言是否足够明显。在判断服务提供商控制侵权行为的权利和能力时，事实发现者应当考虑侵权行为发生时服务商的程序，以及服务提供商是否有移除或者禁止侵权材料上传途径以外其他的能力。

（信息搜集、编译：李蕾。

资料来源：US copyright law shake-up：Days of flinging stuff on the web and waiting for a DMCA may be over，https://www.theregister.co.uk/2017/05/05/us_copyright_law/；The decision of Mavrix Photographs v. LiveJournal（9th Circuit，April，2017），http://www.loeb.com/～/media/files/publications/2017/04/mavrix.pdf）

【艾德·希兰歌曲版权侵权案被驳回】

美国联邦地区法院的法官驳回由两位音乐家对歌手艾德·希兰（Ed Sheeran）提起的版权侵权诉讼。

2017 年 4 月 10 日，美国加利福尼亚州中区联邦地区法院南部分院法官詹姆斯·塞尔纳（James Selna）对马丁·哈林顿（Martin Harrington）和托马斯·伦纳德（Thomas Leonard）提起的版权侵权诉讼做出无条件驳回的判决。

2016 年 6 月，据《世界知识产权评论》报道，马丁·哈林顿对艾德·希兰提起版权侵权诉讼。

他们称艾德·希兰的歌曲“Photograph”与其歌曲“Amazing”存在相同的元素。

“Photograph”是艾德·希兰于 2014 年在美国发行的专辑“X”中的一首歌曲。2015 年，该歌曲作为单曲发行。

音乐公司 HaloSongs 的老板马丁·哈林顿和托马斯·伦纳德称，他们于 2009 年创作“Amazing”。

“Amazing”由英国“2010 年 X 因素”（X Factor 2010）歌唱比赛的冠军马特·卡德尔（Matt Cardle）演唱。

马丁·哈林顿和托马斯·伦纳德诉艾德·希兰未经授权和许可大量抄袭并利用了其他活跃且专业的歌曲作家的作品。

2016 年 10 月，据《世界知识产权评论》报道，艾德·希兰的律师要求法院驳回马丁·哈林顿和托马斯·伦纳德对其提出的诉讼，或者澄清他与某些多余的、无关紧要的事情或者丑闻无关。

（信息搜集：冯格。

资料来源：http://www.worldipreview.com；http://www.ipr.gov.cn/article/gjxw/ajzz/bqajzz/201704/1904296.html）

【零售商 Hot Topic 陷入版权侵权纠纷】

一位创造飞龙图案的艺术家对美国连锁零售商 Hot Topic 提出版权侵权诉讼。

2017年4月18日，凯瑟琳·格勒切尔（Catherine Gretschel）向美国加利福尼亚州中区联邦地区法院对 Hot Topic 和纽约市的 Cachet Creations 公司提起诉讼。

诉讼称，格勒切尔创作了一件艺术作品，即一条双翅展开、尾巴卷曲的绿色龙。

之后，她向美国版权办公室申请保护，并推广和出售包含该设计的产品。

诉讼称："在分销包含该主题设计的产品之后，原告调查发现，在时尚服装行业的某些实体已经盗用了原告的主题设计，并且出售非法复制品和/或衍生产品。"

格勒切尔称 Hot Topic 和 Cachet Creations 直接和间接侵犯其版权。

她寻求利润所得、15万美元的法定损害赔偿、判决前利息、诉讼费、律师费及陪审团审判。

（信息搜集：冯格。

资料来源：http://www.worldipreview.com；http://www.ipr.gov.cn/article/gjxw/ajzz/bqajzz/201704/1904808.html）

【摄影师起诉 BuzzFeed 版权侵权】

一位摄影师称，BuzzFeed 未经授权使用了其获得吉尼斯世界纪录的照片。

2017年4月19日，杰弗瑞·沃纳（Jeffery Werner）向美国纽约州南区联邦地区法院对 BuzzFeed 提起版权侵权诉讼。

诉讼称，BuzzFeed 未经授权在4个不同的场合使用沃纳拍摄的照片。

其中3张照片——《拥有世界上最长指甲的女人》、《世界上最大的狗》和《最高的时尚模特》，被录入《吉尼斯世界纪录大全》中。

沃纳还称，BuzzFeed 使用了一家纽约企业 The Snuggery 的照片，这张照片的主题是"拥抱客户"。

2009—2012年间，这4张照片均在美国版权办公室注册。

沃纳称，这些照片之前是《奥普拉脱口秀》（"The Oprah Show"）、《每日邮报》（*Daily Mail*）和其他媒体委托其拍摄。

诉讼称："如果靠收取版权使用费生存的作者发现他们在与盗用并出于商业使用目的出版他们作品的网络盗版者竞争，这些作者及其企业就无法生存。"

沃纳还称，BuzzFeed 直接或者间接侵犯其版权并违反了美国《数字千年版权法》。

沃纳正在寻求损害赔偿、利润所得、禁令救济、律师费及诉讼费。

（信息搜集：冯格。

资料来源：http://www.worldipreview.com；http://www.ipr.gov.cn/article/gjxw/ajzz/bqajzz/201704/1904989.html）

【美国司法部副部长重视"Dancing Baby"诉讼案】

美国司法部代理副部长已经敦促美国最高法院驳回"Dancing baby"版权侵权案中的请求。

2016年10月，美国最高法院已经要求政府权衡这起持续已久的案件。

2016年8月，权利组织电子前沿基金会（EFF）代表史蒂芬妮·伦茨（Stephanie Lenz）提交调卷令申请。

10年前，伦茨将她儿子伴着 Prince 的"Let's Go Crazy"音乐跳舞的一小段视频上传到 YouTube 上。

之后，根据美国《数字千年版权法》（DMCA），环球音乐集团（Universal）向 YouTube 发送删除通知。

EFF 代表伦茨起诉环球音乐，称其错误地认为伦茨没有合理使用 Prince 的音乐。美国联邦第九巡回上诉法院对此案做出判决。

第九巡回上诉法院认为，在提出将涉嫌侵权的内容从网上删除前，版权所有人必须考虑他所指称的侵权内容是否为合理使用。

然而，第九巡回上诉法院补充道，只要版权所有人善意确信（in good-faith belief）他能对抗合理使用，就足以提交删除请求。

2017年5月4日，在发布的简报中，3月10日刚上任的司法部代理副部长杰弗里·沃尔（Jeffrey Wall）说："即使 DMCA 责任所要求的意识能力给第九巡回上诉法院审查提供了充足的理由，但在本案件中考虑该问题并不合适。"

他补充道，第九巡回上诉法院错误假定：根据 DMCA 第 512 条第（f）款，版权所有人应对故意虚假陈述他“善意确信”被异议的材料侵权承担责任。

沃尔称，第九巡回上诉法院的分析表明没有进行合理使用调查就发出删除通知的版权所有人应独自对该疏忽承担责任，不论被异议的材料是否真的侵权。

他补充道，这种做法不能与第 512 条第（f）款的规定混为一谈。该款要求故意虚假陈述被异议的材料或者活动侵权的版权所有人承担责任。

伦茨的代理律师科林恩·麦克谢丽（Corynne McSherry）说：“考虑到这个问题对数百万互联网用户的重要性，我们对司法部代理副部长没有支持伦茨提交的调卷令感到失望。”

（信息搜集：冯格。

资料来源：http://www.worldipreview.com；http://www.ipr.gov.cn/article/gjxw/ajzz/bqajzz/201705/1905760.html）

【欧洲法院审理谷歌版权侵权案】

2017 年 5 月 9 日，柏林的一家法院将一起纠纷案移交给欧洲法院。在该纠纷案中，德国出版商要求谷歌等搜索引擎提供商向其支付报酬，因为它们在网站上使用了报纸文章的部分内容。

德国最大的报纸出版商斯普林格出版社（Axel Springer）和其他 40 个出版商起诉 Alphabet 的谷歌搜索引擎侵犯其版权。

现在，欧洲法院必须要调查涉及版权问题的德国媒体法是否符合欧洲的规定。

法官皮特·肖尔茨（Peter Scholz）表示，欧洲法院必须判定在德国的邻接权保护法于 2013 年生效前，德国政府是否应该向欧盟的行政机构欧盟委员会（European Commission）提交该法案的草案。

肖尔茨在判决中表示：“我们认为该申诉至少部分合理。”但是没有给出细节。

出版商的律师指出，肖尔茨还称欧洲法院应该审查该争议点，这个过程可能要花大约 1 年的时间。

专家说，如果欧洲法院判定德国政府本应该将其草案呈交给欧盟审查，那么这可能会使出版商的申诉没有了法律依据。

德国司法部的发言人表示，政府没有任何理由向欧盟委员会呈交国内立法草案并获得其同意。

谷歌的发言人表示，谷歌仍然相信它会获胜，并表示 5 月 9 日的判决表明德国的版权法中充满了矛盾和未决的问题。

（信息搜集：冯格。

资料来源：http://www.finance.yahoo.com；http://www.ipr.gov.cn/article/gjxw/ajzz/bqajzz/201705/1905836.html）

【美国联邦巡回上诉法院作出支持亚马逊判决】

美国联邦巡回上诉法院（CAFC）维持联邦地区法院做出的判决，即在枕头套设计商提起的诉讼中，亚马逊（Amazon）并没有侵犯其版权和商标。

CAFC 在 2017 年 5 月 23 日做出的判决中驳回美国西雅图市的米露盖比公司（Milo & Gabby）提起的上诉。

根据 CAFC 做出的判决，美国华盛顿州西区联邦地区法院 2015 年 7 月驳回米露盖比提起的诉讼是正确的。

米露盖比起诉亚马逊允许第三方在线销售“直接仿冒”米露盖比的动物形状的枕头套。

米露盖比称，亚马逊允许第三方使用其枕头套图片的行为侵犯了米露盖比的版权。

米露盖比补充道，亚马逊还应对商标侵权承担责任，因为这些图片包含米露盖比的公司名称。

然而，华盛顿州西区联邦地区法院判决称，米露盖比提起诉讼 1 年之后（即 2014 年）才成功将其公司名称注册为商标；而且根据《数字千年版权法》中的安全港条款，亚马逊并没有侵犯其版权。

联邦地区法院表示，网页上的图片是由第三方提供的，而不是源于亚马逊。

在 5 月 23 日的判决中，由联邦巡回上诉法院的 3 名法官组成的合议庭同意并表示米露盖比“未供任何证据”证明亚马逊是枕头套的销售商。

判决指出，由于第三方销售商始终持有枕头套的所有权，而亚马逊只是为其提供一个在线市场。因此，在本案件中，亚马逊并不是侵犯米露盖比版权的销售商。

CAFC 还驳回米露盖比提出的商标假冒主张。

CAFC 表示，米露盖比在对亚马逊的即决判决动议做出回应时才首次提出商标假冒主张。

米露盖比起诉后，亚马逊才于 2013 年提出动议申请。

CAFC 称，米露盖比最初起诉时只指出来源标示错误，而没有提出商标假冒主张。

“来源标示错误主张比商标假冒主张更宽泛。”

CAFC 表示，米露盖比并不能在宽泛的来源标示主张中指控亚马逊假冒商标。

“我们的结论是米露盖比不能在来源标示错误指控中提出亚马逊商标侵权，因此我们维持联邦地区法院驳回其诉讼的判决。”

（信息搜集：冯格。

资料来源：http://www.worldipreview.com；http://www.ipr.gov.cn/article/gjxw/ajzz/bqajzz/201706/1906450.html）

【欧盟法院被问到：气味受著作权法保护吗?】

2017 年 5 月 23 日，荷兰二审法院（Arnhem-Leeuwarden Court of Appeal）在受理 Heks'nkaas 品牌的奶酪味道是否受著作权保护一案时，向欧盟法院就食物的味道是否受著作权保护提出初审判决的咨询。

荷兰法院同时询问，欧盟的著作权体系是否同意成员国扩大著作权的保护范畴（比如说允许成员国以著作权的方式保护一些特殊的味道），如果同意的话，哪些因素是其享受被著作权保护的同时必须满足的。荷兰法院对欧盟法院的询问涉及包括味道在内的一系列嗅觉、味觉元素相关的产品是否可以成为著作权保护客体的问题。目前，此案依旧在审理中，欧盟法院还没有给出具体意见。

这已不是荷兰法院第一次处理关于气味与著作权的案件。早在 2000 年，荷兰的一家香水生产公司 Kecofa 生产了一款与 Lancôme 气味相同的香水，在商标诉讼未获成功的情况下，Lancôme 提起侵犯著作权的诉讼。荷兰最高法院的判决认定香水的气味可以被认定为著作权法上的“作品”，对香水气味的模仿构成对著作权的侵犯。但是这样一个特殊的案件，并没有得到广大国家和地区的认可，在理论界和司法界都存有争议。

“感官”著作权，即保护能被某种感官（特别是味觉和嗅觉）感知的物品。南安普顿大学的 Eleonora Rosati 教授认为，这个概念需要引起关注，并提出两点理由。

第一，它对于商品交易有着重要的影响。长期以来，欧洲的法院总是被要求裁决关于“感官”著作权的问题。不久之前，法国最高法院否决了气味落入著作权保护的范畴。在 2015 年，在荷兰的一审法院处理关于 Heks'nkaas 奶酪的味道是否受著作权承认的时候，也做出了否定判决。这些源源不断的案子都表明，寻求著作权的保护从商业的角度来看是有存在的价值的，尤其是在欧盟法院就 Sieckmann 案做出判决后用商标权进行保护已经不太可能了。

第二个理由涉及著作权的核心问题，也就是欧盟法院需要明确什么样的客体可以作为著作权法意义上的“作品”。《伯尔尼公约》中对于著作权法中的“文学作品和艺术作品”采用了一种开放的概念，并没有对其提出具体的定义。根据最新的 WIPO 指南，每一个国际公约都没有形成一个完整的定义，但是都有强调那些受著作权法保护的作品都是智力成果。

2018 年 2 月，欧洲著作权协会（ECS）也就该案件发表了意见，认为不应该对气味（比如食物的味道，香水的香味）进行著作权上的保护，“如果对欧盟著作权法进行任意解释会扰乱体系的自洽”。意见中提出了很多颇具启发性的观点，比如：就像著作权不会对体育比赛进行保护一样，气味远没达到“文学上和美术上”的审美要求。再如，如果对气味给予了保护，那么香皂、石油产品、啤酒、服装等都会寻求相应的保护，其结果只会对行业的竞争造成恶性影响，特别是对该行业的初入者会带来致命的作用。此外，对于观点和制作过程的保护完全可以交由专利法处理。

总的来说，Heks'nkaas 奶酪一案值得密切关注。该案件不仅会决定著作权保护的范畴，也会决定欧盟法或者欧盟法院会采取怎样的著作权权利的分类。

（信息搜集、编译：蒋海楠。

资料来源：https://www.law.kuleuven.be/citip/blog/protection-for-tastes-copyright-quo-vadis/；https://europeancopyrightsociety.org/portfolio/opinion-on-reference-to-cjeu-in-case-310-17-levola-hengolo/）

【Peak Games 与孩之宝就版权纠纷达成和解】

Peak Games 和《小马宝莉》创作者孩之宝（Hasbro）就一款手机游戏的版权纠纷案达成庭外和解。

2017 年 5 月 24 日，它们向美国加利福尼亚州北区联邦地区法院圣何塞分院递交撤案申请。

诉讼源于 2016 年 10 月，Peak Games 称，孩之宝的《彩虹小马：益智派对》（My Little Pony：Puzzle Party）游戏侵犯其开发的益智应用程序《玩具爆破》（Toy Blast）的知识产权。

诉讼称：“看到《玩具爆破》成功，孩之宝及其拥有 70%股权的游戏工作室 Backflip Studios 开始模仿其游戏。他们试图通过孩之宝的‘小马宝莉’品牌来掩盖该游戏。”

被称为“消除游戏”的《玩具爆破》以彩色的方块和障碍物为特征。为了消除方块，用户需要按顺序匹配这些方块，这与广受欢迎的游戏《糖果粉碎传奇》的模式类似。

孩之宝的版本与《玩具爆破》的设计相似。

撤案申请写道："当事人要求法院直接驳回原告之诉。"

"为了解释和执行它们的和解协议，各当事人进一步要求法院实施管辖。"

（信息搜集：冯格。

资料来源：http://www.worldipreview.com；http://www.ipr.gov.cn/article/gjxw/ajzz/bqajzz/201706/1906764.html）

【比佛利山庄酒店被诉侵犯版权】

爱尔兰 Iconic Images 已起诉位于美国洛杉矶的比佛利山庄（Beverly Hills）酒店公然侵犯其照片版权。

Iconic Images 是一家专门从事照片档案权利的获取和管理的公司。2017 年 6 月 8 日，它向美国加利福尼亚州中区联邦地区法院提起诉讼。

诉讼称，五星级酒店比佛利山庄未经任何许可或支付任何费用展示了由摄影师泰伦斯·奥尼尔（Terence O'Neill）拍摄的照片。

该照片名为 *The Morning After*，是美国女演员费·唐娜薇（Faye Dunaway）在获得 1977 年奥斯卡最佳女主角奖后，第二天清晨在比佛利山庄酒店的游泳池边拍的照片。

2013 年 4 月，Iconic Images 获得该照片的所有权益，包括版权。

诉讼称，比佛利山庄酒店展示该照片并将其用作营销材料。

Iconi Images 表示，2 月，它的律师向该酒店发送禁止侵权函。

尽管进展速度非常缓慢，Iconic Images 和酒店开始和解谈判。直到 2017 年 5 月，Iconic Images 注意到被告故意将侵权照片应用到更多商业用途。

Iconic Images 还称，酒店还在照片上加上了"比佛利山庄照片集"的水印。

Iconic Images 要求联邦地区法院禁止比佛利山庄酒店继续使用其照片，同时寻求蓄意侵权的损害赔偿。

Iconic Images 还要求陪审团审判。

（信息搜集：冯格。

资料来源：http://www.worldipreview.com；http://www.ipr.gov.cn/article/gjxw/ajzz/bqajzz/201706/1907063.html）

【德国联邦最高法院将关于引文的版权问题移交至欧盟法院】

德国联邦最高法院将关于引文的版权问题移交至欧盟法院（CJEU）。

2017 年 7 月 27 日，德国联邦最高法院向欧盟法院征求关于如何平衡版权和信息自由与出版自由基本权利的指导意见。

根据最高法院的新闻稿，该案件的原告是一名德国政治家。

该政治家撰写了一份手稿，并在 1998 年出版的一本书中发表，但是他称编辑曲解了他的观点。

原手稿在 2013 年的档案里被找到，政治家将其交给几家报社，作为作品被修改的证据。

虽然政治家不同意编辑使用其文本表达了不同的含义，但是他同意在编辑的网站上附上其原文链接。

在联邦议院选举前，被告（即新闻出版商）在其网站上发布了一篇新闻报道，称手稿没有被曲解。互联网用户能够通过电子链接下载手稿和书籍作品，但是没有提供政治家的网站的链接。

政治家称，这种出版物侵犯了他的版权，因此他提起诉讼，以寻求禁令和损害赔偿。

2014 年，柏林一家法院做出有利于他的判决，被告提出上诉，但是被驳回。

因此，该纠纷被移交至德国联邦最高法院，最高法院维持该判决，并向欧盟法院提出关于社会信息指令（第 2001/29 号指令）解释的问题。

Klaka Rechtsanwälte 律所的合伙人史蒂芬·埃布尔（Stefan Abel）解释道，最高法院就涉及版权例外的第 5 条第（3）款提出以下两个主要问题：

首先，如果编辑在向公众提供作品之前有寻求作者同意的合理机会，第 5 条第（3）款（c）项是否应被排除？

其次，第 5 条第（3）款（d）项所指的引文是否要求在新的文本中包含被引用的文本（例如，通过脚注），以及提供可获得包含原文本的 PDF 文件的链接是否足以使被告免于承担侵权责任？

（信息搜集：冯格。

资料来源：http://www.worldipreview.com；http://www.ipr.gov.cn/article/gjxw/ajzz/bqajzz/201708/1909392.html）

【雅达利公司起诉雀巢侵权】

2017 年 8 月 14 日，雅达利公司（Atari）向美国旧金山联邦地区法院对雀巢公司（Nestle SA）提起诉讼，称雀巢未经许可在奇巧（Kit Kat）巧克力威化饼干的营销广告中使用其20世纪70年代的经典视频游戏《打砖块》（Breakout），因而侵犯其权利。雅达利公司称雀巢故意利用“Breakout”这一游戏名称，以期利用该词对怀旧的婴儿潮一代、X一代（20世纪60年代初至70年代中期）及千禧一代（1984年至1995年）的游戏玩家的特殊含义。

雀巢没有立即对置评请求做出回应。

雅达利公司称：“雀巢采用了经典的《打砖块》的画面，用奇巧巧克力棒代替了砖块，邀请顾客“打砖块”并购买更多的巧克力棒。”

雅达利公司提交的诉状中包含名为“Kit Kat：Breakout”的奇巧巧克力棒广告的链接，画面显示大人和孩子坐在长椅上，使用拍子将奇巧巧克力棒敲打下来。

雅达利公司在诉状中写道：“本案中的侵权行为很明显，因此雀巢不能称自己为‘无辜的’侵权者，雀巢明知它在做什么。”

雅达利起诉雀巢侵犯其版权和商标权，并参与不公平竞争。

雅达利公司寻求雀巢向其支付3倍侵权所得利润，以及3倍惩罚性损害赔偿。

（信息搜集：冯格。

资料来源：http://www.sg.news.yahoo.com；http://www.ipr.gov.cn/article/gjxw/ajzz/bqajzz/201708/1910303.html）

【澳大利亚严厉打击在线盗版网站】

2017年8月18日，在一项关于内容在线共享的重大判决中，澳大利亚一家联邦法院做出有利于电影发行商的判决，并命令互联网提供商屏蔽40多个盗版网站。

澳大利亚是世界上非法下载《权利的游戏》（“Game of Thrones”）等节目最多的国家之一。近年来，影视公司已提起很多诉讼，以屏蔽提供此类侵权内容的国际网站。

根据联邦法院的判决，包括澳洲电信（Telstra）和奥都斯公司（Optus）在内的电信提供商必须屏蔽EZTV、Demonoid、Limetorrents和Putlocker等网站。

法官约翰·尼古拉斯（John Nicholas）在判决书中写道：“网络提供商公然侵权，或者协助侵权，并且公然无视版权所有人的权利。”

尼古拉斯的判决与他在2016年12月所做的判决一致，即命令屏蔽在线文件共享网站海盗湾、Torrentz和IsoHunt。

本地的盗版者是澳大利亚打击的目标，2015年澳大利亚议会通过了允许版权所有人要求法院下令屏蔽非法分享内容的海外网站的法律。

最新的案件由电影发行商威秀集团（Village Roadshow）提起，对其表示支持的其他电影公司包括迪士尼公司（Disney）、二十世纪福克斯公司（Twentieth Century Fox）、派拉蒙影业公司（Paramount Pictures）、哥伦比亚影片公司（Columbia Pictures）、环球影片公司（Universal）和华纳兄弟公司（Warner Bros.）。

威秀集团的共同执行总裁格雷厄姆·伯克（Graham Burke）对该判决表示欢迎，并补充说网站屏蔽令一直在世界范围内有效实施，减少了电影的盗播。

运营盗版网站的盗版者对澳大利亚毫无贡献——他们既没有增加就业机会，也没有缴纳税款。他们获得巨大利润，但内容的原创者没有得到一分钱。

娱乐产业已表示，此类盗版下载让其损失数十亿美元。

但是消费者维权人士表示，屏蔽包含文件共享链接的网站被证明无效，因为用户可以通过使用虚拟专用网络（VPN）和其他手段规避限制。

（信息搜集：冯格。

资料来源：http://www.sg.news.yahoo.com；http://www.ipr.gov.cn/article/gjxw/ajzz/bqajzz/201709/1910434.html）

【YTMP3与索尼和华纳兄弟达成和解】

与YouTube无关的一家德国的网站YouTube-mp3（以下简称YTMP3）已与Capital Record、索尼音乐（Sony Music）和华纳兄弟（Warner Bros.）等唱片公司就其版权纠纷达成和解。

2016年9月，据《世界知识产权评论》报道，这些唱片公司向美国加利福尼亚州中区联邦地区法院对YTMP3提起诉讼，称该网站侵犯其录音制品的版权。

索尼音乐等公司称YTMP3通过出售未经授权的作品获利，并且传播YouTube上受版权保护的音乐。

2017年9月1日，这些唱片公司请求法院做出最终判决，要求法院对YTMP3颁布永久禁令并做出对其有利的判决。该网站将被关闭。

YTMP3 还将向索尼音乐等唱片公司支付和解费用。该网站的运营商不得故意设计、开发、提供或运营任何允许或协助“流媒体翻录”（streamripping）的技术或服务。

这些唱片公司表示，流媒体翻录（即 YTMP3 的做法）对音乐行业收入的影响是“巨大的”。它们表示，每个月有上百万首音乐被非法复制。YTMP3 非法从 YouTube 网站上的视频中挪用音频，并将其转化为 MP3 格式的文件，再将这些文件复制到其服务器，并将这些可下载的音频文件传播给美国的用户。

（信息搜集：冯格。

资料来源：http://www.trademarksandbrandsonline.com；http://www.ipr.gov.cn/article/gjxw/ajzz/bqajzz/201709/1911018.html）

【非法播放英国天空体育直播电视台内容属版权侵权】

英国高等法院对布里斯托尔的尤瑟夫·默罕默德（Yusuf Mohammed）下达了一项判决，判定默罕默德非法在线播放了英国天空体育直播电视台（Sky Sports）的内容。

2017 年 10 月 25 日，英国反盗版联盟（FACT）称法院要求默罕默德向英国天空体育直播电视台支付超过 1.6 万英镑的诉讼费。

法院还要求默罕默德披露其违法所得的具体金额及其同谋的信息。

FACT 的首席执行官基伦·夏普（Kieron Sharp）表示：“这是持续打击非法数字盗版行动的最新成果。现在，每一个想要盗版或者观看盗版内容的人应该清楚，这不是一个灰色地带，这是非法的。”

有人向英国天空体育直播电视台递交了一份书面致歉信，并同意向其支付诉讼费用，因为其在脸谱网上分享安东尼·约书亚（Anthony Joshua）和沃迪米尔·克利切科（Wladimir Klitschko）的拳击赛，约 60 万人观看了该盗版拳击赛。

夏普补充道：“这对其他人来说是一种警告——不管是侵犯版权的网站、预载内容的流媒体设备还是在社交媒体上播放非法视频都涉嫌盗版和违法。”

2017 年 9 月，FACT 与英国知识产权局和英国知识产权犯罪监管部门联合发布的一份有关数字盗版的报告指出，在过去的 2 年中，在英国出售的带有插件的非法电视机顶盒超过 100 万件。

FACT 在 10 月 23 日称，2 人因出售允许他人非法观看优质内容的流媒体设备被判刑。

（信息搜集：冯格。

资料来源：http://www.trademarksandbrandsonline.com；http://www.ipr.gov.cn/article/gjxw/ajzz/bqajzz/201711/1912868.html）

【伦敦高等法院：电视节目模式可以通过著作权进行保护】

2017 年 10 月 26 日，伦敦高等法院表明：在特定条件下，媒体公司制作的“电视游戏”和“智力竞赛节目”可以获得著作权的保护。

根据判决文书，这种形式的电视节目能被归入英国著作权法中的“戏剧作品”一项。

在英国《1988 年著作权、外观设计及专利法案》中，著作权适用于被记录下来的“戏剧作品”，无论是以书面还是其他方式。“戏剧作品”一词在立法中尚无明确的解释，除了有规定表明它包含舞蹈艺术和哑剧表演。然而，英国和新西兰的法院认为“戏剧作品”的适用范畴是无须争议的。

法官 Snowden 先生认为，虽然著作权保护对戏剧作品适用，但是不能说明其同样对电视节目适用，“除非，作为最低限度，存在一些清晰的特征，当这些特征组合在一起时能将特定的节目与其他类似的作品区分开来；并且这些特征能够以连贯的、可重复使用的框架互相连接，以便复制出更多有该类可识别特征的节目”。

Snowden 法官还认为，电视游戏节目和电视竞赛节目有获得著作权保护资格的可能，“即使在节目剧集中会出现一些即兴的事件也没有关系，因为游戏的过程和结果、竞赛中问题的提出和回答，是不可能提前知晓或预先规定的，这本身就是这类游戏和竞赛的固有属性”。

然而，在 Snowden 法官的判决中，他拒绝了 Banner Universal Motion Pictures（BUMP）公司提出的索赔。BUMP 公司主张电视节目——“Minute Winner”的节目模式是英国著作权的保护对象。

“在这个判决之前，根据英国著作权法，电视模式的保护只是理论上的可能性，而不是确定的权利，”来自 Pinsent Masons 律所的知识产权法专家 Emily Swithenbank 说，“虽然在这个案件中原告没有胜诉，但是高级法院确认了当电视模式符合被保护的资格时，著作权保护确实可以扩展到这些作品并且法院会提供有效的指导。”

“生产商和其他潜在的权利所有人需要牢记，他们要在记录电视模式的文件中，提供足够的细节来满足新设立的保护标准，但同时也要确保有强健的保密性限制，以防止信息被滥用时出现商业秘密泄露和假冒经营。”

根据判决文书，BUMP 公司认为有关“Minute Winner”模式的信息被其他电视公司滥用了，并且这些被指控的公司涉嫌侵犯著作权和假冒商标。BUMP 特别声明，曾经有一款叫作“Minute to Win It”的电视游戏是基于“Minute Winner”的模式设计的，且它们公司已在全球近 70 个国家对这款游戏进行了授权。

但是 Snowden 法官认为，就目前而言，BUMP 公司说服法院去接受“Minute Winner”文件内容符合著作权的保护还不大可能。

法官还拒绝了 BUMP 公司关于侵犯商业秘密的起诉，理由是瑞典法院曾在其管辖范围内受理并驳回过来自 BUMP 公司的类似的起诉。这意味着 BUMP 公司被禁止向高等法院提出这部分主张。法官表示，倘若高级法院真的受理，他会倾向于判决“‘Minute Winner’文件中的信息过于含糊，不足以符合英国法中商业秘密的保护的规定”。

Snowden 法官还进一步认定 BUMP 公司对其他公司假冒经营的指控也没有胜诉的可能性，原因在于 Derek Banner（BUMP 公司背后的商人）无法证明他善意取得“Minute Winner”的名字和模式。

（信息搜集、编译：蒋海楠。

资料来源：https://www.out-law.com/en/articles/2017/october/high-court-tv-formats-can-be-protected-by-copyright-even-if-elements-of-the-shows-are-spontaneous-or-changeable/；http://www.bailii.org/ew/cases/EWHC/Ch/2017/2600.html）

【英国广播公司被诉版权侵权】

2017 年 11 月 3 日，电视情景喜剧《考斯比一家》（“The Cosby Show”）的制作公司 Carsey-Werner 向美国加利福尼亚州中区联邦地区法院对英国广播公司（BBC）和 Sugar Film 提起了诉讼。比尔·考斯比（Bill Cosby）是美国著名的喜剧演员，但之后他是多起性侵案件的指控对象。Carsey-Werner 称 BBC 播放的一档名为《比尔·考斯比——一位美国偶像的没落》（“Bill Cosby— Fall of an American Icon”）的纪录片侵犯了其版权。该纪录片由 Sugar Films 制作，其主要讲述的是考斯比在遭到性侵指控 10 年后是如何面对性侵案件刑事审判的。

Carsey-Werner 称，BBC 未经其许可，在其播出的纪录片中使用了属于 Carsey-Werner 的 8 个视频短片和 2 段音乐。

Carsey-Werner 在诉状中称：“该侵权作品中有 234 秒的内容来自 Carsey-Werner 的作品，占到纪录片总时长的 6.5%。”

2017 年 6 月 5 日，BBC 首次在其 BBC 2 频道播出了该纪录片。6 月 7 日，BBC 再次播出了该纪录片，并使公众可以在 iPlayer 网站上观看该作品。

Carsey-Werner 表示：“被告明知该作品属于 Carsey-Werner 的知识产权，但还是公然侵犯其版权。”

Carsey-Werner 还表示，在该纪录片播出当天，其向 BBC 发送了一份电子版的禁止侵权函，称该纪录片未获得许可，也没有寻求获得许可。

Carsey-Werner 补充道：“这些信件要求 BBC 不再重播该纪录片，并且立即从 iPlayer 网站上删除该作品。”

Carsey-Werner 在诉状中称，虽然被告（BBC 和 Sugar Films）已分别做出回应，但都已拒绝承担版权侵权责任。

Carsey-Werner 补充道：“在播放出该纪录片前，被告有几个月的时间可以将纪录片中属于 Carsey-Werner 作品的部分删除，他们清楚地知道侵权作品属于 Carsey-Werner。”

Carsey-Werner 正在寻求超过 7.5 万美元的损害赔偿、利润所得以及陪审团审判。

BBC 表示：“该纪录片是 Sugar Film 公司为 BBC 制作的。BBC 并未在美国播出该纪录片，也没有将该纪录片上传到 iPlayer 网站上以供公众在线观看。”

iPlayer 网站将会在适当的时候对该诉讼做出回应。

（信息搜集：冯格。

资料来源：http://www.worldipreview.com；http://www.ipr.gov.cn/article/gjxw/ajzz/bqajzz/201711/1913340.html）

◆ 业界动态

【知识产权学者：警惕亚洲区域全面合作伙伴协定中对著作权的严格保护】

在 2017 年 2 月于日本举行的覆盖亚太地区的自由贸易协定的谈判中，知识产权学者们呼吁在未来协议的版权规则中明确考虑公共利益。

在日本神户举行的区域全面经济伙伴协定（RCEP）第 17 轮谈判中，来自多个国家的 64 位知识产权学者共同通过并发布了一份声明。

区域全面经济伙伴协定不仅包括东南亚国家联盟（ASEAN）的十个成员（印度尼西亚、马来西亚、菲律宾、新加坡、泰国、文莱达鲁萨兰国、柬埔寨、老挝、缅甸和越南），还有澳大利亚、中国、印度、日本、韩国以及新西兰。

在区域全面经济伙伴协议之中的“著作权保护中的公共利益原则的声明”指出，区域全面经济伙伴协议知识产权章节将在参与协定国家当中“设立一系列知识产权保护的最低标准”。该声明已经由香港大学法律与技术中心主任、法学副教授孙皓琛发布。

该声明的签署人对于“区域全面经济伙伴协定当中的知识产权章节所提出的知识产权保护标准深感关切”。依据该声明，这些标准将有可能导致意料之外的影响，包括“对于创造力以及经济增长的扼杀”等。

该声明认为，公共利益应该成为著作权协商的核心价值取向，并呼吁提高公共利益谈判当中的透明度。特别是 RCEP 谈判各方应当“对使用版权作品当中涉及公共利益部分的现行保护进行审查”，审查国际版权条约所规定的公共利益，并考虑国际人权条约所规定的公共利益。

该声明的署名者呼吁 RCEP 公开所有谈判文本以及其他相关文件，并强化利益相关方的参与，包括召开公开听证会等形式。他们同时警告，应当防止基于“批评、评论、教育、新闻报道、恶搞、研究以及促进残障人士使用合法目的”之使用的例外和免责条款的适用。对于互联网服务提供商所可能承担的“来自于互联网用户著作权侵权所产生的次要责任”的风险，他们同样深表关切。

（信息搜集、编译：梁瑞元。

资料来源：https://www.ip-watch.org/2017/02/27/ip-scholars-warn-stringent-copyright-rules-asian-rcep-agreement/；https://www.ip-watch.org/2017/03/31/ngos-detail-changes-public-health-rcep-asian-trade-pact/）

【日本音乐著作权协会对“收取乐器兴趣班著作权使用许可费”的说明】

关于收取乐器兴趣班的音乐作品著作权使用费的新政，新闻报道和社交网络上传播了很多和真实有出入的信息，2017 年 2 月 27 日，日本音乐著作权协会（JASRAC）对于此新政发表了看法，说明了该政策的原委、收取使用费的法律依据等问题。

JASRAC 明确了从 2018 年 1 月开始，将执行对乐器兴趣班收取音乐作品著作权使用费的计划。此次的使用许可费收取，最初是在 2003 年由乐器制造商们提议而产生的。截至目前，卡拉 OK 兴趣班、文化中心等开办的乐器兴趣班都逐步开始缴纳使用费，只有非文化中心创办的乐器兴趣班还没有缴纳该使用费。JASRAC 表示“考虑到可能产生对已缴纳使用费的经营者们的不公平，应该对所有乐器兴趣班收取使用费”。

“在乐器兴趣班的演奏是基于教育目的，不涉及到演奏权”，针对这样的质疑，JASRAC 回复称：“作为营利目的经营的乐器兴趣班的确涉及了演奏权”。面对“乐器兴趣班的演奏并不属于公开的演奏”的质疑，JASRAC 回复：“著作权法乐器兴趣班的演奏主体是兴趣班的经营者，音乐作品的使用针对的是不特定的顾客，因此这是公开的演奏。”

这次的使用费收取对象设定为经营乐器兴趣班的乐器制造商和乐器零售商。私人开办的兴趣班目前并不列为收取使用费的对象。这次的使用费在收取方式上和其他著作权的使用费一样，可以是约定年费，也可以按照一首歌曲演奏一次的计次方式来收取。同时也会根据授课人数和授课费用来灵活确定使用费，具体的数额目前没有明确。

“对乐器兴趣班收取使用费会不会导致音乐文化的衰退?”面对这样的声音，JASRAC 为了寻求大众的理解表示：“保护著作权，把收取的使用费分配给音乐作品的创作者用来支持他们接下来的创作，从而维系‘创作的正循环’，把乐器兴趣班加入到这种循环中会促进新作品的创作，有利于实现对音乐文化发展的期许。”

（信息搜集、编译：宋璧如。

资料来源：http://www.itmedia.co.jp/news/articles/1702/28/news106.html；https://detail.chiebukuro.yahoo.co.jp/qa/question_detail/q1219006137?__ysp=5YyF5o-us5aWR57SE44Go44Gv）

【秋元康作词的校歌被学生上传到互联网引发侵权风波】

据 2017 年 3 月 11 日朝日新闻数字等报道，和歌山市立小中连读学校将于 2017 年 4 月建校，由担任 AKB 48（日本大型女子偶像组合）总制作人的秋元康负责为该校校歌作词，伏虎义务教育学校的校歌的名称为《潜藏的老虎》，歌词中吟颂了和泉山脉及纪之川等，把小学生比作小老虎，号召大家“现在潜心学习”“在伏虎学校梦想未来”等。负责作曲的是出身于和歌山本市，现任东京艺术大学校长的泽和树。泽和树校长根据秋元康的校歌歌词完成了谱曲。根据《和歌山新报》的报道，泽和树校长于2月13日访问和歌山市政府时发布了该首校歌，并介绍道："吟唱秋元康创作的优美歌词时，旋律浑然天成。如果孩子们喜欢这首歌，那将被传唱上百年。"

现在的问题是，如果上传该校歌至网络将受到意外的限制，也即是如果将秋元康歌词上传至网络及SNS，则该行为可能构成侵权。据市教委称，根据与秋元康签订著作权信托合同的乐曲管理方的规定，并非所有媒体均能发布该校歌。日本音乐著作权协会对该歌词进行管理一事于3月10日引起和歌山市议会的内部争议。据《和歌山新报》的报道，松井纪博议员认为虽然在学校里可以自由地唱校歌，但是如果在同学聚会上拍摄唱校歌视频的人之后再通过SNS（社交网络）等将视频上传到网络上，则可能会遭受侵害著作权的不利后果。《赫芬顿邮报》就此行为是否侵权，现在正在向日本音乐著作权协会进行详细确认。对于松井纪博议员提出的质疑，教育局长北克已回应称："经过详细调查之后，由于今后不得不考虑各种限制情况，故于2月16日拜访了校歌的作曲人泽和树和作词人秋元康的事务所。虽然我们向其传达了希望能便利地使用校歌的想法，但是秋元事务所暂未提出具体的解决办法。"

日本音乐著作权协会公报的负责人面对《赫芬顿邮报》的采访回答称："关于这首校歌，秋元康与日本音乐著作权协会之间就校歌的利用而签订了权利保留合同，学校官方网站发布歌词的行为不会造成侵权。但是，如果普通公众通过SNS上传的话，则另当别论。"

市教委的负责人说，之前并非没有考虑到使用限制的问题，但今后将致力于对乐曲管理者采取特殊的措施，减少歌词在网络上的使用限制，以扩大校歌使用范围。

（信息搜集、编译：兰鉴。

资料来源：http://www.huffingtonpost.jp/2017/03/11/fushita-torayo_n_15302798.html；http://www.asahi.com/articles/ASK3B51B9K3BPXLB00G.html）

【全球娱乐业巨头形成反盗版联盟】

世界上一些最大的娱乐集团已形成了一个旨在减少网络盗版的联盟。创意与娱乐联盟（Alliance for Creativity and Entertainment，ACE）由30家公司组成，包括美国电影协会（MPAA）的成员、亚马逊（Amazon）、网飞公司（Netflix）、哥伦比亚广播公司（CBS）、家庭影院（HBO）、英国广播公司（BBC）、天空电视台（Sky）、加拿大贝尔公司（Bell Canada）、视频共享网站Hulu、美国狮门影业（Lionsgate）、福斯电视台（Foxtel）、澳大利亚威秀集团（Village Roadshow）以及许多其他娱乐集团。

同一商业领域的企业合作打击盗版很常见，例如，电影公司和唱片公司组成的MPAA和唱片工业协会（RIAA）打击盗版已几十年之久。

现在，数量空前的全球内容创造者和传播平台已经宣布在全球范围内组建全新的联盟共同打击盗版活动。

在2017年6月13日发布的联合公告中，ACE指出消费者可以在480多家服务网站上观看电影和电视节目。然而，尽管内容丰富，盗版仍对内容创造者和经济构成威胁。

ACE在一份声明中表示："电影和电视节目发布几天后——很多情况下几小时后——就会出现在盗版网站上。"

2016年，盗版的大片、黄金时段电视和视频点播节目的下载次数约为54亿次；通过电脑或者移动设备访问全球流媒体盗版网站的次数约为214亿次。

该联盟将为所有主要的内容创造者和传播者提供一个联合平台，ACE成员不用单独采用一些零碎的反盗版方法，它们可以合作减少盗版威胁。

MPAA在该联盟中占据核心地位。ACE指出，好莱坞集团的反盗版资源将与ACE会员公司的反盗版部门"并行"存在。

（信息搜集：冯格。

资料来源：http://torrentfreak.com；http://www.ipr.gov.cn/article/gjxw/jlhz/bqjlhz/201706/1907226.html）

索　引

0～9

A

B

H

J

L

M

N

O

P

Q

R

Z